Claudius Marx
Deutsches, europäisches und internationales Markenrecht
2. Auflage

Claudius Marx

Deutsches, europäisches und internationales Markenrecht

Prof. Dr. Claudius Marx, M. B. L.–HSG

Hauptgeschäftsführer der Industrie- und Handelskammer Hochrhein-Bodensee, Professor für gewerblichen Rechtsschutz und Wettbewerbsrecht am Umweltcampus Birkenfeld / FH Trier, Lehrbeauftragter an der Universität St. Gallen

2. Auflage

Luchterhand 2007

Bibliografische Information der Deutschen Bibliothek
Die Deutsche Bibliothek verzeichnet diese Publikation in der Deutschen Nationalbibliografie; detaillierte bibliografische Daten sind im Internet über http://dnb.ddb.de abrufbar.
ISBN 978-3-472-06611-8

www.wolterskluwer.de
www.luchterhand-fachverlag.de

Luchterhand – eine Marke von Wolters Kluwer Deutschland GmbH.

Umschlagkonzeption: Martina Busch, Grafikdesign, Fürstenfeldbruck
Satz: Hümmer GmbH, Waldbüttelbrunn
Druck: Wilco, Amersfoort
Gedruckt auf säurefreiem, alterungsbeständigem und chlorfreiem Papier.

Vorwort

Erfolg auf internationalen Märkten verlangt effiziente Kommunikation mit aktuellen und potentiellen Kunden. Kennzeichen, allen voran die Marke, sind die unverzichtbaren Träger dieser Kommunikation. Ein Unternehmen ohne Firmenlogo, ein Qualitätsprodukt ohne Marke, eine Software ohne Titel wären auf einem globalen Markt so chancenlos wie ein Wein ohne Herkunft. Als Symbole transportieren Marken und andere Kennzeichen beliebige Botschaften in höchster semantischer Konzentration und sind damit hocheffiziente Bausteine erfolgreichen Marketings.

Es verwundert deshalb nicht, dass das Kennzeichenrecht längst aus dem Schatten der technischen Schutzrechte herausgetreten ist. Seine ökonomische Relevanz steht der Bedeutung von Patenten und technischem Know-how nicht (mehr) nach. Über 500.000 angemeldete Gemeinschaftsmarken und demnächst 1 Mio. internationale Registrierungen sprechen eine deutliche Sprache.

In einem Zeitraum von nur wenig mehr als zehn Jahren hat sich das Markenrecht mehr entwickelt und verändert als in den hundert Jahren zuvor. Die europäische Harmonisierung der nationalen Kennzeichenrechte durch die Markenrichtlinie stand am Beginn dieses Prozesses. Die europäische Gemeinschaftsmarke hat sich parallel dazu zu einem weltweit akzeptierten Erfolgsmodell entwickelt. Schließlich ist das Madrider System der Internationalen Registrierung mit dem Beitritt Japans (2000) und der USA (2003) zum Madrider Protokoll endgültig zu einem weltweit attraktiven Schutzsystem gewachsen. Mit dem Beitritt der EU (2004) ist dieses System mit der Gemeinschaftsmarke – in beide Richtungen – verlinkt worden.

Den Unternehmen stehen damit ein nationales, ein europäisches und ein internationales Schutzsystem für die Gestaltung einer individuellen Schutzstrategie offen. Nimmt man hinzu, dass der Kreis der materiell schutzfähigen Zeichen mit der rechtlichen Anerkennung neuer Markenformen (Farbmarken, Hörmarken, Tastmarken, vielleicht auch einmal Riechmarken) größer ist denn je, wird deutlich, dass qualifizierte Kenntnisse im Markenrecht zum unverzichtbaren Baustein wirtschaftsrechtlicher Urteilssicherheit und Beratungskompetenz geworden sind.

Die zweite Auflage dieses Handbuches soll dieser rasanten Entwicklung gerecht werden. Geblieben ist der Anspruch, dem professionellen Anwender, gleich ob Einsteiger oder Experte, eine komprimierte, praxisorientierte Darstellung des Marken- und Kennzeichenrechts zu bieten. Die Rechtsprechung wurde dafür bis Januar 2007 berücksichtigt.

Anregungen und Ergänzungsvorschläge nimmt der Verfasser gerne über den Verlag oder unter claudius.marx@konstanz.ihk.de entgegen.

Konstanz, im Februar 2007
Claudius Marx

Inhaltsübersicht

Inhaltsverzeichnis

Übersichten

Abkürzungsverzeichnis

a.A.	anderer Ansicht
a.a.O.	am angegebenen Ort
a.E.	am Ende
a.F.	alte(r) Fassung
Abb.	Abbildung
ABl EG	Amtsblatt der EG
ABl HABM	Amtsblatt des HABM
Abs.	Absatz
AG	Aktiengesellschaft
AGG	Allgemeines Gleichbehandlungsgesetz
amtl.	amtlich
Art.	Artikel
Aufl.	Auflage
ausf.	ausführlich
AusfO	Ausführungsordnung
Az.	Aktenzeichen
BayObLG	Bayrisches Oberstes Landesgericht
BB	Betriebs-Berater (zitiert nach Jahr und Seite)
Bd.	Band
Begr.	Begründung
ber.	berichtigt
Beschl.	Beschluss
BFH	Bundesfinanzhof
BGB	Bürgerliches Gesetzbuch
BGBl.	Bundesgesetzblatt
BGH	Bundesgerichtshof
BGHZ	Entscheidungssammlung des Bundesgerichtshofs in Zivilsachen
BK	Beschwerdekammer (des HABM)
BlPMZ	Blatt für Patent-, Muster- und Zeichenwesen
BPatG	Bundespatentgericht
BPatGE	Entscheidungssammlung des Bundespatentgerichts
Bsp.	Beispiel
BT-Drs.	Bundestagsdrucksache
BVerfG	Bundesverfassungsgericht
BVerfGE	Entscheidungen des Bundesverfassungsgerichts (Entscheidungssammlung)
CR	Computer und Recht (zitiert nach Jahr und Seite)
DB	Der Betrieb (zitiert nach Jahr und Seite)
DENIC eG	Deutsches Network Information Center (zentrale Registrierungsstelle für Domains unter der Top-Level-Domain .de)

DPA	Deutsches Patentamt (bis 31.10.1998)
DPMA	Deutsches Patent- und Markenamt
DPMAV	Verordnung über das Deutsche Patent- und Markenamt
EFTA	European Free Trade Association
eG	eingetragene Genossenschaft
EG	Vertrag zur Gründung der Europäischen Gemeinschaft; Europäische Gemeinschaft
Einl.	Einleitung
elektr.	elektronisch
Entsch.	Entscheidung
EPA	Europäisches Patentamt
EPÜ	Europäisches Patentübereinkommen
ErstrG	Erstreckungsgesetz
ERVDPMAV	Verordnung über den elektronischen Rechtsverkehr beim Deutschen Patent- und Markenamt
ErwG	Erwägungsgrund
EU	Europäische Union
EuG	Gericht erster Instanz der Europäischen Gemeinschaften
EuGH	Gerichtshof der Europäischen Gemeinschaften (Europäischer Gerichtshof)
EuGHE	Entscheidungen des Europäischen Gerichtshofs
EuGVÜ	Übereinkommen der Europäischen Gemeinschaft über die gerichtliche Zuständigkeit und die Vollstreckung gerichtlicher Entscheidungen in Zivil- und Handelssachen vom 27. September 1968
EuGVVO	Verordnung (EG) Nr. 44/2001 über die gerichtliche Zuständigkeit und die Anerkennung und Vollstreckung von Entscheidungen in Zivil- und Handelssachen v. 22.12.2000
EuZW	Europäische Zeitschrift für Wirtschaftsrecht (zitiert nach Jahr und Seite)
EWG	Europäische Wirtschaftsgemeinschaft
EWR	Europäischer Wirtschaftsraum
EWS	Europäisches Wirtschafts- & Steuerrecht (zitiert nach Jahr und Seite)
f.	folgende
ff.	fortfolgende
Fn.	Fußnote
FS	Festschrift
g.g.A.	geschützte geografische Angabe
g.U.	geschützte Ursprungsbezeichnung
GA	Generalanwalt
GMGebV	Verordnung (EG) Nr. 2869/95 der Kommission vom 13.12.1995 über die an das Harmonisierungsamt für

	den Binnenmarkt (Marken, Muster und Modelle) zu entrichtenden Gebühren
GebVerz	Gebührenverzeichnis
GeschmG	Geschmacksmustergesetz
ggf.	gegebenenfalls
GmbH	Gesellschaft mit beschränkter Haftung
GMDV	Verordnung (EG) Nr. 2868/95 der Kommission vom 13.12.1995 zur Durchführung der Verordnung (EG) Nr. 40/94 des Rates über die Gemeinschaftsmarke
GMV	Verordnung (EG) Nr. 40/94 des Rates über die Gemeinschaftsmarke vom 20. Dezember 1993 (Gemeinschaftsmarkenverordnung)
grdl.	grundlegend
grds.	grundsätzlich
GRUR Int.	Gewerblicher Rechtsschutz und Urheberrecht, Internationaler Teil (zitiert nach Jahr und Seite)
GRUR	Gewerblicher Rechtsschutz und Urheberrecht (zitiert nach Jahr und Seite)
GRUR-RR	Gewerblicher Rechtsschutz und Urheberrecht, Rechtsprechungs-Report (zitiert nach Jahr und Seite)
GVG	Gerichtsverfassungsgesetz
GWB	Gesetz gegen Wettbewerbsbeschränkungen
HABM	Harmonisierungsamt für den Binnenmarkt (Marken, Muster, Modelle)
HABM-BK	Beschwerdekammer des HABM
HGB	Handelsgesetzbuch
Hrsg.	Herausgeber
i.d.F.	in der Fassung
i.H.a.	im Hinblick auf
i.S.v.	im Sinne von
i.V.m.	in Verbindung mit
InsO	Insolvenzordnung
K&R	Kommunikation & Recht (zitiert nach Jahr und Seite)
KG	Kammergericht/Kommanditgesellschaft
LG	Landgericht
lit.	Buchstabe
LMuR	Lebensmittel & Recht (zitiert nach Jahr und Seite)
LS	Leitsatz
Ltd.	Limited
m.w. Nachw. a.d. Lit.	mit weiteren Nachweisen aus der Literatur
m. zahlr. Nachw. a.d. Rspr.	mit zahlreichen Nachweisen aus der Rechtsprechung
m.w.N.	mit weiteren Nachweisen
MarkenG	Markengesetz
MarkenR	Markenrecht (zitiert nach Jahr und Seite)

MarkenRL	Markenrichtlinie (Erste Richtlinie 89/104/EWG des Rates vom 21. Dezember 1988 zur Angleichung der Rechtsvorschriften der Mitgliedstaaten über die Marken)
MarkenV	Markenverordnung
mit zust. Anm.v.	mit zustimmender Anmerkung von
Mitt. DPMA	Verlautbarungen des Präsidenten des Deutschen Patent- und Markenamtes
Mitt	Mitteilungen der deutschen Patentanwälte (zitiert nach Jahr und Seite)
MMA	Madrider Abkommen über die internationale Registrierung von Marken
MMR	Multi Media und Recht (zitiert nach Jahr und Seite)
MRRG	Markenrechtsreformgesetz
MSchG	Markenschutzgesetz
NCL. 9	Internationale Klassifikation von Waren und Dienstleistungen für die Eintragung von Marken (9. Ausgabe)
nF	neue Fassung
NJW	Neue Juristische Wochenschrift (zitiert nach Jahr und Seite)
NJWE-WettbR	NJW-Entscheidungsdienst zum Wettbewerbsrecht (zitiert nach Jahr und Seite)
NJW-RR	NJW-Rechtsprechungs-Report Zivilrecht (zitiert nach Jahr und Seite)
Nr.	Nummer
o.ä.	oder ähnliches
OFD	Oberfinanzdirektion
OHIM	Office of Harmonization for the Internal Market
OLG	Oberlandesgericht
OLGR	OLGReport
OLGVertrÄndG	OLG-Vertretungsänderungsgesetz
OMPI	Organisation Mondiale de la Propriété Intellectuelle
ÖOGH	Österreichischer Oberster Gerichtshof
PatKostG	Gesetz über die Kosten des Deutschen Patent- und Markenamts und des Bundespatentgerichts (Patentkostengesetz)
PatKostZV	Patenkostenzahlungsverordnung
PMMA	Protokoll zum Madrider Abkommen über die internationale Registrierung von Marken
PrPG	Gesetz zur Stärkung des Schutzes des geistigen Eigentums und zur Bekämpfung der Produktpiraterie
PrPVO	Verordnung (EG) Nr. 1383/2003 über das Vorgehen der Zollbehörden gegen Waren, die im Verdacht stehen, bestimmte Rechte geistigen Eigentums zu verletzen, und die Maßnahmen gegenüber Waren, die

	erkanntermaßen derartige Rechte verletzen (Produktpiraterieverordnung)
PrüfRL	Prüfungsrichtlinien
PVÜ	Pariser Verbandsübereinkunft zum Schutz des gewerblichen Eigentums
red. LS	redigierter Leitsatz
RegBegr	Regierungsbgegründung
RGBl.	Reichsgesetzblatt
RGZ	Entscheidungssammlung des Reichsgerichts in Zivilsachen
RIW	Recht der Internationalen Wirtschaft (zitiert nach Jahr und Seite)
RKGE	Eidgenössische Rekurskommission für geistiges Eigentum
RL	Richtlinie
Rn.	Randnummer
Rs.	Rechtssache
Rspr.	Rechtsprechung
s.a.	siehe auch
S.	Seite/siehe
SchweizBG	Schweizerisches Bundesgericht
SLD	Second-Level-Domain
st. Rspr.	ständige Rechtsprechung
StVO	Straßenverkehrsordnung
TKG	Telekommunikationsgesetz
TLD	Top-Level-Domain
TRIPS	Agreement on Trade Related Aspects of Intellectual Property Rights (Übereinkommen über handelsbezogene Aspekte der Rechte des geistigen Eigentums)
Tz.	Textziffer
u.ä.	und ähnliche
u.a.	und andere
unt.	unten
Unterabs.	Unterabsatz
UrhG	Urheberrechtsgesetz
UrhR	Urheberrecht
URL	Uniform Resource Locator
Urt.	Urteil
UWG	Gesetz gegen den unlauteren Wettbewerb
v.	von/vom
Verf.	Verfasser
VerfOBK	Verfahrensordnung der Beschwerdekammern
Verw.	Verweis

vgl.	vergleiche
VO	Verordnung
WIPO	World Intellectual Property Organization
WRP	Wettbewerb in Recht und Praxis (zitiert nach Jahr und Seite)
WTO	World Trade Organization (Welthandelsorganisation)
WZG	Warenzeichengesetz
z.B.	zum Beispiel
ZEuP	Zeitschrift für Europäisches Privatrecht (zitiert nach Jahr und Seite)
ZEuS	Zeitschrift für Europarechtliche Studien (zitiert nach Jahr und Seite)
ZLR	Zeitschrift für das gesamte Lebensmittelrecht (zitiert nach Jahr und Seite)
zul. geänd.	zuletzt geändert
zul. geänd. d.	zuletzt geändert durch
zuzügl.	zuzüglich

Literaturverzeichnis

Althammer/Ströbele/Klaka Markengesetz, 5. Aufl., Köln 1997
Baudenbacher (Hrsg.) Aktuelle Probleme des europäischen und internationalen Wirtschaftsrechts, Bd. 1, Luchterhand, 1998
Baumbach/Hopt Handelsgesetzbuch, 32. Aufl., München 2006
Berlit Markenrecht, 6. Aufl., C.H. Beck, München 2005
Bruhn Die zunehmende Bedeutung von Dienstleistungsmarken, in: Köhler/Majer/Wiezorek (Hrsg.), Erfolgsfaktor Marke. Neue Strategien des Markenmanagements, München 2001
Bugdahl Marken machen Märkte. Eine Anleitung zur erfolgreichen Markenpraxis, München 1998
Deutsch/Ellerbrock Titelschutz. Werktitel und Domainnamen, 2. Aufl., München 2004
Eco Einführung in die Semiotik, 9. Aufl., München 2002
ders. Zeichen – Einführung in einen Begriff und seine Geschichte, 13. Aufl., Frankfurt/M. 2004
Eisenführ/Schennen Gemeinschaftsmarkenverordnung, Köln 2003
Ekey/Klippel (Hrsg.) Heidelberger Kommentar zum Markenrecht – MarkenG, GMV und Markenrecht ausgewählter ausländischer Staaten, Heidelberg 2003 (zitiert *Ekey/Klippel/Bearbeiter)*
Fammler Der Markenlizenzvertrag, München 2000
Fezer Die Eventmarke – Markenschutz für Sponsoring und Merchandising in: Keller/Plassmann/v. Falck (Hrsg.), Festschrift für Winfried Tilmann. Zum 65. Geburtstag, Köln, 2003
ders. Markenrecht, 3. Aufl., München 2001 (zitiert *Fezer/Bearbeiter* Markenrecht)
ders. (Hrsg.) UWG, München 2005 (zitiert *Fezer/Bearbeiter* UWG)
Fischer/Wiswede Grundlagen der Sozialpsychologie, 2. Aufl., Oldenburg 2002
Goldmann Der Schutz des Unternehmenskennzeichens, 2. Aufl., Köln 2005
Hartshorne/Weiss (Hrsg.), Collected Papers of Charles Sanders Peirce, Bd. 1–6, Cambridge, Harvard University Press, 1931–35 (zitiert *Peirce*)
Ingerl Die Gemeinschaftsmarke, Stuttgart 1996
Ingerl/Rohnke Markengesetz, 2. Aufl., München 2003
Knaak Zur Zulässigkeit der Grenzbeschlagnahme von parallelimportierten Waren aus Drittstaaten nach deutschem und europäischem Recht, in: Harte-Bavendamm (Hrsg.), Handbuch der Markenpiraterie in Europa, Strategien gegen Markenpiraterie, München 2000
Lange Marken- und Kennzeichnerecht, München 2006
Liebmann/Foscht Bedeutung der Handelsforschung für die Markenführung, in: Bruhn, (Hrsg.), Handbuch Markenführung, Bd. 1, 2. Aufl., Wiesbaden 2004
Marx Internationale oder regionale Erschöpfung im Markenrecht?, in: Baudenbacher (Hrsg.), Aktuelle Probleme des europäischen und internationalen Wirtschaftsrechts, Bd. 1, Neuwied 1998
Meffert/Burmann Abnutzbarkeit und Nutzungsdauer von Marken – Ein Beitrag zur steuerlichen Behandlung von Warenzeichen, in: Meffert/Krawitz (Hrsg.), Unternehmensrechnung und -besteuerung – Grundfragen und Entwicklungen – Festschrift für Dietrich Börner zum 65. Geburtstag, Wiesbaden 1998
v. Mühlendahl/Ohlgart Die Gemeinschaftsmarke, München 1998

Nöth Handbuch der Semiotik, 2. Aufl., Stuttgart 2000

Nowrot Verfassungsrechtlicher Eigentumsschutz von Internet-Domains, Universität Halle-Wittenberg 2002

Palandt Bürgerliches Gesetzbuch, 65. Aufl., München 2006

Piper/Ohly UWG, Gesetz gegen den unlauteren Wettbewerb, 4. Aufl., München 2006

Richter Warengleichartigkeit einschließlich Dienstleistungsgleichartigkeit – Sammlung der Spruchpraxis des Reichspatentamts, des Deutschen Patentamts, des Bundespatentgerichts und des Bundesgerichtshofes sowie weiterer Gerichte, 9. Aufl., Köln 1992

Richter/Stoppel Die Ähnlichkeit von Waren und Dienstleistungen, 13. Aufl., Köln 2005

v. Schultz (Hrsg.) Kommentar zum Markenrecht, 2. Aufl., Frankfurt/M. 2007 (zitiert *v. Schultz/Bearbeiter)*

Stöckel/Lüken Handbuch Marken- und Designrecht, 2. Aufl., Berlin 2006

Ströbele/Hacker Markengesetz, 8. Aufl., Köln 2006

Trommsdorff Verfahren der Markenbewertung, in: Bruhn (Hrsg.), Handbuch Markenführung, Bd. 2, 2. Aufl., Wiesbaden 2004

Voeth/Rabe Industriegütermarken, in: Bruhn (Hrsg.), Handbuch Markenführung, Bd. 1, 2. Aufl., Wiesbaden 2004

WIPO Leitfaden für die internationale Registrierung von Marken, 3. Aufl., Köln 2005

Kapitel 1 Einleitung

A. Zeichen, Kennzeichen, Kommunikation

Das deutsche Markengesetz[1] behandelt neben dem Recht der Marken auch das Recht der geschäftlichen Bezeichnungen und der geografischen Herkunftsangaben. Anders als das Schlagwort »Markengesetz« vermuten lässt, ist die Marke dabei nicht der Oberbegriff. Erst der volle Titel des Gesetzes – »Gesetz über den Schutz von Marken und sonstigen Kennzeichen« – macht deutlich, dass Marken neben den geschäftlichen Bezeichnungen und den geografischen Herkunftsangaben unter den gemeinsamen Oberbegriff des **Kennzeichens** fallen. 1

Marken, geschäftliche Bezeichnungen und geografische Herkunftsangaben haben – bei allen Unterschieden im Übrigen – in der Tat gemeinsam, als **Kennzeichen** Unternehmen und/oder deren Leistungen am Markt zu identifizieren. Deshalb trifft auch auf Marken zu, was ganz generell für alle Zeichen[2] gilt: Zeichen schaffen eine Beziehung zwischen Bezeichnetem und Bezeichnung. Diese Beziehung macht ihr Wesen aus. Das Zeichen (Signifikant) transportiert eine über das unmittelbar sinnlich Wahrnehmbare seiner Erscheinung – sei es eine Form, eine Farbe oder ein Ton – hinausgehende **Bedeutung** (Signifikat), die sich ihrerseits auf ein materielles oder immaterielles Referenzobjekt bezieht. 2

I. Ikon, Index, Symbol

1. Semiotischer Hintergrund

Mit Zeichenprozessen in Natur und Kultur befasst sich die Semiotik, die Lehre von den Zeichen und Zeichensystemen. Als Begründer der modernen Semiotik gilt zu Recht Charles Sanders Peirce.[3] Nach Peirce lassen sich Zeichen in Hinsicht ihres Bezuges zu einem bezeichneten Objekt in drei Kategorien erfassen: 3

- **Index** ist danach ein Zeichen, das mit seinem Objekt in einer physischen, physiologischen oder physikalischen Beziehung steht. Rauch als ein Zeichen von Feuer, die Ausrichtung einer Windfahne nach dem Wind als Hinweis auf dessen Richtung, oder die Spur als Abdruck eines Fußes sind ebenso Beispiele für Indizes wie etwa das Erröten eines Menschen. Im selben Sinne wird auch der aus der medizinischen Diagnostik geläufige Begriff **Symptom** für diese Zeichenklasse verwendet. Indices, Symptome oder auch **Anzeichen** sind regelmäßig natürliche, **nichtintentionale** Zeichen: sie verdanken ihre Zeichenhaftigkeit keiner sozialen Imposition, sondern werden als bloße Folge von Ereignissen erzeugt. Erst ihre **Interpretation** durch einen Beobachter macht sie zum Zeichen. Die Interpretation wiederum setzt eine 4

---

1 Gesetz über den Schutz von Marken und sonstigen Kennzeichen vom 25. Oktober 1994 (Markengesetz – MarkenG), BGBl. I, S. 3082, ber. BGBl. 1995 I S. 156; zul. geänd. durch Art. 4 Abs. 19 G.v. 17.12.2006, BGBl. I, S. 3171.

2 Das Wort geht auf Althochdeutsch zeihhan – zeihen, hinweisen – zurück.

3 Für viele *Nöth* S. 59 ff.

spezifische kulturelle Vorerfahrung voraus: das Symptom kann nur auf etwas hinweisen, was dem Beobachter bereits als Bedeutung dieses Anzeichens bekannt ist.

5 • **Icon** (Ikone) ist ein Zeichen, das auf Grund seiner Ähnlichkeit in einzelnen Merkmalen mit dem bezeichneten Gegenstand auf diesen verweist. Ein Zeichen kann danach – je nach dem Grad der Übereinstimmung mit seinem Objekt, seiner »**Ikonizität**« – mehr oder weniger ikonisch sein, eine Fotografie etwa mehr als ein stark abstrahierendes Piktogramm. Über die Ähnlichkeit als solche muss eine kulturelle Konvention bestehen, damit sie überhaupt als solche interpretiert werden kann. Vollkommene Ikonizität führt zum Zusammenfallen von Zeichen und Bezeichnetem, zur »Semiotisierung« des Referenzobjektes. Denkbar ist die vollkommene Ikonizität bei sog. ostensiven Zeichen.[4]

6 • Das **Symbol** schließlich ist ein willkürliches Zeichen, dessen Bedeutung durch **Konvention** festgelegt ist. Weil diese Konvention im Grundsatz beliebig ist und der Begriff des Symbols in vielen anderen Zusammenhängen mit gänzlich anderer Bedeutung verwendet wird, bietet es sich an, hier von »arbiträren Zeichen« zu sprechen: Jedem Symbol kann qua Konvention jede Bedeutung zugeordnet werden. **Konventionalität** und **Arbitrarität** machen das Symbol zum vielseitigsten Zeichentypus. Markantes Beispiel für die Konventionalität von Symbolen ist die Sprache: dem Objekt Baum ist – mit entsprechender Bedeutung – das deutsche Wortzeichen <Baum>, das italienische Wortzeichen <albero> oder das englische Wortzeichen <tree> zugeordnet. Jedes andere, sprechbare Wortzeichen wäre ebenso gut geeignet, dieselbe Bedeutung zu transportieren. In der gemeinsamen, übereinstimmenden Verwendung eines dieser Zeichen in einem Sprachraum liegt die Konvention.

7 Mischformen sind möglich und durchaus häufig anzutreffen. Symbole können etwa teilweise ikonischer oder indexalischer Natur sein. Es lässt sich deshalb im Sinne eines Kontinuums sagen, dass Arbitrarität und Konventionalität der Zeichen in der Reihenfolge Index-Icon-Symbol zunehmen. Die meisten kulturellen Kommunikationszeichen, allen voran die Sprachzeichen, fallen in die letztgenannte Kategorie der arbiträren Zeichen, deren Aussagebeziehung zu einer bestimmten Bedeutung auf einer willkürlichen Zuordnung beruht.

8 Die für ein Zeichen konstitutive Fähigkeit, »etwas zu bedeuten«, wird in der Semiotik vielfach als eine **triadische Struktur** abgebildet, die allen Zeichen zu Grunde liegt und bereits von den Stoikern systematisch analysiert worden ist. Diese Struktur besteht aus

- dem *semainon*, dem Zeichen als physischer Entität[5]
- dem *semainomenon*, der von dem Zeichen transportierten Bedeutung, die keine physische Entität darstellt, und
- dem *pragma*, dem Gegenstand, dem Ereignis oder der Handlung, auf das sich das Zeichen bezieht.

---

4 *Eco*, Zeichen, S. 63 ff., nennt als Beispiel den Kunden, der eine Packung Zigaretten vorzeigt, um damit seinen Wunsch nach eben dieser Ware zu bezeichnen.

5 Das Zeichen selbst lässt sich nochmals differenzieren in das Zeichen als Typus, das nur einmal existiert (etwa das Wortzeichen »und«), und das Zeichen als verkörpertes Exemplar, das sich beliebig oft replizieren lässt (etwa das in einem Text 40-mal vorkommende »und«). Bei *Peirce* entspricht dem die Unterscheidung von »Type« und »Token«.

Ein Zeichen ist danach (irgend) etwas Wahrnehmbares, Unterscheidbares (Laut, Bild, Farbe, Form, Duft, Licht, Bewegung, Geste, Struktur usw.), das »**für etwas anderes steht**« (»something, which stands to somebody for something in some respect or capacity«.)[6]

9 Soll ein frei gewähltes Zeichen (Symbol) allerdings zur verlässlichen **Kommunikation** unter mehreren Individuen taugen, bedarf es einer unter diesen Individuen **etablierten Konvention** über seine Bedeutung. Wenn und sobald eine solche Konvention über die Bedeutung eines Zeichens besteht, ist die Zuordnung von Bezeichnendem und Bezeichnetem nicht mehr offen, sondern festgelegt. Wer das Zeichen zur Kommunikation verwendet, darf jetzt erwarten, dass sein Kommunikationspartner im Grundsatz dieselbe Vorstellung mit dem Zeichen verbindet, die er selbst ihm zuordnet. So liegt es zum Beispiel bei der lexikalischen Bedeutung von Worten.

10 **Fehlerfreie Kommunikation** ist möglich, wenn, so weit und solange mit ein- und demselben Zeichen ein- und dieselben Vorstellungen verbunden werden. Wo es daran fehlt, weil etwa der Adressat eines (Sprach-)Zeichens die gewählte Sprache nicht spricht, weil der Betrachter einer Landesflagge deren Farben nicht zuordnen kann oder weil der Gesprächspartner die ihm dargebotene Geste nicht kennt (oder nicht einmal als solche, das heißt als Zeichen, erkennt), fällt das Zeichen auf ein zwar optisch, akustisch, haptisch oder olfaktorisch wahrnehmbares, im Übrigen aber bedeutungsloses Phänomen zurück: der Adressat hört nur einen Laut, er sieht Farben, er erkennt eine Bewegung usw. Er verbindet damit aber keine über diese Wahrnehmung hinausgehenden Vorstellungen. Wird ein Zeichen zwar als solches erkannt und gedeutet, aber mit einer – aus der Sicht des Senders – abweichenden, »irrigen« Vorstellung verbunden, fehlt es an einer übereinstimmende Bedeutungskonvention zwischen Sender und Empfänger: die Kommunikation ist gestört.

11 Die Teilhabe an der Konvention über die Bedeutung eines Zeichens ist mithin Voraussetzung für seine Nutzung als Kommunikationszeichen. Sie setzt für alle Kommunikationsteilnehmer, die nicht schon an der Kreation des Zeichens selbst beteiligt waren, einen **Lernprozess** voraus: nur wer die Beziehung von Zeichen (Signifikant) und Bedeutung (Signifikat) erlernt hat, kann das Zeichen kommunikativ nutzen, sei es als Sender, sei es als Empfänger. Allenfalls »selbsterklärende« Zeichen (Icons) erlauben es, den Lernvorgang ad hoc, also zeitgleich mit der Wahrnehmung des Zeichens selbst zu bewältigen:[7] so mag das Verkehrszeichen Nr. 116 nach § 40 StVO (»Schleudergefahr bei Nässe oder Schmutz«) auf Grund seiner szenisch-bildlichen Darstellung (seiner »Ikonizität«) auch dem verständlich sein, der es zum ersten Mal sieht.[8] Dagegen kann das Zeichen Nr. 306 nach § 42 StVO (»Vorfahrtstraße«) in seiner festgelegten Bedeutung nur erkannt werden, wenn die Konvention, das heißt die Verbindung von **Symbol** und **Bedeutung**, zuvor erlernt wurde.

6 *Peirce* S. 2.228; ausführlich zum gesamten Kontext *Eco*, Zeichen – Einführung in einen Begriff und seine Geschichte sowie *ders.*, Einführung in die Semiotik.

7 S. oben Rn. 5 (»Ikon«).

8 Auch die Entschlüsselung eines ikonischen Zeichens setzt freilich kulturelle Vorerfahrung voraus: wer das Objekt nicht kennt und mit seiner Darstellungsform im ikonischen Zeichen nicht vertraut ist, kann auch die Ähnlichkeit von Zeichen und Objekt nicht erkennen.

12 Beispiel:

Selbsterklärendes Zeichen (ICON)[9]

Arbiträres Zeichen (SYMBOL)

2. Bedeutung für das Markenrecht

13 Markenrechtlich spielt die zeichentheoretische Unterscheidung zwischen willkürlichem Symbol, selbsterklärendem Icon und kausal bedingtem Index eine erhebliche Rolle. Denn ein in seiner konkreten Bedeutung gewillkürtes, arbiträres Zeichen (Symbol) eignet sich universal zur Etablierung einer beliebigen Bedeutungskonvention; eigens dafür kreierte **Symbole** sind damit bestens geeignet, die Aussage einer Produkt- oder Dienstleistungsmarke zu transportieren.[10]

14 Dagegen ist ein **ikonisches** Zeichen durch die konstitutive Merkmalsähnlichkeit von Signifikant und Referenzobjekt eher auf eine bestimmte Bedeutung (Signifikat) festgelegt, die der mit einer Marke intendierten Aussage hinderlich sein kann. Gerade ikonischen Zeichen fehlt häufig die für eine Marke unerlässliche Fähigkeit, eine individuelle betriebliche Herkunft auszudrücken. So liegt es, wenn sich eine Bildmarke in der naturgetreuen Abbildung der Ware erschöpft, für die sie angemeldet wurde:[11] Geht die Aussage des Zeichens in einem solchen Fall nicht über die verkleinerte Abbildung des gekennzeichneten Produkts hinaus, ist die Bedeutung des Icons schlicht »das Produkt«, nicht seine Herkunft.

15 **Indexalische** Zeichen, die insoweit die nichtintentionale Folge anderweitig motivierter Ursachen darstellen, können der Verwendung als Marke sogar gänzlich entzogen sein.

---

9 Die Ikonizität dieses Zeichens ist keineswegs vollständig. Zum einen ist die Bedeutung der äußeren Zeichenform und -farbe symbolischer Natur, denn die Zuordnung der Bedeutung »Achtung« oder »Vorsicht« ist arbiträr und beruht auf einer Konvention. Zum anderen ist die bildliche Darstellung stark abstrahiert und verlangt den Rückschluss von einer Linienform auf eine Bewegung und deren Ursache – ein Rückschluss, der erhebliche Vorerfahrung voraussetzt.

10 Aus diesem Umstand erklärt sich auch die häufig anzutreffende Aussage, bei der Bildung von Marken werde »Fantasie belohnt«, obwohl weder das Gesetz (vgl. § 3 MarkenG) noch die Rechtsprechung (vgl. EuGH MarkenR 2004, 393 – SAT.2; GRUR 2004, 1027, 1029 – DAS PRINZIP DER BEQUEMLICHKEIT; EuG GRUR Int. 2002, 592, 595 – EUROCOOL; BGH GRUR 2000, 722, 723 – LOGO) fantasievolle Eigenart eines Zeichens zur Voraussetzung seines Schutzes als Marke machen.

11 BGH MarkenR 1999, 133 – Etiketten; MarkenR 2003, 237 – Abschlussstück.

Beispiel: Die Anmelderin hat für die Waren »Leichtmetallfelgen für Personenkraftwagen« das nachfolgend wieder gegebene Bildzeichen angemeldet:[12]

Das Bildzeichen ist zwar als solches (»abstrakt«)[13] ein taugliches Zeichen. Es könnte ohne weiteres ein Symbol mit einer bestimmten Bedeutung und damit auch eine Marke sein. Das Markengesetz verlangt jedoch, dass ein als Marke angemeldetes Zeichen in der Lage sein muss, die Waren, für die es eingetragen werden soll, nach ihrer **betrieblichen Herkunft** zu individualisieren – die Marke muss, zumindest auch, ein unternehmensidentifizierendes **Herkunftssymbol** sein.

Die naturgetreue Wiedergabe der im Warenverzeichnis genannten Ware leistet dies im Allgemeinen nicht. So auch hier: Der Betrachter erkennt in der dargestellten Felge (Icon) eine Felge – nicht mehr. Er sieht in der Abbildung keinen Hinweis (Symbol) auf einen bestimmten Hersteller. Mit der »beschreibenden« Bedeutung allein ist das Zeichen nicht markenfähig.[14] **16**

12 BGH GRUR 1997, 527 – Autofelge.
13 Zur abstrakten Markenfähigkeit nach § 3 MarkenG s. unten Rn. 131 ff.
14 Vgl. auch BGH MarkenR 2004, 353 – Farbige Arzneimittelkapsel.

17 Beispiel: Die Anmelderin begehrt Schutz für die nachfolgend wieder gegebene dreidimensionale Gestaltung eines Käseproduktes als Marke:[15]

Im Unterschied zum vorgenannten Beispiel wurde diesem Zeichen die Fähigkeit, das abgebildete Produkt **nach seiner betrieblichen Herkunft** zu individualisieren, nicht abgesprochen. Bei der durch die dreidimensionale Marke wieder gegebenen Form, so der BGH, handele es sich »um eine willkürliche charakteristische Gestaltung, die der Verkehr – nach der Lebenserfahrung zu urteilen – **einem bestimmten Hersteller zuordnen** wird.«[16] Zeichentheoretisch bedeutet dies, dass die Abbildung des Käseproduktes sich nicht – als Icon – auf eine miniaturisierte, naturgetreue Wiedergabe des Originals beschränkt, sondern – insoweit als ein Symbol – die Bedeutung einer bestimmten betrieblichen Herkunft transportieren kann. Genau (und erst!) diese Qualität macht das Zeichen als Marke schutzfähig.[17]

18 **Indexalischer** Natur sind dreidimensionale Formen von Produkten oder ihren Verpackungen, wenn sich darin die notwendige Folge einer technischen Lösung, einer funktionalen Anforderung oder einer wertbildenden Gestaltung ausdrückt: sie sind als Zeichen insoweit nicht arbiträr, sondern bedingt (und insofern »nichtintentional«), was die willkürliche Attribution einer markenmäßigen Bedeutung erschweren kann: § 3 Abs. 2 MarkenG schließt technisch bedingte, waren- oder wertbe-

15 BGH MarkenR 2004, 140 – Käse in Blütenform (vorgehend BPatG GRUR 2001, 341; nachgehend BPatG, Mitt 2005, 385 – Käseform II (Leitsatz).

16 BGH MarkenR 2004, 140, 142 – Käse in Blütenform.

17 Das BPatG sieht allerdings bei Warenformmarken für Lebensmittel regelmäßig ein Freihaltebedürfnis: Hersteller müssten sich auf die Freiheit der Formenvielfalt verlassen dürfen, ohne jeweils umfangreiche Markenrecherchen durchführen zu müssen; s. dazu BPatG Mitt 2005, 385 – Käseform II (Rechtsbeschwerde zugelassen und eingelegt, Az. I ZB 41/05); ebenso BPatG Beschl. v. 30.11.2005, 28 W (pat) 69/99 – Käseform III (zuvor BGH Mitt 2004, 225); *Grabrucker* GRUR 2006, 265, 267; für eine Wurstform als 3-D-Marke s. OLG Köln MarkenR 2005, 452 – Wurst in Kleeblattform.

dingte Formmarken vom Markenschutz jedenfalls dann aus, wenn die in Rede stehende Form ausschließlich diesen Kriterien geschuldet – als Zeichen also vollständig indexalisch – ist.

Beispiel: Im Markenregister ist die hier wieder gegebene dreidimensionale Marke für die Ware »Kraftfahrzeugteile« eingetragen. 19

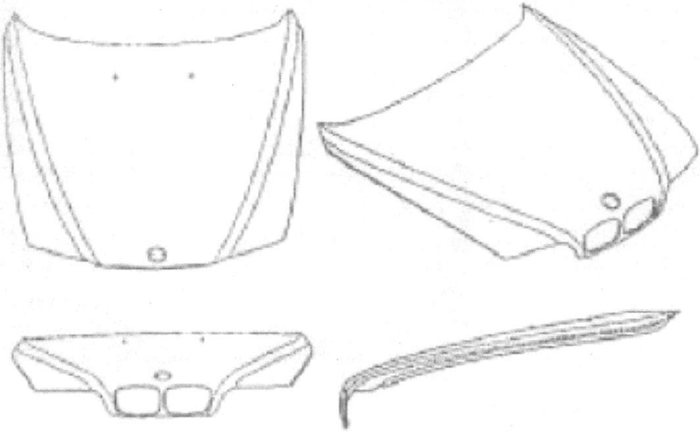

Der dagegen gerichtete Löschungsantrag hat Erfolg: da das Zeichen die Form des Produkts wieder gebe, so das Bundespatentgericht,[18] und diese Form zum einen technischen Vorgaben wie Steifigkeit, Luftwiderstandsbeiwert und Aufprallschutz genügen müsse, andererseits einen sichtbaren Teil des Kraftfahrzeugs bilde, der nur in dieser besonderen optischen Ausgestaltung und ästhetischen Wirkung verkehrsfähig sei, müsse ihm zeichenrechtlicher Schutz versagt bleiben. Die Form sei technisch bedingt und verleihe zugleich der Ware ihren wesentlichen Wert. Für beide Funktionen stünden ggf. zeitlich begrenzte Schutzrechte (Patent, Gebrauchsmuster, Geschmacksmuster) zur Verfügung, nicht aber der zeitlich unbegrenzte Markenschutz.

3. Wortmarken als Symbole

Wortmarken sind zwar als Sprachzeichen **Symbole,** also **arbiträre, konventionelle Zeichen.**[19] Ihr zeichenrechtlicher Schutz als Marke für bestimmte Waren oder Dienstleistungen kann aber dennoch scheitern, wenn sie bereits mit einer Bedeutung belegt sind und es nicht gelingt, dasselbe Zeichen daneben in einem gewerblichen Kontext mit einer **zweiten**, markenmäßigen Bedeutung zu verbinden. So liegt es bei Wortzeichen, die bereits mit einer lexikalischen Bedeutung verknüpft sind: sie sind für eine **bestimmte** Ware oder Dienstleistung nur dann markenfähig, wenn sie 20

18 BPatG MarkenR 2005, 58 – BMW-Motorhaube.
19 S. oben Rn. 6.

– über ihre lexikalische Bedeutung hinaus – die Information einer bestimmten **betrieblichen Herkunft** der Waren oder Dienstleistungen kommunizieren, für die sie angemeldet sind.

21 Kann eine Konvention über die markenmäßige Bedeutung eines lexikalisch bekannten Wortes unter den beteiligten Verkehrskreisen etabliert werden, ist das Zeichen als Marke schutzfähig. Bei vielen Zeichen gelingt dies »aus dem Stand«, weil die markenmäßige Aussage des Zeichens bei jeder, auch der erstmaligen Verbindung des Zeichens mit einer Ware oder Dienstleistung sofort erkennbar ist. Das vom Hersteller auf Motorhaube, Kotflügel oder Hecktür eines Lieferwagens angebrachte Wort »Sprinter« etwa wird ohne weiteres als Marke des Modells erkannt. Bei anderen Zeichen oder Zeichenformen, etwa der Verwendung einer bestimmten Farbe, bedarf es dagegen erst einer nachhaltigen Bewerbung des Herkunftshinweises am Markt, weil die beteiligten Verkehrskreise die markenmäßige Bedeutung des Zeichens erst erlernen müssen.

22 Wo sich die Bedeutung eines Wortzeichens in seiner generischen, lexikalischen Aussage erschöpft, ist die Etablierung einer markenmäßigen Aussage gescheitert, ein Schutz des Zeichens als Individualmarke scheidet aus. So liegt es, wenn die Bedeutung des Wortzeichens nicht mehr und nichts anderes ist als die Beschreibung der Waren oder Dienstleistungen, für die das Zeichen geschützt werden soll.[20] In ihrer generischen, beschreibenden Bedeutung sind Wortzeichen zu Gunsten der Allgemeinheit frei zu halten.[21]

23 Beispiele: (1) Die für die deutsche Post im November 2003 zunächst eingetragene Marke Post wurde auf Antrag des Bundesverbandes der Kurier-Express-Post-Dienste gelöscht, weil es sich um eine allgemeine Bezeichnung für das Befördern von Briefen und Paketen handele. Wenn es zutrifft, dass die Allgemeinheit (»der Verkehr«) das Zeichen »Post« nur in diesem **generischen** Sinne verwendet und versteht, kann es in der Tat nicht als Marke zu Gunsten eines Unternehmens monopolisiert werden, weil es nicht in der Lage ist, die Bedeutung einer **bestimmten** betrieblichen Zuordnung der Dienstleistung zu kommunizieren. Sollte das Wortzeichen »Post« dagegen vom Verkehr als ein Symbol für die Dienstleistungen eines konkreten Unternehmens (hier: der Deutschen Post AG) verstanden werden, wäre die Marke zu Recht eingetragen, die Löschung zu Unrecht vorgenommen worden.[22]

(2) Die für die italienische Diesel S.p.a. für »Bekleidungsstücke, Schuhwaren, Kopfbedeckungen« eingetragene Marke DIESEL[23] ist ohne weite-

---

20 In den Worten des BGH: »Enthalten die Wortbestandteile einer Bezeichnung einen beschreibenden Begriffsinhalt, der für die in Frage stehenden Waren oder Dienstleistungen ohne weiteres und ohne Unklarheiten als solcher erfasst wird, ist der angemeldeten Bezeichnung die Eintragung als Marke wegen Fehlens jeglicher Unterscheidungskraft zu versagen. Bei derartigen beschreibenden Angaben gibt es keinen tatsächlichen Anhalt dafür, dass der Verkehr sie als Unterscheidungsmittel versteht«; BGH MarkenR 2005, 145, 146 – BerlinCard, mit Bezug auf BGH MarkenR 2001, 314 – marktfrisch und MarkenR 2001, 407 – antiKALK.

21 Wie schwierig die Abgrenzung zwischen einem zu Gunsten der Allgemeinheit freizuhaltenden, generischen Zeichen und der zu Gunsten eines Anmelders schutzfähigen Marke sein kann, zeigt der Streit um das »Eventzeichen« WM 2006; s. dazu unten Rn. 60 ff.

22 S. dazu *Kunz-Hallstein* GRUR Int. 2004, 751 (auch zum Schutz von Farbe und Posthorn).

23 DPMA Reg.Nr. 1154066.

res markenfähig, weil sie als ein Symbol für bestimmte Waren eines bestimmten Herstellers verwendet werden soll und weil **diese** Aussage sich nicht mit der generischen (beschreibenden) Bedeutung des Wortes Diesel (für eine Kraftstoffart) deckt.[24] Auf einer Textilie angebracht, wird das Wortzeichen DIESEL als Marke erkannt und gedeutet. Im Umfeld einer Tankstelle dagegen reduzierte sich seine Aussage auf die lexikalische Bedeutung, was einer Verwendung als Marke entgegenstünde.

II. Zeichen und Zeichenbotschaft

Der mit der Verbindung von (arbiträrem) Zeichen und zugehöriger Bedeutung verbundene (Lern- bzw. Lehr-)Aufwand fällt regelmäßig dem zur Last, der das größte Interesse an der Kommunikation mit diesem Zeichen hat: ist es der Empfänger, der das Zeichen verstehen will, muss er sich um die Erkenntnis seiner Bedeutung selbst bemühen. Ist es dagegen der Sender, der das von ihm benutzte Zeichen von Dritten verstanden wissen will, wird die Übermittlung der Bedeutungs-Konvention zur **Bringschuld**: entweder der Sender verwendet ein sich (ganz oder teilweise) selbst erklärendes Zeichen oder aber er bringt dem Adressaten die Bedeutung des Zeichens aktiv nahe. **24**

Soll ein Zeichen komplexe Botschaften zwischen Marktteilnehmern kommunizieren, ist es dafür kaum ausreichend, es lediglich auf dem Produkt anzubringen. Notwendig ist vielmehr eine vorgängige oder zumindest begleitende, über die Verwendung des Zeichens selbst hinausgehende Anstrengung des Verwenders. Sie ist erfolgreich, wenn und sobald sich der Empfänger mit der Wahrnehmung des Zeichens auch dessen Bedeutung vergegenwärtigt. **25**

Die Kommunikation über Symbole ist in hohem Maße effizient. Denn ist die Bedeutung eines Zeichens einmal verinnerlicht, lässt sie sich bei seinem Anblick nicht mehr unterdrücken. Wer ein ihm bekanntes Symbol wahrnimmt, kann schlechterdings nicht verhindern, dessen Sinn zu erkennen. Anders als etwa bei einem Text, den der potenzielle Leser zunächst als Ganzes sieht, um sodann frei zu entscheiden, ob er ihn lesen möchte oder nicht, fallen bei einem Symbol die physiologische Wahrnehmung und die kognitive Verbindung mit einer bestimmten Bedeutung, die Interpretation zusammen: das Symbol zu sehen, heißt, es zu verstehen. Nicht ohne Grund gibt es kaum eine politische Bewegung, die auf diese **Macht des Symbols** verzichtete. Von der Flagge bis zum Graffiti an der Mauer, vom Kreuz des Christentums bis zum Hakenkreuz der Nationalsozialisten: etablierte Symbole lassen sich von ihrer Bedeutung nicht mehr trennen, ihre Wahrnehmung ist unausweichlich. **26**

24 *Fezer* WRP 2000, 1, 4, weist zu Recht darauf hin, dass die Individualisierungs- und Unterscheidungseignung eines Zeichens nur latent vorhanden sein muss, um die Eintragungsfähigkeit als Marke zu begründen, also nicht erst mit entsprechender Benutzung entsteht.

27 Beispiel:

Die Wahrnehmung von Zeichen ist unausweichlich.

III. Folgerungen für die Marke

28 Weil Marken Zeichen sind, gelten die im Vorangegangenen dargestellten Grundsätze auch für sie:

- Marken sind etwas **Wahrnehmbares, Unterscheidbares**, das **für etwas anderes** steht. Das Blau eines Herrenhemdes ist bloße Farbe, allein der Ästhetik geschuldet, die sich selbst genügt; das (»ARAL«-) Blau an der Tankstelle dagegen steht für einen bestimmten Anbieter, für sein Produkt und dessen Qualität, für die Werbebotschaft, die er an seine Kunden richtet usw.: es ist mehr als eine bloße Farbe, mehr als ein wahrnehmbares Phänomen, es ist – weil es eine Bedeutung hat – ein Zeichen[25]. Es ist eine Marke, weil seine Bedeutung u.a. in der Identifizierung eines bestimmten Herstellers liegt.[26]

- Die **Zuordnung** einer Marke zu einem Produkt ist im Ausgangspunkt arbiträr (beliebig). Der Viehzüchter, der seinen Rindern zur Manifestation seines Eigentums ein Zeichen in das Fell brennt, kann dafür eine beliebige Form wählen,

25 Ganz in diesem Sinne hat der EuGH in den Entscheidungen »Libertel« (MarkenR 2003, 227) und »Farbmarke blau/gelb« (MarkenR 2004, 338) festgestellt, Farben seien gewöhnlich »eine *bloße Eigenschaft* von Gegenständen« (vgl. Urteil »Libertel«, S. 230). Sie würden »im Allgemeinen wegen ihrer Anziehungskraft oder schmückenden Wirkung verwendet, ohne irgendeine **Bedeutung** zu vermitteln.« Gleichwohl sei nicht auszuschließen, dass Farben in Verbindung mit einer Ware oder einer Dienstleistung ein **Zeichen** sein könnten (vgl. Urteil »Farbmarke blau/gelb«, S. 340); ausf. dazu *Weiher/Keser* MarkenR 2005, 117 ff.

26 Ein illustratives Beispiel für eine Warenform auf der Grenze zwischen lediglich ästhetischer Formgebung und (darüber hinausgehendem) Herkunftshinweis gibt die Entscheidung BGH MarkenR 2000, 414 – Likörflasche.

wenn sie denn nur wahrnehmbar und unterscheidbar ist: mit diesem kreativen Akt ist ein »Brand« entstanden.

- Die **Kommunikation** mit Marken beruht auf einer **Konvention**: Hersteller, Händler und Konsumenten eines Produktes oder einer Dienstleistung können nur dann sinnvoll über die Marke miteinander kommunizieren, wenn die Vorstellungen, die sie als Zeichen transportiert, **fixiert** sind. Der Hersteller, der sein Produkt am Markt als hochwertig, als luxuriös, als wirkungsstark, als seriös oder als trendig empfehlen will, kann diese Botschaft erst und nur dann mit Erfolg über die Marke senden, wenn der Empfänger mit der Wahrnehmung der Marke eben diese Botschaft assoziiert. Die Anstrengungen des Inhabers, diese Assoziation zu verankern, sind Gegenstand seiner **Markenstrategie**.
- Weil das Interesse an einer **fehlerfreien** Kommunikation über die Marke in erster Linie bei ihrem Inhaber liegt, obliegt ihm auch die Aufgabe, ihre Bedeutung präzise zu fixieren und die Verbindung von Zeichen und Bedeutung – die Konvention über seine Aussage – beim Empfänger, das heißt bei seinem Kunden ständig wiederkehrend zu etablieren. Das Mittel der Wahl zur Erfüllung dieser »Bringschuld« ist die **Werbung**.
- Parallel zu dieser Anstrengung obliegt es dem Inhaber der Marke, Störungen der von ihm eröffneten Kommunikation abzuwehren, die sich daraus ergeben, dass Dritte gleiche oder ähnliche Symbole verwenden, um gleiche oder ähnliche Botschaften zu transportieren. Dir rechtliche Handhabe dafür gibt ihm das **Markenrecht**.
- Für den Einsatz von Marken, geschäftlichen Bezeichnungen und geografischen Herkunftsangaben ist die Eigenschaft von Zeichen und Symbolen von unschätzbarem Wert, dass ihre **inhaltliche Aussage** mit ihrer **physiologischen Wahrnehmung** zusammenfällt. Der Betrachter kann sich der Botschaft eines ihm bekannten Zeichens nicht entziehen. Markenbotschaften sind unausweichlich.

B. Marken, Unternehmenskennzeichen, Werktitel, Herkunftsangaben

I. Terminologie, Schutzobjekte

Den durch das Markengesetz geschützten Kennzeichen – den Marken, geschäftlichen Bezeichnungen und geografischen Herkunftsangaben – ist eines gemein: es sind allesamt Zeichen, mit denen Unternehmen und deren gewerblich nutzbare Leistungen (Unternehmensleistungen) **identifiziert** und so von anderen Unternehmen und deren Leistungen **unterscheidbar** werden. Im Hinblick auf ihre Zuordnung zu einem bestimmten Inhaber oder Inhaberkreis und dessen Recht, exklusiv über ihre Benutzung zu bestimmen und beliebige Dritte daran zu hindern, sind sie **subjektive Ausschließlichkeitsrechte**.[27] Für geografische Herkunftsangaben gilt dies jedenfalls für das zur Nutzung berechtigte Kollektiv[28]. Marken, geschäft- 29

27 *Ströbele/Hacker* § 14 Rn. 8.
28 Zur umstrittenen Rechtsnatur geografischer Herkunftsangaben s. *Fezer/Marx* UWG, Bd. 1, § 4 UWG S10 Rn. 29 ff. sowie unten Rn. 297 ff.

liche Bezeichnungen und geografische Herkunftsangaben unterscheiden sich insoweit weniger nach ihrer Funktion als vielmehr nach dem Objekt des Schutzes:

30 • **Marken** unterscheiden die Produkte oder Dienstleistungen eines Unternehmens von denen anderer Unternehmen (»produktidentifizierende Unterscheidungszeichen«)

• Geschäftliche Bezeichnungen unterscheiden
  - als **Unternehmenskennzeichen** das Unternehmen selbst, in dem Produkte gefertigt oder gehandelt oder Dienstleistungen erbracht werden, von anderen Unternehmen (»unternehmensidentifizierende Unterscheidungszeichen«), oder
  - als **Titel** gewerblich nutzbare Werke wie Druckschriften, Film- oder Tonwerke[29] von anderen Werken (»werkidentifizierende Unterscheidungszeichen«)

• **Geografische Herkunftsangaben** unterscheiden Produkte oder Dienstleistungen nicht im Hinblick auf ein bestimmtes Unternehmen, sondern auf ihre örtliche Herkunft.

31

Oberbegriff	**Kennzeichen**			
Ausprägungen	Marken	Geschäftliche Bezeichnungen		Geografische Herkunftsangaben
		Unternehmenskennzeichen	Werktitel	
Funktion	Kommunikation der betrieblichen Herkunft eines Produkts	Identifikation eines Unternehmens	Identifikation eines Druck-, Film-, Bühnen- oder Tonwerkes	Kommunikation der geografischen Herkunft eines Produkts
Bezug	Herkunft	Identität	Inhalt	Herkunft

Übersicht 1: Kennzeichen

II. Überschneidung der Kennzeichenarten

32 Die Kennzeichenarten können sich im Einzelfall **überschneiden**. So kann etwa eine **Marke** zugleich **Unternehmenskennzeichen** sein. Umgekehrt kann das Unternehmenskennzeichen zugleich zur Identifikation von Produkten und Dienstleistungen dienen, sei es als eingetragene Marke, sei es infolge bloßer Benutzung am Markt (Be-

29 Der Werkbegriff des Kennzeichenrechts deckt sich nicht mit dem des Urheberrechts, s. dazu die Begr. zum MarkenG, BT-Drs. 12/6581, S. 67.

nutzungsmarke kraft Verkehrsgeltung). In beiden Fällen liegen dann aber zwei selbstständige, wenn auch gleich lautende Kennzeichen vor, deren Schutzvoraussetzungen, Bestand und Verteidigung voneinander unabhängig sind.

Beispiel: Gegen die für Strumpfwaren eingetragene Wortmarke »Nora« erhebt das Einzelhandelsunternehmen »NORMA« Widerspruch. »NORMA« ist nicht nur das Unternehmenskennzeichen der Widerspruchsführerin, sondern auch für diese als Wortmarke für die Waren »Bekleidungsstücke, Schuhwaren, Kopfbedeckungen« eingetragen. Der Widerspruch aus dieser älteren Marke gegen das jüngere Zeichen »Nora« setzt jedoch voraus, dass die ältere Marke auch tatsächlich für die angegebenen Waren »rechtserhaltend«[30] benutzt worden ist. Dafür reicht die Verwendung als Unternehmenskennzeichen nicht aus. »Ein Einzelhandelsunternehmen,« so der BGH[31], »das eine Vielzahl von Waren vertreibt, die teils mit eigenen Marken des Unternehmens, teils mit Marken der Hersteller versehen, teils ohne Marke sind, benutzt seine für entsprechende Waren eingetragene, mit seiner Unternehmensbezeichnung übereinstimmende Marke mit deren Verwendung an Schaufenstern und in Geschäftsräumen seiner Filialen, auf Einkaufstüten, Regal- und Preisaufklebern sowie in der Werbung in Zeitungsanzeigen und auf Handzetteln auch dann nicht rechtserhaltend, wenn der Marke im Einzelfall ein »R« im Kreis angefügt ist. Ohne einen konkreten Bezug zu der Ware bezieht sich dieser Hinweis allenfalls auf die Dienstleistung des Handelsunternehmens, nicht aber auf die Herkunft der Ware zur Unterscheidung von Waren anderer Herkunft.«[32] **33**

Die Entscheidung macht deutlich, dass die **unternehmensidentifizierende** Verwendung des Kennzeichens »NORMA« ungeachtet der Wortgleichheit die **produktidentifizierende** Verwendung der Wortmarke »NORMA« nicht ersetzen kann. Auch die Verwendung von Preisetiketten mit dem Zeichen »NORMA« auf Strumpfhosen, so der BGH, werde vom Verkehr lediglich als Hinweis darauf verstanden, dass das unter diesem Zeichen auftretende Unternehmen für die so ausgezeichneten Waren einen bestimmten Preis (»NORMA-Preis«) fordere. Die mangelnde Benutzung der Wortmarke »NORMA« für die Waren selbst, für die sie eingetragen wurde, führte deshalb auf entsprechende Einrede des Widerspruchsgegners zur Abweisung des Widerspruchs.[33] **34**

Auch eine **geografische Herkunftsangabe**, die ihrer Natur nach nicht auf die betriebliche Herkunft eines Produkts aus einem bestimmten Unternehmen, sondern auf den geografischen Ursprung eines Produktes hinweist, kann in besonderen Fällen als (Individual-)**Marke** schutzfähig sein. So liegt es, wenn die geografische Bezeichnung sich infolge ihrer Benutzung am Markt als betrieblicher Herkunftshinweis durchgesetzt hat: »Ravensburger Spiele«[34] sind als betrieblicher Herkunftshinweis ebenso bekannt wie »Gerolsteiner Sprudel«[35] oder »ERDINGER«[36] (für Weißbier). **35**

30 Zum sog. Benutzungszwang s. unten Rn. 606 ff.
31 BGH MarkenR 2006, 72 – NORMA.
32 Ebenso schon BGH MarkenR 2005, 505 – OTTO; dazu *Berlit* MarkenR 2005, 466.
33 §§ 43, 26 MarkenG.
34 DPMA Reg.Nr. 912837, 729059 und 703323.
35 DPMA Reg.Nr. 875596.
36 Vgl. BPatG GRUR 1994, 627 – Erdinger.

36 Schließlich kann ein- und dasselbe Produkt (ggf. gleich lautenden) **Marken-** und **Titelschutz** genießen, wenn es sich bei dem Produkt zugleich um ein »Werk« im Sinne des § 5 MarkenG handelt. Wiederum sind die Schutzvoraussetzungen und -grenzen für jedes Recht gesondert zu betrachten: Für die herkunftsbezogene Marke gelten die §§ 4, 14 MarkenG, für den inhaltsbezogenen Titel die §§ 5, 15 MarkenG. Die daraus folgenden Unterschiede, etwa für die Entstehung des Rechts, können streitentscheidend sein.

37 **Überschneidung von Kennzeichenarten**

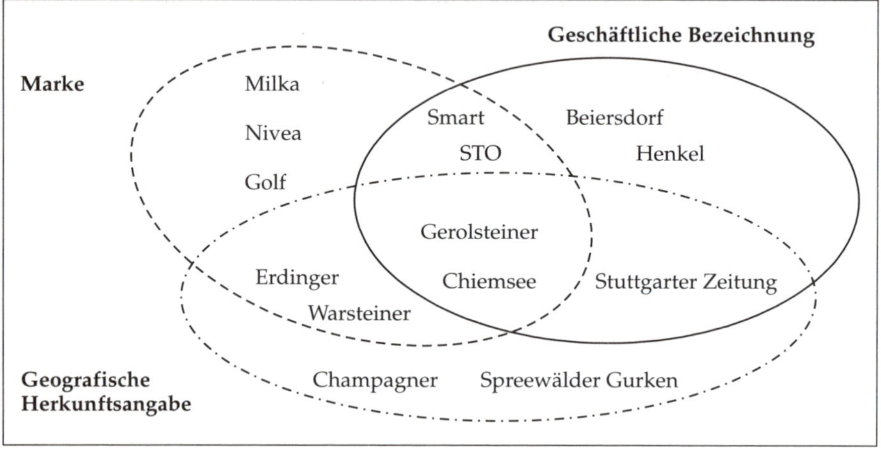

Übersicht 2: Überschneidung von Kennzeichenarten

38 Beispiel: Die Beklagte ist eine Tochtergesellschaft der US-amerikanischen Microsoft Corp. Sie vertreibt u.a. ein Präsentationsgrafikprogramm unter der Bezeichnung PowerPoint. Sie wird von der Klägerin, einem mittelständischen Softwareunternehmen, auf Unterlassung, Auskunft und Schadensersatz in Anspruch genommen. Die Klägerin stützt dabei sich u.a. auf die für sie mit Zeitrang vom 18.12.1991 eingetragene Wortmarke PAURPOINT. PAURPOINT ist ebenfalls für Computerprogramme, namentlich Präsentationsprogramme registriert und steht als Akronym für **P**rogrammsysteme für das **A**grar-**U**nternehmerische **R**echnungswesen. Die (phonetische) Verwechslungsgefahr der beiden Bezeichnungen PAURPOINT und PowerPoint ist offenkundig. Auch verfügt die Beklagte weder über eine eingetragene, noch über eine Benutzungsmarke PowerPoint, die der klägerischen Marke PAURPOINT im Zeitrang vorginge. In dieser – markenrechtlich misslichen – Situation beruft sich die Beklagte darauf, das von ihr vertriebene Computerprogramm PowerPoint habe bereits mit der ersten Benutzungsaufnahme im Jahre 1988 – und damit vor der Eintragung der klägerischen Marke PAURPOINT im Jahre 1991 – Werktitelschutz genossen.

Der BGH hat in diesem Streit die Ansicht der Vorinstanz bestätigt, dass Computerprogramme grds. dem Werktitelschutz zugänglich sind.[37] Es handle sich hierbei um Werke, bei deren Bezeichnung – neben dem **Markenschutz** für den Datenträger als Ware – ein **Titelschutz** für das im Programm liegende immaterielle Arbeitsergebnis in Betracht komme. Ein besonderes Schutzbedürfnis in dem Sinne, dass ein anderer Kennzeichenschutz nicht in Betracht komme, könne nicht zur Voraussetzung des Titelschutzes für Computerprogramme gemacht werden. Von der Möglichkeit eines Nebeneinanders unterschiedlicher Kennzeichenrechte gehe im Übrigen auch das Markengesetz in § 2 MarkenG aus. Da der Schutz eines unterscheidungskräftigen Titels bereits mit der ersten Benutzungsaufnahme entsteht, blieb die Klage der Klägerin erfolglos. 39

C. Erscheinungsformen der Marke

I. Waren- und Dienstleistungsmarken

Marken werden traditionell zur Kennzeichnung der betrieblichen Herkunft von Sachgütern eingesetzt. Mit dem »Markenartikel« verbindet man denn auch in erster Linie ein materielles Konsumgut. Tatsächlich gewährte das ehemalige Warenzeichengesetz (WZG) von 1936 nur den Warenmarken Rechtsschutz. Erst 1979 wurde der warenzeichenrechtliche Schutz auf Dienstleistungsmarken ausgedehnt,[38] die zuvor nur über das Wettbewerbsrecht[39] verteidigt werden konnten. Das aktuelle Markengesetz[40] behandelt – den Vorgaben der europäischen Markenrichtlinie[41] entsprechend – Waren- und Dienstleistungsmarken unterschiedslos gleich. Die Marke steht damit heute für Dienstleistungen im gleichen Umfang und unter den selben Voraussetzungen zur Verfügung wie für Waren. 40

Dass Dienstleistungsmarken ständig an Bedeutung gewinnen, spiegelt eine generelle Tendenz des Marktes: Zum einen nimmt der Anteil klassischer Dienstleistungen an der Wertschöpfung insgesamt zu. Zum anderen entstehen ständig neue Dienstleistungsmärkte in der Folge technischer Innovation, etwa im Bereich der Telekommunikation. Schließlich wächst der Serviceanteil bei Sachgütern.[42] Dienstleistungsmarken wie Microsoft, Disney und McDonald's finden sich im internationalen Kontext unter den werthaltigsten Marken. Ebay, Google und Yahoo! sind als sog. E-brands markante Beispiele dafür, dass eine Dienstleistungsmarke der zentrale Anknüpfungspunkt für das Vertrauen von Kunden und Gesellschaftern sein kann. National sind Telekom, Allianz, SAP, Lufthansa, Deutsche Bank, TUI oder die Namen der privaten TV-Sender Beispiele für bekannte Dienstleistungsmarken. 41

---

37 BGH GRUR 1998, 155 – PowerPoint; zuvor OLG Hamburg NJW-RR 1995, 430; LG Hamburg CR 1994, 159.

38 BGBl. 1979 I, S. 125.

39 § 16 UWG a.F.; dazu *Fezer* Markenrecht, § 3 Rn. 16.

40 S. oben Fn. 1.

41 Erste Richtlinie des Rates zur Angleichung der Rechtsvorschriften der Mitgliedstaaten über die Marken 89/104/EWG v. 21. Dez. 1988, ABl EG Nr. L 40 v. 11. Feb. 1989, S. 1, ber. in ABl EG Nr. L 159, S. 60.

42 *Köhler/Majer/Wiezorek/Bruhn* S. 217.

42 Im Warenverzeichnis nach § 19 MarkenV[43], das für die Klassifizierung der Waren oder Dienstleistungen, für die eine Marke angemeldet wird,[44] insgesamt 45 Klassen bereithält, finden sich 11 Dienstleistungsklassen.[45] Die darin genannten Leistungen wie Beherbergung und Verpflegung von Gästen, Bildung, Büroarbeiten, Entwicklung von Software,[46] Geldgeschäfte, Geschäftsführung, Immobilienwesen, industrielle Forschung, Installationen, medizinische und soziale Pflege, Rechtsberatung, Reiseveranstaltung, Reparaturen, Sicherheitsdienste, Telekommunikation, Transportwesen, Unterhaltung, Unternehmensführung, Verpackung, Versicherungen und Werbung illustrieren die enorme Bandbreite des Dienstleistungssektors. Nicht anders als die Hersteller von materiellen Gütern haben die Unternehmen in diesen Branchen ein Interesse daran, ihre Leistungen mit einer Marke zu individualisieren und von gleichartigen Leistungen anderer Unternehmen abzugrenzen.

43 Dies gilt um so mehr, als die immaterielle Qualität von Dienstleistungen, ihre **Intangibilität**, die Kommunikation mit dem Kunden über die Marke und die Aufrechterhaltung ihres rechtlichen Schutzes spezifisch erschwert:

- die Dienstleistungsmarke kann regelmäßig nicht auf dem Produkt, der Dienstleistung selbst, angebracht werden; während eine Fluggesellschaft noch auf ihre Transportmittel zurückgreifen kann (»Lufthansa – Kranich«), muss etwa eine Bausparkasse andere Wege finden, um ihre Marke zu **visualisieren**.
- Der **Markenvorteil**, der mit der Qualität des Produktes und deren Konstanz korrespondiert, kann in den Fällen schwer dargestellt werden, in denen die Dienstleistung persönlich und unter Mitwirkung des Kunden erbracht – und damit auch qualitativ individuell erfahren – wird.
- Da die Aufrechterhaltung des Markenschutzes nach § 26 MarkenG davon abhängt, dass die Marke **für** die Dienstleistung, für die sie eingetragen ist, auch **ernsthaft benutzt** wird,[47] muss die Dienstleistungsmarke in einer Weise eingesetzt werden, die über ein Unternehmenskennzeichen oder eine reine Imagewerbung hinausgeht: die Marke muss als Unterscheidungszeichen der Dienstleistung von den Dienstleistungen der Wettbewerber oder als Werbung für die Dienstleistung, für die sie eingetragen ist, verwendet werden.

II. Dienstleistungsmarken für Einzelhandelsdienstleistungen

44 Umstritten war lange, ob eine Marke für die »**Dienstleistung Einzelhandel**« eingetragen werden könne. Die Rechtsprechung wollte nur solche Dienstleistungen aner-

43 Verordnung zur Ausführung des Markengesetzes vom 11. Mai 2004 (MarkenV), BGBl. I, S. 872, zul. geänd. durch Artikel 4 der Verordnung vom 26. September 2006, BGBI. I, S. 2159 und Verordnung vom 22. November 2006 (Nr. 54), BGBl. I S. 2660, in Kraft ab 1.1.2007.

44 Zur Klasseneinteilung im Rahmen der Anmeldung einer Marke s. unten Rn. 520 ff.

45 Von Klasse 35 (Werbung, Geschäftsführung, Unternehmensverwaltung, Büroarbeiten) bis Klasse 45 (Persönliche und soziale Dienstleistungen betreffend individuelle Bedürfnisse, Sicherheitsdienste zum Schutz von Sachwerten oder Personen).

46 Liegt das Schwergewicht der wirtschaftlichen Betätigung in der Herstellung und dem Vertrieb von Standardsoftware, ist eine darauf bezogene Marke der Warenklasse 9 zuzuordnen; dagegen zählt die Entwicklung von Individualsoftware zu den Dienstleistungen nach der Dienstleistungsklasse 42; s. dazu *Fezer* Markenrecht, § 3 Rn. 140 f.

47 Zum sog. Benutzungszwang s. unten Rn. 606 ff.

kennen, deren »selbstständige« Erbringung für Dritte denkbar sei.[48] Das DPMA hatte in diesem Sinne zuletzt einen Antrag der PRAKTIKER Bau- und Heimwerkermärkte AG auf Eintragung der Wort-/Bildmarke Praktiker u.a. für Einzelhandelsdienstleistungen betreffend »Bau-, Heimwerker- und Gartenartikel und andere Verbrauchsgüter für den Do-it-your-self-Bereich« mit der Begründung abgelehnt, Einzelhandel bezeichne keine selbstständige Dienstleistung von eigenständiger wirtschaftlicher Bedeutung. Der EuGH entschied dagegen auf Vorlage des BPatG in derselben Sache, der Begriff »Dienstleistungen« im Sinne der Markenrichtlinie erfasse Dienstleistungen, die im Rahmen des Einzelhandels mit Waren erbracht würden. Für die Zwecke der Eintragung einer Marke für solche Dienstleistungen sei es nicht notwendig, die in Rede stehenden Dienstleistungen konkret zu bezeichnen. Notwendig seien allerdings »Angaben in Bezug auf die Waren oder Arten von Waren«, auf die sich die Dienstleistungen bezögen.[49]

Das DPMA hat auf diese Rechtsprechung des EuGH reagiert und verlautbaren lassen, dass man eine Reihe von Dienstleistungsbegriffen schon im Vorgriff auf die 9. Ausgabe der Nizzaer Klassifikation akzeptieren werde. In den erläuternden Anmerkungen zu Klasse 35 des Waren- und Dienstleistungsverzeichnisses werde dann in der Rubrik »Diese Klasse enthält insbesondere nicht: ...« der Satz »Tätigkeit eines Unternehmens, dessen Hauptaufgabe der Verkauf von Waren ist, d.h. eines sogenannten Handelsunternehmens« gestrichen werden und in die Rubrik »Diese Klasse umfasst im Wesentlichen: ...« der Satz aufgenommen: »Das Zusammenstellen verschiedener Waren (ausgenommen deren Transport) für Dritte, um den Verbrauchern Ansicht und Erwerb dieser Waren zu erleichtern.« Zudem sollen auch **Differenzierungen** wie »Großhandelsdienstleistungen mit ...«, »Einzelhandelsdienstleistungen für den Versandhandel mit ...«, »Dienstleistungen des Einzel-/Großhandels über das Internet mit...« oder »Einzelhandelsdienstleistungen mittels Teleshopping-Sendungen mit...« angenommen werden. **Unzureichend** bleiben dagegen nach wie vor Bezeichnungen wie »Handel mit...« oder »Vertrieb von...«, die bereits von der entsprechenden Warenklasse erfasst werden.[50] An der Auffassung, dass der reine Verkauf von der jeweiligen Warenmarke umfasst wird und keine »Einzelhandelsdienstleistung« der Klasse 35 darstellt, wird fest gehalten. 45

III. Hersteller- und Handelsmarken, Store-Brands

Herstellermarken (auch Fabrikmarken genannt) sind Marken, mit denen ein produzierendes Unternehmen seine Produkte kennzeichnet. Demgegenüber sind **Handels-** oder **Eigenmarken** Kennzeichen, mit denen Handelsunternehmen Waren versehen lassen. Der Handelsbetrieb tritt so als Inhaber der Marke auf; er lenkt damit die mit der Marke verbundene Qualitätsaussage und Kundenbindung auf sich, 46

48 BPatGE 39, 70 – Summit.

49 EuGH MarkenR 2005, 315 – Praktiker; für die Eintragungsfähigkeit einer (Dienstleistungs-) Gemeinschaftsmarke für Einzelhandelsdienstleistungen zuvor schon 2. Beschwerdekammer des HABM, Entsch.v. 17.12.1999, ABl. HABM 2000, 730 – GIACOMELLI SPORT; dazu *Stork* Mitt 2000, 399.

50 Mitteilung Nr. 34/2005 über die Zulässigkeit der Dienstleistungsbezeichnung »Einzelhandelsdienstleistungen« in Verzeichnissen von Waren und Dienstleistungen angemeldeter Marken nach der Entscheidung des EuGH vom 7. Juli 2005, Rs. C-418/02 – Praktiker, MarkenR 2005, 315; s. dazu auch BPatG MarkenR 2006, 527 – Einzelhandelsdienstleistungen II.

ohne die Herstellung des Produkts selbst für sich zu reklamieren. Handelsmarken (Bsp: Handelsunternehmen Quelle – Handelsmarke »Privileg«) sind wirtschaftlich betrachtet ein Akt der Emanzipation des Handels gegenüber den Herstellern. Häufig sind sie Grundlage für eine eigene **Preispolitik**, die sich vom Vertrieb der Herstellermarkenprodukte absetzt. Besonders deutlich wird dies bei sog. **Gattungsmarken**, die – zum Teil irreführend als No-Names bezeichnet – für ein Mindestqualitätsniveau bei besonders günstigem Preis-Leistungsverhältnis stehen. Den Gegensatz hierzu bilden die **Premiummarken** des Handels, die in direkter Konkurrenz zu den Marken der Hersteller stehen.[51] Handelsmarken haben in der jüngeren Vergangenheit gegenüber den Herstellermarken signifikant zugenommen und verdrängen namentlich im Lebensmittelbereich zunehmend die Herstellermarken. Das Markenrecht unterscheidet Hersteller- und Handelsmarken nicht.

47 Auf der Grenze zwischen Waren- und Dienstleistungsmarke liegen sog. **Store-Brands**. Damit werden in der Betriebswirtschaft Marken bezeichnet, mit denen Handelsunternehmen ihren Betriebstyp charakterisieren, der einerseits vom (Waren-)Sortiment, andererseits vom Auftritt des Unternehmens als ganzem (Ladengestaltung, Service, Kundenansprache usw.) geprägt wird. Der Kunde verbindet mit solchen Marken – bekannte Beispiele sind Douglas, IKEA oder Media-Markt – sowohl bestimmte Erwartungen an Produkte als auch an ihre Präsentation, das heißt an die Einzelhandelsdienstleistung als solche. Diesem doppelten Charakter entsprechend ist etwa die Marke Douglas für die Parfümerie Douglas GmbH nicht nur für zahlreiche Warenklassen, sondern auch für die Dienstleistungsklasse 35[52] eingetragen.[53] Für die IKEA Systems B.V. ist die Wortmarke »IKEA Entdecke die Möglichkeiten« für die Dienstleistungen »Werbung, Geschäftsführung, Unternehmensverwaltung, Büroarbeiten und Vermittlung von wirtschaftlichem und technischem Know-how im Rahmen eines Franchisingsystems« registriert.[54]

IV. Einzelmarken, Familien- und Dachmarken, Zweitmarken

48 Marken eines Unternehmens stehen häufig nicht beziehungslos nebeneinander. Zwar ist es durchaus denkbar, eine Vielzahl von Produkten mit je einer (Einzel-)Marke zu versehen und unter dieser zu vertreiben, ohne dass zwischen diesen Marken eine über die gemeinsame Inhaberschaft hinausgehende Beziehung bestünde. So sind etwa die Marken Persil, Weißer Riese und Spee selbstständige Einzelmarken für Waschmittel aus dem Hause Henkel. Der Vorteil solcher **Einzelmarken** liegt darin, dass sie eine präzise Profilierung des Produkts auf eine genau definierte Ziel-

51 *Liebmann/Foscht*, in: Bruhn, Handbuch Markenführung, Bd. 1, S. 483, 487 ff.

52 »Werbung, Geschäftsführung, Unternehmensverwaltung, Büroarbeiten; Präsentation von Waren und Dienstleistungen in Großmärkten, Supermärkten, Einzelhandelsgeschäften, Warenhäusern und Onlineshops; Vermittlung von Verträgen für Dritte über den An- und Verkauf von Waren sowie über die Erbringung von Dienstleistungen in Großmärkten, Supermärkten, Einzelhandelsgeschäften, Warenhäusern und Onlineshops; Ausstellung und Vorführen von Waren für Werbezwecke; Einzelhandelsdienstleistungen in Bezug auf Seifen, Parfümeriewaren, insbesondere Eau de Parfum, Eau de Toilette, Rasierwässer, ätherische Öle, Mittel zur Körper- und Schönheitspflege« usw. usw.

53 DPMA Reg. Nr. 30470568.3.

54 DPMA Reg. Nr. 39735695.1.

gruppe erlauben. Für jede Einzelmarke kann eine selbstständige Markenstrategie entwickelt und umgesetzt werden. Allerdings muss das jeweilige Produkt dann auch das zugehörige Markenbudget tragen.

Wo die Artikel eines Herstellers eine aufeinander abgestimmte Produktpalette bilden, liegt es nahe, diese Verwandtschaft auch in einer **Markenfamilie** zum Ausdruck zu bringen und zugleich das Unternehmen als Ganzes zu präsentieren. Im Unterschied zur Einzelmarkenstrategie wird so ein dem Unternehmen als solchem entgegengebrachtes Vertrauen (Goodwill) für eine Vielzahl von Produkten fruchtbar gemacht. Umgekehrt wird der Goodwill des Unternehmens mit dem Absatz jedes einzelnen Produktes gepflegt. **49**

Typisch für ein solches Branding ist die **Dachmarke**, die häufig mit dem Unternehmenskennzeichen zusammenfällt. Allianz im Dienstleistungsbereich oder Maggi im Lebensmittelbereich sind Beispiele dafür. Unter einer solchen Dachmarke werden dann zahlreiche **Kombinationsmarken** für einzelne Produkte entwickelt wie Allianz Direct, Allianz Autowelt oder Allianz Öko-Kasko, Maggi TERRINO, Maggi Pastaria oder MAGGI KOCHSTUDIO. **50**

Mit vergleichbarer Zielsetzung werden Unternehmenskennzeichen als **Stammmarke** für jedes einzelne Produkt verwendet und mit je einer individuellen **Einzelmarke** kombiniert (VW Polo, VW Golf, VW Passat usw.; Nestlé Bonjour, Nestlé Coppa Venezia, Nestlé Happy Minis usw.), die gegebenenfalls noch um eine Zweitmarke ergänzt werden kann (VW Golf TDI).[55] Wo einheitliche Qualitätsstandards für eine homogene Produktpalette über die Marke kommuniziert werden sollen, realisieren Dachmarken gleichermaßen Synergieeffekte wie Kostenvorteile. **51**

V. Serienmarken

Eine besondere Spielart der Markenfamilie ist die **Serienmarke**. Dabei wird eine Marke für einzelne Produkte in der Art verwendet, dass ein Markenbestandteil konstant gehalten wird, während sich ein anderer Bestandteil für jedes weitere Produkt ändert. Jede einzelne Marke kommuniziert dadurch sowohl die Gemeinsamkeit der betrieblichen Herkunft als auch die Individualität des einzelnen Produkts. Kommt ein neues Produkt hinzu, kann das Serienmarkenportfolio um eine weitere Variante erweitert werden. So sind etwa Nescafe, Nestea, Nesquick, Nespresso jeweils Produkte der Nestlé S.A. Auch Tesa Film, tesa moll, tesa etikett, tesa Easy Foam usw. sind Serienmarken, deren fixer Bestandteil »tesa« nicht nur die Herkunft aus ein- und demselben betrieblichen Hintergrund, sondern auch ein konstantes Qualitätsversprechen transportiert. Zudem lassen Serienmarken im technischen Bereich auf eine **Systemlösung** schließen, das heißt auf untereinander abgestimmte, kompatible bzw. komplementäre Produkte. **52**

In rechtlicher Hinsicht genießt das in einem Serienzeichen integrierte **Stammzeichen** besonderen Schutz. Denn der Verkehr wird, auch wenn ihm dieses Stammzeichen in einer ansonsten völlig neuen und unbekannten Kombination begegnet, bei **53**

---

55 TDI ist als nationale Marke für die Volkswagen AG beim DPMA eingetragen; als Gemeinschaftsmarke (für Motoren) wurde das Kürzel vom Gericht erster Instanz abgelehnt, EuG GRUR Int. 2004, 328 – TDI.

Produktgleichheit oder -ähnlichkeit geneigt sein, anzunehmen, es handle sich um ein neues Produkt in der Familie des ihm bereits bekannten Herstellers. Nach der Rechtsprechung ist die einen Abwehranspruch des Inhabers begründende Verwechslungsgefahr unter dem Gesichtspunkt des Serienzeichens gegeben, wenn die kollidierenden Zeichen in einem Bestandteil übereinstimmen, den der Verkehr als Stamm mehrerer Zeichen eines Unternehmens sieht und deshalb nachfolgenden Bezeichnungen, die einen wesensgleichen Stamm aufweisen, dem gleichen Zeicheninhaber zuordnet.

54 Beispiel: Die Klägerin, eine sog. Direktbank, ist Inhaberin der Wort-/Bildmarke Bank24. Darüber hinaus verfügt sie über eine Reihe weiterer Marken, die allesamt mit der Zahl »24« zusammengesetzt sind. Die Beklagten betreiben eine Immobiliendatenbank im Internet unter der Bezeichnung Immobilien 24. Eine gleich lautende Marke ist ebenfalls, mit jüngerem Zeitrang, eingetragen. Die Klägerin verlangt die Löschung der Marke und die Unterlassung der Benutzung der Bezeichnung Immobilien 24. Der BGH hat in diesem Streit ausgeführt, die Verwechslungsgefahr zweier Marken unter dem Aspekt des **Serienzeichens** sei nach der Markenrichtlinie und dem Markengesetz unter dem Begriff des »gedanklichen Inverbindungbringens«[56] gegeben, wenn die kollidierenden Zeichen zwar nicht unmittelbar miteinander verwechselbar seien, jedoch in einem Bestandteil übereinstimmten, dessen sich das eine Unternehmen für den Verkehr erkennbar wiederkehrend in immer wieder neuen Kombinationen bediene.[57]

VI. Begleitende Marken, Co-Branding

55 In der vertikalen Kette vom Zulieferer über die an der Herstellung des Endprodukts beteiligten Unternehmen, über Groß- und Einzelhandelsstufen bis zum Endabnehmer können Marken in einzelnen, bilateralen Verhältnissen zweier Stufen wirken. So liegt es etwa, wenn der Hersteller des Endproduktes einen chemischen Grundstoff verwendet, den er als Markenprodukt von einem Zulieferer bezieht. Die Marke dieses Grundstoffes kann aber auch in den weiteren Stufen der Herstellungs-, Vertriebs- und Absatzkette **neben** anderen Marken, die das Endprodukt kennzeichnen, fortwirken. Für Vor- und Zwischenprodukte gilt nichts anderes. Solche **begleitenden Marken** tragen zur Information und zur Bindung des Endkunden an das Produkt bei und stärken damit – mittelbar – auch die Bezugsbindung der Zwischenglieder in der Vertikalkette.

56 Bekannt sind begleitende Marken im Textilbereich. Die Marken der Hersteller bestimmter Fasern oder Stoffe (Nylon, Perlon, Trevira, Gore.Tex usw.) werden auf dem Endprodukt – neben dessen eigener Marke – angebracht (z.B. Marke des Endprodukts: Salewa, begleitende Marke: Gore.Tex). Die Qualitätsaussagen beider Marken kommen einander dadurch wechselseitig zugute.[58] Begleitend wird auch

56 S. §§ 9 Abs. 1 Nr. 2, 14 Abs. 2 Nr. 2 MarkenG.
57 BGH WRP 2002, 537 – BANK 24; BGH MarkenR 2002, 165 – BIG.
58 S. hierzu auch §§ 1 Abs. 1, 9 Abs. 2, 11 Abs. 2 des Textilkennzeichnungsgesetzes (TKG).

die Marke Pentium[59] von Intel auf Computern verwendet: der Endkunde erfährt so unmittelbar, welchen Prozessor der Hersteller verwendet hat, dieser nutzt den Goodwill des Herstellers der Komponente für das Marketing seiner Hardware.

Da die Eintragung einer Marke nicht das Bestehen eines Geschäftsbetriebes voraus- 57
setzt, sind die Hersteller der Grundstoffe oder Vorprodukte nicht gehindert, ihre (begleitende) Marke auch für das Endprodukt registrieren zu lassen, in dem diese Verwendung finden.[60] Über die (lizenzierte) Verwendung ihrer Marke durch den Hersteller des Endproduktes ist sichergestellt, dass ihnen dessen Benutzung als eigene zugerechnet wird.[61]

Die (vorübergehende) Verbindung von zwei oder mehreren Marken, die dem Ver- 58
braucher ansonsten als isolierte, eigenständige Marken begegnen und bekannt sind, zur Bewerbung einer gemeinsamen Leistung zweier Unternehmen wird als **Co-Branding** bezeichnet. Die Kompatibilität der beteiligten Marken nach Aussage und Anmutung vorausgesetzt, kann eine solche, auf ein bestimmtes Produkt bezogene Markenpartnerschaft zusätzliche Umsatzpotenziale erschließen und zugleich beide beteiligten Marken stärken. Dagegen schadet ein Co-Branding bei inkompatiblen Einzelmarken der Kohärenz der Markeninhalte. Ein übermäßiger Einsatz dieser Strategie kann zu einem Verlust an Exklusivität, das heißt zur Verwässerung der beteiligten Marken führen.

Je nach grafischer und textlicher Ausgestaltung des Produktes kann im Co-Bran- 59
ding eine Marke dominant erscheinen, die andere erkennbar als »Gastmarke« auftreten; möglich ist aber auch eine gleichberechtigte Präsentation beider Marken, die das Produkt dann als Gemeinschaftsleistung beider Inhaberunternehmen kennzeichnet. Ein Beispiel für das Co-Branding zweier kompatibler Marken mit gleicher Zielgruppenorientierung ist die Kombination der Marken SMARTIES und HARIBO für ein neues Produkt aus dem Hause Nestlé: die »Fruity Smarties mit dem HARIBO Goldbärenkern« verbinden zwei eingeführte, selbstständige Produkte unter zwei selbstständigen, bekannten Marken bei leichter Dominanz der Marke Smarties, die gemeinsam mit der Marke und Unternehmensbezeichnung Nestlé auftritt (Gesamteindruck: »HARIBO zu Gast bei Smarties«).

VII. Event-Marken?

Weil sportliche und kulturelle Großveranstaltungen mit erheblichen Vorleistungen 60
und Investitionen, aber auch mit erheblichen Unwägbarkeiten und Risiken verbunden sind, die sich regelmäßig nicht aus Eintrittsgeldern und Übertragungsrechten ausreichend refinanzieren und absichern lassen, ist die Frage nach dem Markenschutz der Bezeichnung eines solchen Events bedeutsam geworden. Über die Lizenz an einer solchen **Eventmarke** lassen sich Sponsoren gewinnen, denen im Gegenzug die exklusive Nutzung der Marke für die Bewerbung ihrer Produkte und Dienstleistungen gestattet wird. Unter dem Begriff **Merchandising** werden Produktion und Vertrieb von Artikeln verstanden, die eigens kreiert werden, um mit dem

59 Künftig sollen die Bezeichnungen Intel Core Solo bzw. Intel Core Duo verwendet werden, das bekannte Intel inside soll durch Leap ahead abgelöst werden (Business Week online v. 9.1.2006).
60 Vgl. *Fezer* Markenrecht, § 14 Rn. 373.
61 S. dazu § 26 Abs. 2 MarkenG sowie unten Rn. 611.

Logo, mit der Marke des Events verbunden und abgesetzt zu werden. Dem Veranstalter, der die Lasten des Events trägt, eröffnet die Eventmarke die wirtschaftliche Teilhabe an dem ökonomischen Vorteil, den Dritte aus dem Goodwill des Events ziehen können, indem sie die positive Konnotation des Ereignisses für den Absatz ihrer Produkte und Dienstleistungen nutzen.[62]

61 So erheblich die ökonomischen Bedingungen sein mögen, unter denen Eventmarken entwickelt und etabliert werden, so wenig unterscheidet die Eventmarke doch in rechtlicher Hinsicht von anderen Marken.[63] Die Voraussetzungen ihres Schutzes sind keine anderen als die jeder anderen Marke. Weder aus der Entscheidungspraxis des europäischen Markenamtes, noch aus der Rechtsprechung des EuGH, noch aus der der nationalen Markengerichte lässt sich etwas anderes ableiten. Entwickelt der Veranstalter einer Großveranstaltung ein eigenes, originäres Wort- oder Bildzeichen, steht dessen markenrechtlichem Schutz ohnehin nichts entgegen. Verwendet er dagegen eine Bezeichnung, die bereits mit einer generischen Bedeutung belegt ist, kommt ein Schutz dieser Bezeichnung als Individualmarke nur in Betracht, wenn das Zeichen geeignet ist, eine unternehmensidentifizierende Bedeutung zu transportieren. Fehlt es daran, weil das Zeichen nur in seiner generischen, sprachüblichen Bedeutung verstanden werden kann, scheidet der Schutz als Individualmarke aus. Die um den markenrechtlichen Schutz von Bezeichnungen wie »WM 2006« oder »Fußball WM 2006« ausgetragenen Streitigkeiten[64] zeigen dies beispielhaft.[65]

62 Das BPatG hat im Streit um die Löschung der für zahlreiche Waren und Dienstleistungen eingetragenen Marken »WM 2006« und »Fußball WM 2006« zunächst fest gehalten, dass die Beurteilung der Schutzfähigkeit einer Marke, welche aus der (Kurz-)Bezeichnung eines sportlichen Großereignisses besteht (sog. Event-Marke), nach denselben Maßstäben zu erfolgen habe, wie die anderer Wortmarken. Als Hinweis auf eine im Jahre 2006 stattfindende Weltmeisterschaft (in erster Linie auf die FIFA-Fußballweltmeisterschaft in Deutschland) seien die Zeichen »WM 2006« und »Fußball WM 2006« nicht schutzfähig für sämtliche Dienstleistungen, die mit der Ausrichtung (Vorbereitung und Durchführung) eines solchen Wettbewerbs in einem unmittelbaren Zusammenhang stehen könnten und dessen mediale Auswertung zum Gegenstand hätten. Entsprechendes gelte für Waren, die bei diesen Dienstleistungen zum Einsatz kommen bzw. benötigt werden oder als Andenken dienen könnten.[66] Rechtlich begründete oder faktische Monopolstellungen hinsichtlich der Ausrichtung des Sportereignisses ließen das Allgemeininteresse an einer freien und unbehinderten Verwendung dieser Merkmalsbezeichnung nicht entfallen. Nur, wo Dienstleistungen und Waren keine Eigenschaften aufwiesen, die gerade für eine derartige sportliche Veranstaltung charakteristisch sind, sei das Schutzhindernis der unmittelbar beschreibenden und deshalb freihaltebedürftigen Angabe nicht gegeben. Diese Beurteilung gelte auch für sog. Merchandising-Artikel.

62 S. dazu *Gaedertz* WRP 2006, 526; *Fezer* FS Tilmann, S. 327.

63 So jetzt auch explizit der BGH MarkenR 2006, 395 – Fußball WM 2006.

64 DPMA RegNr 301 19 919.

65 Zur wettbewerbsrechtlichen Beurteilung sog. Ambush-Marketings, das den Goodwill von Großveranstaltungen nutzt, ohne Markenrechte zu berühren, *Heermann* GRUR 2006, 359.

66 BPatG 32 W (pat) 237/04, GRUR 2005, 948 – Fußball WM 2006 und BPatG 32 W (pat) 238/04 – WM 2006; s. dazu auch OLG Hamburg GRUR Int. 2004, 362, 363 f. sowie »Das Schoko-Duell«, in: DIE ZEIT v. 3. Nov. 2005 und schließlich BGH MarkenR 2006, 395 – Fußball WM 2006.

Auf die hiergegen von beiden Parteien eingelegte Rechtsbeschwerde hat der BGH entschieden, dass der Bezeichnung »Fußball WM 2006« **jede** Eignung fehle, Produkte eines Unternehmens zu individualisieren, weil sie **ausschließlich** in ihrer allgemeinen Bedeutung verstanden werde. Wegen des eindeutigen Bezugs, der durch den Bestandteil »FUSSBALL« zu der Veranstaltung der Fußballweltmeisterschaft im Jahre 2006 hergestellt werde, gelte dies für **alle** beanspruchten Waren und Dienstleistungen, entgegen der Ansicht des Bundespatentgerichts also auch für solche Waren und Dienstleistungen, die nicht schon wegen ihrer Art, ihres Verwendungszwecks oder ihrer sonstigen Merkmale in einem unmittelbaren Sachzusammenhang mit einer derartigen Sportveranstaltung stünden. Dagegen sah der BGH in der Bezeichnung »WM 2006« zutreffend eine bloße Buchstaben-/Zahlenkombination, bei der eine markenmäßige Aussage nicht generell ausgeschlossen werden könne, sodass das Zeichen für jede angemeldete Ware oder Dienstleistung daraufhin zu untersuchen sei, ob ihm diese Fähigkeit eigen sei.[67], [68] **63**

D. Was leisten Marken?

Die einer Marke innewohnenden, wesenseigenen oder ihr zugeschriebenen **Funktionen** sind vielfältig. Beschrieben werden u.a. (in alphabetischer Reihenfolge) die Codierungsfunktion, die Garantiefunktion, die Herkunftsfunktion, die Identifizierungs- und Individualisierungsfunktion, die Informations- und Kommunikationsfunktion, die Monopolisierungsfunktion, die Namensfunktion, die Qualitätsfunktion, die Unterscheidungsfunktion, die Vertrauensfunktion, die Vertriebsfunktion und die Werbefunktion, ohne dass den einzelnen Funktionen immer auch rechtliche Relevanz zugesprochen würde.[69] Während Herkunfts- und Unterscheidungsfunktion auf die gleich bleibende Identität des Herstellers verweisen, stellen Garantie- und Werbefunktion auf die konstante Qualität der Markenware ab, die ihrerseits an die Identität des Herstellers anknüpft. Schutz- und Monopolisierungsfunktion fokussieren die Position des Markeninhabers: er besitzt das ausschließliche subjektive Recht an der Benutzung eines Zeichens, dessen exklusiver Gebrauch zur Kennzeichnung bestimmter Waren oder Dienstleistungen ihn gegen eine Verwässerung seiner Marktbeziehungen durch substitutive Güter oder Dienstleistungen konkurrierender Anbieter schützt. Hinzu kommen spezifisch wirtschaftliche, soziale und sozialpsychologische Funktionen, wie sie für ein zielgruppenorientiertes Markenmarketing Priorität besitzen mögen, für den rechtlichen Schutz aber nicht im Vordergrund stehen. **64**

67 BGH MarkenR 2006, 395 – Fußball WM 2006 sowie BGH, Beschl. v. 27.4.2006, I ZB 97/05 – WM 2006.

68 Im Ergebnis großzügiger war das europäische Harmonisierungsamt, das Löschungsanträge gegen die Gemeinschaftsmarken »Germany 2006«, »Worldcup Germany«, »Worldcup 2006«, »WM 2006« und »Worldcup 2006 Germany«, die sämtlich für ein umfassendes Waren- und Dienstleistungsverzeichnis eingetragen worden waren, mit der Begründung abgewiesen hat, es handele sich nicht um rein beschreibende Angaben; OHIM Ref. Nr. 969 C 002155521 – »WM 2006«.

69 Ausführlich *Fezer* Markenrecht, Einl Rn. 30 ff.

I. Herkunftszeichen

65 Aus der Vielzahl möglicher Funktionen wird eine Marke immer – und mit wechselnden Schwerpunkten – mehrere Einzelfunktionen erfüllen. Eine faktisch vorrangige oder übergeordnete Funktion gibt es nicht. Wohl aber lässt sich normativ festlegen, welche Funktion (in erster Linie) rechtlichen Schutz erhalten soll. Denn der Gesetzgeber entscheidet autonom über den rechtlich geschützten Gehalt der Marke. So ist es etwa möglich, dass Marken dem Kunden **faktisch** eine konstante Qualität garantieren: sie generieren beim Kunden die begründete Erwartung, im Falle eines Wiederholungskaufes ein Produkt derselben Qualität zu erhalten wie beim Erstkauf. In aller Regel wird dies auch der Fall sein. **Rechtlich** ist mit dem Gebrauch einer Marke aber keine garantieartige Verpflichtung des Verwenders verbunden, die Qualität der Markenware unverändert zu belassen. Aus der Perspektive des Markenrechts erschöpft sich die mit einer Marke verbundene Garantieaussage auf die Gewähr einer bestimmten betrieblichen Herkunft; eine mit dieser Herkunft verbundene, gleich bleibende Qualität ist dann bloßer Reflex. Wo sie fehlt, weil der Hersteller das Produkt verändert, die Marke aber belässt, entstehen keine Ansprüche des Kunden.[70]

66 Gesetzgeber und Rechtsprechung haben seit jeher einzelne Funktionen der Marke in den Vordergrund gestellt. So umschrieb das Warenzeichengesetz (WZG) von 1936 in § 1 die **Herkunfts-** und **Unterscheidungsfunktion** der Marke, wenn es dort hieß, eine Marke könne zur Eintragung anmelden, wer sich dieses Zeichens »in seinem Geschäftsbetrieb zur Unterscheidung seiner Waren von den Waren anderer« bedienen wolle. Der Bundesgerichtshof hat in seiner Judikatur zum WZG ebenfalls stets die **Herkunftsfunktion** der Marke betont. Der Schutz der Herkunfts- und Garantiefunktion, heißt es etwa in der bekannten Entscheidung Maja, sei »allein Zweck des Zeichenrechts«.[71] Dieser Betrachtung blieb der BGH auch später treu. In den Erwägungsgründen der Markenrichtlinie[72] wird die Herkunftsfunktion der Marke zwar ebenfalls ausdrücklich erwähnt: »insbesondere« sie zu Gewähr leisten, sei Zweck des durch die eingetragene Marke gewährten Schutzes. Die Gemeinschaftsmarkenverordnung[73] hat diese Formulierung wörtlich übernommen. Eine Beschränkung auf die Herkunftsfunktion ist damit (»insbesondere«) aber gerade nicht ausgedrückt.

67 Der EuGH hat den spezifischen Gegenstand des Markenrechts in einer Vielzahl von Entscheidungen beschrieben. Dabei verwendet er wiederkehrend die folgende Formulierung:

»Was das Warenzeichenrecht angeht, ist festzustellen, dass dieses Recht ein wesentlicher Bestandteil des Systems eines unverfälschten Wettbewerbs ist, das der Vertrag schaffen und erhalten will. In einem solchen System müssen die Unternehmen in der Lage sein, die Kundschaft durch die **Qualität** ihrer Erzeugnisse oder ihrer Dienstleistungen an sich zu **binden**, was nur möglich ist, wenn es Kennzeichen gibt, mit deren Hilfe sich diese Erzeugnisse und Dienstleistungen **identifizieren** lassen.

---

70 BGHZ 48, 118, 123.
71 BGH GRUR 1964, 372, 374 – Maja.
72 RL 89/104 (EWG), 10. ErwG.
73 VO (EG) Nr. 40/94, 7. ErwG.

Damit das Warenzeichen diese Aufgabe erfüllen kann, muss es die Gewähr bieten, dass alle Erzeugnisse, die mit ihm versehen sind, unter der **Kontrolle** eines einzigen Unternehmens hergestellt worden sind, das für ihre Qualität **verantwortlich** gemacht werden kann.

Wie der Gerichtshof wiederholt festgestellt hat, besteht der spezifische Gegenstand des Warenzeichenrechts folglich insbesondere darin, dass seinem Inhaber das Recht verliehen wird, das Warenzeichen beim erstmaligen Inverkehrbringen eines Erzeugnisses zu benutzen, und dass er dadurch vor Konkurrenten geschützt wird, die die Stellung und den **Ruf** des Warenzeichens durch den Vertrieb widerrechtlich mit diesem Zeichen versehener Erzeugnisse zu missbrauchen suchen. Für die Bestimmung der genauen Reichweite dieses ausschließlichen Rechts des Warenzeicheninhabers ist die **Hauptfunktion** des Warenzeichens zu berücksichtigen, die darin besteht, dem Verbraucher oder Endabnehmer die **Ursprungsidentität** des gekennzeichneten Erzeugnisses zu garantieren, indem sie ihm ermöglicht, dieses Erzeugnis ohne Verwechslungsgefahr von Erzeugnissen anderer Herkunft zu **unterscheiden**.«[74] (Hervorh.d.d. Verf.)

Der EuGH geht damit im Ansatz ebenfalls von der **Herkunftsfunktion** der Marke aus, macht aber auch deutlich, dass diese ihrerseits Grundlage und Voraussetzung für weitere Leistungen ist: 68

- die **Bindung des Kunden** an ein Unternehmen durch überzeugende Qualität des Markenprodukts,
- die dafür notwendige **Identifikation des Unternehmens** über das Markenprodukt,
- die **Kontrolle über diese Qualität** als Voraussetzung für die darauf bezogene Verantwortung des Herstellers und
- der Schutz vor einer ungerechtfertigten Ausbeutung des **guten Rufes** eines Markenproduktes durch widerrechtlich gekennzeichnete Waren.

Damit sind neben der Identifizierungs- und Individualisierungsfunktion auch die Qualitätsfunktion, die Vertrauensfunktion, die Schutz-, die Monopolisierungs- und die Vertriebsfunktion angesprochen. Denn nur, wenn dem Inhaber der exklusive Gebrauch der Marke – beschrieben als das Recht zur Benutzung der Marke beim erstmaligen Inverkehrbringen einer Ware – vorbehalten bleibt und nur, wenn dieses Unternehmen die Kontrolle über die Qualität der Markenware über alle Stufen des Vertriebsweges behält, kann die im Produkt verkörperte Herkunfts- und Qualitätsaussage unverfälscht beim Endkunden ankommen. Damit sind zugleich Grund und Grenzen der markenrechtlichen Erschöpfung beschrieben: das Recht an der Marke erschöpft sich, auf das einzelne Produkt bezogen, mit dem erstmaligen Kennzeichnen und Inverkehrbringen unter dieser Marke durch den Inhaber; einmal im Markt, kann es von Dritten auch unter Benutzung der Marke frei gehandelt und beworben werden – es sei denn, es würde in seiner Qualität verän- 69

74 Vgl. aus der jüngeren Rspr. EuGH MarkenR 2004, 116 – Waschmittelflasche; MarkenR 2002, 394, 398 f. – Arsenal; MarkenR 2002, 231 – Philips/Remington; aus der älteren Rspr. EuGH MarkenR 2001, 404 – Bravo; EuZW 1990, 545 – HAG II, Rn. 13, 14, mit Verweis auf EuGH GRUR 1978, 599 – Hoffmann-La Roche/Centrafarm; GRUR 1979, 69 – Centrafarm/American Home Products Corporation.

dert.[75] Denn eine qualitative Veränderung der Markenware, gleich ob zu ihrem Vor- oder Nachteil, führte zu einer Verfälschung des originären, durch die Marke vermittelten Qualitätsversprechens des Herstellers und vereitelte seine Verantwortung für diese Qualität.[76]

70 Im deutschen Markengesetz wird lediglich die einem jeden Kennzeichen wesenseigene **Unterscheidungsfunktion** der Marke als **conditio sine qua non** des Markenschutzes in der Definition der schutzfähigen Zeichen in § 3 Abs. 1 MarkenG deutlich (»... alle Zeichen ..., die geeignet sind, Waren oder Dienstleistungen eines Unternehmens von denjenigen anderer Unternehmen zu unterscheiden«). Die Anerkennung einzelner Funktionen der Marke ist aber notwendig mit der Bestimmung der Reichweite ihres rechtlichen Schutzes verbunden. So weist etwa der Kreis der nach deutschem und europäischem Recht dem Markeninhaber vorbehaltenen Benutzungshandlungen auf ein weites Verständnis der gesetzlich geschützten Markenfunktionen: Markenrichtlinie (Art. 5), Gemeinschaftsmarkenverordnung (Art. 9) und Markengesetz (§ 14) garantieren dem Inhaber ein umfassendes Benutzungsrecht an der Marke, das u.a. das exklusive Recht einschließt, »das Zeichen in Geschäftspapieren oder in der Werbung zu benutzen«. Damit rückt selbst eine bislang als nachrangig betrachtete Funktion wie die **Werbefunktion** in den Fokus des positivrechtlich anerkannten Schutzbereiches der Marke.

71 Die **Qualitätsfunktion** der Marke wird expressis verbis anerkannt, wenn etwa § 30 Abs. 2 Nr. 5 MarkenG den Inhaber einer Marke ermächtigt, die Rechte aus der Marke gegen einen Lizenznehmer geltend zu machen, der »hinsichtlich der Qualität der von ihm hergestellten Waren oder der von ihm erbrachten Dienstleistungen gegen eine Bestimmung des Lizenzvertrages verstößt«.[77] Nichts anderes gilt, wenn § 24 Abs. 2 MarkenG die Veränderung oder Verschlechterung des Zustandes der Waren nach ihrem Inverkehrbringen vom Grundsatz der Erschöpfung ausnimmt.[78]

II. Produktidentifikation

72 Literatur und Rechtsprechung lassen die Tendenz erkennen, dass sich der rechtlich geschützte Gehalt der Marke weg von einer ausschließlichen Priorität der Herkunfts- bzw. Unterscheidungsfunktion und hin zu einem breiteren, marktnäheren Verständnis der Marke bewegt.[79] Bereits unter der Geltung des Warenzeichengesetzes hat der Bundesgerichtshof die Herkunftsfunktion nicht auf einen konkreten Geschäftsbetrieb bezogen, sondern lediglich als Kennzeichnung der Herkunft aus einem bestimmten Unternehmen verstanden, das für den Markenkunden durchaus anonym bleiben könne.[80] Mit der nach § 47 des Erstreckungsgesetzes[81] seit dem 1.5.1992 zulässigen, freien Übertragung von Markenrechten hat sich das Recht aus der Marke ohnehin von der konkreten betrieblichen Herkunft der Ware oder

75 Vgl. etwa BGH MarkenR 2005, 45 – SIM-Lock für das unberechtigte Entsperren eines Mobiltelefons.
76 S. dazu Art. 7 RL 89/104/EWG, Art. 13 VO (EG) 40/94, § 24 MarkenG sowie unten 1011 ff., 1020 ff.
77 Vgl. Art. 8 Abs. 2 RL 89/104 EWG, Art. 22 Abs. 2 VO (EG) 40/94 sowie unten Rn. 1129 ff., 1132.
78 Vgl. vgl. Art. 7 Abs. 2 RL 89/104 (EWG), Art. 13 Abs. 2 VO (EG) Nr. 40/94 sowie unten Rn. 1020 ff.
79 Dazu *Fezer* WRP 2000, 1 ff. m. zahlr. Nachw. aus der Rspr.
80 BGH GRUR 1973, 468, 471 – Cinzano.
81 BGBl. 1992 I, S. 938.

Dienstleistung entfernt. Konnte das Recht an einem Warenzeichen zuvor nicht ohne den zugehörigen Betrieb oder Betriebsteil auf einen anderen übergehen, so durften Marke und Unternehmen nun getrennt voneinander veräußert werden. Das Markengesetz von 1994[82] führte diese Tendenz der **Abkoppelung der Marke vom Geschäftsbetrieb** fort. Nicht nur die Übertragung einer Marke, sondern bereits der Erwerb des Markenschutzes durch Eintragung wurde – den Vorgaben der Markenrichtlinie entsprechend – vom Vorhandensein eines Geschäftsbetriebes abgekoppelt.[83] Zudem erlaubt das Markengesetz erstmals die teilweise Übertragung eines Markenrechts.

Das Markengesetz steht damit im Einklang mit europäischem Recht. Auch der Erwerb einer Gemeinschaftsmarke ist unabhängig vom Bestehen eines Geschäftsbetriebes,[84] auch die Gemeinschaftsmarke kann ganz oder teilweise **frei übertragen** werden.[85] Und wenn Art. 17 GMV diese Übertragung (nur) für den Fall ausschließt, dass »das Publikum insbesondere über die Art, die Beschaffenheit oder die geografische Herkunft der Waren oder Dienstleistungen, für die die Marke eingetragen ist,« irregeführt werden könnte, so steht ersichtlich die Qualitäts- oder Vertrauensfunktion der Marke im Zentrum des rechtlichen Schutzes. 73

Es liegt in der Konsequenz dieser Entwicklung, dass die Marke dem Käufer eines Markenproduktes heute weniger denn je eine konkrete Vorstellung über den betrieblichen Hintergrund ihrer Herstellung vermittelt. Wo Unternehmenskennzeichen und Marke nicht zusammenfallen, wird der Kunde den Hersteller oft nicht kennen, geschweige denn mit seinen gesellschafts- und konzernrechtlichen Verflechtungen vertraut sein. Dagegen wird er wissen, dass derjenige, der ein Produkt unter einer Marke in den Verkehr bringt, häufig nicht der ist, der es physisch hergestellt hat; er wird wissen, dass komplexe Produkte aus einer Vielzahl von Vorprodukten zusammengesetzt werden und dass sowohl die Fertigung eines Produktes als auch seine Ausstattung mit einer Marke häufig in Lizenz erfolgen. 74

Die Marke auf dem Markenprodukt vermittelt vor diesem Hintergrund weniger eine bestimmte, dem Kunden erkennbare betriebliche Herkunft als vielmehr eine **Produktidentität**. Sie hebt ein Produkt aus der Anonymität des Marktes. Das dadurch individualisierte Produkt stammt von einem Hersteller, dessen Identität für den Kunden durchaus im Dunkeln bleiben mag. Maßgeblich ist allein, dass es diesen konkreten Hersteller gibt, dass er als Verwender (Inhaber oder Lizenznehmer) der Marke die **Verantwortung** für das Produkt und seine Qualität ausdrückt, dass er diese Qualität über den Vertriebsweg hinweg überwacht und im Rahmen seiner Werbeaussagen auch im zeitlichen Längsschnitt (Wiederholungskauf!) garantiert. Aus der **Herkunftsadresse des Herstellers** wird so die **Herkunftsidentität des Markenprodukts** als Basis für Käufervertrauen und Kundenbindung. 75

82 Das MarkenG (siehe Fn. 1) trat zum 1.1.1995 in Kraft.
83 Sog. Nichtakzessorietät der Marke, dazu *Fezer* Markenrecht, § 3 Rn. 52 ff.
84 Art. 5 VO (EG) Nr. 40/94.
85 Art. 17 VO (EG) Nr. 40/94.

III. Marktkommunikation

76 Die Bedeutung von Marken als Zeichen im Wirtschaftsverkehr erschöpft sich nicht in den genannten Funktionen. Als Zeichen, die von einem Marktteilnehmer (Anbieter) für Waren oder Dienstleistungen verwendet werden, und die von anderen Marktteilnehmern (Nachfrager, Dritte) vor und nach der Kaufentscheidung wahrgenommen werden, stehen Marken grundsätzlich für den **Transport beliebiger Botschaften** zur Verfügung.

77 Das ist deshalb von eminenter wirtschaftlicher Bedeutung, weil sich Anbieter und Käufer immer seltener persönlich begegnen. Anders als im werkvertraglichen Bereich und bei bestimmten persönlichen Dienstleistungen, wo dem Vertragsschluss häufig eingehende Besprechungen der Vertragspartner vorangehen, treffen die Hersteller industrieller Waren und die Anbieter standardisierter Dienstleistungen mit ihrem Massenpublikum nicht physisch zusammen. Die **Kommunikation** zwischen Hersteller und Kunde muss deshalb verselbstständigt und verstetigt, standardisiert und verdichtet werden, um den Kunden am Point of Sale, aber auch in der von der Warenpräsenz losgelösten Werbung zuverlässig zu erreichen.

78 Für den **Investitionsgüterbereich** ist es typisch, dass der Anbieter einen erheblichen Wissensvorsprung vor dem Nachfrager besitzt (»Informationsasymmetrie«); die Investitionsentscheidung des Kunden wird von einem entsprechend großen Sicherheits- und Informationsbedürfnis begleitet. Wo die technische Komplexität vom Kunden nicht mehr erfasst werden kann, entscheidet das Vertrauen darin, dass ein Anbieter seinen Wissensvorsprung nicht opportunistisch nutzt, über die Investition.[86] Entscheidungsträger, die eine betriebliche Investitionsentscheidung treffen und verantworten müssen, haben in dieser Situation doppelten Anlass, einer renommierten Marke zu vertrauen: wird dieses Vertrauen nicht enttäuscht, bestätigt die Qualität des Markenproduktes die Investitionsentscheidung – wird es wider Erwarten doch enttäuscht, mindert der gute Name des Geschäftspartners zumindest die innerbetriebliche Verantwortungslast des Entscheidungsträgers im Unternehmen des Kunden.

79 Marken sind aus dieser Perspektive des Marktes nichts anders als ein **Kommunikationsmittel**. Wie jedes Symbol sind sie in der Lage, beliebige Bedeutungsinhalte zu transportieren, wenn und sobald über diese Bedeutung unter den Kommunikationsteilnehmern übereinstimmende Vorstellungen bestehen. Weil ein und dasselbe Symbol mit vielfältigen und komplexen Botschaften verknüpft sein kann, sind Marken immer auch eine Bündelung von Information und damit ein Akt der **Informationsökonomie**: so wie ein Verkehrszeichen eine komplexe Verhaltensanweisung in eine einfache Anordnung von Farbe und Form konvertiert, transportieren eine simples Zeichen wie etwa der »NIKE« – Schwung oder die drei Streifen von ADIDAS vielfältige und komplexe Werbebotschaften. Beim Adressaten werden die so gebündelten Bedeutungen kognitiv (als Information), affektiv (als gefühlter Eindruck) und schließlich konativ (als handlungsbestimmend) wahrgenommen und entschlüsselt. Die Komplexität von Kaufentscheidungen wird so reduziert, der Suchaufwand beim Käufer minimiert.

---

86 *Voeth/Rabe*, in: Bruhn, Handbuch Markenführung, Bd. 1, S. 75, 78 ff.

IV. Soziale Kommunikation

Die Kommunikation von Bedeutungen über die Wahrnehmung von Marken endet nicht mit der Kaufentscheidung des Kunden für ein Markenprodukt. Die Orientierungsfunktion der Marke erschöpft sich zwar im unmittelbaren geschäftlichen Kontakt des Kaufes oder Wiederkaufes bzw. in dessen Vorfeld, bei der Kaufentscheidung. Marken wirken jedoch vielfach auch nach dem Kauf durch ihre bloße Präsenz beim Konsumenten nachhaltig weiter. Denn neben ihrer produktbezogenen Kommunikationsleistung kann die Marke als solche einen immateriellen Nutzen für den Markenkonsumenten stiften, der sogar das durch sie markierte Produkt bzw. die Dienstleistung in den Hintergrund treten lassen kann. Das Markenprodukt wird dann zum Träger einer in der Marke verkörperten Botschaft, der ein eigenständiger wirtschaftlicher Wert zukommt. Aufgebaut wird dieser Wert vornehmlich in der Werbung, die die Marke in einem positiv besetzten Kontext präsentiert. Die Faszination, die von einem sportlichen oder kulturellen Ereigniss, einem luxuriösen Ambiente, von Personen mit hohem Sozialprestige oder emotional ansprechenden Interaktionen ausgeht, überträgt sich zunächst auf die Marke und sodann mit dieser auf den Konsumenten (**Imagetransfer**). **80**

Die **Selbstständigkeit** der Markenbotschaft wird deutlich, wenn der Träger der Marke ausgetauscht, die Botschaft aber aufrechterhalten wird. So liegt es, wenn eine bereits eingeführte Marke erfolgreich auf ein Neues Produkt übertragen wird. Beispiele sind etwa Armbanduhren unter der für Sportartikel bekannten Marke ADIDAS oder unter der für Bekleidung eingeführten Marke BENETTON. Zigarettenmarken (etwa MARLBORO oder CAMEL) können unverändert für andere Produkte (Bekleidung, Schuhe, Accessoires) eingesetzt und so im Bewusstsein des Verbrauchers wach gehalten werden, wo einschlägige Tabakwerbeverbote die Präsentation der Marke in ihrer ursprünglichen Bestimmung zunehmend behindern. **81**

Beliebig ist die Kombination von Marke und Produkt freilich nicht: würde die Marke für ein Produkt verwendet, dessen Anmutung das Markenimage schädigte oder ihr Qualitätsversprechen konterkarierte, stünde die **Kohärenz** der Markenbotschaft insgesamt auf dem Spiel. Deshalb wird bei der Lizenzierung einer Marke für ein neues Produkt streng auf die Kompatibilität von Markenimage und Produkt geachtet. Die Kontrolle des qualitativen Niveaus des Lizenzproduktes durch den Lizenzgeber ist fester Bestandteil eines Markenlizenzvertrages.[87] **82**

Beispiel: Die Übertragung der mit der Marke Mercedes verbundenen Assoziationen von hohem technischen Anspruch und luxuriöser Ausstattung auf kleinere Fahrzeuge (»A-Klasse«) erlaubte die Durchsetzung eines hohen Preisniveaus auch in diesem Segment. Auf die »A-Klasse« folgte eine kompakte »B-Klasse«. Im Gegensatz zu dieser erfolgreichen Top-down-Strategie konnte die für den Kleinstwagen Smart etablierte Marke (»Smart fortwo«) nicht erfolgreich auf größere Wagen (»Smart forfour«) ausgedehnt werden: der umgekehrte Ansatz einer Down-Top-Strategie blieb erfolglos. Die Produktion wurde eingestellt. **83**

87 S. dazu unten Rn. 1121 ff., 1128; 1395 ff., 1399 ff.

84 Der **immaterielle Zusatznutzen**, den eine Marke dem Kunden neben dem Produkt, das sie markiert, bringt, wird selbstständig mit und neben dem Markenprodukt konsumiert: Die Luxusuhr als Zeitmesser ist das Produkt. Ihre Marke ist das Symbol, das von einer hundertjährigen Uhrmachertradition erzählt, von der Exklusivität einer beschränkten Stückzahl, von der Aura prominenter Träger, von der Kaufkraft ihrer Kunden, von der (unter der Marke gesponsorten) Segelregatta oder von der ersten Mondlandung, bei der sie getragen wurde. Werbung für diese Marke ist der Vorgang, mit dem das Symbol mit Bedeutung aufgeladen wird; ihre Platzierung in den Medien stellt sicher, dass der umworbene Käufer diese Bedeutung erlernt und mit dem Besitz des Symbols immer wieder abrufen kann. Ein umfassendes und in sich stimmiges Markenmarketing bietet dem Kunden eine **Markenwelt**, in die der Kauf des Markenproduktes Zugang verschafft und in die der Käufer mit dem Konsum der Markenware »eintaucht«.

85 Mit der Marke verbindet der Markenkonsument bestimmte Werte, die er im Markenprodukt verkörpert sieht. Mit dem Kauf des Markenproduktes realisiert er diese Vorstellung und macht sie so zum erfahrbaren Teil seiner Lebenswelt. Je positiver seine Vorstellungen ausfallen – und je weniger sie durch die tatsächlichen Erfahrungen im Umgang mit dem Produkt konterkariert werden –, desto höher ist die erlebte Befriedigung. Für den Konsumenten bedeutet die emotional aufgeladene Marke ein Stück käuflicher Lebensqualität. Je nach individuellem Bedürfnis wählt der Kunde diesen immateriellen Wert zum eigenen Genuss, zur Selbstwerterhöhung, zum kontrollierten Einsatz seiner sozialen Selbstdarstellung oder zur »**symbolischen Selbstergänzung**«.[88]

86 Entgegen verbreiteter Kritik handelt es sich dabei nicht um eine Täuschung, sondern um einen durchaus **realen Wert**. Die »Markenwelt« mag fiktiv sein, ihre Wahrnehmung ist real: Die einer Marke zugeordneten Informationen, Assoziationen und Emotionen können – wenngleich mit einem systemimmanenten Intensitätsgefälle – tatsächlich abgerufen, das heißt mit dem Konsum des Markenproduktes erlebt und gegenüber Dritten dargestellt werden. Markenpiraterie, das heißt die vorsätzlich widerrechtliche Verwendung einer fremden Marke für imitierte Produkte, entfaltet ihre schädliche Wirkung nicht nur über den damit fehlgeleiteten, dem Markeninhaber entgangenen Umsatz, sondern vor allem dadurch, dass die Kommunikation der Markenbotschaft gestört und der immaterielle Zusatznutzen getrübt wird: das Qualitätsversprechen wird gebrochen, die Exklusivität geht verloren, die emotionale Markenbotschaft leidet.[89]

87 Dies wird besonders deutlich, wenn man sich die soziale Komponente der über Marken vermittelten Kommunikation verdeutlicht. Als Symbole wirken Marken auch nach dem Kauf weiter – nicht nur **in** der Absatzkette, wenn der Kunde durch Wiederholungskäufe Markentreue entwickelt, sondern auch **außerhalb**, in der **sozialen Kommunikation** der Markenkunden mit **Dritten**. Denn der Markenkonsum durch den Markenkonsumenten ist für Dritte regelmäßig wahrnehmbar. So wenig es möglich ist, ein Zeichen, dessen Bedeutung man kennt, zu ignorieren[90] – wer

88 *Fischer/Wiswede* S. 373.

89 Zur »Vulganisierung« prestigeträchtiger Konsumartikel durch das Auftauchen billiger Nachahmerprodukte OLG Köln MarkenR 2006, 371 – Hermes-Taschen.

90 S. oben Rn. 26 f.

des Lesens kundig ist, kann, selbst wenn er dies wollte, ein geschriebenes Wort nicht betrachten, ohne es zu verstehen –, so wenig kann eine Marke wahrgenommen werden, ohne dass der Betrachter die Bedeutung, die Assoziationen und die Emotionen aktualisiert, die ihm im Zusammenhang mit dieser Marke bekannt sind. Vom Kraftfahrzeug über die Armbanduhr bis zur Kleidung, ja bis zum Dessous, von der Wohnungseinrichtung bis zum Eau de Toilette, vom frequentierten Speiselokal bis zum Urlaubsquartier und die dabei benutzte Airline umgibt sich der Konsument nolens volens mit einem **gesellschaftlich wahrnehmbaren Mantel** aus benutzten Marken, die ihm gleichsam ein individuelles, sozial bedeutsames **Markenprofil** verleihen.

Der Konsum von Markenartikeln ist deshalb zum einen ein Akt der **Selbstinszenierung** des Käufers, zum anderen ein **Orientierungsmittel** Dritter. Mit Marken lassen sich Lebensstile, Einstellungen, die Zugehörigkeit zu einer Gruppe oder Subkultur (oder umgekehrt die Nichtzugehörigkeit dazu), Einkommensverhältnisse, politische Präferenzen usw. ausdrücken oder unterstreichen. Ihre **standardisierte** Bedeutung macht sie zum tauglichen Mittel kontrollierter Aussagen im sozialen Kontext. Soziale Orientierung an Marken wird um so mehr in Anspruch genommen, je anonymer die Verhältnisse im Übrigen sich gestalten. Über Marken definieren sich Trends und Szenen, Gruppen, Geschlechter und Generationen. Im Ausland genießen Marken oft das Ansehen ihres Herkunftslandes und sogenannte Kultmarken verbinden weltweit ihre Konsumenten zu einer Gemeinschaft, die sich über den gemeinsamen Konsum der Marke definiert und erkennt. Harley Davidson, Guinness oder Birkenstock sind Beispiele dafür. **88**

Dabei kommt es nicht darauf an, ob der Markenkonsument dieses Profil bewusst, gewissermaßen strategisch aufbaut, entwickelt und im Interesse einer homogenen Gesamtaussage seiner »**Markenpersönlichkeit**« pflegt, oder ob er seine Konsumentscheidungen nach tatsächlich oder vermeintlich markenunabhängigen Kriterien, etwa der Produktästhetik, der Funktionalität oder der erwarteten Lebensdauer trifft. Denn die mit dem Markenkonsum für Dritte erkennbaren Botschaften sind für den Markennutzer unausweichlich, gleich ob er dies reflektiert oder nicht. **89**

90

Vertriebsweg	Bereich	Wichtige Markenfunktionen
Zulieferer ⇓ Endprodukt-Hersteller ⇓	»B2B«[91]	• Herkunftsidentität • Codierung • Information • Qualität • Vertrauen (Sicherheit)
Groß-/Einzelhandel ⇓	»B2C«[92]	• Herkunftsidentität • Qualität • Vertrauen (Bindung) • Werbung • Imagetransfer • Immaterieller Zusatznutzen (»Markenwelt«)
Verbraucher ⇕⇕⇕⇕ Soziales Umfeld	»C2C«	• Selbstinszenierung • Gruppenzugehörigkeit, -abgrenzung • Symbolische Selbstergänzung • Soziale Groborientierung

Übersicht 3: Markenfunktionen auf den Stufen der Wertschöpfungskette und im sozialen Kontext des Verbrauchers

91 So ist es etwa schlechterdings unmöglich, eine der bekannten KFZ – Marken zu benutzen, ohne im sozialen Kontext als Fahrer eben dieser Marke wahrgenommen zu werden, mit allen Folgen der sozialen Attribution, sei es Wertschätzung oder Ablehnung, Integration oder Ausgrenzung. Und niemand wird sich der vom Markeninhaber lancierten oder im sozialen Kontext gebildeten Assoziationen erwehren können, die sich mit (beliebig herausgegriffenen) Marken wie Porsche, Perrier, Joop, Jaguar, Mc Donalds, Marlboro, Rolex, Steinway, Veuve Cliquot, Nike, Armani, Swatch, Levis usw. verbinden. Vom Konsumenten der Marke werden diese Assoziationen genussvoll erlebt – er fährt einen Porsche, er spielt einen Steinway, er trägt eine Rolex; Dritte, die seinen Markenkonsum wahrnehmen, schreiben ihm die mit der Marke verbundenen Vorstellungen zu. Diese Zuschreibung verschafft dem ostentativen Markenkonsumenten abermals Befriedigung.

92 Mit der Wahl der Marke bedient sich der Konsument aus einer breiten Palette von Symbolen, die ihn bei der eigenen **sozialen Inszenierung** unterstützen. Mit der produktbezogenen Orientierungsfunktion korrespondiert so eine soziale Kommunikationsfunktion der Marke, deren wirtschaftlicher Wert erhebliche Bedeutung gewinnen kann. Das Markenprodukt entfaltet so eine **eigene Zeichenfunktion** in der **sozialen Kommunikation**, die als sekundäre Funktion neben die primäre, utilitäre

91 »Business to Business«.
92 »Business to Consumer«.

Gebrauchsfunktion tritt: »Wenn das Produkt etwas über den Konsumenten statt über den eigenen Gebrauchswert sagt, wird es zu einem indexalischen Zeichen für eine bestimmte Neigung oder Disposition des Konsumenten«.[93]

E. Warum Marken schützen?

I. Kommunikation vs. Konfusion

Marken sind eines der wichtigsten **Kommunikationsmittel** im Marktgeschehen. 93
Über Marken kommunizieren Anbieter und Nachfrager, Produzenten und Konsumenten nicht nur miteinander, sondern auch untereinander. Mit ihr, der Marke, wird eine Ware oder Dienstleistung so markiert, dass sie von jedem Marktteilnehmer identifiziert, von jeder anderen Ware oder Dienstleistung differenziert und – bei Bedarf – wieder erkannt werden kann. Die Kommunikationsleistung von Marken geht jedoch weit über diese Funktion, die auch von einer bloßen Zahlenkombination, einer technischen Codierung, erfüllt werden könnte, hinaus. Als Zeichen (Symbol) transportiert die Marke Botschaften der unterschiedlichsten Art. Sie kann ein Qualitätsversprechen ebenso überbringen wie eine Aussage über die Herkunft der Ware oder Dienstleistung, sie kann unmittelbar informativ oder mittelbar assoziativ, vor allem aber suggestiv werbende Aussagen transportieren und damit über das markierte Produkt hinaus einen immateriellen Zusatznutzen stiften.

Dem **Markeninhaber** ermöglicht die Marke, seine Leistung auf einem pluralisti- 94
schen, offenen Markt so zu individualisieren und gegenüber allen anderen Anbietern abzugrenzen, dass die Antwort auf sein Angebot, die vorgefundene oder von ihm selbst stimulierte Nachfrage, nicht fehlgeleitet wird, nicht ungewollt einem anderen Anbieter zugute kommt. Über die Marke entsteht eine **exklusive Kommunikation** zwischen Marktteilnehmern, die im Falle des Erstkaufes Marktzugang schafft und im Falle des Wiederholungskaufes, der **Markentreue**, die eroberten Marktanteile sichert (Goodwill). Dritte werden von dieser Kommunikation durch den Schutz der Marke ausgeschlossen.

Dem **Adressaten** der Markenbotschaft, dem Markenkonsumenten, bietet die Marke 95
in erster Linie **Orientierung**. Er kann Markenprodukte von anderen unterscheiden, einer bestimmten Herkunft zuordnen und bei Bedarf nach Belieben zu ihnen zurückkehren oder gerade dies vermeiden. Wie essenziell diese Orientierungsfunktion der Marke sein kann, wird deutlich, wenn man sich vergegenwärtigt, dass viele Verbrauchsgüter – man denke etwa an Kraftstoff, Mineralwasser oder Zigaretten – vom Verbraucher ohne die Referenz einer Marke überhaupt nicht oder nur schwer von gleichartigen Produkten anderer Hersteller unterschieden werden könnten. Mit dem Kompass der Marke navigiert der Konsument in einem Meer von Angeboten. Er **optimiert** den für ihn bedeutsamen, individuellen und – beim Wiederholungskauf – bereits festgestellten, subjektiven Gebrauchsnutzen des Produktes oder der Dienstleistung und er **minimiert** den Such- und Prüfaufwand vor der Kaufentscheidung.

93 *Nöth* S. 530.

96 Die über die Marke vermittelte Kommunikation zwischen Markeninhaber und -konsument kommt beiden Seiten nur dann und nur insoweit zugute, als sie nicht von Dritten absichtlich oder versehentlich gestört, verfälscht oder fehlgeleitet wird. Wo gleiche oder verwechslungsfähige Marken für gleiche oder ähnliche Produkte verwendet werden, kommt es zu einer Kommunikationsstörung: in der **Kommunikation** zwischen zwei konkurrierenden Herstellern und ihren Kunden entsteht **Konfusion**. Der umworbene Kunde, der die zum Verwechseln ähnlichen Marken in aller Regel nicht gleichzeitig antrifft, sondern regelmäßig der einen Marke begegnet, während er die andere nur erinnert,[94] läuft Gefahr, deren Aussagen im Hinblick auf Produkt und Produzent falsch zuzuordnen. Markenschutz heißt, solche Störungen präventiv zu vermeiden und, wo dies misslingt, sie für die Zukunft abzuwehren und den entstandenen Schaden zu kompensieren.

97 Unterbunden werden muss dabei nicht nur die echte Markenpiraterie, das heißt der unbefugte Gebrauch identischer Marken für identische Produkte, sondern auch die Verwendung ähnlicher Marken für gleiche Produkte, gleicher Marken für ähnliche Produkte oder ähnlicher Marken für ähnliche Produkte oder Dienstleistungen. Selbst die unbefugte Verwendung einer fremden Marke für gänzlich andere Produkte oder Dienstleistungen als die ursprünglich vom Inhaber bezeichneten kann die Kommunikation zwischen Markeninhaber und -konsument stören, wenn der gute Ruf einer bekannten Marke beschädigt, ihre Aussage verwässert oder der mit ihr verbundene Aufmerksamkeitseffekt unberechtigt und in unlauterer Weise ausgebeutet wird.[95]

II. Nachahmungsfreiheit vs. Leistungsschutz

98 An Versuchen, zumindest einen Teil des Erfolgs fremder Marken auf das eigene Produkt umzulenken, hat es zu keiner Zeit gefehlt. Die eingesetzten Strategien reichen von der dreisten, vollständigen Nachahmung des Originals über die listige Annäherung in markanten Details, die der Konsument bei oberflächlicher, unreflektierter Betrachtung als pars pro toto der ihm vertrauten Marke gleichsetzt und so irrtümlich seiner Kaufentscheidung zugrundelegt, bis zur offenkundigen, für jeden Dritten erkennbaren Anlehnung, Kopie oder scherzhaften Veränderung, die die am Markt eingeführte Marke als Vehikel (eyecatcher) benutzt, um den Kunden anzusprechen.

99 Dabei wäre es jedoch verfehlt, anzunehmen, jede Markenkollision sei das Ergebnis unlauteren, intentionalen Verhaltens eines Wettbewerbers und Markenschutz deshalb gleichzusetzen mit der Bekämpfung der Markenpiraterie. Markenschutz ist auch die notwendige Folge eines reinen, ethisch neutralen **Knappheitsphänomens**. Denn obwohl der Wortschatz einer Sprache und die Palette möglicher Farbtöne, Tonfolgen und Formgebungen eine scheinbar endlose Fülle möglicher Gestaltungen

94 Dieser Umstand wird in der Rechtsprechung zur Verwechslungsgefahr von Marken regelmäßig besonders hervorgehoben, s. etwa EuGH MarkenR 1999, 236, 239 – Lloyd: »Allerdings ist zu berücksichtigen, dass sich dem Durchschnittsverbraucher nur selten die Möglichkeit bietet, verschiedene Marken unmittelbar miteinander zu vergleichen, sondern dass er sich auf das unvollkommene Bild verlassen muss, das er von ihnen im Gedächtnis behalten hat.«

95 S. §§ 9 Abs. 1 Nr. 1–3, 14 Abs. 2 Nr. 1–3 MarkenG sowie unten Rn. 761 ff.

eröffnen, die durch die denkbaren Kombinationen abermals potenziert wird, sind diese Quellen doch nicht unerschöpflich.

Auch Sprache, um die wichtigste Ressource für Markenkreationen zu nennen, ist letztlich ein knappes Gut. Wer mit der Entwicklung von Marken beschäftigt ist, weiß, wie schwierig es sein kann, für ein vorgegebenes Produkt eine aussagestarke Marke zu erfinden, die keiner der bereits vorhandenen »zu nahe kommt«. Dies gilt um so mehr, als die **informationsökonomische Effizienz** eines Symbols um so höher ist, je **einfacher** das Zeichen gestaltet werden kann. Primärfarben, einstellige Zahlen oder einfache Buchstaben- oder Zahlenkombinationen sind deshalb besonders beliebte, aber eben auch beschränkt verfügbare Zeichen. Wo auf internationalem Niveau die vorhandenen Marken mehrerer Länder und die Verschiedenartigkeit der betroffenen Sprachen und Kulturen zusätzlich berücksichtigt werden müssen, verengt sich der Gestaltungsspielraum noch weiter. Inhaber einer Marke zu sein, heißt vor diesem Hintergrund, den Gebrauch eines singulären Zeichens für bestimmte Waren oder Dienstleistungen zu monopolisieren. Markenschutz ist die Verteidigung dieses Monopols im Sinne eines subjektiven, ausschließlichen Rechts. **100**

Angesichts einer ständig steigenden Zahl von Markenanmeldungen,[96] der beliebig verlängerbaren Schutzdauer einer einmal registrierten Marke und der wachsenden internationalen Verflechtung der Märkte wird dieses Knappheitsphänomen zunehmend spürbar. So verwundert es nicht, wenn im Hinblick auf die Reichweite der Abwehr ähnlicher Marken bereits gefordert wird, die vorhandenen Marken müssten »enger zusammenrücken«, um für nachfolgende ausreichend Raum zu lassen und der Europäische Gerichtshof im Hinblick auf den Schutz von Farben dazu anhält, bei der Prüfung ihrer konkreten Schutzfähigkeit als Marke »auch dem Allgemeininteresse daran Rechnung zu tragen, dass die Verfügbarkeit der Farben für die anderen Wirtschaftsteilnehmer, die Waren oder Dienstleistungen der von der Anmeldung erfassten Art anbieten, nicht ungerechtfertigt beschränkt wird.«[97] **101**

III. Investitionsschutz

Die Schutzbedürftigkeit der Marke als gewerbliches Schutzrecht korreliert unmittelbar mit ihrem wirtschaftlichen Wert. Der wiederum liegt nicht nur in der anfänglichen geistigen Leistung ihrer Kreation, sondern repräsentiert die gesamte, oben beschriebene Kommunikationsleistung und die dafür erbrachten Anstrengungen des Inhabers. Der investive Vorlauf, der zur Etablierung einer Marke notwendig ist und dessen Erfolg sich an einer hypothetischen Lizenzgebühr für die Nutzung der eingeführten Marke messen lässt, wird durch die Kopie, die Nachahmung oder die übermäßige Anlehnung übersprungen. Der Markenpirat bereichert sich als »Trittbrettfahrer« ungerechtfertigt am Ergebnis der Investitionen des Markeninhabers, dieser wird entsprechend geschädigt. Markenschutz ist insoweit gewerblicher Schutz der in der Marke verkörperten **Investitionen** des Inhabers in die Kommunikation mit seinen Kunden. **102**

96 Beim Europäischen Harmonisierungsamt (HABM) im spanischen Alicante gingen in 2005 über 64.000 Anmeldungen ein, in 2004 waren es 58.900, in 2003 57.600, von 1996 bis 2006 insgesamt mehr als 0,5 Mio.

97 EuGH MarkenR 2004, 338, 342 – Farbmarke blau/gelb.

103 Zwar ist der rechtliche Schutz einer Marke, in deren Präsenz und deren Image am Markt nicht oder wenig investiert wird, im Grundsatz kein geringerer als der einer Marke, die auf Grund nachhaltiger Bemühungen ihres Inhabers einen hohen, an Lizenzgebühren oder dem Erlös aus einer Übertragung messbaren Marktwert erlangt hat. Wer jedoch das registrierte Zeichen über einen ununterbrochenen Zeitraum von fünf Jahren überhaupt nicht benutzt, kann den rechtlichen Schutz verlieren.[98] Wer, umgekehrt, in die Präsenz seiner Marke am Markt investiert und ihr so zu einer gesteigerten Kennzeichnungskraft verhilft, erwirbt dadurch auch eine gesteigerte Abwehrkraft, wenn die Verwechslungsgefahr mit einem ähnlichen Zeichen im Streit steht.[99] Und wer seine Marke so nachhaltig und so erfolgreich nutzt, dass sie die rechtliche Qualität einer »bekannten« Marke gewinnt, wird mit einem erweiterten Schutz auch außerhalb[100] des Ähnlichkeitsbereiches der betroffenen Waren oder Dienstleistungen belohnt.[101]

F. Zur Geschichte des Markenschutzes

I. Vom Zunftzeichen zum MarkenG

104 Marken gehen als betriebliche Herkunftszeichen auf die mittelalterlichen Zunftzeichen zurück. Handelsgilden und Zunfthäuser versahen ihre Produkte mit Wappen und Symbolen, die Herkunft, Qualität und Reputation versinnbildlichten. Das Wort Marke[102] für ein auf einer Ware angebrachtes Zeichen ist seit dem 17. Jh. bekannt. Das erste deutsche Gesetz zum Schutz von Marken geht auf das Jahr 1874 zurück. § 1 des Gesetzes über Markenschutz vom 30. November 1874[103] erlaubte im Handelsregister eingetragenen Gewerbetreibenden, »Zeichen, welche zur Unterscheidung ihrer Waaren von den Waaren anderer Gewerbetreibenden auf den Waaren selbst oder auf deren Verpackung angebracht werden sollen«, in das Handelsregister eintragen zu lassen. Die Registrierung der Marke bei den Amtsgerichten macht deutlich, dass die Marke als eine »Visitenkarte« des Herstellerunternehmens untrennbar mit diesem verbunden schien.

105 Es folgte das »Gesetz zum Schutz der Waarenbezeichnungen« vom 12. Mai 1894[104] und mit ihm die Einrichtung einer beim Reichspatentamt geführten Zeichenrolle. Das Regelwerk überdauerte – zuletzt im Warenzeichengesetz (WZG) in der Fassung der Bekanntmachung vom 2. Januar 1968[105] – nach Inhalt und Struktur im Wesentlichen unverändert bis 1995.[106] Die wichtigsten Ergänzungen erfuhr das Warenzei-

98 S. dazu unten Rn. 606 ff.
99 Ausf. dazu *Fezer* Markenrecht, § 14 Rn. 271 ff. mit Nachw. aus der Rspr.
100 Innerhalb des Ähnlichkeitsbereiches gilt dieser erweiterte Schutz »erst Recht«, EuGH MarkenR 2003, 61 – Davidoff/Gofkid.
101 S. dazu unten Rn. 761 ff.
102 Von franz. marquer, kennzeichnen.
103 RGBl., S. 143.
104 RGBl., S. 441.
105 BGBl. 1968 I, S. 29.
106 Letztmalig geändert durch Art. 14 des Gesetzes vom 2. September 1994, BGBl. I, S. 2278 und aufgehoben durch das Markenrechtsreformgesetz.

chenrecht 1936,[107] 1967 (Einführung des Benutzungszwanges), 1979 (Eintragbarkeit von Dienstleistungsmarken), 1990 (durch das Produktpirateriegesetz)[108] und 1992 (Aufhebung der Bindung der Marke an den Geschäftsbetrieb[109]). Erst das Markenrechtsreformgesetz 1994 ersetzte das Warenzeichenrecht vollständig durch das geltende Markengesetz.

II. Europäische Rechtsetzung

Seit Anfang der 60er Jahre wurde auf europäischer Ebene an einer Vereinheitlichung des Markenrechts gearbeitet. Die Vorschläge der Kommission zielten dabei sowohl auf ein einheitliches, autonomes und genuin europäisches Markenrecht für die Europäische Gemeinschaft als auch auf die Harmonisierung der fortbestehenden nationalen Markengesetze durch eine Angleichungsrichtlinie. Die Arbeit am Ersten dieser beiden Ziele gestaltete sich über Jahrzehnte hinweg außerordentlich zähflüssig. Zuletzt fehlte es am Einvernehmen über den Sitz und die Verfahrenssprachen für ein Gemeinschaftsmarkenamt. 106

1988 gab man deshalb den Gleichlauf der beiden legislativen Vorhaben zu Gunsten einer Ersten, das materielle Markenrecht der Mitgliedstaaten regelnden **Harmonisierungsrichtlinie** auf. Am 21. Dezember 1988 wurde die Erste Richtlinie 89/104/EWG des Rates zur Angleichung der Rechtsvorschriften der Mitgliedstaaten über die Marken verabschiedet.[110] Harmonisiert wurden durch die Richtlinie – allerdings beschränkt auf **eingetragene** Marken – u.a. der Kreis der markenfähigen Zeichen, die wesentlichen Schutzvoraussetzungen und Eintragungshindernisse, die Rechte aus der (eingetragenen) Marke und deren sog. Erschöpfung, Benutzungszwang, Verwirkung und Verfall. 107

In den Erwägungsgründen der Richtlinie heißt es, Errichtung und Funktionieren des Binnenmarktes erforderten zwar eine Angleichung der nationalen Rechtsvorschriften, doch müsse diese nicht vollständig sein. Ausreichend sei vielmehr eine Beschränkung des Regelungsumfanges »auf diejenigen innerstaatlichen Vorschriften (...), die sich am unmittelbarsten auf das Funktionieren des Binnenmarktes auswirken.«[111] Damit folgt die Richtlinie dem **Mindeststandardprinzip**, das auf eine **Teilharmonisierung** nationalen Rechts in seinem binnenmarktrelevanten Kern zielt und diesem Recht zugleich zahlreiche Optionen für weiter gehende Regelungen belässt. So bleibt es den Mitgliedstaaten nach der Richtlinie beispielsweise überlassen, (weiterhin) durch Benutzung erworbene Marken zu schützen oder »bekannten« Marken besonderen Schutz zukommen zu lassen. 108

Die Markenrechtsrichtlinie war bis zum 31.12.1991 in nationales Recht umzusetzen, mit einer Verlängerungsoption bis zum 31.12.1992. Tatsächlich geschah dies für die Bundesrepublik Deutschland – mit zweijähriger Verspätung – durch das **Marken-** 109

107 Warenzeichengesetz vom 5. Mai 1936, RGBl. Teil II, S. 134.
108 PrPG, BGBl. 1990 I, S. 422.
109 S. § 47 Nr. 3 Erstreckungsgesetz (BGBl. 1992 I, S. 931) zur Änderung des § 8 Abs. 1 WZG.
110 Markenrechtsrichtlinie, Abl. EG 1989, Nr. L 40, S. 1 mit Berichtigungen in Abl. EG 1989, Nr. L 159, S. 60.
111 3. ErwG d. RL.

rechtsreformgesetz,[112] in Kraft getreten am 1.1.1995. Das Gesetz, dessen Art. 1 das Gesetz über den Schutz von Marken und sonstigen Kennzeichen (**Markengesetz** – MarkenG) enthält, hat mit der Umsetzung der in seinem Titel erwähnten Richtlinie das Warenzeichenrecht grundlegend reformiert. Der alte Begriff Warenzeichen wird durch den zeitgemäßeren Terminus **Marke** ersetzt, der seinerseits neben den geschäftlichen Bezeichnungen und den geografischen Herkunftsangaben unter dem gemeinsamen Oberbegriff des Kennzeichens steht.

110 Das Markengesetz regelt – über den europäischen Harmonisierungsansatz hinaus und im Einklang mit den dortigen Öffnungsklauseln – Schutz, Verteidigung und Schutzschranken nicht nur der eingetragenen (Waren-, Dienstleistungs-, Kollektiv-) Marken, sondern auch der durch bloße **Benutzung** erworbenen Marken und der notorisch bekannten Marke im Sinne des Art. 6bis der Pariser Verbandsübereinkunft (PVÜ) einschließlich der Verfahren vor dem DPMA, dem BPatG und dem BGH. Der Schutz von **Unternehmenskennzeichen** und **Werktiteln** sowie der **geografischen Herkunftsangaben** kommt hinzu. Schließlich enthält das MarkenG notwendige Vorschriften zur Internationalen Registrierung von Marken nach dem Madrider Markenabkommen (MMA) und nach dem Protokoll zum Madrider Markenabkommen (PMMA) sowie zur Anmeldung oder Umwandlung von Gemeinschaftsmarken und den für Gemeinschaftsmarkenstreitsachen zuständigen, nationalen Gemeinschaftsmarkengerichten. Das Regelungswerk ist so von 36 Paragrafen des alten Warenzeichengesetzes auf die gegenwärtig 165 Paragrafen des Markengesetzes angeschwollen. Einzelregelungen in anderen Gesetzen wurden obsolet (u.a. §§ 5 Abs. 1, 16 UWG a.F.).

III. Harmonisiertes deutsches Markenrecht

111 In den neun Teilen des Markengesetzes werden die Themen

- Anwendungsbereich des Gesetzes
- Voraussetzungen, Inhalt und Schranken des Schutzes von Marken und geschäftlichen Bezeichnungen; Übertragung und Lizenz
- Verfahren in Markenangelegenheiten
- Kollektivmarken
- Schutz von Marken nach dem Madrider Markenabkommen und nach dem Protokoll zum Madrider Markenabkommen; Gemeinschaftsmarken
- geografische Herkunftsangaben
- Verfahren in Kennzeichenstreitsachen
- Straf- und Bußgeldvorschriften; Beschlagnahme bei der Einfuhr und Ausfuhr

behandelt und durch die notwendigen

- Übergangsvorschriften

112 Gesetz zur Reform des Markenrechts und zur Umsetzung der Ersten Richtlinie 89/104/EWG des Rates vom 21. Dezember 1988 zur Angleichung der Rechtsvorschriften der Mitgliedstaaten über die Marken vom 25.10.1994 (Markenrechtsreformgesetz – MRRG), BGBl. I, S. 3082.

ergänzt. Einzelne Verfahrensfragen regelt die auf der Grundlage der §§ 65, 138 MarkenG erlassene **Verordnung zur Ausführung des Markengesetzes** vom 11. Mai 2004.[113]

So weit das Markengesetz die Richtlinie 89/104/EWG in nationales Recht umsetzt, muss seine Auslegung »**richtlinienkonform**«, d.h. in Übereinstimmung mit dem Wortlaut und dem Zweck der Richtlinie erfolgen. Dies folgt unmittelbar aus dem Vorrang des europäischen vor dem nationalen Recht und der Verpflichtung aller innerstaatlichen Stellen aus Art. 249 Abs. 3 EG, sich bei der Auslegung und Anwendung des nationalen Rechts an den in einer Richtlinie vorgegebenen Zielen zu orientieren. Zweifelsfragen in anhängigen Verfahren vor nationalen Gerichten sind über das **Vorabentscheidungsverfahren** nach Maßgabe des Art. 234 EG dem Europäischen Gerichtshof zur Auslegung der Richtlinie vorzulegen. Dadurch erhält der EuGH harmonisierenden Einfluss auf die nationale Rechtsanwendung der Mitgliedstaaten. Markenrichtlinie und Markengesetz sind über die so garantierte einheitliche Auslegung miteinander verzahnt. Die Begründung des Regierungsentwurfes zum Markenrechtsreformgesetz spricht insoweit von einer »Überlagerung der herkömmlichen Auslegungsmaßstäbe des deutschen Rechts« durch die Verpflichtung zur Auslegung anhand der Markenrechtsrichtlinie und ermuntert darüber hinaus, mit der »völligen Neugestaltung des deutschen Markenrechts« auch einen »Neuanfang bei der Auslegung« zu machen.[114] **112**

Für die Darstellung des deutschen bzw. europäischen Markenrechts folgt daraus, dass die Erläuterungen zum nationalen Recht jedenfalls im harmonisierten Bereich unverändert auch für das supranationale Recht gelten (müssen) und umgekehrt. Und für die hergebrachte höchstrichterliche Rechtsprechung zum vormaligen deutschen Warenzeichengesetz bedeutet die jetzt gegebene Verknüpfung nationalen und europäischen Markenrechts, dass jene nicht ungeprüft übernommen werden kann. **113**

IV. Genuin europäisch: die Gemeinschaftsmarke

Mit der Verordnung (EG) Nr. 40/94 des Rates vom 20. Dezember 1993 über die Gemeinschaftsmarke[115] wurde ein neues, für das gesamte Gebiet der Mitgliedstaaten einheitliches, materielles und formelles Markenrecht geschaffen. Dieses Markenrecht erlaubt es erstmals, an Stelle eines Bündels nationaler Schutzrechte in einem einzigen Verfahren eine **Gemeinschaftsmarke** zu erwerben, die im gesamten Gebiet der Gemeinschaft einheitlichen, originären und unmittelbaren Schutz genießt. Die Gemeinschaftsmarke gewährt dem Inhaber das ausschließliche Recht zu ihrer Benutzung und schützt EU-weit vor Missbrauch durch Konkurrenten. Dabei ist der Kreis der Markeninhaber nicht auf Angehörige der Mitgliedstaaten beschränkt: nach Änderung des Art. 5 der Gemeinschaftsmarkenverordnung[116] kann jede natür- **114**

113 S. Fn. 129.
114 BT-Drs. 12/6581, S. 55 ff.
115 Gemeinschaftsmarkenverordnung – GMV, Abl. EG 1994, Nr. L 11, S. 1, zul. geändert durch Verordnung (EG) Nr. 422/2004 v. 19.2.2004, ABl EG Nr. L 70 v. 9.3.2004, S. 1.
116 Art. 1 VO (EG) Nr. 422/2004 v. 19.2.2004.

liche oder juristische Person einschließlich der Körperschaften des öffentlichen Rechts Inhaber einer Gemeinschaftsmarke sein.

115 Die Verordnung regelt in 14 Titeln mit zusammen 160 Artikeln recht ausführlich das materielle und formelle Gemeinschaftsmarkenrecht, Aufbau und Funktion des zuständigen »Amts«, den Rechtsweg in Gemeinschaftsmarkensachen und die formell- und materiellrechtliche Verzahnung mit dem korrespondierenden Markenrecht der Mitgliedsländer. 18 der Verordnung vorangestellte Erwägungsgründe erleichtern die Interpretation. Das deutsche Markengesetz ist seinerseits durch das Markenrechtsänderungsgesetz vom 19. Juli 1996[117] an den mit der Gemeinschaftsmarkenverordnung erreichten Stand des Europäischen Markenrechts angepasst worden.

116 Da die Gemeinschaftsmarkenverordnung dem **Eintragungsprinzip** folgt, Gemeinschaftsmarkenschutz also ausschließlich durch Eintragung eines Zeichens in das Gemeinschaftsmarkenregister erlangt werden kann, war es erforderlich, »unter Wahrung des bestehenden organisatorischen Aufbaus der Gemeinschaft und des Gleichgewichts ein fachlich unabhängiges sowie rechtlich, organisatorisch und finanziell hinreichend selbstständiges **Harmonisierungsamt für den Binnenmarkt (Marken, Muster und Modelle)** zu schaffen«.[118] Nach langem Tauziehen hat dieses Amt seinen Sitz im spanischen Alicante erhalten.[119] Dort können seit dem 1. Januar 1996 Gemeinschaftsmarkenanmeldungen eingereicht werden. Seit 2003 trägt das Amt auch Gemeinschaftsgeschmacksmuster ein.[120]

117 Zuvor waren

- mit der Verordnung (EG) Nr. 2868/95 der Kommission vom 13. Dezember 1995 zur Durchführung der Verordnung (EG) Nr. 40/94 des Rates über die Gemeinschaftsmarke,[121]
- mit der Verordnung (EG) Nr. 2869/95 der Kommission vom 13. Dezember 1995 über die an das Harmonisierungsamt für den Binnenmarkt (Marken, Muster und Modelle) zu entrichtenden Gebühren,[122]
- mit der Verordnung (EG) Nr. 216/96 der Kommission vom 5. Februar 1996 über die Verfahrensordnung vor den Beschwerdekammern des Harmonisierungsamtes für den Binnenmarkt (Marken, Muster und Modelle)[123] und
- mit der notwendigen Änderung der Verfahrensordnung des Gerichts Erster Instanz der Europäischen Gemeinschaften vom 6. Juli 1995[124]

die notwendigen Vorschriften für das Eintragungsverfahren, die Verwaltung der Gemeinschaftsmarken, das Beschwerdeverfahren gegen Entscheidungen des Amtes und den Rekurs zum EuGH sowie für das Verfahren zur Erklärung von Nichtigkeit und Verfall einer Gemeinschaftsmarke geschaffen worden.

117 BGBl. I, S. 1014.
118 So der 11. ErwG zur Verordnung, a.a.O.
119 Erklärung des Rates und der Kommission zum Sitz des Harmonisierungsamtes für den Binnenmarkt (Marken, Muster, Modelle), Abl. EG 1994, Nr. L 11, S. 36.
120 Nach Maßgabe der VO (EG) Nr. 6/2002.
121 Abl. EG 1995, Nr. L 303, S. 1, zul. geänd. d. VO (EG) Nr. 1041/2005 v. 29.6.2005.
122 Abl. EG 1995, Nr. L 303, S. 33, zul. geänd. d. VO (EG) Nr. 1687/2005 v. 14.10.2005.
123 Abl. EG 1996, Nr. L 28, S. 11, zul. geänd. am 21.5.2003, ABl. EG Nr. L 147, S. 3.
124 Abl. EG 1995, Nr. L 172, S. 3.

Bis heute sind beim **Harmonisierungsamt für den Binnenmarkt (HABM)** über 500.000 Marken angemeldet worden. Auf Grund dieses großen Erfolges und interner Rationalisierungsmaßnahmen konnte das Amt sogar mit Wirkung zum 1. November 2005 seine Gebühren für Anmeldung, Eintragung und Verlängerung einer Gemeinschaftsmarke senken.[125] 118

Markenrichtlinie und Gemeinschaftsmarkenverordnung folgen denselben terminologischen und systematischen Grundgedanken. Daraus folgt das Gebot homogener Auslegung und Anwendung, wenn und so weit sich die Regelungsgegenstände decken. Nimmt man das Gebot der richtlinienkonformen Auslegung nationalen Rechts hinzu, ergibt sich insgesamt ein **Gleichlauf der Auslegungen**, welcher Markenrichtlinie, deutsches Markengesetz und europäische Gemeinschaftsmarkenverordnung umfasst und in der Markenrichtlinie seinen Ursprung nimmt. 119

Eine »**Weltmarke**«, das heißt ein einheitliches, international geltendes Markenrecht, das – wie die Gemeinschaftsmarke in der EU – mit einer einzigen Anmeldung und Registrierung und mit Wirkung für eine Vielzahl von Nationalstaaten erlangt werden könnte, gibt es bislang ebenso wenig wie ein Weltpatent oder ein Weltdesignrecht. Eine wesentliche Erleichterung gegenüber der mehrfachen Anmeldung einer Marke bei sämtlichen nationalen Behörden sämtlicher Länder, in denen Schutz begehrt wird, bringt jedoch die **Internationale Registrierung** über das Büro der World Intellectual Property Organization (WIPO) in Genf. Dort werden auf der Grundlage der Pariser Verbandsübereinkunft zum Schutz des gewerblichen Eigentums (PVÜ) zwei internationale Abkommen verwaltet, das **Madrider Markenabkommen** (MMA) und das **Protokoll zum Madrider Markenabkommen** (PMMA), denen gegenwärtig 56 (MMA) bzw. 66 (PMMA) Staaten und seit dem 1. Oktober 2004 auch **die EU** angehören. 120

Die Vertragsparteien beider Abkommen bilden den sog. Madrider Verband, der ein besonderer Verband nach Art. 19 der Pariser Verbandsübereinkunft (PVÜ) ist. Auf der Basis einer nationalen Anmeldung (oder einer Gemeinschaftsmarke) kann eine Marke nach den genannten Abkommen (MMA, PMMA) 121

- mit einer einzigen Anmeldung (Internationales Gesuch)
- in einer Sprache (Englisch, Französisch, Spanisch)[126]
- bei einer Behörde (WIPO)
- auf beliebig viele Vertragsstaaten der Abkommen (einschl. der EU)

erstreckt werden. Auch spätere Änderungen, etwa der Adresse des Inhabers, können in einem Verfahren und mit einer Gebühr erledigt werden. Im Ergebnis stellt eine solche **»IR« – Marke** aber kein einheitliches, genuin internationales Recht dar, sondern lediglich ein Bündel von nationalen Rechten, die nach dem nationalen Recht der benannten Länder aufrechterhalten und verteidigt werden müssen. Das weitere Schicksal der Marke kann sich deshalb in Einzelnen benannten Ländern unterschiedlich gestalten. Zudem bleibt die IR-Marke während fünf Jahren ab

125 Pressemitteilung der Kommission v. 17.10.2005 – IP/05/1289.

126 Ein internationales Gesuch, für das ausschließlich das MMA maßgeblich ist, muss in Französisch abgefasst werden. Ist nur das MMP oder sind MMA und MMP einschlägig, kann die nationale Behörde, über die das Gesuch an die WIPO zwingend zur richten ist, Französisch, Englisch oder Spanisch zulassen. Das DPMA lässt Englisch und Französisch zu.

dem Datum der Internationalen Registrierung vom Bestand der Basiseintragung abhängig.

122 Mit dem Beitritt der Europäischen Gemeinschaft zum PMMA haben sich die Optionen, internationalen Markenschutz einzurichten, vervielfacht. So kann eine Gemeinschaftsmarke nicht mehr nur durch direkte Anmeldung beim Gemeinschaftsmarkenamt in Alicante, sondern auf der Basis einer nationalen Anmeldung auch als IR-Marke, durch Benennung der EU nach dem Protokoll (PMMA) erlangt werden. Umgekehrt kann die Gemeinschaftsmarke Basis für eine Erstreckung auf einzelne Vertragsstaaten nach den Abkommen sein. Der sog. **Telle-quelle-Schutz** nach Art. 5 MMA/PMMA, Art. 6^{quinquies} der Pariser Verbandsübereinkunft (PVÜ) garantiert dabei, dass der einer Marke in einem Verbandsland gewährte Schutz bei unveränderter Anmeldung in einem anderen Verbandsland grundsätzlich nicht versagt und nur in den in Art. 6^{quinquies} B PVÜ genannten Fällen verweigert werden darf.

123

	Rechtsgrundlagen		
	Materielles Markenrecht	**Registrierungsverfahren, Kosten**	**Klassifikation der Waren und Dienstleistungen**
National (D)	• MarkenG[127] • MarkenRL[128] RL 89/104/EWG	• MarkenV[129] • PatKostG[130] • PatKostZV[131]	• Anlage 1 zu § 19 Abs. 1 MarkenV
EU	• Gemeinschaftsmarkenverordnung (GMV)[132] VO (EG) 40/94	• GMDV[133] VO (EG) 2868/95 • GMGebV[134] VO (EG) 2869/95	• Nizzaer Klassifikation – NKA (9 A. 2007)[135]
International	• Pariser Verbandsübereinkunft (PVÜ)[136]	• Madrider Markenabkommen (MMA)[137] • Protokoll zum MMA (PMMA)[138] • AusfO MMA/PMMA[139] • GebührenVerz[140]	• Nizzaer Klassifikation – NKA (9. A. 2007)[141]

Übersicht 4: Rechtsgrundlagen des Markenrechts

127 Gesetz über den Schutz von Marken und sonstigen Kennzeichen vom 25. Oktober 1994 (Markengesetz – MarkenG), BGBl. I S. 3082, ber. BGBl. 1995 I, S. 156; zul. geänd. durch Art. 4 Abs. 19 G.v. 17.12.2006, BGBl. I, S. 3171.

128 Markenrechtsrichtlinie, ABl. EG 1989, Nr. L 40, S. 1 mit Berichtigungen in ABl. EG 1989, Nr. L 159, S. 60.

129 Verordnung zur Ausführung des Markengesetzes vom 11. Mai 2004 (MarkenV), BGBl. I S. 872, zul. geänd. durch Artikel 4 der Verordnung vom 26. September 2006, BGBI. I, S. 2159 und Verordnung vom 22. November 2006 (Nr. 54), BGBl. I, S. 2660, in Kraft ab 1.1.2007.

130 Gesetz über die Kosten des Deutschen Patent- und Markenamts und des Bundespatentgerichts (Patentkostengesetz – PatKostG), vom 13. Dezember 2001, BGBl. I 2001, S. 3656, zul. geänd. durch Gesetz zur Änderung des Patentgesetzes und anderer Vorschriften des gewerblichen Rechtsschutzes v. 9.12.2004. BGBl. I, S. 3232.

131 Verordnung über die Zahlung der Kosten des Deutschen Patent- und Markenamts und des Bundespatentgerichts (Patentkostenzahlungsverordnung – PatKostZV) vom 15. Oktober 2003, BGBl. I, S. 2083.

132 Verordnung (EG) Nr. 40/94 des Rates vom 20. Dezember 1993 über die Gemeinschaftsmarke (ABl. Nr. L 011 vom 14.1.1994 S. 1); zul. geänd. durch Verordnung (EG) Nr. 422/2004 vom 19.2.2004.

133 Verordnung (EG) Nr. 2868/95 der Kommission vom 13. Dezember 1995 zur Durchführung der Verordnung (EG) Nr. 40/94 des Rates über die Gemeinschaftsmarke (ABl. Nr. L 303 vom 15.12.1995 S. 1); zul. geänd. durch Verordnung (EG) Nr. 1041/2005 v. 29.6.2005.

134 Verordnung (EG) Nr. 2869/95 der Kommission (GebührenVO) v. 13. Dezember 1995, ABl Nr. L 303 vom 15.12.1995, S. 33; zul. geänd. durch Verordnung (EG) Nr. 1687/2005 der Kommission vom 14. Oktober 2005 zur Änderung der Verordnung (EG) Nr. 2869/95 über die an das Harmonisierungsamt für den Binnenmarkt (Marken, Muster und Modelle) zu entrichtenden Gebühren zwecks Anpassung bestimmter Gebühren.

135 Die erste Auflage der Internationalen Markenklassifikation erschien 1963, die zweite 1971, die dritte 1981, die vierte 1983, die fünfte 1987, die sechste 1992, die siebte 1996. Die achte Ausgabe wurde 2001 in den authentischen Sprachen Englisch und Französisch veröffentlicht und trat am 01. Januar 2002 in Kraft (BGBl. 2001 II, S. 1737); ab 1. Januar 2007 gilt die 9. Ausgabe (NCL. 9), BGBl. 2006 II, S. 1235 ff.

136 Pariser Verbandsübereinkunft zum Schutze des gewerblichen Eigentums (Pariser Verbandsübereinkunft – PVÜ), BGBl. 1970 II, S. 391.

137 Madrider Abkommen über die internationale Registrierung von Marken (MMA) vom 14. April 1891, revidiert in Brüssel am 14. Dezember 1900, in Washington am 2. Juni 1911, in Haag am 6. November 1925, in London am 2. Juni 1934, in Nizza am 15. Juni 1957 und in Stockholm am 14. Juli 1967, BGBl. 1970 II, S. 418 (Übersetzung).

138 Protokoll zum Madrider Abkommen über die internationale Registrierung von Marken, angenommen in Madrid am 27. Juni 1989 (PMMA), BGBl. 1995 II, S. 1016.

139 Gemeinsame Ausführungsordnung zum Madrider Abkommen über die internationale Registrierung von Marken und zum Protokoll zu diesem Abkommen, zuletzt geändert durch Verordnung zu den Änderungen der Gemeinsamen Ausführungsordnung vom 18. Januar 1996 zum Madrider Abkommen über die internationale Registrierung von Marken und zum Protokoll zu diesem Abkommen vom 28. Mai 2004, BGBl. II, S. 682, 683.

140 Schedule of Fees prescribed by the Common Regulations under the Madrid Agreement and the Madrid Protocol (Stand Januar 2006), im Internet abrufbar unter <http://www.wipo.int/madrid/en/fees/sched.htm>.

141 S. dazu die Mitteilung DPMA Nr. 16/06, im Internet abrufbar unter <http://www.dpma.de/veroeffentlichungen/mitteilungen/mittlg2006_16.html>.

Kapitel 2 Kennzeichenarten

A. Marken

Das deutsche Markengesetz[1] behandelt neben dem Recht der Marken auch das Recht der geschäftlichen Bezeichnungen und der geografischen Herkunftsangaben. Während § 1 MarkenG Marken, geschäftlichen Bezeichnungen und geografische Herkunftsangaben unter den gemeinsamen Oberbegriff des Kennzeichens stellt, fasst § 5 MarkenG unter den Begriff der geschäftlichen Bezeichnung die Unternehmenskennzeichen und die Werktitel. Daraus ergibt sich folgende Terminologie: 124

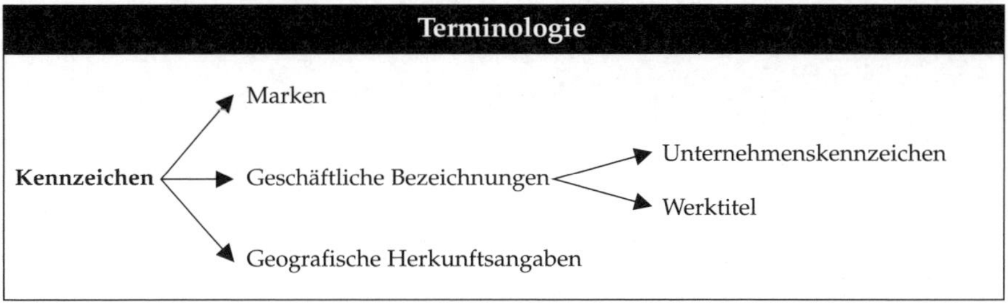

Übersicht 5: Terminologie des Kennzeichenrechts

Marken sind mit Abstand die wichtigsten Kennzeichen des Wirtschaftsverkehrs. Ihre produktidentifizierende Leistung gibt Waren und Dienstleistungen eine spezifische Identität am Markt. Jedes einzelne Markenprodukt wird durch die Marke zur individuellen Ausgabe eines generellen Typs;[2] die Marke bürgt für die Übereinstimmung der Qualität jedes einzelnen, mit der Marke gekennzeichneten Exemplars mit der definierten Qualität des Typs und für die Herkunft jedes einzelnen Produkts aus einem bestimmten betrieblichen Kontext. Das Markenrecht schützt diese kommunikativen Funktionen der Marke.[3] 125

I. Funktionaler Markenbegriff

Die Vielfalt möglicher Marken war zu keiner Zeit größer als unter dem gegenwärtigen Regime des europäischen Markenrechts. Art. 2 der Markenrichtlinie definiert nicht den Begriff der Marke, sondern umreißt den Kreis der als Marke schutzfähigen Zeichen **funktional**: »Marken können alle Zeichen sein, die sich grafisch darstellen lassen, insbesondere Wörter einschließlich Personennamen, Abbildungen, Buchstaben, Zahlen und die Form oder Aufmachung der Ware, so weit solche Zeichen geeignet sind, Waren oder Dienstleistungen eines Unternehmens von denjenigen 126

1 Gesetz über den Schutz von Marken und sonstigen Kennzeichen vom 25. Oktober 1994 (Markengesetz – MarkenG), BGBl. I, S. 3082, ber. BGBl. 1995 I, S. 156; zul. geänd. durch Art. 4 Abs. 19 G.v. 17.12.2006, BGBl. I, S. 3171.
2 Zur semiotischen Unterscheidung von <Type> und <Token> s. oben Rn. 8, Fn. 5.
3 S. oben Rn. 64 ff.

anderer Unternehmen zu unterscheiden.«[4] Neben der Qualität eines Zeichens ist damit die **produktbezogene Unterscheidungseignung** als wesentlichstes Kriterium der Marke benannt.[5]

127 **Schutzfähige Zeichen, § 3 MarkenG**

Alle Zeichen, …

insbesondere:

- Wörter einschließlich Personennamen
- Abbildungen
- Buchstaben
- Zahlen
- Hörzeichen
- dreidimensionale Gestaltungen einschließlich
- der Form einer Ware oder ihrer Verpackung
- sonstige Aufmachungen einschließlich Farben und Farbzusammenstellungen

… die geeignet sind, Waren oder Dienstleistungen eines Unternehmens von denjenigen anderer Unternehmen zu unterscheiden.

Übersicht 6: Funktionale Definition möglicher Marken

II. Form und Funktion

128 Die äußere Grenze möglicher Markenformen folgt aus ihrer Funktion, Waren oder Dienstleistungen nach ihrer betrieblichen Herkunft zu kennzeichnen. Marken kennzeichnen Produkte nicht in dem Sinne, dass der Konsument daraus die konkrete Stätte ihrer Herstellung erkennen könnte; im globalisierten Wirtschaftsverkehr sind Produkte ohnehin regelmäßig das Ergebnis einer komplexen Wertschöpfungskette, die über mehrere Zulieferer von Grundstoffen und Teilprodukten in differenzierten Fertigungsschritten bis hin zu Verpackung, Logistik und Vertrieb durch je unterschiedliche Marktteilnehmer ihren Weg zum Endkunden findet. Die Leistung der Marke besteht in diesem Kontext allein in der **Überwindung der Anonymität** eines Produktes. Es ist deshalb sachgerecht, die zentrale Herkunftsfunktion der Marke in ihre **Individualisierungs-** und ihre **Identifizierungsfunktion** aufzulösen: durch die Verbindung von Marke und Produkt gewinnt dieses individuelle Einzigartigkeit. Ungeachtet seiner stofflichen Ähnlichkeit oder gar völligen Gleichartigkeit gegenüber substitutiven Produkten – man denke etwa an Waschmittel oder

4 Art. 4 GMV ist für die Gemeinschaftsmarke gleich lautend formuliert.

5 Ebenso *Fezer* Markenrecht, § 3 Rn. 9 f.

PKW-Kraftstoffe – gibt es das Markenprodukt als **Typus** jeweils nur einmal. Durch die Marke ist es eindeutig identifizierbar, kann also im Falle des Wiederholungskaufes irrtumsfrei wieder erkannt werden. Die tatsächliche betriebliche Herkunft ist dafür ebenso ohne Belang wie die Kenntnis vom konkreten Verlauf der Produktions- und Vertriebskette.

Mit der Erwartung des Markenkunden, unter einem Markennamen ein individuel- **129**
les Produkt zu erhalten, für dessen Eigenschaften und Qualität die Marke bürgt, korrespondiert der Anspruch des Markeninhabers, diese **Produkteigenschaften** über den gesamten Vertriebsweg hinweg zu **kontrollieren**. Markenrichtlinie (Art. 5), Gemeinschaftsmarkenverordnung (Art. 9) und Markengesetz (§ 14) garantieren dem Inhaber deshalb nicht nur ein umfassendes, exklusives Benutzungsrecht an der Marke, das u.a. das Recht einschließt, das Zeichen auf Waren anzubringen, unter dem Zeichen Waren anzubieten und es in Geschäftspapieren oder in der Werbung zu benutzen. Zu Gunsten des Inhabers nimmt § 24 Abs. 2 MarkenG[6] auch jede Veränderung oder Verschlechterung des Zustandes der Waren nach ihrem Inverkehrbringen vom Grundsatz der Erschöpfung aus. Und § 30 Abs. 2 Ziff. 5 MarkenG ermächtigt den Markeninhaber, die Rechte aus der Marke gegen einen Lizenznehmer geltend zu machen, der »hinsichtlich der Qualität der von ihm hergestellten Waren oder der von ihm erbrachten Dienstleistungen gegen eine Bestimmung des Lizenzvertrages verstößt«. Dass der Markeninhaber damit auch eine Veränderung der Markenware auf dem Weg zum Kunden unterbinden kann, die deren Qualität nicht mindert oder sogar erhöht,[7] unterstreicht die Funktion der Marke, das **Vertrauen** des Kunden in die Identität eines Produktes zu schützen, dem eine komplementäre **Verantwortung** und Kontrolle auf Seiten des Herstellers gegenüberstehen.

Mit der **nicht abschließenden Aufzählung** möglicher Markenformen (»insbeson- **130**
dere«) machen das europäische wie das nationale Markenrecht deutlich, dass der Kreis als Marke schutzfähiger Zeichen grundsätzlich offen ist. So hat etwa der deutsche Gesetzgeber die Hörmarken in die beispielhafte Aufzählung aufgenommen, der europäische nicht.[8] Durch die Beispielstechnik bleibt letztlich dem Markt und der technischen Entwicklung überlassen, welche Kommunikationsformen und -techniken zur Erfüllung der beschriebenen Funktionen entwickelt werden. Zugleich folgt daraus, dass Markenschutz nicht davon abhängig gemacht werden darf, ob am rechtlichen Schutz einer bestimmten Markenform ein wie auch immer geartetes Interesse besteht. Das Schutzinteresse ist vielmehr bereits dadurch belegt, dass der Markt eine Markenform hervorbringt. Die Schutzfähigkeit muss sich ausschließlich an den funktionalen Vorgaben des Gesetzes orientieren.

6 Gleichlautend Art. 13 Abs. 2 GMV, Art. 7 Abs. 2 MarkenRL.

7 Vgl. etwa (noch zum WZG) OLG Stuttgart WRP 1995, 248 – Rolex; BayObLG WRP 1995, 222 – Rolex-Ausstattungsschutz; OLG Karlsruhe GRUR 1995, 417 – Rolex Uhren, jeweils zu Veränderungen der Original-Armbanduhren durch Edelsteine u.ä.

8 Dass die Hörmarke dessen ungeachtet gemeinschaftsmarkenfähig ist, belegt EuGH MarkenR 2004, 26, 29 – Shield Mark/Kist (Hörmarke).

III. Abstrakte Unterscheidungskraft

131 Das Kriterium der Unterscheidungskraft als notwendige Eigenschaft aller Marken taucht sowohl im europäischen als auch im deutschen Markenrecht **zweifach** auf – zum einen als ein Merkmal der generellen Markenfähigkeit eines Zeichens, zum anderen als ein Eintragungshindernis im Falle ihres Fehlens. Die Regelung scheint zunächst nicht nur redundant, sondern nachgerade widersprüchlich: Denn als notwendige Eigenschaft markenfähiger Zeichen ist das Erfordernis der Unterscheidungskraft **absolut**: nach § 3 Abs. 1 MarkenG kann ein Zeichen, dem die Fähigkeit fehlt, Waren oder Dienstleistungen eines Unternehmens von denjenigen anderer Unternehmen zu unterscheiden, schlechterdings nicht als Marke geschützt werden.[9] Als Eintragungshindernis dagegen ist die fehlende Unterscheidungskraft eines Zeichens **überwindlich**. Zwar sind nach § 8 Abs. 2 Nr. 1 MarkenG Zeichen von der Eintragung ausgeschlossen, »denen für die Waren oder Dienstleistungen jegliche Unterscheidungskraft fehlt«. Auch ist § 8 Markengesetz – insoweit missverständlich[10] – mit »absolute Eintragungshindernisse« überschrieben. Ein Zeichen kann aber ungeachtet einer anfänglich fehlenden Unterscheidungskraft doch eingetragen werden, wenn es sich bis zum Zeitpunkt der Entscheidung über seine Registrierung infolge seiner Benutzung für die Waren oder Dienstleistungen, für die es angemeldet wurde, »in den beteiligten Verkehrskreisen durchgesetzt« hat. Das deutsche Recht nennt diesen Tatbestand **Verkehrsdurchsetzung**,[11] das europäische Recht spricht von durch Benutzung erworbener Unterscheidungskraft.[12]

132 In der Kommentarliteratur[13] und ihr folgend der Rechtsprechung[14] wird dieser Tatbestand übereinstimmend dahingehend interpretiert, dass Unterscheidungskraft im Rahmen des Markenbegriffes die **abstrakte** Eignung eines Zeichens meine, beliebige (»irgendwelche«) Waren oder Dienstleistungen eines Unternehmens von denjenigen anderer Unternehmen zu unterscheiden. Dagegen betreffe Unterscheidungskraft im Rahmen des Eintragungsverfahrens die **konkrete** Eignung des angemeldeten Zeichens, gerade die Waren oder Dienstleistungen von denjenigen anderer Unternehmen zu unterscheiden, auf die sich die Anmeldung[15] bezieht. Im ersteren Falle handele es sich um eine zwingende Voraussetzung der Markenfähigkeit, im letzteren um ein überwindliches, absolutes[16] Eintragungshindernis. Die Unterscheidung sei konsequent einzuhalten, sodass eine fehlende abstrakte Unterscheidungskraft niemals durch eine Gewöhnung des Verkehrs o.ä. überwunden werden könne.[17] Die abstrakte Unterscheidungskraft sei damit eine notwen-

---

9 Ebenso Art. 2 RL 89/104/EWG, Art. 4 VO (EG) Nr. 40/94.

10 »Absolut« werden die Eintragungshindernisse des § 8 MarkenG in Abgrenzung zu den auf älteren Rechten Dritter beruhenden, insoweit »relativen« Schutzhindernissen (§ 9 MarkenG) genannt.

11 Der Begriff wurde schon zu § 4 Abs. 3 WZG entwickelt und in das MarkenG übernommen; eine inhaltliche Differenz zur europäischen Terminologie ist damit nicht beabsichtigt; *Fezer* Markenrecht, § 8 Rn. 416.

12 Art. 3 Abs. 3 RL 89/104/EWG, Art. 7 Abs. 3 VO (EG) Nr. 40/94.

13 *Fezer* Markenrecht, § 3 Rn. 203 ff., § 8 Rn. 19; *Ströbele/Hacker* § 3 Rn. 4 ff., § 8 Rn. 38 ff., 48 ff.; *Ingerl/Rohnke* § 3 Rn. 9, § 8 Rn. 2 ff.

14 Vgl. etwa BGH MarkenR 1999, 64, 65 – Farbmarke gelb/schwarz.

15 Im Verzeichnis der Waren und Dienstleistungen nach § 32 Abs. 1 Nr. 3 MarkenG, §§ 3 Abs. 1 Nr. 3; 20 MarkenV.

16 S. oben Fn. 10.

17 *Ströbele/Hacker* § 8 Rn. 54.

dige, keine hinreichende Bedingung für die Eintragungsfähigkeit eines Zeichens als Marke. Erst wenn die konkrete Unterscheidungskraft hinzukomme, sei das markenfähige Zeichen auch eintragungsfähig. Mit dieser Differenzierung werde der prima vista bestehende Widerspruch zwischen § 3 und § 8 MarkenG aufgelöst.

133

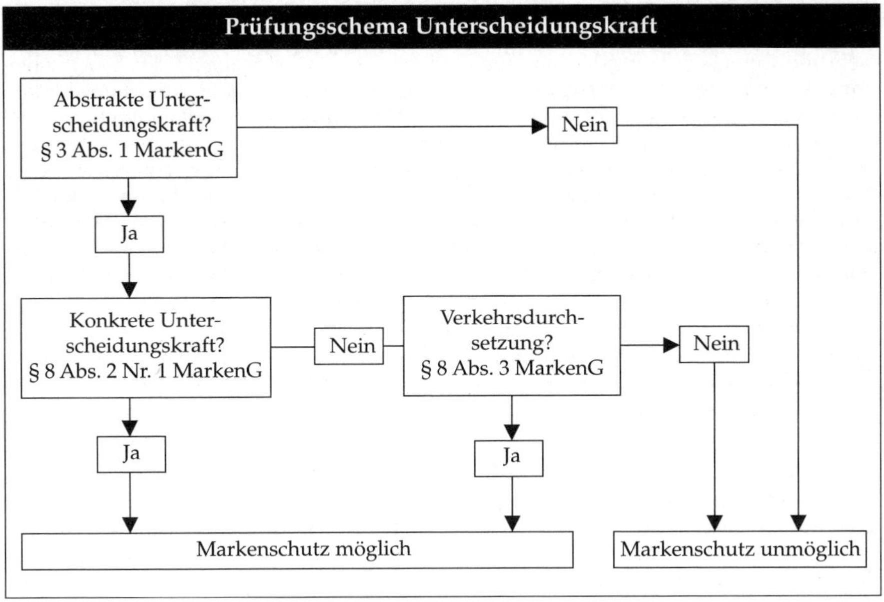

Übersicht 7: Abstrakte und konkrete Unterscheidungskraft

Der herrschenden Ansicht ist zuzugeben, dass die Option des nachträglichen Erwerbs einer anfänglich fehlenden, originären Unterscheidungskraft eines Zeichens durch seine Benutzung am Markt leer liefe, wenn jedem nicht schon von Hause aus unterscheidungskräftigen Zeichen bereits die generelle Markenfähigkeit abgesprochen und damit ein unüberwindlicher Mangel attestiert würde. Richtig ist auch, dass Markenfähigkeit und Eintragungsfähigkeit im Hinblick auf die erforderliche Unterscheidungskraft derart auseinander fallen können, dass ein Zeichen zwar generell Unterscheidungskraft besitzt, jedoch nicht geeignet ist, diese gerade für die Waren oder Dienstleistungen zu entfalten, für die es als Marke angemeldet wurde. So liegt es etwa bei generischen Begriffen, wenn deren beschreibender Inhalt nur als solcher verstanden werden kann. Auf einer Tanksäule kann die Aufschrift DIESEL schwerlich anders als in ihrer lexikalischen Bedeutung verstanden werden, auf einem Kleidungsstück dagegen durchaus als betriebliches Unterscheidungszeichen: das abstrakt unterscheidungsgeeignete Wortzeichen ist im konkreten Falle einmal fähig, die Herkunftsidentität eines Produktes zu kommunizieren, ein anderes Mal nicht. 134

Zeichentheoretisch irritierend ist dagegen die Annahme, einem Zeichen könne schon abstrakt, das heißt ohne Rücksicht auf betroffene Waren oder Dienstleistun- 135 gen und damit gleichsam schlechthin die Eignung fehlen, unterscheidungskräftig zu sein. Denn die abstrakte Eignung eines Zeichens, Waren oder Dienstleistungen eines Unternehmens von denjenigen anderer Unternehmen zu unterscheiden, ist zunächst einmal nichts anderes als die Eignung, eine Bedeutung zu transportieren: Ein Zeichen kann dann »abstrakt« Marke sein, wenn es zumindest denkbar ist, dass ihm ein Betrachter eine Bedeutung zumisst, nämlich die, den Gegenstand, auf dem er es wahrnimmt (oder die Dienstleistung, in deren Zusammenhang es ihm begegnet) nach der betrieblichen Herkunft zu identifizieren bzw. zu individualisieren.

136 Die Fähigkeit, eine Bedeutung zu haben, ist aber ihrerseits notwendiger Bestandteil des Zeichenbegriffs. Ein Zeichen ohne Bedeutung gibt es per definitionem nicht.[18] Denn erst die **Bedeutung** macht ein wahrnehmbares Phänomen zum **Zeichen**. Ein Zeichen ohne Bedeutung, ein Signifikant ohne Signifikat, ist schlechterdings nicht denkbar. Wo immer ein Zeichen gegeben ist, muss es auch eine Bedeutung haben können. Zutreffend hat denn auch der EuGH der Frage, ob eine Farbe als solche Marke sein könne, die Frage vorangestellt, ob konturlose Farben in bestimmten Konstellationen als Zeichen erkannt würden und dazu festgestellt, dies sei nicht auszuschließen, wenngleich »Farben gewöhnlich eine bloße Eigenschaft von Gegenständen« seien, »ohne irgendeine Bedeutung zu vermitteln.«[19] Das aber heißt nichts anderes als: solange die Farbe eines Gegenstandes bloße Eigenschaft ist, hat sie keine darüber hinausgehende Bedeutung, sobald sie eine solche Bedeutung hat, ist sie ein Zeichen.

137 Nimmt man hinzu, dass die Verbindung von Zeichen und Bedeutung grundsätzlich beliebig ist, da sie auf einer reinen Konvention beruht, kann jedes Zeichen jede beliebige Bedeutung annehmen[20] – folglich auch die, eine Ware oder Dienstleistung zu individualisieren. Denn die Verbindung eines Zeichens mit einer Bedeutung ist im Ausgangspunkt arbiträr: es ist gerade das Privileg eines Zeichens (eines »Symbols«)[21], dass seine Erfinder darüber bestimmen können, was es bedeuten soll. Daraus folgt, dass da, wo »abstrakt« keine Unterscheidungskraft denkbar ist, schon gar kein Zeichen vorliegen kann und umgekehrt da, wo ein Zeichen gegeben ist, diesem Zeichen auch die Bedeutung zugeschrieben werden können muss, Waren oder Dienstleistungen eines Unternehmens von denjenigen anderer Unternehmen zu unterscheiden.

138 Das Erfordernis abstrakter Unterscheidungskraft fällt damit im Ergebnis mit der Zeicheneigenschaft zusammen: **jedes Zeichen kann Marke sein.** Da grundsätzlich jedes mit den Sinnen wahrnehmbare Phänomen Zeichen sein kann, ist Fezer uneingeschränkt darin zuzustimmen, dass im Grundsatz alle kommunikativen Zeichen als markenfähig in Betracht kommen,[22] seien sie visueller, auditiver, olfaktorischer, gustatorischer oder haptischer Art,[23] was ein »noch weithin unerforschtes Reservoir an Markenformen vermuten lässt.«[24] Die Koinzidenz von Zeicheneigenschaft und abstrakter Unterscheidungseignung erklärt im Übrigen auch, warum sich in der gesamten markenrechtlichen Literatur und Rechtsprechung keine oder keine überzeugenden Beispiele für »Zeichen ohne abstrakte Unterscheidungskraft« finden: es gibt sie schlicht nicht.

---

18 S. oben Rn. 1 ff.

19 EuGH MarkenR 2004, 338 Tz. 22 f. – Heidelberger Bauchemie, mit Verweis auf EuGH MarkenR 2003, 227 Tz. 27 – Libertel.

20 S. dazu oben Rn. 6.

21 Zum Begriff des Symbols s. oben Rn. 3 ff.

22 *Fezer* Markenrecht, § 3 Rn. 14.

23 *Fezer* Markenrecht, § 3 Rn. 12.

24 *Fezer* Markenrecht, § 3 Rn. 14.

Für die markenrechtliche Praxis folgt daraus, dass das Erfordernis der **abstrakten Unterscheidungskraft** nach § 3 Abs. 1 MarkenG vernachlässigt werden darf. Es trifft zu, wenn *Kur*[25] zu Art. 4 GMV, dem § 3 Abs. 1 MarkenG insoweit entspricht, anmerkt, er beinhalte »weniger einen Ausschluss- als vielmehr einen Öffnungstatbestand«. Das eigentliche Ziel der Vorschrift liege darin, sicherzustellen, dass keinerlei Restriktionen gegenüber ungewöhnlichen Markenformen beibehalten oder gar neu eingeführt würden.[26] Die Grenzen der Schutzfähigkeit eines mit menschlichen Sinnen wahrnehmbaren Zeichens als Marke ergeben sich ausnahmslos aus den Schranken des § 3 Abs. 2 MarkenG, den Erfordernissen der grafischen Darstellbarkeit, der konkreten Unterscheidungseignung und der Übrigen absoluten Schutzhindernisse des § 8 MarkenG. 139

Dagegen macht es Sinn, die **Zeicheneigenschaft** als solche zu verlangen: denn was schon nicht als ein Zeichen erkannt werden kann, kann erst recht keine Bedeutung transportieren und mithin auch keine Unterscheidungskraft entfalten. So werden etwa ein längerer Text in seiner Gesamtheit oder eine Symfonie in ihrer Gänze nicht mehr als **ein** Zeichen erkannt werden, wohl aber ist dies bei einem Werbeslogan oder einer kurzen Tonfolge möglich. Daraus resultiert das Erfordernis der **Einheitlichkeit** der Marke: nur was in seiner Gesamtheit (noch) als eine **Bedeutungseinheit** erfasst werden kann, kann ein Zeichen sein. 140

In der für eine Marke unerlässlichen Zeicheneigenschaft liegt schließlich auch der eigentliche Grund für die Forderung der **Selbstständigkeit** der Marke gegenüber dem Produkt, das sie markiert. In der Tat dürfen Marke und Produkt nicht zusammenfallen; was zum Wesen und zur Funktion einer Ware gehört, kann nicht zugleich Marke sein. Der Grund: Die Ware oder Dienstleistung selbst kann nicht zugleich das Zeichen sein, das für sie steht. Der Signifikant »Marke« und seine Bedeutung eines betrieblichen Herkunftshinweises (Signifikat) müssen zumindest gedanklich von ihrem Referenzobjekt, dem Markenprodukt, unterscheidbar bleiben.[27] In der Terminologie der Semiotik bedeutete das gänzliche Zusammenfallen von Zeichen und Referenzobjekt die vollkommene Ikonozität eines Zeichens.[28] Ein solches Zeichen kann nicht Marke sein. 141

IV. Grafische Darstellung

Gemeinschaftsmarken können nach Art. 4 GMV nur Zeichen sein, die »sich grafisch darstellen lassen.« Die Formulierung entspricht Art. 2 der Markenrichtlinie. Im deutschen Markengesetz findet sich das Erfordernis der grafischen Darstellbarkeit erst in § 8 MarkenG, als (unüberwindliche) Voraussetzung für die Eintragung einer Registermarke. In diesem Kontext fungiert das Kriterium weniger als materielle Voraussetzung der abstrakten Markenfähigkeit denn als ein formelles Erfordernis der 142

25 *Kur* MarkenR 2000, 1, 2.
26 *Kur* MarkenR 2000, 1, 2.
27 In diesem Sinne erklärt *Lange* S. 83, den Grundsatz der Selbstständigkeit der Marke zutreffend zur Voraussetzung der (abstrakten) Markenfähigkeit (mit Verweis auf BGH MarkenR 1999, 64 – Farbmarke gelb/schwarz): wo sie fehlt, liegt kein Zeichen vor; a.A. *Ströbele/Hacker* § 3 Rn. 18.
28 S. oben Rn. 5.

Eintragung.[29] Der Unterschied in der legislativen Verortung erklärt sich jedoch daraus, dass das europäische Markenrecht nur den durch **Registrierung** entstehenden Markenschutz regelt[30]: erst die grafische Darstellbarkeit, das heißt die zweidimensionale Wiedergabe erlaubt die Eintragung in ein (papiergestütztes oder elektronisches)[31] Register[32] und die Veröffentlichung im Markenblatt[33]. Für den Schutz eines grafisch nicht darstellbaren Zeichens ist deshalb im europäischen Markenrecht a priori kein Raum, grafische Darstellbarkeit wird zur conditio sine qua non des Markenschutzes.

143 Die Markenrichtlinie erlaubt indes den Mitgliedstaaten, Marken auch außerhalb des Registers – als Folge ihres tatsächlichen Einsatzes am Markt – Schutz zu gewähren. Im vierten Erwägungsgrund der Richtlinie ist fest gehalten: »Die vorliegende Richtlinie belässt den Mitgliedstaaten das Recht, die durch **Benutzung** erworbenen Marken weiterhin zu schützen; diese Marken werden lediglich in ihrer Beziehung zu den durch Eintragung erworbenen Marken berücksichtigt.« Das deutsche Markenrecht macht von dieser Option Gebrauch: Markenschutz entsteht gleichermaßen durch Eintragung eines Zeichens in das beim DPMA geführte Register wie auch durch die bloße Benutzung im geschäftlichen Verkehr, so weit das Zeichen als Folge dieser Benutzung »Verkehrsgeltung« erworben hat.[34]

144 Da das Erfordernis der grafischen Darstellbarkeit der Registerfähigkeit geschuldet ist und insoweit für eine Benutzungsmarke ohne Belang, verzichtet das deutsche Markengesetz auf dieses Erfordernis im Rahmen des § 3 MarkenG (»Als Marke schutzfähige Zeichen«) und nimmt es als Eintragungsvoraussetzung in den Katalog der absoluten Schutzhindernisse (§ 8 Abs. 1 MarkenG) auf.[35] Damit ist allerdings die Frage nicht beantwortet, ob ein Zeichen, dem mangels grafischer Darstellbarkeit die Eintragung in das Markenregister versagt bleibt, durch Verkehrsgeltung infolge tatsächlicher Benutzung Schutz erlangen kann. Entgegen Fezer[36] ist diese Konstellation durchaus denkbar. So sind Geruchsmarken nach der Rechtsprechung des EuGH bislang daran gescheitert, dass die Anforderungen an die grafische Darstellung von den Anmeldern nicht erfüllt werden konnten.[37] Dessen ungeachtet ist es ohne weiteres vorstellbar, dass die konsequente Benutzung eines Duftes beim Ver-

29 Nach *Ingerl/Rohnke* § 8 Rn. 99, steht das Interesse der Allgemeinheit an der Publikationsfähigkeit neben dem administrativen Interesse des DPMA an der Eintragbarkeit; beide verlangten gleichermaßen die zweidimensionale Darstellung.

30 Vgl. Art. 6 GMV, Art. 1 MarkenRL.

31 Die Eintragung der Marke in ein Register setzt zwangsläufig voraus, dass die Marke in irgendeiner Form reproduziert werden kann. Dies kann im Falle eines in Papierform geführten Registers eine drucktechnische Reproduktion sein; wird das Register, wie in Deutschland seit 1.8.1999, in Form einer elektronischen Datenbank geführt (§ 24 Abs. 2 MarkenV), bedarf es einer elektronischen Reproduktion durch Scannen, soweit nicht, wie es seit dem 1.1.2005 möglich ist (vgl. § 8 Abs. 5 MarkenV i.d.F. der Verordnung vom 17.12.2004, BGBl. I, 3532), bereits eine elektronische Wiedergabe eingereicht wird.

32 § 41 Satz 1 MarkenG, §§ 24, 25 MarkenV.

33 § 41 Satz 2 MarkenG, §§ 27, 28 MarkenV.

34 § 4 Nr. 2 MarkenG; dazu unten Rn. 584 ff.

35 *Fezer* Markenrecht, § 3 Rn. 218.

36 Nach *Fezer* Markenrecht, § 3 Rn. 201, sollen Fallgestaltungen, in denen sich eine Marke mit erworbener Verkehrsgeltung nicht grafisch darstellen lasse, »kaum denkbar« sein.

37 EuGH MarkenR 2003, 26, 28 – Sieckmann (Geruchsmarke); anders noch HABM MarkenR 1999, 142 – The Smell of Fresh Cut Grass; dazu *Fezer* WRP 1999, 575, 579; Sieckmann WRP 1999, 618; HABM GRUR 2002, 348 – Duft von Himbeeren (wg. mangelnder Unterscheidungskraft abgelehnt); EuG MarkenR 2005, 536 – Odeur de fraise mûre (unzureichende Beschreibung mit Worten).

trieb von Waren diesem Verkehrsgeltung in der Art verschafft, dass das angesprochene Publikum den Duft als ein unternehmensspezifisches Unterscheidungszeichen erkennt.

Geht man jedoch davon aus, dass der Gesetzgeber den Kreis schutzfähiger Zeichen in- und außerhalb des Registers gleich ziehen wollte, muss man die grafische Darstellbarkeit auch von Benutzungsmarken verlangen,[38] das heißt, als materielles Kriterium der Markenfähigkeit interpretieren.[39] Dafür spricht, dass ein unterschiedlicher Kreis schutzfähiger Zeichen für Registermarken einerseits, Benutzungsmarken kraft Verkehrsgeltung andererseits die nach europäischem Recht intendierte Rechtsvereinheitlichung konterkarierte.[40] **145**

Die grafische Darstellung einer Marke fällt naturgemäß bei der Anmeldung von Wortmarken leicht; nichts anderes gilt für einfache bildliche Darstellungen, Zeichnungen, Fotografien oder Kombinationen davon. Wo das Anmeldeformular dafür nicht ausreicht, kann die Darstellung als Anlage beigefügt werden. Dagegen stellt sich bei besonderen Markenformen[41], insbesondere solchen, die nicht unmittelbar visuell wahrnehmbar sind, die Frage, ob sie sich überhaupt grafisch darstellen lassen und, wenn ja, womit diesem Erfordernis entsprochen werden kann. Nach der Rechtsprechung des Europäischen Gerichtshofs[42] sind dafür folgende Überlegungen maßgeblich: **146**

(1) ein Zeichen kann, auch wenn es nicht visuell wahrnehmbar ist, Marke sein, sofern es sich grafisch darstellen lässt.

(2) Die grafische Darstellung muss es ermöglichen, das Zeichen insbesondere mit Hilfe von Figuren, Linien oder Schriftzeichen sichtbar so wieder zu geben, dass es genau identifiziert werden kann.

(3) Das Erfordernis der grafischen Darstellung hat insbesondere den Zweck,

- die Marke selbst festzulegen, um den genauen Gegenstand des Schutzes zu bestimmen, den die eingetragene Marke ihrem Inhaber gewährt,
- die Marke durch ihre Eintragung in ein öffentliches Register den zuständigen Behörden und der Öffentlichkeit, insbesondere den Wirtschaftsteilnehmern, zugänglich zu machen,
- den zuständigen Behörden die Vorprüfung der Markenanmeldungen sowie die Veröffentlichung und den Fortbestand eines zweckdienlichen und genauen Markenregisters zu ermöglichen sowie

---

38 Nach *Fezer* Markenrecht, § 3 Rn. 201, 280, sollten die Kriterien der Markenfähigkeit für alle Kategorien von Marken einheitlich beurteilt werden. Dies müsse auch für das Erfordernis der grafischen Darstellbarkeit gelten. Ein »Unterschied im Schutzbereich« soll allerdings insoweit denkbar sein, »als der Erwerb von Verkehrsgeltung an einem als Marke schutzfähigen Zeichen, das nicht grafisch darstellbar ist, angenommen wird«, a.a.O. § 4 Rn. 25. Umgekehrt könne der Verzicht auf die grafische Darstellbarkeit als technisch bedingte Eintragungsvoraussetzung verfassungsrechtlich geboten sein, a.a.O. § 3 Rn. 280 f. (zur Geruchsmarke), Rn. 284 (zur Geschmacksmarke)..

39 So ausdrücklich BPatG MarkenR 2005, 363 – Tastmarke (»zentrales materiell-rechtliches Erfordernis der Markenfähigkeit von Registermarken«).

40 So zu Recht *Fezer* Markenrecht, § 3 Rn. 201; dezidiert für die Zulassung grafisch nicht darstellbarer Benutzungsmarken *Ströbele/Hacker* § 4 Rn. 12.

41 S. dazu *Sieckmann* WRP 2002, 491 ff.

42 EuGH MarkenR 2003, 26 – Sieckmann (Geruchsmarke).

- die Wirtschaftsteilnehmer klar und eindeutig darüber zu informieren, welche Eintragungen oder Anmeldungen ihre gegenwärtigen oder potenziellen Wettbewerber veranlasst haben, d.h., ihnen genaue Kenntnis von den Rechten Dritter zu verschaffen.

Aus diesen Vorgaben folgt – so der EuGH –, dass die grafische Darstellung der Marke im Register in sich abgeschlossen, leicht zugänglich und verständlich sein muss.

(4) Im Hinblick auf die Dauer der Eintragung einer Marke und die Tatsache, dass die Eintragung nach der Richtlinie um mehr oder weniger lange Zeiträume verlängert werden kann, muss die Darstellung dauerhaft sein.

(5) Um jedes subjektive Element im Prozess der Identifizierung und Wahrnehmung des Zeichens auszuschließen, soll das Mittel der grafischen Darstellung unzweideutig und objektiv sein.

In der Summe dieser Überlegungen ergeben sich für die grafische Darstellbarkeit **sieben** qualitative Kriterien, die **kumulativ** erfüllt sein müssen: ein Zeichen, auch wenn es als solches nicht visuell wahrnehmbar ist, kann eine Marke sein, sofern es insbesondere mit Hilfe von Figuren, Linien oder Schriftzeichen grafisch dargestellt werden kann und die Darstellung **klar, eindeutig, in sich abgeschlossen, leicht zugänglich, verständlich, dauerhaft** und **objektiv** ist.[43]

147

Marke	Grafische Darstellung
Abstrakte (konturlose) Farbmarke	Eine Farbe als solche, ohne räumliche Begrenzung, kann für bestimmte Waren oder Dienstleistungen Marke sein, wenn ihre grafische Darstellung klar, eindeutig, in sich abgeschlossen, leicht zugänglich, verständlich, dauerhaft und objektiv ist. Die bloße Wiedergabe der betreffenden Farbe auf Papier erfüllt diese Voraussetzung nicht, wohl aber die Bezeichnung der Farbe nach einem international anerkannten Kennzeichnungscode.[44]
Abstrakte Farbkombination	Die grafische Darstellung von zwei oder mehr abstrakt und konturlos beanspruchten Farben ist nur dann gewährleistet, wenn sie systematisch so angeordnet ist, dass die betreffenden Farben in vorher festgelegter und beständiger Weise verbunden sind. Der form- und konturlosen Zusammenstellung zweier oder mehrerer Farben fehlt dagegen die notwendige Eindeutigkeit und Beständigkeit.[45]

43 Vgl. EuGH MarkenR 2003, 26 Tz. 48–56 – Sieckmann; seitdem st. Rspr.; EuGH MarkenR 2003, 227 – Libertel; MarkenR 2004, 26, 29 – Shield Mark/Kist; MarkenR 2004, 338, 339 – Farbmarke blau/gelb; vgl. auch BGH MarkenR 2001, 365 f. – Farbmarke violettfarben; MarkenR 1999, 198 f. – Farbmarke magenta/grau; BPatG MarkenR 2005, 292 – Hologramm.

44 EuGH MarkenR 2003, 227 – Libertel.

45 EuGH MarkenR 2004, 338 – Farbmarke blau/gelb; BPatG MarkenR 2006, 83 – Dunkelblau/Hellblau; BPatG MarkenR 2006, 367 – Samtrot/Silber.

Marke	Grafische Darstellung
Hörmarke	Ein Hörzeichen kann Marke sein, sofern es Gegenstand einer grafischen Darstellung, insbesondere mit Hilfe von Figuren, Linien oder Schriftzeichen sein kann, die klar, eindeutig, in sich abgeschlossen, leicht zugänglich, verständlich, dauerhaft und objektiv ist. Bei einem Hörzeichen sind diese Anforderungen nicht erfüllt, wenn das Zeichen grafisch dargestellt wird mittels einer Beschreibung durch Schriftsprache, etwa durch den Hinweis, dass das Zeichen aus den Noten eines bekannten musikalischen Werkes besteht oder dass es sich um einen Tierlaut handelt, oder mittels eines Onomatopoetikums ohne weitere Erläuterung oder mittels einer Notenfolge ohne weitere Erläuterung. Dagegen sind die genannten Anforderungen erfüllt, wenn das Zeichen durch ein in Takte gegliedertes Notensystem dargestellt wird, das insbesondere einen Notenschlüssel, Noten- und Pausenzeichen, deren Form ihren relativen Wert angeben, und gegebenenfalls Vorzeichen enthält.[46, 47]
Hologramm	Bei konturloser, stufenloser Wiedergabe von Spektralfarben scheitert die grafische Darstellung an mangelnder Reproduktionstechnik: In Deutschland erfolgt die Reproduktion im Hinblick auf die elektronische Registerführung durch Scannen. Nach dem Scannen wären die besonderen Farb- und Bewegungseffekte, die das Wesen eines solchen Hologramms ausmachen, nicht mehr zu erkennen. Diese optischen Effekte lassen sich nur im Wege der Holografie, aber nicht registermäßig darstellen. Hologramme, die – wie etwa die auf Scheckkarten – unter verschiedenen Blickwinkeln und im Wesentlichen unabhängig von der Art der Lichtquelle nur eine geringe Anzahl verschiedener Bilder erkennen lassen, können in der Weise grafisch dargestellt werden, dass die einzelnen Bilder als solche – nicht anders als bei einer Bild- oder Formmarke – wieder gegeben werden und der Betrachtungswinkel definiert wird, unter dem diese Bilder jeweils erscheinen.[48]

46 EuGH MarkenR 2004, 26, 29 – Shield Mark/Kist; für die Darstellung mittels Sonagramm HABM MarkenR 2003, 504 – Löwengebrüll und 2005, 542 – Schallmarke Hexal.

47 In seiner Mitteilung 8/03 weist das DPMA darauf hin, dass ab 15. Oktober 2003 auf Grund der Änderung des § 11 Abs. 2 und 5 MarkenV ein Sonagramm als Form der grafischen Darstellung einer Hörmarke nicht mehr eingereicht werden könne (mit Verweis auf EuGH MarkenR 2003, 26 – Sieckmann (Geruchsmarke); dagegen *Schmidt* MarkenR 2006, 245, 25; § 11 MarkenV lässt für Hörmarken nur noch die Darstellung in »üblicher Notenschrift« zu; zustimmend zur großzügigeren Eintragungspraxis des HABM auch *Lewalter* GRUR 2006, 546.

48 BPatG MarkenR 2005, 292 – Hologramm
Eisenführ/Schennen Art. 4 Rn. 35; s. hierzu auch *Sieckmann* MarkenR 2002, 149 ff.

Marke	Grafische Darstellung
Geruchsmarke (olfaktorische Marke)	Bei einem Riechzeichen wird den Anforderungen an die grafische Darstellung weder durch eine chemische Formel noch durch eine Beschreibung in Worten, noch durch die Hinterlegung einer Probe des Geruchs oder die Kombination dieser Elemente genügt.[49]
Tastmarke	Tastmarken sind grds. grafisch darstellbar; die bloße Abbildung eines Gegenstandes reicht dafür jedoch nicht aus.[50]
Bewegungsmarke	Die grafische Darstellung muss eine nummerierte Bildfolge enthalten, die den Bewegungsablauf ausreichend erkennen lässt; eine zusätzliche Beschreibung ist möglich.[51]
Positionsmarke	Die stets gleich bleibende Anordnung des Zeichens auf oder an der Ware kann in der Beschreibung bestimmt werden.[52]

Übersicht 8: Grafische Darstellbarkeit besonderer Markenformen

V. Markenarten

1. Ein- und Mehrwortmarken

148 Wortmarken wurden im deutschen Markenrecht erstmals mit dem »Gesetz zum Schutz von Waarenbezeichnungen« von 1894[53] schutzfähig. Heute sind sie die international häufigste Markenform. Dabei sind **Fantasiebegriffe** wie OMO oder NIVEA ebenso verbreitet, wie **Namen**[54] (Phillip Stark, Hugo Boss, Joop) oder aus Namen abgeleitete Marken (ADIDAS, HARIBO).[55] Ein besonderer Fantasiegehalt oder eine

49 EuGH MarkenR 2003, 26 – Sieckmann.

50 BGH MarkenR 2007, 26; zuvor generell ablehnend BPatG MarkenR 2005, 363 – Tastmarke.

51 S. die Beispiele bei *Sieckmann* MarkenR 2002, 149, 151; die Eintragung des Bewegungsablaufes einer Autotüre scheiterte allerdings an dessen technischer Bedingtheit, HABM GRUR 2004, 63 – Lamborghini-Türbewegungsablauf.

52 HABM MarkenR 2002, 430 – Positionsmarke auf Sportschuh.

53 RGBl., S. 441.

54 Für die Beurteilung der Unterscheidungskraft von Personennamen gelten keine strengeren Anforderungen wie für andere Kategorien von Marken, EuGH MarkenR 2004, 453 – Nichols. Weder die absolute Zahl von Personen mit dem gleichen Namen, noch die Häufigkeit der Verwendung eines Nachnamens in dem Gewerbe, in dem Waren oder Dienstleistungen der gleichen Art wie die in der Anmeldung genannten vertrieben werden, sind insofern erheblich.

55 *Bugdahl* MarkenR 2003, 259, 260 unterscheidet die Markenbildung aus Vornamen (Mercedes), Eigennamen (Hugo Boss, Ford, Opel), Namenskürzeln (Tesa von Elsa Tessmer), Initialen (IKEA aus Ingvar Kamprad aus Elmtaryd in Agunnaryd), durch Zusammenziehung (Swatch aus Swiss Watch), aus Herstellerhinweisen (Degu~ von Degussa, Bay~ von Bayer), aus Kombinationen (Resopal aus Resin und Opal) oder Abkürzungen (Agfa, BMW, BAC), aus Titeln (Admiral, Commodore), nach Göttern (Apollo, Zeus), nach Namen aus Märchen und Sagen (Ajax, Ariel, Rotkäppchen), nach religiösen (San Pelegrino), astronomischen (Astra, Saturn) oder alchemistischen Namen (Mercury), aus griechischen Buchstaben (Alpha Romeo), aus Übersetzungen und Fremdsprachen (Audi, Kaloderma, Volvo), aus Eigenschaften (Süssli), Städten (Clausthaler), geografischen Namen (Montblanc, Nordsee), anwendungsbeschreibenden Begriffen (Sahnesteif, Tipp-Ex), Umkehrungen (Linoleum aus Oleum linii) sowie synthetischen Begriffen (Kodak, Teflon) und Tiernamen (Puma, Jaguar).

wie auch immer geartete kreative Leistung sind indessen nicht Voraussetzung für die Markenfähigkeit eines Zeichens: »Die Eintragung als Marke hängt nicht von der Feststellung eines bestimmten Niveaus der sprachlichen und künstlerischen Kreativität oder Einbildungskraft des Markeninhabers ab. Es genügt, dass die Marke es den maßgeblichen Verkehrskreisen ermöglicht, die Herkunft der mit dieser Marke versehenen Waren oder Dienstleistungen zu erkennen und diese von denen anderer Unternehmen zu unterscheiden.«[56] Ein- oder Mehrwortmarken können deshalb auch aus **lexikalisch bekannten** Worten beliebiger Sprachen gebildet werden, solange sie vom Verkehr als ein Herkunftszeichen verstanden werden können: Allianz, Nimm zwei, TEMPO, United Colors of Benetton, Lux, RATIONAL SOFTWARE CORPORATION, West, Weideglück, Esprit, FOR YOU, Teekanne, Baby-dry.

Während die Eintragungsfähigkeit von Fantasiebegriffen regelmäßig unproblematisch ist, kann der Markenschutz lexikalisch bekannter Worte oder Wortfolgen oder bekannter Worte aus Fremdsprachen am Fehlen **konkreter Unterscheidungskraft** scheitern. Als Zeichen sind diese Worte bereits mit einer allgemeinen – eben ihrer lexikalischen – Bedeutung belegt, die naturgemäß nicht auf einen individuellen Unternehmenshintergrund verweist. Um im Hinblick auf die angemeldeten Waren oder Dienstleistungen konkrete Unterscheidungskraft zu entfalten, müssen solche Wortmarken zumindest auch, das heißt neben ihrer lexikalischen Bedeutung, vom Verkehr als Herkunftshinweis verstanden werden können. In ihrer ersten, der lexikalischen Bedeutung bleiben sie dann gemeinfrei, in ihrer zweiten, der herkunftskennzeichnenden, werden sie zu Gunsten des Anmelders für die angemeldeten Waren oder Dienstleistungen geschützt. 149

Beispiel: Die u.a. für Bonbons eingetragene Marke NIMM ZWEI besteht aus zwei Worten der deutschen Sprache, deren lexikalische Bedeutung sich in einer Aufforderung erschöpft. Darüber hinaus sind die beiden Worte aber als ein produktidentifizierendes Zeichen für die gleichnamigen Bonbons etabliert. In Verbindung mit diesem Produkt werden sie als ein Zeichen verstanden, das auf die Herkunft aus einem bestimmten Unternehmen verweist und so die Unterscheidung von gleichartigen Produkten anderer Hersteller erlaubt. 150

Selbstverständlich beschränkt sich das exklusive Recht des Markeninhabers an den beiden Worten auf die Verwendung des Zeichens in ihrer **herkunftskennzeichnenden** Funktion für die in der Anmeldung benannten Waren. In ihrer allgemein sprachlichen Bedeutung – etwa im Rahmen einer Dosierungsanleitung – bleibt die Wortfolge gemeinfrei.[57] Würden die beiden Worte »Nimm zwei« vom Verkehr ausschließlich in dieser, ihrer lexikalischen Bedeutung – das heißt als bloße »Aufforderung, zwei zu nehmen« – verstanden, wäre ein markenrechtlicher Schutz ausgeschlossen. 151

Ob einem der allgemeinen Sprache entnommenen Begriff die vom Anmelder begehrte, markenrechtliche Bedeutung innewohnt, wird im Eintragungsverfahren geprüft.[58] Dabei gilt: Wird ein gebräuchliches Wort der deutschen oder einer im Inland 152

56 EuGH MarkenR 2004, 393 – SAT.2; vgl. auch BGH MarkenR 2000, 264, 265 – LOGO.
57 S. § 23 Satz 1 Nr. 2 MarkenG sowie unten Rn. 998 ff.
58 S. dazu unten Rn. 412 ff. 436 ff.

gebräuchlichen Fremdsprache vom Verkehr – ggf. auch wegen einer entsprechenden Verwendung in der Werbung – stets nur als solches und nicht als Unterscheidungsmittel verstanden, wird die Eintragung mangels Unterscheidungskraft versagt.[59] Das Ergebnis dieser Prüfung kann für die in der Anmeldung benannten Waren oder Dienstleistungen durchaus je unterschiedlich ausfallen.[60]

153 Dem Wortlaut der gesetzlichen Regelung entsprechend, wonach nur das Fehlen »jeglicher« Unterscheidungskraft der Nutzung eines sprachüblichen Wortzeichens entgegensteht, ist die Rechtsprechung in diesem Punkt großzügig: schon geringe Unterscheidungseignung begründet Markenfähigkeit. In den Worten des BGH: Kann einer Wortmarke kein für die fraglichen Waren im Vordergrund stehender beschreibender Begriffsinhalt zugeordnet werden und handelt es sich auch sonst nicht um ein gebräuchliches Wort der deutschen Sprache oder einer bekannten Fremdsprache, das vom Verkehr – auch wegen einer entsprechenden Verwendung in der Werbung – stets nur als solches und nicht als Unterscheidungsmittel verstanden wird, so gibt es keinen tatsächlichen Anhalt dafür, dass die Unterscheidungseignung und damit jegliche Unterscheidungskraft fehlt[61].

154 Steht dagegen ein beschreibender Begriffsinhalt der Wortmarke für die angemeldeten Waren oder Dienstleistungen im Vordergrund oder handelt es sich um ein gebräuchliches Wort der deutschen oder einer bekannten Fremdsprache, das nur als solches und nicht als Unterscheidungsmittel verstanden wird, fehlt ihm die für eine Marke konstitutive, konkrete Unterscheidungskraft. Für lexikalisch bekannte Begriffe, die die Ware oder Dienstleistung selbst nicht unmittelbar betreffen, hat der BGH formuliert, diesen fehle die Unterscheidungskraft nur, wenn sie einen so engen beschreibenden Bezug zu den Einzelnen angemeldeten Waren oder Dienstleistungen aufwiesen, dass der Verkehr ohne weiteres und ohne Unklarheiten den beschreibenden Begriffsinhalt als solchen erfasse und deshalb in der Bezeichnung kein Unterscheidungsmittel für die Herkunft der angemeldeten Waren oder Dienstleistungen sehe.[62]

155 **Fremdsprachigkeit** kann, muss aber nicht helfen, ein lexikalisch bekanntes Wort zum Kennzeichen einer Ware oder Dienstleistung zu machen: vor allem einfache englische Worte oder Wortkombinationen, die vom Publikum ohne weiteres in ihrer lexikalischen Bedeutung verstanden werden, sind insoweit nicht anders zu behandeln als eine entsprechende deutsche Wortmarke. Auch **Wortneubildungen**, geringfügige Abweichungen von der üblichen Schreibweise oder grammatikalische Besonderheiten verleihen einer Wortmarke nicht immer den notwendigen Zeichencharakter.

156 Während der EuGH in der viel kritisierten Entscheidung »baby-dry«[63] noch der Auffassung war, »jede erkennbare Abweichung« in der Formulierung einer angemeldeten Wortverbindung von der Ausdrucksweise, die im üblichen Sprachge-

---

59 Vgl. BGH MarkenR 2000, 420, 421– RATIONAL SOFTWARE CORPORATION; MarkenR 2001, 363 – REICH UND SCHOEN; MarkenR 2001, 408 f. – INDIVIDUELLE.

60 S. etwa BGH MarkenR 2002, 338 – Bar jeder Vernunft; MarkenR 2001, 363, 365 – REICH UND SCHOEN; MarkenR 2001, 368, 370 – Gute Zeiten – Schlechte Zeiten.

61 BGH, GRUR 1995, 408, 409 – Protech; 1999, 1089, 1091 – Yes; 1999, 1093,1094 – For You; MarkenR 2000, 420, 421– RATIONAL SOFTWARE CORPORATION; MarkenR 2005, 145 – BerlinCard; MarkenR 2001, 408 – INDIVIDUELLE; BPatG MarkenR 2005, 412 – Salatfix.

62 BGH MarkenR 2005, 145 – BerlinCard.

63 MarkenR 2001, 400 – baby-dry.

brauch der betroffenen Verbraucherkreise für die Beziehung der Ware oder Dienstleistung oder ihre wesentlichen Merkmale verwendet werde, sei geeignet, einer Wortverbindung die für ihre Eintragung als Marke erforderliche Unterscheidungskraft zu verleihen, wurde diese Sicht in nachfolgenden Entscheidungen wieder zurückgenommen. So wurde etwa in der Entscheidung »Companyline«[64] die ablehnende Entscheidung des EuG bestätigt, das zunächst den beschreibenden Charakter der beiden Wortbestandteile »Company« und »Line« für die angemeldeten Dienstleistungen festgestellt und sodann angemerkt hatte, dass deren bloße Verbindung ohne jede grafische oder inhaltliche Änderung keinerlei zusätzliches Merkmal aufweise, das das Zeichen in seiner Gesamtheit geeignet erscheinen ließe, die Dienstleistungen der Klägerin von denen anderer Unternehmen zu unterscheiden.

Die Eintragung der Marke BIOMILD u.a. für Milcherzeugnisse wurde vom EuGH ebenfalls abgelehnt. Eine Marke, die sich aus einer sprachlichen Neuschöpfung mit mehreren Bestandteilen zusammensetze, von denen jeder einzelne Merkmale der Waren oder Dienstleistungen beschreibe, für die die Eintragung beantragt werde, so das Gericht, habe selbst einen die Merkmale dieser Waren oder Dienstleistungen beschreibenden Charakter, es sei denn, dass ein **merklicher Unterschied** zwischen der **Neuschöpfung** und der bloßen **Summe ihrer Bestandteile** bestehe; dies setze aber voraus, dass die Neuschöpfung auf Grund der Ungewöhnlichkeit der Kombination in Bezug auf die genannten Waren oder Dienstleistungen einen Eindruck erwecke, der hinreichend weit von dem abweiche, der bei bloßer Zusammenfügung der ihren Bestandteilen zu entnehmenden Angaben entstehe, und somit über die Summe dieser Bestandteile hinausgehe.[65] **157**

Beispiel: Das Wortzeichen »Investorworld« ist als Gemeinschaftsmarke, u.a. für Versicherungswesen und Geldgeschäfte, angemeldet. Der Anmelder trägt vor, das Wort Investorworld sei entgegen den Regeln der englischen Grammatik gebildet und werde weder im geschriebenen noch im gesprochenen Englisch verwendet. Es sei keineswegs mit Ausdrücken wie »business world« oder »fashion world« vergleichbar. Denn das angemeldete Zeichen laute nicht »investment world« oder »investor's world«, was sprachlich korrekt wäre, sondern »Investorworld«. Die Sprachwidrigkeit, die das Wort »Investorworld« kennzeichne, bestehe außerdem in einer gewollten doppelten Bezugnahme auf Personen. Dabei werde der Bezug auf Menschen durch die Wahl des Wortes »investor« (Anleger) statt des Wortes »investment« (Anlage) und durch das zusätzliche »world« überbetont. Infolgedessen sei das Wort »Investorworld« gewissermaßen fantasievoll und damit unterscheidungskräftig. **158**

Der EuGH folgt dem nicht: das Zeichen bestehe ausschließlich aus den beiden in englischsprachigen Ländern üblichen Wörtern »investor« und »world«. Das Wort »investor« lasse erkennen, dass die bezeichneten Dienstleistungen für Anleger bestimmt seien. Die Verbindung dieses Wortes mit dem Wort »world« weise kein zusätzliches Merkmal auf, das das Zeichen in seiner Gesamtheit geeignet erscheinen

---

64 MarkenR 2002, 391 – Companyline.

65 EuGH MarkenR 2004, 111 – BIOMILD; dem HABM ist es allerdings gelungen, ein solches »Mehr« in der Kombination beschreibender Begriffe in der Bezeichnung »babyruf« für ein Babyüberwachungsgerät zu entdecken, HABM MarkenR 2006, 135 – babyruf; s. dazu *Jäcker* MarkenR 2006, 155.

ließe, die Dienstleistungen der Klägerin von denen anderer Unternehmen zu unterscheiden. Dass das Wort »Investorworld« grammatisch nicht korrekt gebildet sei und daher in der englischen Sprache nicht existiere, ändere an dieser Beurteilung nichts.[66]

a) Werbeslogans

159 Gegenüber Werbeslogans als Marke waren insbesondere das DPMA und das BPatG lange Zeit wenig aufgeschlossen. Dem begehrten Schutz von Slogans wurde, wenn sie nicht bereits ein Unternehmenskennzeichen oder eine Marke beinhalteten (»Hoffentlich ALLIANZ versichert«, »Mach mal Pause, trink COCA COLA«), regelmäßig entgegengehalten, sie erschöpften sich in einer werbenden oder anpreisenden Aussage, die keinen Raum für ein Verständnis als Herkunftshinweis lasse.

160 In der jüngeren Vergangenheit sind dagegen zahlreiche reine Slogans als Marke eingetragen worden. »Partner with the Best«[67], »Radio von hier«[68] oder »Food for Friends«[69] sind Beispiele. Ihre grundsätzliche Eignung, als ein Herkunftszeichen verstanden zu werden, wird heute nicht mehr in Frage gestellt. Der EuGH hat in der Entscheidung »DAS PRINZIP DER BEQUEMLICHKEIT«[70] die abstrakte Markenfähigkeit eines Slogans unterstellt und allein die konkrete Unterscheidungskraft im Hinblick auf die angemeldeten Waren untersucht. Dabei geht der EuGH davon aus, dass an die Markenfähigkeit von Slogans **keine strengeren Anforderungen** zu stellen sind, als an andere Zeichen. Allein die unterschiedliche Wahrnehmung verschiedener Markenarten in den maßgeblichen Verkehrskreisen könne dazu führen, dass der Nachweis der Unterscheidungskraft schwieriger ausfalle. Diese Schwierigkeit rechtfertige es nicht, besondere Kriterien aufzustellen, die das allgemeine Kriterium der Unterscheidungskraft ersetzten oder von ihm abwichen.[71]

161 Dass das angesprochene Publikum durchaus daran gewöhnt werden kann, aus einem Slogan auf einen bestimmten betrieblichen Hintergrund zu schließen, zeigt die Entscheidung HAVE A BREAK, in der sogar der markenrechtliche Schutz eines Teils eines Slogans gelang.

162 Beispiel: »KIT KAT« ist eine in Großbritannien eingetragene Wortmarke. Der Slogan »HAVE A BREAK ... HAVE A KIT KAT« ist ebenfalls als nationale Marke, u.a. für Schokoladenprodukte und Süßwaren, für die Nestlé SA geschützt. Angemeldet ist die Marke »HAVE A BREAK«, wogegen die Mars UK Ltd. zunächst erfolgreich Widerspruch erhebt. Auf Vorlage des Court of Appeal (England & Wales) bejaht der EuGH die Eintragungsfähigkeit des Slogans. Sie fuße auf einer Unterscheidungskraft, die sich die Mehrwortmarke »HAVE A BREAK« durch ihre Benutzung innerhalb der bereits geschützten Marke »HAVE A BREAK ... HAVE A KIT KAT« erworben habe.[72] Weil der Verkehr bereits die ersten drei Worte des vollständigen Slogans einem Produkt und seiner betrieblichen

66 EuGH MarkenR 2000, 445 – Investorworld.
67 BGH MarkenR 2000, 50.
68 BGH MarkenR 2000, 48.
69 BPatG 26 W (pat) 82/99 – FOOD FORE FRIENDS.
70 MarkenR 2005, 22 – DAS PRINZIP DER BEQUEMLICHKEIT.
71 MarkenR 2005, 22 – DAS PRINZIP DER BEQUEMLICHKEIT.
72 EuGH MarkenR 2005, 320 – HAVE A BREAK, HAVE A KIT KAT.

Herkunft zuordnen kann, hat diese Wortfolge eigene Verkehrsgeltung erlangt. Dass sie dies durch ihre Benutzung als Teil einer bereits bestehenden Marke erreicht hat, steht ihrer Verkehrsdurchsetzung nicht entgegen.

Ein Werbeslogan scheitert als Marke aber dann am Fehlen konkreter Unterscheidungskraft, wenn er ungeachtet seiner abstrakten Markenfähigkeit **nur** als werbende Aussage, nicht als Hinweis auf einen bestimmten betrieblichen Hintergrund verstanden werden kann. So lag es etwa bei »Die etwas mobilere Immobilienbank«,[73] angemeldet für Finanz- und Immobilienwesen: die Aussage des Slogans erschöpft sich in einem werbenden Wortspiel (mobil/immobil), ohne damit ein bestimmtes Unternehmen zu kennzeichnen. Auch »LOOKS LIKE GRASS ... FEELS LIKE GRASS ... PLAYS LIKE GRASS«,[74] angemeldet für synthetische Rasenbeläge, fehlt die Eigenschaft, auf ein bestimmtes Unternehmen hinzuweisen; das Zeichen beschränkt sich darauf, dem Publikum mitzuteilen, dass die in der Anmeldung aufgeführten Waren ähnliche Eigenschaften wie natürliche Rasenflächen bieten. Auch »Mehr für Ihr Geld«,[75] angemeldet u.a. für Kosmetika und Lebensmittel, wird vom Publikum nicht als unternehmensidentifizierender Hinweis, sondern als eine unternehmensneutrale Werbeformel aufgefasst, die darauf hindeutet, dass die fraglichen Waren im Verhältnis zu Konkurrenzprodukten für den Verbraucher qualitativ oder quantitativ günstiger sind. **163**

b) Buchstaben-, Zahlenmarken

Die generelle Markenfähigkeit von Buchstaben- und Zahlenmarken steht außer Frage, nachdem Buchstaben und Zahlen in den Beispielskatalogen des europäischen wie des deutschen Markenrechts[76] ausdrücklich genannt werden. Dies gilt sowohl für Einzelne oder mehrere Buchstaben (BMW, IWC) oder Zahlen (4711) wie auch für Kombinationen aus Buchstaben und Zahlen (3M, Z3, SAT.1).[77] **164**

Von der danach unstreitigen abstrakten Markenfähigkeit zu unterscheiden ist die Frage, ob solchermaßen gebildete Zeichen in der Lage sind, als Herkunftshinweis für eine bestimmte Ware oder Dienstleistung verstanden zu werden. **165**

Beispiel: Für die Waren »Windkraftanlagen und deren Teile« wird der **Buchstabe »E«** als Wortmarke zur Eintragung in das Register angemeldet. Das Bundespatentgericht hat dem Zeichen konkrete Unterscheidungskraft bescheinigt und dazu ausgeführt, es sei nicht gerechtfertigt, im Hinblick auf ein vermutetes generelles Freihaltungsinteresse der Allgemeinheit an Buchstaben und Zahlen erhöhte Anforderungen an die Beurteilung der Unterscheidungskraft zu stellen und diese insbesondere dann grundsätzlich zu verneinen, wenn ein Einzelbuchstabe oder eine Einzelzahl als reine Wortmarke beansprucht werde. Eine solche Betrachtungsweise unterlaufe die gesetzlichen Vorgaben in § 3 Abs. 1 MarkenG.[78] **166**

---

73 BPatG, Beschl. v. 28.4.2000, 33 W (pat) 30/00 – Die etwas mobilere Immobilienbank.
74 EuG MarkenR 2004, 203. – LOOKS LIKE GRASS.
75 EuG MarkenR 2004, 420.
76 Art. 2 RL 89/104 (EWG), Art. 4 VO (EG) Nr. 40/94, § 3 Abs. 1 MarkenG.
77 Anders war dies noch unter der Geltung des Warenzeichengesetzes, das reine Buchstaben und Zahlen vom Markenschutz ausschloss (§ 4 Abs. 2 Nr. 1 WZG).
78 BPatG GRUR 2003, 347 – Buchstabe »E«, mit Verweis auf BGH MarkenR 2000, 426 – Buchstabe »K« und BGH MarkenR 2002, 291 – Zahl »1«.

167 Die konkrete Unterscheidungskraft kann ggf. auch durch Benutzung im Geschäftsverkehr erworben werden. Allerdings kann an Buchstaben oder Zahlen ungeachtet gegebener Unterscheidungskraft ein Freihaltebedürfnis[79] bestehen, wenn ihnen etwa im technischen Bereich eine entsprechende Bedeutung zukommt. So wurde etwa die Bezeichnung »E-Ticket« im Bereich der Warenklasse 9 mit der Begründung nicht eingetragen, Kombinationen mit dem Buchstaben »E« stünden häufig, wie etwa bei e-Mail oder E-Commerce für »elektronisch«.[80] Entsprechendes gilt für Buchstabenkombinationen wie »XXL« in und außerhalb des Textilbereiches oder etwa die Buchstaben-/Zahlenkombination »V 6«, so weit sie als allgemeine Abkürzung für die Zylinderanordnung und -zahl von Verbrennungsmotoren üblich ist.

168 Symptomatisch für die schwierige Grenzziehung zwischen unterscheidungskräftigen und generischen, freien und freihaltebedürftigen Buchstabenkombinationen ist die Beurteilung, die das Zeichen »TDI« beim Gemeinschaftsmarkenamt erfahren hat. Obwohl bereits in mehreren Mitgliedstaaten, darunter auch Deutschland, als nationale Marke eingetragen, wurde der Buchstabenkombination, die die Ingoldstädter Audi AG u.a. für »Kraftfahrzeuge und deren konstruktionsgebunden Teile«[81] als Gemeinschaftsmarke angemeldet hatte, die Eintragung in Alicante versagt. Die Kombination, so die Begründung, werde vom Publikum als **unternehmensneutrale** (»beschreibende«) Abkürzung für Turbo Diesel Injection (oder Turbo Direct Injection) verstanden. In beiden Bedeutungen sei die Abkürzung nicht unterscheidungskräftig; zudem **beschreibe** sie eine **technische Lösung** und könne deshalb nicht zu Gunsten eines einzelnen Unternehmens monopolisiert werden. Eine dieses Ergebnis überwindende Unterscheidungskraft durch Benutzung in einem wesentlichen Teil der Gemeinschaft sei nicht nachgewiesen. Diese Beurteilung wurde vom Gericht erster Instanz bestätigt.[82] Nach Rücknahme der Anmeldung musste der EuGH nicht mehr entscheiden.[83]

2. Bildmarken

169 Bildzeichen sind grundsätzlich geeignet, Waren oder Dienstleistungen nach ihrer betrieblichen Herkunft zu kennzeichnen. In dieser Funktion haben sie eine längere Tradition als Wortmarken: die Ursprünge der Marke gehen auf bildliche Zeichen zurück.[84]

---

79 S. dazu unten Rn. 446.
80 BPatG, Beschl. v. 10.4.2000, 30 W (pat) 245/99 – E-TICKET.
81 Klasse 12.
82 EuG GRUR Int. 2004, 328 – TDI.
83 EuGH, Beschl. v. 19.1.2006, Rs. C-82/04 P.
84 Ausführlich *Fezer* GRUR 2003, 457.

Beispiel: [85] 170

Wortmarken werden zu Bildmarken, wenn der Anmelder bei der Anmeldung angibt, dass die Marke nicht in der vom DPMA verwendeten üblichen Druckschrift, sondern in einer vom ihm gewählten grafischen Wiedergabe, etwa mehrzeilig, gesperrt, kursiv, fett oder farbig eingetragen werden soll.[86] Nur als Bildmarke sind deshalb auch fernöstliche Schriftzeichen schutzfähig.[87] Ebenso liegt es bei der Kombination von textlichen und bildlichen Elementen innerhalb einer Marke, die als **Wort-Bild-Marke** wie eine Bildmarke angemeldet und eingetragen wird. 171

Beispiel: 172

Wortmarken: Coca Cola Chiquita Citroen 3M

(Wort-)Bildmarken:[88]

Wort-/Bild-Marken:

Bildmarken:

Im Falle von Fantasiezeichen wie Wappen oder Signets ist die abstrakte Markenfähigkeit ebenso unproblematisch wie bei grafisch individuell gestalteten Buchstaben oder Zahlen oder künstlerisch kreativen Abbildungen. Markenrechtlich schwieri- 173

85 Die Porzellan-Manufaktur Meissen wurde 1710/11 als »Königlich-Polnische und Kurfürstlich-Sächsische Porzellan-Manufaktur« gegründet. 1722 wurden auf Vorschlag des Manufakturinspektors Johann Melchior Steinbrück die »Gekreuzten Schwerter«, die den Kurschwertern des kursächsischen Wappens entlehnt waren, zur Kennzeichnung des Meissener Porzellans eingeführt. Das ursprüngliche Zeichen wurde ohne Schriftzug verwendet, die Abbildung zeigt die in ihrer Historie mehrfach veränderte Marke in der seit 1972 verwendeten Form.

86 Vgl. §§ 7, 8 MarkenV.

87 BGH MarkenR 2000, 99 – St. Pauli Girl; nicht zur Verfügung stehen beim DPMA auch die Zeichen @ und € im Rahmen einer Wortmarke.

88 Der heute weltweit bekannte Schriftzug »Coca Cola« geht auf das Jahr 1886 zurück, als sich das neuartige Erfrischungsgetränk u.a. aufgrund eines örtlichen Alkoholverbots in Atlanta, Georgia besonders gut verkaufte. Der Schriftzug wurde von dem Werbefachmann Frank Robinson, einem der Partner von John Stith Pemberton, kreiert, der den Markenamen einfach in geschwungener Buchhalterschrift niederschrieb.

ger ist dagegen die Beurteilung von Bildmarken, die sich in der **naturgetreuen Abbildung einer Ware** erschöpfen. Solche Abbildungen können – in entsprechender Anwendung des § 3 Abs. 2 MarkenG – an denselben Kriterien scheitern, die auch die Schutzfähigkeit dreidimensionaler produktabhängiger Formmarken begrenzen.[89] In der Sache geht es auch hier um den **Grundsatz der Selbstständigkeit** der Marke gegenüber dem Markenprodukt: beide dürfen nicht zusammenfallen.[90] Markenschutz ist dagegen möglich, wenn die Darstellung Elemente enthält, aus denen die angesprochenen Verkehrskreis einen bestimmten Hersteller erkennen können. Deutlich wird dies etwa in der Entscheidung »Etiketten«.

174 Beispiel: Das nachstehend abgebildete Bildzeichen wurde u.a. für Etikettiermaschinen, Handetikettiergeräte und Etiketten angemeldet.

Der Bundesgerichtshof hat dazu festgestellt, dass zwar die zweidimensionale Abbildung einer Ware dem Markenschutz »von vornherein nicht zugänglich« sei, wenn sie sich in der Darstellung von Merkmalen erschöpfe, die durch die Art der Ware bedingt oder zur Erreichung einer technischen Wirkung erforderlich seien, und dabei auf § 3 Abs. 2 Nr. 1 und 2 MarkenG verwiesen. Im vorliegenden Falle sei jedoch zu berücksichtigen, dass für den etikettierenden Handel der unbedruckte Zustand der Etiketten im Hinblick auf ihren Verwendungszweck ohne weiters verständlich sei und sich die Etiketten der verschiedenen Anbieter – wenn sie sich nicht mehr auf der Trägerfolie befänden – in erster Linie, wenn nicht ausschließlich nach der äußeren Form unterscheiden ließen.[91]

3. Farbige Marken, Farbmarken

175 Reine Bildmarken und Wort-Bildmarken können nach Belieben des Anmelders farbig oder schwarz/weiß gestaltet sein. Für ihre grafische Darstellung wird im Falle der Farbigkeit lediglich verlangt, dass die Farben in der Anmeldung zusätzlich zu vier übereinstimmenden zweidimensionalen grafischen Wiedergaben bezeichnet werden.[92] Im Gegensatz zu solchen **farbigen Marken** hat die Anmeldung sog. **Farbmarken**, das heißt abstrakter, konturloser Farben oder Farbkombinationen, Literatur und Rechtsprechung erheblich beschäftigt.[93]

89 S. oben Rn. 14 ff.
90 S. dazu das Beispiel bei Rn. 15 »Autofelge«.
91 BGH MarkenR 1999, 133 – Etiketten.
92 Zu den Anforderungen an die Anmeldeunterlagen s. §§ 6 Nr. 2, 8 MarkenV.
93 *Weiher/Keser* MarkenR 2005, 117 ff.; *Meinel/Bonn* MarkenR 2004, 1 ff.; *Fezer* MarkenR 1999, 73 ff., jeweils mit Nachw. aus der Rspr.

Nachdem die Schutzfähigkeit einer Farbe »an sich« lange Zeit in Abrede gestellt worden war, steht mit den Entscheidungen des EuGH in den Fällen »Libertel« und »Heidelberger Bauchemie« inzwischen die **abstrakte Markenfähigkeit** einer Farbe als solcher außer Frage.[94] Im erstgenannten Falle war die Farbe Orange als Marke für bestimmte Waren und Dienstleistungen im Bereich der Telekommunikation angemeldet worden, im letzteren stand dagegen eine **abstrakte Farbkombination** in Rede: die Farben blau und gelb wurden – auf einem rechteckigen Papier je zur Hälfte der zur Verfügung stehenden Fläche dargestellt – u.a. für Klebstoffe und Lösungsmittel angemeldet, um sie als Firmenfarben »in jeglichen denkbaren Formen, insbesondere für Verpackungen und Etiketten« zu verwenden. **176**

An der abstrakten Markenfähigkeit einer Farbe als solcher überrascht zunächst ihre **Konturlosigkeit**. Tatsächlich ist ein konturloses Zeichen nicht vorstellbar, was sich im Grundsatz der **Einheitlichkeit** der Marke ausdrückt.[95] Schutz konturloser Farben als Marke bedeutet denn auch nicht die Anerkennung eines konturlosen Zeichens: Auch die abstrakte Farbe begegnet dem angesprochenen Verkehr letztlich in einer wie auch immer konturierten Form, sei es auf dem Produkt oder in der Werbung. Das Besondere an der abstrakten Farbmarke ist deshalb nicht ihre Konturlosigkeit, sondern – im Gegenteil – die tendenziell **unbegrenzte Vielfalt von Konturen**, für die sie eingesetzt werden kann und geschützt werden soll. **177**

Dass eine Farbe **Zeichen** sein kann, ist ohne weiteres zu bejahen: so ist es etwa im technischen Bereich verbreitet, die Isolierung von Kabeln einzufärben, um damit eine bestimmte Funktion zu kennzeichnen. In den unterschiedlichsten Anwendungsgebieten steht grün für »on« oder »go«, rot für »off« bzw. »stop«. In der Schifffahrt und der Fliegerei markieren dieselben Farben die Seiten eines Schiffes bzw. Flugzeugs und machen so dessen Fahrt- bzw. Flugrichtung bei Nacht erkennbar. In all diesen Fällen wird die Bedeutung durch die Farbe als solche transportiert, ohne dass es auf eine ganz bestimmte Kontur ankäme. Es ist deshalb ebenso richtig wie zwingend, wenn der EuGH die Zeichenfähigkeit einer Farbe als solcher anerkennt: zwar könne nicht a priori davon ausgegangen werden, dass Farben Zeichen seien, weil sie gewöhnlich nur »eine Eigenschaft von Gegenständen« seien. Je nach Kontext könne das aber auch anders sein, weshalb davon auszugehen sei, dass eine Farbe als solche in Bezug auf eine Ware oder Dienstleistung ein Zeichen sein könne.[96] **178**

Tatsächlich werden Farben bei einer quantitativen Betrachtung in der ganz überwiegenden Zahl aller Fälle, insbesondere im Konsumgüterbereich, zu rein **ästhetischen** Zwecken eingesetzt. Von der Kleidung bis zum Auto, vom Anstrich von Gebäuden bis zu ihrer Einrichtung: Farben sind zu allererst ein Mittel der ästhetischen Gestaltung. Liegt es so, erschöpft sich ihre Bedeutung in der unmittelbaren Wahrnehmung: sie sind nicht mehr als ein physikalisches Phänomen, ihre Wahrnehmung ein physiologischer Vorgang, der emotional wirken mag, kognitiv aber nicht mehr vermittelt als »die bloße Eigenschaft von Gegenständen«. Dass Farben eine darüber hinausgehende Bedeutung transportieren können, sei es als Index (etwa die Rotfärbung glühenden Stahls als Zeichen seiner Temperatur oder die einer Frucht als Zei- **179**

94 EuGH MarkenR 2003, 227 – Libertel (Orange); MarkenR 2004, 338 – Heidelberger Bauchemie (Farbmarke blau/gelb).
95 S. dazu oben Rn. 140.
96 EuGH MarkenR 2003, 227, 230 – Libertel (Orange).

chen ihres Reifegrades), sei es als Symbol (»Postgelb«, »Feuerwehrrot«), ist augenscheinlich.

180 Wenn aber Farben Symbole sein können, und das heißt nichts anderes als »mit einer beliebigen Bedeutung verknüpfbar«,[97] dann sind sie auch in der Lage, eine unternehmensidentifizierende Bedeutung zu transportieren. Auch der EuGH kommt zu diesem Ergebnis: Um zu entscheiden, ob eine Farbe als solche im Sinne von Art. 2 der Richtlinie geeignet sei, Waren oder Dienstleistungen eines Unternehmens von denjenigen anderer Unternehmen zu unterscheiden, müsse beurteilt werden, ob Farben als solche für die Übermittlung von **eindeutigen Informationen**, insbesondere über die Herkunft einer Ware oder einer Dienstleistung, geeignet seien. Farben könnten zwar bestimmte gedankliche Verbindungen vermitteln und Gefühle hervorrufen, seien aber ihrer Natur nach kaum geeignet, eindeutige Informationen zu übermitteln, zumal sie in der Werbung und bei der Vermarktung von Waren und Dienstleistungen wegen ihrer Anziehungskraft gewöhnlich in großem Umfang ohne eindeutigen Inhalt verwendet würden.[98] Es sei jedoch nicht gerechtfertigt, so der EuGH weiter, aus dieser tatsächlichen Feststellung abzuleiten, dass Farben als solche grundsätzlich nicht als geeignet betrachtet werden könnten, Waren oder Dienstleistungen eines Unternehmens von denjenigen anderer Unternehmen zu unterscheiden. Es sei nämlich nicht auszuschließen, dass es Situationen gebe, in denen eine Farbe dies leisten könne. Daher sei anzuerkennen, dass Farben als solche im Sinne von Art. 2 der Richtlinie geeignet sein können, Waren oder Dienstleistungen eines Unternehmens von denjenigen anderer Unternehmen zu unterscheiden:[99] eine Farbe als solche könne unter den genannten Voraussetzungen eine Marke im Sinne von Artikel 2 der Richtlinie sein.[100]

181 Hinsichtlich der **grafischen Darstellbarkeit** hat der EuGH in Fortschreibung der zur Geruchsmarke entwickelten Grundsätze[101] strenge Anforderungen an die Anmeldung abstrakter Farbmarken gestellt. Nach diesen Grundsätzen muss die grafische Darstellung einer Marke »klar, eindeutig, in sich abgeschlossen, leicht zugänglich, verständlich, dauerhaft und objektiv« sein.[102] Weil ein Farbmuster sich – ebenso wie das Trägermaterial – altersbedingt verändern könne, genüge die Hinterlegung eines solchen Musters der notwendigen Dauerhaftigkeit nicht. Auch gegenüber einer zusätzlichen sprachlichen Beschreibung (etwa »dunkelgrün«) ist der EuGH skeptisch. Sie könne die genannten Kriterien »nicht unbedingt und in jedem Falle erfüllen«. Dagegen genüge die Bezeichnung einer Farbe nach einem **international anerkannten Kennzeichnungscode** als grafische Darstellung den Kriterien der Genauigkeit und Dauerhaftigkeit.[103] Wann immer ein Farbmuster nebst sprachlicher

---

97 S. Ob. Rn. 3.

98 EuGH MarkenR 2003, 227, 231 – Libertel.

99 Vgl. die markante Aussage des BGH in MarkenR 2001, 459, 464 – Marlboro-Dach, »... dass Farben, wie z.B. jedem Autofahrer auf Grund der bekannten Hausfarben der Mineralölgesellschaften bekannt ist, jedenfalls in bestimmten Fällen deutlich schneller wahrgenommen werden als Text und Bild, sich dabei auch nicht als minder einprägsam erweisen als letztere und vor allem in besonderer Weise geeignet sind, die Aufmerksamkeit des Verbrauchers zu erregen.«

100 Vgl. hierzu auch die Gemeinsame Erklärung des Rates und der Kommission zu Art. 2 der Markenrichtlinie 89/104/EWG, ABl HABM 5/96, S. 607.

101 EuGH MarkenR 2003, 26, 28 – Sieckmann.

102 S. oben Rn. 146.

103 EuGH MarkenR 2003, 26, 28 – Sieckmann.

Beschreibung an mangelnder Genauigkeit leide, könne dies deshalb durch Hinzufügung eines solchen Kennzeichnungscodes geheilt werden.[104]

Zurückhaltend ist der EuGH auch hinsichtlich der Annahme **konkreter Unterscheidungskraft** reiner Farbmarken. Gerade weil Farben gewöhnlich nicht als Herkunftszeichen Verwendung fänden, sei es der maßgebliche Durchschnittsverbraucher[105] nicht gewohnt, aus der bloßen Farbe einer Ware oder Verpackung auf deren Herkunft zu schließen. Hinzu komme, dass sich Farben nicht mit der gleichen Präzision erinnern ließen wie Worte oder Bildmarken. Originäre Unterscheidungskraft hält der EuGH deshalb nur »unter außergewöhnlichen Umständen für möglich,« wenn »die Zahl der Waren oder Dienstleistungen, für die die Marke angemeldet wird, sehr beschränkt und der maßgebliche Markt sehr spezifisch sind.«[106] Davon unberührt bleibe die Möglichkeit, Unterscheidungskraft durch Benutzung einer Farbe am Markt zu erlangen.[107] 182

Obwohl Zeichenvorräte generell endlich sind, was vor allem bei klaren und einfachen Zeichen – wie etwa Buchstaben und Primärzahlen – zu erheblicher Knappheit führen kann, thematisiert der EuGH diesen Umstand erstmals bei der abstrakten Farbmarke unter dem durch die Vorlagefrage aufgeworfenen Gesichtspunkt, die geringe Zahl auch in der Erinnerung der Konsumenten unterscheidbarer Farben könne deren grundsätzliche **Freihaltung** zu Gunsten der Allgemeinheit verlangen. Was die Eintragung von Farben als solchen ohne räumliche Begrenzung als Marke angehe, so der EuGH, habe die geringe Zahl der tatsächlich verfügbaren Farben zur Folge, dass mit wenigen Eintragungen als Marken für bestimmte Dienstleistungen oder Waren der ganze Bestand an verfügbaren Farben erschöpft werden könnte. Ein derart weites Monopol wäre mit dem System eines unverfälschten Wettbewerbs unvereinbar, insbesondere weil es einem einzelnen Wirtschaftsteilnehmer einen unzulässigen Wettbewerbsvorteil verschaffen könnte. Es wäre auch für die wirtschaftliche Entwicklung und die unternehmerische Initiative nicht förderlich, wenn bereits etablierte Wirtschaftsteilnehmer alle tatsächlich verfügbaren Farben zum Nachteil neuer Wirtschaftsteilnehmer für sich eintragen lassen könnten. Daher sei im Bereich des gemeinschaftlichen Markenrechts ein Allgemeininteresse anzuerkennen, dass die Verfügbarkeit der Farben für die anderen Wirtschaftsteilnehmer, die Waren oder Dienstleistungen der von der Anmeldung erfassten Art anbieten, nicht ungerechtfertigt beschränkt wird.[108] 183

Bei der Frage, wann das Allgemeininteresse dem Einzelinteresse des Anmelders vorzugehen hat, hält sich der Gerichtshof allerdings bedeckt und verlangt nur, dass dieses Allgemeininteresse »zu berücksichtigen« sei. Dabei soll gelten: »Je größer die Zahl der Waren oder Dienstleistungen ist, für die die Eintragung der Marke 184

104 Nach den Hinweisen des DPMA zum Anmeldeformular einer Marke ist, wo immer eine Marke in Farbe eingetragen werden soll, die wörtliche Benennung der Farbe (»rot«, »gelb«, »grün«) notwendig, die Benennung von RAL-/Pantone- oder HKS-Nummern soll nicht ausreichen.

105 Der maßgebliche Durchschnittsverbraucher wird in der Rechtsprechung des EuGH in ständiger Rechtsprechung als »normal informiert, (angemessen) aufmerksam und verständig« gekennzeichnet, EuGH MarkenR 2006, 19 – Standbeutel; MarkenR 2003, 227, 231 – Libertel mit Verweis auf EuGH MarkenR 1999, 236 – Lloyd/Loints.

106 EuGH MarkenR 2003, 227, 233 – Libertel.

107 EuGH MarkenR 2005, 27 – Orangeton; für eine originäre Unterscheidungskraft einer Farbkombination BPatG MarkenR 2006, 83 Dunkelblau/Hellblau.

108 EuGH MarkenR 2003, 227, 232. – Libertel.

beantragt wird, umso eher kann das durch die Marke gewährte Ausschließlichkeitsrecht sich als übertrieben erweisen und dadurch der Aufrechterhaltung eines unverfälschten Wettbewerbssystems sowie dem Allgemeininteresse zuwiderlaufen, dass die Verfügbarkeit der Farben für die anderen Wirtschaftsteilnehmer, die Waren oder Dienstleistungen der von der Anmeldung erfassten Art anbieten, nicht ungerechtfertigt beschränkt wird.«

185 Im Falle der **abstrakten Farbkombination**, das heißt der Anmeldung zweier abstrakter Farben ohne Angabe ihrer konkreten Verwendung und ohne Bestimmung des quantitativen Verhältnisses ihres Einsatzes auf Ware oder Verpackung, sieht der EuGH die Voraussetzungen der Eindeutigkeit und der Beständigkeit nicht gewahrt. Beide seien bei einer grafischen Darstellung von zwei oder mehr abstrakt und konturlos beanspruchten Farben nur dann gewährleistet, wenn diese systematisch so angeordnet würden, dass die betreffenden Farben »in vorher festgelegter und beständiger Weise« verbunden seien. Denn die bloße form- und konturlose Zusammenstellung zweier oder mehrerer Farben oder die Nennung zweier oder mehrerer Farben »in jeglichen denkbaren Formen« ließen zahlreiche unterschiedliche Kombinationen zu, die es dem Verbraucher nicht erlaubten, eine bestimmte Kombination zu erkennen und in Erinnerung zu behalten, auf die er sich mit Gewissheit für weitere Käufe beziehen könnte. Auch den zuständigen Behörden und den Wirtschaftsteilnehmern sei es in diesem Falle nicht möglich, den Umfang der geschützten Rechte des Markeninhabers zu kennen. Die grafische Darstellung der Marke verlange deshalb, dass »die Anmeldung eine **systematische Anordnung** enthält, in der die betreffenden Farben **in vorher festgelegter und beständiger Weise verbunden** sind.«[109]

186 Die Rechtsprechung des EuGH zur abstrakten Farbkombination ist wenig konsequent. Das Argument der fehlenden Festlegung von Anordnung und Anteilen überzeugt nicht. Denn zum einen kann auch die singuläre abstrakte Farbmarke, wenn sie zur Kennzeichnung von Waren und Dienstleistungen eingesetzt wird, regelmäßig nur mit mindestens einer Kontrastfarbe verwendet werden. Eine orangenes Logo auf orangenem Hintergrund mit orangenem Werbetext ist schwer vorstellbar. Auch in diesem, dem Regelfalle, wird aber durch den Schutz der Farbe Orange offen gelassen, in welcher konkreten Kontur oder Anordnung sie verwendet wird und in welchem Anteilsverhältnis sie gegenüber einer oder mehreren Kontrastfarben eingesetzt wird.

187 Zum anderen ist der normal informierte, angemessen aufmerksame und verständige Verbraucher durchaus in der Lage, Farbkombinationen in unterschiedlicher Anordnung und wechselnden Anteilsverhältnissen einen gleich bleibenden Herkunftshinweis zu entnehmen. Wer die Farben gelb und rot an einer Tankstelle wahrnimmt, wird daraus auf den Anbieter Shell schließen, ohne sich über das Anteilsverhältnis der beiden Farben auf Tanksäulen, Dachumrandung und Preisangabentafel allzu viele Gedanken zu machen. Es hätte daher nahe gelegen, auch die Schutzfähigkeit der abstrakten Farbkombination von der konkreten Unterscheidungskraft abhängig zu machen, die gegebenenfalls erst durch Benutzung erlangt werden kann. Dann nämlich hinge es von der Konsistenz der Verwendung der beiden Farben – nach Art, Form, Kontur und Anteilsverhältnis – ab, ob die Zuschreibung einer Her-

109 EuGH MarkenR 2004, 338, 342 – Farbmarke blau/gelb.

kunftskennzeichnung unabhängig von einer »festgelegten Anordnung« gelingt oder nicht.

188 Das BPatG verlangt – insoweit konsequenter – auch bei der Anmeldung einer **einzelnen** (konturlosen) Farbmarke, »dass der Anmelder die Art der beabsichtigten Zeichenverwendung (z.B. vollständige oder teilweise Einfärbung entweder der Ware selbst oder der Verpackung; Verwendung in Zusammenhang mit dem Unternehmensauftritt) bereits bei der Anmeldung klarstellt, weil dies die Prüfung der Schutzfähigkeit wesentlich erleichtert, wenn nicht sogar erst ermöglicht (und auch für die Bestimmung des Schutzumfangs in Kollisionsfällen hilfreich sein kann).«[110]

189 Zur abstrakten Farbkombination hat das BPatG in der Entscheidung »Dunkelblau/Hellblau« zutreffend festgestellt, dass das vom EuGH vorgegebene Kriterium der notwendigen »systematischen Anordnung« der Farben einer abstrakten Farbkombination nicht dazu führen dürfe, dass in der Sache die Anmeldung einer Bild- oder Aufmachungsfarbmarke verlangt werde. Es hat deshalb ein rechteckiges Farbmuster zweier gleichbreiter, ohne Zwischenraum aneinander gefügter Farbstreifen, von denen ein dunkelblauer über einem hellblauen angeordnet war, genügen lassen. Die so gestaltete Anmeldung wurde dahin interpretiert, dass damit festgelegt sei

- dass die dunkelblaue und die hellblaue Farbe fest miteinander verbunden seien,
- dass die dunkelblaue Farbe horizontal über der hellblauen angeordnet sei und
- dass das flächenmäßige Verhältnis der beiden Farben zueinander 1:1 betrage.

Jede weiter gehende Präzisierung der konkreten Farbverteilung auf der Ware, insbesondere deren konkrete Kontur, könne offen bleiben, weil eine dahingehende Festlegung mit dem Wesen der konturunbestimmten Farbmarke, deren Schutzgegenstand die Farbe an sich ohne konkrete flächenhafte oder räumliche Begrenzung sei, nicht vereinbart werden könne.[111]

4. Dreidimensionale Marken

190 Dass dreidimensionale Formen Marken sein können, ist unbestritten: Der bekannte »Mercedes-Stern« steht als Herkunftszeichen für Kraftfahrzeuge, gleich ob er zweidimensional abgebildet wird oder ob er in körperlicher Form auf einer Motorhaube angebracht ist. Mit der Markenrichtlinie und den parallelen Regelungen in Gemeinschaftsmarkenverordnung und Markengesetz ist aber nicht nur das **produktunabhängige** dreidimensionale Zeichen markenfähig, sondern auch die Form des Produktes selbst oder die seiner Verpackung, wenn sie geeignet sind, die Funktion einer Marke zu erfüllen, das heißt, sich dem Betrachter als ein Unterscheidungszeichen der Ware oder Dienstleistung von den Waren oder Dienstleistungen anderer Unternehmen darzustellen. Solche **produktabhängigen** Formmarken sind in den Beispielskatalogen des europäischen wie des deutschen Markenrechts ausdrücklich genannt.[112]

---

110 BPatG MarkenR 2005, 286 – Farbmarke Gelb.
111 BPatG MarkenR 2006, 83, 85 – Dunkelblau/Hellblau.
112 S. § 3 Abs. 1 MarkenG, Art. 2 RL 89/104/EWG, Art. 4 VO (EG) Nr. 40/94 sowie oben Rn. 127.

191

produktunabhängige Form:
Formmarke im weiteren Sinne

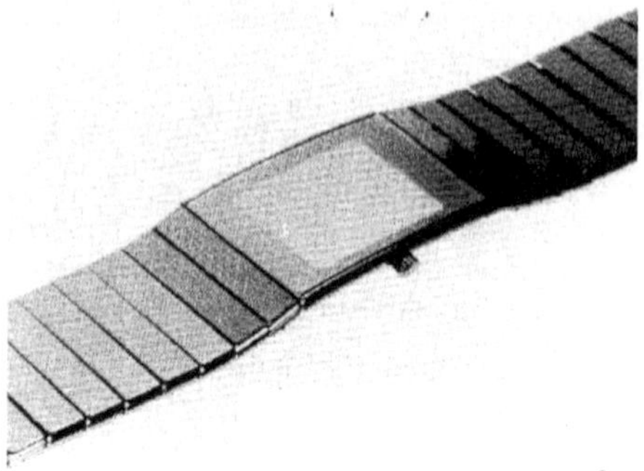

produktabhängige Form:
Formmarke im engeren Sinne

192 Eine spezielle Grenze des Markenschutzes betrifft nach dem Wortlaut des Gesetzes nur **produktabhängige dreidimensionale Marken,** also Marken, die aus der Form einer Ware oder ihrer Verpackung bestehen. Für diese Formmarken »im engeren Sinne«[113] folgt im europäischen[114] wie auch im deutschen Markenrecht eine **absolute Markenunfähigkeit** in drei Fällen: Nach § 3 Abs. 2 Nr. 1 bis 3 MarkenG sind Zeichen, die ausschließlich aus einer Form bestehen,

- die durch die Art der Ware selbst bedingt ist,
- die zur Erreichung einer technischen Wirkung erforderlich ist oder
- die der Ware einen wesentlichen Wert verleiht,

ausnahmslos nicht markenfähig. Für dreidimensionale Marken im weiteren Sinne haben die genannten Grenzen keine Bedeutung. Das bekannte »Michelin-Männchen« etwa ist eine dreidimensionale Marke, die in ihrer Gestalt weder das Produkt noch seine Verpackung wieder gibt und deshalb a priori nicht durch diese »bedingt« sein kann.

a) Waren und Verpackungen

193 Ein Zeichen, das sich in einer warenbedingten, einer technisch bedingten oder einer wertbedingten Form erschöpft, ist vom Markenschutz ausgeschlossen, ohne dass es einen Weg gäbe, dieses Hindernis zu überwinden.[115] § 3 Abs. 2 MarkenG ist insoweit Ausdruck eines **nicht widerleglichen Freihaltebedürfnisses** an den darin er-

113 *Ströbele/Hacker* § 3 Rn. 91.

114 Art. 3 Abs. 1 lit. e MarkenRL (RL 89/104 EWG), Art. 7 Abs. 1 lit. e GMV (VO (EG) Nr. 40/94).

115 Eben diese Absolutheit hat die Rechtsprechung erheblich beschäftigt; s. hierzu die Entscheidungen BGH MarkenR 2001, 75 – Rado Uhr; MarkenR 2001, 67 – Gabelstapler sowie MarkenR 2001, 71 – Stabtaschenlampen (Vorlagebeschlüsse); EuGH MarkenR 2003, 187 – Linde, Winward, Rado (Vorabentscheidung nach Art. 234 EG); BGH MarkenR 2004, 248 – Rado Uhr II; MarkenR 2004, 242 – Gabelstapler II; MarkenR 2004, 245 – Stabtaschenlampen II sowie BGH MarkenR 2004, 250 – Transformatorengehäuse.

fassten Formen. Besteht ein solches Freihaltebedürfnis, kann auch die bildliche Darstellung einer Ware oder eines Teiles davon, die sich auf die Wiedergabe von technisch bedingten Gestaltungsmerkmalen beschränkt, die das Wesen der Ware ausmachen, nicht anders beurteilt werden.[116] Ebenso wenig kann das Hindernis im Wege einer Internationalen Registrierung durch Erstreckung auf Deutschland umgangen werden.[117]

Beispiele: • Die Einkerbung (Bruchrille) einer Tablette, die dazu dienen kann, diese hälftig zu teilen, ist **funktional** bedingt und kann deshalb nicht als Herkunftskennzeichen geschützt werden. **194**

• Die Form des Scherkopfes eines Rasierapparates ist, so weit sie sich als das Ergebnis der **technischen** Lösung einer Aufgabe darstellt, nicht als dreidimensionale Form markenfähig.[118]

• Die künstlerische Gestaltung eines Colliers verleiht diesem – neben dem Materialwert der dabei verwendeten Edelmetalle und -steine – seinen eigentlichen Marktwert. Material und Gestaltung sind gleichermaßen wertbildend und damit Gegenstand des gehandelten Produktes und Grundlage der Kaufentscheidung. Die **wertbildende** Form dieser Ware kann nicht zugleich (bloßer) Herkunftshinweis sein.[119]

Die Ausschlussgründe des § 3 Abs. 2 Nr. 1 bis 3 MarkenG sind selbstständig und **195** nicht in der Art miteinander kombinierbar, dass erst ihre kumulative Anwendung zu einem Schutzausschluss führt. Wo keiner der Ausschlussgründe je für sich genommen greift, kann die Eintragung einer Waren- oder Verpackungsform nicht an § 3 Abs. 2 MarkenG scheitern; nur wenn ein Ausschlussgrund für das gesamte Zeichen gilt und dieses keine andere Beurteilung zulässt, greift § 3 Abs. 2 MarkenG.[120] Allerdings folgt aus dem Fehlen von technischer Bedingtheit, von Warenoder Wertbedingtheit noch nicht zwingend, dass der in Rede stehenden Warenoder Verpackungsform auch die konkrete Unterscheidungskraft nach § 8 Abs. 2 Nr. 1 MarkenG zukommt. Diese ist vielmehr ihrerseits als selbstständige Eintragungsvoraussetzung zu prüfen.

Beispiel: Der Eintragung der räumlichen Darstellung eines Gabelstaplers als drei- **196** dimensionale Marke[121] stand nach Auffassung des BGH weder ein absoluter Schutzausschluss nach § 3 Abs. 2 MarkenG, noch ein Fehlen jeglicher Unterscheidungskraft nach § 8 Abs. 2 Nr. 1 MarkenG entgegen.[122] Der abgerundet ausgebildete Fahrzeugkörper, die kurvenlinienförmig begrenzten Radläufe und die als Fünfeck ausgebildete Fahrerkabine, so

116 Vgl. BGH MarkenR 2006, 213 – Scherkopf (auch für die Beurteilung nach dem WZG).
117 BGH MarkenR 2006, 272 – Rasierer mit drei Scherköpfen.
118 EuGH MarkenR 2002, 231, 238 – Philips/Remington; der EuGH hat in dieser Entscheidung allerdings für den Ausschluss vom Markenschutz genügen lassen, das nachgewiesen werde, »dass die wesentlichen funktionellen Merkmale der Form nur der technischen Wirkung zuzuschreiben« seien; zutr. differenzierend dagegen BGH MarkenR 2006, 272, 274 – Rasierer mit drei Scherköpfen.
119 Vgl. BPatG BlPMZ 2002, 228 – Schmuckring; wiedergegeben bei *Grabrucker* GRUR 2002, 377 ff., 382.
120 Vgl. *v. Schultz/v. Schultz* § 3 Rn. 10.
121 S. die Abbildung bei Rn. 449.
122 BGH MarkenR 2004, 242 – Gabelstapler II; zur Frage eines Freihaltebedürfnisses nach § 8 Abs. 2 Nr. 2 MarkenG s. BPatG MarkenR 2005, 238 – Gabelstapler III sowie unten Rn. 400 ff.

der BGH, stellten eine charakteristische Formgebung dar, die sich bei anderen Gabelstaplern nicht finde. Diese Merkmale dienten **weder der Ermöglichung einer technischen Wirkung noch der Erzielung bestimmter Eigenschaften**. Mitbewerber würden daher bei der Gestaltung ihrer Produkte auch nicht bei der Wahl technischer Lösungen oder Eigenschaften, mit denen sie ihre Produkte versehen wollten, behindert.

197 Ob § 3 Abs. 2 MarkenG nur die Form einer Ware und nicht auch die einer **Verpackung** erfassen will, ist nach seinem Wortlaut nicht eindeutig.[123] Überwiegend wird die Vorschrift so gelesen, dass eine Verpackungsform keinen anderen Kriterien unterliegen soll als die Form der Ware selbst.[124] Nach der Rechtsprechung des EuGH ist die Form der Verpackung einer Ware jedenfalls dann der Form der Ware gleichzusetzen, wenn die Ware selbst keine bestimmte Form besitzt und ihre Vermarktung eine Verpackung verlangt. Die gewählte Verpackung verleiht dann dem Produkt erst seine Form. So verhält es sich beispielsweise bei Waren, die in körniger, pudriger oder flüssiger Konsistenz hergestellt werden und bereits ihrer Art nach keine eigene Form besitzen.[125] Liegt es so, greift ggf. der Ausschlussgrund des § 3 Abs. 2 MarkenG. Anders soll es dagegen nach Auffassung des EuGH liegen, wenn die Ware ihrer Art nach eine von ihrer Verpackung unabhängige Form besitzt, wie das etwa bei Nägeln der Fall ist.[126]

198 Beispiel:

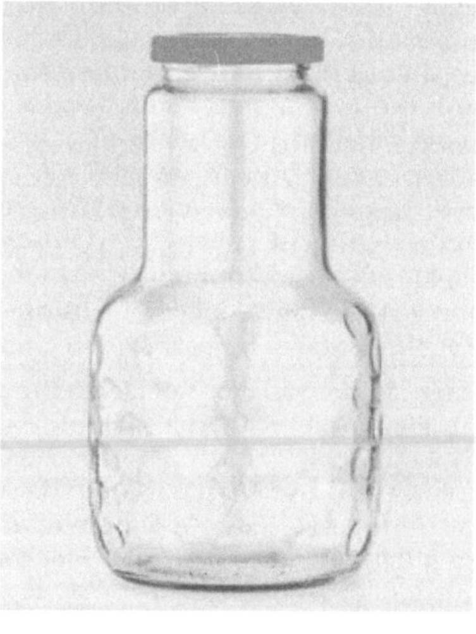

Die abgebildete Flaschenform ist bereits als nationale Marke beim DPMA eingetragen. Auf die zunächst versagte Eintragung als Gemeinschaftsmarke wurde ihr von der ersten Beschwerdekammer des Gemeinschaftsmarkenamtes (HABM) die Markenfähigkeit zugesprochen:[127] Art. 7 Abs. 1 lit. e GMV[128] stehe der Eintragung der

123 Art. 3 Abs. 1 lit. e der MarkenRL 89/104 (EWG) spricht nur von der »Form der Ware«.
124 *Ingerl/Rohnke* § 3 Rn. 38; *Fezer* Markenrecht, § 3 Rn. 224; anders noch *Eichmann* GRUR 1995, 184.
125 EuGH MarkenR 2004, 116 – Waschmittelflasche; *Eichmann* GRUR 1995, 184.
126 EuGH MarkenR 2004, 116, 119 – Waschmittelflasche; *Ströbele/Hacker* § 3 Rn. 73.
127 HABM MarkenR 1999, 366 – Granini-Flasche.
128 Art. 7 Abs. 1 lit. e GMV entspricht § 3 Abs. 2 MarkenG.

angemeldeten Flaschenform nicht entgegen: Wegen ihres besonderen, ins Auge fallenden Designs hebe sie sich von einer rein funktionalen, technisch oder durch die Art der Ware selbst bedingten Gestaltung deutlich ab. Sie besitze zwar, wie die meisten Verpackungen, auch funktionalen Charakter, ihr Gesamteindruck erscheine jedoch durch über die funktionale Formgebung hinausreichende, ästhetische Gesichtspunkte geprägt.

Darüber hinaus besitze die Form auch **konkrete Unterscheidungskraft**: Bereits die originelle Idee, zwei zylindrische Elemente zu einer Flaschenform zu vereinigen, erlaube den beteiligten Verkehrskreisen, sich diese Form einzuprägen. Der Effekt werde durch die unterschiedliche Wahl der Oberflächengestaltung – glatt für den Flaschenhals, dekoratives Muster für den Bauch der Flasche – noch wesentlich verstärkt. Die runden Einbuchtungen im unteren, stärkeren Teil der Flasche machten diese zwar auch griffiger. Infolge der markanten Ausgestaltung wirkten sie aber in erster Linie dekorativ, zumal ein besserer Halt der Flasche in der Hand des Verbrauchers gewöhnlich eher durch Rillen erreicht werde. Damit sei die angemeldete Flaschenform »hinreichend originell, um den Verkehr zu veranlassen, sich an ihr zu orientieren und die betriebliche Herkunft der darin abgefüllten Erzeugnisse anhand dieser Form zu unterscheiden.«[129]

Die Schutzausschlussgründe des § 3 Abs. 2 MarkenG werden in Rechtsprechung[130] **199**
und Literatur[131] darauf zurückgeführt, dass für den Schutz der äußeren Gestalt eines Produktes andere gewerbliche Schutzrechte wie Patente, Gebrauchsmuster oder Geschmacksmuster zur Verfügung stünden, die ausnahmslos **zeitlich begrenzten** Schutz gewährten, sodass die betroffene Gestaltung nach Ablauf des Schutzrechtes gemeinfrei werde. Insofern verteidige § 3 Abs. 2 MarkenG ein »**absolutes Freihaltebedürfnis**« der Allgemeinheit. Eben dies würde unterlaufen, gewährte man der Form einer Ware oder Verpackung zeitlich unbegrenzten Markenschutz. Es gehe mithin darum zu verhindern, dass der Inhaber eines anderen gewerblichen Schutzrechtes seine »Monopolstellung auf Zeit« durch rechtzeitige Eintragung einer Formmarke perpetuiere.[132] Aus dieser Perspektive hat die Norm die Funktion der Abgrenzung des Kennzeichenrechts von technischen Schutzrechten und Designschutz.[133]

b) KFZ-Ersatzteile

Besonders evident wird die Konkurrenz von Marken- und Geschmacksmusterschutz bei KFZ-Ersatzteilen. Der Designschutz von Teilen sog. »komplexer Erzeugnisse« wird seit über einem Jahrzehnt über das europäische Sekundärrecht zurückgedrängt, um den abgeleiteten Markt für Ersatzteile zu öffnen. Da KFZ-Ersatzteile jedenfalls im sichtbaren Bereich der Karosserie nicht nur an ihren Anschlussstellen **200**

129 Zur mangelnden Unterscheidungskraft eines sog. Standbeutels s. EuGH MarkenR 2006, 19 – Standbeutel; mit einer eingetragenen dreidimensionalen Form eines Standbeutels befasst sich dagegen OLG Frankfurt MarkenR 2000, 30 – Standbeutel, in einem Verletzungsverfahren.
130 BPatG MarkenR 2005, 56, 61 – BMW-Motorhaube.
131 *Ingerl/Rohnke* § 3 Rn. 41; *Lange* Rn. 270; *Eichmann* MarkenR 2003, 10 ff., 16 f.; *Kur* MarkenR 2000, 1, 3 (»Grundentscheidung des Gesetzgebers« für die zeitliche Beschränkung des Designschutzes).
132 Vgl. BGH MarkenR 2004, 250 – Transformatorengehäuse.
133 Überschneidungen mit anderen Schutzrechten sind allerdings nicht nur bei Formmarken möglich: Urheber- und Geschmacksmusterrechte können auch an Wort- oder Bildmarken bestehen.

mit dem Produkt im Übrigen übereinstimmen müssen,[134] sondern insgesamt und vollständig dem Original entsprechen, damit das Erscheinungsbild des Kraftfahrzeugs nach dem Austausch eines Teiles unverändert bleibt,[135] entscheidet sich an der Frage des Form-Markenschutzes für solche Ersatzteile der Zugang zum »sekundären«[136] Ersatzteilmarkt. Um ihn offen zuhalten, nimmt die Verordnung über das Gemeinschaftsgeschmacksmuster[137] sichtbare[138] Ersatzteile vom Designschutz aus.[139] Die Richtlinie über den rechtlichen Schutz von Mustern und Modellen,[140] die bereits in ihrer geltenden Fassung die Mitgliedstaaten daran hindert, das bestehende Schutzniveau des Geschmacksmusterschutzes von Ersatzteilen anzuheben,[141] soll nach einem vorliegenden Änderungsvorschlag des Parlaments und des Rates im Sinne der Verordnung angepasst werden.[142]

201 Die dreidimensionale Gestalt eines KFZ-Ersatzteiles als Formmarke zu schützen, konterkarierte ganz offensichtlich dieses Bemühen des europäischen Gesetzgebers. Dies macht verständlich, warum das BPatG der Abbildung einer Motorhaube, eines Kotflügels und einer Kühlerpartie den Schutz als 3-D-Marke mit der Begründung versagt hat, die Form müsse zum einen technischen Vorgaben wie Steifigkeit, Luftwiderstandsbeiwert und Aufprallschutz genügen, zum anderen bilde sie einen sichtbaren Teil des Kraftfahrzeugs, der nur in dieser besonderen Ausgestaltung verkehrsfähig sei. Damit sei die Form **technisch bedingt** und verleihe zugleich der Ware ihren **wesentlichen Wert**.[143] Beides schließe den Schutz der Form als dreidimensionale Marke aus.

202 Die Entscheidung überzeugt aus dem Bemühen der Abgrenzung des Markenschutzes zum Designschutz; nach den Kriterien des Markenrechts ist allerdings zweifelhaft, ob die Voraussetzungen der Ausschlussgründe des § 3 Abs. 2 Nr. 2 und 3 MarkenG tatsächlich vorliegen. So sehr technische Vorgaben den Gestalter eines Kotflügels oder einer Motorhaube einengen mögen, so wenig geben sie doch das konkrete Design des Produktes vor: Steifigkeit und Luftwiderstand, Aufprallschutz und andere Vorgaben setzen dem Design eines KFZ-Teiles ohne Zweifel Grenzen; sie schließen aber eine an **ästhetischen** Gesichtspunkten orientierte Gestaltung gerade nicht aus. Läge es anders, gäbe es die emotionale Formensprache nicht, die häufig

---

134 Diese Anforderung wird mit dem Begriff »Must-fit-Teil« beschrieben.

135 Diese Anforderung wird mit dem Begriff »Must-match-Teil« beschrieben.

136 Der Designschutz zu Gunsten des Erstausrüsters am primären Markt des komplexen Erzeugnisses bleibt davon unberührt.

137 VO (EG) Nr. 6/2002 über das Gemeinschaftsgeschmacksmuster, ABl EG Nr. L 003 v. 5.1.2002.

138 Für nicht sichtbare Teile komplexer Erzeugnisse ist der Designschutz ohnehin, das heißt schon im primären Markt, ausgeschlossen, vgl. Art. 4 Abs. 2 lit. a VO (EG) Nr. 6/2002.

139 Art. 110 Abs. 1 VO EG Nr. 6/2002 lautet: »Bis zu dem Zeitpunkt, zu dem auf Vorschlag der Kommission Änderungen zu dieser Verordnung in Kraft treten, besteht für ein Muster, das als Bauelement eines komplexen Erzeugnisses im Sinne des Artikels 19 Absatz 1 mit dem Ziel verwendet wird, die Reparatur dieses komplexen Erzeugnisses zu ermöglichen, um diesem wieder sein ursprüngliches Erscheinungsbild zu verleihen, kein Schutz als Gemeinschaftsgeschmacksmuster.«

140 RL 98/71/EG über den rechtlichen Schutz von Mustern und Modellen, ABl EG Nr. L 289 v. 28.10.1998, S. 28.

141 Die sog. »Freeze-plus-Klausel« des Art. 14 der RL 98/71/EG verpflichtet die Mitgliedstaaten, ihre bestehenden Regelungen zum geschmacksmusterrechtlichen Schutz von Ersatzteilen komplexer Erzeugnisse entweder beizubehalten oder aber zu Gunsten des freien Handels zu liberalisieren.

142 Vorschlag KOM (2004) 582; s. dazu *Vieregge* GRUR 2004, 924, sowie *Krüger* MarkenR 2005, 10, 12.

143 BPatG MarkenR 2005, 58 – BMW-Motorhaube; s. Abb. Rn. 19.

über den Erfolg eines komplexen Erzeugnisses am Markt entscheidet und über die in Fachzeitschriften und in der Werbung in erheblichem Umfang kommuniziert wird. Die Scheinwerfer eines Autos mögen Dutzenden von technischen Vorgaben genügen müssen; ob aber die »Augen« eines KFZ heiter, kindlich oder aggressiv blicken, entscheidet ihr – nicht technisch bedingtes – Design.

Das BPatG begründet den Ausschluss der Form von KFZ-Ersatzteilen denn auch parallel mit § 3 Abs. 2 Nr. 3 MarkenG: der markenrechtliche Schutz des Ersatzteils müsse auch unter dem Gesichtspunkt der **wertbedingten** Form ausgeschlossen bleiben, denn die in Rede stehende Darstellung erschöpfe sich in der Verkörperung eines sichtbaren Teiles eines Kraftfahrzeugs, das nur in dieser besonderen optischen Ausgestaltung und ästhetischen Wirkung markt- und verkehrsfähig sei. Dies werde besonders deutlich, wenn man die Ware Kraftfahrzeugteile unter dem Blickwinkel ihrer Verwendung als Ersatzteil werte, bei dem es, wie schon das Wort sage, darauf ankomme, ein ursprüngliches – i.d.R. defektes – Teil durch ein neues mit dem Ziel zu ersetzen, den ursprünglichen Zustand der Sachgesamtheit Auto nicht nur in technischer, sondern vor allem in äußerer und damit ästhetischer Form wiederherzustellen. § 3 Abs. 2 Nr. 3 MarkenG beruhe gerade auf dem Gedanken, dass die ästhetische Funktion von Waren grundsätzlich vom zeichenrechtlichen Schutz ausgenommen werden müsse. Denjenigen Produkten, bei denen die Kaufentscheidung wie vorliegend nicht nur im Wesentlichen, sondern ausschließlich durch die Form beeinflusst werde, solle der Zugang zum Markenrecht verwehrt bleiben; der Schutz der Formgebung könne in diesen Fällen allein über das Urheber- oder Geschmacksmusterrecht erfolgen.[144] 203

Auch im Hinblick auf § 3 Abs. 2 Nr. 3 MarkenG ist indessen zweifelhaft, ob dem KFZ-Ersatzteil **ausschließlich** wertbedingte Form attestiert werden kann, liegt doch seine primäre Funktion – anders als etwa beim Design eines Schmuckstückes – eindeutig im utilitären Bereich der Funktion des komplexen technischen Erzeugnisses »KFZ«, während die ästhetische Aussage als sekundäre Funktion hinzukommt. Eben in diesem Bereich kann aber die Formensprache **herkunftshinweisende** Bedeutung entfalten. 204

Das EuG hat deshalb der als Bildmarke angemeldeten Form eines Kühlergrills nicht nur die generelle Markenfähigkeit zugesprochen, sondern auch die Fähigkeit, als produktidentifizierendes Merkmal zu fungieren.[145] Kühlergrills, so das EuG zutreffend, hätten seit langem keine rein technische Funktion mehr und zudem im Unterschied zu anderen Teilen, aus denen ein Kraftfahrzeug zusammengesetzt sei, in manchen Fällen zeitlichen Bestand, würden also für verschiedene Modelle ein und desselben Herstellers verwendet. Der Kühlergrill sei damit zu einem wesentlichen Element des Aussehens der Fahrzeuge und der Unterscheidung zwischen den auf dem Markt befindlichen Modellen der verschiedenen Hersteller dieser Erzeugnisse geworden. Kühlergrills seien »Elemente, die als solche bei der visuellen Erkennung eines Modells, einer Modellpalette oder sogar sämtlicher Modelle ein und desselben Kraftfahrzeugherstellers und ihrer Unterscheidung von anderen Modellen dienlich sein« könnten.[146] Dass ein Kühlergrill auch dazu dienen könne, 205

144 BPatG MarkenR 2005, 58 – BMW-Motorhaube, mit Verweis auf BPatG BlPMZ 2002, 228 – Schmuckring.
145 EuG MarkenR 2003, 162 – Kühlergrill.
146 EuG MarkenR 2003, 162, 165 – Kühlergrill.

die Belüftung des Motors des Fahrzeugs zu ermöglichen und dessen Frontpartie eine gewisse Stabilität zu verleihen, stehe dem nicht entgegen; dass ein Zeichen gleichzeitig mehrere Funktionen erfülle, sei für seine Unterscheidungskraft unerheblich.[147]

206 Bei der Beurteilung der naturgetreuen zeichnerischen Wiedergabe einer **Kraftfahrzeugkarosserie** in ihrer Gesamtheit haben sich weder das BPatG, noch der BGH mit den Ausschlussgründen des § 3 Abs. 2 MarkenG aufgehalten. Das DPMA hatte die Anmeldung noch mit der Begründung zurückgewiesen, das angemeldete Zeichen erschöpfe sich in der bloßen formgetreuen Wiedergabe der Waren, zu deren Kennzeichnung es gedacht sei; es fehle daher an der erforderlichen Unterscheidungskraft. Außerdem stehe der Eintragung ein Freihaltebedürfnis an der äußeren Gestaltungsform eines Kraftfahrzeugs entgegen, die nicht nur auf den ästhetischen Eindruck, sondern auch auf technische Erfordernisse abziele. Das Bundespatentgericht erkannte dagegen die Abbildungen des »VW-Beetle«[148] und des »Porsche 911«[149] als am Verkehr durchgesetzte Zeichen[150] an. Dagegen wurde die Beschwerde der Porsche AG gegen die Ablehnung des Markenschutzes für das Modell »Porsche Boxster« durch das DPMA vom BPatG zurückgewiesen,[151] die Eintragung als durchgesetztes Zeichen abgelehnt.

207 Die dagegen gerichtete Rechtsbeschwerde der Porsche AG zum BGH war erfolgreich, so weit sich die Anmeldung nicht auf Fahrzeugteile bezog.[152] An der Unterscheidungskraft fehle es dem angemeldeten Zeichen nicht. Zwar werde die äußere Form eines Produkts häufig nicht als Hinweis auf einen bestimmten Hersteller verstanden, sodass dreidimensionalen Zeichen, die sich in der Wiedergabe der äußeren Gestalt einer bestimmten Ware erschöpften, die Unterscheidungskraft fehle. Bei Automobilen seien die Verbraucher aber seit langem daran gewöhnt, von der äußeren Form des Fahrzeugs auf den Hersteller zu schließen. Darüber hinaus könne an der Form von Automobilen ein Freihaltebedürfnis bestehen, weil die Kfz-Hersteller dringend darauf angewiesen seien, bei der Gestaltung von Automobilen auf eine Formenvielfalt zurückgreifen zu können. Dieses Interesse an der Formenvielfalt trete jedoch zurück, wenn es um die Form eines Automobils gehe, das bereits im Markt eingeführt sei. Die in Rede stehende Form des Porsche Boxster, über die ausführlich in den Medien berichtet worden sei, habe sich nach nicht allzu langer Zeit als Hinweis auf den bekannten Hersteller durchgesetzt. Porsche könne daher die Eintragung der angemeldeten Formmarke als durchgesetztes Zeichen beanspruchen.[153]

208 Da gerade die wertbildende Form eines Produktes häufig mit seiner **über die Form kommunizierten Herkunft** in der Weise zusammenfällt, dass die Herkunft ihrerseits den Wert der Form bestimmt, darf der Ausschlussgrund des § 3 Abs. 2 Mar-

---

147 Mit Verweis auf EuG, Urt. v. 9.10.2002, Rs. T-36/01 – Oberfläche einer Glasplatte (Glaverbel/HABM; nachfolgend EuGH MarkenR 2004, 449 – Glaverbel/HABM).
148 BPatG, Mitt 2005, 131 – Fahrzeugkarosserie (VW Beetle).
149 BPatG, GRUR 2005, 330 – Fahrzeugkarosserie (Porsche 911).
150 Die mit der Rechtsbeschwerde zum BGH weiterverfolgte Eintragung kraft originärer Unterscheidungseignung blieb erfolglos, da Verkehrsdurchsetzung bereits fürsorglich vorgetragen und festgestellt worden war, BGH MarkenR 2006, 279 – Porsche 911.
151 BpatG, Beschl. v. 13.10.2004, 28 W (pat) 102/00 – Fahrzeugkarosserie (Porsche Boxster).
152 BGH MarkenR 2006, 274 – Porsche Boxster.
153 BGH, Pressemeldung Nr. 178/2005.

kenG in diesen Fällen nicht zur unüberwindlichen Versagung des Markenschutzes führen. Der BGH wendet die Ausschlussgründe des § 3 Abs. 2 MarkenG deshalb auch eher restriktiv an, nachdem Vorlageverfahren zum EuGH in den Rechtssachen Linde, RADO und Winward[154] dafür den Weg wiesen: zwar sollen technische Lösungen und warentypische Gebrauchseigenschaften nicht über den Schutz einer dreidimensionalen Marke monopolisiert werden dürfen; wo aber die Form eines Produktes die markentypische Bedeutung eines Herkunftshinweises – ggf. im Wege der Verkehrsdurchsetzung – besitzen kann, wird dem Allgemeininteresse an der Freihaltung der Formenvielfalt bei der Gestaltung von Produkten vornehmlich im Rahmen des § 8 Abs. 2 Nr. 2 MarkenG Rechnung getragen, der – anders als § 3 Abs. 2 MarkenG – den Weg zur Eintragung über die Verkehrsdurchsetzung offen lässt[155] und nach der Rechtsprechung des EuGH selbstständig neben den Ausschlussgründen des § 3 Abs. 2 MarkenG steht.[156]

Nicht selten nimmt deshalb die an der äußeren Gestalt eines Produktes orientierte 3-D-Marke die Hürde des § 3 Abs. 2 MarkenG, weil das Produktdesign weder den Wert der Ware bedingt noch aus technischen oder funktionalen Gründen so ausfallen musste, wie es realisiert worden ist; die Eintragung als Marke bleibt ihr aber dennoch versagt, wenn Produkt und Marke nur »aus einer Kombination nahe liegender und für die fragliche Ware typischer Gestaltungselemente bestehen, die es den maßgeblichen Verkehrskreisen nicht erlaubt, die beanspruchten Waren von solchen anderer betrieblicher Herkunft zu unterscheiden.« Weisen Ware oder Verpackung keine Besonderheiten auf, die sich als Hinweis auf ihre betriebliche Herkunft verstehen lassen, sind sie mangels **konkreter Unterscheidungskraft** im Sinne des § 8 abs. 2 Nr. 1 MarkenG nicht als Marke eintragungsfähig.[157] So lag es im Falle der zahlreichen Anmeldungen sog. Waschmitteltabs.[158] Liegt die angemeldete Form innerhalb der auf dem entsprechenden Warengebiet üblichen Formenvielfalt und sind die Möglichkeiten der Variation der Produktgestaltung beschränkt, kann ihrem Schutz als dreidimensionale Marke zudem ein **Freihaltebedürfnis** im Sinne des § 8 Abs. 2 Nr. 2 MarkenG entgegenstehen.[159] 209

154 BGH MarkenR 2001, 75 – Rado Uhr; MarkenR 2001, 67 – Gabelstapler; MarkenR 2001, 71 – Stabtaschenlampen (Vorlagebeschlüsse); EuGH MarkenR 2003, 187 – Linde, Winward, Rado (Vorabentscheidung nach Art. 234 EG); BGH MarkenR 2004, 248 – Rado Uhr II; MarkenR 2004, 242 – Gabelstapler II; MarkenR 2004, 245 – Stabtaschenlampen II; BPatG MarkenR 2005, 238 – Gabelstapler III.

155 § 8 Abs. 3 MarkenG.

156 EuGH MarkenR 2003, 187 – Linde, Winward, Rado.

157 S. dazu EuG MarkenR 2005, 61 – Form eines Bonbons, und MarkenR 2005, 102, 109 – Bonbon-Verpackung.

158 EuGH, MarkenR 2004, 224 – Waschmitteltabs; MarkenR 2006, 127 – rot-weiße Waschmitteltablette (für die Darstellung als Bildmarke).

159 S. dazu unten Rn. 436 ff.

210

Produktabhängige Formmarken			
	MarkenRL	MarkenG	GMV
Abstrakte Markenfähigkeit	Art. 2	§ 3 Abs. 1	Art. 4
Absolute Schutzunfähigkeit	Art. 3 Abs. 1 lit. e	§ 3 Abs. 2 Nr. 1 bis 3	Art. 7 Abs. 1 lit. e, i–iii
Überwindliche (absolute) Eintragungshindernisse	Art. 3 Abs. 1 lit. b	§ 8 Abs. 2 Nr. 1	Art. 7 Abs. 1 lit. b
	Art. 3 Abs. 1 lit. c	§ 8 Abs. 2 Nr. 2	Art. 7 Abs. 1 lit. c
	Art. 3 Abs. 1 lit. d	§ 8 Abs. 2 Nr. 3	Art. 7 Abs. 1 lit. d
Voraussetzungen	Art. 3 Abs. 3	§ 8 Abs. 3	Art. 7 Abs. 3

Übersicht 9: Schutzhindernisse für 3-D-Marken im engeren Sinne

c) Grundsatz der Selbstständigkeit der Marke

211 Die Ausschlussgründe des § 3 Abs. 2 MarkenG sind nach dem Gesetzeswortlaut zwar auf **produktabhängige** Formmarken bezogen und beschränkt. Ihre **entsprechende Anwendung** auf andere Markenformen wird jedoch mit der Begründung gefordert, wo die dreidimensionale Form nicht markenfähig sei, könne für den Schutz der zweidimensionalen Abbildung derselben Form als Bildmarke nichts anderes gelten.[160] Dasselbe Ergebnis wird indes ohne analoge Anwendung des § 3 Abs. 2 MarkenG erzielt, wenn man in der Vorschrift lediglich die Ausprägung allgemeiner Grundsätze des Markenrechts sieht. Die Anforderung, wonach die Form einer Ware oder Verpackung, um Marke zu sein, Eigenschaften aufweisen muss, die über das hinausgehen, was ihre funktionale Zweckbestimmung und ihre technische Gestaltung ohnehin erfordern, ist nach dieser Auffassung nur eine Anwendung des Prinzips, wonach die Marke zumindest gedanklich von der Ware oder Verpackung abstrahierbar sein muss, die sie nach ihrer betrieblichen Herkunft identifizieren soll.[161] § 3 Abs. 2 Markengesetz konkretisiert damit lediglich den **Grundsatz der Selbstständigkeit** der Marke,[162] hinter dem zeichentheoretisch die semiotische Triade von Signifikant, Signifikat und Objekt steht: das Zeichen ist danach Träger einer Bedeutung, die auf etwas anderes verweist; das gänzliche Zusammenfallen von Zeichen und Objekt (die vollständige Ikonozität[163]) markieren ebenso eine allgemeine Grenze des Markenschutzes wie die vollständige Indexalität (vollständige Bedingtheit)[164].

212 Aus der notwendigen Selbstständigkeit der Marke gegenüber dem Produkt, das sie markiert, folgt nach Ansicht des EuGH allerdings nicht, dass die Form der Ware oder Verpackung eine **willkürliche Ergänzung**, wie z.B. eine Verzierung ohne funktionelle Bedeutung, aufweisen muss, um zur Unterscheidung dieser Ware geeignet

160 BGH MarkenR 2006, 213 – Scherkopf, BGH MarkenR 1999, 133 f. – Etiketten.
161 S. dazu *Ingerl/Rohnke* § 3 Rn. 6; *Fezer* Markenrecht, § 3 Rn. 211 ff.
162 BGH MarkenR 1999, 133, 134 – Etiketten (zum Ausschluss einer warenbedingten sowie technisch bedingten zweidimensionalen Form vom Markenschutz).
163 S. oben Rn. 5.
164 S. oben Rn. 4.

zu sein.[165] Die Form müsse lediglich geeignet sein, die Ware des Markeninhabers von denjenigen anderer Unternehmen zu unterscheiden und somit ihre Hauptfunktion erfüllen, nämlich die Gewährleistung der Herkunft der Ware.

Die Form einer Ware oder ihrer Verpackung ist danach markenfähig 213

- wenn sie über das hinausgeht, was jedes generische Produkt dieser Gattung aufweist; **warenartbedingt** sind etwa Griff und Klinge eines Messers oder der Henkel einer Tasse als solche.[166]
- wenn ihre wesentlichen funktionellen Merkmale nicht ausschließlich der **technischen** Wirkung zuzuschreiben sind; dass zu der konkreten Gestaltung eines Produktes technisch äquivalente **Gestaltungsalternativen** bestehen, schließt ihre technische Bedingtheit allerdings nicht aus.[167] Die verschiedenen, verkehrsüblichen Formen eines Schraubenkopfes etwa gewährleisten sämtlich die Kompatibilität mit einem komplementären Werkzeug; sie sind deshalb allesamt »technisch bedingt«, ungeachtet der Tatsache, dass weitere Gestaltungsmöglichkeiten denkbar wären.
- wenn die Ware nicht gerade aus der Form ihren eigentlichen **Wert** ableitet; dies ist der Fall, wenn mit der Ware in erster Linie ihr ästhetischer Gehalt gehandelt wird, nicht dagegen, wenn der Wert der Ware über ihre Herkunft vermittelt wird, die sich ihrerseits dem Publikum über die Form erschließt.

5. Kennfadenmarken

Kennfadenmarken sind dreidimensionale Marken. Sie haben ihren Ursprung in der Textilindustrie. Eingefärbte Fäden in Stoffen, Kabelummantelungen oder Schläuchen können einen bestimmten Hersteller kennzeichnen. Ihre Eintragung als Marke unterliegt denselben Voraussetzungen, die generell für dreidimensionale Marken gelten. § 10 MarkenV verweist deshalb für das Eintragungsverfahren auf § 9 MarkenV: Die Anforderungen an die grafische Darstellung einer dreidimensionalen Marke in § 9 Abs. 1 bis 4 MarkenV gelten für die Kennfadenmarke entsprechend. 214

6. Positionsmarken

In einem dreidimensionalen Kontext sind auch die Positionsmarken angesiedelt. 215
Unter Positionsmarken werden Zeichen verstanden, die ihre spezifische Aussage nicht allein aus sich heraus gewinnen, sondern zumindest auch daraus, dass sie auf oder an einem Produkt an einer bestimmten Stelle angebracht werden. Ein bestimmtes Zeichen tritt auf einem bestimmten Warenteil in Erscheinung, und zwar in stets gleich bleibender Platzierung, gleich bleibendem Größenverhältnis und in gleichem farblichem oder stofflichem Kontrast. Der »Knopf im Ohr« der bekannten Steiff-Stofftiere ist das wohl bekannteste Beispiel dafür (wenngleich er bei Tieren

165 EuGH MarkenR 2002, 231, 236 – Philips/Remington.
166 *Ingerl/Rohnke* § 3 Rn. 52.
167 EuGH MarkenR 2002, 231, 238.

ohne Ohren an anderer Stelle angebracht wird!). Die angesprochenen Verkehrskreise entnehmen gerade der **Kombination aus Zeichen und Zeichenanordnung** auf der Ware die Information über die betriebliche Herkunft des Produktes; erst die Positionierung erlaubt die sichere Verbindung von Zeichen und Bedeutung, begründet mithin die Markenfähigkeit. Der **dreidimensionale** Charakter der Positionsmarke folgt allein aus der Festlegung des Anbringungsortes auf der – ihrerseits zwingend dreidimensionalen – Ware: das Zeichen selbst kann dagegen durchaus ein zweidimensionales Wort- oder Bildzeichen sein.

216 Ist das Zeichen einer Positionsmarke schon **per se markenfähig**, kann der Aspekt seiner Verortung auf dem Produkt unberücksichtigt bleiben. Viele Marken kennzeichnen Produkte an definierter Stelle, ohne deshalb Positionsmarken zu sein. So liegt es etwa bei den Emblemen zahlreicher Automobilmarken wie BMW, AUDI oder Mercedes, die schon für sich als Marken schutzfähig und geschützt sind, aber regelmäßig an bestimmten Orten auf dem Produkt, etwa in der Mitte des Kühlers angebracht werden, oder bei Getränkemarken, die sich zuverlässig an bestimmter Stelle der Flasche oder des Etiketts befinden, ohne dass ihre Funktion als Marke davon abhinge. Solche selbstständigen Marken als Positionsmarken auf eine bestimmte Anordnung auf dem Produkt zu beschränken, wäre weder im Hinblick auf den Schutzumfang, noch auf die rechtserhaltende Benutzung[168] opportun.[169] Ihr positionsunabhängiger Schutz gibt dem Inhaber größere Freiheit in der Verwendung und umfassenderen Schutz gegen unbefugte Verwendung durch Dritte.

217 **Konstitutiv** für die Markenfähigkeit wird die **Position** eines Zeichens aber dann, wenn es ohne diesen Bezug gar nicht als Zeichen, sondern als bloßes Ornament, als rein funktional oder ästhetisch motivierte Gestaltung wahrgenommen würde. Ein roter Streifen an einem Schuh mag für sich genommen nicht als Marke erkannt werden; weisen indes alle Schuhe eines bestimmten Herstellers einen roten Streifen im Absatz auf, der in konstanter Farbe und Stärke quer zur Längsrichtung des Schuhes verläuft, wird das Ornament zum Zeichen, zum Symbol: der Markencharakter wird erkennbar.[170] Die kennzeichnende Kraft dieser Position wurzelt dabei in ihrer Ungewöhnlichkeit. Ein für sich genommen nicht unterscheidungskräftiges Zeichen wird deshalb nur dann durch seinen Einsatz an einer bestimmten Stelle des Produktes markenfähig, wenn der Verkehr nicht genau an dieser Stelle eine Marke, das heißt ein für sich genommen unterscheidungskräftiges Zeichen erwartet oder an Marken an allen möglichen Stellen – und damit auch an der für die Positionsmarke gewählten – gewohnt ist. Deshalb muss eine Farb- oder Formgestaltung des Produktes an »markentypischer« Position selbst hinreichend markant sein, um als Herkunftssymbol erkannt zu werden.

218 In der Entscheidung »Positionsmarke auf Sportschuh« hat das HABM in diesem Sinne einer Bildmarke Unterscheidungskraft zugebilligt, die zwei winkelig versetzte Parallelstreifen auf der Seite eines Sportschuhs zeigt, einer Position also, an der Marken durchaus üblich sind.[171] Das Harmonisierungsamt war der Ansicht, der Verkehr sei an solche Gestaltungen als Herkunftshinweis gewöhnt. Die darge-

---

168 S. dazu unten Rn. 606 ff.
169 So zutreffend *Bingener* MarkenR 2004, 377, 380.
170 BPatG GRUR 1998, 390 – roter Streifen im Schuhabsatz.
171 MarkenR 2002, 430.

stellte Kombination charakteristischer Elemente ermögliche es dem »durchschnittlich informierten, aufmerksamen und verständigen Durchschnittsverbraucher«[172], die Streifen als Herkunftshinweis wahrzunehmen und sich bei einem weiteren Erwerb von Schuhen an dieser Marke zu orientieren.

Da die Ware selbst nicht Gegenstand der Marke ist und im Hinblick auf die konstante Verwendung der Positionsmarke auf einer Vielzahl unterschiedlicher Produkte auch nicht sein soll, stellt sich die Frage nach der **grafischen Darstellung** der Positionsmarke im Rahmen ihrer Anmeldung. Sie kann nur so gelöst werden, dass das Zeichen in der Anmeldung wieder gegeben, seine Position dagegen an der skizzierten Abbildung einer Ware beispielhaft aufgezeigt und ggf. zusätzlich in Worten beschrieben wird,[173] wie dies § 12 Abs. 3 MarkenV erlaubt. **219**

7. Besondere Markenformen

Die Bezeichnung »besondere Markenformen« ist für alle Marken üblich geworden, die das gewohnte Terrain der Wort- und/oder Bildmarke verlassen und den gesamten Zeichenraum zu nutzen suchen, der für die Kommunikation einer Bedeutung zur Verfügung steht. Dieser Raum wird zum einen durch die **physiologische** Leistung der menschlichen Sinne bestimmt, die dafür maßgeblich sind, dass ein Phänomen überhaupt wahrgenommen wird, zum anderen durch die **kulturelle** Fähigkeit des Menschen, einem wahrnehmbaren Phänomen eine bestimmte, gewillkürte Bedeutung zuzuschreiben – im Falle der Marke die der Herkunft einer Ware oder Dienstleistung aus einem bestimmten Betrieb. **220**

In dem so begrenzten Zeichenraum ist Platz für Hör-, Riech- und Tastmarken, für Geschmacks-,[174] für Licht- und Bewegungsmarken. Die kulturelle Leistung, solche Zeichen als Herkunftshinweis für gewerbliche Leistungen zu verstehen, mag der Einübung bedürfen – markenrechtlich gesprochen: der Verkehr ist an die Verwendung solcher Zeichen als betrieblicher Herkunftshinweis weniger gewöhnt.[175] Dieses Handicap kann aber durch entsprechenden (Werbe-)aufwand ohne weiteres überwunden werden. Dagegen schließt das System des Markenschutzes, das auf einer dauerhaften Registrierung nebst Publikation der angemeldeten Zeichen beruht, die Mehrzahl dieser innovativen Markenformen aus, solange sie sich nicht **221**

172 Mit Verweis auf EuGH MarkenR 1999, 236 – Lloyd/Loints, sowie EuG MarkenR 2002, 92 – STREAMSERVE.

173 Vgl. BPatG GRUR 1998, 819 – Ausrufezeichen.

174 Riechmarken werden auch »olfaktorische« Marken genannt, Tastmarken »haptische« oder »taktile« Marken, Geschmacksmarken »gustatorische Marken«; s. hierzu auch *Sieckmann* MarkenR 2002, 149.

175 Der EuGH hat wiederholt entschieden, dass die Kriterien für die Beurteilung der Unterscheidungskraft zwar für alle Markenkategorien dieselben seien, dass sich aber im Zusammenhang mit der Anwendung dieser Kriterien zeigen könne, dass nicht jede dieser Kategorien von den maßgeblichen Verkehrskreisen notwendig in gleicher Weise wahrgenommen würden, weshalb es schwieriger sein könne, die Unterscheidungskraft der Marken bestimmter Kategorien nachzuweisen; EuGH MarkenR 2003, 187, 189 – Gabelstapler u.a. (Linde u.a.); MarkenR 2004, 224, 229 – Henkel/HABM (Waschmitteltabs); MarkenR 2004, 231, 236 – Procter & Gamble/HABM (Quadratische Waschmitteltabs); MarkenR 2005, 22, 25 f. – Das Prinzip der Bequemlichkeit.

in einer für die Registrierung geeigneten Form festhalten lassen – in den Worten des EuGH: solange sie sich nicht in einer Weise grafisch darstellen lassen, die »**klar, eindeutig, in sich abgeschlossen, leicht zugänglich, verständlich, dauerhaft und objektiv**« ist.[176]

222 An dieser ihrem Wesen nach eher formellen, technischen Hürde sind bislang Riech-,[177] Tast-[178], Geschmacks- und Lichtmarken gescheitert, während Hörmarken als grafisch darstellbar anerkannt sind.[179] Bewegungsmarken lassen sich durch die Darstellung der filmischen Bildabfolge ebenfalls grafisch fixieren und gegebenenfalls mit einer Tonfolge kombinieren.[180] Versuche, den Kriterien des EuGH an die grafische Darstellung eines Duftes durch eine Kombination von Abbildung und textlicher Beschreibung zu entsprechen, sind bislang gescheitert.

223 Beispiel: Der »Duft einer reifen Erdbeere« (»odeur de fraise mûre«) wird dergestalt als Marke angemeldet, dass neben dieser sprachlichen Beschreibung die Abbildung einer Frucht eingereicht wird, wobei die Anmeldung einer »Riechmarke« ausdrücklich klarstellt, dass nicht die abgebildete Frucht als Bildmarke, sondern ihr Duft Gegenstand des Markenschutzes sein soll.

Sprachliche Beschreibung	**Abbildung**
»Duft einer reifen Erdbeere«	

224 Die Anmeldung blieb vor dem EuG erfolglos.[181] Weil sich der Duft von Erdbeeren je nach Sorte unterscheide, so das Gericht, sei die Beschreibung »Duft einer reifen Erdbeere«, die sich auf mehrere Sorten und demnach auf mehrere verschiedene Düfte beziehen könne, weder eindeutig noch präzise; sie ermögliche es nicht, alle subjektiven Elemente bei der Erkennung und Wahrnehmung des angemeldeten Zeichens auszuschließen. Zudem gebe es gegenwärtig keine allgemein anerkannte interna-

176 EuGH MarkenR 2003, 26, 30 f. – Sieckmann (für die Geruchsmarke); seitdem ständige Rspr.; EuGH MarkenR 2003, 227 – Libertel (für die abstrakte Farbmarke); MarkenR 2004, 26, 29 – Shield Mark/Kist (für die Hörmarke); MarkenR 2004, 338, 341 ff. – Farbmarke blau/gelb (für die abstrakte Farbkombination); s. dazu Übersicht Nr. 8 (Rn. 147).

177 EuGH MarkenR 2003, 26 Tz 48–56 – Sieckmann.

178 BPatG MarkenR 2005, 363 – Tastmarke; grds. bejahend allerdings BGH MarkenR 2007, 26 – Tastmarke.

179 EuGH MarkenR 2004, 26, 29 – Shield Mark/Kist; s. Übersicht Nr. 8 (Rn. 147).

180 *Fezer* Markenrecht, § 3 Rn. 289 f.; die Eintragung des Bewegungsablaufes einer Autotüre scheiterte bereits an dessen technischer Bedingtheit, HABM GRUR 2004, 63 – Lamborghini-Türbewegungsablauf.

181 EuG MarkenR 2005, 536 – Odeur de fraise mûre.

tionale Klassifikation von Düften, die, wie bei den internationalen Farbcodes oder der Notenschrift, die objektive und präzise Erkennung eines Riechzeichens dank der Zuteilung präziser Bezeichnungen oder Codes für jeden Duft erlaubte.

Die Abbildung der Frucht könne diesem Mangel nicht abhelfen, weil die grafische Darstellung einer Riechmarke den Duft darstellen müsse, dessen Eintragung beantragt werde, und nicht die Ware, die ihn verströmt. Aus denselben Gründen, aus denen der EuGH in der Entscheidung Sieckmann[182] die chemische Formel einer den fraglichen Duft abgebenden Substanz nicht als gültige grafische Darstellung angesehen habe, müsse auch hier gelten, dass die in der Anmeldung enthaltene Abbildung einer Erdbeere nur die Frucht darstelle, die einen angeblich mit dem fraglichen Riechzeichen identischen Duft verströme, und nicht den beanspruchten Duft selbst und deshalb keine grafische Darstellung des Riechzeichens sei. **225**

8. Kombinationsmarken

Im Unterschied zu zusammengesetzten Marken, die – wie etwa eine Mehrwortmarke – aus mehreren Elementen ein und derselben Markenart gebildet werden, vereinen Kombinationsmarken **unterschiedliche** Markenarten in einem Zeichen. Häufigster Fall ist die Wort-/Bildmarke, die textliche Elemente mit bildlichen kombiniert. Ebenso gut kann aber auch ein Text mit einer Melodie hinterlegt sein oder eine Form mit bestimmten Farben oder einem Schriftzug kombiniert werden. Die Kriterien der Markenfähigkeit eines Zeichens sind für Kombinationsmarken keine anderen als für einfache oder zusammengesetzte Marken. Grenzen für die Gestaltung von Marken ergeben sich insoweit nur aus dem Grundsatz der **Einheitlichkeit**. So wird etwa eine allzu lange Wortfolge nicht mehr als e i n Zeichen, sondern nur mehr als ganzer Text wahrgenommen; die Einfärbung eines Produktes oder seiner Verpackung neben seiner Beschriftung und bildlichen Darstellungen wird nicht mehr als Teil e i n e s Zeichens gedeutet, sondern als lediglich ästhetisch motivierte Gestaltung der Produktverpackung. **226**

In mehrfacher Hinsicht bedeutsam ist jedoch, dass Kombinationsmarken der Beurteilung in ihrer **Gesamtheit** unterliegen. Das bedeutet, dass die Bestandteile einer Kombinationsmarke nicht je für sich markenfähig sein müssen, um die Kombination als Marke eintragen zu können. Für die Schutzfähigkeit des Kombinationszeichens ist es vielmehr ausreichend, wenn es in seiner Gesamtheit ein produktidentifizierendes Unterscheidungsmerkmal sein kann. **227**

182 S. oben Fn. 176.

228 Beispiel: Die Kombination einer Warenform mit einem Wortzeichen in der Art, dass die Ware mit einer Wortmarke versehen wird, sichert die Markenfähigkeit der abgebildeten Formmarke: Selbst wenn die Warenform als solche an den Ausschlussgründen des § 3 Abs. 2 MarkenG oder an mangelnder konkreter Unterscheidungskraft im Sinne des § 8 Abs. 2 Nr. 1 MarkenG scheiterte, verhilft doch die auf der Ware angebrachte Wortmarke »MAGLITE« der Kombination zur Eintragungsfähigkeit als Marke.

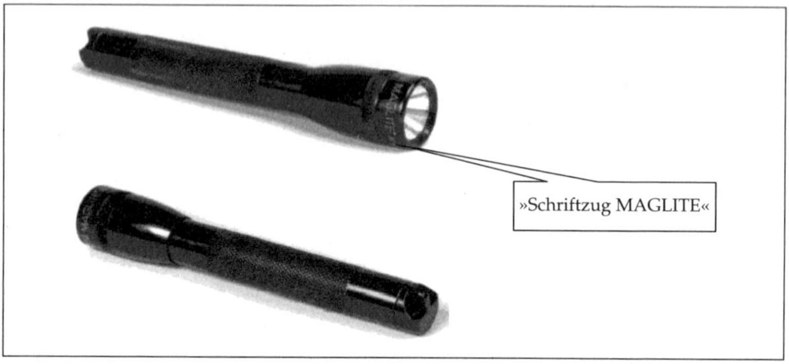

Es gebe keinen Grund, so der BGH, der Kombination einer (möglicherweise) schutzunfähigen dreidimensionalen Gestaltung mit einem schutzfähigen Wort den Markenschutz zu versagen. Auch bei dreidimensionalen Marken bestehe ein Schutzbedürfnis für deren Kombination mit einem Wortbestandteil, weil z.B. die **Position** des Schriftzugs auf der dreidimensionalen Gestaltung ebenfalls geschützt werden solle. Die Eintragungsfähigkeit hänge von der Unterscheidungskraft des **Gesamtzeichens** ab. Diese sei auf Grund des Wortbestandteils »MAGLITE« bei der in Rede stehenden Marke gegeben.[183]

229 Für die Kreation von Marken folgt daraus, dass etwa ausschließlich beschreibende und deshalb für sich genommen nicht markenfähige Worte durch Kombination mit weiteren Text- und/oder Bildbestandteilen in einer Marke gleichsam »mitgetragen« werden können.

230 Beispiel: Die Marke »BAD KISSINGER THERESIENQUELLE KISS light GOLDLIMO KALORIENARME ORANGENLIMONADE«, mit weiteren Bildbestandteilen als Kombinationsmarke für Mineralwässer bzw. Limonaden angemeldet, ist als Marke schutzfähig. In ihrer Gesamtheit kann sie ein entsprechendes Produkt am Markt individualisieren und nach seiner betrieblichen Herkunft identifizieren. Für die einzelnen Bestandteile gilt dies keineswegs: zum Teil handelt es sich um geografische Herkunftsangaben (»Bad Kissinger«),[184] zum Teil um ausschließlich beschreibenden Angaben (»Kalorienarme Orangenlimonade«). Andere Bestandteile wie »KISS«, »GOLD« oder die Bildelemente geben aber dem Gesamtzeichen den Namenscharakter einer Marke.

---

183 BGH MarkenR 2005, 88 – Stabtaschenlampe MAGLITE.

184 Zur Markenfähigkeit einer geografischen Herkunftsangabe s. § 8 Abs. 2 Nr. 3, Abs. 3 sowie unten Rn. 499 ff.

Für die Schutzfähigkeit des Gesamtzeichens reicht die Zugabe solcher kennzeichnungskräftiger Bestandteile aus. Der Zeichencharakter der einzelnen Bestandteile einer zusammengesetzten oder einer Kombinationsmarke hat aber durchaus Bedeutung für den **Schutzumfang** des gesamten Zeichens. Denn die durch Kombination markenfähiger mit nicht markenfähigen Bestandteilen sichergestellte Schutzfähigkeit des Kombinationszeichens darf nicht darüber hinwegtäuschen, dass die für sich genommen nicht markenfähigen Bestandteile dadurch weder zu Gunsten des Inhabers der Kombinationsmarke monopolisiert werden, noch in Kollisionsfällen prägende Bedeutung erlangen können. Während bei der Eintragung eines zusammengesetzten oder eines Kombinationszeichens noch »offen bleiben« kann, ob ein einzelner Bestandteil als solcher schutzfähig wäre, solange das Gesamtzeichen daneben auch eindeutig markenfähige Bestandteile enthält, wird eben dies im Kollisionsfalle bedeutsam. 231

Beispiel: Wird die oben genannte Mehrwortmarke nach der Eintragung von einem älteren Zeichen »KISS« angegriffen, können ggf. auch die vielen weiteren Bestandteile des jüngeren Zeichens den Vorrang des älteren nicht abwenden: bei großer Warenähnlichkeit, so das BPatG, sei eine Verwechslungsgefahr gemäß § 9 Abs. 1 Nr. 2 MarkenG nicht auszuschließen, wenn die jüngere Marke durch den Bestandteil »KISS« wenn nicht allein, so doch wesentlich geprägt sei, und sich bei allen weiteren Bestandteilen, die optisch in den Hintergrund träten, Bezüge zur geografischen Herkunft (Quelle), zum Geschmack (Orangenlimonade) und zur Qualität der Waren (kalorienarm) herstellen ließen.[185] Mit anderen Worten: für die Beurteilung des Vorrangs der älteren Marke »KISS« ist die Übereinstimmung der jüngeren Marke in diesem Bestandteil maßgeblich; dass sich das jüngere Zeichen in zahlreichen, für sich genommen nicht markenfähigen Bestandteilen unterscheidet, tritt dahinter zurück. 232

Nichts anderes gilt für die exklusive Nutzung eines Kombinationszeichens am Markt: das Nutzungsmonopol des Inhabers der Marke kann nicht für Bestandteile der Marke geltend gemacht werden, die für sich genommen nicht kennzeichnungskräftige sind. Weil im oben genannten Beispiel die Bestandteile »kalorienarme Orangenlimonade« für die angemeldeten Waren von ausschließlich beschreibender Natur sind, könnte ihre Verwendung durch Dritte aus dem Recht an der Wort-/Bildmarke »BAD KISSINGER THERESIENQUELLE KISS light GOLDLIMO KALORIENARME ORANGENLIMONADE« nicht untersagt werden, wohl aber der Vertrieb einer Limonade unter der Bezeichnung »KISS GOLDLIMO.«

Nicht jede Kombination verschiedener Markenarten kann ein im Übrigen nicht schutzfähiges Zeichen »retten«. Insbesondere bei Wortzeichen wird in der Anmeldepraxis häufig der Versuch unternommen, dem für sich genommen nicht eintragungsfähigen Zeichen durch eine **grafische Aufmachung** die notwendige Unterscheidungskraft zu verleihen. Die Rechtsprechung ist hier zurückhaltend. In ständiger Rechtsprechung hat der BGH die Maxime entwickelt, dass »einfache grafische Gestaltungen des Schriftbilds, an die sich der Verkehr etwa durch häufige werbemäßige Verwendung gewöhnt hat, eine fehlende Unterscheidungskraft der Wörter nicht aufzuwiegen vermögen«.[186] Soll eine Wortmarke ihre Unterscheidungskraft 233

185 BPatG BlPMZ 1996, 33 f. – Bad Kissinger THERESIENQUELLE, Kiss.
186 BGH MarkenR 2001, 407 – anti Kalk; vgl. auch EuG MarkenR 2003, 314 – Best Buy.

durch grafische Veränderungen im Rahmen einer Wort-/Bildmarke erlangen, bedarf es deshalb mehr als einer Einfärbung der Buchstaben oder einer ungewöhnlichen Schriftart oder Anordnung der Buchstaben.

234 Beispiel: Die **Wortmarke** »Frisch« wäre für die Verpflegung von Gästen in Restaurants und Cafeterias nicht schutzfähig, weil sie lediglich eine Qualität beschreibt und deshalb nicht geeignet ist, diese Dienstleistung nach ihrer betrieblichen Herkunft zu individualisieren. Angemeldet wird jedoch die folgende **Kombinationsmarke**:

FRISH

Gegenüber dem reinen Wortzeichen »Frisch« enthält diese **Wort-Bildmarke** eine ganze Reihe von Eigenheiten:

- das Wort ist so geschrieben, dass es als Anglizismus gelesen werden muss, um seine Bedeutung »frisch« wieder zu geben;
- es sind die Farben helles grün/Pantone 390C (für das Besteck) und dunkles grün/ Pantone 3308C (für die Buchstaben im Übrigen) angemeldet;
- die (Groß-)Buchstaben sind ohne Abstand gesetzt und
- das aus der Gastronomie bekannte Piktogramm »Messer und Gabel« ist in das »I« eingefügt.

235 Das BPatG hat hier weder in der farblichen Gestaltung, noch in der Anordnung der Buchstaben eine Eigentümlichkeit des Zeichens erkannt, die ihm markenmäßige Unterscheidungskraft verleihe. Auch das eingefügte Piktogramm »Messer und Gabel« ändere daran nichts, weil es trotz seiner grafischen Einbindung in das Wort »FRISH« aus der Sicht der angesprochenen allgemeinen Verkehrskreise und des maßgeblichen Durchschnittsverbrauchers – wegen seines glatt beschreibenden Gehalts und seiner üblichen Verwendung als Sachhinweis – auch vorliegend nicht als betrieblicher Herkunftshinweis angesehen werde. Dass das Zeichen letztlich in seiner Gesamtheit dennoch für eintragungsfähig befunden wurde, verdankt es nach Auffassung des BPatG der Schreibweise »FRISH«: Die maßgeblichen allgemeinen Verkehrskreise würden bei unbefangener Betrachtungsweise – das heißt ohne analytische und eingehende Betrachtung – das Wort »FRISH« als **sprachregelwidrig gebildetes Wort** erkennen und dieses weder dem deutschen Wort »FRISCH« noch dem englischen Wort »FRESH« gleichsetzen.[187]

236 Der Anmelder, der einem Zeichen ohne eigene Unterscheidungskraft solcherart durch Kombination mit anderen Markenformen zu konkreter Unterscheidungskraft verhilft und damit die Eintragungsfähigkeit erlangt, »bezahlt« im Kollisionsfalle für die einzelnen Teilen der Kombination immanente **Kennzeichnungsschwäche** mit einer entsprechend geringen Abwehrkraft seiner Marke. Während im Ein-

187 BPatG MarkenR 2004, 302 – FRISH.

tragungsverfahren das angemeldete Zeichen in seiner Gesamtheit beurteilt und deshalb im Zweifel häufig offen gelassen wird, ob ein einzelner Bestandteil für sich genommen eintragungsfähig gewesen wäre, wird eben dies offenbar, wenn das eingetragene Zeichen mit einem anderen Zeichen mit eben diesem Bestandteil kollidiert. Im oben genannten Beispiel ist der begriffliche Inhalt »frisch« ebenso wenig geschützt wie die phonetische Erscheinung der Marke, die ebenfalls nur als »frisch« wahrgenommen werden kann. Die Unterscheidungskraft der einzelnen Bestandteile einer Kombinationsmarke beeinflusst so den durch die Marke und die beanspruchten Waren/Dienstleistungen bestimmten Schutzumfang: die oben wieder gegebene Marke kann hinsichtlich Klang und Bedeutung keinen Schutz beanspruchen. Generell gilt im Kollisionsfalle bei Wort-, Wort-/Bildmarken, Bildmarken oder dreidimensionalen Marken gleichermaßen, dass nicht schutzfähige Bestandteile am Markenschutz nicht teilhaben und deshalb für sich keine Verwechslungsgefahr begründen können.[188]

Ähnlich liegt es bei der Überführung einer Wortmarke in eine Schallmarke: In der Entscheidung HEXAL, die die phonetische Abfolge »Arzneimittel Ihres Vertrauens: Hexal«, durch Sonagramm wieder gegeben, zum Gegenstand hat, hält das HABM ausdrücklich fest: »Die Besonderheiten dieses Falls geben der Kammer indes Anlass zu folgendem Hinweis: Der Spruch »Arzneimittel Ihres Vertrauens: Hexal« wird auf Grund dieser Eintragung allein als Schallfolge geschützt sein, so wie sie durch das Sonagramm repräsentiert ist. Der Schutzbereich einer solchen Marke erstreckt sich nicht auf die geschriebene Aussage »Arzneimittel Ihres Vertrauens: Hexal«.«[189] Die Anmeldung einer gesprochenen Aussage oder eines Slogans als Schall- oder Hörmarke kann mithin eine fehlende Schutzfähigkeit der Wortmarke weder heilen noch umgehen. 237

VI. Kollektivmarken

Neben der **Einzelmarke**, die von ihrem Inhaber oder dessen Lizenznehmer zur Kommunikation einer bestimmten, individuellen betrieblichen Herkunft von Waren oder Dienstleistungen eingesetzt wird, erlaubt das Markengesetz auch die Registrierung einer **Kollektivmarke** durch einen Verband zum Zwecke der Nutzung des Zeichens durch dessen Mitglieder. Die Kollektivmarke ist in § 97 Abs. 1 MarkenG als Marke im Sinne des § 3 MarkenG[190] definiert, die geeignet ist, »die Waren oder Dienstleistungen **der Mitglieder** des Inhabers der Kollektivmarke von denjenigen anderer Unternehmen nach ihrer betrieblichen oder geografischen Herkunft, ihrer Art, ihrer Qualität oder ihrer sonstigen Eigenschaften zu unterscheiden«. 238

188 BPatG MarkenR 2004, 302 – FRISH, mit Verweis auf BPatG MarkenR 2002, 348 – Farbige Arzneimittelkapsel und MarkenR 2000, 280, 284 f. – CC 1000/Cec m.w.H. sowie BGH MarkenR 2000, 178, 179 – MAG-LITE.
189 HABM MarkenR 2005, 541 – Hexal.
190 S. oben Rn. 126 ff.

1. Inhaber, schutzfähige Zeichen

239 Inhaber von Kollektivmarken können nach § 98 MarkenG ausschließlich rechtsfähige Verbände einschließlich ihrer rechtsfähigen Dach- und Spitzenverbände sein. Ihnen gleichgestellt sind die juristischen Personen des öffentlichen Rechts. So weit das Markenrecht auf die **Benutzung** der Kollektivmarke abstellt, sei es zur Etablierung einer Benutzungskollektivmarke[191] durch Verkehrsgeltung, sei es zur Überwindung eines Eintragungshindernisses im Wege der Verkehrsdurchsetzung oder sei es zur Aufrechterhaltung des Schutzes der eingetragenen Kollektivmarke, kommt es nicht auf eine Benutzung durch den Inhaber, sondern auf die durch seine **Mitglieder** – im Falle eines Dachverbandes als Inhaber: auf die Mitglieder seiner Mitglieder – an.

240 Der Kreis markenfähiger Zeichen ist bei Kollektivmarken kein anderer als bei Individualmarken. Der mitgliedschaftlichen Struktur eines Verbandes und dem kollektiven Charakter des Zeichens entsprechend bezieht sich die notwendige **Unterscheidungskraft** einer Kollektivmarke aber nicht auf Produkte des Markeninhabers, das heißt des Verbandes selbst, sondern auf die seiner Mitglieder. Die Aufzählung des § 97 Abs. 1 MarkenG macht dabei deutlich, dass die Bedeutung einer Kollektivmarke zwar auch darin bestehen kann, die betriebliche Herkunft eines Produktes aus einer bestimmten Gruppe von Unternehmen – eben den Verbandsmitgliedern – zu kommunizieren,[192] dass aber auch andere Bedeutungen im Vordergrund stehen können: die geografische Herkunft, die Art, die Qualität oder »sonstige« Eigenschaften der Ware oder Dienstleistung.

241 Damit ist die Kollektivmarke das Mittel der Wahl, um als **Gütezeichen** oder **Qualitätssiegel** eine spezifische Produktqualität zu kommunizieren, zu der sich die Verwender unter dem Dach des Verbandes, der Inhaber der Marke ist, verpflichtet haben. Die Kollektivmarke ist dann ein Zeichen, das die Unterscheidung von Waren oder Dienstleistungen einer Gruppe von Unternehmen von denen anderer Unternehmen weniger im Hinblick auf ihre Herkunft als vielmehr auf ihre Produkteigenschaften erlaubt.

2. Markensatzung

242 Es liegt in der Natur der Marke als einem Symbol, dass die Verbindung von Zeichen und Bedeutung[193] nur dann sicher etabliert und aufrechterhalten werden kann, wenn das Zeichen mit dieser Bedeutung konstant und einheitlich verwendet wird. Im Falle der Einzelmarke liegt es im ureigenen Interesse des Inhabers, die Marke nicht in einer Weise einzusetzen, die die Vorstellungen und Erwartungen, die seine Marktpartner mit der Marke verbinden, konterkariert. So wird er etwa darauf achten, dass das Vertrauen seiner Kunden in die ihnen bekannte, über die Marke signa-

191 Dass auch eine Kollektivmarke als Benutzungsmarke im Sinne des § 4 Nr. 2 MarkenG erworben werden kann, ist in der Kommentarliteratur unbestritten, vgl. *Fezer* Markenrecht, § 97 Rn. 12; *Ingerl/Rohnke* § 97 Rn. 17; *Ströbele/Hacker* § 4 Rn. 50; aus der Rspr. vgl. BGH GRUR 1964, 381 – WKS Möbel, und BGH GRUR 2002, 616 – Verbandsausstattungsrecht.

192 Sog. kollektive Herkunftsfunktion, vgl. BGH GRUR 1996, 270, 271 – Madeira.

193 Zum Verhältnis von Zeichen (Signifikant) und Bedeutung (Signifikat) s. oben Rn. 3 ff.

lisierte Qualität eines Markenproduktes nicht durch fehlerhafte oder qualitativ minderwertige Ware – sei es aus eigener Herstellung oder aus der eines Lizenznehmers[194] – beschädigt wird.

Im Falle der Kollektivmarke verlangt das Ziel einer konsistenten Kommunikation eine konzertierte Anstrengung aller Mitglieder des Inhaberverbandes. Damit die Verbindung von Zeichen und Bedeutung, die »Markenbotschaft«, sicher etabliert werden kann, muss sie durch den Inhaber zentral **definiert** und die homogene Verwendung des Zeichens am Markt durch die Verbandsmitglieder **kontrolliert** werden. Der Anmeldung einer Kollektivmarke muss deshalb eine **Markensatzung** beigefügt sein, die die Verwendung der Kollektivmarke durch die Verbandsmitglieder regelt. Diese Satzung muss nach § 102 Abs. 2 MarkenG (mindestens) enthalten: 243

- Namen und Sitz des Verbandes,
- Zweck und Vertretung des Verbandes,
- Voraussetzungen für die Mitgliedschaft,
- Angaben über den Kreis der zur Benutzung der Kollektivmarke befugten Personen,
- Bedingungen für die Benutzung der Kollektivmarke und
- Angaben über die Rechte und Pflichten der Beteiligten im Falle von Verletzungen der Kollektivmarke.

Die Prüfung der Anmeldung einer Kollektivmarke erstreckt sich neben der Eintragungsfähigkeit des Zeichens und der Tauglichkeit des Anmelders als Inhaber auch auf diese Satzung.[195] Gegen eine Verletzung der Satzung durch ein Mitglied kann das Kollektiv als Inhaber der Marke aus der Satzung vorgehen, dem Inhaber einer Individualmarke vergleichbar, der einen Lizenznehmer auf Einhaltung der im Lizenzvertrag vereinbarten Qualitätskriterien in Anspruch nimmt. 244

Beispiel: Der Schutzverband »Dresdner Stollen e.V.« ist in Inhaber mehrerer Kollektivmarken, darunter die Wort-/Bildmarke »Dresdner Stollen«. In der Satzung zur Marke ist nicht nur das Rezept vorgegeben, nach dem der mit der Kollektivmarke versehene Stollen gefertigt werden muss, sondern auch die Verwendung der Marke auf der Verpackung geregelt. § 3 Abs. 5 der Satzung verpflichtet zur Verwendung der Kollektivmarke auf der Oberseite der Verpackung und § 4 Abs. 2 der Satzung bestimmt: »Neben der Verbandsmarke und seinem Namen bzw. seiner Firma ist es jedem Verbandsmitglied gestattet, weitere Kennzeichen zu benutzen, wenn dadurch die optische Dominanz der Verbandsmarke nicht beeinträchtigt wird«. Eine Bäckerei, die Mitglied des Verbandes ist, vertreibt den satzungsgemäß gefertigten Stollen über ein weiteres Unternehmen in einer Verpackung, die neben dem Verbandszeichen die Marke »arko Confiserie« trägt. Der Verband nimmt beide Unternehmen auf Unterlassung in Anspruch. 245

194 Vgl. § 30 Abs. 2 Nr. 2 MarkenG.
195 § 103 MarkenG.

246

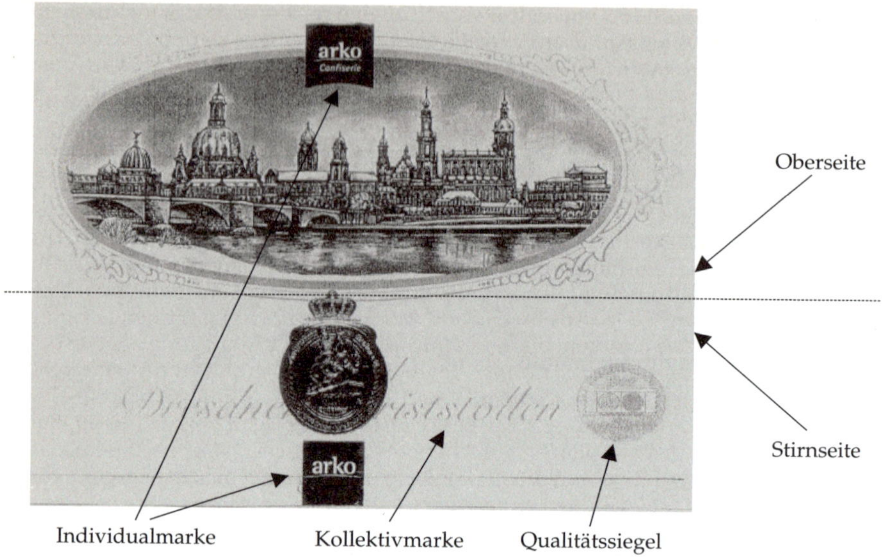

Verpackung des „Dresdner Christstollen"

247 Das OLG Dresden[196] hat zunächst festgestellt, der Schutzverband könne als Inhaber einer Kollektivmarke in analoger Anwendung des § 30 Abs. 2 Nr. 2 MarkenG gegen seine Mitglieder vorgehen. Die gerichtliche Verfolgung der Ansprüche sei auch nicht deshalb ausgeschlossen, weil der Kläger zunächst vereinsinterne Sanktionen habe ergreifen müssen. Eine Markenverletzung sei jedoch nicht gegeben, da § 4 Abs. 2 der Satzung des Klägers die Verwendung von Drittmarken nicht verbiete und die vorgesehene Dominanz der Kollektivmarke durch den Aufdruck »arko Confiserie« nicht beeinträchtigt werde. Da der Verbraucher von der Verpackung in aller Regel neben der »Oberseite« auch eine der beiden Stirnseiten sehe, werde die Verpackung von dem Schriftzug »Original Dresdner Christstollen« und dem Qualitätssiegel des Klägers dominiert. Um diese Dominanz zu beeinträchtigen, sei die Marke der Beklagten zu 2 zu klein und farblich zu wenig hervorstechend. Der BGH dagegen sah die Dominanz der Kollektivmarke verletzt, weil sie nicht auf der Oberseite der Verpackung dargestellt sei und auf den Seitenflächen mit der Drittmarke des Vertriebspartners konkurriere.[197]

3. Geografische Kollektivmarken

248 Marken kommunizieren als Produktkennzeichen die **betriebliche** Herkunft von Waren oder Dienstleistungen, **geografische Herkunftsangaben** dagegen deren **geografische** Herkunft. Als Individualmarke werden geografische Herkunftsangaben

196 OLG Dresden, Urt. v. 1.8.2000, 14 U 763/00; LG Leipzig, Urt. v. 18.2.2000, 5 O 10015/99.
197 BGH MarkenR 2003, 108 – Dresdner Christstollen.

deshalb grundsätzlich nicht eingetragen:[198] zum einen verweisen sie nicht auf einen bestimmten Hersteller, sondern auf das Kollektiv der ortsansässigen, zum anderen soll ihre Verwendung am Markt allen aktuellen und künftigen Unternehmen des betreffenden Ortes oder Landes offen stehen.[199] Allenfalls dann, wenn es einem Unternehmen gelingt, einer geografischen Herkunftsangabe durch Benutzung im geschäftlichen Verkehr Verkehrsgeltung als Marke[200] zu verschaffen, das heißt sie mit einer individuellen, unternehmensidentifizierenden Bedeutung zu verbinden, kann die geografische Angabe auch als Individualmarke registriert werden.[201]

Der Konflikt zwischen individuellem Schutzinteresse und kollektivem Nutzungsrecht ist bei der Kollektivmarke weitaus geringer, da sie a priori auf die Nutzung durch eine Vielzahl von Mitgliedern des Inhaberverbandes ausgerichtet ist. Das Markengesetz erlaubt deshalb abweichend von § 8 Abs. 2 Nr. 2 MarkenG die Registrierung von Kollektivmarken, die »ausschließlich aus Zeichen oder Angaben bestehen, die im Verkehr zur Bezeichnung der geografischen Herkunft der Waren oder der Dienstleistungen dienen können«[202] und knüpft diese Option lediglich an die Bedingung, die Markensatzung so auszugestalten, »dass jede Person, deren Waren oder Dienstleistungen aus dem entsprechenden geografischen Gebiet stammen und den in der Markensatzung enthaltenen Bedingungen für die Benutzung der Kollektivmarke entsprechen, Mitglied des Verbandes werden kann und in den Kreis der zur Benutzung der Kollektivmarke befugten Personen aufzunehmen ist.«[203] Zudem können Nichtmitglieder aus der Kollektivmarke nicht daran gehindert werden, die geografische Herkunft ihrer Produkte in redlicher Weise zu benennen.[204] 249

B. Unternehmenskennzeichen und Werktitel

Mit dem Ziel eines umfassenden Kennzeichenschutzes regelt das Markengesetz neben dem Markenschutz im engeren Sinne auch den Schutz der geschäftlichen Bezeichnungen.[205] Die für diesen Schutz zuvor maßgeblichen §§ 16 UWG, 24 WZG wurden in §§ 5, 15 MarkenG zusammengeführt. Die von der Rechtsprechung zu den alten Bestimmungen entwickelten Grundsätze sollten damit zwar nicht aufgegeben werden;[206] mit der Eingliederung der geschäftlichen Bezeichnungen in das Markengesetz wurde aber erkennbar das Ziel einer **systemgerechten Einordnung** und Abgrenzung verfolgt.[207] Die zeichenrechtlichen Grundsätze, die für die Marke gelten, können deshalb auch für geschäftliche Bezeichnungen fruchtbar gemacht werden. 250

Dessen ungeachtet gibt es **markante Unterschiede** zwischen den Kennzeichenarten »Marke« einerseits und »Unternehmenskennzeichen« bzw. »Werktitel« andererseits 251

198 § 8 Abs. 2 Nr. 2 MarkenG.
199 EuGH MarkenR 1999, 108 – Chiemsee.
200 S. dazu unten Rn. 499 f., 501 ff.
201 § 8 Abs. 3 MarkenG.
202 § 99 MarkenG.
203 § 102 Abs. 3 MarkenG.
204 S. dazu §§ 23, 100 MarkenG sowie unten Rn. 302, 998 ff.
205 S. oben Rn. 124; umfassend *Goldmann*, Der Schutz des Unternehmenskennzeichens.
206 So die Begründung zum MarkenG, BT-Drs. 12/6581, S. 55, 67.
207 A.a.O., zu § 5 Abs. 3 MarkenG.

seits. Während Marken Produkte nach ihrer **Herkunft** aus einem bestimmten Unternehmen kennzeichnen, stehen geschäftliche Bezeichnungen nach Art eines Namens für die **Identität** eines Unternehmens selbst oder für den **Inhalt** eines Werkes. Auch gibt es für geschäftliche Bezeichnungen kein dem Markenregister vergleichbares Eintragungssystem; die Entstehung des Kennzeichenschutzes, die Begründung des Zeitranges (der »Priorität«) einer geschäftlichen Bezeichnung und die territoriale Erstreckung ihres Schutzes sind deshalb nicht das Ergebnis eines formalen Verfahrens, sondern Folge der tatsächlichen Benutzung der Zeichen am Markt. Auch kann – im Unterschied zur frei übertragbaren Marke[208] – weder das Unternehmenskennzeichen ohne das zugehörige Unternehmen[209] noch der Werktitel ohne das zugehörige Werk übertragen werden.[210]

252 Unter dem **Oberbegriff** der **geschäftlichen Bezeichnung** fasst das Markengesetz in § 5 Abs. 1 Unternehmenskennzeichen und Werktitel zusammen; Unternehmenskennzeichen werden in § 5 Abs. 2 MarkenG ihrerseits noch einmal nach »Name«, »Firma« oder »besondere Bezeichnung eines Geschäftsbetriebs oder eines Unternehmens« differenziert und letzterer werden »solche Geschäftsabzeichen und sonstige zur Unterscheidung des Geschäftsbetriebs von anderen Geschäftsbetrieben bestimmte Zeichen, die innerhalb beteiligter Verkehrskreise als Kennzeichen des Geschäftsbetriebs gelten«, gleichgestellt. Dogmatisch werden die erstgenannten als Unternehmenskennzeichen mit **Namensfunktion** erfasst, während die in § 5 Abs. 2 Satz 2 MarkenG genannten »Geschäftsabzeichen« zwar ebenfalls ein Unternehmen individualisieren können, aber vom Verkehr nicht wie ein Namen wahrgenommen werden.[211] Daraus ergibt sich folgendes Begriffssystem:

253

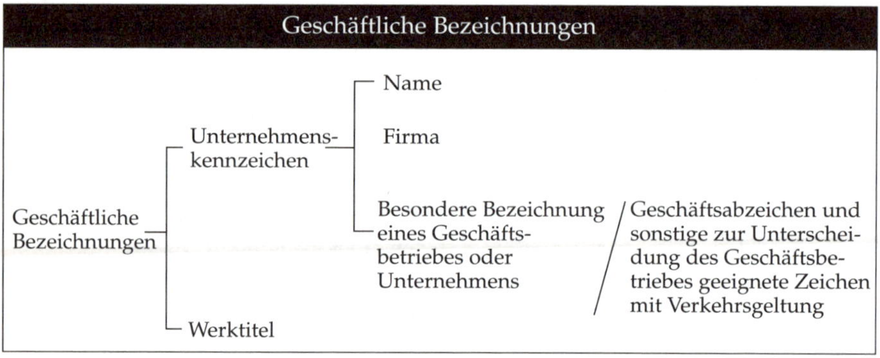

Übersicht 10: Begriffssystematik der geschäftlichen Bezeichnungen

208 § 27 MarkenG; s. dazu unten Rn. 1101 ff.
209 Vgl. für die handelsrechtliche Firma § 23 HGB.
210 BGH MarkenR 2002, 327, 331 – FROMMIA mit weiteren Nachw. aus der Rechtsprechung.
211 BGH MarkenR 2005, 225, 228 – Räucherkate.

I. Unternehmenskennzeichen

Der kennzeichenrechtliche Schutz von Unternehmenskennzeichen geht weit über 254 den Kreis der handelsrechtlichen Firmen hinaus. Zwar ist nach § 17 HGB die **Firma** des Kaufmanns »der Name, unter dem er seine Geschäfte betreibt und die Unterschrift abgibt«; am Markt ist die Firma aber nur eine Möglichkeit neben anderen, ein Unternehmen namensartig zu individualisieren. Neben die im Handelsregister eingetragene Firma tritt häufig ein **Firmenschlagwort**, das der Firma entnommen ist. So liegt es, wenn etwa ein als »Elégance R.O. GmbH« eingetragenes Unternehmen im Geschäftsverkehr nur mehr unter der Bezeichnung »Elégance« auftritt.[212] Häufig treten Unternehmen aber auch unter einer Bezeichnung auf, die gänzlich von ihrer Firma losgelöst ist.

Das Bedürfnis an solchen »**besonderen Bezeichnungen eines Geschäftsbetriebes«** 255 entstand historisch aus der Strenge der handelsrechtlichen Personalfirma, die den Einzelkaufmann und die Personengesellschaften auf die Verwendung bürgerlicher Namen in der Firma verpflichtete und reine Fantasie- oder Sachfirmen ausschloss.[213] Ein Unternehmen, das unter der Personenfirma »Rainer Merten GmbH« im Handelsregister eingetragen ist, kann es aber beispielsweise vorziehen, am Markt unter der Fantasiebezeichnung »ANCORAX« als »besonderer Bezeichnung« i.S.d. § 5 Abs. 2 Satz 1 MarkenG aufzutreten, und genießt dann für diese Bezeichnung kennzeichenrechtlichen Schutz. Nichts anderes gilt, wenn eine **Produktmarke** des Unternehmens zur Bezeichnung des Geschäftsbetriebes selbst üblich geworden ist.[214] Außerhalb des Handelsregisters können so auch Farb- und Bildelemente zur namensmäßigen Kennzeichnung eines Unternehmens eingesetzt werden.

Beispiel:	Im Handelsregister eingetragene Firma:	Bauhaus AG.	256
	Firmenschlagwort:	Bauhaus	
	Besondere Geschäftsbezeichnung:	Bauhaus Home Store	
	Bildliche Darstellung[215]:		

Schließlich bedienen sich Unternehmen, die wegen ihres kleingewerblichen Cha- 257 rakters keine Firma im Sinne des HBG führen (und nicht zu einer konstitutiven Eintragung in das Handelsregister optiert haben)[216] einer **Etablissementbezeichnung** zur Kennzeichnung ihres Geschäftsbetriebes, deren Geltungsbereich nicht selten, etwa bei Namen von Gaststätten, räumlich begrenzt ist.

212 OLG Hamburg MarkenR 2005, 267 – The Colour of Elégance.
213 Das HGB wurde insoweit erst durch das Handelsrechtsreformgesetz (BGBl. 1998 I, S. 1474) liberalisiert.
214 Vgl. BGH MarkenR 2005, 273 – Home Depot; MarkenR 2004, 187, 188 f. – Leysieffer.
215 Vgl. OLG Hamburg MarkenR 2005, 273 – Home Depot.
216 Vgl. §§ 2, 1 Abs. 2 HGB.

258 In allen genannten Fällen liegen Bezeichnungen vor, die ein Unternehmen wie ein Name kennzeichnen; sie genießen deshalb auch den **bürgerlich-rechtlichen Namensschutz** nach § 12 BGB. Der namensrechtliche Schutz des BGB tritt zwar im geschäftlichen Bereich hinter den kennzeichenrechtlichen Schutz nach §§ 5, 15 MarkenG zurück,[217] bleibt aber in den Fällen bedeutsam, in denen eine Namensanmaßung ohne gewerblichen Hintergrund streitig ist.[218]

259 Mit den **Geschäftsabzeichen** und »sonstigen zur Unterscheidung des Geschäftsbetriebes geeigneten Zeichen« schützt das Kennzeichenrecht – über die handelsrechtlichen Kategorien »Name« und »Firma« und die kennzeichenrechtlichen »Besonderen Bezeichnungen eines Geschäftsbetriebes« hinaus – solche Kennzeichen eines Unternehmens, die wie z.B. ein Logo, wie bestimmte Unternehmensfarben oder besondere Geschäftsausstattungen neben der eigentlichen Unternehmensbezeichnung eine unternehmensidentifizierende Kraft erlangen können.[219] Der Schutz solcher »Geschäftsabzeichen« ohne originäre Namensfunktion ist allerdings an die Voraussetzung geknüpft, dass sie sich am Markt als Kennzeichen des Geschäftsbetriebes etabliert, dass sie »Verkehrsgeltung« erlangt haben.

1. Schutzvoraussetzungen

260 Der Schutz eines Unternehmenskennzeichens setzt ein bestehendes, aktives Unternehmen voraus sowie ein Zeichen, das geeignet ist, dieses Unternehmen namensmäßig zu kennzeichnen, das heißt von anderen Unternehmen zu unterscheiden.

a) Abstrakte Unterscheidungskraft und Zeicheneigenschaft

261 Unternehmenskennzeichen dienen im Gegensatz zu Marken nicht der Unterscheidung von Waren oder Dienstleistungen nach ihrer betrieblichen Herkunft, sondern der Kennzeichnung von Geschäftsbetrieben als solchen.[220] Gegenüber Marken erfüllen sie mithin eine andere Funktion, während sie die Eigenschaft, (Kenn-) Zeichen zu sein, mit ihnen teilen. Die Ausführungen zum Zeichencharakter der Marke sind deshalb auf Unternehmenskennzeichen ohne weiteres übertragbar:[221] Voraussetzung für ein Unternehmenskennzeichen ist das Vorliegen eines Zeichens.

262 Zeichen kann im Grundsatz jedes mit den Sinnen wahrnehmbare, abgrenzbare Phänomen – ein Wort, ein Bild, eine Farbe, ein Ton, eine Form, ein Geruch usw. – sein, dem sich eine Bedeutung zuschreiben lässt. Unternehmenskennzeichen wird ein solches Phänomen dann, wenn die zugeschriebene Bedeutung die der Kennzeichnung eines bestimmten Unternehmens ist. Weil die Zuschreibung einer bestimmten Bedeutung zu einem Zeichen grundsätzlich arbiträr ist, weil sie auf einer Konvention beruht, fallen Zeicheneigenschaft und abstrakte Unterscheidungskraft zusammen: jedes Zeichen ist abstrakt geeignet, jede Bedeutung anzunehmen. Das Kriterium einer abstrakten Unterscheidungseignung hat deshalb neben der Zeichen-

217 Vgl. BGH MarkenR 2005, 185 – mho.de; GRUR 1998, 696, 697 – Rolex Uhr mit Diamanten.
218 BGH GRUR 2002, 622 f. – shell.de.
219 OLG Stuttgart NJW-WettbR 2000, 165 f. – Kanzleilogo.
220 S. oben Rn. 29 ff.
221 S. oben Kapitel 1 A.

eigenschaft im Falle des Unternehmenskennzeichens ebenso wenig eigenständige Bedeutung[222] wie im Falle der Marke. Allerdings wird meist nur Buchstaben- und Zahlenzeichen originäre Namensfunktion zugeschrieben, sodass Bildzeichen, Farben, Hörzeichen usw. eher im Rahmen des § 5 Abs. 2 Satz 2 MarkenG als Geschäftsabzeichen kennzeichenrechtlichen Schutz erlangen können.

Besondere Grenzen gelten – außerhalb des Kennzeichenrechts – für die »**Firma**«, deren mögliche Zeichenformen **handelsrechtlich** beschränkt sind. Die ordnungsrechtlich motivierten Vorgaben des HGB zur Firmenbildung erlauben zwar nach dem zum 1. Juli 1998 in Kraft getretenen Handelsrechtsreformgesetz[223] für Unternehmen jedweder Rechtsform frei gebildete Firmen, verlangen jedoch, dass die Firma zur Kennzeichnung des Kaufmanns geeignet sein und Unterscheidungskraft besitzen muss.[224] Die handelsrechtliche Firma ist auf (aussprechbare) Wörter und Buchstaben- und/oder Zahlenkombinationen beschränkt.[225] Bereits die Verwendung des bekannten @-Zeichens hat die Rechtsprechung erheblich beschäftigt.[226] Ein Bildzeichen (»Logo«) kann nicht Firma im Sinne des HGB, wohl aber Unternehmenskennzeichen (als »besondere Bezeichnung eines Geschäftsbetriebes oder Unternehmens«) im Sinne des § 5 Abs. 2 MarkenG sein. **263**

b) Firmenmäßiger Gebrauch

Im Unterschied zur Marke, die auf europäischer Ebene nur durch Registrierung, nach deutschem Recht gleichermaßen durch Registrierung wie auch durch Benutzung Schutz erlangen kann, gibt es für Unternehmenskennzeichen keinen zeichenrechtlichen Registerschutz.[227] Der Weg zum Schutz eines Unternehmenskennzeichens führt deshalb allein über die **Benutzung**, den firmenmäßigen Gebrauch des Zeichens im inländischen[228] Geschäftsverkehr.[229] Wie bei der Benutzungsmarke hat dies zur Folge, dass erst in einem Verletzungsverfahren geprüft werden kann, ob tatsächlich ein schutzfähiges Unternehmenskennzeichen vorliegt und, wenn ja, welche zeitliche Priorität ihm zukommt.[230] **264**

Mit der Benutzung eines unterscheidungskräftigen Unternehmenskennzeichens können auch einzelne **Teile** des gesamten Zeichens selbstständigen Schutz erlangen.[231] Für einen Teil einer Firmenbezeichnung kann der vom Schutz des vollständigen Firmennamens abgeleitete Schutz als Unternehmenskennzeichen beansprucht werden, sofern es sich um einen unterscheidungsfähigen Firmenbestand- **265**

---

222 a.A. *Lange* Rn. 918.
223 BGBl. 1998 I, S. 1474.
224 § 18 Abs. 1 HGB.
225 Das gilt grds. auch für Abkürzungen ohne erkennbaren Sinngehalt, nicht aber für nicht aussprechbare Buchstabenfolgen und einförmige Buchstabenblöcke (»AAA«), s. dazu *Baumbach/Hopt* § 18 Rn. 4 mit zahlr. Nachw. aus der Rspr.
226 BayOblG NJW 2001, 2337, 2338; OLG Braunschweig WRP 2001, 287, 288; LG Cottbus CR 2002, 134.
227 Der aus der Eintragung einer Firma in das Handelsregister resultierende Schutz ist territorial beschränkt, vgl. § 30 HGB.
228 Dies folgt aus dem Territorialitätsgrundsatz, vgl. BGH MarkenR 2005, 190 – HOTEL MARITIME.
229 Auf den Zeitpunkt einer Firmeneintragung in das Handelsregister kommt es insoweit nicht an; sie stellt aber ihrerseits eine Ingebrauchnahme der Bezeichnung dar.
230 BGH MarkenR 2002, 327 f. – FROMMIA.
231 BGH MarkenR 2005, 140, 141 – soco.de.

teil handelt, der seiner Art nach im Vergleich zu den übrigen Firmenbestandteilen geeignet erscheint, sich im Verkehr als **schlagwortartiger** Hinweis auf das Unternehmen durchzusetzen. Liegt es so, kommt es nicht mehr darauf an, ob dieser Firmenbestandteil tatsächlich isoliert verwendet worden ist und ob er als solcher Verkehrsgeltung erlangt hat.[232] Hat der fragliche Teil der Firma jedoch nicht den Charakter eines Firmenschlagwortes, muss er tatsächlich als solcher, das heißt isoliert benutzt werden, um eigenständigen Schutz zu erlangen. Fehlt es darüber hinaus auch an originärer Unterscheidungskraft, muss zudem Verkehrsgeltung erworben worden sein.

266 Mit der endgültigen Aufgabe der Firma ist in der Regel auch der Verlust des aus dem Firmenschlagwort gebildeten Unternehmenskennzeichens verbunden. Das ehemalige Firmenschlagwort kann aber neben einer neuen Firma (für einen Teil des Geschäftsbetriebs) Schutz als besondere Geschäftsbezeichnung i.S.d. § 5 Abs. 2 Satz 1 Alt. 1 MarkenG mit eigener Priorität erlangen.[233]

c) Konkrete Unterscheidungskraft

267 Sowohl die Schutzfähigkeit der Bezeichnung als auch der **Beginn des Schutzes** hängen vom Vorliegen konkreter Unterscheidungskraft ab. Originärer Schutz eines Unternehmenskennzeichens setzt neben seiner Benutzung voraus, dass es von Hause aus über **namensmäßige Unterscheidungskraft** verfügt.[234] Ist dies wie etwa bei einer im Handelsregister eingetragenen Firma der Fall, beginnt der kennzeichenrechtliche Schutz **mit der ersten Benutzungsaufnahme**. Wie bei der Marke sind die Anforderungen insoweit nicht hoch. Die Aussprechbarkeit von Buchstabenfolgen ist nicht Voraussetzung für eine originäre, namensmäßige Unterscheidungseignung.[235] Auch sog. Allerweltsnamen wie Müller, Meier oder Schulze sind taugliche Unternehmenskennzeichen; der bloße Umstand, dass der Name vielfach auftritt, steht seiner Unterscheidungskraft ebenso wenig entgegen wie die Häufigkeit von Namensfirmen in einer bestimmten Branche.[236]

268 Ohne originäre Unterscheidungskraft kann eine Bezeichnung dagegen Schutz als Unternehmenskennzeichen erst zu dem Zeitpunkt beanspruchen, zu dem sie **Verkehrsgeltung** erlangt hat.[237] Dazu bedarf es der – ggf. empirisch zu belegenden – Feststellung, dass ein nicht unerheblicher Teil der **beteiligten Verkehrskreise** in der Bezeichnung einen individualisierenden Hinweis auf ein bestimmtes Unternehmen erblickt.[238] Das bekannte Firmenschlagwort »Telekom« etwa ist für ein Unternehmen, das im Telekommunikationsbereich tätig ist, als gängige Abkürzung für »Telekommunikation« zunächst rein beschreibend und daher von Hause aus ohne jede namensmäßige Unterscheidungskraft, hat aber Verkehrsgeltung als Unterneh-

---

232 BGH GRUR 1997, 468, 469 – NetCom; GRUR 2001, 1161 – CompuNet/ComNet; MarkenR 2004, 189 – Telekom, m. Verw. auf BGH MarkenR 2002, 282 – defacto; MarkenR 2004, 348, 353 – Zwilling/Zweibrüder.
233 BGH MarkenR 2005, 397 – seicom.
234 BGH MarkenR 2002, 253, 255 – Festspielhaus I; GRUR 2003, 792 – Festspielhaus II; MarkenR 2004, 189 f. – Telekom; MarkenR 2005, 225 – Räucherkate; für mangelnde Unterscheidungskraft eines Firmenschlagworts BGH MarkenR 2005, 402 – Star Entertainment.
235 BGH MarkenR 2005, 185 – mho.de; MarkenR 2001, 54 – DB Immobilienfonds.
236 Vgl. EuGH MarkenR 2004, 453 – Nichols.
237 Vgl. BGH GRUR 2003, 792 – Festspielhaus II.
238 *Fezer* Markenrecht, § 15 Rn. 126.

menskennzeichen für die Deutsche Telekom AG erlangt.[239] Der Begriff der Verkehrsgeltung ist dabei nicht notwendig mit dem des § 4 Ziff. 2 MarkenG identisch, sondern einer spezifischen, auf das konkrete Schutzrecht ausgerichteten Auslegung und Anwendung zugänglich. Die maßgeblichen Verkehrskreise können je nach Ausrichtung des Unternehmens nur potenzielle Geschäftspartner und Konkurrenten oder auch private Endverbraucher sein.[240]

Wie bei der Marke kann auch bei Unternehmenskennzeichen bereits eine geringe **269**
konkrete Unterscheidungskraft ausreichen und wie dort können für sich genommen nicht unterscheidungskräftige Bestandteile durch ihre ungewöhnliche Zusammensetzung, Verfremdung oder Mehrdeutigkeit die notwendige Eigenart (»Namensfunktion«) begründen.[241] Unterscheidungskraft kann deshalb nur solchen Zeichen abgesprochen werden, deren Aussage **rein beschreibend** ist. Liegt es so, hilft auch die Verwendung einer gängigen Fremdsprache nichts. Der Bezeichnung »Festspielhaus«[242] für einen Theaterbetrieb etwa fehlt ebenso jede Unterscheidungskraft wie der Bezeichnung »Video-Rent«[243] für einen Videoverleih. Nicht unterscheidungskräftig sind auch »Motorradland«,[244] »Seetours«[245] (für einen Kreuzfahrtveranstalter) oder »Leasing Partner«.[246] Dagegen haben – wenn auch geringe – Unterscheidungskraft die Bezeichnungen »Blitz-Blank«[247] (für eine Gebäudereinigung) oder »arena-berlin«[248] (für einen Kulturveranstalter). Auch hier gilt jedoch, dass nicht jede noch so geringe Abweichung von lexikalisch bekannten Worten oder Wortkombinationen originäre Unterscheidungskraft begründen kann.[249]

Beispiel: Ein seit 1986 eingetragener Verein trägt den Namen »**Literaturhaus e.V.**«. **270**
Er richtet literarische und kulturelle Veranstaltungen – teilweise gegen Entgelt – aus. Die Zusammenarbeit mit einem Unternehmen, das unter derselben Bezeichnung einen Internetauftritt für den Verein realisieren soll, scheitert. Nachdem dieses Unternehmen aber bereits die Bezeichnungen »literaturhaus.de«, »literaturhaus.com«, »literaturhaus.org« und »literaturhaus.net« als Domain-Namen für eine im Internet eingerichtete Homepage hat registrieren lassen, verlangt der Verein Unterlassung der Nutzung dieser Domains aus älterem Recht.

LG und OLG[250] gaben der Klage statt. Die Angabe »Literaturhaus e.V.« verfüge über originäre Namensfunktion, weil sie geeignet sei, ihren Träger unterscheidungskräftig zu bezeichnen. Die für sich nicht unterscheidungskräftigen Wörter »Literatur«

239 BGH MarkenR 2004, 189 f. – Telekom: an der mangelnden originären Unterscheidungskraft ändert auch nichts, dass es sich bei dem Begriff um einen Firmenbestandteil handelt, der sich als schlagwortartiger Hinweis auf das Unternehmen eignet (s. dazu Rn. 265).

240 In dem zitierten Fall »Telekom« konnte für 1997 eine Verkehrsgeltung von 60% nachgewiesen werden: dieser Anteil der Befragten ordnete »Telekom« der Deutsche Telekom AG zu.

241 BGH GRUR 1995, 408 – PROTECH; GRUR 1997, 845 – Immo-Data; GRUR 2001, 1161 – CompuNet/ComNet.

242 BGH GRUR 2003, 792, 793 – Festspielhaus II.

243 BGH GRUR 1998, 319, 320 – Video-Rent; vgl. auch BGH GRUR 1996, 68 – Cotton Line.

244 OLG Düsseldorf GRUR-RR 2001, 307 – Motorradland.

245 OLG Köln GRUR-RR 2005, 16, 18 – Kreuzfahrten.

246 BGH GRUR 1991, 556, 557 – Leasing Partner.

247 OLG Hamburg GRUR 1986, 475 – Blitz Blank; vgl. auch BGH Mitt 1995, 281 – City-Hotel; BGH GRUR 1995, 156, 157 – Garant-Möbel.

248 KG GRUR-RR 2003, 370, 372 – arena berlin.de.

249 Zur parallelen Frage bei Marken s. Rn. 148 ff.

250 OLG München, GRUR-RR 2002, 109 – Literaturhaus.

und »Haus« seien in sprachunüblicher Weise zusammengeführt und in dieser Zusammensetzung einprägsam. Hinzu komme, dass die Bezeichnung üblicherweise an jedem Ort nur einmal benutzt werde. Mit Ingebrauchnahme der Bezeichnung habe der Schutz begonnen.

271 Der BGH hielt dem zutreffend entgegen, ein Unterlassungsanspruch nach § 5 Abs. 2, § 15 Abs. 2, 4 MarkenG stehe dem Kläger jedenfalls deshalb nicht zu, weil die Bezeichnung »Literaturhaus« von Hause aus nicht unterscheidungskräftig sei und auch keine Verkehrsgeltung erlangt habe.[251] Der Bezeichnung »Literaturhaus« komme keine Unterscheidungskraft zu. Der klagende Verein sei auf den Gebieten der Förderung der Literatur und des Buchwesens sowie der bildenden Kunst und der neuen Medien tätig und unterhalte ein Literaturhaus. Die Bezeichnung »Literaturhaus« benenne diesen Tätigkeitsbereich durch die Zusammenfügung der beschreibenden Wörter »Literatur« und »Haus«, ohne dass durch die bloße Zusammenfügung der Wörter der beschreibende Charakter der Wortkombination verloren gehe.[252] Es handele sich auch nicht um eine einprägsame Neubildung nicht unterscheidungskräftiger Wörter, sondern um die Beschreibung des Tätigkeitsbereichs, wie dies üblicherweise in der Kombination mit dem Wort »Haus« anzutreffen sei (z.B. Möbelhaus, Musikhaus, Autohaus, Festspielhaus, Schuhhaus).

272 Der Begriff der Unterscheidungskraft darf nicht nur mit Blick auf die jeweilige Kennzeichenart, sei es Unternehmenskennzeichen oder Marke, ausgelegt und angewandt werden. Innerhalb einer Kennzeichenart können auch branchenspezifische Besonderheiten bestehen, die ein höheres oder niedrigeres Anforderungsniveau rechtfertigen. So hat der BGH etwa in der Entscheidung »City-Hotel« eine ausreichende Unterscheidungskraft unter Rekurs auf die spezifischen Erwartungen des Verkehrs an einen Hotelnamen bejaht.[253] Der Verkehr sei gerade bei Hotels daran gewöhnt, dass mehr oder weniger deutlich beschreibende Bezeichnungen, die insbesondere der Lage des Hotels entnommen sein könnten, als Geschäftsbezeichnung verwendet würden. Der Verbindung bloßer Gattungsbegriffe zu einer Geschäftsbezeichnung komme hier schon deshalb ausreichende Unterscheidungskraft zu, weil es im betreffenden Geschäftszweig regelmäßig nur ein Unternehmen mit dieser Bezeichnung gebe.[254]

2. Territoriale Schutzerstreckung

273 Der territoriale Schutzbereich eines Unternehmenskennzeichens muss nicht mit dem Geltungsbereich des Markengesetzes zusammenfallen. Zwar sind Unternehmenskennzeichen in der Regel im **gesamten Bundesgebiet** geschützt; das unterscheidungskräftige Unternehmenskennzeichen eines überörtlich aktiven Unternehmens ist deshalb national geschützt, auch wenn es nicht flächendeckend benutzt

251 BGH MarkenR 2005, 196 – Literaturhaus.

252 Mit Verweis auf EuGH GRUR 2004, 680 Tz 39 – BIOMILD; BGH GRUR 1988, 319, 320 – VIDEO-RENT; MarkenR 2004, 39 f. – Cityservice.

253 Vgl. zu Zeitschriftentiteln, bei denen die Anforderungen an die Unterscheidungskraft besonders niedrig angesetzt werden BGH MarkenR 2002, 84 – Auto Magazin; GRUR 1992, 547 – Morgenpost.

254 BGH, Mitt 1995, 281 – City-Hotel, mit weiteren Nachweisen zu »Bahnhofsapotheke«, »Bahnhofshotel«, »Bayerischer Hof« und »Parkhotel«.

wird. Für den überörtlichen Charakter des Unternehmens sind dabei auch tatsächlich mögliche und beabsichtigte Erweiterungen des aktuellen Geschäftsumfanges zu berücksichtigen.

Etwas anderes gilt aber für die Bezeichnungen von Unternehmen, die nach Zweck und Zuschnitt nur **lokal** oder **regional** tätig und auch **nicht auf Expansion** ausgelegt sind.[255] Eine solche Ortsgebundenheit von Unternehmen und Unternehmenskennzeichen kann aus der Art des Betriebes selbst herrühren. Ein Handwerksbetrieb, eine Gaststätte oder ein Hotel[256], eine Fahrschule oder eine Apotheke sind regelmäßig in ihrer geschäftlichen Aktivität ortsgebunden. Entsprechend ist auch der Schutzbereich ihres Unternehmenskennzeichens **territorial beschränkt**. Daran ändert auch ein weltweit abrufbarer Internetauftritt nichts. Trotz des ubiquitären Charakters des Internet, so der BGH,[257] blieben stationäre Betriebe, die sich und ihr Angebot im Internet darstellen, grundsätzlich auf ihren räumlichen Tätigkeitsbereich beschränkt. Mit ihrer Präsenz im Internet wiesen sie nicht notwendig darauf hin, dass diese Beschränkung in Zukunft wegfallen solle. Liegt es so, genießt auch das Unternehmenskennzeichen nur örtlichen Schutz; gleich lautende Bezeichnungen für gleiche oder ähnliche Unternehmen an anderen Orten sind konfliktfrei möglich und etwa bei Etablissementbezeichnungen von Restaurants und Gaststätten auch häufig vorzufinden. **274**

Für eine territoriale Beschränkung des Schutzes von Unternehmenskennzeichen kann neben der Ortsgebundenheit des Unternehmens auch deren **örtlich begrenzte Verkehrsgeltung** ursächlich sein. Dies ist der Fall, wenn ein Unternehmenskennzeichen nicht von Hause aus unterscheidungskräftig ist und nur regionale Verkehrsgeltung errungen hat oder wenn sich ein »Geschäftsabzeichen oder sonstiges zur Unterscheidung des Geschäftsbetriebes geeignetes Zeichen« nach § 5 Abs. 2 Satz 2 MarkenG[258] nur innerhalb örtlicher oder regionaler Verkehrskreise als Kennzeichen des Geschäftsbetriebs etablieren konnte. **275**

3. Kennzeichenübergreifende Kollisionseignung

Hat ein Unternehmenskennzeichen Kennzeichenschutz erlangt, kann es sich nicht nur gegen prioritätsjüngere, gleiche oder ähnliche Unternehmenskennzeichen in gleichen oder ähnlichen Branchen durchsetzen. Innerhalb des umfassenden, homogenen Systems des Markengesetzes kann es auch als »relatives Schutzhindernis« der Eintragung einer prioritätsjüngeren Marke entgegentreten oder die kennzeichenmäßige Benutzung eines gleichen oder ähnlichen Zeichens als Marke verhindern.[259] Umgekehrt kann das Unternehmenskennzeichen aus einer älteren Marke angegriffen werden. **276**

---

255 Vgl. BGHZ 130, 134, 141 f. – Altenburger Spielkartenfabrik, m.w.N.; *Ingerl/Rohnke* § 5 Rn. 13 f.; *Ströbele/Hacker* § 5 Rn. 49 ff.

256 Auch ein Hotel kann bundesweite Geschäftsaktivitäten entfalten, ja sogar ein weltweites Publikum ansprechen und mithin auch bundesweiten Schutz seines Unternehmenskennzeichens genießen; vgl. High Court of Justice, Chancery Division, GRUR Int. 1978, 253.

257 BGH MarkenR 2005, 140 – soco.de.

258 S. oben Rn. 250 ff.

259 BGH GRUR Int. 1996, 63 – Torres.

277 Die Rechtsprechung geht davon aus, dass firmen- und markenmäßige Benutzung eines Zeichens infolge der allen Kennzeichenrechten gemeinsamen Herkunftsfunktion regelmäßig ineinander übergehen.[260] Eine Unternehmensbezeichnung könne daher auch dadurch verletzt werden, dass sie von einem Dritten als Bezeichnung für Dienstleistungen oder Waren, also als Marke, verwendet werde, ebenso wie umgekehrt eine Marke dadurch verletzt werden könne, dass ein Dritter, der ähnliche Waren oder Dienstleistungen anbiete, sie als Bezeichnung seines Unternehmens verwende.[261] Dem liegt die Erwägung zu Grunde, dass eine Marke häufig auch das Unternehmen bezeichnet und umgekehrt die Unternehmensbezeichnung zumindest mittelbar auch die Herkunft der aus dem Betrieb stammenden Waren oder von ihm angebotenen Dienstleistungen kennzeichnet.[262] Der bereits mit der ersten Benutzungshandlung bundesweit[263] entstehende Schutz der unterscheidungskräftigen geschäftlichen Bezeichnung ist dabei gegenüber der Benutzungsmarke nach § 4 Ziff. 2 MarkenG, die diesen Schutz per definitionem erst mit erlangter Verkehrsgeltung erreichen kann, unter dem Aspekt der Priorität im Vorteil.

II. Werktitel

278 Das Markengesetz schützt nach § 5 Abs. 1 unter dem Oberbegriff der geschäftlichen Bezeichnung auch Werktitel.[264] Unter diesen Begriff fasst das Markengesetz die Namen oder besonderen Bezeichnungen von

- Druckschriften
- Filmwerken
- Tonwerken
- Bühnenwerken oder
- sonstigen vergleichbaren Werken.

279 Die Anforderungen an den Werkcharakter sind dabei nicht mit denen des Urheberrechts[265] identisch. Das Kennzeichenrecht verlangt – anders als das Urheberrecht – keine sog. Gestaltungshöhe, sondern allein ein bezeichnungsfähiges, immaterielles Arbeitsergebnis.[266]

1. Schutzvoraussetzungen

280 Voraussetzung für das Entstehen eines geschützten Werktitels ist zunächst das Vorliegen eines **Werkes** im vorgenannten Sinne, sodann ein **Zeichen**, das dieses Werk namensmäßig individualisiert, ohne darüber hinaus auf einen bestimmten Autor,

260 BGH MarkenR 2001, 54 – DB Immobilienfonds; MarkenR 2002, 323 – Hotel Adlon; GRUR 2004, 187, 188 f. – Leysieffer m.w.N.
261 BGH MarkenR 2004, 187, 188 f. – Leysieffer.
262 BGH MarkenR 2005, 273 – Home Depot; MarkenR 2004, 187, 188 f. – Leysieffer.
263 S. Rn. 273.
264 Umfassend *Deutsch/Ellerbrock*, Titelschutz.
265 § 2 Abs. 2 UrhG verlangt eine »persönliche geistige Schöpfung«.
266 BGH GRUR 1998, 155, 156 – PowerPoint; NJW 1997, 3315, 3316 – FTOS.

Urheber, Verlag o.ä. hinweisen zu müssen, und schließlich die **Benutzung** des Zeichens zum Vertrieb des fertigen Produktes.

a) Werkarten

Druckschriften, namentlich **Bücher, Zeitungen** und **Zeitschriften**, machen sicherlich einen Großteil der geschützten Titel aus. Sie sind sämtlich das Ergebnis einer geistigen Leistung, die sich ihrerseits in einem immateriellen Wert niederschlägt, der selbstständig neben dem materiellen Träger, dem bedruckten und gebundenen Papier, steht. Für moderne Speichermedien wie die Compact Disc gilt nichts anderes. Titelschutzfähig ist auch ein Warenkatalog, weil die Auswahl, Zusammenstellung und Präsentation der in ihm abgebildeten Waren regelmäßig eine eigenständige geistige Leistung darstellt.[267] **281**

Während der urheberrechtliche Schutz den Inhalt der Werke, die darin verkörperte geistige Leistung als solche schützt, richtet sich der kennzeichenrechtliche Titelschutz allein auf den Namen, der diese Leistung individualisiert. Der Titelschutz kann auch dann noch fortbestehen, wenn der – zeitlich beschränkte[268] – urheberrechtliche Schutz bereits ausgelaufen ist; ausreichend dafür ist, dass der Titel des gemeinfrei gewordenen Werkes Unterscheidungskraft besitzt und weiterhin benutzt wird.[269] **282**

Die Werktitelfähigkeit von **Computerprogrammen** war anfänglich umstritten, steht aber inzwischen außer Frage. Die in der Rechtsprechung zum Titelschutz für Spiele hervorgehobene und für jeden Titelschutz essenzielle, immaterielle Qualität des betitelten Werkes, die sich in einer geistigen Umsetzung seines gedanklichen Inhaltes beim Betrachter, Leser oder Nutzer manifestiert, lässt sich weder Computerspielen (»Videogames«) noch Computerprogrammen im Übrigen absprechen. Das OLG Hamburg hat in der Entscheidung »PowerPoint« zutreffend betont, bei Computerprogrammen, die auf Datenträgern im geschäftlichen Verkehr angeboten werden, sei jedenfalls grundsätzlich ein von der konkreten Verkörperung ablösbarer, durch einen Rezeptionsvorgang wahrnehmbarer Inhalt vorhanden, der eine besondere Bezeichnung verdiene. Anders als bloße Waren ohne geistigen Inhalt, die nur mit einer Marke versehen werden könnten, seien solche Werke »in beiden Richtungen bezeichnungsfähig«, könnten also mit Werktiteln **und** Marken bezeichnet werden.[270] Der BGH hat dies bestätigt.[271] **283**

An der für ein Werk konstitutiven geistigen Leistung, die es verkörpert, entscheidet sich auch die Titelschutzfähigkeit von **Spielen**.[272] Sie ist deshalb zu verneinen, wenn das Spielzeug lediglich manuell handhabbar ist, aber keine darüber hinausgehende Spielidee verkörpert. **284**

---

267 BGH MarkenR 2005, 443 – FACTS II; offen gelassen noch in KG MarkenR 2000, 376, 377, 377 – toolshop.

268 S. § 69 UrhG.

269 BGH MarkenR 2003, 155 – Winnetous Rückkehr.

270 OLG Hamburg CR 1995, 335 – Titelschutz; LG Hamburg CR 1994, 159 – Titelschutz für Computerprogramme; vgl. auch OLG München CR 1995, 599 – WinCad.

271 BGHZ 135, 278, 280 – PowerPoint; vgl. auch BGH GRUR 1997, 902, 903 – FTOS sowie GRUR 1998, 1010, 1011 – WinCad.

272 BGH GRUR 1993, 767 – ZAPPELFISCH; für Computerspiele bejahend KG Berlin, MarkenR 2003, 367 f. – No Peace Beyond The Line.

285 Erhebliche wirtschaftliche Bedeutung hat der Titelschutz des Kennzeichenrechts nicht nur für die großen **Film-** und **Bühnenwerke** in Kinos und Theatern, sondern auch für Sendungen im **Hörfunk** und **Fernsehen**. Dabei ist nicht nur das einem Kinofilm vergleichbare Einzelwerk (der »Fernsehfilm«, das »Feature« oder das »Hörspiel« im Hörfunk) titelfähig, sondern auch die periodisch ausgestrahlte Sendung, die nicht einem einzelnen Drehbuch folgt oder ein abgeschlossenes Werk wieder gibt, sondern fortlaufend ein spezifisches Informations- oder Unterhaltungsinteresse des Publikums bedient. Titelfähig ist damit auch die einzelne Radiostation, die mit ihrer thematisch definierten Musikauswahl – darin liegt u.a. die geistige Leistung – oder mit der regionalen Ausrichtung ihrer redaktionellen Beiträge ein bestimmtes Zuhörersegment bedient.[273]

b) Konkrete Unterscheidungskraft

286 Wie Unternehmenskennzeichen erlangen auch Werktitel im Sinne des § 5 Abs. 3 MarkenG mit der ersten Benutzungsaufnahme Kennzeichenschutz, sofern sie **unterscheidungskräftige Zeichen** sind.[274] Ungeachtet der größeren Bandbreite des Zeichenbegriffes[275] werden für Titel praktisch ausschließlich Worte oder Wort-/Bildkombinationen verwendet. Nicht unterscheidungskräftige Titel müssen sich zunächst im Verkehr durchsetzen, was im Streitfalle empirisch belegt werden kann. Dabei verlangt Unterscheidungskraft nur, dass der Titel sich nicht in einer glatten Beschreibung des Inhaltes des Werkes erschöpft,[276] sondern bestimmt und geeignet ist, das Werk von anderen zu unterscheiden.[277] Auch eine allfällige Verkehrsgeltung muss sich nur auf die Zuordnung von Titel und Werk,[278] nicht etwa auf die Herkunft des Werkes aus einem bestimmten Verlag o.ä. beziehen.[279]

287 Nicht anders als bei Marken ist die Unterscheidungskraft von Fantasiebegriffen unproblematisch; unterscheidungskräftig sind auch Begriffe mit lexikalischer Bedeutung, wenn sie nicht ausschließlich in dieser Bedeutung verwendet werden. So wird etwa das Wort SPIEGEL im Titel einer Zeitschrift ohne weiteres in einer übertragenen, das Produkt namentlich kennzeichnenden Bedeutung verstanden.[280] Glatt werkbeschreibende Titel wie etwa »Wellness«[281] für ein Buch, das sich eben diesem Thema widmet, oder »Who's Who«[282] für ein Nachschlagewerk bleiben dagegen freihaltebedürftig.

288 Dabei ist zu beachten, dass der Verkehr bei Werktiteln daran gewöhnt ist, dass gerade auch beschreibende Angaben zur Kennzeichnung des Werks verwendet werden.[283] So wurde etwa dem Bestandteil »MONEY« des Werktitels »FOCUS MONEY« eigene Unterscheidungskraft attestiert: zwar werde der Begriff als leicht ver-

---

273 BGH GRUR 1993, 769, 770 – Radio Stuttgart.
274 OLG Köln WRP 1996, 342 – PC-Welt.
275 S. dazu oben Rn. 1 ff.
276 Wie etwa der Titel dieses Buches.
277 BGH GRUR 1991, 153 – PIZZA & PASTA.
278 S. oben Rn. 31, Übersicht 1.
279 BGH WRP 1993, 318 – Verschenktexte II, auch zur Bestimmung der maßgeblichen Verkehrskreise; BGH GRUR 1993, 767 – ZAPPELFISCH.
280 Vgl. BGHZ 21, 85, 89 – Spiegel.
281 LG München I GRUR 1991, 931 – Wellness.
282 KG Berlin GRUR 1988, 158 – Who's who in Germany.
283 OLG München MarkenR 2005, 149, 151 – Focus Money/Mon€y Spezialist, mit Verweis auf BGH, GRUR 2003, 441 – Winnetous Rückkehr.

ständlicher englischsprachiger Ausdruck vom Verkehr in seinem Sinngehalt »Geld« erkannt und sei mit dieser Bedeutung zu Grunde zu legen; er weise damit auf den von der Zeitschrift im Wesentlichen abgedeckten Themenbereich hin und sei insoweit an eine beschreibende Angabe stark angelehnt; dennoch sei »MONEY« in »FOCUS MONEY« nicht glatt beschreibend.[284]

Dies gilt für Zeitschriftentitel im Besonderen, weil in diesem Marktsegment seit je- **289**
her mehr oder weniger farblose Gattungsbezeichnungen als Titel üblich sind. An die Unterscheidungskraft eines Zeitungs- oder Zeitschriftentitels sind deshalb grundsätzlich nur geringe Anforderungen zu stellen.[285] Einem Titel »SZENE Hamburg« für ein sog. Szenemagazin kommt deshalb durchaus originäre (»von Hause aus«) Unterscheidungskraft zu.[286] Selbst einfache Kombinationen an sich beschreibender Begriffe wie »Auto Magazin«[287] oder »Berliner Zeitung«[288] haben noch, wenn auch geringe Kennzeichnungskraft. Als ausschließlich (»glatt«) beschreibend wurden dagegen die Bezeichnungen »Morgenpost«[289] und »Sonntagsblatt«[290] eingestuft.

Ähnlich liegt es bei **Rundfunk-** und **Fernsehsendungen**, namentlich bei Nachrich- **290**
tensendungen: Wie bei Zeitungen und Zeitschriften ist auch hier in der Rechtsprechung anerkannt, dass keine hohen Anforderungen an die Unterscheidungskraft zu stellen sind.[291] Die Titel von Nachrichtensendungen werden häufig so gewählt, dass ihnen der Charakter der Sendung ohne weiteres entnommen werden kann. Der Verkehr hat sich – nicht anders als bei Zeitungs- und Zeitschriftentiteln[292] – an Titel wie etwa »Tagesschau« oder »Tagesthemen« gewöhnt, die sich an beschreibende Angaben anlehnen und nur eine geringe Unterscheidungskraft aufweisen.[293] Er achtet deshalb auch auf kleine Unterschiede in ähnlichen Titeln.[294]

c) Benutzungsaufnahme

Die Entstehung des Werktitelschutzes nach § 5 Abs. 3 MarkenG setzt eine kennzei- **291**
chenmäßige und nicht lediglich beschreibende Benutzung der Bezeichnung voraus; die Bezeichnung muss »als Werktitel« benutzt werden.[295] Für die Schutzbegründung einer unterscheidungskräftigen Bezeichnung ist die **erste Ingebrauchnahme** für das vertriebsfähige Werk maßgeblich; ausreichend ist insofern auch die dem Vertrieb unmittelbar vorausgehende Werbung mit diesem Titel.[296] Der Werktitelschutz

284 OLG München MarkenR 2005, 149, 151 – Focus Money/Mon€y Spezialist.
285 BGH MarkenR 1999, 25, 27 – Wheels Magazine, m.w.N.
286 BGH MarkenR 1999, 396, 398 – Szene.
287 BGH MarkenR 2002, 84 f. – Auto Magazin.
288 BGH GRUR 1997, 661, 662 – B.Z./Berliner Zeitung.
289 BGH GRUR 1992, 547, 549 – Morgenpost.
290 OLG Oldenburg GRUR 1987, 127 – Sonntagsblatt.
291 BGH GRUR 1993, 769, 770 – Radio Stuttgart.
292 BGH MarkenR 1999, 25, 27 – Wheels Magazine.
293 BGH MarkenR 2001, 352 – Tagesschau; mit dem geringen Niveau an Unterscheidungskraft, die ggf. erst im Wege der Verkehrsdurchsetzung erworben werden kann, korrespondiert allerdings eine entsprechend geringe Abwehrkraft gegenüber ähnlichen, ebenfalls weit gehend beschreibenden Titeln (hier: »Tagesbild«).
294 Vgl. BGH GRUR 1991, 331, 332 – Ärztliche Allgemeine; GRUR 1992, 547, 549 – Morgenpost; GRUR 1997, 661, 663 – B.Z./Berliner Zeitung.
295 BGH GRUR 1994, 908, 911 – WIR IM SÜDWESTEN.
296 BGH GRUR 1998, 1010, 1012 – WINCAD.

erlischt mit endgültiger Aufgabe seines Gebrauchs, wofür nicht ausreicht, dass die Auflage eines Buches vergriffen ist.[297]

292 Mit der Praxis der öffentlichen **Titelschutzanzeige** in branchenüblicher Form – für Druckwerke etwa im »Börsenblatt für den deutschen Buchhandel« oder für Software in »Der Titelschutzanzeiger« (»der Software-Titel«)[298] – kann bereits vor Erscheinen eines Werkes, in der Phase seiner Vorbereitung oder Entwicklung, prioritätsbegründender Titelschutz erlangt werden. Voraussetzung ist allerdings, dass das angezeigte Werk unter dem angezeigten Titel innerhalb angemessener Frist auf den Markt gebracht wird. Die branchenübliche Ankündigung des Titels wird unter dieser Voraussetzung der tatsächlichen Benutzungsaufnahme gleichgestellt.[299]

293 Damit wird dem Bedürfnis der an der Werkentstehung Beteiligten wie auch ihrer Wettbewerber Rechnung getragen, möglichst frühzeitig Kenntnis von neuen Werken und ihren Titeln zu erlangen. Wird das angekündigte Werk nicht oder nicht innerhalb angemessener Frist fertig gestellt, erlischt auch der durch Titelschutzanzeige »vorverlegte« Titelschutz. Die öffentliche Titelschutzanzeige gewährt insoweit ein anwartschaftsähnliches Recht. Erscheint das Werk dagegen in angemessener Frist, genießt der Schutz seines Titels eine Prioritätsverlagerung auf den Zeitpunkt der Titelschutzanzeige.

2. Inhaber

294 Inhaber eines Werktitels ist regelmäßig der Autor des Werkes.[300] Dies gilt auch dann, wenn der Titel mangels originärer Unterscheidungskraft erst im Wege der Verkehrsdurchsetzung Unterscheidungskraft erlangt und diese Verkehrsdurchsetzung auf den Bemühungen eines Vertriebspartners beruht.[301] Der Autor kann sein Recht aber vertraglich auf einen anderen, etwa den das Werk vervielfältigenden und vertreibenden Verlag übertragen. Aktivlegitimiert zur Verteidigung eines Titels ist deshalb auch der einen Titel berechtigt nutzende Verlag.[302] Dagegen ist eine Übertragung isoliert vom bezeichneten Werk nicht möglich, da der Werktitel nur inhaltsbezogen geschützt ist.

3. Territoriale Schutzerstreckung

295 Der Schutz von Titeln nach dem MarkenG deckt sich in territorialer Hinsicht grundsätzlich mit dem Geltungsbereich des Gesetzes.[303] Wie bei den Unternehmenskennzeichen kann aber der regionale Bezug eines Werkes auf seinen Titel ausstrahlen. So

297 OLG Köln GRUR 2000, 1073, 1074 – Blitzgerichte.
298 Eine Übersicht findet sich im Internet unter http://www.mediaregister.de/wo-erscheinen-titelschutzanzeigen.php.
299 BGH GRUR 1989, 760, 761 – Titelschutzanzeige.
300 BGH MarkenR 2005, 92 f. – Das Telefon-Sparbuch, mit Verweis auf BGH GRUR 1990, 218, 220 – Verschenktexte.
301 BGH GRUR 1990, 218, 220 – Verschenktexte.
302 BGH MarkenR 2003, 155, 156 – Winnetous Rückkehr.
303 BGH WRP 1997, 751, 754 – BZ.

liegt es etwa bei Tageszeitungen mit nur örtlicher Bedeutung oder einem Stadtmagazin.[304]

C. Geografische Herkunftsangaben

Während geschäftliche Bezeichnungen ein Unternehmen kennzeichnen oder ein Werk betiteln und Marken die betriebliche Herkunft einer Ware oder einer Dienstleistung kommunizieren, weisen geografische Herkunftsangaben auf die **örtliche Herkunft** eines Produktes hin. Sie informieren über die Herkunft aus einem Ort, einer Gegend, einem Gebiet, einer Region oder einem Land. Das Markengesetz definiert geografische Herkunftsangaben in diesem Sinne in § 126 Abs. 1 MarkenG als »die Namen von Orten, Gegenden, Gebieten oder Ländern, sowie sonstige Angaben oder Zeichen, die im geschäftlichen Verkehr zur Kennzeichnung der geografischen Herkunft von Waren oder einer Dienstleistung benutzt werden«. **296**

I. Rechtsnatur

Der Schutz geografischer Herkunftsangaben war ursprünglich ein rein wettbewerbsrechtlicher Irreführungsschutz und folgte aus den §§ 1, 3 UWG a.F., 17 Abs. 1 Nr. 5 LMBG[305]. Ortsansässigen Konkurrenten kam er nach einhelliger Meinung nur mittelbar, als »Reflex« zugute.[306] Ob diese Zuordnung unverändert gilt, nachdem der Schutz geografischer Herkunftsangaben mit dem Markengesetz in das Kennzeichenrecht integriert wurde, ist umstritten. Geografische Herkunftsangaben fallen zwar nach § 1 Nr. 3 MarkenG neben den Marken und den geschäftlichen Bezeichnungen unter den gemeinsamen Oberbegriff des Kennzeichens.[307] Dessen ungeachtet nehmen sie aber innerhalb des Kennzeichenrechts eine **Sonderstellung** ein.[308] Die Gleichstellung geografischer Herkunftsangaben mit den übrigen Kennzeichenrechten im Sinne subjektiver Ausschließlichkeitsrechte ist deshalb nicht ohne weiteres zu bejahen. **297**

Im Schrifttum wird geografischen Herkunftsangaben vielfach die Qualität vollwertiger Immaterialgüterrechte zugesprochen.[309] Die **Gesetzesbegründung** zum Markengesetz stellt demgegenüber fest, geografische Herkunftsangaben seien als »Kennzeichnungsmittel« der Funktion von Marken lediglich vergleichbar. Weil sie aber – anders als diese – nicht die betriebliche Herkunft von Waren oder Dienstleistungen, sondern ihre geografische Herkunft kennzeichneten, seien sie **keine individuellen Schutzrechte**. Sie könnten von allen Unternehmen für Waren oder Dienstleistungen benutzt werden, die aus dem gekennzeichneten Ort oder Gebiet stammten. Insoweit verkörperten geografische Herkunftsangaben nur einen **kol-** **298**

304 BGH MarkenR 1999, 396 – Szene; vgl. auch BGH GRUR 1993 923, 924 – PicNic.
305 Ergänzend wirkte der strafrechtliche Schutz nach §§ 4, 26 WZG; BGH GRUR 1965, 317, 319 – Kölnisch Wasser (zu § 3 UWG a.F.).
306 BVerfG GRUR 1979, 773, 777 f. – Weinbergsrolle.
307 S. oben Rn. 124.
308 *Ingerl/Rohnke* Einl. Rn. 11.
309 *Fezer* Markenrecht, § 125 Rn. 1; *Knaak* GRUR 1995, 103 f.; *Piper/Ohly* § 5 Rn. 317; *Althammer/Ströbele/Klaka* § 126 Rn. 5 (bis zur 5. Aufl.).

lektiven Goodwill, der allen berechtigten Unternehmen gemeinsam zustehe.[310] Mit ihrer gesetzlichen Verortung im Markengesetz solle in erster Linie der zuvor über verschiedene Gesetze verstreute Schutz zusammengefasst werden.

299 Der BGH hat sich diese Sicht in mehreren Entscheidungen zu eigen gemacht. Der individuelle Schutz, den die rechtmäßigen Nutzer einer geografischen Herkunftsangabe genießen, ist danach bloßer **Reflex** eines in erster Linie wettbewerbsrechtlich gebliebenen Schutzes.[311] Er habe, so der BGH, in den §§ 126 ff. MarkenG lediglich eine »sondergesetzliche Ausgestaltung« erfahren.[312] Individualrechte würden dadurch nicht begründet.[313] Dies zeige die Regelung der Aktivlegitimation bei Verstößen gegen den gesetzlichen Schutz geografischer Herkunftsangaben in § 127 MarkenG. Wer im geschäftlichen Verkehr Namen, Angaben oder Zeichen entgegen § 127 MarkenG benutzt, kann nach § 128 MarkenG von den nach § 8 Abs. 3 des Gesetzes gegen den unlauteren Wettbewerb (UWG) zur Geltendmachung von Ansprüchen berechtigten Verbänden[314] auf Unterlassung in Anspruch genommen werden. Schutzgegenstand ist danach der in der geografischen Herkunftsangabe verkörperte kollektive Goodwill.[315] Die zu §§ 1, 3 UWG a.F. entwickelten Grundsätze der Rechtsprechung können deshalb in das MarkenG übernommen werden, wo dieses den lauterkeitsrechtlichen Schutz nach dem UWG ersetzt.[316] In der Literatur findet auch dieser Ansatz breite Unterstützung.[317]

II. Geografische Herkunftsangaben und Marken

300 Geografische Herkunftsangaben als Hinweis auf die geografische Herkunft eines Produkts und Marken als individuell betrieblicher Herkunftshinweis schließen sich regelmäßig gegenseitig aus.[318] Ein Zeichen, das ausschließlich aus Angaben über die geografische Herkunft einer Ware oder Dienstleistung besteht, darf nach § 8 Abs. 2 Nr. 2 MarkenG nicht als Marke eingetragen werden;[319] denn die geogra-

310 BT-Drs. 12/6581 S. 116 ff.

311 BGH GRUR 1999, 252, 253 f. – Warsteiner II; BGH MarkenR 2000, 370, 374 – Stich den Buben; GRUR 2001, 420, 422 – SPA; im selben Sinne schon BVerfG GRUR 1979, 773, 777 – Weinbergsrolle.

312 BGH GRUR 1999, 252, 254 – Warsteiner II.

313 BGH GRUR 1999, 252, 254 – Warsteiner II.

314 Dazu zählen neben den Mitbewerbern die »rechtsfähigen Verbände zur Förderung gewerblicher oder selbstständiger beruflicher Interessen, so weit ihnen eine erhebliche Zahl von Unternehmern angehört, die Waren oder Dienstleistungen gleicher oder verwandter Art auf demselben Markt vertreiben, so weit sie insbesondere nach ihrer personellen, sachlichen und finanziellen Ausstattung im Stande sind, ihre satzungsmäßigen Aufgaben der Verfolgung gewerblicher oder selbstständiger beruflicher Interessen tatsächlich wahrzunehmen und so weit die Zuwiderhandlung die Interessen ihrer Mitglieder berührt« sowie qualifizierte Verbraucherschutzverbände.

315 BGH MarkenR 2000, 370, 375 – Stich den Buben, mit Verw. auf die RegBegr zum MarkenG.

316 BGH MarkenR 2002, 246 f. – Champagner bekommen, Sekt bezahlen (zu § 1 UWG a.F., § 127 Abs. 3 MarkenG).

317 *Obergfell* ZEuP 1997, 677, 678; *dies.* GRUR 1999, 551, 552; *Ullmann* GRUR 1999, 666, 667; *v. Schultz/Gruber* Vor §§ 126–129 Rn. 2 ff.; *Ingerl/Rohnke* Vor §§ 126–139 Rn. 1; *Ströbele/Hacker* § 126 Rn. 4.

318 Zur möglichen Parallelität von Marke und geografischer Herkunftsangabe s. BGH GRUR 1999, 252, 254 – Warsteiner II.

319 Dies gilt selbst dann, wenn nur eine von mehreren Bedeutungen des Zeichens eine reine geografische Herkunftsaussage ist, BPatG MarkenR 2005, 346 – SPA.

fische Herkunftsangabe ist zu Gunsten aller ortsansässigen Hersteller **freihaltebedürftig.**[320] Dennoch überschneidet sich das Recht der geografischen Herkunftsangaben mit dem der Marken in zwei Punkten:

- Das absolute Schutzhindernis des § 8 Abs. 2 Nr. 2 MarkenG ist überwindlich: auch die geografische Herkunftsangabe kann als **Individualmarke** geschützt werden, wenn sie sich infolge ihrer Benutzung für die Waren oder Dienstleistungen, für die sie angemeldet wird, in den beteiligten Verkehrskreisen durchgesetzt hat;[321] der Verkehr hat sich in diesem Falle daran gewöhnt, die nach ihrem Wortlaut lediglich auf einen Ort oder eine Region verweisende Bezeichnung als betrieblichen Herkunftshinweis zu verstehen. So kann es liegen, wenn am betreffenden Ort bekanntermaßen nur ein einziger Hersteller produziert, wie dies etwa bei Mineralquellen oder bei Weinberglagen nicht selten ist,[322] oder wenn sich eine geografische Herkunftsangabe durch die besonderen Anstrengungen eines ortsansässigen Unternehmens als Marke für dieses Unternehmen etabliert hat.[323] Unter denselben Voraussetzungen kann die geografische Herkunftsangabe auch zum Unternehmenskennzeichen im Sinne des § 5 MarkenG werden.[324] 301
- Geografische Herkunftsangaben sind tauglicher Gegenstand einer **Kollektivmarke.**[325] Denn das Markengesetz nimmt die (geografische) Kollektivmarke – in Übereinstimmung mit den europäischen Richtlinienvorgaben[326] – in § 99 MarkenG vom Eintragungshindernis des § 8 Abs. 2 Nr. 2 MarkenG aus. Die Rechte der nicht an einer solchen Kollektivmarke Berechtigten werden über § 23 MarkenG hinaus in § 100 MarkenG berücksichtigt. 302

III. Einfache und qualifizierte geografische Herkunftsangaben

303 Eine objektive, spezifische Eigenschaft, die ein Produkt bestimmter geografischer Herkunft von gleichartigen Produkten anderer Herkunft unterscheidet, ist nicht Voraussetzung für den Schutz der Herkunftsangabe. Unerheblich ist auch, ob ein Produkt bestimmter geografischer Herkunft an anderem Ort ebenso gut und mit dem selben Arbeitsergebnis hergestellt werden kann.[327] Ihre Aussage kann sich auf die bloße Herkunftsbeziehung beschränken; man spricht dann von einer **einfachen oder qualitätsneutralen Herkunftsangabe.**[328] Einfache (qualitätsneutrale) Herkunftsbezeichnungen können von allen Unternehmen für Waren oder Dienstleistungen benutzt werden, die aus dem bezeichneten Ort oder Gebiet stammen. Ihre

320 BPatG MarkenR 2005, 342 – Newcastle.
321 § 8 Abs. 3 MarkenG.
322 Vgl. die in BPatG GRUR Int. 1992, 62, 63 – Vittel, zitierten Entscheidungen SAN PELLEGRINO (Beschl. v. 20.3.1984 – 26 W (pat) 79/81) und WATERFORD (Beschl. v. 14.12.1988 – 26 W (pat) 8/87); BPatG GRUR 1993, 43 – RÖMIGBERG I; 1993, 395 – RÖMIGBERG II zur Markenfähigkeit geografischer Herkunftsbezeichnungen; OLG Hamburg GRUR-RR 2003, 139 – EVIAN/Revian II zur Marke EVIAN ua.
323 S. unten Rn. 499 ff. sowie § 8 Abs. 2 Nr. 2, Abs. 3 MarkenG.
324 Z.B. Ravensburger Spiele, Schwarzwälder Bote, Gerolsteiner.
325 S. oben Rn. 238 ff., 248 ff.
326 Art. 15 Abs. 2 Satz 1 RL 89/104/EWG.
327 BGH GRUR 1956, 270, 272 – Rügenwalder Teewurst; GRUR 1981, 71 – Lübecker Marzipan.
328 Zur Kompatibilität des Schutzes einfacher geografischer Herkunftsangaben mit dem europäischen Recht EuGH GRUR Int. 1993, 76, 77 – Exportur (Turròn).

Benutzung ist nach §§ 126 Abs. 1, 127 Abs. 1 MarkenG nur dann untersagt, wenn es an einer solchen Herkunftsbeziehung fehlt und daraus die Gefahr einer Irreführung resultiert.

304 Geografische Herkunftsangaben können aber auch mit einer **Qualitätsaussage** in der Art verbunden sein, dass eine bestimmte Eigenschaft des Produktes mit seiner geografischen Herkunft kausal verknüpft ist. So liegt es, wenn ein Wein seinen Charakter einer bestimmten Lage verdankt oder wenn ein handwerkliches Produkt die besonderen Fertigkeiten der ortsansässigen Hersteller widerspiegelt. Solche **qualifizierten geografischen Herkunftsangaben** werden französischem Vorbild folgend **Ursprungsangaben** genannt. Ihre rechtmäßige Benutzung setzt nach § 127 Abs. 2 MarkenG neben der geografischen Herkunft der Waren oder Dienstleistungen auch das Vorliegen der besonderen Qualität voraus: sie dürfen »im geschäftlichen Verkehr für die entsprechenden Waren oder Dienstleistungen dieser Herkunft nur benutzt werden, wenn die Waren oder Dienstleistungen diese Eigenschaften oder diese Qualität aufweisen.« Qualifizierte geografische Herkunftsangaben stehen damit auch den ortsansässigen Unternehmen nicht zur Verfügung, wenn deren Waren oder Dienstleistungen zwar aus dem bezeichneten Ort oder Gebiet stammen, im Hinblick auf ihre Qualität aber die mit der Herkunftsangabe verknüpften Erwartungen der Verbraucher nicht erfüllen.

305 Die besonderen, herkunftsbedingten Produkteigenschaften, die eine einfache geografische Herkunftsangabe zur qualifizierten i.S.d. § 127 Abs. 2 MarkenG machen, müssen **objektiv feststellbar** sein.[329] Denn das Verbot der Verwendung der qualifizierten geografischen Herkunftsangabe im Falle fehlender Qualität setzt voraus, dass eben dieser Umstand dem Beweis zugänglich ist. So liegt es etwa bei der mehrjährigen Lagerung eines »Scotch Whisky«. Dagegen ist »Made in Germany«, mag es auch den Ruf deutscher Produkte als besonders hochwertig in die Welt tragen, keine qualifizierte, sondern eine einfache geografische Herkunftsangabe.[330] Produkte jedweder Qualität dürfen mit ihr versehen werden, wenn sie denn nur in Deutschland gefertigt worden sind.[331] Kein objektives, qualitatives Produktmerkmal i.S. von § 127 II MarkenG ist auch ein besonderes Herstellungsverfahren für ein Wurstprodukt.[332]

IV. Geografische Herkunftsangaben von besonderem Ruf

306 Genießen geografische Herkunftsangaben einen **besonderen Ruf,** was in erster Linie bei qualifizierten geografischen Herkunftsangaben in Frage kommt, werden sie vor Ausbeutung oder Verwässerung dieses Rufes auch in den Fällen geschützt, in

329 *Obergfell* GRUR 2001, 313; ausf. dazu *Fezer/Marx* UWG, § 4 S10 Rn. 99 ff.

330 Insoweit missverständlich *Ekey/Klippel/Fuchs-Wissemann* § 126 Rn. 4.

331 Zur Frage, welchen Anteil die innerdeutsche Fertigung haben muss, um das Produkt insgesamt als »made in Germany« bezeichnen zu können, s. OLG Stuttgart NJWE-WettbR 1996, 53: »Die Angabe ›Germany‹ im Sinne von ›made in Germany‹ ist irreführend, wenn zahlreiche wesentliche Teile eines Geräts aus dem Ausland stammen. Auch wenn einzelne Teile oder ganze Baugruppen eines industriellen Erzeugnisses im Ausland zugekauft wurden, darf das Erzeugnis die Bezeichnung ›made in Germany‹ tragen, sofern die Leistungen in Deutschland erbracht worden sind, die für jene Eigenschaft der Ware ausschlaggebend sind, die für die Wertschätzung des Verkehrs im Vordergrund stehen.«

332 OLG Jena GRUR-RR 2003, 77 – Halberstädter Würstchen.

denen weder eine Irreführung über die Herkunft der Waren oder Dienstleistungen zu besorgen ist, für die sie verwendet werden, noch eine mangelnde Qualität der Produkte in Rede steht.[333] Dem Sonderschutz bekannter Marken vergleichbar werden diese geografischen Herkunftsangaben davor geschützt, durch Verwendung in anderen Branchen und/oder Regionen ihre Kennzeichnungskraft einzubüßen oder durch den unbefugten Transfer ihres positiven Images auf andere Produkte gleicher oder anderer Herkunft unlauter ausgenutzt zu werden.

Dieser originär **wettbewerbsrechtliche** Schutz, der für bekannte Marken in §§ 9 Abs. 1 Nr. 3, 14 Abs. 2 Nr. 3 MarkenG übernommen wurde und bekannten geschäftlichen Bezeichnungen nach § 15 Abs. 3 MarkenG zugute kommt, findet sich – insoweit parallel – auch für die geografische Herkunftsangabe in § 127 Abs. 3 MarkenG. **307**

V. Taugliche Zeichen

Ob ein im geschäftlichen Verkehr benutztes Zeichen als Information über den geografischen Ursprung eines Produktes und damit als Herkunftsangabe verstanden wird, hängt von den Vorstellungen des angesprochenen Publikums, der **Verkehrsauffassung** ab: geografische Herkunftsangabe ist ein Zeichen nur, wenn, so weit und solange es vom Verkehr als Hinweis auf die örtliche Herkunft eines Produktes verstanden wird. Weil die Zuschreibung einer Bedeutung – hier die Bedeutung der geografischen Herkunft – zu einem Zeichen im Grundsatz arbiträr, das heißt beliebig ist,[334] bedarf die Definition des § 126 Abs. 1 MarkenG, die zunächst von der Verwendung von Orts-, Landschafts- oder Ländernamen zur Herkunftskennzeichnung ausgeht, sowohl der **Erweiterung**, als auch der **Einschränkung**: **308**

- Auch andere Zeichen als Orts- oder Landschaftsnamen können geografische Herkunftsangaben sein, wenn sie als solche verstanden werden; so liegt es bei den so genannten mittelbaren Herkunftsangaben.[335]
- Umgekehrt ist auch die unmittelbare Bezeichnung eines Ortes dann keine geografische Herkunftsangabe, wenn ihr vom Verkehr nicht die Bedeutung entnommen wird, auf die Herkunft eines Produktes hinzuweisen. So liegt es, wo sich eine geografische Herkunftsangabe vollständig als Marke etabliert hat,[336] bei scheingeografischen und Fantasiebezeichnungen[337] sowie bei geografischen Gattungsbezeichnungen.[338]

333 Vgl. BGH GRUR 1988, 453 – Ein Champagner unter den Mineralwässern, zu § 1 UWG a.F.; BGH MarkenR 2002, 246 – Champagner bekommen, Sekt bezahlen, zu § 127 Abs. 3 MarkenG.
334 S. dazu oben Rn. 6.
335 Dazu nachfolgend 1.
336 S. oben Rn. 300 f.
337 Dazu nachfolgend 2.
338 Dazu nachfolgend 3.

1. Unmittelbare und mittelbare geografische Herkunftsangaben, Verkehrsauffassung

309 **Unmittelbare** geografische Herkunftsangaben sind geografische Namen; sie entsprechen der Aufzählung in § 126 Abs. 1 MarkenG: die Namen von Orten, Gegenden, Gebieten oder Ländern besitzen eine direkte geografische Aussage, gleich ob sie substantivisch (»SPA«,[339] »Hollywood«[340]) oder adjektivisch (»Elsässer«[341], »Warsteiner«[342]) oder in einer Wortverbindung (»Schwarzwaldforelle«, »Orientteppich«[343]) verwendet werden. Die gesetzliche Aufzählung in § 126 MarkenG ist **nicht abschließend:** Stadtteile oder -bezirke können ebenso eine geografische Herkunftsangabe bilden wie die Namen von Flüssen oder Seen. Da letztere regelmäßig nicht unmittelbar als Produktionsort in Betracht kommen,[344] kommt es darauf an, ob mit dem Namen des Sees oder Flusses zugleich eine Region bezeichnet werden kann.[345]

310 Der Schutz einer Bezeichnung als geografischer Herkunftsangabe setzt nicht voraus, dass dem Verkehr ein Ort diesen Namens bekannt ist.[346] Ausreichend ist, dass der angegebene Ort nicht auf Grund seiner Eigenart oder wegen der Besonderheit der Ware als Produktionsstätte erkennbar ausscheidet.[347] Wo ein Begriff nicht einmal als geografischer verstanden wird, weil das Publikum in der Bezeichnung nicht einmal einen Ortsnamen erkennt, scheidet ein Schutz als geografische Herkunftsangabe aus.[348] Auch eine solche »scheinbare Fantasiebezeichnung« kann aber als geografische Herkunftsangabe freihaltebedürftig sein, was ihrer Eintragung als Marke entgegensteht.[349]

311 **Mittelbare** geografische Herkunftsangaben sind Zeichen, die – ohne einen Ort unmittelbar zu benennen – vom Verkehr als Hinweis auf eine bestimmte geografische Herkunft verstanden werden. Die Herkunftsaussage ergibt sich in diesen Fällen erst aus einem bewusst oder unbewusst vollzogenen gedanklichen Schluss des Betrachters. Maßgeblich für das Vorliegen einer in diesem Sinne assoziativen geografischen Herkunftsaussage ist deshalb wiederum die im Einzelfall festzustellende **Verkehrsauffassung.** Für diese ist von einem durchschnittlich informierten und verständigen Verbraucher auszugehen.[350]

---

339 Z.B. BGH MarkenR 2001, 126, 127 f. – SPA.

340 BGH GRUR 1963, 482, 484 – Hollywood Duftschaumbad.

341 BGH GRUR 1982, 564, 566 – Elsässer Nudeln.

342 BGH GRUR 1999, 252 – Warsteiner II.

343 OLG Hamm WRP 1983 573 – Orient.

344 Ein Bsp. einer unmittelbaren Herkunft findet sich in OLG Karlsruhe WRP 2003, 548 – Bodensee-Tafelwasser.

345 Vgl. EuGH MarkenR 1999, 189, 193 – Chiemsee; BPatG, Beschl. v. 30.10.2002, Az. 29 W (pat) 357/00 – SaarEnergie.

346 BGH GRUR 1999, 252 – Warsteiner II.

347 BGH GRUR 1983, 768 f. – Capri-Sonne.

348 BGH GRUR 1971, 255, 257 – Plym Gin.

349 Vgl. BGH GRUR 1963, 469 – Nola; *Fezer* Markenrecht, § 8 Rn. 212.

350 BGH MarkenR 2002, 124, 126 f. – Warsteiner III mit zahlr. weiteren Verweisen zur insoweit parallelen Rspr. im Wettbewerbs- und im Markenrecht; OLG Frankfurt WRP 2001, 558 – Deutscher Mozzarella; zur Rspr. des EuGH zum Verbraucherleitbild s. EuGH GRUR Int. 1995, 804 – Mars; EuGH GRUR Int. 1998, 795 – Gut Springenheide; GRUR Int. 2000, 354 – Lifting-Creme; in der jüngeren Rechtsprechung des EuGH wird der Verbraucher als »normal informiert, (angemessen) aufmerksam und verständig« gekennzeichnet, EuGH MarkenR 2006, 19 – Standbeutel; EuGH MarkenR 2003, 227 – Libertel.

Als Herkunftshinweis verstanden werden typischerweise die Verwendung einer 312
fremden Landessprache[351] und/oder der zugehörigen Landesfarben[352] bei der Bezeichnung und Aufmachung eines Produktes, der Einsatz von Wappen, Symbolen, Namen und Abbildungen berühmter Persönlichkeiten,[353] die Wiedergabe von Wahrzeichen und Monumenten,[354] von Trachten und Landschaften sowie die Verpackung in Behältnissen und Formen, die für eine bestimmte geografische Herkunft typisch sind.[355] Auch das als Top-Level-Domain bekannte Kürzel ».de« kann eine geografische Herkunftsvorstellungen auslösen.[356]

Beispiel: 313

Etikettengestaltung der Badischen Staatsbrauerei Rothaus von 1956, heute verwendete Grafik mit mittelbarer geografischer Aussage »Schwarzwald« und »Baden«[357]

Darüber, ob solche Zeichen als herkunftshinweisend verstanden werden, entschei- 314
det auch der Kontext, in dem sie verwendet werden. So ist etwa die Verwendung der französischen Sprache für Parfümerien, Kosmetika oder Schaumweine[358] in besonderem Maße geeignet, eine Herkunft aus Frankreich zu suggerieren, wohingegen die zunehmende Verwendung der englischen Sprache bei Kleidung und Mode diese Eignung immer mehr verliert. Generell hat die Wirkung fremder Sprachen als mittelbarer Herkunftshinweis durch die zunehmende Verflechtung der Märkte stark nachgelassen.[359]

351 Vgl. BGH GRUR 1994, 310 – Mozzarella II.
352 BGH GRUR 1981, 666, 667 – Ungarische Salami I; GRUR 1982, 685 – Ungarische Salami II.
353 BGH MarkenR 2000, 370 – Stich den Buben; zu § 3 UWG a.F. BGH GRUR 1987, 535 – Wodka Woronoff.
354 In Betracht kommt hier nicht nur die Abbildung eines bekannten Monuments, sondern auch seine bloße Benennung, vgl. OLG München GRUR-RR 2002, 357 – Marke Ulmer Münster; OLG Jena GRUR 2000, 435 – Wartburg.
355 BGH GRUR 1971, 313, 314 – Bocksbeutelflasche; BGH GRUR 1979, 415, 416 – Cantilflasche; EuGH GRUR Int. 1984, 291 – Bocksbeutel.
356 Vgl. BPatG CR 2002, 770 – reise.de zu § 8 Abs. 2 Nr. 2 MarkenG.
357 Die stilisiert abgebildete Trachtenträgerin ist als »Birgit« bekannt; diesem Namen wird die Bedeutung einer Abkürzung für die im Dialekt gesprochene Erkenntnis »Bier gitt Kraft« zugesprochen; bei dem Wappen handelt es sich um das badische Staatswappen.
358 Siehe die Bsp. bei Scherer WRP 2000, 362, 363.
359 *Piper/Ohly* § 5 Rn. 332; OLG Karlsruhe NJW-RR 1996, 1452 – Pourelle.

315 Der Name einer berühmten Straße kann je nach Produkt in einem Falle (»Champs Elysées«) Herkunftsassoziationen nahe legen, die in einem anderen (»Route 66«) eher fern liegen.[360] Selbst die kumulierte Verwendung von italienischer Sprache, italienischen Landesfarben und der Abbildung einer typisch italienischen Stadtkulisse sowie eines Kleinlastwagens der Marke Piaggio (»Ape«) nebst Personen »mit italienischen Gesichtszügen« auf der Verpackung einer Tiefkühlpizza muss nicht als Herkunftshinweis auf eine Herstellung des Produktes in Italien verstanden werden, wenn der Verkehr an derartige Aufmachungen auch bei deutschen Produkten gewohnt ist und/oder die Aufmachung im Übrigen die wahre Herkunft mit hinreichender Deutlichkeit erkennen lässt.[361]

2. Scheingeografische Bezeichnungen, Fantasiebezeichnungen, entlokalisierende Zusätze

316 Weil Zeichen grundsätzlich jedwede Bedeutung haben können,[362] ist es nicht nur möglich, dass ein beliebiges Zeichen als Hinweis auf eine geografische Herkunft verstanden wird, sondern auch, dass – umgekehrt – geografische Namen ungeachtet ihrer eigentlichen, »wörtlichen« Aussage nicht auf die Herkunft des mit ihnen gekennzeichneten Produktes hinweisen, weil sie vom Publikum nicht so verstanden werden. So liegt es, wenn der angegebene Ort nach seiner Eigenart oder nach der Besonderheit der Ware als Produktionsort erkennbar ausscheidet. Erkennbar keine geografische Herkunft wird etwa kommuniziert, wenn die einzelnen Modelle einer Produktserie mit Städtenamen benannt werden (zB Möbelserien »Rom«, »Sydney«, »Tokio«), wenn ein einzelnes PKW-Modell den Namen einer Insel erhält (»Ford Capri«) oder Füllfederhalter den Namen »Mont Blanc« tragen[363].

317 Um **scheingeografische Bezeichnungen,** deren Verwendung der einer Marke entspricht, handelt es sich auch, wenn eine Ortsbezeichnung alleine dazu dient, Qualität oder Exklusivität zu suggerieren[364], um **Fantasieangaben,** wenn ein Ort des verwendeten Namens gar nicht existiert (»Sun Island«) oder so allgemein gehalten ist, dass er auf unzählige Orte oder Regionen hinweisen könnte und damit keine konkrete geografische Herkunft bezeichnet (»Montagne«,[365] »Klosterbrauerei«[366], »regionales Produkt«). Die Rechtsprechung geht allerdings ungeachtet der Gewöhnung des Verkehrs an die markenmäßige Verwendung von geografischen Herkunftsangaben jedenfalls bei Ortsangaben von einer regelmäßigen **Vermutung** dafür aus, dass eine geografische Herkunftsangabe als Hinweis auf die Produktherkunft verstanden wird.[367]

360 Vgl. die Entscheidungspraxis zu § 8 Abs. 2 Nr. 2 MarkenG; *Fezer* Markenrecht, § 8 Rn. 215.
361 Vgl. dazu OLG Köln OLGR Köln 1999, 75 – Tiefkühlpizza.
362 S. oben Rn. 6.
363 Vgl. dazu auch BGH GRUR 1983, 768 f. – Capri-Sonne; GRUR 1999, 252, 254 – Warsteiner II; OLG München GRUR-RR 2002, 64, 67 – Habana (für Motorroller, dort allerdings Schutz nach dem deutsch-kubanischen Herkunftsabkommen); SchweizBG sic! 2003, 149, 150 ff. – Yukon.
364 BGH GRUR 1963, 482, 484 – Hollywood Duftschaumbad; vgl. auch BPatG GRUR 1998, 148 – SAINT MORRIS/St. Moritz.
365 EuGH GRUR Int. 1997, 737 – Pistre (Montagne); siehe auch BGH MarkenR 2004, 39 – Cityservice (BPatG, Beschl. v. 13.1.2003, 25 W (pat) 206/01).
366 BGH GRUR 2003, 628 – Klosterbrauerei.
367 BGH GRUR 1963, 482, 484 – Hollywood Duftschaumbad.

Sog. **entlokalisierende Zusätze** können die Herkunftsaussage einer geografischen Angabe nicht in jedem Falle neutralisieren. Zwar wird eine im konkreten Fall unzutreffende geografische Herkunftsangabe im Geschäftsverkehr gerne durch einen klarstellenden Hinweis (»Nürnberger Bratwürste,[368] hergestellt in Hamburg«) korrigiert oder durch einen Zusatz (»nach Nürnberger Art«) entschärft; § 127 Abs. 4 MarkenG stellt aber klar, dass damit weder der Schutz vor Irreführung noch der Schutz vor einer unlauteren Ausbeutung oder Beeinträchtigung des guten Rufes einer geografischen Herkunftsangabe entfällt. Maßgeblich ist vielmehr, ob trotz der Abweichung eine solche Gefahr besteht. Dafür spricht jedenfalls bei **unmittelbaren** Herkunftsangaben, dass der Verbraucher zwei miteinander kontrastierenden Aussagen gegenüber steht, was für sich genommen schon geeignet ist, Verwirrung auszulösen. Hinzu kommt, dass eine geografische Herkunftsangabe, wo sie besonders herausgestellt wird, regelmäßig mehr Aufmerksamkeit auf sich lenkt, als ein bloßer Zusatz oder Hinweis auf den tatsächlichen Herstellungsort. Schließlich sind entlokalisierende Zusätze geeignet, einer unerwünschten Entwicklung der geografischen Herkunftsangabe zur Gattungsangabe Vorschub zu leisten, wie die Geschichte der Bezeichnung »Pils« belegt.[369] **318**

Die Rechtsprechung ist deshalb bei der Anerkennung entlokalisierender Zusätze bei unmittelbaren geografischen Herkunftsangaben zurückhaltend.[370] Anders kann es dagegen bei **mittelbaren** Herkunftsangaben liegen, deren eher assoziative Verbindung zu einem bestimmten geografischen Ort sich durch eine **unmittelbare** Aussage zum tatsächlichen Ort der Herstellung leichter kompensieren lässt.[371] Letztlich kommt es auf eine wertende Betrachtung aller Umstände des einzelnen Falles an. **319**

Beispiel: Auch der durchschnittlich informierte und angemessen aufmerksame Verbraucher wird bei einer in den italienischen Nationalfarben gehaltenen Verpackung von Teigwaren, die ohne Herstelleradresse und mit der Aufschrift »PASTA Tagliatelle« versehen ist, auf eine Herkunft des Produkts aus Italien schließen; dagegen wird ihn die bloße Farbgestaltung nicht zu dieser Annahme verleiten, wenn die Aufschrift »Bandnudeln« lautet, eine Kochanweisung in deutscher Sprache aufgedruckt ist und die deutsche Adresse des Herstellers angegeben – die zusätzlichen Angaben überwiegen die mittelbare Aussage der Farbgestaltung deutlich. **320**

368 Zum Schutz der Bezeichnung s. LG München LMuR 2005, 111.

369 Zur Rechtsprechung, die diese Denaturierung ermöglichte, s. *Fezer* Markenrecht, § 126 Rn. 20 b.

370 BGH MarkenR 2003, 32 – Original Oettinger (»... wenn der Einsatz des wertvollen Kennzeichens des Stammunternehmens für die Fortentwicklung der eng verflochtenen Unternehmensgruppe wirtschaftlich geboten ist, auf der Ware durch entlokalisierende Zusätze einer Irreführung des Verkehrs in ausreichendem Maße entgegengewirkt wird und verbleibende Fehlvorstellungen des Verkehrs nicht ins Gewicht fallen.«).

371 Vgl. BGH GRUR 1973, 201 – Trollinger; OLG München GRUR-RR 2002, 357 – Marke Ulmer Münster (für eine Markenanmeldung der mittelbaren geografischen Herkunftsbezeichnung »Ulmer Münster«).

3. (Geografische) Gattungsbezeichnungen

321 **Gattungsangaben** mit geografischem Bezug sind Zeichen, die nach ihrer unmittelbaren, wörtlichen Bedeutung auf eine geografische Herkunft zu deuten scheinen, vom Verkehr aber »als Namen von Waren oder Dienstleistungen oder als Bezeichnungen oder Angaben der Art, der Beschaffenheit, der Sorte oder sonstiger Eigenschaften oder Merkmale« eines Produkts verstanden werden. Der in der Fastfood-Branche dominante Hamburger ist ein prominenter Vertreter dieser Spezies. Dem Schutz als geografische Herkunftsangaben sind solche Namen, Angaben oder Zeichen nicht zugänglich.[372]

322 § 126 Abs. 2 MarkenG beschreibt nur den Typus der Gattungsangabe, der eine anfänglich vorhandene geografische Aussage eingebüßt hat. Ursache für eine solche Erosion der ursprünglichen Bedeutung, die sog. **Denaturierung** der geografischen Herkunftsangabe zur Gattungsangabe, ist regelmäßig die Imitation eines Produktes bestimmter Herkunft durch Hersteller an anderen Orten unter Verwendung der ursprünglichen Herkunftsangabe; der Verkehr gewöhnt sich sukzessive daran, unter dieser Bezeichnung ein Produkt von bestimmter Machart oder Qualität, nicht aber von bestimmter Herkunft zu erhalten, die Herkunftsangabe wird zur bloßen Gattungsangabe, die keinen kennzeichenrechtlichen Schutz genießt.[373] Die Bezeichnung »Pils« oder »Pilsener« ist eine solche Gattungsangabe, die heute nur mehr als Hinweis auf eine bestimmte Machart, auf eine Bier**sorte** verstanden wird, obwohl sie in ihrer ursprünglichen, geografischen Aussage auf die böhmische Stadt Pilsen (tschechisch: Plzeò) verwies.[374]

323 Eine Gattungsangabe und keine geografische Herkunftsangabe liegt aber auch dann vor, wenn sich eine Denaturierung nicht nachweisen lässt und lediglich der aktuelle Befund der einer Gattungsangabe im vorgenannten Sinne ist.[375] Schließlich ist es zeichentheoretisch nicht ausgeschlossen, dass sich die Bedeutung einer Bezeichnung von der Gattungsangabe zur geografischen Herkunftsangabe (zurück-)entwickelt. Die Rechtsprechung belegt indessen, dass eine solche Entwicklung, die sog. **Relokalisierung**, aus tatsächlichen Gründen äußerst selten gelingt.[376] Die Praxis behilft sich deshalb gerne mit Zusätzen wie »ur«, »echt« oder »original«, um die geografische Aussage wieder zu gewinnen.[377]

VI. Schutz durch Benutzung im geschäftlichen Verkehr

324 Nach § 126 Abs. 1 MarkenG sind geografische Herkunftsangaben die geografischen Namen und sonstigen Angaben oder Zeichen, »die im geschäftlichen Verkehr zur Kennzeichnung der geografischen Herkunft von Waren oder Dienstleistungen be-

372 § 126 Abs. 2 MarkenG.
373 Zu den Voraussetzungen der Feststellung einer solchen Entwicklung s. BGH GRUR 1989, 440 ff. – Dresdner Stollen.
374 S. oben Fn. 368.
375 *Ingerl/Rohnke* § 126 Rn. 13; *Ströbele/Hacker* § 126 Rn. 53.
376 GRUR 1997, 128 – Steinhäger; GRUR 1986, 469 – Stangenglas; GRUR 1990, 461 – Dresdner Stollen II.
377 Vgl. BGH GRUR 1986, 316 – Urselters.

nutzt werden.« Das so formulierte Erfordernis der **Benutzung** findet sich als Schutzvoraussetzung nur an dieser Stelle. Der Eintragung einer geografischen Angabe als Marke kann deren Freihaltebedürftigkeit nach § 8 Abs. 2 Nr. 2 MarkenG[378] deshalb auch dann entgegengehalten werden, wenn der Begriff aktuell von keinem Marktteilnehmer als Herkunftsbezeichnung benutzt wird, eine berechtigte Benutzung als geografische Herkunftsangabe aber nicht außerhalb der Wahrscheinlichkeit der künftigen wirtschaftlichen Entwicklung liegt.[379] Der kennzeichenrechtliche Schutz geografischer Herkunftsangaben setzt dagegen erst ein, wenn diese Angaben in ihrer Funktion als Herkunftsbezeichnung tatsächlich benutzt werden.

Daraus folgt, dass der Fall der erstmaligen, tatsächlich unzutreffenden Verwendung einer »fiktiven«[380] geografischen Herkunftsangabe, das heißt einer Herkunftsangabe, die von den dazu berechtigten Unternehmen bislang nicht im geschäftlichen Verkehr benutzt worden ist, nicht über den kennzeichenrechtlichen Schutz des Markengesetzes abgewehrt werden kann. Eine Schutzlücke ist dennoch nicht zu befürchten, da eine solche Konstellation wettbewerbsrechtlich erfasst werden kann.[381] 325

VII. Schutz geografischer Herkunftsangaben nach der VO (EG) Nr. 510/2006

Geografische Herkunftsangaben werden innerhalb der EU sowohl nach nationalem Recht der Mitgliedstaaten als auch nach europäischem Recht geschützt. Zum einen können sie Gegenstand des Schutzes nach dem nationalen Recht des Landes sein, in dem der betroffene Ort, das Gebiet oder die Region liegt, auf das die jeweilige Angabe Bezug nimmt. Zum anderen werden geografische Herkunftsangaben supranational vor allem für Agrarprodukte, Weine und sonstige Lebensmittel von einschlägigen Verordnungen der Gemeinschaft erfasst. 326

Expliziter Regelungsgegenstand sind geografische Herkunftsangaben in produktspezifischen Verordnungen, etwa zur gemeinsamen Marktorganisation von Wein,[382] zur Aufmachung von Spirituosen[383] oder zu Mineralwässern.[384] Außerhalb des Geltungsbereiches dieser Verordnungen können qualifizierte[385] Herkunftsangaben zu sonstigen Agrarerzeugnissen und Lebensmitteln nach der am 31. März 2006 in Kraft getretenen **Verordnung (EG) Nr. 510/2006**[386], die die **VO (EWG) Nr. 2081/92**[387] er- 327

378 S. oben Rn. 299 f.

379 EuGH MarkenR 1999, 189 – Chiemsee; BPatGE 41, 278 – WALLIS; BPatG MarkenR 2000, 377, 378 f. – Cloppenburg.

380 *Fezer* Markenrecht § 126 Rn. 9.

381 S. § 2 MarkenG, §§ 3, 5 Abs. 2 Nr. 1 UWG.

382 Art. 47 ff., 50 VO (EG) Nr. 1493/1999 (ABl. EG Nr. L 179 v. 14 7. 1999, S. 1; zul. geänd. d. VO (EG) Nr. 1795/2003 v. 13.10.2003, ABl. EG Nr. L 262 v. 14.10.2003, S. 13).

383 Art. 5 Abs. 3 lit. b i.V.m. Anhang II VO (EWG) Nr. 1576/89 (ABl. EG Nr. L 160 v. 12.6.1989, S. 1; zul. geänd. d. VO (EG) Nr. 1882/2003 v. 29.9.2003, ABl. EG Nr. L 284 v. 31.10.2003, S. 1).

384 Art. 7 ff. RL 80/777/EWG (ABl. EG Nr. L 229 v. 30.8.1980, S. 1; zul. geänd. d. VO (EG) Nr. 1882/2003 v. 29.9.2003, ABl. EG Nr. L 284 v. 31.10.2003, S. 1).

385 Die Definition der geografischen Angaben und Ursprungsbezeichnungen nach der Verordnung deckt sich nicht mit der der qualifizierten geografischen Herkunftsangabe des § 127 Abs. 2 MarkenG; s. dazu ob. Rn. 303 ff. sowie unten Rn. 337 ff.

386 VO (EG) Nr. 510/2006 des Rates vom 20. März 2006 zum Schutz von geografischen Angaben und Ursprungsbezeichnungen für Agrarerzeugnisse und Lebensmittel, ABl. EG Nr. L 93 v. 31.3.2006, S. 12.

387 VO (EWG) Nr. 2081/92 des Rates vom 14.7.1992 zum Schutz von geografischen Angaben und

setzt hat,[388] registriert und dadurch EU-weit geschützt werden. Die Verordnung rekurriert auf die im Anhang I zu Art. 32 Abs. 3 EG genannten sowie die in einem eigenen Anhang I und II[389] aufgelisteten Agrarerzeugnisse und Lebensmittel. Natürliches Mineralwasser und Quellwasser, die Gegenstand der RL 80/777/EWG sind, wurden bereits 2003 aus dem letztgenannten Anhang I gestrichen.[390] Für Weinbauerzeugnisse, ausgenommen Weinessig, und Spirituosen gilt die Verordnung nach Art. 1 Abs. 1 Unterabs. 2 VO (EG) Nr. 510/2006 explizit nicht.

328 Die Verordnung (EWG) Nr. 2081/92 hatte zunächst zwei Verfahren zur Eintragung vorgesehen: ein normales Verfahren für die Einzelanmeldung und ein vereinfachtes »Sammelverfahren« für die Anmeldung des »Bestandes« der Mitgliedstaaten innerhalb der ersten sechs Monate nach Inkrafttreten der Verordnung.[391] Heute steht nur mehr die Einzelanmeldung zur Verfügung.

329 Für das Verhältnis des Schutzes nach der Verordnung (EG) Nr. 510/2006 zum nationalen gesetzlichen Schutz geografischer Herkunftsangaben gilt:

- Für geografische Herkunftsangaben, die **nach der VO (EG) Nr. 510/2006 registriert** und damit gemeinschaftsrechtlich geschützt sind, ist ein paralleler Schutz nach nationalem Recht weder notwendig noch zulässig.[392]
- **Einfache** geografische Herkunftsangaben,[393] für deren Schutz das europäische Schutzsystem nach der VO (EG) Nr. 510/2006 nicht offen steht, bleiben nach nationalem Recht geschützt.[394]
- **Qualifizierte** geografische Herkunftsangaben, für die das europäische Schutzsystem nach der VO (EG) Nr. 510/2006 offen stünde, für die es aber (noch) nicht in Anspruch genommen wurde, sind nach überwiegender Ansicht vom nationalen Schutz so lange nicht ausgeschlossen, als sie nicht nach der VO angemeldet und registriert werden.[395]

Ursprungsbezeichnungen für Agrarerzeugnisse und Lebensmittel, ABl. EG Nr. L 208 v. 24.7.1992, S. 1; zuletzt geändert durch VO (EG) Nr. 806/2003 vom 14.4.2003, ABl. EG Nr. L 122 vom 16.5.2003, S. 1.

388 Die Neufassung wurde notwendig, nachdem mehrere Regelungen der alten Verordnung im Rahmen eines von den USA angestrengten WTO-Streitschlichtungsverfahrens für unvereinbar mit den Vorgaben des TRIPs-Übereinkommens, insbesondere dem darin statuierten Grundsatz der Inländerbehandlung, befunden worden waren; betroffen waren vor allem die Bestimmungen zum Zugang von Drittländern und Drittlandsangehörigen zum europäischen Schutzsystem; s. dazu die ErwG 12–14 der VO; ausführlich *Knaak* GRUR Int. 2006, 893 ff.

389 Zur Änderung und Erweiterung dieser Anhänge unter der Geltung der VO (EWG) Nr. 2081/92 s. VO (EG) Nr. 692/2003 vom 8.4.2003, ABl. EG Nr. L 99 v. 17.4.2003, S. 1.

390 S. ErwG Nr. 3 und Anhang I VO (EG) Nr. 692/2003 (Fn. 389), sowie die Übergangsregelung hierzu in Art. 2 der VO.

391 Der danach obsolet gewordene Art. 17 der Verordnung wurde durch Art. 1 Nr. 15 der VO (EG) Nr. 692/2003 (Fn. 389) aufgehoben.

392 EuGH MarkenR 1999, 129 – Gorgonzola/Cambozola; BGH GRUR 1995, 354, 356 – Rügenwalder Teewurst II (noch zur VO (EWG) Nr. 2081/92); s. auch die Begr. zum Regierungsentwurf des MarkenG, BT-Drs. 12/6581 S. 119; *Knaak* GRUR Int. 2000, 401.

393 S. oben Rn. 303.

394 EuGH MarkenR 2000, 409, 413 – Warsteiner; *Knaak* GRUR 1995, 103.

395 Nachweise bei *Fezer/Marx* UWG, § 4 S10 Rn. 234; wie hier *v. Schultz/Gruber* Vor §§ 130–139 Rn. 27 f.; *Ströbele/Hacker* § 126 Rn. 41 halten es dagegen »für verfrüht, die Sache zugunsten eines nationalen Schutzes als entschieden zu behandeln.«

1. Registerschutz

Mit der Verordnung VO (EWG) Nr. 2081/92 (jetzt: VO (EG) Nr. 510/2006) zum Schutz von geografischen Angaben und Ursprungsbezeichnungen für Agrarerzeugnisse und Lebensmittel wurde erstmals ein gemeinschaftsweites System zum Schutz qualifizierter geografischer Herkunftsangaben geschaffen.[396] Anders als im nationalen deutschen Recht ist dieser Schutz als ein **Registrierungssystem** eingerichtet, setzt also einen **Antrag** der dazu Berechtigten und die **Eintragung** in ein von der Kommission geführtes »Register der geschützten Ursprungsbezeichnungen und der geschützten geografischen Angaben«[397] voraus. 330

Für das **Verfahren** nach Art. 5 VO (EG) Nr. 510/2006 enthalten die §§ 130 bis 134 MarkenG, §§ 47 ff. MarkenV[398] Durchführungsvorschriften, soweit es auf nationaler Ebene erfolgt. Die Kosten ergeben sich aus § 2 Abs. 1 PatKostG.[399] Auf europäischer Ebene ist neben der VO (EG) Nr. 510/2006 die VO (EG) Nr. 1898/2006 einschlägig.[400] Die wesentlichen Schritte des Verfahrens zum Schutz einer Ursprungsangabe oder einer geografischen Angabe sind die folgenden: 331

Für die Schutzbegründung ist zunächst ein **Antrag** erforderlich.[401] Antragsberechtigt sind in erster Linie **Vereinigungen von Erzeugern oder Verarbeitern** eines Agrarerzeugnisses oder Lebensmittels. Nur ausnahmsweise – nach Maßgabe des Art. 2 VO (EG) Nr. 1898/2006 – kann eine einzelne natürliche oder juristische Person, die der einzige Erzeuger im fraglichen Gebiet ist, den Antrag stellen. Der Antrag ist nach Art. 5 Abs. 4 VO (EG) Nr. 510/2006 an den **Mitgliedstaat** zu richten, in dessen Hoheitsgebiet sich das geografische Gebiet befindet. Zuständig für die Entgegennahme von Anträgen ist in der Bundesrepublik Deutschland das Deutsche Patent- und Markenamt[402] (DPMA), das dafür ein Merkblatt sowie ein Antragsformular vorhält.[403] 332

Der Antrag umfasst neben Namen und Anschrift des Antragstellers zwingend eine **Produktspezifikation**, die mindestens die in Art. 4 Abs. 2 VO (EG) Nr. 510/2006 genannten Angaben zu dem Agrarerzeugnis oder Lebensmittel enthält sowie ein sog. **einziges Dokument**. Darin sind die wichtigsten Angaben aus der Spezifikation sowie eine Beschreibung der Zusammenhänge von Produkt und Herkunft enthalten, 333

---

396 Zur Entstehung s. *v. Mühlendahl* ZLR 1993, 187.

397 Art. 7 Abs. 4, 6 VO (EG) Nr. 510/2006.

398 Die Verordnungsermächtigung hierzu findet sich in § 138 MarkenG; MarkenG und MarkenV müssen an die neue VO (EG) Nr. 510/2006 angepasst werden; die VO enthält dazu in Art. 5 Abs. 8 eine Fristsetzung zum 31. März 2007; übergangsweise gelten Bezugnahmen auf die aufgehobene Verordnung als Bezugnahmen auf die aktuelle Verordnung nach Maßgabe einer dieser als Anhang III beigefügten Entsprechungstabelle (Art. 19 VO (EG) Nr. 510/2006).

399 GebVerz Nr. 336 100; die Gebühr beträgt gegenwärtig 900 €.

400 VO (EG) Nr. 1898/2006 der Kommission vom 14. Dezember 2006 mit Durchführungsbestimmungen zur Verordnung (EG) Nr. 510/2006 des Rates zum Schutz von geografischen Angaben und Ursprungsbezeichnungen für Agrarerzeugnisse und Lebensmittel, ABl EG Nr. L 369 v. 23.12.2006, S. 1.

401 Das Anmeldeverfahren ist für Herkunftsbezeichnungen aus Mitgliedstaaten der Gemeinschaft und aus Drittländern einheitlich; letztere müssen nach Art. 5 Abs. 9 VO (EG) Nr. 510/2006 lediglich nachweisen, dass die betreffende Bezeichnung auch im Ursprungsland geschützt ist (vgl. dazu Art. 24 Abs. 9 TRIPs).

402 § 130 Abs. 1 MarkenG; im Internet: <http://www.dpma.de>.

403 W 7729 und W 7007; die Gebühr nach dem Patentkostengesetz muss innerhalb von drei Monaten ab Antragstellung beglichen sein, andernfalls gilt der Antrag als zurückgenommen, § 6 Abs. 1 Satz 2, Abs. 2 PatKostG.

aus denen sich die Maßgeblichkeit der Herkunft für die Produktqualität i.S.d. Art. 2 Abs. 1 lit. a oder b VO (EG) Nr. 510/2006 ergibt.[404]

334 Art. 10, 11 VO (EG) Nr. 510/2006 verpflichten die Mitgliedstaaten zur Schaffung von behördlichen (oder privaten, als »Produktzertifizierungsstellen« akkreditierten) **Kontrolleinrichtungen,** die gewährleisten, dass mit einer geschützten Ursprungsbezeichnung oder einer geschützten geografischen Angabe versehene Agrarerzeugnisse oder Lebensmittel den Vorgaben der jeweiligen Spezifikation entsprechen.[405] Ein Auseinanderfallen zwischen Produkt und Spezifikation kann zur Löschung der geschützten Bezeichnung führen.[406] Die nachträgliche **Änderung** der Produktspezifikation unterliegt, wenn sie eine Änderung des einzigen Dokuments nach sich zieht, dem aufwändigen Verfahren nach Art. 5 – 7 VO (EG) Nr. 510/2006.[407]

335 Der Antrag wird sowohl auf nationaler als auch auf europäischer Ebene geprüft. Zuständig für die **nationale Prüfung**[408] sind die Markenabteilungen des DPMA.[409] Gegen ihre Entscheidungen findet die Beschwerde zum Bundespatentgericht und die Rechtsbeschwerde zum Bundesgerichtshof statt.[410] Während eine unzureichende Anmeldung so bereits auf nationaler Ebene zurückgewiesen werden kann,[411] wird der Antrag im Falle einer positiven Beurteilung durch das DPMA dem Bundesministerium der Justiz übermittelt, das den Vorgang nebst Unterlagen an die EG-Kommission weiterleitet.[412]

336 Bei der Kommission, die von einem **Ständigen Ausschuss** unterstützt wird,[413] folgt sodann die abermalige Prüfung des Antrags »auf geeignete Art und Weise« auf Übereinstimmung mit den Vorgaben der Verordnung.[414] Wird diese festgestellt, werden das einzige Dokument und die Fundstelle der Veröffentlichung der Spezifikation im Amtsblatt der EU veröffentlicht. Art. 7 VO (EG) Nr. 510/2006 sieht sodann ein **Einspruchsverfahren** vor, das innerhalb von sechs Monaten ab der genannten Veröffentlichung jedem Mitglieds- oder Drittstaat sowie – bei berechtigtem Interesse – natürlichen und juristischen Personen aus den jeweils anderen Mitgliedstaaten oder einem Drittland offen steht.[415]

---

404 Art. 5 Abs. 3, Art. 4 VO (EG) Nr. 510/2006; Art. 4 ff. VO (EG) NR. 1898/2006; zur Gestaltung des »einzigen Dokuments« s. Art. 11 VO (EG) Nr. 1898/2006 sowie das Muster in Anhang I der VO.
405 Die entsprechenden Vorgaben der VO (EWG) Nr. 2081/92 wurden in §§ 134, 139 Abs. 2 MarkenG umgesetzt (s. dazu ABl. EG Nr. C 317 v. 13.12.2005, S. 1, 3–18) und sind in 145 Abs. 2 Nr. 1 MarkenG bußgeldbewehrt.
406 Art. 12 VO (EG) Nr. 510/2006.
407 Art. 9 Abs. 2 Satz 1 VO (EG) Nr. 510/2006.
408 § 130 Abs. 2 bis 6 MarkenG; Art. 5 Abs. 4 Unterabs. 2 VO (EG) Nr. 510/2006.
409 § 130 Abs. 1 MarkenG.
410 § 133 a S. 1 MarkenG; zu den Rechtsbehelfen Drittbetroffener im Falle einer stattgebenden Entscheidung vgl. BPatG GRUR 2004, 82 – Thüringer Rostbratwurst; unten Rn. 555 ff., 561 ff.
411 § 130 Abs. 5 MarkenG.
412 § 130 Abs. 6 MarkenG; die positive Entscheidung muss nach Art. 5 Abs. 5 VO (EG) Nr. 510/2006 veröffentlicht, die Spezifikation zudem in elektronischer Form zugänglich gemacht werden; das einzige Dokument und die Fundstelle der nationalen Veröffentlichung der Spezifikation sind Teil der Mitteilung an die Kommission.
413 Art. 15 Abs. 1 VO (EG) Nr. 510/2006.
414 Art. 6 Abs. 1 VO (EG) Nr. 510/2006.
415 S. auch Art. 13 VO (EG) Nr. 1898/2006 sowie das Muster in Anhang III dieser VO; zu den entspr. Vorgaben der VO (EWG) Nr. 2081/92 s. §§ 131 MarkenG, 50, 51 MarkenV.

2. Schutzfähige Angaben

Der Schutz geografischer Herkunftsangaben nach der VO (EG) Nr. 510/2006 ist zum einen auf **Agrarerzeugnisse** und **Lebensmittel** beschränkt, zum andern setzt er Angaben voraus, »bei denen ein Zusammenhang zwischen den Eigenschaften der Produkte und ihrer geografischen Herkunft besteht.«[416] Nach der Intensität dieses Zusammenhanges unterscheidet die Verordnung in Art. 2 Abs. 1 337

- geschützte **Ursprungsbezeichnungen** (g.U.) und
- geschützte **geografische Angaben** (g.g.A.).[417]

Bei beiden Bezeichnungen handelt es sich gleichermaßen um die Namen einer Gegend, eines bestimmten Ortes oder in Ausnahmefällen eines Landes, die zur Bezeichnung eines Agrarerzeugnisses oder eines Lebensmittels dienen, und in beiden Fällen muss das bezeichnete Produkt »aus dieser Gegend, diesem bestimmten Ort oder diesem Land« stammen.[418] Hinsichtlich der herkunftsbezogenen Eigenschaften unterscheiden sich Ursprungsbezeichnungen (g.U.) und geschützte geografische Angaben (g.g.A.) aber nach ihrer qualitativen Aussage: 338

- Für die **Ursprungsbezeichnung** gilt, dass das Agrarerzeugnis oder Lebensmittel seine Güte oder Eigenschaften überwiegend oder ausschließlich den geografischen Verhältnissen einschließlich der natürlichen und menschlichen Einflüsse verdanken **und** in dem begrenzten geografischen Gebiet erzeugt, verarbeitet **und** hergestellt sein muss. Die genannten Voraussetzungen müssen kumulativ vorliegen. 339
- Für die **geografische Angabe** ist notwendig, aber auch ausreichend, dass sie zur Bezeichnung eines Agrarerzeugnisses oder Lebensmittels dient, bei dem sich eine bestimmte Qualität, das Ansehen oder eine andere Eigenschaft aus dem geografischen Ursprung ergibt, und das in dem begrenzten geografischen Gebiet erzeugt **und/oder** verarbeitet **und/oder** hergestellt wurde. Damit verlangt die geografische Angabe nicht, dass alle Stufen eines Herstellungsprozesses am bezeichneten Ort erfolgen. Insbesondere für Lebensmittel, bei denen Erzeugungsort und Verarbeitungsort oft auseinander fallen, kommt deshalb regelmäßig nur die geschützte geografische Angabe (g.g.A.) in Betracht.[419]

Die Schwelle für die Annahme einer besonderen, herkunftsbedingten Qualität liegt nach der VO (EG) Nr. 510/2006 **außerordentlich niedrig.** Die Grenze zwischen einfacher und qualifizierter geografischer Herkunftsangabe nach deutschem Recht[420] entspricht **nicht** der unteren Grenze der Schutzfähigkeit nach europäischem Recht.[421] Sie verläuft nicht unterhalb, sondern innerhalb von g.U. und g.g.A. Denn 340

416 So der 8. Erwägungsgrund der VO.

417 Die VO (EG) Nr. 1898/2006 enthält in Anhang V eine Tabelle mit den entsprechenden Bezeichnungen in den übrigen Gemeinschaftssprachen.

418 Auch nichtgeografische Namen (mittelbare geografische Herkunftsangaben) sind schutzfähig, wenn sie in gleicher Weise verstanden werden, Art. 2 Abs. 2 VO (EG) Nr. 510/2006.

419 Nach Art. 8 Abs. 2, Art. 20 VO (EG) Nr. 510/2006 müssen ab dem 1. Mai 2009 in der Etikettierung von Agrarerzeugnissen und Lebensmitteln, die unter einem nach der VO eingetragenen Namen vermarktet werden, die Angaben »geschützte Ursprungsbezeichnung« bzw. »geschützte geografische Angabe« oder die für sie vorgesehenen Gemeinschaftszeichen erscheinen.

420 S. oben Rn. 303 ff.

421 *Ahrens* GRUR Int. 1997, 508, 510.

das nach europäischem Recht für die Schutzfähigkeit einer g.g.A. ausreichende »Ansehen« eines Erzeugnisses kann nicht die nach nationalem deutschem Recht für eine qualifizierte geografische Herkunftsangabe i.S.d. § 127 Abs. 2 MarkenG notwendige, objektive Produkteigenschaft begründen. Die geografische Herkunftsangabe eines Produktes, das zwar in der Vorstellung der Verbraucher ein auf seine Herkunft bezogenes Ansehen genießt, jedoch keine herkunftsbedingte, mit naturwissenschaftlichen Mitteln messbare Eigenschaft besitzt, bleibt nach deutschem Recht eine einfache Herkunftsangabe. So konnte etwa die Bezeichnung »Bayerisches Bier« als g.g.A. in das europäische Verzeichnis aufgenommen werden;[422] nach deutschem Recht ließe sich dagegen kaum eine besondere Eigenschaft oder Qualität ausmachen, die gerade und generell bei Bieren aus Bayern festgestellt werden könnte.

3. Gattungsangaben

341 Wie im nationalen Recht sind auch nach der VO (EG) Nr. 510/2006 (geografische) Gattungsangaben vom Schutz ausgenommen,[423] gleich ob sie eine ursprünglich geografische Aussage verloren haben oder eine solche zu keiner Zeit besaßen. Bei der Feststellung, ob sich eine geografische Angabe zur Gattungsangabe entwickelt hat, sind nach Art. 3 Abs. 1 VO (EG) Nr. 510/2006 »**alle Faktoren**« und insbesondere folgendes zu berücksichtigen:

- die bestehende Situation in dem Mitgliedstaat, aus dem der Name stammt, und in den Verbrauchsgebieten
- die Situation in anderen Mitgliedstaaten
- die einschlägigen nationalen oder gemeinschaftlichen Rechtsvorschriften.

342 Daraus folgt, dass es durchaus möglich ist, dass sich ein Zeichen in einem europäischen Kontext zur Gattungsangabe entwickelt hat und deshalb nicht registriert werden kann, während es in einem einzelnen Mitgliedstaat noch als geografischer Herkunftshinweis verstanden und deshalb nach nationalem Recht geschützt wird. Einmal (zu Recht) eingetragen, ist die nach der VO (EG) Nr. 510/2006 geschützte geografische Herkunftsangabe allerdings vor einer Denaturierung zur Gattungsangabe gefeit: Nach Art. 13 Abs. 2 VO (EG) Nr. 510/2006 »dürfen« geschützte Namen nicht zu Gattungsbezeichnungen werden.

343 Beispiel: Die griechische Regierung beantragte 1994 den Schutz der Bezeichnung »Feta« als geschützte Ursprungsbezeichnung nach dem Sammelverfahren[424] der VO (EWG) Nr. 2081/92. Am 12. Juni 1996 erließ die Kommission die Verordnung (EG) Nr. 1107/96 zur Eintragung geografischer Angaben und Ursprungsbezeichnungen, in deren Anhang »Feta« unter der Rubrik »Käse« und unter dem Namen des Mitgliedstaats »Griechenland« aufgeführt wurde.

Die dagegen gerichtete Klage mehrerer Mitgliedsländer war vor dem EuGH erfolgreich. Mit Urteil vom 16. März 1999 erklärte der Gerichtshof die Verordnung

422 VO (EG) Nr. 1347/2001 v. 28.6.2001, ABl. EG Nr. L 182 v. 5.7.2001, S. 3.
423 Art. 3 VO (EG) Nr. 510/2006.
424 S. oben Rn. 328.

Nr. 1107/96 für nichtig, soweit darin die Bezeichnung »Feta« als geschützte Ursprungsbezeichnung eingetragen worden war.[425] Die Kommission hatte nach Auffassung des Gerichtshofes bei der Prüfung der Frage, ob »Feta« eine Gattungsbezeichnung sei, nicht »alle Faktoren« berücksichtigt. Zu diesen Faktoren nämlich hätte auch der Umstand gezählt, dass die Bezeichnung »Feta« in einigen anderen Mitgliedstaaten als der Hellenischen Republik seit langem als Gattungsbegriff verwendet werde.

Die Kommission veranlasste daraufhin zunächst die Streichung der Bezeichnung »Feta« aus dem Verzeichnis der geschützten Ursprungsbezeichnungen,[426] versandte aber sodann einen Fragebogen über die Herstellung und den Verzehr von Käse unter der Bezeichnung »Feta« sowie über die Bekanntheit dieser Bezeichnung bei den Verbrauchern an die Mitgliedstaaten. Die als Antwort auf diesen Fragebogen erhaltenen Informationen wurden dem Wissenschaftlichen Ausschuss[427] vorgelegt, der in seiner Stellungnahme vom 24. April 2001 einstimmig zu der Schlussfolgerung kam, dass die Bezeichnung »Feta« keine Gattungsbezeichnung sei. Ende 2002 erließ die Kommission deshalb erneut eine Verordnung, mit der die Bezeichnung »Feta« wieder als geschützte Ursprungsbezeichnung eingetragen wurde.[428] Die hiergegen gerichtete Klage Deutschlands und Dänemarks blieb vor dem EuGH erfolglos.[429]

4. Schutzumfang

Die Registrierung einer geografischen Herkunftsangabe nach der VO (EG) Nr. 510/2006 verleiht der Bezeichnung einen **umfassenden Schutz** vor unbefugter Verwendung, Nachahmung, Irreführung und Rufausbeutung. Nach Art. 13 Abs. 1 lit. a und b VO (EG) Nr. 510/2006 werden eingetragene Bezeichnungen nicht nur gegen die kommerzielle Verwendung für andere, mit den eingetragenen vergleichbare Erzeugnisse geschützt, sondern weitergehend und teilweise redundant gegen »jede **widerrechtliche Aneignung, Nachahmung oder Anspielung**, selbst wenn der wahre Ursprung des Erzeugnisses angegeben ist[430] oder wenn die geschützte Bezeichnung in Übersetzung oder zusammen mit Ausdrücken wie »Art«, »Typ«, »Verfahren«, »Fasson«, »Nachahmung« oder dergleichen verwendet wird.« Untersagt wird damit: 344

- die **identische** Verwendung der geschützten Bezeichnung für andere als die geschützten Produkte (»Aneignung«),
- die Verwendung **ähnlicher, verwechslungsfähiger** Bezeichnungen (»Nachahmung«) sowie

425 EuGH GRUR Int. 1999, 532, 540 – Feta.
426 VO (EG) Nr. 1070/99 zur Änderung des Anhangs der Verordnung Nr. 1107/96 (ABl. L 130, S. 18).
427 Jetzt »Ständiger Ausschuss für geschützte geografische Angaben und Ursprungsbezeichnungen« genannt, s. oben Rn. 336.
428 VO (EG) Nr. 1829/2002 vom 14.10.2002 zur Änderung des Anhangs der VO (EG) Nr. 1107/96 in Bezug auf die Bezeichnung »Feta« (ABl. L 277, S. 10).
429 EuGH MarkenR 2005, 495 – Feta.
430 Damit werden entlokalisierende Zusätze schlechthin untersagt, s. dazu oben Rn. 316 ff.; auch Übersetzungen in eine andere Sprache gelten als unzulässige Nachahmung.

- die Verwendung **ähnlicher**, aber **nicht verwechslungsfähiger** Bezeichnungen, die lediglich geeignet erscheinen, einen assoziativen Bezug zu der geschützten Bezeichnung zuzulassen (»Anspielung«).

345 Nach Art. 13 Abs. 1 lit. c und d der VO (EG) Nr. 510/2006 sind »alle sonstigen falschen oder irreführenden Angaben« untersagt, die sich auf Herkunft, Ursprung, Natur oder wesentliche Eigenschaften der Erzeugnisse beziehen und auf der Aufmachung oder der äußeren Verpackung, in der Werbung oder in Unterlagen zu den betreffenden Erzeugnissen erscheinen, sowie »die Verwendung von Behältnissen, die geeignet sind, einen falschen Eindruck hinsichtlich des Ursprungs zu erwecken«. Damit werden auch **mittelbare Herkunftsangaben**[431] erfasst.[432] Schließlich wird der Verbotskatalog um »alle sonstigen Praktiken« erweitert, die geeignet sind, das Publikum über den wahren Ursprung des Erzeugnisses irrezuführen.

346 Die gemeinschaftsrechtlich geschützten Herkunftsbezeichnungen genießen damit einen dem Sonderschutz bekannter geografischer Herkunftsangaben in § 127 Abs. 3 MarkenG vergleichbaren **Rufausbeutungsschutz**. Im Unterschied zur Regelung des nationalen Rechts kommt dieser Schutz aber nicht nur »bekannten« Herkunftsbezeichnungen oder solchen mit »besonderem Ruf« zugute, sondern sämtlichen geschützten geografischen Angaben (g.g.A.) und geschützten Ursprungsbezeichnungen (g.U.). Damit geht der europäische Schutz dieser Bezeichnungen in seiner Intensität über den der geografischen Herkunftsangaben nach nationalem deutschem Recht deutlich hinaus. Hinzu kommt, dass den ortsansässigen Herstellern mit der **Produktspezifikation**, die nach Art. 4 VO (EG) Nr. 510/2006 notwendiger Bestandteil jeder Anmeldung ist und das Produkt, seine Herkunft, seine Herstellung und den Zusammenhang seiner Herkunft mit der Qualitätsaussage der Ursprungsbezeichnung oder der geografischen Angabe beschreibt, ein Instrument in die Hand gegeben wird, über den Schutz der geografischen Herkunftsangabe **Qualitätsstandards** durchzusetzen und die Einhaltung in der Spezifikation beschriebener Herstellungs- und Verarbeitungsverfahren zu erzwingen.[433]

D. Domains

I. Technischer Hintergrund

347 Domains sind **keine eigene Kennzeichenart**. Ihre kennzeichenrechtliche Relevanz besteht nicht darin, neben Marken, Unternehmenskennzeichen, Werktiteln und geografischen Herkunftsangaben eine weitere Kategorie zu bilden, sondern allein darin, dass eines der vorgenannten Rechte mit einer Domain zusammenfallen kann.[434]

348 Diese potenzielle Überschneidung hat ihren Ursprung darin, dass der Datenverkehr im Internet verlangt, die am Datenaustausch beteiligten Rechner zu adressie-

431 S. oben Rn. 309 ff.
432 *Ingerl/Rohnke* § 135 Rn. 3.
433 Das darin liegende protektionistische Potential wird in den Entscheidungen EuGH MarkenR 2003, 285 – Prosciutto di Parma und MarkenR 2003, 294 – Ravil (Grana Padano) deutlich; zuvor schon EuGH GRUR Int. 2000, 750 – Rioja.
434 Ausf. *Fezer/Jung-Weiser* UWG, § 4-S 11 Rn. 58 ff.

ren, um sie eindeutig ansteuern zu können. Jedem am Datenaustausch beteiligten Rechner ist eine aus mehreren Zahlengruppen zusammengesetzte **Adresse**, einer Hausnummer vergleichbar, zugeordnet. Diese Adresse kann zwar wechseln, aber im Rahmen eines aktiven Datenaustausches nur einmal vergeben sein. Eine bestimmte, max. zwölfstellige[435] Zahlenkombination führt jederzeit zwingend zu **einem** bestimmten Rechner.

Während diese technische Lösung, die sog. Internetprotokolladresse (**IP-Adresse**), völlig ausreicht, um den Datenverkehr im Internet zu organisieren, bereitet sie dem menschlichen Nutzer dieselben Schwierigkeiten, die mit der gleichzeitigen Nutzung einer Vielzahl vielstelliger Telefonnummern verbunden wäre: solche Kombinationen lassen sich zum einen schlecht merken, zum anderen ist ihre Eingabe fehleranfällig. Nicht anders als bei sog. **Vanity-Nummern**,[436] bei denen die Ziffernfolge einer Telefonnummer (bei Telefonen, die über eine genormte alphanummerische Tastatur verfügen) einer Buchstabenfolge entspricht, die wiederum ein aussprechbares und damit leicht zu merkendes Wort[437] ergibt,[438] erlaubt auch die Domain, statt[439] der numerischen IP-Adresse einen dieser zugeordneten **Domainnamen** zu verwenden. Während durchaus mehrere Domainnahmen zu ein- und derselben IP-Adresse führen können,[440] schließt das Domain Name System (DNS) die umgekehrte Konstellation aus: ein Domainname kann nicht zu mehreren IP-Adressen führen. 349

Eine Domainadresse hat (mindestens) die folgende Struktur: 350

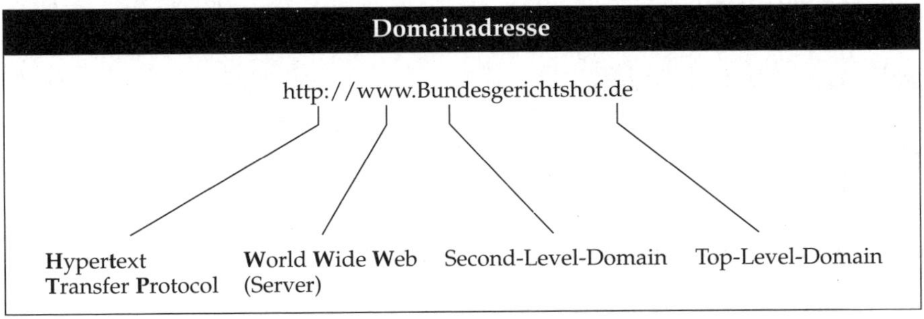

Übersicht 11: Aufbau einer Domainadresse

Domainadressen sind **hierarchisch gegliedert**. Ihre Struktur ist von rechts **nach links** zu lesen. Auf eine sog. Top-Level-Domain folgt eine Second-Level-Domain, an die sich weiter Subdomains als Third-Level-Domain, Fourth-Level-Domain 351

435 Im binären Code entspricht dies einer 32 Bit – Zahlenadresse; die möglichen Kombinationen übersteigen 4 Milliarden.

436 Vgl. *Jonas/Schmitz* GRUR 2000, 183 ff.

437 Z.B. 0800-TELEKOM statt 0800–8353566.

438 *Milbradt*, MarkenR 2002, 33.

439 Nur für den Nutzer tritt die Domain an die Stelle der IP-Adresse, technisch gesehen wird sie parallel geführt.

440 Auch dies ist im Falle der Vanity-Nummer ähnlich: die in Fn. 437 genannte Nummer wird auch mit 0800-UELEKON eindeutig beschrieben; im Falle der IP-Adresse ist die Zahl der zuordenbaren Domainadressen allerdings fast unbegrenzt.

usw. anschließen können.[441] Jeder Level ist durch einen Punkt getrennt. Kein Teil des Domainnamens sind Bestandteile, die sich **rechts** an die Top-Level-Domain anschließen können; sie werden durch Schrägstriche abgegrenzt und beschreiben Verzeichnisse und Unterverzeichnisse, die den Nutzer auf bestimmte Dateiinhalte des Zielrechners führen. Solche Dateiadressen werden **URL** (Uniform Resource Locater) genannt.[442]

352 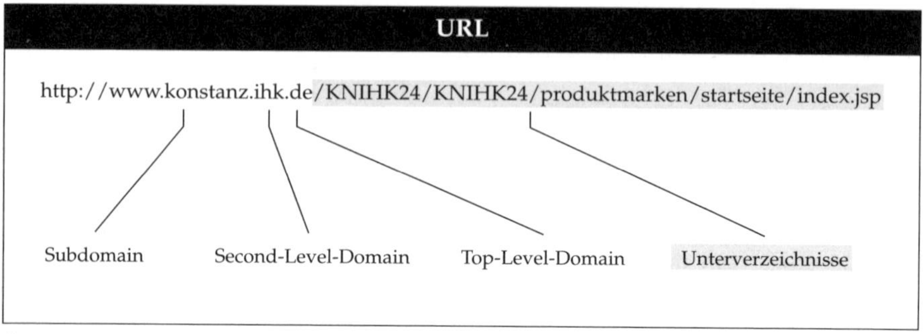

Übersicht 12: Uniform Resource Locater (URL), Domainadresse mit Subdomain

353 Die für die Registrierung von Domainadressen zur Verfügung stehenden Top-Level-Domains sind vorgegeben und lassen sich in länderbezogene, sog. **Country-Code-Top-Level-Domains (ccTLDs)** und nach Sparten differenzierende, sog. **generic Top-Level-Domains (gTLDs)** unterscheiden. Zur Auswahl stehen gegenwärtig 245 ccTLDs wie zum Beispiel ».de«, ».uk«, ».ch« und inzwischen auch ».eu« sowie 14 gTLDs wie etwa ».int« für internationale Organisationen. Die gTLDs wie ».info«, ».com« oder ».name« stehen dem breiten Publikum offen.[443]

354 Übergeordnete Instanz für die Verwaltung von Top-Level-Domains ist die ICANN,[444] eine private, gemeinnützige Einrichtung nach kalifornischem Recht.[445] Für den Endkunden sind sog. akkreditierte Registrare zuständig, bei denen der Nutzer seine persönliche Second-Level-Domain unter einer Top-Level-Domain anmelden kann.[446] Akkreditierter Registrar für die **gTLDs** ».com«, ».net« und ».org« ist für Deutschland die EPAG GmbH.[447]

355 Die **ccTLDs** werden von nationalen Vergabeorganisationen verwaltet, den sog. Network Information Centers (NIC), für die Top-Level-Domain ».de« ist dies die DENIC Domain Verwaltungs- und Betriebsgesellschaft eG.[448] Neue Domains werden

441 Subdomains können vom Nutzer frei gewählt werden und bedürfen keiner Vergabe; sie können sich deshalb in unveränderter Form auch unter jeder anderen Second-Level-Domain wieder finden oder als Scond-Level-Domain unter einer anderen Top-Level-Domain verwendet werden. Zu kennzeichenrechtlichen Komplikationen kommt es bei der sog. »catch-all-Funktion«, die jedwede weiteren Sub-Domains auf eine bestimmte Second-Level-Domain lenkt; s. dazu OLG Nürnberg MarkenR 2006, 351 – suess.de sowie *Maaßen/Pszczolla* MarkenR 2006, 304 ff.

442 Z.B. http://www.dpma.de/index.htm.

443 S. dazu *Reinhart* WRP 2002, 628.

444 Internet Corporation for Assigned Names and Numbers.

445 Im Internet: <http://www.icann.org>.

446 Eine vollständige Liste ist abrufbar unter <http://www.icann.org>.

447 Im Internet: <http://www.epag.de>.

448 Im Internet: <http://www.denic.de>.

nach dem **Prioritätsprinzip** vergeben, das heißt, der erste Anmelder einer noch nicht vergebenen[449] Adresse erhält den Zuschlag. **Eine kennzeichenrechtliche Prüfung auf eine mögliche Kollision mit Rechten Dritter findet nicht statt.** Die Top-Level-Domain ».eu« wird von Eurid, einer von den nationalen Domain-Registrierstellen von Belgien, Italien und Schweden gegründeten Nonprofitorganisation, verwaltet.[450]

II. Kennzeichenrechtliche Bedeutung

Das kennzeichenrechtliche Interesse an Domainadressen konzentriert sich auf die Second-Level-Domain. Da die an dieser Position der Domain stehende Buchstaben-, Zahlen- und Zeichenfolge vom Anmelder der Adresse frei gewählt werden kann, dient sie der **Individualisierung** der Inhalte, die unter dieser Adresse weltweit abrufbar sind. Weil es unter einer bestimmten Top-Level-Domain eine bestimmte Second-Level-Domain nur einmal geben kann,[451] eignet sich die Second-Level-Domain hervorragend dazu, die Funktionen eines Kennzeichens für ihren Inhaber zu erfüllen.[452] 356

Entgegen einzelnen Literaturstimmen[453] erwirbt der Inhaber einer Domain allerdings weder das Eigentum an der Internet-Adresse selbst, noch ein sonstiges **absolutes** Recht, welches ähnlich der Inhaberschaft an einem Immaterialgüterrecht verdinglicht wäre. Vielmehr erhält er als Gegenleistung für die an die DENIC e.G. zu zahlende Vergütung das Recht, für seine IP-Adresse eine bestimmte Domain zu verwenden – und damit ein **relativ** wirkendes, vertragliches Nutzungsrecht, wobei die unbestimmte Vertragsdauer verbunden mit den vorgesehenen Kündigungsmöglichkeiten auf den Charakter eines Dauerschuldverhältnisses hinweisen.[454] Dieses Nutzungsrecht, so das BVerfG, stellt einen rechtlich geschützten Vermögenswert dar und ist dem Inhaber ebenso ausschließlich zugewiesen wie Eigentum an einer Sache. Die Berechtigung der DENIC e.G., den Vertrag aus wichtigem Grund zu kündigen, steht der Qualifizierung des vertraglichen Nutzungsanspruchs als verfassungsrechtlich geschütztes Eigentum nicht entgegen, sondern begrenzt lediglich den Umfang des Rechts.[455] 357

Unabhängig von diesem dem verfassungsrechtlichen Eigentumsschutz zugänglichen Nutzungsrecht kann dem Inhaber einer Internet-Domain aber an der die **Second-Level-Domain** bildenden Zeichenfolge eine **marken- oder kennzeichenrechtlich** begründete Rechtsstellung zukommen, die nach der Rechtsprechung 358

449 Die Recherche kann direkt bei <http://www.denic.de/de/whois/index.jsp> durchgeführt werden.

450 Im Internet: <http://www.eurid.eu>.

451 Dies gilt nicht für Subdomains! (s. Rn. 351, Fn. 440).

452 Nur ausnahmsweise kann auch die TLD kennzeichenrechtlich bedeutsam sein, etwa, wenn die SLD so gewählt wird, dass sie mit der TLD zusammen gelesen eine bestimmte Bedeutung erhält oder einem kollidierenden Kennzeichen außerhalb des Internet gleicht – vgl. hierzu LG Hamburg MMR 2003, 796 – tipp.ag; LG Hamburg Urt. v. 30.9.1998, 315 O 278/98 – xtra.net, sowie *Reinhart* WRP 2002, 628, 631 f.

453 *Koos* MMR 2004, 359, 360 ff.; wohl auch *Fezer* Markenrecht, § 3 Rn. 301.

454 BVerfG MarkenR 2005, 138 – ad-acta.de, mit Verweis auf *Viefhus* MMR 2000, 286, 287; *Kort* DB 2001, 249, 254; *Kazemi/Leopold* MMR 2004, 287, 290; *Nowrot* S. 9.

455 BVerfG a.a.O.

des Bundesverfassungsgerichts ihrerseits grundsätzlich gleichfalls vom Schutzbereich des Art. 14 Abs. 1 Satz 1 GG erfasst sein kann.[456] Ob eine (Second-Level-)Domain kennzeichenrechtliche Relevanz besitzt, hängt davon ab, in welchem Verhältnis ihre Aussage zu den Inhalten der Website steht, die sie in ihrer Funktion als Adresse bezeichnet. Maßgeblich ist das Verständnis der beteiligten Verkehrskreise.

1. Domain-Marken

359 Niemand ist gehindert, eine Wortmarke, die er im Register des DPMA (auf europäischer Ebene beim Harmonisierungsamt für den Binnenmarkt (HABM) oder im Wege der internationalen Registrierung über die WIPO) hat registrieren lassen, in identischer Form als Second-Level-Domain zu nutzen. Gegenüber der Registermarke ist der Kreis der als Second-Level-Domain schutzfähigen Zeichen jedoch einerseits weiter, andererseits enger:

- Weiter ist der Kreis tauglicher Zeichen insofern, als die Adressfunktion der Domain mit jedweder Buchstaben- oder Zahlenkombination erfüllt werden kann, sodass sämtliche lexikalisch bekannten Worte und – bezogen auf die unter einer Domainadresse angebotenen Waren und Dienstleistungen – auch **glatt beschreibende Begriffe** Verwendung finden können. Ein Freihaltebedürfnis zu Gunsten allgemeiner Begriffe gibt es hier nicht.[457]
- Enger ist der Kreis tauglicher Zeichen insofern, als die Domainadresse aus einem abschließenden **Katalog von Buchstaben und Zahlen** bestehen muss,[458] während als Marken auch bildliche Darstellungen, mittels Notenschrift fixierte Melodien usw. angemeldet werden können.[459] Auch innerhalb der Wortmarken decken sich die Kataloge der verwendungsfähigen Buchstaben, Zahlen und Satzzeichen nicht zur Gänze.[460]

Registermarken als Domains sind nur im Schnittbereich der beiden Kreise möglich, das heißt, wenn ein Zeichen sowohl Marke als auch Domain sein kann. Im Ergebnis trifft dies auf unterscheidungskräftige Wortmarken zu, die sich mit den vom jeweiligen Network Information Center (für .de: der DENIC) zugelassenen Zeichenkatalog bilden lassen.

---

456 Vgl. BVerfGE 51, 193, 216 ff.; 78, 58, 71 ff.; vgl. weiter *Kazemi/Leopold* MMR 2004, 289 f.; *Nowrot* S. 11 ff.

457 BGH MarkenR 2001, 475, 478 – Mitwohnzentrale.de, mit Verweis auf OLG Frankfurt GRUR 1997, 481 – wirtschaft-online.de; *Bettinger* CR 1997, 273, 274; *Ernst* BB 1997, 1057, 1061; sowie die a.A. von *Kur* CR 1996, 325, 328; s. hierzu auch *Sosnitza* K&R 2000, 209 ff. und *Nägele* WRP 2002, 138 ff.

458 Zusätzlich zu den 26 lateinischen Buchstaben, dem Bindestrich und den 10 Ziffern sind noch 92 weitere Zeichen möglich; eine Liste dieser Zeichen findet sich auf der Seite der DENIC unter <http://www.denic.de/de/domains/idns/liste.html>; Beschränkungen gibt es auch hinsichtlich der Länge: sie beträgt bei der DENIC mindestens drei und höchstens 63 Zeichen.

459 S. oben Rn. 126 ff.

460 Eine Liste der vom DPMA für Wortmarken zugelassenen Zeichen findet sich im Internet unter <http://www.dpma.de/formulare/anlage_2.pdf>. Danach sind etwa ein Ausrufezeichen oder das kaufmännische »&« möglich; anders dagegen der Zeichenkatalog der DENIC, s. Fn. 458.

Domain und Marke 360

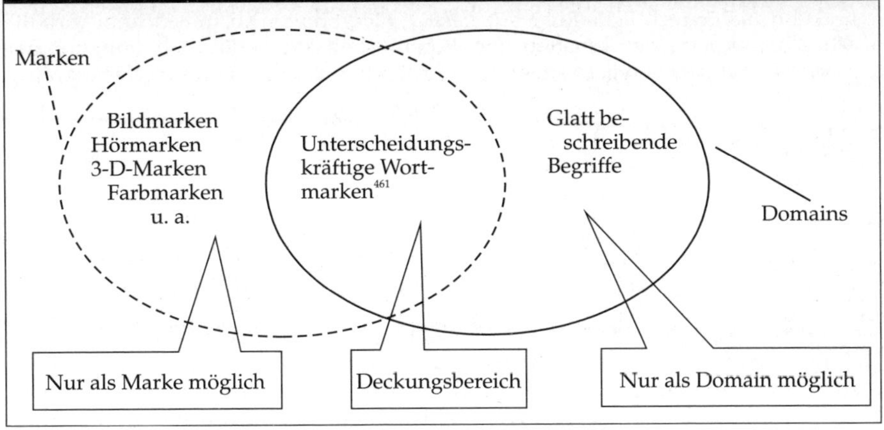

Übersicht 13: Domain und Marke

361 Von der Möglichkeit des Zusammenfallens von (Register-)Marke und Domain zu unterscheiden ist die Frage, ob die Verwendung der Marke als Second-Level-Domain eine **Benutzung** der Marke im Geschäftsverkehr darstellt. Denn nur wenn diese Frage bejaht werden kann, trägt die Nutzung der Domain zur Aufrechterhaltung des mit der Registrierung der Marke erlangten, aber vom sog. Benutzungszwang abhängigen Markenschutzes bei: Wird eine Marke innerhalb eines ununterbrochenen Zeitraumes von fünf Jahren nicht ernsthaft benutzt,[462] droht ihr die Löschung wegen Verfalls,[463] Ansprüche auf Unterlassung, Auskunft, Schadensersatz und Vernichtung können nicht mehr aus ihr abgeleitet, entsprechenden Klagen kann die Verfallsreife einredeweise entgegengehalten werden.[464]

362 Der Einsatz einer Marke als Second-Level-Domain kann eine ernsthafte Benutzung im Sinne des § 26 MarkenG darstellen. Dem steht nicht entgegen, dass die Marke dem Nutzer der Domain nicht in unmittelbarem Zusammenhang mit einer Ware oder Dienstleistung begegnet. Die amtliche Begründung zu § 26 MarkenG weist darauf hin, dass die unmittelbare körperliche Verbindung von Marke und Ware für die rechtserhaltende Benutzung nicht erforderlich ist und dass die Marke nur als solche funktionsgerecht benutzt werden muss, wofür die Benutzung auf Geschäftspapieren, in Katalogen und in der Werbung ausreichen kann.[465] Notwendig, aber auch ausreichend ist insofern, dass der Verkehr auf Grund der Verwendung der Marke in der Domain diese als ein die Ware identifizierendes Unterscheidungszeichen erkennt. Ob dies der Fall ist, kann nur anhand der konkreten Umstände des Einzelfalles festgestellt werden.

461 Die Wortmarken müssen aus dem Kreis der vom DPMA wie auch von der DENIC akzeptierten Zeichen gebildet sein.
462 S. § 26 MarkenG.
463 §§ 49, 52 MarkenG.
464 § 25 MarkenG.
465 BT-Drs. 12/6581, S. 83; *Fezer* Markenrecht, § 26 Rn. 4 ff.

363 Die Second-Level-Domain wird generell dann als Marke erkannt und verstanden,

- wenn sie mit einer auch außerhalb des Internet präsenten Marke identisch ist und
- wenn die Waren oder Dienstleistungen, für die sie verwendet wird, unter der Domainadresse angeboten werden.

Dabei kommt es grundsätzlich nur auf die Second-Level-Domain an, weil einer Top-Level-Domain wie ».de« oder ».com« jede Unterscheidungskraft fehlt. Dagegen können Marken auch in Subdomains benutzt werden, etwa, wenn die Second-Level-Domain generisch gehalten ist.[466]

364 Werden dagegen unter der Domainadresse keine Waren oder Dienstleistungen angeboten, kann einer Second-Level-Domain auch schwerlich die Bedeutung eines produktidentifizierenden Kennzeichens zugemessen werden. Präsentiert sich auf dieser Seite ein Unternehmen, kommt eher ein Verständnis als Unternehmenskennzeichen in Betracht. Auch eine ausschließlich über das Internet angebotene Dienstleistung wie etwa die Datenbank »Juris« kann mit diesem Begriff in einer Domain markenmäßig identifiziert werden. Entscheidend ist immer das Verständnis der beteiligten Verkehrskreise, für die wiederum die Nähe der Domain zum Produkt und die Präsenz einer Marke am Markt im Übrigen wichtige Faktoren sind.

365 Bei einer hinreichend deutlichen Verwendung der Domain zum Vertrieb von Waren oder Dienstleistungen[467] kann an der Second-Level-Domain auch eine **Benutzungsmarke** entstehen; Markenschutz ist dann – im Unterschied zur Registermarke – davon abhängig, dass sich das Zeichen »innerhalb beteiligter Kreise als Marke Verkehrsgeltung erworben hat«,[468] das heißt, dass das relevante Publikum die Domain als ein betriebliches Herkunftszeichen erkennt. Auch folgt aus der kumulativen Anwendung der Voraussetzungen für Domains und Marken, dass die Second-Level-Domain nicht Benutzungsmarke werden kann, solange sie im Hinblick auf die zugehörigen Waren oder Dienstleistungen keine Unterscheidungskraft im Sinne des § 8 Abs. 2 Nr. 1 MarkenG besitzt oder ihr ein anderes Freihaltebedürfnis[469] entgegensteht; wie außerhalb des Internet, besteht freilich auch hier die Option, Unterscheidungskraft im Wege der Verkehrsdurchsetzung zu gewinnen.[470]

2. Domain-Unternehmenskennzeichen und Domain-Werktitel

366 Für **Unternehmenskennzeichen** in Domainadressen gilt im Grundsatz nichts anderes als für Marken. Die Second-Level-Domain einer Internetadresse kann zugleich eine besondere Geschäfts- oder Unternehmensbezeichnung im Sinne des § 5 Abs. 2 Satz 1 MarkenG sein oder ein Geschäftsabzeichen oder sonstiges betriebliches Unterscheidungszeichen im Sinne des § 5 Abs. 2 Satz 2 MarkenG wieder geben. Während besondere Geschäfts- oder Unternehmensbezeichnungen auf Grund ihrer genuinen Unterscheidungseignung bereits mit der ersten Benutzungsaufnahme Kennzeichenschutz genießen, erlangen die Geschäftsabzeichen und sonstigen be-

466 Fiktives Beispiel: <www.nivea.creme.de>.
467 *Fezer* WRP 2000, 669, 671.
468 § 4 Nr. 3 MarkenG.
469 S. dazu unten Rn. 412 ff., 436 ff.
470 S. dazu unten Rn. 484 ff.

trieblichen Unterscheidungszeichen erst dann Kennzeichenschutz, wenn sie innerhalb der beteiligten Verkehrskreise Verkehrsgeltung erlangt haben. Für den Einsatz unternehmensidentifizierender Zeichen im Rahmen einer Domain gilt nichts anderes. In territorialer Hinsicht bietet die Benutzung eines Unternehmenskennzeichens innerhalb einer Domain die Chance, einen bereits außerhalb bestehenden, regional begrenzten Schutz räumlich auszuweiten.[471]

Die angesprochenen Verkehrskreise werden ein Unternehmenskennzeichen inner- 367
halb einer Domain regelmäßig dann als solches erkennen und verstehen, wenn es sich dabei um eine auch außerhalb des Internet verwendete Firma oder ein Firmenschlagwort handelt. Unerlässlich ist dies freilich nicht, wie etwa ausschließlich im Internet agierende Unternehmen – Online-Banken, Verkaufsplattformen, Datenbanken usw. – belegen. Auch müssen in- und außerhalb des Internet verwendete Unternehmenskennzeichen oder Firmenschlagworte nicht identisch sein; ein Unternehmen kann aus unterschiedlichen Motiven im Internet unter einer anderen, eigenen Bezeichnung auftreten und auch für diese den kennzeichenrechtlichen Schutz des § 5 MarkenG erwerben, wenn nur die so gebildete Domain von ihren Nutzern zumindest auch als namensartiger Hinweis auf das dahinter stehende Unternehmen und nicht ausschließlich als Adresse verstanden wird.[472] Wo Second-Level-Domains aus Firmen oder Firmenschlagworten oder aus Namen von Personen, Städten oder Ländern gebildet sind, kommt ihnen auch der Namensschutz des § 12 BGB zu, der vor allem bei einem fehlenden gewerblichen Kontext subsidiären Schutz zum kennzeichenrechtlichen Schutz bietet.[473]

Werktitel kann eine Second-Level-Domain insbesondere dann sein, wenn sie eine 368
Website adressiert, auf der ein als solches titelschutzfähiges Werk – etwa eine Online-Zeitung – wiedergegeben wird. Aber auch eine sonstige Website kann, wenn sie die Kriterien eines Werkes im Sinne des § 5 Abs. 3 MarkenG erfüllt,[474] ihre Domain als Titel nutzen. Dies setzt freilich voraus, dass der Inhalt dieser Seite über das hinausgeht, was für den Aufbau und die Gestaltung eines Internetauftritts üblich ist. Läge es anders, erschiene jede Website als Werk, ihre Domain als dessen Titel. In diesem Sinne werden Domains aber vom Verkehr nicht verstanden. Die Domain hat deshalb nur dann den Charakter eines Titels, wenn die mit ihr adressierte Seite das immaterielle Arbeitsergebnis einer geistigen Leistung wieder gibt und die Domain von den beteiligten Verkehrskreisen als deren unterscheidungskräftiger Name aufgefasst wird.[475]

Beispiel: Ein Unternehmen, das über das Internet einen Versandhandel mit 369
Taschenwerkzeugen betreibt, ist unter der Domain http://www.toolshop.de auffindbar. Es wehrt sich gegen einen Konkurrenten, der ähnliche Waren unter der Domain http://www.toolshopping.de anbietet.

In **technischer** Hinsicht ist die begriffliche Nähe der beiden Second-Level-Domains ohne jeden Belang, da sie für unterschiedliche IP-Adressen stehen, wofür schon die Abweichung der beiden Adressen in einem ein-

471 *Fezer/Jung-Weiser* UWG, § 4 S11 Rn. 71.
472 OLG München ZUM 2000, 71 – tnet.de.
473 BGH NJW 2002, 2031 – shell.de.
474 S. oben Rn. 250 ff.
475 Die Rechtsprechung ist insoweit großzügig, vgl. OLG Dresden CR 1999, 102, 103 – dresden-online.de.

zigen Zeichen ausreichte. Ein **kennzeichenrechtlicher** Abwehranspruch setzt voraus, dass die prioritätsältere Bezeichnung »toolshop« vom Verkehr – über ihre Addressfunktion hinaus – als Marke, Unternehmenskennzeichen oder Werktitel verstanden wird und die Ähnlichkeit des jüngeren Zeichens »toolshopping« Verwechslungsgefahr begründet.

Da der Begriff »toolshop« jedoch – ungeachtet seiner Fremdsprachigkeit – ausschließlich beschreibt, was unter der so gestalteten Adresse geschieht, nämlich der Verkauf von Werkzeugen, fehlt ihm jede Unterscheidungskraft, er ist »glatt beschreibend«. Für seine Funktion als Domain ist dies unschädlich, dagegen scheitern kennzeichenrechtliche Ansprüche an diesem Mangel, gleich ob damit als Geschäftsbezeichnung ein Unternehmen oder als Werktitel ein Warenkatalog gekennzeichnet werden soll.[476]

3. Geografische Herkunftsangaben als Domain

370 Dass auch geografische Herkunftsangaben als Second-Level-Domain auftreten können, zeigt die Entscheidung »champagner.de«.[477] Die Verwendung der Bezeichnung »Champagner«, die als Herkunftsangabe von besonderem Ruf umfassenden kennzeichenrechtlichen Schutz genießt,[478] blieb nur deshalb im Ergebnis unbeanstandet, weil die so adressierte Internetseite der Information und Werbung für Champagner gewidmet war und der Betreiber nicht selbst Waren oder Dienstleistungen anbot oder bewarb.

4. Multiple kennzeichenrechtliche Relevanz

371 Es ist durchaus nicht ausgeschlossen, dass eine Domain mehrere Kennzeichenarten beinhaltet. Nicht anders als außerhalb des Internet, wo etwa Marke und Unternehmenskennzeichen (Beispiele: Volkswagen, Maggi, Shell), Unternehmenskennzeichen und Werktitel (Beispiel: FAZ) oder Werktitel und Marke (Beispiel: PowerPoint) zusammenfallen können, kann auch die Second-Level-Domain mehrere Kennzeichenarten repräsentieren. Kennzeichenrechtlich sind diese je für sich zu betrachten. So kann etwa der Titelschutz oder der Schutz eines Unternehmenskennzeichens bei gegebener Unterscheidungskraft mit der ersten Benutzungsaufnahme entstanden sein, während der Zeitrang einer gleich lautenden Marke außerhalb des Registers an die Erlangung von Verkehrsgeltung geknüpft ist.[479]

---

476 KG Berlin MarkenR 2000, 376 – toolshop.

477 OLG München GRUR-RR 2002, 17 – champagner.de; s. auch LG Hamburg, Urt. v. 21.22.1006, 312 O 426/06.

478 S. oben Rn. 300 ff., 303 ff.

479 Eben dies spielte im Falle PowerPoint eine erhebliche Rolle, s. oben Fn. 265, 269.

Beispiel: 372

- Second-Level-Domain: www.**spiegel**.de
- (Register-)Marke: Der Spiegel
- Unternehmenskennzeichen: Spiegel Verlag Rudolf Augstein GmbH & Co KG
- Firmenschlagwort: Spiegel
- Titel: Der Spiegel

III. Zeichenkollisionen in beide Richtungen

Domainnamen mit kennzeichenrechtlicher Natur können in Kollisionsfällen gleichermaßen die Position des Verletzers wie die des Verletzten einnehmen – die kennzeichenrechtliche Relevanz einer Domain kann sowohl die Aktiv- als auch die Passivlegitimation ihres Inhabers begründen. 373

1. Ansprüche gegen Domain

Da Internetadressen nicht nur von Unternehmen genutzt werden, ist es geboten, jedem kennzeichenrechtlichen Domainkonflikt die Prüfung voranzustellen, ob die unter der Domain abrufbaren Inhalte in einem gewerblichen Kontext stehen. Denn nur da, wo ein Handeln **im geschäftlichen Verkehr** festgestellt werden kann,[480] kommen kennzeichenrechtliche Ansprüche überhaupt in Betracht. Zum Handeln im geschäftlichen Verkehr zählt jede Betätigung, die einem beliebigen eigenen oder fremden Geschäftszweck dient. Nicht erfasst werden dagegen rein private, wissenschaftliche, politische oder amtliche Handlungen.[481] Vor diesem Hintergrund gilt: 374

- Steht die Domain in keinem geschäftlichen Kontext, kann sie meist nur **namensrechtlich** angegriffen werden: der Namensschutz des § 12 BGB, der nicht nur Privatpersonen, sondern auch Unternehmen,[482] Vereinen,[483] Organisationen und Gebietskörperschaften[484] zukommt, ist unabhängig von einem Handeln im Geschäftsverkehr. Dasselbe gilt für deliktsrechtliche Ansprüche aus den §§ 823, 826, 1004 BGB bei sittenwidrigem Handeln des Domaininhabers.[485] 375
- Steht die Domain in einem geschäftlichen Kontext, ist sie **kennzeichenrechtlichen** Ansprüchen – aus prioritätsälteren Marken, aus geschäftlichen Bezeichnungen oder geografischen Herkunftsangaben – ausgesetzt, die dann dem BGB-

480 Vgl. §§ 14 Abs. 2, 15 Abs. 2 MarkenG; Art. 5 Abs. 1 Satz 2 MarkenRL 89/104/EWG.
481 BGH MarkenR 2004, 122, 123 f. – GeDIOS.
482 BGH NJW 2002, 2031 – shell.de.
483 Vgl. LG Düsseldorf CR 1998, 688 – jpnw.de.
484 LG Mannheim NJW 1996, 2736 – heidelberg.de; LG Lüneburg CR 1997, 288 – celle.de; OLG Düsseldorf WRP 2003, 1254 – solingen.info.
485 OLG Frankfurt WRP 2000, 645, 646 – weideglueck.de.

Namensrecht regelmäßig vorgehen.[486] Den Rückgriff auf das Namensrecht des BGB hält sich die Rechtsprechung aber offen, um in besonderen Fällen – etwa der Gleichnamigkeit – zu adäquaten Lösungen zu gelangen. Ergänzend kommen wettbewerbsrechtliche Ansprüche nach den § 3, 5 UWG in Betracht, wo ein besonders unlauteres Verhalten vorliegt.[487]

376 • Ist die Domain zwar bereits eingerichtet, die mit ihr adressierte Homepage aber noch ohne Inhalt, gilt für ihre Einordnung:

  - Grundsätzlich kann der Domain ohne Inhalt keine Verwendung »im geschäftlichen Verkehr« unterstellt werden. Eine solche folgt auch nicht aus einer generischen Top-Level-Domain wie ».com«, da entsprechende Second-Level-Domains auch an Private vergeben werden. Damit scheiden kennzeichenrechtliche Ansprüche gegen den Inhaber aus.
  - Etwas anderes gilt, wenn der Inhaber die Domain als solche wirtschaftlich verwerten, also veräußern oder lizenzieren will oder wenn die Domain eine bekannte oder zumindest sehr kennzeichnungskräftige Marke übernimmt oder nur geringfügig verändert, sodass eine kommerzielle Verwendung zu erwarten ist.

377 Sichere Indizien für ein Handeln im geschäftlichen Verkehr unter einer Second-Level-Domain sind das Angebot von Waren oder Dienstleistungen oder die Präsentation eines Unternehmens auf der zugehörigen Homepage sowie die Bannerwerbung Dritter auf dieser Homepage[488]. Dagegen kommt es auf den einzelnen Fall an, wenn lediglich ein Link auf der Homepage zu einer anderen Seite führt, die ihrerseits in einem geschäftlichen Kontext steht.

378 Beispiele kennzeichenrechtlicher Ansprüche gegen eine Domain:[489]

(1) **Marke** gegen Domain: **BMW ./. bmw4u.de**

Zwischen der berühmten Kraftfahrzeugmarke »BMW« und der Bezeichnung »bmw4u« im Rahmen einer Internet-Domain besteht bei sehr hoher Zeichenähnlichkeit und identischen Dienstleistungen jedenfalls mittelbare Verwechslungsgefahr.[490] Der Verkehr wird ohne weiteres davon ausgehen, dass die Verantwortlichen einer derartig gekennzeichneten Internet-Seite im geschäftlichen Verkehr zum Markeninhaber stehen. Daneben handelt es sich bei der Marke »BMW« um eine bekannte Marke, deren Bekanntheit die angegriffene Bezeichnung in unlauterer Weise ausnutzt.[491]

---

486 BGH NJW 2002, 2031 – shell.de.

487 Hierher zählen insbesondere die Fälle des sog. Domaingrabbing, vgl. LG Düsseldorf GRUR 1998, 159, 164 – epson.de; generische Domains (Gattungsdomains) begründen nicht den Vorwurf unlauteren Handelns, BGH MarkenR 2001, 475 – mitwohnzentrale.de.

488 LG Hamburg MMR 2000, 436, 437 – luckystrike.de.

489 Die für eine kennzeichenrechtliche Kollision neben der Identität oder Ähnlichkeit der involvierten Zeichen maßgebliche Identität oder Ähnlichkeit der zugehörigen Waren oder Dienstleistungen war in den genannten Fällen gegeben. S. dazu unten Rn. 678 ff.

490 Zu den Kriterien der markenrechtlichen Kollision s. Rn. 658 ff.

491 LG München CR 2005, 532 – bmw4u.de.

(2)**Unternehmenskennzeichen**[492] gegen Domain: **combit ./. kompit.de**

Die Verwechslungsgefahr bei einer Internetdomain, die dem prioritätsälteren Klagezeichen ähnlich ist, wird nicht dadurch aufgehoben, dass der das Internet nutzende Verbraucher bei der Wahrnehmung von Domains auf kleinste Unterschiede in der Schreibweise achtet. Die markenrechtliche Verwechslungsgefahr wird auch nicht durch den Inhalt der Internetseite beseitigt, deren Domainname dem prioritätsälteren Klagezeichen ähnlich ist. Der Umstand, dass der Inhaber des Klagezeichens selbst eine mit diesem gleich lautende Internetdomain (»combit.de«) besitzt, schließt nicht die Verwechslungsgefahr zwischen der Unternehmensbezeichnung (»combit«) und dem zeichenähnlichen Domainnamen (»kompit«) aus.[493]

(3) **Werktitel** gegen Domain: **Eltern ./. eltern-online.de**

Die Internet-Domain »eltern-online.de« für ein Internetportal, das »allen mit dem Begriff eltern-online in Zusammenhang stehenden Branchen, Firmen und Personen kostenlose Eintragungen in Rubriken« ermöglichen soll, verletzt die älteren Rechte am Werktitel der Zeitschrift ELTERN.[494]

(4) **Geografische Herkunftsangabe** gegen Domain: **Cambridge ./. cambridgeinstitute.ch**

»Cambridge« ist eine geografische Herkunftsangabe für die Dienstleistung der Durchführung von Sprachprüfungen in Englisch. Verwendet eine Sprachschule die Bezeichnung »Cambridge Institute«, obwohl ihre Kurse ohne Autorisierung oder sachliche Einflussnahme der in Cambridge ansässigen Universität erstellt und durchgeführt werden, so begründet das die Gefahr der Irreführung über die geografische Herkunft dieser Dienstleistungen.[495]

2. Ansprüche aus Domain

Die umgekehrte Konstellation, dass aus einer Domain kennzeichenrechtliche Ansprüche gegen ein anderes Kennzeichen – eine prioritätsjüngere Marke oder geschäftliche Bezeichnung, einen Werktitel oder eine geografische Herkunftsangabe – geltend gemacht werden, weist dann keine Besonderheiten auf, wenn der Inhaber der Domain bereits zuvor gleich lautende Kennzeichenrechte außerhalb des Internet erworben hat: Wer bereits Inhaber einer Marke »arlon« ist und sodann eine Domainadresse http://www.arlon.de einrichtet, kann in Kollisionsfällen mit Kennzeichen Dritter ohnehin bereits aus der Marke vorgehen. Die parallele Internetadresse spielt dabei allenfalls insoweit eine Rolle, als sie eine taugliche (»Online-«)Benut- 379

492 Das klägerische Zeichen war zugleich als Marke geschützt.
493 OLG Hamburg MMR 2006, 226 – combit/kompit.de.
494 OLG Hamburg GRUR-RR 2004, 104 – eltern-online.de.
495 OLG München GRUR-RR 2004, 171 – Cambridge Institute.

zung der (»Offline-«)Marke darstellt und damit zur Aufrechterhaltung ihres Schutzes bzw. zur Abwehr einer allfälligen Löschungsreife beitragen kann.[496]

380 Dagegen wird die Second-Level-Domain als **selbstständige** Grundlage für kennzeichenrechtliche Abwehransprüche interessant, wenn sie sich als **Benutzungsmarke** Verkehrsgeltung erworben hat. Da Marke und Produkt nicht miteinander verbunden sein müssen, ist dies ohne weiteres möglich, wenn nur der Verkehr die Domain nicht nur als Adresse, sondern zumindest auch als eine herkunftsidentifizierende Bezeichnung der Waren oder Dienstleistungen auffasst, die unter der Domain angeboten oder vertrieben werden.[497] In diesem Fall kann die Domain als Marke kraft Verkehrsgeltung eine fehlende Registermarke ersetzen oder gegenüber einer erfolgten Registrierung desselben Zeichens eine Vorverlegung der Priorität begründen, wenn die Verkehrsgeltung des Online-Zeichens schon zu einem früheren Zeitpunkt erreicht wurde.

---

496 S. oben Rn. 359, 361.
497 S. oben Rn. 363.

Kapitel 3 Markenschutz – Entstehung und Erhaltung

A. Entstehungsalternativen, Vorzüge des Registerschutzes

Das Markengesetz benennt drei Wege zum Schutz eines Zeichens als Marke. Wer nach § 7 MarkenG Inhaber einer Marke sein kann,[1] erlangt Markenschutz an einem Zeichen alternativ oder kumulativ **381**

- durch Eintragung als Marke in das vom Patentamt (DPMA) geführte **Register**
- durch **Benutzung** des Zeichens im geschäftlichen Verkehr **und** dadurch innerhalb beteiligter Verkehrskreise erlangter **Verkehrsgeltung** sowie
- infolge **notorischer Bekanntheit** im Sinne des Art. 6bis der Pariser Verbandsübereinkunft (PVÜ).[2]

Die so entstehenden Marken werden entsprechend Registermarke, Benutzungsmarke und Notorietätsmarke genannt.

Der rechtliche Schutz von Register-, Benutzungs- und Notorietätsmarken ist im Grundsatz derselbe, das heißt die Ansprüche ihrer Inhaber auf exklusive Nutzung und Verteidigung des Zeichens sind – wenn, wo und solange die jeweilige Marke Schutz genießt – keine anderen als die aus den jeweils anderen Markentypen. Unterschiede ergeben sich allerdings aus den verschiedenen Wegen der Genese des Markenschutzes im Hinblick auf den **Zeitrang** eines Zeichens sowie die **territoriale Erstreckung** ihres Schutzes: **382**

- Die eingetragene Marke genießt bundesweiten Schutz gegen unbefugte Benutzung oder Nachahmung, wobei der Beginn des Schutzes an den formalen Akt der Anmeldung anknüpft: wo nicht ein noch davor liegender Prioritätstag[3] in Anspruch genommen wird, ist nach § 6 Abs. 2 MarkenG für die Bestimmung des Zeitranges von angemeldeten oder eingetragenen Marken der Anmeldetag[4] maßgeblich. Der territoriale Schutzbereich deckt sich mit dem Geltungsbereich des MarkenG. Ob die Marke tatsächlich bundesweit oder nur in einem Teil des Bundesgebietes benutzt wird, ist ohne Belang.
- Im Unterschied zur Registermarke führt die Abhängigkeit des Markenschutzes einer Benutzungsmarke von der faktisch erreichten Verkehrsgeltung eines Zeichens zu einer entsprechenden **räumlichen Abhängigkeit**: Territorial beschränkte Verkehrsgeltung bedingt auch territorial beschränkten Markenschutz. Liegt es so, bleibt der Schutz der Benutzungsmarke auf den entsprechenden Wirtschaftsraum beschränkt.[5] Allenfalls eine absehbare Expansion des Inhaberunternehmens erlaubt – dem Schutz von Unternehmenskennzeichen vergleichbar[6] – einen entsprechend erweiterten Schutzraum. Außerhalb dieses Raumes benutzte Zeichen können, auch wenn sie in identischer oder verwechslungsfähig ähnlicher **383**

1 S. dazu unten Rn. 386 ff.
2 BGBl. 1970 II, S. 391; 1984 II, S. 799.
3 S. §§ 34, 35 MarkenG sowie unten Rn. 524 ff.
4 § 33 Abs. 1 MarkenG.
5 BGH GRUR 1979, 470, 471 – RBB/RBT.
6 S. oben Rn. 250 ff., 273 ff.

Form für dieselben oder ähnliche Waren oder Dienstleistungen verwendet werden, konfliktfrei koexistieren.

384 • Wo der **Zeitrang** gegenüber einem kollidierenden Zeichen in Rede steht, kommt es bei einem eingetragenen Zeichen auf den Zeitpunkt der Anmeldung an; bei einer Benutzungsmarke ist dagegen der Zeitpunkt maßgeblich, zu dem die für diesen Markentyp konstitutive Verkehrsgeltung erreicht wurde. Nichts anderes gilt für die Notorietät einer Notorietätsmarke: mit Erlangung der notorischen Bekanntheit beginnt ihr Schutz, der entsprechende Zeitpunkt bestimmt ihre Priorität. Der Unterschied zur Registermarke liegt in beiden Fällen nicht in einem geringeren materiellen Schutzniveau, sondern in der **faktischen** Schwierigkeit, den besseren Zeitrang eines Zeichens für die Vergangenheit prozessual erfolgreich zu belegen. Genügt der Registermarke dafür der Verweis auf das vom DPMA bestätigte Anmeldedatum, muss der Inhaber einer Benutzungsmarke gegenüber einem Verletzerzeichen mit eigener Priorität den Nachweis führen, dass sein Zeichen bereits zuvor Verkehrsgeltung erworben hat, sei es durch Rückrechnung aktuell erhobener empirischer Werte, sei es durch Umfragen mit vergangenheitsbezogener Fragestellung.[7]

385 Der aus diesen Unterschieden resultierende Vorteil der Registermarke – bundesweiter Schutz mit urkundlich belegter Priorität – lässt den **Registerschutz** als **eindeutig vorzugswürdig** erscheinen, zumal die Gebührenbelastung des Inhabers insbesondere im Vergleich zu geprüften technischen Schutzrechten überschaubar bleibt.[8] Auf den Schutz der Benutzungsmarke wird regelmäßig nur dann zurückgegriffen, wenn eine Registrierung versäumt wurde oder der Registrierung bereits eine Markenschutz begründende Benutzung vorausging, aus der sich ein besserer Zeitrang ableiten lässt. Darüber hinaus mag der Rekurs auf den Schutz von Benutzungsmarken zielführend sein, wenn ein Zeichen in Rede steht, dessen Eintragung in das Register am Erfordernis der grafischen Darstellbarkeit[9] gescheitert ist oder scheitern würde, das aber in den beteiligten Verkehrskreisen infolge seiner Benutzung als herkunftsidentifizierendes Zeichen als Marke Verkehrsgeltung erworben hat.[10]

B. Inhaber

386 Der Inhaber einer angemeldeten bzw. eingetragenen Marke ist der Träger aller Rechte, die sich mit ihr verbinden, vom subjektiven, ausschließlichen und eigentumsrechtlich geschützten Recht auf ihre Benutzung, Teilung, Übertragung oder Lizenzierung über die Abwehrrechte bei unbefugtem Gebrauch durch Dritte bis zum Strafantragsrecht nach § 143 MarkenG. Das Markengesetz regelt die Inhaberschaft

7 Vgl. BGH GRUR 2002, 544, 546 ff. – Bank 24.

8 Die Gebühr für die Anmeldung/Eintragung einer Marke mit bis zu drei Waren-/Dienstleistungsklassen liegt gegenwärtig bei 290 € (elektr. Anmeldung) bzw. 300 € (Papierform), §§ 2 Abs. 1 PatKostG, Nr. 331 000, 331 100 GebVerz.

9 S. dazu oben Rn. 142 ff.

10 Die Anerkennung eines solchen Markenschutzes setzt allerdings voraus, dass der Kreis schutzfähiger Zeichen für Benutzungsmarken insoweit weiter gezogen wird als der für Registermarken; dagegen spricht jedoch der Grundsatz der Einheitlichkeit des Kennzeichenrechts (explizit für eine Freistellung der Benutzungsmarke vom Erfordernis der grafischen Darstellbarkeit *Ströbele/Hacker* § 4 Rn. 12); offen gelassen in OLG Frankfurt/M. GRUR 2000, 1063, 1066 – Spee-Fuchs.

an Marken in § 7 MarkenG lediglich für Registermarken. Inhaber von angemeldeten und eingetragenen Marken können danach sein:

- natürliche Personen,
- juristische Personen oder
- Personengesellschaften mit der Fähigkeit, Rechte zu erwerben und Verbindlichkeiten einzugehen

Für Kollektivmarken gilt § 98 MarkenG speziell.[11] Kann der Anmelder einer Marke nicht nach § 7 MarkenG Inhaber einer Marke sein, weist das DPMA eine Anmeldung zurück.[12] Fällt das Eintragungshindernis der fehlenden Markenrechtsfähigkeit im Laufe des Eintragungs- oder des Beschwerdeverfahrens weg, weil z.B. die zunächst von einem nichtrechtsfähigen Verein angemeldete Marke auf einen rechtsfähigen übertragen wird, so kann die Marke in entsprechender Anwendung des § 37 Abs. 2 MarkenG mit Einverständnis des neuen Anmelders mit dem Zeitrang des Wegfalls des Schutzhindernisses eingetragen werden.[13]

Für Benutzungsmarken und Notorietätsmarken ist der Kreis tauglicher Inhaber 387 nach dem Grundsatz der **Einheitlichkeit des Kennzeichenrechts** gleich zu ziehen wie für Registermarken. Weil die Verkehrsgeltung und mit ihr der Schutzbereich von Benutzungsmarken aber territorial beschränkt sein kann, ist es nicht ausgeschlossen, dass identische Zeichen für identische Produkte von verschiedenen Inhabern in jeweils einem anderen Wirtschaftsraum innerhalb Deutschlands konfliktfrei gehalten werden.

I. Selbstständigkeit (Nichtakzessorietät) der Marke

Historisch war die Marke immer an den Geschäftsbetrieb gebunden, für dessen Wa- 388 ren oder Dienstleistungen sie verwendet wurde. Das Warenzeichengesetz (WZG)[14] verlangte schon für die Eintragung eines Warenzeichens die Existenz eines Geschäftsbetriebes. Die einmal eingetragene Marke konnte auch nicht ohne parallele Übertragung des Geschäftsbetriebes oder -betriebsteiles auf einen anderen übertragen werden. Erst mit dem sog. Erstreckungsgesetz wurde 1992 der Weg für die freie Übertragbarkeit einer Marke eröffnet.[15] Zudem wurden das Erfordernis der Angabe des Geschäftsbetriebes bei der Anmeldung eines Warenzeichens[16] und der Löschungsgrund des Wegfalls des Geschäftsbetriebes[17] aufgehoben; § 1 WZG, der die Entstehung eines Warenzeichens an einen Geschäftsbetrieb band, blieb allerdings unverändert.

11 Zur Kollektivmarke s. oben Rn. 238 ff.
12 § 36 Abs. 5 MarkenG.
13 BPatG MarkenR 2005, 416 – Courage.
14 BGBl. 1968 I, S. 29, zul. geändert durch Gesetz v. 2. Sept. 1994, BGBl. I, S. 2278.
15 § 47 ErstrG (BGBl. I 1992, S. 931) gab § 8 WZG den Wortlaut: »Das durch die Anmeldung oder Eintragung eines Warenzeichens begründete Recht kann unabhängig von der Übertragung des Geschäftsbetriebs oder des Teils des Geschäftsbetriebs, zu dem das Warenzeichen gehört, auf andere übertagen werden oder übergehen.«
16 § 2 Abs. 1 Satz 3 WZG.
17 § 11 Abs. 1 Nr. 2 WZG.

389 Das 1996 in Kraft getretene Markengesetz[18] schließlich verzichtete – in Umsetzung der Markenrichtlinie 89/104/EWG – erstmals auf jede Anbindung des Markenschutzes an einen Geschäftsbetrieb, sodass nun auch jede Privatperson Marken anmelden und eintragen lassen kann.[19] Damit ist die vollständige, sog. **Nichtakzessorietät** der Marke verwirklicht. Von der Entbehrlichkeit eines Geschäftsbetriebes zu trennen ist allerdings der **Benutzungswille** des Anmelders, dessen völliges Fehlen Bösgläubigkeit bzw. den Vorwurf einer »Spekulationsmarke« begründen kann.[20] Dagegen verbietet sich jeder voreilige Schluss von einem fehlenden Gewerbebetrieb des Anmelders auf einen etwaigen Missbrauch des Markenrechts.

II. Taugliche Unternehmensformen

390 Neben den **natürlichen** Personen kommen alle **juristischen Personen** als Inhaber einer Marke in Betracht, das heißt sowohl die bekannten Gesellschaftsformen des Privatrechts[21] wie auch die juristischen Personen des öffentlichen Rechts.[22] Während mit den »**Personengesellschaften**, sofern sie mit der Fähigkeit ausgestattet sind, Rechte zu erwerben und Verbindlichkeiten einzugehen« nach § 7 Nr. 3 MarkenG zweifelsohne die **Handelsgesellschaften** OHG und KG, die GmbH&Co KG sowie die Partnerschaftsgesellschaft (PartG) und die Europäische wirtschaftliche Interessenvereinigung (EWIV) als taugliche Inhaber erfasst sind, galt die Gesellschaft bürgerlichen Rechts (GbR) lange Zeit nicht als markenfähig.[23] Ihre Gesellschafter sollten danach eine Marke nur gemeinschaftlich, das heißt unter Nennung aller Namen und Anschriften der Gesellschafter als Anmelder, erwerben können.

391 Die außerhalb des Kennzeichenrechts erfolgte Anerkennung der Rechts- und Parteifähigkeit der **Gesellschaft bürgerlichen Rechts (GbR)** als am Geschäftsverkehr teilnehmende Außengesellschaft[24] hat jedoch nun auch zu ihrer kennzeichenrechtlichen Anerkennung als taugliche Inhaberin einer Marke geführt.[25] Nach § 5 Abs. 1 Nr. 2 Satz 3 der Markenverordnung[26] sind bei einer Anmeldung durch eine Gesellschaft bürgerlichen Rechts nur mehr »der Name und die Anschrift mindestens eines vertretungsberechtigten Gesellschafters anzugeben.«

392 Ein **nachträglicher** Wegfall der Inhabereigenschaft nach § 7 MarkenG rechtfertigt die Löschung einer Registermarke wegen Verfalls.[27]

---

18 Gesetz über den Schutz von Marken und sonstigen Kennzeichen vom 25. Oktober 1994 (Markengesetz – MarkenG), BGBl. I S. 3082, ber. BGBl. 1995 I S. 156; zul. geänd. durch Art. 4 Abs. 19 Gesetz v. 17. Dezember 2006, BGBl. I S. 3171.

19 BGH MarkenR 2001, 60, 64 – Classe E.

20 In diesem Sinne BGH MarkenR 2001, 60, 64 – Classe E; s. dazu nachfolgend Rn. 456 ff.

21 Insbesondere der rechtsfähiger Verein, die Stiftung, AG, GmbH, KGaA und die eG.

22 Rechtsfähige Körperschaften, Anstalten und Stiftungen des öffentlichen Rechts.

23 So noch BGH MarkenR 2000, 355, 358 – Ballermann; ebenso die Vorauflage, Rn. 63.

24 Vgl. BGH NJW 2002, 1207.

25 Mitteilung des Präsidenten des DPMA Nr. 4/05 über die Schutzrechts-, Anmelde- und Registerfähigkeit der Gesellschaft bürgerlichen Rechts v. 13.12.2004.

26 Verordnung zur Ausführung des Markengesetzes (Markenverordnung – MarkenV) vom 11.5.2004, BGBl. I, S. 872, zul. geänd. durch Artikel 4 der Verordnung vom 26. September 2006, BGBl. I, S. 2159 und Verordnung vom 22. November 2006 (Nr. 54), BGBl. I, S. 2660, in Kraft ab 1.1.2007.

27 Der Antrag kann von jedermann gestellt werden, § 49 Abs. 2 Nr. 3 MarkenG; s. unten Rn. 606 ff., 627 ff.

III. Legitimationswirkung der Eintragung

Nach § 28 Abs. 1 MarkenG wird zu Gunsten eines im Register des DPMA eingetragenen Inhabers einer Marke vermutet, dass ihm das durch die Eintragung begründete Recht zustehe. Schon in der Anmeldephase gilt für den Anmelder über § 31 MarkenG Entsprechendes. Die Vermutung der materiellen Berechtigung aus der formellen Inhaberschaft erleichtert im Prozess den Nachweis sowohl der **Aktiv-** wie auch der **Passivlegitimation**. Wie jede Vermutung kann auch die des § 28 Abs. 1 MarkenG vom jeweiligen Gegner entkräftet werden, der dann allerdings die dahingehende **Beweislast** trägt. 393

Im Falle der Übertragung oder des Übergangs des Rechts an einer Registermarke fallen bis zur Berichtigung des Registers die formelle Inhaberschaft und die materielle Berechtigung auseinander: der eingetragene Inhaber ist nicht mehr berechtigt, der berechtigte Inhaber noch nicht eingetragen. Damit in dieser Situation laufende Verfahren nicht zum Stillstand kommen, hatte bereits die Rechtsprechung zum WZG in Ermangelung einer dahingehenden gesetzlichen Regelung die Aktivlegitimation des Rechtsnachfolgers vom Zeitpunkt der Stellung eines Umschreibungsantrages an bejaht. Das MarkenG normiert dies nunmehr in § 28 Abs. 2 MarkenG: in Verfahren vor dem DPMA, vor dem BPatG und vor dem BGH kann der Rechtsnachfolger Ansprüche »von dem Zeitpunkt an geltend machen, in dem dem Patentamt der Antrag auf Eintragung des Rechtsüberganges zugegangen ist.« Die Übernahme eines laufenden Verfahrens durch den Rechtsnachfolger bedarf nicht der Zustimmung der übrigen Beteiligten. § 28 Abs. 2 Satz 3 MarkenG geht mit dieser speziellen Regelung der allgemeinen des § 265 Abs. 2 Satz 2 ZPO vor. Beteiligt sich der Rechtsnachfolger nicht, bleibt der noch als Inhaber eingetragene Rechtsvorgänger auf der Grundlage seiner formellen Berechtigung in entsprechender Anwendung des § 265 Abs. 2 ZPO verfahrensführungsbefugt.[28] 394

Die Zustellungen betreffende Regelung des § 28 Abs. 3 MarkenG trägt den vorgenannten Regelungen Rechnung. Zustellungen erfolgen danach in jedem Falle an den im Register eingetragenen Inhaber, sobald dem DPMA ein Antrag auf Eintragung eines Rechtsüberganges zugegangen ist auch an den darin genannten Rechtsnachfolger. Dieser wird dadurch in den Stand gesetzt, ein laufendes Verfahren seiner materiellen Rechtsstellung entsprechend an sich zu ziehen, wie dies § 28 Abs. 2 MarkenG erlaubt. 395

C. Markenschutz durch Registrierung

Der Schutz einer Marke nach § 4 Nr. 1 MarkenG (Registermarke) entsteht durch Anmeldung und Eintragung eines Zeichens für bestimmte Waren oder Dienstleistungen in das beim DPMA geführte Markenregister. Die materiellrechtlichen Voraussetzungen der Eintragung sind in einem eigenen Abschnitt des 2. Teils des Markengesetzes geregelt.[29] Das Eintragungsverfahren wird in §§ 32 ff. MarkenG be- 396

28 BGH GRUR 2000, 892 – MTS (zum Anmeldeverfahren); GRUR 1999, 245 – Libero (zum Widerspruchsverfahren).
29 §§ 7 ff. MarkenG.

schrieben; detaillierte Vorgaben dazu enthält die Markenverordnung.[30] Voraussetzung einer jeden Eintragung ist, dass ein tauglicher Inhaber[31] ein schutzfähiges Zeichen anmeldet, dem keine »absoluten«, das heißt in der Marke selbst liegenden Schutzhindernisse entgegenstehen.[32] Im Gegensatz zu den absoluten Schutzhindernissen verhindern die auf besseren Rechten Dritter beruhenden »relativen« Schutzhindernisse nicht die Eintragung, sondern führen allenfalls – auf Initiative des jeweiligen Inhabers – zur Löschung des einmal eingetragenen Zeichens.[33]

I. Als Marke schutzfähige Zeichen

397 Als Registermarke kann, wie § 3 MarkenG für alle Markentypen voraussetzt, nur ein Zeichen angemeldet werden, das generell geeignet ist, die Waren oder Dienstleistungen eines Unternehmens von denjenigen anderer Unternehmen zu unterscheiden. Entscheidend für diese Eignung ist die »**abstrakte Unterscheidungskraft**« genannte Fähigkeit, auf die Herkunft eines Produktes hinzuweisen; sie fällt mit der Zeicheneigenschaft zusammen, sodass zunächst einmal jedes mit den menschlichen Sinnen wahrnehmbare, abgrenzbare Phänomen, das als Träger einer Bedeutung wahrgenommen werden kann, auch ein Produkt nach seiner betrieblichen Herkunft kennzeichnen kann.[34] Dementsprechend weit ist der Beispielskatalog des § 3 MarkenG: »Worte, Namen, Abbildungen, Buchstaben, Zahlen, Hörzeichen, dreidimensionale Gestaltungen einschließlich der Form einer Ware oder ihrer Verpackung sowie sonstige Aufmachungen einschließlich Farben und Farbzusammenstellungen« umreißen den Kreis möglicher Markenzeichen, ohne ihn abschließend zu erfassen.

398 So weit ein dreidimensionales Zeichen mit der Form des Produktes zusammenfällt, dessen betriebliche Herkunft es kennzeichnen soll, schließt § 3 Abs. 2 MarkenG den Schutz dieser Form als Marke aus, wenn sie durch die Art der Ware selbst bedingt (»warenbedingt«) oder zur Erreichung einer technischen Wirkung erforderlich (»technisch bedingt«) ist oder wenn sie der Ware ihren wesentlichen Wert verleiht (»wertbedingte« Form). Alle drei Schutzausschließungsgründe lassen sich auf den Grundsatz der **Selbstständigkeit der Marke** zurückführen: in einer triadischen Struktur von Zeichen (Marke), Bedeutung (Herkunftshinweis) und Referenzobjekt dieser Bedeutung (Markenprodukt) dürfen Zeichen und bezeichnetes Produkt nicht gänzlich zusammenfallen: das Produkt muss zumindest gedanklich auch ohne die Marke, die Marke ohne das Produkt vorstellbar sein. Daran fehlt es, wenn die Ware ohne die in Rede stehende Form gar nicht als ein Exemplar ihrer Gattung gefertigt werden könnte, wenn sie ohne diese Form eine technische Wirkung nicht erzielte oder wenn die Form gerade ihren Marktwert ausmacht.[35]

---

30 S. Fn. 26.
31 § 7 MarkenG, s. oben Rn. 386 ff.
32 § 3 Abs. 2, § 8, § 10 MarkenG.
33 S. dazu unten Rn. 637 ff.
34 S dazu oben Rn. 3 ff., 13 ff., 28 ff.
35 S. dazu oben Rn. 189 ff.

II. Absolute Schutzhindernisse

Der Eintragung eines als Marke »abstrakt« schutzfähigen Zeichens können nach § 8 MarkenG eine Reihe von Hindernissen entgegenstehen, deren Vorliegen von Amts wegen geprüft wird.[36] Ihre Bezeichnung als »absolute« verdanken diese Schutzhindernisse dem Umstand, dass sie nicht vom Bestehen besserer Rechte Dritter abhängen, die ihrerseits als relative Schutzhindernisse bezeichnet werden;[37] anders als das Prädikat »absolut« vermuten lässt, sind die in der Praxis wichtigsten absoluten Schutzhindernisse aber nicht unüberwindlich: fehlende konkrete Unterscheidungskraft (§ 8 Abs. 2 Nr. 1 MarkenG), das Freihaltebedürfnis an beschreibenden Begriffen (§ 8 Abs. 2 Nr. 2 MarkenG) sowie der Schutzausschluss für übliche Bezeichnungen (§ 8 Abs. 2 Nr. 3 MarkenG) können überwunden werden, wenn sich die Marke zum Zeitpunkt der Entscheidung über ihre Eintragung »infolge ihrer Benutzung für die Waren oder Dienstleistungen, für die sie angemeldet worden ist, in den beteiligten Verkehrskreisen durchgesetzt hat« (§ 8 Abs. 3 MarkenG). **399**

Ohne Einschränkung gilt dagegen das Erfordernis der grafischen Darstellbarkeit nach § 8 Abs. 1 MarkenG, das die faktische Eintragung aller Zeichenarten in ein öffentliches Register garantiert und auch die übrigen Eintragungshindernisse des § 8 Abs. 2 Nr. 4 bis 10 MarkenG hindern, wo sie vorliegen, die Eintragung einer Marke endgültig. Zusammen mit den Schutzgrenzen des § 3 Abs. 2 MarkenG und der Berücksichtigung amtsbekannter Notorietät als »quasi-absolutem« Schutzhindernis nach §§ 10, 37 Abs. 4 MarkenG bestimmen sie den Prüfungsumfang des DPMA: Ist eine Marke nach §§ 3, 8 oder 10 MarkenG von der Eintragung ausgeschlossen, wird die Anmeldung zurückgewiesen.[38] **400**

---

36 Die Amtsprüfung erfolgt ausschließlich anhand der gesetzlichen Kriterien in richtlinienkonformer Auslegung; unerheblich ist, ob das angemeldete Zeichen für die angemeldeten Waren oder Dienstleistungen bereits einmal im In- oder Ausland für schutzfähig befunden worden ist; der sog. »Telle-quelle-Schutz« nach Art. 6 ^{quinquies} A I PVÜ ändert daran insoweit nichts, als die Markenrichtlinie die Ausschlussgründe der PVÜ übernommen hat.

37 S. § 9 MarkenG.

38 § 37 Abs. 1 MarkenG.

401 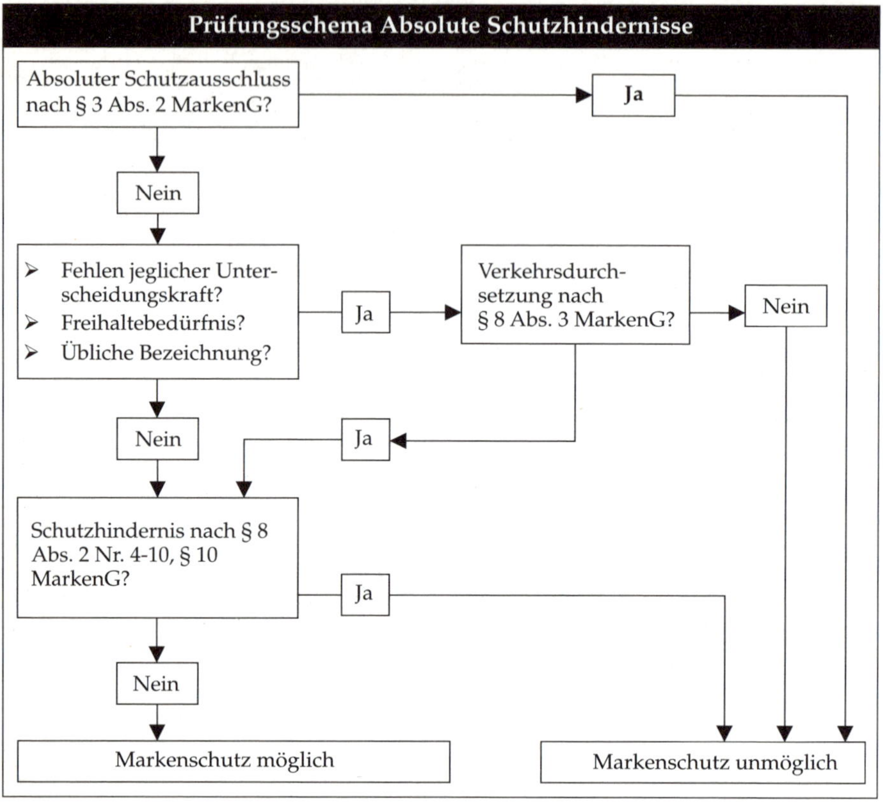

Übersicht 14: Absolute Schutzhindernisse

402 Der Katalog der absoluten Schutzhindernisse des § 8 MarkenG entspricht den insoweit abschließenden Vorgaben[39] der Markenrichtlinie[40] und den parallelen Vorgaben der Gemeinschaftsmarkenverordnung[41], die ihrerseits an der Pariser Verbandsübereinkunft (PVÜ) orientiert sind.[42] Der EuGH stellt dazu in ständiger Rechtsprechung fest,

- dass die absoluten Schutzhindernisse **im Lichte des Allgemeininteresses** auszulegen sind, das ihnen jeweils zu Grunde liegt.[43] Das auf Freihaltung eines Zeichens gerichtete Allgemeininteresse bildet dabei den Gegenpol zum Monopolisierungsinteresse des Anmelders, der das Zeichen – wenn auch begrenzt auf die angemeldeten Waren und Dienstleistungen – dem eigenen, exklusiven Gebrauch vorbehalten will.

39 EuGH MarkenR 2004, 99, 100 – Postkantoor.
40 Art. 2, 3 MarkenRL.
41 Art. 4, 7 GMV.
42 Vgl. Art. 6ter und $6^{quinquies}$ PVÜ sowie den 12. ErwG der Markenrichtlinie.
43 EuGH MarkenR 2003, 227, 232 – Libertel; MarkenR 2004, 99, 100 ff. – Postkantoor.

- dass die einzelnen, absoluten Schutzhindernisse je **selbstständig** zu prüfen sind[44] und in ihren jeweiligen Voraussetzungen nicht miteinander gleichgesetzt oder vermengt werden dürfen, wenngleich in tatsächlicher Hinsicht nicht selten die konkrete Ausgestaltung eines Zeichens mehrere Schutzhindernisse gleichermaßen erfüllt.[45] So ist es etwa unzulässig, einen strengeren Prüfungsmaßstab für das Vorliegen konkreter Unterscheidungskraft nach § 8 Abs. 2 Nr. 1 MarkenG mit einem Freihaltebedürfnis nach § 8 Abs. 2 Nr. 2 MarkenG zu begründen: entweder ist ein Eintragungshindernis nach § 8 Abs. 2 Nr. 2 MarkenG gegeben, dann besteht kein Grund, erhöhte Anforderungen an die Unterscheidungskraft i.S. von § 8 Abs. 2 Nr. 1 MarkenG zu stellen. Oder aber die Voraussetzungen des absoluten Schutzhindernisses nach § 8 Abs. 2 Nr. 2 MarkenG liegen nicht vor, dann steht der Eintragungsanspruch nach § 33 Abs. 2 MarkenG der Annahme erhöhter Anforderungen an die Unterscheidungskraft entgegen.[46]

Die absoluten Schutzhindernisse des § 8 Abs. 1, 2 MarkenG führen zu einer **sukzessiven Eingrenzung** des Kreises markenfähiger Zeichen der Art, dass mit jedem weiteren Kriterium eine Teilmenge der ohne dieses Kriterium schutzfähigen Zeichen beschrieben wird. Da einem die angemeldeten Waren oder Dienstleistungen ausschließlich »beschreibenden«[47] oder zu deren Bezeichnung »üblich«[48] gewordenen Zeichen immer auch die Fähigkeit fehlt, diese Waren oder Dienstleistungen nach ihrer Herkunft zu unterscheiden,[49] während es umgekehrt möglich ist, dass ein Zeichen zwar keine (die angemeldeten Waren oder Dienstleistungen) beschreibende Aussage transportiert, aber gleichwohl jeder Unterscheidungskraft entbehrt,[50] ist die Teilmenge unterscheidungskräftiger Zeichen kleiner als die der lediglich nicht beschreibenden. 403

Die davon abweichende deutsche Rechtsprechung, die **trotz festgestellter konkreter Unterscheidungskraft** ein allgemeines Freihaltebedürfnis an Produktformen bejaht, »wenn die beanspruchte Form innerhalb einer auf dem Warengebiet üblichen Formenvielfalt liegt und die Möglichkeiten der Variation der Produktgestaltung beschränkt sind«,[51] kann nicht überzeugen.[52] § 8 Abs. 2 Nr. 2 MarkenG enthält keinen allgemeinen Ausschlussgrund zur Erhaltung der Formenvielfalt. Es ist auch nicht ersichtlich, wie ein Zeichen, dass **ausschließlich** aus beschreibenden (und allein deshalb »freihaltebedürftigen«) Angaben besteht, unterscheidungskräftig sein 404

44 EuGH MarkenR 2003, 187, 192 – Linde, Winward, Rado; MarkenR 2004, 99, 105 – Postkantoor; MarkenR 2005, 22, 26 – DAS PRINZIP DER BEQUEMLICHKEIT.
45 Vgl. dazu BGH GRUR 2005, 417, 418 – BerlinCard.
46 BGH MarkenR 2001, 209 – Test it, mit Verweis auf BGH GRUR 2000, 722, 723 – LOGO; GRUR 2001, 161 – Buchstabe »K«.
47 § 8 Abs. 2 Nr. 2 MarkenG; unten Rn. 436 ff.
48 § 8 Abs. 2 Nr. 3 MarkenG; unten Rn. 452 ff.
49 § 8 Abs. 2 Nr. 1 MarkenG; unten Rn. 412 ff.; EuGH MarkenR 2004, 99, 105 – Postkantoor; MarkenR 2004, 111, 113 – BIOMILD (»Insbesondere fehlt einer Wortmarke, die i.S.v. Art. 3 Abs. 1 Buchst. c der Richtlinie Merkmale von Waren oder Dienstleistungen beschreibt, aus diesem Grund zwangsläufig die Unterscheidungskraft in Bezug auf diese Waren oder Dienstleistungen i.S.v. Art. 3 Abs. 1 Buchst. b der Richtlinie. Einer Marke kann jedoch die Unterscheidungskraft in Bezug auf Waren oder Dienstleistungen aus anderen Gründen als ihrem etwaigen beschreibenden Charakter fehlen.«).
50 EuGH MarkenR 2004, 111, 113 – BIOMILD; MarkenR 2004, 99, 105 – Postkantoor.
51 BPatG MarkenR 2005, 238 – Gabelstapler III.
52 BGH MarkenR 2004, 242 – Gabelstapler II; BGH MarkenR 2004, 140 – Käse in Blütenform; BPatG BlPMZ 2006, 42 – Käseform II.

sollte. Wenn ein prima vista beschreibendes Zeichen Unterscheidungskraft besitzt, gibt es dafür denknotwendig nur zwei mögliche Gründe: entweder das Zeichen besteht tatsächlich nicht ausschließlich aus beschreibenden Angaben, sondern enthält auch nicht beschreibende, originär unterscheidungskräftige Bestandteile, oder aber es ist in allen seinen Bestandteilen beschreibend, dann ist eine gleichwohl herkunftshinweisende Bedeutung nur kraft Verkehrsgeltung im Sinne des § 8 Abs. 3 MarkenG denkbar: in beiden Fällen ist ein solches Zeichen schutzfähig. Dagegen muss einem glatt und ausschließlich beschreibenden Zeichen immer auch die konkrete Unterscheidungskraft abgesprochen werden.

405

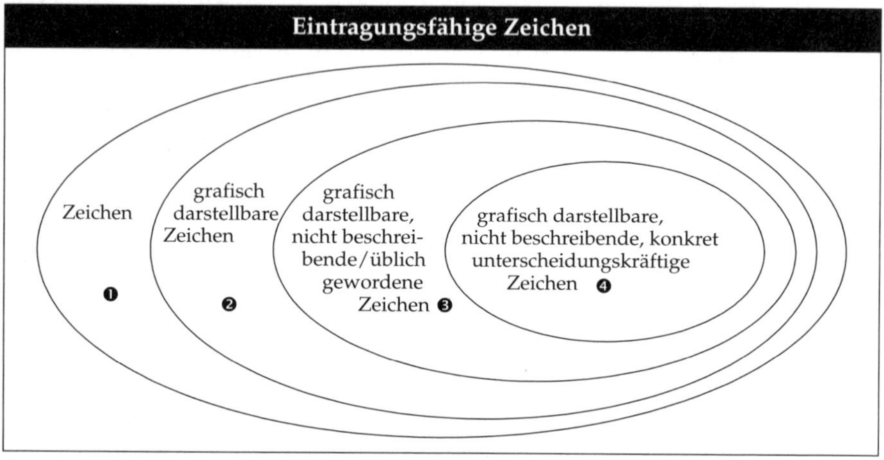

Übersicht 15: Sukzessive Eingrenzung der eintragungsfähigen Zeichen

406 Beispiele: Zu ❶: Ein Duft kann mit einer bestimmten Bedeutung verbunden sein, die auf etwas anderes als den Duft selbst verweist. Düfte sind damit taugliche Zeichen im Sinne des § 3 Abs. 1 MarkenG [❶]. Da sie sich – bislang – **grafisch** nicht darstellen lassen, scheitert ihr Schutz als Marke an diesem Erfordernis.

Zu ❶ + ❷: Das Wort »antiKalk« ist ein taugliches Zeichen im Sinne des § 3 Abs. 1 MarkenG [❶]. Es ist auch ohne weiteres grafisch darstellbar [❷]. Für ein Wasserenthärtungsmittel für Wasch- und Spülmaschinen ist es jedoch nicht als Marke eintragbar, weil es lediglich die **Funktion** des Produktes **beschreibt**, nicht seine betriebliche Herkunft. »Enthalten nämlich die Wortbestandteile einer Marke – wie im vorliegenden Fall – einen beschreibenden Begriffsinhalt, der für die in Frage stehenden Waren ohne weiteres und ohne Unklarheiten als solcher erfasst wird, gibt es keinen tatsächlichen Anhalt dafür, dass der Verkehr sie nicht als Beschreibung von Wareneigenschaften, sondern als Warenunterscheidungsmittel versteht«. Daran ändert auch nichts, dass die Wortbildung »antiKALK« lexikalisch nicht nachweisbar ist, weil diese in werbeüblicher Form gebildet ist.«[53]

53 BGH MarkenR 2001, 407, 408 – antiKALK.

Zu ❶ + ❷ + ❸: Die abstrakte, das heißt ohne eine bestimmte Kontur und nur als solche angemeldete Farbe gelb (Pantone 123 U) für »Puffreis mit Schokolade« kann ein Zeichen sein, ist also abstrakt markenfähig (§ 3 Abs. 1 MarkenG). Eine Farbe als solche ist zwar eine bloße Eigenschaft von Gegenständen. Sie kann aber in bestimmten Verwendungszusammenhängen in Bezug auf eine Ware ein Zeichen sein[54] und situationsbedingt einen Herkunftshinweis auf ein bestimmtes Unternehmen geben [❶].[55] Für die grafische Darstellung (§ 8 Abs. 1 MarkenG) einer konturlosen Farbmarke, die – wie hier – aus einem einzigen Farbton besteht, genügt nach der Rechtsprechung des EuGH die Vorlage eines Farbmusters zusammen mit der Bezeichnung der betreffenden Farbe nach einem international anerkannten Kennzeichnungscode [❷].[56] Farben können allerdings im Einzelfall eine beschreibende Aussage im Hinblick auf das Produkt transportieren. Ihrem Schutz als Marke steht dann ein Freihaltebedürfnis der Allgemeinheit entgegen (§ 8 Abs. 2 Nr. 2 MarkenG). So kann die Farbe gelb etwa bei Bonbons auf einen Zitronengeschmack hinweisen, die Farbe braun auf Schokolade usw. Eine derartige beschreibende Aussage besitzt die Farbe gelb aber im Hinblick auf Puffreis nicht [❸].[57] Der Farbe gelb fehlt jedoch im Hinblick auf das angemeldete Produkt »**jegliche Unterscheidungskraft**«: zwar sind die Anforderungen an das Ausmaß der Unterscheidungskraft unabhängig vom Typus des angemeldeten Zeichens. Wird aber eine Farbe auf der Verpackung eines Produktes nicht in Alleinstellung, sondern – wie allgemein üblich – als Untergrundfarbe neben Wort- oder Bildmarken verwendet, so muss dem Verkehr erst in geeigneter Weise, regelmäßig durch entsprechende Werbung,[58] die Information vermittelt werden, dass nicht nur Wort, Bild oder Gesamtausstattung auf die Herkunft der Ware verweisen, sondern auch die Farbe als solche.[59] Mangels einer durch Benutzung erlangten Unterscheidungskraft[60] ist das Zeichen nicht eintragungsfähig. 407

Zu ❶ + ❷ + ❸ + ❹: Das (Fantasie-)Wortzeichen HARIBO ist als Marke für Süßwaren eintragungsfähig. Es ist ein taugliches Zeichen [❶], grafisch darstellbar [❷], es beschreibt keinerlei Eigenschaften der angemeldeten Waren [❸], ist zu deren Bezeichnung nicht üblich geworden und besitzt die Fähigkeit, vom angesprochenen Verkehr ohne weiteres als ein betrieblicher Herkunftshinweis verstanden zu werden [❹]. 408

54 EuGH MarkenR 2003, 227, 230 – Libertel.
55 EuGH MarkenR 2003, 227, 231 – Libertel.
56 EuGH MarkenR 2003, 227, 231 – Libertel.
57 BPatG MarkenR 2005, 286, 290 – Farbmarke gelb.
58 Beispielhaft dafür ist die Bewerbung der Farbe lila für die unter der Wortmarke Milka vertriebene Schokolade.
59 BPatG MarkenR 2005, 286 – Farbmarke gelb.
60 Verkehrsdurchsetzung, § 8 Abs. 3 MarkenG; s. dazu unten Rn. 484 ff.

1. Grafische Darstellbarkeit

409 § 8 MarkenG macht die Eintragung eines Zeichens als Marke davon abhängig, dass es sich grafisch darstellen lässt. Das im deutschen Markengesetz als absolutes Eintragungshindernis für Registermarken positionierte Erfordernis der grafischen Darstellung findet sich in der Markenrichtlinie wie auch in der Gemeinschaftsmarkenverordnung als **allgemeine** Voraussetzung der Markenfähigkeit.[61] Die Differenz erklärt sich daraus, dass sich die Markenrichtlinie auf Registermarken konzentriert und Benutzungsmarken nur – als optionalen Schutz in den Mitgliedstaaten – in seinen Beziehungen zur Registermarke behandelt und dass die Gemeinschaftsmarkenverordnung ebenfalls nur den Markenschutz durch Registrierung kennt. Das deutsche Markengesetz dagegen gewährt Marken, die sich über ihre Benutzung faktische Verkehrsgeltung erworben haben, denselben Schutz wie solchen, die durch Registrierung entstanden sind. Es ordnet deshalb die grafische Darstellung allein dem **Registrierungsverfahren** zu, dient sie doch der objektiven, dauerhaften und recherchierbaren Fixierung des geschützten Zeichens in einem öffentlichen Register.

410 Gleichwohl ist die grafische Darstellung einer Marke mehr als ein bürokratisches Erfordernis des Anmeldeverfahrens. Nur mit der einheitlichen Voraussetzung grafischer Darstellbarkeit kann der Kreis schutzfähiger Zeichen in und außerhalb des Registers konform gehalten und nur wo sie gegeben ist, kann in Kollisionsfällen auf eine eindeutige Fixierung der streitbefangenen Zeichen zurückgegriffen werden. Es spricht deshalb Überwiegendes dafür, grafische Darstellbarkeit unabhängig vom Prozedere der Entstehung des Markenschutzes von allen Marken gleichermaßen zu verlangen. Auf die Ausführungen zur grafischen Darstellbarkeit im Rahmen der allgemeinen Darstellung der Kennzeichenart »Marke« kann deshalb verwiesen werden.[62]

411 Die §§ 6 bis 12 MarkenV geben detailliert vor, wie die einzelnen Markenformen in die notwendige, zweidimensionale grafische Wiedergabe zu überführen sind, die dann tauglicher Gegenstand der Eintragung wird. So dürfen etwa von dreidimensionalen Marken Darstellungen von bis zu sechs verschiedenen Ansichten eingereicht werden, die die Marke als Strichzeichnung oder als Positivabzug von Lichtbildern so dauerhaft wieder geben, »dass sie als Vorlage für den Foto-Offsetdruck, die Mikroverfilmung einschließlich der Herstellung konturenscharfer Rückvergrößerungen und die elektronische Bildspeicherung geeignet sind«.[63] Dagegen verbietet § 13 MarkenV, Muster oder Modelle einzureichen. Hörmarken sind in einer »üblichen Notenschrift« darzustellen,[64] die um eine »klangliche Wiedergabe der Marke auf einem Datenträger« zu ergänzen ist.[65] Dagegen akzeptiert das DPMA – anders als das europäische HABM – nicht das sog. Sonagramm.[66]

---

61 Art. 2 MarkenRL, Art. 4 GMV.
62 S. oben Rn. 142 ff.
63 § 9 MarkenV.
64 § 11 Abs. 2 MarkenV.
65 Die Anforderungen an diesen Datenträger sind in § 11 Abs. 3, 5 MarkenV detailliert beschrieben.
66 In seiner Mitteilung Nr. 8/03 weist das DPMA darauf hin, dass ab 15. Oktober 2003 auf Grund der Änderung des § 11 Abs. 2 und 5 MarkenV ein Sonagramm als Form der grafischen Darstellung einer Hörmarke nicht mehr eingereicht werden könne (mit Verweis auf EuGH GRUR 2003, 145 – Sieckmann); dagegen *Schmidt* MarkenR 2006, 245, 251.

2. Fehlen jeglicher Unterscheidungskraft

Nach § 8 Abs. 2 Nr. 1 MarkenG sind Marken von der Eintragung ausgeschlossen, denen für die Waren oder Dienstleistungen, für die sie angemeldet worden sind, »**jegliche Unterscheidungskraft**« fehlt. Mit der auf bestimmte Waren oder Dienstleistungen bezogenen, »konkreten«[67] Unterscheidungskraft wird die Eignung eines Zeichens beschrieben, vom Verkehr als ein Hinweis auf die betriebliche Herkunft dieser Waren oder Dienstleistungen verstanden zu werden.[68] Dem Zeichen muss die Bedeutung zugeschrieben werden können, ein bestimmtes Produkt namensartig zu individualisieren und zugleich auf die Herkunft dieses Produktes aus einem bestimmten Unternehmen, das als solches nicht bekannt sein muss, hinzuweisen. Die angesprochenen Verkehrskreise werden so in den Stand gesetzt, sich beim Erstkauf an den werblichen Aussagen des Inhabers der Marke zu orientieren und im Falle eines Wiederholungskaufes zu einem Produkt desselben Herstellers zurück zu finden. 412

Ein Zeichen, dessen Bedeutung sich in einem Hinweis auf die Funktion, die Bestimmung oder die Qualität einer Ware erschöpft, erfüllt diese Anforderung nicht.[69] Ebenso wenig können dies die Farbe eines Produktes oder die Form einer Ware leisten, solange sie nur in ihrer ästhetischen, ornamentalen oder werblichen Funktion wahrgenommen werden. Das Erfordernis der konkreten Unterscheidungskraft des § 8 Abs. 1 MarkenG sichert insoweit die **Herkunftsfunktion** der Marke.[70] Dabei ist es nicht notwendig, dass die Marke genaue Angaben über die Identität des Herstellers einer Ware oder des Erbringers einer Dienstleistung vermittelt. Es genügt vielmehr, dass sie den angesprochenen Verkehrskreisen eine Unterscheidung der mit ihr bezeichneten Waren oder Dienstleistungen von den Waren oder Dienstleistungen anderer betrieblicher Herkunft erlaubt und »den Schluss zulässt, dass alle mit ihr bezeichneten Waren oder Dienstleistungen unter der Kontrolle des Inhabers dieser Marke hergestellt, vertrieben oder geliefert bzw. erbracht worden sind, der für ihre Qualität verantwortlich gemacht werden kann.«[71] Maßgeblich für die Beurteilung eines Zeichens ist immer sein **Gesamteindruck**, was freilich nicht daran hindert, zunächst einzelne Teile eines Zeichens je für sich in Augenschein zu nehmen.[72] 413

Im Bereich der **Wortmarken** hat sich in der Rechtsprechung des BGH die Formulierung etabliert, grundsätzlich sei von einem **großzügigen Maßstab** auszugehen. Jede auch noch so geringe Unterscheidungskraft reiche aus, um das Schutzhindernis fehlender Unterscheidungskraft zu überwinden. Wenn einer Wortmarke kein für die fraglichen Waren im Vordergrund stehender beschreibender Begriffsinhalt zugeordnet werden könne und wenn es sich auch sonst nicht um ein gebräuchliches 414

---

67 Zur sog. abstrakten Unterscheidungskraft siehe oben Rn. 131 ff.

68 Ständ. Rspr., s. etwa BGH MarkenR 2001, 314, 315 – marktfrisch; MarkenR 2004, 353, 355 – Farbige Arzneimittelkapsel.

69 Beschreibend und damit nicht unterscheidungskräftig kann ein Zeichen auch dann sein, wenn das damit gekennzeichnete Produkt seinerseits beschreibende Funktion hat und das Zeichen im Hinblick auf das Referenzobjekt des Produktes beschreibend ist, vgl. EuG MarkenR 2001, 415 – New Born Baby sowie die Schlussanträge GA *Jacobs* v. 19. Februar 2004 zu EuGH C-498/01; unten Rn. 1295.

70 S. dazu oben Rn. 65 ff. sowie EuG GRUR Int. 2002, 531, 534 – MAG Lite Taschenlampe; EuGH MarkenR 2004, 461 – Maglite.

71 EuGH GRUR 1998, 922 – Canon; EuG MarkenR 2001, 418, 422 – Waschmitteltablette.

72 EuGH MarkenR 2005, 311 – Corona Bierflasche.

Wort der deutschen Sprache oder einer bekannten Fremdsprache handele, das vom Verkehr – auch wegen einer entsprechenden Verwendung in der Werbung – stets nur als solches und nicht als Unterscheidungsmittel verstanden werde, so gebe es keinen tatsächlichen Anhalt dafür, dass die Unterscheidungseignung und damit jegliche Unterscheidungskraft fehle.[73] Ein darüber hinausgehendes Niveau sprachlicher oder künstlerischer Kreativität ist nicht erforderlich.[74]

415 Auch hierin wird deutlich, dass die konkrete Unterscheidungskraft nach § 8 Abs. 2 Nr. 1 MarkenG gegenüber dem Ausschluss beschreibender Angaben in § 8 Abs. 2 Nr. 2 MarkenG den engeren Filter darstellt: besteht die angemeldete Marke ausschließlich aus Zeichen oder Angaben, die Art, Beschaffenheit, Menge, Bestimmung, Wert, geografische Herkunft, die Herstellungszeit oder sonstige Merkmale der angemeldeten Waren oder Dienstleistungen beschreiben, sind diese Zeichen bereits deshalb freihaltebedürftig und können nicht als Marke eingetragen werden. Steht eine solche, beschreibende Aussage nicht im Vordergrund, wie dies häufig bei allgemein werbenden Aussagen oder Werbeslogans der Fall ist, kann immer noch das Eintragungshindernis des Fehlens jeglicher Unterscheidungskraft zur Anwendung kommen, wenn die in Rede stehenden Zeichen oder Angaben nicht als betrieblicher Herkunftshinweis verstanden werden.

416 Beispiel: Das Wortzeichen »MEHR FÜR IHR GELD« ist allenfalls mittelbar und insoweit beschreibend, als es den Schluss zulässt, die unter diesem Zeichen angebotenen Waren stünden im Vergleich zu anderen, substitutiven Produkten in einem besonders günstigen Preis-/Leistungsverhältnis. Eine beschreibende Angabe im Sinne des § 8 Abs. 2 Nr. 2 MarkenG liegt darin nicht. Dem Zeichen fehlt aber jegliche Unterscheidungskraft im Sinne des § 8 Abs. 2 Nr. 1 MarkenG, weil es vom Verkehr nur in seiner unmittelbaren Aussage, das heißt als Kaufempfehlung verstanden wird.[75]

417 Ähnlich liegt es im Falle der sog. Eventmarke, die für Merchandisingartikel **ohne** unmittelbaren Bezug zum Inhalt des Events angemeldet wird: in dieser Konstellation scheidet zwar ein beschreibender Charakter im Sinne des § 8 Abs. 2 Nr. 2 MarkenG aus, an der erforderlichen Unterscheidungskraft im Sinne des § 8 Abs. 2 Nr. 1 MarkenG kann es aber gleichwohl fehlen, wenn das Zeichen nur in seiner originären, die Großveranstaltung beschreibenden Bedeutung verstanden wird.[76]

418 Unterscheidungskraft kann nicht nur Wortmarken fehlen, sondern allen Markenarten, insbesondere Bildmarken, Farbmarken, Formmarken und Kombinationen daraus.[77] Der **Prüfungsmaßstab** ist jeweils **derselbe**. Allerdings kann sich die Überwindung des Eintragungshindernisses fehlender Unterscheidungskraft in **tatsächlicher** Hinsicht bei den Zeichenformen schwieriger darstellen, bei denen die maßgeblichen Verkehrskreise weniger an eine markenmäßige Verwendung gewöhnt sind, als bei herkömmlichen Wort- und Bildmarken. Der EuGH hat wiederholt entschieden, dass die Kriterien für die Beurteilung der Unterscheidungskraft

73 St. Rspr.; vgl. BGH MarkenR 2001, 408 – INDIVIDUELLE; MarkenR 2000, 420, 421 – RATIONAL SOFTWARE CORPORATION; MarkenR 2001, 209 -Test.it; MarkenR 1999, 349, 350 f. – YES.

74 EuGH MarkenR 2004, 393, 397 – SAT.2.

75 EuG MarkenR 2004, 420 – MEHR FÜR IHR GELD.

76 S. dazu OLG Hamburg, MarkenR 2005, 96 – WM 2006 Germany; BPatG GRUR 2005, 948 – Fußball WM 2006; BGH MarkenR 2006, 395 – Fußball WM 2006.

77 S. zu den einzelnen Markenarten oben Rn. 148 ff.

zwar für alle Markenkategorien dieselben seien, dass sich aber im Zusammenhang mit der Anwendung dieser Kriterien zeigen könne, dass nicht jede dieser Kategorien von den maßgeblichen Verkehrskreisen notwendig in gleicher Weise wahrgenommen würden, weshalb es schwieriger sein könne, die Unterscheidungskraft der Marken bestimmter Kategorien nachzuweisen.[78]

So hält der EuGH zur Unterscheidungseignung abstrakter Farben regelmäßig fest, dass Art. 7 Abs. 1 Buchst. b GMV, der § 8 Abs. 2 Nr. 1 MarkenG entspricht, nicht zwischen verschiedenartigen Zeichen unterscheidet; gleichwohl sei die Wahrnehmung durch die angesprochenen Verkehrskreise bei einer konturlosen Farbe nicht notwendig die gleiche wie im Fall einer Wort- oder Bildmarke, die aus einem Zeichen bestehe, das unabhängig vom Aussehen der mit ihr gekennzeichneten Waren sei. Auch wenn das Publikum Wort- oder Bildmarken gewöhnlich unmittelbar als Zeichen auffasse, die auf eine bestimmte Herkunft der Ware hinwiesen, so gelte doch nicht notwendig das Gleiche, wenn das Zeichen mit dem Erscheinungsbild der Ware verschmelze.[79] Die aus dieser Rechtsprechung für einzelne Markenformen resultierenden, im Ergebnis unterschiedlichen Schutzhürden sind in Kapitel 2 beschrieben.[80] **419**

Die Prüfung eines Zeichens auf das Eintragungshindernis des »Fehlens jeglicher Unterscheidungskraft« sollte sich an folgenden Punkten orientieren: **420**

(1) Konkrete Unterscheidungskraft eines Zeichens kann nur anhand der **konkreten Waren oder Dienstleistungen** beurteilt werden, für die das Zeichen eingetragen werden soll. Es ist nicht ungewöhnlich, dass ein Zeichen mit lexikalischer Bedeutung für bestimmte Waren oder Dienstleistungen nur in dieser Bedeutung verstanden wird, für andere dagegen die Bedeutung eines betrieblichen Herkunftshinweises besitzen kann.[81]

Beispiel: Der Marke »REICH UND SCHOEN« wurde für die Dienstleistungen »Filmverleih, Betrieb von Tonstudios, Videoverleih sowie Veröffentlichung und Vermietung von Büchern« konkrete Unterscheidungskraft attestiert. Der Verkehr, so der BGH,[82] werde in der Wortfolge »REICH UND SCHOEN« keinen im Vordergrund stehenden beschreibenden Begriffsinhalt für diese Dienstleistungen sehen, weil er nicht annehmen werde, derartig gekennzeichnete Dienstleistungen bezögen sich ausschließlich auf Werke, die sich mit Reichen und Schönen beschäftigten. Dagegen fehle der Wortfolge »REICH UND SCHOEN« jegliche Unterscheidungskraft für die Dienstleistungen »Fernsehunterhaltung, Zusammenstellung von Rundfunk- und Fernsehprogrammen, Film- und Fernsehproduktion und Videofilmproduktion«. Auch bei Anlegung des gebotenen großzügigen Maßstabes beschränke sich die Wortfolge für diese Dienstleistungen auf eine verständliche Beschreibung des Inhalts der Werke, die Gegenstand dieser Dienstleistungen sind. Den titelartig zu- **421**

78 EuGH MarkenR 2004, 224, 229 – Henkel/HABM; MarkenR 2004, 231, 236 – Procter & Gamble/HABM; MarkenR 2005, 22, 26 – DAS PRINZIP DER BEQUEMLICHKEIT.
79 EuGH, MarkenR 2005, 27 – Orangeton, mit Verw. auf EuGH MarkenR 2003, 227, 233 – Libertel.
80 Rn. 124, 148 ff.
81 BGH MarkenR 2005, 145, 146 – BerlinCard.
82 BGH MarkenR 2001, 363, 365 – REICH UND SCHOEN; anders noch die Vorinstanz (BPatG).

sammengefassten Aussageinhalt werde der Verkehr wegen der Nähe der Dienstleistungen zu einem Werktitel und des mit ihm bezeichneten Inhalts der Produktionen unmittelbar und ohne weitere Überlegungen auf die betreffenden Dienstleistungen selbst beziehen, für die die Eintragung erfolgen solle.[83]

422 (2) Auf die **Abfassung des Waren- und Dienstleistungsverzeichnisses** bei der Anmeldung einer Marke ist deshalb besondere Sorgfalt zu verwenden. Das Risiko einer für bestimmte Waren fehlenden Unterscheidungskraft kann nicht dadurch umgangen werden, dass in der Anmeldung **Oberbegriffe** verwendet werden: fehlt es nämlich an der Unterscheidungskraft auch nur bei einer der unter diesen Oberbegriff fallenden Waren, ist die Anmeldung insoweit insgesamt blockiert.[84] Stellt sich im Laufe des Eintragungsverfahrens heraus, dass die Unterscheidungskraft für einzelne Waren oder Dienstleistungen nicht besteht, kann das Verzeichnis insoweit eingeschränkt werden, um die Eintragung im Übrigen zu sichern.

423 (3) Maßgeblich für die Feststellung der Unterscheidungskraft sind die **beteiligten, inländischen Verkehrskreise**.[85] So weit darin Verbraucher erfasst werden, ist von einem »durchschnittlich informierten, aufmerksamen und verständigen Durchschnittsverbraucher« auszugehen.[86] In quantitativer Hinsicht muss ein Zeichen in diesen Kreisen mehrheitlich als Unterscheidungszeichen erkannt werden.

424 (4) Das notwendige Minimum an Unterscheidungskraft ist bei Fantasiebegriffen regelmäßig gegeben. Bei **Wortzeichen,** die bereits mit einer lexikalischer Bedeutung belegt sind, gilt:

- Eine ausschließlich die Ware oder ihre Eigenschaften **beschreibende** Bedeutung im Sinne des § 8 Abs. 2 Nr. 2 MarkenG schließt Unterscheidungskraft im Sinne des § 8 Abs. 2 Nr. 1 MarkenG aus.[87]
- Anderen, nicht beschreibenden Worten mit lexikalischer Bedeutung fehlt jegliche Unterscheidungskraft, wenn sie nur in dieser, ihrer allgemeinen Bedeutung verstanden werden. So liegt es etwa bei allgemein anpreisenden Begriffen wie »super« oder »extra«.
- **Fremdsprachigkeit** begründet für sich genommen noch keine Unterscheidungskraft, wenn es sich um eine gängige Fremdsprache handelt und die maßgeblichen inländischen Verkehrskreise das Zeichen in seiner beschreibenden Aussage verstehen.[88] So scheiterte die Eintragung einer Wortmarke »Test it.«, so weit sie für Tabak, Tabakerzeugnisse und Zigaretten angemeldet

83 BGH MarkenR 2001, 363, 365 – REICH UND SCHOEN.
84 BGH MarkenR 2002, 86, 87 – AC.
85 BGH MarkenR 2001, 29, 29 – SWISS ARMY.
86 EuGH, MarkenR 1999, 236 – Lloyd; in jüngeren Urteilen ist vom »normal informierten, angemessen aufmerksamen und verständigen Durchschnittsverbraucher« die Rede, vgl. EuGH MarkenR 2003, 227, 232 – Libertel; MarkenR 2004, 393, 395 – Sat.2; MarkenR 2006, 19, 20 – Standbeutel.
87 S. dazu allerdings oben Rn. 404; EuGH MarkenR 2004, 111, 113 – BIOMILD.
88 BPatG GRUR 1995, 734 – While you wait; MarkenR 2001, 209, 210 – Test.it; MarkenR 2004, 39 – Cityservice.

wurde, daran, dass es sich ungeachtet der verwendeten englischen Sprache um eine auch für den maßgeblichen inländischen Verkehr ohne weiteres erkennbare Aufforderung zum Testkauf eines Genussmittels handelt, die nur in dieser Bedeutung verstanden wird.[89] Dagegen steht der Eintragung eines Wortes als nationale Marke nicht entgegen, dass dieses Wort der Sprache eines anderen Staates entlehnt ist und in dieser anderen Sprache keine Unterscheidungskraft besitzt, solange die beteiligten inländischen Verkehrskreise die Bedeutung des Wortes nicht erkennen.[90]

- Wortfolgen (**Werbeslogans**) können produktidentifizierende Unterscheidungskraft besitzen.[91] Identifizierungs- und Werbefunktion schließen sich nicht a priori aus.[92] Indizien für die Eignung, die konkret angemeldeten Waren und Dienstleistungen eines bestimmten Anbieters von denen anderer zu unterscheiden, können nach der Rechtsprechung des BGH »Kürze, eine gewisse Originalität und Prägnanz einer Wortfolge« sein.[93] Auch die Mehrdeutigkeit und daraus folgend Interpretationsbedürftigkeit einer Werbeaussage, so der BGH, kann einen Anhalt für eine hinreichende Unterscheidungskraft bieten.[94] **425**

- Wird die verkaufsfördernde Werbebotschaft eines Slogans dagegen nur als solche verstanden,[95] scheidet der Schutz des Zeichens als Marke aus.[96] Dass auch hier der Bezug zu den jeweils angemeldeten Waren oder Dienstleistungen entscheidungserheblich ist, zeigen die beiden Marken »Partner with the Best« und »bestpartner«. Während ersterer – angemeldet u.a. für elektrotechnische und elektronische Geräte – »jegliche Unterscheidungskraft« nicht abgesprochen werden konnte,[97] blieb die Bezeichnung »bestpartner« – angemeldet u.a. für Versicherungsdienstleistungen – erfolglos.[98] **426**

- **Abwandlungen** von Worten mit lexikalischer Bedeutung in der Schreibweise begründen keine Unterscheidungskraft, wenn nicht die Abweichung als solche herkunftskennzeichnende Kraft entfaltet. Daran fehlt es etwa bei der Schreibweise »lite« für »light«.[99] **427**

- Nichts anderes gilt für die **Anordnung** oder **Kombination** für sich genommen nicht unterscheidungskräftiger Worte oder Wortbestandteile. Wo die Kennzeichnungskraft der Kombination nicht über die Summe der Kennzeichnungskraft ihrer Bestandteile hinausgeht, kann der bloße Umstand der lexikalischen Unüblichkeit der Zusammenstellung keine Unterschei-

89 BGH MarkenR 2001, 209, 210 – Test.it; im Hinblick auf die ebenfalls angemeldeten Waren »Raucherartikel, so weit in Klasse 34 enthalten; Streichhölzer«, die keine Genussmittel darstellen, hielt der BGH dagegen Unterscheidungskraft des Slogans für möglich.
90 EuGH MarkenR 2006, 157 – Matratzen Concord/Hukla.
91 Zahlreiche Bsp. aus der Rspr. des BPatG finden sich bei *Grabrucker* GRUR 2006, 265, 272.
92 BGH MarkenR 2000, 50, 51 – Partner with the Best.
93 BGH MarkenR 2000, 50, 51 – Partner with the Best.
94 BGH MarkenR 2001, 209, 210 – Test.it, mit Verweis auf BGH GRUR 2000, 720, 721 – Unter Uns; GRUR 2000, 321 – Radio von hier; BGH MarkenR 2000, 50 – Partner with the Best.
95 Vgl. den Fall »LOOKS LIKE GRASS ... FEELS LIKE GRASS ... PLAYS LIKE GRASS«, EuG MarkenR 2004; oben Rn. 163.
96 EuG MarkenR 2003. 314 – Best Buy.
97 BGH MarkenR 2000, 50 – Partner with the Best.
98 EuG GRUR Int. 2004, 951 – bestpartner.
99 EuG GRUR Int. 2002, 604, 606 – LITE.

dungskraft begründen.[100] Eine Marke, die sich aus einem Wort mit mehreren Bestandteilen zusammensetzt, von denen jeder Merkmale der Waren oder Dienstleistungen beschreibt, für die die Eintragung beantragt wird, hat – so der EuGH[101] – selbst einen die Merkmale dieser Waren oder Dienstleistungen beschreibenden Charakter, es sei denn, dass ein merklicher Unterschied zwischen dem Wort und der bloßen Summe seiner Bestandteile besteht.[102] Dies setze entweder voraus, dass das Wort auf Grund der Ungewöhnlichkeit der Kombination in Bezug auf die genannten Waren oder Dienstleistungen einen Eindruck erwecke, der hinreichend weit von dem abweiche, der bei bloßer Zusammenfügung der seinen Bestandteilen zu entnehmenden Angaben entstehe, und somit über die Summe dieser Bestandteile hinausgehe, oder aber, dass das Wort in den allgemeinen Sprachgebrauch eingegangen sei und dort eine ihm eigene Bedeutung erlangt habe, sodass es nunmehr gegenüber seinen Bestandteilen autonom sei. Im letztgenannten Fall müsse aber noch geprüft werden, ob das Wort, das eine eigene Bedeutung erlangt habe, nicht selbst beschreibend im Sinne der genannten Bestimmung sei. Die Bezeichnung »Quick-Grip« ist nach diesen Kriterien nicht markenfähig für Handwerkszeug, Klemmen und Haltezwingen[103]

428 • Bei der Kreation von Marken darf das Interesse an »sprechenden« Zeichen nicht unreflektiert verfolgt werden. Zeichen, die mehr über das mit ihnen versehene Produkt aussagen als dass diese von einem bestimmten Hersteller stammen, sind zwar als Marketinginstrument ohne Zweifel wertvoll; kann etwa eine Marke neben der Herkunft auch die Qualität oder die Funktion des Markenprodukts ausdrücken, braucht diese Bedeutung nicht erst aufwändig über die Werbung kommuniziert werden. So liegt es bei Wortmarken wie »baby-dry« für Papierwindeln oder »antiKalk« für einen Wasserenthärter. Dass solche Zeichen auf Grund eben noch feststellbarer Unterscheidungskraft[104] oder zusätzlicher grafischer Gestaltung als Marke eingetragen werden können, darf aber nicht darüber hinwegtäuschen, dass die **Abwehrkraft** einer Marke mit ihrer **Kennzeichnungskraft** steht und fällt. Marken von geringer Kennzeichnungskraft bleiben im Konfliktfall mit konkurrierenden, ähnlichen Zeichen hinter kennzeichnungsstarken zurück.[105] Der Vorteil zusätzlicher, nicht markenmäßiger Aussagekraft beschreibender Markenbestandteile muss insoweit schon bei der Kreation einer Marke gegen die kennzeichenrechtliche Stärke des gesamten Zeichens am Markt abgewogen werden.

---

100 Vgl. für nicht ausreichende Unterscheidungskraft EuGH GRUR Int. 2002, 596, 598 – STREAMSERVE; MarkenR 2002, 391, 392 – Companyline; MarkenR 2003, 450, 452, 453 – Doublemint; 2004, 111, 112 f. – BIOMILD; EuGH MarkenR 2005, 391, 394 – BioID; EuG MarkenR 2000, 445 – Investorworld; MarkenR 2001, 320 – Eurohealth; GRUR Int. 2002, 751 – CARCARD; GRUR Int. 2005, 326 – Nurseryroom; GRUR Int. 2005, 919 – DigiFilm; MarkenR 2006, 52 – CARGO PARTNER; für ausreichende Unterscheidungskraft EuGH MarkenR 2001, 400, 403 – Baby-dry; EuG MarkenR 2001, 181 – EASY BANK; MarkenR 2002, 88 – EUROCOOL; GRUR Int. 2005, 831 – CELLTECH.

101 EuGH MarkenR 2004, 99 – Postkantoor.

102 Vgl. dazu HABM MarkenR 2006, 135 – babyruf; dazu *Jäcker* MarkenR 2006, 155 ff.

103 EuG, ABl HABM 2005, 902 – Quick-Grip.

104 So im ersten genannten Beispiel »Baby-dry«.

105 S. dazu unten Rn. 747 ff.

(5) **Bildmarken** sind ohne weiteres unterscheidungskräftig, sofern es sich um abgegrenzte Fantasiezeichen wie etwa die bekannten Embleme der großen Automarken handelt. Auch bei nicht gegenständlichen Abbildungen ist jedoch die Unterscheidungskraft nicht ohne weiteres zu bejahen, wo einfache grafische Gestaltungen eher ornamental als kennzeichnend wahrgenommen werden. So liegt es bei bloßen Linien und Streifen[106] oder bei der Abbildung einer willkürlich geführten Naht auf der Gesäßtasche von Jeans.[107] Schließlich ist Unterscheidungskraft grundsätzlich ausgeschlossen, wenn sich eine Bildmarke in der ausschließlich das Produkt beschreibenden **Abbildung der Ware** erschöpft;[108] ebenso kann es – ungeachtet des immateriellen Charakters von Dienstleistungen – auch bei der Anmeldung einer **Dienstleistungsbildmarke** liegen, wenn sie nur aus der fotografischen Abbildung des Gegenstands besteht, auf den sich die Dienstleistung bezieht.[109] Etwas anderes gilt nur für solche das Produkt abbildenden Marken, bei denen – insoweit parallel zur dreidimensionalen, produktabhängigen Formmarke – die Form der abgebildeten Ware ihrerseits vom Publikum als Herkunftshinweis interpretiert wird.[110] Dies setzt voraus, dass der angesprochene Verkehr die sichtbare Form weder als technisch oder funktional notwendig, noch als ausschließlich ästhetisch motiviert oder ornamental wahrnimmt. 429

(6) **Abstrakte Farbmarken** besitzen nach der Rechtsprechung des EuGH nur in den seltensten Fällen von sich aus Unterscheidungskraft (»unter außergewöhnlichen Umständen« bei einer geringen Zahl von Waren oder Dienstleistungen auf »spezifischen Märkten«)[111]. Generell gilt: Verbraucher sind es nicht gewöhnt, aus der Farbe von Waren oder ihrer Verpackung ohne grafische oder Wortelemente auf die Herkunft der Waren zu schließen, da eine Farbe als solche nach den derzeitigen Gepflogenheiten des Handels grundsätzlich nicht als Mittel der Identifizierung verwendet wird. Eine Farbe als solche besitzt deshalb gewöhnlich nicht die Eigenschaft, die Waren eines bestimmten Unternehmens von anderen zu unterscheiden.[112] Etwas anderes kann nach Auffassung des BPatG für **abstrakte Farbkombinationen** gelten, wenn die spezifischen Kennzeichnungsgewohnheiten für die in Rede stehenden Waren oder Dienstleistungen die Annahme rechtfertigen, dass das angesprochene Publikum die Farbkombination als Unterscheidungsmittel auffasst.[113] 430

(7) **Produktabhängigen Formmarken** fehlt jegliche Unterscheidungskraft, wenn der Form der Ware oder Verpackung keine herkunftshinweisende Bedeutung zukommt. Die Form eines Goldbarrens oder einer braunen Zigarre für Schokoladenwaren sind Beispiele dafür.[114] Anders soll es nach der Rechtsprechung von 431

106 Vgl. HABM MarkenR 2002, 430 – Positionsmarke auf Sportschuh (bejahend); BPatG, 27 W (pat) 371/03 (verneinend), zitiert bei Grabrucker GRUR 2006, 265, 269.

107 Vgl. die strengere Praxis der Beschwerdekammern des HABM MarkenR 2000 110, 111 – Tasche; GRUR-RR 2001, 184 – Steppnaht; dagegen BGH MarkenR 2001 207, 208 f. – Jeanshosentasche.

108 BGH MarkenR 2003, 237, 239 ff. – Abschlussstück.

109 BPatG GRUR 2004, 334 – Bürogebäude (angemeldet u.a. für Unternehmensverwaltung und Immobilienwesen).

110 BGH MarkenR 2004, 140, 141 f. – Käse in Blütenform (s. oben Rn. 17).

111 EuGH MarkenR 2003, 227, 233 – Libertel.

112 EuGH MarkenR 2003, 227, 233 – Libertel.

113 BPatG MarkenR 2006, 83 – Dunkelblau/Hellblau, für sog. »Weiße Ware«.

114 EuG MarkenR 2003, 280 – Form einer Zigarre u.a.; für eine als 3-D-Marke eingetragene Wurstform s. OLG Köln MarkenR 2005, 452 – Wurst in Kleeblattform; für eine als 3-D-Marke (IR-Marke) eingetragene Goldbarrenform BGH GRUR 2003, 712 ff. – Goldbarren.

EuG und EuGH nur liegen, wenn die Form »erheblich von der Norm oder der Branchenüblichkeit abweicht«.[115] Ein Ausschluss des Formmarkenschutzes nach § 3 Abs. 2 MarkenG geht allerdings der Frage konkreter Unterscheidungskraft nach § 8 Abs. 2 Nr. 1 MarkenG vor: wo er gegeben ist, stellt sich die Frage nach der konkreten Unterscheidungskraft nicht mehr.[116]

432 Der Prüfungsmaßstab für die Unterscheidungskraft produktabhängiger Formmarken ist kein anderer als bei zweidimensionalen Marken: Der EuGH hat auf Vorlage des BGH dezidiert festgestellt, bei dreidimensionalen Marken, die aus der Form der Ware bestehen, sei kein strengerer Maßstab anzulegen als bei anderen Markenformen.[117] Ein wenn nicht rechtlich, so doch faktisch höheres Risiko, an fehlender Unterscheidungskraft zu scheitern, haben produktabhängige Formmarken dennoch:[118] denn eine dreidimensionale Marke, die aus der Form der Ware selbst besteht, wird – wie der EuGH festgestellt hat[119] – von den maßgeblichen Verkehrskreisen nicht notwendig in gleicher Weise wahrgenommen, wie eine Wort- oder Bildmarke, die aus einem Zeichen besteht, das vom Erscheinungsbild unabhängig ist. Der Durchschnittsverbraucher schließe gewöhnlich aus der Form der Waren oder der ihrer Verpackung, wenn grafische oder Wortelemente fehlen, nicht auf die Herkunft dieser Waren. Je mehr sich die angemeldete Form der Form annähere, in der die betreffende Ware am wahrscheinlichsten in Erscheinung trete, umso eher sei zu erwarten, dass dieser Form Unterscheidungskraft i.S.v. Art. 7 Abs. 1 Buchst. b GMV fehle. Nur eine Marke, die erheblich von der Norm oder der Branchenüblichkeit abweiche und deshalb ihre wesentliche herkunftskennzeichnende Funktion erfülle, besitze auch Unterscheidungskraft im Sinne dieser Bestimmung. Eine bloße Variante der üblichen Formen der Warengattung reiche nicht aus.[120] Die Zahl der Formmarken, die an diesen Kriterien scheitert, ist groß.[121]

433 (8) **Hörmarken** besitzen Unterscheidungskraft, wenn sie nicht – wie das Ornament im Bereich der Bildmarke – als bloße Untermalung wahrgenommen werden. Dafür ist regelmäßig eine kurze und einprägsame Tonfolge erforderlich.[122]

434 (9) Bei **Kombinationsmarken** gilt, dass einerseits einfache grafische Gestaltungen nicht ausreichen, um ein nicht unterscheidungskräftiges Wortzeichen als Wort-/Bildmarke einzutragen, andererseits für sich genommen schutzunfähige Bestandteile die Eintragung eines Kombinationszeichens nicht hindern, solange

115 EuG MarkenR 2005, 60 und EuGH MarkenR 2006, 322 – Form eines Bonbons; EuG MarkenR 2005, 102, 109 und EuGH MarkenR 2006, 329 – Bonbon-Verpackung (Darstellung eines Bon-Bons).

116 S. dazu oben Rn. 190 ff.

117 EuGH MarkenR 2003, 187 – Gabelstapler u.a. (Linde u.a.); EuGH MarkenR 2004, 461 – Mag Lite.

118 S. dazu aus der umfangreichen Rspr. zum Schutz sog. Tabs: EuG MarkenR 2001, 418 – Waschmitteltablette; MarkenR 2006, 127 – rot-weiße Waschmitteltablette; EuGH MarkenR 2004, 224 – TABS; MarkenR 2004, 231 – Quadratische Waschmittel-Tabs (Procter&Gamble); dazu *Grabrucker* Mitt 2004, 106 ff.; Mitt 2005, 1 ff. und GRUR 2006, 265, 268 f.

119 EuGH MarkenR 2004, 231 – Quadratische Waschmittel-Tabs (Procter&Gamble).

120 EuGH MarkenR 2004, 461 – Mag Lite; EuG MarkenR 2005, 60 und EuGH MarkenR 2006, 322 – Form eines Bonbons.

121 S. etwa EuG GRUR Int. 2004, 515 – Standbeutel; EuGH MarkenR 2006, 19 – Standbeutel; EuG GRUR Int. 2004, 664 – Corona Bierflasche; EuGH MarkenR 2005, 311 – Form einer Bierflasche; EuG MarkenR 2005, 60 und EuGH MarkenR 2006, 322 – Form eines Bonbons; EuG MarkenR 2005, 102 und EuGH MarkenR 2006, 329 – Bonbon-Verpackung (Darstellung eines Bonbons).

122 *Ströbele/Hacker* § 8 Rn. 171 f.

der **Gesamteindruck** herkunftshinweisend ist.[123] Generell gilt für zusammengesetzte Marken, die nur aus Bestandteilen bestehen, die in Bezug auf die betroffenen Waren oder Dienstleistungen keine Unterscheidungskraft haben, die Vermutung, dass auch die Marke als ganze im geschäftlichen Verkehr nur zur Aufmachung der beanspruchten Waren oder Dienstleistungen verwendet werden kann;[124] eben dies kann aber widerlegt werden, »wenn konkrete Anhaltspunkte, wie etwa die Art, in der die verschiedenen Bestandteile zusammengesetzt sind, darauf hindeuten, dass die zusammengesetzte Marke, insgesamt betrachtet, **mehr ist als die Summe** der Bestandteile, aus denen sie zusammengesetzt ist«.[125]

(10) **Unterschiedliche Beurteilungen** der Unterscheidungskraft gleicher oder ähnlicher Zeichen bei einzelnen Markenämtern der Nationalstaaten oder dem Harmonisierungsamt der EU sind nicht ausgeschlossen. Die einmal erfolgte Eintragung präjudiziert jedoch nicht nachfolgende Entscheidungen desselben oder eines anderen Markenamtes.[126] **435**

3. Beschreibende Zeichen

§ 8 Abs. 2 Nr. 2 MarkenG schließt Zeichen von der Entragung als Marke aus, die zur Beschreibung der Waren oder Dienstleistungen, für die sie angemeldet worden sind, dienen können. Aus der Formulierung »dienen können« wird ersichtlich, dass eine entsprechende Verwendung nicht aktuell praktiziert werden muss. Ausreichend ist vielmehr, dass eine solchen Verwendung vernünftigerweise zu erwarten ist.[127] Liegt es so, geht das Allgemeininteresse an der **Freihaltung** des Zeichens dem Individualinteresse an seiner Monopolisierung als Marke vor.[128] **436**

Beispiel: Die Bezeichnung »Chiemsee« ist als Marke für Textilien freihaltebedürftig, weil nicht nur die Eintragung solcher geografischer Bezeichnungen als Marke verboten ist, die Orte bezeichnen, die von den beteiligten Verkehrskreisen **aktuell** mit der betreffenden Warengruppe in Verbindung gebracht werden, sondern auch solcher, die **zukünftig** von den Unternehmen der Region als Herkunftsangabe für die betreffende Warengruppe verwendet werden können; dabei muss die Verbindung zwischen der Ware und dem geografischen Ort nicht notwendigerweise auf ihrer Herstellung an diesem Ort beruhen; ausreichend für ein Freihaltebedürfnis ist, dass nicht ausgeschlossen werden kann, dass die Verbindung zwischen der Warengruppe und dem geografischen Ort auf anderen Anknüpfungspunkten beruht, z.B. dem Umstand, dass die Ware an diesem Ort entworfen worden ist.[129] Dass die Bezeichnung »Chiemsee« **437**

123 S. das Beispiel in Rn. 228.
124 MarkenR 2004, 111, 112 – BIOMILD; MarkenR 2004, 393, 394 – Sat.2.
125 EuGH MarkenR 2005, 311, 312 – Form einer Bierflasche.
126 EuGH MarkenR 2004, 116 – Waschmittelflasche.
127 Verneint in EuG MarkenR 2006, 53 – Cloppenburg.
128 Zahlreiche Bsp. aus der Rspr. des BPatG nach der Chiemsee-Entscheidung des EuGH (MarkenR 1999, 189, 193) finden sich bei *Grabrucker* GRUR 2000, 366, 377.
129 EuGH MarkenR 1999, 189, 193 – Chiemsee; vgl. auch BPatG MarkenR 2000, 377 – Cloppenburg; BPatG MarkenR 2006, 356 – PORTLAND; für die Eintragungsfähigkeit der Bezeichnung Cloppenburg für »Dienstleistungen des Einzelhandels in Klasse 35« dagegen EuG MarkenR 2006, 53 – Cloppenburg.

unmittelbar ein Gewässer benennt, das als solches nicht als Produktionsort in Betracht kommt, bleibt unberücksichtigt, wenn – wie hier – auch die Region um dieses Gewässer gemeint sein kann.[130]

438 Mit dem **präventiven** Ausschluss beschreibender Angaben nach § 8 Abs. 2 Nr. 2 MarkenG korrespondiert die Schutzschranke des § 23 Nr. 2 MarkenG. Danach hat der Inhaber einer Marke nicht das Recht, einem Dritten zu untersagen, ein mit dieser Marke identisches oder ähnliches Zeichen im Geschäftsverkehr zur Beschreibung von Merkmalen oder Eigenschaften von Waren oder Dienstleistungen zu verwenden. Die Regelung scheint prima vista ins Leere zu gehen, da solche Angaben schon gar nicht zur Eintragung gelangen sollten. Tatsächlich wird das Freihaltebedürfnis an beschreibenden Angaben damit doppelt abgesichert: zum einen im Eintragungsverfahren, zum anderen im Verletzungsverfahren. Wo bereits der Eintragungsausschluss greift, bedarf es keines Rekurses auf § 23 Nr. 2 MarkenG mehr. Umgekehrt rechtfertigt § 23 Nr. 2 MarkenG aber keinesfalls die Eintragung beschreibender Angaben aus der Erwägung, das Freihalteinteresse der Allgemeinheit bleibe durch diese Vorschrift gewahrt:[131] denn der Benutzer einer beschreibenden Angabe, der aus einer eingetragenen Marke in Anspruch genommen wird, trägt das Prozessrisiko, das ihm eine Amtsprüfung der Marke vor ihrer Eintragung gerade ersparen soll.

439 Bedeutung erlangt die Absicherung des Freihaltebedürfnisses beschreibender Angaben in § 23 Nr. 2 MarkenG,

- wo eine Eintragung nach § 8 Abs. 2 Nr. 2 MarkenG nicht hätte erfolgen dürfen,
- wo eine beschreibende Angabe auf Grund ihrer Verkehrsdurchsetzung nach § 8 Abs. 3 MarkenG als Marke eingetragen wurde,
- wo Kombinationsmarken beschreibende Bestandteile enthalten und
- wo eine markenmäßig benutzte geografische Angabe einer nicht beschreibenden Marke so ähnlich ist, dass daraus eine Verwechslungsgefahr entsteht.[132]

440 Die Aufzählung in § 8 Abs. 2 Nr. 2 MarkenG ist nicht abschließend. Unter »sonstige Merkmale« lassen sich alle weiteren Angaben fassen, die die Ware oder Dienstleistung, für die ein Zeichen als Marke angemeldet ist, in irgendeiner Weise näher charakterisieren. So fehlt etwa dem Wort »Kinder« für die Ware »Schokolade« wegen der ausschließlichen Beschreibung der **Abnehmerkreise** jegliche Unterscheidungskraft.[133] Das Wort »**ausschließlich**« in § 8 Abs. 2 Nr. 2 MarkenG bezieht sich dabei auf die Zusammensetzung des angemeldeten Zeichens: es ist nicht ausschließlich beschreibend und damit eintragungsfähig, wenn es zumindest auch andere, nicht beschreibende Bestandteile enthält. So liegt es bei Kombinationsmarken, die eine beschreibende Angabe mit grafischen Farb- und/oder Bildelemente verbinden, die

---

130 Anders liegt es dagegen bei geografischen Angaben wie »Mont Blanc«, »Yukon« (SchweizBG GRUR Int. 2003, 1037) oder »ALASKA« (SchweizBG GRUR Int. 1995, 428), wenn sie erkennbar als Produktionsort ausscheiden und dafür auch künftig nicht ernsthaft in Betracht kommen.

131 EuGH MarkenR 2005, 22 – DAS PRINZIP DER BEQUEMLICHKEIT; BPatG MarkenR 2000, 377 – Cloppenburg.

132 S. dazu EuGH MarkenR 2004, 57 – Gerolsteiner Brunnen (Gerolsteiner/Putsch): der Vorrang der Marke bestimmt sich danach, ob die Benutzung der geografischen Angabe »berechtigten Interessen des Markeninhabers« in unlauterer Weise zuwiderläuft.

133 BGH MarkenR 2004, 31 – Kinder.

über werbeübliche Gestaltungen hinausgehen.[134] Dagegen ist ein **mehrdeutiges** Zeichen schon dann freihaltebedürftig, wenn es in einer Bedeutung nur beschreibend verstanden wird.[135] Fremdsprachige Bezeichnungen sind dann beschreibend und deshalb freihaltebedürftig, wenn sie von den angesprochenen Verkehrskreisen in ihrer übersetzten Bedeutung beschreibend verstanden werden oder wenn vernünftigerweise zu erwarten ist, dass der inländische Verkehr die fremdsprachige Bezeichnung beschreibend verwenden wird.[136] Dagegen steht der Eintragung eines Wortes als nationale Marke nicht entgegen, dass dieses Wort der Sprache eines anderen Staates entlehnt ist und in dieser anderen Sprache glatt beschreibend ist, solange die beteiligten inländischen Verkehrskreise die Bedeutung des Wortes nicht erkennen.[137]

Aus dem Zusammenspiel von § 8 Abs. 2 Nr. 2 MarkenG und § 23 Nr. 2 MarkenG 441
folgt, dass aus einer Marke, die beschreibende Elemente mit fantasievollen so kombiniert, dass das Zeichen eine – wenn auch geringe – Unterscheidungskraft erlangt, die Benutzung einer ähnlichen, aber ihrerseits rein beschreibenden Angabe nicht unterbunden werden kann.

Beispiel: Die Inhaberin der abgebildeten Wort-/Bild-Marke vertreibt unter diesem 442
Zeichen ein vitaminhaltiges Mehrfruchtgetränk. Sie verlangt von einem konkurrierenden Unternehmen aus ihrer Marke Unterlassung der Verwendung des Begriffes »**Frühstücks-Trank**« für den Vertrieb eines vitaminisierten, durch Zugabe von Cerealien ballaststoffhaltigen Getränks.

134 Die Rspr. verlangt insoweit einen »schutzbegründenden Überschuss« dieser Elemente, der um so deutlicher sein muss, je eindeutiger der beschreibende Charakter des Zeichens im Übrigen ausfällt, vgl. BGH MarkenR 2001, 407 – antiKalk (für eine unzureichende grafische Gestaltung).

135 EuGH MarkenR 2003, 450, 451 – DOUBLEMINT; MarkenR 2004, 111, 112 – BIOMILD; BPatG MarkenR 2005, 346 – SPA; MarkenR 2000, 377 – Cloppenburg.

136 Vgl. dazu BGH GRUR 1988, 379 – RIGIDITE; GRUR 1994, 366, 368 RIGIDITE II; GRUR 1994, 370, 371 – rigiditè III; GRUR 1994, 730 – VALUE; GRUR 1996, 771, 772 – THE HOME DEPOT.

137 EuGH MarkenR 2006, 157 – Matratzen Concord/Hukla; oben Rn. 424.

Der BGH hielt die Bezeichnung »FRÜHSTÜCKS-DRINK« für unterscheidungskräftig, nicht dagegen die Angabe »Frühstücks-Trank«. Während ersterer »durch den der englischen Sprache entstammenden Wortteil, der zudem regelmäßig im Zusammenhang mit alkoholischen Getränken verwendet wird,« ein gewisser Fantasiegehalt nicht abgesprochen werden könne, halte sich die angegriffene Bezeichnung ganz im Rahmen üblicher deutscher Wortbildung. Die Annahme einer beschreibenden Angabe setze nicht voraus, dass der Verkehr aus ihr die genaue Art des so bezeichneten Produkts und seine wesentlichen Inhaltsstoffe entnehmen könne. Auch mit der Bestimmung eines Getränks (vorzugsweise) zum Verzehr beim Frühstück, wie es die angegriffene Bezeichnung angebe, werde das Getränk seiner Bestimmung nach beschrieben. Damit scheiterte der Unterlassungsanspruch aus der Klagemarke wenn nicht schon an einer mangelnden markenmäßigen Benutzung[138] des Zeichens der Beklagten, so doch an § 23 Nr. 2 MarkenG.[139]

443 Dass Abwandlungen eines freihaltebedürftigen Begriffes zu einem schutzfähigen Zeichen führen können, zeigen die im pharmazeutischen Bereich beliebten Markenbildungen auf der Grundlage sog. **International Nonproprietary Names (INN)** for Pharmaceutical Substances. Als International Nonproprietary Name (INN) werden von der Weltgesundheitsorganisation (WHO) vergebene, gemeinfreie Namen für Arzneimittelwirkstoffe bezeichnet. Sie erleichtern Wissenschaftlern, Ärzten und Apothekern die internationale Kommunikation über Medikamente. Verschiedene Präfixe und Suffixe wie »-pril«, »-oxetin« oder »-olol« signalisieren dabei dem Fachmann die Zugehörigkeit zu einer bestimmten Gruppe. Es liegt nahe, Marken für ein Präparat, das auf einem solchen Wirkstoff aufbaut, so zu bilden, dass der verschreibende Arzt mit dem Gedanken an einen Wirkstoff das Markenprodukt assoziiert und umgekehrt.

444 Beispiel:

Wirkstoff (INN)	Arzneimittelmarke
Omeprazol	OMEPRAZOK[140]
Roxithromycin	Roximycin[141]

445 Nach der Rechtsprechung des BGH sind solche Abwandlungen nur dann wegen fehlender Unterscheidungskraft (§ 8 Abs. 2 Nr. 1 MarkenG) nicht eintragungsfähig, wenn ihnen jede individualisierende Eigenart fehlt.[142] So liegt es, wenn der Verkehr, dem das Fachwort bekannt ist oder wird, in der Marke nur die Sachbezeichnung, nicht eine inhaltliche Bezugnahme darauf erkennt.[143] Eine Freihaltebedürftigkeit nach § 8 Abs. 2 Nr. 2 MarkenG besteht ebenfalls nicht, wenn die Abwandlung hinreichend deutlich ausfällt. Dies wurde in den genannten Beispielen bejaht. Allerdings ist die Abwehrkraft solcher Zeichen, die ihre Schutzfähigkeit aus der Abweichung nicht kennzeichnungskräftiger und/oder freihaltebedürftiger Zeichen gewinnen, entsprechend gering:[144] der **Schutzumfang** eines solchen Zeichens ist

138 S. dazu unten Rn. 606 ff.
139 BGH MarkenR 2002, 251, 253 – Frühstücks-Drink II.
140 BGH MarkenR 2002, 127 – OMEPRAZOK.
141 BGH MarkenR 2005, 53, 54 – Roximycin.
142 BGH MarkenR 2005, 53, 54 – Roximycin.
143 BGH GRUR 1994, 803 – TRILOPIROX und 805 – Alphaferon.
144 BGH MarkenR 2005, 53, 54 f. – Roximycin.

eng bemessen und auf die individualisierenden Bestandteile beschränkt. Das bedeutet, dass aus einer solchen Marke weder die Verwendung des INN behindert noch ein Mitbewerber daran gehindert werden kann, ebenfalls die freie Wirkstoffbezeichnung zur Grundlage einer eigenen Marke zu machen.

Auch **Abkürzungen** oder bloße **Buchstabenfolgen** können am Eintragungshindernis des § 8 Abs. 2 Nr. 2 MarkenG scheitern, wenn sie wie die entsprechende, ausformulierte Bezeichnung eingesetzt und verstanden werden und deshalb dasselbe Bedürfnis an ihrer Freihaltung besteht wie im Falle des ungekürzten Begriffes. So liegt es etwa bei der Zahl 24 als Hinweis für eine Tag und Nacht abrufbare Dienstleistung[145] oder dem Buchstabenkürzel TDI.[146] Nichts anderes gilt für Wortneubildungen wie etwa »Freilandeier« oder »Weidebutter«, wenn sie vom Verkehr ohne weiteres als beschreibend verstanden werden.[147] Am Freihaltebedürfnis des Marktes scheitern auch regelmäßig ein- oder zweistellige **Zahlen**, wenn sie zur Kennzeichnung von Modellreihen, technische Ausführungen u.ä. üblich sind.[148] 446

Beschreibend im Sinne des § 8 Abs. 2 Nr. 2 MarkenG können nicht nur Worte, Buchstaben und Zahlen, sondern auch **bildliche Darstellungen**, etwa Piktogramme sein. Sie unterliegen dann – nicht anders als beschreibende Begriffe – einem Freihaltebedürfnis zu Gunsten der Allgemeinheit. Angesichts der vielfältigen, schier unbeschränkten Möglichkeit bildlicher Wiedergaben ist jedoch, wie die Beschwerdekammer des Harmonisierungsamts (HABM) zur Gemeinschaftsmarke zutreffend festgestellt hat,[149] eine erhebliche Zurückhaltung bei der Annahme eines Freihaltungsbedürfnisses geboten. Beschreibend kann auch die als Bildmarke angemeldete Abbildung einer Ware oder ihrer Verpackung sein, wenn der Verkehr in der Abbildung nur eine Darstellung der Ware, nicht dagegen einen betrieblichen Herkunftshinweis erkennt. Die Beurteilung dieser Frage folgt denselben Kriterien wie die entsprechender dreidimensionaler Marken.[150] 447

Das Freihaltebedürfnis an beschreibenden Zeichen nach § 8 Abs. 2 Nr. 2 MarkenG steht bei **produktabhängigen Formmarken** selbstständig neben den absoluten Schutzversagungsgründen des § 3 Abs. 2 MarkenG.[151] Das bedeutet, dass auch dann, wenn sich eine produktabhängige Formmarke nicht in der Darstellung von Formen erschöpft, die aus der Art der Ware folgen, technisch bedingt oder wertbildend sind, in einem zweiten Schritt das § 8 Abs. 2 Nr. 2 MarkenG zu Grunde liegende Allgemeininteresse daran zu berücksichtigen ist, dass dreidimensionale, aus der Form der Ware bestehende Marken, die ausschließlich aus Zeichen oder Angaben bestehen, die im Sinne dieser Bestimmung zur Bezeichnung der Merkmale einer Ware oder einer Dienstleistung dienen können, von allen frei verwendet 448

145 S. die zahlr. Nachw. aus der Rspr. bei *Ströbele/Hacker* § 8 Rn. 211.
146 EuG GRUR Int. 2004, 328, 330 – TDI; s. oben Rn. 168.
147 *Albrecht* MarkenR 2000, 308, 312.
148 Vgl. etwa zur Zahl »20« BPatG, Beschl. v. 26.2.2003, 28 W (pat) 106/02 (für Druckertinten, Toner und Tonerpatronen), zur Zahl »4« BPatG, Beschl. v. 1.10.2003, 28 W (pat) 65/03 (für Kraftfahrzeuge und deren Teile).
149 HABM MarkenR 1999, 321, 322 – Dreiecke (Dual Triangles Design).
150 EuG MarkenR 2001, 418 – Waschmitteltablette; MarkenR 2006, 127 – rot-weiße Waschmitteltablette.
151 EuGH MarkenR 2003, 187 – Gabelstapler u.a. (Linde u.a.).

und vorbehaltlich einer Verkehrsdurchsetzung nach § 8 Abs. 3 MarkenG nicht eingetragen werden können.[152]

449 Beispiel: Die abgebildete Darstellung eines Gabelstaplers wird als dreidimensionale Marke angemeldet. Sie ist eintragungsfähig, wenn die wieder gegebene Form weder warenartbedingt noch technisch bedingt ist (§ 3 Abs. 2 Nr. 1 und 2 MarkenG), wenn sie für die angemeldeten Waren Unterscheidungskraft besitzt (§ 8 Abs. 2 Nr. 1 MarkenG) und nicht ausschließlich aus Zeichen besteht, die zur Beschreibung der Ware »Gabelstapler« dienen können (§ 8 Abs. 2 Nr. 2 MarkenG).

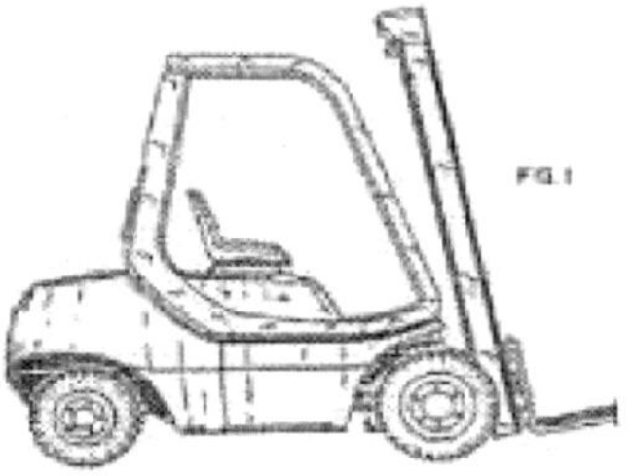

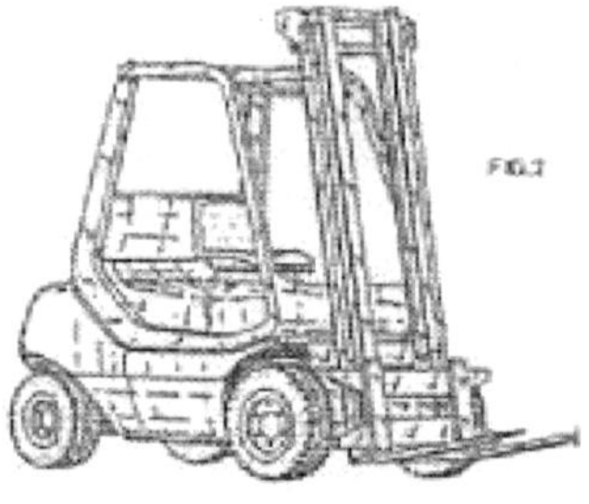

450 Der BGH hat diese Frage – nach Durchführung eines Vorabentscheidungsverfahrens vor dem EuGH[153] – insoweit beantwortet, als er weder einen absoluten Schutzausschluss nach § 3 Abs. 2 MarkenG, noch ein Fehlen jeglicher Unterscheidungskraft nach § 8 Abs. 2 Nr. 1 MarkenG erkannte.[154] Der abgerundet ausgebildete Fahrzeugkörper, die kurvenlinienförmig begrenzten Radläufe und die als Fünfeck ausgebildete Fahrerkabine stellten eine charakteristische Formgebung dar, die sich bei anderen Gabelstaplern nicht finde und die geeignet sei, als Hinweis auf die betriebliche Herkunft zu dienen.[155] Ein Freihaltebedürfnis sei damit allerdings nicht ausgeschlossen. Wenn die beanspruchte Form innerhalb der auf diesem Warengebiet üblichen Formenvielfalt liege und die Möglich-

152 EuGH MarkenR 2003, 187 – Gabelstapler u.a. (Linde u.a.).
153 BGH MarkenR 2001, 57 – Gabelstapler (Vorlagebeschluss); EuGH MarkenR 2003, 187 – Gabelstapler u.a. (Linde u.a.).
154 BGH MarkenR 2004, 242 – Gabelstapler II; vgl. auch BGH MarkenR 2004, 248 – Rado-Uhr II.
155 BGH MarkenR 2004, 242, 244 – Gabelstapler II.

keiten der Mitbewerber zur individuellen Produktgestaltung beschränkt seien, könne dies für die Bejahung dieses Schutzhindernisses sprechen.[156] Das daraufhin erneut befasste BPatG bejahte ein Freihaltebedürfnis nach § 8 Abs. 2 Nr. 2 MarkenG.[157]

Offen bleibt in der Entscheidung des BPatG, ob nicht gerade die Merkmale, mit denen die konkrete Unterscheidungskraft des Zeichens begründet wurde, der Annahme eines »ausschließlich« beschreibenden Charakters entgegenstehen. Zudem stehen dem vom BPatG erkannten Freihaltebedürfnis nach § 8 Abs. 2 Nr. 2 MarkenG die Ausführungen des BGH zur Überwindung des absoluten Freihaltebedürfnisses nach § 3 Abs. 2 MarkenG gegenüber, die angemeldete Marke verfüge über eine Reihe von Gestaltungsmerkmalen, die weder durch die Art der Ware noch technisch oder wertbedingt seien; dazu zählten der ein abgerundetes Fünfeck darstellende Fahrerkabinenrahmen, die durchweg abgerundeten Kantenlinien und das rundlich ausgeprägte Heck. Diese Merkmale dienten weder der Ermöglichung einer technischen Wirkung noch der Erzielung bestimmter Eigenschaften. Mitbewerber würden daher bei der Gestaltung ihrer Produkte auch nicht bei der Wahl technischer Lösungen oder Eigenschaften, mit denen sie ihre Produkte versehen wollten, behindert. In der Tat sprechen gerade die genannten Merkmale dafür, dass die konkrete Gestaltung des Produkts nicht nur die Eintragungshindernisse nach § 3 Abs. 2 und § 8 Abs. 2 Nr. 1 MarkenG überwinden kann, sondern auch aus den in diesem Warengebiet üblichen Formgebungen herausragt und gerade damit die Möglichkeiten der Mitbewerber zur individuellen Produktgestaltung nicht beschränkt. **451**

4. Generische Zeichen

Nach Art. 3 Abs. 1 lit. d der Markenrichtlinie sind Zeichen oder Marken von der Eintragung ausgeschlossen, die »ausschließlich aus Zeichen oder Angaben bestehen, die im allgemeinen Sprachgebrauch oder in den redlichen und ständigen Verkehrsgepflogenheiten üblich sind«. In der diese Vorgabe umsetzenden Regelung des § 8 Abs. 2 Nr. 3 MarkenG heißt es etwas enger, ausgeschlossen seien Zeichen, die »ausschließlich aus Zeichen oder Angaben bestehen, die im allgemeinen Sprachgebrauch oder in den redlichen und ständigen Verkehrsgepflogenheiten **zur Bezeichnung der Waren oder Dienstleistungen** üblich **geworden** sind«. Eine richtlinienkonforme Auslegung der Vorschrift muss aber dazu führen, **452**

- zum einen auch solche Zeichen von der Eintragung auszuschließen, deren »Üblichkeit« nicht erst entstanden, sondern von jeher gegeben ist,
- zum anderen den Bezug zu den angemeldeten Waren oder Dienstleistungen nicht im selben Sinne zu fordern, wie er § 8 Abs. 2 Nr. 2 MarkenG zu Grunde liegt.

156 BGH MarkenR 2004, 242, 245 – Gabelstapler II.
157 BPatG MarkenR 2005, 238 – Gabelstapler III; großzügig bei der Annahme eines Freihaltebedürfnisses ist das BPatG auch regelmäßig bei produktabhängigen Formmarken für Lebensmittel, s. hierzu die Nachweise bei *Grabrucker* GRUR 2006, 265, 267 und oben Rn. 17 (Käse in Blütenform); dass eine allzu liberale Eintragungspraxis von 3-D-Marken für Lebensmittel erhebliche Probleme im Verletzungsprozess nach sich ziehen kann, zeigt BGH MarkenR 2005, 234 – Russisches Schaumgebäck.

Andernfalls wäre nicht nur die Richtlinie unzutreffend umgesetzt, sondern auch der Anwendungsbereich des § 8 Abs. 2 Nr. 3 MarkenG gegenüber § 8 Abs. 2 Nr. 2 MarkenG unsinnig eingeschränkt.

453 Der EuGH hat dies in der Entscheidung »Bravo« klargestellt. »Zur Bezeichnung der Waren oder Dienstleistungen üblich geworden« sei so auszulegen, dass für die Ablehnung der Eintragung einer Marke nur vorausgesetzt werde, dass die Zeichen oder Angaben, aus denen diese Marke ausschließlich bestehe, im allgemeinen Sprachgebrauch oder in den redlichen und ständigen Verkehrsgepflogenheiten zur Bezeichnung der Waren oder Dienstleistungen, für die diese Marke angemeldet wurde, üblich geworden seien. Für die Anwendung des § 8 Abs. 2 Nr. 3 MarkenG sei ohne Bedeutung, ob die in Rede stehenden Zeichen oder Angaben die Eigenschaften oder Merkmale dieser Waren oder Dienstleistungen beschrieben.[158]

454 Die **Eigenständigkeit** des Eintragungshindernisses des § 8 Abs. 2 Nr. 3 MarkenG beruht mithin darauf, dass ein Zeichen zur Beschreibung bestimmter Waren oder Dienstleistungen auch dann »üblich« sein oder werden kann, wenn es tatsächlich nichts über deren Qualität, Bestimmung, Funktion usw. aussagt; so mag es etwa »üblich« sein, Gartengeräte in grüner Farbe zu gestalten, eine beschreibende Aussage ist damit gleichwohl nicht verbunden.[159] Umgekehrt sind die unmittelbar beschreibenden Zeichen des § 8 Abs. 2 Nr. 2 MarkenG schon dann von der Eintragung als Marke ausgeschlossen, wenn sie Eigenschaften der Waren oder Dienstleistungen benennen, gleich ob ihre dahingehende Verwendung üblich ist oder nicht. Deutlich wird dieser Aspekt beim Ausschluss beschreibender Zeichen nach § 8 Abs. 2 Nr. 2 MarkenG im Hinblick auf ein lediglich potenzielles, zukünftiges Nutzungsinteresse der Allgemeinheit:[160] von einer üblichen Verwendung kann in diesem Falle keine Rede sein; gleichwohl rechtfertigt das Freihaltungsinteresse der Allgemeinheit den Ausschluss des Zeichens von der Eintragung als Marke.

455 Ist ein Zeichen **zum Zeitpunkt der Entscheidung** über seine Eintragung unterscheidungskräftig und weder freihaltebedürftig noch »im allgemeinen Sprachgebrauch oder in den redlichen und ständigen Verkehrsgepflogenheiten zur Bezeichnung der Waren oder Dienstleistungen üblich«, steht seiner Eintragung insoweit nichts mehr im Wege; gerade die erfolgreiche Verbreitung der Marke am Markt kann aber dazu führen, dass die ursprünglich unternehmensidentifizierende Bedeutung des Zeichens im Bewusstsein der Verbraucher, ggf. sogar der Vertriebspartner mehr und mehr verloren geht und an seine Stelle eine generische Verwendung tritt.[161]

158 EuGH MarkenR 2001, 403 – Bravo.

159 Vgl. BGH MarkenR 2002, 121, 122 f. – grün eingefärbte Prozessorengehäuse; Ausdrücke ohne jeden spezifischen Bezug zu den angemeldeten Waren oder Dienstleistungen wie etwa »super« oder »erstklassig« fallen jedoch unter § 8 Abs. 2 Nr. 1 MarkenG, nicht unter § 8 Abs. 2 Nr. 3 MarkenG; denn § 8 Abs. 2 Nr. 3 MarkenG verlangt, dass die Marke ausschließlich aus Zeichen oder Angaben besteht, die zur Bezeichnung »der« – also nicht irgendwelcher, nicht beliebiger und nicht jedweder – Waren und Dienstleistungen üblich (geworden) sein müssen (a.A. *Ströbele/Hacker* § 8 Rn. 297).

160 EuGH MarkenR 1999, 189, 193 – Chiemsee; MarkenR 2004, 111, 115 – BIOMILD; vgl. auch BPatG MarkenR 2000, 377 – Cloppenburg.

161 Vgl. ÖOGH GRUR Int. 2003, 358 – Sony Walkman II (»Die Bezeichnung »Walkman« hat sich in den beteiligten Verkehrskreisen, zu denen neben Letztverbrauchern auch Hersteller und Händler gehören, zum allgemein gebräuchlichen Gattungsbegriff für tragbare Kassettenabspielgeräte mit Kopfhörern entwickelt. Dieser Funktionsverlust ist der Inhaberin der Marke »SONY WALKMAN« gemäß § 33 b MSchG zurechenbar, da sie nichts unternommen hat, damit sich in den be-

5. Weitere absolute Eintragungshindernisse

Die weiteren, in § 8 Abs. 2 Nr. 4 bis 9 genannten Schutzhindernisse sind in der Praxis von geringerer Bedeutung. Liegen sie vor, muss eine Anmeldung zurückgewiesen werden; wurde gleichwohl eingetragen, berechtigen sie zur Löschung des Zeichens von Amts wegen, § 50 Abs. 3 MarkenG. **456**

a) Täuschungseignung

§ 8 Abs. 2 Nr. 4 MarkenG verbietet die Eintragung täuschungsgeeigneter Marken. Die Täuschungsgefahr muss dabei von der Marke selbst ausgehen. So wurde etwa einer Marke die Eintragung versagt, die neben dem Firmennamen die (nicht glaubhaft gemachte) Aussage »seit 1895« enthielt.[162] Zur Täuschung können sich etwa Marken oder Markenbestandteile eignen, die unzutreffende Herkunftsangaben, Qualitätsaussagen, akademische Titel oder Altersangaben enthalten oder auf nicht bestehende gewerbliche Schutzrechte verweisen. Maßstab ist auch hier der normal informierte, angemessen aufmerksame und verständige Durchschnittsverbraucher.[163] Ein solcher Verbraucher wird – insbesondere im Hinblick auf mittelbare geografische Herkunftsangaben – nicht aus jeder Fremdsprachigkeit einer Marke auf eine entsprechende Herkunft des Produkts schließen[164] und in der Lage sein, die offensichtliche Beschaffenheit einer Ware zu erkennen, auch wenn die Marke eine andere Beschaffenheit vermuten lässt.[165] **457**

Nach § 37 Abs. 3 MarkenG führt nur eine »**ersichtliche**« Täuschungseignung zur Zurückweisung der Markenanmeldung. Das ist nur dann der Fall, wenn eine Irreführungseignung **458**

- im Eintragungsverfahren
- ohne weitere Nachforschungen
- aus der Marke selbst
- im Hinblick auf zumindest einen Teil des Waren- und Dienstleistungsverzeichnisses

festgestellt werden kann. Ist dagegen eine Benutzung möglich, in der das Zeichen ohne Täuschung eingesetzt werden kann, muss es eingetragen werden,[166] eine erst im Rahmen nachfolgender konkreter Benutzung des Zeichens zu Tage tretende Irreführungseignung kann aber zur Löschung des Zeichens wegen Verfalls führen.[167]

Beispiel: Die Bezeichnung »**MOLINO**« ist, wenn sie für die Waren »Weine« angemeldet wird, als unterscheidungskräftiges Wortzeichen eintragungsfähig. Täuschungsgeeignet könnte sie zwar bei einem Einsatz zum Vertrieb **deutscher** Weine sein, wenn das angesprochene Publikum mit der Bezeichnung eine Herkunft aus **südeuropäischen** Ländern assoziierte; eine solche Konstellation kann aber erst aus der **Benutzung** der Marke **459**

---

teiligten Verkehrskreisen eine andere Bezeichnung als Gattungsbegriff an Stelle ihrer Marke durchsetzt.«).

162 BPatG GRUR 1995, 411 – SEIT 1895.

163 EuGH MarkenR 2003, 227, 232 – Libertel; MarkenR 2004, 393, 394 – Sat.2.

164 *Ingerl/Rohnke* § 8 Rn. 294.

165 BPatG Mitt 1998, 371 – CRISTALLO (für Waren aus Kunststoff).

166 BGH MarkenR 2002, 127, 128 – OMEPRAZOK; GRUR 1992, 516, 517 – EGGER NATUR-BRÄU.

167 § 49 Abs. 2 Nr. 2 MarkenG.

resultieren und dann wettbewerbsrechtlich geprüft werden. Solange die Anmeldung – wie hier – eine ohne weiteres täuschungsfreie Benutzung, etwa zum Import italienischer Weine, zulässt, ist eine Täuschungseignung jedenfalls nicht im Sinne des § 37 Abs. 3 MarkenG »ersichtlich«.[168]

460 Eine über die summarische Prüfung nach § 8 Abs. 2 Nr. 4 MarkenG hinausgehende Prüfung einer Marke auf Irreführungseignung kann nur im Rahmen eines Löschungsverfahrens erfolgen, für das die Einschränkung des § 37 Abs. 3 MarkenG auf die »Ersichtlichkeit« einer Täuschungseignung nicht gilt. Nach § 49 Abs. 2 Nr. 2 kann eine Marke gelöscht werden, »wenn **die Marke** infolge ihrer **Benutzung** (...) geeignet ist, das Publikum insbesondere über die Art, die Beschaffenheit oder die geografische Herkunft (...) zu täuschen.« Eine irreführende Benutzung der Marke in einem einzelnen, konkreten Fall, etwa einer Werbung mit der Marke, kann wettbewerbsrechtlich (§§ 3, 5 UWG) verfolgt werden.

b) Öffentliche Ordnung, Verstoß gegen die guten Sitten

461 § 8 Abs. 2 Nr. 5 MarkenG schließt die Eintragung von Marken aus, die gegen die öffentliche Ordnung oder die guten Sitten verstoßen. Unter Rekurs auf dieses Schutzhindernis wurde z.B. der für Bekleidung angemeldeten Marke Messias die Eintragung versagt.[169] Die Rechtsprechung hat einerseits der allgemeinen **Liberalisierung** insoweit Rechnung getragen, als nicht jede gesellschaftliche Anstößigkeit bereits die Versagung der Eintragung eines Zeichens rechtfertigt; Zeichen wie COSA NOSTRA[170], KOKAIN BALL[171] oder BIN LADIN[172] sind deshalb eintragungsfähig. Andererseits ist nicht zu verkennen, dass es einen gesellschaftlichen Gegentrend zunehmender **Sensibilisierung** für diskriminierende Äußerungen oder Verhaltensweisen gibt, der – wenn auch begrenzt auf einzelne Sachverhalte wie das Geschlechterverhältnis, (fremde) Religionen oder die sexuelle Orientierung – zu einem strengeren Maßstab zurückführt.[173]

462 Im Ergebnis wird man deshalb differenzieren müssen: bloße Geschmacklosigkeit hindert die Eintragung eines Zeichens ebenso wenig wie eine allgemeine gesellschaftliche Anstößigkeit, solange die Grenzen des Anstandes nicht in unerträglicher Weise überschritten werden.[174] Dagegen können diskriminierende Begriffe und Zei-

---

168 BPatGE GRUR 1989, 593, 595 – MOLINO; vgl. auch BPatGE 31, 262 – MONTE GAUDIO (keine »ersichtlich« täuschende Angabe über eine tatsächlich nicht existierende Weinlage) und 40, 149 – Villa Marzolini (nicht irreführend, da das Wort »Villa« auf Grund seiner uneinheitlichen Verwendung als Bestandteil von Weinkennzeichnungen – anders als zum Beispiel die Begriffe »Domäne« oder »Chateau« – von den angesprochenen Verkehrskreisen nicht in entscheidungserheblichem Umfang als Bezeichnung für ein (italienisches) Weingut verstanden wird.).

169 BPatG GRUR 1994, 377, noch zu § 4 WZG; zum Begriff des Sittenverstoßes vgl. auch BPatG GRUR 1996, 408 – COSA NOSTRA.

170 BPatG GRUR 1996, 408, 409 – COSA NOSTRA.

171 BPatG GRUR 2004, 875, 876 – KOKAIN BALL; obwohl die ursprüngliche Bedeutung als Abkürzung für »Kölner Karneval International« von weiten Teilen des Verkehrs nicht erkannt werde, so das BPatG, sei doch mit einem unrichtigen Verständnis dahingehend, dass auf einem so bezeichneten Ball Kokain angeboten oder konsumiert werde, nicht ernsthaft zu rechnen.

172 Die Marke ist beim schweizerischen Institut für Geistiges Eigentum unter der Nr. 488044 u.a. für Schmuck, Sportartikel und Bekleidung eingetragen.

173 Symptomatisch dafür ist das in Umsetzung mehrerer europäischer Richtlinienvorgaben entstandene Allgemeine Gleichbehandlungsgesetz (AGG), BGBl. 2006 I, S. 1897.

174 *Ströbele/Hacker* § 8 Rn. 404, mit Verw. auf BPatG Mitt 1983, 156 – Schoasdreiber.

chen, die etwa religiöse Überzeugungen verletzen, Minderheiten herabwürdigen oder die Menschenwürde[175] tangieren, durchaus am Filter des § 8 Abs. 2 Nr. 4 MarkenG scheitern.[176]

Der Schutz von Namen berühmter Personen oder die Anmeldung von Bildnissen **463**
oder Tonfolgen, die nach Ablauf des urheberrechtlichen Schutzes gemeinfrei geworden sind, als Marke, verstößt nicht gegen die öffentliche Ordnung im Sinne des § 8 Abs. 2 Nr. 5 MarkenG.[177]

c) Hoheits-, Prüf- und Gewährzeichen, Wappen, Flaggen u.a.

Nach § 8 Abs. 2 Nr. 6 bis 8 MarkenG sind staatliche Hoheitszeichen, kommunale **464**
Wappen,[178] amtliche Prüf- oder Gewährzeichen sowie Kennzeichen zwischenstaatlicher Organisationen besonders geschützt. Auf einer umfassenden Datenbank der WIPO können solche Zeichen recherchiert werden.[179] Der Ausschluss solcher Zeichen von einer Registrierung als Marke verhindert ihre kommerzielle Nutzung[180] und schützt zugleich vor einer Zuordnungsverwirrung beim Publikum.

Beispiel: Emblem der Weltgesundheitsorganisation, recherchiert in der WIPO- **465**
Datenbank.

Abbreviation	OMS **WHO**
Circular Date	5.12.1966
Circular Number	0645
6ter Number	QO 0895
Kind	Drapeau/Flag
Organization Info	ORGANISATION MONDIALE DE LA SANTÉ WORLD HEALTH ORGANIZATION

175 Zum verfassungsrechtlichen Bezug *Ruess* WRP 2002, 1376.
176 Vgl. aus der Rspr. BGH GRUR 1995, 592, 595 – Busengrapscher; Mitt 1985, 215 – Schlüpferstürmer; BPatGE 28, 41 – CORAN und 46, 66 – DALAILAMA.
177 BPatG GRUR 1998, 1021, 1023 – Mona Lisa; MarkenR 2006, 172 – Pinocchio; a.A. *Meister* WRP 1995, 1005, 1006.
178 Vgl. Art. 3 Abs. 1 lit. h, Abs. 2 lit. c MarkenRL.
179 Im Internet: <http://www.wipo.int/ipdl/en/search/6ter/search-struct.jsp>.
180 *Fezer* Markenrecht, § 8 Rn. 60.

Type	couleur/color
Vienna Classification[181]	1.5.1, 1.5.8, 1.5.9, 1.5.12, 3.11.3, 5.13.3, 24.7.1, 29.1.2, 29.1.2, 29.1.4, 29.1.6, 29.1.13

466 Nach § 8 Abs. 4 Satz 1 MarkenG gilt der Schutz nach Abs. 6 bis 8 der Vorschrift auch für Marken, die »die Nachahmung« eines der genannten Hoheitszeichen, Wappen usw. enthalten. Die Eintragungshindernisse des § 8 Abs. 2 Nr. 6 bis 8 MarkenG gelten deshalb nicht nur für die identische Übernahme eines solchen Zeichens, sondern auch für Marken, die ein Hoheitszeichen stilisieren oder in Teilen übernehmen, wenn dabei der Charakter des Hoheitszeichens oder Wappens erhalten bleibt (**Nachahmung im heraldischen Sinne**[182]). Dafür genügt eine bloße Anlehnung oder Übereinstimmung in Teilen nicht: nicht jede Abbildung eines Ahornblattes innerhalb einer Bildmarke übernimmt damit schon die kanadische Flagge.[183] Der Begriff der Nachahmung in § 8 Abs. 4 Satz 1 MarkenG ist deshalb erheblich enger als der der Ähnlichkeit in den §§ 9 Abs. 1 Nr. 2 und 14 Abs. 2 Nr. 2 MarkenG.

467 Beispiel: Das »D« in der abgebildeten Wort-/Bildmarke – eingetragen u.a. für Software, Daten-, Bild- und Tonträger – weist in absteigender Reihenfolge die Farben schwarz, rot und gelb auf, die übrigen Buchstaben sind grün gehalten.

Das BPatG hat zu einem dagegen gerichteten Löschungsantrag entschieden, der grafisch ausgestaltete Großbuchstabe »D« könne nicht als Wiedergabe der Staatsflagge angesehen werden. Auch bei Zugrundelegung eines erweiterten Flaggenbegriffs enthalte die angegriffene Marke keine »Staatsflagge« i.S.v. § 8 Abs. 2 Nr. 6 MarkenG. Entsprechend dem Sinn und Zweck der Vorschrift, der ungerechtfertigten Ausnutzung staatlicher Hoheitszeichen zu kommerziellen Zwecken entgegenzuwirken, könne zwar insoweit ein erweiterter Flaggenbegriff zu Grunde gelegt werden, als von ihm auch Fahnen, Standarten, Stander, Wimpel und dergleichen, die jeweils bei bestimmten Anlässen und zu bestimmten Zwecken verwendet werden und wie Fahnen und Flaggen das Staatsganze darstellen sollen, umfasst werden. Bei dem bildlich ausgestalteten »D« handele es sich aber selbst bei weitester Sichtweise nicht um die identische Abbildung eines derartigen, einer Flagge gleich zu erachtenden Gegenstandes.[184] Für die Fälle der nicht identischen Abbildung gelte § 8 Abs. 4 S. 1 MarkenG, der Staatssymbole und andere Hoheitszeichen gegen Nachahmung in einer Marke schütze. Die Verwendung der Bundesfarben in der dargestellten Weise stelle auch keine Nachahmung »**im heraldischen Sinne**« dar, weil die heraldische Bezeichnung der deutschen Bundesflagge eine rechteckige

181 Wiener Abkommen über die Errichtung einer Internationalen Klassifikation der Bildbestandteile von Marken, unterzeichnet in Wien am 12. Juni 1973, geändert am 1. Oktober 1985.

182 Art. 6ter I lit. a PVÜ.

183 *Ströbele/Hacker* § 8 Rn. 497 mit Verw. auf RKGE sic! 2005, 600 – Newberry.

184 BPatG MarkenR 2005, 279 – Bundesfarben.

Tuchform voraussetze, mit der der hier in Frage stehende Großbuchstabe »D« keinerlei Ähnlichkeit aufweise. Ein Großbuchstabe »D« in den Bundesfarben existiere unstreitig als staatliches Hoheitszeichen nicht.

Beispiel: Abgelehnt wurde dagegen die Eintragung der nachfolgend wieder gege- 468
benen Wort-/Bildmarke.

Das Harmonisierungsamt hat zu dem für Hard- und Software sowie Datenträger angemeldeten Zeichen festgestellt, unter das Eintragungsverbot des Art. 7 Abs. 1 lit. h GMVO falle nicht nur die identische Reproduktion des geschützten Kennzeichens, sondern auch seine Nachahmung im heraldischen Sinne; eine **heraldische Nachahmung** liege vor, wenn trotz Abwandlung des Kennzeichens die Marke den Charakter der Darstellung des Wappens, Kennzeichens, Emblems aufweise und vom Verkehr als ein solches aufgefasst werde.[185] Das Zeichen sei geeignet, bei den relevanten Verkehrskreisen den Eindruck einer Verbindung zwischen der Marke und dem Europarat bzw. der Europäischen Gemeinschaft und der Europäischen Union hervorzurufen, zumal davon ausgegangen werden müsse, dass eine nicht unbeträchtliche Anzahl von Menschen in der EU keinen Unterschied zwischen dem Europarat und der Europäischer Gemeinschaft machten. Hinzu komme, dass die Buchstaben »EC« im Zusammenhang mit dem Sternenkranz diesen Eindruck verstärkten.

Neben der Erweiterung des Anwendungsbereiches der Nummern 6, 7 und 8 des § 8 469
Abs. 2 MarkenG auf Fälle der Nachahmung enthält § 8 Abs. 4 MarkenG mehrere Einschränkungen der vorgenannten Eintragungshindernisse:

- Die Nummern 6, 7 und 8 sind nicht anzuwenden, wenn der Anmelder befugt ist, das Zeichen in einer Marke zu führen, selbst wenn dadurch Verwechslungsgefahr mit einem anderen geschützten Hoheitszeichen, Wappen usw. entsteht. Eine entsprechende Genehmigung muss von autorisierter Stelle stammen und die Nutzung innerhalb einer Marke explizit enthalten.
- Das Eintragungshindernis nach Nr. 7 (amtliche Prüf- oder Gewährzeichen) besteht nicht, wo die angemeldeten Waren oder Dienstleistungen mit denen, für die das Prüf- oder Gewährzeichen eingeführt ist, weder identisch noch ähnlich sind.

185 HABM MarkenR 2002, 179, 180 – ECA; bestätigt von EuG GRUR 2004, 773 – Bildmarke ECA.

- Nummer 8 ist nicht anzuwenden, wenn die angemeldete Marke nicht geeignet ist, beim Publikum den unzutreffenden Eindruck einer Verbindung mit der internationalen zwischenstaatlichen Organisation hervorzurufen.[186]

d) Entgegenstehendes öffentliches Interesse

470 § 8 Abs. 2 Nr. 9 MarkenG enthält einen Auffangtatbestand für die Schutzversagung nach sonstigen Vorschriften, etwa des Lebensmittel- oder Heilmittelwerberechts, »im öffentlichen Interesse«.[187] Hier finden auch die bilateralen Abkommen Berücksichtigung, nach denen dem jeweiligen Vertragspartner die exklusive Nutzung in Anhängen gelisteter Herkunftsangaben des jeweils anderen Landes garantiert wird. Solche Abkommen bestehen mit Kuba, Frankreich, Italien, Griechenland, der Schweiz und Spanien.[188]

471 Auch in § 8 Abs. 2 Nr. 9 MarkenG beschränkt das Merkmal der »Ersichtlichkeit« den amtlichen Prüfungsumfang auf eindeutige, augenscheinliche Fälle. Insofern gilt das zu § 8 Abs. 2 Nr. 4 Ausgeführte hier entsprechend.[189]

e) Bösgläubige Anmeldung

472 Nachdem das Markengesetz von 1994 – und zuvor bereits das sog. Erstreckungsgesetz[190] – Entstehung, Bestand und Übertragung einer Marke vollständig vom Bestehen eines bestimmten oder allgemeinen Geschäftsbetriebes abgekoppelt hatten, wurde die Marke zu einem freien Wirtschaftsgut, das von jedermann entwickelt, geschützt, lizenziert und übertragen werden kann. Damit stieg zugleich die Zahl der unlauteren Markenanmeldungen, die ohne einen eigenen Benutzungswillen allein darauf abzielten, Dritte zu behindern, den Ruf bekannter Namen auszunutzen oder auf den Bedarf eines Unternehmens an dem geschützten Zeichen zu spekulieren.[191] Der Gesetzgeber hat darauf mit der Einführung einer **präventiven** Kontrolle auf Bösgläubigkeit einer Markenanmeldung reagiert: während das Markengesetz von 1994 nur einen Löschungsgrund der Bösgläubigkeit kannte,[192] wurde mit dem Geschmacksmusterreformgesetz[193] eine **absolutes Eintragungshindernis der Bösgläubigkeit** eingeführt. Seit dem 1. Juni 2004 sind Marken nach § 8 Abs. 2 Nr. 10 MarkenG von der Eintragung ausgeschlossen, die bösgläubig angemeldet worden sind.

473 Die präventive Kontrolle ist allerdings – wie im Falle der Täuschungseignung nach § 8 Abs. 2 Nr. 4 MarkenG – auf »**ersichtliche**« Fälle beschränkt.[194] Wird die Bösgläubigkeit des Anmelders zum Zeitpunkt der Anmeldung erst später offenbar, ist die Löschung nicht nur auf Antrag Dritter, sondern auch von Amts wegen möglich.[195] In beiden Fällen muss die Bösgläubigkeit **zum Zeitpunkt der Anmeldung** vorgelegen haben: tritt sie erst nachträglich ein, rechtfertigt dies nicht die Löschung nach

186 Eben diese Eignung wurde im oben genannten Fall »ECA« bejaht.
187 Vgl. Art. 3 Abs. 2 lit. a MarkenRL.
188 S. dazu *Fezer/Marx* UWG, § 4 S 10 Rn. 271 ff.
189 S. oben Rn. 458 f.
190 BGBl. I 1992, S. 931.
191 S. dazu *Treudler* MarkenR 2000, 193.
192 § 50 Abs. 1 Nr. 4 MarkenG a.F.
193 BGBl. 2004 I, S. 390.
194 § 37 Abs. 3 MarkenG.
195 § 50 Abs. 1, Abs. 3 MarkenG.

§ 50 Abs. 1 MarkenG, entfällt sie nachträglich, schließt dies die Löschung nicht aus.[196] Lag Bösgläubigkeit zum Zeitpunkt der Anmeldung vor, »haftet« ihr dieser Makel auch bei einer späteren Übertragung an.[197]

Aus der **Nichtakzessorietät** der Marke zu einem bestimmten oder allgemeinen Geschäftsbetrieb folgt allerdings, dass aus dem Fehlen eines Geschäftsbetriebes des Anmelders nicht auf dessen Bösgläubigkeit bei der Anmeldung eines Zeichens geschlossen werden darf. Auch verlangt das Markenrecht nicht, dass der Anmelder eines Zeichens dieses selbst benutzt oder zu benutzen beabsichtigt. Eine generelle Benutzungsabsicht, die schon durch die Benutzung der Marke durch Dritte in Lizenz oder auf Grund einer Übertragung gegeben ist, reicht insoweit aus.[198] Zudem ist es ebenso üblich wie zulässig, Marken im Hinblick auf eine zukünftige Nutzung durch frühe Anmeldung einen optimalen Zeitrang zu sichern (sog. **Vorratsmarken**). Schließlich ist es auch nicht a priori verwerflich, ein Zeichen als Marke registrieren zu lassen, das bereits von einem anderen für die gleichen Waren oder Dienstleistungen benutzt wird, ohne hierfür einen formalen Kennzeichenschutz erworben zu haben.[199] Denn das deutsche Markenrecht kennt **kein Vorbenutzungsrecht**. **474**

Für eine Bejahung der Sittenwidrigkeit müssen auf Seiten des Anmelders **besondere**, die Unlauterkeit begründende **Umstände** hinzu treten. Sie können darin liegen, dass der Markeninhaber das Zeichen ohne hinreichenden sachlichen Grund für gleiche Waren hat eintragen lassen und dabei in Kenntnis des **schutzwürdigen Besitzstands** des Vorbenutzers und mit dem Ziel gehandelt hat, den Vorbenutzer in seinem Besitzstand zu stören oder ihm den weiteren Zeichengebrauch zu sperren.[200] Nicht selten haben die Anmelder solcher Marken zunächst in geschäftlichem Kontakt mit dem später durch die Eintragung behinderten Unternehmen gestanden.[201] Bösgläubig wird die Anmeldung dadurch, dass eine Marke gerade in dem Interesse angemeldet wird, »Dritte mit Unterlassungs- und Geldforderungen zu überziehen.«[202] Liegt es so, wird die Marke als »Spekulations-« oder »Hinterhaltsmarke« bezeichnet. Der Vorwurf des »Hinterhalts« kann sogar unabhängig von einer Vorbenutzung erhoben werden. **475**

Beispiel: Der Beklagte hat am 24. November 1992 das Zeichen »Classe E«, u.a. für Kraftfahrzeuge in Frankreich als Marke eintragen lassen. Im Wege einer Internationalen Registrierung hat er den Schutz des Zeichens auf die Schweiz und Deutschland ausgedehnt. Die Daimler Chrysler AG verwendet die Bezeichnung »E-Klasse« (in französischen Texten »Classe E«) seit 1993. Ein Antrag auf Eintragung dieser Zeichen in das deutsche Markenregister wurde jedoch wegen mangelnder Unterscheidungskraft und beschreibendem Charakter abgewiesen. Der Beklagte verlangt unter Berufung auf sein besseres Recht eine Lizenzvereinbarung. **476**

196 BPatG GRUR 2000, 812, 814 – tubeXpert.
197 *Ströbele/Hacker* § 8 Rn. 427.
198 BGH MarkenR 2001, 60, 61 – Classe E.
199 BGH MarkenR 2004, 238, 241 – S100.
200 BGH MarkenR 2000, 367, 368 – EQUI 2000, m.w.N.
201 BGH MarkenR 2004, 238 – S100; BGH MarkenR 2000, 367 – EQUI 2000; BPatG GRUR 2000, 809 – SSZ.
202 BGH MarkenR 2001, 60, 61 – Classe E.

477 Der BGH hat in dieser Konstellation, in der die Klägerin keine Vorbenutzung des streitbefangenen Zeichens geltend machen konnte, den von der Vorinstanz aufgestellten Grundsatz gebilligt, von einer missbräuchlichen Ausnutzung einer formal besseren Rechtsstellung sei auszugehen, wenn ein Markeninhaber

- eine Vielzahl von Marken für unterschiedliche Waren oder Dienstleistungen anmelde,
- hinsichtlich der in Rede stehenden Marken keinen ernsthaften Benutzungswillen (im Hinblick auf einen eigenen Geschäftsbetrieb oder eine Nutzung durch Dritte »auf Grund eines bestehenden oder potenziellen konkreten Beratungskonzepts«) habe und
- die Marken im Wesentlichen zu dem Zweck horte, Dritte, die identische oder ähnliche Bezeichnungen verwendeten, mit Unterlassungs- und Schadensersatzansprüchen zu überziehen.[203]

Eine solche Konstellation wird sich freilich in der auf »ersichtliche« Bösgläubigkeit beschränkten Prüfung nach § 8 Abs. 2 Nr. 10 MarkenG innerhalb des Eintragungsverfahrens nur schwer feststellen lassen, sodass die Löschung nach § 50 Abs. 1 Nr. 4, Abs. 3 MarkenG zum geeigneteren Instrument wird.

478 »Ersichtlich« kann die Bösgläubigkeit aber durchaus auch im Stadium der Anmeldung eines Zeichens sein. So liegt es etwa bei der Anmeldung der **Namen**, **Initialen** oder **Bildnisse** prominenter Persönlichkeiten oder Athleten.[204] Weil bekannt ist, dass sich diese u.a. im Wege des sog. Merchandising wirtschaftlich verwerten lassen, und weil das **vermögensrechtliche** Interesse der Inhaber entsprechender Namen und Bildnisse am Schutz ihres allgemeinen Persönlichkeitsrechts teilhat, handelt bösgläubig, wer entsprechende Zeichen allein deshalb anmeldet, um solche Personen an der wirtschaftlichen Verwertung ihrer Bekanntheit zu hindern.[205] Das Persönlichkeitsrecht der Betroffenen reicht insoweit über deren Tod hinaus.[206] Wo ein Rechtsmissbrauch nicht festgestellt werden kann, kann ein Freihaltebedürfnis den Schutzumfang der Eintragung berühmter Namen beschränken.[207] Dies gilt auch für die Anmeldung gemeinfrei gewordener, ehemals urheberrechtlich geschützter Zeichen aus Literatur und bildender Kunst, die nicht per se als unlauter angesehen werden kann.[208]

479 Nicht jede Anmeldung eines bereits von einem anderen Unternehmen genutzten Zeichens für dieselben Waren oder Dienstleistungen ist schon deshalb bösgläubig. Meldet ein Dritter im Inland Marken an, die den ausländischen Marken von Pharmaunternehmen entsprechen, die diese mit Rücksicht auf eine Zwei-Marken-Strategie gegenüber Parallelimporteuren nicht im Inland angemeldet haben, stellt sich dies nicht bereits deshalb als Rechtsmissbrauch oder unlautere Behinderung dar, weil es den Pharmaunternehmen unmöglich wird, ihre ausländischen Marken im

203 BGH GRUR 2001, 242, 244 – Classe E.
204 DPMA Mitt. 2001, 309 – HHF.
205 BPatG 24 W (pat) 36/02 und 28 W (pat) 370/03 – Lady Di; *Grabrucker/Fink* GRUR 2005, 298.
206 BGH GRUR 2000, 709 – Marlene Dietrich; BPatG 24 W (pat) 36/02 und 28 W (pat) 370/03 – Lady Di.
207 OLG Dresden NJW 2001, 615, 618 – Johann Sebastian Bach; BPatG MarkenR 2006, 359 – Marlene Dietrich (Freihaltebdürfnis bejaht i.H.a. Waren und Dienstleistungen, die sich thematisch mit Leben und Werk befassen können).
208 Vgl. BPatG GRUR 1998, 1021, 1023 – Mona Lisa; *Ströbele/Hacker* § 8 Rn. 432; s. auch Rn. 463.

Falle einer Rückkehr zur Ein-Marken-Strategie im Inland anzumelden oder zu benutzen. Der im Ausland erworbene **Besitzstand** der Pharmaunternehmen an den dort geschützten ausländischen Bezeichnungen steht dem nicht entgegen.[209]

480

	Bösgläubigkeit des Anmelders/Inhabers ...		
Zeitpunkt	... zum Zeitpunkt der Anmeldung gegeben und ersichtlich	... zum Zeitpunkt der Anmeldung gegeben, aber nicht ersichtlich (oder ersichtlich, aber nicht festgestellt)	... zum Zeitpunkt der Anmeldung nicht gegeben, aber Markennutzung am Markt unlauter
Rechtsfolge	Absolutes Eintragungshindernis (DPMA)	Löschung (DPMA)	Klage vor den Zivilgerichten
Legitimation	Prüfung von Amts wegen im Eintragungsverfahren	auf Antrag von jedermann, § 50 Abs. 1 MarkenG, oder von Amts wegen nach § 50 Abs. 3 MarkenG	durch das im Geschäftsverkehr betroffene Unternehmen
Rechtsgrundlagen	Absolutes Eintragungshindernis nach § 8 Abs. 2 Nr. 10 MarkenG	Löschungsgrund nach § 50 Abs. 1 Nr. 4 MarkenG	Abwehransprüche aus §§ 3 UWG, 823, 826 BGB[210]

Übersicht 16: Bösgläubigkeit des Anmelders/Inhabers einer Marke

6. Amtsbekannte Notorietät

Zu den von Amts wegen zu berücksichtigenden absoluten Eintragungshindernissen zählt auch die amtsbekannte **Notorietät** eines mit der angemeldeten Marke kollidierenden, prioritätsälteren Zeichens. Die »notorische Bekanntheit« einer Marke im Sinne des Art. 6bis der Pariser Verbandsübereinkunft (PVÜ) ist eine der Entstehungsalternativen des Markenschutzes des § 4 MarkenG.[211] Notorische Bekanntheit (»Notorietät«) im Sinne des § 4 Nr. 3 MarkenG muss im Inland bestehen, kann aber, anders als im Falle der Benutzungsmarke nach § 4 Nr. 2 MarkenG, auch auf einer rein ausländischen Benutzung beruhen. Während die deutsche Literatur und Rechtsprechung das Merkmal der Notorietät in einem vornehmlich quantitativen Sinne 481

209 OLG Frankfurt MarkenR 2005, 157 – Anmeldung fremder Auslandsmarken.

210 Abwehransprüche aus UWG und BGB werden durch § 50 Abs. 1 Nr. 4 MarkenG nicht verdrängt, BGH MarkenR 2000, 367, 368 – EQUI 2000.

211 Der französische Text der PVÜ spricht von »marque notoirement connue«, der englische von »well known mark«.

als gesteigerte Verkehrsgeltung versteht und dafür einen entsprechenden Bekanntheitsgrad von über 50% verlangt,[212] zielt eine »Gemeinsame Empfehlung betreffend die Bestimmungen über den Schutz notorisch bekannter Marken« der World Intellectual Property Organization (WIPO)[213] auf eher qualitative Kriterien wie die Intensität der Nutzung und Bewerbung eines Zeichens, seine Anerkennung durch Gerichte und Behörden und seinen Marktwert.

482 Obwohl auf einem besseren Recht Dritter beruhend und deshalb zu den relativen Schutzhindernissen zählend, ist die amtsbekannte Notorietät in §§ 10, 37 Abs. 4 MarkenG unter bestimmten Voraussetzungen als »quasi-absolutes« Schutzhindernis ausgestaltet. Eine notorisch bekannte Marke mit älterem Zeitrang kann deshalb – anders als im Falle der Registermarke und der Benutzungsmarke – nicht nur die Löschung eines eingetragenen Zeichens begründen, sondern bereits die Eintragung einer Marke verhindern,

- wenn die allgemeine Kenntnis von der Berechtigung eines Dritten an der Marke (Notorietät) amtsbekannt ist, das heißt dem DPMA ohne Verpflichtung zu weiteren Recherchen zweifelsfrei und evident erscheint,
- wenn die notorisch bekannte Marke mit der angemeldeten in einem der Fälle des § 9 Abs. 1 Nr. 1 oder 2 kollidiert, das heißt, wenn die in Rede stehenden Marken und die zugehörigen Waren oder Dienstleistungen identisch oder ähnlich sind,[214] und
- wenn der Anmelder vom Inhaber der notorisch bekannten Marke nicht zur Anmeldung autorisiert ist.

483 Nach dem Willen des Gesetzgebers soll dadurch offenkundigen Fällen von Markenpiraterie vorgebeugt werden. Die notorisch bekannte Marke wird deshalb auch dann als absolutes Schutzhindernis im Sinne der §§ 10, 37 Abs. 4 MarkenG von Amts wegen beachtet, wenn sie »zusätzlich« selbst als Marke eingetragen ist und als solche ein relatives, grundsätzlich vom Inhaber geltend zu machendes Schutzhindernis verkörpert.

III. Überwindung absoluter Eintragungshindernisse

1. Verkehrsdurchsetzung

484 Die absoluten Schutzhindernisse nach § 8 Abs. 2 Nr. 1 bis 3 MarkenG – Fehlen jeglicher Unterscheidungskraft, Freihaltebedürfnis und üblich gewordene Zeichen (Gattungsbezeichnungen) – sind überwindlich, wenn das angemeldete Zeichen **Verkehrsdurchsetzung** beanspruchen kann. Ähnlich wie bei der außerhalb des Markenregisters Markenschutz begründenden Verkehrsgeltung im Sinne des § 4 Nr. 2 MarkenG,[215] geht es auch hier um die Etablierung eines Zeichens und seiner

212 Vgl. *v. Schultz/v. Schultz* Markenrecht, § 4 Rn. 19.
213 Im Internet: <http://www.wipo.int>.
214 Der Schutz bekannter Marken nach § 9 Abs. 1 Nr. 3 MarkenG ist in § 37 Abs. 4 MarkenG nicht aufgenommen worden, sodass das DPMA insoweit keine Feststellungen treffen muss.
215 S. oben Rn. 381, nachfolgend Rn. 584 ff.

Bedeutung innerhalb der beteiligten Verkehrskreise, und hier wie dort lassen sich auch keine starren Prozentzahlen nennen. Mit dem Begriff der Verkehrsdurchsetzung übernimmt das MarkenG allerdings nicht den Wortlaut der Markenrichtlinie, die in Art. 3 Abs. 3 (wie auch die GMV in Art. 7 Abs. 3) von durch Benutzung erworbener Unterscheidungskraft spricht. Ohne dass damit die inhaltlichen Vorgaben der Richtlinie verändert werden sollen, wird aus dieser sprachlichen Abweichung deutlich, dass sich die Überwindung der Schutzausschlussgründe des § 8 Abs. 2 Nr. 1 bis 3 MarkenG nicht darauf beschränkt, dass ein Zeichen Unterscheidungskraft im Sinne des § 8 Abs. 2 Nr. 1 MarkenG erworben hat.

a) Voraussetzungen

485 Unterscheidungskraft i.S.v. Art. 3 Abs. 3 der Markenrichtlinie und damit Verkehrsdurchsetzung nach § 8 Abs. 3 MarkenG kann infolge der Benutzung dieser Marke als Teil oder in Verbindung mit einer eingetragenen Marke erworben werden.[216] Voraussetzung ist jedoch, dass dieser Teil selbstständig als Herkunftshinweis verstanden wird.[217] Ist etwa der Verkehr an eine Kombinationsmarke aus Wort- und Farbbestandteilen gewöhnt, wird er nicht ohne weiteres auf dieselbe betriebliche Herkunft schließen, wenn ihm nur die entsprechenden Farben begegnen, nicht aber der Wortbestandteil. Soll die Verkehrsdurchsetzung einer abstrakten, das heißt konturlos angemeldeten Farbe nachgewiesen werden, muss diese für sich genommen, ohne weitere herkunftsidentifizierende Merkmale der betroffenen Waren oder Dienstleistungen als Herkunftshinweis erkannt werden.

486 Während es bei der Verkehrsgeltung nach § 4 Nr. 2 MarkenG um die Entstehung des Markenschutzes außerhalb des Registers geht, der auch territorial beschränkt möglich ist, führt die Eintragung eines Zeichens in das Markenregister im Wege der Verkehrsdurchsetzung nach § 8 Abs. 3 MarkenG notwendig zu bundesweitem Markenschutz. Daraus folgt, dass auch die Verkehrsdurchsetzung nach § 8 Abs. 3 MarkenG zur Überwindung der absoluten Schutzhindernisse des § 8 Abs. 2 Nr. 1 bis 3 MarkenG bundesweit nachgewiesen werden muss. Zu den beteiligten Verkehrskreisen können neben den Endabnehmern oder Verbrauchern auch andere Hersteller oder Vertriebspartner zählen.[218] Und während § 4 Nr. 2 MarkenG nur Verkehrsgeltung »innerhalb beteiligter Verkehrskreise« verlangt, wofür bei kennzeichnungskräftigen Zeichen eine Verkehrsbekanntheit von weniger als 30% genügen mag, muss die Verkehrdurchsetzung nach § 8 Abs. 3 MarkenG »in den beteiligten Verkehrskreisen« nachgewiesen sein, was eine substanziell höhere Schwelle markiert.[219]

b) Nachweis

487 Die deutsche Rechtsprechung verlangte für die Überwindung des gesetzlichen Eintragungsausschlusses generell eine mehr als 50%ige Verkehrsdurchsetzung in den beteiligten Verkehrskreisen und machte darüber hinausgehende Anforderungen vom Grad eines allfälligen Freihaltebedürfnisses abhängig: je größer das Interesse der Allgemeinheit an der Freihaltung einer Bezeichnung, desto höher die notwen-

---

216 EuGH MarkenR 2005, 320 – HAVE A BREAK.

217 BPatG GRUR 2005, 337 – VISAGE.

218 Vgl. EuGH MarkenR 2004, 336 – Bostongurka.

219 Dies gilt auch, wo eine Benutzungsmarke an einem Begriff ohne originäre Unterscheidungskraft, an einer freihaltebedürftigen Bezeichnung oder an einer geografischen Herkunftsbezeichnung in Rede steht; s. dazu *Ingerl/Rohnke* § 4 Rn. 21 m. zahlr. Nachw. a. d. Rspr.

dige Verkehrsdurchsetzung zu dessen Überwindung. In der Konsequenz dieser Abhängigkeit wurde bei »glatt beschreibenden Begriffen« und dringendem Freihaltebedarf zu Gunsten des Verkehrs eine (nahezu) »einhellige« Durchsetzung verlangt. In seiner Entscheidung »ERDINGER« hat das BPatG allerdings einschränkend fest gehalten, erst ein »weit überdurchschnittliches«, nicht dagegen ein einfaches Freihaltebedürfnis rechtfertige die Forderung nach einem »erheblich über 50% liegenden Grad der Verkehrsdurchsetzung«.[220]

488 Der EuGH ist demgegenüber doppelt zurückhaltend:

- Zum einen sieht er in **empirischen Erhebungen** zur Durchsetzung eines Zeichens als Herkunftshinweis nur einen neben anderen Wegen der Beweisführung, weshalb sich starre Prozentsätze für demoskopische Erhebungen verbieten. Allenfalls wenn die zuständige Behörde bei der Beurteilung der Unterscheidungskraft der Marke, deren Eintragung beantragt sei, »auf besondere Schwierigkeiten« stoße, lasse es das Gemeinschaftsrecht jedenfalls zu, diese Frage nach Maßgabe nationalen Rechts durch eine Verbraucherbefragung klären zu lassen.[221] Diesen Vorgaben folgend verlangen auch BPatG und BGH, bei der Beurteilung der Verkehrsdurchsetzung »alle maßgeblichen Einzelumstände des Falls heranzuziehen«, namentlich den Marktanteil, den die mit der Marke versehenen Waren erreichen, insbesondere die mit der Markenware erzielten Umsätze, die Intensität, die geografische Verbreitung, die Dauer der Benutzung der Marke sowie den Umfang der Werbeaufwendungen für die Marke und die hierdurch beim angesprochenen Verkehr erreichte Marktpräsenz.[222]

489
- Zum anderen geht der EuGH davon aus, dass Unterscheidungskraft, wenn sie denn durch Benutzung erworben wurde, **keiner qualitativen Differenzierung zugänglich** sein kann, sodass die Anforderungen insoweit nicht nach einem entgegenstehenden Freihaltebedürfnis gestaffelt werden können. Für die geografische Bezeichnung »Chiemsee« hat er dezidiert festgestellt, eine Differenzierung der notwendigen Unterscheidungskraft nach dem festgestellten Interesse daran, die geografische Bezeichnung für die Benutzung durch andere Unternehmen freizuhalten, sei nicht zulässig. Allerdings geht auch der EuGH davon aus, dass die zur Erlangung einfacher Unterscheidungskraft notwendige Benutzung um so länger und um so intensiver ausfallen muss, je kennzeichnungsschwächer das in Rede stehende Zeichen von Hause aus ist und je mehr es bereits durch eine beschreibende Bedeutung belegt ist. So hat er für die geografische Angabe »Chiemsee« festgestellt, eine sehr bekannte geografische Bezeichnung könne nur dann Unterscheidungskraft im Sinne von Artikel 3 Absatz 3 der Markenrichtlinie erlangen, wenn eine lange und intensive Benutzung der Marke durch das Unternehmen vorliege, das die Eintragung beantrage. Handele es sich um eine Bezeichnung, die bereits als geografische Herkunftsangabe für eine bestimmte Warengruppe bekannt sei, so müsse von einem Unternehmen, das ihre Eintragung für eine Ware derselben Gruppe beantrage, erst recht »eine offenkundig besonders langfristige und intensive Benutzung der Marke nachgewiesen werden.«[223] Geht man davon aus, dass gerade an solchen Zeichen ein hohes Freihaltebedürf-

---

220 BPatG GRUR 1994, 627 – Erdinger.
221 EuGH MarkenR 1999, 189, 194 f. – Chiemsee.
222 BGH MarkenR 2004, 138, 139 – Westie-Kopf.
223 EuGH MarkenR 1999, 189, 194 – Chiemsee.

nis besteht, führt die Rechsprechung des EuGH durchaus zum selben Ergebnis wie die vorgenannte, für unzulässig erklärte Differenzierung.

Maßgeblich bleibt mithin der Nachweis, dass sich ein Zeichen, das bereits mit einer bestimmten, nicht markenmäßigen Bedeutung belegt ist und vom Verkehr in dieser generischen Bedeutung verwendet wird oder werden kann, in den beteiligten Verkehrskreisen in Verbindung mit einer bestimmten Ware oder Dienstleistung eine zweite, herkunftsidentifizierende Bedeutung erworben hat und in dieser zweiten Bedeutung von einem »erheblichen Teil«[224] der angesprochenen Verkehrskreise erkannt und verstanden wird. Nach Auffassung des EuGH soll die prüfende Behörde dabei eine »**Gesamtschau aller Gesichtspunkte**« vornehmen, die für eine solche zusätzliche oder alternative Bedeutungskonvention[225] sprechen; das EuG will dabei »Gesichtspunkte wie den von der Marke gehaltene Marktanteil, die Intensität, die geografische Verbreitung und die Dauer ihrer Benutzung, den Werbeaufwand des Unternehmens für die Marke, den Anteil der beteiligten Verkehrskreise, der die Ware auf Grund der Marke als von einem bestimmten Unternehmen stammend erkennt sowie Erklärungen von Industrie- und Handelskammern oder anderen Berufsverbänden« berücksichtigen.[226] **490**

Die deutsche Rechtsprechung hat die Erwartung einer wenigstens 50%igen Verkehrsdurchsetzung auch in diesem Rahmen aufrecht erhalten;[227] die dafür gegebene Begründung, wo der überwiegende Teil des Verkehrs die angemeldete Marke nicht als unternehmens-, sondern als sachbezogene Angabe verstehe, verbleibe kein »erheblicher« Teil mehr, in dem die Marke als durchgesetzt angesehen werden könne,[228] kann allerdings weder sprachlich noch inhaltlich überzeugen. Zum Begriff »Lotto« als beschreibender Angabe für »Glücksspiel« hat der BGH bekräftigt, wo ein Begriff ein Produkt der Gattung nach glatt beschreibe, verlange Verkehrsdurchsetzung, dass »ein weit überwiegender Teil der angesprochenen Verkehrskreise« darin einen betrieblichen Herkunftshinweis erkenne, was einen Durchsetzungsgrad von »weit über 50%« verlange.[229] Der vom EuGH zu Recht geforderte, eher qualitativ ausgerichtete Maßstab darf dessen ungeachtet nicht an starren, quantitativen Vorgaben scheitern.[230] **491**

c) Prioritätsverschiebung

Wird ein Schutzhindernis nach § 8 Abs. 2 Nr. 1 bis 3 MarkenG erst nach der Anmeldung offenbar, zwingt dies noch nicht zur Rücknahme des Antrages; die Verkehrsdurchsetzung nach § 8 Abs. 3 MarkenG muss erst **im Zeitpunkt der Entscheidung** über die Eintragung vorliegen und kann mithin auch während des laufenden Eintragungsverfahrens – einschließlich eines eventuellen Rechtsmittelverfahrens – nachgewiesen werden. Wo immer es auf den Zeitpunkt der Anmeldung ankommt, **492**

---

224 EuGH MarkenR 1999, 189, 195 – Chiemsee; EuG MarkenR 2005, 61 – Form eines Bonbons; MarkenR 2005, 102, 109 – Bonbon-Verpackung.
225 Zu Konventionalität der Zuordnung von Zeichen und Bedeutung s. oben Rn. 1 ff., 9.
226 EuG MarkenR 2005, 61 – Form eines Bonbons.
227 BGH MarkenR 2001, 363, 365 – REICH UND SCHOEN; BPatG GRUR 2005, 337, 341 f. – VISAGE; GRUR 2005, 948, 955 – FUSSBALL WM 2006.
228 So in BPatG GRUR 2005, 337, 341 f. – VISAGE.
229 BGH MarkenR 2006, 341, 342 – Lotto.
230 Zur Praxis empirischer Untersuchungen und zu »demoskopischer« und »juristischer« Denkart *Niedermann* GRUR 2006, 367.

gilt dann allerdings der Tag des Wegfalls des absoluten Schutzhindernisses nach § 8 Abs. 3 MarkenG als Anmeldetag, § 37 Abs. 2 MarkenG: die Anmeldung kann nicht zurückgewiesen werden, wenn sich der Anmelder mit der **Prioritätsverschiebung** vom ursprünglichen Anmeldetag (oder einer nach den §§ 34, 35 MarkenG in Anspruch genommenen Priorität) auf den Zeitpunkt der nachgewiesenen Verkehrsdurchsetzung einverstanden erklärt. Tut er dies, wird der neue Zeitrang vermerkt, im Register eingetragen und veröffentlicht;[231] in einem allfälligen Konflikt mit anderen Kennzeichenrechten ist er für die Priorität der Marke im Sinne des § 6 Abs. 2 MarkenG maßgeblich. Verweigert der Anmelder das Einverständnis mit der Prioritätsverschiebung, wird die Anmeldung zurückgewiesen. Für die Gemeinschaftsmarke besteht eine § 37 Abs. 2 MarkenG entsprechende Regelung nicht.[232]

2. Eintragungsstrategien

493 Zeichen, denen zum Zeitpunkt der Eintragung jede Unterscheidungskraft fehlt, deren Aussage beschreibend und insofern zu Gunsten der Allgemeinheit freihaltebedürftig ist oder die zur Bezeichnung der Waren oder Dienstleistungen üblich oder üblich geworden sind, sind nach § 8 Abs. 2 MarkenG zunächst von der Eintragung ausgeschlossen. Dem Anmelder steht es offen, ein solches Zeichen so intensiv zu bewerben und so nachhaltig am Markt einzusetzen, dass im Verständnis der angesprochenen Verkehrskreise ein Bedeutungswandel hin zu einem markenmäßigen Verständnis des Zeichens als betrieblicher Herkunftshinweis eintritt. Mit der dann erreichten Verkehrsdurchsetzung – und mit dem Zeitpunkt ihres Nachweises – kann das Zeichen nach § 8 Abs. 3 MarkenG eingetragen werden. Zuvor kann bereits ein – ggf. territorial beschränktes – Recht an einer Benutzungsmarke entstanden sein, für deren Entstehen Verkehrsgeltung »innerhalb der beteiligten Verkehrskreise« ausreicht.

494 Der Schutz als Registermarke mit dem Zeitrang der erstmaligen Anmeldung lässt sich jedoch auch erreichen, wenn das Zeichen, dessen Eintragung einer oder mehrere der Ausschlussgründe des § 8 Abs. 2 MarkenG entgegenstehen, mit weiteren Elementen zu einer Mehrwort- und/oder einer Kombinationsmarke verbunden wird, die in ihrer maßgeblichen Gesamtheit[233] Kennzeichnungskraft besitzt und weder freihaltebedürftig ist noch generisch verstanden wird.

495 Ungewöhnliche Wortkombinationen, lexikalisch unbekannte Wortneubildungen, Fremdsprachigkeit, grafische Gestaltung, Farb- und Bildelemente können dafür genügen. Werbeübliche Schriftgestaltungen, einfache Farben, die bloße Abbildung der angemeldeten Waren, gängige Weltsprachen und das bloße Aneinanderfügen für sich genommen nicht unterscheidungskräftiger Wortbestandteile sind dagegen nicht geeignet, einem ansonsten nicht eintragungsfähigen Zeichen zur Eintragungsfähigkeit zu verhelfen. Maßgeblich ist eine **Gesamtbetrachtung** des angemeldeten Zeichens: es ist als Marke eintragungsfähig, wenn die Kombination für sich genom-

231 §§ 18 Satz 2, 25 Nr. 12, 28 Abs. 1 MarkenV.

232 Das EuG lässt die Frage, ob es insoweit auf den Zeitpunkt der Anmeldung oder den der Eintragung ankommt, in MarkenR 2001, 418, 423 – Waschmitteltablette, offen; s. hierzu *Eisenführ/Schennen* Art. 7 Rn. 9 ff.

233 EuGH MarkenR 2004, 393 – SAT.2.

men nicht eintragungsfähiger Markenbestandteile mehr bedeutet als die Summe dieser Bestandteile.[234]

Beispiele: 496

Ausreichende Unterscheidungskraft

- Abbildung der Ware, auf der ein unterscheidungskräftiger Markenname angebracht ist.[235]
- Das Wort »Kinder« für Schokoladenwaren als farbige Wort-/Bildmarke:[236]

Kinder

Unzureichende Unterscheidungskraft

- Wortmarke BIOMILD für (u.a.) Milcherzeugnisse[237]
- Das Zeichen BioID[238] für (u.a.) Computersoftware, Computerhardware und deren Teile, insbesondere zur Kontrolle von Zugangsberechtigungen

BioID®

Die abgebildete Wort-/Bildmarke »Kinder« ist, was den bloßen **Wortbestandteil** 497
»Kinder« anbelangt, im Hinblick auf die Ware Schokolade ohne Unterscheidungskraft, da sich das Wort »Kinder« in der Beschreibung eines Abnehmerkreises erschöpft. Seine Kennzeichnungskraft erhält das Zeichen erst aus der Kombination ungewöhnlicher **grafischer Elemente** mit dem Wortbestandteil: schwarzes, größer gesetztes »k«, rote, kleiner gesetzte Buchstabenfolge »inder«. Der Wortbestandteil allein, so der BGH, lasse für sich genommen in Bezug auf die in Rede stehenden Waren jegliche Unterscheidungskraft vermissen.[239] Diese Schwäche wird zwar im Eintragungsverfahren durch die grafische Gestaltung überwunden, in einem allfälligen Verletzungsprozess aber wird sie offenbar: die abgebildete Marke setzt sich nicht gegen eine prioritätsjüngere Wortmarke »Kinder Kram«, eingetragen für Zucker-, Konditorei- und Backwaren, durch.[240]

Die abgebildete Marke »BioID« ist, was den **Wortbestandteil** anbelangt, ebenfalls 498
ohne Unterscheidungskraft. Das Element »ID« ist eine übliche Abkürzung für das Substantiv »identification« (Identifizierung) und die Silbe »Bio« ist als Abkürzung für das Adjektiv »biological« (biologisch) oder »biometrical« (biometrisch) bzw. für das Substantiv »biology« (Biologie) gängig. Im Hinblick auf die angemeldeten Waren und Dienstleistungen hat das Kürzel »BioID« damit die beschreibende Bedeu-

234 EuGH MarkenR 2004, 393 – SAT.2; MarkenR 2005, 391 – BioID.
235 S. oben Rn. 226 ff.
236 BGH MarkenR 2004, 31 – Kinder (das »k« ist schwarz, die übrigen Buchstaben sind rot).
237 EuGH MarkenR 2004, 111 – BIOMILD.
238 EuGH MarkenR 2005, 391 – BioID.
239 BGH MarkenR 2004, 31, 35 – KINDER.
240 BGH MarkenR 2004, 31 – KINDER.

tung »biometrical identification« (biometrische Identifikation). Die **grafische Gestaltung** kann daran, anders als im vorgenannten Beispiel »kinder«, nichts ändern: die Bildbestandteile, nämlich die Verwendung der Schriftart »Arial« und von Buchstaben unterschiedlicher Strichstärke, ist für die Präsentation von Waren und Dienstleistungen aller Art im geschäftlichen Verkehr verbreitet und kann dem Zeichen deshalb keine herkunftshinweisende Kraft verleihen. Nichts anderes gilt für den »eckigen Punkt«, der den Charakter einer Abkürzung unterstreicht, und das Symbol »®«, dessen Funktion sich in der Angabe erschöpft, dass es sich um eine für ein bestimmtes Schutzgebiet eingetragene Marke handelt.[241]

IV. Schutz geografischer Herkunftsangaben als Marke

1. Absolutes Eintragungshindernis

499 Geografische Herkunftsangaben stehen grundsätzlich nicht als Kennzeichen für die individuelle betriebliche Kennzeichnung der Produkte eines bestimmten Unternehmens zur Verfügung.[242] Als Hinweis auf eine Stadt, eine Region oder ein Land beschreiben sie lediglich die örtliche Herkunft eines Produkts. Solange sich an diesem Ort mehrere Unternehmen befinden können, fehlt geografischen Herkunftsangaben nicht nur die Fähigkeit, ein bestimmtes Unternehmen zu individualisieren; sie stehen auch sämtlichen – gegenwärtigen wie künftigen – Unternehmen der bezeichneten Örtlichkeit zur Kennzeichnung ihrer Waren oder Dienstleistungen zu und bedürfen deshalb der **Freihaltung**. § 8 Abs. 2 Nr. 2 MarkenG enthält deshalb ein von Amts wegen zu berücksichtigendes, **absolutes Eintragungshindernis** zu Gunsten geografischer Herkunftsangaben.

500 Dass dieses Eintragungshindernis nicht ausnahmslos gilt, liegt im Wesen der geografischen Herkunftsangabe als einem Zeichen begründet; weil die Bedeutung symbolischer Zeichen arbiträr und konventional ist,[243] das heißt grundsätzlich jedes Zeichen jede beliebige Bedeutung annehmen kann, wenn darüber eine übereinstimmende Auffassung (Konvention) der Kommunikationsteilnehmer besteht, ist auch die Bedeutung eines geografischen Namens von der Auffassung der angesprochenen Verkehrskreise abhängig. Der Verkehr kann ein Zeichen, das nach seiner unmittelbaren, wörtlichen Aussage keinen Ort und keine Region bezeichnet, gleichwohl als Herkunftshinweis verstehen, wenn er nur mit dem Zeichen eine Örtlichkeit hinreichend stark assoziiert. So liegt es im Falle der **mittelbaren Herkunftsangaben**.[244] Umgekehrt können mit einer unmittelbar geografischen Aussage gänzliche andere Bedeutungen kommuniziert werden, wenn der Verkehr sie in diesem abweichenden Sinne versteht. So liegt es bei den **geografischen Gattungsangaben**,[245] die vom Verkehr seit jeher oder infolge eines sukzessiven Bedeutungswandels als generische Produktinformation verstanden werden[246] und bei **geografischen Fantasie-**

241 EuGH MarkenR 2005, 391 – BioID.
242 Ausführlich *Kahler* GRUR 2003, 10.
243 S. dazu oben Rn. 1 ff., 9.
244 S. dazu oben Rn. 309 ff.
245 S. dazu oben Rn. 321 f.
246 Z.B. »Wiener Würstchen«, »Emmentaler«, »Gouda«.

bezeichnungen,[247] die der Benutzer für das Publikum erkennbar als Produktname, nicht als Herkunftshinweis verwendet.[248]

2. Überwindung nach § 8 Abs. 3 MarkenG

Die konstante und intensive Benutzung einer geografischen Herkunftsangabe durch ein einzelnes ortsansässiges Unternehmen kann bei den angesprochenen Verkehrskreisen einen **Vorstellungswandel** einleiten, der von der Kommunikation der geografischen Herkunft der gekennzeichneten Produkte über eine daneben assoziierte betriebliche Herkunftsvorstellung zur Entstehung einer Marke führt: der Verkehr versteht das Zeichen nur mehr als Hinweis auf das Unternehmen. Es liegt auf der Hand, dass dieser Prozess am ehesten da erfolgreich verläuft, wo ein bestimmtes Produkt nur von **einem** ortsansässigen Unternehmen hergestellt wird. So liegt es etwa bei einer im Alleinbesitz stehenden Mineralquelle oder Weinbergslage.[249] 501

Verkehrsdurchsetzung im Sinne des § 8 Abs. 3 MarkenG[250] kann aber jede geografische Herkunftsangabe erlangen; kraft Verkehrsgeltung als Marke eingetragen[251] und gerichtlich bestätigt[252] wurde etwa die Bezeichnung »Warsteiner«, nachdem die Inhaberin erhebliche Werbeanstrengungen unternommen hatte, um die Angabe als betrieblichen Herkunftshinweis zu etablieren. Im Rahmen eines gerichtlichen Verfahrens durchgeführte demoskopische Untersuchungen belegten, dass sogar ein nicht unerheblicher Teil der Befragten die Marke Warsteiner kannte, dagegen von einem gleichnamigen Ort nichts wusste – eine Unkenntnis, die durch die Bewerbung der Marke (»Das einzig Wahre – Warsteiner!«) gefördert worden war. 502

Die rechtlichen Anforderungen an einen solchen Bedeutungswandel sind hoch. Denn die mit einer Individualmarke verbundene Monopolisierung eines Zeichens beschränkt die kollektive Nutzung, die für eine geografische Herkunftsangabe typisch ist, zu Gunsten eines einzelnen Unternehmens. § 8 Abs. 2 Nr. 2 MarkenG geht deshalb im Grundsatz davon aus, dass geografische Herkunftsangaben für das Kollektiv der ortsansässigen Unternehmen freizuhalten sind. Dies gilt auch dann, wenn mehrere Orte gleichen Namens bestehen oder der in Rede stehende Ortsname auch als Eigenname vorkommt.[253] Dabei ist nicht erforderlich, dass das fragliche Zeichen aktuell von ortsansässigen Unternehmen benutzt wird. Ausreichend ist nach der Rechtsprechung des EuGH für das Interesse an der Freihaltung, dass die Verwendung des Zeichens als geografische Herkunftsangabe in Zukunft **»vernünftigerweise zu erwarten**« ist.[254] Auch eine objektiv gegebene Mehrdeutigkeit der Bezeichnung schließt ein Freihaltebedürfnis nicht aus, wenn nur eine der in 503

---

247 S. oben Rn. 316 f.

248 Z.B. »Mont Blanc« für Füllfederhalter; »Alaska« für Kühlschränke; vgl. auch BPatG Mitt. 1991, 164 – MONTE GAUDIO; SchweizBG sic! 2003, 149, 150 ff. – Yukon.

249 Zu Unterscheidungskraft und Freihaltebedürfnis solcher Marken vgl. BPatG GRUR Int. 1992, 62 – Vittel; BGH GRUR 1993, 43, 45 – Römigberg; BPatG GRUR 1993, 395, 396 – Römigberg II; BGH GRUR 1983, 440, 441 – Burkheimer Schlossberg; für eine Kollektivmarke für eine Weinbergslage im Mitbesitz mehrerer BGH GRUR 1993, 832 – Piesporter Goldtröpfchen.

250 S. dazu oben Rn. 484 ff.

251 DPMA Nr. D 1 166 399.

252 BGH GRUR 2002, 160 – Warsteiner III.

253 BPatG MarkenR 2001, 254, 255 – Lichtenstein; BPatG MarkenR 2000, 377, 378 – Cloppenburg.

254 EuGH MarkenR 1999, 189, 193 – Chiemsee.

Betracht kommenden Bedeutungen die einer geografischen Herkunftsangabe ist.[255] Die Kriterien, die an die Feststellung einer Verkehrsdurchsetzung zu stellen sind, hat der EuGH in der Entscheidung Chiemsee definiert.[256]

3. Schutzumfang

504 Kann eine geografische Herkunftsangabe nach diesen Kriterien zu Gunsten eines einzelnen Unternehmens als Marke eingetragen werden, genießt ihr Inhaber zwar vollen Markenschutz.[257] Doch ist damit weder ihre Benutzung durch andere ortsansässige Unternehmen ausgeschlossen, noch ist ihr Schutz nach §§ 126 ff. MarkenG obsolet. Es sind vielmehr nach ihrem Zugang zur Benutzung des Zeichens drei Gruppen zu unterscheiden:

- Dem **Inhaber** der Marke ist das Recht vorbehalten, das geschützte Zeichen zur betrieblichen Kennzeichnung der angemeldeten Waren oder Dienstleistungen zu verwenden und dieses Recht im Rahmen der §§ 4, 14 MarkenG gegen unbefugte Benutzung durch Dritte zu verteidigen.
- Den übrigen **ortsansässigen** Unternehmen bleibt die **beschreibende** Benutzung des Zeichens möglich: § 23 Nr. 2 MarkenG sichert die Freihaltung der geografischen Herkunftsangabe in ihrer beschreibenden Funktion gegenüber der im Wege der Verkehrsdurchsetzung erworbenen, gleich lautenden Marke, sofern die Benutzung nicht gegen die guten Sitten verstößt. Dagegen scheitert die **markenmäßige** Verwendung – selbst wenn man § 23 MarkenG auch darauf anwenden will[258] – am Sittenwidrigkeitsvorbehalt der Norm.
- Dritten, **nicht** ortsansässigen Unternehmen ist die Benutzung der geografischen Herkunftsangabe sowohl als Marke nach §§ 4, 14 MarkenG, als auch als geografische Herkunftsangabe in den Fällen der §§ 126, 127 MarkenG verwehrt. Der BGH hat in diesem Sinne entschieden, der bereits im Interesse der Allgemeinheit gewährte Schutz (einfacher) geografischer Herkunftsangaben, der jedem zustehe, der seine Betriebsstätte in der bezeichneten Region unterhalte, werde nicht dadurch aufgehoben, dass einem Betrieb diese Bezeichnung als Herkunftshinweis kraft Benutzung geschützt sei. Die Rechtsstellung regionaler Wettbewerber werde hierdurch lediglich dahin eingeschränkt, dass eine Verwendung der Herkunftsangabe als Unternehmenshinweis dem besseren Schutz des Markeninhabers weichen müsse.[259]

505 Die Entstehung einer **geografischen Individualmarke** ist auch **außerhalb des Registers** denkbar.[260] § 4 Nr. 2 MarkenG gewährt der durch bloße Benutzung entstehenden Marke vollwertigen, wenn auch ggf. territorial begrenzten Schutz, wenn

---

255 BPatG MarkenR 2000, 377, 378 – Cloppenburg, zur Parallelität von Orts- und Eigennamen; BGH MarkenR 2003, 393 – Lichtenstein, für den Fall mehrerer gleichnamiger Orte sowie eines ähnlichen Fürstentums (Liechtenstein).

256 EuGH MarkenR 1999, 189, 195 – Chiemsee.

257 *Gorny* GRUR 1996, 447, 453.

258 Vgl. die Darstellung des Meinungsstandes hierzu in der Vorlageentscheidung BGH GRUR 2002, 613, 615 – GERRI/KERRY Spring.

259 BGH GRUR 1999, 252, 254 – Warsteiner II; a.A. *Ingerl/Rohnke* § 126 Rn. 13, die den Rechtsgedanken des § 126 Abs. 2 MarkenG analog anwenden wollen.

260 Dazu *Kahler* GRUR 2003, 10, 13.

und so weit sie in Folge der Benutzung Verkehrsgeltung erlangt hat. Im Falle einer Benutzungsmarke, die ausschließlich aus einer geografischen Herkunftsangabe besteht, sollten allerdings die Anforderungen an die Verkehrsgeltung nach § 4 Nr. 2 MarkenG – wiederum unter dem Vorbehalt territorialer Begrenzung von Geltungsanspruch und Schutzwirkung – nicht hinter denen zurückbleiben, die nach § 8 Abs. 2 Nr. 2, Abs. 3 MarkenG an die Überwindung des Freihaltebedürfnisses kraft Verkehrsdurchsetzung gestellt werden.[261]

V. Eintragungsverfahren

1. Verfahren vor dem DPMA

Das Registrierungsverfahren beim Deutschen Patent- und Markenamt (DPMA) folgt einer detaillierten Regelung, die sich aus 506

- den §§ 32 ff. des **Markengesetzes**
- der auf der Grundlage des § 65 Abs. 1 Nr. 2–10, 13 MarkenG erlassenen **Markenverordnung** (MarkenV)[262] sowie
- der **Verordnung über das Deutsche Patent- und Markenamt** (DPMAV)[263] zusammensetzt.

Für elektronische Dokumente sind zudem die **Verordnung über den elektronischen Rechtsverkehr beim Deutschen Patent- und Markenamt (ERVDPMAV)**[264] und die **Verordnung über den elektronischen Rechtsverkehr beim Bundespatentgericht und beim Bundesgerichtshof (ERVBpatGBGHV)**[265] einschlägig. Die Gebühren für die Anmeldung einer Marke sind im **Patentkostengesetz**[266] festgelegt.

2. Anmeldung

Die Anmeldung zur Eintragung einer Marke in das Markenregister ist beim DPMA[267] einzureichen. Sie muss 507

261 Ebenso *Ingerl/Rohnke* § 4 Rn. 8; *Ullmann* GRUR 1999, 666, 672; aus der Rspr. OLG Dresden GRUR-RR 2002, 257 – Halberstädter Würstchen.

262 Verordnung zur Ausführung des Markengesetzes vom 11. Mai 2004 (MarkenV), BGBl. I, S. 872, zul. geänd. durch Artikel 4 der Verordnung vom 26. September 2006, BGBl. I, S. 2159 und Verordnung vom 22. November 2006, BGBl. I S. 2660, in Kraft ab 1.1.2007.

263 Verordnung über das Deutsche Patent- und Markenamt (DPMA-Verordnung – DPMAV), BGBl. 2004 I, S. 514; zul. geändert durch Art. 2 der Verordnung v. 26. September 2006 (BGBl. 2006 I, S. 2159).

264 Art. 1 der VO v. 26.9.2006, BGBl. 2006 I, S. 2159.

265 Vormals Verordnung über den elektronischen Rechtsverkehr im gewerblichen Rechtsschutz, BGBl. 2003 I, S. 1558; BGBl. 2006 I, S. 2161.

266 Patentkostengesetz (PatKostG), BGBl. 2001 I, S. 3656, zul. gänd. durch Art. 3 d. G. v. 9.12.2004, BGBl. I, S. 3232.

267 Alternativ kann die Anmeldung auch über bestimmte Patentinformationszentren erfolgen, s. Mitt. DPMA 38/04, im Internet abrufbar unter <http://www.dpma.de/service/dienste.html> – Mitteilungen des Präsidenten; das Verzeichnis findet sich unter der URL <http://www.dpma.de/formulare/r5040.doc>.

- Angaben zur Identität des Anmelders,
- eine klare und eindeutige Wiedergabe der Marke[268] sowie
- ein Verzeichnis der Waren oder Dienstleistungen, für die die Eintragung beantragt wird,

enthalten[269] und den weiteren Vorgaben der Markenverordnung entsprechen. Dabei soll das vom Patentamt gestaltete Formblatt[270] verwendet werden.[271] Es kann mittels elektronischer Datenverarbeitung bearbeitet und (unterschrieben!) auch per Telefax[272] übermittelt werden.[273] Eine detaillierte Anleitung geben die §§ 2 ff. MarkenV sowie das vom Patentamt herausgegebene Merkblatt.[274] Seit Oktober 2006 ist auch die **elektronische Markenanmeldung** möglich, die jedoch – anders als die europäische Gemeinschaftsmarke[275] – die Verwendung einer **qualifizierten digitalen Signatur** erfordert.[276]

508 Kommt es bei kollidierenden Markenrechten für die Bestimmung des Vorranges eines der Rechte auf den Zeitrang an, ist für angemeldete/eingetragene Marken grundsätzlich der **Anmeldetag** maßgeblich.[277] Das ist der Tag, an dem die oben genannten Mindestangaben des § 32 Abs. 2 MarkenG beim Patentamt eingehen.[278] Ist die Anmeldung nicht vollständig, gilt:

- Sind die Angaben nach § 32 Abs. 2 MarkenG unvollständig, können sie innerhalb einer vom Patentamt gesetzten Frist nachgereicht werden; der Anmeldetag verschiebt sich dann allerdings auf den Zeitpunkt der Mängelbeseitigung (**Prioritätsverschiebung**). Wird die Frist versäumt, gilt die Anmeldung als nicht eingereicht.[279]

509
- Weisen die darüber hinaus notwendigen Angaben nach den Vorgaben der MarkenV Mängel auf, ist eine Korrektur innerhalb der vom DPMA dafür gesetzten Frist **ohne** Prioritätsverschiebung möglich.[280] Wird die Frist versäumt, weist das DPMA die Anmeldung zurück.

---

268 S. dazu BGH MarkenR 2004, 242 – Gabelstapler II.
269 § 32 Abs. 2 MarkenG.
270 Abrufbar unter der URL <http://www.dpma.de/formulare/w7005.doc>.
271 Zu anderen Formblättern s. §§ 9 Abs. 1 Satz 3, 14 MarkenV.
272 Nach der Mitt. DPMA 2/02 (im Internet: <http://www.dpma.de/service/dienste.html> – Mitteilungen des Präsidenten) wird die vormalige Empfehlung des DPMA, bei der Einreichung von Schutzrechtsanmeldungen per Telefax die Unterlagen im Original nachzureichen, nicht beibehalten. Auf die Nachsendung des Originals wird verzichtet, wenn das beim Deutschen Patent- und Markenamt eingehende Telefax die eigenhändige Unterschrift des Absenders wieder gibt; s.a. § 11 Abs. 2 DPMAV.
273 § 11 DPMAV.
274 Im Internet abrufbar unter <http://www.dpma.de/formulare/marke.html>.
275 S. unten Rn. 1207.
276 S. dazu § 12 DPMAV, der auf die ERVDPMAV verweist; die notwendige Software kann unter <http://www.dpma.de/service/dpmadirekt/unterl.de.html> abgerufen werden.
277 § 6 Abs. 2 MarkenG.
278 §§ 33 Abs. 1 MarkenG.
279 § 36 Abs. 2 Satz 1, 2 MarkenG.
280 § 36 Abs. 4 MarkenG.

- Fehlt es schließlich an der Zahlung der **Gebühren**, gilt: 510
  - Die Gebühren werden mit der Einreichung der Anmeldung fällig.[281] Wird die dreimonatige Zahlungsfrist[282] nicht gewahrt, gilt die Anmeldung als zurückgenommen.[283]
  - Betrifft die Säumnis lediglich die – ab der dritten Klasse zusätzlich zur Anmeldegebühr zu entrichtenden[284] – **Klassengebühren**, bleibt die Anmeldung dagegen wirksam: der Anmelder kann angeben, welche Klassen durch die gezahlten Gebühren gedeckt sein sollen; tut er dies nicht, werden zunächst die Leitklasse und sodann die übrigen Klassen in der Reihenfolge der Klasseneinteilung berücksichtigt.

511

Vorgaben zur Anmeldung einer Marke[285]				
Quelle	**MarkenG**	**MarkenV**	**DPMAV**	**PatKostG, PatKostZV**
§§	§ 32	§§ 2 bis 16, § 20	§§ 9 bis 12, § 17	§§ 2 i.V.m. Nr. 331 000–331 400 GebVerz, § 3 Abs. 1, 6 Abs. 1
Folgen unzureichender Angaben/ mangelnder Zahlung	Beseitigung innerhalb vorgegebener Frist mit Prioritätsverschiebung	Beseitigung innerhalb vorgegebener Frist ohne Prioritätsverschiebung		**Anmeldegebühr**: Anmeldung gilt als zurückgenommen; **Klassengebühren**: Anmeldung bleibt mit den durch Gebühren gedeckten Klassen wirksam.

Übersicht 17: Formelle Vorgaben zur Markenanmeldung

a) Wiedergabe der Marke

Die Wiedergabe der Marke zählt aus offenkundigem Grund zum Katalog der Mindestanforderungen an eine Markenanmeldung nach § 32 Abs. 2 MarkenG. In die Kategorie der »weiteren Anmeldungserfordernisse« des § 32 Abs. 3 MarkenG fallen dagegen die einzelnen Vorgaben der § 7 bis 12 MarkenV an die Darstellung einzelner Markenformen. In der Markenanmeldung muss sich der Anmelder nach § 6 MarkenV entscheiden, welche **Markenart** – Wortmarke, Bildmarke, dreidimensionale Marke, Kennfadenmarke, Hörmarke oder »sonstige Markenform« – er regis- 512

281 § 3 Abs. 1 PatKostG.
282 § 6 Abs. 1 Satz 2 PatKostG.
283 Zu den möglichen Zahlungsarten s. Richtlinie Markenanmeldungen, S. 11 (im Internet abrufbar unter der URL <http://www.dpma.de/formulare/marke.html>); zur Bestimmung des jeweiligen Einzahlungstages § 2 PatKostZV (Patenkostenzahlungsverordnung, BGBl. 2003 I, S. 2083).
284 §§ 2 PatKostG i.V.m. Nr. 331 300 GebVerz.
285 Zusätzlich empfiehlt sich die Beachtung der vom DPMA unter der Dok.Nr. W 7005/6.04 zur Verfügung gestellten »Hilfe zum Ausfüllen« des Anmeldeformulars sowie der Richtlinie Markenanmeldungen, beide im Internet abrufbar unter der URL <http://www.dpma.de/formulare/marke.html>.

triert haben möchte. Danach entscheidet sich, welche weiteren Vorgaben der §§ 7–12 MarkenV für ihn einschlägig sind.

513 Ein Wechsel während des Anmeldeverfahrens ist nicht möglich. So hat der BGH in der Entscheidung »Zahnpastastrang« festgestellt, die angemeldete Marke könne im Laufe des Anmeldeverfahrens grundsätzlich nicht verändert werden. Der Übergang von einer **farbigen Bildmarke** nach § 8 MarkenV zu einer **dreidimensionalen Marke** i.S. von § 9 MarkenV stelle eine unzulässige nachträgliche Änderung des angemeldeten Zeichens dar.[286]

514

Markenart	MarkenV	Wiedergabe ...
Wortmarke	§ 7	... schriftlich in üblichen Schriftzeichen[287]
Zweidimensionale Bildmarke, Wort-/Bildmarke, farbige Marke	§ 8 Abs. 1 bis 6	... durch vier übereinstimmende zweidimensionale grafische Wiedergaben auf Papier,[288] max. DIN A4 mit Randvorgaben (Satzspiegel), zusätzlich optional auf CD-R; bei farbigen Marken: zusätzliche Bezeichnung der Farbe in der Anmeldung; Beschreibung der Marke i.ü. optional.
Dreidimensionale Marke	§ 9 Abs. 1 bis 5	... in vier übereinstimmenden zweidimensionalen grafischen Darstellungen (Lichtbilder als Positivabzüge oder grafische Strichzeichnungen) von bis zu sechs verschiedenen Ansichten; bei farbigen Marken: zusätzliche Bezeichnung der Farbe in der Anmeldung; Beschreibung der Marke i.ü. optional.
Kennfadenmarke	§ 10 Abs. 1, 2	... wie dreidimensionale Marke, optionale Beschreibung mit Angaben zur Art des Kennfadens.
Hörmarke[289]	§ 11 Abs. 1 bis 5	... durch vier übereinstimmende zweidimensionale grafische Wiedergaben in einer üblichen Notenschrift[290] auf Papier (wie Bildmarke), zusätzlich zwingend klangliche Wiedergabe auf CD-R;[291] Beschreibung der Marke i.ü. optional.
Sonstige Markenformen	§ 12 Abs. 1 bis 3	... durch vier übereinstimmende zweidimensionale grafische Wiedergaben; bei farbigen Marken: zusätzliche Bezeichnung der Farbe in der Anmeldung; ggf. Vorgaben aus den benannten Markenarten; Beschreibung der Marke i.ü. optional.

Übersicht 18: Wiedergabe der Marke in der Anmeldung

286 BGH MarkenR 2001, 34 – Zahnpastastrang.
287 Eine Liste der darstellbaren Zeichen ist im Internet abrufbar unter <http://www.dpma.de/formulare/w7005hilfe.html>.
288 Wo sich dies nicht von selbst aus der Darstellung der Marke ergibt, muss über der grafischen Wiedergabe abgesetzt das Wort »oben« angegeben werden.
289 S. hierzu auch die Mitteilungen des Präsidenten des DPMA Nr. 16/94 und Nr. 8/03.
290 Zur Ablehnung des Sonagramms s. Fn. 47.
291 Enthält die Hörmarke Ton und Text, muss der Text auch in der Notenschrift angegeben werden und mit der klanglichen Wiedergabe übereinstimmen; s. dazu *Ströbele* GRUR 1999, 1041, 1044.

Mit der Wiedergabe der Marke bestimmt der Anmelder über deren späteren Schutzumfang. Nur solche Merkmale, die in der eingereichten Wiedergabe erkennbar sind, können daran teilhaben. Wird etwa aus der grafischen Darstellung einer dreidimensionalen Marke ein Detail der Waren- oder Verpackungsform nicht erkennbar, weil es aus der gewählten Perspektive nicht sichtbar ist oder weil die Darstellung nicht hinreichend differenziert ausgeführt wurde, kann dieser Teil der Form auch nicht den Schutz der eingetragenen Marke genießen. **515**

Wichtig ist in diesem Zusammenhang die Entscheidung, ob eine Marke mit Bildelementen **schwarz-weiß** oder aber in einer bestimmten **Farbkombination** angemeldet werden soll. Dabei gilt: Während der Schutzgegenstand einer farbig angemeldeten und eingetragenen Marke auf die konkrete farbige Gestaltung festgelegt ist, kann er bei schwarz-weiß eingetragenen Marken auch farbige Gestaltungen umfassen. Der Umfang der **schwarz-weißen** Eintragung ist insoweit **tendenziell umfassender** als der mit bestimmter Farbangabe. Uneingeschränkt gilt dies insoweit, als sich der Schutzgegenstand einer schwarz-weiß eingetragenen **Wortmarke** im Rahmen der Beurteilung der Kollisionsgefahr auch auf eine farbige Wiedergabe erstrecken kann, weil die Markenidentität dadurch kaum in Frage gestellt ist.[292] Bei schwarz-weißen Bildmarken gilt dagegen, dass die Marke keine Farbgestaltungen einschließt, die gegenüber der eingetragenen Form zu einem **abweichenden** Bild mit anderen charakteristischen Merkmalen führen.[293] **516**

Beispiele: Die abgebildete Arzneimittelkapsel wurde als Bildmarke angemeldet. Die zweifarbig gestaltete Kapsel in den Farben grün/creme wurde in der Anmeldung mit diesen Farbangaben beschrieben. Damit ist die Anmeldung auf eben diese Farbkombination beschränkt.[294] **517**

Das nachfolgend wieder gegebene Zeichen ist als **schwarz-weiße** Marke u.a. für Dienstleistungen wie »Transport von Notfallpatienten, Kranken, Verletzten« als Marke eingetragen. **518**

Widerspruchsmarke »Malteserkreuz«

292 BPatG MarkenR 2005, 162, 164 – Lazarus/Malteser Kreuz.
293 BPatG MarkenR 2005, 162, 164 – Lazarus/Malteser Kreuz m.w.N. aus der Rspr.
294 BGH MarkenR 2004, 353 – Farbige Arzneimittelkapsel.

In dieser Aufmachung ist es grundsätzlich geeignet, sich auch gegen prioritätsjüngere, gleiche oder verwechslungsfähig ähnliche Marken in **farbiger** Gestaltung durchzusetzen, etwa ein weißes Kreuz gleicher Form auf dunkelrotem Hintergrund. Ob es sich auch gegen das Wort-/Bildzeichen »Lazarus« (für Dienstleistungen zur Durchführung karitativer Hilfsleistungen Bedürftiger auf nationaler und internationaler Ebene) durchsetzt, das ein **grünes** Kreuz auf **hellem** Hintergrund enthält, hängt u.a. davon ab, ob die Abweichung in Farbe und Kontrast »zu einem anderen Bild mit anderen charakteristischen Merkmalen«[295] führt. Eben dies wurde von BPatG und BGH unterschiedlich beurteilt.

Angegriffene Marke »Lazarus«

519 Der Schutz der schwarz-weiß eingetragenen Widerspruchsmarke sollte sich nach Auffassung des BPatG allenfalls auf eine farbige Wiedergabe beziehen können, die sich im Rahmen **gleicher Kontraste** halte, also ein helles Kreuz auf dunklem Untergrund zeige. Davon abweichende Darstellungen, insbesondere solche, die eine **Kontrast-Umkehr** enthielten, seien vom Schutzgegenstand nicht mehr umfasst. In der angegriffenen Marke (Lazarus), die ein grünes Kreuz auf weißem Hintergrund enthalte, verändere sich der Bild-Eindruck der älteren Marke (Malteserkreuz) als Folge der Farbumkehr. Diese führe hier zu einer anderen Kennzeichnung, wie am Beispiel der Schweizer Flagge, die ein weißes Kreuz auf rotem Grund zeige, und dem Symbol des Roten Kreuzes zu erkennen sei, das ein rotes Kreuz auf weißem Grund enthalte.[296]

Der BGH war demgegenüber der überzeugenden Auffassung, das Charakteristische der Gestaltung der Widerspruchsmarke liege in der **achtspitzigen Form** des Kreuzes, die Kontrastumkehr sei demgegenüber »ohne Bedeutung.«[297]

b) Waren- und Dienstleistungsverzeichnis

520 Die Anmeldung eines Zeichens zur Registrierung als Marke muss ein Verzeichnis der Waren und Dienstleistungen enthalten, auf die sich die Eintragung beziehen soll. Die Waren und Dienstleistungen sind so zu bezeichnen, dass sie jeweils einer der **Klassen** zugeordnet werden können, die in der Anlage zu § 19 MarkenV mit erläuternden Anmerkungen wieder gegeben sind.[298] Diese Klassen beruhen auf der

295 So schon BGH BB 1956, 156 – Drei-Punkt Farben.
296 BPatG MarkenR 2005, 162 – Lazarus/Malteser Kreuz.
297 BGH MarkenR 2006, 402, 405 – Malteserkreuz.
298 Im Internet abrufbar unter <http://www.dpma.de/suche/klass/wd/einteilung.html>.

sog. **Nizzaer Klassifikation.**[299] An der Anzahl der danach berührten Klassen orientiert sich die mit der Anmeldung fällige Anmeldegebühr (§ 32 Abs. 4 MarkenG). Sie schließt die Klassengebühr für bis zu drei Klassen ein. Jede weitere Klasse verursacht eine zusätzliche Klassengebühr. Über Gebühren- und Verwaltungszwecke hinaus kommt der Klasseneinteilung nach § 19 MarkenV keine Bedeutung zu.

Die abschließende Klasseneinteilung ist zwar dem DPMA vorbehalten,[300] § 20 **521**
Abs. 3 MarkenV verpflichtet jedoch den Anmelder, die Waren- bzw. Dienstleistungen bereits »nach Klassen geordnet« und in der (aufsteigenden) Reihenfolge der Klassen anzugeben.[301] Dabei hilft ihm die »Alphabetische Liste der Waren und Dienstleistungen«[302] sowie eine Suchmaschine des DPMA,[303] die zu einem Waren oder Dienstleistungsbegriff[304] die in Frage kommenden Klassen anzeigt.

Die Klasseneinteilung der Waren- und Dienstleistungen hat in erster Linie adminis- **522**
trative Bedeutung:

- Das DPMA legt nach dem Schwerpunkt der Anmeldung eine Leitklasse fest, nach der sich die interne Zuständigkeit für die Bearbeitung der Anmeldung richtet.[305] Die Entscheidung des DPMA ist nicht mit Rechtsmitteln angreifbar.
- Auf der Zuordnung zu den Klassen beruht auch die Festsetzung allfälliger Klassengebühren: mit der Anmeldegebühr sind drei Waren-/Dienstleistungsklassen abgegolten, jede weitere begründet eine eigene, zusätzliche Klassengebühr.[306]

Der tatsächliche **Schutzumfang** der eingetragenen Marke bestimmt sich dagegen **523**
nach den Waren und Dienstleistungen selbst, nicht nach den Klassen. Etwas anderes gilt nur insoweit, als die Zuordnung zu einer Klasse eine im Warenverzeichnis mit einem **Oberbegriff** angegebene Ware oder Dienstleistung weiter eingrenzen und damit mittelbar den Schutzumfang beschränken kann. Gibt etwa der Anmelder »Motoren« an und ordnet diese der Klasse 7 zu, schränkt er damit den Kreis der relevanten Waren auf »Motoren (ausgenommen Landfahrzeuge)« ein; sollen auch diese Motoren erfasst sein, muss der Begriff mehrfach genannt und auch der Klasse 12 (»Apparate zur Beförderung auf dem Lande, in der Luft und auf dem Wasser«) zugeordnet werden.

---

299 S. oben Rn. 123, Fn. 140; ab 1.1.2007 gilt die 9. A. 2007; auf der Seite des DPMA s. <http://www.dpma.de/formulare/w7733.doc>.
300 § 21 Abs. 1 MarkenV.
301 Eine Hilfestellung gibt das DPMA unter <http://www.dpma.de/infos/aktuelles/anleitung_gruppierung.html>.
302 Anlagen 2 (Waren) und 3 (Dienstleistungen) zur MarkenV.
303 <www.dpma.de/suche/wdsuche/suchen.html>.
304 Zur Dienstleistung »Einzelhandel« siehe oben Kapitel 1, Rn. 44 ff. sowie die Mitteilung Nr. 34/05 des Präsidenten des DPMA über die Zulässigkeit der Dienstleistungsbezeichnung »Einzelhandelsdienstleistungen« in Verzeichnissen von Waren und Dienstleistungen angemeldeter Marken nach der Entscheidung des EuGH vom 7. Juli 2005 C-418/02 – Praktiker (MarkenR 2005, 315); im Internet abrufbar unter <http://www.dpma.de/veroeffentlichungen/mitteilungen/mittlg2005_34.html>
305 § 21 Abs. 2 MarkenV.
306 § 64 a MarkenG, § 2 Abs. 1 PatKostG, Nr. 331 300 GebVerz.

3. Anmeldetag, Zeitrang und Priorität

524 Der dem Anmelder vom DPMA bestätigte **Anmeldetag** ist maßgeblich für den **Zeitrang**, den die eingetragene Marke im Kollisionsfalle gegenüber anderen Zeichen besitzt.[307] Er kann auf Veranlassung des Anmelders unter bestimmten Voraussetzungen nach vorne verlegt werden, wenn dieser sich auf eine vorangegangene Auslandsanmeldung berufen kann (ausländische Priorität) oder die betroffenen Waren oder Dienstleistungen zuvor auf einer anerkannten Messe oder Ausstellung präsentiert hat (Ausstellungspriorität). Der Zeitrang der eingetragenen Marke wird dann auf den jeweiligen Prioritätstag vorverlegt.

a) Auslandspriorität

525 Ob der Zeitrang einer ausländischen Voranmeldung desselben Zeichens für den Zeitrang einer inländischen Nachanmeldung in Anspruch genommen werden kann, richtet sich nach den dazu bestehenden Staatsverträgen:

- Art. 4 C PVÜ (für Auslandsanmeldungen in einem Verbandsstaat), mit der Maßgabe, dass die Priorität auch für Dienstleistungen in Anspruch genommen werden kann[308],
- Art. 2 Abs. 1 TRIPs-Übereinkommen (für Auslandsanmeldungen in einem Vertragsstaat der WTO), das die PVÜ insoweit inkorporiert[309] sowie
- Art. 4 Abs. 2 MMA/PMMA, die auf Art. 4 PVÜ verweisen (für IR-Marken), jedoch von den Förmlichkeiten des Art. 4 Abschnitt D befreien.

Die Verbandsländer können auf der Homepage der WIPO[310] abgerufen werden. Besteht mit dem Staat der Voranmeldung kein Staatsvertrag, kann eine entsprechende Priorität in Anspruch genommen werden, wenn mit diesem Staat eine Gegenseitigkeitsvereinbarung besteht, die im Bundesgesetzblatt bekannt gemacht ist.

526 Der Zeitrang der Auslandsanmeldung kann nach den genannten Verträgen

- nur innerhalb von **sechs Monaten** nach der Erstanmeldung,
- nur für **dasselbe Zeichen**[311] und
- nur für die **Waren und Dienstleistungen der Erstanmeldung** (oder einen Teil davon)

im Rahmen der inländischen Zweitanmeldung geltend gemacht werden. Für die **Gemeinschaftsmarke**[312] gilt Entsprechendes.

527 Die Auslandspriorität wird nicht von Amts wegen berücksichtigt. Es obliegt dem Anmelder der Zweitanmeldung, dies innerhalb von zwei Monaten nach dem Anmeldetag unter Angabe von Zeit und Staat der Erstanmeldung zu veranlassen. Tut

307 §§ 6 Abs. 2, 33 Abs. 1 MarkenG, unt. Rn. 645 ff.
308 § 34 Abs. 1 MarkenG.
309 Die Priorität nach dem TRIPs-Übereinkommen gilt auch für Dienstleistungsmarken, Art. 62 Abs. 3 TRIPs-Übereinkommen.
310 <http://www.wipo.int>; s. auch unten Rn. 1417.
311 Vgl. Art. 29 GMV; zulässig sind allenfalls geringfügige, die Identität des Zeichens unberührt lassende Abweichungen, EuGH MarkenR 2003, 134, 137 – Arthur/Arthur et Félicie.
312 Art. 32 GMV.

er dies nicht sogleich unter Nennung des Aktenzeichens und Beifügung einer Abschrift der Voranmeldung, wird er dazu mit einer weiteren Frist von zwei Monaten aufgefordert.[313] Fristversäumnis führt zur Verwirkung des Prioritätsanspruches.

Beispiel: 528

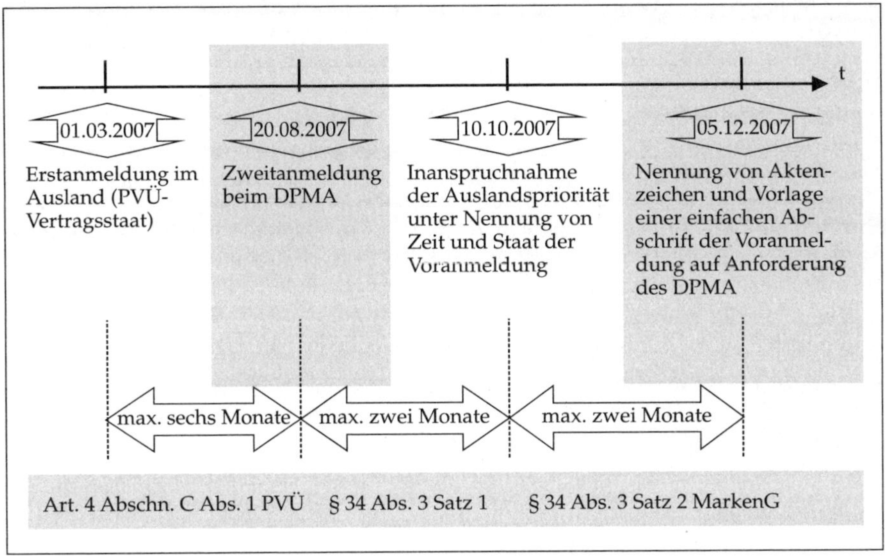

b) Ausstellungspriorität

Für die Inanspruchnahme einer Ausstellungspriorität gelten die vorgenannten Bedingungen und Fristen entsprechend: die Anmeldung muss dasselbe Zeichen und dieselben Waren oder Dienstleistungen (oder einen Teil davon) betreffen, die auf der Messe oder Ausstellung präsentiert wurden. Die Anmeldung zur Eintragung muss innerhalb von sechs Monaten, gerechnet ab der ersten Zurschaustellung,[314] erfolgen, die Priorität innerhalb von zwei Monaten nach der Anmeldung beantragt und der Nachweis innerhalb von zwei Monaten nach Aufforderung geführt werden. Für den letztgenannten Nachweis lässt das DPMA die Vorlage der Standrechnung sowie von Messeunterlagen und -prospekten genügen.[315] 529

Die für eine Ausstellungspriorität geeigneten Ausstellungen und Messen werden vom Bundesministerium der Justiz im Bundesgesetzblatt bekannt gemacht.[316] 530

313 § 34 Abs. 3 MarkenG.
314 Vgl. dazu BGH GRUR 1983, 31 – Klarsichtbecher.
315 Richtlinie Markenanmeldungen, S. 21; im Internet abrufbar unter der URL <http://www.dpma.de/formulare/marke.html>.
316 S. z.B. die Bekanntmachung v. 8.5.2006, BGBl. 2006 I, S. 1163 f.

4. Zurücknahme, Beschränkung, Berichtigung, Teilung

531 Die Anmeldung kann nach §§ 39, 40 MarkenG bis zur Eintragung jederzeit

- zurückgenommen,
- hinsichtlich der benannten Waren und Dienstleistungen beschränkt,
- hinsichtlich sprachlicher Fehler und offensichtlicher Unrichtigkeiten berichtigt oder
- in zwei oder mehrere Anmeldungen geteilt werden.

532 Im letztgenannten Falle wird ein vom Anmelder bezeichneter Teil der ursprünglichen Anmeldung als abgetrennte Anmeldung selbstständig weiterbehandelt.[317] Erweiterungen oder Überschneidungen sind dabei nicht zulässig. Eine für »Bekleidung« angemeldete Ware kann etwa geteilt werden in »Bekleidung, ausgenommen Hosen« und »Bekleidung, nämlich Hosen«. Jede Teilanmeldung genießt den Zeitrang der ursprünglichen Anmeldung, was zur Folge hat, dass beide Rechte gleichrangig sind und keine Ansprüche gegeneinander begründen können.[318] Für jeden abgetrennten Teil ist eine gesonderte Teilungserklärung erforderlich, für die das DPMA ein Formular vorhält.[319] In der Teilungserklärung sind die Waren und Dienstleistungen anzugeben, die in die abgetrennte Anmeldung aufgenommen werden sollen. Die Anmeldeunterlagen sind entsprechend zu ergänzen, die Gebühren nachzuentrichten. Geschieht dies nicht innerhalb von drei Monaten oder wird die Gebühr nach dem PatKostG[320] nicht innerhalb dieser Frist gezahlt, gilt die Teilung der Anmeldung insoweit als teilweise Rücknahme, § 40 Abs. 2 MarkenG.

533 Mit der Teilung der Anmeldung kann insbesondere auf Beanstandungen hinsichtlich eines Teiles der angemeldeten Waren oder Dienstleistungen adäquat reagiert werden: Der beanstandungsfreie Teil wird zeitnah eingetragen, der abgetrennte Teil kann ggf. mit Rechtsmitteln weiterverfolgt werden. Der Vorteil der Teilung gegenüber einer bloßen Beschränkung (teilweisen Rücknahme) der aktuellen Anmeldung und einer nachfolgenden Neuanmeldung liegt in der Erhaltung des ursprünglichen Zeitranges für beide Teilanmeldungen. Mit Wirkung vom 27. Juli 2005[321] ist auch die Gemeinschaftsmarkenverordnung für die Teilung geöffnet worden.[322]

5. Prüfung

534 Mit der Anmeldung, deren Anmeldetag feststeht, entsteht ein **Anspruch auf Eintragung**, wenn die Anmeldeerfordernisse erfüllt sind und absolute Eintragungshindernisse[323] nicht bestehen.[324] Diesen beiden Anforderungen entspricht der formelle

317 §§ 40 MarkenG, 35 MarkenV.
318 § 6 Abs. 4 MarkenG.
319 Im Internet abrufbar unter <http://www.dpma.de/formulare/w7009.dot>.
320 § 64 a MarkenG, § 2 Abs. 1 PatKostG, Nr. 331 700 GebVerz (300 €).
321 VO (EG) Nr. 1041/2005.
322 Art. 44 a GMV, Regel 13 a GMDV.
323 S. oben Rn. 381 ff.
324 § 33 Abs. 2 MarkenG.

und materielle **Prüfungsumfang** des DPMA nach §§ 36, 37 MarkenG. Neben der generellen Markenfähigkeit eines Zeichens im Sinne des § 3 MarkenG, die kaum je problematisch ist,[325] konzentriert sich die Prüfung auf die Feststellung eines Freihaltebedürfnisses bzw. einen allfälligen Mangel konkreter Unterscheidungskraft.[326] Dazu recherchiert die zuständige Markenstelle des DPMA umfassend, in Wörterbüchern, Lexika und Fachliteratur ebenso wie im Internet. Nationale und internationale Rechtsprechung werden ebenfalls berücksichtigt.

Enthält ein Zeichen neben nicht schutzfähigen Angaben zumindest einen schutzfähigen Bestandteil, der im maßgeblichen Gesamteindruck[327] des Zeichens erkennbar bleibt, muss dieses als Marke eingetragen werden. Nichts anderes gilt für Abwandlungen beschreibender Angaben, die über werbeübliche Gestaltungen hinausgehen und dem Zeichen einen eigenen, kennzeichnungskräftigen Charakter verleihen. Eines besonderen Fantasiegehaltes bedarf es dafür nicht.[328] Dagegen kann die bloße Aneinanderreihung für sich genommen beschreibender Bestandteile »ohne eine ungewöhnliche Veränderung, insbesondere syntaktischer oder semantischer Art, die Schutzfähigkeit einer Marke nicht begründen.«[329] Ebenso bleiben fremdsprachige Wörter von der Eintragung ausgeschlossen, wenn der entsprechende deutsche Ausdruck rein beschreibend wäre und eine ohne weiteres verständliche Welthandelssprache gewählt wurde oder ein Freihaltebedürfnis zu Gunsten der an Im- und Export beteiligten Verkehrskreise besteht. Mehrdeutige Zeichen sind von der Eintragung ausgeschlossen, wenn sie auch nur in einer möglichen Bedeutung freizuhalten sind,[330] geografische Herkunftsangaben schon dann, wenn ein künftiges Freihaltebedürfnis ernsthaft zu erwarten ist.[331] 535

a) Überwindung absoluter Schutzhindernisse

Ein am Anmeldetag noch vorliegendes, absolutes Schutzhindernis nach § 8 Abs. 2 Nr. 1, 2 oder 3 MarkenG kann noch während des laufenden Verfahrens durch Nachweis der Verkehrsdurchsetzung des angemeldeten Zeichens überwunden werden.[332] Der Anmelder kann so – auf eigene Initiative und Kosten – der Zurückweisung seiner Anmeldung zuvorkommen; allerdings muss er dafür eine entsprechende Prioritätsverschiebung – vom Anmeldetag auf den Zeitpunkt der Verkehrsdurchsetzung – hinnehmen, §§ 37 Abs. 2 MarkenG, 25 MarkenV. Das MarkenG durchbricht mit dieser Regelung indessen nicht das Prinzip des Vorrangs des älteren vor dem jüngeren Markenrecht. Denn in den Fällen des § 8 Abs. 3 MarkenG entsteht mit der Verkehrsdurchsetzung überhaupt erst eine (eintragungsfähige) Marke. 536

Trägt der Anmelder die Verkehrsdurchsetzung seines ansonsten nicht eintragungsfähigen Zeichens schlüssig vor, teilt ihm die Markenstelle mit, welche Angaben (zu 537

325 S. dazu oben Rn. 397.
326 S. dazu oben Rn. 399 ff., 412 ff., 436 ff.
327 EuGH MarkenR 2004, 393 – SAT.2.
328 EuG MarkenR 2002, 88, 92 – EUROCOOL; EuG MarkenR 2002, 52, 56 – DAS PRINZIP DER BEQUEMLICHKEIT; EuGH MarkenR 2005, 22, 25 – DAS PRINZIP DER BEQUEMLICHKEIT.
329 Richtlinie Markenanmeldungen, S. 24, mit Verweis auf EuGH GRUR 2004, 680 ff., 681 – »BIOMILD«; GRUR 2004, 674 ff., 678, 679 – Postkantoor.
330 EuGH MarkenR 2003, 450 – Doublemint.
331 EuGH MarkenR 1999, 189, 193 – Chiemsee; oben Rn. 493 ff.
332 S. dazu oben Rn. 484 ff.

Art, Umfang und Dauer der Benutzung des Zeichens) und Unterlagen (wie Werbematerial, Kataloge usw.) sie im Regelfall für den Nachweis für geeignet hält. Kommen als beteiligte Verkehrskreise auch Endverbraucher in Frage, sieht die Richtlinie für die Prüfung von Markenanmeldungen die Einholung eines kostenpflichtigen demoskopischen Gutachtens vor. Befragungen in der gewerblichen Wirtschaft sind über das DPMA mit Hilfe des DIHK/der IHKs möglich.

538 Strategisch wichtig für den Anmelder ist die Abstimmung des Fragenkataloges einer demoskopischen Umfrage mit dem zuständigen Prüfer. Denn bereits die **einleitenden Fragen** zum betroffenen Verkehrskreis entscheiden darüber, welche Antworten letztlich in eine quantitative Auswertung der Verkehrsbekanntheit eines Zeichens einfließen. Solche Fragen lauten – abhängig von der betreffenden Ware oder Dienstleistung – etwa »Kaufen Sie, gleich wie oft, für sich oder andere Bier« oder »Verwenden Sie zumindest hin und wieder Glasreiniger im Haushalt?«. Nur, wer die Frage zum relevanten Verkehrskreis bejaht, wird mit den nachfolgenden Fragen zur Bekanntheit und Bedeutung des in Rede stehenden Zeichens konfrontiert.

539 Die DPMA – Richtlinie für die Prüfung von Markenanmeldungen geht davon aus, dass eine Befragung zur Verkehrsdurchsetzung einer Marke inhaltlich die folgenden Fragen enthalten muss:[333]

1. Haben Sie diese Bezeichnung (Wiedergabe der angemeldeten Marke) in Zusammenhang mit den Waren ... schon einmal gehört oder gesehen/gelesen?

   a) ☐ Ja

   b) ☐ SPONTAN (da dies von der Fragestellung nicht umfasst ist)
   Kommt mir bekannt vor/glaube schon

   c) ☐ Nein

2. Wenn Frage 1 mit »Ja« beantwortet wurde:

   Ist die Bezeichnung/Farbe/Form ... Ihrer Meinung nach bei ... (Wiedergabe der angemeldeten Marke) in Zusammenhang mit den Waren ...

   a) ☐ Hinweis auf ein ganz bestimmtes Unternehmen[334]

   b) ☐ Hinweis auf mehrere Unternehmen

   c) ☐ gar kein Hinweis auf irgendein Unternehmen

   d) ☐ oder können Sie nichts dazu sagen?

3. Zuordnung

   a) Bei Antwort Nr. 2 a):
   Wissen Sie, wie dieses Unternehmen heißt?

   b) Bei Antwort Nr. 2 b):
   Wissen Sie, wie diese Unternehmen heißen?

---

333 Zum dreistufigen Abfragemodell s. *Niedermann* GRUR 2006, 367; zum Nachweis der Verkehrsdurchsetzung von Titeln von Radio- und Fernsehsendungen *Berlit* GRUR 2006, 542 ff.

334 Hier kann in Betracht kommen, statt des Begriffs »Unternehmen« eine etwas speziellere Bezeichnung zu verwenden, z.B. »Verlag« o.ä.

Wird bei Frage 3 b) – trotz »Hinweis auf mehrere Unternehmen« in Frage 2 – nur ein Unternehmen namentlich genannt, ist durch geeignete Fragestellung zu prüfen, ob nicht tatsächlich nur ein einziges Unternehmen gemeint war. 540

Bei der Auswertung sind die Antworten mit 2 a) positiv dem Durchsetzungsgrad zuzurechnen; die Antworten zu 2 b) sind ebenfalls positiv dem Durchsetzungsgrad zuzurechnen, wenn die Aufklärung ergibt, dass letztlich doch nur ein einziges Unternehmen gemeint war.

Angaben zu einem Unternehmen, die nicht im weitesten Sinn als richtig angesehen werden können, sind dagegen negativ zu werten, verringern also die ermittelte Verkehrsdurchsetzung. Andere Antworten, z.B. solche anderer Tochterunternehmen eines Gesamtkonzerns, oder die Nicht-Kenntnis des Unternehmensnamens haben auf die Verkehrsdurchsetzung keinen Einfluss.

Die Verwendung der vorstehenden Fragen ist nach der Richtlinie nicht zwingend, wohl aber die Ermittlung von deren Inhalt. Daher soll – bei Abweichungen von obigem Fragenkatalog mit entsprechender Begründung – den jeweiligen Erfordernissen des konkreten Einzelfalles Rechnung getragen werden, wozu auch weitere sachdienliche Aufklärungsfragen gehören können. 541

Bei der Prüfung der Verkehrsdurchsetzung ist nach der Richtlinie darauf zu achten, dass der erforderliche Durchsetzungsgrad in allen angesprochenen Verkehrskreisen erreicht sein muss; führt eine Endverbraucherumfrage zu einem ausreichenden Durchsetzungsgrad, ist davon auszugehen, dass dann auch bei den Fachkreisen eine Durchsetzung mit mindestens dem gleichen Umfang vorhanden ist.[335]

b) Besonderheiten bei der Kollektivmarke

Der Anmeldung einer Kollektivmarke muss eine Markensatzung beigefügt sein, die die Verwendung der Kollektivmarke durch die Verbandsmitglieder regelt. Die Satzung muss die in § 102 Abs. 2 MarkenG genannten Angaben zum anmeldenden Verband und zu den Bedingungen der Mitgliedschaft und der Benutzung des Zeichens durch die Mitglieder enthalten. Die Prüfung der Anmeldung erstreckt sich neben der Eintragungsfähigkeit des Zeichens und der Tauglichkeit des Anmelders als Inhaber auch auf diese Satzung, § 102 MarkenG.[336] 542

c) Beschleunigte Prüfung

§ 38 MarkenG ermöglicht auf Antrag und gegen entsprechende Gebühr die beschleunigte Prüfung, ohne dass es dafür der Darlegung eines besonderen Interesses bedürfte. Während unter der Geltung des WZG mit der beschleunigten Eintragung nach § 6 a ein vom allgemeinen Verfahren **abweichendes** Verfahren verbunden war, ist mit der beschleunigten Prüfung nach § 38 MarkenG nur mehr eine raschere Erledigung desselben Verfahrens verbunden: nachdem das MarkenG dem sog. nachgeschalteten Widerspruchsverfahren den Vorzug gegeben hat, werden alle angemeldeten, eintragungsfähigen Zeichen zuerst in das Markenregister eingetragen und veröffentlicht; wird dagegen erfolgreich Widerspruch aus einem älteren Recht erhoben, führt dies zur Löschung des Zeichens. Beschleunigen lässt sich dieses Ver- 543

335 Richtlinie Markenanmeldungen, S. 33; im Internet abrufbar unter <http://www.dpma.de/formulare/marke.html>.

336 S. dazu oben Rn. 238, 242 ff.

fahren nicht mehr durch eine andere Verfahrensweise, sondern nur noch durch speditive Abwicklung.

544 Aus eben diesem Grunde wird die Regelung deutlich kritisiert.[337] Eine zeitliche Vorgabe enthält § 38 MarkenG nicht. Als Anhaltspunkt können aber sechs Monate gelten, wird die beschleunigte Prüfung doch häufig im Hinblick auf die sechsmonatige Prioritätsfrist des Art. 4 PVÜ[338] gewählt.

6. Eintragung

a) Markenregister, Markenblatt

545 Liegen die Voraussetzungen nach §§ 36, 37 MarkenG vor, wird die angemeldete Marke in das beim DPMA – seit 1999 als elektronische Datenbank[339] – geführte **Markenregister eingetragen** und in dem vom DPMA herausgegebenen **Markenblatt veröffentlicht**, das seit dem 1. Juli 2004 ebenfalls in ausschließlich elektronischer Form publiziert wird.[340] Inhalt und Form von Register und Veröffentlichung sind in den §§ 24 bis 28 MarkenV eingehend beschrieben. Der Inhaber erhält eine **Urkunde** über die Eintragung sowie eine Bescheinigung über die in das Register eingetragenen Angaben.[341]

546 Die Eintragung der Marke bindet die Zivilgerichte in nachfolgenden, eventuellen Verletzungsprozessen. Diese sind deshalb gehindert, etwa in einem Verletzungsprozess über Eintragungsvoraussetzungen bzw. -hindernisse inter partes zu befinden.[342] Vielmehr haben sie von der konstitutiven Geltung der Eintragung auszugehen.[343] Dies gilt auch, wenn die eingetragene Darstellung nicht der angemeldeten entspricht.[344]

b) Teilung der Eintragung

547 Auch nach Eintragung einer Marke in das Markenregister ist eine **Teilung** der Marke möglich, indem ihr Inhaber gegenüber dem DPMA erklärt, dass die Eintragung der Marke für die in der Teilungserklärung aufgeführten Waren oder Dienstleistungen als abgetrennte Eintragung fortbestehen soll.[345] Für die Erklärung hält das DPMA ein Formular vor.[346] Die Unterlagen für die abgetrennte Eintragung, die denen einer Neuanmeldung entsprechen, sind innerhalb von drei Monaten

337 *Ströbele/Hacker* § 38 Rn. 1 f.
338 S. oben Rn. 524 ff.
339 § 24 Abs. 2 MarkenV.
340 § 41 Satz 2 MarkenG, §§ 27, 28 MarkenV.
341 § 26 MarkenV, § 25 DPMAV.
342 Einschränkend BGH MarkenR 2005, 234 – Russisches Schaumgebäck: Der Verletzungsrichter sei durch den Grundsatz der Bindung an die Eintragung der Klagemarke nicht an der Feststellung gehindert, die Benutzung einer mit der geschützten Marke identischen Bezeichnung oder Gestaltung werde in der beanstandeten konkreten Verwendungsform vom Verkehr nicht als Herkunftshinweis verstanden und erfolge daher nicht markenmäßig; die der Eintragung zu Grunde liegende Feststellung hinreichender Unterscheidungskraft setze nicht voraus, dass der Verkehr bei jeder Verwendungsmöglichkeit einen Herkunftshinweis annehme.
343 OLG Frankfurt MarkenR 1999, 103 – Abschlusskappe; MarkenR 2000, 30 – Standbeutel.
344 BGH MarkenR 2005, 515, 516 – Dentale Abformmasse.
345 § 46 MarkenG, 36 MarkenV.
346 Im Internet abrufbar unter <http://www.dpma.de/formulare/w7009.dot>.

nach dem Zugang der Teilungserklärung einzureichen; dieselbe Frist gilt für die Gebührenzahlung.[347] Der **Zeitrang** der ursprünglichen Eintragung bleibt für jede Teileintragung erhalten.

Das **Verzeichnis der Waren oder Dienstleistungen** muss bei einer Teilung so auf die 548
Stamm- und die abgetrennte Eintragung aufgeteilt werden, dass beide zusammen **deckungsgleich** mit dem ursprünglichen Verzeichnis der Waren oder Dienstleistungen sind; das bedeutet, dass nach der Teilung zwischen den beiden Verzeichnissen weder Überschneidungen bestehen dürfen, noch in der Summe Erweiterungen oder Einschränkungen. Bleiben die beiden Verzeichnisse in der Summe hinter dem ursprünglichen zurück, liegt darin ein teilweiser **Verzicht** im Sinne des § 48 MarkenG.

Für den Fall, dass gegen die Eintragung einer Marke **Widerspruch** aus einem älteren 549
Recht eines Dritten eingelegt wird, stellt das Markengesetz sicher, dass die Eintragung diesem Verfahren nicht durch Teilung (teilweise) entzogen werden kann:

- Die Teilung kann erst nach Ablauf der Frist zur Einlegung eines Widerspruchs[348] erklärt werden, § 46 Abs. 2 S. 1 MarkenG.
- Wird gegen die Eintragung Widerspruch erhoben, nachdem die Teilung erklärt worden ist, fordert das DPMA den Widersprechenden zu einer Erklärung darüber auf, gegen welche Teile der ursprünglichen Eintragung der Widerspruch sich richtet.
  - Richtet sich der Widerspruch nach der Erklärung des Widersprechenden, die auch vom Inhaber beigebracht werden kann,[349] ausschließlich gegen eine der beiden entstehenden Teilmarken, bleibt die Teilungserklärung **zulässig**.
  - Richtet sich der Widerspruch nach der Erklärung des Widersprechenden nicht ausschließlich gegen eine der beiden entstehenden Teilmarken oder erklärt sich der Widersprechende nicht, wird die Teilungserklärung des Inhabers der Marke als **unzulässig** zurückgewiesen.[350]

VI. Rechtsschutz im Eintragungsverfahren

»Zur Durchführung der Verfahren in Markenangelegenheiten« verfügt das Patent- 550
amt über **Markenstellen** und **Markenabteilungen**, § 56 Abs. 1 MarkenG.

- Den **Markenstellen** obliegt die Prüfung angemeldeter Marken sowie die Beschlussfassung im **Eintragungsverfahren**. Dazu zählt auch ein allfälliges **Widerspruchsverfahren**, das der Inhaber eines älteren, kollidierenden Rechts nach Eintragung der Marke mit dem Ziel ihrer Löschung aus dem Register betreiben kann. Ihre sachliche Zuständigkeit im Einzelfall richtet sich nach den Leitklassen (vgl. §§ 18 Nr. 19, 23 Abs. 2 MarkenV); für jede Klasse der Klasseneinteilung nach § 15 MarkenV besteht eine Markenstelle. Die Aufgaben der Markenstelle werden

347 Die Gebühr beträgt 300 € (§ 2 Abs. 1, § 3 Abs. 1 PatkostG, Nr. 333 100 GebVerz).
348 Diese Frist beträgt nach § 42 MarkenG 3 Monate nach dem Tag der Veröffentlichung der Marke nach § 41 MarkenG.
349 § 36 Abs. 8 MarkenV.
350 § 36 Abs. 8 Satz 3 MarkenV.

von je einem »Mitglied« des DPMA (Prüfer) wahrgenommen. Neben technischen und rechtskundigen Beamten des höheren Dienstes kommen auch Beamte des gehobenen Dienstes und vergleichbare Angestellte zum Einsatz.[351]

551 • Die Zuständigkeit der **Markenabteilungen** ist negativ definiert: sie besteht für die Angelegenheiten, die nicht in die Zuständigkeit der Markenstellen fallen.[352] Dazu zählen etwa Löschungen nach Abschluss eines Widerspruchsverfahrens oder Übertragungen. Die Markenabteilungen entscheiden in der Besetzung von mindestens drei Mitgliedern des DPMA; allerdings kann der Vorsitzende – mit Ausnahme der Entscheidung über die Löschung einer Marke nach § 54 MarkenG – alle Angelegenheiten alleine bearbeiten oder die Bearbeitung einem anderen Mitgliede der Abteilung übertragen. Auch hier können Beamte des gehobenen Dienstes und vergleichbare Angestellte eingesetzt werden; dies folgt jedoch nicht unmittelbar aus § 56 MarkenG, sondern aus der Verordnungsermächtigung des § 65 Nr. 11, 12 MarkenG.

1. Erinnerung (DPMA)

552 Nur (!) gegen die Beschlüsse der Markenstellen wie auch der Markenabteilungen, die von Beamten des gehobenen Dienstes bzw. vergleichbaren Angestellten erlassen wurden, findet die **Erinnerung** statt, § 64 Abs. 1 MarkenG. Die Möglichkeit, Erinnerung einzulegen, entfällt also, wo von vornherein ein Mitglied des DPMA entschieden hat. Die Erinnerung ist aber umgekehrt Voraussetzung für eine nachfolgende Beschwerde zum Patentgericht nach § 66 MarkenG, so weit diese gegeben ist: das zweistufige Verfahren innerhalb des DPMA entlastet das BPatG und steht insoweit nicht zur Disposition des Rechtsschutz Suchenden.[353]

553 Die Erinnerung ist innerhalb **eines Monats nach Zustellung** des angefochtenen Beschlusses beim Patentamt einzulegen und entfaltet **aufschiebende Wirkung**. Die ehemalige Gebührenfreiheit besteht nicht mehr,[354] jedoch erlaubt § 64 Abs. 5 MarkenG die Rückzahlung der Gebühr im Falle der Abhilfe. Der Autor des Beschlusses (der Erstprüfer) kann der Erinnerung **abhelfen**, wenn er sie für begründet erachtet und wenn dem Erinnerungsführer kein anderer Verfahrensbeteiligter gegenübersteht.[355] Hilft er nicht ab, entscheidet ein Mitglied des Patentamtes als Erinnerungsprüfer durch Beschluss mit Rechtsmittelbelehrung.[356] Da beide – Erstprüfer und Erinnerungsprüfer – zur Markenstelle gehören, ist die Erinnerung lediglich Teil des zweistufigen Verfahrens innerhalb des Patentamtes.

351 § 2 PatG, § 56 Abs. 2 Satz 2 MarkenG.
352 § 56 Abs. 3 Satz 1 MarkenG.
353 Die Geltungsdauer der Übergangsregelung des § 165 Abs. 4 MarkenG, die die Möglichkeit eröffnete, gegen Beschlüsse der Markenstellen und der Markenabteilungen, die von Beamten des gehobenen Dienstes oder vergleichbaren Angestellten erlassen worden waren, an Stelle der Erinnerung Beschwerde einzulegen, ist am 31. Dezember 2004 ausgelaufen und nicht verlängert worden. Die Option zur unmittelbaren Beschwerde ist damit ab 1. Januar 2005 entfallen.
354 § 64 a MarkenG, § 2 Abs. 1 PatKostG, Nr. 333 000 GebVerz (150 €).
355 § 64 Abs. 3 MarkenG.
356 § 61 MarkenG.

Eine Schlechterstellung des Erinnerungsführers (»reformatio in peius«) ist nicht zulässig.[357] Wird etwa eine Anmeldung hinsichtlich eines Teiles der angegebenen Waren zurückgewiesen und dagegen Erinnerung eingelegt, ist es dem Erinnerungsprüfer nicht gestattet, den Erstbeschluss der Markenstelle zu Ungunsten des Anmelders dahingehend zu ändern, dass die Anmeldung nun auch hinsichtlich der zuvor nicht beanstandeten Waren zurückgewiesen wird.[358] 554

2. Beschwerde (BPatG)

Gegen die Beschlüsse der Markenstellen und der Markenabteilungen steht den Verfahrensbeteiligten die Beschwerde an das Patentgericht offen, »so weit nicht die Erinnerung gegeben ist«.[359] Daraus folgt: 555

- Gegen einen Beschluss einer Markenstelle oder Markenabteilung, der von einem Mitglied des DPMA (Prüfer)[360] erlassen wurde, ist nicht die Erinnerung und folglich die Beschwerde zum BPatG eröffnet.
- Gegen einen Beschluss einer Markenstelle oder Markenabteilung, der **nicht** von einem Mitglied des DPMA (Prüfer), sondern von einem Beamten des gehobenen Dienstes oder einem vergleichbaren Angestellten erlassen worden ist, muss zuerst Erinnerung eingelegt werden; gegen die Erinnerungsentscheidung ist sodann die Beschwerde zulässig.

Die Beschwerde ist ebenfalls innerhalb eines Monats nach Zustellung des angefochtenen Beschlusses einzulegen, sie ist gebührenpflichtig[361] und entfaltet aufschiebende Wirkung.[362] Sie ist beim DPMA einzulegen, nicht unmittelbar an das BPatG zu richten![363]

Abweichend von der Grundregel des § 66 Abs. 1 MarkenG ist die Beschwerde trotz zuvor möglicher Erinnerung als »**Durchgriffsbeschwerde**« unmittelbar gegen den Beschluss einer Markenstelle oder Markenabteilung gegeben, 556

- wenn über die Erinnerung nach § 64 MarkenG innerhalb von **sechs Monaten** nicht entschieden worden ist,
- wenn der Erinnerungsführer nach Ablauf dieser Frist einen Antrag auf Entscheidung gestellt hat und

---

357 Die gegenteilige Auffassung der Vorauflage wird nicht aufrechterhalten.

358 BPatG Beschl. v. 12. September 2000, 24 W (pat) 214/99 – Toners: Die Bezeichnung Toners war ursprünglich für »Wasch- und Bleichmittel; Putz-, Polier-, Fettentfernungs- und Schleifmittel; Seifen; Parfümerien, ätherische Öle, Mittel zur Körper- und Schönheitspflege, Haarwässer; Zahnputzmittel« angemeldet und vom Erstprüfer hinsichtlich der Waren »Mittel zur Körper- und Schönheitspflege« zurückgewiesen worden. Der Erinnerungsprüfer wies die Marke darüber hinaus auch für die beanspruchten Waren »ätherische Öle, Haarwässer« zurück. Die dagegen gerichtete Beschwerde zum BPatG war erfolgreich.

359 § 66 Abs. 1 MarkenG.

360 S. § 56 MarkenG.

361 §§ 66 Abs. 5, 82 Abs. 1 Satz 3 MarkenG, § 2 Abs. 1 PatKostG, Nr. 401 100 – 300 GebVerz (200 €).

362 § 66 Abs. 1 Satz 3 MarkenG.

363 § 66 Abs. 2 MarkenG.

- wenn die Erinnerung nach Ablauf von weiteren **zwei Monaten** noch immer unerledigt ist, § 66 Abs. 3 MarkenG.[364]

557 Steht dem Durchgriffsbeschwerdeführer im zuvor angestrengten Erinnerungsverfahren ein anderer Beteiligter gegenüber, so verlängert sich die genannte Sechsmonatsfrist auf **zehn Monate**.[365] Hat dieser andere Beteiligte seinerseits Erinnerung eingelegt, so

- kann die Durchgriffsbeschwerde nur mit seiner schriftlichen Einwilligung eingelegt werden;
- ist diese Einwilligung der (Durchgriffs-)beschwerde beizufügen;
- muss auch der andere Beteiligte innerhalb eines Monats nach Zustellung der Durchgriffsbeschwerde[366] seinerseits Beschwerde einlegen, andernfalls seine Erinnerung als zurückgenommen gilt.

558 Nach Erlass einer Erinnerungsentscheidung kann eine Durchgriffsbeschwerde allerdings nicht mehr eingelegt werden, § 66 Abs. 3 Satz 8 MarkenG; umgekehrt ist eine nach Einlegung der Durchgriffsbeschwerde ergangene Erinnerungsentscheidung gegenstandslos.[367] Sie »lebt jedoch wieder auf«, wenn der Durchgriffsbeschwerdeführer die Gebühr nach § 66 Abs. 5 MarkenG nicht fristgemäß entrichtet. Dann nämlich gilt die Beschwerde »als nicht eingelegt«.

559 Eine der Ratio des § 66 Abs. 3 MarkenG zuwiderlaufende »Pattsituation« entsteht, wenn der andere Beteiligte zwar seinerseits Erinnerung einlegt, sich aber weigert, dem Durchgriffsbeschwerdeführer die dann notwendige schriftliche Zustimmungserklärung zu dessen Beschwerde zu geben. Erst eine Entscheidung über die Erinnerung des anderen Beteiligten befreit dann den Durchgriffsbeschwerdeführer vom Zustimmungserfordernis.

560 Die Stelle des DPMA, die den angefochtenen Beschluss erlassen hat, kann der Beschwerde **abhelfen**, wenn dem Beschwerdeführer kein anderer an dem Verfahren Beteiligter gegenübersteht. Abhilfe umfasst dabei die Aufhebung des angefochtenen Beschlusses und den Erlass des begehrten. Geschieht dies nicht, entscheidet über die Beschwerde ein Beschwerdesenat des Patentgerichts in der Besetzung mit drei rechtskundigen Mitgliedern nach Maßgabe der §§ 67 ff. MarkenG durch Beschluss. Es besteht grundsätzlich **kein Anwaltszwang**.[368] Im Verfahren vor dem BPatG gilt – anders als im Zivilprozess – der Untersuchungsgrundsatz: das Gericht ermittelt den Sachverhalt von Amts wegen. Es erhebt Beweis durch Augenscheinseinnahme, Vernehmung von Zeugen, Sachverständigen und Beteiligten und Beiziehung von Urkunden. Regelmäßig trägt jeder Beteiligte seine ihm entstandenen Kosten selbst, § 71 Abs. 1 Satz 2 MarkenG. Ausnahmsweise kann nach Billigkeit anders entschieden werden, § 71 Abs. 1 Satz 1 MarkenG.

---

364 § 66 Abs. 3 MarkenG.
365 § 66 Abs. 3 Satz 2 MarkenG.
366 § 66 Abs. 4 Satz 2 MarkenG.
367 § 64 Abs. 6 MarkenG.
368 § 81 MarkenG.

3. Rechtsbeschwerde (BGH)

Gegen die Beschlüsse der Beschwerdesenate des Patentgerichts steht den am Beschwerdeverfahren Beteiligten innerhalb **eines Monats** nach Zustellung die **Rechtsbeschwerde** zum Bundesgerichtshof offen,[369] 561

- wenn sie der Beschwerdesenat in seinem Beschluss nach § 83 Abs. 2 MarkenG zugelassen hat (**zulassungsgebundene** Rechtsbeschwerde) oder
- wenn eine der (Verfahrens-) Rügen des § 83 Abs. 3 Nr. 1–6 MarkenG erhoben wird (**zulassungsfreie** Rechtsbeschwerde).

562

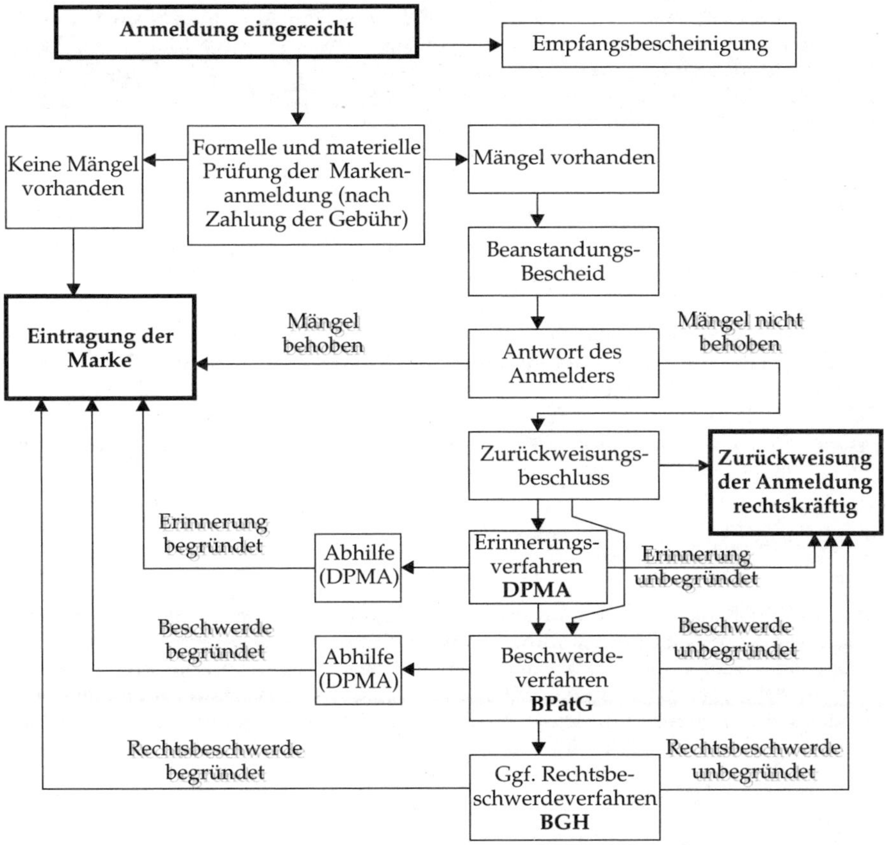

Übersicht 19: Ablauf des Rechtsmittelverfahrens[370]

369 §§ 83, 85 Abs. 1 MarkenG.

370 Darstellung nach der Richtlinie für die Prüfung von Markenanmeldungen vom 13. Juni 2005, im Internet abrufbar unter der URL<http://www.dpma.de/formulare/marke.html>.

563 Die Rechtsbeschwerde ist nach § 83 Abs. 2 MarkenG zuzulassen,

- wenn eine Rechtsfrage von **grundsätzlicher Bedeutung** zu entscheiden ist oder
- wenn die Fortbildung des Rechts oder die Einheitlichkeit der Rechtsprechung eine Entscheidung des Bundesgerichtshofes erfordert.

In jedem Falle kann die Beschwerde zum Bundesgerichtshof **nur auf eine Verletzung des Gesetzes gestützt** werden, eröffnet also keine neue Tatsacheninstanz. Im Falle der zulassungsfreien Rechtsbeschwerde nach § 83 Abs. 3 MarkenG ist die Prüfung durch den BGH zudem auf die gerügten Verfahrensmängel beschränkt.

564 Anders als im Falle der Beschwerde zum BPatG besteht vor dem BGH **Begründungs-**[371] **und Anwaltszwang** nach Maßgabe des § 85 Abs. 3 bis 5 MarkenG. Beschwerdeberechtigt sind die am Beschwerdeverfahren vor dem BPatG Beteiligten. Eine **Nichtzulassungsbeschwerde** kennt das MarkenG nicht. Auch im Rechtsbeschwerdeverfahren tragen die Parteien ihre eigenen Kosten,[372] so weit nicht nach Billigkeit anders entschieden wird, § 90 MarkenG.

VII. Schutzdauer

1. 10-jähriger Schutz

565 Die Schutzdauer einer eingetragenen Marke beginnt mit ihrem Anmeldetag. Das ist der Tag, an dem die Anmeldeunterlagen mit den Mindestangaben nach § 32 Abs. 2 MarkenG beim Patentamt eingegangen sind.[373] Die Schutzdauer endet nach **zehn Jahren** am letzten Tag des Monats, der durch seine Benennung dem Monat entspricht, in den der Anmeldetag fällt. Die Schutzdauer kann **beliebig oft** um jeweils weitere zehn Jahre verlängert werden.

2. Verlängerung

566 Die Verlängerung der Schutzdauer nach Ablauf der genannten zehn Jahre erfolgt durch schlichte Gebührenzahlung unter Nennung der Registernummer, des Verwendungszwecks und des Namens des Inhabers.[374] Wer die Zahlung veranlasst, ist ohne Belang. Die Gebühr besteht in jedem Falle aus der **Verlängerungsgebühr**,[375] ab der vierten gebührenpflichtigen Klasse der Klasseneinteilung der Waren und Dienstleistungen darüber hinaus aus entsprechenden **Klassengebühren** für jede

---

371 Die Begründung muss innerhalb eines Monats nach Einlegung der Rechtsbeschwerde erfolgen, die Frist kann aber verlängert werden, § 85 Abs. 3 MarkenG. Zum notwendigen Inhalt s. § 85 Abs. 4 MarkenG.

372 § 90 Abs. 1 Satz 3 MarkenG.

373 §§ 47 Abs. 1, 33 Abs. 1, 32 Abs. 2 MarkenG.

374 § 37 MarkenV.

375 § 64 a MarkenG, § 2 Abs. 1 PatKostG, Nr. 332 100 GebVerz (750 €).

weitere Klasse.[376] § 38 MarkenV erlaubt dem Inhaber, die Verlängerung der Schutzdauer auf Antrag nur für einen Teil der Waren und Dienstleistungen zu bewirken, für die die Marke eingetragen ist.

Werden lediglich erforderliche Klassengebühren nicht bezahlt, wohl aber die Verlängerungsgebühr, wird die Schutzdauer nur für die Klassen verlängert, für die Deckung besteht; dabei werden ggf. zunächst eine Leitklasse, sodann die Klassen in der Reihenfolge der Klasseneinteilung berücksichtigt. Die Verlängerung der Schutzdauer wird in das Markenregister eingetragen und veröffentlicht;[377] sie wird am Tag nach dem Ablauf der vorangegangenen Schutzdauer wirksam.[378] 567

3. Zahlungsfristen, Fristversäumnis

Die Verlängerungsgebühren – und ggf. die zusätzlichen Klassengebühren – sind dem Ablauf der Schutzdauer entsprechend am letzten Tag des Monats fällig, der durch seine Benennung dem Monat entspricht, in den der Anmeldetag fällt.[379] Sie können **frühestens** ein Jahr vor Fälligkeit im Voraus bezahlt werden;[380] nach § 7 Abs. 1 PatKostG sind sie **spätestens** bis zum Ablauf des zweiten Monats nach Fälligkeit zu begleichen. Wird diese Frist versäumt, führt dies noch nicht zum Rechtsverlust: bis zum Ablauf des **sechsten Monats** nach Fälligkeit kann die Verlängerung der Schutzdauer noch durch Zahlung der Gebühr mit einem **Verspätungszuschlag** erreicht werden.[381] 568

Kann die Schutzdauer nicht verlängert werden, weil auch die sechsmonatige Frist nach § 7 Abs. 1 Satz 2 PatKostG versäumt wurde, wird die Eintragung der Marke gelöscht.[382] Die Löschung erfolgt mit Wirkung ab dem Ablauf der Schutzdauer. Auf den Zeitpunkt der Löschung kommt es nicht an. Daraus folgt, dass nach Ablauf der zehnjährigen Schutzdauer innerhalb der Fristen des § 7 Abs. 1 PatKostG ein Schwebezustand eintritt, während dessen der Schutz durch entsprechende Gebührenzahlung weiter aufrechterhalten, aber auch rückwirkend entfallen kann. Im Falle einer Markenkollision ist ein Verfahren deshalb bis zum Ablauf der Fristen auszusetzen.[383] 569

---

376 § 64 a MarkenG, § 2 Abs. 1 PatKostG, Nr. 332 300 GebVerz (260 €).
377 § 47 Abs. 5 Satz 2 MarkenG.
378 § 47 Abs. 5 Satz 1 MarkenG.
379 § 64 a MarkenG, § 3 Abs. 2 Satz 1 PatKostG.
380 § 64 a MarkenG, § 5 Abs. 2 PatKostG.
381 Der Verspätungszuschlag in Höhe von 50 € ist sowohl auf die Verlängerungsgebühr als auch auf jede Einzelne zusätzliche Klassengebühr zu entrichten, § 64 a MarkenG, § 2 Abs. 1 PatKostG, Nr. 332 101, 332 301 GebVerz.
382 § 47 Abs. 6 MarkenG.
383 *Ströbele/Hacker* § 47 Rn. 19; nach *v. Schultz/Schweyer* § 47 Rn. 15, sollen dagegen bereits mit Ablauf der Schutzdauer keine Rechte mehr aus der Marke hergeleitet werden können, solange eine Verlängerung nicht bewirkt ist, da es der Markeninhaber jederzeit in der Hand habe, diese herbeizuführen.

4. Verzicht

570 Unabhängig von der Schutzdauer kann auf den Schutz einer Marke im Register zu jeder Zeit[384] durch Erklärung des Inhabers ganz oder teilweise **verzichtet** werden.[385] Für den gebührenfreien Antrag hält das DPMA ein Formular vor.[386] Die notwendigen Angaben sind in § 39 MarkenV angegeben. Mit der Verzichtserklärung, die **unmittelbare Rechtswirkung** entfaltet,[387] kann der Inhaber in einem gegen seine Marke anhängigen Widerspruchs- oder Löschungsverfahren die Erledigung in der Hauptsache[388] herbeiführen.

571 Ist im Markenregister ein Dritter als Inhaber eines Rechts an der Marke eingetragen, kann der Verzicht nur mit dessen Zustimmung erklärt werden.[389] Da **Lizenznehmer** nicht zu diesem Personenkreis zählen,[390] können sie eine Verzichtserklärung des Inhabers der Marke nicht verhindern.

VIII. Löschungsverfahren wegen absoluter Schutzhindernisse vor dem DPMA

572 Die Löschung wegen Nichtigkeit droht nach § 50 MarkenG solchen Marken, die trotz des Bestehens eines oder mehrerer absoluter Eintragungshindernisse im Sinne der §§ 3, 7 oder 8 MarkenG eingetragen wurden. Für die Kollektivmarke gilt ergänzend § 106 MarkenG. Die Löschung wegen Nichtigkeit stellt in allen diesen Fällen die Reaktion auf Mängel der Marke dar, die bereits zum **Zeitpunkt der Eintragung** bestanden.

1. Voraussetzungen

573 Voraussetzung für die Nichtigkeit wegen absoluter Schutzhindernisse ist, dass die ursprünglichen Mängel nicht nur zum **Zeitpunkt der Eintragung** bestanden haben, sondern auch noch zum **Zeitpunkt der Löschungsentscheidung** fortbestehen.[391] Ist also ein zum Zeitpunkt der Eintragung bestehendes Freihaltebedürfnis nachträglich entfallen, weil sich das in Rede stehende Zeichen mittlerweile in den beteiligten Verkehrskreisen durchgesetzt hat, wurde ein anfänglicher Mangel an Unterscheidungskraft zwischenzeitlich auf diesem Wege überwunden oder wurde eine unzu-

---

384 Zum Verzicht während eines Verfahrens BPatG GRUR 2003 – 530 – Waldschlösschen.
385 § 48 MarkenG.
386 Im Internet abrufbar unter <http://www.dpma.de/formulare/w7437.dot>.
387 BGH MarkenR 2001, 158, 159 f. – EASYPRESS; anders dagegen die Regelung für die Gemeinschaftsmarke in Art. 49 Abs. 2 Satz 2 GMV: Wirksamkeit der Verzichtserklärung erst mit Eintragung.
388 Da der Verzicht ex nunc wirkt, kann allerdings ein Feststellungsinteresse des Klägers für die Vergangenheit verbleiben.
389 §§ 48 Abs. 2 MarkenG, 40 MarkenV.
390 Im Unterschied zur Gemeinschaftsmarkenverordnung (s. dort Art. 22 Abs. 5, 49 Abs. 3 Satz 2 GMV) können Lizenznehmer nach dem MarkenG nicht in das Register eingetragen werden.
391 § 50 Abs. 2 Satz 1 MarkenG.

längliche Kollektivmarkensatzung entsprechend geändert, kann die Marke nicht mehr nach § 50 MarkenG gelöscht werden.

Eine derartige, nachträgliche »Heilung« eines zum Zeitpunkt der Eintragung noch vorliegenden, absoluten Eintragungshindernisses bleibt dennoch nicht folgenlos, wie der folgende Vergleich zeigt: **574**

- Wird eine wegen eines Eintragungshindernisses nach 8 Abs. 2 Nr. 1 bis 3 MarkenG notwendige, aber zum Zeitpunkt der Anmeldung noch ausstehende Verkehrsdurchsetzung bereits während des Eintragungsverfahrens erkannt, darf die Eintragung erst nach nachgewiesener Verkehrsdurchsetzung vorgenommen werden; der Anmelder muss dafür eine entsprechende **Prioritätsverschiebung**[392] in Kauf nehmen.
- Wird eine notwendige, aber zum Zeitpunkt der Anmeldung noch ausstehende Verkehrsdurchsetzung dagegen übersehen und das angemeldete Zeichen deshalb entgegen § 8 Abs. 2 Nr. 1 bis 3 MarkenG eingetragen, entfällt zwar die Prioritätsverschiebung nach § 37 Abs. 2 MarkenG, das Zeichen genießt also den durch seine (eigentlich unzulässige) Eintragung vermittelten **Zeitrang**. Dennoch kann aus diesem Zeichen weder die Eintragung eines kollidierenden, prioritätsjüngeren Zeichens verhindert, noch dessen Benutzung untersagt werden, wenn die Eintragung der Marke mit älterem Zeitrang am Tag der Veröffentlichung der Marke mit jüngerem Zeitrang wegen eines absoluten Schutzhindernisses hätte gelöscht werden können.[393]

Ausgenommen von der Voraussetzung des noch im Zeitpunkt der Entscheidung über den Löschungsantrag vorliegenden absoluten Schutzindernisses ist das absolute Eintragungshindernis nach § 8 Abs. 2 Nr. 10 MarkenG (bösgläubige Anmeldung), das in § 50 Abs. 2 Satz 1 MarkenG nicht erwähnt ist. Die **Bösgläubigkeit** bei der Anmeldung »haftet« der Marke an und begründet ihre nachträgliche Löschung, gleich ob zu diesem Zeitpunkt noch eine Bösgläubigkeit besteht oder nachgewiesen werden kann. Daraus folgt zugleich, dass eine Übertragung der Marke diese von einer Bösgläubigkeit bei der Anmeldung nicht befreien kann.[394] **575**

Überdies werden Marken, die entgegen § 8 Abs. 2 Nr. 1, 2 oder 3 MarkenG eingetragen wurden, in jedem Falle nach Ablauf von **zehn** Jahren »**nichtigkeitsfest**«.[395] Mit der danach eintretenden absoluten Unanfechtbarkeit gibt das MarkenG dem Prinzip der **Rechtssicherheit** Vorrang vor einem eventuell noch bestehenden, materiellen Mangel. Zugleich befreit die Verjährung nach § 50 Abs. 2 Satz 2 MarkenG von den tatsächlichen Schwierigkeiten, die genannten Eintragungshindernisse nach allzu langer Zeit noch auf die Vergangenheit bezogen festzustellen. Auch hier sichert das Markengesetz die Eintragung bzw. Benutzung jüngerer Marken: Weder die durch nachträgliche Überwindung eines ursprünglich bestehenden absoluten Eintragungshindernisses der Löschung wegen Nichtigkeit »entronnene« noch die durch bloßen Zeitablauf »nichtigkeitsfest« gewordene Marke kann eine jüngere **576**

---

392 S. oben Rn. 492.

393 Dies folgt für eine Löschungsklage aus § 51 Abs. 4 Nr. 2 MarkenG, für eine auf Untersagung der Benutzung gerichtete Klage aus § 22 Abs. 1 Nr. 2 MarkenG.

394 S. oben Rn. 414; BGH GRUR 2000, 812, 814 – tubeXpert; MarkenR 2000, 367, 368 f. – EQUI 2000.

395 § 50 Abs. 2 Satz 2 MarkenG.

Marke verdrängen, wenn sie am Tage der Veröffentlichung der jüngeren Marke noch hätte gelöscht werden können.[396]

577 Eine Selbstkorrektur des DPMA, das heißt eine nachträgliche Löschung **von Amts wegen** erlaubt § 50 Abs. 3 MarkenG in den Fällen einer Eintragung entgegen § 8 Abs. 2 Nr. 4 bis 10 MarkenG,

- wenn das Verfahren innerhalb von **zwei Jahren** seit dem Tag der Eintragung eingeleitet wird,
- wenn das Schutzhindernis nach § 8 Abs. 2 Nr. 4 bis 9 (**nicht: § 10!**) MarkenG auch noch im Zeitpunkt der Entscheidung über die Löschung besteht und
- wenn die Eintragung **ersichtlich** entgegen den genannten Vorschriften vorgenommen worden ist.

578 Teilweise, das heißt auf einen Teil der mit der Anmeldung angegebenen Waren und Dienstleistungen beschränkte Nichtigkeit kann nach diesen Vorgaben zu einer entsprechend teilweisen Löschung einer Marke führen.[397]

2. Antragsbefugnis, Verfahren

579 Den gebührenpflichtigen[398] Antrag auf Löschung wegen Nichtigkeit kann **jedermann** beim DPMA stellen.[399] Das DPMA hält ein Formular dafür vor.[400] In den Fällen des § 8 Abs. 2 Nr. 4 bis 9 MarkenG kann die Löschung zudem **von Amts wegen** erfolgen.[401] Das weitere Verfahren regelt § 54 Abs. 3 MarkenG: Zunächst wird der betroffene Markeninhaber unterrichtet. Widerspricht er der Löschung nicht innerhalb von **zwei Monaten**, wird seine Marke gelöscht, widerspricht er, wird das **Löschungsverfahren** beim Patentamt durchgeführt. Zuständig sind die **Markenabteilungen**,[402] die nach dem **Amtsermittlungsgrundsatz**[403] gehalten sind, die Eintragungsfähigkeit des in Rede stehenden Zeichens festzustellen. Bloße Zweifel rechtfertigen die Löschung nicht: das Vorliegen der Schutzhindernisse in den maßgeblichen Zeitpunkten muss zweifelsfrei feststehen; bei geteilter Verkehrsauffassung verbleibt es bei der Eintragung der Marke.

580 Beispiel: Die Marke »Salatfix« wird 1996 angemeldet und 1997 eingetragen, 2001 wird ihre Löschung nach §§ 50 Abs. 1 Nr. 3[404], § 8 MarkenG beantragt. Die Marke ist zu diesem Zeitpunkt für »Essig, verzehrfertig zubereitete Salatsoßen« und »Gewürze in flüssiger Form« geschützt. Die Antragstellerin ist der Meinung, das Wort werde von unterschiedlichen Unternehmen beschreibend für Salatsoßen verwendet und hätte deshalb nicht ein-

396 Dies folgt wiederum für eine Löschungsklage aus § 51 Abs. 4 Nr. 2 MarkenG, für eine auf Untersagung der Benutzung gerichtete Klage aus § 22 Abs. 1 Nr. 2 MarkenG; s. ob Rn. 574.
397 § 50 Abs. 4 MarkenG.
398 § 64 a MarkenG, § 2 Abs. 1 PatKostG, Nr 333 300 GebVerz. (300 €).
399 Sog. Popularantrag, der kein eigenes Rechtsschutzbedürfnis voraussetzt.
400 Im Internet abrufbar unter <http://www.dpma.de/formulare/w7442.dot>.
401 S. oben Rn. 577.
402 Dies folgt aus § 56 Abs. 3 Satz 1, Abs. 2 MarkenG, s. dazu ob. Rn. 491 ff.
403 § 59 MarkenG.
404 § 50 Abs. 1 Nr. 3 MarkenG a.F. entspricht dem aktuellen § 50 Abs. 1 MarkenG.

getragen werden dürfen. Die Markeninhaberin widerspricht der Löschung. Die zuständige Markenabteilung ordnet die Löschung mit der Begründung an, die Marke sei entgegen § 8 Abs. 2 Nr. 1 und 4[405] MarkenG eingetragen worden und diese Schutzhindernisse bestünden auch aktuell. Dagegen legt die Inhaberin der Marke Beschwerde[406] ein. Das BPatG gibt der Beschwerde statt, weil nach seinen Feststellungen und dem ergänzenden Vortrag der Parteien zwar ein Teil des inländischen Verkehrs die Bezeichnung Salatfix beschreibend verwendet und versteht, andere Publikumskreise dagegen die Marke ohne weiteres einem bestimmten Unternehmen zuordnen, zumal das Zeichen in dieser Funktion – vielfach als Zweitmarke neben der Unternehmensmarke »Kühne« – seit Jahrzehnten in Gebrauch ist. Die danach geteilte Verkehrsauffassung rechtfertigt nicht die Löschung des Zeichens.[407]

3. Wirkungen

Die Wirkungen der Eintragung einer Marke gelten in dem Umfang, in dem sie wegen Nichtigkeit gelöscht wird, als **von Anfang an** nicht eingetreten.[408] § 52 Abs. 3 MarkenG nimmt allerdings von dieser Wirkung der Löschung ex tunc **581**

- vor der Entscheidung über den Löschungsantrag bereits rechtskräftige und vollstreckte[409] Entscheidungen aus Markenverletzungsverfahren sowie
- vor der Entscheidung über den Löschungsantrag[410] bereits erfüllte Verträge

aus, um einem unüberschaubaren »Rückschlageffekt« von Löschungsentscheidungen vorzubeugen.

Vorbehalten bleiben insoweit nur verschuldensabhängige Schadensersatz- sowie Bereicherungsansprüche gegen den (ehemaligen) Markeninhaber. Der Umstand, dass eine Marke bei sorgfältiger Prüfung durch das DPMA bereits bei der Anmeldung hätte zurückgewiesen werden müssen, begründet freilich nicht den Vorwurf fahrlässigen oder gar vorsätzlichen Verhaltens. Schadensersatzansprüche können im Hinblick auf ein notwendiges Verschulden nicht auf den bloßen Akt der Anmeldung gestützt werden. Im Falle bereits erbrachter Erfüllungsleistungen aus einem Vertrag kann schließlich eine Rückerstattung aus Billigkeitsgründen verlangt werden, »so weit die Umstände dies rechtfertigen«.[411] **582**

405 Täuschungsgeeignet nach § 8 Abs. 2 Nr. 4 MarkenG befand die Markenstelle das Wort »Salatfix« im Hinblick auf die Ware Essig.
406 S. oben Rn. 555 ff.
407 BPatG MarkenR 2005, 412 – Salatfix.
408 § 52 Abs. 2 MarkenG.
409 Zur Vollstreckungsabwehrklage bei noch nicht abgeschlossener Vollstreckung s. *Ströbele/Hacker* § 52 Rn. 19.
410 Maßgeblich ist nach dem Wortlaut des § 52 Abs. 3 MarkenG »die Entscheidung über« den Antag auf Löschung, das heißt deren Rechtskraft, nicht der Löschungsvollzug im Register.
411 § 52 Abs. 3 Nr. 2 Satz 2 MarkenG.

4. Nachträgliche Schutzhindernisse

583 Entwickelt sich ein Zeichen erst **nach** seiner Eintragung von einem betrieblichen Herkunftszeichen weg und hin zu einer generischen Bedeutung als Gattungsbegriff für die Waren oder Dienstleistungen, für die die Marke ursprünglich eingetragen wurde,[412] ist dies kein Fall der Nichtigkeit nach § 50 MarkenG. Denn das Zeichen wurde zu Recht und nicht »entgegen« § 8 MarkenG eingetragen. Gleichwohl kann eine Marke in diesem Fall auf Antrag wegen Verfalls gelöscht werden.[413] Nichts anderes gilt, wenn eine Marke zum Zeitpunkt ihrer Eintragung nicht täuschungsgeeignet im Sinne des § 8 Abs. 2 Nr. 4 MarkenG war, eben diese Eigenschaft aber nachträglich aus ihrer konkreten Benutzung offenbar wird: auch hier wurde nicht »entgegen« § 8 Abs. 2 Nr. 4 MarkenG eingetragen, die Marke kann aber ebenfalls auf Antrag wegen Verfalls gelöscht werden.[414]

D. Markenschutz durch Benutzung

584 Markenschutz kann nach § 4 Nr. 2 MarkenG nicht nur durch Eintragung eines Zeichens in das vom DPMA geführte Register (Registermarke), sondern auch durch die bloße Benutzung eines Zeichens im Geschäftsverkehr erworben werden (Benutzungsmarke). Benutzungsmarken entstehen allerdings nicht, wie die Bezeichnung suggeriert, mit der Aufnahme ihrer Benutzung im Geschäftsverkehr, sondern erst durch **infolge** ihrer Benutzung erlangter **Verkehrsgeltung**. Daraus resultiert, dass – anders als im Falle des Einsatzes unterscheidungskräftiger Unternehmenskennzeichen oder Werktitel[415] – nicht die erste Benutzungsaufnahme eines Zeichens die Benutzungsmarke entstehen lässt, sondern erst die erfolgreiche Verknüpfung dieses Zeichens mit einer bestimmten Bedeutung durch die beteiligten Verkehrskreise. Benutzungsmarken sind nicht die Folge einer einseitigen Entscheidung ihres Verwenders, sondern das Ergebnis eines Kommunikationsprozesses, in dessen Verlauf die Geschäftspartner und Endkunden eines Unternehmens gelernt haben, das verwendete Zeichen als einen Herkunftshinweis der damit gekennzeichneten Waren und Dienstleistungen zu erkennen und aufzufassen.

I. Schutzvoraussetzungen

585 Benutzungsmarke kann, wie § 3 MarkenG für alle Markentypen voraussetzt, nur ein Zeichen sein, das generell geeignet ist, die Waren oder Dienstleistungen eines Unternehmens von denjenigen anderer Unternehmen zu unterscheiden.[416] Ob darüber hinaus das Kriterium der grafischen Darstellbarkeit, das nach § 8 Abs. 1 MarkenG unabdingbare Voraussetzung für die Eintragung der Registermarke ist, auch

412 Vgl. ÖOGH MarkenR 2000, 56 – Sony Walkman I; WRP 2002, 841 – Sony Walkman II sowie oben Rn. 452 ff.
413 § 49 Abs. 2 Nr. 1 MarkenG; s. unten Rn. 627 ff.
414 § 49 Abs. 2 Nr. 2 MarkenG; s. unten Rn. 627 ff.
415 S. oben Rn. 278 ff., 291 ff.
416 S. dazu oben Rn. 397 ff.

für die Benutzungsmarke Geltung hat, ist umstritten. Der Markenrichtlinie lässt sich dazu nichts entnehmen, da sie nationalen Markenschutz für Benutzungsmarken zwar erlaubt, aber nicht harmonisierend regelt, sondern lediglich »in ihrer Beziehung zu den durch Eintragung erworbenen Marken berücksichtigt.«[417]

Für die grafische Darstellbarkeit als Schutzvoraussetzung auch der durch bloße Benutzung entstandenen Marken spricht das am Grundsatz der **Einheitlichkeit** des Kennzeichenrechts orientierte Interesse an einem einheitlichen, von der Entstehung des Markenschutzes unabhängigen Kreis markenfähiger Zeichen. Dagegen sprechen die gesetzliche Konstruktion, wonach die grafische Darstellbarkeit ausdrücklich als Eintragungsvoraussetzung konzipiert und damit auf die Registermarke zugeschnitten ist sowie die Funktion der grafischen Darstellung, ein Zeichen in ein Register aufnehmen und in einem Veröffentlichungsorgan publizieren zu können. Gerade dazu besteht aber bei Benutzungsmarken keine Notwendigkeit. 586

Im Ergebnis ist gleichwohl der Ansicht der Vorzug zu geben, wonach der Kreis möglicher Benutzungsmarken kein größerer sein kann als der der Registermarken.[418] Läge es anders, würden Markenformen, die derzeit mangels geeigneter grafischer Darstellungstechniken nicht registerfähig sind, in die Kategorie der Benutzungsmarken abgedrängt; sie wären damit nicht nur der europäischen Harmonisierung in weiten Teilen entzogen, was nicht im Sinne der Markenrichtlinie sein kann; die mangelnde grafische Darstellbarkeit führte auch im Verletzungsprozess zu schwer überwindlichen Problemen. Denn die grafische Fixierung eines Zeichens im Register ist kein Selbstzweck, sondern die Grundlage, auf der in Kollisionsfällen u.a. über die Ähnlichkeit zweier Zeichen und eine daraus resultierende, allfällige Verwechslungsgefahr entschieden wird. 587

Die Benutzungsmarke wird als solche erstmals im Verletzungsprozess nach Art und Inhalt definiert: ihr Inhaber muss das Zeichen benennen und beschreiben, auf das er seine Ansprüche stützt und für das er Verkehrsgeltung beansprucht. Wie aber sollte ihm dies in der für eine gerichtliche Entscheidung notwendigen Objektivität gelingen, wenn sich das Zeichen nicht grafisch darstellen lässt? Am Beispiel: Dem Duft einer reifen Erdbeere wurde die Eintragung als Registermarke versagt, weil weder die Beschreibung mit Worten, noch die Abbildung der Frucht den das Register einsehenden Marktteilnehmern eine präzise Vorstellung davon geben könne, für welchen konkreten Duft Schutz beansprucht werde.[419] Damit erlaube ihnen das Register auch kein Urteil darüber, welcher davon abweichende Duft einen hinreichenden Zeichenabstand einhalte, um einer Kollision der Marken vorzubeugen. Wenn dies zutrifft, kann im Verletzungsprozess nichts anderes gelten: eine dem Spruchkörper präsentierte Riechprobe jedenfalls dürfte kaum eine geeignete Entscheidungsgrundlage sein. 588

Auch die Übrigen absoluten **Schutzhindernisse** des § 8 MarkenG hindern nicht nur die Eintragung einer Registermarke, sondern auch das Entstehen einer Benutzungsmarke. Für die in § 8 Abs. 2 Nr. 1 bis 3 Markengesetz geregelten Schutzhindernisse der mangelnden Unterscheidungskraft, der Zeichen mit ausschließlich beschreibender Aussage und der generischen Zeichen folgt dies daraus, dass solche Zeichen 589

417 So explizit der vierte ErwG der Richtlinie 89/104 (EWG).
418 Wie hier *Lange* Rn. 298 mit Verweis auf BGH GRUR 1955, 487, 488 – Alpha; a.A. *Ströbele/Hacker* § 4 Rn. 12.
419 EuG MarkenR 2005, 536 – Odeur de fraise mure; oben Rn. 223.

schwerlich Verkehrsgeltung als Individualmarke erlangen können. Gelingt es ihnen doch, entspricht dies der »in den beteiligten Verkehrskreisen« durchgesetzten Registermarke im Sinne des § 8 Abs. 3 MarkenG. Entsprechend hoch sind die Anforderungen an eine entsprechende Verkehrsgeltung »innerhalb beteiligter Verkehrskreise« im Rahmen des § 4 Nr. 2 MarkenG zu stellen.

590 Die übrigen Eintragungshindernisse nach § 8 Abs. 2 Nr. 4 bis 10 MarkenG schützen – gänzlich unabhängig von der Registrierung einer Marke – öffentliche Interessen wie den Schutz von Hoheitszeichen und Staatswappen, oder die Abwehr von Verstößen gegen die öffentliche Ordnung und die guten Sitten. Es wäre völlig unverständlich, diesen Schutz gegenüber Benutzungsmarken nicht im selben Umfang durchzusetzen wie gegenüber Registermarken. Lediglich der Zeitpunkt der Prüfung liegt insoweit auseinander: die zur Eintragung angemeldete Marke wird im Eintragungsverfahren von Amts wegen präventiv geprüft, die Benutzungsmarke erst, wenn aus ihr Ansprüche abgeleitet werden, die prozessual durchgesetzt werden sollen.

II. Verkehrsgeltung, Nachweis

591 Verkehrsgeltung im Sinne des § 4 Nr. 2 MarkenG hat ein Zeichen dann, wenn die mit ihm konfrontierten Marktteilnehmer darin einen Herkunftshinweis für bestimmte Waren oder Dienstleistungen eines Unternehmens erkennen. Dies setzt zunächst voraus, dass das Zeichen

- im Inland,
- im Geschäftsverkehr und
- zur markenmäßigen Kennzeichnung von Waren oder Dienstleistungen

benutzt worden ist.

592 Sodann muss sich das Zeichen infolge seiner Benutzung **Verkehrsgeltung** erworben haben. Die angesprochenen Geschäftspartner und Kunden müssen das Zeichen als solches erkennen und ihm die Bedeutung einer Marke beimessen. Aus der Formulierung des Gesetzes, dass die Zuordnung von Zeichen und Bedeutung nur »innerhalb der beteiligten Verkehrskreise« gelingen muss, folgt, dass es ausreicht, wenn ein nicht (ganz) unerheblicher Teil dieser Gruppe das Zeichen so versteht.[420]

593 Bei einem Zeichen, das bereits als solches (»von Hause aus«) geeignet ist, als Unterscheidungszeichen wahrgenommen zu werden, wird eine Verkehrsgeltung von **20–25%** für ausreichend erachtet.[421] Zeichen, die wie etwa eine konturlose Farbe, von sich aus keine konkrete Unterscheidungskraft aufweisen und deshalb im Falle der Anmeldung zur Eintragung ihre Verkehrsdurchsetzung »in den beteiligten Verkehrskreisen« nach § 8 Abs. 2 Nr. 1, Abs. 3 MarkenG nachweisen müssten, können auch als Benutzungsmarken nur Verkehrsgeltung beanspruchen, wenn sie mehrheitlich, das heißt zu **über 50%** der angesprochenen Marktteilnehmer als be-

420 Vgl. zum WZG BGH GRUR 1960, 83, 86 f. – Nährbier.
421 *Ströbele/Hacker* § 4 Rn. 37 m.w.Nachw.

triebliches Unterscheidungszeichen erkannt werden.[422] Sozialwissenschaftlich qualifizierte, empirische Umfragen sind ein geeignetes und forensisch anerkanntes, nicht das einzige Mittel zum Nachweis bestehender Verkehrsgeltung. Auch statistische Angaben des Unternehmens zu Umsätzen, Marktanteilen und Marktdurchdringung, Werbeanstrengungen usw. können den Geltungsanspruch untermauern.[423]

Die Kosten für eine empirische Messung der Verkehrsgeltung eines Zeichens sind erheblich und erreichen leicht fünfstellige Summen, müssen doch für eine valide Aussage regelmäßig mehr als 1000 Personen befragt werden. Wird das Gutachten im Rahmen eines gerichtlichen Verfahrens durchgeführt, fallen sie der unterliegenden Partei zur Last.[424] Um so wichtiger ist es für die Parteien, das Untersuchungsdesign sorgfältig mit zu bestimmen. Für das Ergebnis einer Marktbefragung ist es entscheidend, 594

- wie der Kreis der zu Befragenden bestimmt und eingegrenzt wird. Denn zu den »beteiligten Verkehrskreisen« im Sinne des § 4 Nr. 2 MarkenG zählt nur, wer als Abnehmer des in Rede stehenden Produktes in Frage kommt;
- wie die Fragen formuliert werden, aus deren Beantwortung auf die Verkehrsgeltung geschlossen werden soll. Diese Fragen sollen einerseits kein bestimmtes Antwortverhalten suggerieren, andererseits
  - die Kenntnis der Befragten von dem streitbefangenen Zeichen,
  - das Verständnis dieses Zeichens als Marke sowie
  - die Zuordnung des Zeichens zu einem bestimmten Unternehmen durch die Befragten

abbilden.

III. Schutzumfang

Die Benutzungsmarke gibt ihrem Inhaber dasselbe subjektive, gegenüber jedermann geltende und insoweit dingliche Ausschließlichkeitsrecht wie eine Registermarke. Dritten ist es nach Maßgabe des § 14 Abs. 2 MarkenG untersagt, das geschützte Zeichen für dieselben Waren oder Dienstleistungen im geschäftlichen Verkehr zu benutzen. Dasselbe gilt für ähnliche Zeichen und ähnliche Produkte, wenn insoweit eine Gefahr der Verwechslung begründet wird. Bekannte Zeichen sind sogar außerhalb des Ähnlichkeitsbereiches gegen die Verwendung eines identischen oder ähnlichen Zeichens für andere Waren oder Dienstleistungen geschützt, wenn diese Verwendung die Verwässerung oder die Beeinträchtigung des guten Rufes der geschützten Marke befürchten lässt. 595

---

422 BGH GRUR 1997, 754, 755 – grau/magenta (58% ausreichend für die »ungewöhnliche« Farbe magenta für Telekommunikation); BGH GRUR 1990, 681, 683 – Schwarzer Krauser (52,1% nicht ausreichend für Tabakmischung); BGH MarkenR 2004, 62, 65 – Farbmarkenverletzung I (58% ausreichend für konturlose Farbe magenta).

423 Zu den möglichen Nachweisen s. auch EuGH MarkenR 1999, 189, 194 – Chiemsee.

424 OLG München, GRUR 1987, 322.

1. Territoriale Erstreckung

596 Die Aufrechterhaltung dieses Schutzes ist für eine **Registermarke** allein daran geknüpft, dass sie im Inland ernsthaft für die Waren oder Dienstleistungen benutzt wird, für die sie eingetragen ist.[425] Weder das Kriterium »im Inland« noch das der »Ernsthaftigkeit« verlangt eine flächendeckende Präsenz der Registermarke im Geltungsbereich des Markengesetzes. Mit der ernsthaften Benutzung in einem Bundesland wird also ohne weiteres bundesweiter Schutz begründet.

597 In der Konsequenz dieser Regelung liegt es, dass aus dem Recht an einer eingetragenen, etwa in Baden-Württemberg ernsthaft benutzten Marke die Benutzung eines kollidierenden Zeichens in Nordrhein-Westfalen abgewehrt werden kann, auch wenn sich die beiden Zeichen real gar nicht begegnet sind. Dem Inhaber der Registermarke hier den Vorwurf rechtsmissbräuchlichen Verhaltens zu machen, widerspräche dem gesetzlich gewährten, bundesweiten Schutz der Registermarke. Mangelnde Benutzung der Registermarke führt nur dann zum Verlust des Ausschließlichkeitsrechtes, wenn über fünf ununterbrochene Jahre hinweg keine ernsthafte Benutzung erfolgt ist.[426]

598 Das aus einer **Benutzungsmarke** resultierende Ausschließlichkeitsrecht ist demgegenüber von ihrer Verkehrsgeltung, diese wiederum von ihrer Benutzung abhängig. Daraus folgt zum einen, dass eine Benutzungsmarke, die in einem Teil des Bundesgebietes mangels tatsächlicher Präsenz am Markt keine Verkehrsgeltung erwerben konnte, dort auch keinen Schutz genießt. Zum anderen ist die Benutzungsmarke permanent der Gefahr ausgesetzt, bei nachlassender Präsenz am Markt eine einmal erworbene Verkehrsgeltung wieder zu verlieren.

2. Zeitrang

599 Kennzeichenrechtliche Kollisionen werden grundsätzlich nach dem Prioritätsprinzip aufgelöst: das Recht mit dem besseren Zeitrang setzt sich durch.[427] Für die Bestimmung des Zeitranges ist nach § 6 Abs. 2 MarkenG der Anmeldetag einer Registermarke maßgeblich, der gegebenenfalls noch durch Inanspruchnahme einer Priorität nach §§ 34 (Auslandspriorität) oder 35 MarkenG (Ausstellungspriorität) nach vorverlegt werden kann.

600 Der Zeitrang einer Benutzungsmarke fällt mit dem Rechtserwerb zusammen, der seinerseits an die Verkehrsgeltung anknüpft. In Ermangelung einer formellen Fixierung dieses Zeitpunktes und als Folge der Beweislast, die der aus einer Benutzungsmarke klagenden Partei insoweit obliegt, lässt sich sagen, dass der Zeitrang der Benutzungsmarke davon abhängt, wann ihrem Inhaber der Nachweis ausreichender Verkehrsgeltung gelingt.

425 § 26 Abs. 1 MarkenG.
426 § 25 Abs. 1 MarkenG.
427 Etwas anderes gilt im Kontext des bürgerlich-rechtlichen Namensschutzes nach § 12 BGB, insbesondere im Gleichnamigenrecht, wo eine Interessenabwägung für den Vorrang eines Rechts ungeachtet seines Zeitranges sprechen kann.

Die aus der Regelung des § 25 MarkenG für Registermarken folgende, sog. **Benutzungsschonfrist** von fünf Jahren genießt die Benutzungsmarke nicht. Maßgeblich für die Durchsetzungskraft einer Benutzungsmarke ist ihre Verkehrsgeltung zum Zeitpunkt der Kollision mit einem anderen Zeichen; sie muss deshalb für den Ort und den Moment nachgewiesen sein, an dem die kollidierenden Zeichen aufeinander treffen und sie muss zum Zeitpunkt der Letzten mündlichen Verhandlung noch fortbestehen, damit ein für die Zukunft wirkender Unterlassungsanspruch durchgesetzt werden kann. 601

E. Markenschutz durch notorische Bekanntheit

Markenschutz entsteht nach § 4 MarkenG nicht nur durch die Eintragung eines Zeichens in das vom DPMA geführte Markenregister[428] oder die Benutzung eines Zeichens im geschäftlichen Verkehr und dadurch erlangte Verkehrsgeltung,[429] sondern auch durch die »notorische Bekanntheit« einer Marke im Sinne des Art. 6bis der Pariser Verbandsübereinkunft (PVÜ).[430] Die notorische Bekanntheit (»Notorietät«) muss im Inland bestehen, kann aber, anders als im Falle der Benutzungsmarke nach § 4 Nr. 2 MarkenG, auch auf einer rein ausländischen Benutzung beruhen. Ausreichend ist eine tatsächliche, hinreichende Bekanntheit des Zeichens im Inland im Sinne eines betrieblichen Herkunftszeichens. 602

Die letztgenannte Konstellation – Notorietät im Inland infolge Benutzung im Ausland – ist insofern von besonderem Interesse, als bei einer auf inländischer Benutzung beruhenden Notorietät regelmäßig ohnehin (zugleich) eine Benutzungsmarke gegeben ist, während umgekehrt eine ausländische Benutzung nicht zu inländischer Verkehrsgeltung führen kann.[431] Relevanz kann eine durch inländische Benutzung erlangte Notorietät aber im Widerspruchsverfahren erlangen: aus einer älteren Notorietätsmarke kann gegen die Eintragung einer jüngeren Registermarke Widerspruch eingelegt werden, aus einer Benutzungsmarke nicht.[432] 603

Während die deutsche Literatur und Rechtsprechung das Merkmal der Notorietät in einem vornehmlich quantitativen Sinne als gesteigerte Verkehrsgeltung versteht und dafür einen entsprechenden Bekanntheitsgrad von über 50% verlangt,[433] zielt eine Gemeinsame Empfehlung betreffend die Bestimmungen über den Schutz notorisch bekannter Marken der World Intellectual Property Organization (WIPO)[434] auf eher qualitative Kriterien wie die Intensität der Nutzung und Bewerbung eines Zeichens, seine Anerkennung durch Gerichte und Behörden und seinen Marktwert. 604

In der vom Schweizerischen Bundesgericht getroffenen Entscheidung »Tripp Trapp« wurden diese Kriterien zu Grunde gelegt und verhalfen der bekannten Kinderstuhlmarke zum Vorrang vor dem ebenfalls für Möbel verwendeten Zeichen 605

---

428 S. oben Rn. 396 ff.
429 S. oben Rn. 584 ff.
430 § 4 Nr. 3 MarkenG; der französische Text der PVÜ spricht von »marque notoirement connue«, der englische von »well known mark«; die Verweisung beschränkt sich auf diesen Begriff.
431 So ausdrücklich die amtl. Begründung zum MarkenG, BT-Drs. 11/4792, S. 60.
432 Dies folgt aus § 42 Abs. 2 MarkenG; s. dazu unten Rn. 816 ff.
433 Vgl. *v. Schultz/v. Schultz* § 4 Rn. 19.
434 Joint Recommendation Concerning Provisions on the Protection of Well-Known Marks v. 1. Oktober 1999.

»Trip Trap«, obwohl dieses schon 1996 markenmäßig gebraucht und die Wortmarke »Tripp Trapp« erst 1999 hinterlegt worden war: »Tripp Trapp« konnte sich auf eine bereits vor der Registereintragung bestehende Notorietät berufen.[435] Das Schweizerische Bundesgericht ging dabei davon aus, die WIPO-Empfehlungen zur Bestimmung der Notorietät nach dem TRIPs-Abkommen berücksichtigen zu müssen; dies folge aus dem »Gebot der einheitlichen Auslegung des Staatsvertragsrechts.[436]

F. Erhaltung des Markenschutzes

I. Benutzung als Schutz- und Verteidigungsvoraussetzung

606 Der rechtliche Schutz einer Marke durch Eintragung in das vom DPMA geführte Register verlangt weder, dass der Inhaber selbst die Waren herstellt oder die Dienstleistungen anbietet, für die das Zeichen angemeldet wird, noch, dass er überhaupt einen Geschäftsbetrieb innehat.[437] Dennoch ist der Schutz einer Marke nicht unabhängig davon, ob diese für die bei der Anmeldung angegebenen Waren oder Dienstleistungen auch tatsächlich und ernsthaft benutzt wird. Hat nämlich der Inhaber der Marke – oder ein Dritter mit seiner Zustimmung – diese für die Waren oder Dienstleistungen, für die sie eingetragen ist, innerhalb von **fünf Jahren** nach dem Tag des Abschlusses des Eintragungsverfahrens[438] nicht **ernsthaft** im Inland **benutzt**, oder wurde eine solche Benutzung während eines ununterbrochenen Zeitraumes von fünf Jahren ausgesetzt, ist nicht nur ihr Bestand akut gefährdet, sondern auch ihre Verteidigungskraft in- und außerhalb des Registers entscheidend geschwächt.[439]

607 Die einer Marke wegen mangelnder Benutzung drohende Löschung führt im Umkehrschluss zu einem »**Benutzungszwang**«, der das Markenregister vor einer Verstopfung durch – aus welchen Gründen auch immer – »vorsorglich« eingetragene Marken schützt. Da eine Löschung wegen Verfalls erstmals nach Ablauf von fünf Jahren nach Abschluss des Eintragungsverfahrens möglich ist, wird dieser Zeitraum auch als »**Benutzungsschonfrist**« bezeichnet. Wer einer Löschung wegen Verfalls vorbeugen will, muss die ernsthafte Benutzung seiner eingetragenen Marke allerdings bereits **vor** Ablauf von fünf Jahren aufnehmen, weil anderenfalls schon am ersten Tag nach Ablauf der Frist Verfallsreife eintritt.[440]

---

435 S. dazu SchweizBG GRUR Int. 2005, 524 – Tripp Trapp.

436 SchweizBG GRUR Int. 2005, 524, 527 – Tripp Trapp; dezidiert a.A. *Ströbele/Hacker* § 4 Rn. 69.

437 Sog. Nichtakzessorietät der Marke, s. dazu oben Rn. 388.

438 Für international registrierte Marken (IR-Marken) beginnt die fünfjährige Benutzungsschonfrist nach § 115 Abs. 2 MarkenG nicht mit der Registrierung, sondern gemäß § 5 Abs. 2 MMA erst mit Ablauf eines Jahres nach der internationalen Registrierung; s. hierzu *Fezer* Markenrecht, § 115 MarkenG Rn. 2.

439 S. dazu Art. 10 ff. MarkenRL, sowie die §§ 22 Abs. 1 Nr. 2, 25, 26, 43 Abs. 1, 49 Abs. 1, 51 Abs. 4 Nr. 1, 55, 105 MarkenG.

440 Vgl. dazu die Entscheidung BGH MarkenR 2003, 141, 144 – BIG BERTHA: die Löschungsklage wegen Verfalls wurde noch innerhalb der Benutzungsschonfrist erhoben, die maßgebliche letzte mündliche Verhandlung lag jedoch außerhalb der Fünfjahresfrist; vgl. auch BGH MarkenR 2001, 371 – ISCO.

Die über einen ununterbrochenen Zeitraum von fünf Jahren nicht benutzte Marke 608

- kann (auf jedermanns Antrag) wegen Verfalls aus dem Register gelöscht werden
- kann sich (auf entsprechende Einrede des Gegners) nicht gegen die Eintragung einer gleichen oder ähnlichen jüngeren Marke in das Register durchsetzen und
- kann (auf entsprechende Einrede des Gegners) die Benutzung gleicher oder ähnlicher Zeichen am Markt nicht unterbinden.

Mangelnde Benutzung über einen ununterbrochenen Zeitraum von fünf Jahren hat Folgen ... 609

... für den Bestand der Registermarke	**... für die Verteidigung der Registermarke ...**	
	... gegen die Eintragung jüngerer Marken in das Register:	... gegen die Benutzung kollidierender Zeichen am Markt:
• Löschung wegen Verfalls auf Antrag (DPMA) – §§ 49 Abs. 1, 53 MarkenG	• Zurückweisung des Widerspruchs aus der älteren Marke (auf Einrede des Gegners) – § 43 Abs. 1 MarkenG	• Keine Ansprüche aus §§ 14, 18, 19 MarkenG[441] (auf Einrede des Gegners) – § 25 MarkenG
• Löschung wegen Verfalls durch Klage (LG) – §§ 49 Abs. 1, 55 Abs. 1, Abs. 2 Nr. 1 MarkenG	• Abweisung der Löschungsklage (auf Einrede des Gegners) – § 55 Abs. 3 Satz 1, 2 MarkenG	• Duldung von Zwischenrechten – § 22 Abs. 1 Nr. 2 MarkenG
	• Duldung von Zwischenrechten – §§ 51 Abs. 4 Nr. 1, 55 Abs. 3 Satz 3 MarkenG	

Übersicht 20: Folgen unzureichender Benutzung für Bestand und Verteidigung einer Marke

Die vorgenannten Folgen können zwar jederzeit dadurch abgewendet werden, 610 dass eine ernsthafte Benutzung rechtzeitig wieder aufgenommen wird. Mit der Wiederaufnahme ernsthafter Benutzung ist der volle Schutz der Marke für die Zukunft wieder hergestellt, gleich ob davor eine Phase unzureichender Benutzung gelegen hat. Für die Vergangenheit gilt dies aber nicht ohne Einschränkung: Selbst wenn die Benutzung einer zuvor über einen ununterbrochenen Zeitraum von fünf Jahren nicht benutzten Marke aktuell wieder aufgenommen wurde, muss

441 Betroffen sind die Ansprüche aus Verletzung einer Marke auf Unterlassung, Auskunft, Schadensersatz und Vernichtung; s. dazu unten Rn. 866 ff., 911 ff.

die Eintragung und/oder die Benutzung einer gleichen oder ähnlichen, prioritätsjüngeren Marke hingenommen werden, wenn die prioritätsältere Marke **zum Zeitpunkt der Eintragung des jüngeren Rechts** wegen Verfalls hätte gelöscht werden können. Dann nämlich erlangt die jüngere Marke, die in einer Phase der Löschungsreife der älteren Marke entstanden ist, dieser gegenüber Bestandskraft. Die prioritätsältere Marke muss das in dieser Phase entstandene sog. Zwischenrecht dulden; umgekehrt kann allerdings aus diesem Recht auch nicht gegen die prioritätsältere, mittlerweile wieder ernsthaft benutzte Marke vorgegangen werden.[442]

1. Ernsthafte Benutzung

611 Für alle oben genannten Fälle, in denen die Aufrechterhaltung des Schutzes einer Marke oder ihre Verteidigung gegen kollidierende Zeichen in- und außerhalb des Registers von ihrer ausreichenden Benutzung abhängen, definiert § 26 Abs. 1 MarkenG die daran zu stellenden Anforderungen. Die Marke muss danach

- von ihrem Inhaber
- für die Waren oder Dienstleistungen, für die sie eingetragen ist,
- im Inland
- »ernsthaft« benutzt worden sein,

es sei denn, dass berechtigte Gründe für die Nichtbenutzung vorliegen. Die Benutzung mit Zustimmung des Inhabers, etwa durch einen Lizenznehmer, gilt als Benutzung durch den Inhaber.[443] Für die Kollektivmarke ist die Benutzung durch mindestens eine hierzu befugte Person oder den Inhaber selbst ausreichend, § 100 Abs. 2 MarkenG.

612 Der **Begriff der Benutzung**[444] selbst ist in Übereinstimmung mit der Markenrichtlinie nicht auf die Anbringung der Marke auf Waren oder die Bezeichnung von Dienstleistungen beschränkt; ausreichend ist vielmehr auch die Verwendung in der Werbung, in Katalogen, auf Geschäftspapieren usw., wenn und so weit der Bezug zu den Waren oder Dienstleistungen, für die die Marke eingetragen ist, erhalten bleibt. Daran fehlt es, wenn lediglich ein Bezug zum jeweiligen Unternehmen, nicht aber zu bestimmten Waren oder Dienstleistungen erkennbar ist[445] oder wenn die Marke lediglich als »rein sachbezogenes Werbemotiv« auf Umverpackungen verwendet wird.[446] Insoweit kann der Katalog der Benutzungshandlungen des § 14 Abs. 3 MarkenG herangezogen werden, wenngleich der Begriff der Benutzung dort nicht mit dem des § 26 MarkenG identisch sein kann.[447] Notwendig, aber

442 § 22 Abs. 2 MarkenG.
443 § 26 Abs. 2 MarkenG.
444 S. dazu *Starck* MarkenR 2005, 169 ff.
445 Vgl. für die Verwendung einer Marke innerhalb eines Internetauftritts OLG München MarkenR 2005, 337, 341.
446 BPatG Beschl. v. 6. April 2005, 26 W (pat) 3/04 und Beschl. v. 6. April 2005, 26 W(pat) 6/04 – Kräuterweltkugel, wiedergegeben bei *Grabrucker* GRUR 2006, 265, 277.
447 BGH MarkenR 2000, 362, 363 – Kornkammer: nach § 14 Abs. 2, 3 MarkenG ist bereits das Besitzen mit der Marke versehener Ware eine Benutzung, § 26 verlangt dagegen eine öffentlich wahrnehmbare Benutzung außerhalb des Unternehmens; EuGH MarkenR 2003, 223, 225 – Ansul/Ajax (Minimax); s. dazu auch *Berlit* WRP 2006, 1077.

auch ausreichend ist die im Verkehr übliche und wirtschaftlich sinnvolle Verwendung der Marke als betrieblicher **Herkunftshinweis**, ohne dass es allein aus Gründen des Benutzungszwangs auf weiter gehende Anforderungen ankommt.[448] Diese Grundsätze müssen auch für die Verwendung der Marke im Rahmen einer Domain gelten: der Bezug zu den unter der Domain angebotenen Waren oder Dienstleistungen entscheidet darüber, ob die Domain zugleich Marke und ob ihre Benutzung rechtserhaltend sein kann.[449]

Dass die Benutzung der Marke »**für**« die Waren oder Dienstleistungen, für die sie eingetragen ist, keine Benutzung der Marke in physischer Verbundenheit mit dem Markenprodukt voraussetzt, hebt der EuGH in der Entscheidung Minimax hervor: Nach der Markenrichtlinie werde eine Marke ernsthaft benutzt, wenn sie entsprechend ihrer Hauptfunktion – die Ursprungsidentität der Waren oder Dienstleistungen, für die sie eingetragen wurde, zu garantieren – benutzt werde, um für diese Waren und Dienstleistungen einen Absatzmarkt zu erschließen oder zu sichern. Daran fehle es bei »symbolischen« Verwendungen, die allein der Wahrung der durch die Marke verliehenen Rechte dienten. Die Frage, ob die Benutzung der Marke ernsthaft sei, müsse anhand sämtlicher Umstände[450] geprüft werden, die belegen könnten, dass die Marke tatsächlich geschäftlich verwertet werde. Dazu gehörten »insbesondere Verwendungen, die im betreffenden Wirtschaftszweig als gerechtfertigt angesehen werden, um Marktanteile für die durch die Marke geschützten Waren oder Dienstleistungen zu behalten oder zu gewinnen, die Art dieser Waren oder Dienstleistungen, die Merkmale des Marktes sowie der Umfang und die Häufigkeit der Benutzung der Marke.« Dass eine Benutzung der Marke bereits vertriebene Waren betreffe, nehme ihr nicht den Charakter der Ernsthaftigkeit, wenn sie von ihrem Inhaber für Einzelteile oder Serviceleistungen an diesen Waren benutzt werde.[451] 613

In **quantitativer** Hinsicht muss die für die Rechtserhaltung erforderliche Benutzung nicht ständig während des jeweils betrachteten Fünfjahreszeitraums erfolgt sein; in Wechselwirkung mit dem Umfang der Benutzung muss nur eine wirtschaftlich sinnvolle und nicht nur aus Gründen des Rechtserhalts erfolgte Verwendung der Marke gegeben sein.[452] Abweichend von dem das patentamtliche und patentgerichtliche Verfahren beherrschenden Grundsatz der Ermittlung des Sachverhaltes von Amts wegen, muss der Inhaber einer Marke, wo deren ausreichende Benutzung einredeweise bestritten wird, dagegen selbst vortragen: in Löschungs- und Verletzungsverfahren obliegt ihm dabei die volle Beweislast nach 286 ZPO, im Widerspruchsverfahren hat er die ernsthafte Benutzung seines Zeichens i.S.d. § 294 ZPO glaubhaft zu machen. Verbleibende Zweifel gehen aber auch hier zu seinen Lasten.[453] Zu den **inländischen** Benutzungshandlungen zählen auch die Verwendung der Marke im Inland zur Vorbereitung des **Exports**,[454] sowie (vorbehaltlich 614

448 BGH MarkenR 1999, 297 – Honka.
449 S. dazu oben Rn. 347, 359 ff.
450 Aus der Einzelfallbetrachtung folgt, dass es keine allgemein gültigen, quantitativen Mindestwerte für eine ausreichende Benutzung geben kann; in diesem Sinne auch EuGH Slg. 2004, I-1159 – La Mer Technology und EuGH MarkenR 2006, 265 – VITAFRUT/VITAFRUIT.
451 EuGH MarkenR 2003, 223 – Ansul/Ajax (Minimax); ebenso *Fezer* Markenrecht, § 26 Rn. 8; *Ingerl/Rohnke* § 26 Rn. 47 ff.; dagegen *Ströbele/Hacker* § 26 Rn. 16 für Herstellermarken.
452 BGH MarkenR 1999, 297 – Honka; *Ingerl/Rohnke* § 26 Rn. 118.
453 BGH MarkenR 2006, 30, 32 – GALLUP.
454 § 26 Abs. 4 MarkenG.

der zwingenden Regelung in Art. 10 der Markenrichtlinie) nach einem bilateralen Abkommen zwischen dem Deutschen Reich und der Schweiz vom 13. April 1892 in der Fassung vom 26. Mai 1902[455] die Verwendung in der Schweiz.

615 Keine rechtserhaltende Benutzung liegt vor, wenn das Zeichen ausschließlich als Unternehmenskennzeichen Verwendung findet.[456] Wo Unternehmenskennzeichen und Marke zusammenfallen, muss jede Benutzung differenziert danach betrachtet werden, ob sie dem Unternehmenskennzeichen oder der Marke zuzuordnen ist. In der Entscheidung »Norma« hat der BGH zur Benutzung einer gleich lautenden Warenmarke entschieden, die mit der Unternehmensbezeichnung übereinstimmende Marke werde weder mit der Verwendung an Schaufenstern und in Geschäftsräumen der Filialen, auf Einkaufstüten, Regal- und Preisaufklebern noch durch ihre Präsenz in der Werbung in Zeitungsanzeigen und auf Handzetteln rechtserhaltend benutzt.[457] Dagegen kann eine titelmäßige Verwendung der Marke zu deren Benutzung rechtserhaltend beitragen, wenn die Marke für eine Druckschrift angemeldet und eingetragen ist.[458]

2. Benutzung in veränderter Form

616 Ernsthafte Benutzung einer Marke bedeutet grundsätzlich Benutzung des Zeichens so, wie es im Register eingetragen ist. In der Praxis können jedoch verschiedene Gründe dazu führen, dass das eingetragene und das benutztes Zeichen nicht mehr zur Gänze übereinstimmen.

- Dies kann zum einen daran liegen, dass sich der **Kontext** des Zeichens ändert: Das als solches der Eintragung entsprechende Zeichen wird zusammen mit weiteren grafischen oder textlichen Bestandteilen verwendet; so liegt es, wenn etwa eine reine Wortmarke tatsächlich in einer Wort-/Bildkombination verwendet wird oder wenn eine eingetragene Marke nicht allein, sondern nur zusammen mit einer weiteren Marke zum Einsatz kommt.
- Zum anderen kann sich das registrierte Zeichen **selbst** in der Praxis verändern; so liegt es, wenn der Schriftzug einer grafisch gestalteten Wortmarke modernisiert wird, wenn ein Farbton geändert oder eine Mehrwortmarke verkürzt wird.

455 RGBl. 1894, 511; 1903, 181.
456 BGH MarkenR 2003, 141, 144 – Big Bertha.
457 BGH MarkenR 2006, 72 – Norma.
458 BGH MarkenR 2006, 30, 32 – GALLUP, mit Verw. auf GRUR 2003, 440, 441 – Winnetous Rückkehr.

Beispiel: 617

Entwicklung einer Marke/eines Unternehmenskennzeichens im Laufe der Zeit[459], aktuelles Logo

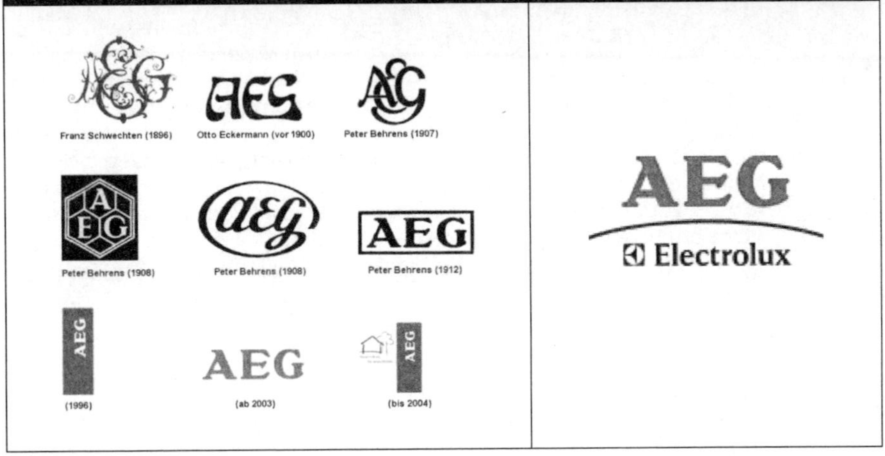

Wäre die rechtserhaltende Benutzung einer Registermarke auf die **identische** Verwendung des registrierten Zeichens beschränkt, führte ggf. jede, auch die kleinste Abweichung zur Löschungsreife des geschützten Zeichens; das abweichende Zeichen müsste, um seinerseits Schutz zu erlangen, selbst angemeldet und eingetragen werden, was nicht nur mit Aufwand verbunden wäre, sondern auch mit einem Verlust des Zeitranges der ursprünglichen Anmeldung. Um dem zu begegnen, erlaubt das Markengesetz im Rahmen der rechtserhaltenden Benutzung **unwesentliche Abweichungen** in einzelnen Bestandteilen der benutzten Marke gegenüber der eingetragenen: die Benutzung der Marke in einer Form, die von der Eintragung abweicht, gilt als Benutzung der eingetragenen Marke, so weit die Abweichungen den **kennzeichnenden Charakter** der Marke nicht verändern;[460] auf eine sachliche Rechtfertigung der Abweichung kommt es nicht an.[461] 618

Dies gilt selbst dann, wenn die abweichende Form selbst als Marke eingetragen ist.[462] Für die Markenstrategie eines Unternehmens, das eine eingetragene Marke in veränderter Form benutzen will, bedeutet dies, dass es durchaus angezeigt sein kann, die veränderte Form des Zeichens selbstständig anzumelden. Denn damit entsteht eine neue Marke, auf die – wenn auch mit entsprechend schlechterem Zeitrang – zurückgegriffen werden kann, wenn im Kollisionsfalle mit einem gleichen oder ähnlichen Zeichen die Benutzung des veränderten Zeichens nicht mehr als eine solche der ursprünglichen Eintragung anerkannt werden sollte. Zugleich folgt aus der Regelung des § 26 Abs. 3 Satz 2 MarkenG, dass mit ein und derselben Benutzungshandlung mehrere Eintragungen erhalten werden können. 619

459 Zitiert aus <http://www.markenlexikon.com/logos_h.html>.
460 § 26 Abs. 3 MarkenG.
461 BPatG GRUR 1995, 588 – Jeannette/Annete; BPatG Mitt 1995, 253, 254 – Manhattan.
462 § 26 Abs. 3 Satz 2 MarkenG.

620 Maßgebliches Kriterium für die zulässige »Entfernung« der benutzten von der eingetragenen Zeichenform ist die Wahrung des **kennzeichnenden Charakters** der Marke. Davon ist nach der Rechtsprechung des BGH auszugehen, wenn der Verkehr das abweichend benutzte Zeichen gerade bei Wahrnehmung der Unterschiede dem Gesamteindruck nach noch mit der eingetragenen Marke gleichsetzt, d.h. in der benutzten Form noch **dieselbe Marke** sieht.[463]

621 Beispiel: Die eingetragenen Marken FERROSIL und Ferisol werden von ihrer Inhaberin im Geschäftsverkehr nicht in der registrierten, sondern in der erweiterten Form »P3-ferrosil« und »P3-ferisol« benutzt. Das Kürzel »P3« ist ebenfalls als Marke eingetragen und wird seit langem als gleich bleibender Stammbestandteil einer umfangreichen Markenserie[464] eingesetzt; von den beteiligten Verkehrskreisen wird »P3« als Hinweis auf Industriereiniger aus dem Konzern verstanden.

Als die Inhaberin aus den eingetragenen Marken FERROSIL und Ferisol Widerspruch gegen die Eintragung eines jüngeren Zeichens FERROSOL erhebt, wendet der Widerspruchsgegner dagegen die mangelnde Benutzung der Widerspruchszeichen ein.

Das BPatG **verneinte** eine rechtserhaltende Benutzung von FERROSIL und Ferisol durch »P3-ferrosil« und »P3-ferisol«. Bei einer Markenserie werde einem gleich bleibenden Stammbestandteil ein für jedes Produkt wechselnder Abwandlungsbestandteil hinzugefügt. Das Produkt werde im Verkehr durch die Serienmarke und nicht allein durch den Abwandlungsbestandteil benannt. Die Zeichen »P3-ferrosil« und »P3-ferisol« seien **neue Zeichen**, in denen die Widerspruchsmarken dem Verkehr nicht mehr als eigenständige Zeichen entgegenträten. Darin liege eine **Veränderung ihres kennzeichnenden Charakters**. Der BGH **bejahte** dagegen eine rechtserhaltende Benutzung, begründete dies jedoch ausschließlich damit, der Verkehr erkenne in den Bezeichnungen »P3-ferrosil« und »P3-ferisol« **zwei** Kennzeichen – das im Verkehr durchgesetzte und in Fachkreisen bekannte »P3« sowie die eingetragenen Zeichen FERROSIL und Ferisol.[465]

622 Wird eine eingetragene Marke nicht mit weiteren Marken kombiniert eingesetzt, sondern lediglich um weitere Wort- oder Bildbestandteile erweitert oder ergänzt, kommt es für die Benutzung der eingetragenen Marke darauf an, ob diese weiteren Bestandteile die kennzeichnende Aussage des eingetragenen Zeichens **überlagern** oder **verändern:** Liegt es so, entsteht ein **neues** Zeichen, dessen Benutzung nicht zum Rechtserhalt des eingetragenen Zeichens beitragen kann.[466] Bleiben die weiteren Bestandteile dagegen hinter der kennzeichnenden Aussage des eingetragenen Zeichens zurück, wird der Verkehr auch in der veränderten Form noch die eingetragene Marke erkennen, mit der Folge, dass die Benutzung des veränderten Zeichens dem eingetragenen Zeichen zugerechnet werden kann. Unschädlich ist danach etwa die Verwendung einer Wortmarke in einer bildlichen Darstellung, wenn diese lediglich illustriert, was das Wort bedeutet.

---

463 BGH MarkenR 2005, 230 – Ferrosil; MarkenR 2000, 417, 419 – SUBWAY/Subwear; MarkenR 2003, 461, 463 – Kellogg's/Kelly's.
464 Zum Begriff der Serienmarke s. oben Rn. 52 ff.
465 BGH MarkenR 2005, 230, 231 – Ferrosil.
466 Vgl. BPatG MarkenR 2006, 237 – ARTIST(E).

Beispiel: Die eingetragene Wortmarke »Kornkammer« wird in der abgebildeten Darstellung rechtserhaltend benutzt; die Abweichungen in der Schreibweise (zweizeilig, kleingeschrieben) sind unerheblich, der Bildbestandteil übersetzt lediglich ins Bildhafte, was die Wortmarke nach ihrer lexikalischen Bedeutung besagt.[467] 623

Unschädlich ist auch die Erweiterung der für ein Arzneimittel eingetragenen Wortmarke FRENON um weitere Wortbestandteile in der im Geschäftsverkehr benutzten Fassung »Asthma-frenon®-S«, da der Wortbestandteil »Asthma« insoweit beschreibend ist und die übrigen Bestandteile »®« und »-S« den kennzeichnenden Charakter der Marke »FRENON« unberührt lassen.[468] Dagegen sah der BGH in der Verwendung der Bezeichnung »kleiner Feigling« keine rechtserhaltende Benutzung der eingetragenen Marke FEIGLING mehr.[469] 624

3. Berechtigte Gründe der Nichtbenutzung

Selbst eine über fünf Jahre andauernde Nichtbenutzung führt nicht zur Verfallsreife einer eingetragenen Marke, wenn für die Nichtbenutzung berechtigte Gründe gegeben sind.[470] Solche Gründe müssen außerhalb der vom Inhaber selbst zu verantwortenden Umstände und Risiken liegen. Die Beweislast liegt bei dem, der sich auf eine berechtigte Nichtbenutzung beruft. Vorübergehend berechtigte Nichtbenutzung hemmt den Lauf der Benutzungsschonfrist nur, sie unterbricht ihn nicht. 625

Gerechtfertigt ist die Nichtbenutzung etwa, wenn dem Markeninhaber die Benutzung seines Zeichens wegen eines noch nicht abgeschlossenen Genehmigungsverfahrens für sein Produkt unmöglich war, eine Konstellation, die sich häufig bei der Arzneimittelzulassung ergibt. Eine eigene gesetzliche Regelung hat dagegen der Fall erfahren, dass gegen die eingetragene Marke ein Widerspruch aus einem älte- 626

467 BGH MarkenR 2000, 362 – Kornkammer; vgl. auch BGH GRUR 1999, 167, 168 – Karolus-Magnus und GRUR 2001, 58, 59 – COBRA CROSS.
468 BGH GRUR 2000, 1040, 1041 – FRENORM/FRENON.
469 BGH MarkenR 2004, 292, 293 – Kleiner Feigling.
470 §§ 26 Abs. 1, 49 Abs. 1 MarkenG.

ren Recht anhängig ist:[471] wegen des der Eintragung einer Marke nachgeschalteten Widerspruchsverfahrens hat der Inhaber der Marke in dieser Situation Grund, die Benutzung der Marke bis zum Abschluss des Verfahrens nicht aufzunehmen. Deshalb lässt § 26 Abs. 5 MarkenG die Fünfjahresfrist erst mit dem Abschluss des Widerspruchsverfahrens[472] beginnen.

II. Löschung der Registermarke wegen Verfalls

627 Unter dem Begriff Verfall werden in § 49 MarkenG vier unterschiedliche Tatbestände zusammengefasst, denen im Gegensatz zu den Fällen der Nichtigkeit[473] gemein ist, dass die zunächst fehlerfrei eingetragene Marke **nachträglich** eine für den Fortbestand der Eintragung unerlässliche Qualität verliert. Im Einzelnen handelt es sich dabei um

- die **Nichtbenutzung** der Marke innerhalb eines ununterbrochenen Zeitraumes von fünf Jahren, § 49 Abs. 1, § 26 MarkenG,
- die Entwicklung der Marke zur »**gebräuchlichen Bezeichnung**« der Waren oder Dienstleistungen, für die sie eingetragen wurde, im geschäftlichen Verkehr »infolge des Verhaltens oder der Untätigkeit des Inhabers«, § 49 Abs. 2 Nr. 1 MarkenG,
- die **Täuschungseignung** infolge der Benutzung der Marke durch den Inhaber – oder mit dessen Zustimmung eines Dritten – insbesondere hinsichtlich Art, Beschaffenheit oder geografischer Herkunft der Waren oder Dienstleistungen, für die sie eingetragen ist, § 49 Abs. 2 Nr. 2 MarkenG sowie
- den nachträglichen Verlust der **Inhaberqualität** nach § 49 Abs. 2 Nr. 3, § 7 MarkenG[474]

Für die Kollektivmarke wird dieser Katalog in § 105 MarkenG – insbesondere um die Gestattung missbräuchlicher oder satzungswidriger Benutzung der Kollektivmarke – ergänzt. Praktisch bedeutsamster Verfallgrund ist die Nichtbenutzung im Sinne des § 26 MarkenG.

1. Löschungsverfahren vor dem Patentamt

628 Der Antrag auf Löschung wegen Verfalls kann von jedermann beim Patentamt gestellt werden (Popularantrag).[475] Er steht **neben** der Möglichkeit, **unmittelbar** Klage vor den ordentlichen Gerichten zu erheben.[476] Das Patentamt unterrichtet den Inhaber der eingetragenen Marke über den Antrag und fordert ihn auf, dem Patentamt

471 S. dazu unten Rn. 814 ff.
472 Dieser Zeitpunkt wird im Register eingetragen und veröffentlicht, §§ 25 Nr. 22 lit. b, 28 Abs. 1 Satz 1 MarkenV.
473 S. oben Rn. 572 ff.
474 S. oben Rn. 386 f.
475 § 53 MarkenG.
476 §§ 53 Abs. 1, 55 MarkenG, unten Rn. 632.

mitzuteilen, ob er der Löschung widerspricht. Das weitere Verfahren hängt von der Reaktion des Inhabers ab:

- Widerspricht der Inhaber der eingetragenen Marke der Löschung nicht innerhalb von zwei Monaten, wird die Eintragung ohne materiellrechtliche Prüfung allein auf Grund des (schlüssigen) Antrags[477] gelöscht.[478]
- Widerspricht der Inhaber der eingetragenen Marke innerhalb von zwei Monaten nach Zustellung der Mitteilung der Löschung, teilt das Patentamt dies dem Antragsteller mit und verweist ihn auf den Klageweg vor den ordentlichen Gerichten, ohne selbst in der Sache tätig zu werden.[479]

Mit der Mitteilung des fristgerecht eingelegten Widerspruchs, mit der der Antragsteller zugleich auf den Klageweg verwiesen wird, ist implizit die Ablehnung des Löschungsantrages an das DPMA verbunden; dem Antragsteller stehen deshalb die Rechtsbehelfe der Erinnerung bzw. der Beschwerde[480] offen.[481] **629**

Der Markeninhaber, dessen Marke von einem Antrag auf Löschung wegen Verfalls infolge unzureichender Benutzung bedroht ist, wird regelmäßig versuchen, seine Marke durch rasche (Wieder-)Aufnahme der »ernsthaften« Benutzung zu retten. Diese Rettung gelingt grundsätzlich, wenn die Benutzung zwar nach Ablauf der Fünfjahresfrist, aber **vor** der Stellung eines Löschungsantrages (wieder-)aufgenommen wurde.[482] Die bereits eingetretene Löschungsreife wird dadurch geheilt. **630**

Die Heilung ist jedoch auch in diesem Falle ausgeschlossen,[483] wenn die Benutzung **631**

- zwar nach Ablauf eines ununterbrochenen Zeitraumes von fünf Jahren der Nichtbenutzung, aber
- erst innerhalb von **drei Monaten** vor Stellung des Löschungsantrages begonnen oder wieder aufgenommen wurde,
- sofern die Vorbereitungen für die erstmalige oder erneute Benutzung erst stattgefunden haben, nachdem der Markeninhaber Kenntnis davon erhalten hat, dass Antrag auf Löschung gestellt werden könnte.

Die in § 49 Abs. 1 MarkenG sprachlich recht unübersichtlich gestaltete Regelung[484] wird verständlich, wenn man sich vergegenwärtigt, dass ein jeder auf Verfall gestützte Löschungsantrag leer liefe, wenn dem Markeninhaber die Möglichkeit bliebe, ihm durch unverzügliche Aufnahme ernsthafter Benutzung den Boden zu entziehen. Aus der Formulierung des § 49 Abs. 1 Satz 3 MarkenG folgt jedoch, dass die Heilung der bereits eingetretenen Verfallsreife auch innerhalb der Dreimonatsfrist vor Stellung des Löschungsantrages noch gelingen kann, wenn die Vorberei-

---

477 *Fezer* Markenrecht, § 53 Rn. 4.
478 § 53 Abs. 3 MarkenG.
479 § 53 Abs. 4 MarkenG.
480 S. zu diesen Rechtsbehelfen ob. Rn. 552, 555 ff.
481 Mit dem Rechtsbehelf kann nur geltend gemacht werden, dass kein fristgerechter Widerspruch des Inhabers vorliege, *Ingerl/Rohnke* § 53 Rn. 10.
482 § 49 Abs. 1 Satz 2 MarkenG.
483 § 49 Abs. 1 Satz 3 MarkenG; vgl. Art. 12 MarkenRL 89/104/EWG.
484 Die Formulierung des Art. 12 MarkenRL bleibt noch dahinter zurück.

tungen dafür noch in Unkenntnis des drohenden Löschungsantrages getroffen wurden.[485]

2. Löschungsverfahren vor den ordentlichen Gerichten

632 Die Klage auf Löschung einer Registermarke wegen Verfalls kann von jedermann vor den ordentlichen Gerichten erhoben werden (sog. **Popularklage**).[486] Ein vorgängiger Löschungsantrag zum DPMA ist fakultativ.[487] Passiv legitimiert ist der als Inhaber der Marke im Register Eingetragene bzw. sein Rechtsnachfolger. Die Klage ist auf Verurteilung des Inhabers zur Einwilligung in die Löschung zu richten.[488]

633 Sachlich zuständig sind nach § 140 MarkenG die Landgerichte – Kammern für Handelssachen[489] – ohne Rücksicht auf den Streitwert. § 140 Abs. 2 MarkenG erlaubt den Ländern eine **Zuständigkeitskonzentration** auf bestimmte Landgerichte. Von dieser Ermächtigung ist durchweg Gebrauch gemacht worden. So sind etwa in Baden-Württemberg für Kennzeichenstreitsachen die Landgerichte Mannheim und Stuttgart für die jeweiligen OLG-Bezirke ausschließlich zuständig, in Bayern die Landgerichte München I (für den OLG-Bezirk München) und Nürnberg-Fürth (für die OLG-Bezirke Nürnberg und Bamberg).[490]

634 Auch im Rahmen der Löschungsklage vor den ordentlichen Gerichten stellt sich die Frage, ob und bis wann eine (Wieder-)aufnahme der ernsthaften Benutzung eine bereits eingetretene Verfallsreife noch heilen kann. Dabei gilt nach § 49 Abs. 1 Satz 4 MarkenG: Wird die Löschung zunächst beim DPMA beantragt und der Löschungsantragsteller nach Widerspruch des Markeninhabers auf den Klageweg verwiesen, bleibt Anknüpfungspunkt für den Beginn der oben beschriebenen Dreimonatsfrist[491] der Löschungsantrag beim Patentamt, wenn die Löschungsklage ihrerseits innerhalb von **drei Monaten** nach Mitteilung des Widerspruchs erhoben wird. Zusätzliche Zeit für eine heilende (Wieder-)Aufnahme der ernsthaften Benutzung seiner Marke gewinnt der Inhaber einer löschungsreifen Marke deshalb durch den Widerspruch im patentamtlichen Löschungsverfahren nur, wenn der Antragsteller die rechtzeitige Klageerhebung nach § 55 MarkenG versäumt.

---

485 Ob insoweit betriebsinterne Vorbereitungen ausreichen, ist umstritten; dafür Ingerl/Rohnke § 49 Rn. 18; dagegen *Ströbele/Hacker* § 49 Rn. 19. Die gesetzliche Regelung trägt die Forderung einer Manifestation nach außen nicht, Missbräuchen steht die prozessuale Beweislast des Inhabers entgegen.

486 § 55 Abs. 1, Abs. 2 Nr. 1 MarkenG.

487 §§ 49, 53 MarkenG, ob. Rn. 628.

488 BGH MarkenR 2003, 141 – BIG BERTHA.

489 § 95 Abs. 1 Nr. 4 lit. c GVG.

490 Eine Übersicht findet sich in allen gängigen Kommentaren, in der Fußnote zu § 140 MarkenG der Textsammlung *Schönfelder* sowie im Internet unter <http://www.grur.de>, Stichwort »Service/Landgerichte«.

491 S. oben Rn. 631.

3. Wirkungen der Löschung

Die Wirkungen einer Löschung wegen Verfalls oder Nichtigkeit regelt § 52 MarkenG. Den unterschiedlichen zeitlichen Anknüpfungspunkten von Verfall und Nichtigkeit entsprechend gelten die Wirkungen der Eintragung einer Marke 635

- in dem Umfang, in dem sie wegen Verfalls gelöscht wird, als vom Zeitpunkt der Erhebung der Löschungsklage an nicht eingetreten.[492] Auf Antrag kann ein früherer Zeitpunkt, zu dem einer der Verfallsgründe materiellrechtlich eingetreten ist, in der Entscheidung festgesetzt werden; für den Fall eines späteren Zeitpunktes wird § 52 Abs. 1 Satz 2 MarkenG analog angewendet.[493]
- in dem Umfang, in dem sie wegen Nichtigkeit gelöscht wird, als von Anfang an nicht eingetreten.[494]

§ 52 Abs. 3 MarkenG nimmt von diesen Wirkungen der Löschung wegen Nichtigkeit oder Verfall allerdings 636

- die vor der Entscheidung über den Löschungsantrag bereits rechtskräftigen und vollstreckten Entscheidungen aus **Markenverletzungsverfahren** sowie
- bereits erfüllte **Verträge**

aus, um einem unüberschaubaren »Rückschlageffekt« von Löschungsentscheidungen vorzubeugen. Vorbehalten bleiben insoweit nur verschuldensabhängige **Schadensersatz- sowie Bereicherungsansprüche** gegen den (ehemaligen) Markeninhaber.

---

492 § 52 Abs. 1 MarkenG.

493 So liegt es, wenn die Verfallsreife erst nach Klageerhebung, aber vor der letzten mündlichen Verhandlung eintritt; nach *Ingerl/Rohnke* § 52 MarkenG Rn. 5 ist in diesem Falle kein Antrag notwendig, vielmehr hat der Kläger insoweit nicht vollständig obsiegt.

494 § 52 Abs. 2 MarkenG; zur Löschung wegen Nichtigkeit s. oben Rn. 572 ff.

Kapitel 4 Markenkollision

A. Zeichen und Zeichenumwelt

Die in Kapitel 3 behandelten, **absoluten** Schutz- und Eintragungshindernisse sind nicht die einzigen, auf die eine Marke treffen kann. Mit diesen Hindernissen sind nämlich nur die Voraussetzungen beschrieben, unter denen ein Zeichen bei **isolierter** Betrachtung überhaupt Marke sein bzw. als Marke registriert werden kann. Liegen diese Voraussetzungen und damit ein dem Schutz als Marke zugängliches Zeichen vor, richtet sich der Blick auf die gesamte vorhandene Zeichen**umwelt**, in die eine neue Marke mit ihrer Registrierung[1] eintritt. Aus dieser Umwelt können einer Marke bereits bestehende, identische oder ähnliche Zeichen als **relative** Schutzhindernisse entgegentreten. »Relativ« sind diese Hindernisse, weil sie auf den individuellen Kennzeichen- oder Namensrechten einzelner Dritter beruhen, von deren Initiative es abhängt, ob das ältere Recht gegen das jüngere durchgesetzt wird. Das Kennzeichenrecht folgt dabei dem Grundsatz des Vorranges des älteren vor dem jüngeren Zeichen. **637**

Dass **Kennzeichenkollisionen** keineswegs selten sind, liegt daran, dass der Zeichenvorrat, der einer Gesellschaft auch bei hoch entwickelter Kommunikationskultur zur Verfügung steht, grundsätzlich nicht endlos ist. Zwar ist die Zahl der Buchstabenkombinationen, die sich aus den Typen des Alphabets für ein Wort überschaubarer Länge bilden lassen, eindrucksvoll; reduziert man aber die theoretisch möglichen Kombinationen auf die aussprechbaren, diese auf die wohlklingenden, und diese abermals auf die prägnanten, verringert sich der Zeichenraum drastisch. Soll eine Wortmarke darüber hinaus kurz sein und in den wichtigsten Weltwirtschaftssprachen weder unerwünschte Bedeutungen besitzen, noch negative Assoziationen wecken, fallen weitere Optionen weg.[2] Im Bereich von Buchstabenkombinationen teilt sich der Markt seit langem die vorhandenen Möglichkeiten in verschiedenen Branchen. **638**

Beispiel: Das Zeichen MIKA wird von einem Handelsunternehmen (MiKa Elektro-Handels GmbH), von einer Wohnungsgenossenschaft (MieterInnen Initiative Karlsruhe Wohnungsgenossenschaft eG), von einem Pharmaunternehmen (MIKA Pharma GmbH) und einem Hersteller von Hängematten (Mika Hängematten) verwendet.

Auch im Bereich der Farben und Formen ist der zur Verfügung stehende Zeichenraum nur scheinbar unendlich. Zwar lassen sich theoretisch unzählige Farbkombinationen und -schattierungen herstellen; auch ist der Mensch in der Lage, feinste Farbunterschiede wahrzunehmen, wenn er zwei Farben zugleich betrachtet. Sieht er dagegen die eine Farbe aktuell, während er die andere nur erinnert, nimmt diese Fähigkeit drastisch ab. In eben dieser Situation befindet sich aber regelmäßig der Markenkonsument. Er wird eine Farbmarke nur dann zweifelsfrei von anderen Farben, denen er zu anderer Zeit/an anderer Stelle begegnet ist, unterscheiden, wenn es **639**

1 Dasselbe gilt für eine Benutzungsmarke mit erlangter Verkehrsgeltung, eine Notorietätsmarke mit erlangter Notorietät.
2 Zur Technik der Markenfindung *Bugdahl* MarkenR 2005, 308 ff.; *ders.*, Marken machen Märkte.

sich um unterschiedliche Primärfarben oder einige wenige, markante Farbmischungen wie lila, magenta oder orange handelt.

640 Den EuGH hat die daraus resultierende **Knappheit** zu der Feststellung veranlasst, im Hinblick auf die Eintragung von Farben als solchen ohne räumliche Begrenzung als Marke habe »die geringe Zahl der tatsächlich verfügbaren Farben zur Folge, dass mit wenigen Eintragungen als Marken für bestimmte Dienstleistungen oder Waren der ganze Bestand an verfügbaren Farben erschöpft werden könnte. Ein derart weites Monopol wäre mit dem System eines unverfälschten Wettbewerbs unvereinbar, insbesondere weil es einem einzelnen Wirtschaftsteilnehmer einen unzulässigen Wettbewerbsvorteil verschaffen könnte. Es wäre auch für die wirtschaftliche Entwicklung und die unternehmerische Initiative nicht förderlich, wenn bereits etablierte Wirtschaftsteilnehmer alle tatsächlich verfügbaren Farben zum Nachteil neuer Wirtschaftsteilnehmer für sich eintragen lassen könnten.«[3]

641 In der Tat: Durch die Marken immanente **Monopolisierungsfunktion** wird mit jeder weiteren Marke der Gebrauch eines bestimmten Zeichens aus dem vorhandenen Vorrat einem einzelnen Inhaber für bestimmte Waren oder Dienstleistungen exklusiv vorbehalten. Mit der kontinuierlich steigenden Zahl von Markenanmeldungen wird der den Marktteilnehmern zur Verfügung stehende Zeichenraum immer dichter besiedelt. Damit

- verringert sich denknotwendig der mögliche Zeichenabstand und
- erhöht sich die Gefahr von Zeichenkollisionen.

642 Der Begriff der **Zeichenkollision** steht dabei für die Gefahr einer **Kommunikationsstörung**: die Identität oder Ähnlichkeit zweier Zeichen, die für identische oder ähnliche Waren- oder Dienstleistungen benutzt werden, birgt das Risiko einer irrigen Zuordnung der jeweiligen Bedeutungen: Die von den Inhabern der beteiligten Marken intendierten und etablierten Ketten aus Signifikant (Marke), Signifikat (Bedeutung eines Herkunftshinweises, ggf. weitere Markenbotschaften) und Referenzobjekt (Markenware oder -dienstleistung)[4] brechen auf, der Konsument ordnet die Marke unrichtig zu und schließt damit auf einen tatsächlich unzutreffenden betrieblichen Hintergrund.

643 Um dieses Risiko auszuschließen oder zumindest zu minimieren, muss jede neu entstehende Marke zunächst einen vorhandenen **Freiraum** suchen und besetzen. Das Werkzeug zur Ermittlung solcher Freiräume und zur Abschätzung der Zeichenabstände gegenüber vorhandenen Marken aller Art[5] (oder anderen Kennzeichen)[6] ist die **Recherche**.[7] Die einmal eingetragene Marke muss sich gegen eine schädliche Identität oder auch nur eine der eigenen Funktion abträgliche, allzu dichte »Nachbarschaft« anderer, ähnlicher Kennzeichen verteidigen, die für dieselben oder ähn-

3 EuGH MarkenR 2003, 227, 232 – Libertel.
4 S. dazu oben Rn. 3 ff., 8.
5 In Betracht kommen nicht nur Register-, sondern auch Benutzungs- und Notorietätsmarken.
6 Die Marke kann auch mit älteren Unternehmenskennzeichen, Werktiteln, geografischen Herkunftsangaben, Namens- oder Urheberrechten kollidieren; s. auch oben Rn. 276 ff.
7 Die Untersuchung des Marktes nach identischen oder ähnlichen Kennzeichenrechten in- und außerhalb des Registers zur Prävention von Kennzeichenkollisionen ist nicht nur angezeigt; wer sie unterlässt, zieht sich im Rahmen eines allfälligen Schadensersatzanspruches in einem späteren Verletzungsprozess den Vorwurf fahrlässigen Verhaltens zu, vgl. BGH GRUR 1970, 87, 88 – Muschi-Blix.

liche Waren oder Dienstleistungen verwendet werden, für die auch das eigene Zeichen eingetragen ist. Wo immer sich Marken mit anderen Marken oder mit verwandten Rechten in diesem Sinne berühren, entsteht eine (Marken-)Kollision, die – von den wenigen Fällen einer Koexistenz abgesehen – zu Gunsten des einen oder anderen Kennzeichens aufgelöst werden muss.

Die dabei möglichen Konstellationen werden im Folgenden anhand des Systems dargestellt, nach dem das Markengesetz die **Löschung** einer eingetragenen Marke auf Grund vorgehender Individualrechte Dritter – der so genannten relativen Schutzhindernisse oder relativen Nichtigkeitsgründe – regelt (§§ 9–13 MarkenG). Dieses System wiederholt sich gänzlich unverändert, wo es im Rahmen der Verteidigung einer Marke am Markt um die Abwehr von **Verletzungshandlungen** Dritter geht (§ 14 ff. MarkenG). Beispiele aus der Rechtsprechung können deshalb aus beiden Bereichen herangezogen werden. 644

B. Vorrang und Zeitrang

Das gesamte Kennzeichenrecht wird vom Grundsatz der **Priorität** beherrscht: Im Kollisionsfall setzt sich regelmäßig das prioritätsältere Recht gegenüber dem prioritätsjüngeren durch; der Zeitrang bestimmt »im Falle des Zusammentreffens von Rechten« im Sinne der §§ 4, 5 und 13 MarkenG den Vorrang.[8] Nur ausnahmsweise, insbesondere im bürgerlich-rechtlichen Namensrecht, kann eine Interessensabwägung an die Stelle des Zeitvorrangs treten.[9] 645

I. Anmeldetag, Auslandspriorität, Ausstellungspriorität

§ 6 MarkenG regelt die Bestimmung des Zeitranges eines Kennzeichens für den Fall, dass der Vorrang kollidierender Kennzeichenrechte nach ihrem Zeitrang entschieden wird (Prioritätsprinzip). Wann dies der Fall ist, besagt die Vorschrift nicht. Dem Prioritätsprinzip folgen die Kollisionsregeln sowohl für die Kollision von (Register-, Benutzungs- und Notorietäts-)Marken untereinander als auch für die Kollision von Marken mit geschäftlichen Bezeichnungen im Sinne des § 5 MarkenG, mit geografischen Herkunftsangaben oder mit sonstigen älteren Rechten, namentlich Urheberrechten und anderen gewerblichen Schutzrechten. Die Aufzählung in § 13 Abs. 2 MarkenG ist nicht abschließend. 646

Der **Zeitrang** seinerseits bestimmt sich bei **angemeldeten** oder **eingetragenen** Marken nach dem **Anmeldetag**,[10] ggf. nach einem davor liegenden **Prioritätstag**,[11] während es bei den übrigen Rechten auf den Zeitpunkt ankommt, an dem das Recht erworben wurde.[12] Für eine durch Benutzung entstehende Marke[13] bedeutet 647

8 § 6 Abs. 1 MarkenG.
9 So bei Namensgleichheit im Rahmen von Unternehmenskennzeichen; vgl. dazu BGH GRUR 1991, 475 – Caren Pfleger.
10 §§ 6 Abs. 2, § 33 Abs. 1 MarkenG.
11 §§ 6 Abs. 2, 34, 35 MarkenG; s. oben Rn. 524, 525 ff., 529 f.
12 § 6 Abs. 3 MarkenG.
13 S. oben Rn. 584 ff.

dies, dass sich ihr Zeitrang danach richtet, wann sie die notwendige Verkehrsgeltung innerhalb der beteiligten Verkehrskreise nach § 4 Nr. 2 MarkenG erworben hat (prozessual: der Zeitpunkt, für den der entsprechende Nachweis geführt werden kann). Die notorisch bekannte Marke nach § 4 Nr. 3 MarkenG[14] genießt entsprechend den Zeitrang des Erwerbs ihrer notorischen Bekanntheit. Für die unterscheidungskräftige geschäftliche Bezeichnung (»Unternehmenskennzeichen mit Namensfunktion«) ist der Zeitpunkt der tatsächlichen Benutzungsaufnahme maßgeblich,[15] ansonsten beginnt der Schutz mit der tatsächlich erlangten Verkehrsgeltung. Dasselbe gilt für Werktitel[16] mit der Besonderheit, dass diese sich durch die öffentliche Titelschutzanzeige[17] schon im Vorfeld ihrer eigentlichen Verwendung den Zeitrang der Anzeige sichern können.

648 **Gleicher Zeitrang** führt zu keinem Vorrang. Kennzeichenrechte mit gleicher Priorität begründen gegeneinander keine Ansprüche. Für am selben Tag angemeldete Marken führt dies zur **Koexistenz**, ohne dass es insoweit auf den Zugang der Anmeldung zu verschiedenen Zeiten desselben Tages ankäme.[18] Weitere Fälle der Koexistenz sind Marken, die vor Inkrafttreten des Markengesetzes angemeldet wurden, aber erst mit dessen Inkrafttreten eintragungsfähig wurden, weil ihnen zuvor die nach dem WZG zu beurteilende Marken- bzw. Eintragungsfähigkeit fehlte: derartige Marken genießen einheitlich den Zeitrang vom 1. Januar 1995.[19] Modifiziert wird das Prioritätsprinzip schließlich für Marken, deren Schutz vom Territorium der ehemaligen BRD auf das der ehemaligen DDR erstreckt wurde und umgekehrt: solche Marken können sich auf dem jeweiligen Erstreckungsgebiet nicht auf einen besseren Zeitrang berufen.[20]

649 Der Zeitrang

- einer **ausländischen Voranmeldung** in einem Verbandsland der Pariser Verbandsübereinkunft (PVÜ)[21] oder einem Vertragsstaat der WTO[22],
- einer **IR-Marke**[23] oder
- einer **Gemeinschaftsmarke**[24]

kann für eine gleich lautende Inlandsanmeldung fruchtbar gemacht werden. Voraussetzung dafür ist, dass innerhalb von sechs Monaten nach der Erstanmeldung

14 S. oben Rn. 602 ff.
15 S. oben Rn. 264 ff.
16 S. oben Rn. 291 ff.
17 S. oben Rn. 292 f.
18 So ausdrücklich die Gesetzesbegründung, BT-Drs. 12/6581, S. 68.
19 § 156 Abs. 1 MarkenG; s. dazu BPatG GRUR 2001, 744 – S 100; BGH MarkenR 2004, 238 – S 100.
20 § 30 Abs. 1 Erstreckungsgesetz (BGBl. 1992 I, S. 932) lautet: »Trifft ein Warenzeichen, das nach § 1 auf das in Artikel 3 des Einigungsvertrages genannte Gebiet erstreckt wird, infolge der Erstreckung mit einer übereinstimmenden Marke zusammen, die nach § 4 auf das übrige Bundesgebiet erstreckt wird, so darf jedes der Zeichen in dem Gebiet, auf das es erstreckt wird, nur mit Zustimmung des Inhabers des anderen Zeichens benutzt werden.«
21 Art. 4 A, C PVÜ (BGBl. 1970 II, S. 391; BGBl. 1984 II, S. 799).
22 Art. 2 Abs. 1 TRIPs-Übereinkommen (BGBl. 1994 II, S. 1730) nimmt insoweit auf die PVÜ Bezug.
23 Art. 4 Abs. 2 MMA (Madrider Abkommen über die internationale Registrierung von Marken, BGBl. 1970 II, S. 418; BGBl. 1984 II, S. 799) bzw. PMMA (Protokoll zum Madrider Abkommen über die internationale Registrierung von Marken, BGBl. 1995 II, S. 1016) verweisen auf Art. 4 PVÜ.
24 Art. 32 GMV.

dasselbe Zeichen[25] für dieselben Waren und Dienstleistungen der Erstanmeldung (oder einen Teil davon) zum Gegenstand der Zweitanmeldung gemacht wird. Das Prozedere beschreibt § 34 MarkenG.[26]

Ebenfalls zu einem besseren Zeitrang kann die **Zurschaustellung** von Waren oder Dienstleistungen unter einer Marke auf einer anerkannten internationalen **Ausstellung** oder bestimmten in- oder ausländischen Ausstellungen führen, wenn die Anmeldung für diese Marke und die zugehörigen Waren oder Dienstleistungen innerhalb von sechs Monaten seit der erstmaligen Zurschaustellung erfolgt: die Anmeldung genießt dann die Priorität der erstmaligen Präsentation. **650**

Das Verfahren vor dem Patentamt entspricht dem der Wahrung einer ausländischen Priorität, wobei an Stelle einer Voreintragung die Zurschaustellung unter der angemeldeten Marke fristgerecht nachzuweisen ist. Das Prozedere beschreibt § 35 MarkenG.[27] Eine kumulative Anwendung der §§ 34 und 35 MarkenG (**Kettenpriorität**) ist ausgeschlossen:[28] die Ausstellungspriorität kann eine Prioritätsfrist nach § 34 MarkenG nicht abermals verlängern. **651**

II. Doppelte Relevanz des Zeitranges

Der Zeitrang eines Kennzeichens entscheidet über dessen Vorrang vor kollidierenden Zeichen inner- und außerhalb des Registers: **652**

- **Innerhalb** des Registers
  - kann aus einer Marke mit besserem Zeitrang der Eintragung eines kollidierenden Zeichens widersprochen werden[29];
  - kann die Löschung eines kollidierenden Zeichens aus einer Marke mit besserem Zeitrang klageweise geltend gemacht werden[30].
- **Außerhalb** des Registers vermittelt die Marke ihrem Inhaber zwar ein exklusives Nutzungsrecht; Dritten ist es nach § 14 MarkenG untersagt, das Zeichen ohne Zustimmung des Inhabers in einer kollidierenden Form zu benutzen, ohne dass es darauf ankäme, ob diese Nutzung vor oder nach der Eintragung der Registermarke[31] aufgenommen wurde. Das Markenrecht kennt **kein** sog. **Vorbenutzungsrecht**. Hat jedoch der das Zeichen im geschäftlichen Verkehr Nutzende daran selbst ein Kennzeichenrecht erworben, entscheidet der **Zeitrang** über den **Vorrang** des einen oder des anderen Zeichens: nur aus dem prioritätsälteren Zeichen kann die Unterlassung der Benutzung des prioritätsjüngeren verlangt werden. Steht dagegen einer Registermarke die Benutzung eines Kennzeichens gegen-

25 Vgl. Art. 29 GMV; zulässig sind allenfalls geringfügige, die Identität des Zeichens unberührt lassende Abweichungen, EuGH MarkenR 2003, 134, 137 f. – Arthur/Arthur et Félicie.
26 S. dazu oben Rn. 525 ff.
27 S. dazu oben Rn. 529 f.
28 § 35 Abs. 5 MarkenG.
29 § 42 ff. MarkenG; zum Widerspruch berechtigt bereits die Anmeldung des prioritätsälteren Rechts; s. dazu unten Rn. 814 ff.
30 §§ 51, 52 Abs. 2, 55 MarkenG; s. dazu unten Rn. 843 ff.
31 Nichts anderes gilt für die Benutzungs- oder Notorietätsmarke.

über, das seinerseits auf eine bessere Priorität verweisen kann, kann sich die Marke dagegen nicht durchsetzen.

653 Beispiel: Der Inhaber einer am 4. Juli 1990 angemeldeten und am 12. November 1990 eingetragenen Marke »Adlon«, der unter demselben Namen ein Cafe betreibt, wendet sich gegen die Benutzung dieser Bezeichnung für das nach der Wiedervereinigung an historischer Stelle wieder aufgebaute »Hotel Adlon« in Berlin. Das ursprüngliche Hotel Adlon war 1907 in Betrieb genommen und 1945 durch Brand zerstört worden. Die Beklagten berufen sich auf eine bessere Priorität des Unternehmenskennzeichens »Adlon« sowie eine während des laufenden Rechtsstreits erworbene Wort-/Bildmarke »Restaurant ADLON« mit Priorität vom 24. April 1985.

Der BGH hat in diesem Falle entschieden, ungeachtet der Aufgabe der Benutzung des ursprünglichen Unternehmenskennzeichens Adlon sei die ursprüngliche Priorität dieses Kennzeichens mit dem Neubau wieder aufgelebt, weil die Unterbrechung der Benutzung nicht auf einer selbstbestimmten unternehmerischen Entscheidung, sondern auf der durch die Teilung Deutschlands eingetretenen Unmöglichkeit, das Hotel am historischen Standort fortzuführen, beruht habe, weil der Name des Unternehmens auf Grund seiner Berühmtheit dem Verkehr in Erinnerung geblieben sei und weil er dem an der historischen Stelle neu eröffneten Unternehmen wieder zugeordnet werde. Die Beklagten könnten sich überdies auf die bessere Priorität der während des Verfahrens zugekauften Marke berufen; der Erwerb eines gegenüber dem Klagezeichen älteren Markenrechts während des laufenden Rechtsstreits, nur um Ansprüche des Gegners abzuwehren, sei grundsätzlich kein zweckfremdes Mittel des Wettbewerbskampfes und regelmäßig nicht sittenwidrig.[32]

III. Bestandskraft jüngerer Marken

654 Die nach dem Datum ihrer Eintragung oder anderweitigen Rechtsentstehung prioritätsältere Marke kann sich gegen eine jüngere Registermarke trotz ihres formal besseren Zeitranges weder innerhalb noch außerhalb des Registers durchsetzen, wenn ihr zum Zeitpunkt der Entstehung des jüngeren Rechts dessen Löschung nicht gelungen ist oder nicht gelungen wäre. Für formal prioritätsältere geschäftliche Bezeichnungen gilt Entsprechendes.

655 Diese Konstellation tritt in drei Fällen ein, die gemeinsam haben, dass der älteren Marke **zum Zeitpunkt der Entstehung** der jüngeren Marke zwar nicht ein besserer Zeitrang fehlte, wohl aber eine für ihren Vorrang notwendige materielle Qualität,

- weil sie nicht im Sinne des § 9 Abs. 1 Nr. 3, § 14 Abs. 2 Nr. 3 MarkenG **bekannt** war,

32 BGH MarkenR 2002, 323 – Hotel Adlon.

- weil sie – etwa infolge unzureichender Benutzung – selbst **verfallsreif**[33] war oder
- weil sie wegen **absoluter Schutzhindernisse** selbst hätte gelöscht werden können.

Liegt es so, bleibt die formal prioritätsältere Marke oder geschäftliche Bezeichnung gegenüber der jüngeren Registermarke ohne Vorrang, auch wenn sie **aktuell** die notwendige Bekanntheit erworben hat, **aktuell** wieder rechtserhaltend benutzt wird oder ein vormaliges absolutes Schutzhindernis – etwa infolge in den beteiligten Verkehrskreisen erlangter Verkehrsdurchsetzung – **aktuell** überwunden hat. Das jüngere Recht, das **zum Zeitpunkt seiner Entstehung** nicht verhindert werden konnte (oder nicht hätte verhindert werden können), erstarkt zum bestandskräftigen **Zwischenrecht**. Die prioritätsältere Marke muss das jüngere Recht dulden; umgekehrt kann allerdings aus diesem Recht auch nicht gegen die Benutzung der prioritätsälteren Marke vorgegangen werden.[34] 656

657

Die ältere Marke/geschäftliche Bezeichnung kann sich gegen die jüngere Registermarke nicht durchsetzen ...		
	... innerhalb des Registers	... außerhalb des Registers
... bei **mangelnder Bekanntheit** an dem für den Zeitrang der Eintragung der jüngeren Marke maßgeblichen Tag in den Fällen des § 9 Abs. 1 Nr. 3, § 14 Abs. 2 Nr. 3 oder § 15 Abs. 3 MarkenG	• keine Löschung der jüngeren Marke § 51 Abs. 3 MarkenG	• Kein Recht auf Untersagung der Benutzung der jüngeren Marke[35] § 22 Abs. 1 Nr. 1 MarkenG
... bei **Verfallsreife** (insbes. infolge **mangelnder Benutzung**)[36] am Tag der Veröffentlichung der Eintragung der jüngeren Marke	• keine Löschung der jüngeren Marke §§ 51 Abs. 4 Nr. 1, 55 Abs. 3 Satz 3 MarkenG	• Kein Recht auf Untersagung der Benutzung der jüngeren Marke[31] § 22 Abs. 1 Nr. 2 Alt. 1 MarkenG
... bei **Löschungsreife**[37] wegen Vorliegens **absoluter Schutzhindernisse** am Tag der Veröffentlichung der Eintragung der jüngeren Marke	• keine Löschung der jüngeren Marke § 51 Abs. 4 Nr. 2 MarkenG	• Kein Recht auf Untersagung der Benutzung der jüngeren Marke[31] § 22 Abs. 1 Nr. 2 Alt. 2 MarkenG

Übersicht 21: Bestandskraft jüngerer Marken

33 Der Verfall nach § 49 MarkenG tritt außer in den Fällen mangelnder Benutzung auch dann ein, wenn sich eine Marke zur »gebräuchlichen Bezeichnung« im Geschäftsverkehr entwickelt hat, wenn sie infolge ihrer Benutzung täuschungsgeeignet wurde oder wenn der Inhaber nicht mehr die Voraussetzungen des § 7 MarkenG an die Inhaberqualität erfüllt; s. dazu oben Rn. 627 ff.
34 § 22 Abs. 2 MarkenG.
35 Gegenüber jüngeren Benutzungs- oder Notorietätsmarken oder jüngeren geschäftlichen Bezeichnungen wird § 22 analog angewandt; *Ströbele/Hacker* § 22 Rn. 9.
36 S. dazu oben Rn. 606 ff., 609.
37 S. dazu oben Rn. 572 ff.

C. Kollisionslagen

658 § 9 MarkenG (»Die Eintragung einer Marke kann gelöscht werden, wenn ...«) fasst alle Konstellationen zusammen, in denen eine eingetragene Marke mit einer anderen angemeldeten oder eingetragenen Marke mit älterem Zeitrang so kollidiert, dass die Eintragung der jüngeren Marke rückgängig gemacht, d.h. gelöscht werden kann. Dabei kommt es, da eine Marke rechtlichen Schutz immer nur in Bezug auf **die** Waren oder Dienstleistungen genießen kann, für die sie eingetragen ist, sowohl auf die Identität oder Ähnlichkeit der kollidierenden Marken als auch auf die Identität oder Ähnlichkeit der zugeordneten Waren oder Dienstleistungen an. Ältere Gemeinschaftsmarken sind über § 125 b Nr. 1 MarkenG älteren nationalen Marken gleichgestellt; wo der besondere Schutz »bekannter« Marken in Rede steht, muss die Bekanntheit allerdings auf die Gemeinschaft bezogen festgestellt werden.

659 Der Vorrang der Marke mit älterem Zeitrang ist an um so geringere Voraussetzungen geknüpft, je höher der Grad der jeweiligen Deckung von Marken und Waren oder Dienstleistungen ausfällt. § 9 Abs. 1 MarkenG unterscheidet deshalb

- den Fall der **Doppelidentität**, das heißt die völlige Übereinstimmung der konfligierenden Marken und der ihnen zugeordneten Waren oder Dienstleistungen, § 9 Abs. 1 Nr. 1 MarkenG,
- die möglichen Kombinationen von **Identität** und **Ähnlichkeit** der beteiligten Marken einerseits und der Waren oder Dienstleistungen andererseits, so weit daraus eine Verwechslungsgefahr entsteht, § 9 Abs. 1 Nr. 2 MarkenG, sowie
- unter besonderen Voraussetzungen (**bekannte** Marken) die bloße Identität oder Ähnlichkeit der Marken bei im Übrigen »unähnlichen« Waren oder Dienstleistungen, § 9 Abs. 1 Nr. 3 MarkenG.

660 Da von den vier Kombinationsmöglichkeiten des § 9 Abs. 1 Nr. 2 MarkenG – Identität/Identität, Identität/Ähnlichkeit, Ähnlichkeit/Identität und Ähnlichkeit/Ähnlichkeit – die Erste (Doppelidentität) bereits in § 9 Abs. 1 Nr. 1 MarkenG eine eigenständige Regelung erfahren hat, bleiben insgesamt fünf Konstellationen zu unterscheiden:

Kollisionslagen des § 9 Abs. 1 MarkenG 661

Verhältnis der konfligierenden Marken		Verhältnis der Waren/Dienstleistungen	Vorrang der prioritätsälteren Marke…
identisch	(1)	identisch	… **absolut** im Identitätsbereich
identisch	(2)	ähnlich	… im Ähnlichkeitsbereich nur bei **Verwechslungsgefahr** (einschließlich der Gefahr des gedanklichen „Inverbindungbringens" der Marken)
ähnlich	(3)	identisch	
ähnlich	(4)	ähnlich	
identisch oder ähnlich	(5)	weder identisch noch ähnlich	… (in/oder)[38] **außerhalb** des Ähnlichkeitsbereiches, wenn eine **bekannte** Marke ausgenutzt oder beeinträchtigt wird

Übersicht 22: Kollisionslagen

I. Identitätsbereich

Im Identitätsbereich, das heißt bei völliger Übereinstimmung sowohl der Marken als auch der zugeordneten Waren oder Dienstleistungen, ist der Vorrang der Marke mit älterem Zeitrang **absolut**. Auf die Feststellung einer Verwechslungsgefahr kommt es nicht an; sie wird wegen der völligen Übereinstimmung gewissermaßen unwiderleglich vermutet. Die Löschung der Marke mit jüngerem Zeitrang kann ohne weitere Voraussetzungen verlangt werden.[38] Der EuGH hat in Auslegung des Art. 5 Abs. 1 lit. a) der Markenrichtlinie den Begriff der Identität dahin ausgelegt, dass ein Zeichen mit einer Marke identisch ist, »wenn es ohne Änderung oder Hinzufügung alle Elemente wieder gibt, die die Marke bilden, oder wenn es als Ganzes betrachtet Unterschiede gegenüber der Marke aufweist, die so geringfügig sind, dass sie einem Durchschnittsverbraucher entgehen können.«[39] 662

Identität der Waren/Dienstleistungen liegt auch dann vor, wenn die ältere Marke für einen weiteren Waren- oder Dienstleistungsbegriff eingetragen ist, der einen engeren Begriff der jüngeren Marke umfasst. Besteht die Identität dagegen nur für 663

38 § 9 Abs. 1 Nr. 1 MarkenG.
39 EuGH MarkenR 2003, 134 – Arthur/Arthur et Félicie.

einen Teil der jeweils angemeldeten/eingetragenen Waren oder Dienstleistungen, gilt auch der absolute Vorrang nur in diesem Umfang.

II. Ähnlichkeitsbereich

664 In den verbleibenden drei Fällen des § 9 Abs. 1 Nr. 2 MarkenG – die Marken sind identisch, die Waren/Dienstleistungen jedoch nur ähnlich, oder umgekehrt die Waren/Dienstleistungen identisch und die Marken nur ähnlich, oder sowohl die Marken als auch die Waren/Dienstleistungen sind sich nur ähnlich – gibt § 9 Abs. 1 Nr. 2 MarkenG der Marke mit älterem Zeitrang nur dann den Vorrang, wenn wegen der Identität oder Ähnlichkeit für das Publikum »die Gefahr von **Verwechslungen**« besteht. Dazu soll auch die Gefahr zählen, »dass die Marken gedanklich miteinander in Verbindung gebracht werden«.

1. Verwechslungsgefahr

665 Innerhalb des **Ähnlichkeitsbereiches**[40] ist damit die **Verwechslungsgefahr** das entscheidende Kriterium für die Reichweite des Schutzes einer angemeldeten oder eingetragenen Marke. Verwechslungsgefahr ist dabei im Einklang mit einem breiteren Funktionsverständnis der Marke[41] nicht auf Verwechslungen der konkreten betrieblichen Herkunft einer Ware oder Dienstleistung beschränkt, sondern schließt alle denkbaren Fälle der Verwechslung zweier Marken ein. Dies unterstreicht bereits die – sprachlich unglückliche, da streng genommen uferlose – Formulierung des Gesetzes »... einschließlich der Gefahr, dass die Marken gedanklich miteinander in Verbindung gebracht werden« in § 9 Abs. 1 Nr. 2, § 14 Abs. 2 Nr. 2 MarkenG.

666 Die Verwechslungsgefahr muss allerdings nach dem Gesetzeswortlaut »wegen« der Identität bzw. Ähnlichkeit der involvierten Marken und der Waren oder Dienstleistungen bestehen. Bei identischen Marken und ähnlichen Waren oder Dienstleistungen hängt die Entscheidung über das Vorliegen einer Verwechslungsgefahr mithin wesentlich von der Ähnlichkeit der Waren (»Warennähe«) oder Dienstleistungen (»Branchennähe«) ab; umgekehrt interessiert vornehmlich die Ähnlichkeit der Marken, wo allein die Waren oder Dienstleistungen identisch sind. Sind sich beide – die beteiligten Marken und die jeweiligen Waren oder Dienstleistungen – nur ähnlich, kommt es entsprechend auf den Grad der jeweiligen Deckung an.

a) Formen der Verwechslung

667 Verwechslung zweier Zeichen durch das angesprochene Publikum ist in verschiedenen, markenrechtlich relevanten Formen denkbar. Die eindeutigste Form der Verwechslung ist die, bei der das eine Zeichen ohne weiteres für das andere gehalten wird: der Betrachter erkennt keinen Unterschied und nimmt an, das aktuell wahrgenommene Zeichen sei eine Ausprägung (ein »Token«) des ihm bekannten, erinnerten Zeichens (des »Typs«).[42]

40 § 9 Abs. 1 Nr. 2, § 14 Abs. 2 Nr. 2 MarkenG.
41 S. oben Rn. 64 ff.
42 Zur semiotischen Unterscheidung von Typ und Token s. oben Rn. 8 (Fn. 5).

Im Unterschied zu einer solchen, **unmittelbaren** Verwechslung kann das Publikum die Abweichungen eines fremden, ähnlichen Zeichens durchaus wahrnehmen, diesen Abweichungen aber nicht die Bedeutung zumessen, auf einen anderen betrieblichen Hintergrund zu verweisen, sondern irrigerweise annehmen, es handle sich um eine Variation der ihm bekannten Marke desselben Herstellers. So liegt es im Besonderen, wenn der Betrachter das ähnliche Zeichen irrtümlich für ein neues **Serienzeichen** des ihm bekannten Herstellers hält. Serienzeichen gehen auf die Strategie mancher Unternehmen zurück, sich eines **Stammzeichens** für alle ihre Waren oder Dienstleistungen zu bedienen und dieses Stammzeichen für einzelne Waren- oder Dienstleistungsarten zu deren individueller Kennzeichnung immer wieder abzuwandeln (z.B. »Tesafilm«, »Tesakrepp« »Tesamoll« der Tesa AG (Beiersdorf). Ordnet der Verkehr ein fremdes Zeichen, das den Stammbestandteil der Serienmarke enthält, irrtümlich dem Verwender des Serienzeichens zu, unterliegt er einer **mittelbaren** Verwechslung: nicht die Zeichen werden verwechselt, sondern ihre Bedeutungen[43] (Beispiel: der Betrachter trifft auf eine ihm fremde Marke »TESALIT« und erkennt die Abweichung gegenüber den ihm bekannten Marken, nimmt aber irrig an, es handele sich um ein weiteres Produkt des Herstellers TESA AG (Beiersdorf) in der Reihe der ihm bekannten Klebebänder). 668

Die Verwechslungsgefahr unter dem Aspekt des Serienzeichens hat unter dem Begriff des **gedanklichen Inverbindungbringens** der jüngeren mit der älteren Marke Eingang in die Markenrechtsrichtlinie und das Markengesetz gefunden.[44] Mittelbare Verwechslungsgefahr ist erst zu prüfen, wenn die einander gegenüberstehenden Zeichen nach ihrem Gesamteindruck nicht unmittelbar miteinander verwechselbar sind. Sie ist zu bejahen, wenn die Zeichen in einem Bestandteil übereinstimmen, den der Verkehr als Stamm mehrerer Zeichen eines Unternehmens sieht und deshalb nachfolgende Bezeichnungen, die einen wesensgleichen Stamm aufweisen, dem gleichen Zeicheninhaber zuordnet.[45] Dazu besteht umso mehr Anlass, je öfter und intensiver ein Unternehmen bereits mit demselben Zeichenbestandteil innerhalb mehrerer Zeichen am Markt aufgetreten ist. 669

Eine Verwechslungsgefahr »**im weiteren Sinne**« besteht schließlich dann, wenn der Verkehr zwar die Unterschiede zwischen den Marken erkennt und auch durchaus verschiedenen betrieblichen Hintergründen zuordnet, aber einen tatsächlich unzutreffenden organisatorischen, gesellschafts- oder vertragsrechtlichen Zusammenhang zwischen den Markeninhabern unterstellt.[46] 670

b) Rechtsbegriff »Verwechslungsgefahr«

Mit der Entscheidung darüber, ob zwischen zwei Zeichen und den Waren oder Dienstleistungen, für die diese Zeichen verwendet werden, Verwechslungsgefahr besteht oder nicht, wird zugleich bestimmt, welchen **kennzeichenrechtlichen Abstand** diese Zeichen voneinander halten müssen, um miteinander koexistieren zu 671

43 Zur Unterscheidung von Zeichen (Signifikant), Bedeutung (Signifikat) und Referenzobjekt s. oben Rn. 8.

44 Vgl. EuGH GRUR 1998, 387 – Sàbel/Puma; BGH GRUR 1996, 200 – Innovadiclophlont; MarkenR 1999, 154 – Cefallone; MarkenR 2002, 165, 166 f. – BIG.

45 BGH MarkenR 2002, 165, 166 f. – BIG.

46 BGH MarkenR 2005, 519, 523 – coccodrillo; MarkenR 2004, 348, 352 – Zwilling/Zweibrüder, m.w.N.; zu einer Verwechslungsgefahr im weiteren Sinne bei Zusammenfallen von Marke und Unternehmenskennzeichen BGH MarkenR 2004, 406, 408 – Mustang.

dürfen: Wo Verwechslungsgefahr bejaht wird, ist der »Mindestabstand« zweier Zeichen unterschritten, wo sie verneint wird, ist er eingehalten. Die Rechtsprechung zur Verwechslungsgefahr bestimmt so, wie **dicht** der vorhandene Zeichenraum besiedelt werden kann.

672 Das Vorliegen einer Verwechslungsgefahr wird von der Rechtsprechung »unter Heranziehung aller Umstände des Einzelfalls« **normativ** festgestellt. Darauf, ob **tatsächlich** Verwechslungen der involvierten Zeichen beobachtet werden, kommt es dabei nicht an: ein Zeichen, das den normativ vorgegebenen Mindestabstand zu anderen Zeichen wahrt, kann durchaus tatsächlich mit diesen anderen Zeichen verwechselt werden, wie umgekehrt ein Zeichen, das den normativ vorgegebenen Mindestabstand zu anderen Zeichen nicht wahrt, in tatsächlicher Hinsicht nicht zu Verwechslungen geführt haben muss.[47] Empirisch festgestellte Verwechslungen sind weder notwendige noch hinreichende Voraussetzung für die Bejahung einer Verwechslungsgefahr, sondern allenfalls ein Indiz.[48] Dies gilt für die Markenkollision in- und außerhalb des Registers gleichermaßen.[49]

673 Aus dieser Konzeption der Verwechslungsgefahr als einem **Rechtsbegriff** folgt, dass das Vorliegen oder Nichtvorliegen von Verwechslungsgefahr

- nicht dem Beweis zugänglich ist, also nicht empirisch, etwa durch demoskopische Gutachten, ermittelt werden muss[50] und
- im Rechtsbeschwerdeverfahren oder im Revisionsverfahren uneingeschränkt überprüft werden kann.

674 Letzteres gilt auch insoweit, als bei der Prüfung der Verwechslungsgefahr auf die **Verkehrsauffassung** und sog. **Erfahrungssätze** zurückgegriffen wird. Beide Begriffe haben zwar einen offensichtlichen empirischen Bezug – einen Verkehr gibt es nur real und Erfahrungen lassen sich schwerlich außerhalb der Praxis machen; gleichwohl werden auch in diesem Bereich normative Feststellungen getroffen und revisionsrechtlich überprüft: Erfahrungssätze werden ohne konkreten empirischen Beleg aufgestellt und verworfen.[51]

675 Geradewegs kontrafaktisch – und deshalb ausschließlich **normativ** begründbar – ist schließlich der in ständiger Rechtsprechung bekräftigte Grundsatz, wonach kennzeichnungskräftige, insbesondere bekannte Marken einen weiteren Schutzbereich genießen (das heißt, die Annahme von Verwechslungsgefahr eher begründen und folglich einen größeren Zeichenabstand für sich beanspruchen können) als solche von normaler oder geringer Kennzeichnungskraft.[52] Eine empirische Betrachtung könnte demgegenüber durchaus zu der Erkenntnis gelangen, dass gerade die Bekanntheit eines Zeichens vor Verwechslungen schützt, was die Duldung eines geringeren Zeichenabstandes zu anderen Zeichen rechtfertigte. Die Kennzeichnungs-

47 BPatG MarkenR 2005, 100 – NATALLA/nutella.
48 Das EuG scheint den empirischen Nachweis der »friedlichen Koexistenz« zweier Zeichen als Indiz für fehlende Verwechslungsgefahr zuzulassen, vgl. EuG GRUR Int. 2005, 705, 709 – Grupo Sada.
49 Vgl. für den Verletzungsprozess BGH MarkenR 2004, 397, 402 – Internet-Versteigerung.
50 Vgl. OLG Hamburg GRUR-RR 2004, 245, 247 – magenta.
51 Vgl. etwa BGH MarkenR 2005, 232, 234 – Mey/Ella May (». . . Erfahrungssatz verneint, wonach der Verkehr bei erkennbar aus Vor- und Nachnamen gebildeten Marken sich allein oder vorrangig an dem Nachnamen orientiere«.).
52 EuGH MarkenR 1999, 22, 23 – Canon.

kraft selbst und die Bekanntheit eines Zeichens verlangen dagegen wiederum nach einer Feststellung der **tatsächlichen** Gegebenheiten.

c) Kriterien-Trias

Die Rechtsprechung stellt der Betrachtung zweier Zeichen zur Feststellung einer allfälligen Verwechslungsgefahr regelmäßig drei Grundsätze voran: **676**

- Die Beurteilung muss unter Heranziehung **aller Umstände des Einzelfalls** und umfassend erfolgen,
- es kommt dabei auf den jeweiligen **Gesamteindruck**[53] der einander gegenüberstehenden Zeichen an[54] und
- dabei ist von einer **Wechselwirkung** zwischen den Beurteilungsfaktoren der Waren-/Dienstleistungsidentität oder -ähnlichkeit, der Markenidentität oder -ähnlichkeit und der Kennzeichnungskraft der älteren Marke in der Weise auszugehen, dass ein geringerer Grad der Ähnlichkeit der Waren/Dienstleistungen durch einen höheren Grad der Ähnlichkeit der Marken oder der Kennzeichnungskraft der älteren Marke ausgeglichen werden kann und umgekehrt.[55]

---

53 Die Maßgeblichkeit des Gesamteindrucks schließt aber nicht aus, dass einem einzelnen Zeichenbestandteil eine besondere, das gesamte Zeichen prägende Kennzeichnungskraft beigemessen und deshalb wegen der Übereinstimmung der Zeichen in dem jeweils prägenden Bestandteil die Gefahr einer Verwechslung bejaht wird, wenn die anderen Bestandteile im Rahmen des Gesamteindrucks in den Hintergrund treten.

54 Vgl. BGH MarkenR 2004, 72, 74 – Davidoff II; MarkenR 2004, 125 – MIDAS/medAS.

55 Vgl. zu § 9 Abs. 1 Nr. 2 MarkenG BGH MarkenR 2000, 359 f. – Bayer/BeiChem, m.w.N.; MarkenR 2000, 364 – Carl Link; zu § 14 Abs. 2 Nr. 2 MarkenG BGH MarkenR 2004, 406, 407 – Mustang, m.w.N.; BGH MarkenR 2000, 333, 334 – Davidoff I; BGH MarkenR 2003, 465, 466 – Kelly, jeweils m.w.N.; in der Diktion des EuG muss die Prüfung »umfassend, gemäß der Wahrnehmung der in Frage stehenden Waren und Dienstleistungen durch die maßgeblichen Verkehrskreise und unter Berücksichtigung aller Umstände des Einzelfalls, insbesondere der Wechselbeziehung zwischen der Zeichenähnlichkeit und der Produktähnlichkeit,« beurteilt werden; EuG GRUR Int. 2006, 144, 145 – Arthur/Arthur et Felicie.

677 

Übersicht 23: Kriterien der Verwechslungsgefahr

2. Waren- oder Dienstleistungsähnlichkeit

678 In der Rechtsprechung zum WZG wurde die »Gleichartigkeit« der Waren als conditio sine qua non einer jeden Verwechslungsgefahr angesehen; sie wurde unabhängig vom Einzelfall, das heißt selbstständig und ohne Berücksichtigung einer Verwechslungsfähigkeit der konkret in Rede stehenden Zeichen bestimmt.[56] Die daraus entstandene Kasuistik wurde nach Art eines »Gleichartigkeitskataloges«[57] in nachfolgenden Verfahren verwendet. Wurden die betroffenen Waren nach diesem **statischen** System nicht als gleichartig angesehen, schied eine Verwechslungsgefahr a

56 Grundlegend BGH GRUR 1956, 172, 174 – Magirus.
57 Vgl. *Richter*, Warengleichartigkeit einschließlich Dienstleistungsgleichartigkeit.

priori aus. Einen § 9 Abs. 1 Nr. 3 MarkenG entsprechenden Schutz außerhalb des Ähnlichkeitsbereiches kannte das WZG nicht.

Das MarkenG hat dieses System nicht übernommen. Der Begriff der Verwechslungsgefahr entstammt vielmehr der Markenrichtlinie,[58] in deren Erwägungsgründen es heißt: »Der Schutz (der eingetragenen Marke, Anm. d. Verf.) erstreckt sich ebenfalls auf Fälle der Ähnlichkeit von Zeichen und Marke und der jeweiligen Waren oder Dienstleistungen. Es ist unbedingt erforderlich, den Begriff der **Ähnlichkeit im Hinblick auf die Verwechslungsgefahr** auszulegen. Die Verwechslungsgefahr stellt die spezifische Voraussetzung für den Schutz dar; ob sie vorliegt, hängt von einer Vielzahl von Umständen ab, insbesondere dem Bekanntheitsgrad der Marke im Markt, der gedanklichen Verbindung, die das benutzte oder eingetragene Zeichen zu ihr hervorrufen kann, sowie dem **Grad der Ähnlichkeit zwischen der Marke und dem Zeichen und zwischen den damit gekennzeichneten Waren oder Dienstleistungen**.«[59] 679

Ganz in diesem Sinne will auch die Begründung des Regierungsentwurfes zum Markengesetz bei der Beurteilung der Ähnlichkeit von Waren oder Dienstleistungen »alle relevanten Gesichtspunkte« berücksichtigt wissen und zählt dazu beispielhaft »die Stärke oder Schwäche der jeweiligen Marken sowie die Herstellungsbetriebe und auch die Vertriebswege der jeweiligen Waren oder Dienstleistungen« auf.[60] 680

Die Warenähnlichkeit ist damit weder das einzige, noch ist sie ein selbstständiges Kriterium für die Bestimmung der Verwechslungsgefahr. Sie hat »nicht mehr die Funktion einer festen sachlichen Begrenzung des Schutzumfanges« und stellt »lediglich eines von mehreren zueinander in Wechselwirkung tretenden und deshalb von Fall zu Fall auch unterschiedlich zu gewichtenden Kriterien für die Beurteilung der Rechtsfrage, ob eine Verwechslungsgefahr besteht,« dar.[61] Die Abkehr von einem starren System der Warengleichartigkeit zu Gunsten einer für das europäische Recht typischen Einzelfallbetrachtung mag mit einem Verlust an Rechtssicherheit einhergehen; auch ist der Begriff der Ähnlichkeit nach seinem lexikalischen Wortsinne zweifellos weiter als der der Gleichartigkeit. Auf eine Ausweitung des Schutzes eingetragener Marken zu Lasten möglicher Neueintragungen darf daraus gleichwohl nicht geschlossen werden. Denn der Rekurs auf ein breiteres Spektrum relevanter Gesichtspunkte bei der Bestimmung der Verwechslungsgefahr und die Berücksichtigung einer (tautologieverdächtigen) Wechselwirkung von Ähnlichkeit und Verwechslungsgefahr besagt nichts über den in Anwendung dieser Grundsätze verwirklichten, tatsächlichen Schutzumfang. Zutreffend hat deshalb das OLG Hamburg festgestellt, dass sich eine undifferenzierte Annahme, der Ähnlichkeitsbereich sei unter der Geltung des Markengesetzes eher weiter zu ziehen als der frühere Gleichartigkeitsbereich, verbiete. Vielmehr komme es darauf an, sämtliche Umstände der jeweils individuellen Kollisionslage genauer als bisher daraufhin zu untersuchen, ob für das Publikum die Gefahr von Fehlzuordnungen bezüglich der be- 681

58 Art. 4 Abs. 1 lit. b, Art. 5 Abs. 1 lit. b MarkenRL 89/104/EWG.
59 10. ErwG der Richtlinie, Hervorhebungen d.d. Verf.
60 BT-Drs. 12/6581, S. 72.
61 So der BGH in der Entscheidung Oxygenol II, GRUR 1995, 216, 219; vgl. aber auch die Rspr. des BPatG, das in GRUR 1995, 488 – APISOL/Aspisol und GRUR 1995, 584 – sonett an die überkommene Rechtsprechung zur Warengleichartigkeit »anknüpfen« wollte und sich erst in GRUR 1996, 356, 359 – JOHN LORD/JOHN LOBB, deutlicher davon absetzte; s. dazu *Bous* GRUR 2002, 19, 21 f.

trieblichen Herkunft der mit den kollidierenden Zeichen versehenen Waren zu besorgen sei.[62]

682 Eine Ausweitung des faktisch gewährten Schutzes als Folge der Markenrichtlinie stünde überdies im Widerspruch zur europäischen Grundkonzeption der Warenverkehrs- und Dienstleistungsfreiheit und dem daraus folgenden Verbot ungerechtfertigter Handelshemmnisse und müsste den Erfolg der Gemeinschaftsmarke untergraben. Die Kommission hat denn auch in ihrem ursprünglichen Vorschlag zur Markenrichtlinie noch das Vorliegen einer »ernsthaften« Verwechslungsgefahr vorgesehen und die allzu eifrige Bejahung der Verwechslungsgefahr durch nationale Gerichte wurde vor dem Europäischen Gerichtshof mitunter heftig kritisiert.[63]

683 Der Ähnlichkeitsbegriff muss sich streng an der Funktion der Marke orientieren, eine exklusive Kommunikation zwischen Anbieter und Nachfrager zu vermitteln. Ähnlichkeit – und in der Folge Verwechslungsgefahr – implizieren, dass diese Kommunikation fehlgeleitet zu werden droht. Das wird meist dann der Fall sein, wenn bei identischen oder ähnlichen Marken tatsächlich angebotene[64] Waren oder Dienstleistungen betroffen sind,

- die im **Wettbewerb** zueinander stehen oder sich **funktional komplementär** ergänzen,
- die regelmäßig von denselben Unternehmen **hergestellt** oder
- auf denselben Wegen **vertrieben**[65] oder
- zumindest vom Verbraucher im selben wirtschaftlichen oder sozialen Kontext **nachgefragt** werden.[66]

684 Eine »äußere« Grenze des Ähnlichkeitsbereiches besteht auch unter der Anwendung des relativierten, flexiblen Ähnlichkeitsbegriffes. Daran ändert auch das in § 9 Abs. 1 Nr. 2 MarkenG erwähnte »gedankliche Inverbindungbringen« nichts. Eine freie Assoziation zweier Marken, Waren oder Dienstleistungen verlangt keine Ähnlichkeit.[67] Sie als mögliche ausreichen zu lassen, hieße, auf jede an empirisch

---

62 OLG Hamburg GRUR-RR 2003, 211, 212 – Jack Wolfskin; nach *Ströbele/Hacker* § 9 Rn. 42 soll der Ähnlichkeitsbereich des Markengesetzes »eher weiter« zu ziehen sein als der frühere Gleichartigkeitsbereich, nach *v. Schultz/Schweyer* § 14 Rn. 50 »grundsätzlich weiter«.

63 Vgl. Generalanwalt *Jacobs* vor dem EuGH im Verfahren HAG II, GRUR Int. 1990, 960, 968, Nr. 36, mit Bezug auf BPatG GRUR 1975, 74 – LUCKY WHIP/Schöller Nucki.

64 Wird die ältere Marke lediglich für einen Teil der Waren, für die sie eingetragen ist, benutzt, so gilt sie zur Beurteilung der Warenähnlichkeit im Kollisionsfall lediglich für diesen Teil als eingetragen, BGH MarkenR 2006, 409 – Ichthyol II.

65 Vgl. etwa BPatG GRUR 1996, 356, 359 – JOHN LORD/JOHN LOBB, zur Warenähnlichkeit von Schuhen und Bekleidung; dagegen allerdings BGH GRUR 1999, 164: Die Annahme markenrechtlicher Warenähnlichkeit von Schuhen und Bekleidungsstücken könne nicht allein daraus hergeleitet werden, dass das Angebot dieser Waren vereinzelt, vor allem bei Anbietern hochpreisiger Erzeugnisse, im Verkaufsgeschäft in engem räumlichen Zusammenhang erfolge. Vielmehr komme es maßgebend darauf an, dass im Übrigen insbesondere hinsichtlich der Herstellungsstätten, der Stoffbeschaffenheit, der Zweckbestimmung und Verwendungsweise sowie der Vertriebswege der Waren erhebliche, die Verkehrsauffassung im Sinn einer Unähnlichkeit der Waren maßgeblich beeinflussende Unterschiede gegeben seien.

66 Da für die Waren- oder Dienstleistungsähnlichkeit bei eingetragenen Marken das Waren-/Dienstleistungsverzeichnis maßgeblich ist, kommt es allerdings nicht darauf an, ob und wie der Inhaber selbst ein Produkt konkret vertreibt, sondern darauf, wie die Produkte des Verzeichnisses dem Konsumenten allgemein begegnen.

67 Vgl. hierzu den Vorlagebeschluss des BGH EuZW 1995, 778 – Springende Raubkatze.

feststellbaren Faktoren anknüpfende Ähnlichkeit zu verzichten und damit die systematisch und teleologisch zwingende Abgrenzung des »Ähnlichkeitsbereiches« nach § 9 Abs. 1 Nr. 2 MarkenG zum Sonderschutz bekannter Marken nach § 9 Abs. 1 Nr. 3 MarkenG aufzugeben. Wer Marken, Waren oder Dienstleistungen ohne äußerlichen Anlass willkürlich »gedanklich in Verbindung bringt«, mag sie zwar anschließend verwechseln; er tut dies aber nicht mehr »wegen« ihrer Ähnlichkeit, wie das Gesetz verlangt.

Deutlicher wird die unerlässliche **Kausalbeziehung** zwischen Ähnlichkeit und Verwechslung in den Erwägungsgründen der Markenrichtlinie und der Gemeinschaftsmarkenverordnung. Beide sprechen übereinstimmend davon, die Gefahr einer Verwechslung hänge auch von der gedanklichen Verbindung zu der geschützten Marke ab, die das benutzte oder eingetragene Zeichen zu ihr **hervorrufen** könne. Zurecht wurde die Warenähnlichkeit deshalb für Weine und alkoholische Getränke einerseits, Teigwaren und dazugehörige Soßen andererseits verneint, obwohl die für beide identische Marke »Garibaldi« sogar darauf hindeutete, dass beide Waren aus Italien importiert wurden.[68] 685

Das »gedankliche Inverbindungbringen« als Ursache der Verwechslung hat aber auch im Bereich der Waren- und Dienstleistungsähnlichkeit die Bedeutung, dass eine solche nicht erst dann zu bejahen ist, wenn der angesprochene Verkehr irrig von einer gemeinsamen betrieblichen Quelle der involvierten Produkte ausgeht, sondern schon dann, wenn das Publikum hinter den in Rede stehenden Waren oder Dienstleistungen ein einheitliches Unternehmen oder zumindest wirtschaftlich miteinander verbundene Unternehmen im Sinne einer **einheitlichen Produktverantwortung** für beide Produkte annimmt.[69] Hier zeigt sich die begriffliche Verzahnung der Ähnlichkeit mit den Formen der unmittelbaren, der mittelbaren Verwechslungsgefahr und der Verwechslungsgefahr im weiteren Sinne.[70] 686

Beispiel: 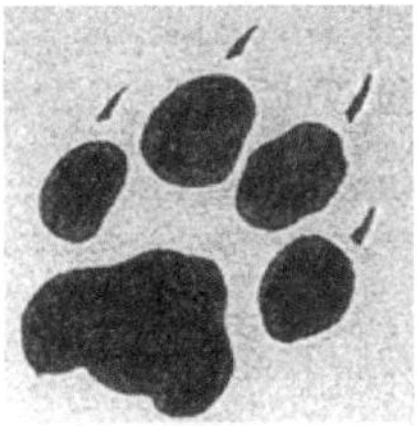

Die Klägerin, ein sog. **Outdoorausrüster**, verwendet für ihre unter der Marke Jack Wolfskin vertriebenen Produkte auch ein – ebenfalls als Marke registriertes – Bildsymbol, das den Abdruck einer Tatze wieder gibt. Eine Berliner Tageszeitung verwendet dieses Symbol in nahezu identischer Form für ihre **Druckerzeugnisse** sowie für **Werbegeschenke** als Prämie für die Werbung neuer Abonnenten. Sie meldet das hier wieder gegebene Zeichen für »Fahrräder, Waren aus Leder und Lederersatzstoffen, nämlich Taschen, Regenschirme, Tücher, insbesondere Handtücher, Badetücher, Bekleidungsstücke, insbesondere T-Shirts, Sweatshirts, Kopfbedeckungen, insbesondere Baseballmützen sowie Spiele, insbesondere Kartenspiele« an. 687

68 BPatG GRUR 1995, 739 – Garibaldi; im selben Sinne BPatG Mitt 1995, 255 – Jac/Jacomo.
69 S. hierzu EuGH MarkenR 1999, 22 – Canon sowie BGH MarkenR 1999, 93 – Tiffany: Entscheidend für die Ähnlichkeit von Waren ist nicht die Feststellung gleicher Herkunftsstätten, sondern die Erwartung des Verkehrs von einer Verantwortlichkeit desselben Unternehmens für die Qualität der Waren.
70 S. oben Rn. 667 ff.

Darüber hinaus verwendet die Beklagte auch das nebenstehende Symbol, bei dem in den Abdruck der Tatze die Buchstaben »taz« eingefügt sind, unter denen die von ihr herausgegebene Tageszeitung bekannt ist. Gegen die Benutzung beider Symbole wendet sich die Klägerin.

688 Die involvierten Zeichen sind sich im erstgenannten Falle – **der Tatze ohne Buchstaben** – hochgradig ähnlich. Das ältere Zeichen der Klägerin besitzt für die von ihr vertriebenen Produkte schon von Hause aus jedenfalls durchschnittliche Kennzeichnungskraft. Der Abdruck einer Tierspur als Zeichen für sportliche Bekleidung und Zubehör, insbesondere für das so genannte outdoor-Segment, ist originell und lässt Raum für verschiedenste Assoziationen, wie z.B. Nähe zur Natur, Kraft und Schnelligkeit eines wild lebenden Tieres, Freiheit und Abenteuer. Vor diesem Hintergrund hängt der Vorrang des prioritätsälteren Zeichens vom Bestehen einer Verwechslungsgefahr und diese maßgeblich von der Ähnlichkeit der Waren oder Dienstleistungen ab:[71]

- Zwischen den Produkten **Outdoor-Bekleidung** der Klägerin und den von der Beklagten angemeldeten Waren aus Leder und Ledererersatzstoffen, nämlich »**Taschen, Bekleidungsstücke, insbesondere T-Shirts und Sweatshirts sowie Kopfbedeckungen, insbesondere Baseballmützen**«, besteht **Identität**. Bei jedenfalls durchschnittlicher Kennzeichnungskraft des älteren Zeichens, hochgradiger Zeichennähe und Warenidentität kann kein Zweifel daran bestehen, dass insoweit eine **unmittelbare Verwechslungsgefahr** besteht.

- Zwischen der Ware **Fahrradtaschen** der Klägerin und den von der Beklagten angemeldeten »**Fahrrädern**« sowie zwischen der Ware **Regenkleidung** der Klägerin und den von der Beklagten angemeldeten »**Regenschirmen**« besteht trotz größerer Warenferne ebenfalls Warenähnlichkeit. Der Verkehr wird jedenfalls dann auf eine gemeinsame betriebliche Herkunft solcher komplementärer oder funktionsgleicher Produkte schließen, wenn ihm beide unter einem nahezu identischen Zeichen angeboten werden. Unmittelbare Verwechslungsgefahr ist zu bejahen.

- Warenähnlichkeit besteht schließlich auch zwischen der von der Klägerin vertriebenen **Bekleidung** und »**Tüchern, insbesondere Handtüchern und Badetüchern**.« In beiden Fällen handelt es sich um Textilien, die zum persönlichen Gebrauch bestimmt sind und die auch auf Reisen oder Wanderungen mitgenommen werden. Die Annahme, dass gleich gekennzeichnete Produkte aus demselben Betrieb stammen, ist mehr als nahe liegend. Unter Berücksichtigung durchschnittlicher Kennzeichnungskraft der klägerischen Marke und der hochgradigen Zeichenidentität ist auch hier unmittelbare Verwechslungsgefahr gegeben.

- Zwischen den Waren der Klägerin (**Outdoorausrüstung**) und den von der Beklagten angemeldeten »**Spielen, insbesondere Kartenspielen**« besteht dagegen keinerlei Ähnlichkeit. Der Verkehr wird aus entsprechend gekennzeichneten Waren

71 Beispiel nach OLG Hamburg GRUR-RR 2003, 211 – Jack Wolfskin.

auch nicht auf eine (gesellschafts-)rechtliche Verbundenheit der Hersteller schließen. Verwechslungsgefahr, und sei es auch nur eine solche im weiteren Sinne,[72] scheidet aus.

Im Falle des zweiten, oben wieder gegebenen Zeichens – **der Tatze mit der Inschrift »taz«** – bleibt die festgestellte Ähnlichkeit oder Unähnlichkeit der betroffenen Waren **unverändert**. Dagegen hat sich der Abstand der involvierten Zeichen durch die Kombination von Bild und Buchstaben (»taz«) im Zeichen der Beklagten erheblich vergrößert. Die Frage der Verwechslungsgefahr muss deshalb für jede Ware **erneut** danach entschieden werden, ob die Ähnlichkeit der Waren in ihrer **Wechselbeziehung** zur – jetzt deutlich geringeren – Ähnlichkeit der Zeichen die Gefahr begründet, dass die so gekennzeichneten Waren irrtümlich der gemeinsamen Verantwortung eines Unternehmens zugeschrieben werden. Das OLG Hamburg hat dazu in diesem Falle entschieden, 689

- eine **unmittelbare** Verwechslungsgefahr der beiden Zeichen bestehe weder in bildlicher, noch in klanglicher oder begrifflicher Hinsicht;
- für einen Teil der im Klageantrag beanspruchten Produkte bestehe jedoch die Gefahr, dass der von der Beklagten benutzte Tatzenabdruck mit der Aufschrift »taz« mit der Klägerin im Sinne einer geschäftlichen Beziehung der Parteien »gedanklich in Verbindung gebracht« werde, was eine **Verwechslungsgefahr im weiteren Sinne** begründe.

Dafür spreche, dass – obwohl die Beklagte als Herausgeberin einer überregionalen Tageszeitung bekannt sei, die sich nicht als Händlerin für Textilien und verwandte Produkte betätige –, gerade bei Zeitungen und Zeitschriften häufig ein so genannter Merchandisingbereich zu Werbezwecken betrieben werde. Werbegeschenke aus allen möglichen Produktbereichen würden z.B. für längerfristige Abonnements in großem Umfang angeboten. Der Verkehr nehme nicht an, dass die Zeitungsverlage derartige Produkte selbst herstellten, sondern gehe zutreffend davon aus, dass diese von dritter Seite bezogen würden. Weil dabei auch Markenprodukte als Werbegeschenke abgegeben würden, werde der Teil des Verkehrs, der das Tatzensymbol der Klägerin kenne, jedenfalls in signifikantem Umfang annehmen, dass die von der Beklagten vertriebenen Produkte auf Grund einer entsprechenden Lizenz aus dem Hause der Klägerin stammten, wobei wegen der besseren Werbewirksamkeit für die Beklagte die Tatze zusätzlich die Aufschrift »taz« erhalten habe. Dies gelte jedenfalls für die Produkte aus dem **Identitätsbereich** mit den Waren der Klägerin, nämlich Taschen, Bekleidungsstücke und Kopfbedeckungen, aber auch noch für Tücher, insbesondere Handtücher, als Textilprodukte im **sehr nahen Warenähnlichkeitsbereich** lägen. 690

Demgegenüber reiche der Grad der Warenähnlichkeit zwischen Fahrrädern und Fahrradtaschen für die Bejahung einer Verwechslungsgefahr im weiteren Sinne nicht aus. Der **Unterschied** zu der durch Kennzeichnung der Fahrräder allein mit dem Tatzensymbol heraufbeschworenen Verwechslungsgefahr liege hier in der **relativen Unähnlichkeit** der Zeichen, die der Verkehr bei gegebener **Warenferne** als abgrenzend und nicht als verbindend wahrnehme. Gleiches gelte für das Produkt »Regenschirme«, welche typische Werbegeschenke darstellten, bei denen der Ver- 691

72 S. dazu oben Rn. 667 ff., 670.

kehr keine Herkunft von einem Markenwarenhersteller erwarte. Auch hier bestehe eine gewisse Warenferne zu den von der Klägerin hauptsächlich vertriebenen Textilien und Outdoor-Produkten, die nur im Falle der Kennzeichnung mit der Tatze ohne Buchstaben, das heißt mit der Benutzung eines nahezu identischen Zeichens noch habe überwunden werden können.

692 Hinsichtlich der »Spiele, insbesondere Kartenspiele« stellte sich die Frage der Verwechslungsgefahr nicht mehr, nachdem eine solche bereits im Hinblick auf das nahezu identische Zeichen wegen absoluter Warenunähnlichkeit verneint worden war. Der Fall zeigt exemplarisch, dass Verwechslungsgefahr in drei Punkten betrachtet werden muss: in der Feststellung der Waren- oder Dienstleistungsähnlichkeit, in der Feststellung der Zeichenähnlichkeit unter Berücksichtigung der Kennzeichnungskraft des älteren Zeichens und in der **Wechselbeziehung** beider Ähnlichkeiten zueinander. Erst letztere entscheidet darüber, ob bei einer großen Waren- oder Branchenentfernung oder einem erheblichen Zeichenabstand letztlich noch Verwechslungsgefahr angenommen werden kann.

693 Wo keinerlei Ähnlichkeit der Waren oder Dienstleistungen festgestellt wird, beginnt die »absolute« **Unähnlichkeit**, die die Annahme einer Verwechslungsgefahr a priori ausschließt. Unähnlichkeit der Waren- und Dienstleistungen ist dann anzunehmen, wenn der Abstand der beteiligten Waren oder Dienstleistungen – auch bei unterstellt identischen Marken und großer Kennzeichnungskraft der älteren Marke – der Annahme des Verkehrs schlechthin entgegensteht, beide Produkte stammten aus denselben oder zumindest wirtschaftlich miteinander verbundenen Unternehmen.

694 Diesseits der absoluten Unähnlichkeit liegt der Bereich der Ähnlichkeit, der für eine **Differenzierung** nach stärkerer oder schwächerer Ähnlichkeit in der Art offen ist, dass die Wechselbeziehung zum Grad der Ähnlichkeit der involvierten Marken über das Vorliegen einer Verwechslungsgefahr entscheidet: eine geringe Ähnlichkeit der Waren oder Dienstleistungen kann durch eine hohe Ähnlichkeit der beteiligten Zeichen **kompensiert** werden und umgekehrt – doppelt geringe Ähnlichkeit kann unzureichend sein, um eine Verwechslungsgefahr zu begründen. Diese Wechselbeziehung impliziert denknotwendig, dass ein und dieselben Waren- oder Dienstleistungspaare zwar zueinander immer dieselbe Ähnlichkeit aufweisen, aber abhängig von den jeweils für sie registrierten bzw. benutzten Zeichen einmal Verwechslungsgefahr begründen können, ein anderes Mal nicht.

695 Beim Rekurs auf die zur Ähnlichkeit von Waren und Dienstleistungen vorhandene Spruchpraxis[73] muss dies berücksichtigt werden: wurde etwa in einer Entscheidung bei identischen Marken und geringer Warenähnlichkeit Verwechslungsgefahr festgestellt, kann daraus für einen anderen Fall, in dem dieselben Waren beteiligt sind, nur der Schluss gezogen werden, dass sich diese Waren nicht absolut unähnlich sind, nicht dagegen der, dass auch in der aktuellen Zeichenkonstellation, etwa bei nur entfernt ähnlichen Marken, Verwechslungsgefahr vorliegen müsse.

696 Beispiel: Das Bundespatentgericht hat zur Ähnlichkeit von »Fahrrädern« einerseits und »Bekleidungsstücken, Schuhwaren, Kopfbedeckungen« andererseits, die jeweils unter der identischen Marke BANESTO vertrieben

73 Einen hervorragenden Überblick gibt die Sammlung von *Richter/Stoppel*, Die Ähnlichkeit von Waren und Dienstleistungen.

wurden, festgestellt, die beiden Waren, die als Oberbegriffe auch die entsprechenden freizeit- und sportgerechten Ausführungsformen mit umfassen könnten, seien »noch ähnlich im markenrechtlichen Sinne«, wiesen aber »von Hause aus eine **ganz erhebliche Warenferne**« auf; allerdings sei diese Warenferne nicht in der Lage, bei **identischen** Kennzeichnungen – hier: BANESTO – die Gefahr von Verwechslungen mit hinreichender Sicherheit auszuschließen.[74]

»Fahrräder« und »Bekleidungsstücke, Schuhwaren, Kopfbedeckungen« sind danach nicht schlechterdings unähnlich; ob sie aber auch bei einem Vertrieb unter verschiedenen Marken geringer Ähnlichkeit (und schwacher Kennzeichnungskraft des älteren Zeichens) Verwechslungsgefahr begründeten, ist mehr als fraglich.

3. Zeichenähnlichkeit

Sind die involvierten Marken nicht identisch, interessiert das Ausmaß ihrer Übereinstimmung, ihre Ähnlichkeit. Maßgeblich ist die registrierte Marke, nicht die tatsächlich benutzte; zulässige Abweichungen[75] bleiben unberücksichtigt. Farbig eingetragene Marken sind auf die angegebene Farbe beschränkt, schwarz-weiße dagegen nicht auf die farblose Wiedergabe.[76] Damit ist allerdings nicht ausgeschlossen, dass trotz unterschiedlicher Farbgestaltung Verwechslungsgefahr besteht; zwei Wort-/Bildmarken, die aus demselben Wort bestehen und nur grafisch-farblich unterschiedlich aufgemacht sind, können wegen des übereinstimmenden, das Gesamtzeichen prägenden Wortbestandteils durchaus verwechslungsfähig sein. 697

Der Vielgestaltigkeit von Marken entsprechend[77] kann die Gefahr der Verwechslung alternativ oder kumulativ 698

- an die **klangliche** Erscheinung zweier Marken (dies gilt nicht nur für die Hörmarke, sondern insbesondere auch für die gesprochene Wortmarke),
- an ihre **bildliche** (Bildmarken) oder schriftbildliche (Wort-/Bildmarken) Gestalt sowie
- an den **Sinngehalt**, den die jeweilige Marke als semantisches Zeichen transportiert,

anknüpfen. Für die Annahme einer Verwechslungsgefahr genügt in der Regel bereits die hinreichende Übereinstimmung in einer Hinsicht.[78] Nicht anders als bei der Frage der Waren- oder Dienstleistungsähnlichkeit ist auch bei der Ähnlichkeit der Zeichen sei von einer **Wechselwirkung** in der Weise auszugehen, dass ein geringerer Grad der Ähnlichkeit der Waren/Dienstleistungen durch einen höheren Grad der Ähnlichkeit der Marken oder der Kennzeichnungskraft der älteren Marke ausgeglichen werden kann und umgekehrt.[79] So kann etwa bei Warenidentität und ge-

74 BPatG BlPMZ 1998, 546.
75 S. dazu oben Rn. 616 ff.
76 BPatG MarkenR 2002, 348, 351, 352 – Farbige Arzneimittelkapsel; s. oben Rn. 516 ff.
77 S. dazu oben Rn. 124 ff., 148 ff.
78 BGH MarkenR 2004, 348 – Zwilling/Zweibrüder, mit Verweis auf BGH MarkenR 1999, 57 – Lions; BGH MarkenR 2003, 465, 467 – Kelly.
79 S. dazu oben Rn. 676 f.

steigerter Kennzeichnungskraft der Widerspruchsmarke bereits ein nur geringer Ähnlichkeitsgrad der Marken ausreichen, um eine Verwechslungsgefahr zu begründen.[80]

a) Klangliche Ähnlichkeit

699 Nach dem akustischen Eindruck, den die gesprochene Marke hinterlässt, können zwei »nach dem Buchstaben« durchaus unähnliche Marken verwechslungsfähig sein. Je nach Klangbild des gesprochenen Wortes können etwa Endsilben verschwinden oder zurücktreten, unterschiedliche Schreibweisen in der Aussprache nicht hervortreten oder harte und weiche Konsonanten einheitlich gesprochen werden. Die Zahl der Silben, ihre Betonung und die »Sprachmelodie« kommen hinzu. Bei fremdsprachigen Begriffen ist sowohl die korrekte als auch eine davon abweichende »deutsche« Aussprache berücksichtigungsfähig.[81] Selbst mögliche Dialekte werden, wenn auch meist ohne Erfolg, für eine Verwechslungsgefahr ins Feld geführt.[82] In jedem Falle verlangt die Annahme klanglicher Verwechslungsgefahr eine genaue **Analyse des phonetischen Erscheinungsbildes** beider Marken, ihrer Gemeinsamkeiten und Unterschiede.

700 Beispiel: Es kollidieren die Wortmarken »Staurodorm« und »Stadadorm«, die jeweils für Schlafmittel, mithin für identische Waren benutzt werden. Das OLG Köln stellt zur Ähnlichkeit der beiden Zeichen fest:[83]

»... Beide Bezeichnungen sind etwa gleich lang und bestehen aus drei Silben. Die Endsilbe der Bezeichnungen ist identisch. Dem mag für sich genommen keine besondere Bedeutung zukommen, weil die Identität sich auf den kennzeichnungsschwachen Teil der Begriffe bezieht, hinzu kommt indes eine Reihe von Ähnlichkeiten in Bezug auf die jeweiligen ersten beiden Silben der Bezeichnungen.

So sind beide in klanglicher Hinsicht ähnlich strukturiert, weil die betreffenden Vokale klangverwandt sind. In der ersten Silbe stehen sich mit dem Vokal »a« und dem Diphthong »au« zwei offene Laute gegenüber, dasselbe gilt für die beiden Vokale der zweiten Silbe, nämlich das »a« in Stadadorm und das offen gesprochene »o« in Staurodorm.

Die verwendeten Konsonanten sind überwiegend, nämlich die gerade am markanten Wortanfang stehenden beiden Buchstaben »St«, identisch. Überdies werden beide Begriffe auf der ersten Silbe betont, was auch in der Klangfolge der gesprochenen Worte zu dem Eindruck erheblicher Ähnlichkeit beiträgt.

Diese eine Ähnlichkeit belegenden Einzelheiten werden nicht durch die gewisse Eigentümlichkeit aufgewogen, die die Wiederholung des Konsonanten »d« in dem Begriff Stadadorm diesem verleiht. Es überwiegen vielmehr in der gebotenen Gesamtschau der prägenden Elemente die Ähnlichkeiten sogar deutlich ...«

---

80 Vgl. BGH MarkenR 2000, 422, 424 – Drei-Streifen-Kennzeichnung, m.w.N.
81 Vgl. BPatG GRUR 1996, 414 – RACOON/DRAGON: Eine klangliche Ähnlichkeit ergibt sich gerade bei »unrichtiger« Aussprache.
82 Vgl. dazu BPatG PMZ 1995, 326, 327 – Focus/Logos.
83 GRUR 1995, 490 – Staurodorm/Stadadorm.

Die Rechtsprechung geht zutreffend davon aus, dass sich die betroffenen Verkehrskreise nur selten mit beiden Marken gleichzeitig konfrontiert sehen. Für die Verwechslung ist also regelmäßig zumindest eine der beiden Marken nur als erinnerte von Bedeutung. Der **Wortanfang** wird dabei regelmäßig stärker erinnert als das Wortende;[84] so werden etwa die unterschiedlichen Endsilben der Zeichen »Kellogg's« und »Kelly's« nicht betont, sodass bei nicht aufmerksamem Hinhören Verwechslungen nicht auszuschließen sind.[85] Die **übereinstimmenden Teile** zweier Marken werden stärker wahrgenommen als die differierenden, auch wenn sie nicht den Wortanfang markieren.[86] Werden bei einer Wortmarke **Silben eingeschoben** oder **angehängt**, hängen Ähnlichkeit und Verwechslungsgefahr davon ab, wie lange das Gesamtzeichen ist, welche Silben betont werden, und ggf., ob und wie sich der Sinn des Zeichens ändert. **701**

Beispiele: Zwischen den Abkürzungen »DKV« und »OKV«, die beide im Versicherungswesen verwendet werden, besteht keine klangliche Verwechslungsgefahr, weil im Rahmen der relativ kurzen Buchstabenfolgen die am betonten **Anfang** liegenden Unterschiede in den Lauten »D« und »O« akustisch deutlich hervortreten. Dies umso mehr, als in dem in den einander gegenüberstehenden Marken übereinstimmenden Laut »V« nicht das kennzeichnende Schwergewicht liegt, weil dieser Laut im Versicherungswesen in zahlreichen Firmennamen und Firmenabkürzungen oder Firmenschlagworten als Abkürzung für »Versicherung« verwendet wird.[87] **702**

Bei den beiden Zeichen »NEURO-VIBOLEX« und »NEURO-FIBRAFLEX« kommt den Abweichungen in der **Zeichenmitte** angesichts der gleichen Silbenzahl, der Silbengliederung und -länge sowie der Betonung der beiden Zeichen keine für die Bestimmung des Gesamteindrucks maßgebliche Bedeutung zu.[88]

Die Marken »il Padrone« und »Il Portone« sind verwechslungsfähig. Beide Zeichen weisen im Klang eine große Ähnlichkeit auf. Zum klanglich ähnlichen Gesamteindruck der Marken trägt der gleiche Wortbestandteil »il« bei. Der Anfangsbuchstabe »P« und das **Wortende** »one« sind identisch. Dies gilt auch für die Silbenzahl. Die Vokalfolge von »Padrone« und »Portone« weist mit a – o – e und o – o – e eine nicht unerhebliche Ähnlichkeit auf. Die jeweils ersten Vokale »a« bzw. »o« weisen keine so deutlichen Unterschiede auf, dass sie zu einer wesentlichen Unterscheidung des Gesamteindrucks führten. Entsprechendes gilt für den mittleren Teil der Wörter »dr« und »rt« in »Padrone« und »Portone«.
Die klangliche Ähnlichkeit wird auch nicht durch einen ohne weiteres erkennbar abweichenden **Bedeutungsinhalt** der Markenwörter aufgehoben oder reduziert, weil die Bedeutung von »Padrone« (Eigentümer, Be-

---

84 Ausnahmsweise kann aber auch dem Wortende größere Bedeutung zukommen, wenn der Wortanfang kennzeichnungsschwach ist, vgl. BGH GRUR 1995, 50 – Indorektal/Indohexal.

85 BGH MarkenR 2003, 461, 463 – Kellogg's/Kelly's.

86 BGH GRUR 1993, 972, 975 – Sana/Schosana, m.w. Nachw.

87 BGH MarkenR 2002, 332 – DKV/OKV.

88 BGH MarkenR 2004, 356 – NEURO-VIBOLEX/NEURO-FIBRAFLEX.

sitzer, Arbeitgeber) und »Portone« (Tor, Eingang, Toreinfahrt) den inländischen Verkehrskreisen weit gehend nicht geläufig ist.[89]

b) Bildliche/schriftbildliche Ähnlichkeit

703 Nicht anders als der akustische Eindruck des gesprochenen Wortes, können auch der **optische** Eindruck einer Bild- oder Farbmarke oder einer dreidimensionalen Marke oder das grafisch besonders gestaltete Schriftbild einer Wortmarke[90] die Gefahr der Verwechslung mit einer anderen Marke begründen. Dabei kommt es primär auf den **Gesamteindruck** der Darstellung an.[91] Setzt sich eine Bildmarke aus mehreren Teilen zusammen, so ist die Kennzeichnungsstärke der Teile je im Hinblick auf die Gesamtaussage der Darstellung zu berücksichtigen: einzelne Bestandteile können den Gesamteindruck eines Zeichens **prägen**. Zur ständigen Rechtsprechung zählt schließlich der Erfahrungssatz, dass der Verkehr die jeweiligen Bezeichnungen regelmäßig **nicht gleichzeitig** wahrnimmt und miteinander vergleicht und deshalb die **übereinstimmenden** Merkmale in einem undeutlichen **Erinnerungseindruck** stärker ins Gewicht fallen als die Unterschiede.[92]

704 Bildmarken werden in ihrer optischen Erscheinung und – wenn sie nicht abstrakt gestaltet sind, sondern etwas Bestimmtes darstellen – mit der Bedeutung ihres Motivs wahrgenommen. Entsprechend kommt bei der Beurteilung ihrer Ähnlichkeit einerseits eine solche in der grafischen und farblichen Gestaltung, andererseits eine Übereinstimmung »in der Bedeutung« in Betracht.

705 Eine Übereinstimmung in der **Bedeutung** zweier Bildmarken ist grundsätzlich nicht anders zu beurteilen wie die begriffliche Übereinstimmung zweier Wortmarken oder einer Wort- mit einer Bildmarke. Ähnlichkeit kann aber umso weniger angenommen werden, je allgemeiner der Begriff ist, der beide Darstellungen erfasst. Die Abbildung eines Haifisches ist deshalb einer bildlich klar unterscheidbaren Darstellung eines Delfins auch begrifflich nicht – etwa mit der gemeinsamen Bedeutung »Fisch« – ähnlich. Auch kann die bildliche Darstellung eines bestimmten **Motivs** – etwa eines Skirennläufers, der eine Slalomstange umfährt – nicht den Schutz dieses Motivs als solches beanspruchen: andere, hinreichend unterschiedliche Darstellungen desselben Motivs bleiben möglich.

89 BGH MarkenR 2005, 143 – il Padrone/Il Portone.
90 Registerrechtlich liegt auch hier eine Bildmarke vor, s. dazu oben Rn. 171 f.
91 Vgl. BGH MarkenR 2001, 465, 467 – Bit/Bud; BGH GRUR 2002, 1067, 1069 – DKV/OKV.
92 BGH MarkenR 2003, 465, 467 – Kelly, m.w.N.

Beispiele: 706

Abstrakte Bildmarken	Konkrete Bildmarken

Der Bundesgerichtshof hat die Frage, welche Bedeutung dem Sinngehalt einer Abbildung (im zu entscheidenden Fall eine »springende Raubkatze«) im Rahmen der Beurteilung der Verwechslungsgefahr, insbesondere im Hinblick auf die durch die Markenrichtlinie eingeschlossene »Gefahr, dass die Marke mit der älteren Marke gedanklich in Verbindung gebracht wird«, zukomme, dem Europäischen Gerichtshof vorgelegt.[93] Der EuGH hat darauf geantwortet, die rein **assoziative gedankliche Verbindung**, die der Verkehr über die Übereinstimmung des Sinngehalts zweier Marken zwischen diesen herstellen könne, begründe für sich genommen **keine** Gefahr von Verwechslungen im Sinne des Artikels 4 Absatz 1 Buchstabe b der Markenrichtlinie.[94] 707

Beispiel: Übereinstimmung im Sinngehalt – »Springende Raubkatze« 708

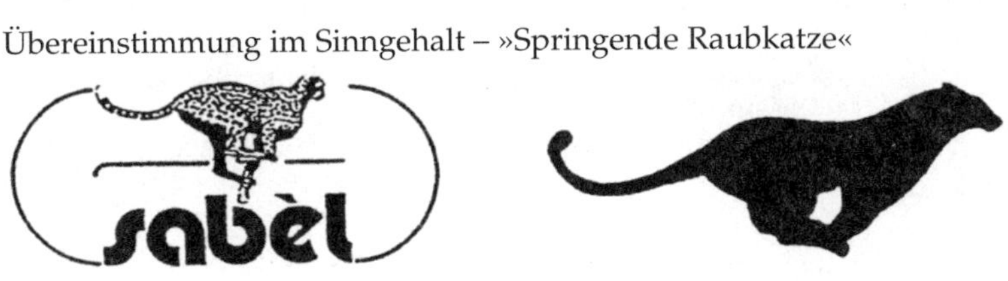

93 BGH GRUR 1996, 198, 199 – Springende Raubkatze.
94 EuGH GRUR 1998, 387 – Sabèl/Puma.

709 Die **schriftbildliche** Ähnlichkeit zweier Zeichen kann zu ihrer Verwechslungsfähigkeit beitragen, selbst wenn sie in klanglicher Hinsicht deutlichen Abstand wahren.

Beispiel: Die beiden Wort-Bildmarken »Davidoff« und »Durffee« unterscheiden sich in klanglicher Hinsicht erheblich. »Davidoff« ist ein dreisilbiger bulgarischer Name, »Durffee« ein zweisilbiges Fantasiewort, das verschieden ausgesprochen werden kann (»dafi«, »dörfi«, »durfi« oder »durfe«), dem aber in jedem Fall die markante Endsilbe des Namens »Davidoff« fehlt.

Wort-/Bildmarke Davidoff

Wort-/Bildmarke Durffee

710 Die Vorinstanz verneinte auch eine **schriftbildliche** Ähnlichkeit. Das Schriftbild der Marke »Davidoff« sei keine originelle Schöpfung, sondern der »englischen Schreibschrift« entnommen, deren Benutzung auch anderen Unternehmen offen stehen müsse. Der Umstand, dass das »D« in »Davidoff« durch Hinzufügen eines Punkts am Anfang des Aufstrichs leicht individualisiert sei, rechtfertige keine andere Beurteilung. Werde zudem berücksichtigt, dass in der Marke »Durffee« das grafisch auffällig gestaltete »DD« vor den Wortbestandteil gesetzt sei, könne eine Verwechslungsgefahr – trotz der teilweisen Identität der beiderseitigen Waren – nicht als realistisch angesehen werden.

711 Der BGH teilte diese Auffassung **nicht**. Zwischen den Marken fehle es jedenfalls nicht völlig an einer Markenähnlichkeit. Die angegriffene Marke »Durffee« sei der Marke »Davidoff« deutlich angenähert. Die angegriffene Marke werde im Schriftbild maßgeblich durch das zunächst in die Augen fallende Wort »Durffee« geprägt, das in erster Linie als Namenszug gesehen werde. Darauf deuteten auch die monogrammähnlich ineinander gestellten Buchstaben »DD« vor dem Schriftzug hin. Entgegen der Vorinstanz sei bei der Frage der Markenähnlichkeit nicht nur die Verwendung der Buchstaben »D« und »ff« in derselben Gestaltung wie in in »Davidoff« zu berücksichtigen. In den maßgeblichen Vergleich des Gesamteindrucks der Marken als solcher sei vielmehr auch einzubeziehen, dass die Marke der Beklagten ebenfalls durch ein Markenwort geprägt werde, das nach dem Schriftbild in erster Linie als Namenszug zu verstehen sei und zudem dieselbe englische Schreibschrift mit denselben charakteristischen Individualisierungen gerade des Anfangsbuchstabens und der auffallenden Doppelbuchstaben »ff« verwende.[95]

95 BGH MarkenR 2004, 72, 75 ff. – Davidoff II, mit Verweis auf BGH MarkenR 2003, 385, 386 – City Plus; BGH MarkenR 2003, 465, 466 f. – Kelly.

c) Begriffliche Ähnlichkeit

Marken erschöpfen sich nicht in einer mit Augen und Ohren wahrnehmbaren Gestalt oder Klangfolge, sondern transportieren als Zeichen einen Bedeutungsgehalt, der sich dem Hörer oder Betrachter auf Grund seiner gesamten kulturellen Fähigkeiten, Vorkenntnisse und Vorerfahrungen erschließt. Verwechslungsgefahr kann deshalb auch da entstehen, wo nach ihrer sichtbaren Oberfläche oder ihrer hörbaren Klangfolge unterschiedliche Zeichen denselben **Sinngehalt** verkörpern und so beim Adressaten übereinstimmende Vorstellungen auslösen. 712

Daraus folgt, dass eine Verwechslung von Wort- und Bildmarke, etwa ein abgebildeter Oldtimer mit dem Wort »Oldtimer«, durchaus möglich ist, wenn nicht weitere Merkmale oder Bestandteile die Verwechslung nach dem Sinngehalt ausschließen. Nicht verwechslungsfähig ist deshalb z.B. die Wortmarke »Vulkan« mit einer Wort-/Bildmarke, die unter einem abgebildeten Vulkan zusätzlich den Schriftzug »Vesuv« enthält. Zwischen zwei Wortmarken besteht begriffliche Ähnlichkeit, wenn sie in ihrer Bedeutung synonym sind oder das eine Zeichen die bloße Übersetzung des anderen in eine gängige Weltsprache darstellt. 713

Für die Frage, ob diese Ähnlichkeit Verwechslungsgefahr begründet, ist allerdings eine Abwägung der begrifflichen Ähnlichkeit mit der klanglichen bzw. (schrift-)bildlichen Unähnlichkeit vorzunehmen. So hat etwa das EuG festgestellt, zwischen der angemeldeten Gemeinschaftswortmarke »Hai« und der älteren nationalen Gemeinschaftsbildmarke »SHARK« bestehe eine begriffliche Ähnlichkeit, da das englische Wort »shark« in anderen Sprachen mit dem Wort »Hai« übersetzt werde. Da die begriffliche Ähnlichkeit der beiden Marken aber durch die erheblichen bildlichen und klanglichen Unterschiede weit gehend neutralisiert werde, bestehe trotz erhöhter Kennzeichnungskraft der Marke »SHARK« keine Verwechslungsgefahr.[96] Einen Grenzfall zeigt das folgende 714

Beispiel: Die Klägerin ist Inhaberin der Wortmarke »ZWILLING« sowie einer Bildmarke, die diesen Begriff symbolisiert. Das in Solingen ansässige Unternehmen verwendet die Bezeichnung Zwilling auch als Unternehmenskennzeichen und im Rahmen seines Internet-Auftritts. 715

Die Klägerin wendet sich gegen die Marke »ZWEIBRÜDER« der Beklagten, die ihren Betriebssitz nach Solingen verlegt hat und unter dieser Marke – wie die Klägerin – Schneidwaren vertreibt.

Bildmarke »Zwilling«

Die Vorinstanz stellte hierzu fest, bei den sich gegenüberstehenden Zeichen bestehe zwar keine Verwechslungsgefahr in schriftbildlicher und klanglicher Hinsicht. Eine Verwechslungsgefahr ergebe sich aber auf Grund des **Sinngehalts** der beiden Zeichen. Auch wenn die Zeichen danach als solche nicht unmittelbar miteinander verwechselt würden, werde ein nicht mehr unbeachtlicher Teil des Verkehrs darin eine 716

96 EuG GRUR-RR 2006, 155 – Hai.

Zweitmarke zu der bekannten Marke »Zwilling« sehen, die das Unternehmen zur Kennzeichnung einer weiteren Produktlinie oder eines zu niedrigeren Preisen vertriebenen Sortiments verwende. Ein anderer Teil des Verkehrs werde annehmen, dass zwischen den Unternehmen lizenzvertragliche oder sonstige wirtschaftliche oder organisatorische Verbindungen bestünden.

717 Der BGH gelangte demgegenüber zu der Überzeugung, die Zeichen »Zwilling« und »Zweibrüder« seien sich nach ihrem Sinngehalt nicht so nahe, wie das Berufungsgericht angenommen habe. Den Ähnlichkeiten im Sinngehalt stünden vielmehr so viele begriffliche Unterschiede gegenüber, dass die Ähnlichkeit im Sinne des Kennzeichenrechts als allenfalls sehr gering anzusehen sei. Die Begründung für diese Korrektur wirkt allerdings recht gezwungen: Die Bezeichnung »Zweibrüder« weise gerade von der Annahme einer Zwillingsgeburt weg, weil es für Brüder, die durch eine Zwillingsgeburt verbunden seien, die genaueren und geläufigen Bezeichnungen »Zwillinge« und »Zwillingsbrüder« gebe. Anders als das Berufungsgericht angenommen habe, seien »Zwillinge« und »zwei Brüder« auch keine komplementären Begriffe. Gemeinsam sei ihnen nur, dass sie Personen in ihrem Geschwisterverhältnis bezeichneten. »Zwilling« bezeichne jedoch – anders als »zwei Brüder« – nur einen von zwei Geschwistern. Auch besage das Wort »Zwillinge« – anders als die Wörter »zwei Brüder« – nichts über das Geschlecht der so bezeichneten Personen.[97] Der wohl kaum zufälligen Annäherung an die Bedeutung »Zwilling«, die durch die Schreibweise von »Zweibrüder« ohne Zwischenraum provoziert wird, maß der BGH kein besonderes Gewicht bei.

718 Sind zwei Wortmarken – in **umgekehrter** Konstellation – in klanglicher Hinsicht ähnlich, aber dem Sinn nach unterscheidbar, entscheidet die Frage, ob der angesprochene Verkehr die Sinngehaltsabweichung leicht erfassen kann, darüber, ob die **divergierende** Bedeutung die aus der Ähnlichkeit des Klangbildes resultierende Verwechslungsgefahr auszuschließen vermag.[98] Voraussetzung dafür ist, dass es sich »um Kennzeichen mit einem deutlich ausgeprägten, für jedermann verständlichen Sinngehalt handelt, der vom Verkehr auch bei nur flüchtiger Wahrnehmung sofort erfasst wird, ohne dass sein Verständnis einen vorherigen Denkvorgang erfordert.«[99]

719 Kommen Übereinstimmungen zweier Marken in mehreren Dimensionen – bildlich, schriftbildlich, grafisch, akustisch, begrifflich usw. – in Betracht und könnte zwar nicht jede einzelne für sich genommen, wohl aber die Summe der Ähnlichkeiten die Gefahr einer Verwechslung begründen, spricht man von **komplexer Verwechslungsgefahr**. Ihre Berücksichtigung wird dem Umstand gerecht, dass der Verkehr immer die Gesamtheit einer Marke wahrnimmt, erinnert und – ggf. – verwechselt.

720 Nicht nach ihrer bildlichen oder klanglichen Ähnlichkeit, sondern nach der einem Zeichenbestandteil zugeschriebenen Bedeutung werden auch vermeintliche Serienmarken verwechselt. Die bloße Übereinstimmung einer Marke mit dem Wortstamm einer Serienmarke kann Verwechslungsgefahr begründen, wenn der Verkehr bereits an die mehrfache Abwandlung der Serienmarke in einzelnen Marken gewohnt ist

97 BGH MarkenR 2004, 348, 351 – Zwilling/Zweibrüder.

98 Bejaht in BGHZ 28, 320 – Quick/Glück; BGH GRUR 1992, 130, 132 – Bally/BALL und WRP 1993, 694, 696 – apetito/apitta; verneint dagegen für »il Padrone/Il Portone« in BGH MarkenR 2005, 143 und für Indorektal/Indohexal in BGH GRUR 1995, 50.

99 BGH GRUR 1995, 50 – Indorektal/Indohexal.

und deshalb eine Fremdmarke, die diesen Stamm enthält, für eine neuerliche Abwandlung der Marke des ihm bekannten Herstellers halten wird. Die Folge dieser Fehlinterpretation einer erkannten Ähnlichkeit ist eine mittelbare Verwechslungsgefahr. Der Betrachter bringt beide Marken »gedanklich miteinander in Verbindung«.[100]

d) Begriffliche Ähnlichkeit bei verschiedenen Markenarten

Die Frage der Ähnlichkeit stellt sich auch da, wo verschiedene Markenarten auf- 721
einander treffen und/oder in einer Marke mehrere selbstständige Elemente verschiedener Markenformen miteinander verbunden wurden (Kombinationszeichen). Beispiele sind kombinierte Wort-/Bildmarken oder dreidimensionale Marken, die zusätzlich mit einem Text versehen sind. Hinsichtlich einer möglichen Verwechslungsgefahr sind solche Marken – nicht anders als etwa eine komplexe Bildmarke – nach dem **Gesamteindruck** zu beurteilen, den sie beim Betrachter hinterlassen. Denn so wenig wie der Betrachter eine Marke isoliert nach ihren Bestandteilen wahrnimmt oder erinnert, so wenig wird auch die Übereinstimmung in einem einzelnen Bestandteil ursächlich für eine Verwechslungsgefahr, solange diesem Bestandteil innerhalb des Kombinationszeichens keine besondere (»prägende«) Bedeutung zukommt. Ein kennzeichnungsschwacher Bestandteil eines Kombinationszeichens kann deshalb, auch wenn er mit einem entsprechenden Bestandteil einer anderen Marke identisch ist, für sich genommen noch keine Verwechslungsgefahr begründen.[101]

Beispiel: Gegen die Eintragung der links abgebildeten Wort-/Bildmarke wird aus 722
der rechts wieder gegebenen, älteren Marke Widerspruch erhoben. Die betroffenen Waren sind weit gehend identisch.

Wort-/Bildmarke »coccodrillo«

Bildmarke »Krokodil«

Hier treffen zwei Marken aufeinander, die sich zum einen in einem Bildbestandteil berühren, der jeweils ein Reptil wieder gibt, zum anderen in der Bedeutung des Wortbestandteiles »coccodrillo«, der sich – allerdings in einer Fremdsprache (Italienisch) – mit dem Sinn der Bildmarke »Krokodil« deckt.

---

100 S. etwa OLG München Mitt 1996, 92 – Mc Donald/Mc Shirt; OLG München GRUR 1996, 63 – Mc Donald/Mac Fash (keine Verwechslungsgefahr mangels Warenähnlichkeit); erfolgreicher verlief der Angriff auf eine »Mc Allen« benannte, fahrbare Würstchenbude in Dänemark, See- und Handelsgericht Kopenhagen GRUR Int. 1996, 834 – McDonald's/McAllen); ein Beispiel für die unzureichende Übereinstimmung der angegriffenen Marke mit dem prioritätsälteren Serienzeichen »-phlogont« gibt der Fall Innovadiclophlont/Diclophlogont, BGH GRUR 1996, 200.

101 Vgl. BGH GRUR 1976, 353 – Colorboy; GRUR 1991, 319 – Hurricane, noch zum WZG; zum MarkenG BPatG GRUR 1995, 416 – Rebenstolz; GRUR 1996, 133 – quickslide; zusammenfassend BGH GRUR 1996, 198, im Vorlagebeschluss »Springende Raubkatze«.

723 Das BPatG verneinte zu Recht ein Verwechslungsgefahr der beiden Zeichen mit der Begründung,

- der **Gesamteindruck** der Zeichen – hier das emblemartig umrandete Wort, dort die Abbildung eines Tieres – schließe eine unmittelbare Verwechslung aus;
- die **bildliche** Übereinstimmung sei gering, da die Tierfigur in der grafischen Gesamtgestaltung der angegriffenen Marke »coccodrillo« sowohl größenmäßig als auch in ihrer Eigenschaft als schmückende Umrahmung des Wortbestandteils eine eher untergeordnete Stellung einnehme; der Betrachter müsse seinen Blick daher schon genauer von dem Wortbestandteil auf die darunter angeordnete Tierfigur lenken, um überhaupt zu erkennen, dass sie am Rücken schwach angedeutete Zacken und kleine Füße aufweise, also ein echsen- bzw. krokodilartiges Tier darstellen solle;
- die angegriffene Marke biete auch keinen Anlass für **begriffliche** Verwechslungen mit der Widerspruchsmarke. Der italienische Wortbestandteil »coccodrillo« gebe zwar mit der Bedeutung »Krokodil« den Sinngehalt der älteren Bildmarke erschöpfend wieder. Ähnlichkeit sei aber dennoch zu verneinen,
  - weil sich dies nur einem kleinen Teil des deutschen Verkehrs mit guten Italienischkenntnissen erschließe,
  - weil die übrigen Verkehrskreise der angegriffenen Marke vielfach überhaupt nur das Wort »occodrillo« entnähmen, weil sie in dem breiten Teil der ovalen Umrahmung kein Symbol für den Buchstaben »c« sähen und
  - weil für den nicht italienisch sprechenden Verbraucher, der das Wort »coccodrillo« erkenne, wegen des von dem deutschen Wort »Krokodil« erheblich abweichenden, fremdartigen Charakters die Annahme fern liege, es handele sich um das aus irgendeiner romanischen Fremdsprache stammende Wort für »Krokodil«, weshalb er es eher für eine Fantasiebezeichnung halten werde.[102]

e) Mehrwortmarken, Elementenschutz und Markenusurpation

724 Die Beurteilung der Verwechslungsgefahr in Fällen, in denen

- eine ältere Wortmarke sich ganz oder teilweise als ein **Bestandteil** einer jüngeren wieder findet – Beispiel: Die Marke »Best City« wird von einem Dritten in der Bezeichnung »D2-BestCityPlus« verwendet[103] – oder
- eine ältere Marke mit einem oder mehreren Worten zu einer jüngeren Mehrwortmarke kombiniert wird – Beispiel: Die Marke »Arthur« findet sich in der Marke »Arthur et Félicie« wieder[104] – oder
- das jüngere Zeichen sich auf einen Teil des mehrgliedrigen, älteren beschränkt – Beispiel: Die ältere (Wort-/Bild-)Marke lautet »KIRA BY DAILY SHIRT COMPANY«, die jüngere Wortmarke »KYRA«[105] –

102 Die Entscheidung wurde vom BGH bestätigt, MarkenR 2006, 519 – coccodrillo.
103 Vgl. BGH MarkenR 2003, 385 – City Plus.
104 EuGH MarkenR 2003, 134 – Arthur/Arthur et Félicie (zur Bestimmung des Identitätsbereiches).
105 BPatG, Beschl. v. 9. Juli 2002, 27 W (pat) 146/01.

hat die Rechtsprechung erheblich beschäftigt. Ausgehend von der Feststellung, dass Marken in ihrer registrierten Form und nicht in einzelnen Teilen geschützt sind, steht am Anfang der Beurteilung solcher Konstellationen die Feststellung, dass das Markenrecht **keinen »Elementenschutz«** kennt.

Gegenstand der Beurteilung von Ähnlichkeit und Verwechslungsgefahr ist vielmehr immer das gesamte Zeichen, genauer: der **Gesamteindruck**, den es hinterlässt,[106] ohne dass es darauf ankommt, welches Zeichen prioritätsälter ist.[107] Damit ist ausgeschlossen, dass einzelne Teile eines Zeichens isoliert betrachtet werden, nicht aber, dass einzelne Teile zum Gesamteindruck des Zeichens mehr oder weniger beitragen: Es bleibt möglich, dass einem einzelnen Zeichenbestandteil eine besondere, das gesamte Zeichen **prägende** Kennzeichnungskraft beizumessen und deshalb bei Übereinstimmung von Zeichen in dem jeweils prägenden Bestandteil die Gefahr einer Verwechslung der beiden Gesamtbezeichnungen zu bejahen ist.[108] **725**

Besitzt ein einzelner Bestandteil eines Kombinationszeichens so große Kennzeichnungskraft, dass er den Gesamteindruck der Marke **prägt** oder zumindest **wesentlich bestimmt**, kann er mithin auch ursächlich für eine Verwechslungsgefahr sein.[109] Deshalb kann sich auch eine Einwortmarke gegen eine Mehrwortmarke durchsetzen, wenn sie sich dort, in der Mehrwortmarke, unverändert wieder findet und deren Erscheinungsbild wesentlich bestimmt. Dabei gilt: »Je stärker die Kennzeichnungskraft des isolierten älteren Zeichens infolge seiner tatsächlichen Benutzung im Verkehr ist, umso eher ist die Annahme gerechtfertigt, dass es auch in der jüngeren Zeichenkombination als Hinweis auf den älteren Markeninhaber aufgefasst wird, also eine kollisionsbegründend-prägende Stellung im jüngeren Gesamtzeichen einnimmt. Umgekehrt ist die Verwechslungsgefahr umso geringer einzustufen, je mehr sich der übereinstimmende Bestandteil in die jüngere Gesamtkombination integriert.«[110] **726**

Verwechslungsfähig sind danach etwa die Zeichen DRANO und »P3-drano«. Das BPatG hat – ausgehend von Warenidentität – Verwechslungsgefahr bejaht, weil im angegriffenen, jüngeren Zeichen »P3-drano« dessen Bestandteil »drano« angesichts seines einprägsamen und aussagekräftigen Charakters die **dominierende** Bedeutung zukomme. Der weitere Bestandteil »P3« besitze keine gleichwertige Aussagekraft, ihm komme allenfalls infolge Verkehrsdurchsetzung normale Kennzeichnungskraft zu. Selbst wenn »drano« das angegriffene Zeichen nicht präge, könne die zeichenrechtliche Übereinstimmung nicht verneint werden, weil die bloße Hinzufügung eines Firmennamens zu einem nicht beschreibenden oder einer beschreibenden Angabe nicht angenäherten Bestandteil in der Regel nicht ausreiche, um ein ansonsten praktisch identisches jüngeres Zeichen aus dem Schutzbereich des älteren Zeichens hinauszuführen. Es könne nicht ausgeschlossen werden, dass der Bestandteil »P3« ähnlich wie ein Firmenname wirke, sodass der angesprochene Verkehr in dem angegriffenen Zeichen das Widerspruchszeichen wieder erkenne, **727**

---

106 EuGH MarkenR 2005, 438, 440 – THOMSON LIFE; GRUR 1998, 387, 390 – Sabèl/Puma; BGH GRUR 1996, 198, 199 – Springende Raubkatze, m.w.N.

107 BGH GRUR 1996, 977 – DRANO/P3-drano; GRUR 1998, 942 – ALKA-SELTZER; MarkenR 1999, 161, 162 – LORA DI RECOARO.

108 BGH GRUR 1996, 200 – Innovadiclophlont; BGH GRUR 1998, 942 – ALKA-SELTZER; GRUR 1999, 238, 239 – Tour de culture; GRUR 1998, 1014 – ECCO II, jeweils m.w.N.

109 BPatG MarkenR 2005, 240 – Public Nation/PUBLIC; BGH MarkenR 2003, 385 – City Plus.

110 BPatG MarkenR 2005, 240, 242 – Public Nation/PUBLIC:.

dem lediglich ein kraft Verkehrsdurchsetzung auf eine bestimmte Firma hinweisender Zusatz beigefügt sei.[111]

728 Nicht anders liegt es, wenn ein für sich genommen nur **durchschnittlich kennzeichnungskräftiger** Bestandteil der Marke neben **kennzeichnungsschwachen** Zeichenteilen, etwa einem allgemein bekannten Herstellernamen, steht. So konnte sich die ältere Marke »Pep« gegen die von der Blendax GmbH angemeldete Marke »Blendax Pep« trotz mäßiger Kennzeichnungskraft des Bestandteils »Pep« durchsetzen. Zwar nehme das Wort »Pep«, so das BPatG, wegen seiner Kürze und seiner Stellung hinter dem Wort »Blendax« keinen das Gesamtzeichen beherrschenden Charakter ein. Es lasse sich auch nicht feststellen, dass es das angemeldete Zeichen präge oder entscheidend mitbestimme, was an sich Voraussetzung für die Begründung der Verwechslungsgefahr sei. Die Besonderheit des Falles bestehe jedoch darin, dass der andere Bestandteil des angemeldeten Zeichens das Firmenschlagwort der Anmelderin sei. In Fällen dieser Art sei in der Rechtsprechung des BGH anerkannt, dass eine bloße Herstellerangabe weit gehend in den Hintergrund trete, weil der Verkehr meist nicht nach dem Namen des Herstellers unterscheide, sondern seine Aufmerksamkeit auf die sonstigen hervortretenden Merkmale zeichenmäßiger Kennzeichnung richte. Es sei zudem nicht hinzunehmen, dass sich ein Anmelder das eingetragene Warenzeichen eines Widersprechenden durch bloße Voranstellung seines Firmennamens in sonst identischer Form aneigne.[112]

729 Für **nicht** verwechslungsfähig hat das BPatG dagegen die Marken BRANDT ECCO und ECCO MILANO erachtet (bei Warenidentität).[113] Dem Bestandteil »ECCO«, der allein für eine Kollision in Betracht kam, billigte das Gericht eine nur **eingeschränkte Kennzeichnungskraft** zu, weil es sich um ein gängiges Wort der italienischen Sprache handele, das ähnlich wie das französische »voilà« von vielen Verkehrsteilnehmern auch mit nur geringen Italienischkenntnissen verstanden werde. Das angemeldete Zeichen werde von dem in ihm enthaltenen Wort »ECCO« **nicht** so **geprägt**, dass es hierdurch zu markenrechtlich relevanten Kollisionen kommen könne. Es enthalte neben diesem in dem Wort »BRANDT« einen Bestandteil, der als Eigenname in ganz besonderer Weise geeignet sei, auf die Herkunftsstätte der Waren hinzuweisen, was im Streitfall noch durch seine grafische Hervorhebung betont werde. Selbst bei gleichgewichtigen Bestandteilen eines Kombinationszeichens könne die Übereinstimmung in nur einem Teil für die Annahme einer Verwechslungsgefahr unzureichend sein, weil der Einfluss des übereinstimmenden Teiles auf den Gesamteindruck keine prägende Kraft erreiche.[114]

730 Die **Prägetheorie** des BGH wird durch die jüngste Rechtsprechung des EuGH nicht in Frage gestellt. Auf Vorlage des OLG Düsseldorf[115] hatte der EuGH über die Frage zu befinden, ob die Gefahr von Verwechslungen der sich gegenüberstehender Zeichen – bei Identität der Waren oder Dienstleistungen – auch dann bestehe, wenn die ältere, normal kennzeichnungskräftige Wortmarke in der Weise in das jüngere, zusammengesetzte Wortzeichen eines Dritten übernommen werde, dass der älteren

111 Bestätigt durch BGH GRUR 1996, 977 – DRANO/P3-drano.
112 Bestätigt durch BGH GRUR 1996, 404 – Blendax Pep.
113 BPatG GRUR 1996, 287, 288; bestätigt durch BGH GRUR 1998, 1014 – ECCO II.
114 BPatG GRUR 1996, 128 – Plak Guard/Gard, zur Kollision eines Einwortzeichens mit einem Mehrwortzeichen; BPatG GRUR 1996, 133, 136 – quickslide; vgl. auch die älteren Entscheidungen BGH GRUR 1990, 274 – Klettverschluss und GRUR 1990, 367 – alpi/Alba Moda.
115 GRUR-RR 2004, 322 – THOMSON LIFE.

Marke die Unternehmensbezeichnung des Dritten vorangestellt werde und die ältere Marke zwar nicht den Gesamteindruck des zusammengesetzten Zeichens allein präge, dass sie in dem zusammengesetzten Zeichen aber eine selbstständig kennzeichnende Stellung behalte. Die Frage stellte sich in einem Verfahren, in dem sich die Inhaberin der Wortmarke »Life« gegen die Usurpation ihres Zeichens in der Marke »THOMSON LIFE« der Thomson multimedia Sales Germany & Austria GmbH zur Wehr setzte.

Der EuGH hat die Vorlagefrage bejaht.[116] Im Ergebnis gehe es um die Frage, wie bei Anwendung des Kriteriums des durch die Zeichen hervorgerufenen **Gesamteindrucks** verhindert werden könne, dass sich ein Dritter eine eingetragene Marke durch Hinzufügung seiner Unternehmensbezeichnung aneigne. Der EuGH bestätigt zunächst die **Maßgeblichkeit des Gesamteindruckes** der beteiligten Zeichen und die **Prägetheorie** des BGH, wenn er ausführt, bei der Prüfung des Vorliegens von Verwechslungsgefahr bedeute die Beurteilung der Ähnlichkeit zweier Marken nicht, dass nur ein Bestandteil einer komplexen Marke zu berücksichtigen und mit einer anderen Marke zu vergleichen wäre. Vielmehr seien die fraglichen Marken jeweils als Ganzes miteinander zu vergleichen, was nicht ausschließe, dass unter Umständen ein oder mehrere Bestandteile einer komplexen Marke für den durch die Marke im Gedächtnis der angesprochenen Verkehrskreise hervorgerufenen Gesamteindruck **prägend** sein könnten.[117] 731

Für den vorgelegten Fall aber hat der EuGH festgestellt, dass 732

- »**jenseits des Normalfalls**, dass der Durchschnittsverbraucher eine Marke als Ganzes wahrnimmt, und
- **ungeachtet** dessen, dass der Gesamteindruck von einem oder mehreren Bestandteilen einer komplexen Marke dominiert werden kann,«

eine ältere Marke, die von einem Dritten in einem zusammengesetzten Zeichen benutzt werde, das die Unternehmensbezeichnung dieses Dritten enthalte, **im Einzelfall** eine **selbstständig kennzeichnende Stellung** in dem zusammengesetzten Zeichen behalten könne, ohne aber darin den dominierenden Bestandteil zu bilden; liege es so, könne »der von dem zusammengesetzten Zeichen hervorgerufene Gesamteindruck das Publikum glauben machen, dass die fraglichen Waren oder Dienstleistungen zumindest aus wirtschaftlich miteinander verbundenen Unternehmen stammen, in welchem Fall das Vorliegen von Verwechslungsgefahr zu bejahen ist.«[118] Die Feststellung von Verwechslungsgefahr könne dann nicht von der Voraussetzung abhängig gemacht werden, dass der von dem zusammengesetzten Zeichen hervorgerufene Gesamteindruck von dem Teil des Zeichens, das die ältere Marke bildet, dominiert werde.

Damit ist die Prägetheorie des BGH weder obsolet noch modifiziert, sondern für die Fälle einer teilweisen Übereinstimmung mehrgliedriger Marken ausdrücklich anerkannt.[119] Der Fall der Usurpation einer Wortmarke in einer aus Unternehmensbe- 733

116 MarkenR 2005, 438 – THOMSON LIFE.

117 BGH MarkenR 2005, 438, 440 – THOMSON LIFE mit Verw. auf EuGH GRUR Int. 2004, 843 – Matratzen Concord/HABM.

118 EuGH MarkenR 2005, 438, 440 – THOMSON LIFE.

119 Die Interpretation der Entscheidung in der Literatur ist allerdings uneinheitlich, s. dazu *Rohnke* GRUR 2006, 21 ff.; *Keller/Glinke* WRP 2006 21 ff.

zeichnung und dieser Marke gebildeten Mehrwortmarke wurde mit demselben Ergebnis in der oben dargestellten Entscheidung »Blendax Pep« gelöst. Die dort gegebene Begründung, das Firmenschlagwort trete neben dem an sich nicht prägenden weiteren Bestandteil »in den Hintergrund«, weil der Verkehr das einzelne Produkt nicht nach dem Firmenbestandteil zu unterscheiden gewohnt sei, unterscheidet sich nur unwesentlich vom Ansatz des EuGH, der auf die **selbstständig kennzeichnende Stellung** in dem zusammengesetzten Zeichen abstellt. Wo in der Argumentation des BGH dem Firmenschlagwort eine geringe produktidentifizierende Kraft beigemessen wurde, stellt der EuGH überzeugend darauf ab, dass die beiden Zeichen – dem Nebeneinander einer Dachmarke und einer Produktmarke vergleichbar – eine je selbstständige Kennzeichnung leisten. Allerdings hat sich der BGH bislang »im Einzelfall« vorbehalten, auch dem Firmennamen innerhalb der Mehrwortmarke eine prägende Stellung zuzusprechen,[120] was in der Diktion des EuGH nur darstellbar wäre, wenn man im Einzelfall die Selbstständigkeit der Markenbestandteile verneinte.

f) Ähnlichkeit von 3-D-Marken

734 Die Beurteilung der Ähnlichkeit dreidimensionaler Marken ist nur im Hinblick auf **produktabhängige Formmarken**[121] von besonderem Interesse. Produktunabhängige Formen zeigen insoweit keine Besonderheiten gegenüber zweidimensionalen Bildmarken. Da aber die Schutzfähigkeit produktabhängiger Formmarken spezifischen Beschränkungen unterliegt, können Bestandteile einer Waren- oder Verpackungsform, die als solche nicht schutzfähig wären, auch nicht ähnlichkeitsbegründend sein.

735 Mit anderen Worten: Stimmen zwei dreidimensionale Marken in **Teilen** der Formgebung überein,

- die als solche im Sinne des § 3 Abs. 2 MarkenG **technisch** oder **funktional** bedingt sind oder der Ware ihren **wesentlichen Wert** verleihen,[122] oder
- die im Interesse der Allgemeinheit und der Wettbewerber an einer individuellen Produktgestaltung im Rahmen der auf dem entsprechenden Warengebiet üblichen Formenvielfalt **freihaltebedürftig** sind,[123]

kann die Gefahr einer Verwechslung zwischen diesen Marken nicht allein mit einer Übereinstimmung der involvierten Zeichen in eben diesen Teilen begründet werden. Insofern verhält es sich bei der Kollision produktabhängiger Formmarken nicht anders als bei der von Wortmarken, die sich in einem kennzeichnungsschwachen oder glatt beschreibenden Bestandteil gleichen.[124] Während aber Wort- oder Bildmarken gänzlich ohne beschreibende Bestandteile gebildet werden können, enthalten produktabhängige Formmarken nachgerade **zwingend schutzunfähige** Bestandteile; denn auch eine in ihrer Gesamtheit unterscheidungskräftige Produktform enthält regelmäßig Elemente der als solcher nicht schutzfähigen Grundform des entsprechenden Produkttyps. So kann das gesamte Erscheinungsbild eines

120 GRUR 1989, 349 – Roth-Händle Kentucky/Cenduggy; MarkenR 2004, 406, 408 – Mustang.
121 S. dazu oben Rn. 190 ff., 431 f., 448 ff.
122 S. oben Rn. 192 ff.
123 S. dazu oben Rn. 448 ff.
124 Vgl. BPatG MarkenR 2001, 410 – COMFORT HOTEL.

KFZ herkunftshinweisend sein,[125] nicht aber die symmetrische Anordnung der vier Räder, die allen KFZ gemein ist. Die Form einer Zigarettenpackung, die sich nur unerheblich von der für dieses Produkt typischen Grundform entfernt, kann auch nur entsprechend geringe Kennzeichnungskraft entfalten.[126]

Hinsichtlich der verbleibenden, schutzfähigen und kennzeichnungskräftigen Formbestandteile gilt, wie bei anderen Markenformen auch, dass es auf den **Gesamteindruck** der Marke ankommt[127] und dabei **Übereinstimmungen** eher wahrgenommen und erinnert werden als Abweichungen.[128] 736

Eine dreidimensionale, produktabhängige Formmarke kann mit einer **Bildmarke**, die eine Darstellung der Ware enthält, verwechslungsfähig sein. Umgekehrt kann gegen eine dreidimensionale Aufmachung aus einer entsprechenden Bildmarke vorgegangen werden. 737

Beispiel: Der Inhaber der links wieder gegebenen Bildmarke wendet sich gegen die Benutzung der nebenstehenden Verpackung, die ebenfalls für Zitronensaft verwendet wird und der Bildmarke in der Form des Behälters und der »Halskrause« als Etikett ähnelt. Auf der Halskrause der angegriffenen Ware befindet sich die Aufschrift »Zitronello«.[129] 738

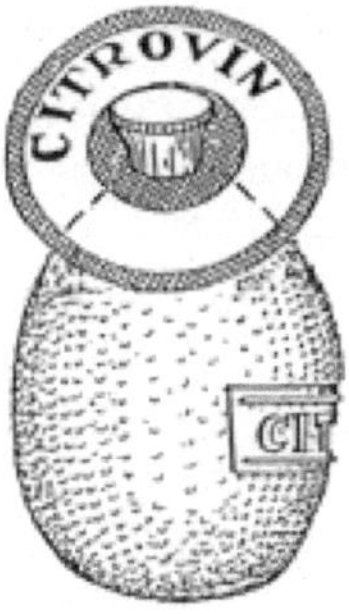

Wort-/Bildmarke

Benutzte dreidimensionale Form

Ähnlichkeit wurde hier im Ergebnis zu Recht verneint. Die Wort-/Bildmarke wird von dem Wortbestandteil »Citrovin« geprägt, was besonders augenscheinlich wird durch die überdeutliche, perspektivisch nicht korrekte Art, in der die »Halskrause« mit dem Wortbestandteil »Citrovin« abgebildet ist. Demgegenüber ist das angegriffene Behältnis mit einem blattförmigen Etikett ausgestaltet, auf welchem sich das mit »Citrovin« **nicht verwechslungsfähige** Wort »Zitronello« befindet. Es besteht kein Anlass anzunehmen, dass sich der Verkehr, wenn es um die Frage der Herkunft der Waren geht, allein an dem Behältnis in der Form einer Zitrone orientiert und die deutlichen – aber unterschiedlichen – Wortzeichen ausblendet. Dies gilt umso mehr, als bei aus Form, Bild und Wort

125 Vgl. BGH MarkenR 2006, 274 – Porsche Boxster und 279 – Porsche 911.
126 OLG Hamburg, Urt. v. 3. März 2006, 5 U 5/05 – Prismenpackung.
127 BGH MarkenR 2003, 237, 240 – Abschlussstück.
128 BGH MarkenR 2003, 197, 200 – Knabberbärchen.
129 OLG Frankfurt MarkenR 2004, 143 – Plastikzitrone (Verwechslungsgefahr abgelehnt).

gebildeten dreidimensionalen Marken, nicht anders als bei Wort-/Bildzeichen, der Erfahrungssatz besteht, dass der Verkehr sich eher an dem Wortbestandteil als an sonstigen Gestaltungselementen orientiert.[130]

g) Ähnlichkeit abstrakter Farbmarken

739 Die Beurteilung der Verwechslungsfähigkeit abstrakter Farbmarken weist besondere Schwierigkeiten im Hinblick darauf auf,

- dass das **Farbunterscheidungsvermögen**, das heißt die Fähigkeit, Farbtöne und -schattierungen voneinander zu unterscheiden, individuell differiert, was es schwer macht, die Sicht eines durchschnittlich informierten, angemessen aufmerksamen und verständigen Verbrauchers zu bestimmen, und
- dass das **Farberinnerungsvermögen**, das heißt die Fähigkeit, Farbtöne und -schattierungen auch dann voneinander zu unterscheiden, wenn nur eine Farbe aktuell betrachtet werden kann, während die andere lediglich erinnert wird, allgemein nicht allzu hoch ausgeprägt ist.

740 Richtigerweise muss aus diesen Handicaps geschlossen werden, dass nahe beieinander liegende Farben und Farbtöne leicht miteinander verwechselt werden können. Der Bundesgerichtshof hat in diesem Kontext in zwei Verletzungsverfahren[131] die folgenden Grundsätze entwickelt:

- Farb**identität** setzt absolute Gleichheit der involvierten Farben voraus. Dass tatsächlich unterschiedliche Farben von einem Betrachter nicht auseinander gehalten werden, macht sie nicht zu »identischen« im Sinne der §§ 9 Abs. 1 Nr. 1, 14 Abs. 2 Nr. 1 MarkenG.[132]
- Die **Verwechslungsgefahr** ähnlicher Farben wird dadurch **erhöht**, dass die angesprochenen Verbraucher, wenn sie auf ihr Erinnerungsvermögen angewiesen sind, geringe Unterschiede in den Farbtönen kaum feststellen können.[133]

741 Das Prinzip der **Wechselwirkung** von Warenähnlichkeit, Zeichenähnlichkeit und Kennzeichnungskraft des älteren Zeichens gilt auch für Farbmarken: ein geringerer Grad der Ähnlichkeit der Waren kann durch einen höheren Grad der Ähnlichkeit der Zeichen oder durch eine erhöhte Kennzeichnungskraft der älteren Marke ausgeglichen werden und umgekehrt.[134] Kommt einer abstrakten Farbmarke danach eine gesteigerte Kennzeichnungskraft zu – was in Anbetracht dessen, dass bereits ihr Schutz regelmäßig nur im Wege der Verkehrsdurchsetzung gelingt, häufig der Fall sein wird –, muss auch der Ähnlichkeitsbereich gegenüber benachbarten Farb-

---

130 OLG Frankfurt MarkenR 2004, 143 – Plastikzitrone; GRUR 2003, 712, 714 – Goldbarren; MarkenR 2000, 140, 144 – Attaché Tisserand.

131 BGH MarkenR 2004, 62 – Farbmarkenverletzung I; MarkenR 2004, 66 – Farbmarkenverletzung II.

132 BGH MarkenR 2004, 62, 65 – Farbmarkenverletzung I, mit Verw. auf BGH GRUR 2001, 1154, 1156 – Farbmarke violettfarben; vgl. aber EuGH MarkenR 2003, 134 – Arthur/Arthur et Félicie, wonach ein Zeichen auch dann mit der Marke identisch sein soll, wenn es »als Ganzes betrachtet Unterschiede gegenüber der Marke aufweist, die so geringfügig sind, dass sie einem Durchschnittsverbraucher entgehen können.«

133 BGH MarkenR 2004, 66, 68 – Farbmarkenverletzung II, mit Verweis auf EuGH GRUR 2003, 604, 607 – Libertel; MarkenR 2005, 187, 189 – Lila-Schokolade.

134 St. Rspr.; vgl. BGH MarkenR 2004, 356, 357 – NEURO-VIBOLEX/NEURO-FIBRAFLEX, m.w.N. sowie oben Rn. 676 f.

tönen weit gezogen werden. Dies gilt erst recht im Falle der Waren- oder Dienstleistungsidentität.

In den wohl häufigeren Fällen, in denen sich nicht die Eintragungen zweier abstrak- 742
ter Farbmarken gegenüberstehen, sondern die Verletzung einer abstrakten Farbmarke durch eine Kombination von Zeichen in Rede steht, die neben anderen Bestandteilen auch eine der abstrakten Farbmarke gleiche oder ähnliche Farbkomponente enthalten, sind zwei Gesichtspunkte von besonderer Bedeutung:

- Zum einen ist in einem solchen Falle zuerst festzustellen, ob die Farbe im Rahmen der benutzten Zeichenkombination überhaupt **markenmäßig benutzt** worden ist. Denn das Recht aus einer abstrakten Farbmarke kann nur durch eine Verwendung der geschützten Farbe **als Herkunftshinweis** verletzt werden.[135] Wird eine Farbe auf der Verpackung einer Ware verwendet, kann dies nur ausnahmsweise angenommen werden. Denn die Verbraucher sind es nicht gewöhnt, aus der Farbe von Waren oder ihrer Verpackung ohne Beifügung von grafischen oder Wortelementen auf die Herkunft der Waren zu schließen.[136] Auch eine Farbe als solche kann aber dann als Kennzeichnungsmittel verstanden werden, wenn einerseits die geschützte Farbe über eine durch Benutzung erworbene **gesteigerte Kennzeichnungskraft** verfügt, auf Grund deren eine entsprechende Gewöhnung des Verkehrs besteht, bei Waren der in Rede stehenden Art in der geschützten Farbe einen Herkunftshinweis zu sehen, und wenn die Farbe andererseits auch in der angegriffenen Verwendungsform ein wesentliches, durch herkömmliche Herkunftshinweise nicht in den Hintergrund gedrängtes Gestaltungsmittel ist.[137]
- Zum anderen müssen alle anderen Zeichenelemente daraufhin überprüft und gewichtet werden, ob sie einen **selbstständigen Herkunftshinweis** enthalten, der so stark ist, dass ein davon abweichender, durch die Farbe vermittelter Herkunftshinweis dadurch überwunden wird.

Beispiel: Die nebenstehend abgebildete 743
Verpackung für eine Gebäckmischung ist in einem lila-Ton gehalten, der der für die Klägerin kraft Verkehrsdurchsetzung eingetragenen Farbmarke »lila« ähnlich ist. Die Farbe »lila« wird vom Verkehr als Herkunftshinweis für Schokoladenprodukte der Marke MILKA verstanden.

Dass der ähnliche Farbton auch auf der abgebildeten Verpackung **als Herkunftshinweis verstanden** wird und damit bei **hoher Warenähnlichkeit** Verwechslungsgefahr begründen kann, ist dem Umstand geschuldet, dass einerseits der abstrakten Farbmarke »Lila« **gesteigerte Kennzeichnungskraft** zukommt, andererseits die angegriffene Verpackung **keine weiteren Elemente** enthält,

135 BGH MarkenR 2004, 62 – Farbmarkenverletzung I, m.w. Nachw.
136 EuGH MarkenR 2003, 227 – Libertel; MarkenR 2004, 62 – Farbmarkenverletzung I; MarkenR 2004, 66 – Farbmarkenverletzung II.
137 BGH MarkenR 2004, 62 – Farbmarkenverletzung I.

die diese Aussage der Farbgestaltung korrigierend in den Hintergrund treten lassen könnten: das auf der Verpackung befindliche relativ kleine, in orange und gold gehaltene Bildzeichen in Form einer stilisierten Lilie sowie die Abbildung der in der Verpackung enthaltenen Gebäckmischung und einer ein Kaffeegeschirr haltenden älteren Dame werden vom Verkehr lediglich als dekorative Elemente aufgefasst und können den Gesamteindruck der Verpackung nicht prägen. Sonstige Elemente, die vom Verkehr als Herkunftshinweis verstanden werden könnten, weist die Vorderseite der Verpackung nicht auf. Lediglich auf der Rückseite findet sich an einer unauffälligen Stelle in kleingehaltener Schrift die Firma der Beklagten.

744 Für die Kollision einer abstrakten Farbmarke mit einer Kombinationsmarke im Register, sei es im Widerspruchs- oder im Löschungsverfahren, gilt Entsprechendes: Die Verwendung einer – ihrerseits als abstrakte Farbmarke geschützten – Farbe in identischer oder ähnlicher Ausprägung im Rahmen etwa einer die Ware abbildenden Wort-/Bildmarke begründet Verwechslungsgefahr mit der älteren Farbmarke, wenn unter Berücksichtigung der Ähnlichkeit der betroffenen Waren oder Dienstleistungen, der Ähnlichkeit der involvierten Farben und der Kennzeichnungskraft des älteren Zeichens die im Rahmen des Kombinationszeichens eingesetzte Farbe so dominant wirkt, dass sie selbstständig herkunftshinweisend verstanden und nicht von den anderen Bestandteilen des Kombinationszeichens in den Hintergrund gedrängt wird.

h) Ähnlichkeit von Hörmarken

745 Für die Kollision von Hörmarken gelten im Grundsatz keine anderen Regeln als für andere Markenformen. Es fällt jedoch auf, dass insoweit kaum Rechtsprechung zu Kollisionsfällen existiert, während sich die bekannten Entscheidungen des BPatG, des HABM und des EuGH mit der Registerfähigkeit (grafischen Darstellbarkeit) befassen.[138] Überlegungen zur Bestimmung von Identität und Ähnlichkeit werden vornehmlich in der Literatur angestellt.[139]

746 Im Unterschied zu Bild- und Farbmarken ist bei Hörmarken eine Verwechslungsgefahr gegenüber anderen Markenarten über die begriffliche Ähnlichkeit zweier Zeichen nicht denkbar, so lange es sich um einfache Tonfolgen (sog. Jingles) handelt. Anders kann es dagegen liegen, wenn die Tonfolge ein bekanntes Musikwerk aufnimmt, dessen ebenfalls bekannter Titel beim Hören der Tonfolge assoziiert wird.

4. Kennzeichnungskraft der älteren Marke

747 Neben der Ähnlichkeit der sich gegenüberstehenden Marken und der Ähnlichkeit der betroffenen Waren oder Dienstleistungen ist die **Kennzeichnungskraft einer Marke** die dritte Säule zur Beurteilung der Gefahr einer Verwechslung zweier Marken. Auf einer gewöhnlich in wenigen Stufen – geringe oder schwache, durchschnittliche oder normale, erhöhte oder starke Kennzeichnungskraft – unterteilten,

138 Vgl. BPatG GRUR 1997, 60, 61 – SWF-3 Nachrichten; GRUR 1997, 62 – Indikativ SWF-3; HABM-BK MarkenR 2005, 541 – Schallmarke Hexal; MarkenR 2003, 504 – Löwengebrüll; EuGH MarkenR 2004, 26 – Shield Mark/Kist.

139 Vgl. *Hacker* GRUR Int. 2004, 215, 223; *Erdmann* GRUR 2001, 609, 612.

tatsächlich aber weit feiner differenzierten Skala gilt dabei, dass um so geringere Anforderungen an das Ausmaß der Übereinstimmung zweier Marken gestellt werden müssen, je größer die Kennzeichnungskraft der geschützten Marke ausfällt und je näher sich die betroffenen Waren oder Dienstleistungen stehen.[140] Umgekehrt wird man eine um so größere Ähnlichkeit verlangen müssen, je geringer die Kennzeichnungskraft der geschützten Marke und je größer der Abstand der betroffenen Waren oder Dienstleistungen einzustufen sind. Die Feststellung der Kennzeichnungskraft des älteren Zeichens ist deshalb eine **unverzichtbare Voraussetzung** für die Feststellung einer allfälligen Verwechslungsgefahr zweier Zeichen.

748

Stufen der Kennzeichnungskraft	
Schwache Kennzeichnungskraft	Die Marke enthält glatt beschreibende Bestandteile oder solche, die an freihaltebedürftige Angaben »angelehnt« sind.
Normale, durchschnittliche Kennzeichnungskraft	Die Marke ist uneingeschränkt unterscheidungskräftig, ggf. auch als Folge ihrer Verkehrsdurchsetzung; sie ist aber darüber hinaus nicht durch besonders intensive Nutzung, Verbreitung, Bewerbung und – daraus folgend – Verkehrsbekanntheit hervorgetreten.[141]
Gesteigerte, erhöhte, starke Kennzeichnungskraft	Die Marke genießt für die betroffenen Waren oder Dienstleistungen eine gesteigerte Verkehrsbekanntheit, die empirisch (Marktanteil, Umsatz, Werbeaufwand etc.) festgestellt, aber auch »von Haus aus« durch besonders unterscheidungskräftige Zeichen gefördert werden kann.[142]

Übersicht 24: Stufen der Kennzeichnungskraft

Kennzeichnungskraft besitzt ein Zeichen immer nur im Hinblick auf eine **konkrete** Ware oder Dienstleistung.[143] Dies wird besonders deutlich, wenn ein mehrgliedriges 749

140 BGH GRUR 1995, 216 – Oxygenol II.

141 Nach BPatG MarkenR 2005, 240 – Public Nation/PUBLIC, bezeichnet de Begriff der »durchschnittlichen Kennzeichnungskraft« keine scharfe Trennungslinie, auf der sich alle Marken befinden, für die sich weder eine besondere Kennzeichnungsschwäche noch eine erhöhte Kennzeichnungskraft im Sinne einer bekannten Marke feststellen lässt. Vielmehr umfasse dieser Begriff im Regelfall einen verhältnismäßig großen Bereich, innerhalb dessen Differenzierungen möglich und notwendig seien.

142 Nach der Rspr. des EuG sind »insbesondere die Eigenschaften zu berücksichtigen, die die Marke von Haus aus besitzt, einschließlich des Umstands, ob sie beschreibende Elemente in Bezug auf die Waren oder Dienstleistungen, für die sie eingetragen worden ist, aufweist, des von der Marke gehaltenen Marktanteils, der Intensität, der geografischen Verbreitung und der Dauer der Benutzung dieser Marke, des Werbeaufwands des Unternehmens für die Marke, des Teils der beteiligten Verkehrskreise, der die Waren oder Dienstleistungen auf Grund der Marke als von einem bestimmten Unternehmen stammend erkennt, sowie der Erklärungen von Industrie- und Handelskammern oder von anderen Berufsverbänden«, GRUR-RR 2006, 155, 159 – Hai.

143 Die Marke »Picasso« besitzt deshalb für PKW keine erhöhte originäre Kennzeichnungskraft, ihre Bekanntheit als Name eines Künstlers ist insoweit ohne Belang, EuGH MarkenR 2006, 67, 69 – Picasso (vorgehend EuG MarkenR 2004, 305, 310 – Picasso/Picaro); allerdings kann auch eine eindeutige, nicht auf das Produkt bezogene Bedeutung die optische oder klangliche Ähnlichkeit mit einem kollidierenden Zeichen neutralisieren (EuGH, a.a.O.).

Zeichen Bestandteile enthält, die für Einzelne der angemeldeten Waren glatt beschreibend sind: ein solches Zeichen kann zwar auch für diese Waren eingetragen werden, wenn und solange es weitere Bestandteile besitzt, die dem Zeichen zu einem unterscheidungskräftigen **Gesamteindruck** verhelfen;[144] sollte ein solches Zeichen jedoch in- oder außerhalb des Registers mit einem anderen Zeichen in der Art kollidieren, dass beide Zeichen in dem **beschreibenden** Bestandteil des älteren Zeichens übereinstimmen, kann diese Übereinstimmung – für die betroffenen Waren oder Dienstleistungen – wegen insoweit gänzlich **fehlender Kennzeichnungskraft** des älteren Zeichens keine Verwechslungsgefahr begründen.

750 Schwache Kennzeichnungskraft mit der Folge eines reduzierten Schutzbereiches ist deshalb nach der Rechtsprechung des BGH regelmäßig bei Anlehnung an beschreibende Angaben, an ein Fachwort oder an einen Gattungsbegriff im Blick auf schutzwürdige Interessen an der Freihaltung dieser Begriffe zu bejahen[145]; eine Einschränkung des Schutzumfangs kommt immer dann in Betracht, »wenn der ungehinderte Gebrauch des im Hintergrund stehenden sprachlichen Begriffs oder Fachworts selbst oder eines diesem ähnlichen und aus bestimmten Gründen seinerseits ebenfalls freizuhaltenden Begriffs sicherzustellen ist.«[146]

751 Wer sich bei der Markenkreation an beschreibenden Bezeichnungen orientiert oder an freihaltebedürftige Fachbegriffe anlehnt und in der Folge die absoluten Eintragungshindernisse des § 8 Abs. 2 Nr. 1 bis 3 MarkenG nur knapp überwindet, muss im Kollisionsfalle der §§ 9 Abs. 1 Nr. 2, 14 Abs. 2 Nr. 2 MarkenG mit einer geringeren Kennzeichnungskraft und daraus folgend verminderter Abwehrkraft seiner prioritätsälteren Marke rechnen.[147] So ist es selbst bei identischen Marken und ähnlichen Waren nicht ausgeschlossen, dass im Ergebnis eine Verwechslungsgefahr verneint werden muss, weil die Marke kennzeichnungsschwach ist und/oder der Warenabstand trotz gegebener Ähnlichkeit besonders groß ausfällt.[148] Denn einen zwingenden Vorrang der prioritätsälteren Marke kennt das Markengesetz nur im Identitätsbereich.[149]

752 Schließlich kann die einer Marke von Natur aus innewohnende geringe, durchschnittliche oder hohe Kennzeichnungskraft durch eine entsprechende Verkehrsdurchsetzung am Markt nachträglich gestärkt, aber auch durch die geduldete Verwendung und/oder Eintragung ähnlicher Zeichen geschwächt werden. Eine solche »Karriere« wird häufig in Verletzungsprozessen bedeutsam.

5. Schutzstrategien

753 Die Kriterien, nach denen § 9 Abs. 1 Nr. 1–3 und § 14 Abs. 2 Nr. 1–3 MarkenG einer prioritätsälteren Marke den Vorrang vor einer identischen oder ähnlichen jüngeren

144 S. oben Rn. 493 ff.

145 BGHZ 91, 262 – Indorektal I; GRUR 1995, 50 – Indorektal/Indohexal; BGH GRUR 1986, 245 – India-Gewürze; GRUR 1989, 349 – ROTH-HÄNDLE-KENTUCKY/Cenduggy.

146 BGH GRUR 1995, 50 – Indorektal/Indohexal, mit Verw. auf BGH GRUR 1985, 461, 462 – Gefa/Gewa.

147 Für die vor allem im Pharmabereich häufige Anlehnung an international empfohlene Fachbegriffe vgl. BGH BlPMZ 1995, 70 – Trilopirox sowie oben Rn. 443.

148 Vgl. BPatG GRUR 1996, 204 – swing.

149 S. dazu oben Rn. 658 ff., 662 ff.

Marke einräumen, die Regelung des Benutzungszwanges in § 26 MarkenG und die verfahrensrechtliche Ausgestaltung des Widerspruchsverfahrens[150] liefern wichtige Anhaltspunkte für eine planvolle Markenstrategie, sei es im Falle der einzelnen Markeneintragung, sei es beim Aufbau eines Markenbestandes. Dabei gilt:

- Je höher die Kennzeichnungskraft des gewählten Zeichens ausfällt, desto niedriger liegen die Anforderungen an die für seinen Vorrang maßgebliche Ähnlichkeit zu anderen Marken und Waren oder Dienstleistungen, desto weiter reicht mithin sein Schutzbereich;
- Je mehr kennzeichnungsschwache oder untereinander gleichgewichtige Bestandteile eine Mehrwortmarke oder ein sonstiges Kombinationszeichen enthält, desto größer ist die Gefahr, dass die Übereinstimmung mit einer Fremdmarke in nur einem dieser Bestandteile keine Abwehrrechte begründet.[151]

Aus diesen Abhängigkeiten folgt zunächst, dass sich die Anmeldung einer neuen Marke auf den kennzeichnungskräftigen **Kern** des gewünschten Zeichens **beschränken** sollte. Ausschmückungen, ergänzende Bildbestandteile, zusätzliche beschreibende Angaben usw. können die »Schlagkraft« des eingetragenen Zeichens schmälern. Sie sollten entfallen, so weit sie nicht für die Werbefunktion, die Identität des Zeichens unerlässlich sind. Es gilt in diesem Zusammenhang: **Einfache Marken sind gute Marken**. 754

Ist das nach diesen Kriterien entwickelte Zeichen eingetragen, trennen sich eine defensive und eine offensive Markenstrategie: Wer nur am Erhalt seines eingetragenen, kennzeichnungskräftigen (Kern-)Zeichens interessiert ist, mag sich mit dieser Eintragung begnügen. Er erhält die Marke durch Benutzung im Sinne des § 26 Abs. 1 MarkenG und schützt sie so gegen Verfall. »Beiwerk«, auf das beim eingetragenen Zeichen verzichtet wurde, kann in der Praxis nach Belieben hinzugefügt und/oder variiert werden, solange der kennzeichnende Charakter der Marke nicht verändert wird. Die Benutzung der Marke in einer abweichenden Form gilt unter dieser Voraussetzung als Benutzung der eingetragenen Marke.[152] 755

Eine offensive Markenstrategie wird sich damit nicht begnügen. Denn die Eintragung oder Benutzung einer identischen oder ähnlichen Drittmarke kann zunächst nur auf der Grundlage der eingetragenen Marke **in der eingetragenen Form** verhindert werden; benutzte Abweichungen erhalten **eigenen** Markenschutz allenfalls durch Verkehrsgeltung nach § 4 Nr. 2 MarkenG[153] und können selbst dann nicht im Widerspruchsverfahren geltend gemacht werden.[154] Für einen umfassenden und offensiven Markenschutz wird deshalb auch die (zusätzliche) Eintragung der gewünschten **Abwandlungen als selbstständige Marken** notwendig. Der Schutzbereich der »Kernmarke« kann so effizient auf alle interessierenden Abwandlungen ausgedehnt werden, ohne dass sich die oben beschriebenen Nachteile einer »überladenen« Marke einstellen. 756

150 S. dazu unten Rn. 814 ff.

151 Vgl. BPatG GRUR 1995, 741 – corton/Horten, wo der kennzeichnungskräftigen Widerspruchsmarke »Horton Horton Horton« die (dreifache) Wiederholung des Wortes im Hinblick auf eine mangelnde kollisionsbegründende Wirkung des Gesamtzeichens (bzw. einen unzulässigen Einzelvergleich) entgegengehalten wird! (im Ergebnis allerdings Verwechslungsgefahr bejaht).

152 § 26 Abs. 3 Satz 1 MarkenG; s. dazu oben Rn. 616 ff.

153 S. dazu oben Rn. 584 ff.

154 § 42 Abs. 2 MarkenG.

757 Das Markengesetz erleichtert den Aufbau eines solchen Markenbestandes dadurch, dass § 26 Abs. 3 Satz 2 MarkenG für die geltungserhaltende Benutzung einer Marke die Benutzung einer abweichenden Form auch dann ausreichen lässt, wenn diese Abweichung selbst als Marke eingetragen ist. Das bedeutet, dass ein und dieselbe Benutzungshandlung mehrere eingetragene Marken vor Verfall schützen kann. Eine nur vorsorglich eingetragene, aber in der praktischen Anwendung vernachlässigte Abwandlung der Marke kann nach § 26 Abs. 3 Satz 2 MarkenG »unbenutzt erhalten« werden, ohne dass eine Wiederholungsanmeldung notwendig wird.

758 Nimmt man hinzu, dass der Kreis der wirksamen Benutzungshandlungen nicht auf die unmittelbare Kennzeichnung von Waren oder Dienstleistungen beschränkt ist, sondern auch die Verwendung des Zeichens in der Werbung, auf Briefbögen usw. einschließt, sofern der herkunftshinweisende Bezug zur jeweiligen Ware oder Dienstleistungg erkennbar bleibt,[155] wird der Aufbau eines Markenbestandes nach den beschriebenen Kriterien vielfach opportun sein und seine Erhaltung keine übermäßigen Anstrengungen verlangen.

759 Beispiel: Die Kläger sind nicht nur Inhaber bzw. Lizenznehmer der **Wortmarke** »Marlboro« und verschiedener **Wort-/Bildmarken**, die diesen Namen beinhalten, sondern auch einer kraft nachgewiesener Verkehrsgeltung eingetragenen **Bildmarke**, die das sog. Marlboro-Dach wieder gibt. Zigarettenpackungen der Marlboro-Markenfamilie sind so gestaltet, dass der größere untere Teil der »Schauseite« weiß gehalten und der kleinere obere Teil farblich abgesetzt ist, wobei diese beiden Farbfelder winkelförmig voneinander abgegrenzt sind, sodass eine Art »Dach« entsteht. Bei der Marlboro-Kingsize-Zigarette, der mit Abstand umsatzstärksten Zigarette in der Bundesrepublik Deutschland, ist der obere Teil der Verpackung rot. Die Kläger wenden sich aus dieser Bildmarke gegen die Aufmachung eines Konkurrenzproduktes, bei dem sich ein ebenfalls roter Farbwinkel, allerdings am unteren Ende der Packungs-Schauseite, befindet.[156]

»Marlboro – Dach«

Angegriffene Aufmachung

155 S. dazu oben Rn. 613.
156 BGH MarkenR 2001, 459 – Marlboro-Dach.

Die Strategie des Unternehmens, Wortmarke, Wort-/Bildmarke und Bildmarke jeweils selbstständig als Marke zu schützen, zahlt sich hier eindrucksvoll aus: 760

- Hätte die Klägerin gegen die angegriffene Verpackungsgestaltung nur aus einer eigenen **Wortmarke** »Marlboro« vorgehen können, wäre dies an der absoluten Unähnlichkeit der Begriffe »Marlboro« und »Cabinet« gescheitert.
- Hätte sich die Klägerin nur auf eine **Wort-/Bildmarke** »Marlboro unter rotem Dach« stützen können, wäre es schwer gefallen, den Erfahrungssatz zu überwinden, dass bei kombinierten Wort-/Bildmarken gemeinhin der – hier absolut unähnliche! – Wortbestanteil deutlich stärker wahrgenommen und erinnert wird.
- Kann die Klägerin dagegen aus dem **reinen Bildzeichen** »Marlboro-Dach« ausschließlich gegen das umgekehrt angeordnete Farbmuster der Konkurrenz[157] vorgehen, kann sie sich jedenfalls dann auf eine Verwechslungsgefahr indizierende Ähnlichkeit der beiden Packungen stützen, wenn der Verkehr die angegriffene Gestaltung nicht nur im Zusammenhang wahrnimmt, sondern daran gewöhnt ist, in der Gesamtaufmachung der angegriffenen Verpackungen einzelnen Elementen – hier: dem roten Farbmuster – eine eigenständige Kennzeichnungsfunktion zuzuerkennen.

Dafür, dass eben dies im beschriebenen Falle zutraf, sprach nach Auffassung des BGH eine Übung der Verwendung von Zweitmarken bei Fertigzigaretten, insbesondere aber auch die von den Klägern behauptete besondere Bekanntheit ihrer **Bildmarke**. Diese werde zwar im Wesentlichen zusammen mit der Wortmarke »Marlboro« verwendet, vom Verkehr nach deren Behauptung aber in erheblichem Umfang als auf die Kläger hinweisend und nicht gegenüber der Wortmarke zurücktretend verstanden, sodass auch sonst, insbesondere bei den angegriffenen Verpackungen, ein entsprechendes Verständnis des Verkehrs nahe liegen könnte.[158]

III. Sonderschutz bekannter Marken

Wo sich die unter identischen oder ähnlichen Marken vertriebenen Waren oder Dienstleistungen nicht einmal ähneln, besteht an sich keine Gefahr der Verwechslung im Sinne einer irrigen Zuordnung der betrieblichen Herkunft. Gleichwohl kann die **wirtschaftliche** Position des Inhabers der prioritätsälteren Marke auch außerhalb des Ähnlichkeitsbereiches[159] nachhaltig beeinträchtigt werden: 761

- Die Kennzeichnungskraft einer am Markt eingeführten Marke leidet – sie wird »**verwässert**« –, sobald ihr ähnliche oder gar mit ihr identische Marken für andere Produkte auf den Markt drängen, und

157 Der BGH hat zu Recht unterstellt, dass Zigarettenpackungen dem Verbraucher nicht immer in derselben Lage begegnen, sodass die beiden Anordnungen – etwa in einer Verkaufsschütte – durchaus parallel erscheinen können.

158 BGH MarkenR 2001, 459, 464 – Marlboro-Dach.

159 S. oben Rn. 664 ff.

- ihr »**guter Ruf**« nimmt Schaden, wo der Inhaber oder Benutzer einer mit der bekannten Marke identischen oder ähnlichen Marke über die – meist gewollte – **Assoziation** zur prioritätsälteren Marke den fremden **Goodwill**, und sei es auch nur im Sinne eines Aufmerksamkeitseffektes, für den eigenen wirtschaftlichen Erfolg einspannt. Voraussetzung einer solchen Rufausbeutung ist freilich, dass sich die prioritätsältere Marke überhaupt einen besonderen Ruf erworben hat, der sich ausnutzen lässt. Sie muss eine gewisse Berühmtheit (Bekanntheit) genießen, die die Anlehnung oder Nachahmung einerseits für den Konkurrenten lohnend und andererseits – wegen der in der Marke verkörperten Leistungen des Inhabers – objektiv unlauter erscheinen lässt.[160]

762 Bereits vor Inkrafttreten des Markengesetzes war der Inhaber einer in diesem Sinne »berühmten« Marke nicht ohne Schutz gegen die genannten Fälle der Verwässerung und der Rufausbeutung.[161] Im ersteren Falle halfen die §§ 823, 1004 BGB, im letzteren § 1 UWG a.F. mit Unterlassungs- und Schadenersatzansprüchen. Beide Anspruchsgrundlagen bleiben auch künftig erhalten, § 2 MarkenG.[162] Der Schutz bekannter Marken außerhalb des Ähnlichkeitsbereiches durch das **Markengesetz** hat am **wettbewerbsrechtlichen Charakter** dieses Schutzes nichts geändert: nicht die Störung der über die Marke vermittelten Kommunikation der betrieblichen Herkunft eines Produktes steht im Zentrum des Schutzes, sondern der vom Produkt losgelöste Schutz der Marke selbst vor unlauterer Ausnutzung durch Dritte.

763 In diesem wettbewerbsrechtlichen Sinne wurden lange vor Inkrafttreten des Markengesetzes die Marke »Odol« gegen eine Verwendung für Rasierklingen durchgesetzt,[163] die Whisky-Marke Dimple gegen eine Ausbeutung ihres guten Rufes durch Verwendung derselben Marke für Herrenkosmetik,[164] die Kosmetik-Marke Avon gegen eine gleichnamige Marke für Tonträger[165] usw. Das berühmte »Bayer«-Kreuz wurde allein in seiner grafischen Darstellungsform gegen eine Verwässerung durch entsprechend kreuzförmige Anordnung der Marke »Jothoho« (für Sämereien) verteidigt.[166] Und in der zitierten Entscheidung »SL« setzte sich die für Mercedes-Sportwagen nach § 4 Abs. 3 WZG eingetragene Buchstabenkombination gegen die Bezeichnung »UNO 70 SL« für Fahrzeuge des Herstellers FIAT durch.[167] Die

---

160 So der BGH GRUR 1991, 609, 612 – SL, zu § 1 UWG a.F.

161 BGH GRUR 1991, 609, 611 ff. – SL.

162 Der BGH geht allerdings von einem klaren Vorrang des kennzeichenrechtlichen Schutzes aus: seit dem Inkrafttreten des Markengesetzes ergebe sich der Schutz bekannter Kennzeichnungen in erster Linie aus § 9 Abs. 1 Nr. 3 und § 14 Abs. 2 Nr. 3 sowie aus § 15 Abs. 3 MarkenG. Der Schutz der bekannten Marke im Markengesetz stelle sich als eine »umfassende spezialgesetzliche Regelung« dar, mit der der bislang in der Rechtsprechung entwickelte Schutz fixiert und ausgebaut werden sollte. Diese Regelung sei »an die Stelle des bisherigen von der Rechtsprechung entwickelten Schutzes getreten« und lasse in ihrem Anwendungsbereich für eine gleichzeitige Anwendung des § 1 UWG oder des § 823 BGB grundsätzlich keinen Raum (mit Verweis auf *Sack* GRUR 1995, 81, 93; *Piper* GRUR 1996, 429, 435; *Ingerl/Rohnke* § 14 Rn. 523 ff.; a.A. *Fezer* Markenrecht, § 14 Rn. 411).

163 LG Elberfeld GRUR 1924, 204 – Odol.

164 BGH WRP 1985, 399 – Dimple.

165 BGH GRUR 1991, 863 – Avon.

166 RGZ 170, 137 – Bayer-Kreuz.

167 BGHZ 113, 115 – SL.

von der Rechtsprechung an die »Berühmtheit« einer Marke gestellten Anforderungen waren allerdings streng.[168]

Ihrerseits berühmt geworden ist die auf die § 1 UWG a.F. gestützte Entscheidung »Rolls Royce« des BGH: Die Herstellerin der gleichnamigen Automobile, die sowohl für die bekannte Kühlerfigur (»Flying Lady«), als auch für das Emblem »RR« und einen charakteristischen Kühlergrill Markenschutz innehatte, wehrte sich mit Erfolg gegen eine Werbeagentur, die in einer Werbeanzeige für den amerikanischen Whiskey »Jim Beam« im Rahmen einer gestellten Szene die Vorderansicht eines Rolls-Royce-Automobils einschließlich der Kühlerpartie mit den drei genannten Merkmalen abgebildet hatte. Im Vordergrund war hervorgehoben eine Flasche des Whiskeys mit zwei gefüllten Gläsern dargestellt. Eine **kennzeichenrechtliche Verwechslungsgefahr** war vor dem Hintergrund des Warenabstandes und der konkreten Aufmachung der Anzeige ausgeschlossen. Die Klägerin verwies dagegen erfolgreich darauf, ihre Produkte besäßen ein durch die Vorstellung von Luxus und Güte geprägtes **Ansehen**, sodass deren Name starke Werbekraft besitze. Diese werde beeinträchtigt, wenn mit ihren Kennzeichen für Waren jeder Art geworben und damit ihr **guter Ruf sachfremd ausgenutzt** werde. Sie vergebe nur in seltenen Fällen Lizenzen an ausgesuchte, ihrem Standard entsprechende Hersteller und sei immer gegen die Benutzung von Abbildungen ihrer Automobile oder Kennzeichen in Werbeanzeigen eingeschritten.[169] **764**

Das Markengesetz schützt in § 9 Abs. 1 Nr. 3 MarkenG prioritätsältere angemeldete oder eingetragene Marken **außerhalb** des Ähnlichkeitsbereiches der betroffenen Waren oder Dienstleistungen durch einen **eigenständigen Löschungsanspruch** gegen Verwässerung und Rufausbeutung bzw. – beeinträchtigung. Für die Verteidigung bekannter Marken gegen die Benutzung entsprechender Zeichen am Markt enthält § 14 Abs. 2 Nr. 3, Abs. 5, 6 MarkenG eine analoge Regelung für die Ansprüche auf **Unterlassung** und **Schadensersatz**.[170] **765**

Der Löschungsanspruch zu Gunsten des Inhabers des älteren Zeichens ist gegeben, **766**

- wenn die prioritätsältere Marke eine im Inland »**bekannte**« Marke ist,
- wenn die Benutzung durch Dritte ihre **Unterscheidungskraft** oder **Wertschätzung** ausnutzen oder beeinträchtigen würde,
- wenn dies **ohne rechtfertigenden Grund** und
- in **unlauterer Weise** geschieht.

Das Markengesetz macht damit von einer der Optionen der Markenrichtlinie Gebrauch.[171] Handelt es sich bei der älteren Marke um eine Gemeinschaftsmarke, kommt es auf deren Bekanntheit »in der Gemeinschaft« im Sinne der Gemeinschaftsmarkenverordnung an.[172] In zeitlicher Hinsicht muss die Bekanntheit bereits **zum Zeitpunkt der Eintragung des jüngeren Rechts** bestanden haben. Eine erst

---

168 Vgl. BGH GRUR 1991, 863, 866 – Avon; zum außermarkenrechtlichen Schutz eines wettbewerbsrechtlich bedeutsamen, redlichen Besitzstandes unter dem Gesichtspunkt der unlauteren Behinderung OLG Hamburg NJWE-WettbR 1996, 78 – Schoko-Bons/Milka-Bons.
169 BGH WRP 1983, 268 – Rolls Royce.
170 S. dazu unten Rn. 911 ff.
171 Art. 4 Abs. 4 lit. a MarkenRL 89/104/EWG.
172 § 125 b Nr. 1 MarkenG s. dazu unten Rn. 1277.

nachträglich erworbene Bekanntheit führt zu einem insoweit schlechteren Zeitrang.[173]

1. Bestimmung und Nachweis der Bekanntheit

767 Der Begriff der **Bekanntheit** vereint quantitative wie qualitative Aspekte, deren Kriterien letztlich durch die europäische Rechtsprechung bestimmt werden. Diese hat die nationale Rechtsprechung sukzessive weg von einer quantitativ-empirischen Messung der Bekanntheit und hin zu einer qualitativ-wertenden Beurteilung beeinflusst.

768 **Quantitativ** wird die Bekanntheit im Sinne der §§ 9 Abs. 1 Nr. 3, 14 Abs. 2 Nr. 3 MarkenG[174] an die **empirisch messbare Verkehrsbekanntheit** angeknüpft, wie sie in den Fällen des § 4 Nr. 2, 3 MarkenG[175] und des § 8 Abs. 3 MarkenG[176] ebenfalls von Bedeutung ist. Die sprachliche Differenzierung in §§ 9 Abs. 1 Nr. 3, 14 Abs. 2 Nr. 3 MarkenG sowohl gegenüber § 4 Nr. 2 und 3 MarkenG als auch gegenüber § 8 Abs. 3 MarkenG verlangt jedoch eine **autonome Bestimmung** der Bekanntheit im Einzelfall; Bekanntheit ist insoweit weder mit Verkehrsgeltung oder Notorietät, noch mit Verkehrsdurchsetzung und auch nicht mit dem früher verwendeten Begriff der Berühmtheit gleichzusetzen.[177]

769 Nach der Begründung zum Gesetzentwurf soll das erforderliche Niveau der Verkehrsbekanntheit jedenfalls nicht »kategorisch« über dem des § 4 Nr. 2 MarkenG liegen.[178] Der EuGH verlangt dafür, dass die Marke »**einem bedeutenden Teil des Publikums**« bekannt ist. Weder nach dem Buchstaben noch nach dem Geist des Artikels 5 Abs. 2 der Markenrichtlinie könne verlangt werden, dass die Marke einem bestimmten Prozentsatz des Publikums bekannt sein müsse.[179] Der von der Rechtsprechung vor Inkrafttreten des Markengesetzes für eine »berühmte« Marke verlangte Bekanntheitsgrad von »regelmäßig nicht unter 80 %«[180] ist danach obsolet. Da die quantitativ messbare Präsenz einer Marke am Markt letztlich erst in einer Zusammenschau mit qualitativen Merkmalen die Feststellung ihrer markenrechtlichen Bekanntheit erlaubt, muss von einer **Wechselbeziehung** beider Aspekte ausgegangen werden. In der Konsequenz dieser Wechselbeziehung liegt es, dass sich auch eine absolute, quantitative Untergrenze im Sinne einer nachzuweisenden »Mindestdurchdringung« des Marktes nicht mehr benennen lässt.

770 Im Einklang mit der Rechtsprechung des EuGH, der empirische Untersuchungen zur Verkehrsbekanntheit einer Marke generell nur als eine von mehreren, alternativen Methoden zur Ermittlung der Bedeutung eines Zeichens am Markt zulässt,[181] wird auch die Bekanntheit einer Marke im Sinne der §§ 9 Abs. 1 Nr. 3, 14 Abs. 2

173 S. dazu oben Rn. 654 ff.
174 Zum parallelen Sonderschutz bekannter geschäftlicher Bezeichnungen s. § 15 Abs. 3 MarkenG.
175 S. oben Rn. 584 ff., 602 ff.
176 S. oben Rn. 484 ff., 536 ff.
177 *Ströbele/Hacker* § 14 Rn. 161.
178 BT-Drs. 12/6581, S. 72.
179 EuGH MarkenR 1999, 388 – Chevy.
180 »Überragende Verkehrsgeltung«, vgl. BGH GRUR 1991, 863, 866 – Avon.
181 S. oben Rn. 484 ff., 488 ff. und EuGH MarkenR 1999, 189 – Chiemsee.

Nr. 3 MarkenG zunehmend **qualitativ** bestimmt. Anerkannte Indikatoren dafür sind[182]

- alle relevanten Umstände des Falles, insbesondere
  - der **Marktanteil** der Marke,
  - die **Intensität**,
  - die **geografische Ausdehnung** und
  - die **Dauer** ihrer Benutzung sowie
  - der Umfang der **Investitionen**, die das Unternehmen zu ihrer Förderung getätigt hat einschl.
  - bestehender **Lizenzverträge**.[183]

Wo diese qualitativen Kriterien für eine Bekanntheit der Marke sprechen, stehen auch geringe, empirisch gemessene Prozentzahlen nicht entgegen. Der BGH hielt insoweit erstaunlich geringe 16 % bzw. 17,5 % der Befragten, denen eine Bezeichnung »Fabergé« überhaupt als Warenkennzeichnung bekannt war, für die Annahme eines bekannten Zeichens nicht für hinderlich.[184] 771

2. Verwässerung, Rufausnutzung und Rufbeeinträchtigung

Der Sonderschutz bekannter Marken erfasst die Ausnutzung oder Beeinträchtigung ihrer Unterscheidungskraft oder Wertschätzung. Daraus resultieren sprachlogisch **vier** Kollisions- bzw. Verletzungstatbestände: die Ausnutzung der Unterscheidungskraft, die Ausnutzung der Wertschätzung, die Beeinträchtigung der Unterscheidungskraft und die Beeinträchtigung der Wertschätzung. Sachlogisch kann aber die Unterscheidungskraft als solche nicht ausgenutzt, sondern nur beeinträchtigt oder geschmälert werden. Denn wo eine bekannte Marke für Waren oder Dienstleistungen eingetragen oder benutzt wird, die denen, für die die bekannte Marke angemeldet und eingetragen ist, **nicht** ähnlich sind, kann denknotwendig auch nicht die Fähigkeit der bekannten Marke »ausgenutzt« werden, auf die letztgenannten Waren oder Dienstleistungen hinzuweisen: Wer eine bekannte Marke oder ein ihr ähnliches Zeichen für seine ganz anderen Waren oder Dienstleistungen benutzt, tut dies immer, um auf diese hinzuweisen und ihren Absatz zu fördern, sei es, weil die bekannte Marke als solche Aufmerksamkeit erregt, sei es, weil sie einen besonderen Ruf genießt. Mithin sind **drei** Konstellationen zu unterscheiden: 772

a) Beeinträchtigung der Unterscheidungskraft (Verwässerung)

Der Tatbestand der Beeinträchtigung der Unterscheidungskraft schützt die bekannte Marke außerhalb der Waren- oder Dienstleistungsähnlichkeit auch in den Fällen, in denen weder eine Verwechslungsgefahr, noch ein Imagetransfer des »guten Rufes« der bekannten Marke zu besorgen ist. Die **Unterscheidungskraft** der be- 773

---

182 EuGH MarkenR 1999, 388 – Chevy; BGH MarkenR 2002, 23 – Fabergé.
183 OLG Köln WRP 1998, 1104, 1107 – BOSS.
184 BGH MarkenR 2002, 23 – Fabergé; nach den Feststellungen der Vorinstanz mussten von diesen Werten noch Abschläge gemacht werden, so dass nur von einem Bekanntheitsgrad von 8,1 % bzw. 12,64 % ausgegangen werden konnte.

kannten Marke wird bereits dadurch beeinträchtigt, dass der Verkehr das bekannte Zeichen (oder ein ihm ähnliches) am Markt mehrfach in **unterschiedlichem Branchenkontext** antrifft.

774 Daraus entsteht zwar in jedem einzelnen Falle keine Zuordnungsverwirrung, da der Abstand der betroffenen Waren oder Dienstleistungen entsprechende Fehlvorstellungen gerade ausschließt; mit der Marke werden aber verschiedenste Waren oder Dienstleistungen mit je verschiedenem betrieblichem Hintergrund verbunden, was der **Alleinstellung** der bekannten Marke abträglich ist: sie wird zu »**einer unter vielen**« und verliert dadurch an Kennzeichnungskraft. Berühmte Marken wie Coca Cola oder ADIDAS genießen deshalb einen alle Branchen übergreifenden Schutz: sie müssen nicht hinnehmen, in anderen Branchen kopiert zu werden, seien diese auch noch so fern liegend.

775 Eine Beeinträchtigung der Unterscheidungskraft liegt auch in den Fällen vor, in denen die **Aufmerksamkeit**, die der Verkehr einer bekannten Marke entgegenbringt, unberechtigt für andere Waren oder Dienstleistungen fruchtbar gemacht wird.[185] In der Rechtsprechung wird diese Konstellation als »**Ausnutzung der Unterscheidungskraft**« erfasst: Wer die bekannte Marke mit dieser Zielsetzung kopiere oder imitiere, nutze damit deren Unterscheidungskraft aus, indem er den **Erinnerungswert** zur Erzielung eines besonderen **Aufmerksamkeitseffekts** und eines damit einhergehenden **Kommunikationsvorsprungs** zum eigenen Vorteil nutze.[186] Tatsächlich wird nicht die Unterscheidungskraft der bekannten Marke ausgenutzt, sondern ihre Bekanntheit, ohne die es keinen Aufmerksamkeitseffekt gäbe. Die Unterscheidungskraft der bekannten Marke leidet darunter als Folge dieser Nutzung. Richtigerweise ist die Ausnutzung des aus der Bekanntheit resultierenden Aufmerksamkeitseffekts deshalb eine Form der Beeinträchtigung (Schmälerung) der Unterscheidungskraft.

776 Ein solcher Verlust an Unterscheidungskraft ist allerdings dann nicht zu besorgen, wenn eine bekannte Marke in einer anderen Branche mit einer zumindest auch **beschreibenden** Bedeutung verwendet wird. So lag es im Falle der Verwendung der bekannten Marke Duplo (für einen Schokoladenriegel) für eine doppelte Rasierklinge (»Wilkinson Sword duplo«) in- und außerhalb des Registers. Das OLG Hamburg befand, die Unterscheidungskraft der älteren Marke »Duplo« könne durch die identische Verwendung der Marke für Rasierklingen nicht ausgenutzt werden, denn der mit einer solchen Ausnutzung erzielte »Kommunikationsvorsprung« lasse sich nicht erzielen, wenn sich die Wahl der Marke zwanglos mit ihrem beschreibenden Anklang erklären lasse und gar kein Bezug zu der bekannten Marke hergestellt werde.[187]

777 Nicht anders liegt es, wenn die Exklusivität eines Kennzeichens durch die Existenz weiterer, identischer oder ähnlicher Zeichen für andere Waren oder Dienstleistungen bereits derart beeinträchtigt ist, dass eine Schmälerung seiner Kennzeichnungskraft durch eine weitere, identische oder ähnliche Marke nicht mehr zu befürchten ist. So konnte sich die »Mc«, »Mac-« und »Mäc-« Zeichenfamilie der McDonald's Fastfood-Restaurants (sog. Mc-language) trotz eines hohen Bekanntheitsgrades

---

185 BGH MarkenR 2005, 269 – Lila-Postkarte.
186 OLG München MarkenR 2000, 65 – ALLIANZ.
187 OLG Hamburg GRUR-RR 2003, 367 – duplo.

u.a. deshalb nicht gegen die für Bekleidung, also für unähnliche Waren benutzten Marken »Mc Fash« und »Mc Shirt« durchsetzen, weil – so das OLG München – »sowohl eine Beeinträchtigung der Unterscheidungskraft als auch der Wertschätzung der (unterstelltermaßen) bekannten Zeichenserie (...) angesichts der außerordentlich hohen Zahl registrierter und benutzter Drittzeichen ausgeschlossen erscheint.« Solche Drittzeichen bestünden innerhalb des Lebensmittelbereiches (z.B. »Mc Cain«), aber auch außerhalb.[188] Daraus folgt, dass der Inhaber einer bekannten Marke jedes identische oder ähnliche Kennzeichen bekämpfen muss, will er seinen Schutz aus § 9 Abs. 1 Nr. 3, § 14 Abs. 2 Nr. 3 MarkenG nicht sukzessive verlieren.

b) Ausnutzung der Wertschätzung (Rufausnutzung)

Bekannte Marken besitzen einen »Ruf«, der die Ausbeutung ihres **Goodwills** durch andere, identische oder ähnliche Marken überhaupt erst möglich (und attraktiv) macht. In dieser Voraussetzung des Sonderschutzes bekannter Marken ist der **wirtschaftliche Wert** einer Marke, der in ihr verkörperte Goodwill ebenso berücksichtigt wie ihre **Werbefunktion**. Von einer Ausnutzung der Wertschätzung einer bekannten Marke ist auszugehen, wenn ein Wettbewerber sich mit der Kennzeichnung seiner Waren der Marke angenähert hat, um **Güte- und Wertvorstellungen**, die der Verkehr mit den unter der bekannten Marke vertriebenen Erzeugnissen verbindet, für sich auszunutzen.[189] Der Verkehr projiziert dann das Renommé der angesehenen Marke, das diese sich durch die Qualität der zugehörigen Waren oder Dienstleistungen, durch ihre Präsenz am Markt, durch Werbung, Sponsoring usw. erworben hat, auf die identische oder ähnliche Marke eines nichtberechtigten Dritten (sog. **Imagetransfer**). 778

Beispiel: Die Klägerin produziert und vertreibt Microprozessoren. Sie ist Inhaberin der Gemeinschaftsmarke »intel inside«. Das Zeichen wurde als begleitende Marke[190] auf PCs millionenfach verwendet und ist insbesondere auch in Deutschland durch intensive Werbung, u.a. nahezu täglich im Fernsehen, außerordentlich bekannt. Sie wendet sich gegen die Eintragung einer Wort-/Bildmarke »Intelligence indside« und ihre Verwendung außerhalb des Registers durch einen Hersteller von Fertighäusern. 779

Bekannte Marke »intel inside«

Angegriffenes Zeichen

188 OLG München GRUR 1996, 63, 65 – McDonald's.
189 BGHZ 86, 90, 95 – Rolls-Royce; BGH GRUR 1985, 550, 553 – DIMPLE; MarkenR 2000, 333, 336 – Davidoff I.
190 S. dazu oben Rn. 55 ff.

780 Das LG Mannheim hat hier zunächst die (klangliche und schriftbildliche) Ähnlichkeit der involvierten Wortzeichen bejaht, die durch das ovale Bildelement verstärkt werde, sowie die Bekanntheit und »Wertschätzung« des Zeichens »intel inside« festgestellt. Diese Wertschätzung werde durch das angegriffene Zeichen im Sinne eines **Imagetransfers** ausgenutzt: Eine nicht unwesentliche Voraussetzung für die wirtschaftliche Verwertbarkeit des Rufs einer Kennzeichnung sei, dass gerade der Kreis des Verkehrs, der die den Schutz beanspruchende Marke kenne und deshalb mit besonderen Gütevorstellungen verbinde, auch als Käuferkreis für die Waren in Betracht komme, auf die der Ruf übertragen werde.[191] Der überwiegende Teil der ermittelten Käufer von bzw. Interessenten für Wohnimmobilien oder Fertighäuser nutze einen Computer. Damit seien die Abnehmerkreise »Computerinteressierte« einerseits und »Käufer oder potenzielle Käufer von Häusern« deckungsgleich, sodass ein Imagetransfer im Sinne einer Ausnutzung der Wertschätzung der Marke in dem von der Beklagten angebotenen Waren- und Dienstleistungsbereich möglich sei. Dafür spreche auch, dass die Marke der Klägerin für Fortschritt und Innovation stehe und diese Wertvorstellungen auch in der Fertigbaubranche bzw. in der Immobilienbranche überhaupt eine erhebliche Rolle spielten.

781 Durch die Anlehnung an den Ruf einer bekannten Marke kann nicht nur die Exklusivität des Hinweises geschmälert werden, den die angesehene Marke auf die (und nur die!) Produkte gibt, die der Verkehr schätzen gelernt hat und die er ausschließlich mit ihr, der ihm bekannten Marke, zu verbinden gewohnt ist, was für sich genommen den Tatbestand der Verwässerung erfüllt; es kommt darüber hinaus zu einer **wirtschaftlich werthaltigen Übertragung des Marktwertes der bekannten Marke** auf die Produkte des kollidierenden Zeichens, für die – würde sich der Inhaber dieses Zeichens um eine **Lizenz** an der bekannten Marke bemühen – eine entsprechende, marktübliche **Gegenleistung** entrichtet werden müsste. Der Inhaber der bekannten Marke würde eine solche Lizenz aber nicht nur von der Höhe der Gegenleistung abhängig machen, die den **Investitionen** Rechnung tragen müsste, die er selbst in den Aufbau seiner bekannten Marke getätigt hat; er würde vielmehr die Entscheidung, **ob** er seine Marke überhaupt zur Nutzung für andere Waren und Dienstleistungen freigibt als die, für die er sie selbst nutzt, daran knüpfen,

- ob der Vorteil der Lizenzeinnahmen die damit einhergehende Schmälerung der Kennzeichnungskraft seiner Marke aufwöge und
- ob eine mangelnde Qualität oder eine allfällige Inkompatibilität der involvierten Waren oder Dienstleistungen die mit seiner Marke verbundenen Markenbotschaften beschädigte.

Nach diesen Kriterien würde die Entscheidung häufig gegen eine Lizenzierung ausfallen; um so weniger kann es der Inhaber der bekannten Marke dulden, dass sein Zeichen ohne seine Zustimmung für andere Waren oder Dienstleistungen benutzt wird.

c) Beeinträchtigung der Wertschätzung (Rufschädigung)

782 Eine Beeinträchtigung der Wertschätzung einer bekannten Marke durch ein identisches oder ähnliches Zeichen, das für Waren oder Dienstleistungen außerhalb des

191 LG Mannheim MarkenR 2002, 60 – intel inside, mit Verweis auf BGH GRUR 1985, 550, 552 – DIMPLE; BGH GRUR 1991, 465, 466 – Salomon.

Ähnlichkeitsbereiches angemeldet und eingetragen oder im Geschäftsverkehr benutzt wird, stellt den umgekehrten Fall des Imagetransfers dar: nicht der Vorteil des jüngeren Zeichens aus einem Imagetransfer des guten Rufes der bekannten Marke steht im Vordergrund, sonder der Nachteil der bekannten Marke aus einem schädlichen Transfer in der Gegenrichtung. Durch eine **Inkompatibilität der Anmutungen**, die mit der Ware oder Dienstleistung verbunden sind, nimmt die bekannte Marke aus der unbefugten Verwendung eines identischen oder ähnlichen Zeichens Schaden.

Beispiel: Die Klägerinnen sind als Betreiber der bekannten McDonald's Schnellrestaurants Inhaber bzw. Lizenznehmer zahlreicher Marken mit dem Wortbestandteil »Mc« oder »Mac« wie z.B. McDonald's, BIG MÄC, BIG MAC, die teilweise kraft Verkehrsdurchsetzung eingetragen wurden. Der Beklagte betreibt eine Futtermühle und stellt u.a. Tierfutter her; er hat für Hundefutter und Katzenfutter die Marken »MAC Dog« und »MAC Cat« registrieren lassen. Ein dagegen gerichteter Widerspruch aus dem Zeichen »McDonald's« wies das DPMA mangels Gleichartigkeit der Waren bzw. Leistungen zurück. Die Klägerinnen berufen sich nun auf den Schutz ihrer Zeichen als **bekannte** Marken. 783

Die Bekanntheit des älteren Zeichens zum relevanten Zeitpunkt war in diesem Falle zwar zweifelhaft, nicht aber die **Inkompatibilität** der involvierten Waren. Die Annahme des Berufungsgerichts, bei den Verbrauchern werde durch die Verwendung der Bezeichnungen »MAC Dog« und »MAC Cat« für Hunde- und Katzenfutter auf Fleischbasis eine **negative Assoziation** zu den Produkten der Klägerinnen geweckt, wurde vom BGH ausdrücklich gebilligt, zumal »von einer besonderen Empfindlichkeit der Klägerinnen, die einer ständigen Diskussion über ihre Herstellungs- und Vermarktungsmethoden ausgesetzt seien, ausgegangen« werden dürfe.[192] 784

785

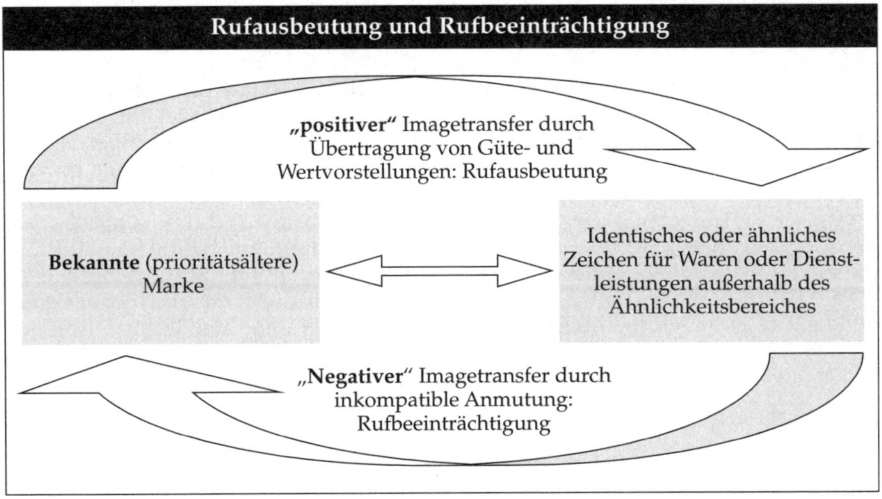

Übersicht 25: Positiver und negativer Imagetransfer

192 BGH WRP 1998, 1181, 1184 – Mac Dog.

d) In unlauterer Weise und ohne rechtfertigenden Grund

786 Alle Formen der Ausnutzung oder Beeinträchtigung einer bekannten Marke stehen unter der weiteren Voraussetzung, dass dies ohne rechtfertigenden Grund und in unlauterer Weise geschieht. Während »**ohne rechtfertigenden Grund**« im Sinne des § 9 Abs. 1 Nr. 3 MarkenG voraussetzt, dass der Inhaber der jüngeren Marke zur Nachahmung der prioritätsälteren Marke nicht ermächtigt war und sich auch nicht auf ein eigenes, besseres Recht berufen kann,[193] wird man für die **Unlauterkeit** seines Verhaltens verlangen müssen, dass die negativen Folgen der Benutzung seiner Marke für die Kennzeichnungskraft und/oder den guten Ruf der bekannten Marke in Kenntnis der maßgeblichen Umstände mit zumutbarem Aufwand hätten vermieden werden können. Davon ist bei der identischen oder ähnlichen Benutzung einer bekannten Marke zu dem Zweck, die mit ihrer Verwendung verbundene Aufmerksamkeit auszubeuten, regelmäßig auszugehen.[194] Typisch für ein unlauteres Verhalten ist ein ersichtlich bewusst geschaffener und erkennbarer Bezug zu der bekannten Marke.[195] So weit sich der Anmelder oder Nutzer des der bekannten Marke ähnlichen oder mit ihr identischen Zeichens auf die nach § 23 MarkenG dem Markenschutz entzogenen Handlungen berufen kann,[196] sichert der dort enthaltene **Sittenwidrigkeitsvorbehalt** den Schutz der bekannten Marke.

3. Bekanntheitsschutz im Ähnlichkeitsbereich

787 Die Frage, ob der wettbewerbliche Schutz, den eine bekannte Marke außerhalb der Waren- oder Dienstleistungsähnlichkeit genießt, bei gegebener Waren- oder Dienstleistungsähnlichkeit »**erst recht**« gewährt werden müsse, oder aber dem Wortlaut der §§ 9 Abs. 1 Nr. 3, 14 Abs. 2 Nr. 3 MarkenG folgend auf Fälle fehlender Ähnlichkeit beschränkt ist, wurde dem EuGH vorgelegt.[197]

788 Der EuGH hat darauf in der Entscheidung »Davidoff« geantwortet, die Markenrichtlinie[198] sei dahin auszulegen, dass sie den Mitgliedstaaten die Befugnis gebe, einen besonderen Schutz einer bekannten eingetragenen Marke auch dann vorzusehen, wenn die jüngere Marke oder das jüngere Zeichen mit der eingetragenen Marke identisch oder ihr ähnlich sei und für Waren oder Dienstleistungen benutzt werden solle oder benutzt werde, die mit denen, die von der eingetragenen Marke erfasst werden, identisch oder ihnen ähnlich seien.[199] Insoweit dürfe nicht allein auf den Wortlaut abgestellt werden, vielmehr seien auch die allgemeine Systematik und die Ziele der Regelung, in die sich der Sonderschutz bekannter Marken einfüge, zu berücksichtigen. Danach müsse gelten, dass die bekannte Marke im Fall der Benutzung eines Zeichens für **identische** oder **ähnliche** Waren oder Dienstleistungen

193 Zur Bedeutung der Kunstfreiheit in diesem Zusammenhang BGH MarkenR 2005, 269 – Lila Postkarte.
194 BGH MarkenR 2005, 269 – Lila Postkarte.
195 OLG München MarkenR 2000, 65, 67 – ALLIANZ.
196 S. dazu unten Rn. 998 ff.
197 BGH GRUR 2000, 875.
198 Art. 4 Abs. 4 lit. a und 5 Abs. 2 MarkenRL 89/104/EWG.
199 EuGH MarkenR 2003, 61 – Davidoff / Gofkid Ltd.

einen **mindestens genauso umfassenden** Schutz genießen müsse wie im Fall der Benutzung eines Zeichens für nichtähnliche Waren oder Dienstleistungen.[200]

Der EuGH hat in einer nachfolgenden Entscheidung klargestellt, dass die Option der Markenrichtlinie, die den Mitgliedstaaten erlaubt, bekannten Marken einen besonderen Schutz zukommen zu lassen, dahin zu verstehen sei, dass sich diese Wahlmöglichkeit des Mitgliedstaats allein darauf erstrecke, **ob** bekannte Marken überhaupt stärker geschützt werden sollen, **nicht** aber darauf, **welche Sachverhalte** von diesem Schutz erfasst werden sollen, wenn er gewährt wird. Deshalb gelte: »Macht ein Mitgliedstaat von der ihm durch Art. 5 Abs. 2 der Ersten Richtlinie 89/104/EWG (...) eingeräumten Möglichkeit Gebrauch, so muss er den besonderen Schutz, der bei der Benutzung einer mit der bekannten eingetragenen Marke identischen oder ihr ähnlichen jüngeren Marke oder eines solchen jüngeren Zeichens durch einen Dritten in Rede steht, sowohl für nicht ähnliche Waren oder Dienstleistungen als auch für Waren oder Dienstleistungen vorsehen, die mit denjenigen, die von der eingetragenen Marke erfasst werden, identisch oder ihnen ähnlich sind.«[201] 789

Der Bekanntheitsschutz **innerhalb** des Ähnlichkeitsbereiches der betroffenen Waren oder Dienstleistungen wird immer dann bedeutsam, wenn ein der bekannten Marke ähnliches oder mit ihr identisches Zeichen für dieselben oder ähnliche Waren oder Dienstleistungen angemeldet und eingetragen (oder im Geschäftsverkehr benutzt) wird, die Feststellung einer **Verwechslungsgefahr** aber Schwierigkeiten bereitet. 790

D. Kollision mit Benutzungsmarken und anderen Kennzeichenrechten

Die eingetragene Marke kann nicht nur mit anderen angemeldeten oder eingetragenen Marken mit besserem Zeitrang kollidieren, sondern auch mit Marken, die durch Benutzung entstanden sind oder mit geschäftlichen Bezeichnungen,[202] mit notorisch bekannten Marken,[203] mit Agentenmarken[204] und mit sonstigen älteren Rechten.[205] Die Kollision mit **Domains** wird immer dann relevant, wenn in der Domain ihrerseits eines der genannten Kennzeichenrechte enthalten ist.[206] 791

I. Kollision mit Benutzungsmarken

Auch im Kollisionsfalle der eingetragenen Marke mit einer Marke kraft Verkehrsgeltung gilt das **Prioritätsprinzip**. Der Inhaber der durch Benutzung erworbenen Marke mit besserem Zeitrang kann im Rahmen des § 12 MarkenG die **Löschung** 792

200 EuGH MarkenR 2003, 61 – Davidoff / Gofkid Ltd.; s. auch BGH MarkenR 2004, 72 – Davidoff II.
201 EuGH MarkenR 2003, 453 – ADIDAS/Fitnessworld; dagegen zu Recht *Ströbele/Hacker* § 14 Rn. 150.
202 § 12 MarkenG, s. dazu oben Rn. 250 ff., 254 ff., 584 ff.
203 § 10 MarkenG, s. dazu oben Rn. 602 ff.
204 § 11 MarkenG, s. dazu nachfolgend Rn. 801 ff.
205 § 13 MarkenG, s. dazu nachfolgend Rn. 803 ff.
206 S. dazu oben Rn. 347 ff., 373 ff.

der eingetragenen prioritätsjüngeren Marke unter denselben Voraussetzungen verlangen, unter denen dies der Inhaber einer prioritätsälteren angemeldeten bzw. eingetragenen Marke könnte. § 12 MarkenG verweist insoweit auf das Recht zur Untersagung der Benutzung, das in § 14 Abs. 2 Nr. 1–3 MarkenG denselben Kriterien folgt wie in § 9 Abs. 1 Nr. 1–3 MarkenG. Der Löschungsanspruch aus einer Benutzungsmarke kann allerdings nur durch gerichtliche Klage, nicht im Widerspruchsverfahren vor dem DPMA geltend gemacht werden.[207]

793 Berücksichtigt werden müssen allerdings die **Besonderheiten der Entstehung** einer Marke kraft Verkehrsgeltung: hängt diese Entstehung nach § 4 Nr. 2 MarkenG davon ab, dass das Zeichen »innerhalb beteiligter Verkehrskreise als Marke Verkehrsgeltung erworben hat«,[208] so kann auch nur dieser Zeitpunkt der erreichten (und ggf. nachgewiesenen!) Verkehrsgeltung für seinen Zeitrang maßgeblich sein.[209] Aus einer Benutzungsmarke kann deshalb nur dann mit Erfolg die Löschung einer identischen oder ähnlichen Registermarke betrieben werden, wenn

- zum einen eine der Kollisionslagen der §§ 9 Abs. 1 Nr. 1–3, 14 Abs. 2 Nr. 1–3 MarkenG vorliegt und
- zum anderen der Nachweis geführt werden kann, dass die Benutzungsmarke zu einem Zeitpunkt Verkehrsgeltung erlangt hat, der **vor** dem der Anmeldung (oder einem noch davor liegenden Prioritätstag)[210] der eingetragenen Marke liegt.

794 Weil § 4 Nr. 2 MarkenG auch die **territorial beschränkte** Verkehrsgeltung und in der Folge die Benutzungsmarke mit territorial beschränktem Schutz- und Geltungsanspruch kennt, die prioritätsjüngere, eingetragene Marke dagegen zwingend **bundesweite** Geltung genießt, kann im Kollisionsfall auch nur eine bundesweite Verkehrsgeltung der prioritätsälteren, durch Benutzung entstandenen Marke einen Anspruch auf Löschung der eingetragenen, prioritätsjüngeren Marke begründen.

795 In § 12 MarkenG wird dies dadurch sichergestellt, das der Löschungsanspruch aus der prioritätsälteren Benutzungsmarke an die Voraussetzung gebunden wird, dass diese ihren Inhaber – hypothetisch – berechtigte, die Benutzung der eingetragenen Marke »**im gesamten Gebiet der Bundesrepublik Deutschland**« zu untersagen. Fehlt es an einer entsprechenden, bundesweiten Verkehrsgeltung, kann zwar ggf. ein territorial beschränkter Unterlassungsanspruch durchgesetzt werden, nicht aber die Löschung einer kollidierenden, jüngeren Registermarke. Denn diese führte notwendig zur bundesweiten Aufhebung des jüngeren Rechts, ginge also über den durch die Benutzungsmarke begründeten Anspruch des älteren Rechts hinaus.

II. Kollision mit geschäftlichen Bezeichnungen

796 Für die Kollision mit einer prioritätsälteren geschäftlichen Bezeichnung gelten dieselben Grundsätze.[211] Auch sie kann die Löschung einer prioritätsjüngeren Marke unter denselben Voraussetzungen rechtfertigen wie eine prioritätsältere angemel-

---

207 Dies folgt aus § 42 Abs. 2 MarkenG; s. dazu unten Rn. 817 ff.
208 S. dazu oben Rn. 584 ff.
209 § 6 Abs. 3 MarkenG; s. dazu oben Rn. 584 ff., 599 ff.
210 S. dazu oben Rn. 645, 647 ff.
211 § 12 MarkenG.

dete bzw. eingetragene Marke: § 15 Abs. 2 und 3 MarkenG, auf die § 12 MarkenG insoweit verweist, regeln den Anspruch auf Unterlassung gleicher oder ähnlicher Zeichen bei Verwechslungsgefahr sowie den Sonderschutz bekannter geschäftlicher Bezeichnungen außerhalb des Ähnlichkeitsbereiches. Wo nach diesen Kriterien die **Benutzung** einer kollidierenden Marke verlangt werden könnte, kann auch ihre **Löschung** aus dem Register betrieben werden. Auch der Löschungsanspruch aus einer geschäftlichen Bezeichnung kann nur durch gerichtliche Klage, nicht im Widerspruchsverfahren vor dem DPMA geltend gemacht werden.[212]

Wie bei der Marke kraft Verkehrsgeltung wird auch im Falle der prioritätsälteren geschäftlichen Bezeichnung häufig nur ein **territorial beschränkter** Schutz des älteren Rechts gegeben sein,[213] mit der Folge, dass ein – notwendig bundesweit wirkender – Löschungsanspruch ausscheidet und allenfalls ein entsprechend beschränkter Unterlassungsanspruch verbleibt. Dieser Unterlassungsanspruch hindert allerdings den Inhaber der jüngeren Registermarke nicht daran, sein Recht auch in dem Gebiet, in dem ihm die Nutzung untersagt ist, gegenüber **Dritten** zu verteidigen.[214] **797**

Hängt der Schutz der geschäftlichen Bezeichnung von ihrer **Verkehrsgeltung** ab, weil es an einer originären Unterscheidungskraft fehlt, kann auch der im Kollisionsfalle maßgebliche **Zeitrang** nicht an die erste Benutzungsaufnahme, sondern nur an den Zeitpunkt der erreichten Verkehrsgeltung anknüpfen.[215] Erst mit dieser entsteht das Kennzeichenrecht, mit der Folge des Vorrangs gegenüber nachfolgenden, kollidierenden Kennzeichen. **798**

III. Kollision mit notorisch bekannten Marken

Auch notorisch bekannte Marken im Sinne des § 4 Nr. 3 MarkenG[216] können einer eingetragenen Marke als relative Schutzhindernisse entgegengehalten werden.[217] Die von der Diktion der übrigen relativen Schutzhindernisse (»Die Eintragung einer Marke kann gelöscht werden, wenn ...«) abweichende sprachlich Fassung des § 10 MarkenG (»Von der Eintragung ausgeschlossen ist ...«) erklärt sich aus der nach § 37 Abs. 4 MarkenG beschränkt möglichen Berücksichtigung notorisch bekannter Marken als **von Amts wegen** zu berücksichtigendes absolutes Eintragungshindernis.[218] Dessen ungeachtet sind auch Notorietätsmarken **relative** Schutzhindernisse, die von ihren Inhabern zur Begründung eines Löschungsanspruches gegen kollidierende jüngere Zeichen im Widerspruchsverfahren – wenn auch beschränkt auf den Identitäts- und den Ähnlichkeitsbereich[219] – sowie uneingeschränkt im Löschungsverfahren geltend gemacht werden können.[220] **799**

212 Dies folgt aus § 42 Abs. 2 MarkenG; s. dazu unten Rn. 817 f.
213 S. dazu oben Rn. 273 ff.
214 *Ingerl/Rohnke* § 12 Rn. 12.
215 S. dazu oben Rn. 254 ff., 268 ff.
216 S. dazu oben Rn. 602 ff.
217 § 10 MarkenG.
218 S. dazu oben Rn. 481 ff.
219 Dies folgt aus § 42 Abs. 2 Nr. 2 MarkenG, der auf § 9 Abs. 1 Nr. 1 oder 2 MarkenG, nicht dagegen auf § 9 Abs. 1 Nr. 3 MarkenG verweist.
220 Vgl. Art. 4 Abs. 2 lit. d MarkenRL 89/104/EWG.

800 Die Priorität notorisch bekannter Marken richtet sich nach dem Zeitpunkt des Erwerbs der notorischen Bekanntheit. Ist die notorisch bekannte Marke überdies im Markenregister eingetragen, geht die Priorität aus einer bereits vor der Anmeldung/Eintragung erworbenen Notorietät nach § 10 MarkenG nicht verloren und kann, wo sie sich nachweisen lässt, für die Begründung eines besseren Zeitranges fruchtbar gemacht werden.

IV. Agent illoyal

801 Art. 6septies PVÜ schützt innerhalb der Verbandsländer der Übereinkunft[221] den Inhaber einer Marke vor seinem untreuen Agenten oder Vertreter (»Agent illoyal«), der unbefugt die Eintragung eben dieser Marke auf seinen eigenen Namen betreibt, ohne dass der Inhaber zugestimmt hätte oder der Agent oder Vertreter in sonstiger Weise gerechtfertigt wäre. Der Inhaber kann die Löschung der Agentenmarke oder, wenn das Gesetz des Verbandslandes dies zulässt, die Übertragung der Marke verlangen.

802 § 11 MarkenG greift diese Regelung auf:

- Die Eintragung einer Marke kann **gelöscht** werden, wenn sie ohne Zustimmung des Inhabers für dessen Agenten oder Vertreter eingetragen worden ist. Wie Art. 6septies PVÜ soll § 11 MarkenG auch die Fälle erfassen, in denen der Agent oder Vertreter nach Beendigung des Vertragsverhältnisses unter Verstoß gegen nachwirkende Vertragspflichten handelt, oder in denen die Zustimmung des Geschäftsherren widerrufen wird. Anders als die konventionsrechtliche Bestimmung und insofern weiter gehend erfasst die Regelung des Markengesetzes auch **rein inländische** Sachverhalte.[222]
- Alternativ zur Löschung kann der Inhaber die Übertragung des durch die Anmeldung oder Eintragung für seinen Agenten begründeten Rechts verlangen.[223]

V. Sonstige ältere Rechte

803 Die Kollision einer eingetragenen Marke mit prioritätsälteren Rechten ist nicht auf andere Marken und geschäftliche Kennzeichen, ja nicht einmal auf andere Kennzeichen im Sinne des Markengesetzes beschränkt. Auch Namensrechte, das Recht am eigenen Bild, Urheberrechte, Sortenbezeichnungen, geografische Herkunftsangaben sowie sonstige gewerbliche Schutzrechte können – einen besseren Zeitrang und die entsprechend bundesweite Geltung unterstellt – einen Anspruch auf Löschung prioritätsjüngerer eingetragener Marken begründen.[224] Dies gilt um so mehr, als die nach dem Markengesetz eröffnete Vielgestaltigkeit eintragungsfähiger Marken – man denke nur an die Hörmarke oder die dreidimensionale Marke – Über-

221 Die Vertragsstaaten können auf der Homepage der WIPO (http://www.wipo.int) abgerufen werden (»Treaties and Contracting Parties«) .
222 Begr. zum MarkenG, BT-Drs. 12/6581, S. 73.
223 § 17 Abs. 1 MarkenG; zu den Ansprüchen wegen unbefugter Benutzung des Zeichens s. unten Rn. 944 f.
224 § 13 MarkenG.

schneidungen mit urheber- oder geschmacksmusterrechtlich geschützten Werken oder Gestaltungen zunehmend wahrscheinlich macht.

1. Katalog des § 13 Abs. 2 MarkenG

Namensrechte aus § 12 BGB, die sowohl natürlichen Personen als auch juristischen Personen und Personenvereinigungen zustehen können,[225] spielen als relative Schutzhindernisse vor allem in den Fällen eine Rolle, in denen es an einer Benutzung **im geschäftlichen Verkehr** fehlt, sodass eine entsprechende Kollision nicht markenrechtlich gelöst werden kann. Ist dagegen ein Name zugleich als Marke geschützt, geht der markenrechtliche Schutz dem bürgerlich-rechtlichen vor. 804

Der Namensschutz nach § 12 BGB folgt allerdings nicht immer dem Prioritätsgrundsatz;[226] § 12 BGB schützt den Namensträger dann gegen den unbefugten Gebrauch seines Namens (Namensanmaßung), wenn sein **Interesse** verletzt ist.[227] Dies wiederum setzt eine **Zuordnungsverwirrung** voraus. So konnte etwa der Künstlername »Ivan Rebroff« mangels hinreichender Verwechslungsgefahr nicht gegen eine Marke »Rebroff« für Spirituosen durchgesetzt werden,[228] ohne dass der Zeitrang der beteiligten Zeichen dafür von Belang gewesen wäre. 805

Besondere Bedeutung hat der zivilrechtliche Namensschutz gegenüber **Domains**. Dabei gilt: 806

- Lässt ein nichtberechtigter Dritter einen Namen unter der Top-Level-Domain ».de«[229] als Internet-Adresse registrieren, liegt darin eine **Namensanmaßung**, gegen die der berechtigte Träger dieses Namens aus § 12 BGB vorgehen kann.[230] Bereits die Registrierung, nicht erst die Benutzung eines fremden Unternehmenskennzeichens als Domain-Name im nichtgeschäftlichen Verkehr wurde deshalb als unbefugter Namensgebrauch bewertet.[231] Eine – stets rechtswidrige – **Namensleugnung** liegt dagegen nicht vor; sie würde voraussetzen, dass das Recht des Namensträgers zur Führung seines Namens »bestritten« würde. Daran fehlt es im Falle der Domain.
- Eine Namensanmaßung liegt dann vor, wenn ein Dritter unbefugt den gleichen Namen gebraucht, dadurch eine Zuordnungsverwirrung auslöst und schutzwürdige Interessen des Namensträgers verletzt.[232] Diese Voraussetzungen liegen im Falle der Verwendung eines fremden Namens als **Internet-Adresse** im Allgemei-

---

225 Ausführlich *Palandt/Heinrichs* § 12 BGB Rn. 4 ff.

226 Der Prioritätsgrundsatz wird angewandt, wenn frei gewählte Namen in Rede stehen, die keinen bürgerlichen Namen enthalten.

227 *Palandt/Heinrichs* § 12 Rn. 28.

228 OLG Stuttgart GRUR-RR 2002, 55 – Ivan Rebroff.

229 Zur Beurteilung bei Zusätzen oder anderer TLDs siehe OLG Düsseldorf GRUR-RR 2003, 25 – duisburg-info; WRP 2003, 1254 – solingen.info; BGH MarkenR 2006, 539 – solingen.info.

230 BGH GRUR 2003, 897 – maxem.de; GRUR 2002, 622 – shell.de; etwas anderes gilt jedoch dann, wenn die Registrierung des Domainnamens einer – für sich genommen rechtlich unbedenklichen – Benutzungsaufnahme als Unternehmenskennzeichen in einer anderen Branche unmittelbar vorausgeht, BGH GRUR 2005, 430 – mho.de.

231 BGH GRUR 2002, 622 – shell.de.

232 Vgl. BGHZ 119, 237, 245 – Universitätsemblem, m.w.N.

nen vor.[233] Denn der Verkehr sieht in der Verwendung eines unterscheidungskräftigen, nicht sogleich als Gattungsbegriff verstandenen Zeichens als Internet-Adresse einen Hinweis auf den Namen des Betreibers des jeweiligen Internet-Auftritts.[234]

807 • Kann sich der Inhaber des Domainnamens auf ein eigenes Namensrecht stützen, kommt das **Recht der Gleichnamigen** zum Zuge: Bei mehreren berechtigten Namensträgern für einen Domain-Namen führt die in Fällen der Gleichnamigkeit gebotene **Abwägung** der sich gegenüberstehenden Interessen im Allgemeinen dazu, dass es mit der **Priorität** der Registrierung sein Bewenden hat. Genießt allerdings einer der beiden Namensträger eine **überragende Bekanntheit** und erwartet der Verkehr deshalb seinen Internet-Auftritt unter diesem Namen, während der Inhaber des Domain-Namens kein besonderes Interesse gerade an dieser Internet-Adresse dartun kann, kann dieser verpflichtet sein, seinem Namen in der Internet-Adresse einen unterscheidenden Zusatz beizufügen.[235]

• Dem Berechtigten steht gegenüber dem nichtberechtigten Inhaber eines Domain-Namens kein Anspruch auf Übertragung, sondern nur ein Anspruch auf Löschung des Domain-Namens zu.

• Mit dem Verbot, den Domain-Namen zu benutzen, kann zugleich auch die Verwendung von E-Mail-Adressen untersagt werden, die sich aus dieser Internet-Adresse ableiten (z.B. Internet: http://www.maxem.de, e-Mail: maxem@maxem.de).[236]

808 Das **Recht an der eigenen Abbildung** ist nach § 22 KUG geschützt, der die Verwendung der Abbildung durch Dritte grundsätzlich von einer Zustimmung des Abgebildeten abhängig macht. Fehlt es an einer notwendigen Zustimmung, kann das Recht am eigenen Bild gegen eine entsprechende Bildmarke durchgesetzt werden.[237] So weit das Recht am eigenen Bild nach § 23 KUG, etwa bei Personen der Zeitgeschichte, eingeschränkt ist, kann ein berechtigtes Interesse des Abgebildeten oder, falls dieser verstorben ist, seiner Angehörigen dennoch seiner Verwendung durch Dritte entgegenstehen.

809 Aus **Urheberrechten** kann gegen eine Marke, die das Werk oder einen werkfähigen Teil davon wieder gibt, ein Unterlassungsanspruch nach § 97 Abs. 1 UrhG geltend gemacht und in der Folge die Löschung nach § 13 Abs. 2 MarkenG verlangt werden. So kann es etwa bei Hörmarken wegen der Übernahme eines Musikwerkes, oder bei Bildmarken wegen der Verwendung der Abbildung eines Kunstwerkes liegen. Ein Unterlassungsanspruch aus einer **Sortenbezeichnung** kann sich aus § 37 Abs. 1 Nr. 2 SortG ergeben, ein solcher hinsichtlich **geografischer Herkunftsangaben** aus § 128 Abs. 1 MarkenG (geografische Herkunftsangaben nach dem MarkenG)[238] bzw. § 135 Abs. 1 MarkenG (nach der Verordnung (EWG) Nr. 2081/92 geschützte geografische Herkunftsangaben)[239].

---

233 BGH GRUR 2002, 622 – shell.de.

234 BGH MarkenR 2004, 60 – maxem.de.

235 BGH GRUR 2002, 622 – shell.de.

236 BGH MarkenR 2004, 60, 62 – maxem.de.

237 Zur Markenfähigkeit eines Portraitfotos s. BPatG BlPMZ 1999, 43 – Michael-Schuhmacher-Portrait; zum Freihaltebedürfnis an der Abbildung berühmter Personen BPatG MarkenR 2006, 359 – Portraitfoto Marlene Dietrich; BPatG MarkenR 2006, 365 – Georg Simon Ohm.

238 Die VO (EWG) Nr. 2081/92 wurde durch die VO (EG) Nr. 510/2006 abgelöst; s. dazu oben Rn. 326 ff.

239 S. dazu oben Rn. 326 ff.

2. Nicht benannte ältere Rechte

Ein in der Praxis relevantes »sonstiges gewerbliches Schutzrecht« ist das **Geschmacksmuster**. Das Geschmacksmuster schützt die zweidimensionale oder dreidimensionale Erscheinungsform eines ganzen Erzeugnisses oder eines Teils davon, die sich insbesondere aus den Merkmalen der Linien, Konturen, Farben, der Gestalt, Oberflächenstruktur oder der Werkstoffe des Erzeugnisses selbst oder seiner Verzierung ergibt.[240] Es kann daher ohne weiteres mit einer dreidimensionalen, produktabhängigen Formmarke[241] kollidieren. 810

Diese Gefahr hat sich dadurch erheblich verstärkt, dass das europäische Designrecht[242] – anders als das nationale deutsche Geschmacksmusterrecht[243] – neben dem beim HABM einzutragenden Registerrecht (»eingetragenes Geschmacksmuster«[244]) auch das durch bloße Benutzung erlangte Designschutzrecht (»nicht eingetragenes Geschmacksmuster«[245]) kennt. Ohne weiteres Zutun des Benutzers entstehen dadurch ständig Designrechte an neuen und hinreichend eigenartigen Produkten, die ggf. gegen eine dreidimensionale Marke durchgesetzt werden können. 811

3. Markenschutz an gemeinfreien Werken

Das Kollisionsrecht der §§ 9 ff. MarkenG ist auf Konstellationen zugeschnitten, denen gemein ist, dass der Marke ein (noch) **bestehendes** älteres Recht gegenübersteht. Es gibt mithin keine Antwort auf die Problematik, die sich aus der **zeitlichen Begrenztheit gewerblicher Schutzrechte** ergibt, wenn zuvor geschützte Werke oder Gestaltungen nach Ablauf der jeweiligen absoluten Schutzfristen in der Form einer Marke angemeldet und so potenziell zeitlich unbeschränktem Schutz zugeführt werden. Wird etwa das Max-und-Moritz-Motiv des gemeinfrei gewordenen Werkes von Wilhelm Busch als Marke angemeldet, kann der Eintragung nur eine beschreibende Verwendung des Zeichens (Freihaltebedürfnis) oder eine mangelnde Unterscheidungskraft entgegengehalten werden; sind diese Hindernisse dagegen überwunden, steht ihrem Schutz und ihrer Verwendung als Marke nichts entgegen.[246] 812

Die darin liegende erneute Monopolisierung zumindest eines Teiles oder Ausschnittes eines nach dem Willen des Gesetzgebers **gemeinfrei** gewordenen Werkes wird vom Markengesetz hingenommen; freilich bleibt sie auf den kennzeichenmäßigen Gebrauch für bestimmte Waren oder Dienstleistungen beschränkt: Dritte sind nicht gehindert, die gemeinfreien Werke ihrerseits frei zu nutzen, wenn und solange dies nicht markenmäßig und für dieselben oder ähnliche Waren oder Dienstleistun- 813

240 § 1 GeschmG.
241 S. dazu oben Rn. 190 ff.
242 VO (EG) Nr. 6/2002 über das Gemeinschaftsgeschmacksmuster.
243 Der Schutz eines Geschmacksmusters entsteht nach § 27 Abs. 1 GeschmG mit der Eintragung, die auch für den Zeitrang maßgeblich ist.
244 Art. 4 ff., 12 VO (EG) Nr. 6/2002.
245 Die Schutzdauer ist allerdings nach Art. 11 Abs. 1 VO (EG) Nr. 6/2002 auf drei Jahre begrenzt.
246 Vgl. BPatG, Beschl. v. 20. April 2005, 28 W (pat) 91/03 – Öl-Flämmchen (Wort-/Bildmarke mit Wilhelm Busch-Motiv); zur Unterscheidungskraft BPatG Mitt 2006, 131 – Pettersson und Findus.

gen geschieht. Für den Markenschutz der Namen und Bildnisse berühmter Personen nach Ablauf des persönlichkeitsrechtlichen Schutzes gilt entsprechendes.[247]

E. Relative Schutzhindernisse im Widerspruchsverfahren

814 Ein als Marke schutzfähiges, beim Patentamt angemeldetes Zeichen wird in das Markenregister eingetragen, wenn die Anmeldung den Erfordernissen des § 32 MarkenG entspricht und die Prüfung durch die zuständige Markenstelle keine **absoluten** Schutzhindernisse ergibt.[248] Stehen dem Zeichen ältere Rechte als **relative** Schutzhindernisse entgegen, hindert dies die Eintragung nicht; es obliegt vielmehr dem Inhaber des älteren Rechts, die Löschung des eingetragenen Zeichens zu betreiben.

815 In bestimmten, generell einfacher gelagerten Fällen gibt das Markengesetz dem Inhaber einer Marke mit älterem Zeitrang – noch vor Erhebung einer auf Löschung des prioritätsjüngeren Zeichens gerichteten Klage vor den ordentlichen Gerichten – die Möglichkeit des **Widerspruchs** als »**nachgeschaltetem**« Teil[249] des behördlichen Eintragungsverfahrens. Die Zahl der Widersprüche ist beim DPMA rückläufig: standen im Jahre 2000 noch 87 000 Neuanmeldungen 13 000 Widersprüche gegenüber, so waren dies in 2005 nur noch 6 800 Widersprüche bei 71 000 Neuanmeldungen.[250]

I. Widerspruchszeichen und Kollisionslagen

816 Als »summarisches, auf die Erledigung einer großen Zahl von Fällen zugeschnittenes Verfahren«[251] ist der Widerspruch nach § 42 MarkenG in zweifacher Hinsicht beschränkt: nicht jedes relative Schutzhindernis kann durch Widerspruch geltend gemacht werden, und nicht jeder der Kollisionstatbestände des § 9 Abs. 1 Nr. 1–3 MarkenG kann zur Begründung eines Widerspruches herangezogen werden.

1. Widerspruchstaugliche Zeichen

817 Zunächst beschränken § 42 Abs. 2 Nr. 1 und 2 MarkenG den Kreis der widerspruchsfähigen Kennzeichenrechte auf **angemeldete oder eingetragene** sowie **notorisch bekannte** Marken mit älterem Zeitrang. Gemeinschaftsmarken sind dabei nationalen Registermarken gleichgestellt.[252] International registrierte Marken, de-

---

247 Vgl. hierzu OLG Dresden ZUM 2000, 759 – Johann Sebastain Bach; BPatG MarkenR 2006, 359 – Portraitfoto Marlene Dietrich.
248 § 41 MarkenG, s. dazu oben Rn. 399 ff., 545.
249 Das Gemeinschaftsmarkenrecht kennt demgegenüber den vorgeschalteten Widerspruch; s. dazu unten Rn. 1250 ff.
250 DPMA Jahresbericht 2005, S. 55.
251 So die Gesetzesbegründung, BT-Drs. 12/6581, S. 92.
252 S. § 125 b Nr. 1, 4 MarkenG, Art. 4 Abs. 2 lit. a, b und c MarkenRL 89/104/EWG.

ren Schutz sich auf Deutschland erstreckt, sind ebenfalls taugliche Widerspruchszeichen.[253]

Auf andere Kennzeichenrechte oder sonstige ältere Rechte im Sinne des § 13 Mar- 818
kenG kann der Widerspruch dagegen **nicht** gestützt werden; insbesondere steht er nicht dem Inhaber einer durch **Benutzung** im Sinne des § 4 Nr. 2 MarkenG erworbenen Marke offen. Etwas anderes gilt nur im speziellen Fall der **Agentenmarke**: gegen die Eintragung seiner Marke für einen nicht autorisierten Agenten oder Vertreter kann der Inhaber auch dann Widerspruch erheben, wenn diese Marke durch Benutzung im Sinne des § 4 Nr. 2 Markengesetz entstanden ist.[254]

2. Kollisionslagen

Der Widerspruch aus einem dafür geeigneten älteren Recht kann nur damit begrün- 819
det werden,

- dass die ältere mit der jüngeren Marke im Sinne des § 9 Abs. 1 Nr. 1 oder 2 MarkenG kollidiere oder
- dass der die Marke anmeldende Agent oder Vertreter ohne Zustimmung des Inhabers der Marke handele.

Im ersteren Falle muss die Kollision, auf die der Widerspruch gestützt wird, danach 820
im **Identitätsbereich** oder im **Ähnlichkeitsbereich** liegen. Der Sonderschutz bekannter Marken außerhalb des Ähnlichkeitsbereiches kann nur im Klagewege geltend gemacht werden. Selbstverständlich steht der Klageweg auch allen im Widerspruchsverfahren erfolglos gebliebenen Inhabern einer Marke mit älterem Zeitrang offen.

821

Widerspruch § 42 MarkenG; §§ 29 ff. MarkenV	
Widerspruchszeichen	**Widerspruchsbegründung**
• Angemeldete Marke (DPMA) • Eingetragene Marke (DPMA) • Notorisch bekannte Marke • (angemeldete oder eingetragene) Gemeinschaftsmarke (HABM) • International registrierte Marke (WIPO) • Marke des nach § 11 Markengesetz Berechtigten	• Kollision im Identitätsbereich (§ 9 Abs. 1 Nr. 1 MarkenG) • Kollision im Ähnlichkeitsbereich (9 Abs. 1 Nr. 2 MarkenG) • Löschungsanspruch gegen »Agent Illoyal« (§ 11 MarkenG)

Übersicht 26: Widerspruchstaugliche Zeichen, mögliche Kollisionslagen

253 S. §§ 107, 112 MarkenG (MMA) bzw. §§ 119, 124 MarkenG (PMMA); im Hinblick auf den Zeitrang ist allerdings § 116 Abs. 1 MarkenG beachtlich: An die Stelle des Tages der Eintragung tritt der in § 115 Abs. 2 MarkenG bezeichnete Tag!.

254 § 42 Abs. 2 Nr. 3, § 11 MarkenG.

II. Verfahren

1. Widerspruchsfrist

822 Nach § 41 MarkenG, §§ 27, 28 MarkenV wird die Eintragung einer Marke in das Markenregister in dem vom Patentamt herausgegebenen Markenblatt veröffentlicht.[255] Innerhalb einer Ausschlussfrist von **drei Monaten** nach dieser Veröffentlichung kann der Inhaber einer Marke mit älterem Zeitrang gegen die Eintragung der jüngeren Marke Widerspruch erheben.[256] Auf diese Möglichkeit wird bei der Erstveröffentlichung hingewiesen.[257]

823 Ein **vorzeitiger**, etwa bereits nach Veröffentlichung der Anmeldung eingelegter Widerspruch ist zulässig;[258] es empfiehlt sich jedoch, die Veröffentlichung der Eintragung abzuwarten.[259] Dagegen muss ein **verspäteter** Widerspruch erfolglos bleiben, eine Verlängerung der Frist ist ebenso ausgeschlossen wie eine Wiedereinsetzung in den vorigen Stand.[260]

2. Form, Inhalt, Gebühr

824 Form und Inhalt des Widerspruchs sind in §§ 29, 30 MarkenV geregelt. Grundsätzlich verlangt jede Widerspruchsmarke einen eigenen Widerspruch. Wird aus mehreren Widerspruchsmarken desselben Inhabers Wiederspruch erhoben, ist allerdings eine Zusammenfassung in einem Widerspruchsschriftsatz ebenso zulässig wie die gemeinsame Entscheidung über diese Widersprüche.[261]

825 Für den Widerspruch hält das DPMA ein Formblatt vor.[262] Die Angaben nach § 30 Abs. 1 MarkenV zur Identität der angegriffenen Marke, der Widerspruchsmarke und des Widersprechenden sind **obligatorisch** und unterliegen der genannten Widerspruchsfrist. Die Angaben nach § 30 Abs. 2 Nr. 1–11 MarkenV dagegen sind **fakultativ** und nicht fristgebunden; sie dienen der präzisen Feststellung der beteiligten Marken und Inhaber sowie der Begrenzung der Waren und Dienstleistungen, auf die der Widerspruch gestützt wird und gegen die er sich richtet (Nr. 10 und 11). Anders als die Gemeinschaftsmarkenverordnung verlangt das Markengesetz **keine Begründung** des Widerspruchs.[263] Über einen im Übrigen zulässigen Widerspruch wird auch dann entschieden, wenn weder der Widerspruchsführer noch der

---

255 Seit dem 1. Juli 2004 erfolgt die Publikation ausschließlich in der nach § 27 Abs. 2 MarkenV erlaubten, elektronischen Form.

256 § 42 Abs. 1 MarkenG.

257 § 28 Abs. 2 MarkenV.

258 *Ströbele/Hacker* § 42 Rn. 22.

259 Nach *Fezer* Markenrecht, § 42 Rn. 20 a.E., soll ein Widerspruch, der vor dem Eintragungsbeschluss eingelegt wird, unbeachtlich sein (m. Verw. auf DPA Mitt 1961, 109 und *Schlüter* GRUR 1956, 160, 162).

260 Dies folgt aus § 91 Abs. 1 Satz 2 MarkenG.

261 § 31 Abs. 1 MarkenG.

262 Im Internet abrufbar unter <http://www.dpma.de/formulare/marke.html>, Dok. Nr. W 7202/7.06.

263 Zum anders lautenden Gesetzentwurf *Fezer* Markenrecht, § 42 Rn. 27.

Gegner[264] sich inhaltlich äußern. Die Widerspruchseinlegung per **Telefax** wird vom DPMA ausdrücklich zugelassen.[265]

Die **Widerspruchsgebühr** ist innerhalb der Dreimonatsfrist des § 42 Abs. 1 MarkenG zu entrichten; wird sie nicht, nicht vollständig oder nicht rechtzeitig beglichen, gilt der Widerspruch als **nicht erhoben**.[266] Wiedereinsetzung ist nach versäumter Frist für die Zahlung der Widerspruchsgebühr ebenso wenig möglich wie bei verspäteter Erhebung des Widerspruchs.[267] **826**

3. Einrede mangelnder Benutzung

Im gesamten Markenrecht wird die prozessuale Schlagkraft einer Marke geschwächt, die zwar kraft ihrer früheren Anmeldung oder Eintragung gegenüber einem kollidierenden Zeichen den besseren Zeitrang genießt, jedoch mangels hinreichender Benutzung bereits hätte gelöscht werden können[268] oder aktuell gelöscht werden könnte[269]. Verfahrensrechtlich kann einer eingetragenen aber »löschungsreifen« Marke diese Schwäche als Einrede entgegengehalten werden. **827**

Auch im Widerspruchsverfahren kann der Inhaber des angegriffenen Zeichens die hinreichende Benutzung des Widerspruchszeichens bestreiten. Tut er dies, muss der Inhaber der Widerspruchsmarke die Benutzung seines Zeichens im Sinne des § 26 MarkenG glaubhaft machen. Dabei lassen sich folgende drei Konstellationen unterscheiden: **828**

- Ist die Widerspruchsmarke zum Zeitpunkt der Veröffentlichung der Eintragung der angegriffenen Marke seit mehr als fünf Jahren eingetragen, so muss der Inhaber der Widerspruchsmarke glaubhaft machen, dass er seine Marke innerhalb der letzten fünf Jahre **vor der Veröffentlichung der Eintragung** der Marke, gegen die der Widerspruch sich richtet, im Sinne des § 26 MarkenG ernsthaft benutzt hat;[270] gelingt ihm dies nicht, hätte seine Marke also zum Zeitpunkt der Veröffentlichung der Eintragung der angegriffenen jüngeren Marke ihrerseits wegen Verfalls gelöscht werden können, muss auch sein Widerspruch erfolglos bleiben; ob die Widerspruchsmarke danach rechtserhaltend benutzt wurde, ist ohne Belang.[271] **829**
- Ist die ältere Marke, aus der der Widerspruch erhoben wird, zum Zeitpunkt der Veröffentlichung der Eintragung der angegriffenen Marke noch nicht seit mindes- **830**

264 Vgl. BPatG MarkenR 2000, 280, 282 – CC 1000/cec.
265 DPMA Mitt. 2/2002 (»Die bisherige Empfehlung des Deutschen Patent- und Markenamts, bei der Einreichung von Schutzrechtsanmeldungen per Telefax die Unterlagen im Original nachzureichen (vgl. Mitteilung Nr. 1/97 des Präsidenten des Deutschen Patentamts vom 5. Februar 1997, BlPMZ 1997, S. 69), wird nicht beibehalten. (...) In den Fällen, in denen die Telefaxeingabe nicht lesbar ist oder die übermittelten Unterlagen nicht druckfähig sind, wird das Deutsche Patent- und Markenamt von sich aus das Original anfordern.«).
266 Dies folgt aus §§ 64 a MarkenG, 6 Abs. 1, 2 PatKostG.
267 § 91 Abs. 1 Satz 2 MarkenG.
268 S. oben Rn. 654 ff., 657.
269 S. oben Rn. 606 ff., 609.
270 § 43 Abs. 1 Satz 1, § 26 MarkenG.
271 Diese Situation im Widerspruchsverfahren entspricht der der §§ 51 Abs. 4 Nr. 1, 49 Abs. 1, § 55 Abs. 3 Satz 3 MarkenG im gerichtlichen Löschungsverfahren.

tens fünf Jahren eingetragen, läuft die Einrede mangelnder Benutzung – bezogen auf den Zeitpunkt der Veröffentlichung der Eintragung der angegriffenen Marke – leer. Denn der Inhaber der Widerspruchsmarke befindet sich zu diesem Zeitpunkt noch innerhalb der »Benutzungsschonfrist«, seine Marke ist (noch) vor Verfall geschützt, ohne dass es auf eine tatsächliche Benutzung ankäme.

831 • Endet der Zeitraum einer fünfjährigen Nichtbenutzung der Widerspruchsmarke **nach** der Veröffentlichung der Eintragung der angegriffenen Marke, aber **vor** der Entscheidung über den Widerspruch, so muss der Inhaber der Widerspruchsmarke glaubhaft machen, dass er seine Marke innerhalb der letzten fünf Jahre **vor der Entscheidung** über den Widerspruch im Sinne des § 26 MarkenG ernsthaft benutzt hat;[272] gelingt ihm dies nicht, könnte seine Marke also zum Zeitpunkt der Entscheidung über den Widerspruch selbst gelöscht werden, muss auch sein Widerspruch erfolglos bleiben; ob die Widerspruchsmarke zuvor rechtserhaltend benutzt wurde, ist ohne Belang.[273] Die Anknüpfung der Folgen einer fünfjährigen Nichtbenutzung an den Zeitpunkt der Entscheidung über den Widerspruch bringt die Möglichkeit mit sich, dass eine zu Beginn des Widerspruchsverfahrens noch gegebene Benutzung an dessen Ende nicht mehr nachgewiesen werden kann; denn die Maßgeblichkeit eines **jeweils** vom Zeitpunkt der Widerspruchsentscheidung **rückblickend** erfassten Zeitraumes macht diesen zu einer »Wanderdüne«,[274] die von einer Entscheidung des DPMA über die Beschwerdeentscheidung des BPatG, ein eventuelles Rechtsbeschwerdeverfahren vor dem BGH und ggf. sogar eine Vorlage nach Art. 234 EG an den EuGH bis zur Zurückverweisung an das BPatG ohne weiteres über mehr als fünf Jahre »wandern« kann.[275]

832 In diesem letztgenannten Falle ist nicht nur eine **rechtserhaltende Fortführung** der ernsthaften Benutzung während des laufenden Widerspruchsverfahrens geboten, sondern auch eine **heilende Wiederaufnahme** der Benutzung nach bereits eingetretener, über fünf Jahre ununterbrochener Nichtbenutzung möglich, wenn dies nur vor der maßgeblichen Entscheidung über den Widerspruch[276] geschieht. Anders als im gerichtlichen Löschungsverfahren ist der Widerspruchsführer, dessen Widerspruch nicht bereits an einer Nichtbenutzung nach § 43 Abs. 1 Satz 1 MarkenG scheitert, nicht daran gehindert, die ernsthafte Benutzung aufzunehmen, um dem Nichtbenutzungseinwand nach § 43 Abs. 1 Satz 2 MarkenG zuvorzukommen. Der Widerspruchsgegner kann dem nur durch Erhebung einer auf Verfall gestützten Löschungsklage gegen die Widerspruchsmarke nach §§ 49 Abs. 1, 55 Abs. 1 MarkenG zuvorkommen.

833 Die genannten Zeiträume, in denen der Widerspruchsführer auf Einrede des Widerspruchsgegners die ernsthafte Benutzung seiner Marke nachweisen muss, sind ggf. **kumulativ** nachzuweisen, während die Einrede insoweit nicht spezifiziert zu werden braucht.

---

272 § 43 Abs. 1 Satz 2, § 26 MarkenG.

273 Diese Situation im Widerspruchsverfahren entspricht der des § 55 Abs. 3 Satz 1, 2 MarkenG im gerichtlichen Löschungsverfahren.

274 So treffend *Braitmayer* MarkenR 2005, 297, 301.

275 Vgl. *Braitmayer* MarkenR 2005, 297, 301; *Kliems* MarkenR 2001, 185, 193; BGH MarkenR 2000, 97 – Contura.

276 Gemeint ist ggf. die (letzte) Beschwerdeentscheidung nach § 89 Abs. 4 MarkenG.

Beispiel: Wurde die Marke, aus der heraus Widerspruch erhoben wird, im Januar 1990 eingetragen und die Eintragung der angegriffene Marke im März 2000 veröffentlicht, und wird die Entscheidung über den Widerspruch vom BPatG nach Durchführung eines Rechtsbeschwerdeverfahrens zum BGH und Zurückverweisung an das BPatG von diesem im August 2004 gefällt, so hat der Widerspruchsführer auf die Einrede des Widerspruchsgegners den Nachweis zu führen, dass seine Marke

- sowohl in den fünf Jahren vor der Veröffentlichung der Eintragung der angegriffenen Marke (März 1995 – März 2000)[277]
- als auch in den fünf Jahren vor der Entscheidung über den Widerspruch (August 1999 – August 2004)

ernsthaft im Sinne des § 26 MarkenG benutzt wurde. Fehlt es an einer ernsthaften Benutzung **auch nur in einem** der beiden Zeiträume, bleibt der Widerspruch erfolglos – im ersteren Falle, weil die angegriffenen Marke als Folge der Löschungsreife der Widerspruchsmarke zum Zeitpunkt ihrer eigenen Eintragung nach Art eines Zwischenrechts erstarkt ist, im zweiten Falle, weil die Widerspruchsmarke aktuell löschungsreif ist.[278]

834

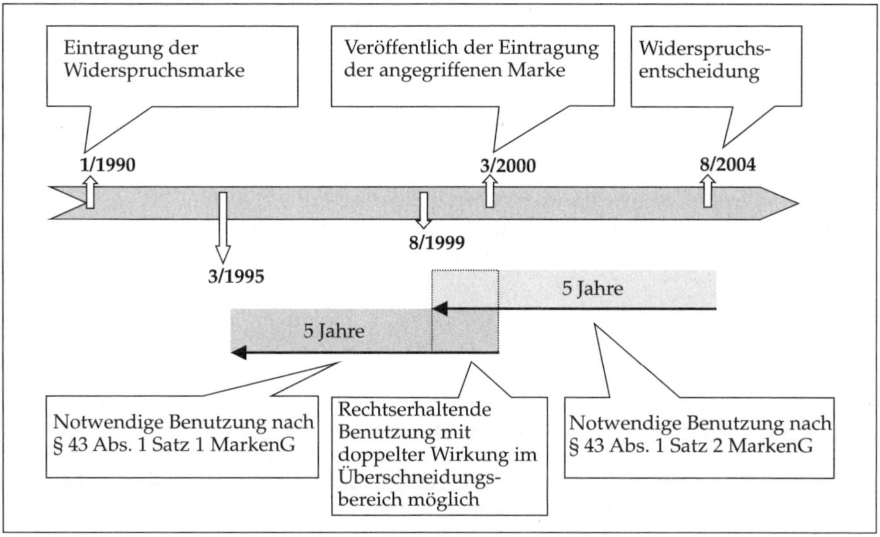

Beispiel: Notwendige Benutzung einer Widerspruchsmarke

277 Die taggenaue Berechnung der Frist richtet sich nach §§ 187 Abs. 1, 188 BGB.

278 Vgl. BGH GRUR 2006, 150, 151: »Für den Eintritt der Löschungsreife reicht gem. § 43 I 2 MarkenG aus, wenn die Widerspruchsmarke im Zeitpunkt der letzten mündlichen Verhandlung fünf Jahre nicht benutzt worden ist. Unerheblich ist dabei, ob die Widerspruchsmarke im Zeitpunkt der Veröffentlichung der jüngeren Marke bereits seit mindestens fünf Jahren eingetragen ist und ob deshalb die Einrede mangelnder Benutzung auch nach § 43 I 1 MarkenG erhoben werden könnte.« (mit Verw. auf BGH GRUR 2002, 59, 61 – ISCO; GRUR 2000, 890 – IMMUNINE/IMUKIN; GRUR 1998, 938, 940 – DRAGON).

835 **Überschneiden** sich die beiden Zeiträume, weil die Entscheidung über den Widerspruch – wie im obigen Beispiel – weniger als fünf Jahre nach der Veröffentlichung der Eintragung der angegriffenen Marke getroffen wird, kann ein und dieselbe ernsthafte Benutzung – im Beispiel im vierten Quartal 1999 – zur Entkräftung **beider** Nichtbenutzungseinwände beitragen.

836 Zu beachten ist dabei zu Gunsten des Widerspruchsführers,

- dass der Beginn der fünfjährigen Benutzungsschonfrist für die Widerspruchsmarke dann nicht mit deren Eintragung beginnt, wenn sie selbst mit Widerspruch angegriffen worden war. Weil dem Inhaber einer angegriffenen Marke nicht zugemutet werden kann, sein Zeichen trotz der gegebenen Unsicherheiten bereits während eines anhängigen Widerspruchsverfahrens zu benutzen, tritt insoweit an die Stelle der Eintragung der Abschluss des Widerspruchsverfahrens;[279]
- dass der Verweis des § 43 MarkenG auf § 26 MarkenG auch zur Folge hat,
  - dass »berechtigte Gründe« die Nichtbenutzung gegen den Vorwurf mangelnder Benutzung immunisieren können,[280] und
  - dass geringfügige Abweichungen der benutzen gegenüber der eingetragenen Marke unschädlich sind.[281]

837 Kann der Inhaber der Widerspruchsmarke die bestrittene Benutzung für **einzelne** der betroffenen Waren oder Dienstleistungen glaubhaft machen, für andere dagegen nicht, greift die Einrede der Nichtbenutzung entsprechend **teilweise** durch, der Widerspruch bleibt teilweise erfolglos. Kann für einen Teil der betroffenen Waren oder Dienstleistungen nur die Benutzung nach § 43 Abs. 1 Satz 1 MarkenG und für einen anderen nur die Benutzung nach § 43 Abs. 1 Satz 2 MarkenG nachgewiesen werden, bleibt der Widerspruch **insgesamt** erfolglos. Wird der Widerspruch auf eine ältere Gemeinschaftsmarke gestützt, gelten nach § 125 b Nr. 4 MarkenG dieselben Grundsätze; die bestrittene Benutzung der Gemeinschaftsmarke beurteilt sich jedoch nach Art. 15 GMV **gemeinschaftsrechtlich**.[282]

4. Entscheidung

838 Die Entscheidung über den Widerspruch führt im Falle (und im Umfang) des Erfolges des Widersprechenden zur **Löschung** der Eintragung des jüngeren Zeichens. Dringt die ältere Marke nur hinsichtlich einzelner Waren oder Dienstleistungen durch – sei es, dass im Übrigen keiner der Kollisionstatbestände des § 9 Abs. 1 Nr. 1 oder 2 MarkenG greift, sei es, dass nur teilweise eine ausreichende Benutzung des Widerspruchszeichens nachgewiesen werden konnte –, erfolgt auch nur eine entsprechend beschränkte Löschung.[283]

---

279 § 26 Abs. 5 MarkenG.
280 § 26 Abs. 1 MarkenG, s. dazu oben Rn. 606 ff., 625 f.
281 § 26 Abs. 3 MarkenG, s. dazu oben Rn. 606 ff., 616 ff.
282 S. dazu unten Rn. 1264 ff.
283 § 43 Abs. 2 Satz 1 MarkenG.

Die Wirkungen der Eintragung gelten im Umfang der Löschung als **von Anfang an** nicht eingetreten.[284] Rechtskräftige und bereits vollstreckte Entscheidungen aus Verletzungsverfahren und bereits erfüllte Verträge bleiben davon jedoch ausgenommen.[285] So weit die angegriffene Marke nicht gelöscht werden kann, wird der Widerspruch zurückgewiesen.[286] Hinsichtlich der Kosten geht das Markengesetz davon aus, dass unabhängig vom Ausgang des Verfahrens grundsätzlich jeder Beteiligte seine Kosten selbst trägt.[287] Eine abweichende Entscheidung aus Billigkeitsgründen ist aber möglich. Gegen die Entscheidungen des Patentamtes sind die oben zum Eintragungsverfahren beschriebenen Rechtsbehelfe der Beschwerde zum BPatG und, gegebenenfalls, der Rechtsbeschwerde zum BGH gegeben.[288] 839

Treffen mehrere Widersprüche auf eine Neueintragung, kann das DPMA, wenn es bereits einem oder mehreren Widersprüchen entsprochen hat, die verbleibenden Widerspruchsverfahren bis zu einer rechtskräftigen Entscheidung über die Eintragung der Marke **aussetzen**.[289] Darüber hinaus ist eine Aussetzung möglich, wo dies »sachdienlich« erscheint;[290] so liegt es etwa, wenn eine im Übrigen erfolgreich erscheinende Widerspruchsmarke erst angemeldet, aber noch nicht eingetragen ist oder wenn gegen sie ein Löschungsverfahren vor dem Patentamt anhängig ist, dessen Ausgang abzuwarten lohnt. 840

III. Eintragungsbewilligungsklage

Während dem im Widerspruchsverfahren erfolglos gebliebenen Widerspruchsführer die Klage auf Löschung vor den ordentlichen Gerichten bleibt, kann der im Widerspruchsverfahren unterlegene Inhaber der prioritätsjüngeren Marke noch innerhalb von **sechs Monaten** nach Unanfechtbarkeit der Löschungsentscheidung im selben Rechtsweg die **Eintragungsbewilligungsklage** gegen den Widersprechenden erheben.[291] Dringt er mit dieser Klage, die nach § 140 MarkenG vor den Landgerichten[292] als Leistungsklage auf Einwilligung in die Eintragung gerichtet ist, durch, wahrt er den ursprünglichen Zeitrang seiner Marke.[293] 841

Nach ständiger Rechtsprechung sind die ordentlichen Gerichte allerdings bei Eintragungsbewilligungsklagen – **anders** als bei Löschungs- oder Verletzungsklagen – an die Entscheidungen des DPMA bzw. des BPatG zur Verwechslungsgefahr im Widerspruchsverfahren gebunden.[294] Diese Bindung kann indessen nicht weiter gehen, als der **Prüfungsumfang** im Widerspruchsverfahren in tatsächlicher und rechtlicher Hinsicht reicht. Es ist also zu beachten, dass das Widerspruchsverfahren sich auf den registerrechtlichen Sachverhalt beschränkt und als »summarisches Verfah- 842

284 § 43 Abs. 2, 4, § 52 Abs. 2 MarkenG.
285 § 43 Abs. 2, 4, § 52 Abs. 3 MarkenG.
286 § 43 Abs. 2 Satz 2 MarkenG.
287 Vgl. §§ 63 (DPMA), 71 (BPatG), 90 MarkenG (BGH).
288 S. oben Rn. 555 ff.
289 § 43 Abs. 3 MarkenG.
290 § 32 Abs. 1 MarkenV.
291 § 44 MarkenG; zu einer vorgezogenen, auf Rücknahme des Widerspruchs gerichteten Klage vor Abschluss des Widerspruchsverfahrens s. *Ströbele/Hacker* § 44 Rn. 18 f.
292 Zur Zuständigkeitskonzentration nach § 140 Abs. 2 MarkenG siehe nachfolgend Rn. 846.
293 § 44 Abs. 3 MarkenG.
294 Vgl. BGH MarkenR 2001, 371, 374 – ISCO; GRUR 1981, 55 – Arthrexforte.

ren« andere, etwa zivil-, vertrags- oder wettbewerbsrechtliche Gesichtspunkte außen vor lässt, dass es nur von den Parteien vorgetragene, »liquide« Umstände berücksichtigt und dass es prozessual die bloße Glaubhaftmachung an Stelle des vollen Nachweises genügen lässt.[295]

F. Relative Schutzhindernisse im gerichtlichen Löschungsverfahren

843 Wer die Löschung einer eingetragenen Marke wegen Verfalls[296] oder wegen eines eigenen, älteren Rechts im Sinne der §§ 9 bis 13 MarkenG betreiben will, kann dieses Interesse nach § 55 MarkenG im Wege der **Klage** gegen den Inhaber verfolgen. Die Löschungsklage steht in beiden Fällen – der Löschung wegen Verfalls wie auch der Löschung aus älteren Rechten – **selbstständig** neben den patentamtlichen Verfahren.[297]

I. Löschungsklage

844 Die Löschungsklage wegen **Verfalls** kann danach erheben,

- wer die Löschung einer eingetragenen Marke wegen Verfalls nach § 49 MarkenG unmittelbar klagweise durchsetzen will[298] oder
- wer nach einem entsprechenden Löschungsantrag wegen Verfalls beim DPMA gem. § 53 Abs. 4 MarkenG auf den Klageweg verwiesen wurde.[299]

Die Löschungsklage aus einem eigenen, **älteren Recht** kann erheben,

- wer die Löschung einer eingetragenen, jüngeren Marke unmittelbar klagweise durchsetzen will,
- wer sein älteres Recht wegen der Beschränkungen des § 43 Abs. 2 MarkenG[300] oder wegen Fristversäumnis[301] nicht im Widerspruchsverfahren geltend machen konnte oder
- wer im Widerspruchsverfahren nach §§ 42, 43 MarkenG in der Sache erfolglos geblieben ist.[302]

845 Entscheidungen des DPMA im Widerspruchsverfahren präjudizieren nicht die gerichtliche Entscheidung im Löschungsklageverfahren; dies folgt bereits aus dem be-

---

295 Zur davon abweichenden Rolle des Widerspruchsverfahrens nach der Gemeinschaftsmarkenverordnung s. unten Rn. 1250 ff.

296 S. dazu oben Rn. 627 ff.

297 Löschungsantrag nach §§ 49, 53 MarkenG im erstgenannten Falle, Widerspruch nach § 42 MarkenG im letzteren.

298 S. dazu oben Rn. 632.

299 S. dazu oben Rn. 628.

300 S. oben Rn. 814 ff., 817.

301 S. oben Rn. 822; anders als der Widerspruch ist die Löschungsklage nicht fristgebunden; da der Störungszustand des jüngeren, kollidierenden Zeichens andauert, verjährt der Löschungsanspruch auch nicht nach § 20 MarkenG.

302 S. oben Rn. 838 ff.

schränkten Prüfungsumfang des Widerspruchsverfahrens.[303] Umgekehrt kann aber auch ein Widerspruch erfolgreich sein, wo eine Löschungsklage erfolglos geblieben ist.[304] Eine Aussetzung des Widerspruchsverfahrens während einer anhängigen Löschungsklage macht im Hinblick auf die umfassendere gerichtliche Behandlung Sinn, nicht dagegen die Aussetzung des gerichtlichen Verfahrens bei parallel erhobenem Widerspruch. Die Wahl zwischen Widerspruchs- und/oder Klageverfahren liegt im Belieben des Inhabers des älteren Rechts. Wo nach Maßgabe der Art des älteren Rechts und der gegebenen Kollisionslage bereits der Widerspruch Erfolg verspricht, empfiehlt sich allerdings die fristgerechte Nutzung dieses Rechtsbehelfes aus Praktikabilitäts- und Kostengründen.

II. Rechtsweg, Zuständigkeit

Zur Entscheidung über Klagen, die auf die Löschung einer eingetragenen Marke wegen Verfalls nach § 49 MarkenG oder wegen vorrangiger älterer Rechte im Sinne des § 51 Abs. 1 MarkenG (»relative Schutzhindernisse«, »relative Nichtigkeitsgründe«) gerichtet sind, sind die ordentlichen Gerichte berufen. Unabhängig vom Streitwert sind für alle Klagen, mit denen ein Anspruch aus Rechtsverhältnissen geltend gemacht wird, die das Markengesetz regelt, die **Landgerichte** ausschließlich zuständig (sog. **Kennzeichenstreitsachen**).[305] Auf Landesebene können nach § 140 Abs. 2 MarkenG Kennzeichenstreitsachen aus mehreren Landgerichtsbezirken (auch länderübergreifend) einem Landgericht zugewiesen werden. Von dieser Ermächtigung ist durchweg Gebrauch gemacht worden.[306] Funktionell sind die Kammern für Handelssachen zuständig.[307] 846

III. Klagebefugnis, Klageantrag

Während die auf Verfall des angegriffenen Zeichens gerichtete Klage als Popularklage von jedermann erhoben werden kann,[308] ist die Klagebefugnis für eine auf das Bestehen prioritätsälterer Rechte im Sinne der §§ 9–13 MarkenG gestützte Klage dem jeweiligen **Inhaber** vorbehalten.[309] Dem Inhaber gleichgestellt ist insoweit ein von diesem ausdrücklich ermächtigter Lizenznehmer oder sonst zur Benutzung der prioritätsälteren Marke Berechtigter.[310] Der Klageantrag ist als **Leistungsantrag** auf Einwilligung in die Löschung des angegriffenen Zeichens gerichtet. Passiv legiti- 847

303 *Ingerl/Rohnke* § 55 Rn. 23.
304 *Ströbele/Hacker* § 55 Rn. 4.
305 § 140 Abs. 1 MarkenG.
306 Eine Übersicht findet sich in allen gängigen Kommentaren, in der Fußnote zu § 140 MarkenG der Textsammlung *Schönfelder* sowie im Internet unter <http://www.grur.de>, Stichwort »Service/Landgerichte«.
307 § 95 Abs. 1 Nr. 4 lit. c GVG.
308 S. dazu oben Rn. 632 ff.
309 § 55 Abs. 2 Nr. 2 MarkenG.
310 Vgl. dazu BGH, GRUR 1995, 54 – Geltendmachung markenrechtlicher Ansprüche im Wege der gewillkürten Prozessstandschaft durch die Konzernmuttergesellschaft für eine zu 100% beherrschte GmbH.

miert ist der im Register des jüngeren Zeichens als solcher eingetragene Inhaber.[311] Die Rechtsprechung akzeptiert auch eine Klage, die bereits im Stadium der Anmeldung des angegriffenen Zeichens erhoben wird; der Klageantrag ist dann allerdings auf Rücknahme der Anmeldung zu richten.[312]

848 Da geografische Herkunftsangaben ihrer Art nach nicht als individuelles Schutzrecht auf ein einzelnes Unternehmen zugeschnitten sind, sondern regelmäßig einer Vielzahl von Berechtigten zur Verfügung stehen,[313] knüpft § 55 Abs. 2 Nr. 3 MarkenG die Klagebefugnis an den Katalog der nach § 8 Abs. 3 des Gesetzes gegen den unlauteren Wettbewerb (UWG) Anspruchsberechtigten. In dieser Verweisung manifestiert sich zugleich der wettbewerbsrechtliche Charakter des Schutzes geografischer Herkunftsangaben, der dem einzelnen Unternehmen eher reflexartig zugute kommt.[314] Klagebefugt sind danach neben den Mitbewerbern i.S.v. § 2 Abs. 1 Nr. 3 UWG[315] die dort genannten Verbände zur Förderung gewerblicher oder selbstständiger beruflicher Interessen, qualifizierte Verbraucherverbände und die Industrie- und Handels- sowie die Handwerkskammern.[316]

IV. Einwendungen, Einreden

849 Der Vorrang des prioritätsälteren Rechts gegenüber dem jüngeren, eingetragenen Zeichen ist nicht in allen Fällen durchsetzbar. Grenzen der Maßgeblichkeit des Zeitvorranges ergeben sich zum einen aus dem persönlichen Verhältnis der Parteien, das durch vertragliche Abreden (Verzicht, Nichtangriffsabrede u.ä.) modifiziert oder durch rechtserhebliches Verhalten des Klägers (Duldung, Verwirkung, Missbrauch) geprägt sein kann, zum anderen aus dem materiellen Status des älteren Rechts, das ungeachtet seines formalen Zeitvorranges durch mangelnde Benutzung im Sinne der §§ 49 Abs. 1, 26 MarkenG oder die weiteren Verfallsgründe des § 49 Abs. 2 MarkenG geschwächt sein kann.

1. Zustimmung

850 Das prioritätsältere Recht begründet keinen Anspruch auf Löschung der prioritätsjüngeren, im Sinne des § 9 Abs. 1 MarkenG identischen oder ähnlichen Marke, wenn der Inhaber des älteren Rechts der Eintragung der jüngeren Marke vor Stellung eines Antrages auf Löschung **zugestimmt** hat.[317] Nichts anderes gilt für individualvertragliche Verzichtserklärungen oder Nichtangriffsabreden. Dies gilt unabhängig davon, ob es sich bei dem älteren Zeichen um eine angemeldete oder einge-

311 BGH MarkenR 2005, 397 – Seicom: auf die materielle Inhaberschaft kommt es nicht an (mit Verw. auf BGH GRUR 1998, 699, 700 – SAM).
312 Vgl. BGH MarkenR 2001, 126, 127 f. – SPA.
313 Zum kollektiven Charakter geografischer Herkunftsangaben s. oben Rn. 297 ff.
314 Ausführlich hierzu *Fezer/Marx* UWG § 4 S 10 Rn. 29 ff.
315 Mitbewerber ist danach »jeder Unternehmer, der mit einem oder mehreren Unternehmern als Anbieter oder Nachfrager von Waren oder Dienstleistungen in einem konkreten Wettbewerbsverhältnis steht.«
316 S. dazu *Fezer/Büscher* UWG, § 8 Rn. 188 ff., 191 ff., 216 ff., 227.
317 § 51 Abs. 2 Satz 3 MarkenG.

tragene Marke handelt, um eine durch Benutzung erworbene, eine notorisch bekannte oder eine Agentenmarke, oder ob ein »sonstiges älteres Recht« im Sinne des § 13 MarkenG in Rede steht.

Mit dieser Beschränkung trägt das Markengesetz der Relativität älterer Rechte Rechnung: stehen sie nur dem jeweiligen Inhaber zu, so liegt es auch in dessen Entscheidung, sich des erworbenen (Zeit-)Vorranges und der daraus folgenden Rechte zu begeben. Hat der Inhaber des älteren Rechts die Eintragung des jüngeren konsentiert, verhielte er sich widersprüchlich, wenn er danach noch dessen Löschung begehrte. **851**

2. Duldung

Ähnlich liegt es im Falle der **Verwirkung**. Auch hier setzt sich der Inhaber des älteren Rechts, der die Löschung des jüngeren betreibt, in Widerspruch zu seinem eigenen Vorverhalten. Das maßgebliche Vorverhalten besteht jedoch nicht in der expliziten Zustimmung zur Eintragung des prioritätsjüngeren Rechts, sondern in der impliziten **Duldung** durch anhaltende, wissentliche Untätigkeit.[318] § 51 Abs. 2 Satz 1 MarkenG schließt einen Anspruch auf Löschung wegen Verwirkung aus, **soweit** der Inhaber der Marke mit älterem Zeitrang die Benutzung der Marke mit jüngerem Zeitrang **852**

- für **die** Waren oder Dienstleistungen, für die sie eingetragen ist
- während eines Zeitraumes von **fünf** aufeinander folgenden Jahren
- in **Kenntnis** dieser Benutzung

geduldet hat und

- die Eintragung der jüngeren Marke **nicht bösgläubig** vorgenommen wurde.

Aus der der Beschränkung »so weit« in § 51 Abs. 2 Satz 1 MarkenG folgt, dass sich die Verwirkung nicht auf Waren oder Dienstleistungen erstrecken kann, für die die jüngere Marke zwar eingetragen ist, für die sie aber innerhalb des genannten Zeitraumes nicht benutzt wurde. Tritt danach nur hinsichtlich eines Teiles der Waren oder Dienstleistungen Verwirkung ein, bleibt der Löschungsanspruch hinsichtlich des anderen Teiles bestehen.[319] **853**

Wie im Falle der Zustimmung ist auch die Verwirkung nicht auf eingetragene ältere Marken beschränkt. Verwirkt werden können mithin auch die Rechte aus einer durch Benutzung erworbenen Marke, aus einer notorisch bekannten Marke oder einer geschäftlichen Bezeichnung.[320] Läge es anders, stünde der Inhaber einer eingetragenen Marke schlechter als der eines nicht durch Eintragung geschützten Rechts. Abweichend von der Regelung der Zustimmung nennt § 51 Abs. 2 Satz 2 MarkenG jedoch nicht die Agentenmarke und zählt aus dem Kreis der »sonstigen älteren Rechte« des § 13 MarkenG nur die Sortenbezeichnung nach § 13 Abs. 2 Nr. 4 MarkenG auf. Dass auch das Recht aus einer älteren Gemeinschaftsmarke verwirkt werden kann, hält § 125 b Nr. 5 lit. a MarkenG fest. **854**

---

318 Vgl. Art. 9 Abs. 1 MarkenRL 89/104/EWG.
319 § 51 Abs. 5 MarkenG.
320 Vgl. Art. 9 Abs. 2, Art. 4 Abs. 4 lit. b MarkenRL 89/104/EWG.

3. Mangelnde Bekanntheit zum Zeitpunkt der Eintragung des jüngeren Rechts

855 Der Schutz kollidierender Marken außerhalb des Ähnlichkeitsbereiches der betroffenen Waren oder Dienstleistungen[321] setzt nach § 9 Abs. 1 Nr. 3 MarkenG voraus, dass es sich bei der geschützten Marke um eine »bekannte« Marke handelt.[322] Die **Bekanntheit** ist in diesem Bereich **konstitutiv** für den Vorrang der prioritätsälteren Marke. In konsequenter Anwendung des Prioritätsgrundsatzes kann deshalb ein Löschungsanspruch aus § 9 Abs. 1 Nr. 3 MarkenG nicht durchgreifen, wenn die ältere Marke zum Zeitpunkt der Eintragung der angegriffenen jüngeren Marke eben diese für ihren Schutz konstitutive Qualität (noch) nicht besaß.

856 In § 51 Abs. 3 MarkenG wird unterstellt, dass es für den Löschungsanspruch auf die Bekanntheit der Marke oder geschäftlichen Bezeichnung ankommt. Selbstverständlich ist § 51 Abs. 3 MarkenG nicht einschlägig, wenn sich die später »bekannt« gewordene Marke oder geschäftliche Bezeichnung zum Zeitpunkt der Eintragung der jüngeren Marke bereits nach § 9 Abs. 1 Nr. 1 oder 2 MarkenG durchsetzt; dann nämlich resultiert ihr Vorrang aus dem besseren Zeitrang in Verbindung mit einer durch Identität oder Ähnlichkeit der involvierten Zeichen und Waren oder Dienstleistungen geprägten Kollisionslage.

4. Löschungsreife der älteren Marke zum Zeitpunkt der Eintragung des jüngeren Rechts

857 Nach § 51 Abs. 4 MarkenG kann die Marke mit jüngerem Zeitrang nicht gelöscht werden, wenn am Tage der Veröffentlichung ihrer Eintragung die prioritätsältere Marke selbst wegen Verfalls oder Nichtigkeit hätte gelöscht werden können.

858 Damit werden der prioritätsälteren Marke, freilich beschränkt auf das Verhältnis zur prioritätsjüngeren, im Sinne des § 9 Abs. 1 MarkenG kollidierenden Marke, sämtliche Fälle des Verfalls nach § 49 MarkenG und sämtliche Fälle der Nichtigkeit nach § 50 MarkenG auch dann zum Verhängnis, wenn sie nicht zu ihrer Löschung geführt haben, aber »hätten führen können«. Die prioritätsältere Marke, die am Tage der Veröffentlichung der Eintragung der prioritätsjüngeren Marke in diesem Sinne »löschungsreif« war, die also ihrer tatsächlichen Löschung nur entging, weil kein darauf gerichteter Antrag gestellt wurde, verliert insoweit ihren Zeitvorrang; das jüngere Recht erstarkt zum bestandskräftigen **Zwischenrecht**.

859 Die ältere Marke kann ihren Zeitvorrang danach nicht durchsetzen, wenn sie **am Tage der Veröffentlichung der Eintragung der angegriffenen Marke**

- infolge **mangelnder ernsthafter Benutzung** im Sinne des § 26 MarkenG nach § 49 Abs. 1 MarkenG wegen Verfalls hätte gelöscht werden können,[323]
- infolge einer Entwicklung zur »im geschäftlichen Verkehr **gebräuchlichen Bezeichnung**«[324] wegen Verfalls hätte gelöscht werden können,

321 S. dazu oben Rn. 761 ff.
322 Vgl. die parallelen Regelungen in § 14 Abs. 2 Nr. 3 und § 15 Abs. 3 MarkenG.
323 S. dazu oben Rn. 606 ff. sowie nachfolgend Rn. 860 ff.
324 S. dazu oben Rn. 627.

- infolge einer aus ihrer Benutzung resultierenden **Täuschungseignung**[325] wegen Verfalls hätte gelöscht werden können
- infolge Wegfalls der notwendigen **Inhabereigenschaft**[325] wegen Verfalls hätte gelöscht werden können oder
- wegen eines absoluten Schutzhindernisses – namentlich ihrer Eintragung entgegen §§ 3, 7 oder 8 MarkenG – wegen **Nichtigkeit** hätte gelöscht werden können.[325]

5. Einrede mangelnder Benutzung

Der im Löschungsverfahren Beklagte kann – ähnlich wie der Inhaber des prioritäts- 860
jüngeren Zeichens im Widerspruchsverfahren – dem Kläger die **mangelnde Benutzung** seines Zeichens **einredeweise** entgegenhalten.[326] Auch hier kann die an sich prioritätsältere Marke des Klägers ihren Vorrang **in zwei Fällen** verlieren:

- Die Marke mit formal besserem Zeitrang verliert ihren Vorrang gegenüber dem jüngeren Zeichen, wenn sie im Sinne des § 49 Abs. 1 Satz 1 MarkenG **aktuell**[327] löschungsreif ist. Maßgeblicher Zeitpunkt ist die Erhebung der Klage, wenn das klägerische Zeichen zu diesem Zeitpunkt bereits fünf Jahre eingetragen ist. Dem Kläger obliegt dann die **Beweislast** für eine **ernsthafte Benutzung** seines Zeichens innerhalb der vergangenen fünf Jahre.[328] Endet die fünfjährige Benutzungsschonfrist ab Eintragung des klägerischen Zeichens erst nach Erhebung der Löschungsklage, erstreckt sich die Beweislast für die Benutzung nach § 26 MarkenG auf die letzten fünf Jahre vor dem Schluss der mündlichen Verhandlung im Löschungsstreit.[329] Ist die Benutzungsschonfrist auch zu diesem Zeitpunkt noch nicht abgelaufen, kann die Einrede mangelnder Benutzung nicht durchgreifen.
- War die prioritätsältere Marke dagegen bereits zum Zeitpunkt der Veröffent- 861
lichung der Eintragung der angegriffenen, prioritätsjüngeren Marke seit mindestens fünf Jahren eingetragen, so muss der Kläger auf Einrede des Beklagten überdies nachweisen, dass seine Marke nicht schon zu diesem Zeitpunkt wegen Verfalls löschungsreif war.[330] Er muss mithin die ernsthafte Benutzung seines Zeichens innerhalb der fünf vor dem Zeitpunkt der Veröffentlichung der Eintragung der prioritäsjüngeren Marke liegenden Jahre nachweisen.[331] Damit steht dem Beklagten im Löschungsprozess dieselbe Einrede zur Verfügung wie dem Inhaber des prioritätsjüngeren Zeichens im Widerspruchsverfahren nach § 43 Abs. 1 MarkenG.[332] Ist der Löschungsantrag auf eine eingetragene Gemein-

325 S. dazu oben Rn. 572 ff.
326 § 55 Abs. 3 MarkenG.
327 Eine zum Zeitpunkt der Veröffentlichung der Eintragung der jüngeren Marke gegebene, später überwundene Löschungsreife wird dagegen nach § 51 Abs. 4 Nr. 1, §§ 49, 26 MarkenG zu Gunsten des Beklagten berücksichtigt.
328 § 55 Abs. 3 Satz 1 MarkenG.
329 § 55 Abs. 3 Satz 2 MarkenG.
330 § 55 Abs. 3 Satz 3 MarkenG.
331 § 55 Abs. 3 Satz 3 MarkenG greift damit die Schutzgrenze auf, die bereits aus §§ 51 Abs. 4 Nr. 1, 49 Abs. 1, 26 MarkenG folgt und gibt ihr den Charakter einer Einrede.
332 S. oben Rn. 827 ff.

schaftsmarke gestützt, tritt an die Stelle der Benutzung nach § 26 MarkenG die Benutzung nach Art. 15 GMV.[333]

862

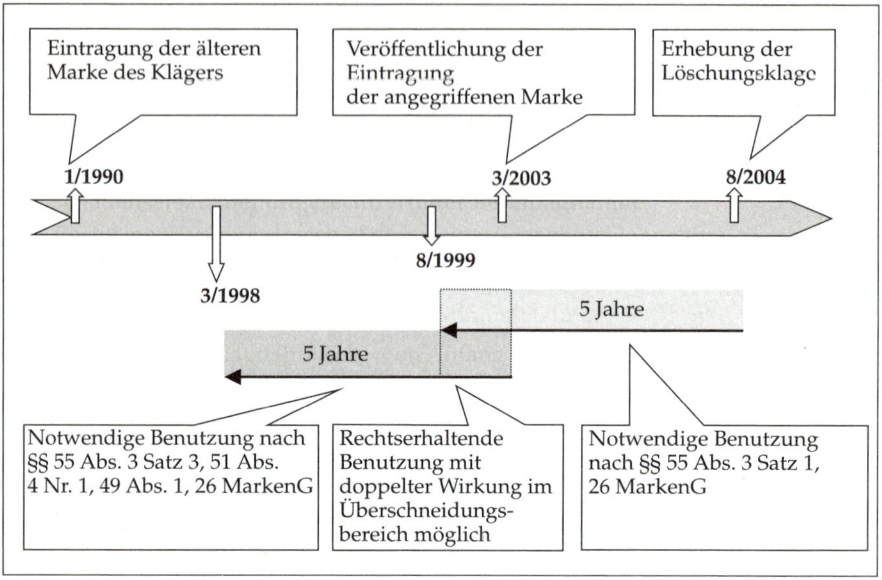

Beispiel: Notwendige Benutzung der Klagemarke auf Einrede des Beklagten

863 **Überschneiden** sich die beiden Zeiträume, weil die Löschungsklage – wie in der obigen Beispielsgrafik – weniger als fünf Jahre nach der Veröffentlichung der Eintragung der angegriffenen Marke erhoben wird, kann ein und dieselbe ernsthafte Benutzung – im Beispiel im vierten Quartal 1999 – zur Entkräftung **beider** Nichtbenutzungseinreden beitragen.

V. Streitwertbegünstigung

864 Nach § 142 MarkenG kann die Partei, die eine erhebliche Gefährdung ihrer wirtschaftlichen Lage durch die erwarteten, am vollen Streitwert orientierten Prozesskosten glaubhaft macht, auf Antrag erreichen, dass sich ihre Verpflichtung zur Zahlung von Prozesskosten und Anwaltsgebühren nach »einem ihrer Wirtschaftslage angepassten Teil des Streitwerts bemisst«. Eine solche Anordnung hat zur Folge, dass die begünstigte Partei die Gebühren ihres Rechtsanwaltes ebenfalls nur nach diesem Teil des Streitwertes zu entrichten hat. Nichts anderes gilt für die vom Gegner zu entrichtenden Gerichts- und Anwaltsgebühren für den Fall, dass ihr diese Kosten auferlegt werden.

865 Obsiegt die von der Anordnung begünstigte Partei allerdings, kann ihr Anwalt seine Gebühren beim Gegner nach dem für diesen geltenden Streitwert beitrei-

333 § 125 b Nr. 5 lit. b MarkenG.

ben.[334] Nach Beginn der Verhandlung zur Hauptsache ist eine Streitwertbegünstigung nur noch möglich, wenn der zunächst angenommene oder festgesetzte Streitwert nachträglich heraufgesetzt wird.[335]

334 § 142 Abs. 2 Satz 3 MarkenG.
335 § 142 Abs. 3 MarkenG.

Kapitel 5 Kennzeichen am Markt: Nutzung und Verteidigung, Schutzschranken

A. Marken

Das Recht an einer Marke garantiert ihrem Inhaber – vorbehaltlich besserer Rechte Dritter – ein Benutzungsmonopol. Er allein darf sie für die Kennzeichnung der Waren und Dienstleistungen verwenden, für die sie Schutz genießt. Jeden Dritten, der dieses Recht verletzt, kann er an einem kennzeichenmäßigen Gebrauch hindern. 866

I. Positives Benutzungsrecht und negatives Ausschlussrecht

Der Erwerb des Markenschutzes – ganz gleich auf welchem Wege[1] – gewährt dem Inhaber der Marke ein subjektives, ausschließliches Recht.[2] Als **subjektives** Recht ist das Recht an einer Marke auf eine bestimmte Person, ihren Inhaber, bezogen; als **ausschließliches** Recht berechtigt es zur exklusiven Nutzung des geschützten Zeichens gegenüber jedermann und damit zugleich zum Ausschluss jedweder nicht berechtigter Dritter, was ihm den Charakter eines **dinglichen** Rechts verleiht. Als **Immaterialgüterrecht** ist das Recht an der Marke allen anderen Immaterialgüterrechten gleichwertig und genießt den Schutz des gewerblichen und kommerziellen Eigentums im Sinne des Art. 30 EG auf europäischer Ebene ebenso wie den verfassungsrechtlichen Eigentumsschutz des Art. 14 Abs. 1 Satz 1 GG nach nationalem Recht. 867

Das BVerfG hat bereits dem Warenzeichen nach dem WZG diese Qualität bescheinigt. Schutzwürdige, rechtmäßig eingetragene und aufrecht erhaltene Warenzeichen stellten eine **vermögenswerte Rechtsposition** dar, die durch Art. 14 Abs. 1 Satz 1 GG gewährleistet sei. Nach allgemeiner Auffassung sei das rechtmäßig eingetragene Warenzeichen ein subjektives Recht, das dem Geschäftsinhaber eine absolute, gegenüber jedermann wirkende Rechtsposition verleihe. Das Ausschließungsrecht, d.h. die Befugnis, anderen die Benutzung des Zeichens zu verbieten, sei nicht nur ein Rechtsreflex des gesetzlichen Verbotes, sondern ein selbstständiges, dem Inhaber zustehendes Recht.[3] 868

Die Position des Inhabers einer Marke wird vielfach nicht nur als ein negatives **Ausschlussrecht**, sondern auch als ein positives **Benutzungsrecht** interpretiert;[4] ob allerdings ein eigenes, positives Benutzungsrecht neben dem Recht, Dritte von der Benutzung der Marke auszuschließen, praktische Relevanz besitzt, ist zweifelhaft.[5] Der maßgebliche Inhalt des Rechts an einer Marke ist der der exklusiven Nutzung eines Zeichens für bestimmte Waren oder Dienstleistungen, der maßgebliche Begriff des Schutzes dieser Exklusivität ist die Verwechslungsgefahr. 869

---

1 Mit dem Verweis auf § 4 MarkenG bezieht sich § 14 Abs. 1 MarkenG auf Registermarken, Benutzungsmarken und Notorietätsmarken gleichermaßen; s. dazu oben Rn. 381 ff.
2 § 14 Abs. 1 MarkenG entspricht Art. 5 Abs. 1 Satz 1 MarkenRL 89/104/EWG.
3 BVerfG GRUR 1979, 773 – Weinbergsrolle (Schlossberg).
4 *Fezer* Markenrecht, § 14 Rn. 12 m.w. Nachw.
5 Vgl. *v. Schultz/Schweyer* § 14 Rn. 4; *Ingerl/Rohnke* § 14 Rn. 7.

II. Kollisionslagen, Verletzungstatbestände

870 In § 14 Abs. 1 MarkenG wird das Recht an und aus der Marke dem Inhaber zugewiesen, ohne dass darin bereits eine Anspruchsgrundlage zur Lösung eines kennzeichenrechtlichen Konfliktes läge. Die möglichen Konstellationen eines solchen Konflikts, die »Verletzungstatbestände«, sind vielmehr in § 14 Abs. 2 MarkenG nach **derselben Systematik** erfasst, nach der § 9 Abs. 1 MarkenG die Kollision eingetragener bzw. angemeldeter Marken regelt:

871
- **Absoluter Schutz im Identitätsbereich** (»Doppelidentität«): Dritten ist es nach § 14 Abs. 2 Nr. 1 MarkenG untersagt, »ohne Zustimmung des Inhabers der Marke im geschäftlichen Verkehr ein mit der Marke identisches Zeichen für Waren oder Dienstleistungen zu benutzen, die mit denjenigen identisch sind, für die sie Schutz genießt«;[6]
- **Bedingter Schutz im Ähnlichkeitsbereich**: Nach § 14 Abs. 2 Nr. 2 MarkenG ist es Dritten untersagt, »ohne Zustimmung des Inhabers der Marke im geschäftlichen Verkehr ein Zeichen zu benutzen, wenn wegen der Identität oder Ähnlichkeit des Zeichens mit der Marke und der Identität oder Ähnlichkeit der durch die Marke und das Zeichen erfassten Waren oder Dienstleistungen für das Publikum die Gefahr der Verwechslung besteht, einschließlich der Gefahr, dass das Zeichen mit der Marke gedanklich in Verbindung gebracht wird«;[7]
- **Sonderschutz außerhalb des Ähnlichkeitsbereiches für bekannte Marken**: Dritte können von der Benutzung einer Marke auch dann ausgeschlossen werden, wenn sie ein mit der Marke identisches Zeichen oder ein ähnliches Zeichen für Waren oder Dienstleistungen benutzen, »die **nicht** denen ähnlich sind, für die die Marke Schutz genießt, wenn es sich bei der Marke um eine im Inland **bekannte** Marke handelt und die Benutzung des Zeichens die Unterscheidungskraft oder die Wertschätzung der bekannten Marke ohne rechtfertigenden Grund in unlauterer Weise ausnutzt oder beeinträchtigt«, § 14 Abs. 2 Nr. 3 MarkenG.[8] Dieser seiner Natur nach **wettbewerbsrechtliche** Schutz **bekannter** Marken gilt auch **innerhalb** des Ähnlichkeitsbereiches – also bei gegebener Ähnlichkeit der betroffenen Waren oder Dienstleistungen.[9]

872 Während danach für die Frage der Kollision auf die Ausführungen zu den relativen Schutzhindernissen verwiesen werden kann,[10] ist die Frage, wann überhaupt eine kollisionstaugliche **Benutzungshandlung** gegeben ist, worin – mit anderen Worten – ein das fremde Markenrecht verletzendes Verhalten liegen kann, gesondert zu betrachten. Denn während bei den relativen Schutzhindernissen des § 9 MarkenG das

6 S. dazu oben Rn. 662 f.
7 S. dazu oben Rn. 664 ff.
8 S. dazu oben Rn. 761 ff.
9 EuGH MarkenR 2003, 61 – Davidoff/Gofkid; MarkenR 2003, 453 – Adidas/Fitnessworld: »Macht ein Mitgliedstaat von der Befugnis in Art. 5 Abs. 2 MarkenRL Gebrauch, so muss er den besonderen Schutz, der bei der Benutzung einer mit der bekannten eingetragenen Marke identischen oder ihr ähnlichen jüngeren Marke oder eines solchen jüngeren Zeichens durch einen Dritten in der Rede steht, sowohl für nichtähnliche Waren oder Dienstleistungen als auch für Waren oder Dienstleistungen vorsehen, die mit denjenigen, die von der eingetragenen Marke erfasst werden, identisch oder ihnen ähnlich sind.« S. dazu oben Rn. 787 ff.; ausführl. dazu *Fammler* MarkenR 2004, 89.
10 S. oben Rn. 637 ff., 658 ff.

ältere Zeichen auf eine bereits eingetragene, jüngere Marke trifft, deren Löschung aus dem **Register** begehrt wird, stehen sich im Falle des § 14 MarkenG eine Marke und die **tatsächliche Benutzung** eines identischen oder ähnlichen Zeichens **am Markt** gegenüber.

Das kollisionsbegründende, im geschäftlichen Verkehr benutzte Zeichen kann seinerseits kennzeichenrechtlichen Schutz genießen, insbesondere selbst Marke sein oder zumindest markenmäßig benutzt werden, zwingend ist dies aber nicht. So kann ein mit einer Marke identisches oder ihr ähnliches Zeichen in einem rein privaten Kontext Verwendung finden, sodass es an einer Zeichenkollision »**im geschäftlichen Verkehr**« fehlt. Möglich ist auch, dass ein Wort, eine Abbildung, eine grafische Gestaltung oder die Ausstattung eines Produktes oder einer Verpackung einer Marke gleicht, ohne selbst als **Herkunftszeichen** verwendet und verstanden zu werden – so liegt es, wo eine ausschließlich ornamentale oder ästhetisch motivierte Gestaltung vorliegt, der überhaupt keine (darüber hinausgehende) Bedeutung zugemessen wird,[11] oder wo zwar ein Gebrauch als Zeichen gegeben ist, die dem Zeichen zugeordnete Bedeutung aber nicht die einer Marke ist, weil sie sich in einer rein beschreibenden Aussage[12] erschöpft.[13] **873**

Der Kanon möglicher Verletzungshandlungen ergibt sich negativ aus dem Kreis der dem Markeninhaber vorbehaltenen Benutzungshandlungen: grundsätzlich ist alles, was aus der Perspektive des Inhabers eine (kennzeichenmäßige) Benutzung seiner Marke oder eines ihr ähnlichen Zeichens darstellt, nicht berechtigten Dritten untersagt, wenn und so weit daraus eine der genannten Kollisionslagen des § 14 Abs. 2 MarkenG entsteht und keine der Schutzschranken der §§ 20 ff. MarkenG greift.[14] § 14 Abs. 3 MarkenG enthält keinen abschließenden Katalog, sondern eine an Art. 5 Abs. 3 MarkenRL orientierte Aufzählung (»insbesondere«) von Beispielen. **874**

III. Verletzungshandlung

Sämtliche nach § 4 MarkenG erworbenen Marken gewähren dem Inhaber das exklusive Recht zu ihrer »**Benutzung**« für die erfassten Waren oder Dienstleistungen. Der Begriff der Benutzung beschränkt sich keinesfalls darauf, Waren mit der Marke zu versehen oder Dienstleistungen unter ihr zu erbringen. Das dem Inhaber vorbehaltene Benutzungsrecht umfasst vielmehr **vorbereitende** Handlungen wie das Ange- **875**

11 Vgl. EuGH MarkenR 2003, 453 – Adidas/Fitnessworld: Fassen die maßgeblichen Verkehrskreise ein Zeichen nach der Tatsachenwürdigung durch das nationale Gericht »nur als Verzierung auf, so stellen sie naturgemäß keine gedankliche Verknüpfung mit der eingetragenen Marke her, sodass damit eine der Voraussetzungen für den durch Art. 5 II Richtlinie 89/104/EWG gewährten Schutz nicht gegeben ist.«.

12 Vgl. BGH MarkenR 2002, 251 – Frühstücksdrink II: »Von der Benutzung einer Bezeichnung als Marke, nämlich als Unterscheidungsmittel gegenüber Waren anderer Unternehmen, kann nicht ausgegangen werden, wenn es sich bei der Bezeichnung um eine beschreibende Angabe (hier: Frühstücks-Trank) handelt, die vom angesprochenen Verkehr, also von dem angesprochenen durchschnittlich informierten, aufmerksamen und verständigen Durchschnittsverbraucher, nur als solche und nicht als Herkunftshinweis verstanden wird.«.

13 Zu einer rein beschreibenden Benutzung vgl. auch BGH MarkenR 2004, 342 – EURO 2000; BGH MarkenR 2003, 388 – AntiVir/AntiVirus; zu einem noch kennzeichnenden Gebrauch OLG Hamburg MarkenR 2004, 413 – Kinderzeit.

14 S. dazu unten Rn. 968 ff.

bot von Waren oder Dienstleistungen unter einer Marke ebenso wie ihre komplementäre Verwendung in der **Werbung** oder auf Geschäftspapieren. Dies belegt der Katalog des § 14 Abs. 3 MarkenG.

876 Zudem kann der Inhaber der Marke bereits die Verwendung seiner Marke oder eines ähnlichen Zeichens auf **Aufmachungen, Verpackungen** oder **Kennzeichnungsmitteln** wie Etiketten, Anhängern oder Aufnähern unterbinden. Exklusiv vorbehalten sind dem Inhaber der Marke das Anbringen, das Anbieten, das Inverkehrbringen sowie bereits der Besitz zu diesen Zwecken, die Einfuhr und die Ausfuhr.[15]

877 Der Schutzbereich der Marke wird dadurch auf Aufmachungen, Verpackungen und Kennzeichnungsmittel erweitert, ohne dass es insoweit einer Benennung dieser Gegenstände im Warenverzeichnis der Anmeldung bedürfte: wer solche Gegenstände herstellt und mit der Marke oder einem ihr ähnlichen Zeichen versieht, kann sich nicht darauf berufen, keine der Waren tangiert zu haben, für die die Marke eingetragen ist, wenn auch nur prima facie davon auszugehen ist, dass Aufmachungen, Verpackungen oder Kennzeichnungsmittel nachfolgend mit einer dieser Waren verbunden werden sollen.

878 Der Inhaber muss in allen genannten Fällen nicht zuwarten, bis Verpackung, Aufmachung, Etikett oder Anhänger und die Waren, für die sie bestimmt sind, zusammenkommen; er kann vielmehr bereits im Vorfeld sein exklusives Recht an der Marke geltend machen, wenn auch nur »die Gefahr besteht, dass die Aufmachungen oder Verpackungen zur Aufmachung oder Verpackung oder die Kennzeichnungsmittel zur Kennzeichnung von Waren oder Dienstleistungen verwendet werden«, für die dann einer der Verletzungstatbestände des § 14 Abs. 2 MarkenG gegeben wäre. Fehlt es dagegen an einer kennzeichenrechtlich relevanten Verletzungshandlung, kann auch keine der Kollisionslagen des § 14 Abs. 2 MarkenG, die sämtlich eine »Benutzung« voraussetzen, gegeben sein.

IV. Markenmäßiger Gebrauch

879 Der Anspruch des Inhabers einer Marke, Dritte an der Benutzung kollidierender Zeichen zu hindern, setzt nicht voraus, dass auch das andere Zeichen kennzeichenrechtlichen Schutz genießt. Notwendig ist aber, dass es sich überhaupt um ein **Zeichen** handelt, dass dieses Zeichen **herkunftshinweisend** (»markenmäßig«) für Waren oder Dienstleistungen verwendet wird und dass dies im **geschäftlichen Verkehr** geschieht. Nur wenn diese Voraussetzungen gegeben sind, kann eine der Kollisionslagen des § 14 Abs. 2 MarkenG zum Vorrang der betroffenen Marke führen.

15 § 14 Abs. 4 MarkenG.

1. Benutzung als Zeichen

Weil sich ein Zeichen von allen anderen, wahrnehmbaren Phänomenen dadurch unterscheidet, dass ihm vom Betrachter eine Bedeutung entnommen werden kann, dass es also auf etwas anderes als sich selbst verweist, fehlt es bereits an einem Zeichengebrauch, wenn die für ein Zeichen konstitutive, triadische Struktur von Signifikant (Zeichen), Signifikat (Bedeutung) und Referenzobjekt nicht gegeben ist.[16] So liegt es, wo eine optisch wahrnehmbare Produktgestaltung lediglich als Ornament oder als Design wahrgenommen wird. Wo etwa die farbliche Gestaltung einer Ware oder einer Verpackung dem Betrachter »nichts mitteilt«, weil sie zwar physiologisch wahrgenommen und emotional – als angenehm, als geschmackvoll, als erfrischend, beruhigend o.ä. – empfunden werden kann, nicht aber als Hinweis auf irgendeinen Sachverhalt interpretiert, ist diese Farbe kein Zeichen, sondern eine bloße Qualität. Die gängigen Farben, in denen Automobile vom Kunden geordert werden können, sind von dieser Art. Weil sie nicht als Zeichen wahrgenommen werden, können sie auch keine zeichenrechtliche Kollision auslösen.[17] **880**

2. Benutzung als Herkunftshinweis

Wird ein Zeichen als solches, dass heißt als Träger einer Bedeutung erkannt und verstanden, stellt sich die Frage, ob § 14 MarkenG nur die Abwehr der Benutzung solcher Zeichen erlaubt, denen vom maßgeblichen Publikum eine ganz bestimmte, nämlich eine **herkunftshinweisende** (»markenmäßige«) Bedeutung entnommen wird. Eben dies ist zweifelhaft, wo Marken oder ihnen ähnliche Zeichen **881**

- rein dekorativ, z.B. als Muster oder Ornament auf bedruckten Kleidungsstücken[18] verwendet werden[19]
- auf Aufklebern, T-Shirts, Geschenkartikeln usw. in einem scherzhaften Kontext oder in persiflierender Verfremdung wieder gegeben werden[20]
- im Rahmen vergleichender Werbung gegenübergestellt werden[21] oder

16 S. dazu oben Rn. 1 ff., 8 ff.

17 Wird der Farbe dagegen eine Bedeutung zugeschrieben (Polizeigrün, Feuerwehrrot, schwarz als Ausdruck einer bestimmten charakterlichen Orientierung des Eigentümers usw.), besitzt sie bereits die Qualität eines kommunikativen »Zeichens« und fällt damit in die nachfolgend erörterte Gruppe.

18 Vgl. BGH GRUR 1994, 635 – Pulloverbeschriftung (Vielzahl bekannter Marken als dekoratives Element ohne Herkunftsaussage, noch zum WZG).

19 Würde etwa ein Stoff durchgängig mit Krokodilen oder Raubkatzen bedruckt, um daraus Strandlaken zu fertigen, läge darin dann keine Benutzung ähnlicher Marken (La Coste, Jaguar, Puma), wenn sich die textile Gestaltung dem Betrachter als **ausschließlich** ästhetisch motiviert darstellte und die maßgeblichen Verkehrskreise deshalb den gegenständlichen Abbildungen keine über ihre ikonische Aussage (»kleines Krokodil«, »Raubkatze«) hinausgehende Bedeutung entnähmen; vgl. dazu EuGH MarkenR 2002, 394 – Arsenal FC, wo allerdings eine rein beschreibende Benutzung zu Recht abgelehnt wird.

20 BGH MarkenR 2005, 269 – Lila Postkarte; vgl. auch BGH GRUR 1986, 759 – BMW; BGH GRUR 1994, 808 – Markenverunglimpfung (Mars), und GRUR 1995, 57 – Markenverunglimpfung II (Nivea).

21 S. dazu jetzt § 6 Abs. 2 Nr. 3 und 4 UWG.

- in nicht markenmäßiger Darstellung als Aufmerksamkeit erregender Hintergrund oder Vorspann für die Präsentation der eigenen Produkte, ggf. unter einer eigenen Marke, genutzt werden.[22]

882 Die über die Marke vermittelte **Kommunikation** des Inhabers mit seinen Kunden kann grundsätzlich da nicht Schaden nehmen, wo die Marke von Dritten in einem Kontext und/oder in einer Art verwendet wird, die eine unrichtige Herkunftsaussage ausschließen. Liegt es so, bleibt dem Inhaber nur der wettbewerbsrechtliche Schutz außerhalb des Markenrechts. Für den seiner Natur nach wettbewerbsrechtlichen, systematisch aber in das Kennzeichenrecht integrierten Schutz der bekannten Marke in § 14 Abs. 2 Nr. 3 MarkenG kann dies allerdings nur bedingt gelten. Denn **Ruf** und **Unterscheidungskraft** einer Marke können auch leiden, wenn sie von einem Dritten in einer Weise benutzt wird, die keine Zuordnungsverwirrung besorgen lässt; § 14 Abs. 2 Nr. 3 MarkenG verlangt – anders als § 14 Abs. 2 Nr. 2 MarkenG – nicht, dass die Ähnlichkeit der Zeichen eine Gefahr der Verwechslung begründet.

Daraus resultiert die Frage

- ob der kennzeichenrechtliche Bezug einer konkreten Zeichenbenutzung für alle Kollisionslagen des § 14 Abs. 2 MarkenG einheitlich beantwortet werden kann und
- wie dieser Bezug im Hinblick auf den Schutz bekannter Marken bestimmt werden muss.

3. Gedankliche Verknüpfung

883 Der EuGH geht in der Entscheidung »BMW/Deenik« zunächst davon aus, dass die Verletzungstatbestände des Art. 5 Abs. 1 und 2 MarkenRL – im Rückschluss aus Art. 5 Abs. 5 MarkenRL – eine Benutzung des geschützten Zeichens nach Art einer Marke, das heißt, zur Unterscheidung von Waren oder Dienstleistungen eines Unternehmens von denen anderer Unternehmen, voraussetze. Er hat deshalb festgestellt, der Inhaber einer Marke könne einem Dritten nach den Art. 5 bis 7 MarkenRL die Benutzung seiner Marke zu dem Zweck, die Öffentlichkeit darauf hinzuweisen, dass er Waren dieser Marke, die unter der Marke von deren Inhaber oder mit seiner Zustimmung in den Verkehr gebracht wurden, in Stand setze und warte oder dass er auf den Verkauf, die Instandsetzung oder Wartung dieser Waren spezialisiert oder für diese Fachmann sei, nicht verbieten, sofern die Marke nicht in einer Weise benutzt werde, die den Eindruck erwecken könne, dass eine Handelsbeziehung zwischen dem Drittunternehmen und dem Markeninhaber bestehe, insbesondere das Unternehmen des Wiederverkäufers dem Vertriebsnetz des Markeninhabers angehöre oder eine Sonderbeziehung zwischen den beiden Unternehmen bestehe.[23]

---

22 Vgl. auch BGH GRUR 1983, 247 – Rolls Royce und GRUR 1990, 711 – Telefonnummer 4711.

23 EuGH MarkenR 1999, 84 – BMW/Deenik; unter den im Vorlagebeschluss des »Hoge Raad der Nederlanden« genannten Umständen wird allerdings eine markenmäßige Benutzung bejaht.

In der Entscheidung »Hölterhoff« hat der EuGH die **Notwendigkeit einer Herkunftsaussage** des benutzten Zeichens mit der Aussage bekräftigt, »dass sich der Inhaber einer Marke nicht auf sein Ausschließlichkeitsrecht berufen kann, wenn ein Dritter im Rahmen eines Verkaufsgesprächs die Herkunft der Ware aus seiner eigenen Produktion offenbart und er das betreffende Zeichen ausschließlich zur Kennzeichnung der besonderen Eigenschaften der von ihm angebotenen Ware verwendet, sodass **ausgeschlossen** ist, dass die benutzte Marke im Verkehr als betriebliches Herkunftszeichen aufgefasst wird.« 884

Ausgeschlossen ist eine herkunftshinweisende Bedeutung allerdings nur in **eindeutigen** Fällen. Wo es auch nur möglich erscheint, dass der angesprochene Verkehr ein Zeichen zumindest auch herkunftshinweisend versteht, muss auch eine zeichenrechtlich relevante Benutzungshandlung bejaht werden. Dies gilt um so mehr, als die Rechte des Inhabers ohnehin durch § 23 MarkenG, der eine freie Verwendung der Marke als Namen, als beschreibende Angabe und im Rahmen des Ersatzteilgeschäftes garantiert, begrenzt sind[24] und der Sonderschutz bekannter Marken nicht an einer vorschnellen Verneinung markenmäßiger Benutzung des Verletzerzeichens scheitern darf. 885

Es ist deshalb systemgerecht, wenn der EuGH, der das Recht zur einheitlichen Auslegung des Begriffes der »Benutzung« im Sinne des Art. 5 MarkenRL für sich reklamiert,[25] einerseits die eindeutig und ausschließlich beschreibende Verwendung eines Zeichens schon im Rahmen des Art. 5 MarkenRL für kennzeichenrechtlich unschädlich erklärt,[26] andererseits aber für eine Bejahung kennzeichenrechtlicher Relevanz einer Benutzungshandlung ausreichen lässt, dass eine der **Funktionen** der Marke beeinträchtigt wird und dies im Hinblick auf **bekannte** Marken bereits dann annimmt, wenn die beteiligten Verkehrskreise das Zeichen und die Marke »**gedanklich miteinander verknüpfen**.«[27] Danach gilt: 886

- Die Ausschließlichkeit des Rechts, das dem Markeninhaber nach Art. 5 Abs. 1 Satz 1 MarkenRL/§ 14 Abs. 1 MarkenG durch die eingetragene Marke gewährt wird, lässt sich nur in den Grenzen des Anwendungsbereichs dieser Bestimmung rechtfertigen; die Ausübung dieses Rechts muss daher auf Fälle beschränkt bleiben, in denen die Benutzung des Zeichens durch einen Dritten die Funktionen der Marke und insbesondere ihre Hauptfunktion, d.h. die Gewährleistung der Herkunft der Ware gegenüber den Verbrauchern, beeinträchtigt oder beeinträchtigen könnte.[28]
- Für den Sonderschutz bekannter Marken nach Art. 5 Abs. 2 MarkenG gilt nichts anderes. Im Hinblick auf die wirtschaftlichen Funktionen einer bekannten Marke muss es aber für die kennzeichenrechtliche Relevanz einer Benutzung ausreichen, dass der Verkehr Zeichen und Marke »gedanklich miteinander verknüpft«. Liegt es so, steht auch der Umstand, dass ein Zeichen von den beteiligten Verkehrskreisen als Verzierung aufgefasst wird, dem durch Art. 5 Abs. 2 MarkenRL gewährten Schutz nicht entgegen.

24 S. dazu unten Rn. 998 ff.
25 EuGH MarkenR 2002, 394, 398 – Arsenal FC.
26 So in EuGH GRUR 2002, 692 – Hölterhoff.
27 EuGH MarkenR 2003, 453 – Adidas/Fitnessworld.
28 EuGH MarkenR 2002, 394, 399 – Arsenal FC.

887 Beispiel: Die Klägerin produziert und vertreibt Schokolade. Sie ist Inhaberin der mit Schutzerstreckung auf Deutschland unter anderem für »pâtisserie et confiserie«[29] eingetragenen IR-Marke »Milka« und der für »Schokoladenwaren« eingetragenen deutschen Farbmarke »Lila«. Die Klägerin verwendet diesen Farbton unter anderem bei den Verpackungen ihrer Schokoladenprodukte.

Die Beklagte vertreibt Karten. Zu ihrem Angebot gehört eine mit »Muh!« bezeichnete, nachfolgend abgebildete Karte, die eine violette Grundfarbe aufweist:

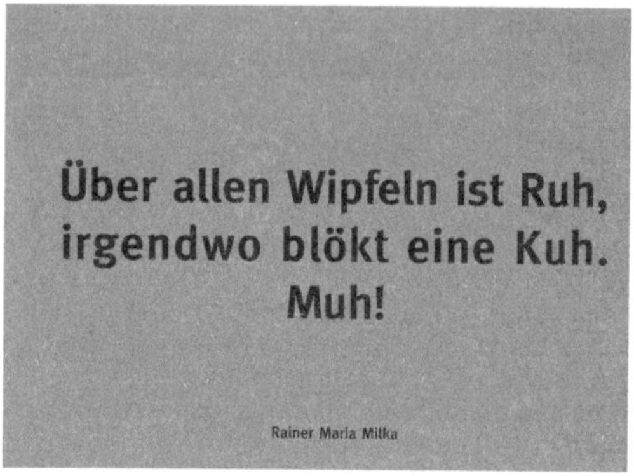

888 Das OLG Hamm hat eine **kennzeichenmäßige Benutzung** bejaht. Mit der Herstellung und der Verbreitung der Karte habe die Beklagte die Farbe »Lila« und die Bezeichnung »Milka« kennzeichenmäßig benutzt. Wegen der Verwendung der Zeichen der Klägerin für die Postkarte spreche schon eine Vermutung für einen kennzeichenmäßigen Gebrauch. Aber auch ohne eine solche Vermutung erscheine es ohne weiteres möglich, dass ein Teil des Verkehrs annehme, es handele sich um eine von der Klägerin stammende Werbemaßnahme. Die Karte sei durchaus humorvoll und witzig und beziehe sich – wenn auch verfremdet – auf die drei Säulen der Werbung der Klägerin, nämlich die lila Farbe, die Kuh und die Bezeichnung »Milka«. Die lila Farbe werde als Untergrund genutzt, die Kuh werde nicht, wie in der Werbung der Klägerin üblich, zeichnerisch dargestellt, sondern begrifflich bezeichnet und »Milka« werde zum fiktiven Familiennamen des Dichters, der eigentlich Rilke heißen müsste. Diese Verfremdung sei zwar nicht so vorgenommen worden, dass sie zu einer Verunglimpfung der Marken führe, die Beklagte habe aber die Wertschätzung der bekannten Marken in unlauterer Weise ausgenutzt.

889 Der BGH ließ demgegenüber offen, ob eine kennzeichenmäßige Benutzung im Sinne eines **Herkunftshinweises** auf die Klägerin vorlag. Er stellte zunächst fest, dass (auch) der Verletzungstatbestand des § 14 Abs. 2 Nr. 3 MarkenG einen **markenmäßigen Gebrauch** des Kollisionszeichens voraussetze. Dies gelte auf Grund des identischen Benutzungsbegriffs in Art. 5 Abs. 1 und Abs. 2 MarkenRL bzw. in § 14 Abs. 2 MarkenG für den Schutz einer Marke im Ähnlichkeitsbereich wie für den Sonderschutz bekannter Marken gleichermaßen.[30] Von einem markenmäßigen

29 Feine Back- und Süßwaren.
30 BGH MarkenR 2005, 269 – Lila Postkarte, mit Verweis auf EuGH MarkenR 1999, 84 – BMW/Deenik.

Gebrauch sei danach auszugehen, wenn das Zeichen so verwendet werde, dass es im Rahmen des Produktabsatzes die gekennzeichneten Waren oder Dienstleistungen von Waren oder Dienstleistungen anderer Unternehmen unterscheide. Im Falle einer **bekannten** Marke reiche es nach der Rechtsprechung des EuGH aber auch aus, dass die beteiligten Verkehrskreise das Kollisionszeichen zwar als Verzierung auffassten, es wegen der hochgradigen Ähnlichkeit jedoch gedanklich mit der bekannten Marke verknüpften. Im Streitfall könne deshalb offen bleiben, ob die angesprochenen Verkehrskreise – wie vom Berufungsgericht angenommen – annähmen, die in Rede stehende Postkarte stamme aus dem Unternehmen der Klägerin. Selbst wenn der Verkehr die Bezeichnung »Milka« und die violette Farbe der Postkarte als reine Produktausstattung auffasse, werde er auf Grund der identischen Wortmarke der Klägerin und der mit ihrer Farbmarke sehr ähnlichen Grundfarbe der Postkarte der Beklagten diese Gestaltungen mit den Marken der Klägerin **gedanklich verknüpfen.**[31]

4. Geschäftlicher Verkehr

890 Der Begriff des geschäftlichen Verkehrs ist in den Art. 5, 6, 12 und 15 MarkenRL gemeinschaftsrechtlich vorgegeben. In der Entscheidung »Arsenal« hat der EuGH die Benutzung eines Zeichens im geschäftlichen Verkehr bejaht, wenn sie »im Zusammenhang mit einer auf einen wirtschaftlichen Vorteil gerichteten kommerziellen Tätigkeit und nicht im privaten Bereich erfolgt.«[32] Nicht im geschäftlichen Verkehr erfolgen danach rein **private** Handlungen,[33] **hoheitliches** staatliches Handeln, **wissenschaftliche** Tätigkeiten sowie **politische**, **kirchliche** und **soziale** Aktivitäten, so weit dabei keine wirtschaftlichen Interessen verfolgt werden.

V. Einzelne Benutzungsformen

891 § 14 Abs. 3 MarkenG zählt in Umsetzung der Markenrichtlinie beispielhaft fünf Anwendungsbereiche auf, in denen dem Inhaber der Marke – eine der Kollisionslagen des § 14 Abs. 2 MarkenG unterstellt – der Vorrang seines Zeichens garantiert wird. Danach ist dem Inhaber vorbehalten,

- das Zeichen auf Waren oder ihrer Aufmachung oder Verpackung anzubringen,
- unter dem Zeichen Waren anzubieten, in den Verkehr zu bringen oder zu den genannten Zwecken zu besitzen,
- unter dem Zeichen Dienstleistungen anzubieten oder zu erbringen,
- unter dem Zeichen Waren einzuführen oder auszuführen oder
- das Zeichen in Geschäftspapieren oder in der Werbung zu benutzen.

31 BGH MarkenR 2005, 259 – Lila Postkarte (im Ergebnis durch Art. 5 Abs. 3 GG (Kunstfreiheit) gedeckte, nicht verunglimpfende Darstellung); s. auch OLG Hamburg MarkenR 2006, 116 – Trabi 03.

32 EuGH MarkenR 2002, 394, 398 – Arsenal.

33 Zur Glaubhaftigkeit privaten Handelns bei der Einfuhr größerer Stückzahlen markenverletzender Ware s. LG Düsseldorf, Mitt 1996, 22 – Windsurfing Chiemsee; BayObLG WRP 2002, 562 – Trainingsanzüge.

1. Anbringen

892 § 14 Abs. 3 Nr. 1 MarkenG behält dem Inhaber – sprachlich in die Form eines Unterlassungsanspruches gekleidet und ohne Anspruch auf Vollständigkeit (»insbesondere«) – vor, das Zeichen »auf **Waren** oder ihrer **Aufmachung** oder **Verpackung**« anzubringen. Deutlicher als die Markenrichtlinie[34] stellt das Markengesetz damit klar, dass es die Verwendung der geschützten Marke nicht auf den Einsatz an der Oberfläche des Produktes selbst beschränkt. Weil bereits das Anbringen der Marke auf der Ware oder ihrer Verpackung das exklusive Recht des Inhabers tangiert, kommt es nicht darauf an, ob die Ware im Inland in Verkehr gebracht werden soll.[35]

893 Keine markenrechtlich relevante Benutzungshandlung ist dagegen das **Entfernen** einer Marke als ein zum »Anbringen« konträrer Vorgang. Die darin liegende Unterbrechung der über die Marke gewährleisteten Kommunikation zwischen Inhaber und Kunden kann aber wettbewerbsrechtlich relevant werden.[36] Wird auf einem rechtmäßig erworbenen Markenprodukt eine andere Marke des Erwerbers angebracht, entscheidet die Reichweite der Erschöpfung über das Bestehen eines Abwehranspruches des Inhabers.[37]

894 Das Verwendungsmonopol des Inhabers aus § 14 Abs. 2, Abs. 3 Nr. 1 MarkenG gilt gleichermaßen hinsichtlich fremder Waren wie auch für seine eigenen. Ein unbefugter Dritter darf mithin die Marke des Inhabers auch nicht auf dessen Waren oder Verpackungen anbringen. Eine differenzierte Beurteilung haben in diesem Punkt allerdings die im Pharmabereich häufigen, sog. **Umpackfälle** erfahren, in denen Markenware von Dritten nach vorangegangenem Re- oder Parallelimport umverpackt, in anderen Größen konfektioniert und sodann unter der Marke des Herstellers erneut auf den Markt gebracht wird.[38] Zulässig bleibt auch das Wiederanbringen einer Marke nach Durchführung einer **Reparatur**, die Identität und Eigenart der Ware unverändert lässt; ob dies auch dann gilt, wenn dabei keine Originalersatzteile verwendet werden, wird nicht einheitlich beurteilt.[39]

895 Beispiel: Im Rahmen einer Unfallreparatur wird in einer Karosseriewerkstatt eine Motorhaube gegen ein Originalersatzteil ausgewechselt, sodann das Markenemblem des Herstellers angebracht und der in Stand gesetzte Wagen erneut zum Verkauf angeboten. Das Anbringen der Marke ist hier, obwohl eine Benutzung im geschäftlichen Verkehr vorliegt, nicht dem Inhaber der Marke vorbehalten.

34 Art. 5 Abs. 3 MarkenRL 89/104/EWG.

35 Vgl. ÖOGH GRUR Int. 2002, 265 – Red Bull.

36 S. dazu BGH MarkenR 2004, 474 – SB-Beschriftung (keine zwingende Wettbewerbswidrigkeit des Entfernens, Maßgeblichkeit der Umstände des Einzelfalls).

37 S. dazu BGH MarkenR 2006, 110 – Gewinnfahrzeug mit Fremdemblem; zu Grund und Grenzen der Erschöpfung s. unten Rn. 1011 ff.

38 Vgl. dazu EuGH GRUR 1978, 599 – Hoffmann-La Roche/Centrafarm – Valium, aber auch EuGH GRUR Int. 1982, 187 Pfizer/Eurimpharm – Vibramycin sowie die Vorabentscheidungsersuchen des BGH GRUR 1994, 372 – Sermion, 374 – Kerlone und 376 – Mexitil und EuGH WRP 1996, 867 – Eurim Pharm; s. dazu unten Rn. 1011 ff., 1026 ff.

39 Grds. dafür *Ströbele/Hacker* § 14 Rn. 48; differenzierend *Ingerl/Rohnke* § 2 Rn. 63.

2. Auf den Markt bringen

896 Der Markeninhaber hat weiter das exklusive Recht, Waren unter seiner Marke erstmalig auf den Markt zu bringen[40]. Dritten wird dabei nicht nur das unmittelbare Anbieten und Inverkehrbringen von Waren unter dem geschützten Zeichen untersagt, sondern bereits der bloße **Besitz** der Markenware »zu den genannten Zwecken«. Damit wird dem, der eine unbefugte Nutzung fremder Markenrechte vorbereitet, der Einwand abgeschnitten, er habe das Zeichen nicht selbst angebracht[41] (also nicht gegen § 14 Abs. 3 Nr. 1 MarkenG verstoßen) und die damit versehenen Gegenstände bis dato auch nicht in den Verkehr gelangen lassen.

897 Ein »Anbieten« sieht die Rechtsprechung auch in der Präsenz auf **Messen** und **Ausstellungen**. So wurde eine Verletzung der deutschen Marke Kronenthaler (für alkoholfreies Bier) durch die bloße Präsenz der österreichischen Marke Kronthal (für Mineralwasser) auf einer internationalen Lebensmittelmesse (ANUGA) bejaht, obwohl das Mineralwasser im Übrigen ausschließlich in Österreich vertrieben werden sollte.[42]

3. Wiederbefüllen

898 Differenzierend sind die Fälle zu behandeln, in denen ein Markenprodukt, das aus einem Behältnis nebst Inhalt besteht, nach Verbrauch des Inhalts von einem Dritten in der Art wiederbefüllt wird, dass der die Marke tragende Behälter ein weiteres Mal in den Verkehr gelangt. Diese Konstellation wird bei Toner- und Tintenpatronen, Handtuch- und Seifenspendern und anderen Systemlösungen zunehmend relevant.

899 Ungeachtet der Frage, ob das Wiederbefüllen eines solchen Behältnisses ein »mittelbares Anbringen« der Marke auf der Ware des Befüllers darstellt oder ob erst das Inverkehrbringen der so gekennzeichneten Ware bzw. ihr Besitz zu diesem Zwecke eine relevante Benutzungshandlung darstellt, ist von ausschlaggebender Bedeutung, ob der Verkehr die auf dem Behältnis verbliebene Marke auch auf den neuen Inhalt bezieht, der nicht vom Hersteller des Originalproduktes stammt.

900 Dabei gilt grundsätzlich, dass eine Markenverletzung immer dann vorliegt, wenn ein mit der Marke des Originalherstellers gekennzeichnetes, wiederbefüllbares Behältnis mit Waren eines anderen Herstellers nachgefüllt wird und der Verkehr die Marke auf dem Behältnis als Hinweis nicht nur auf die betriebliche Herkunft des Behältnisses, sondern auch auf die betriebliche Herkunft des Inhalts versteht.[43] Eben dies kann durch eine **zweite Kennzeichnung** verhindert werden.

901 Der BGH hat in diesem Sinne das Wiederbefüllen von Gaszylindern für Sprudelgeräte zugelassen, die neben einer entsprechenden Etikettierung mit der am Ventil eingestanzten Marke des Originalherstellers versehen waren. Dadurch, dass der Wie-

40 § 14 Abs. 3 Nr. 2 MarkenG; zur danach eintretenden »Erschöpfung« s. unten Rn. 1026 ff.
41 Zur Haftung des mit der Anbringung eines Zeichens beauftragten Unternehmens s. ÖOGH GRUR Int. 2002, 265 – Red Bull.
42 BGH GRUR 1990, 361, 363 – Kronenthaler (noch zu §§ 15, 24 WZG).
43 BGH GRUR 1987, 438 – Handtuchspender (noch zu §§ 15, 24 WZG).

derbefüller das vom Inhaber der Marke angebrachte Etikett entfernt und durch ein neues, auf ihn hinweisendes Etikett ersetzt habe, werde die Wirkung, die von der am Ventil verbliebenen Klagemarke ausgehe, relativiert. Da das neue Etikett auf ein anderes Unternehmen hinweise, das den Zylinder mit CO_2-Gas gefüllt habe, beschränke sich die herkunftshinweisende Funktion des ursprünglichen Zeichens auf das Behältnis, auf dem es angebracht sei. Denn auf Grund des neuen Etiketts werde deutlich, dass der ursprünglich von der Klägerin stammende Zylinder von dem beklagten Wiederbefüller mit CO_2-Gas nachgefüllt worden sei.[44] Im selben Sinne kann ein mit einer Marke versehener Seifenspender mit der kompatiblen Nachfüllpackung eines anderen Herstellers versehen werden, wenn für den Benutzer das auf der Nachfüllpackung angebrachte Herkunftszeichen durch eine Aussparung im Gehäuse des Seifenspenders deutlich erkennbar bleibt: dann nämlich »kann nicht ohne weiteres davon ausgegangen werden, dass der Verkehr in der Marke auf dem Spender einen Hinweis auf die betriebliche Herkunft des Reinigungsmittels sieht«.[45]

4. Dienstleistungen, Import, Export

902 § 14 Abs. 3 Nr. 3 MarkenG berücksichtigt die Markennutzung für **Dienstleistungen**: dem Inhaber der Marke ist es vorbehalten, unter dem Zeichen Dienstleistungen anzubieten oder auszuführen. § 14 Abs. 3 Nr. 4 MarkenG erfasst die Tatbestände des **Im- und Exports**:

- Im Falle des Imports liegt bereits in der Verbringung mit der Marke gekennzeichneter Ware in den Geltungsbereich des Markengesetzes eine Verletzungshandlung, ohne dass es darauf ankommt, ob und wann die Ware in den Verkehr gebracht wird. Damit korrespondiert die Möglichkeit der Grenzbeschlagnahme nach § 146 MarkenG in offensichtlichen Fällen.[46] Auch die Einfuhr zum alleinigen Zwecke der Wiederausfuhr erfüllt den Tatbestand der Benutzung.
- Im Falle des Exports kommt es weder darauf an, ob die Ware zuvor in den inländischen Verkehr – und sei es auch nur in Form einer Übergabe an einen Spediteur – gelangt ist, noch darauf, ob die tangierte Marke auch im Verbringungsland Schutz genießt oder ob dort eine Gefahr der Verwechslung zu besorgen ist.[47] Der Export von Waren unter Verwendung einer Marke stellt selbst dann eine dem Inhaber vorbehaltene Benutzung dar, wenn dasselbe Zeichen im Exportland für den Exporteur als Marke geschützt ist.[48]
- In beiden Fällen ist, wo Originalware des Markeninhabers im- oder exportiert wird, die Erschöpfung nach Maßgabe des § 24 MarkenG zu beachten.[49]

44 BGH MarkenR 2005, 48, 49 – SodaStream.
45 BGH MarkenR 2006, 347 – Seifenspender (Abgrenzung zu BGH GRUR 1987, 438 – Handtuchspender).
46 S. unten Rn. 947 ff.
47 Vgl. *v. Schultz/Schweyer* § 14 MarkenG Rn. 190; vgl. für das UrhR BGH GRUR 2004, 421 – Anwendung deutschen Urheberrechts bei Versand unberechtigt hergestellter Tonträger ins Ausland.
48 *Fezer* Markenrecht, § 14 Rn. 479.
49 S. dazu unten Rn. 1011 ff.

Die Einbeziehung reiner Exportvorgänge verdient insoweit besondere Erwähnung, als der Schutz einer eingetragenen nationalen Marke notwendig auf das nationale Territorium begrenzt ist, der Schutz einer durch Benutzung erworbenen Marke ggf. auf einen kleineren Teilbereich.[50] Wer also ein als Marke geschütztes Zeichen unbefugt auf Waren anbringt, die für den Export bestimmt sind und von ihm selbst unmittelbar aus dem Geltungsbereich des MarkenG verbracht werden, könnte dafür – jedenfalls außerhalb des Identitätsbereiches – immerhin ins Feld führen, eine die Rechte des Inhabers berührende Benutzung im Inland sei ausgeschlossen: da die mit der Marke des Inhabers bzw. einem ähnlichen Zeichen versehene Ware nicht auf den inländischen Markt gelange, die beteiligten Waren sich also gar nicht auf ein- und demselben Markt begegneten, sei auch keine Gefahr der Verwechslung zu besorgen. Damit fehle es wenn nicht an einer Benutzungshandlung, so doch an einer möglichen Kollision. 903

Der h.M., die demgegenüber auch in den Fällen des Exports eine »inländische Verwechslungsgefahr« bejaht, ist indessen beizupflichten.[51] Denn zum einen verlangt die Annahme einer Verwechslungsgefahr nicht, dass es zu tatsächlichen Verwechslungen gekommen ist, zum anderen kann auch eine für den Export bestimmte Ware leicht in den inländischen Markt gelangen. Nachdem das Markengesetz dem Markeninhaber expressis verbis – und im Hinblick auf **alle** Kollisionslagen des § 14 Abs. 2 MarkenG – das Recht zur exklusiven Verwendung der Marke beim Export zuspricht, wäre es wenig sachgerecht, den Schutzumfang dieses Rechts auf den Identitätsbereich zu beschränken. Im Falle des Bekanntheitsschutzes außerhalb der Waren- oder Dienstleistungsähnlichkeit muss die Möglichkeit einer unlauteren Ausnutzung der Unterscheidungskraft oder Beeinträchtigung der Wertschätzung der bekannten Marke im Inland gegeben sein.[52] 904

5. Durchfuhr (im engeren Sinne)

Für die **reine Durchfuhr** gelten zwar im Grundsatz dieselben Überlegungen. Der beispielhafte Charakter der Aufzählung in § 14 Abs. 2 MarkenG erlaubt, die Durchfuhr als eine Kombination von Im- und Export anzusehen und § 14 Abs. 3 Nr. 4 MarkenG gleichzustellen. Dafür spricht auch die tatsächliche Gefahr, dass physisch in das Inland gelangte, mit einer Marke gekennzeichnete Ware dort ganz oder teilweise verbleibt. Gleichwohl wird man nicht in allen Fällen von einem Vorrang der Rechte des Inhabers ausgehen dürfen. So etwa, wenn sich das Recht des Inhabers aus der Marke auf das Inland beschränkt, der Durchführende dagegen eine identische Marke sowohl im Herkunfts- als auch im Bestimmungsland innehat. In einem solchen Falle wäre es unangemessen, dem Inhaber des nationalen Rechts gleichsam ein »Sperrrecht« zuzubilligen, das den Durchfuhrwilligen auch und gerade in den Ländern behinderte, in denen wiederum nur er allein Rechte aus der Marke herleiten kann. 905

50 S. dazu oben Rn. 382 f., 584 ff., 596.
51 S. hierzu *Sack* GRUR 1996, 664.
52 S. *v. Schultz/Schweyer* § 14 Rn. 190 m. Verw. auf OLG Hamburg MarkenR 1999, 403, 406 – Yves Roche.

906 Der BGH hat die Frage, ob die **Durchfuhr** in einem engen, rein **transporttechnischen** Sinne eine Benutzung der inländischen Marke darstellt, in einem Falle dem EuGH zur Vorabentscheidung vorgelegt, in dem Textilien zum Zwecke der Verarbeitung von Irland über Deutschland nach Polen versendet werden sollten, um danach wieder nach Irland zurückzukehren und dort in Verkehr gebracht zu werden.[53] Der BGH macht in der Vorlage deutlich, dass nach seiner Auffassung »bei einem reinen Durchfuhrgeschäft allein wegen der bloß theoretischen Möglichkeit, dass die Ware missbräuchlich im Inland in Verkehr gebracht werden könnte, einem Interesse des (inländischen) Schutzrechtsinhabers, Gefährdungen seines Schutzrechts möglichst von vornherein auszuschließen, gegenüber dem Interesse der Beklagten an einem die Zeichen der Klägerin nicht verletzenden Vertrieb der Waren in Irland und den Interessen der weiteren an dem Transitgeschäft Beteiligten sowie dem Allgemeininteresse an einem ungehinderten inländischen Transitverkehr kein Vorrang eingeräumt werden« könne. Es könne nicht angenommen werden, dass allgemein Transitverfahren zur Umgehung genutzt würden.[54] Dem ist zuzustimmen.

6. Zolllager

907 Unterschiedlich wurde die Verbringung von Waren in so genannte Zolllager (Zollfreilager, Transitlager) beurteilt, die zollrechtlich gerade dafür eingerichtet werden, Waren – etwa im Rahmen eines Transits – nicht in das Inland gelangen zu lassen. Die zollrechtliche Beurteilung ist jedoch nicht zwingend für die markenrechtliche Einordnung.

908 So hat das OLG Hamburg entschieden, wenn Waren, die im außereuropäischen Ausland mit einer Marke versehen worden sind, zum Zwecke des Weitervertriebs in ein anderes außereuropäisches Land vorübergehend in ein Zolllager in Deutschland verbracht würden, handele es sich markenrechtlich nicht um eine reine Durchfuhr von Waren. Erlange der Berechtigte uneingeschränkte Verfügungsgewalt über die Waren im Inland, sei markenrechtlich eine Einfuhr mit nachfolgender Ausfuhr verwirklicht. Ein Transit liege auch nicht vor, wenn das Inverkehrbringen im Inland nicht beabsichtigt gewesen und hierzu auch keine Handlungen unternommen worden seien. Eine andere Beurteilung sei markenrechtlich auch dann nicht geboten, wenn es sich bei einem Zolllager abgabenrechtlich um »Zollausland« handele.[55]

909 Der EuGH hat demgegenüber festgestellt, dass der Begriff der Einfuhr in Art. 5 Abs. 3 MarkenRL ein **nachfolgend bezwecktes Inverkehrbringen** impliziere, weshalb die Überführung von Waren in ein zollrechtliches Nichterhebungsverfahren (z.B. Zolllager) **keine Einfuhr** darstelle, selbst wenn der endgültige Bestimmungsort der Ware noch nicht feststehe. Insoweit sei auch das Anbieten zolllagernder Ware keine Benutzung der inländischen Marke, wenn und so weit das Angebot nicht ein

53 Die betroffenen, mit »Diesel« gekennzeichneten Hosen sollten in einem durchgehenden Versandverfahren vom polnischen Zollamt Legnica bis zur Bestimmungszollstelle in Dublin befördert werden, wobei sie mit einem vom polnischen Zollamt angelegten Raumverschluss (Zollplombe) am Beförderungsmittel gegen etwaige Entnahme während des Versandverfahrens gesichert waren.

54 BGH MarkenR 2005, 324 – Diesel; dazu *Leitzen* GRUR 2006, 89 ff.

55 OLG Hamburg RIW 2005, 709 – Transitlager.

inländisches Inverkehrbringen impliziere.[56] Dafür trage ggf. der Inhaber der Marke die Beweislast.

7. Werbung

Wie umfassend das exklusive Benutzungsrecht des Inhabers einer Marke ist, belegt schließlich § 14 Abs. 3 Nr. 5 MarkenG, der dem Inhaber die Benutzung des Zeichens in Geschäftspapieren – dazu zählen u.a. Briefbogen, Rechnungen, Preislisten und Kataloge – oder in der Werbung gleich in welchem Medium vorbehält. Die Begründung zum Gesetzentwurf betont, dass jede Form der Werbung, auch die mündliche, erfasst werden solle.[57] Dem folgend wurde bereits in der Nennung einer Rechtsschutzversicherung im Rahmen einer Telefonwerbung, mit der Rechtsanwälte zur Teilnahme an einer »Rechtsberatungshotline« gewonnen werden sollten, als unzulässige Benutzungshandlung qualifiziert, weil daraus der Eindruck einer Kooperation entstehen könne.[58] Wird eine fremde Marke als **Meta-Tag** für eine Internet-Suchmaschine benutzt, wobei durch Eingabe der fremden Marke als Suchbegriff eine Verlinkung zur Internetseite eines Dritten hergestellt wird, sodass diese als Suchergebnis (mit) erscheint, stellt dies eine markenverletzende Benutzung dar.[59] 910

VI. Ansprüche aus Markenverletzung

Unter der Voraussetzung, dass 911

- eine kollisionstaugliche Benutzungshandlung vorliegt und
- daraus eine der Kollisionslagen nach § 14 Abs. 2 MarkenG entsteht,

hat der Inhaber des geschützten Zeichens – gleich ob Marke oder geschäftliche Bezeichnung – nach dem Markengesetz eine ganze Reihe von Ansprüchen, die vor den ordentlichen Gerichten durchsetzbar sind.[60] Das prozessuale Arsenal reicht vom präventiven Unterlassungsbegehren nebst Beseitigungsanspruch bei bereits erfolgter Verletzung über die notwendige Auskunft zu Art und Umfang der Verletzungshandlung sowie Herkunft und Vertriebsweg der Verletzerware bis zu Beschlagnahme und Vernichtung der widerrechtlich gekennzeichneten Waren und Ersatz des erlittenen Schadens. Selbstverständlich setzt der jeweilige Anspruch voraus, dass der Schutz des verletzten Zeichens bereits entstanden war – bei einer eingetragenen Marke durch die Eintragung, bei einer Marke kraft Benutzung durch Verkehrsgeltung usw.

---

56 EuGH MarkenR 2005, 489, 492 – Class International/Colgate-Palmolive (Aquafresh); s. auch EuGH MarkenR 2006, 531 – Diesel.

57 BT-Drs. 12/6581, S. 75.

58 LG Hamburg GRUR-RR 2005, 198; anders dagegen, wenn in der Nennung des geschützten Zeichens im Rahmen eines Verkaufsgespräches keinerlei Herkunftshinweis liegt, s. dazu OLG Düsseldorf WRP 2000, 316 – SPIRIT SUN; EuGH MarkenR 2002, 189 – Hölterhoff.

59 OLG Hamburg GRUR-RR 2005, 118; LG Köln MMR 2006, 115. Nach Auffassung des LG kann das Setzen eines solchen Meta-Tags auch einen Wettbewerbsverstoß i.S.d. §§ 3, 4 Nr. 10, 8 UWG darstellen, wenn man von einer nicht-kennzeichenmäßigen Verwendung des Meta-Tags ausgeht.

60 Zur ausschließlichen Zuständigkeit der Landgerichte in Kennzeichenstreitsachen und Zuständigkeitskonzentration s. oben Rn. 633.

1. Unterlassung

912 In erster Linie kann der Inhaber einer Marke die **Unterlassung** der Benutzung eines kollidierenden Zeichens verlangen. Der Anspruch ist für die Verteidigung von Marken in § 14 Abs. 5 MarkenG fest gehalten, für geschäftliche Bezeichnungen gleich lautend in § 15 Abs. 4 MarkenG. Er kann, wo das geschützte Kennzeichen territorial beschränkt ist, nicht weiter reichen als das Recht selbst. So weit allerdings der Geltungsanspruch etwa einer Marke nach § 4 Nr. 2 MarkenG reicht, kann auch die **Benutzung** einer eingetragenen, prioritätsjüngeren Marke unterbunden werden, obwohl ein Löschungsantrag mangels bundesweiter Verkehrsgeltung des prioritätsälteren Rechts scheitern müsste.[61]

913 Der Unterlassungsanspruch verlangt kein Verschulden des Anspruchsgegners. Die für seine Geltendmachung allein erforderliche **Wiederholungsgefahr** wird aus einer bereits begangenen Verletzungshandlung vermutet. Ist eine erstmalige Verletzung zu besorgen, kann der Unterlassungsanspruch **vorbeugend** geltend gemacht werden. Für die dafür notwendige **Erstbegehungsgefahr** genügt es, dass die erstmalige Begehung der Kennzeichenverletzung ernstlich und unmittelbar zu besorgen ist, wofür sowohl typische Vorbereitungshandlungen als auch ein Berühmen, zur Zeichenbenutzung berechtigt zu sein, ausreichend sind.[62]

914 Durch die Einreichung einer **Markenanmeldung** beim Deutschen Patent- und Markenamt wird in Bezug auf die Nutzung des angemeldeten Zeichens im geschäftlichen Verkehr stets eine **Erstbegehungsgefahr** begründet.[63] Sie besteht bundesweit und erstreckt sich auf alle angemeldeten Waren und Dienstleistungen, weshalb auch eine bundesweite gerichtliche Zuständigkeit gegeben ist.[64] Der Anspruch kann sowohl gegen den unmittelbar Handelnden als auch gegen den Geschäftsherrn (Betriebsinhaber) geltend gemacht werden, wenn der Verstoß im Rahmen eines geschäftlichen Betriebes begangen wurde.[65] Ein den Unterlassungsanspruch ergänzender **Beseitigungsanspruch** ist da gegeben, wo sich die bloße Unterlassung wegen einer fortdauernden Verletzung, die nur durch ein aktives Tun beendet werden kann, als unzureichend erwiese.[66]

2. Wiedergabe in Nachschlagewerken

915 Einen Sonderfall regelt § 16 MarkenG. Danach kann der Inhaber einer eingetragenen Marke vom Verleger eines Nachschlagewerkes, Wörterbuches oder Lexikons, das seine Marke nennt, verlangen, dass die Eintragung der Marke erwähnt wird, wenn ihre Wiedergabe den Eindruck erweckt, dass es sich bei ihr um eine Gattungs-

61 S. dazu oben Rn. 383.

62 OLGR Zweibrücken 2004, 378 – Aqua Protector.

63 Zur Anmeldung einer Gemeinschaftsmarke s. OLG München MarkenR 2005, 337, 342 – 800-FLOWERS; zur Registrierung eines Domainnamens OLG Hamburg GRUR-RR 2002, 226, 229 – berlin location.

64 LG Hamburg MD 2006, 389.

65 § 14 Abs. 7 MarkenG.

66 OLG Stuttgart GRUR-RR 2004, 8, 14 – BOSS (Entfernung von Schildern); zur Begründung dieses Anspruches vgl. *Ingerl/Rohnke*, Vorb. §§ 14 bis 19 MarkenG Rn. 55; *Fezer* Markenrecht, § 18 Rn. 37; *Ströbele/Hacker* § 14 Rn. 252; *v.Schultz/Schweyer* § 14 Rn. 240.

bezeichnung für die Waren oder Dienstleistungen handelt, für die sie eingetragen ist. Liegt es so, kann der Inhaber der Marke einerseits keinen Unterlassungsanspruch nach § 14 Abs. 5 MarkenG durchsetzen, weil die Wiedergabe seines Zeichens eindeutig nicht kennzeichenmäßig erfolgt.[67] Andererseits muss er fürchten, dass seine Marke im Sinne des § 49 Abs. 2 Nr. 1 MarkenG verfällt, wenn sie – durch die Aufnahme in das Wörterbuch oder Lexikon befördert – zur generischen Bezeichnung degeneriert.[68] Die Regelung in § 16 MarkenG schließt als Minus zum Unterlassungsanspruch diese Lücke und bringt die Interessen des Inhabers, des Verlegers und der die betroffenen Werke nutzenden Allgemeinheit zum Ausgleich.

Beispiel: Der große Erfolg der Internetsuchmaschine Google hat dazu geführt, dass das Suchen nach bestimmten Seiteninhalten über eine Suchmaschine mehr und mehr als »googeln« bezeichnet wird. Dieser Trend birgt die Gefahr, dass das Bewusstsein der maßgeblichen Verkehrskreise verloren geht, dass es sich bei »Google« um eine Dienstleistungsmarke handelt. Auf Betreiben des Inhabers wurde deshalb in der 24. Auflage des DUDEN der vorherige Eintrag »googeln« für »im Internet suchen« geändert in »mit Google® im Internet suchen« und das Wort Google dabei – mit dem »R im Kreis« – als eingetragene Marke gekennzeichnet. 916

3. Schadensersatz

Neben dem Anspruch auf Unterlassung der Benutzung des mit einer Marke oder geschäftlichen Bezeichnung kollidierenden Zeichens, der denknotwendig nur auf die Zukunft gerichtet sein kann, garantiert §§ 14 Abs. 6 MarkenG dem Inhaber auch den **Ersatz des Schadens**, den er durch die als solche irreversible Verletzungshandlung in der Vergangenheit erlitten hat. Passiv legitimiert ist der Verletzer. Mittäter, Anstifter oder Gehilfen werden nach den allgemeinen deliktsrechtlichen Bestimmungen des BGB bestimmt.[69] 917

a) Passivlegitimation, Verschulden

Der Schadensersatzanspruch aus §§ 14 Abs. 6 MarkenG ist **verschuldensabhängig**, setzt also vorsätzliches oder zumindest fahrlässiges Handeln des Verletzers voraus. Wird die verletzende Benutzung von einem Angestellten oder Beauftragten im Rahmen eines Geschäftsbetriebes begangen, kommt es insoweit nur auf ein Verschulden des Angestellten oder Beauftragten, nicht auf ein Verschulden des Geschäftsherrn an.[70] Der Anspruch kann wie der Unterlassungsanspruch ggf. gegen beide als Gesamtschuldner i.S.d. § 840 BGB geltend gemacht werden. 918

Für die Auslegung des § 14 Abs. 7 MarkenG kann auf die Rechtsprechung zu § 13 Abs. 4 UWG a.F. (jetzt: § 8 Abs. 2 UWG) zurückgegriffen werden. Danach kann »Beauftragter« auch ein selbstständiges Unternehmen, etwa ein **Franchisenehmer**, sein.[71] Voraussetzung hierfür ist allein, dass das beauftragte selbstständige Unter- 919

67 S. dazu oben Rn. 879 ff.
68 S. dazu oben Rn. 627.
69 § 830 BGB.
70 § 14 Abs. 7 MarkenG.
71 BGH GRUR 1995, 605, 607 – Franchise-Nehmer.

nehmen in die betriebliche Organisation des Betriebsinhabers in der Weise eingegliedert ist, dass einerseits der Betriebsinhaber auf das beauftragte Unternehmen einen bestimmenden, durchsetzbaren Einfluss hat und dass andererseits der Erfolg der Geschäftstätigkeit des beauftragten Unternehmens dem Betriebsinhaber zugute kommt.[72]

920 Beispiel: Die Klägerin ist Inhaberin der als durchgesetztes Zeichen eingetragenen Wort-/Bildmarke »Meissen« für »Porzellanprodukte aller Art« sowie einer gleich lautenden Benutzungsmarke. Die Beklagte zu 1 vertreibt über ihr Vertriebsnetz in erster Linie Kaffeeprodukte, daneben aber auch branchenfremde Waren wie z.B. Porzellan. Die Beklagte zu 2 ist eine Tochtergesellschaft der Beklagten zu 1, die diese Waren im Versandwege vertreibt. Zu diesem Zweck gibt sie monatlich das »T. Bestell-Magazin« heraus. In einer Ausgabe dieses Magazins, das allen bedeutenderen deutschen Tageszeitungen beiliegt, wird eine »elegante Porzellan-Serie ›Indisch Blau‹ mit dem original Meißner Dekor von 1740« angeboten. Im Text dazu heißt es, »... mit seinem stilvollen Meißner Dekor erfreut sich diese Tradition seit 1740 größter Wertschätzung ...«.

921 Der BGH hat einen Anspruch auf Schadensersatz zu Gunsten der Inhaberin der Marke »Meissen« auch gegen die Beklagte zu 1 gutgeheißen. Die oben genannten Voraussetzungen für eine Beauftragtenstellung der Beklagten zu 2 hat er bejaht, weil diese eine Tochtergesellschaft der Beklagten zu 1 sei, deren Aufgabe darin bestehe, das nicht den Kaffeeprodukten zuzurechnende Sortiment, das die Beklagte zu 1 über ihr Vertriebsnetz vertreibe, im Versandwege abzusetzen. Dass die beanstandete Werbeaktion zu einem Zeitpunkt unmittelbar nach der Gründung der Beklagten zu 2 stattgefunden habe, zu dem der wenig später abgeschlossene Beherrschungs- und Gewinnabführungsvertrag mit der Beklagten zu 1 noch nicht vorgelegen habe, sei im Hinblick auf die feste Einbindung der Beklagten zu 2 in das Vertriebssystem der Beklagten zu 1 nicht von entscheidender Bedeutung.[73]

922 Wer zu einer Markenverletzung beiträgt, ohne selbst Geschäftsherr, Täter oder Teilnehmer zu sein, kann als Störer auf Unterlassung in Anspruch genommen werden, nicht aber auf Schadensersatz.[74] So liegt es regelmäßig im Falle des Betreibers einer **Internetauktionsplattform**, auf der Dritte Angebote mit markenverletzenden Angaben einstellen: Dadurch, dass der Plattformbetreiber den Anbietern seine Plattform für Fremdversteigerungen zur Verfügung stellt und dort Angebote veröffentlicht werden, durch die die Markenrechte Dritter verletzt werden, hat der Betreiber selbst keine Markenverletzung begangen.[75] Auch eine Haftung als Teilnehmer an der Markenverletzung des jeweiligen Anbieters scheidet insoweit aus. Der Plattformbetreiber erfüllt durch seine Tätigkeit nicht die Merkmale einer Markenverletzung nach § 14 Abs. 3 oder 4 MarkenG, weil er selbst keine markenverletzende Ware anbietet oder in Verkehr bringt und die betroffenen Marken auch nicht in der Werbung benutzt.[76] Eine Tätigkeit als Teilnehmer an der Markenverletzung der Anbieter scheidet aus, weil die insoweit in Betracht zu ziehende Gehilfenstellung zumin-

72 BGH MarkenR 2005, 400 – Meißner Dekor II.
73 BGH MarkenR 2005, 400 – Meißner Dekor II.
74 BGH GRUR 2002, 618, 619 – Meißner Dekor I.
75 BGH GRUR 2004, 860, 864 – Störerhaftung des Internetauktionshauses.
76 § 14 Abs. 3 Nr. 2 und 5 MarkenG.

dest einen bedingten Vorsatz voraussetzt, der das Bewusstsein der Rechtswidrigkeit einschließen muss; daran fehlt es regelmäßig angesichts der Masse der eingestellten Versteigerungsangebote.[77]

Wo nicht zumindest bedingter Vorsatz gegeben ist, muss dem Beklagten im Rahmen des Verletzungsprozesses **Fahrlässigkeit** nachgewiesen werden. Damit korrespondiert die Frage nach den **Sorgfaltspflichten**, deren Beachtung dem Anspruchsgegner vor der Aufnahme der streitigen Benutzung oblegen hätte. Im Markengesetz werden solche Pflichten, deren Verletzung Fahrlässigkeit indizierte, nicht benannt. Die einschlägige Rechtsprechung ist streng. Sie erwartet nicht nur die registerliche **Recherche** nach eingetragenen Marken, die mit dem zur Benutzung in Aussicht genommenen Zeichen kollidieren könnten; je nach Lage des Falles wird auch die gewissenhafte **Beobachtung des Marktes**, die Konsultation von Branchenverzeichnissen oder, etwa bei Arzneimitteln, die Prüfung in Nachschlagewerken vorausgesetzt. Der danach weit reichenden **Erkundigungspflicht** kann regelmäßig nicht ohne Inanspruchnahme einschlägiger professioneller Dienstleistung (Recherchedienste) genügt werden. Ist die recherchierte Sachlage in rechtlicher Hinsicht unklar, trägt der Verletzer das **Fahrlässigkeitsrisiko**. Er muss eine von seiner eigenen Einschätzung abweichende Beurteilung der rechtlichen Zulässigkeit seines Verhaltens in Betracht ziehen.[78] 923

b) Schadensberechnung

Ebenso wenig wie zu den Kriterien des Verschuldens äußert sich das Markengesetz zur Berechnung der Schadenshöhe. Die Rechtsprechung hat in dieser Frage **drei alternative Wege** anerkannt, unter denen der Kläger nach Belieben wählen (und bis zur letzten Hauptverhandlung auch wechseln) kann.[79] 924

Zunächst kann der tatsächlich erlittene (Differenz-)Schaden nach §§ 249, 252 BGB geltend gemacht werden. Er umfasst nicht nur den entgangenen Gewinn,[80] der aus einer Umsatzschmälerung resultiert, die ihrerseits kausal auf die Verletzung des klägerischen Zeichenrechts zurückgeht. Zum tatsächlichen Schaden zählen ggf. auch der Wertverlust, den das klägerische Zeichen durch die **Marktverwirrung** erleidet, die der unbefugte Gebrauch gestiftet hat, bzw. die Aufwendungen, die zur Behebung dieser Verwirrung notwendig sind.[81] Prozessual kann die – erhebliche Schwierigkeiten bereitende – Darlegungs- und Beweislast des Klägers zur Schadenshöhe nach § 287 ZPO gemildert werden. 925

77 Vgl. BGH MarkenR 2001, 470 – ambiente.de.
78 BGH MarkenR 2004, 406, 408 – Mustang, mit Verw. auf BGH GRUR 2002, 706, 708 – vossius.de.
79 Vgl. BGH NJW 1972, 102 ff. – Wandsteckdose II m.w.N.
80 § 252 BGB.
81 Vgl. BGH, GRUR 1966, 375 – Meßmer Tee II: Der Marktverwirrungs- oder Diskreditierungsschaden entspricht dem Schaden, den ein Lizenznehmer bei entsprechender Verletzung des Lizenzvertrages aus positiver Vertragsverletzung zu ersetzen hätte; nach LG Mannheim WRP 2002, 254, kann der Schaden, wenn die Berechnung des Schadensersatzes für die markenrechtsverletzende Belegung einer Internet-Domain (hier: »zwilling.de«) im Wege der Lizenzanalogie anhand einer Stücklizenz nicht möglich ist, weil Umsätze mit dem markenverletzenden Zeichen nicht mitgeteilt sind, danach geschätzt werden, welchen Preis der Verletzer für die Vermarktung der Domain durch Schaltung von Links für Firmen und Freiberufler erzielen wollte. Bei Benutzung einer bekannten Marke und der damit verbundenen Ausnutzung der Wertschätzung und des guten Rufes sowie unter Berücksichtigung der Marktverwirrung soll der Ausgangspreis verdoppelt werden dürfen.

926 Alternativ zum tatsächlichen Schaden kann der Verletzte den Ersatz der Lizenzgebühren verlangen, die er von einem vernünftigen Lizenznehmer nach objektiven Gesichtspunkten für die streitgegenständliche Benutzung erhalten hätte (sog. **Lizenzanalogie**). Die Höhe des so berechneten Schadens bildet unmittelbar den Marktwert des verletzten Zeichens ab, variiert also mit der Bekanntheit und dem Ruf der verletzten Marke oder der Wertschätzung einer geschäftlichen Bezeichnung. Dadurch wird sichergestellt, dass der ein fremdes Zeichen unbefugt Benutzende nicht besser gestellt wird als ein redlicher Lizenznehmer.

927 Schließlich kann sich der Schadensersatzanspruch des Zeicheninhabers an dem Gewinn ausrichten, den der Verletzer durch die unbefugte Benutzung des klägerischen Zeichens erzielt hat. Wählt der Kläger diese Berechnung, kommt es nicht darauf an, dass ihm selbst ein entsprechender Gewinn entgangen ist; mit anderen Worten: es wird fingiert, dass dem Verletzten ohne die Verletzungshandlung des Verletzers die Erzielung eben des Gewinns gelungen wäre, den der Verletzer erzielt hat.[82] Der so berechnete Schadensersatzanspruch des Inhabers der verletzten Marke gleicht dem des Geschäftsherren bei angemaßter Geschäftsführung ohne Auftrag nach §§ 687 Abs. 2, 681 Satz 2, 667 BGB. Der Gewinn des Anspruchsgegners muss allerdings gerade auf die Zeichenverletzung zurückgehen, was wiederum vom Kläger dargelegt werden muss.

c) Gemeinkosten

928 Die Rechtsprechung besonders beschäftigt hat die Frage der Differenzberechnung zur Bestimmung der Schadenshöhe. Während diese den Kläger, der den ihm selbst entgangenen Gewinn geltend machen will, dazu nötigt, seine eigene Kalkulationsgrundlagen offen zu legen,[83] bietet sie dem Verletzer, der auf Herausgabe des unberechtigt erzielten Gewinns in Anspruch genommen wird, die Möglichkeit, eigene Aufwendungen anspruchsmindernd darzustellen. Werden dabei nicht nur die unmittelbar mit Herstellung und Vertrieb der Verletzerware verbundenen Gestehungskosten berücksichtigt, sondern auch (anteilige) Gemeinkosten wie Mieten und Pachten, Verwaltungs- und Personalkosten, Abschreibungen auf Anlagevermögen u.ä., wird der verbleibende Gewinn für den Inhaber der verletzten Marke zunehmend unattraktiv.

929 Der BGH hat vor diesem Hintergrund in einem geschmacksmusterrechtlichen Streit entschieden, wo Schadensersatz durch Herausgabe des Verletzergewinns zu leisten sei, dürften Gemeinkosten nur abgezogen werden, wenn und so weit sie ausnahmsweise den schutzrechtsverletzenden Gegenständen **unmittelbar** zugerechnet werden könnten. Denn der Anspruch auf Herausgabe des Verletzergewinns sei kein Anspruch auf Ersatz des konkret entstandenen Schadens, sondern ziele in anderer Weise auf einen billigen Ausgleich des Vermögensnachteils, den der verletzte Rechtsinhaber erlitten habe. Nach Sinn und Zweck des Anspruchs auf Herausgabe des Verletzergewinns sei es grundsätzlich gerechtfertigt, bei der Ermittlung des Verletzergewinns von den erzielten Erlösen nur die variablen (d.h. vom Beschäftigungsgrad abhängigen) Kosten für die Herstellung und den Vertrieb der schutzrechtsverletzenden Gegenstände abzuziehen, nicht auch Fixkosten, d.h. solche Kosten, die von der jeweiligen Beschäftigung unabhängig seien.

---

82 BGH MarkenR 2001, 57, 58 f. – Gemeinkostenanteil.
83 Auf diesen Nachteil weisen *Ströbele/Hacker* § 14 Rn. 265 besonders hin.

Würde dem Verletzer uneingeschränkt gestattet, von seinen Erlösen einen Gemeinkostenanteil abzusetzen, würde der aus der Rechtsverletzung stammende Gewinn nicht vollständig abgeschöpft. Dem Verletzer verbliebe vielmehr ein **Deckungsbeitrag** zu seinen Fixkosten. Dies stünde in Widerspruch zu Sinn und Zweck des Schadensausgleichs in der Form der Herausgabe der Verletzergewinns und insbesondere zu dem Gedanken, dass der Verletzte durch die Herausgabe des Verletzergewinns so zu stellen sei, als hätte er ohne die Rechtsverletzung den gleichen Gewinn wie der Rechtsverletzer erzielt. In diesem Fall aber hätte der Verletzte bei einem Einsatz des eigenen Unternehmens für die Herstellung und den Vertrieb der betroffenen Ware einen eigenen Deckungsbeitrag zu seinen eigenen Gemeinkosten erwirtschaften können.[84] Diese Grundsätze hat der BGH auch für das **Kennzeichenrecht** herangezogen: Berechnet der Markeninhaber den durch eine Verletzung seiner Marke entstandenen Schaden nach dem vom Verletzer erzielten Gewinn, besteht der Schaden nur in dem Anteil des Gewinns, der gerade auf der Benutzung seines Schutzrechts beruht.[85] 930

d) Durchsetzungsrichtlinie

Mit der so genannten Durchsetzungsrichtlinie[86] hat sich der europäische Gesetzgeber eine **Harmonisierung** der nationalen Rechtsordnungen hinsichtlich »der Instrumente zur Durchsetzung der Rechte des geistigen Eigentums« vorgenommen, um – im Einklang mit der international im TRIPs – Übereinkommen betonten Wehrfähigkeit gewerblicher Schutzrechte[87] und in einzelnen Punkten über dieses hinausgehend – auch innerhalb des Binnenmarktes »ein hohes, gleichwertiges und homogenes Schutzniveau für geistiges Eigentum zu gewährleisten.«[88] Die Richtlinie zielt auf die Durchsetzung eines **Mindeststandards**, lässt also weiter gehenden nationalen Schutz zu.[89] Materielles Recht wird nicht behandelt. 931

Nach Art. 13 der Durchsetzungsrichtlinie stellen die Mitgliedstaaten sicher, »dass die zuständigen Gerichte auf Antrag der geschädigten Partei anordnen, dass der Verletzer, der wusste oder vernünftigerweise hätte wissen müssen, dass er eine Verletzungshandlung vornahm, dem Rechtsinhaber zum Ausgleich des von diesem wegen der Rechtsverletzung erlittenen tatsächlichen Schadens angemessenen Schadensersatz zu leisten hat.« Bei der Festsetzung des Schadensersatzes sollen die Gerichte nach der Richtlinie »alle in Frage kommenden Aspekte, wie die negativen wirtschaftlichen Auswirkungen, einschließlich der Gewinneinbußen für die geschädigte Partei und der zu Unrecht erzielten Gewinne des Verletzers, sowie in geeigneten Fällen auch andere als die rein wirtschaftlichen Faktoren, wie den immateriellen Schaden für den Rechtsinhaber« berücksichtigen. Die Richtlinie erlaubt darüber hinaus, »stattdessen in geeigneten Fällen den Schadensersatz als Pauschalbetrag festzusetzen, und zwar auf der Grundlage von Faktoren wie mindestens dem Betrag der Vergütung oder Gebühr, die der Verletzer hätte entrichten müssen, wenn er 932

84 BGH MarkenR 2001, 57, 58 f. – Gemeinkostenanteil; grdl. *Lehmann* BB 1988, 1680.
85 BGH MarkenR 2006, 164 – Noblesse.
86 RL 2004/48/EG des Europäischen Parlaments und des Rates vom 29. April 2004 zur Durchsetzung der Rechte des geistigen Eigentums, ABl EU Nr. L 195 v. 2. Juni 2004, S. 16 ff.
87 Art. 7, 15 ff., 41 ff. TRIPs.
88 Vgl. den 7. und 10 ErwG der Richtlinie.
89 Grenzen ergeben sich insoweit aus Art. 3 Abs. 2 der MarkenRL.

die Erlaubnis zur Nutzung des betreffenden Rechts des geistigen Eigentums eingeholt hätte.«

933 Die Durchsetzungsrichtlinie erzeugt damit keinen zwingenden Umsetzungsbedarf, soll aber nach einem vorliegenden Referentenentwurf des BMJ vom 3. Januar 2006 dazu genutzt werden, das national etablierte Richterrecht gesetzlich zu kodifizieren. § 14 Abs. 6 MarkenG sollen danach die Sätze angefügt werden: »Bei der Bemessung des Schadensersatzes kann auch der Gewinn, den der Verletzer durch die Verletzung des Rechts erzielt hat, berücksichtigt werden. Der Schadensersatzanspruch kann auch auf der Grundlage des Betrages der Vergütung berechnet werden, die der Verletzer hätte entrichten müssen, wenn er die Erlaubnis zur Nutzung der Marke eingeholt hätte.«

4. Auskunft

934 Die Durchsetzung der genannten Unterlassungs- und Schadensersatzansprüche liefe praktisch leer, wenn der Inhaber zwar das Auftauchen von Waren unter seiner Marke oder einem damit verwechslungsfähigen Zeichen, nicht aber die Herkunft, die Menge, die Bestimmung und die Vertriebswege der Waren feststellen könnte. § 19 MarkenG gibt dem Inhaber einer Marke oder geschäftlichen Bezeichnung deshalb einen umfassenden **Auskunftsanspruch** gegen den Verletzer.[90] Dieser hat »Angaben zu machen über Namen und Anschrift des Herstellers, des Lieferanten und anderer Vorbesitzer, des gewerblichen Abnehmers oder des Auftraggebers sowie über die Menge der hergestellten, ausgelieferten, erhaltenen oder bestellten Gegenstände«.[91] Mit dem Begriff »Gegenstände« stellt § 19 MarkenG sicher, dass auch die für eine Verletzungshandlung tauglichen Aufmachungen, Verpackungen, Kennzeichnungsmittel etc. erfasst werden.[92] Zu **Dienstleistungen** enthält § 19 MarkenG in der aktuellen Fassung keine Aussagen.

935 Die Auskunft über Herkunft, Bestimmung, Mengen und Vertriebswege, die in offensichtlichen Fällen auch im Wege der einstweiligen Verfügung nach den Vorschriften der Zivilprozessordnung herbeigeführt werden kann,[93] erlaubt dem geschädigten Inhaber, den Anspruchsumfang abzuschätzen, alternativ oder kumulativ unter den möglichen Anspruchsarten zu wählen und den oder die richtigen Anspruchsgegner zu bestimmen. Benötigt er weitere Auskünfte, etwa zur Bestimmung der Schadenshöhe, können auch diese im Rahmen des Erforderlichen verlangt werden.[94]

936 In einem Straf- oder Ordnungswidrigkeitenverfahren sichert § 19 Abs. 4 MarkenG das strafprozessuale nemotenetur-Prinzip: die nach § 19 MarkenG erzwungene Auskunft darf dort nicht ohne Zustimmung des Auskunftspflichtigen gegen ihn verwertet werden.

90 Passiv legitimiert sind auch die Teilnehmer im Sinne des § 830 BGB; ablehnend zur Inanspruchnahme eines bloßen Störers im Urheberrecht OLG Frankfurt GRUR-RR 2005, 147, 146 – Auskunftsanspruch.
91 § 19 Abs. 2 MarkenG.
92 S. dazu oben Rn. 875.
93 § 19 Abs. 3 MarkenG.
94 § 19 Abs. 5 MarkenG.

Die **Durchsetzungsrichtlinie** geht über die geltende Regelung substanziell hinaus. Dies gilt vor allem im Hinblick auf den Kreis der zur Auskunft verpflichteten Personen und die Einbeziehung von Dienstleistungen.[95] Dem entsprechend sieht der Referentenentwurf zur Umsetzung der Richtlinie einen wesentlich erweiterten Auskunftsanspruch vor.[96] 937

5. Vernichtung

Der Inhaber der Marke kann in den dargestellten Fällen des § 14 Abs. 2 MarkenG[97] sowohl die Vernichtung der im Besitz oder Eigentum des Verletzers befindlichen, widerrechtlich gekennzeichneten **Gegenstände**, als auch die Vernichtung der 938

95 Art. 8 RL 2004/48/EG.

96 § 19 MarkenG soll danach folgenden Wortlaut erhalten:
»Auskunftsanspruch
(1) Der Inhaber einer Marke oder einer geschäftlichen Bezeichnung kann den Verletzer in den Fällen der §§ 14, 15 und 17 auf unverzügliche Auskunft über die Herkunft und den Vertriebsweg von widerrechtlich gekennzeichneten Waren oder Dienstleistungen in Anspruch nehmen.
(2) In Fällen offensichtlicher Rechtsverletzung oder in Fällen, in denen der Inhaber einer Marke oder einer geschäftlichen Bezeichnung gegen den Verletzer Klage erhoben hat, besteht der Anspruch unbeschadet von Absatz 1 auch gegen eine Person, die in gewerblichem Ausmaß
1. rechtsverletzende Ware in ihrem Besitz hatte,
2. rechtsverletzende Dienstleistungen in Anspruch nahm,
3. für rechtsverletzende Tätigkeiten genutzte Dienstleistungen erbrachte oder
4. nach den Angaben einer in Nummer 1, 2 oder 3 genannten Person an der Herstellung, Erzeugung oder am Vertrieb solcher Waren oder an der Erbringung solcher Dienstleistungen beteiligt war,

es sei denn, die Person wäre nach den §§ 383 bis 385 der Zivilprozessordnung im Prozess gegen den Verletzer zur Zeugnisverweigerung berechtigt. Im Fall der gerichtlichen Geltendmachung des Auskunftsanspruchs nach Satz 1 kann das Gericht den gegen den Verletzer anhängigen Rechtsstreit auf Antrag bis zur Erledigung des wegen des Auskunftsanspruchs geführten Rechtsstreits aussetzen. Der zur Auskunft Verpflichtete kann von dem Verletzten den Ersatz der für die Auskunftserteilung erforderlichen Aufwendungen verlangen.
(3) Der zur Auskunft Verpflichtete hat Angaben zu machen über
1. Namen und Anschrift der Hersteller, Lieferanten und anderer Vorbesitzer der Waren oder Dienstleistungen sowie der gewerblichen Abnehmer und Verkaufsstellen, für die sie bestimmt waren, und
2. die Menge der hergestellten, ausgelieferten, erhaltenen oder bestellten Waren sowie über die Preise, die für die betreffenden Waren oder Dienstleistungen bezahlt wurden.

(4) Die Ansprüche nach den Absätzen 1 und 2 sind ausgeschlossen, wenn die Inanspruchnahme im Einzelfall unverhältnismäßig ist.
(5) Erteilt der zur Auskunft Verpflichtete die Auskunft vorsätzlich oder grob fahrlässig falsch oder unvollständig, ist er dem Inhaber einer Marke oder einer geschäftlichen Bezeichnung zum Ersatz des daraus entstehenden Schadens verpflichtet.
(6) Wer eine wahre Auskunft erteilt hat, ohne dazu nach Absatz 1 oder 2 verpflichtet gewesen zu sein, haftet Dritten gegenüber nur, wenn er wusste, dass er zur Auskunftserteilung nicht verpflichtet war.
(7) In Fällen offensichtlicher Rechtsverletzung kann die Verpflichtung zur Erteilung der Auskunft im Wege der einstweiligen Verfügung nach den §§ 935 bis 945 der Zivilprozessordnung angeordnet werden.
(8) Die Erkenntnisse dürfen in einem Strafverfahren oder in einem Verfahren nach dem Gesetz über Ordnungswidrigkeiten wegen einer vor der Erteilung der Auskunft begangenen Tat gegen den Verpflichteten oder gegen einen in § 52 Abs. 1 der Strafprozessordnung bezeichneten Angehörigen nur mit Zustimmung des Verpflichteten verwertet werden.«.

97 S. oben Rn. 870 f.

vom Verletzer dafür ausschließlich oder nahezu ausschließlich[98] verwendeten oder bestimmten **Vorrichtungen** verlangen.[99] Der Vernichtungsanspruch gibt dem Markeninhaber die Sicherheit, dass keine weiteren Gegenstände, seien es Waren, Verpackungen oder Kennzeichnungsmittel, unter seiner Marke oder einem damit konfligierenden ähnlichen Zeichen auf den Markt gelangen; für den Verletzer ist mit der Vernichtung des in diesen Gegenständen und Vorrichtungen liegenden Wertes zugleich eine Sanktion seines Verhaltens verbunden. Der Nachweis einer entsprechenden Nutzung der »Vorrichtungen« wird allerdings prozessual nur bei eindeutigen Objekten wie Druckvorlagen oder Negativen gelingen, da insoweit »neutrale« Gerätschaften wie Drucker, Scanner, Kopierer usw. als solche nichts über Art, Ausmaß und Bestimmung ihrer Nutzung aussagen.

939 Nicht zuletzt wegen des Sanktionscharakters schließt § 18 Abs. 1 Halbsatz 2 MarkenG den grundsätzlich verschuldensunabhängigen Vernichtungsanspruch für den Fall aus, dass der rechtswidrige Zustand der Gegenstände »auf andere Weise beseitigt werden kann« oder die Vernichtung im konkreten Falle unverhältnismäßig erschiene. »**Auf andere Weise beseitigt**« kann eine Markenverletzung etwa dann werden, wenn das geschützte Zeichen nicht auf der Ware selbst, sondern auf Etiketten, Anhängern u.ä. angebracht wurde, die sich von der Ware trennen (und isoliert vernichten) lassen. Bei einem rechtswidrigen Import kann ein Einfuhrverbot als Verfügungsbeschränkung im Sinne des § 147 Abs. 3 Satz 2 MarkenG das mildere Mittel gegenüber einer Vernichtung darstellen.[100]

940 Aus der Verschuldensunabhängigkeit des Anspruchs folgt einerseits, dass fehlendes Verschulden des Verletzers nicht in jedem Falle die **Unverhältnismäßigkeit** des Vernichtungsanspruches präjudizieren kann; andererseits mag sie durchaus zu Gunsten des Verletzers ins Gewicht fallen.[101] Hinzu kommen können andere Umstände, wie etwa, dass die widerrechtlich gekennzeichneten Gegenstände bereits in das Eigentum gutgläubiger Dritter übergegangen sind, die durch die Vernichtung unbillig getroffen würden.

941 So weit im Verletzungsprozess dem Verletzer aus Billigkeitsgründen eine sog. **Aufbrauchsfrist** für die bereits gekennzeichneten Waren oder Gegenstände eingeräumt wurde, ist schon der Unterlassungsanspruch des Inhabers hinsichtlich dieser Waren oder Gegenstände eingeschränkt. Damit fehlt es insoweit an der Anspruchsvoraussetzung für einen Vernichtungsanspruch nach § 18 Abs. 1 Halbsatz 1 MarkenG, sodass sich der Rekurs auf § 18 Abs. 1 Halbsatz 2 MarkenG erübrigt.

942 Das Markengesetz regelt nicht, wie die Vernichtung **durchgesetzt** werden kann. Ob der Inhaber lediglich die Vernichtung durch den Verletzer verlangen kann, oder ob der Vernichtungsanspruch einen Herausgabeanspruch an den Inhaber zum Zwecke der Vernichtung durch diesen impliziert, oder ob die Vernichtung durch einen Gerichtsvollzieher zu bewerkstelligen ist, der die Herausgabe als Vollstreckungsakt

98 Nach Art. 46 Satz 2 TRIPS-Übereinkommen wie auch nach Art. 10 Abs. 1 Satz 1 der Durchsetzungsrichtlinie soll bereits ausreichen, dass solche Vorrichtungen »vorwiegend« zur widerrechtlichen Kennzeichnung verwendet wurden; der Referentenentwurf zur Umsetzung der Richtlinie übernimmt diesen Begriff.

99 § 18 Abs. 1 Halbsatz 1, Abs. 2 MarkenG.

100 LG Düsseldorf GRUR 1996, 66 – adidas-Import.

101 Insoweit sind Feststellungen zum Grad des Verschuldens unverzichtbar, BGH MarkenR 2006, 222 – Parfumtestkäufe.

verlangen kann, ist umstritten. Während die erstgenannte Alternative das Risiko einer weiteren Kennzeichenverletzung birgt, schließt die zweite nicht aus, dass der Inhaber die zur Vernichtung erhaltene Verletzerware selbst anderweitig verwertet.[102] Die Vollstreckung durch den Gerichtsvollzieher vermeidet beide Risiken.[103] Die rechtzeitige Sicherstellung der betroffenen Waren erfolgt regelmäßig im Wege der einstweiligen Verfügung.[104]

Die **Durchsetzungsrichtlinie**[105] verpflichtet die Mitgliedstaaten, Ansprüche vorzusehen, die – ungeachtet etwaiger Schadensersatzansprüche des Rechtsinhabers – geeignet sind, die Rechtsverletzung **rückgängig** zu machen. Zu diesen in der Richtlinie genannten Ansprüchen gehört neben der Vernichtung der **Rückruf** und das endgültige Entfernen aus den Vertriebswegen. Die Maßnahmen sollen sowohl für rechtsverletzende Waren als auch für Materialien und Geräte (Vorrichtungen), die vorwiegend zur Schaffung oder Herstellung dieser Waren gedient haben, gelten. Der Referentenentwurf zur Umsetzung der Richtlinie sieht deshalb in § 18 MarkenG einen neuen Absatz des Inhalts vor: »Der Inhaber einer Marke oder einer geschäftlichen Bezeichnung kann den Verletzer in den Fällen der §§ 14, 15 und 17 auf Rückruf von widerrechtlich gekennzeichneten Waren oder auf deren endgültiges Entfernen aus den Vertriebswegen in Anspruch nehmen.« Der Vernichtungsanspruch hinsichtlich der Materialien und Geräte soll schon bei »**vorwiegender**« Verwendung zur widerrechtlichen Kennzeichnung greifen und – unabhängig von der Eigentumslage – den bloßen Besitz des Verwenders genügen lassen.[106] **943**

6. Übertragung (Agent illoyal)

Nach § 17 Abs. 1 MarkenG kann der Inhaber einer Marke von einem Agenten oder Vertreter, für den die Marke ohne seine Zustimmung angemeldet oder eingetragen worden ist, die **Übertragung** des durch die Anmeldung oder Eintragung begründeten Rechts verlangen.[107] Daneben stehen dem Inhaber aber auch die vorstehend beschriebenen **Unterlassungs-** und **Schadensersatzansprüche** zu: Benutzt der untreue Agent oder Vertreter die Marke, die er ohne Zustimmung des Inhabers für sich selbst hat eintragen lassen, im Sinne des § 14 MarkenG, kann ihm dies der Inhaber untersagen, wenn er der Benutzung nicht zugestimmt hat.[108] Handelt der **944**

102 Diese Option gewährt etwa das Urheberrecht dem in seinen Rechten verletzten Urheber, allerdings nur gegen eine – durch die Herstellungskosten begrenzte – angemessene Vergütung, vgl. § 98 Abs. 2 UrhG.

103 S. dazu BGH GRUR 1997, 899, 902 – Vernichtungsanspruch.

104 Zur Erstattungsfähigkeit von Lagerkosten für die Sequestration von markenverletzenden Gegenständen im Rahmen einer einstweiligen Verfügung LG Braunschweig Urt. v. 12.7.2006, 9 O 232/06.

105 RL 2004/48/EG des Europäischen Parlaments und des Rates vom 29. April 2004 zur Durchsetzung der Rechte des geistigen Eigentums, ABl EU Nr. L 195 v. 2.6.2004, S. 16 ff.

106 § 18 Abs. 1 MarkenG lautet in der Fassung des Referentenentwurfes: »Der Inhaber einer Marke oder einer geschäftlichen Bezeichnung kann den Verletzer in den Fällen der §§ 14, 15 und 17 auf Vernichtung der im Besitz oder Eigentum des Verletzers befindlichen widerrechtlich gekennzeichneten Waren in Anspruch nehmen. Satz 1 ist entsprechend auf die im Besitz oder Eigentum des Verletzers stehenden Materialien und Geräte anzuwenden, die vorwiegend zur Herstellung dieser Waren gedient haben.«.

107 S. dazu oben Rn. 801 ff.

108 § 17 Abs. 2 Satz 1 MarkenG.

Agent oder Vertreter vorsätzlich oder fahrlässig, kann der durch die Verletzungshandlung entstandene Schaden geltend gemacht werden. Wie in den Fällen der §§ 14 und 15 MarkenG haftet der Betriebsinhaber für das schuldhafte Verhalten seiner Angestellten oder Beauftragten im Rahmen des geschäftlichen Betriebes.[109] Ansprüche auf **Auskunft** und ggf. auf **Vernichtung** nach den §§ 18 und 19 MarkenG sind durch die dortige Verweisung auf § 17 MarkenG möglich.

945 Aus der Bezugnahme des § 17 MarkenG auf § 14 MarkenG folgt, dass auch im Verhältnis des Inhabers zum »Agent illoyal« sämtliche kollisionstauglichen Benutzungshandlungen des § 14 Abs. 3 und 4 MarkenG und sämtliche Kollisionslagen des § 14 Abs. 2 Nr. 1 bis 3 MarkenG möglich sind. Meldet der Agent etwa eine bekannte Marke des Inhabers im Sinne des § 11 MarkenG unbefugt für Waren oder Dienstleistungen an, die nicht denen ähnlich sind, für die die Marke des Inhabers Schutz genießt, richten sich die Ansprüche des Inhabers aus § 17 Abs. 2 MarkenG nach den Grundsätzen des Sonderschutzes bekannter Marken.

946 Hat der untreue Agent oder Vertreter Waren in den Verkehr gebracht, kann der Inhaber gegen Dritte, die diese Waren weitervertreiben, die Rechte aus § 14 MarkenG nur geltend machen, so weit er selbst Inhaber eines Markenrechts nach § 4 MarkenG ist. Fehlt es daran, hilft die Übertragung auf den Inhaber nach § 17 Abs. 1 MarkenG.[110]

7. Beschlagnahme

947 An anderer Stelle – nämlich neben den Straf- und Bußgeldvorschriften im 8. Teil des Markengesetzes – findet sich die Regelung der Beschlagnahme widerrechtlich gekennzeichneter Waren. Während der hoheitliche Charakter der Maßnahme diese gesetzessystematische Einordnung erklärt, rechtfertigt die Interessenlage des Rechtsinhabers, die Beschlagnahme in einer Reihe mit dem Anspruch auf Unterlassung, Auskunft und Schadenersatz zu nennen.

a) Voraussetzungen

948 Voraussetzung einer **Beschlagnahme** durch die Zollbehörden nach § 146 Abs. 1 MarkenG ist zunächst die **Ein- oder Ausfuhr** von Waren, die widerrechtlich mit einer Marke im Sinne des § 4 MarkenG gekennzeichnet worden sind. Die Durchfuhr ist – anders als in § 151 MarkenG für die geografischen Herkunftsangaben und anders als im europäischen Recht nach der Produktpiraterieverordnung[111] – in § 146 Abs. 1 MarkenG nicht erfasst. Hinzu kommen weitere einschränkende Voraussetzungen:

949 • Die in der Kennzeichnung liegende Rechtsverletzung muss »**offensichtlich**« sein.

109 §§ 17 Abs. 2 Satz 3, 14 Abs. 7 MarkenG.
110 *Ingerl/Rohnke* § 17 Rn. 16.
111 S. dazu unten Rn. 949.

- So weit Ein- oder Ausfuhr **innerhalb** der Europäischen Union oder des Europäischen Wirtschaftsraumes erfolgen, müssen überhaupt Kontrollen durch die Zollbehörden stattfinden.[112]
- Die in ihrem Geltungsbereich vorrangige Verordnung (EG) Nr. 1383/2003[113] darf nicht einschlägig sein.

Mit dem Erfordernis der **Offensichtlichkeit** entzieht das Markengesetz diejenigen Sachverhalte der Beschlagnahme, in denen sich die Verletzung eines Rechts aus der Marke oder geschäftlichen Bezeichnung erst als Ergebnis einer komplexen Analyse oder nach entsprechenden empirischen Erhebungen feststellen lässt. Wo innerhalb der EU bzw. des EWR **keine Zollkontrollen** mehr stattfinden, entfällt die Möglichkeit der Beschlagnahme mit Rücksicht auf den freien Warenverkehr im gemeinsamen Markt ohnehin. So weit die Einfuhr aus Drittländern in Rede steht, ist – beschränkt auf die unbefugte Verwendung mit einer eingetragenen Marke identischer oder nahezu identischer Zeichen – die genannte **gemeinschaftsrechtliche Verordnung vorrangig**; die nationalen Regelungen des Markengesetzes zum Beschlagnahmeverfahren sind aber auch in diesem Falle entsprechend anwendbar, § 150 MarkenG. **950**

b) VO (EG) Nr. 1383/2003

Die gegenüber § 146 MarkenG vorrangige VO (EG) Nr. 1383/2003 (so genannte **Produktpiraterieverordnung**) erlaubt das Einschreiten der Zollbehörden »wenn Waren in folgenden Situationen im Verdacht stehen, ein Recht geistigen Eigentums zu verletzen«: **951**

a) wenn sie nach Artikel 61 der Verordnung (EWG) Nr. 2913/92 des Rates vom 12. Oktober 1992 zur Festlegung des Zollkodex der Gemeinschaften zur Überführung in den zollrechtlich freien Verkehr, zur Ausfuhr oder zur Wiederausfuhr angemeldet werden;

b) wenn sie im Rahmen einer zollamtlichen Prüfung von Waren entdeckt werden, die nach Artikel 37 und Artikel 183 der Verordnung (EWG) Nr. 2913/92 in das Zollgebiet oder aus dem Zollgebiet der Gemeinschaft verbracht werden, die in ein Nichterhebungsverfahren im Sinne des Artikels 84 Absatz 1 Buchstabe a) der genannten Verordnung überführt werden, deren nach Artikel 182 Absatz 2 der genannten Verordnung mitteilungspflichtige Wiederausfuhr im Gange ist oder die in eine Freizone oder ein Freilager im Sinne des Artikels 166 der genannten Verordnung verbracht werden.

---

112 § 146 Abs. 1 Satz 2 MarkenG.

113 VO (EG) Nr 1383/2003 des Rates vom 22. Juli 2003 über das Vorgehen der Zollbehörden gegen Waren, die im Verdacht stehen, bestimmte Rechte geistigen Eigentums zu verletzen, und die Maßnahmen gegenüber Waren, die erkanntermaßen derartige Rechte verletzen (Produktpiraterieverordnung – PrPVO); im Text des § 146 MarkenG ist noch die VO (EG) Nr. 3295/94 über Maßnahmen zum Verbot der Überführung nachgeahmter Waren in den zollrechtlich freien Verkehr (Abl. EG 1994 Nr. L 341 S. 8) genannt, die ihrerseits die zuvor geltende Verordnung (EWG) Nr. 3842/86 des Rates vom 1. Dezember 1986, Abl. EG 1986 Nr. L 357 S. 1, abgelöst hatte; im Referentenentwurf des BMJ zur Umsetzung der Durchsetzungsrichtlinie ist die PrPVO in § 146 MarkenG berücksichtigt.

952 Gegenstand des behördlichen Einschreitens können nachgeahmte Waren,[114] Kennzeichnungsmittel[115] und Verpackungen[116] sein, jedoch nur, wenn sie ein mit einer **eingetragenen** Marke **identisches** oder »in ihren wesentlichen Merkmalen nicht von einer solchen Marke zu unterscheidendes« Zeichen tragen. Zudem gilt die Verordnung nicht für Waren, die **mit Zustimmung** des Markeninhabers mit einer Marke versehen[117] oder unter Verstoß gegen lizenzvertragliche Vereinbarungen hergestellt[118] worden sind.

953 Daraus folgt, dass die VO **nicht** einschlägig ist,

- wenn der Inhaber einer Benutzungsmarke (oder einer Notorietätsmarke) eine Grenzbeschlagnahme veranlassen will oder
- wenn die Verhinderung der Einfuhr von Parallel- oder Reimporten vom Inhaber oder mit dessen Zustimmung außerhalb der EU in Verkehr gebrachter Originalware in die EU in Rede steht,[119]
- wenn Originalware des Inhabers, die von Dritten verändert oder verschlechtert wurde, abgefangen werden soll,[120] oder
- wenn im Rahmen eines Lizenzvertrages gefertigte Ware in Rede steht, bei deren Herstellung dieser Vertrag verletzt wurde.

954 Umgekehrt folgt für die nationale Regelung in § 146 MarkenG daraus, dass sie dann in Betracht kommt, wenn die Verletzung einer nicht eingetragenen Marke im Sinne des § 4 Nr. 2 oder 3 MarkenG[121] in Rede steht. Die Möglichkeit der Grenzbeschlagnahme nach nationalem Recht in den übrigen genannten Fällen hängt davon ab, ob die gemeinschaftsrechtliche Regelung insoweit eine abschließende Regelung enthält oder aber Raum für eigene Regelungen der Mitgliedsstaaten lässt. Nach der Rechtsprechung des BFH können über § 146 MarkenG auch markenverletzende Parallelimporte abgefangen werden:[122] § 146 Abs. 1 S. 1 MarkenG sei nicht zu entnehmen, dass er nur dann greife, wenn Waren ohne Zustimmung des Rechtsinhabers mit einer Marke versehen worden seien. Die Bestimmung komme vielmehr in allen

114 Das sind nach Art. 2 Abs. 1 i) der VO »Waren einschließlich ihrer Verpackungen, auf denen ohne Genehmigung Marken oder Zeichen angebracht sind, die mit der Marke oder dem Zeichen identisch sind, die für derartige Waren rechtsgültig eingetragen sind, oder die in ihren wesentlichen Merkmalen nicht von einer solchen Marke oder dem Zeichen zu unterscheiden sind und damit die Rechte des Inhabers der betreffenden Marke im Sinne der Verordnung (EG) Nr. 40/94 des Rates vom 20. Dezember 1993 über die Gemeinschaftsmarke (4) oder nach den Rechtsvorschriften des Mitgliedstaats, in dem der Antrag auf Tätigwerden der Zollbehörden gestellt wird, verletzen.«.

115 Das sind nach Art. 2 a Abs. 1 ii) der VO »Kennzeichnungsmittel (einschließlich Emblemen, Anhängern, Aufklebern, Prospekten, Bedienungs- oderGebrauchsanweisungen oder Garantiedokumenten, die ein solches Kennzeichnungsmittel tragen), auch gesondert gestellt, auf welche die unter Ziffer i) genannten Umstände zutreffen.«.

116 Das sind nach Art. 2 Abs. 1 iii) der VO »die mit Marken nachgeahmter Waren versehenen Verpackungen, die gesondert gestellt werden und auf welche die unter Ziffer i) genannten Umstände zutreffen.«.

117 Art. 3 Abs. 1 VO (EG) Nr. 1383/2003.

118 Art. 3 Abs. 1 Satz 2 VO (EG) Nr. 1383/2003.

119 S. dazu § 24 Abs. 1 MarkenG sowie nachfolgend Rn. 1011 ff.

120 S. dazu § 24 Abs. 2 MarkenG sowie nachfolgend Rn. 1020 ff.

121 S. dazu oben Rn. 381 ff., 584 ff., 602 ff.

122 BFH GRUR Int. 2000, 780 – Jockey (noch zu Art. 1 Abs. 4 Unterabs. 1 VO EG Nr. 3295/94); dagegen *Knaak* GRUR Int. 2000, 782 f.; dafür *Fezer* Markenrecht, § 146 Rn. 5.

Fällen zur Anwendung, in denen die Ware widerrechtlich mit einer nach dem MarkenG geschützten Marke versehen sei. Sie erfasse damit grundsätzlich alle Fälle, in denen das Markenrecht des Antragstellers durch die Einfuhr oder Ausfuhr der mit der Marke gekennzeichneten Waren verletzt werde. Dem ist zuzustimmen.

c) Verfahren

Die Beschlagnahme nach § 146 MarkenG setzt einen Antrag des Rechtsinhabers[123] **955**
voraus. Er ist bei der Oberfinanzdirektion Nürnberg/Zentralstelle Gewerblicher Rechtsschutz zu stellen,[124] behält bis zu zwei Jahren Wirkung und kann danach wiederholt werden.[125] Ein bestimmter Verletzer muss nicht genannt werden.

Einer übermäßigen oder gar missbräuchlichen Veranlassung von Beschlagnahmen **956**
zu Lasten des über die Waren Verfügungsberechtigten beugt das Markengesetz vor:

- durch die mit dem Antrag verbundene **Kostenlast**,[126]
- durch die grundsätzlich erforderliche **Sicherheitsleistung**,[127] sowie
- durch die **Schadensersatzpflicht** des Rechtsinhabers für den Fall, dass sich die Beschlagnahme als von Anfang an ungerechtfertigt erweist und der Antragsteller den Antrag trotz eines Widerspruchs des Verfügungsberechtigten aufrecht erhalten oder sich auf die entsprechende Mitteilung der Zollbehörde nicht erklärt hat.[128]

Ordnet die Zollbehörde eine Beschlagnahme an, wird dies dem Antragsteller und **957**
dem Verfügungsberechtigten nach Maßgabe des § 146 Abs. 2 MarkenG unverzüglich mitgeteilt. Der Antragsteller kann die beschlagnahmten Waren besichtigen, so weit dadurch nicht in fremde Geschäfts- oder Betriebsgeheimnisse eingegriffen wird. Der Verfügungsberechtigte kann der Beschlagnahme innerhalb von zwei Wochen nach Zustellung der Mitteilung widersprechen. Tut er dies nicht, ordnet die Zollbehörde die Einziehung der beschlagnahmten Waren an.[129] Widerspricht er dagegen, ist es am Antragsteller, sich nach Mitteilung vom Widerspruch des Verfügungsberechtigten unverzüglich dazu zu erklären, ob er den Antrag aufrechterhält.[130]

Der Antragsteller hat in dieser Situation zwei Optionen: entweder er nimmt den An- **958**
trag zurück, mit der Folge, dass die Beschlagnahme aufgehoben wird; oder aber er hält den Antrag aufrecht und legt eine vollziehbare gerichtliche Entscheidung vor, die die Verwahrung oder zumindest eine Verfügungsbeschränkung anordnet.[131] Gelingt ihm dies nicht oder erklärt er sich erst gar nicht, hebt die Zollbehörde die Be-

123 Rechtsinhaber sind auch ein Lizenznehmer oder eine Tochtergesellschaft des Inhabers der Marke.
124 OFD Nürnberg, Zentralstelle Gewerblicher Rechtsschutz, Sophienstr. 6, 80333 München; Postanschrift: 80284 München; Tel. (0 89) 59 95–23 13, –23 14, –23 44; Fax (0 89) 59 95–23 17; E-Mail zgr@ofdm.bfinv.de; Antragsformulare können unter <http://www.zoll.de/ de0_downloads/ b0_vordrucke/a0_vordruckgesamtliste/index.php> abgerufen werden (Vordrucknummern 132 (national) und 133 (VO (EG) Nr. 1383/2003).
125 § 148 Abs. 1 MarkenG.
126 § 148 Abs. 2 MarkenG.
127 § 146 Abs. 1 MarkenG.
128 § 149 MarkenG.
129 § 147 Abs. 1 MarkenG.
130 § 147 Abs. 2 MarkenG.
131 § 147 Abs. 3 MarkenG.

schlagnahme zwei Wochen nach Zustellung der Mitteilung vom Widerspruch des Verfügungsberechtigten auf. Hat der Antragsteller eine gerichtliche Entscheidung beantragt, die ihm nur noch nicht zugegangen ist, kann die Beschlagnahme um längstens weitere zwei Wochen aufrechterhalten werden.[132]

959 Beschlagnahme und Einziehung können vom Verfügungsberechtigten mit den Rechtsmitteln angefochten werden, die im Bußgeldverfahren nach dem Ordnungswidrigkeitengesetz (OWiG) zulässig sind.[133] Gegen die Entscheidung des Amtsgerichts ist die sofortige Beschwerde zum Oberlandesgericht zulässig.[134]

d) Schadensersatz bei ungerechtfertigter Beschlagnahme

960 Der Rechtsinhaber, auf dessen Antrag eine Grenzbeschlagnahme durchgeführt wird, läuft das Risiko eines **verschuldensunabhängigen** Schadensersatzanspruchs zu Gunsten des über die beschlagnahmte Ware Verfügungsberechtigten. Der Anspruch steht jedoch unter der doppelten Voraussetzung

- dass sich die Beschlagnahme als »von Anfang an ungerechtfertigt« erweist[135] **und**
- der Antragsteller entweder
  - seinen Antrag aufrechterhalten hat, nachdem er von der Zollbehörde über die durchgeführte Beschlagnahme unterrichtet worden ist,[136] oder
  - sich nicht unverzüglich dazu erklärt und damit den begrenzten Fortbestand der Beschlagnahme verursacht hat.[137]

961 Aus dieser Regelung folgt im Umkehrschluss, dass dem Schadensersatzrisiko entgeht, wer auf die Mitteilung von der erfolgten Beschlagnahme mit einer unverzüglichen Rücknahme seines darauf gerichteten Antrages reagiert. Die dann verbleibende Behinderung des Verfügungsberechtigten bleibt entschädigungslos.

8. Straftatbestände

962 Neben den zivilrechtlichen Ansprüchen steht es dem Inhaber der Marke offen, in allen Fällen des § 14 Abs. 2 MarkenG die strafrechtliche Verfolgung des Verletzers zu veranlassen. § 143 Abs. 1 MarkenG stellt die **vorsätzliche** Markenverletzung in den Fällen der Identität und der Ähnlichkeit unter Strafe, während der strafrechtliche Schutz der bekannten Marke in den Fällen des § 14 Abs. 2 Nr. 3 MarkenG die **Absicht**, die Unterscheidungskraft oder die Wertschätzung der Marke auszunutzen oder zu beeinträchtigen, voraussetzt. In beiden Fällen ist bereits der Versuch strafbar.[138] § 143 Abs. 1 Nr. 3 MarkenG erfasst einzelne Verletzungshandlungen des

---

132 § 147 Abs. 4 MarkenG.
133 § 148 Abs. 3 Satz 1 MarkenG.
134 § 148 Abs. 3 Satz 3 MarkenG.
135 Das ist nicht schon dann der Fall, wenn die Markenverletzung nicht offensichtlich im Sinne des § 146 Abs. 1 MarkenG war, sondern erst dann, wenn es nach materiellem Recht an einer Verletzung fehlt.
136 S. oben Rn. 955 f.
137 S. oben Rn. 956.
138 § 143 Abs. 3 MarkenG.

§ 14 Abs. 4 MarkenG in Bezug auf Verpackungen, Aufmachungen und Kennzeichnungsmittel.

Die Strafbarkeit einer Markenverletzung setzt voraus, dass der Verletzer **im geschäftlichen Verkehr** gehandelt hat. Rein privates Verhalten scheidet damit aus. Handelt der Täter zudem **gewerbsmäßig**, gilt ein erhöhter Strafrahmen.[139] Gewerbsmäßiges Handeln liegt vor, »wenn aus wiederholter Tatbegehung eine nicht nur vorübergehende Einnahmequelle von einigem Umfang entspringen soll, ohne dass hierin zugleich bereits ein kriminelles Gewerbe gesehen werden müsste.«[140] 963

Von der Gewerbsmäßigkeit hängt darüber hinaus ab, ob die Tat als **Offizialdelikt** von Amts wegen verfolgt wird. In allen übrigen Fällen ist ein **Strafantrag** nach § 77 Abs. 1 StGB, § 143 Abs. 4 MarkenG zu stellen, ein Einschreiten der Strafverfolgungsbehörden von Amts wegen erfolgt nur bei besonderem öffentlichem Interesse an der Strafverfolgung. Gegenstände, auf die sich die Straftat bezieht, können eingezogen werden. 964

9. Ansprüche aus der Verletzung einer Kollektivmarke

Die Ansprüche aus der Verletzung einer Kollektivmarke sind keine anderen als die, die die Verletzung einer Individualmarke begründet. Besonderheiten ergeben sich jedoch aus dem kollektiven Charakter hinsichtlich der Aktivlegitimation sowie der Geltendmachung von Schadensersatzansprüchen. 965

Vorbehaltlich einer abweichenden Regelung in der Markensatzung[141] kann eine zur Nutzung der Kollektivmarke berechtigte Person gegen eine Verletzung der Marke nur mit **Zustimmung** des Inhabers Klage erheben.[142] Dieser ist ohnehin selbst klagebefugt. Ist der Verletzer selbst Mitglied des Inhaberverbandes, kann der Inhaber der Kollektivmarke deshalb in entsprechender Anwendung des § 30 Abs. 2 Nr. 2 MarkenG die Rechte aus der Marke wegen eines Verstoßes eines Verbandsmitglieds gegen die in der Markensatzung geregelten Bedingungen für die Markenbenutzung gegen das Mitglied geltend machen.[143] 966

Im Falle einer Klage des Inhaberverbandes auf Schadensersatz fallen häufig verletztes Recht und erlittener Schaden in der Art auseinander, dass der Verband zwar die Marke hält, aber nur seine Mitglieder unter dieser Marke Waren vertreiben oder Dienstleistungen erbringen. § 101 Abs. 2 MarkenG erlaubt dem Inhaber in dieser Konstellation den aus der Verletzung der Kollektivmarke bei seinen Mitgliedern entstandenen Schaden nach Art einer Drittschadensliquidation selbst geltend zu machen. 967

139 § 143 Abs. 1, 2 MarkenG.
140 Vgl. OLG München wistra 2001, 33 (zur Registrierung einer Domain).
141 S. dazu oben Rn. 238 ff., 242 ff.
142 § 101 Abs. 1 MarkenG.
143 BGH MarkenR 2003, 108 – Dresdner Christstollen; s. dazu oben Rn. 245 ff.

VII. Schutzschranken

968 Das Nutzungsmonopol an einer Marke und daraus folgend das Recht, Dritte von der Benutzung eines gleichen oder ähnlichen Zeichens auszuschließen, kann naturgemäß nur so weit reichen und so lange bestehen, als die Marke selbst Schutz genießt; wo dies nicht, noch nicht oder nicht mehr der Fall ist, müssen auch sämtliche vorstehend dargestellten Anspruchsgrundlagen versagen. Die Durchsetzungsfähigkeit einer Registermarke kann mit Ablauf ihrer Schutzdauer oder infolge einer vorzeitigen Löschung enden oder – wo auch das sie verletzende Zeichen kennzeichenrechtlichen Schutz genießt – am Grundsatz der Priorität scheitern, der das Kennzeichenrecht auch hier beherrscht: die Benutzung einer Marke oder einer geschäftlichen Bezeichnung kann nur aus dem Recht an einem **prioritätsälteren** Zeichen untersagt werden. Insoweit sind die Voraussetzungen der Entstehung[144] und Aufrechterhaltung[145] des Kennzeichenschutzes auch Voraussetzung der Durchsetzung des Nutzungsmonopols. Im Falle der Registermarke sind die Gerichte allerdings **im Verletzungsstreit** an eine einmal erfolgte **Eintragung** eines Zeichens **gebunden**.[146]

969 Auch der Schutz der eingetragenen, rechtserhaltend benutzten und prioritätsälteren Marke ist nicht grenzenlos. Das Kennzeichenrecht enthält vielmehr eine Reihe **spezifischer Beschränkungen** der sachlichen und zeitlichen Reichweite des mit dem Recht an einer Marke verbundenen Nutzungsmonopols, die in Übereinstimmung mit Art. 6 ff. MarkenRL das Individualrecht zu Gunsten eines freien Warenverkehrs und anderer berechtigter Interessen dritter Marktteilnehmer und der Allgemeinheit begrenzen. Daraus ergeben sich zwei positive und eine negative Voraussetzung für den Vorrang der prioritätsälteren Marke: ihr Vorrang ist dann gegeben,

- wenn eine markenrechtlich relevante Benutzungshandlung vorliegt,
- wenn daraus eine der Kollisionslagen des § 14 Abs. 2 MarkenG resultiert und
- wenn keine der nachfolgend dargestellten Schutzschranken greift.

---

144 S. oben Rn. 381 ff.
145 S. oben Rn. 606 ff.
146 Vgl. dazu BGH MarkenR 2004, 31 – Kinder; MarkenR 2000, 178 – MAG-LITE; MarkenR 2005, 187, 188 – Lila-Schokolade; zur »Korrektur« einer zweifelhaften Eintragung im Verletzungsprozess vgl. BGH MarkenR 2005, 234 – Russisches Schaumgebäck.

970

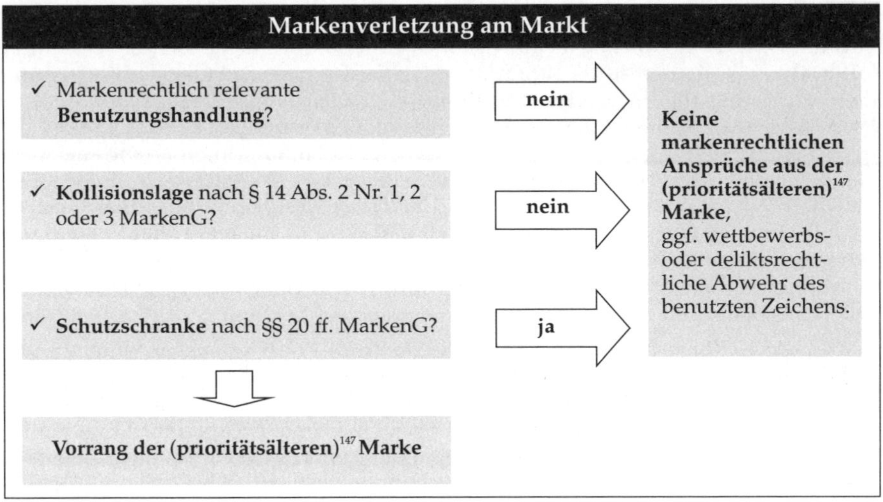

Übersicht 27: Prüfungsablauf bei Markenkollisionen am Markt

1. Verjährung

Die Ansprüche nach §§ 14 ff. MarkenG finden eine **zeitliche Grenze** in der Verjährung nach § 20 MarkenG. Die vormals eigenständige Regelung wurde mit der Neuordnung des bürgerlich-rechtlichen Verjährungsrechts durch das Schuldrechtsmodernisierungsgesetz[148] obsolet. Das Markengesetz verweist seit dem 1. Januar 2002 auf die §§ 194 ff. BGB, die im Übrigen auch ohne eine solche Verweisung gelten würden. 971

Für Ansprüche auf Unterlassung, Schadensersatz, Vernichtung, Auskunft und Wiedergabe in Nachschlagewerken gilt danach die **dreijährige Regelverjährung** nach § 195 BGB. Für die Bestimmung des **Fristbeginns** sind drei Kriterien maßgeblich: 972

- der **Anspruch** muss entstanden sein;
- der Gläubiger muss von der Person des Schuldners **Kenntnis** erlangt haben (oder ohne grobe Fahrlässigkeit erlangt haben können);
- die Verjährung beginnt am Schluss des Jahres, in dem beide vorgenannten Voraussetzungen erfüllt sind (sog. **Ultimoverjährung**).[149]

Für die einzelnen Ansprüche aus der Verletzung des Rechts an einer Marke folgt daraus:

---

147 Auf den Zeitrang der verletzten Marke kommt es (nur) dann an, wenn das am Markt benutzte Zeichen des Verletzers seinerseits kennzeichenrechtlichen Schutz, etwa als Marke im Sinne des § 4 MarkenG, genießt.

148 BGBl. 2001 I, S. 3138.

149 § 199 Abs. 1 BGB.

a) Verjährung des Unterlassungsanspruches

973 Für den Fall des Verjährungsbeginnes eines Unterlassungsanspruches[150] bestimmt § 199 Abs. 5 BGB, dass zur Bestimmung des Fristbeginnes an Stelle der Entstehung des Anspruches auf die **Zuwiderhandlung** abzustellen ist. Die liegt im Falle des Unterlassungsanspruches nach § 14 Abs. 5 MarkenG in einer der in Abs. 3 und 4 beschriebenen Benutzungshandlungen.[151] Wo die Verletzung in einer andauernden Handlung liegt, kann die Verjährung nicht beginnen, solange dieses Verhalten fortdauert.[152] Nichts anderes gilt für eine fortdauernde **Erstbegehungsgefahr**, wie sie etwa durch eine Markenanmeldung begründet wird.[153] Einzelne Handlungen setzen jeweils eine eigene Verjährung in Gang, was sich bei wiederholten, gleichartigen Handlungen aber wegen der Ultimoverjährung erst bei Erreichen eines Jahreswechsels auswirkt.

974 In subjektiver Hinsicht muss der Verletzte die für die Verletzungshandlung verantwortliche Person mit Namen und ladungsfähiger Anschrift kennen. Versäumt er es in grob fahrlässiger Weise, sich diese Kenntnis zu verschaffen, steht dies positiver Kenntnis gleich. Grob fahrlässig handelt nach einer in der Rechtsprechung häufig verwendeten Formel, wer sich die Kenntnis in zumutbarer Weise ohne nennenswerte Mühe oder Kosten hätte beschaffen können, wer sich einer sich aufdrängenden Kenntnis missbräuchlich verschließt oder auf der Hand liegende Erkenntnismöglichkeiten nicht nutzt.[154]

b) Verjährung des Schadensersatzanspruches

975 Im Hinblick auf den Anspruchsinhalt liegt es nahe, den Beginn der Verjährung eines Anspruches auf Schadensersatz[155] nicht nur von der schadenstiftenden Handlung, sondern auch vom Eintritt eines Schadens abhängig zu machen. Geht man davon aus, dass jede Verletzung einer Marke am Markt einen – jedenfalls im Rahmen einer Lizenzanalogie[156] zu beziffernden – Schaden verursacht,[157] fallen allerdings Verletzungshandlung und Schadenseintritt, zumal unter Berücksichtigung der Ultimoverjährung, regelmäßig zusammen.

976 In subjektiver Hinsicht muss die Schadenshöhe nicht bekannt sein. Ausreichend ist insoweit, dass eine Feststellungs- oder Stufenklage erhoben werden könnte.[158]

c) Verjährung der Ansprüche aus §§ 16, 18, 19 MarkenG

977 Der Verjährungsbeginn der Ansprüche auf Wiedergabe in Nachschlagewerken, auf Auskunft und auf Vernichtung gleicht dem des Unterlassungsanspruches. Dabei stellt die in der Wiedergabe in Nachschlagewerken liegende Gefährdung der Marke eine Dauerhandlung dar, die einem Verjährungsbeginn entgegensteht, solange das Werk erscheint. So weit Auskunftsansprüche der Bezifferung eines Schadensersatz-

---

150 §§ 14 Abs. 5, 15 Abs. 4, 17 Abs. 2 Satz 1 MarkenG.
151 S. oben Rn. 889 ff.
152 BGH WRP 2003, 640, 642 – Gemeinnützige Wohnbaugesellschaft (zum UWG), m. Verw. auf BGH WRP 1974, 30 – Brünova.
153 S. dazu oben Rn. 911.
154 Nachw. aus der Rspr. bei *Palandt/Heinrichs* § 199 BGB Rn. 37.
155 §§ 14 Abs. 6, 15 Abs. 5, 17 Abs. 2 Satz 2 MarkenG.
156 S. dazu oben Rn. 917 ff., 924.
157 So zu Recht *Ingerl/Rohnke* § 20 Rn. 21.
158 *Ströbele/Hacker* § 20 Rn. 23.

anspruches dienen, hängt ihre Verjährung von diesem ab. In allen Fällen ist die Ultimoverjährung zu beachten.

d) Höchstfristen

978 Weil die Abhängigkeit des Verjährungsbeginns von der subjektiven **Kenntnis** des Geschädigten von **Anspruch** und **Anspruchsgegner** im Falle andauernder, unverschuldeter oder einfach fahrlässiger Unkenntnis zu einem unbegrenzten Aufschub des Verjährungsbeginns führen könnte, enthält das Verjährungsrecht des BGB differenzierte **Höchstfristen**. Sie betragen

- ohne Rücksicht auf die Kenntnis oder grob fahrlässige Unkenntnis des Verletzten 10 Jahre, beginnend mit der Entstehung des Anspruches[159] bzw.
- bei Schadensersatzansprüchen ohne Rücksicht auf die Entstehung des Anspruches und die Kenntnis oder grob fahrlässige Unkenntnis des Verletzten 30 Jahre ab der Handlung, der Pflichtverletzung oder dem sonstigen den Schaden auslösenden Ereignis.[160]

Maßgeblich ist die früher endende Frist.[161]

e) Hemmung, Ablaufhemmung, Neubeginn (Unterbrechung)

979 Der Lauf der Verjährung wird in den Fällen der §§ 203 ff. BGB gehemmt, das heißt, ihr Lauf wird aufgehalten. So liegt es etwa nach § 203 BGB, wenn und solange zwischen den Parteien **Verhandlungen** über den Anspruch oder die ihn begründenden Umstände schweben. Verweigert eine Seite die Fortsetzung der Verhandlungen, endet auch die Hemmung. Eine sog. **Ablaufhemmung** von drei Monaten gibt der anderen Seite auch dann Zeit, darauf prozessual angemessen zu reagieren, wenn der ansonsten verbleibende Zeitraum der Frist kürzer gewesen wäre: Die Verjährung tritt frühestens drei Monate nach Ablauf der Hemmung ein.[162]

980 Die Fälle der Hemmung durch Rechtsverfolgung sind in § 204 BGB erfasst. Dazu zählen insbesondere die Klageerhebung, aber auch der Antrag auf Erlass einer einstweiligen Verfügung.[163] Einen Neubeginn der Verjährung (vor der Schuldrechtsreform Unterbrechung genannt) sieht das BGB in § 212 nur mehr in zwei Fällen vor: dem Anerkenntnis und der Vornahme oder Beantragung einer Vollstreckungshandlung.

2. Zustimmung, Duldung, Verwirkung

981 Es liegt auf der Hand, dass sich der Inhaber einer Marke nicht mit Erfolg gegen die Benutzung eines mit dieser Marke kollidierenden Zeichens wehren kann, wenn er eben dieser Benutzung durch den Verletzer in schuldrechtlich bindender Weise zugestimmt hat. Fehlende Zustimmung ist deshalb auch expressis verbis Voraussetzung sämtlicher Kollisionslagen des § 14 Abs. 2 MarkenG. Ungeachtet einer indivi-

159 § 199 Abs. 3 Satz 1 Nr. 1 BGB.
160 § 199 Abs. 3 Satz 1 Nr. 2 BGB.
161 § 199 Abs. 3 Satz 2 BGB.
162 § 203 Satz 2 BGB.
163 § 204 Abs. 1 Nr. 9 BGB.

duell-schuldrechtlichen Beziehung kann aber unter bestimmten Umständen auch die bloße **Untätigkeit** des Inhabers auf Seiten des Verletzers einen schutzwürdigen Vertrauenstatbestand und einen vermögenswerten Besitzstand entstehen lassen, die das Interesse des Inhabers des verletzten Zeichens an dessen Verteidigung überwiegen. So liegt es im Falle der Duldung nach § 21 Abs. 1, 2 MarkenG und der Verwirkung nach allgemeinen Grundsätzen.

a) Duldung

982 Das mit einer Marke oder geschäftlichen Bezeichnung verbundene Recht, die Benutzung einer jüngeren Marke, einer jüngeren geschäftlichen Bezeichnung oder eines sonstigen jüngeren Rechts im Sinne des § 13 MarkenG zu untersagen, kann verwirkt werden; nach § 21 Abs. 1, 2 MarkenG verliert der Inhaber dieses Recht – und alle daraus folgenden wie Vernichtung oder Schadensersatz –, wenn er die Benutzung des jüngeren Zeichens während eines Zeitraumes von **fünf** aufeinander folgenden **Jahren** in **Kenntnis** dieser Benutzung **duldet**. Dies gilt für eingetragene Marken mit jüngerem Zeitrang ebenso wie für Marken nach § 4 Ziff. 2 und 3 MarkenG. Auf Rechte, die aus einer Gemeinschaftsmarke geltend gemacht werden, ist § 21 Abs. 1 MarkenG entsprechend anwendbar, § 125 b Ziff. 3 MarkenG.

983 Im Falle der **eingetragenen** jüngeren Marke kann die Verwirkung nur für die Waren oder Dienstleistungen eintreten, für sie auch tatsächlich über fünf aufeinander folgende Jahre ungestört benutzt worden ist, gleich ob der Kreis der Waren oder Dienstleistungen, für die sie Schutz genießt, darüber hinaus geht oder nicht. Dies folgt – mit größerer sprachlicher Klarheit als in § 21 Abs. 1 MarkenG – aus Art. 9 Abs. 1 MarkenRL. Dort wird die Verwirkung explizit auf die unter der jüngeren Marke **benutzten** Waren oder Dienstleistungen bezogen. Die Qualität der Benutzung muss die einer »ernsthaften« im Sinne des § 26 MarkenG sein;[164] ließe man eine dahinter zurückbleibende Benutzung genügen, führte dies zu einem sinnwidrigen Bestandsschutz zu Gunsten einer löschungsreifen Marke.[165]

984 Im Falle der Marke kraft Benutzung oder notorischer Bekanntheit ist ein Auseinanderfallen von zugehörigen Waren oder Dienstleistungen und tatsächlichem Benutzungsumfang per definitionem ausgeschlossen, doch ist hier darauf zu achten, dass der Fünfjahreszeitraum der Verwirkung nicht beginnen kann, bevor die jeweiligen Entstehungsvoraussetzungen nach § 4 Ziff. 2 und 3 MarkenG[166] – Verkehrsgeltung oder notorische Bekanntheit – gegeben sind.

985 Ob die begünstigte Marke über fünf aufeinander folgende Jahre **ununterbrochen** benutzt worden sein muss, ist dem Gesetzeswortlaut nicht zwingend zu entnehmen; dafür spricht, dass nur eine tatsächliche Benutzung auch geduldet werden kann, sodass es keinesfalls ausreichen kann, dass eine ernsthafte Benutzung einmal innerhalb dieses Zeitraumes stattgefunden hat.[167] Andererseits kann nicht jede auch noch so kurze Unterbrechung innerhalb des Fünfjahreszeitraumes zu einem Neubeginn der Frist führen. Ausreichen muss vielmehr, dass die Benutzung über fünf aufeinander folgende Jahre von solcher Intensität war, dass der Inhaber des prioriätsälteren Rechts davon Kenntnis nehmen – und gleichwohl auf die Verteidigung seines

---

164 S. dazu oben Rn. 606 ff., 611 ff.
165 *Fezer* Markenrecht, § 21 Rn. 11.
166 S. oben Rn. 584 ff., 602 ff.
167 In diesem Sinne *Ströbele/Hacker* § 21 Rn. 11.

Rechts verzichten – konnte. Maßgeblicher Anknüpfungspunkt der Fünfjahresfrist ist insoweit die wissentliche Duldung, nicht die Benutzung, auf die sie sich bezieht. Eine Unterbrechung der Benutzung innerhalb der fünf Jahre lässt die Frist deshalb nur dann neu entstehen, wenn sie dem Inhaber der Marke Anlass gibt, von einer Verteidigung seines Rechts aus diesem Grunde Abstand zu nehmen.[168]

Die Verwirkung nach § 21 Abs. 1 oder 2 MarkenG setzt die **wissentliche** Duldung der Benutzung des jüngeren Zeichens voraus. Dies verlangt zum einen die **positive Kenntnis** des Inhabers des älteren Rechts von der Benutzung des jüngeren Zeichens,[169] also nicht bloßes »Kennenmüssen«; Kenntnis von der Registrierung einer Marke ist nicht mit der hier verlangten Kenntnis von der Benutzung gleichzusetzen.[170] Zum anderen verlangt »Dulden« das Ausbleiben jedweder qualifizierter Anstrengungen zur Verteidigung des älteren Rechts. Eine Duldung liegt auch dann vor, wenn auf einen anfänglichen Hinweis auf die Verletzung der eigenen Marke oder eine Abmahnung trotz fortgesetzter Benutzung des Verletzerzeichens keine weiteren (gerichtlichen) Maßnahmen ergriffen werden. Die Fünfjahresfrist kann dann allerdings erst mit der Aufgabe der weiteren Verteidigung beginnen. **986**

Die Verwirkung zum Nachteil des Inhabers des älteren Rechts findet ihrerseits eine Grenze in der **Bösgläubigkeit** des Inhabers des jüngeren Rechts. Die allerdings muss nach dem Gesetzeswortlaut bereits **bei der Anmeldung** des jüngeren Rechts vorgelegen haben. Auch der Begriff der Bösgläubigkeit ist nach der Vorgabe des Art. 9 Abs. 1 MarkenRL »europäisch« auszulegen; dabei liegt es nahe, dieselben Maßstäbe anzulegen, die auch für die Nichtigkeit einer Marke nach § 50 Abs. 1, § 8 Abs. 2 Nr. 10 MarkenG herangezogen werden. Der Verwirkungseinwand greift danach – ungeachtet im Übrigen vorliegender Voraussetzungen – dann nicht, wenn der Inhaber des älteren Rechts die Löschung der jüngeren Marke nach § 50 Abs. 1, 8 Abs. 2 Nr. 10, § 54 MarkenG betreiben könnte. **987**

Ist dagegen Verwirkung zum Nachteil des älteren Rechts gegeben, führt dies wie in den Fällen des § 22 MarkenG zur **Koexistenz** beider Zeichen. Der Inhaber des jüngeren Zeichens kann also nicht seinerseits die Benutzung des älteren Rechts untersagen.[171] Die Koexistenz beschränkt sich auf die beteiligten Zeichen, sodass das ältere Recht seinen besseren Zeitrang in allen anderen Kollisionsfällen mit Dritten behält. Die Reichweite der Duldung ist auf die konkrete Benutzung des begünstigten Zeichens, ggf. auch in territorialer Hinsicht, beschränkt und erfasst deshalb weder nachfolgende Änderungen in der Benutzung des Zeichens noch eine Erweiterung des Kreises der betroffenen Waren- oder Dienstleistungen.[172] **988**

b) Verwirkung nach allgemeinen Grundsätzen

Von der »absoluten« Verwirkung nach § 21 Abs. 1, 2 MarkenG unberührt bleibt die Verwirkung »nach allgemeinen Grundsätzen«, § 21 Abs. 4 MarkenG (§ 242 BGB). Im Rahmen solcher Grundsätze kann dem Inhaber des älteren Rechts je nach Lage des Falles auch unterhalb positiver Kenntnis eine mangelnde Marktbeobachtung (»Ken- **989**

168 Ähnlich *v.Schultz/Stuckel* § 21 Rn. 11.
169 Anders als im Falle der Verjährung (s. dazu oben Rn. 971) ist eine Kenntnis von der Person des Anspruchsgegners für die Verwirkung infolge Duldung ohne Belang.
170 S. dazu *Kochendörfer* WRP 2001, 1040, 1044.
171 § 21 Abs. 3 MarkenG.
172 Ebenso *Ströbele/Hacker* § 21 MarkenG Rn. 26 ff.

nenmüssen«) entgegengehalten werden; dies insbesondere dann, wenn die begünstigte Marke bereits deutlich länger als fünf aufeinander folgende Jahre ungestört benutzt worden ist.

990 Der Inhaber des jüngeren Rechts kann nach § 21 Abs. 4 MarkenG ggf. schon vor Ablauf von fünf Jahren ungestörter Benutzung zur Begründung seines Interesses auf einen rechtserheblichen, schutzwürdigen Besitzstand verweisen, der ihm genommen würde, könnte ihm die weitere Benutzung seines Zeichens untersagt werden.[173] So kann es insbesondere dann liegen, wenn der Inhaber des älteren Rechts durch sein Verhalten **positiv** dazu beigetragen hat, den Inhaber der jüngeren Marke im Glauben zu lassen, nicht aus dem älteren Recht angegriffen zu werden.

991 Der Markeninhaber kann einen Unterlassungsanspruch gegen den Verletzter seiner Marke »nach allgemeinen Grundsätzen« der Verwirkung nicht mehr geltend machen, wenn die Rechtsverfolgung so spät einsetzt, dass der Verletzter, der inzwischen einen **wertvollen Besitzstand** an der angegriffenen Bezeichnung erlangt hat, auf Grund des Verhaltens des Berechtigten annehmen durfte, dieser erlaube oder dulde die Benutzung der Bezeichnung,[174] und wenn deshalb auch unter Würdigung aller sonstigen Umstände des Einzelfalls die verspätete Rechtsverfolgung gegen Treu und Glauben verstieße.[175] Dies erfordert in jedem Falle eine **Abwägung der wechselseitigen Interessen** des Inhabers des älteren Rechts mit denen des Verletzers.

992 In diesem Sinne hat der BGH zum allgemeinen Grundsatz der Verwirkung eines Abwehrrechts formuliert, die Geltendmachung eines Anspruchs verstoße insbesondere dann gegen Treu und Glauben, »wenn der Berechtigte über einen längeren Zeitraum untätig geblieben ist, obwohl er den Verstoß kannte oder bei der gebotenen Wahrung seiner Interessen erkennen musste, sodass der Verpflichtete mit der **Duldung** seines Verhaltens durch etwaige Berechtigte rechnen durfte und sich daraufhin einen wertvollen **Besitzstand** schuf.«[176] Die einzelnen Voraussetzungen des Verwirkungstatbestands stehen nach dieser Rechtsprechung in einer **Wechselbeziehung** der Art zueinander, dass an den Umfang und die Bedeutung eines Besitzstands um so geringere Anforderungen zu stellen sind, je schutzwürdiger das Vertrauen des Verletzers in seine Berechtigung ist.[177]

---

173 Vgl. OLG Stuttgart GRUR-RR 2004, 8 – BOSS und BGH MarkenR 2005, 508 – BOSS-Club.

174 Dafür reicht nach OLG Hamburg GRUR-RR 2005, 270 – Musterübersendung, das bloße Schweigen des Markeninhabers auf die Vertriebsanzeige bzw. Musterübersendung im Zusammenhang mit der sog. Vorabinformation beim EU-Parallelimport (s. dazu EuGH WRP 2002, 666 – Boehringer Ingelheim sowie unten Rn. 1018, Fn. 213) nicht aus.

175 *Fezer* Markenrecht, § 21 Rn. 24; *Ingerl/Rohnke* § 21 Rn. 16; vgl. BGH MarkenR 2001, 307– Compu-Net/ ComNet I.

176 BGH GRUR 1993, 151 – Universitätsemblem.

177 BGH GRUR 1992, 45 – Cranpool: »Weckt ein Zeicheninhaber durch positives Tun in starkem Maße den Eindruck, er werde gegen eine Benutzung seiner Kennzeichnung durch einen Dritten nicht vorgehen, so genügen ein verhältnismäßig geringer Umfang und eine geringe Bedeutung des Besitzstands des Verletzers für dessen Schutzwürdigkeit und damit für die Annahme der Verwirkung des Unterlassungsanspruchs«.

3. Bestandskraft jüngerer Marken

§ 22 Abs. 1 MarkenG stellt in den in Nr. 1 und 2 genannten Fällen sicher, dass die Abwehransprüche einer prioritätsälteren Marke oder geschäftlichen Bezeichnung gegen kollidierende **Benutzungshandlungen** nicht weiter reichen als ihr Schutz gegenüber der **Eintragung** einer kollidierenden jüngeren Marke. Wo das prioritätsältere Zeichen die Eintragung des jüngeren Zeichens trotz gegebener Kollisionslage nicht (durch Widerspruch und/oder Löschungsklage) hätte rückgängig machen können, weil 993

- in einer der Kollisionslagen der §§ 14 Abs. 2 Nr. 3 oder 15 Abs. 3 MarkenG die für den geltend gemachten Anspruch notwendige **Bekanntheit** des klägerischen Zeichens an dem für den Zeitrang der jüngeren Marke maßgeblichen Tag fehlte,[178]
- weil am Tag der Veröffentlichung der Eintragung der jüngeren Marke die Löschungsreife des klägerischen Zeichens wegen **Verfalls**[179] im Sinne des § 49 MarkenG gegeben war[180] oder
- weil am Tag der Veröffentlichung der Eintragung der jüngeren Marke die Löschungsreife des klägerischen Zeichens wegen **absoluter Schutzhindernisse** im Sinne des § 50 MarkenG bestand,[181]

da soll auch dessen tatsächliche Benutzung am Markt nicht untersagt werden dürfen.

Der Unterlassungsanspruch gegen die Benutzung einer Marke mit jüngerem Zeitrang entfällt danach nicht nur dort, wo tatsächlich ein gegen die jüngere Marke gerichtetes Löschungsbegehren des prioritätsälteren Zeichens aus einem der genannten Gründe gescheitert ist, sondern auch dort, wo eine bloß hypothetische Betrachtung ergibt, dass dies der Fall gewesen wäre, hätte der Inhaber des prioritätsälteren Zeichens einen entsprechenden Versuch unternommen und wäre ihm dabei die eigene, fehlende Bekanntheit, die eigene Verfalls- oder die eigene Löschungsreife in der jeweils prozessual geeigneten Form[182] erfolgreich entgegengehalten worden. In beiden Fällen bezeichnet das Gesetz die jüngere Marke als »bestandskräftig«. 994

Damit ist die prioritätsältere Marke in- und außerhalb des Registers gleich stark oder schwach: wo sie die Löschung eines jüngeren Zeichens hätte erreichen können, kann sie auch die Unterlassung seiner Benutzung verlangen, wo sie dagegen eine Eintragung nach § 51 Abs. 3 oder 4 MarkenG hinnehmen muss, kann nach § 22 995

178 § 51 Abs. 3 MarkenG; s. dazu oben Rn. 654 ff., 657.

179 Unter dem Begriff des Verfalls sind wiederum vier Konstellationen zusammengefasst: (1) die mangelnde Benutzung, (2) die Entwicklung zur gebräuchlichen (generischen) Bezeichnung, (3) die Täuschungseignung und (4) der Entfall der notwendigen Inhaberqualität im Sinne des § 7 MarkenG.

180 § 51 Abs. 4 Nr. 1 MarkenG, s. oben Rn. 657.

181 § 51 Abs. 4 Nr. 2 MarkenG, s. oben Rn. 657.

182 Hinsichtlich der Bekanntheit der Klagemarke im Falle des § 14 Abs. 2 Nr. 3 MarkenG liegt die Darlegungs- und Beweislast beim Kläger, 51 Abs. 3 MarkenG; gegen den Vorwurf der Verfallsreife wegen mangelnder Benutzung muss er sich wehren, wenn ihm diese einredeweise entgegengehalten wird, §§ 51 Abs. 4 Nr. 1, 55 Abs. 3 Satz 3 MarkenG (vgl. BGH GRUR 1990, 37 – Quelle, für den Verletzungsprozess).

Abs. 1 MarkenG auch keine Unterlassung (und noch weniger einer der weiteren Ansprüche wie Schadensersatz oder Vernichtung) geltend gemacht werden.[183]

996 Kann sich das prioritätsältere Recht wegen einer der genannten Schwächen nicht gegen die Benutzung des jüngeren Zeichens durchsetzen, folgt daraus allerdings nicht ein Anspruch mit »umgekehrten Vorzeichen«: das Recht mit jüngerem Zeitrang kann seinerseits nicht die Benutzung des Rechts mit älterem Zeitrang untersagen.[184] Folge der genannten Konstellationen ist mithin die **Koexistenz** beider Zeichen.

997

Gleichlauf der Schutzgrenzen inner- und außerhalb des Registers			
		Unterlassungsanspruch	**Löschungsanspruch**
Zustimmung		§ 14 Abs. 2 Satz 1 MarkenG	§ 51 Abs. 2 Satz 3 MarkenG
Duldung		§ 21 Abs. 1, 2 MarkenG	§ 51 Abs. 2 Satz 1, 2 MarkenG
Benutzung		§§ 25, 26 MarkenG	§ 55 Abs. 3 Satz 1, 2 MarkenG
Mangelnde Bekanntheit	**Bestandskraft jüngererMarken**	§ 22 Abs. 1 Nr. 1 MarkenG	§ 51 Abs. 3 MarkenG
Verfallsreife		§ 22 Abs. 1 Nr. 2 Alt. 1 MarkenG	§ 51 Abs. 4 Nr. 1 (§ 55 Abs. 3 Satz 3) MarkenG
Löschungsreife		§ 22 Abs. 1 Nr. 2 Alt. 2 MarkenG	§ 51 Abs. 4 Nr. 2 MarkenG

Übersicht 28: Gleiche Reichweite von Löschungs- und Unterlassungsanspruch[185]

4. Namen, beschreibende Angaben, Ersatzteilgeschäft

998 Das Markengesetz schränkt das Benutzungsmonopol des Markeninhabers in § 23 zu Gunsten

- der lauteren Nutzung des eigenen Namens,

183 Die gleiche Reichweite des Schutzes einer Marke gegenüber kollidierenden Benutzungshandlungen eines jüngeren Zeichens einerseits und kollidierenden Eintragungen einer jüngeren Marke andererseits ist auch in den weiteren, in § 51 Abs. 2 MarkenG genannten Fällen gewährleistet, in denen eine Löschung des jüngeren Zeichens ausscheidet – Duldung der Benutzung des jüngeren Rechts und Zustimmung zu seiner Eintragung. Beide sind zwar nicht in § 22 MarkenG erwähnt, doch ist die Duldung in § 21 MarkenG als Tatbestand der »Verwirkung« selbstständig erfasst, und die Zustimmung des Inhabers zur Benutzung seines Kennzeichens schließt nach dem Wortlaut der §§ 14 ff. MarkenG Unterlassungs-, Übertragungs- oder Schadensersatzansprüche von vornherein aus.

184 § 22 Abs. 2, § 21 Abs. 3 MarkenG.

185 Zu den unterschiedlichen Regelungen im Hinblick auf die Wiederaufnahme einer unzureichenden Benutzung s. nachfolgend Rn. 1049 f.

- der Verwendung beschreibender Angaben und
- der Benutzung von Marken oder geschäftlichen Bezeichnungen im Ersatzteil- und Zubehörhandel

ein. Die Regelung trägt damit zum einen zwingenden Bedürfnissen des Marktes Rechnung, zum anderen muss sie im Zusammenspiel mit der nach §§ 3, 8 MarkenG großen Bandbreite eintragbarer Zeichen gesehen werden. Die Einschränkung des Benutzungsmonopols des Inhabers setzt jedoch voraus, dass die Kollision mit der Marke oder der geschäftlichen Bezeichnung nicht böswillig herbeigeführt wurde. Geschützt ist allein die »**lautere**« Nutzung, wie sich aus dem generellen Vorbehalt ergibt, dass die Benutzung nicht gegen die guten Sitten verstoßen darf.[186]

Dies gilt zunächst für die Verwendung des eigenen (Familien-) Namens und der Anschrift, etwa im Rahmen einer Firma.[187] Eine nach den §§ 21 ff. HGB zulässige Firmenfortführung lässt dieses Vorrecht unberührt. **999**

Sodann kann das mit einer Marke oder geschäftlichen Bezeichnung verbundene Benutzungsmonopol nicht gegenüber der Verwendung identischer oder ähnlicher Zeichen geltend gemacht werden, die »als Angabe über Merkmale oder Eigenschaften von Waren oder Dienstleistungen« benutzt werden.[188] Die Regelung wird verständlich, wenn man sich den fast identischen Wortlaut des § 8 Abs. 2 Nr. 2 MarkenG vor Augen hält. Dort sind zwar Marken, die ausschließlich aus beschreibenden Angaben bestehen, grundsätzlich von der Eintragung ausgeschlossen; das »absolute Eintragungshindernis« ist jedoch nach § 8 Abs. 3 MarkenG bei entsprechender Verkehrsgeltung überwindlich.[189] Die Regelung in § 23 Nr. 2 MarkenG garantiert, dass dem Verkehr die beschreibende Nutzung solcher allgemeiner Angaben nicht entzogen werden kann. Dies gilt, wie die Gesetzesbegründung ausdrücklich fest hält, vorbehaltlich einer lauteren Benutzung auch dann, wenn die beschreibende Angabe »im herkömmlichen Sinne markenmäßig« verwendet wird.[190] **1000**

Eben dies war indessen lange Zeit streitig[191] und schließlich Gegenstand einer Vorlage an den EuGH. Der entschied in dem vorgelegten Falle, in dem eine Marke (»Gerri«) mit der Benutzung einer ähnlichen geografischen Herkunftsangabe (»Kerry Spring«) in markenmäßiger Form auf Flaschenetiketten kollidierte, die einschlägigen Vorgaben der Markenrichtlinie[192] seien dahin auszulegen, dass im Falle des Bestehens einer klanglichen Verwechslungsgefahr zwischen einer in einem Mitgliedstaat eingetragenen Wortmarke einerseits und der Angabe der geografischen Herkunft eines aus einem anderen Mitgliedstaat stammenden Erzeugnisses im geschäftlichen Verkehr andererseits der Markeninhaber die Benutzung dieser geografischen Herkunftsangabe nur verbieten könne, wenn die Benutzung **nicht den an-** **1001**

186 Art. 6 Abs. 1 MarkenRL spricht insoweit von einer notwendigen Übereinstimmung mit den »anständigen Gepflogenheiten in Gewerbe oder Handel«, was wiederum der Pflicht entspricht, den berechtigten Interessen des Markeninhabers nicht in unlauterer Weise zuwiderzuhandeln; vgl. EuGH GRUR Int. 1999, 438, 442 – BMW; MarkenR 2004, 57, 59 – Gerolsteiner Brunnen (Gerolsteiner/Putsch) mit Anm. *Prehm* EWiR 2004, 245.

187 § 23 Nr. 1 MarkenG; vgl. dazu OLG Hamburg GRUR-RR 2006, 228 – Weingarten Eden.

188 § 23 Nr. 2 MarkenG.

189 S. dazu oben Rn. 484 ff.

190 So die amtl. Begründung, BT-Drs. 12/6581, S. 74.

191 S. etwa OLG Hamburg GRUR 1997, 659 – Bree; OLG Stuttgart WRP 1996, 634, 637 – Baggerparty.

192 Art. 6 Abs. 1 lit. b MarkenRL 89/104/EWG.

ständigen Gepflogenheiten in Gewerbe oder Handel entspreche. Insoweit sei es Sache des nationalen Gerichts, eine globale Beurteilung aller Umstände des Einzelfalls vorzunehmen.[193]

1002 Das Tatbestandsmerkmal der anständigen Gepflogenheiten, so der EuGH, entspreche in der Sache der Pflicht, den berechtigten Interessen des Markeninhabers nicht in unlauterer Weise zuwiderzuhandeln. Darin liege das **einzige** Kriterium der Beurteilung, weshalb sich im vorgelegten Fall nicht die Frage einer markenmäßigen Benutzung stelle, sondern allein die, ob bei dem Hersteller des mit der geografischen Herkunftsangabe versehenen Getränks anzunehmen sei, dass er gegenüber dem Markeninhaber – etwa im Hinblick auf die Form und die Etikettierung der Flaschen – unlauteren Wettbewerb betreibe.[194]

1003 Zwingenden Bedürfnissen des Marktes wird schließlich auch § 23 Nr. 3 MarkenG gerecht, der die Exklusivität der Nutzung von Marken oder geschäftlichen Bezeichnungen im **Ersatzteil-** und **Zubehörhandel** beschränkt. Beide Branchen wären übermäßig behindert, bliebe ihnen die Nennung der Marken oder geschäftlichen Bezeichnungen, auf die sich ihr Angebot bezieht, versagt oder nur im Rahmen eines Lizenzvertrages möglich. Marktabschottungen wären die erwartbare Folge.[195] Die Benutzung solcher Angaben kann danach aus dem Recht an der Marke nicht unterbunden werden, wenn sie als Hinweis auf die Bestimmung der Ware **notwendig** ist und die Benutzung nicht gegen die guten Sitten (»die anständigen Gepflogenheiten in Gewerbe oder Handel«) verstößt.

1004 Angesichts der widerstreitenden Interessen des Inhabers einer Marke an der exklusiven Verwendung seines Zeichens auf der einen Seite und des Verkehrs an der Nutzung eben dieses Zeichens zur Kommunikation der Bestimmung eines komplementären Produkts auf der anderen, kommt der Einschränkung entscheidende Bedeutung zu, wonach die Benutzung »nicht gegen die guten Sitten« verstoßen darf. Dies um so mehr, als das Merkmal der »Notwendigkeit« häufig aus technischen Gründen erfüllt ist.

1005 Beispiel: Die Klägerin vertreibt Staubsauger unter der Bezeichnung »Vorwerk Kobold«. Sie wendet sich aus ihrem Firmenschlagwort »Vorwerk« sowie mehreren Wortmarken (»Vorwerk«, »Vorwerk-Kobold«, »Kobold«) sowie der Wort-/Bildmarke »Vorwerk«, eingetragen für Staubsauger nebst Zubehör und Verbrauchsmaterialien wie Filter und Staubbeutel, gegen die Beschriftung von Staubbeuteln mit dem Schriftzug »Filtertüte passend für VORWERK KOBOLD 132« durch ein Konkurrenzunternehmen.

193 EuGH MarkenR 2004, 57 – Gerolsteiner Brunnen (Gerolsteiner/Putsch).

194 EuGH MarkenR 2004, 57 – Gerolsteiner Brunnen (Gerolsteiner/Putsch); nachfolgend BGH MarkenR 2004, 359 – Regiopost/Regional Post; MarkenR 2005, 198 – Staubsaugerfiltertüten.

195 Zum wettbewerbsrechtlichen Schutz, der die Ratio des § 23 Nr. 3 MarkenG nicht unterlaufen darf, vgl. BGH DB 1996, 1618, 1620 – OEM-kompatibel.

Klagemarke VORWERK

Aufschrift auf Filtertüte der Beklagten

Die Berufungsinstanz hat in dieser Konstellation eine Kollisionslage nach § 14 Abs. 2 Nr. 2 MarkenG bejaht und die Voraussetzungen des § 23 Nr. 3 MarkenG verneint. Zwar würden die beanstandeten Zeichen als Hinweis auf die Bestimmung der Ware, nämlich als Zubehör für ein »Vorwerk«-Staubsaugergerät des Typs »Kobold 130« zu dienen, benutzt. Dies erschließe sich für den Verkehr deutlich aus dem Aufdruck »Filtertüte passend für VORWERK KOBOLD 130«. Als solcher sei der Hinweis auch **notwendig**, da es verschiedene Staubsaugerhersteller gebe, die unterschiedliche Typen anböten, für die wiederum nur bestimmte Filtertüten passten. Auch stehe es der Anwendbarkeit von § 23 Nr. 3 MarkenG nicht entgegen, wenn die angegriffene Bezeichnung »nach Art einer Marke« verwendet werde. 1006

Die Verwendung der in Rede stehenden Marken, insbesondere der Bezeichnungen »VORWERK« und »VORWERK KOBOLD« verstoße aber in ihrer konkreten Gestaltung **gegen die guten Sitten**, weil die Beklagte die Herkunft dieser Filtertüten aus ihrem Hause nicht hinreichend deutlich gemacht und die mit der notwendigen Bestimmungsangabe unvermeidlich verbundene Irreführungsgefahr nicht durch zumutbare Maßnahmen auf ein für die Klägerin hinzunehmendes Maß reduziert habe. Die hervorgehoben aufgedruckte Marke der Beklagten »EURO PLUS« mit der Weltkugel reiche nicht aus, um dem Verkehr hinreichend deutlich zu signalisieren, dass die so bezeichnete Filtertüte nicht aus dem Unternehmen der Markeninhaberin oder aus einem mit ihr organisatorisch oder wirtschaftlich verbundenen Unternehmen stamme. Der Verkehr könne die Marke der Beklagten auch für eine Zweitmarke der Klägerin halten.[196] 1007

Der BGH folgte dieser Einschätzung zu Recht nicht.[197] Eine mit der notwendigen Benutzung einer fremden Marke als Hinweis auf die Bestimmung der eigenen Ware verbundene Verwechslungsgefahr reiche als solche noch nicht aus, um die Benutzung als Verstoß gegen die guten Sitten i.S.d. § 23 MarkenG zu qualifizieren. Maßgeblich sei vielmehr die Beurteilung, ob unter **Würdigung aller Umstände des Einzelfalls**, insbesondere der Aufmachung, innerhalb derer die fremde Marke zur Angabe der Bestimmung der eigenen Ware verwendet werde, den **berechtigten Interessen des Markeninhabers** in **unlauterer** Weise **zuwidergehandelt** werde. Solle die Unlauterkeit in einer **Irreführung** über die Herkunft der angebotenen Waren oder über besondere Beziehungen zwischen dem Anbietenden und dem Unternehmen des Markeninhabers bestehen, müssten daher **erhöhte** Anforderungen an 1008

196 OLG Nürnberg MD 2002, 418 – Demoskopisches Gutachten.
197 BGH MarkenR 2005, 198 – Staubsaugerfiltertüten.

den Nachweis einer einen Verstoß gegen die guten Sitten begründenden Täuschungsgefahr gestellt werden.

1009 Die seien hier nicht erfüllt. Die Beklagte habe sprachlich unmissverständlich klargestellt, dass es sich um Filtertüten »für« den genannten Staubsaugertyp handele. Sie habe diesen Hinweis unübersehbar hervorgehoben. Sie habe in deutlich größerem Schriftbild ihre eigene Marke (»EURO PLUS« mit Weltkugel und »®«-Symbol) vorangestellt. Sie habe damit eine Gestaltung gewählt, welche eine verbleibende Verwechslungs- bzw. Irreführungsgefahr als im Rahmen des § 23 MarkenG nicht rechtlich relevant erscheinen lasse. Unerheblich sei bei der in diesem Zusammenhang gebotenen Würdigung, ob die Beklagte mit dem Aufdruck ihrer eigenen Firma mit Anschrift einer Zuordnungsverwirrung des Verkehrs **noch weiterreichend** hätte entgegensteuern können. Denn die Schutzschranke des § 23 MarkenG erfordere nicht, dass der Lieferant von Ersatz- oder Zubehörteilen oder der Erbringer von Dienstleistungen Maßnahmen ergreife, die **jegliche** denkbare Fehlvorstellung des Verkehrs über die Herkunft der Ware ausschlössen. Dem ist schon deshalb zuzustimmen, weil dies nur mit einem völligen Verzicht auf die Verwendung des geschützten Zeichens sichergestellt werden könnte, womit die Regelung letztlich leer liefe.

1010 Die Regelung in § 23 Nr. 3 MarkenG gilt nach ihrem klaren Wortlaut auch für **Dienstleistungen** auf den genannten Sektoren. Grenzen ergeben sich aber – über das generelle Lauterkeitserfordernis hinaus – für Handel und Dienstleistung aus der Beschränkung auf »notwendige« Benutzungshandlungen. Der Schutzbereich des § 23 MarkenG wird deshalb verlassen, wo die Marke oder geschäftliche Bezeichnung nicht mehr zur Bezeichnung der Teile, des Zubehörs oder der Dienstleistung, sondern davon losgelöst, etwa in der Werbung für das Unternehmen eingesetzt wird.[198]

5. Erschöpfung

1011 Die praktisch bedeutsamste Grenze der mit dem Recht an einer Marke oder geschäftlichen Bezeichnung verbundenen Exklusivität ihrer Benutzung liegt in der so genannten Erschöpfung.

a) Begriff

1012 Der ursprünglich von der Rechtsprechung entwickelte Begriff der Erschöpfung besagt, dass dem Inhaber einer Marke oder geschäftlichen Bezeichnung hinsichtlich der konkreten, physischen Waren,[199] die er selbst – oder mit seiner Zustimmung ein Dritter – einmal in den Verkehr gebracht hat, keine markenrechtlichen Ansprüche mehr zustehen, die den weiteren **Vertrieb** oder die dafür betriebene **Werbung**[200]

198 S. dazu EuGH MarkenR 1999, 84 – BMW/Deenik (Instandsetzung und die Wartung von BMW-Fahrzeugen).

199 Erschöpfung tritt niemals für die Warenarten, für die die Marke angemeldet ist, sondern immer nur für die einzelnen Exemplare der Warengattung (»Warenstücke«) ein. Zu den daraus resultierenden Grenzen s. BGH MarkenR 2003, 395, 396 – Vier Ringe über Audi.

200 Vgl. für Werbung und Vertrieb sog. EU-Neuwagen OLG Düsseldorf GRUR-RR 2001, 299, BGH MarkenR 2003, 395, 396 – Vier Ringe über Audi, sowie EuGH MarkenR 1999, 84 – BMW/Deenik: Der Inhaber einer Marke kann einem Dritten nach den Artikeln 5 bis 7 MarkenRL die Benutzung dieser Marke zu dem Zweck, die Öffentlichkeit darauf hinzuweisen, dass er Waren dieser Mar-

Dritter untersagen oder beschränken könnten. Seine Rechte aus der Marke »erschöpfen sich«.

Aus der Perspektive des europäischen Rechts ist diese Beschränkung des Benutzungsmonopols des Inhabers auf das **erstmalige Inverkehrbringen** einer Ware unter seiner Marke oder geschäftlichen Bezeichnung eine notwendige Begrenzung des Individualrechts zu Gunsten des **freien Warenverkehrs** im Spannungsfeld der Art. 28 und 30 EG. Läge es anders, könnte der Inhaber einer Marke den gesamten Vertriebsweg der mit seiner Marke bezeichneten Ware nach Belieben beschränken, Dritte davon ausschließen und Export, Re- oder Parallelimport mit dem Ziel der künstlichen Abschottung von Teilmärkten verhindern. Eben dies liefe dem Konzept eines gemeinsamen Marktes ohne Binnengrenzen zuwider. 1013

b) Voraussetzungen

Die Erschöpfung des Rechts an einer Marke ist nach Auffassung des EuGH in den Art. 5 bis 7 MarkenRL **vollständig harmonisiert**; die Richtlinie legt damit die Rechte von Markeninhabern in der Gemeinschaft insoweit abschließend fest.[201] Art. 7 Abs. 1 MarkenRL gibt verbindlich die Grenze vor: »Die Marke gewährt ihrem Inhaber nicht das Recht, einem Dritten zu verbieten, die Marke für Waren zu benutzen, die unter dieser Marke von ihrem Inhaber oder mit seiner Zustimmung in der Gemeinschaft in den Verkehr gebracht worden sind.« § 24 Abs. 1 MarkenG erweitert diese Regel, der Systematik des Markengesetzes entsprechend, auf alle Marken im Sinne des § 4 MarkenG und auf die geschäftlichen Bezeichnungen im Sinne des § 5 MarkenG. 1014

»**In den Verkehr**« sind Waren dann gebracht, wenn der Inhaber die rechtliche oder tatsächliche Verfügungsgewalt über die markierte Ware zu Gunsten eines Dritten aufgegeben hat. Ob der Dritte, der diese Verfügungsgewalt erhält, einen Weitervertrieb beabsichtigt oder dazu schuldrechtrechtlich befugt ist, ist unerheblich. Richtlinie und ihr folgend das Markengesetz beschränken die Erschöpfung allerdings **territorial** auf das **Gemeinschaftsgebiet**[202]. Daraus folgt, dass eine in Drittstaaten durch den Inhaber oder mit seiner Zustimmung in Verkehr gebrachte Ware nicht der innergemeinschaftlichen Erschöpfung unterliegt, mit der Konsequenz, dass ihr Import in die Gemeinschaft ohne dessen Zustimmung das Markenrecht des Inhabers verletzt. 1015

---

ke, die unter der Marke von deren Inhaber oder mit seiner Zustimmung in den Verkehr gebracht wurden, in Stand setzt und wartet oder dass er auf den Verkauf, die Instandsetzung oder Wartung dieser Waren spezialisiert oder für diese Fachmann ist, nicht verbieten, sofern die Marke nicht in einer Weise benutzt wird, die den Eindruck erwecken kann, dass eine Handelsbeziehung zwischen dem Drittunternehmen und dem Markeninhaber besteht, insbesondere das Unternehmen des Wiederverkäufers dem Vertriebsnetz des Markeninhabers angehört oder eine Sonderbeziehung zwischen den beiden Unternehmen besteht.

201 EuGH GRUR 1998, 919 – Silhouette; MarkenR 2002, 16 – Zino Davidoff und Levi Strauss.

202 Das Erschöpfungsgebiet umfasst neben den EU-Mitgliedsstaaten auch die EWR-Länder Island, Liechtenstein und Norwegen (Diese Erweiterung ergibt sich aus dem EWR-Abkommen selbst, s. dazu Art. 2, Protokoll 28 über geistiges Eigentum zum EWR-Abkommen); zur gemeinschaftsweiten Erschöpfung s. EuGH GRUR 1998, 919, 920 – Silhouette; MarkenR 1999, 240, 242 – Sebago; MarkenR 2003, 193, 195 – stüssy; zu Gunsten einer größeren Freiheit der EWR-Staaten Island, Norwegen und Liechtenstein hinsichtlich der Bestimmung der territorialen Reichweite der Erschöpfung nach nationalem Recht s. EFTA-Gerichtshof GRUR Int. 1998, 309 – Maglite; ausf. zur Aufgabe der internationalen Erschöpfung durch das europäische Sekundärrecht *Marx*, in: *Baudenbacher*, Aktuelle Probleme des Europäischen und Internationalen Wirtschaftsrechts, S. 241 ff.

1016 Die zuvor von der deutschen Rechtsprechung angenommene **weltweite Erschöpfung**[203] ist damit obsolet. In der Entscheidung »Gefärbte Jeans«[204] hat der Bundesgerichtshof zwar zu Recht anklingen lassen, dass die durch das europäische Sekundärrecht erzwungene, territoriale Beschränkung auf den EU-/EWR-Raum der Förderung des internationalen Handelsverkehrs nicht eben dienlich sei, ihre Verbindlichkeit jedoch nicht in Frage gestellt.[205] In dem vom Bundesgerichtshof entschiedenen Fall konnte die Markeninhaberin den Import von Jeans untersagen, die unter ihrer Marke nur in den USA, nicht im EU- oder EWR-Raum in den Verkehr gebracht worden waren: ihr Markenrecht hatte sich nicht erschöpft.[206] Die Marke oder geschäftliche Bezeichnung bleibt damit in Bezug auf **Drittstaaten** ein taugliches Mittel zur Etablierung und Separierung von Teilmärkten. Import von Markenwaren, etwa aus der Schweiz oder den USA, und ihr Vertrieb in der EU können vom Markeninhaber kennzeichenrechtlich unterbunden werden, solange die Waren nicht durch ihn selbst oder mit seiner Zustimmung auf diesen Markt gelangt sind.

1017 Maßgeblich für das Kriterium der **Zustimmung** ist der Einfluss Inhabers auf den Akt des Inverkehrbringens. **Mit** Zustimmung des Inhabers einer Marke gelangen Waren danach in den Verkehr,

- wenn er sie **selbst** mit der Marke versieht und **erstmalig an Dritte** veräußert,
- wenn Produktion und Veräußerung unter der Marke **im Auftrag** des Inhabers durch Dritte erfolgen,[207]
- wenn ein **Lizenznehmer** Produktion und Veräußerung im Rahmen eines mit dem Inhaber geschlossenen Lizenzvertrages durchführt,[208]
- wenn die Ware im Rahmen eines **Konzernverbundes** von einem rechtlich und wirtschaftlich vom Inhaber der Marke abhängigen Unternehmen in den Verkehr gebracht wird[209]
- wenn identische oder ähnliche Marken in einzelnen Mitgliedsländern der EU für jeweils rechtlich selbstständige, aber **konzernverbundene Gesellschaften** eingetragen sind,[210] oder wenn ein und dieselbe Marke für den **Hersteller** im einen und dessen **Alleinimporteur** im anderen Mitgliedsland eingetragen ist und einer der Inhaber die Markenware in das Schutzland des anderen einführt:[211] das Inverkehrbringen des einen Markeninhabers ist in solchen Fällen dem jeweils anderen zuzurechnen. Die mehrfache nationale Anmeldung derselben Marke für verbun-

203 Vgl. etwa BGH GRUR 1964, 372 – Maja und GRUR 1973, 468 – Cinzano.
204 BGH GRUR 1996, 271, 272.
205 Vgl. auch OLG München GRUR Int. 1996, 730 – GT ALL TERRA, auch zur Vereinbarkeit mit dem WTO- sowie dem TRIPS- Übereinkommen, sowie LG Düsseldorf GRUR Int. 1996, 732 – adidas-Import.
206 Die Ware war darüber hinaus auch im Sinne des § 24 Abs. 2 MarkenG qualitativ verändert worden; s. dazu nachfolgend c).
207 OLG Köln GRUR 2000, 56, 57 – Dachbahnen (awa).
208 Zur Bedeutung von Vertragsverstößen für den Eintritt der Erschöpfung s. nachfolgend Rn. 1018, Fn. 214.
209 EuGH GRUR Int. 1990, 960 ff., 961 Nr. 12 – HAG II.
210 EuGH GRUR Int. 1994, 614, 616 – Ideal Standard II; BGH GRUR 1973, 468, 470 – Cinzano.
211 BGH GRUR 1983, 177, 178 – AQUA KING.

dene Unternehmen in mehreren Mitgliedsländern eignet sich deshalb nicht zur Absicherung von Alleinvertriebsrechten;

- wenn der Inhaber der Marke die Ware an einen Abnehmer innerhalb des EWR liefert, der sie unter Missachtung eines vereinbarten Verbotes des Wiederverkaufs im EWR weiterveräußert,[212] oder
- wenn der Markeninhaber im Rahmen eines Vertriebsbindungssystems seinen Depositären als Maßnahme der Verkaufsunterstützung so genannte »Parfümtester« mit Originalware zum vollständigen Verbrauch überlässt, ohne die entleerten Behältnisse zurückzufordern, auch wenn die Ware nicht im Rahmen eines regulären Handelsverkehrs zum Absatz an den Endverbraucher bestimmt ist.[213]

Nicht mit Zustimmung des Inhabers einer Marke gelangen Waren in den Verkehr, **1018**

- wenn der Inhaber Markenwaren an Abnehmer außerhalb des EWR geliefert hat und diese in den Binnenmarkt zurück verbracht werden; darauf, ob dies ausdrücklich untersagt oder die Ware entsprechend gekennzeichnet wurde, kommt es nicht an; es gibt weder eine implizite Zustimmung zum Reimport durch Schweigen, noch gibt es eine Erschöpfung zu Gunsten eines »gutgläubigen« Reimports Dritter;[214]
- wenn ein Lizenznehmer die Ware unter der Marke veräußert und dabei hinsichtlich
  - der Dauer der Lizenz,
  - der von der Eintragung erfassten Form, in der die Marke benutzt werden darf,
  - der Art der Waren oder Dienstleistungen, für die die Lizenz erteilt wurde,
  - des Gebiets, in dem die Marke angebracht werden darf, oder
  - der Qualität der von ihm hergestellten Waren oder der von ihm erbrachten Dienstleistungen

  gegen eine Bestimmung des Lizenzvertrages verstößt;[215] verlässt der Lizenznehmer den vereinbarten Umfang der Lizenz in einem dieser Punkte, etwa in territorialer Hinsicht, ist sein Verhalten nicht mehr vom Willen des Inhabers gedeckt. Dessen Recht aus der Marke kann sich deshalb hinsichtlich der vom Lizenznehmer unbefugt – im Beispiel: außerhalb des Lizenzvertragsgebietes – in Verkehr gebrachten Waren auch nicht erschöpfen: Er hat Unterlassungs- und ggf. Schadensersatzansprüche nicht nur gegen seinen vertragsbrüchigen Lizenznehmer, sondern auch gegen alle weiteren, mit dem Vertrieb der Waren befassten Personen;[216]

---

212 EuGH MarkenR 2005, 41, 43 – Peak Holding/Axolin-Elinor.
213 OLG Hamburg GRUR-RR 2004, 355 – Parfümtester.
214 EuGH MarkenR 2001, 448, 451 – Davidoff.
215 § 30 Abs. 2 MarkenG.
216 Vgl. LG Düsseldorf GRUR Int. 1996, 732 – adidas-Import; andere als die in § 30 Abs. 2 MarkenG genannten Verstöße gegen Bestimmungen des Lizenzvertrages können dagegen nur aus dem Vertrag selbst, nicht aus §§ 14 ff. MarkenG verfolgt werden; deshalb tritt in allen anderen Fällen mit dem Inverkehrbringen Erschöpfung ein, sodass keine markenrechtlichen Ansprüche gegenüber nachfolgenden Vertriebspartnern des Lizenznehmers bestehen; s. unten Rn. 1129 ff.

- wenn sog. Customer-return-Ware, die nicht ursprünglich als Neuware autorisiert in die EU gelangt ist, mit einer markenrechtlich geschützten Bezeichnung ohne Zustimmung des Markenrechtsinhabers in den EU-Wirtschaftsraum importiert wird[217].

1019 Wohl mit Zustimmung des Inhabers der Marke eingeführt, aber noch nicht **in den Verkehr gelangt** sind Waren, die der Markeninhaber in den EWR eingeführt hat, um sie dort zu verkaufen und die er in eigenen Geschäften oder in Geschäften verbundener Unternehmen zum Verkauf an Verbraucher im EWR angeboten hat, solange sie noch nicht verkauft worden sind.[218]

c) Grenzen der Erschöpfung

1020 Der Grundsatz der EU- bzw. EWR-weiten Erschöpfung gilt nicht uneingeschränkt. Der Inhaber einer Marke kann sich auch dem **weiteren** Vertrieb seiner Ware unter seiner Marke oder seinem geschäftlichen Kennzeichen widersetzen, wenn er dafür »**berechtigte Gründe**« vorbringen kann. § 24 Abs. 2 MarkenG nennt beispielhaft die **Veränderung** oder **Verschlechterung** der Ware.

1021 Die Grenze, die der Erschöpfungsgrundsatz in solchen Fällen findet, knüpft an die **Herkunfts-**, insbesondere aber an die **Qualitäts-** und **Garantiefunktion** der Marke an.[219] Mit der Marke verbindet der Markenkonsument Vorstellungen über charakteristische Sacheigenschaften der Ware, für deren Konstanz der hinter der Marke stehende Hersteller garantiert. Ein diese Eigenschaften verändernder Eingriff Dritter tangiert die genannten Funktionen und verletzt das legitime Interesse des Markeninhabers an einer ungestörten **Kommunikation** mit dem Endkunden.

1022 In dem zitierten Fall »Gefärbte Jeans« hatte die Beklagte von der Klägerin hergestellte, bereits getragene »Levi's 501«-Jeans aufgekauft, ohne Zustimmung der Klägerin chlorgebleicht, neu eingefärbt und teilweise zu Shorts verkürzt. Die Marke der Klägerin war auf Gesäßtasche, Knöpfen und Nieten erhalten. Im Ladenlokal der Beklagten befand sich überdies ein Hinweis mit der Aufschrift »Used Levi's 501 original USA, ... diese Second-Hand-Jeans wurden nicht von der Firma Levi Strauss eingefärbt«. Die Klägerin drang mit ihrer Klage auf Schadensersatz und Vernichtung gleichwohl durch. Die Weiterveräußerung der so veränderten Jeans, so der BGH, beeinträchtige die einer Marke innewohnende Funktion, auf eine gleichmäßige Beschaffenheit der Markenartikel hinzuweisen und unterfalle deshalb dem Verbot kennzeichenrechtswidriger Verwendung. Unerheblich sei, dass es sich um gebrauchte Waren handele, wirke doch die Hinweisfunktion der Marke, bei getragenen Jeans zumal, für die Ware im gebrauchten Zustand fort.[220]

1023 Dass die Garantie- und Kommunikationsfunktion einer Marke oder geschäftlichen Bezeichnung auch dann an nachträglichen Eingriffen Dritter in die Sacheigenschaften der gekennzeichneten Ware leidet, wenn die Ware nicht **verschlechtert**, sondern nur **verändert** oder gar **veredelt** wird, zeigt plastisch der Fall »Rolex-Uhren«, über den das OLG Karlsruhe zu entscheiden hatte. In Rede stand unter anderem die Ausstattung einer Uhr der Marke Rolex mit Brillanten auf Lünette und Zifferblatt – un-

217 OLG Hamburg MarkenR 1999, 302 – Customer-Return-Ware.
218 EuGH MarkenR 2005, 41 – Peak Holding/Axolin-Elinor.
219 S. dazu oben Rn. 64 ff.
220 BGH GRUR 1996, 271, 273 mit weiteren Nachweisen aus der Rechtsprechung zum WZG.

ter fortdauernder Verwendung der Originalmarke und ohne Zustimmung der Inhaberin, die ähnliche Ausstattungen selbst anbietet.[221] Das Gericht erkannte auch hier eine Verletzung des Markenrechts an. Dies, obwohl die Veränderung des Originalprodukts (zulässigerweise) von einem Privaten vorgenommen, die Uhr später versteigert, und erst danach vom Ersteigerer wieder im geschäftlichen Verkehr angeboten worden war. Während weder der Voreigentümer[222] noch der von diesem beauftragte Juwelier markenrechtlich hätten belangt werden können, habe der Ersteigerer die veränderte Uhr im Rahmen seines Geschäftsbetriebes angeboten und damit die Marke unbefugt **im geschäftlichen Verkehr** benutzt. Ein Eingriff in das verfassungsrechtlich geschützte Eigentum sei nicht gegeben, da das Objekt schon unter dem Vorbehalt der Wahrung der Rechte des Zeicheninhabers erworben worden sei.

Eine die Erschöpfung nach § 24 Abs. 1 MarkenG ausschließende Produktveränderung i.S. von § 24 Abs. 2 MarkenG liegt auch vor, wenn Mobiltelefone, mit denen auf Grund einer Sperre (sog. **SIM-Lock**) nur in einem bestimmten Mobilfunknetz telefoniert werden kann, nach dem Inverkehrbringen durch den Markeninhaber von Dritten ohne dessen Zustimmung entsperrt werden.[223] Unerheblich ist, ob die Geräte dabei Schaden nehmen, ob sie in ihrer Funktion oder in ihrem Erscheinungsbild beeinträchtigt werden oder ob der Inhaber der Marke dasselbe Gerät auch ohne Sperre vertreibt. Selbst wenn die Entsperrung ohne Eingriff in die installierte Software möglich wäre, so der BGH, sei ebenfalls eine **Veränderung** der mit der Marke der Klägerin gekennzeichneten Mobiltelefone anzunehmen. Auch in diesem Fall werde auf eine Eigenschaft der mit der Marke gekennzeichneten Mobiltelefone eingewirkt. Es werde der Verwendungszweck verändert, den die Markeninhaberin beim Inverkehrbringen der Mobiltelefone vorgesehen habe. Zu den Merkmalen, auf die sich die Garantiefunktion der Marke beziehe, gehöre auch die von der Klägerin vorgesehene Sperrfunktion.[224] 1024

Markenrechtlich unbedenklich und damit vom Erschöpfungsgrundsatz erfasst bleiben dessen ungeachtet Eingriffe oder Veränderungen an einer Markenware, die vom Verkehr erwartet werden. So sind etwa bei langlebigen Wirtschaftsgütern wie Kraftfahrzeugen **Reparaturen** oder Lackierungen dermaßen üblich, dass der Weiterverkauf des reparierten oder optisch – etwa durch eine Lackierung – veränderten Gebrauchtwagens unter der Originalmarke keinen Eingriff in das Zeichenrecht des Inhabers darstellen kann.[225] Anders läge es freilich, wenn wesentliche Teile wie Motor oder Fahrwerk, die die Identität des Markenartikels (mit) ausmachen, gegen Fremdfabrikate ausgetauscht oder Neuwagen des Markenherstellers entsprechend verändert würden.[226] 1025

221 OLG Karlsruhe GRUR 1995, 417.
222 Vgl. BGH GRUR 1998, 696 – Rolex-Uhr mit Diamanten: Eine Privatperson, welche sich mit einer veränderten Markenware kleidet, verletzt in rechtlich relevanter Weise weder die Marke noch den berühmten Namen des Markeninhabers.
223 BGH MarkenR 2005, 45 – SIM-Lock.
224 BGH MarkenR 2005, 45 – SIM-Lock.
225 Vgl. *Fezer* Markenrecht, § 24 Rn. 48.
226 Vgl. dazu BGH GRUR 1990, 678, 679 – Herstellerkennzeichen auf Unfallwagen.

d) »Berechtigte Gründe« vs. Re- und Parallelimport

1026 Eine spezifische Grenze des Erschöpfungsgrundsatzes markieren schließlich die im Arzneimittelbereich häufigen, sog. **Umpackfälle**, in denen Markenwaren von Dritten re- oder parallelimportiert, in landestypische Packungsgrößen umverpackt und sodann unter der Marke des Herstellers erneut auf den Markt gebracht werden, um ein zwischen einzelnen Mitgliedstaaten etabliertes Preisgefälle auszunutzen. Gesteht man schon das Recht, die Ware mit der eigenen Marke zu versehen, ausschließlich und nicht nur beim ersten Inverkehrbringen dem Inhaber des Zeichens zu, kann in den Fällen einer echten Neukennzeichnung eine Erschöpfung erst gar nicht eintreten.[227] Allerdings lässt § 24 Abs. 1 MarkenG eine derartige Beschränkung nach seinem Wortlaut nicht erkennen. Und der EuGH hat in der genannten Entscheidung[228] – bereits lange vor Inkrafttreten der Markenrichtlinie – die markenrechtliche Abwehr der echten Neukennzeichnung unter bestimmten Voraussetzungen, namentlich, wenn dadurch eine »künstliche Abschottung der Märkte zwischen den Mitgliedstaaten« verfolgt werde, nach europäischem Primärrecht als **verschleierte Handelsbeschränkung** im Sinne des Art. 36 Satz 2 EGV (jetzt: Art. 30 Satz 2 EG) abgelehnt.

1027 Geht man von einer grundsätzlichen Erschöpfung **aller** Benutzungsformen im Sinne des § 14 Abs. 2, 3 MarkenG mit dem **erstmaligen** Inverkehrbringen einer Ware aus, stellt sich die Frage der Rechte des Inhabers gegenüber einer späteren Neukennzeichnung seiner Ware unter seiner Marke im Rahmen der »berechtigten Gründe« für eine Ausnahme vom Erschöpfungsgrundsatz nach § 24 Abs. 2 MarkenG. Während die echte Neukennzeichnung regelmäßig und spätestens hier dem Inhaber vorbehalten bleibt, weil er allein für die Qualität seines Markenprodukts garantieren kann und will, haben solche Fälle die Gerichte erheblich beschäftigt, in denen sowohl die Marke des Inhabers als auch das Produkt selbst das Umpacken ohne physische Beeinträchtigung überstehen. Fraglich war die Reichweite des Rechts aus der Marke insbesondere in grenzüberschreitenden Konstellationen vor dem Hintergrund der Art. 28, 30 EG (vormals Art. 30, 36 EGV), Art. 7 MarkenRL, wenn die neue Verpackung die originale weder entfernte noch ersetzte, sondern durch ein Klarsichtfenster lediglich sichtbar machte und im Übrigen auf das Umpacken und den Importeur hinwies. Fälle dieser Art waren mehrfach Gegenstand von Vorlagen an den EuGH.[229]

1028 In der Entscheidung »Vibramycin« hatte der EuGH den Reimport eines pharmazeutischen Erzeugnisses sanktioniert, »wenn der Importeur dieses Erzeugnis in der Weise umpackt, dass er lediglich die äußere Umhüllung ersetzt, ohne die innere Verpackung zu berühren, und dass er das von dem Hersteller auf der inneren Verpackung angebrachte Warenzeichen durch die neue äußere Umhüllung hindurch sichtbar macht, wobei er auf der äußeren Umhüllung deutlich darauf hinweist, dass das Erzeugnis von der Tochtergesellschaft des Inhabers hergestellt und vom Importeur neu verpackt worden ist.«[230] Der Verbraucher werde dann nicht über die Herkunft der Ware irregeführt.

227 EuGH GRUR 1978, 599 – Hoffmann-La Roche/Centrafarm.
228 EuGH GRUR 1978, 599 – Hoffmann-La Roche/Centrafarm.
229 EuGH GRUR Int. 1996, 1150 – Eurim-Pharm.
230 EuGH NJW 1982, 1210 – Vibramycin.

In einer Reihe weiterer Entscheidungen bestimmte der EuGH sodann generell die Voraussetzungen, unter denen Parallelimport unter Umpacken von Arzneimitteln markenrechtlich nicht unterbunden werden kann.[231] Danach sind Umpacken und Re- oder Parallelimport unter folgenden Bedingungen zulässig: 1029

- Die Unterbindung des Umpackens würde zu einer **künstlichen Abschottung der Märkte** zwischen den Mitgliedstaaten führen, weil der Importeur wegen vorgeschriebener Packungsgrößen, bestehender Verschreibungsgewohnheiten oder einer sonstigen nationalen Praxis das Arzneimittel nur in veränderter Konfektion im Einfuhrmitgliedstaat vertreiben kann. 1030
- Der **einwandfreie Zustand** des Originalprodukts ist gewährleistet; die neue Verpackung kann weder dem Produkt selbst, noch dem Ansehen des Herstellers Schaden zufügen.
- Beim Zerschneiden von Blisterstreifen oder beim Aufstempeln von Chargennummern wird so vorgegangen, dass jedes konkrete Risiko einer Beeinträchtigung des Originalzustandes der Ware ausgeschlossen ist. Die Aufmachung der neuen Umverpackung, deren Qualität oder das Beifügen loser Blisterstreifen außerhalb der Originalpackung dürfen den **Ruf der Marke** des Herstellers nicht schädigen.
- Ein inhaltlich korrekter und vollständiger **Beipackzettel** schließt eine mittelbare Beeinträchtigung der Qualität des Produkts aus.
- Auf der neuen Verpackung ist klar und für einen normalsichtigen und durchschnittlich aufmerksamen Verbraucher verständlich **angegeben, von wem** das Arzneimittel umgepackt worden ist und wer der Hersteller ist. Dagegen braucht nicht angegeben zu werden, dass das Umpacken ohne Zustimmung des Herstellers erfolgt ist.
- der Importeur **unterrichtet** den Markeninhaber vorab vom Feilhalten des umgepackten Arzneimittels und liefert auf Verlangen ein **Muster** der umgepackten Ware.

Die Rechtsprechung des EuGH macht deutlich, dass jede Einschränkung der gemeinschaftsrechtlichen Warenverkehrsfreiheit aus individuellen gewerblichen Schutzrechten einer spezifischen Rechtfertigung bedarf, und dass diese Rechtfertigung nicht weiter reichen kann, als dies die Qualitäts- und Garantiefunktion der Marke und der Schutz der Verbraucher verlangen. Sind diese Funktionen erfüllt, so der EuGH,[232] brauche deshalb grundsätzlich nicht nach den beiden Fällen unterschieden werden, dass die Marke von einem Dritten nach dem Umpacken der Ware erneut angebracht werde, oder dass die vom Hersteller auf der Originalpackung angebrachte Marke von einem Dritten in der Art weiter verwendet werde, dass er sie durch eine neue äußere Verpackung hindurch sichtbar mache oder die äußere Originalverpackung als solche beibehalte. 1031

Der EuGH hat die genannte Voraussetzung für ein zulässiges Umpacken der Markenware, dass andernfalls eine »**künstliche Abschottung der Märkte** zwischen den Mitgliedstaaten« zu besorgen sei, dahin präzisiert, dass dies nicht bedeute, 1032

231 EuGH GRUR Int. 1996, 1144 – Bristol-Myers Squibb/Paranova; GRUR Int. 1996, 1150 – Eurim-Pharm.
232 EuGH GRUR Int. 1996, 1150 – Eurim-Pharm.

dass der Importeur nachweisen müsse, dass der Markeninhaber durch das Inverkehrbringen einer identischen Ware in verschiedenen Packungen **bewusst** versucht habe, die Märkte zwischen Mitgliedstaaten abzuschotten. Vielmehr gehe es umgekehrt darum, dass sich der Inhaber stets auf seine Marke berufen könne, um sich dem Vertrieb umgepackter Waren zu widersetzen, wenn dies durch die Notwendigkeit, die Hauptfunktion der Marke zu wahren, gerechtfertigt sei; denn die sich daraus ergebende Abschottung könne in diesem Falle nicht als »künstlich« angesehen werden.[233]

1033 Vor diesem Hintergrund stellte sich in einem weiteren, nationalen Verfahren die Frage, ob ein Umpacken gerechtfertigt sei, wenn die Verkehrsfähigkeit der Ware allein deshalb ohne ein solches Umpacken gefährdet wäre, weil ein nicht unerheblicher Teil der Arzneimittelkonsumenten im Importstaat Arzneimitteln misstrauisch gegenüberstehe, die ersichtlich für den Markt eines anderen (fremdsprachigen) Staates produziert und deren Verpackungen lediglich durch Aufkleber an die für das Feilhalten von Arzneimitteln geltenden innerstaatlichen Vorschriften angepasst worden seien. Der EuGH hat darauf geantwortet, es sei zwar im Sinne von Art. 30 Satz 1 EG, Art. 7 Abs. 2 MarkenRL gerechtfertigt, wenn sich der Inhaber eines in zwei Mitgliedstaaten gleichzeitig geschützten Markenrechts dagegen zur Wehr setze, dass ein in einem dieser Staaten rechtmäßig mit der Marke versehenes Erzeugnis nach dem Umfüllen in eine neue Packung, auf der die Marke durch einen Dritten angebracht wurde, in dem anderen Mitgliedstaat auf den Markt gebracht werde; dieses Vorgehen stelle jedoch eine **verschleierte Beschränkung** des Handels zwischen den Mitgliedstaaten im Sinne von Art. 30 Satz 2 EG dar, wenn u.a. erwiesen sei, dass die Geltendmachung des Markenrechts durch den Inhaber unter Berücksichtigung des von ihm angewandten Vermarktungssystems zur **künstlichen Abschottung** der Märkte zwischen den Mitgliedstaaten beitragen würde. Bei parallel importierten Arzneimitteln sei unter bestimmten Voraussetzungen der Widerstand gegen das Umpacken als eine solche künstliche Abschottung anzusehen, wenn das Umpacken erforderlich sei, um das Erzeugnis im Einfuhrstaat vermarkten zu können. Ein Umpacken von Arzneimitteln in neue Packungen an Stelle des bloßen Anbringens von Etiketten auf den Packungen sei **objektiv erforderlich**, wenn ohne dieses Umpacken auf Grund des starken Widerstands eines nicht unerheblichen Teils der Verbraucher gegen mit Etiketten überklebte Arzneimittelpackungen von einem Hindernis für den tatsächlichen Zugang zum betreffenden Markt oder zu einem beträchtlichen Teil dieses Marktes auszugehen sei.[234]

1034 Gegen diesen »**Notwendigkeitstest**« hat sich der EFTA-Gerichtshof in einem Falle gestellt, in dem das Umpacken von Arzneimitteln durch einen Parallelimporteur in der Art in Rede stand, dass die neue Verpackung im Sinne einer **eigenen** Farbmarke des Parallelimporteurs mit vertikalen Farbstreifen gestaltet wurde, deren Farbwerte der Originalverpackung glichen.

233 EuGH GRUR Int. 1996, 1150 Tz 47 – Eurim-Pharm.
234 EuGH MarkenR 2002, 162 – Merck, Sharp & Dohme.

1035

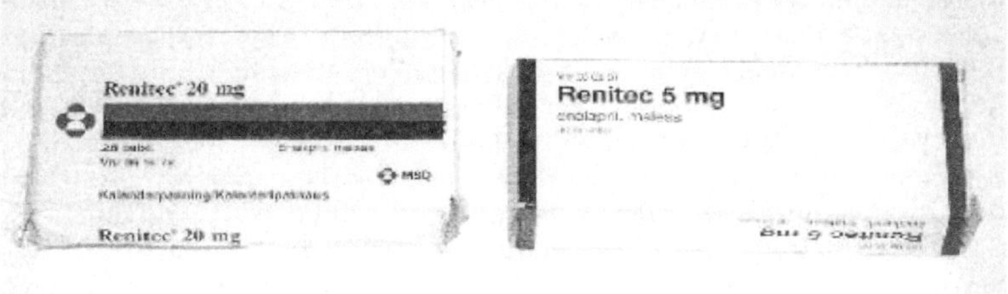

Originalpräparat — Umverpacktes Präparat mit farbiger (Positions-)marke des Parallelimporteurs

Der EFTA-Gerichtshof hielt dies grundsätzlich für zulässig: »Berechtigte Gründe« im Sinne des Art. 7 MarkenRL, mit denen sich der Inhaber der Marke gegen eine solche Gestaltung wenden könne, könnten zwar durchaus existieren, wenn dadurch Ansehen oder Ruf der Marke beeinträchtigt würden; die Frage dürfe aber nicht schematisch nach dem vom EuGH entwickelten »Notwendigkeitstest« entschieden werden. Der bloße Umstand, dass der Parallelimporteur mit der Packungsgestaltung eine eigene Produktmarke entwickle, rechtfertige den Vorwurf einer unzulässigen Beeinträchtigung der Marke des Originalproduktes noch nicht.[235] 1036

Nach den Kriterien des EuGH wäre eine solche Verpackungs-Umgestaltung durch den Parallelimporteur nicht »notwendig«, um eine Abschottung der Märkte zu überwinden und folglich ein »berechtigter Grund« für den Inhaber der Marke, sich gegen eine Erschöpfung seines Markenrechts an den betroffenen Produkten zu wenden. Dem ist zuzustimmen, da Art. 7 Abs. 2 MarkenRL (§ 24 Abs. 2 MarkenG) gerade nicht verlangt, dass die Markenware verschlechtert oder der Ruf der Marke beeinträchtigt wird, sondern jede **Veränderung** genügen lässt. 1037

e) Erschöpfung, selektive Vertriebssysteme, Codierung der Markenware

Besondere Fragen werfen im Kontext der markenerechtlichen Erschöpfung **selektive Vertriebssysteme** auf, innerhalb derer der Inhaber der Marke seine Waren an einen Kreis von ausgewählten Abnehmern abgibt, denen eine Abgabe an Wiederverkäufer (oder zumindest an Wiederverkäufer außerhalb des Vertriebssystems) vertraglich untersagt ist. Taucht solche Ware bei gewerblichen Anbietern außerhalb des selektiven Vertriebssystems auf, weil sie ein Vertriebspartner des Systems vertragswidrig an »Außenseiter« abgegeben hat, hindert dies zwar grds. nicht die markenrechtliche Erschöpfung.[236] Markenrechtliche Konflikte treten aber auf, wenn der Vertriebs – »Außenseiter« Codierungen an den Waren entfernt, um seine Bezugsquelle verdeckt zu halten und der Inhaber sich dagegen auf »berechtigte Gründe« im Sinne des § 24 Abs. 2 MarkenG beruft. Dabei sind Codierungen, die ausschließlich der Kontrolle des Vertriebsweges dienen, von solchen zu unterscheiden, die auch andere Zwecke erfüllen, und das Entfernen der Codierung ist darauf hin zu untersuchen, ob es einen sichtbaren Eingriff in die Ware oder ihre Verpackung nach sich zieht. 1038

235 EFTA-Gerichtshof E 3/02, ABl EU 2003, Nr C 222, S. 9 (LS).
236 S. dazu oben Rn. 1017.

1039 Für den Inhaber der Marke ist die Frage der Erschöpfung seines Rechts in dieser Konstellation bedeutsam geworden, nachdem der BGH dessen **wettbewerbsrechtliche** Position gegenüber dem Außenseiter geschwächt hat: Ein Händler, so der BGH, der sonst ausschließlich im Rahmen eines selektiven Vertriebssystems vertriebene Waren anbiete, ohne selbst zu dem Kreis der Vertragshändler zu gehören, handele auch dann **nicht wettbewerbswidrig**, wenn die Waren nur auf Grund des Vertragsbruchs eines gebundenen Händlers in seinen Besitz gelangt sein könnten.[237] Setze der Hersteller zur Überwachung der Vertriebswege in einem auf wirksamen Verträgen beruhenden und auch sonst rechtlich nicht zu missbilligenden Vertriebsbindungssystem allerdings **Kontrollnummern** ein, könne er wettbewerbsrechtlich und ggf. auch markenrechtlich gegen denjenigen vorgehen, der Kontrollnummern entferne oder Ware mit entfernten Kontrollnummern vertreibe.[238]

1040 Die Entfernung oder Veränderung der – legitimen Zwecken dienenden – Kontrollnummer führt im Allgemeinen dazu, dass eine markenrechtliche Erschöpfung nicht eintritt,[239] sodass dem Hersteller als Inhaber (oder gegebenenfalls dem Lizenznehmer)[240] auch markenrechtliche Ansprüche gegen die Weiterverbreitung der veränderten Ware zustehen. Dies hat der BGH in der Entscheidung »Kontrollnummernbeseitigung II« festgestellt: Der Hersteller könne sich gegen den Weitervertrieb der veränderten Ware mit Hilfe des Markenrechts immer dann wenden, wenn mit der Entfernung der Kontrollnummern ein **sichtbarer**, die Garantiefunktion der Marke berührender **Eingriff in die Substanz** der Ware, des Behältnisses oder der Verpakkung verbunden sei.[241]

1041 Daraus folgt im Umkehrschluss, dass eine nicht substanzverletzende Entfernung dem Eintritt der Erschöpfung nicht entgegensteht. Anders kann es nach Auffassung des BGH aber dann liegen, wenn die Codierung, anhand derer sich der Vertriebsweg der Ware und damit auch eine »undichte Stelle« im selektiven Vertriebssystem aufdecken lässt, **zugleich** auch die Funktion einer **rechtlich**, etwa nach der KosmetikVO, **vorgeschriebenen Herstellungsnummer** erfüllt. Werden solche Nummern entfernt, liegt darin nach Auffassung des BGH ein die Garantiefunktion der Marke berührender Eingriff in die Substanz der Ware, der eine Erschöpfung nach § 24 Abs. 2 MarkenG ausschließt. Auf eine sichtbare Beschädigung der Ware oder Verpackung kommt es dann nicht mehr an.[242]

1042 Der **EuGH** behandelt das Entfernen von Etiketten, Codierungen, Identifikationsnummern u.ä. nicht anders als in den beschriebenen Arzneimittel – Umpackfällen: Der Markeninhaber, so der Gerichtshof, könne sich – primärrechtlich im Hinblick auf Art. 30 EG (zuvor Art. 36 EGV) – auf das Markenrecht berufen, um einen Dritten daran zu hindern, an Waren, die er selbst auf den Markt gebracht habe, mit seiner Marke versehene Etiketten zu entfernen und anschließend wieder anzubringen oder zu ersetzen, selbst wenn dies den innergemeinschaftlichen Handel behindere. Das könne aber dann nicht gelten, wenn

237 BGH MarkenR 2000, 211 – Außenseiteranspruch II (Aufgabe der vorangegangenen Rechtsprechung, BGH GRUR 1968, 272 – Trockenrasierer III; GRUR 1985, 1059 – Vertriebsbindung; GRUR 1991, 614 – Eigenvertriebssystem, GRUR 1992, 627 – Pajero).
238 BGH MarkenR 2000, 211, 215 – Außenseiteranspruch II.
239 § 24 Abs. 2 MarkenG.
240 § 30 Abs. 3 MarkenG.
241 BGH MarkenR 2001, 155 – Kontrollnummernbeseitigung II.
242 BGH MarkenR 2002, 241 – Entfernung der Herstellungsnummer III.

- nachgewiesen sei, dass es zur künstlichen Abschottung der Märkte zwischen den Mitgliedstaaten beitrüge, wenn der Inhaber der Marke sein Markenrecht verwende, um die Vermarktung erneut mit dieser Marke etikettierter Erzeugnisse zu verhindern,
- dargetan sei, dass die Neuetikettierung den Originalzustand des Erzeugnisses nicht berühre,
- die Aufmachung des neu etikettierten Erzeugnisses dem guten Ruf der Marke und ihres Inhabers nicht schaden könne, und
- derjenige, der die Neuetikettierung vornehme, den Markeninhaber vorab vom Verkauf der neuetikettierten Erzeugnisse unterrichte.[243]

Anders liege es, wenn die Anbringung einer Identifikationsnummer in Erfüllung einer **gesetzlichen Pflicht** erfolge; würden Identifikationsnummern zu solchen Zwecken angebracht, trage es nicht zu einer künstlichen Abschottung der Märkte zwischen Mitgliedstaaten bei, wenn der Inhaber eines Markenrechts dieses geltend mache, um zu verhindern, dass ein Dritter mit der Marke versehene Etiketten entferne und anschließend wieder anbringe oder ersetze, um diese Nummern zu entfernen. In einem solchen Fall bestehe kein Anlass, die Rechte des Markeninhabers zu beschränken. Stehe hingegen einerseits fest, dass die Identifikationsnummern zu gemeinschaftsrechtlich legitimen Zwecken angebracht worden seien, andererseits aber auch, dass sie vom Markeninhaber verwendet würden, um undichte Stellen in seiner Verkaufsorganisation zu ermitteln und damit den Parallelhandel mit seinen Erzeugnissen zu bekämpfen, müssten sich Teilnehmer am Parallelhandel im Rahmen der Wettbewerbsregeln des EG-Vertrags gegen das letztere Vorgehen schützen. Damit bleibt der Schutz des Markeninhabers nach der Rechtsprechung des EuGH in den Fällen einer Codierung mit »**doppelter Funktion**« hinter dem vom BGH gewährten zurück. 1043

f) Beweislast

Wo immer der Inhaber einer Marke einem Dritten vorwirft, Ware unter seiner Marke zu vertreiben, an der sich sein Recht nicht erschöpft habe, stellt sich prozessual die Frage der Beweislast. Im Falle eines Beklagten, der sich auf die Erschöpfung nach § 24 Abs. 1 MarkenG beruft, liegt sie grundsätzlich bei diesem, denn die Erschöpfung ist rechtlich als **Ausnahme** vom umfassenden Benutzungsrecht des Inhabers der Marke zu Gunsten Dritter ausgestaltet. Beruft sich der Inhaber dagegen seinerseits auf »berechtigte Gründe« im Sinne des § 24 Abs. 2 MarkenG, obliegt ihm dafür die Darlegungs- und Beweislast. 1044

Diese Beweislastverteilung zwingt allerdings den Dritten, der vom Inhaber der Marke auf Unterlassung in Anspruch genommen wird und sich dagegen auf die Erschöpfung nach § 24 Abs. 1 MarkenG beruft, seine **Bezugsquelle** offen zu legen. Bezieht er seine Ware aus einem selektiven Vertriebssystem, dem er selbst nicht angehört, ginge mit dem Nachweis, markenrechtlich erschöpfte Ware zu vertreiben, zugleich diese Bezugsquelle verloren – der Inhaber der Marke nutzte die Information, um seinen Vertriebssystem »abzudichten«, der beklagte Außenseiter hätte damit »die Schlacht gewonnen, aber den Krieg verloren«. 1045

243 EuGH GRUR Int. 1998, 145 – Loendersloot/Ballantine.

1046

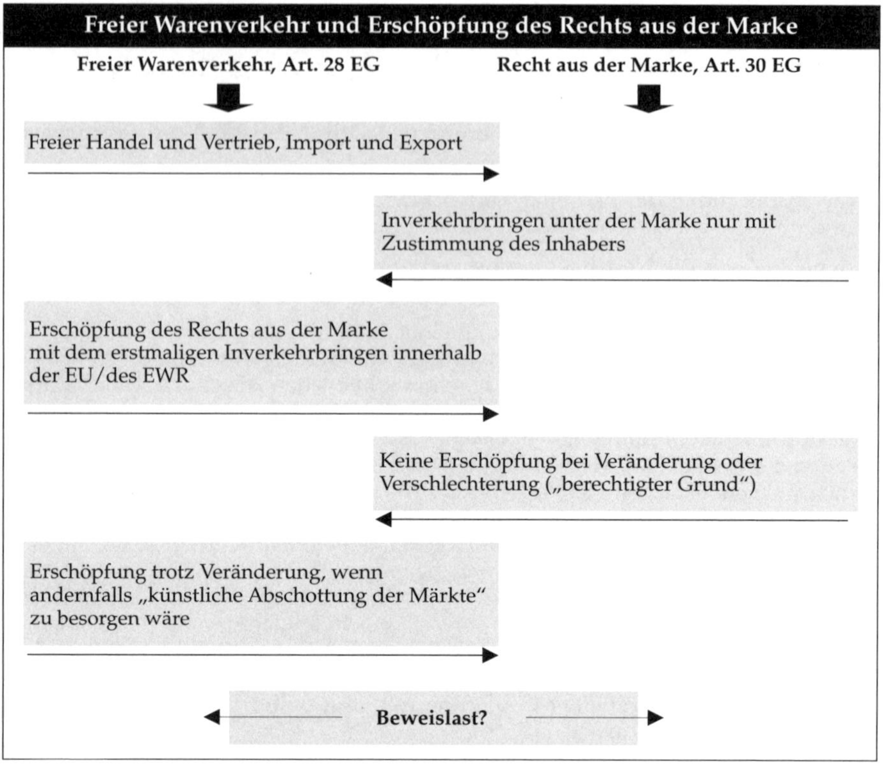

Übersicht 29: Erschöpfung – Balance zwischen Art. 28 und 30 EG

1047 Dem EuGH ist deshalb die Frage vorgelegt worden, ob in einer solchen Situation eine Umkehr der Beweislast angezeigt sei.[244] Er hat darauf geantwortet, eine Beweisregel, nach der die Voraussetzungen der Erschöpfung des Rechts aus der Marke grundsätzlich von dem vom Markeninhaber belangten Dritten bewiesen werden müsse, der sich auf die Erschöpfung berufe, sei mit dem Gemeinschaftsrecht vereinbar. Die Erfordernisse des namentlich in den Artikeln 28 und 30 EG verankerten Schutzes des freien Warenverkehrs könnten jedoch eine **Modifizierung** dieser Beweisregel gebieten. Dem Markeninhaber obliege insbesondere dann, wenn er seine Waren im Europäischen Wirtschaftsraum über ein **ausschließliches Vertriebssystem** in den Verkehr bringe, der Nachweis, dass die betroffenen Waren ursprünglich von ihm selbst oder mit seiner Zustimmung außerhalb des Europäischen Wirtschaftsraums in den Verkehr gebracht wurden, wenn der Dritte nachweisen könne, dass eine **tatsächliche Gefahr der Abschottung** der nationalen Märkte für den Fall bestehe, dass er den genannten Beweis zu erbringen habe. Gelinge dem Markeninhaber dieser Nachweis, obliege es wiederum dem Dritten, nachzuweisen, dass der

244 BGH MarkenR 2000, 266 – stüssy.

Markeninhaber dem weiteren Vertrieb der Waren im Europäischen Wirtschaftsraum zugestimmt habe.[245]

Der BGH hat nach diesen Maßgaben dem Markeninhaber, der seine Markenware im Europäischen Wirtschaftsraum im Rahmen eines ausschließlichen Vertriebssystems vertreibt, im Markenverletzungsprozess den Nachweis abverlangt, dass von einem angegriffenen, angeblichen Markenverletzer in den Verkehr gebrachte Originalwaren ursprünglich von ihm selbst oder mit seiner Zustimmung erstmals **außerhalb** des Europäischen Wirtschaftsraums in den Verkehr gebracht worden seien.[246] 1048

6. Mangelnde Benutzung

Anhaltende Nichtbenutzung einer eingetragenen Marke kann nicht nur auf Antrag zu deren Löschung führen;[247] auch ohne Löschung verliert die lediglich »**löschungsreife**« Marke ihre Abwehrkraft gegen kollidierende Benutzungen am Markt.[248] Die dargestellten Unterlassungs-, Schadensersatz-, Auskunfts- und Vernichtungsansprüche nach §§ 14 ff. MarkenG[249] können nicht mehr durchgesetzt werden, wenn die Marke innerhalb der letzten **fünf Jahre** vor der Geltendmachung des Anspruchs für die Waren oder Dienstleistungen, auf die sich der Anspruch stützt, nicht im Sinne des § 26 MarkenG **benutzt** worden ist.[250] 1049

Die fünfjährige ununterbrochene Nichtbenutzung setzt – nicht anders als beim Verfall nach § 49 MarkenG – denknotwendig voraus, dass die Marke überhaupt seit fünf Jahren eingetragen ist. Innerhalb der ersten fünf Jahre ab Eintragung (»Benutzungsschonfrist«)[251] kann eine eingetragene Marke mithin ihre Fähigkeit, Ansprüche nach §§ 14 ff. MarkenG zu begründen, ebenso wenig verlieren wie sie wegen Verfalls gelöscht werden könnte. War gegen die Eintragung des klägerischen Zeichens Widerspruch erhoben worden, verschiebt sich der Beginn der »Benutzungsschonfrist« vom Zeitpunkt der Eintragung auf den des Abschlusses des Widerspruchsverfahrens.[252] 1050

Die Anforderungen an eine ausreichende Benutzung der Marke bestimmt § 26 Abs. 1–4 MarkenG. Notwendig ist danach die **ernsthafte inländische Benutzung** für die Waren oder Dienstleistungen, für die die Marke eingetragen ist, durch den Inhaber oder einen dazu autorisierten Dritten.[253] Abweichungen der benutzten gegenüber der eingetragenen Marke, etwa in der Schreibweise, der Darstellung oder der Kombination mit anderen Elementen, die den kennzeichnenden Charakter der Marke wahren, sind unschädlich,[254] ebenso die Bestimmung der mit der Marke gekennzeichneten Ware für den Export.[255] 1051

245 EuGH MarkenR 2003, 193 – Van Doren (stüssy).
246 BGH MarkenR 2004, 69 – stüssy II.
247 S. oben Rn. 627 ff.
248 Zu den parallelen Regelungen im Widerspruchs- und Löschungsverfahren s. oben Rn. 609.
249 S. oben Rn. 911 ff.
250 § 25 Abs. 1 MarkenG.
251 S. dazu oben Rn. 607.
252 § 26 Abs. 5 MarkenG.
253 S. oben Rn. 611 ff.
254 § 26 Abs. 3 MarkenG, s. dazu oben Rn. 616 ff.
255 § 26 Abs. 4 MarkenG.

1052 Prozessual wird eine mangelnde Benutzung des klägerischen Zeichens nicht von Amts wegen, sondern nur auf **Einrede** des Beklagten berücksichtigt. Dem Kläger obliegt dann der Nachweis (in Eilverfahren: die Glaubhaftmachung) einer ernsthaften Benutzung im Sinne des § 26 MarkenG. Je nach dem Zeitpunkt der Klageerhebung sind folgende Konstellationen denkbar:

1053
- Die fünfjährige »Benutzungsschonfrist« ist bei Klageerhebung bereits abgelaufen: dem Kläger obliegt der Nachweis ernsthafter Benutzung innerhalb der vergangenen fünf Jahre **vor der Klageerhebung**.[256]
- Die »Benutzungsschonfrist« oder der Zeitraum fünfjähriger Nichtbenutzung läuft nach Klageerhebung aber vor dem Schluss der letzten mündlichen Verhandlung ab: dem Kläger obliegt dann der Nachweis ernsthafter Benutzung innerhalb der vergangenen fünf Jahre **vor dem Schluss der letzten mündlichen Verhandlung**.[257]
- Der Verletzungsprozess liegt einschließlich der letzten mündlichen Verhandlung innerhalb der »Benutzungsschonfrist« des klägerischen Zeichens: die Einrede mangelnder Benutzung des Beklagten läuft in diesem Falle zwingend leer.

1054 Eine »heilende« **(Wieder-)aufnahme der Benutzung** ist dem Kläger auch noch während des laufenden Verletzungsverfahrens möglich, solange nicht eine fünfjährige ununterbrochene Nichtbenutzung schon bei Klageerhebung vorlag. Eine § 49 Abs. 1 Satz 3 MarkenG entsprechende Regelung enthält § 25 MarkenG nicht. Will der Beklagte einer solchen Wiederaufnahme zuvorkommen, kann er dies allerdings

- über eine Löschungsantrag zum DPMA nach §§ 49, 53 MarkenG oder
- über eine Löschungs(wider-)klage nach §§ 49, 55 MarkenG

erreichen.

1055 Dann nämlich kommt § 49 Abs. 1 Satz 3 Markengesetz zur Anwendung, der dem Inhaber die heilende Wiederaufnahme der Benutzung im Anschluss an einen ununterbrochenen Zeitraum von fünf Jahren der Nichtbenutzung verwehrt, wenn die Benutzung innerhalb von drei Monaten vor der Stellung eines **Löschungsantrags** begonnen oder wieder aufgenommen wird und die Vorbereitungen für die erstmalige oder die erneute Benutzung erst stattgefunden haben, nachdem der Inhaber der Marke Kenntnis davon erhalten hat, dass Antrag auf Löschung gestellt werden könnte. Eben diese Kenntnis erhält der Inhaber spätestens mit der Erhebung der Nichtbenutzungseinrede durch seinen Prozessgegner. Im Ergebnis hat dieser also drei Monate Zeit, seiner Nichtbenutzungseinrede eine der genannten prozessualen Optionen folgen zu lassen, um einer Aufnahme der Benutzung durch den Verletzungskläger zuvorzukommen; sein Löschungsantrag/seine Löschungswiderklage hat Erfolg, wenn der Verletzungskläger mit den Vorbereitungen für die erstmalige oder die erneute Benutzung erst nach Erhebung der Nichtbenutzungseinrede begonnen hat.

256 § 25 Abs. 2 Satz 1 MarkenG; für die außergerichtliche Geltendmachung ist § 25 Abs. 1 MarkenG maßgeblich: sie ist bei fünfjähriger ununterbrochener Nichtbenutzung schlechthin unzulässig, *Ströbele/Hacker* § 25 MarkenG Rn. 10.

257 § 25 Abs. 2 Satz 2 MarkenG; dem Beklagten steht es frei, ggf. beide Nichtbenutzungseinreden zu erheben, um seine Position zu stärken; vgl. dazu BGH MarkenR 2006, 72 – Norma (zur parallelen Situation im Widerspruchsverfahren) m.w.N.

B. Geschäftliche Bezeichnungen

1056 Unter den Begriff der geschäftlichen Bezeichnungen fasst das Markengesetz Unternehmenskennzeichen und Werktitel. Unternehmenskennzeichen können ihrerseits der Name, die Firma oder die besondere Bezeichnung eines Geschäftsbetriebes sein und den letztgenannten sind Geschäftsabzeichen und sonstige zur Unterscheidung des Geschäftsbetriebes geeignete Zeichen gleichgestellt, »die innerhalb beteiligter Verkehrskreise als Kennzeichen des Geschäftsbetriebes gelten«.[258]

1057 Nicht anders als § 14 MarkenG im Hinblick auf die Marken i.S.d. § 4 MarkenG gewährt auch § 15 MarkenG den Inhabern geschäftlicher Bezeichnungen i.S.d. § 5 MarkenG ein **ausschließliches Recht**. Im Unterschied zu den markenbezogenen Regelungen der §§ 4, 14 MarkenG unterliegen die parallelen Bestimmungen zu den geschäftlichen Bezeichnungen in §§ 5, 15 MarkenG allerdings keiner unmittelbaren Harmonisierung durch europäisches Sekundärrecht.

I. Eingeschränkter namensrechtlicher Schutz

1058 Der Schutz geschäftlicher Bezeichnungen nach dem Markengesetz ist auf den **geschäftlichen Verkehr** zugeschnitten. Wo die §§ 5, 15 MarkenG einschlägig sind, gehen sie dem bürgerlich-rechtlichen Namensschutz aus § 12 BGB vor.[259] Fehlt es an einem Handeln im geschäftlichen Verkehr, kann die Kollision der geschäftlichen Bezeichnung mit einem im privaten Verkehr benutzten Zeichen zwar namensrechtlich (§ 12 BGB) gelöst werden; denn die Firma oder ein unterscheidungskräftiger Firmenbestandteil einer Gesellschaft oder eines einzelkaufmännischen Unternehmens genießen auch den **bürgerlich-rechtlichen Namensschutz**.[260] Dieser Schutz reicht aber weniger weit als der kennzeichenrechtliche, weil der namensrechtliche Schutz einer Firma oder eines Firmenbestandteils auf den **Funktionsbereich** des betreffenden Unternehmens beschränkt ist und deshalb nur greift, wo geschäftliche Beeinträchtigungen zu befürchten sind.[261] Diese Voraussetzung ist bei einer Benutzung des Namens eines Unternehmens durch einen Dritten außerhalb des geschäftlichen Verkehrs im Allgemeinen nicht gegeben.[262]

1059 Anders liegt es allerdings, wo der mit einer geschäftlichen Bezeichnung identische Name als **Domainname** angemeldet wird: auch wenn dies in einem privaten Kontext geschieht, werden dadurch doch die schutzwürdigen Interessen des Inhabers der geschäftlichen Bezeichnung beeinträchtigt, weil die mit dieser Bezeichnung gebildete Internet-Adresse unter eine bestimmten Top-Level-Domain nur einmal vergeben werden kann. Die darin liegende **Namensanmaßung** ist unzulässig,

- wenn der Dritte den gleichen Namen **unbefugt** gebraucht,
- wenn dadurch eine **Zuordnungsverwirrung** ausgelöst wird und

258 § 5 MarkenG; s. dazu oben Rn. 250 ff., die Übersicht in Rn. 253 sowie Rn. 254 ff.
259 BGH MarkenR 2005, 185 – mho.de; GRUR 2002, 622 f. – shell.de.
260 *Palandt/Heinrichs* § 12 BGB Rn. 9.
261 Vgl. BGH GRUR 1976, 379, 380 – KSB; GRUR 1998, 696, 697 – Rolex-Uhr mit Diamanten.
262 BGH GRUR 2002, 622 – shell.de.

- wenn **schutzwürdige Interessen** des Namensträgers verletzt werden.[263]

1060 Im Falle der Verwendung eines **fremden** Namens als Internet-Adresse liegen diese Voraussetzungen regelmäßig vor, im Falle der Verwendung des **eigenen** Namens dagegen – weil es dann an einer »unbefugten« Verwendung fehlt – nur, wenn die in Fällen der Gleichnamigkeit vorzunehmende **Abwägung** der Interessen der Namensträger dazu führt, dass der in Anspruch Genommene seinen Namen nur mit einem unterscheidenden Zusatz als Internet-Adresse verwenden darf.[264]

II. Umfassender kennzeichenrechtlicher Schutz

1061 Der Schutz geschäftlicher Bezeichnungen ist in § 15 MarkenG dem der Marke nach § 14 MarkenG nachgebildet. Wie dort ist es Dritten untersagt, die Bezeichnung im geschäftlichen Verkehr unbefugt zu benutzen, wenn eine der in § 15 Abs. 2 und 3 MarkenG genannten **Kollisionslagen** gegeben ist. Dabei können geschäftliche Bezeichnungen durchaus auch mit Marken kollidieren, da die Marke im Rahmen ihrer zentralen Herkunftsfunktion immer auch auf ein bestimmtes Unternehmen verweist.[265] Für Werktitel gilt dies nur eingeschränkt, da ihre kennzeichenrechtlich geschützte Aussage gerade nicht herkunfts-, sondern inhaltsbezogen ist.[266]

1. Benutzungshandlungen

1062 § 15 MarkenG enthält – im Unterschied zu § 14 Abs. 3, 4 MarkenG – keinen Katalog der Benutzungshandlungen, die aus einem (ggf. prioritätsälteren) Recht an einer geschäftlichen Bezeichnung untersagt werden können. Die wechselseitige Kollisionseignung von Marken und geschäftlichen Bezeichnungen legt es aber nahe, den dortigen Katalog auch hier zu Grunde zu legen.[267] Dem markenmäßigen Gebrauch entspricht insoweit eine kennzeichenmäßige Benutzung als Unternehmenskennzeichen oder Titel eines Werkes.[268]

1063 Wie im Falle der Marke muss auch im Rahmen des § 15 MarkenG ein Handeln **im geschäftlichen Verkehr** vorliegen, was nach dem Grundsatz der Einheitlichkeit des Kennzeichenrechts nach denselben Grundsätzen zu beurteilen ist wie in den markenrechtlichen Kollisionsfällen.[269]

---

263 Vgl. BGH NJW 1993, 918 – Universitätsemblem, m.w.N.
264 BGH GRUR 2002, 622, 624 – shell.de.
265 S. dazu oben Rn. 276 f.
266 S. dazu oben Rn. 30, 31; vgl. BGH WRP 2005, 893 – weltonline.de (keine Verletzung des Titels »Welt online«, weil die Registrierung des Domainnamens »weltonline.de« noch keine Benutzung des Titels im geschäftlichen Verkehr darstellt).
267 *Ingerl/Rohnke* § 15 Rn. 31.
268 BGH MarkenR 2005, 225, 228 – Räucherkate.
269 S. oben Rn. 890, 1058.

2. Kollisionslagen

Geschäftliche Bezeichnungen werden in § 15 Abs. 2, 3 MarkenG gegen die unbefugte Vewendung **gleicher** oder **ähnlicher** Zeichen geschützt, die geeignet sind, **Verwechslungen** mit der geschützten Bezeichnung herbeizuführen. Handelt es sich bei der geschäftlichen Bezeichnung um eine im Inland **bekannte** geschäftliche Bezeichnung, so ist es Dritten – dem Sonderschutz bekannter Marken vergleichbar – zudem auch dann untersagt, die geschäftliche Bezeichnung oder ein ähnliches Zeichen im geschäftlichen Verkehr zu benutzen, wenn **keine** Gefahr von Verwechslungen besteht, so weit die Benutzung des Zeichens die Unterscheidungskraft oder die Wertschätzung der geschäftlichen Bezeichnung ohne rechtfertigenden Grund in unlauterer Weise ausnutzt oder beeinträchtigt. 1064

Kollisionslagen des § 15 Abs. 2, 3 MarkenG 1065

Verhältnis der konfligierenden geschäftlichen Bezeichnungen		Verhältnis der betroffenen Branchen oder Werke (Branchen- bzw. Werknähe)	Vorrang der (prioritätsälteren) geschäftlichen Bezeichnung …
identisch	(1)	identisch	… wenn die Benutzung des Zeichens geeignet ist, **Verwechslungen** mit der geschützten Bezeichnung hervorzurufen.
identisch	(2)	nahe	
ähnlich	(3)	identisch	
ähnlich	(4)	nahe	
identisch oder ähnlich	(5)	weder identisch noch nahe	… (auch)wenn **keine** Gefahr von **Verwechslungen** besteht, soweit die Benutzung des Zeichens die Unterscheidungskraft oder die Wertschätzung der geschäftlichen Bezeichnung ausnutzt oder beeinträchtigt.

Übersicht 30: Kollisionslagen des § 15 MarkenG

Anders als im Falle der Marke stellt § 15 Abs. 2 MarkenG auch die Untersagung der Benutzung einer identischen geschäftlichen Bezeichnung unter den Vorbehalt, dass daraus eine Verwechslungsgefahr resultiert, und anders als in §§ 9 Abs. 1, 14 Abs. 2 1066

MarkenG äußert sich das Gesetz in § 15 MarkenG nur zum Verhältnis der konfligierenden **Zeichen**, nicht zur Identität oder Ähnlichkeit ihrer Referenzobjekte – der Unternehmen oder Werke.

Beide Differenzen wirken sich aber in der Sache kaum aus. Im Falle der Benutzung einer identischen geschäftlichen Bezeichnung für ein Unternehmen **derselben Branche** oder eines identischen Titels für **eine identische Werkart** ist die Gefahr einer Verwechslung augenscheinlich und der Schutz des älteren, kennzeichnungskräftigen Rechts damit quasi absolut – nicht anders als im Falle der Verwendung einer identischen Marke für identische Waren oder Dienstleistungen.

III. Verwechslungsgefahr

1067 Was das Verhältnis der Referenzobjekte einer geschäftlichen Bezeichnung – d.h. der bezeichneten Unternehmen oder Werke – zueinander anbelangt, so kann die **Verwechslungseignung** der Benutzung einer geschäftlichen Bezeichnung oder eines ihr ähnlichen Zeichens nicht beurteilt werden, ohne die jeweils bezeichneten Objekte ebenfalls nach ihrer Identität oder Ähnlichkeit, das heißt nach ihrer **Branchen- oder Werknähe** einzuordnen. Aus Identität oder Ähnlichkeit der involvierten Zeichen und Identität oder Ähnlichkeit (»Nähe«) der betroffenen Branchen oder Werkkategorien resultieren mithin vier denkbare Konstellationen, zu denen der Sonderschutz bekannter geschäftlicher Bezeichnungen als fünfte hinzukommt.[270] Schließlich gilt auch im Rahmen des Schutzes geschäftlicher Bezeichnungen der Grundsatz, dass bei der Beurteilung der Verwechslungsgefahr i.S. des § 15 Abs. 2 MarkenG, die »unter Berücksichtigung aller maßgeblichen Umstände« vorzunehmen ist, eine **Wechselwirkung** zwischen dem Ähnlichkeitsgrad der einander gegenüberstehenden Bezeichnungen, dem Abstand der betroffenen Tätigkeitsgebiete (»Branchennähe«) oder der betroffenen Werke (»Werknähe«) und der **Kennzeichnungskraft** des verletzten Kennzeichens besteht.[271]

1068 Die Erscheinungsformen der Verwechslungsgefahr – die unmittelbare, die mittelbare und die Verwechslungsgefahr im weiteren Sinne – lassen sich im Bereich der **Unternehmenskennzeichen** wie bei den Marken handhaben.

- Unmittelbare Verwechslungsgefahr liegt danach vor, wenn das kollidierende Zeichen irrtümlich für das geschützte gehalten wird.
- Mittelbare Verwechslungsgefahr ist gegeben, wenn der Verkehr zwar eine Abweichung des Zeichens erkennt, dieser aber irrtümlich keine Bedeutung zumisst, weil er annimmt, es handle sich um eine bloße Variation des ihm bekannten Zeichens ein und desselben Unternehmens, und
- Verwechslungsgefahr im weiteren Sinne ist anzunehmen, wenn aus dem als abweichend erkannten Zeichen irrtümlich auf eine (Konzern-)verbundenheit zweier Unternehmen geschlossen wird.

---

270 S. Rn. 1065, Übersicht 30.

271 BGH GRUR 2005, 61 – CompuNet/Comnet II, mit Verw. auf BGH GRUR 1999, 492, 494 -Altberliner; MarkenR 2002, 282 f. – defacto; BGH GRUR 1997, 468, 470 – NetCom; zu einem Werktitel BGH MarkenR 2001, 352, 353 f. – Tagesschau; MarkenR 2001, 358 – Tagesreport.

1069

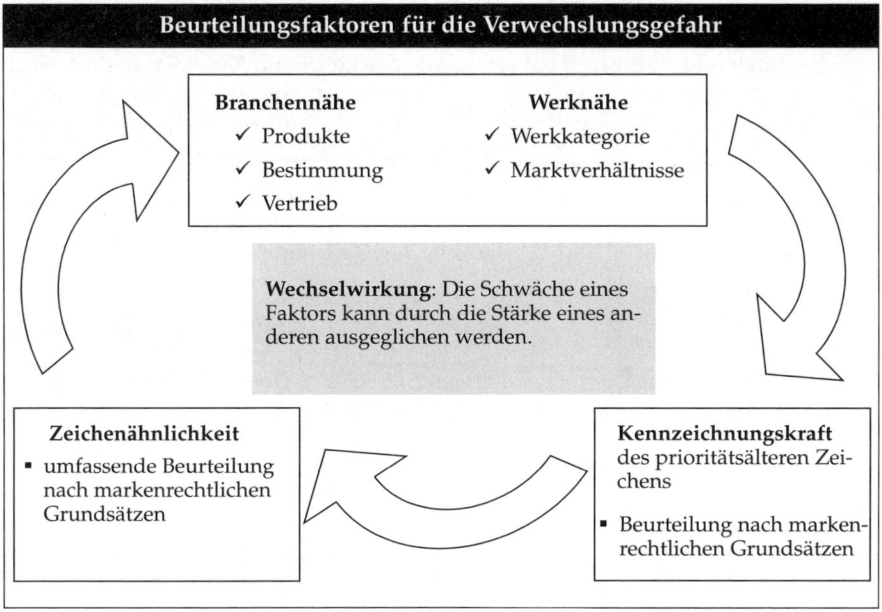

Übersicht 31: Kriterien der Verwechslungsgefahr geschäftlicher Bezeichnungen

Bei **Werktiteln** kommt dagegen eine **mittelbare** Verwechslungsgefahr oder eine Verwechslungsgefahr **im weiteren Sinne** nur in Betracht, wenn aus den involvierten Zeichen nicht nur auf den Inhalt des betitelten Werkes, sondern auch auf einen bestimmten betrieblichen Hintergrund geschlossen wird. Nach der Rechtsprechung des BGH dienen Werktitel zwar grundsätzlich (nur) der Unterscheidung eines Werkes von anderen, ohne einen Hinweis auf den Hersteller oder Inhaber des Werkes und damit auf eine bestimmte betriebliche Herkunft zu enthalten und sind insoweit nur gegen eine unmittelbare Verwechslung im engeren Sinne geschützt.[272] Allerdings, so der BGH zutreffend, könne der Verkehr unter bestimmten Voraussetzungen mit einem Werktitel gleichzeitig auch die Vorstellung einer bestimmten betrieblichen Herkunft verbinden, wie dies in der Rechtsprechung für bekannte Titel regelmäßig erscheinender periodischer Druckschriften bejaht worden ist. Denn die Bekanntheit eines solchen Titels und das regelmäßige Erscheinen im selben Verlag legen die Schlussfolgerung nahe, dass er im Verkehr jedenfalls teilweise auch als Hinweis auf die betriebliche Herkunft verstanden wird.[273] 1070

272 BGH MarkenR 2000, 172, 173 f. – FACTS; GRUR 2002, 1083, 1085 – 1, 2, 3 im Sauseschritt.
273 BGH MarkenR 2000, 172, 173 – Facts, mit Verw. auf BGH MarkenR 1999, 25 – Wheels Magazine; MarkenR 1999, 136, 137 – Max und MarkenR 1999, 396, 398 – SZENE; für TV-Titel s. BGH MarkenR 2001, 358, 360 – Tagesreport, mit Verw. auf BGH GRUR 1988, 377 – Apropos Film; zu Recht weiter gehend *Deutsch/Ellerbrock* Rn. 141 ff.

1071 Beispiel: Der Kläger ist Autor eines 1998 erschienenen Buches mit dem Titel »**Das Telefon Sparbuch**«. Er nimmt die Beklagte wegen Verletzung seiner Titelschutzrechte auf Unterlassung, Auskunft und Feststellung ihrer Schadensersatzverpflichtung in Anspruch. Die Beklagte ist Verlegerin eines bundesweit erscheinenden Nachrichtenmagazins; den Ausgaben 2/99, 11/99 und 23/99 ihres Magazins ist jeweils eine auf der Titelseite aufgeklebte, ablösbare Broschüre beigefügt, die Informationen über die aktuellen Telefontarife verschiedener Anbieter enthält. Die nachfolgend abgebildeten Broschüren sind mit »Das Telefon-Sparbuch«, »Das neue Telefon-Sparbuch« und »Das frische Telefon-Sparbuch« betitelt.

1072 Das Berufungsgericht nahm zu Gunsten des Klägers **unmittelbare Verwechslungsgefahr** unter den involvierten Bezeichnungen an. Dem prioritätsälteren Titel des Klägers komme **durchschnittliche Kennzeichnungskraft** zu. Zwischen diesem und den angegriffenen Bezeichnungen bestehe in einem Falle Identität, im Übrigen **Zeichenähnlichkeit**. Ebenso sei zwischen dem Werk des Klägers und den Werken der Beklagten eine **Produkt- bzw. Branchenähnlichkeit** gegeben, weil sich beide Werke mit Kostenaspekten der Telekommunikation befassten und zumindest in Teilbereichen identische Verbrauchergruppen ansprächen. Sowohl das Sachbuch des Klägers als auch die von der Beklagten herausgegebenen »Tarif-Heftchen« seien **derselben Werkkategorie** »Buch« zuzuordnen; denn nicht das Nachrichtenmagazin, sondern die ausdrücklich zur Abtrennung vorgesehenen Broschüren seien mit dem Werk des Klägers zu vergleichen, da diese durch die Klebeverbindung nicht Bestandteil des Nachrichtenmagazins geworden seien. Die Zeitschrift diene als bloßes, austauschbares Trägermedium.

1073 Der BGH folgte dem im Hinblick auf die Kriterien der Kennzeichnungskraft und der Zeichenähnlichkeit, nicht aber im Hinblick auf die – mit Verweis auf dieselbe Werkkategorie »Buch« angenommene – **Werknähe**. Das »Tarifheftchen« der Beklagten sei einem Buch nicht gleichzusetzen. Für den maßgeblichen Verkehr bestehe ungeachtet der Identität oder Ähnlichkeit zwischen dem für ein Sachbuch verwendeten Klagetitel und den für eine Beigabe zu einer Zeitschrift benutzten angegriffenen Bezeichnungen **keine Gefahr der unmittelbaren Verwechslung**. Der Kläger könne die von ihm geltend gemachten Ansprüche auch nicht mit Erfolg auf das Vorliegen einer Verwechslungsgefahr **im weiteren Sinne** stützen. Voraussetzung hierfür sei nämlich, dass der Verkehr mit einem Werktitel ausnahmsweise gleichzeitig auch die Vorstellung einer bestimmten betrieblichen Herkunft verbinde, was für bekannte Titel regelmäßig erscheinender periodischer Druckschriften oder auch bei (Fernseh-)Filmserien zutreffen könne. Bei einem Einzelwerk als Druckwerk könne dagegen nach der allgemeinen Lebenserfahrung nicht von einer ausnahmsweise vermittelten Herkunftsvorstellung ausgegangen werden.[274]

IV. Abwehransprüche

Die Ansprüche des Inhabers einer (prioritätsälteren) geschäftlichen Bezeichnung in den Fällen des § 15 Abs. 2, 3 MarkenG auf **Unterlassung** und **Schadensersatz** gleichen denen des Inhabers einer Marke.[275] Wie dort schließt der Unterlassungsanspruch – bei einer fortdauernden Störung – einen Anspruch auf **Beseitigung** ein. So liegt es etwa im Falle der Eintragung einer die geschäftliche Bezeichnung verletzenden Marke. Für den Fall einer vorsätzlichen oder fahrlässigen Verletzung kann der Ersatz des durch die Verletzung entstandenen Schadens geltend gemacht werden; die Berechnung des Anspruches kann auch hier alternativ nach der Höhe des tatsächlich erlittenen Schadens, nach den hypothetisch entgangenen Lizenzeinnahmen oder nach dem unberechtigt erzielten Gewinn auf Seiten des Verletzers erfolgen.[276] 1074

Richtet sich der Anspruch des Inhabers einer geschäftlichen Bezeichnung gegen eine registrierte **Domain**, kann nicht die Übertragung, sondern lediglich der Verzicht des Verletzers auf diese Domain durchgesetzt werden.[277] Dem Namensinhaber, der die Löschung eines Domain-Namens wegen Verletzung seiner Rechte veranlasst hat, steht auch kein Anspruch gegen die Vergabestelle (DENIC)[278] auf »Sperrung« des Domain-Namens für jede zukünftige Eintragung zu Gunsten eines Dritten zu. Die für die Vergabe von Domain-Namen der Top-Level-Domain ».de« zuständige DENIC ist auch bei weiteren Anträgen Dritter auf Registrierung desselben Domain-Namens grundsätzlich nicht zu der Prüfung verpflichtet, ob die angemeldete Bezeichnung Rechte des Namensinhabers verletzt.[279] Dies gilt auch für geschäftliche Bezeichnungen. 1075

Ansprüche aus der Verletzung von geschäftlichen Bezeichnungen auf **Vernichtung** und auf **Auskunft** finden sich in den §§ 18, 19 MarkenG normiert, nicht anders als im Falle der Verletzung einer Marke. In beiden Fällen wird freilich vorausgesetzt, dass »**widerrechtlich gekennzeichnete Gegenstände**« existieren, deren Herkunft und Vertriebsweg es aufzuklären gilt und deren Vernichtung vorbehaltlich milderer Mittel zur endgültigen Beseitigung des Störungszustandes gerechtfertigt sein kann. So liegt es etwa, wenn ein Druckerzeugnis unter Verletzung fremder Titelschutzrechte bereits auf dem Markt ist; dagegen scheidet § 19 Abs. 1 MarkenG als Anspruchsgrundlage gegen einen Rechtsanwalt aus, der für einen Mandanten eine **Titelschutzanzeige** aufgibt, durch die Titelrechte eines Dritten verletzt werden; denn 1076

274 BGH MarkenR 2005, 92, 95 f. – Das Telefon-Sparbuch.
275 S. oben Rn. 911 ff.
276 S. dazu oben Rn. 924 ff., 931 ff.
277 BGH NJW 2002, 2031 – shell.de.
278 Zur Domainvergabe s. oben Rn. 347 ff.
279 BGH GRUR 2004, 619 – kurt-biedenkopf.de.

unbeschadet der Frage, ob die Titelschutzanzeige bereits eine Verletzung bestehender Rechte darstellt oder eine Verletzung nur besorgen lässt, fehlt es an »widerrechtlich gekennzeichneten Gegenständen«.[280]

1077

Verteidigung der Marke oder geschäftlichen Bezeichnung gegen die Benutzung gleicher oder ähnlicher Zeichen am Markt			
	Marke		Geschäftliche Bezeichnung
Benutzungshandlung	• markenmäßige Benutzung eines identischen oder ähnlichen Zeichens im Geschäftsverkehr • Beispielskatalog in § 14 Abs. 3, 4 MarkenG		• kennzeichenmäßige Benutzung eines identischen oder ähnlichen Zeichens im Geschäftsverkehr • kein Beispielskatalog in § 15 MarkenG (Analogie zu 14 MarkenG)
Kollisionslagen	• Doppelidentität • Identität oder Ähnlichkeit + Verwechslungsgefahr • Rufausbeutung/Verwässerung der bekannten Marke		• Identität oder Ähnlichkeit + Verwechslungsgefahr • Rufausbeutung/Verwässerung der bekannten geschäftlichen Bezeichnung
Rechtsfolgen			MarkenG
• Unterlassungsanspruch	✓	✓	§§ 14 Abs. 5, 15 Abs. 4
• Schadensersatzanspruch	✓	✓	§§ 14 Abs. 7, 15 Abs. 5
• Auskunftsanspruch	✓	✓	§ 19 Abs. 1
• Vernichtungsanspruch	✓	✓	§ 18 Abs. 1
• Übertragungsanspruch	✓	–	§ 17
• Beschlagnahme (auf Antrag)	✓	✓	§ 146 Abs. 1
• Strafverfolgung (ggf. Strafantrag)	✓	✓	§ 143 Abs. 1

Übersicht 32: Gleichlauf der Verteidigung von Marke und geschäftlicher Bezeichnung

1078 Schließlich stoßen auch die Abwehransprüche aus der Verletzung von geschäftlichen Bezeichnungen auf dieselben **Grenzen**, die auch den Schutzumfang einer Marke limitieren: die Verjährung, die Verwirkung, die Bestandskraft jüngerer Marken, die Benutzung von Namen und beschreibenden Angaben oder von geschäftlichen Bezeichnungen im Ersatzteilgeschäft und die Erschöpfung.[281] Lediglich im Hinblick auf die Abhängigkeit der Verteidigung einer Marke von ihrer ernsthaften **Benutzung** ergeben sich insoweit Unterschiede zum Schutz geschäftlicher Bezeichnungen:

280 OLG Hamburg AfP 2000, 283, 284 – Superweib.
281 S. dazu oben Rn. 968 ff.

- Während auch der Schutz von Unternehmenskennzeichen und Werktiteln generell von ihrer **Benutzung** im Verkehr abhängig ist, werden **Firmenschlagworte** auch dann geschützt, wenn sie als solche, das heißt isoliert noch nicht benutzt worden sind[282] und der Zeitrang eines Werktitels kann durch die **Titelschutzanzeige** vor die eigentliche Benutzungsaufnahme **vorverlegt** werden.[283] 1079
- Ob eine (vorübergehende) **Unterbrechung** der Benutzung eines Unternehmenskennzeichens dessen Schutz (und damit auch seinen Zeitrang) entfallen lässt, ist eine Frage des Einzelfalles;[284] eine »Benutzungsschonfrist«[285] gibt es für geschäftliche Bezeichnungen nicht.
- Während unterscheidungskräftige Unternehmenskennzeichen mit »Namensfunktion« mit der **Aufnahme** ihrer Benutzung Schutz erlangen, ohne dass es darüber hinaus auf den **Umfang** der Benutzung ankäme,[286] ist dies bei nicht unterscheidungskräftigen Unternehmenskennzeichen und sonstigen Geschäftsabzeichen – insoweit der Benutzungsmarke vergleichbar – erst dann der Fall, wenn sie sich innerhalb beteiligter Verkehrskreis **Verkehrsgeltung** erworben haben.

C. Geografische Herkunftsangaben

Auch geografische Herkunftsangaben[287] sind wehrfähig. Wie Marken oder geschäftliche Bezeichnungen können sie gegen die Benutzung kollidierender Zeichen mit **Unterlassungs-** und **Schadensersatzansprüchen** verteidigt werden. Geografische Herkunftsangaben von »**besonderem Ruf**«[288] genießen wie bekannte Marken oder bekannte geschäftliche Bezeichnungen einen weiter gehenden Schutz. Die **kollektive** Natur geografischer Herkunftsangaben[289] verbietet jedoch eine unmittelbare Einbindung in die für Marken und geschäftliche Bezeichnungen geltenden Vorschriften und verlangt eine eigenständige Regelung der Anspruchsgrundlagen und ihrer prozessualen Durchsetzung. 1080

Der **Schutzumfang** geografischer Herkunftsangaben ergibt sich aus ihrer **Funktion**, die **Herkunft** einer Ware oder Dienstleistung aus einem Ort, einer Gegend, einem Gebiet oder Land zu bezeugen und, wenn sich dieser Ort mit einer **besonderen Qualität** der dort hergestellten Waren oder erbrachten Dienstleistungen verbindet, auch diese Qualität zu garantieren. § 127 Abs. 1 MarkenG bindet das Recht zur Benutzung einer geografischen Herkunftsangabe an diese Funktion an: geografische Herkunftsangaben dürfen im geschäftlichen Verkehr nicht für Waren oder Dienst- 1081

282 BGH MarkenR 2005, 140, 141 – soco.de.
283 S. dazu oben Rn. 292.
284 Vgl. dazu BGH MarkenR 2002, 323 – Hotel Adlon.
285 S. dazu oben Rn. 606 ff.
286 Vgl. BGH WRP 1997, 1081, 1083 – GARONOR: »Die Annahme der Ingebrauchnahme einer Firmenbezeichnung setzt, unabhängig davon, ob es sich um eine inländische oder eine ausländische Kennzeichnung handelt, Benutzungshandlungen im Inland voraus, die auf den Beginn einer dauerhaften wirtschaftlichen Betätigung schließen lassen, ohne dass es dabei darauf ankommt, dass die Kennzeichnung bereits im Verkehr eine gewisse Anerkennung gefunden hat« (mit Verweis auf BGH GRUR 1969, 357, 359 – Sihl).
287 S. oben Rn. 296 ff.
288 S. oben Rn. 306 ff.
289 S. dazu oben Rn. 298 f.

leistungen anderer Herkunft verwendet werden, wenn die **Gefahr der Irreführung** über ihre wahre Herkunft besteht. Ist die geografische Herkunftsangabe mit einer besonderen **Qualität** der örtlichen Waren oder Dienstleistungen verknüpft, ist nach § 127 Abs. 2 MarkenG auch die Benutzung des Zeichens nur für Waren oder Dienstleistungen dieser Qualität statthaft.

1082 Geografische Herkunftsangaben von **besonderem Ruf** genießen darüber hinaus Schutz vor Rufausbeutung und Verwässerung auch dort, wo eine Irreführungsgefahr nicht gegeben ist, § 127 Abs. 3 MarkenG. Ausreichend ist einerseits, wie in den parallelen Fällen der bekannten Marke oder der bekannten geschäftlichen Bezeichnung, die besondere Qualität der Herkunftsangabe als »bekannte« oder »berühmte« und andererseits eine Verwendung der Bezeichnung im geschäftlichen Verkehr, die »geeignet ist, den Ruf der geografischen Herkunftsangabe oder ihre Unterscheidungskraft ohne rechtfertigenden Grund in unlauterer Weise auszunutzen oder zu beeinträchtigen«.

1083 Erfasst werden damit die Fälle, in denen zwar eine Irreführung durch die Art des bezeichneten Produktes, durch seine Bezeichnung im Übrigen oder durch einen eindeutigen »entlokalisierenden« Zusatz zur geografischen Herkunftsangabe ausgeschlossen ist, in denen aber die Anlehnung an die bekannte geografische Herkunftsangabe deren Ansehen oder den damit verbundenen Aufmerksamkeitseffekt »unlauter« ausnutzt oder auch nur deren Kennzeichnungskraft als Hinweis auf eine bestimmte örtliche Herkunft schmälert. Plastisches Beispiel für die jetzt von § 127 MarkenG erfassten Fälle ist die Werbung eines Importeurs des bekannten französischen Mineralwassers Perrier mit dem Slogan »UN CHAMPAGNE DES EAUX MINERALES«.[290]

1084 Der Schutz geografischer Herkunftsangaben ist nicht auf die unbefugte Verwendung **identischer** Namen, Zeichen oder Angaben beschränkt. Auch die Benutzung **ähnlicher** Angaben oder derselben Angaben unter Hinzufügung weiterer Zusätze ist ausgeschlossen,[291] wenn die Gefahr der Irreführung trotz der gegebenen Unterschiede besteht[292] oder – im Falle der Herkunftsangabe von besonderem Ruf – wenn »trotz der Abweichung oder der Zusätze die Eignung zur unlauteren Ausnutzung oder Beeinträchtigung des Rufs oder der Unterscheidungskraft der geografischen Herkunftsangabe besteht«.[293] Hinsichtlich qualifizierter geografischer Herkunftsangaben ist das Verbot der Benutzung ähnlicher Angaben bei mangelnder Qualität oder fehlenden besonderen Eigenschaften an keine weiteren Voraussetzungen geknüpft.[294] Damit wird der Schutz geografischer Herkunftsangaben auch im »**Ähnlichkeitsbereich**« umfassend gewährleistet. Die allzu nahe, verkaufsfördernde Anlehnung an attraktive geografische Bezugnahmen unter sog. **entlokalisierenden Zusätzen** wird ausgeschlossen, wenn und so weit die verbleibende Übereinstim-

290 BGH GRUR 1988, 453 – Ein Champagner unter den Mineralwässern (zu § 1 UWG a.F.; Sittenwidrigkeit i.H.a. die in Frankreich unbeanstandet gebliebene, gleich lautende Werbung bezweifelt); zu § 127 Abs. 3 MarkenG vgl. BGH MarkenR 2002, 246 – Champagner bekommen, Sekt bezahlen.

291 § 127 Abs. 4 Ziff. 1 MarkenG.

292 Zu sog. entlokalisierenden Zusätzen s. BGH MarkenR 2002, 124 – Warsteiner III; OLG München GRUR-RR 2002, 357, 358 – Marke Ulmer Münster.

293 OLG München GRUR-RR 2004, 17 – ChamPearl.

294 *Ströbele/Hacker* § 127 Rn. 29; ausf. *Fezer/Marx* UWG, § 4 S-10 Rn. 127.

mung nach wie vor geeignet ist, in die Irre zu führen.[295] Die wettbewerbsrechtliche Beurteilung nach §§ 3, 5 Abs. 2 Nr. 1 UWG wird durch das Markengesetz nicht obsolet.[296]

1085

Schutz geografischer Herkunftsangaben nach dem MarkenG		
	Schutz gegen die Verwendung **identischer** Zeichen § 127 Abs. 1 – 3 MarkenG	Schutz gegen die Verwendung **ähnlicher** Zeichen § 127 Abs. 4 MarkenG
Einfache geografische Herkunftsangabe, § 127 Abs. 1 MarkenG	• **Irreführungsschutz:** keine Verwendung für Waren oder Dienstleistungen anderer Herkunft, wenn daraus die Gefahr der Irreführung resultiert	... wenn trotz Abweichung oder Zusätzen die Gefahr einer Irreführung über die Herkunft der Waren oder Dienstleistungen besteht
Qualifizierte geografische Herkunftsangabe, § 127 Abs. 2 MarkenG	• **Irreführungsschutz:** wie einfache geogr. Herkunftsangabe	wie einfache geografische Herkunftsangabe
	• **Qualitätsschutz:** keine Verwendung für Waren oder Dienstleistungen, denen die besondere Eigenschaft oder besondere Qualität fehlt;	(ohne weitere Voraussetzungen, da der Qualitätsschutz insoweit absolut ist)
geografische Herkunftsangabe mit **besonderem Ruf**, § 127 Abs. 3 MarkenG	• **Irreführungsschutz:** wie einfache geogr. Herkunftsangabe	wie einfache geografische Herkunftsangabe
	• **Schutz** vor Ausnutzung oder Beeinträchtigung des **guten Rufes**	... wenn trotz Abweichung oder Zusätzen die Eignung zur Ausnutzung oder Beeinträchtigung des guten Rufes besteht

Übersicht 33: Schutzumfang geografischer Herkunftsangaben

295 Vgl. den instruktiven, noch zu § 3 UWG entschiedenen Fall Original Oettinger Bier – »hergestellt durch die Brauerei Gotha GmbH, Gotha«, OLG Naumburg WRP 1995, 749.

296 § 2 MarkenG; zum Vorrang des kennzeichenrechtlichen Schutzes vgl. BGH GRUR Int. 1999, 70, 71 – Warsteiner I; GRUR 1999, 252, 253 – Warsteiner II; MarkenR 2002, 124, 125 – Warsteiner III; s. oben Rn. 324 f.

I. Unterlassung, Schadensersatz

1086 Wie im Falle der Marke oder der geschäftlichen Bezeichnung kann auch zur Verteidigung einer geografischen Bezeichnung die **Unterlassung** kollidierender Benutzungen im geschäftlichen Verkehr und – bei schuldhaftem Verhalten – der **Ersatz** des erlittenen **Schadens** verlangt werden, § 128 Abs. 1, 2 MarkenG. Das schuldhafte Verhalten eines Angestellten oder Beauftragten im Rahmen eines Geschäftsbetriebes wird auch hier dem Betriebsinhaber zugerechnet, § 128 Abs. 3 MarkenG.

1. Unterlassung

1087 Wer mit der Benutzung von Namen, Angaben oder Zeichen im geschäftlichen Verkehr die Voraussetzungen eines der Verbotstatbestände des § 127 MarkenG erfüllt, kann auf **Unterlassung** in Anspruch genommen werden.[297] Der Anspruch setzt zunächst eine i.S.d. § 126 MarkenG im geschäftlichen Verkehr benutzte[298] und nach § 127 MarkenG geschützte, einfache, qualifizierte oder mit besonderem Ruf verbundene geografische Herkunftsangabe voraus. Sodann muss ein mit dieser Angabe identisches – oder ein ihr ähnliches oder mit Zusätzen versehenes[299] – Zeichen im geschäftlichen Verkehr benutzt worden sein. Schließlich muss diese Benutzung einen der Verbotstatbestände des § 127 Abs. 1 bis 3 MarkenG (**Irreführungsschutz, Qualitätsschutz**, **Schutz des besonderen Rufes** vor Ausbeutung oder Beeinträchtigung) erfüllen.

1088 Hinsichtlich der in Frage kommenden **Benutzungshandlungen** kann auf den Beispielskatalog des § 14 Abs. 3 MarkenG verwiesen werden.[300] Eine Benutzung für Waren oder Dienstleistungen ist jedoch nach dem Wortlaut des § 127 MarkenG unverzichtbar.[301] **»Im geschäftlichen Verkehr«** erfolgt dabei jedes Marktverhalten, das als wirtschaftliche Tätigkeit auf die Förderung des eigenen oder eines fremden Geschäftszweckes zielt. Auf eine Unterscheidung nach gewerblicher oder freiberuflicher Tätigkeit kommt es nicht an, ein Verschulden des Verletzers ist nicht erforderlich.

1089 Die den Unterlassungsanspruch begründende Verletzung einer geografischen Herkunftsangabe kann auch in der Anmeldung oder Eintragung einer jüngeren Marke liegen. Berechtigt die geografische Herkunftsangabe dazu, die Benutzung der Marke im **gesamten Bundesgebiet** zu untersagen, kann die **Löschung** ihrer Eintragung **klagweise** durchgesetzt werden.[302] Ist die Marke, die einen Verbotstatbestand nach § 127 MarkenG erfüllt, noch im Stadium der Anmeldung, sollte die betroffene geografische Herkunftsangabe bereits von Amts wegen als absolutes Schutzhindernis i.S.d. § 8 Abs. 2 Nr. 2 MarkenG berücksichtigt werden, so weit die Marke keine weiteren Zeichenbestandteile enthält. Unabhängig davon kommt ggf. auch ein Eintragungshindernis nach § 8 Abs. 2 Nr. 4 MarkenG (Täuschungsgefahr) oder § 8

297 § 128 Abs. 1 MarkenG.
298 S. dazu oben Rn. 324 f. zum wettbewerbsrechtlichen Schutz »fiktiver« geografischer Herkunftsangaben.
299 § 127 Abs. 4 MarkenG.
300 *Ingerl/Rohnke* § 128 Rn. 3.
301 BGH MarkenR 2000, 370 – Stich den Buben.
302 § 13 Abs. 1, Abs. 2 Nr. 5 i.V.m. §§ 51, 55 Abs. 2 Nr. 3 MarkenG.

Abs. 2 Nr. 9 MarkenG (Gesetzeswidrigkeit)[303] in Betracht. Wird die Marke ungeachtet eines bestehenden absoluten Eintragungshindernisses eingetragen, kann ihre **Löschung** nach §§ 50 Abs. 1 Nr. 3, 54 MarkenG beim **DPMA** beantragt werden. Dieser Löschungsantrag kann von jedermann gestellt werden.

Weder das Vorliegen eines absoluten Eintragungshindernisses nach § 8 Abs. 2 MarkenG, noch die genannten Löschungsverfahren wegen absoluter Schutzhindernisse bzw. aus prioritätsälterem Recht hindern jedoch einen auf **Rücknahme der Anmeldung** gerichteten **Beseitigungsanspruch** des nach § 128 MarkenG Berechtigten.[304] Der zur Verteidigung der geografischen Herkunftsangabe Berechtigte braucht die mit der Anmeldung der jüngeren Marke drohende Beeinträchtigung seines älteren Rechts nicht erst entstehen zu lassen, um sodann mit einem Löschungsantrag (zum DPMA) oder einer Löschungsklage (vor den ordentlichen Gerichten) gegen sie vorgehen zu können. Er kann dieser Gefahr vielmehr **vorbeugend** entgegentreten.[305] Ob der auf Rücknahme der Markenanmeldung gerichtete Beseitigungsanspruch unmittelbar aus §§ 13, 51 MarkenG hergeleitet[306] oder »nach wettbewerbsrechtlichen Grundsätzen« beim Unterlassungsanspruch der §§ 127, 128 MarkenG angesiedelt wird,[307] bleibt sich im Ergebnis gleich. 1090

§ 135 MarkenG erstreckt den Unterlassungsanspruch auf Handlungen, die gegen die Art. 8 oder 13 der Verordnung (EWG) Nr. 2081/92 verstoßen[308] und verweist auf die Regelung zu Unterlassung und Schadensersatz in § 128 Abs. 2, 3 MarkenG. 1091

2. Klagebefugnis

Unterschiede zu den parallelen Regelungen in § 14 Abs. 5 und § 15 Abs. 4 MarkenG bestehen hinsichtlich der **Aktivlegitimation**. Sie wird in § 128 MarkenG – darin zeigt sich die wettbewerbsrechtliche Natur dieses Anspruches – durch einen **Verweis auf § 8 Abs. 3 Nr. 1 – 4 UWG** geregelt. Aktivlegitimiert sind danach Mitbewerber,[309] qualifizierte Gewerbe- und Verbraucherverbände sowie die IHK und die HWK. Für das gegen eine Registermarke gerichtete Löschungsverfahren vor den ordentlichen Gerichten auf der Grundlage einer geografischen Herkunftsangabe mit älterem Zeitrang enthält § 55 Abs. 2 Nr. 3 MarkenG eine parallele Regelung. Zur Begründung führt der Gesetzgeber an, dass bei geografischen Herkunftsangaben mangels subjektiver Rechtsqualität eine Zuordnung zu einem einzelnen Rechtsträger unmöglich sei.[310] 1092

303 Hierunter fällt ein Verstoß gegen nationale oder europäische Kennzeichnungsvorschriften oder gegen bilaterale Herkunftsabkommen; Nachweise bei *Ströbele/Hacker* § 8 Rn. 658 ff.
304 BGH MarkenR 2001, 126, 128 – SPA.
305 BGH MarkenR 2001, 126, 128 – SPA.
306 Dafür sprechen sich *Ströbele/Hacker* § 128 Rn. 6 aus.
307 So BGH MarkenR 2001, 126, 128 – SPA.
308 Die VO (EWG) Nr. 2081/92 wurde durch die VO (EG) Nr. 510/2006 abgelöst; s. dazu oben Rn. 326 ff.
309 »Mitbewerber« ist im Unterschied zu § 13 Abs. 2 UWG a.F. nur der unmittelbar Verletzte (§ 2 Abs. 1 Nr. 3 UWG); ausreichend ist aber insoweit nach der Gesetzesbegründung zum UWG, dass das Wettbewerbsverhältnis durch die Verletzung entsteht, BT-Drs. 15/1487, S. 16.
310 BT-Ds. 12/6581 S. 98.

3. Schadensersatz

1093 Der Anspruch auf **Schadensersatz** nach § 128 Abs. 2 MarkenG folgt denselben Voraussetzungen, die auch den Unterlassungsanspruch begründen, verlangt jedoch darüber hinaus ein **Verschulden**, das heißt vorsätzliches oder fahrlässiges Handeln des Verletzers. Der Anspruch auf Schadensersatz kann nicht abstrakt auf die Kollision der involvierten Zeichen gestützt werden, sondern muss auf eine konkrete Verletzungshandlung bezogen sein.[311] Gleiches gilt für den darauf bezogenen Anspruch auf Auskunft. Im Unterschied zum Unterlassungsanspruch nach § 128 Abs. 1 MarkenG enthält die Schadensersatzregelung nach § 128 Abs. 2 MarkenG keine Aussage zur Aktivlegitimation. In Betracht kommen insoweit nur die unmittelbar verletzten, berechtigten Benutzer der geografischen Herkunftsangabe. Dieser Kreis ist kleiner als der der Mitbewerber.[312]

1094 Bei der **Schadensberechnung** muss dem Umstand Rechnung getragen werden, dass geografische Herkunftsangaben nicht einem einzelnen Rechtsträger im Sinne eines subjektiven Immaterialgüterrechts zugeordnet sind.[313] Ebenso wenig lässt sich der vom Verletzer unberechtigt erzielte Gewinn als hypothetischer Verlust einem einzelnen Kläger zuordnen. Von den im Immaterialgüterrecht anerkannten drei Wegen der Schadensberechnung – dem tatsächlich eingetretenen Differenzschaden einschließlich des entgangenen Gewinns, der Abschöpfung des Verletzergewinns und der Lizenzanalogie[314] – kommt deshalb im Falle der Verletzung einer geografischen Herkunftsangabe nur der erstgenannte in Betracht.[315] Der klagebefugte Mitbewerber wird der damit verbundenen Darlegungs- und Beweislast allerdings nur selten entsprechen können.

II. Auskunft, Beseitigung, Vernichtung

1095 Das MarkenG regelt für die Verletzung geografischer Herkunftsangaben explizit keinen **Auskunftsanspruch** des auf Unterlassung oder Schadensersatz Klageberechtigten.[316] Zielt die Klage auf Schadensersatz, folgt ein solcher Anspruch jedoch bereits aus der Notwendigkeit der Schadensberechnung. Darüber hinaus spricht für die Anerkennung eines Auskunftsanspruchs in analoger Anwendung des § 19 MarkenG dessen Notwendigkeit zur Vorbereitung der weiter gehenden Ansprüche (Unterlassung, Beseitigung, Vernichtung).

1096 Für einen aus der Verletzung einer geografischen Herkunftsangabe folgenden **Beseitigungsanspruch** gelten dieselben Überlegungen. Im Kennzeichen- wie im Wett-

311 OLG München OLGR 2003, 37 – BEAUTY SPA.
312 *Ingerl/Rohnke* § 128 Rn. 13.
313 S. dazu oben Rn. 297 ff.
314 S. dazu oben Rn. 924 ff.
315 Ebenso *Ingerl/Rohnke*, § 128 MarkenG Rn. 14; nach dem Referentenentwurf zur Umsetzung der sog. Durchsetzungsrichtlinie (EG) Nr. 2004/48 (ABl EU Nr. 195, S. 16) soll künftig auch »der Gewinn, den der Verletzer durch die Verletzung des Rechts erzielt hat, berücksichtigt« werden dürfen.
316 Nach dem Referentenentwurf zur Umsetzung der sog. Durchsetzungsrichtlinie (EG) Nr. 2004/48 ist dagegen ein Verweis auf die §§ 18, 19 MarkenG in § 128 MarkenG vorgesehen.

bewerbsrecht[317] flankiert der Beseitigungsanspruch den Unterlassungsanspruch, wo sich die abzuwehrende Rechtsverletzung bereits manifestiert hat, während der Unterlassungsanspruch drohenden bzw. wiederholten Angriffen auf das geschützte Zeichen vorbeugt.[318] Beide zielen auf dasselbe **Integritätsinteresse** des geschützten Kennzeichens und sind für eine effiziente Rechtsverfolgung unerlässlich. Der BGH hat den Beseitigungsanspruch aus einer geografischen Herkunftsangabe denn auch ausdrücklich anerkannt.[319] Er folge im Falle der Verletzung einer geografischen Herkunftsangabe nicht aus § 1004 BGB, sondern als »allgemeiner wettbewerbsrechtlicher Beseitigungsanspruch« unmittelbar aus der wettbewerbsrechtlichen Verbotsnorm.[320]

Ein Anspruch auf **Vernichtung** der unbefugt mit einer geografischen Herkunftsan- 1097
gabe versehenen Waren wird in § 128 MarkenG ebenfalls nicht genannt. Daraus wird gefolgert, der Gesetzgeber habe diesen Anspruch für geografische Herkunftsangaben ausschließen wollen, weshalb sich auch eine entsprechende Anwendung des § 18 MarkenG verbiete.[321] Nach anderer Ansicht ist die analoge Anwendung des § 18 MarkenG im Interesse einer TRIPs[322] – konformen Auslegung des Markengesetzes nachgerade geboten:[323] Geografische Herkunftsangaben fallen nach Art. 22 bis 24 TRIPS-Übereinkommen in dessen Schutzbereich; Art. 46 TRIPS – Übereinkommen verlangt ausdrücklich die Außerverkehrsetzung schutzrechtsverletzender Waren einschließlich der einschlägigen Produktionsmittel. Und der Referentenentwurf zur Umsetzung der sog. Durchsetzungsrichtlinie[324] sieht die Vernichtung jetzt durch einen Verweis auf die §§ 18, 19 MarkenG in § 128 MarkenG ausdrücklich vor.

III. Verjährung

Die Ansprüche aus § 128 MarkenG wegen Verletzung einer nach §§ 126, 127 Mar- 1098
kenG geschützten geografischen Herkunftsangabe verjähren – anders als im Falle ihres wettbewerbsrechtlichen Schutzes[325] – über die Verweisung der §§ 129 und 136 MarkenG wie die markenrechtlichen Ansprüche nach § 20 MarkenG.[326] Für die weiteren Ansprüche auf Auskunft, Beseitigung, Vernichtung muss dies gleichermaßen gelten.

317 § 8 Abs. 1 UWG.
318 *Fezer/Büscher* UWG, § 8 Rn. 4 ff.
319 BGH MarkenR 2001, 126, 128 – SPA.
320 BGH MarkenR 2001, 126, 128 – SPA.
321 *Ekey/Klippel/Fuchs-Wissemann* § 128 Rn. 5; ebenso *Ströbele/Hacker* § 128 Rn. 16, wonach dies aus einem Vergleich mit § 144 Abs. 4 MarkenG folgt: Während der markenrechtliche Vernichtungsanspruch nach § 18 MarkenG der Regelfall sei, erlaube der Straftatbestand des § 144 MarkenG die Vernichtung rechtswidrig mit einer geografischen Herkunftsangabe gekennzeichneter Ware selbst bei vorsätzlicher Kennzeichenverletzung nur als ultima ratio.
322 Übereinkommen über handelsbezogene Aspekte der Rechte des geistigen Eigentums, BGBl. 1994 II, S. 1730.
323 *Fezer* Markenrecht, § 129 Rn. 6.
324 RL (EG) Nr. 2004/48, ABl EU Nr. 195, S. 16.
325 Vgl. § 11 UWG.
326 S. dazu oben Rn. 971 ff.

IV. Beschlagnahme, Strafverfolgung

1099 Auch Waren, die mit einer nach dem Markengesetz oder nach europäischem Recht geschützten geografischen Herkunftsangabe widerrechtlich versehen sind, unterliegen der Beschlagnahme, § 151 MarkenG. Unterschiede zur Regelung für Marken oder geschäftliche Bezeichnungen[327] ergeben sich wiederum aus dem **kollektiven Charakter** der geografischen Herkunftsangabe: die Beschlagnahme setzt keinen Antrag (und folglich auch keine Sicherheitsleistung) des Rechtsinhabers voraus, sondern liegt im Ermessen der Zollbehörden; überdies ist sie nicht nur bei der Ein- oder Ausfuhr, sondern auch bei der **Durchfuhr** möglich, § 151 Abs. 1 MarkenG. Die übrigen Voraussetzungen, insbesondere die Offensichtlichkeit der Rechtsverletzung und die Berücksichtigung des innereuropäischen freien Warenverkehrs gleichen der Regelung in § 146 MarkenG.

1100 Von einem (Straf-)antragserfordernis abgekoppelt ist schließlich auch die Strafnorm des § 144 MarkenG. Danach genießen geografische Herkunftsangaben in allen Konstellationen des § 127 Abs. 1 bis 3 MarkenG (sowie über ein optionale Rechtsverordnung im Rahmen der VO (EG) Nr. 510/2006)[328] den strafrechtlichen Schutz eines Offizialdelikts.

327 S. dazu oben Rn. 947 ff.

328 Eine solche Rechtsverordnung auf der Grundlage des § 144 Abs. 6 MarkenG ist nicht erlassen worden; nach dem Referentenentwurf zur Umsetzung der sog. Durchsetzungsrichtlinie (RL (EG) Nr. 2004/48) soll die Strafbarkeit unmittelbar in das Gesetz aufgenommen werden.

Kapitel 6 Marken als Vermögensgegenstand

A. Marken als Wirtschaftsgut

Als Gegenstand des (betrieblichen) Vermögens kann das an einer Marke begründete Recht wirtschaftlich verwertet werden. Die §§ 27 ff. MarkenG regeln die (ganz oder teilweise) Übertragung einer Marke, die Lizenz, die Möglichkeit der Verpfändung und die Zwangsvollstreckung in Markenrechte. Weil bereits die Anmeldung einer Marke einen Anspruch auf Eintragung begründet,[1] dem – als »Anwartschaft« auf dass Vollrecht – ein wirtschaftlicher Wert zukommt, gelten die §§ 27 ff. MarkenG für sie entsprechend: schon vor ihrer Eintragung kann die Marke übertragen werden, lizenziert, verpfändet usw. 1101

I. Markenbewertung

Wo Marken als Wirtschaftsgut am Markt auftreten, stellt sich notwendig die Frage nach der Bestimmung ihres Wertes. Dass einer Marke als **Vermögensgegenstand** ein bestimmbarer (Markt-)Wert innewohnt, ist dabei unbestritten; die Feststellung im einzelnen Falle ist jedoch mit großen Unschärfen belastet. Dies liegt weniger am immateriellen Charakter der Marke, als vielmehr an der Bedingtheit eines jeden Wertes: nicht anders als im Falle von Erdöl, Sojabohnen oder Altpapier ist der Wert eines Rechts an geistigem Eigentum davon abhängig, welchen Nutzen es stiftet und in welchem Marktumfeld es angeboten oder nachgefragt wird.[2] 1102

Anders als die meisten Waren sind Marken aber nicht gleichförmige Exemplare einer einheitlichen Gattung, sondern – als Folge ihrer Kennzeichnungsfunktion – **Einzelstücke**: die Verbindung eines konkreten Zeichens mit einer bestimmten Ware oder Dienstleistung gibt es zwingend nur einmal, weil das Zeichen nur so seine **Namensfunktion** erfüllen kann. Das Markenrecht garantiert den Schutz (und bestimmt zugleich die Grenzen) der Ausschließlichkeit eines in seiner spezifischen Bedeutung einzigartigen Zeichens[3] zur zulässigen Koexistenz anderer Zeichen für dieselben Waren oder Dienstleistungen oder desselben Zeichens für andere Waren oder Dienstleistungen. 1103

Für eine bestimmte Marke gibt es deshalb einen empirisch exakt feststellbaren, aktuellen Marktwert nur im Moment ihres Verkaufes oder ihrer Lizenzierung und auch dies nur aus einer ex-post-Betrachtung des tatsächlich erzielten Preises. Selbst wenn sie bereits einmal veräußert worden ist, kann daraus im zeitlichen Längsschnitt kein künftiger Wert antizipiert werden, da Marken ihren Wert verlieren, aber ebenso gut erhalten oder steigern können, was sich in der Frage der Abschreibung des Wertes einer Marke spiegelt. Nach Auffassung des BFH ist zwar »nicht ernstlich zweifelhaft, dass entgeltlich erworbene Warenzeichen, die auf Dauer be- 1104

---

1 § 33 Abs. 2 Satz 1 MarkenG.
2 *Bruhn/Trommsdorf* S. 1853, 1858.
3 Bestehend aus einem wahrnehmbaren Zeichen (Signifikant), seiner herkunftshinweisenden Bedeutung (Signifikat) und dem Referenzobjekt (bestimmte Waren oder Dienstleistungen); s. dazu oben Rn. 2 ff.

trieblich genutzt werden, keinem Wertverzehr unterliegen.«[4] Auch wenn man davon ausgehe, so der BFH, dass Warenzeichen zu den immateriellen Wirtschaftsgütern zu rechnen seien, die einer wirtschaftlich oder zeitlich bedingten Abnutzung unterliegen könnten, so gebe es doch weder eine gesetzliche Regelung noch einen allgemeinen Erfahrungssatz, wonach sich der Wert von Warenzeichen generell innerhalb einer bestimmten Nutzungsdauer verbrauche und diesem Umstand durch eine planmäßige Abschreibung Rechnung zu tragen sei.[5] Aus marketingwissenschaftlicher Sicht ist dagegen weder eine lineare Abnutzung noch ein diskontinuierlicher Wertverlust ausgeschlossen.[6]

1105 Das Bedürfnis an der Bewertung von Marken ist dessen ungeachtet unabweisbar. Wer eine Marke veräußern oder erwerben will, ist daran ebenso interessiert wie der potenzielle Lizenzgeber oder -nehmer; wer in eine Marke investiert, hat ein Interesse daran, zu erfahren, welcher Return-on-Investment seinen Aufwendungen für Recherche und Anmeldung, Verteidigung und Aufrechterhaltung der Marke sowie für ihren konkreten Einsatz an der Ware und auf ihrer Verpackung, am Point of Sale und in der Werbung gegenübersteht und ob und inwieweit er sich im Wert des Immaterialgüterrechts abbildet. Nur so können der Erfolg einer Marke unternehmensintern dokumentiert, Markenstrategien entwickelt und Investitionsentscheidungen vorbereitet werden. Schließlich kann der Wert der Marke in Verletzungsklagen für die Schadensberechnung unerlässlich sein. Vor diesem Hintergrund sind verschiedene Ansätze zur Bestimmung des Wertes einer Marke verfolgt worden, die sich grob in quantitative/monetär ausgerichtete und qualitative/am Konsumentenverhalten orientierte unterscheiden lassen.

1106 Eine **monetäre Bewertung** der Marke kann an verschiedenen Faktoren ansetzen:[7]

- Eine am **Substanzwert** orientierte Bewertung betrachtet die Aufwendungen, die in die Marke getätigt wurden; sie begründet sich aus der Überlegung, dass der Aufbau einer gleichwertigen Marke mit eben diesen Kosten belastet wäre. Der so bestimmte Substanzwert besagt allerdings nichts über den wirtschaftlichen Erfolg, der mit dieser Marke erzielt wurde oder werden könnte; so können mit ein- und demselben Etat, der für die Etablierung einer Marke am Markt zur Verfügung steht, höchst unterschiedliche Erfolge im Hinblick auf die Bekanntheit des Zeichens, seine Marktdurchdringung oder das erzielte Vertrauen der Verbraucher in die Marke erreicht werden. Marken mit demselben Substanzwert kann deshalb ein ganz unterschiedliches wirtschaftliches Potenzial zukommen, das in der vergangenheitsorientierten Betrachtung der getätigten Aufwendungen nicht abgebildet wird. Dies gilt um so mehr, als sich der Erfolg einer Marke nur schwer von dem des Markenproduktes als solchem trennen lässt.

1107
- Die Fokussierung des **Ertragswertes** versucht, den genannten Mängeln der Substanzwertbetrachtung mit einem Fokus auf die aus der Marke erzielbaren Renditen abzuhelfen. Dazu müssen allerdings nicht nur die zukünftig erwartbaren Renditen auf einen aktuellen Kapitalwert abgezinst werden; es muss überdies – und dies gestaltet sich ungleich schwieriger – der Anteil der Marke am Markterfolg eines Produkts bestimmt werden. Denn die Marke wird nicht als solche vertrie-

4 BFH BB 1996, 2608.
5 BFH BB 1996, 2608, mit Verw. auf *Stein/Ortmann* BB 1996, 787.
6 S. dazu *Meffert/Burmann* FS Dietrich Börner, S. 75 ff.
7 *Bruhn/Trommsdorf* S. 1853, 1863 f.

ben, sondern als Kennzeichen auf einem Produkt oder mit einer Dienstleistung. Nur, wo ein und dasselbe Produkt unter einer Marke und zugleich als »no-name« vertrieben wird, gibt die Differenz des am Markt jeweils durchsetzbaren Preises einen empirischen Anhalt[8] für die Leistung der Marke (**Ergebnisbeitrag, Preis-Premium**)[9]. Wo es daran fehlt, kann eine Vergleich des Markenproduktes mit qualitativ gleichwertigen Konkurrenzprodukten sowie der jeweils erzielten Marktpreise Rückschlüsse auf den »Faktor Marke« zulassen.[10] Wird ein danach realisierter Mehrerlös nicht von anderen Faktoren bestimmt (Marktpräsenz, Vertriebsweg, Servicequalität, Sortimentspolitik usw.), lässt sich daraus auf den (Ertrags-)wert der Marke schließen.

- Wenn und so weit »vergleichbare« Marken tatsächlich veräußert oder lizenziert worden sind, lässt sich aus den dabei erzielten Preisen auf den Wert einer Marke schließen. Der **Marktvergleich** hat allerdings ein doppeltes Handicap: Marken werden weitaus weniger häufig veräußert als die materiellen Güter aus industrieller und handwerklicher Produktion; zudem kann, wo das Eigentum an einer Marke nicht als »asset« erworben, sondern im Rahmen eins »share-deals« zusammen mit einem Betrieb oder Betriebsteil veräußert wird,[11] daraus nur eingeschränkt darauf geschlossen werden, welchen Preis die Marke bei isolierter Veräußerung erzielt hätte. 1108

Lizenzverträge über Marken werden demgegenüber zwar durchaus häufig geschlossen. Insbesondere im Konzernverbund ist die Konzentration aller Konzernmarken auf ein Unternehmen mit anschließender Lizenzvergabe an die konzernverbundenen Unternehmen beliebt; so können nicht nur alle IP-Rechte zentral verwaltet und betreut, sondern auch Lizenzgebühren in Hochsteuerländern ertragsmindernd berücksichtigt werden,[12] während die komplementären Lizenzeinnahmen an einem (auch) unter steuerlichen Aspekten ausgewählten Ort zusammenlaufen. Der Schluss von den aus einer Marke tatsächlich erzielten Lizenzgebühren auf den Wert einer »vergleichbaren«, anderen Marke bleibt gleichwohl problematisch. Denn er impliziert immer ein Urteil über die **Vergleichbarkeit**, was – insoweit tautologisch – wiederum eine Bewertung der Marke voraussetzt, deren Wert gerade in Frage steht. 1109

Den Schwächen einer vergangenheitsbezogenen Betrachtung der getätigten Investitionen wie auch einer Reduktion der Marke auf das am Markt aktuell durchsetzbare Preis-Premium versuchen **Indikatorenmodelle** abzuhelfen, die für die Bestimmung des Markenwertes **nichtmonetäre Kriterien** berücksichtigen. Größen wie das Image einer Marke, ihre Bekanntheit, ihre Wertschätzung innerhalb bestimmter Zielgruppen, ihr Potenzial in noch nicht erschlossenen Märkten usw. werden dafür (ggf. empirisch) erhoben, gewichtet, bewertet und in einen monetären Wert überführt, der dann mit den zuvor genannten, ebenfalls monetären Größen kombiniert werden kann. In der Praxis haben sich dazu zahlreiche Varianten entwickelt.[13] 1110

8 Daneben sind weitere Faktoren wie der jeweilige Vertriebsweg, die Produktpräsentation usw. zu berücksichtigen.
9 *Stöckel/Lüken* S. 517 ff.; *Repenn* S. 33 f.
10 Sog. Preispremiumverfahren, *Bruhn/Trommsdorf* S. 1853, 1863 f.
11 Vgl. § 27 Abs. 2 MarkenG.
12 Zur Berücksichtigung von Markenlizenzgebühren als Betriebsausgaben und zur Abgrenzung zur verdeckten Gewinnausschüttung s. BFH GRUR 2001, 346.
13 Vgl. die Darstellung mit Beispielen bei *Stöckel/Lüken* S. 520 ff.

II. Markenübertragung

1111 § 27 MarkenG erlaubt die freie Übertragung und den Übergang des Rechts an einer Marke auf einen anderen für alle oder nur für einen Teil der Waren oder Dienstleistungen, für die sie Schutz genießt. Dies gilt gleichermaßen für alle Marken im Sinne des § 4 MarkenG, mithin für eingetragene Marken ebenso wie für Marken kraft Verkehrsgeltung oder notorisch bekannte Marken. § 31 MarkenG erweitert den Anwendungsbereich der §§ 27 ff. MarkenG überdies auf **angemeldete** Marken.

1112 Die Übertragbarkeit des Rechts an einer Marke ist bereits seit 1992 vollständig vom Übergang eines zugehörigen Betriebes/Betriebsteiles abgekoppelt.[14] Daran hält auch das Markengesetz fest: Die Übertragung eines Geschäftsbetriebes oder Betriebsteiles, zu dem eine Marke gehört, indiziert zwar im Zweifel auch den Übergang des Markenrechts,[15] nicht aber umgekehrt die Übertragung der Marke den Übergang des Unternehmens(-teiles). Zur Übertragung von geschäftlichen Bezeichnungen und Werktiteln enthält das Markengesetz keine Regelung; sie bleiben grundsätzlich an das jeweilige Unternehmen[16] bzw. Werk gebunden.[17]

1113 Der Übertragung einer Marke auf einen anderen Inhaber ist die Gefahr einer nachfolgenden **Zuordnungsverwirrung** immanent: der Verkehr, dem die Marke bekannt ist, der aber von der Übertragung keine Kenntnis erlangt, läuft Gefahr, irrtümlich auf einen konstanten betrieblichen Hintergrund zu schließen, wo tatsächlich ein anderer Hersteller an die Stelle des vormaligen getreten ist. Akzentuiert tritt diese Folge ein, wo die Marke mit einem Personennamen oder einem Unternehmenskennzeichen zusammenfällt. Begründete insoweit allein der Inhaberwechsel den Vorwurf der Irreführung, wäre allerdings eine Übertragung kaum mehr möglich; der gleichwohl eingetragenen Marke könnte der Verfall infolge irreführender Benutzung drohen.

1114 Der EuGH wurde mit diesem Konflikt in einer Vorlage befasst, der die Konstellation zu Grunde lag, dass der Name einer Designerin (»Elizabeth Emanuel«) als Marke geschützt, auf ein Unternehmen übertragen und nachfolgend mehrfach weiter veräußert wurde. Der EuGH hat dazu festgestellt, dass die Eintragung einer solchen Marke weder als täuschungsgeeignet verweigert,[18] noch wegen irreführender Benutzung für verfallen erklärt[19] werden dürfe. Dies gelte insbesondere dann, wenn der mit dieser Marke verbundene Goodwill zusammen mit dem Geschäftsbetrieb der Herstellung der Waren, auf die sich die Marke beziehe, übertragen worden sei.[20]

1115 Obwohl ein Durchschnittsverbraucher bei seinem Entschluss zum Kauf eines mit der Marke – hier: Elizabeth Emanuel – versehenen Kleidungsstücks von der (nach

14 § 47 ErstrG (BGBl. I 1992, S. 931) gab § 8 WZG den Wortlaut: »Das durch die Anmeldung oder Eintragung eines Warenzeichens begründete Recht kann unabhängig von der Übertragung des Geschäftsbetriebs oder des Teils des Geschäftsbetriebs, zu dem das Warenzeichen gehört, auf andere übertagen werden oder übergehen.«

15 § 27 Abs. 2 MarkenG.

16 Vgl. § 23 HGB (»Die Firma kann nicht ohne das Handelsgeschäft, für welches sie geführt wird, veräußert werden.«).

17 S. oben Rn. 251.

18 Art. 3 Absatz 1 lit. g MarkenRL (vgl. § 8 Abs. 2 Nr. 4 MarkenG).

19 Art. 12 Absatz 2 lit. b MarkenRL (vgl. § 49 Abs. 2 Nr. 2 MarkenG).

20 EuGH MarkenR 2006, 205 – Elizabeth Emanuel.

der Übertragung der Marke) irrigen Vorstellung beeinflusst sein könnte, dass die Trägerin dieses Namens an dessen Kreation mitgewirkt habe, werde die Funktion der Marke nicht beeinträchtigt, wenn die Merkmale und die Eigenschaften des Kleidungsstücks von dem Unternehmen, das aktuell Inhaber der Marke sei, weiterhin garantiert würden. Liege es so, sei die Bezeichnung nicht schon als solche geeignet, das Publikum über die Art, die Beschaffenheit oder die Herkunft der mit ihr gekennzeichneten Ware zu täuschen. Der EuGH stellt dabei in der Sache weniger auf die Herkunfts-, als vielmehr auf die **Qualitäts- und Garantiefunktion** der Marke ab.

1. Verfahren

Das Markengesetz beschränkt sich darauf, die Übertragbarkeit des Rechts an einer **1116** Marke fest zu halten. Vorschriften zum Übertragungsvorgang selbst finden sich nicht. Rechtsübertragung oder -übergang erfolgen **außerhalb** von Amt und Register. Nach §§ 27 Abs. 3 MarkenG, 25 Nr. 32 MarkenV wird jedoch der dem Patentamt nachgewiesene Rechtsübergang auf Antrag in das Register eingetragen. Der Antrag, für den das Patentamt ein Formblatt bereithält,[21] muss die in § 28 Abs. 2 Nr. 1–4 DPMAV genannten Angaben enthalten;[22] er kann entweder – von beiden Parteien des Übertragungsvertrages oder deren Vertretern unterzeichnet – gemeinsam oder vom Rechtsnachfolger allein gestellt werden. In letzterem Falle ist dem Antrag zum Nachweis des Rechtsüberganges eine Zustimmungserklärung des eingetragenen Inhabers oder der von beiden Seiten unterzeichnete Übertragungsvertrag oder eine entsprechende beiderseitige Erklärung beizufügen.[23] Eine Beglaubigung von Erklärungen oder Unterschriften ist nicht erforderlich. Die Eintragung der Übertragung des ungeteilten Markenrechts löst keine Gebühr aus.

Die Umschreibung einer Registermarke auf einen neuen Inhaber im Register hat le- **1117** diglich verfahrensrechtliche Bedeutung. Der **materiellrechtliche** Rechtsübergang ist davon unabhängig und allein Folge einer außerhalb des Registers liegenden **dinglichen Verfügung**, der ihrerseits regelmäßig ein **schuldrechtliches Kausalgeschäft** zu Grunde liegt.[24] Ebenso gut kann der Rechtsübergang – etwa im Rahmen einer erbrechtlichen Universalsukzession[25] – nicht rechtsgeschäftlich begründet werden, sondern als gesetzliche Folge eintreten. Das Markengesetz trägt dem mit den Formulierungen »übertragen werden oder übergehen« in § 27 Abs. 1 MarkenG Rechnung.

---

21 Unter <http://www.dpma.de/formulare/marke.html>, Formblatt W 7615/5.05.

22 Angegeben werden müssen das Aktenzeichen des Schutzrechts, der Name, der Sitz und die Zustellungsanschrift des Inhabers des Schutzrechts in der im Register eingetragenen Form, Angaben über den oder die Rechtsnachfolger entsprechend § 5 Abs. 1 bis 4 MarkenV, sowie, falls die Rechtsnachfolger einen Vertreter bestellt haben, der Name und die Anschrift des Vertreters nach Maßgabe des § 13 DPMAV.

23 § 28 Abs. 3 DPMAV.

24 Vgl. § 453 BGB (Rechtskauf), §§ 413, 398 ff. BGB (Rechtsübergang durch Abtretung); nach *Palandt/Grüneberg* § 413 BGB Rn. 4, soll § 413 BGB durch § 27 MarkenG verdrängt werden; dem ist nicht zuzustimmen, da § 27 MarkenG lediglich die Übertragbarkeit regelt, nicht die Übertragung.

25 § 1922 BGB.

2. Teilung, Teilübertragung

1118 Die teilweise Übertragung des Rechts an einer angemeldeten oder eingetragenen Marke stellt die Kombination von **Markenteilung**[26] und **Markenübertragung** dar. Dementsprechend verweist § 27 Abs. 4 MarkenG für die Teilübertragung eingetragener Marken auf die Teilungsvorschriften für **eingetragene** Marken in § 46 MarkenG, nimmt jedoch § 46 Abs. 2 und Abs. 3 Satz 1 und 2 MarkenG davon wieder aus.[27] Für die Teilübertragung **angemeldeter** Marken führt § 31 MarkenG zu § 40 MarkenG.

1119 In dem Antrag auf Eintragung des Rechtsüberganges sind die Waren und Dienstleistungen anzugeben, auf die sich der Rechtsübergang bezieht.[28] Das Verzeichnis der Waren und Dienstleistungen der verbleibenden Stammeintragung und das Verzeichnis der Waren und Dienstleistungen der abgetrennten Eintragung müssen insgesamt mit dem im Zeitpunkt des Zugangs der Teilungserklärung bestehenden Verzeichnis der Waren und Dienstleistungen der Ausgangseintragung **deckungsgleich** sein. Betrifft die Teilung Waren und Dienstleistungen, die unter einen Oberbegriff fallen, so ist der Oberbegriff sowohl in der Stammeintragung als auch in der abgetrennten Eintragung zu verwenden und durch entsprechende Zusätze so einzuschränken, dass sich keine Überschneidungen der Verzeichnisse der Waren und Dienstleistungen ergeben.[29]

1120 Antragsberechtigt für die Eintragung einer Teilübertragung ist nur der Inhaber, nicht auch der Erwerber. § 27 Abs. 3 MarkenG, der das Antragsrecht den »Beteiligten« zuspricht, wird insoweit für die teilweise Übertragung durch § 46 Abs. 1 Satz 1 MarkenG eingeschränkt, auf den § 27 Abs. 4 MarkenG verweist. Aus der jeder teilweisen Markenübertragung immanenten Markenteilung folgt schließlich auch eine analoge **Gebührenpflichtigkeit**: mit dem Antrag auf Eintragung einer Teilübertragung ist eine Gebühr nach dem Tarif zu zahlen.[30]

III. Lizenz

1121 Die vertraglich vereinbarte, entgeltliche Nutzungsüberlassung der Rechte an einer Marke kann für beide Teile – aus je unterschiedlichen Gründen – attraktiv sein. Der Inhaber einer Marke verstärkt durch die Lizenzvergabe die Präsenz seiner Marke am Markt[31] und nimmt eine laufende, je nach Vertragsgestaltung pauschalierte, umsatz- oder stückzahlabhängige Lizenzgebühr ein.[32] Der Lizenznehmer seinerseits kann ein Produkt oder eine Dienstleistung zeitnah mit einer starken Marke verbin-

26 S. oben Rn. 531 ff. für die angemeldete, Rn. 547 ff. für die eingetragene Marke.
27 S. dazu oben Rn. 549.
28 § 33 Abs. 1 MarkenV.
29 §§ 33 Abs. 2, 36 Abs. 3 MarkenV.
30 § 64 a MarkenG, § 2 Abs. 1 PatKostG, Nr. 333200 GebVerz (300 €).
31 S. dazu auch »begleitende Marken«, oben Rn. 55 ff.
32 Entgeltlichkeit ist kein notwendiger Bestandteil eines Lizenzvertrages; Nutzungsrechte können auch unentgeltlich eingeräumt werden (sog. Freilizenz); vgl. dazu BGH GRUR 2001, 346; beschränkt sich eine Vereinbarung allerdings darauf, dass sich die eine Partei verpflichtet, nicht gegen die Benutzung eines bestimmten Zeichens durch die andere Partei vorzugehen, liegt eine bloße sog. Abgrenzungsvereinbarung vor.

den und erspart sich so nicht nur den zum Aufbau einer eigenen Marke notwendigen, investiven und zeitlichen Vorlauf, sondern vermeidet auch die damit verbundenen Misserfolgsrisiken. Regelmäßig sind Markenlizenzen denn auch Bausteine von Franschiseverträgen.

Die Vergabe von Markenlizenzen ist in § 30 MarkenG in Übereinstimmung mit den bindenden Vorgaben der Markenrichtlinie[33] und den dazu parallelen Vorschriften der Gemeinschaftsmarkenverordnung[34] geregelt. Sie unterliegt keinen Formvorschriften und wird – anders als im Falle der Gemeinschaftsmarke[35] – nicht in das Register eingetragen. Über die europäischen Vorgaben hinaus bestätigt § 30 MarkenG die Möglichkeit der Lizenzvergabe für **alle** Marken im Sinne des § 4 MarkenG, mithin auch für die Rechte, die aus der Benutzung oder der notorischen Bekanntheit einer Marke entstehen. Nicht einbezogen sind die geschäftlichen Bezeichnungen, deren Benutzung durch Dritte freilich jederzeit schuldrechtlich vereinbart werden kann. **1122**

1. Vertragsgestaltungen, Rechtsnatur

§ 30 Abs. 1 MarkenG hält zunächst fest, dass Rechte an einer Marke für alle oder nur für einen Teil der Waren oder Dienstleistungen, für die die Marke Schutz genießt, Gegenstand einer Lizenz sein können, und dass die Lizenz ausschließlich oder nicht ausschließlich, territorial beschränkt oder unbeschränkt ausgestaltet werden darf. Es liegt mithin in der Hand der Vertragspartner, **1123**

- ob dem Lizenznehmer die Benutzung der Marke allein (**ausschließliche Lizenz**),[36] neben dem Inhaber[37] (**Alleinlizenz**) oder neben weiteren Lizenznehmern (**einfache**, nicht ausschließliche **Lizenz**) zugestanden wird,
- ob dies für alle geschützten Waren oder Dienstleistungen gelten soll oder nur für einen Ausschnitt davon und
- ob die Lizenz auf ein bestimmtes Vertragsgebiet, etwa auf ein Bundesland, begrenzt wird.

§ 30 MarkenG schließt weitere Eingrenzungen, etwa in zeitlicher Hinsicht, nicht aus.[38] In der möglichen **Kombination** sind auch mehrere ausschließliche Lizenzen an ein und derselben Marke möglich, z.B. für jeweils abgegrenzte, sich nicht überschneidende Territorien. Grenzen der Vertragsgestaltung folgen aus dem **Kartellrecht**, wenn etwa unzulässige Preisvorgaben oder Gebietsabsprachen über die Lizenz an Marken realisiert werden sollen.[39] **1124**

33 Art. 8 MarkenRL 89/104/EWG.
34 Art. 22 GMV.
35 S. dazu unten Rn. 1395 ff., 1401.
36 Vgl. § 31 Abs. 3 Satz 1 UrhG.
37 Vgl. § 31 Abs. 3 Satz 2 UrhG.
38 Vgl. § 30 Abs. 2 MarkenG.
39 *Fammler* S. 5 f.

1125 Seine Rechtsnatur nach gehört der Lizenzvertrag zu den Gebrauchsüberlassungsverträgen, stellt aber im Übrigen einen Vertrag »sui generis« dar.[40] Ob es sich bei den Lizenzverträgen nach § 30 MarkenG in den dargestellten Varianten nur um alternative Ausgestaltungen einer **schuldrechtlichen** Gebrauchsüberlassung handelt, oder ob der Markenlizenz – immer oder beschränkt auf die ausschließliche Lizenz – ein **dinglicher** Charakter zukommt, wird nicht einheitlich beurteilt.[41] Unbeschadet der auch hier gegebenen **Parteiautonomie** steht jedoch fest, dass das Markengesetz an die Lizenz Folgen knüpft, die über eine schuldrechtliche Beziehung zwischen Lizenzgeber und -nehmer hinausgehen.

1126 Dazu zählen insbesondere die Rechte des Lizenzgebers aus § 30 Abs. 2 MarkenG,[42] die (allerdings von einer Zustimmung des Inhabers abhängige) Aktivlegitimation des Lizenznehmers bei Markenverletzungen durch Dritte nach § 30 Abs. 3 MarkenG[43] und der sog. Sukzessionsschutz der Lizenz gegenüber einem Rechtsübergang nach ihrer Erteilung nach § 30 Abs. 5 MarkenG.[44] Auch dezidierte Befürworter einer schuldrechtlichen Einordnung sämtlicher Lizenzarten sprechen deshalb von »in gewisser Hinsicht verdinglichten schuldrechtlichen Nutzungsrechtseinräumungen«.[45]

1127 Dem OLG Hamburg ist zuzustimmen, wenn es ausführt: »Die Vereinbarung einer Markenlizenz stellt in der Regel eine **dingliche** Markenlizenzerteilung dar, wenn nicht die Parteien etwas anderes ausdrücklich vereinbaren. Die Dinglichkeit bedeutet, dass der Lizenzgeber als Markeninhaber über einen Teil seines Markenrechts als eines dinglichen Ausschließlichkeitsrechts verfügt und der Lizenznehmer ein dingliches Benutzungsrecht an der Marke erwirbt (beschränkte Rechteübertragung). Eine Rechtswirkung aus der Dinglichkeit einer Lizenzerteilung liegt darin, dass der Lizenznehmer unter der Voraussetzung der Zustimmung des Markeninhabers nach § 30 Abs. 3 MarkenG die Markenverletzungsklage erheben kann, und zwar aus eigenem Recht. Dabei handelt es sich nicht nur um eine Prozessstandschaft zur Geltendmachung einer Verletzung des fremden Markenrechts des Markeninhabers, sondern wie ausgeführt um die Geltendmachung eines eigenen Rechts wegen der Verletzung des Lizenzrechts des Lizenznehmers.«[46]

40 Vgl. OLG Stuttgart GRUR-RR 2004, 8, 11 – BOSS; Lizenzverträge an Immaterialgütern unterscheiden sich von anderen Fällen der Gebrauchsüberlassung durch die grds. unbeschränkte Vielzahl möglicher Lizenzen.

41 S. dazu *Bühling* GRUR 1998, 196; *Fezer* Markenrecht, § 30 Rn. 7; *Ingerl/Rohnke* NJW 1994, 1247, 1254; *Ströbele/Hacker* § 30 Rn. 19 f.

42 S. dazu nachfolgend Rn. 1130 f.

43 S. dazu nachfolgend Rn. 1132 f.

44 S. dazu nachfolgend Rn. 1136 f.

45 *Ströbele/Hacker* § 20 Rn. 21 ff., 25.

46 OLG Hamburg GRUR-RR 2005, 181, 182 – ZOMIG, mit Verw. auf *Fezer* Markenrecht, § 30 Rn. 8.

Lizenzvertrag			1128
	Bestandteile	**Inhalt**	
(1)	Präambel	Einleitung, Parteien, Marke, Vertragszweck	
(2)	Lizenz	Gegenstand der Lizenz (Lizenzmarke), Art, Umfang und Gebiet der Benutzung, erfasste Waren oder Dienstleistungen	
(3)	Qualitätsvorgaben und -kontrolle	Qualitätsanforderungen, Informations-/Inspektionsrecht, ggf. Genehmigungsvorbehalt zuzu Gunstenes Lizenzgebers (Muster)	
(4)	Unterlizenzen, Lizenzvermerk	Recht des Lizenznehmers, Unterlizenzen zu vergeben; Pflicht, die Lizenz auf seinen Produkten anzugeben	
(5)	Lizenzgebühren	Pauschallizenz/Stücklizenz/umsatzabhängige Gebühr/Mindestgebühr/Kombinationen; Abrechung, Buchführung, Kontrolle	
(6)	Gewährleistung	Haftung/Haftungsausschluss hins. Bestand der Marke	
(7)	Verteidigung	Klageberechtigung des Lizenznehmers/-Verpflichtung des Lizenzgebers, ggs. Informationspflichten, Nichtangriffsklausel zu Gunstenes Lizenzgebers	
(8)	Vertragsdauer	Dauer, Kündigung, Kündigungsgründe	
(9)	Vertragsbeendigung	Aufbrauchsfrist	
(10)	Schlussbestimmungen	Rechtswahl, Gerichtsstand, Schriftformabreden, salvatorische Klausel	

Übersicht 34: Bausteine eines Markenlizenzvertrages

2. Verletzung des Lizenzvertrages

Gegenüber einem nicht vertragstreuen Lizenznehmer kann der Lizenzgeber aus dem Vertrag selbst vorgehen. Jede Verletzung der darin statuierten Pflichten kann als »Pflichtverletzung« im Sinne des § 280 BGB einen der **schuldrechtlichen** Ansprüche des bürgerlich-rechtlichen Leistungsstörungsrechts auslösen. Darüber hinaus gibt das Markengesetz dem Inhaber der Marke aber in den in § 30 Abs. 2 MarkenG **enumerativ** aufgezählten Fällen dieselben prozessualen Abwehrrechte des **Kennzeichenrechts**, die er gegenüber einem sein Recht aus der Marke verletzenden Dritten hätte. So kann der Lizenznehmer auf Unterlassung, Auskunft und Vernichtung und bei schuldhaftem Verhalten auch auf Schadensersatz in Anspruch genommen werden, wenn er die vereinbarte Dauer der Lizenz oder die Form, in der die 1129

47 Ein Mustervertrag findet sich bei *Stöckel/Lüken* S. 584 ff.

Marke nach dem Lizenzvertrag benutzt werden soll,[48] missachtet, wenn er den vereinbarten Kreis der Waren oder Dienstleistungen oder das vertraglich festgeschriebene Gebiet verlässt oder wenn »die Qualität der von ihm hergestellten Waren oder der von ihm erbrachten Dienstleistungen« gegen eine Bestimmung des Lizenzvertrages verstößt.[49]

1130 Die markenrechtlichen Ansprüche des Inhabers/Lizenzgebers können nicht nur im Verhältnis zum Lizenznehmer über die schuldrechtlichen aus Vertragsverletzung hinausgehen;[50] sie reichen, da sie auf dem Recht an der Marke selbst fußen, über das Verhältnis der Vertragspartner hinaus und können deshalb auch **gegenüber Dritten**, namentlich den Vertriebspartnern des Lizenznehmers geltend gemacht werden. Da der Lizenznehmer, der die Marke unter Verstoß gegen Lizenzvertragsbestimmungen zu den in § 30 Abs. 2 MarkenG genannten Punkten benutzt, insoweit **nicht mit Zustimmung** des Inhabers handelt, tritt auch **keine Erschöpfung** der Rechte aus der Marke an den damit gekennzeichneten Waren ein.[51] Damit behält der Inhaber das originäre Kennzeichnungsrecht auch gegenüber Dritten, die diese Waren in einem gewerblichen Kontext weiter vertreiben, anbieten oder exportieren wollen.

1131

Verletzung des Lizenzvertrages		
Ansprüche des Inhabers/ Lizenzgebers ...	**Lizenzvertrag**	
... aus der Marke / ... aus dem Vertrag	Bestimmungen zu § 30 Abs. 2 Nr. 1 bis 5 MarkenG (Dauer, Form, Art der Waren und Dienstleistungen, Gebiet, Qualität)	Sonstige Bestimmungen (z.B. Lizenzgebühr, Mengenkontingente,[52] Vertriebsweg)
... gegen den Lizenznehmer	+ / +	– / +
... gegenüber Dritten	+ / –	– / –

Übersicht 35: Dingliche und schuldrechtliche Ansprüche im Lizenzvertragsverhältnis

1132 Der Lizenzgeber kann nicht nur frei – durch Lizenzvergabe an einen oder mehrere Lizenznehmer in sich überdeckenden oder voneinander getrennten Vertragsgebieten – über den **Umfang** der Verwertung seiner Marke verfügen und die entsprechenden Vereinbarungen prozessual durchsetzen; er kann darüber hinaus auch das Ri-

48 § 30 Abs. 2 MarkenG setzt voraus, dass die lizenzierte Marke in einer »von der Eintragung erfassten« Form benutzt wird; daran fehlt es, wenn der Lizenznehmer ein Zeichen benutzt, das von dem des Lizenzvertrages so sehr abweicht, dass es sich nicht mehr um eine rechtserhaltende Benutzung der Lizenzmarke i.S.d. § 26 Abs. 3 MarkenG handelt; liegt es so, richten sich die Ansprüche des Inhabers/Lizenzgebers unmittelbar nach § 14 Abs. 2 MarkenG; vgl. dazu OLG Hamburg GRUR-RR 2004, 175 – Löwenkopf.

49 S. dazu *Starck* WRP 1994, 698 ff.; zu den einzelnen Ansprüchen s. oben Rn. 911 ff.

50 Weiter als die vertraglichen können etwa die Ansprüche auf Auskunft und Vernichtung gehen.

51 *Fezer* Markenrecht, § 30 Rn. 26.

52 *Fezer* Markenrecht, § 30 Rn. 14, rechnet auch Mengenbeschränkungen zu § 30 Abs. 2 Nr. 3 MarkenG; dagegen zu Recht *Ströbele/Hacker* § 30 Rn. 37 a.E.

siko einer **qualitativen** Beeinträchtigung seiner Marke, insbesondere einer Schmälerung des mit ihr verbundenen **Goodwill** durch image-schädigendes Verhalten des Lizenznehmers begrenzen. Im Lizenzvertrag kann er die Form der Benutzung der Marke[53] definieren und qualitative **Mindeststandards** für die Waren oder Dienstleistungen festschreiben, für die der Lizenznehmer die Marke verwendet.[54] Der Lizenzgeber verhindert so, dass die mit seiner eingeführten Marke verbundenen Erwartungen des Markenkonsumenten, etwa an die Belastbarkeit, die Funktionalität, die Lebensdauer oder den Wiederverkaufswert eines Produkts oder die Qualität einer Dienstleistung durch negative Erfahrungen mit den Produkten bzw. Dienstleistungen des Lizenznehmers enttäuscht werden – was zwangsläufig das Vertrauen des Publikums in die Marke insgesamt sinken ließe.[55]

Durch die lizenzvertragliche Kontrolle der Markenverwendung, sei es am Produkt, **1133** in der Werbung oder in der Art und Weise der Produktpräsentation, und durch eine **homogene Produktqualität** aller Lizenzvertragspartner wird die **Konsistenz** der mit der Marke verbundenen Botschaften gewährleistet. Die über die Marke vermittelte Kommunikation zwischen Hersteller und Abnehmer bleibt in sich widerspruchsfrei – eine der wichtigsten Voraussetzungen für die Erhaltung des Wertes einer eingeführten Marke.

3. Markenverletzungen außerhalb des Lizenzvertrages

Markenverletzungen außerhalb des Lizenzvertragsverhältnisses kann sowohl der **1134** **Inhaber** der Marke als auch – mit dessen Zustimmung[56] – der **Lizenznehmer** klagweise abwehren. So weit es dabei auf die Benutzung der Marke ankommt, gilt die Benutzung durch den Lizenznehmer als Benutzung des Inhabers.[57] Einer vom Inhaber erhobenen Verletzungsklage kann der Lizenznehmer beitreten,[58] um den Ersatz seines Schadens geltend zu machen.[59] Ob dem Lizenznehmer ein eigener Schaden entstanden ist, hängt naturgemäß von der Verletzungshandlung und von der Ausgestaltung des Lizenzvertrages ab. Bei einer lediglich schuldrechtlich gewährten Lizenz bereitet die dogmatische Herleitung eines eigenen Schadensersatzanspruches des Lizenznehmers gegen Dritte Schwierigkeiten.[60]

Vorbehaltlich abweichender Regelungen im Einzelnen Lizenzvertrag ist der Lizenz- **1135** nehmer nach der gesetzlichen Regelung nicht dagegen gefeit, dass der Inhaber der Marke einerseits Markenverletzungen durch Dritte selbst hinnimmt, andererseits sein Einverständnis in eine Klage des Lizenznehmers verweigert.[61] Ein Anspruch des Lizenznehmers aus »Treu und Glauben« auf Zustimmung des Lizenzgebers kann in dieser Situation nicht ohne weiteres bejaht werden, liefe doch damit die ge-

53 Einschl. rechtserhaltender Abwandlungen im Sinne des § 26 Abs. 3 MarkenG, s. dazu oben Rn. 616 ff.
54 Zur Unzulässigkeit von Preisbindungen vgl. BGH GRUR 1999, 1025 – Franchisevertrag.
55 S. dazu oben Rn. 64 ff., 93 ff.
56 § 30 Abs. 3 MarkenG; die Vorschrift ist dispositiv; *Lange, S. 392.*
57 § 26 Abs. 2 MarkenG; s. dazu oben Rn. 611 ff.
58 S. dazu *Plaß* GRUR 2002, 1029 ff.
59 § 30 Abs. 4 MarkenG.
60 S. dazu *Lange* S. 392.
61 Zur abweichenden Regelung der Gemeinschaftsmarkenverordnung s. unten Rn. 1402 ff.

setzliche Regelung leer. Nichts anderes gilt für einen Anspruch gegen den Lizenzgeber, selbst tätig zu werden.[62]

4. Sukzessionsschutz

1136 Der Lizenznehmer seinerseits ist gegen die Vergabe weiterer Lizenzen, die mit der ihm gewährten konfligieren, und erst recht gegen die Übertragung des Markenrechts selbst durch § 30 Abs. 5 MarkenG geschützt. Seine Lizenz bleibt davon grundsätzlich unberührt, sein Benutzungsrecht ungeschmälert. Selbstverständlich gelten für ihn auch die allgemeinen Bestimmungen der §§ 404 ff. BGB.

1137 Vom Sukzessionsschutz des § 30 Abs. 5 MarkenG bleibt das Verhältnis der Vertragsparteien eines Lizenzvertrages unberührt; auch führt die Übertragung der Lizenzmarke zu keinem Wechsel des Lizenzgebers. Der neue Inhaber muss lediglich die aus dem Lizenzvertrag mit dem vormaligen Inhaber folgenden Ansprüche des Lizenznehmers gegen sich gelten lassen.[63]

B. Dingliche Rechte, Zwangsvollstreckung, Marken in der Insolvenz

1138 Als vermögenswertes, verkehrsfähiges Recht kann die Marke verpfändet werden, Gegenstand sonstiger dinglicher Rechte sein und im Wege der Zwangsvollstreckung oder im Rahmen eines Insolvenzverfahrens verwertet werden.[64] Ist von den genannten Maßnahmen eine eingetragene Marke betroffen, kann dies auf Antrag eines der Beteiligten bzw. des Insolenzverwalters in das Markenregister eingetragen werden.[65]

1139

Dingliche Rechte, Zwangsvollstreckung, Insolvenz		
§§ MarkenG	**Maßnahme**	**§§ BGB/ZPO/InsO**
§ 29 Abs. 1 Nr. 1	Verpfändung	§§ 1273 ff. BGB
§ 29 Abs. 1 Nr. 1	Nießbrauch	§§ 1068 ff. BGB
§ 29 Abs. 1 Nr. 2	Zwangsvollstreckung in die Marke	§§ 857 Abs. 1, 828 ff. ZPO
§ 29 Abs. 3	Verwertung in der Insolvenz des Inhabers[66]	§ 80 Abs. 1 InsO

Übersicht 36: Belastung und Verwertung der Marke als Vermögensgegenstand

62 Vgl. allerdings für das Patentrecht BGH NJW 1965, 1861 – Wellplatten.
63 Vgl. die parallelen Regelungen in § 15 Abs. 3 PatG, 33 UrhG.
64 § 29 MarkenG.
65 § 29 Abs. 2, 3 MarkenG.
66 Zur Verwertungsbefugnis des Insolvenzverwalters im Falle der Sicherungsübereignung s. *Hölder/Schmoll* GRUR 2004, 830, 831 (Absonderungsrecht des Sicherungsnehmers nach § 51 Nr. 1 InsO.

Umstritten ist, ob Marken, die aus dem persönlichen Namen ihres Inhabers bestehen, in Zwangsvollstreckung und Insolvenz einen besonderen, persönlichkeitsrechtlichen Schutz genießen sollen. Dagegen spricht ihre freie Übertragbarkeit,[67] dafür – im Falle natürlicher Personen als Inhaber – deren Namensrecht.[68] Wer einer Ware oder Dienstleistung »seinen Namen gibt«, muss allerdings damit rechnen, dass das so entstandene Wirtschaftsgut selbstständig veräußert werden kann; diese Verselbstständigung ist bereits der originären Nutzung des Namens als Produktkennzeichen immanent und muss bei einem Auseinanderfallen von Namensträger und Inhaber zu Gunsten des jeweiligen Inhabers berücksichtigt werden. **1140**

67 So *Ströbele/Hacker* § 29 Rn. 40 aE.

68 So noch BGH GRUR 1960, 490, 494 – Vogeler; bei Personennamen in Firmen hat die Rspr. darauf abgestellt, ob die Verwendung notwendig war (§ 18 HGB a.F.) oder freiwillig erfolgte und in letzterem Falle das Gläubigerinteresse über den Persönlichkeitsschutz gestellt; vgl. dazu BGH GRUR 1990, 601 – Benner.

Kapitel 7 Gemeinschaftsmarken

A. Entstehung und Verhältnis zu den nationalen Markenrechten

I. Erstes genuin europäisches gewerbliches Schutzrecht

Mit der Gemeinschaftsmarke hat die Europäische Union das **erste gemeinschaftsweite gewerbliche Schutzrecht** geschaffen[1]. Obwohl die Anstrengungen der Gemeinschaft zunächst auf ein Gemeinschaftspatent ausgerichtet waren, gelangte die Gemeinschaftsmarke letztlich schneller zur legislativen Realisierung. Die Vorarbeiten dafür gehen freilich bis in die 60er Jahre zurück[2]. Grundlage der heutigen Regelung wurde nach zahlreichen Vorarbeiten ein Kommissionsvorschlag aus dem Jahre 1980[3]. Zuletzt verzögerten nur mehr der Streit um den Sitz eines europäischen Markenamtes (jetzt: Harmonisierungsamt für den Binnenmarkt, HABM, Alicante, Spanien)[4] und die Sprachenregelung (jetzt: fünf Amtssprachen[5]) die Verabschiedung des notwendigen sekundären Gemeinschaftsrechts. **1141**

Der maßgeblichen Gemeinschaftsmarkenverordnung[6] (GMV) war bereits 1988 die Markenrichtlinie[7] vorausgegangen. Richtlinie und Verordnung verfolgen in unterschiedlicher Stoßrichtung ein **integrationspolitisches Interesse**. Während die Richtlinie auf die materielle Rechtsangleichung des nationalen Markenrechts der Mitgliedstaaten zielt, stellt die Gemeinschaftsmarkenverordnung mit der Gemeinschaftsmarke dem Gemeinsamen Markt ein unmittelbar und gemeinschaftsweit einheitliches Schutzrecht zur Verfügung. Während die Richtlinie an die Mitgliedstaaten adressiert ist,[8] die ihr nationales Recht binnen vorgegebener Umsetzungsfrist gemeinschaftskonform aus- bzw. umgestalten mussten[9], richtet sich die Verordnung als unmittelbar geltendes Gemeinschaftsrecht[10] direkt an den Markenschutz suchenden Unternehmer. **1142**

1 Zur historischen Entwicklung s. *v.Einem/Lorenz* WIB 1996, 553 f.

2 Vorentwurf eines Übereinkommens über ein Europäisches Markenrecht, Luxemburg, 1973, Dok. 5934/IV/64.

3 Der Wortlaut ist in GRUR Int. 1981, 100 ff. wieder gegeben, die Begründung in GRUR Int. 1981, 86 ff.; eingehend hierzu *Schwanhäusser* WRP 1984, 1 ff.

4 Im Internet: <http://oami.europa.eu>.

5 Art. 115 Abs. 2 GMV: Deutsch, Englisch, Französisch, Italienisch, Spanisch.

6 Verordnung (EG) Nr. 40/94 des Rates über die Gemeinschaftsmarke vom 20. Dezember 1993, ABl EG Nr. L 11 vom 14. Januar 1994, S. 1; zul. geänd. durch VO (EG) Nr. 422/2004 v. 19.2.2004, ABl EG Nr. L 70 v. 9.3.2004, S. 1 ff.

7 Erste Richtlinie des Rates vom 21. Dezember 1988 zur Angleichung der Rechtsvorschriften der Mitgliedstaaten über die Marken (89/104/EWG), ABl EG Nr. L 40 v. 11. Februar 1989, S. 1 ff.

8 Vgl. Art. 249 Abs. 3 EG: »Die Richtlinie ist für jeden Mitgliedstaat, an den sie gerichtet wird, hinsichtlich des zu erreichenden Ziels verbindlich, überlässt jedoch den innerstaatlichen Stellen die Wahl der Form und der Mittel.«.

9 S. dazu *Schmieder* NJW 1997, 2908 ff.

10 Vgl. Art. 249 Abs. 2 EG: »Die Verordnung hat allgemeine Geltung. Sie ist in allen ihren Teilen verbindlich und gilt unmittelbar in jedem Mitgliedstaat.«.

1143 Im ersten Erwägungsgrund der Gemeinschaftsmarkenverordnung[11] heißt es dazu, das reibungslose Funktionieren des Binnenmarktes verlange »mit einem einzelstaatlichen Markt vergleichbare« Bedingungen. Um einen solchen Markt zu verwirklichen, müssten nicht nur die Hindernisse für den freien Waren- und Dienstleistungsverkehr beseitigt, sondern auch rechtliche Bedingungen geschaffen werden, die es den Unternehmen ermöglichen, ihre Tätigkeiten in den Bereichen der Herstellung und Verteilung von Waren und des Dienstleistungsverkehrs an die Dimensionen eines gemeinsamen Marktes anzupassen. Eine dafür besonders geeignete Möglichkeit sei die Verwendung von Marken, mit denen die Unternehmen »ihre Waren und Dienstleistungen in der gesamten Gemeinschaft ohne Rücksicht auf Grenzen kennzeichnen« könnten.

1144 Die **Einheitlichkeit der Gemeinschaftsmarke** wird in Art. 1 Abs. 2 GMV programmatisch herausgestellt. So weit die nachfolgenden Artikel der Gemeinschaftsmarkenverordnung nichts Abweichendes regeln, hat die Gemeinschaftsmarke

- **einheitliche Wirkung** für die gesamte Gemeinschaft,[12]
- kann nur für das **gesamte** Gebiet der Gemeinschaft eingetragen oder übertragen werden,
- kann nur **gemeinschaftsweit** Gegenstand des Verzichts, des Verfalls oder der Nichtigkeit sein und
- hinsichtlich ihrer Benutzung nur für die **gesamte** Gemeinschaft untersagt werden.[13]

Als einheitlicher Vermögensgegenstand wird die Gemeinschaftsmarke auch im Ganzen von Maßnahmen der Zwangsvollstreckung bzw. einem Insolvenzverfahren erfasst.[14] Einheitlichkeit der Gemeinschaftsmarke bedeutet demgegenüber nicht, dass die Marke als solche nicht **teilbar** wäre. Nach den mit der VO (EG) Nr. 422/2004 **neu** in die GMV eingefügten Art. 44 a und 48 a kann die Gemeinschaftsmarke sowohl im Stadium der Anmeldung als auch nach ihrer Eintragung geteilt werden. Auch kann die Lizenz an einer Gemeinschaftsmarke auf einzelne Mitgliedstaaten oder ein beliebiges Territorium innerhalb der Gemeinschaft beschränkt werden.[15]

---

11 VO (EG) Nr. 40/94, a.a.O.

12 Dies gilt auch für die neuen Mitgliedstaaten: Am 1.5.2004 wurden alle bereits zuvor angemeldeten oder registrierten Gemeinschaftsmarken auch in den Beitrittsländern gültig, ohne dass es der Stellung eines Erstreckungsantrages, der Zahlung einer Erstreckungsgebühr oder weiterer Übersetzungen bedurft hätte; s. dazu Art. 159 a GMV sowie *Bugdahl* MarkenR 2003, 425; v. *Mühlendahl* GRUR 2005, 113 ff.; *Knaak* GRUR Int. 2005, 886 ff.; zur Erweiterung 2007 s. die Mitteilung des Präsidenten des HABM Nr. 2/06 v. 19.6.2006.

13 Zu den Einschränkungen dieses Grundsatzes s. Art. 106, 107 GMV.

14 Die Gemeinschaftsmarke kann danach nur von **einem** Insolvenzverfahren erfasst werden; maßgeblich ist die VO (EG) Nr. 1346/2000 über Insolvenzverfahren (ABl EG Nr. L 160 v. 30. Juni 2000, S. 1 ff.), vgl. Art. 16 ff., 20, 21 GMV sowie unten Rn. 1407 f.

15 Art. 22 Abs. 1 GMV; unten Rn. 1395 ff.

II. Gleichlauf europäischen und nationalen Markenrechts

Ungeachtet ihres zeitlich – um fünf Jahre – versetzten Inkrafttretens und ungeachtet 1145 ihrer systematisch unterschiedlichen Zielrichtung stehen Markenrichtlinie und Gemeinschaftsmarkenverordnung nicht nur in einem gemeinsamen Entstehungszusammenhang, sondern auch in einem funktionalen, integrationspolitischen Kontext. Beide gehen auf ein und denselben Vorschlag der Kommission aus dem Jahre 1980 zurück, beide sollten ursprünglich zeitgleich in Kraft treten. Markenrichtlinie und Gemeinschaftsmarkenverordnung tragen so dieselbe »legislative Handschrift«. Sie zielen auf ein **gemeinschaftsweit einheitliches Schutzniveau** nationaler und supranationaler Markenrechte.

Vor dem Hintergrund der in Art. 28, 30 EG ausbalancierten Interessen eines freien 1146 Waren- und Dienstleistungsverkehrs auf der einen Seite und eines ausreichenden Schutzes der diese Freiheit potenziell beschränkenden gewerblichen Schutzrechte auf der anderen, schaffen die Richtlinie und die Verordnung einheitliche rechtliche Rahmenbedingungen – erstere über die harmonisierten nationalen Rechtsordnungen, letztere durch ihre einheitliche und unmittelbare Geltung auf europäischer Ebene. Hinzu kommt die europarechtliche Prägung zentraler Begriffe des Markenrechts wie etwa der »Verwechslungsgefahr«, des »gedanklichen Inverbindungbringens« oder der »Erschöpfung« und ihre verbindliche Auslegung durch den Europäischen Gerichtshof. Die Anwendung des über die Richtlinie harmonisierten nationalen Markenrechts und seine EU-Rechts – kompatible Interpretation durch die nationalen Gerichte führt schließlich zu einem von der Gemeinschaft intendierten **Gleichlauf der Auslegungen** von Richtlinie, Verordnung und nationalen Markengesetzen. Prozessualer Ausdruck und Motor dieser Verzahnung ist das Vorabentscheidungsverfahren nach Art. 234 EG, über das die nationalen (Gemeinschafts-)Markengerichte[16] in Zweifelsfällen die Europarechtskonformität ihrer Rechtsprechung sicherstellen.

16 Zur Zuständigkeit nationaler Gerichte in Gemeinschaftsmarkensachen s. unten Rn. 1318 (Fn. 362).

1147

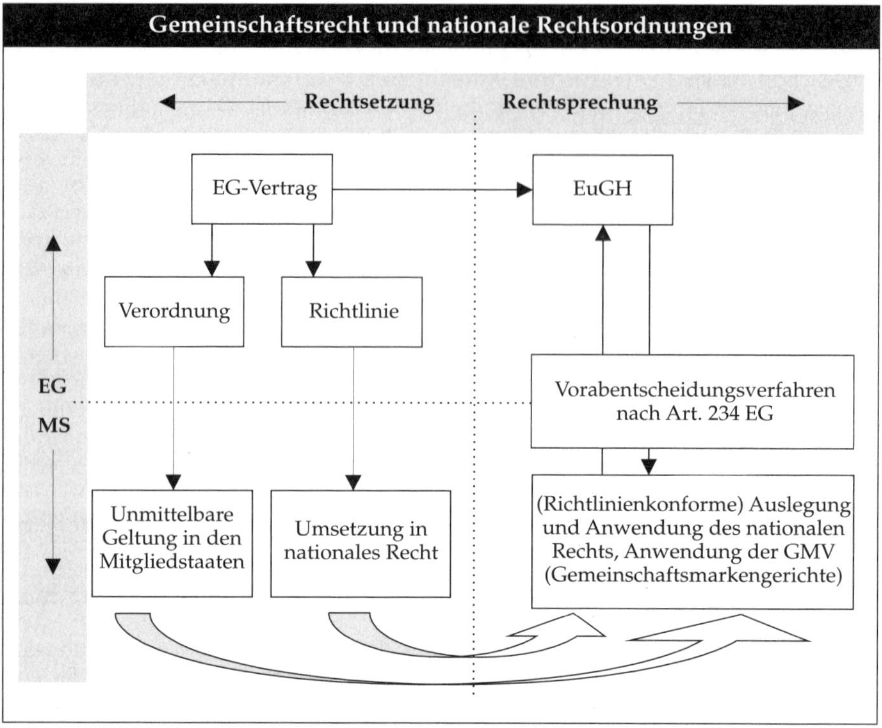

Übersicht 37: Verzahnung von Rechtsetzung und Rechtsprechung zwischen Gemeinschaft (EG) und Mitgliedstaaten (MS)

1148 Der so garantierte Gleichlauf führt nicht nur zur integrationspolitisch erwünschten Rechtsvereinheitlichung innerhalb des Binnenmarktes; er lässt auch zunehmend den wechselseitigen Rekurs auf nationale Rechtsprechung bei der Interpretation des Gemeinschaftsrechts und auf die Gemeinschaftsrechtsprechung bei der Interpretation des nationalen Rechts legitim erscheinen.

B. Konzeption der Gemeinschaftsmarke

I. Supranationales Schutzrecht

1149 Als supranationales, gewerbliches Schutzrecht erlaubt die Gemeinschaftsmarke einheitlichen, EU-weiten Markenschutz in einem einzigen Verfahren, das auf ein selbstständiges Schutzrecht, die **Gemeinschaftsmarke** zugeschnitten ist[17]. Mit dieser Qualität bedarf die Gemeinschaftsmarke **keiner nationalen Basis** im Sinne einer

17 Einen Überblick geben u.a. *Lindner/Schrell* WRP 1996, S. 94 ff.; *Fezer* WRP 1998, 1 ff.; *Berlit* S. 230 ff.; v. *Mühlendahl/Ohlgart* S. 1 ff.

nationalen Eintragung in den Mitgliedsländern. Anders als bei der Internationalen Registrierung kommt es mithin nicht darauf an, ob zuvor oder daneben eine nationale Marke angemeldet oder eingetragen wurde.[18]

Im Unterschied etwa zu dem vom europäischen Patentamt erteilten europäischen Patent[19] führt die Anmeldung der Gemeinschaftsmarke zum Gemeinschaftsmarkenregister auch nicht zu einem »Bündel« nationaler Schutzrechte, sondern zu einer **einzigen**, supranationalen Registrierung. Das Verfahren stellt keine Konzentration nationaler Anmeldeverfahren durch eine koordinierende supranationale Behörde dar, sondern ein eigenständiges Verfahren nach europäischem Recht vor einer europäischen Behörde[20]. Territorial ist die Gemeinschaftsmarke auf den **Binnenmarkt**[21] bezogen. Ihr Verhältnis zum Binnenmarkt als einem Wirtschaftsraum ohne Binnengrenzen lässt sich in allen wesentlichen Beziehungen dem Verhältnis einer nationalen Marke zum Territorium eines Mitgliedslandes vergleichen. Daraus folgt etwa, dass die Benutzung einer Gemeinschaftsmarke zur Aufrechterhaltung des Markenschutzes keine Benutzung in bestimmten oder gar sämtlichen EU-Mitgliedsländern sein muss, sondern nur eine solche »in der Gemeinschaft«[22] – nicht anders als bei der eingetragenen nationalen Marke, für die eine ernsthafte Benutzung innerhalb des Nationalstaates ausreichend ist. **1150**

Die Gemeinschaftsmarke ist ein **reines Registerrecht**: Das Schutzrecht kann ausschließlich durch Eintragung in das vom Harmonisierungsamt für den Binnenmarkt geführte **Gemeinschaftsmarkenregister** erlangt werden[23]. Markenschutz durch Benutzung, wie ihn das deutsche Markengesetz kennt[24] und die Markenricht- **1151**

18 Zum Prioritätsrecht aus einer vorangegangenen nationalen Anmeldung/Eintragung s. Art. 29 ff. GMV, sowie unten Rn. 1213 ff.; zur Option, vorbestehenden nationalen Markenschutz ohne Prioritätsverlust zu Gunsten einer gleich lautenden Gemeinschaftsmarke aufzugeben s. Art. 34 sowie unten Rn. 1219 ff.

19 Das Europäische Patentamt (EPA, im Internet: <http://www.epo.int>) erteilt europäische Patente für die Vertragsstaaten des Europäischen Patentübereinkommens (EPÜ). Es ist keine Einrichtung der EU, sondern das Exekutivorgan der Europäischen Patentorganisation (EPO), einer auf der Basis des EPÜ gegründeten zwischenstaatlichen Einrichtung, deren Mitglieder die EPÜ-Vertragsstaaten sind. Das europäische Patent ermöglicht zwar, mit **einer** Anmeldung in einem einheitlichen Verfahren vor dem EPA in **allen** Vertragsstaaten Patentschutz zu erlangen. Auch kann der Anmelder – anders als im Falle der Gemeinschaftsmarke – selbst bestimmen, in welchen Vertragsstaaten das Patent Wirkung haben soll. Eine europäische Patentanmeldung durchläuft jedoch beim EPA lediglich ein zentrales Anmelde- und Erteilungsverfahren (gegebenenfalls auch ein zentrales Einspruchs- und Beschwerdeverfahren). Nach der Erteilung tritt das europäische Patent in die sog. nationale Phase und wird in jedem Land wie ein nationales Schutzrecht weiter behandelt. Dort – in den benannten Vertragsstaaten – entfaltet es dieselbe rechtliche Wirkung wie ein in diesem Staat erteiltes nationales Patent.

20 Zur Rechtsstellung des Harmonisierungsamtes s. Art. 111 GMV.

21 Vgl. Art. 14 Abs. 2 EG: »Der Binnenmarkt umfasst einen Raum ohne Binnengrenzen, in dem der freie Verkehr von Waren, Personen, Dienstleistungen und Kapital gemäß den Bestimmungen dieses Vertrages gewährleistet ist.«.

22 S. dazu die »Gemeinsame Erklärung des Rates und der Kommission der Europäischen Gemeinschaften im Protokoll des Rates anlässlich der Annahme der Verordnung des Rates über die Gemeinschaftsmarke«, ABl HABM 1996, 512 ff., vom 20. Dezember 1993, zu Art. 15 GMV: »Der Rat und die Kommission sind der Auffassung, dass eine ernsthafte Benutzung im Sinne von Art. 15 in einem einzigen Land eine ernsthafte Benutzung in der Gemeinschaft darstellt«; ebenso *Eisenführ/Schennen* Art. 15 Rn. 44.

23 Art. 6 GMV.

24 Vgl. § 4 Nr. 2 MarkenG, wonach Markenschutz auch »durch die Benutzung eines Zeichens im geschäftlichen Verkehr (entsteht), so weit das Zeichen innerhalb der beteiligten Verkehrskreise als Marke Verkehrsgeltung erworben hat«; oben Rn. 584 ff.

linie erlaubt,[25] kann nach der GMV nicht entstehen. Das Eintragungsverfahren beim Harmonisierungsamt ist in der GMV nebst zugehöriger Durchführungsverordnung (GMDV)[26] abschließend geregelt.[27] Gegen alle wesentlichen Entscheidungen der Prüfer des Amtes kann die Beschwerde zu den dafür eingerichteten Beschwerdekammern erhoben werden. Gegen die Entscheidungen der Beschwerdekammern ist der Rechtsweg zum Gericht erster Instanz des Europäischen Gerichtshofes eröffnet.

1152 Dessen ungeachtet ist die verfahrens- und materiell-rechtliche Autonomie der Gemeinschaftsmarke keine uneingeschränkte. In materieller Hinsicht kann das Recht an einer Gemeinschaftsmarke nicht ohne Rücksicht auf die in einem Mitgliedsland bestehenden nationalen bzw. für ein Mitgliedsland international registrierten Marken entstehen. Solche nationalen Rechte können der Eintragung einer Gemeinschaftsmarke – ihren besseren Zeitrang und eine materielle Kollisionslage unterstellt – als »relative Schutzhindernisse«[28] ebenso entgegengehalten werden wie dies eine Gemeinschaftsmarke mit besserem Zeitrang könnte und wirken so über das Widerspruchsverfahren in das Anmeldeverfahren hinein[29]. In umgekehrter Konstellation gilt nichts anderes[30].

1153 In prozessualer Hinsicht bist zwar das Eintragungsverfahren einschließlich zugehöriger Rechtsmittel auf europäischer, gemeinschaftsrechtlicher Ebene geregelt, nicht aber der Verletzungsprozess. Er wird in den Mitgliedstaaten vor den dortigen Gerichten (als »Gemeinschaftsmarkengerichten[31]«) geführt, die ihrerseits neben der GMV und den darin enthaltenen prozessualen Vorschriften das jeweilige nationale Prozessrecht anwenden.

1154 Wird das Recht an einer Gemeinschaftsmarke durch die unbefugte Benutzung eines kollidierenden Zeichens verletzt, regelt die GMV überdies nur den **Unterlassungsanspruch**,[32] weiter gehende Ansprüche, namentlich die auf Auskunft, Schadensersatz und Vernichtung, richten sich nach dem jeweiligen nationalen Recht.[33] Nichts

25 So ausdrücklich der 4. ErwG der MarkenRL 89/104/EWG.

26 Verordnung (EG) Nr. 2868/95 der Kommission zur Durchführung der Verordnung (EG) Nr. 40/94 des Rates über die Gemeinschaftsmarke, ABl EG Nr. L 303 vom 15. Dezember 1995, S. 1 ff., zul. geändert durch Verordnung der Kommission Nr. 1041/2005 vom 29. Juni 2005 (in Kraft seit 25.7.2005, teilweise anwendbar ab 10.3.2008).

27 Ebenfalls auf der Grundlage der GMV erlassen wurden die Gebührenverordnung (VO (EG) Nr. 2869/95 der Kommission vom 13. Dezember 1995 über die an das Harmonisierungsamt für den Binnenmarkt (Marken, Muster und Modelle) zu entrichtenden Gebühren, GMGebV, ABl EG Nr. L 303 vom 15.12.1995, S. 33 ff., zul. geänd. durch VO (EG) Nr. 1687/2005 v. 14. Oktober 2005, ABl EU Nr. L 271 vom 15.10.2005, und die Verfahrensordnung der Beschwerdekammern (Verordnung (EG) Nr. 216/96 vom 5. Februar 1996 über die Verfahrensordnung vor den Beschwerdekammern des Harmonisierungsamtes für den Binnenmarkt (Marken, Muster, Modelle), VerfOBK, ABl EG Nr. L 28 v. 6.2.1996, S. 11, zul. geänd. durch VO (EG) Nr. 2082/2004 vom 6. Dezember 2004, ABl EG Nr. L 360 v. 7.12.2004, S. 8.

28 Vgl. den umfangreichen Katalog in Art. 8 Abs. 2 GMV!.

29 Vgl. Art. 8 Abs. 2 lit. a (i) bis (iii).

30 Vgl. §§ 9, 125 b Nr. 1 MarkenG.

31 Vgl. Art. 91, 92 GMV, §§ 125 e, 125 f. MarkenG; dazu *Fezer* NJW 1997, 2915 ff.; s.a. unten Rn. 1318 (Fn. 362).

32 Art. 9, 98 Abs. 1 Satz 1 GMV; gemeinschaftsrechtlich geregelt ist darüber hinaus der Entschädigungsanspruch nach Art. 9 Abs. 3 Satz 2 GMV, der Anspruch auf Wiedergabe in Wörterbüchern, Art. 10 GMV, sowie auf Unterlassung und Übertragung gegenüber dem untreuen Agenten, Art. 11, 18 GMV; s. unten Rn. 1317 ff.

33 S. § 125 b Nr. 2 MarkenG.

anderes gilt für den Zugriff auf die Gemeinschaftsmarke als Vermögensgegenstand im Rahmen von Zwangsvollstreckung und Insolvenzverfahren[34]. Das daraus resultierende, notwendige Zusammenwirken von nationalem Markenrecht und Gemeinschaftsmarkenrecht führt zu einer Reihe von »**Komplementärnormen**« in den nationalen Markengesetzen, ohne die die Gemeinschaftsmarke in der Praxis nicht funktionieren könnte[35].

II. Koexistenz und Priorität

Nationaler Markenschutz über die jeweiligen inländischen Markenämter[36], die Registrierung einer Gemeinschaftsmarke beim Harmonisierungsamt in Alicante[37] und die internationale Registrierung über das Büro der OMPI/WIPO in Genf[38] stehen systematisch **nebeneinander**. Dieses sog. Prinzip der **Koexistenz**[39] der Markensysteme besagt jedoch nur, dass die Systeme als solche einander unberührt lassen, nicht, dass die in den jeweiligen Systemen registrierten, einzelnen Marken koexistierten[40]. Für die Kollision von Marken gelten vielmehr – dies ist gerade Ausdruck der Koexistenz der Systeme – die allgemeinen Grundsätze und Kriterien der Priorität, der Verwechslungsgefahr usw. auch systemübergreifend: Der Anmeldung einer Gemeinschaftsmarke kann eine prioritätsältere, nationale Eintragung aus einem Mitgliedsland oder eine für ein Mitgliedsland international registrierte Marke ebenso mit Erfolg entgegengehalten werden[41] wie umgekehrt die Gemeinschaftsmarke der Eintragung einer nationalen Marke[42] oder einer internationalen Registrierung.[43] 1155

Dagegen kann der Anmelder selbst Markenschutz in den Systemen der Nationalstaaten, der EU (Gemeinschaftsmarke) und der OMPI/WIPO (Internationale Registrierung) nach Belieben alternativ oder kumulativ suchen,[44] den Zeitrang einer Voranmeldung in den Grenzen der PVÜ für eine nachfolgende Anmeldung nutzbar machen[45] und bei einem Scheitern seines Schutzbegehrens sogar das System unter Wahrung des Zeitranges wechseln (sog. Umwandlung).[46] 1156

---

34 Siehe dazu unten Rn. 1407 f.

35 S. Teil 5 Abschnitt 3 des Markengesetzes »Gemeinschaftsmarken«, §§ 125 a ff. MarkenG.

36 S. oben Rn. 381 ff., 396 ff.

37 Die vollständige Adresse lautet: HABM Harmonisierungsamt für den Binnenmarkt (Marken, Muster und Modelle), Avenida de Aguilera, 20 E – 03080 Alicante, Spanien, im Internet: <http://oami.europa.eu>; zur Bedeutung der Gemeinschaftsmarke *Bender* MarkenR 2002, 37 ff.

38 Die vollständige Adresse lautet: OMPI Organisation Mondiale de la Propriété Intellectuelle, 34, chemin des Colombettes, case postale 18, CH 1211 Genève 20, Schweiz; im Internet: <http://www.wipo.int>.

39 *Eisenführ/Schennen* Art. 1 Rn. 53; s. auch *v. Einem/Lorenz* WIB 1996, S. 559.

40 *Ingerl* S. 28 f.

41 Art. 8 Abs. 2 GMV.

42 Vgl. § 125 b Nr. 1 MarkenG.

43 An die Stelle einer Klage auf Löschung einer Marke auf Grund eines älteren Rechts tritt für international registrierte Marken die Klage auf Schutzentziehung, § 115 MarkenG.

44 Vgl. *v. Mühlendahl/Ohlgart* S. 10 (»Doppelschutz«).

45 Vgl. § 34 MarkenG, Art. 32 GMV, Art. 4 Abs. 2 MMA/PMMA.

46 Vgl. Art. 108 ff. GMV, § 125 d MarkenG, Art. 9 quinquies PMMA; nachfolgend Rn. 1231 ff.

III. Gemeinschaftsmarke und Markenstrategie

1157 Für den Markeninhaber, der grenzüberschreitenden Schutz sucht, folgt aus diesem **Nebeneinander** von **nationalem** und **supranationalem Markenschutz**, dass er verschiedene Schutzstrategien alternativ oder kumulativ verfolgen kann. Dabei spielen die Verfahrenssprachen, die Kosten für Eintragung und Verlängerung und die Verfahrensdauer ebenso eine Rolle wie der Verwaltungsaufwand für die Bestandspflege und Überwachung einer Marke, der Mindesteinsatz für eine rechtserhaltende Benutzung und die Bedingungen der Rechtsdurchsetzung. Die jeweiligen materiellrechtlichen und prozessualen Besonderheiten kommen hinzu.

1158 Abhängig von der Zahl der Länder, in denen eine Marke geschützt werden soll, und ihrer Zugehörigkeit zur Europäischen Union bietet sich als Alternative zu mehreren nationalen Markenanmeldungen die Anmeldung/Eintragung einer Gemeinschaftsmarke beim Harmonisierungsamt für den Binnenmarkt (HABM) und/oder die Internationale Registrierung auf der Grundlage einer sog. Basisanmeldung in einem der Vertragsstaaten (»Ursprungsland«) des Madrider Markenabkommens (MMA) bzw. des Protokolls zum Madrider Markenabkommen (PMMA) an. Dabei kann, nachdem die Europäische Gemeinschaft dem Protokoll zum Madrider Markenabkommen beigetreten ist,[47] seit dem 01. Oktober 2004

- eine nationale (Basis-)Marke für die EU »als Ganzes« international registriert werden, indem die Gemeinschaft – nicht anders als ein sonstiger Vertragsstaat des PMMA – in einem Internationalen Gesuch benannt wird (HABM als »Bestimmungsamt«) oder umgekehrt
- eine Gemeinschaftsmarke(nanmeldung) als Basis für eine Internationale Registrierung genutzt werden, indem zunächst eine Gemeinschaftsmarke beim HABM angemeldet und sodann ein Internationales Gesuch auf diese Basis gestützt wird (HABM als »Ursprungsamt«).

Nachdem sich Japan und Australien in den Jahren 2000 und 2001 und die USA 2003 dem Protokoll angeschlossen haben, können so die wichtigsten Märkte abgedeckt werden.[48]

1159 Unter Kostengesichtspunkten kann die Gemeinschaftsmarke gegenüber einer Mehrzahl nationaler Anmeldungen bereits ab drei Schutzländern Vorteile bringen[49]. Der Erhaltungs- und Verwaltungsaufwand einer einzigen Eintragung für

---

47 VO Nr. 1992/2003/EG v. 27. Oktober 2003, ABl EG Nr. L 296 v. 14.11.2003, S. 1 ff.; VO Nr. 781/2004/EG v. 26. April 2004, ABl EG Nr. L 123 v. 27.4.2004, S. 85 ff.; VO Nr. 782/2004 v. 26. April 2004, ABl EG Nr. L 123 v. 27.4.2004, S. 88 ff.; Mitteilung des Präsidenten des HABM Nr. 9/04 vom 19.9.2004; dazu *Renck* Mitt 2005, 536 ff.; unten Rn. 1409 ff., 1417.

48 Die Vertragsstaaten von MMA (gegenwärtig 57) und PMMA (gegenwärtig 71) können auf der Homepage der WIPO abgerufen werden (<http://www.wipo.int/treaties>).

49 Die Kosten der Internationalen Registrierung können mit einem auf dem Internetportal der WIPO installierten »Fee Calculator« berechnet werden; nach *Bugdahl* MarkenR 2003, 425, 427 ist die Registrierung einer Gemeinschaftsmarke gegenüber einer Internationalen Registrierung auf der Basis einer nationalen deutschen Marke sowohl bei Benennung aller EU-Mitgliedsländer als auch bei Benennung der EU-15-Länder erheblich günstiger; nachdem die Gebühren für die Gemeinschaftsmarke inzwischen gesenkt worden sind, muss dies erst recht gelten (VO (EG) Nr. 1687/2005: Herabgesetzt wurden u.a. die Anmeldegebühr von 975 auf 900 €, die Gebühr für die Eintragung von 1 100 auf 850 € und die Gebühr für die Verlängerung von 2 500 auf 1 500 €; bei elektronischer Übermittlung gelten nochmals geringere Gebührensätze); in der Praxis wird

alle Mitgliedsländer der Union ist denkbar gering. Dies gilt um so mehr, als die Gemeinschaftsmarkenverordnung die Aufgabe einer zuvor bestehenden nationalen Eintragung ohne Verlust der für diese bestehenden Priorität erlaubt[50]. Die fünf Verfahrenssprachen Deutsch, Englisch, Französisch, Italienisch und Spanisch kommen dem Anmelder entgegen, schaffen aber Probleme gegenüber dem Madrider Abkommen und dem Protokoll, die nur Französisch (MMA), Englisch und Spanisch (nur PMMA) als Verfahrenssprachen kennen.[51]

1160

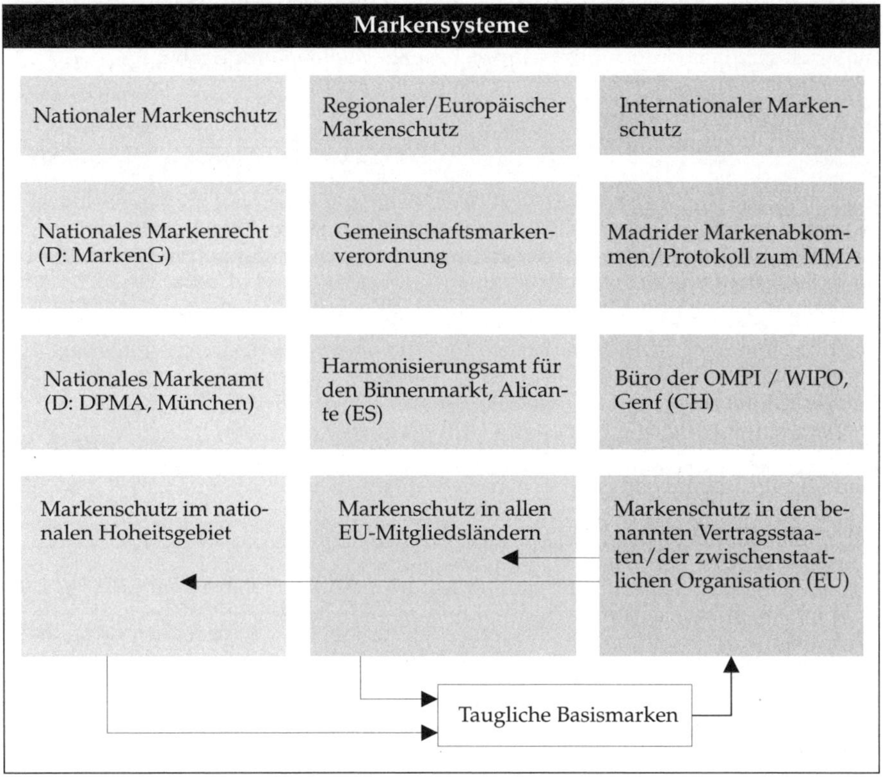

Übersicht 38: Nationaler, regionaler, internationaler Markenschutz

allerdings häufig Schutz nur in einzelnen EU-Mitgliedsländern und zugleich in Drittländern wie etwa der Schweiz gewünscht, was die Vergleichsrechnung entsprechend verändert; vgl. dazu auch *Bock* GRUR Int. 1996, 991 ff. m.w.N.

50 S. dazu und zur sog. »Seniority« Art. 34 GMV sowie unten Rn. 1219 ff.; *Meister* WRP 1997, 1022.

51 Wenn die internationale Anmeldung in einer der Amtssprachen der Europäischen Union eingereicht wird, die nicht Sprache des Madrider Protokolls ist, muss eine Sprache des Protokolls (Französisch, Englisch oder Spanisch) als Sprache der internationalen Anmeldung angegeben werden.

1161 Wo Schutz in Ländern außerhalb der EU – etwa in der Schweiz – notwendig wird, versagt die Gemeinschaftsmarke, kann aber als Basis für eine internationale Registrierung dienen. Sie scheidet zudem aus, wenn und sobald ihr in einem Mitgliedsland ein absolutes oder relatives Eintragungshindernis entgegensteht. Denn als Ausfluss des Grundsatzes der Einheitlichkeit kann die Gemeinschaftsmarke nicht auf einzelne Mitgliedstaaten beschränkt oder in ihrer Geltung von einzelnen Mitgliedstaaten ausgenommen werden (sog. »Alles-oder-nichts-Prinzip«).[52]

1162

Aspekte der Schutzsystemwahl		
National	**Regional (EU)**	**International (WIPO)**
• Kein regionales/internationales Schutzinteresse	• Schutzinteresse in der (gesamten) EU	• Wichtige Nicht-EU-Märkte (USA/Japan/China/Australien/Norwegen/Schweiz)
• Heimatmarkt, Basismarke für Internationale Registrierung	• Basismarke für Internationale Registrierung	• Anstelle oder neben Gemeinschaftsmarke bei Schutz in vielen Ländern
• Schutzhindernisse in einzelnen EU-Mitgliedsländern	• Keine Hindernisse in einzelnen EU-Mitgliedsländern	• Ergänzung zur Gemeinschaftsmarke
• Länderspezifisch angepasste Marken (übersetzte Wortmarken)	• Kosten, Verwaltungsaufwand gering	• Kostenvorteile (insb. nach MMA)
• »Problemländer« (z.B. China)	• Benutzung nur in einem Mitgliedsland ausreichend für Erhalt	• Verwaltungsaufwand gering bei Anmeldung und Veränderungen
• Ergänzung zur GM (z.B. Schweiz)	• Schutzerweiterung bei EU-Erweiterung	• Ergänzung zur nationalen Marke (als Basismarke)
• Länder außerhalb des MMA/PMMA		

Übersicht 39: Kriterien für die Wahl nationalen, regionalen und internationalen Schutzes[53]

1163 Die Internationale Registrierung nach dem Madrider Markenabkommen bzw. dem Protokoll kommt – wenn nicht bereits unter Kostengesichtspunkten oder aus territorialen Notwendigkeiten – da in Betracht, wo einer Gemeinschaftsmarke Eintragungshindernisse in einem Teilgebiet der Gemeinschaft entgegenstehen, für das der Inhaber keinen Schutz sucht: Während die Eintragung der Gemeinschaftsmarke

52 S. nachfolgend Rn. 1165 ff.; zu strategischen Aspekten der Rechtsdurchsetzung *Rohnke* GRUR Int. 2002, 979 ff.

53 Ausführlich hierzu *Bugdahl* MarkenR 2003, 425.

am Grundsatz der Einheitlichkeit scheitert, kann auf der Basis einer nationalen Eintragung nach dem Madrider Markenabkommen bzw. dem Protokoll in den verbleibenden Ländern der Gemeinschaft Schutz erlangt werden. Die nach dem Madrider Markenabkommen bzw. dem Protokoll erstreckte Marke bleibt allerdings fünf Jahre vom Bestand der Basismarke abhängig[54].

Internationale Registrierung in der EU 1164

Verordnung/Vertrag	GMV	MMA	PMMA
Marke	Gemeinschafts-marke	Internationale Registrierung	Internationale Registrierung
Mitgliedsland / Amt/Büro	HABM	OMPI	OMP (WIPO)
(1) Belgien	■	■	■
(2) Bulgarien	■	■	■
(3) Dänemark	■		■
(4) Deutschland	■	■	■
(5) Estland	■		■
(6) Finnland	■		■
(7) Frankreich	■	■	■
(8) Griechenland	■		■
(9) Irland	■		■
(10) Italien	■	■	■
(11) Lettland	■	■	■
(12) Litauen	■		■
(13) Luxemburg	■	■	■
(14) Niederlande	■	■[55]	■
(15) Malta	■		
(16) Österreich	■	■	■
(17) Polen	■	■	■
(18) Portugal	■	■	■

54 Art. 6 MMA; Art. 6, $9^{quinquies}$ PMMA.
55 Die niederländischen Antillen zählen zu den Niederlanden, unterliegen aber nicht dem Benelux-Markenrecht; sie besitzen vielmehr ein eigenes Markenrecht und ein eigenes Markenamt, zu dem internationale Registrierungen unter dem Protokoll möglich sind.

Internationale Registrierung in der EU			
(19) Rumänien	■	■	■
(20) Slowakei	■	■	■
(21) Schweden	■		■
(22) Slowenien	■	■	■
(23) Spanien	■	■	■
(24) Tschechien	■	■	■
(25) Ungarn	■	■	■
(26) Vereinigtes Königreich	■		■
(27) Zypern	■	■	■

Übersicht 40: Die Mitgliedstaaten der EU 27 in MMA und PMMA

IV. »Alles-oder-nichts-Prinzip«

1165 Aus dem **Prinzip der Einheitlichkeit** des Rechts aus der Gemeinschaftsmarke einerseits und der Konzeption des Gemeinsamen Marktes als eines Marktes ohne Binnengrenzen andererseits folgt die als »Alles-oder-nichts-Prinzip« bezeichnete **territoriale Unteilbarkeit** der Gemeinschaftsmarke. Sie kann nur für den gesamten Binnenmarkt eingetragen, übertragen, gelöscht oder hinsichtlich ihrer Benutzung untersagt werden[56]. Das Prinzip der Unteilbarkeit wird allerdings nicht in allen Hinsichten durchgehalten. So kann die Gemeinschaftsmarke etwa sowohl »sektoral« – für einen Teil der Waren oder Dienstleistungen, für die sie eingetragen ist –, als auch »territorial« – für einen Teil der Gemeinschaft Gegenstand einer Lizenz sein[57].

1166 Es liegt auf der Hand, dass die Folgen des »Alles-oder-nichts-Prinzips« für den Markeninhaber **ambivalent** sind: so vorteilhaft es erscheinen mag, mit einer Anmeldung in derzeit 27 Mitgliedsländern Markenschutz zu erlangen, der mit der Benutzung in nur einem Mitgliedsland aufrechterhalten werden kann[58], so misslich erweist sich doch das »Alles-oder-nichts-Prinzip«, wenn etwa eine Eintragung daran scheitert, dass der angemeldeten Marke Eintragungshindernisse aus nur einem Mitgliedsland entgegenstehen, in dem der Anmelder womöglich gar keine Schutzinteressen verfolgt: In einem solchen Fall ist es nicht möglich, die Anmeldung auf bestimmte Mitgliedsländer zu beschränken oder einzelne Mitgliedstaaten nach Art eines »Disclaimers« auszunehmen. Dem Anmelder bleibt allein der nationale Markenschutz, ggf. im Wege der Umwandlung,[59] bzw. die internationale Regis-

56 S. oben Rn. 1144.
57 Art. 22 GMV; unten Rn. 1395 ff.
58 S. oben Rn. 1150, Fn. 22.
59 S. dazu Art. 108 GMV sowie unten Rn. 1231 ff.

trierung auf der Basis einer nationalen Anmeldung in den ihn interessierenden Staaten.

Dieses Handicap der Gemeinschaftsmarke wird durch das vorgeschaltete Widerspruchsverfahren, in dem bessere Rechte Dritter **vor** einer Eintragung der Gemeinschaftsmarke als »relative Schutzhindernisse« geltend gemacht werden können[60], nicht entschärft: zwar wird so eine der Eintragung nachfolgende Löschung vermieden, das Eintragungsverfahren aber wird ggf. erheblich verzögert. **1167**

V. Verfahrensrichtlinien des HABM

Neben den Rechtsgrundlagen der Gemeinschaftsmarkenverordnung (GMV),[61] der zugehörigen Durchführungs- und der Gebührenverordnung (GMDV,[62] GMGebV[63]) sowie der Verfahrensordnung der Beschwerdekammern (VerfOBK)[64] sind für den Anmelder einer Gemeinschaftsmarke zahlreiche **Richtlinien** von Interesse, an denen das HABM seine Arbeit ausrichtet.[65] Nach dem Inkrafttreten der jüngsten Änderungen der GMV, der GMDV und der GMGebV aktualisiert und erweitert das Amt diese Richtlinien gegenwärtig.[66] Der Prozess der förmlichen Annahme der Richtlinien soll im Jahr 2007 abgeschlossen werden. **1168**

Ständig ergänzt und ggf. modifiziert werden die genannten Instrumentarien zur Steuerung der Amtspraxis durch »**Beschlüsse**« und »**Mitteilungen**« des Präsidenten des Amtes – etwa zu Zahlungsmodalitäten, Prüfungsanforderungen, vom Anmelder vorzulegenden Unterlagen oder Vertretungsnachweisen –, die wie die Richtlinien im Amtsblatt des HABM veröffentlicht werden und im Internet abgerufen werden können.[67] **1169**

---

60 S. unten Rn. 1258 ff.

61 S. oben Rn. 1142.

62 VO (EG) Nr. 2868/95 vom 13. Dezember 1995 zur Durchführung der Verordnung (EG) Nr. 40/94 des Rates über die Gemeinschaftsmarke (ABl. EG Nr. L 303 vom 15.12.1995, S. 1), geänd. d. VO Nr. 782/2004 vom 26.4.2004 (in Kraft seit 1.10.2004) und VO Nr. 1041/2005 vom 29.6.2005 (in Kraft seit 25.7.2005, teilweise anwendbar ab 10.3.2008).

63 VO (EG) Nr. 2869/95 v. 13. Dezember 1995 über die an das Harmonisierungsamt für den Binnenmarkt (Marken, Muster und Modelle) zu entrichtenden Gebühren (ABl. L 303 vom 15.12.1995, S. 33), zul. geänd. durch VO Nr. 1687/2005 v. 14.10.2005.

64 Verordnung (EG) Nr. 216/96 vom 5. Februar 1996 über die Verfahrensordnung vor den Beschwerdekammern des Harmonisierungsamtes für den Binnenmarkt (Marken, Muster und Modelle) vom 6.2.1996, ABl EG Nr. L 28 S. 11 ff., zul. geänd. d. Verordnung (EG) Nr. 2082/2004 vom 6. Dezember 2004 zur Änderung der Verordnung über die Verfahrensordnung vor den Beschwerdekammern des HABM, ABl Nr. L 360 vom 7.12.2004, S. 8 ff.

65 Die Richtlinien des Amtes können unter <http://oami.europa.eu/de/mark/marque/direc.htm> abgerufen werden.

66 S. Fn. 65.

67 Abrufbar unter <http://oami.europa.eu/de/office/aspects/deciscommunic.htm>.

1170

Richtlinien für die Verfahren vor dem Amt	
Teile/Inhalt	Veröffentlichung
Allgemeine Einführung	ABl. HABM Nr. 12/1996, S. 1754
Teil A, Allgemeine Verfahrensvorschriften	ABl. HABM Nr. 12/1996, S. 1756 ABl. HABM Nr. 6/2006, S. 628
Teil A, Kapitel 5 – Berufsmäßige Vertretung	ABl. HABM Nr. 1/2000, S. 24
Teil A, Abschnitt 6 – Wiedereinsetzung	ABl. HABM Nr. 6/2004, S. 770
Teil B, Prüfungsrichtlinien – Abschnitt 12 (Erweiterung) – Abschnitt 12.12. (Umwandlung) – Kapitel 13 (PMMA)	ABl. HABM Nr. 9/1996, S. 1300 ABl. HABM Nr. 6/2004, S. 793 ABl. HABM Nr. 1/2005, S. 30 ABl. HABM Nr. 5/2006, S. 443
Teil C – Widerspruchsverfahren	ABl. HABM Nr. 10/1997, S. 964 ABl. HABM Nr. 5/2003, S. 1076
Teil E, Kapitel 2 – Umwandlung	ABl. HABM Nr. 1/1999, S. 40 ABl. HABM Nr. 6/2002, S. 1142 ABl. HABM Nr. 1/2005, S. 110
Teil E, Kapitel 3 – Änderungen	ABl. HABM Nr. 5/2006, S. 458
Teil E, Kapitel 4 – Rechtsübergang	ABl. HABM Nr. 1/1999, S. 121
Teil E, Kapitel 5 – Lizenzen	ABl. HABM Nr. 1/2005, S. 152
Teil E, Kapitel 6 – Verlängerung	ABl. HABM Nr. 1/2004, S. 20
Teil E, Kapitel 7 – Akteneinsicht	ABl. HABM Nr. 7–8/1998, S. 822
Teil E, Kapitel 8 – Abhilfe	ABl. HABM Nr. 7–8/1998, S. 858

Übersicht 41: Richtlinien des Harmonisierungsamtes

C. Erwerb der Gemeinschaftsmarke

I. Eintragungsvoraussetzungen

1171 Es liegt in der Konsequenz des durch die Markenrichtlinie vermittelten Gleichlaufes von nationalem und europäischem Markenrecht, dass die materiellen Voraussetzungen für die Eintragung eines Zeichens als Gemeinschaftsmarke denen für eine nationale Marke gleichen. Die nachfolgenden Ausführungen fokussieren deshalb die Besonderheiten der Gemeinschaftsmarke und verweisen im Übrigen auf die Darstellung der Marke nach deutschem Recht.[68]

68 S. oben Kapitel 3, 4 und 5.

1. Inhaber

Die vormals komplexe Regelung zur Inhaberschaft an Gemeinschaftsmarken ist durch Art. 1 der VO (EG) Nr. 422/2004 radikal vereinfacht worden. Der maßgebliche Art. 5 GMV lautet nun: »Inhaber von Gemeinschaftsmarken können alle natürlichen oder juristischen Personen, einschließlich Körperschaften des öffentlichen Rechts sein.« Damit kann nun jedermann eine Gemeinschaftsmarke anmelden. 1172

Wie im nationalen Recht ist das Vorhandensein eines Unternehmens oder einer wie auch immer gearteten Unternehmereigenschaft des Anmelders keine Voraussetzung für die Inhaberschaft an einer Gemeinschaftsmarke. Damit ist die Gemeinschaftsmarke als gewerbliches Schutzrecht auch in ihrer eigentumsrechtlichen Zuordnung frei von den betrieblichen Verhältnissen, in denen sie zur Kennzeichnung von Waren oder Dienstleistungen eingesetzt wird bzw. werden kann. 1173

2. Vertretung vor dem Amt

Einen generellen Vertretungszwang vor dem Harmonisierungsamt gibt es nicht.[69] Im Übrigen ist danach zu differenzieren, ob der Anmelder (natürliche oder juristische Person) einen »**Wohnsitz oder Sitz oder eine tatsächlich und nicht nur zum Schein bestehende gewerbliche oder Handelsniederlassung in der Gemeinschaft**« besitzt. Ist dies der Fall, besteht **kein Vertretungszwang**; optional kann die Vertretung vor dem Amt durch einen **Angestellten** erfolgen.[70] 1174

Angestellte einer juristischen Person, die selbst keiner Vertretung vor dem Amt bedarf, können auch **andere** juristische Personen, die mit der erstgenannten wirtschaftlich verbunden sind, vertreten, selbst wenn diese anderen juristischen Personen weder Wohnsitz noch Sitz noch eine tatsächliche und nicht nur zum Schein bestehende gewerbliche oder Handelsniederlassung in der Gemeinschaft haben.[71] 1175

Beispiel: Die US-amerikanische Tochter eines französischen Konzerns möchte eine Gemeinschaftsmarke anmelden. Obwohl sie selbst keine »tatsächlich und nicht nur zum Schein bestehende gewerbliche oder Handelsniederlassung in der Gemeinschaft« besitzt, kann sie sich als konzernverbundenes Unternehmen durch die Angestellten des französischen Mutterkonzerns vor dem Amt vertreten lassen. 1176

Wo es an den vorgenannten Voraussetzungen fehlt, also weder ein »Wohnsitz oder Sitz oder eine tatsächlich und nicht nur zum Schein bestehende gewerbliche oder Handelsniederlassung in der Gemeinschaft« besteht, noch die Vertretung durch Angestellte eines verbundenen Unternehmens in Betracht kommt, ist ein Vertretung vor dem Amt, mit **Ausnahme** der **Einreichung** einer **Anmeldung** für eine Gemeinschaftsmarke, unerlässlich. 1177

---

69 Art. 88 Abs. 1 GMV.
70 Art. 88 Abs. 3 Satz 1 GMV.
71 Art. 88 Abs. 3 Satz 2 GMV.

Eine danach notwendige Vertretung kann nur wahrgenommen werden

- durch einen **Rechtsanwalt**,[72] der in einem der Mitgliedstaaten zugelassen ist und seinen Geschäftssitz in der Gemeinschaft hat, so weit er in diesem Staat die Vertretung auf dem Gebiet des Markenwesens ausüben kann, oder
- durch **zugelassene Vertreter**, die in einer beim Amt geführten **Liste** eingetragen sind.[73]

1178 In die Liste der zugelassenen Vertreter kann jede natürliche Person eingetragen werden, die folgende Voraussetzungen erfüllt:

- sie muss die Staatsangehörigkeit eines Mitgliedstaats besitzen;
- sie muss ihren Geschäftssitz oder Arbeitsplatz in der Gemeinschaft haben;
- sie muss befugt sein, natürliche oder juristische Personen auf dem Gebiet des Markenwesens vor der Zentralbehörde für den gewerblichen Rechtsschutz eines Mitgliedstaats zu vertreten.[74]

Die Eintragung erfolgt auf Antrag, dem eine Bescheinigung der Zentralbehörde für den gewerblichen Rechtsschutz des betreffenden Mitgliedstaats beizufügen ist, aus der sich die Erfüllung der oben genannten Voraussetzungen ergibt.

3. Gemeinschaftsmarkenfähige Zeichen

a) Abstrakte Unterscheidungskraft

1179 Die Gemeinschaftsmarke ist ein reines Registerrecht. Sie kann ausschließlich durch Eintragung erworben werden.[75] Dementsprechend können Gemeinschaftsmarke alle Zeichen sein, die sich grafisch darstellen lassen und die geeignet sind, die Waren oder Dienstleistungen eines Unternehmens von denen anderer Unternehmen zu unterscheiden. Artikel 4 GMV nennt beispielhaft »Wörter einschließlich Personennamen, Abbildungen, Buchstaben, Zahlen und die Form oder Aufmachung der Ware.«

---

72 Siehe dazu sowie die Mitteilungen des Präsidenten des Amtes Nr. 1/95 vom 18. September 1999, Nr. 2/96 v. 22. März 1996 und Nr. 2/99 vom 7. Mai 1999.

73 Den Nachweis einer Vollmacht regelt Art. 76 GMDV, der durch die VO 1041/2005 neu gefasst wurde. Danach gilt: Rechtsanwälte und zugelassenen Vertreter, die gemäß Artikel 89 Absatz 2 der Verordnung in die Liste der zugelassenen Vertreter eingetragen sind, müssen nur auf ausdrückliches Verlangen des Amtes oder bei mehreren Verfahrensbeteiligten auf ausdrückliches Verlangen der Gegenpartei eine unterzeichnete Vollmacht zu den Akten geben. Angestellte, die gemäß Artikel 88 Absatz 3 der Verordnung eine natürliche oder juristische Person vertreten, müssen dem Amt eine unterzeichnete Vollmacht zu den Akten geben.

74 Unterliegt in diesem Staat die Befugnis nicht dem Erfordernis einer besonderen beruflichen Befähigung, so muss die Person, die die Eintragung in die Liste beantragt, die Vertretung auf dem Gebiet des Markenwesens vor der Zentralbehörde für den gewerblichen Rechtsschutz dieses Staates mindestens fünf Jahre lang regelmäßig ausgeübt haben. Die Voraussetzung der Berufsausübung ist jedoch nicht erforderlich für Personen, deren berufliche Befähigung, natürliche oder juristische Personen auf dem Gebiet des Markenwesens vor der Zentralbehörde für den gewerblichen Rechtsschutz eines Mitgliedstaats zu vertreten, nach den Vorschriften dieses Staates amtlich festgestellt worden ist; der Präsident des Amtes kann nach Art. 89 Abs. 4 GMV Befreiungen von einzelnen der vorgenannten Bedingungen erteilen.

75 Art. 6 GMV.

Obwohl sich Art. 4 GMV nicht ausdrücklich dazu verhält, steht der Gemeinschaftsmarkenfähigkeit einer konturlosen (»abstrakten«) Farbe oder Farbzusammenstellung nichts entgegen, wenn sie denn nur Unterscheidungskraft besitzt. In einer »Gemeinsame Erklärungen des Rates und der Kommission der Europäischen Gemeinschaften im Protokoll des Rates anlässlich der Annahme der Verordnung vom 20. Dezember 1993 über die Gemeinschaftsmarke« wird dies ausdrücklich bestätigt. Weiter heißt es in dieser Erklärung, Art. 4 GMV schließe die Eintragungsfähigkeit unterscheidungskräftiger Tonzeichen »in Zukunft« nicht aus[76] und »Form« im Sinne der Vorschrift umfasse auch die dreidimensionale Form einer Ware[77]. 1180

Die **Unterscheidungskraft** als conditio sine qua non einer Marke wird in der Gemeinschaftsmarkenverordnung – nicht anders als im deutschen MarkenG[78] – abstrakt und kategorisch für die Markenfähigkeit eines Zeichens vorausgesetzt und – wo diese Voraussetzung gegeben ist – im Eintragungsverfahren nochmals konkret im Hinblick auf die angemeldeten Waren oder Dienstleistungen geprüft[79]. Während ein Mangel an konkreter Unterscheidungskraft »nur« die Eintragung hindert, was durch Benutzung des Zeichens überwunden werden kann[80], schließt eine abstrakt fehlende Unterscheidungskraft bereits die Markenfähigkeit eines Zeichens aus. So liegt es, wo ein Zeichen schlechterdings nicht geeignet ist, eine Bedeutung zu transportieren, konkret: die Funktion des Namens einer Ware oder Dienstleistung im Geschäftsverkehr zu erfüllen, und diese Eignung auch nicht durch entsprechende Verkehrsdurchsetzung erlangen kann. Die Qualität abstrakter Unterscheidungskraft fällt freilich mit der Eigenschaft, Zeichen zu sein, zusammen: wo sie fehlt, verweist ein wahrnehmbares Phänomen nur auf sich selbst und ist damit gerade kein Zeichen.[81] 1181

b) Absolute Eintragungshindernisse

Wie in der Markenrichtlinie vorgegeben und im nationalen Markengesetz in § 8 umgesetzt, enthält auch die Gemeinschaftsmarkenverordnung in Art. 7 einen abschließenden Katalog der Hindernisse, die der Eintragung einer Gemeinschaftsmarke unabhängig vom Bestehen besserer Rechte Dritter entgegenstehen, von Amts wegen geprüft werden müssen und ggf. zur Nichtigkeit einer Eintragung führen können. Die einzelnen Hindernisse entsprechen den **zwingenden** Vorgaben der Markenrichtlinie;[82] an den **Optionen** der Richtlinie orientiert sich die Gemeinschaftsmarkenverordnung lediglich in Art. 7 Abs. 1 lit. i GMV (»nicht unter Art. 6ter PVÜ fallende Abzeichen, Embleme oder Wappen«).[83] 1182

76 S. dazu Regel 3 Abs. 6 GMDV; danach besteht, wenn eine Hörmarke angemeldet wird, die Wiedergabe der Marke aus einer grafischen Wiedergabe der Klangfolge, vornehmlich in Form einer Notenschrift; bei elektronischer Anmeldung kann eine elektronische Datei beigefügt werden, die die klangliche Wiedergabe enthält. Der Präsident des Amtes bestimmt die zulässigen Formate und die maximale Größe der elektronischen Datei; s. dazu *Schmidt* MarkenR 2006, 245 ff.

77 ABl. HABM 5/96, S. 612.

78 S. oben Rn. 131 ff.

79 S. Art. 4, Art. 7 Abs. 1 lit. b GMV sowie Nr. 8.2 und 8.3 PrüfR.

80 Art. 7 Abs. 3 GMV.

81 S. dazu oben Rn. 3 ff., 13 ff., 28.

82 Art. 3 Abs. 1 MarkenRL; einen Überblick aus der Sicht der HABM-BK gibt *Bender* MarkenR 2000, 118 ff.

83 Vgl. Art. 3 Abs. 2 lit. c MarkenRL 89/104/EWG.

1183 Die Berücksichtigung außermarkenrechtlicher Rechtsvorschriften im Eintragungsverfahren, die § 8 Abs. 2 Nr. 9 MarkenG erlaubt,[84] kennt die Gemeinschaftsmarkenverordnung ebenso wenig wie die Berücksichtigung der amtsbekannten Notorietät einer älteren Marke als »quasi-absolutes Eintragungshindernis«.[85] Über die ansonsten parallelen Regelungen des Markengesetzes hinaus wurde dagegen mit der Verordnung (EG) Nr. 3288/94[86] in den Katalog der absoluten Eintragungshindernisse der GMV ein neuer Art. 7 Abs. 1 lit. j) GMV eingefügt; danach ist die Eintragung **unzutreffender geografischer Angaben für Weine und Spirituosen** ausgeschlossen, ohne dass es auf eine Irreführung ankäme. Der vierte Erwägungsgrund der Änderungsverordnung verweist zur Begründung auf Art. 23 Absatz 2 des TRIPs-Übereinkommens.

1184 Mit der VO (EG) Nr. 422/2004 wurde zudem Art. 7 Abs. 1 lit. k GMV eingefügt, wonach Marken von der Eintragung ausgeschlossen sind, die eine nach der Verordnung (EWG) Nr. 2081/92 eingetragene **Ursprungsbezeichnung** oder **geografische** Angabe[87] enthalten oder aus einer solchen bestehen, wenn

- auf die Marke einer der in Art. 13 der Verordnung (EWG) Nr. 2081/92 aufgeführten Tatbestände[88] zutrifft,
- die Marke die gleiche Art von Erzeugnis betrifft und
- der Antrag auf Eintragung der Marke **nach** dem Zeitpunkt der Einreichung des Antrags auf Eintragung der Ursprungsbezeichnung oder der geografischen Angabe bei der Kommission eingereicht wird.

1185 Im Übrigen entspricht der Katalog der absoluten Eintragungshindernisse einer Gemeinschaftsmarke weitestgehend dem des nationalen Rechts. So weit damit der über die Markenrichtlinie induzierte (legislative) Gleichlauf europäischen und nationalen Rechts erreicht ist, kann deshalb auf die Ausführungen zu § 8 MarkenG

84 S. oben Rn. 470 ff.
85 S. oben Rn. 481 ff.
86 VO (EG) Nr. 3288/94 vom 22. Dezember 1994 zur Änderung der Gemeinschaftsmarkenverordnung, ABl EG Nr. L 349 v. 31.12.1994, S. 83 ff.
87 S. dazu oben Rn. 326 ff.
88 § 13 Abs. 1 der VO (jetzt: § 13 Abs. 1 VO (EG) Nr. 510/2006, s. dazu Rn. 326 ff.) lautet: »Eingetragene Bezeichnungen werden geschützt gegen
a) jede direkte oder indirekte kommerzielle Verwendung einer eingetragenen Bezeichnung für Erzeugnisse, die nicht unter die Eintragung fallen, sofern diese Erzeugnisse mit den unter dieser Bezeichnung eingetragenen Erzeugnissen vergleichbar sind oder sofern durch diese Verwendung das Ansehen der geschützten Bezeichnung ausgenutzt wird;
b) jede widerrechtliche Aneignung, Nachahmung oder Anspielung, selbst wenn der wahre Ursprung des Erzeugnisses angegeben ist oder wenn die geschützte Bezeichnung in Übersetzung oder zusammen mit Ausdrücken wie »Art«, »Typ«, »Verfahren«, »Fasson«, »Nachahmung« oder dergleichen verwendet wird;
c) alle sonstigen falschen oder irreführenden Angaben, die sich auf Herkunft, Ursprung, Natur oder wesentliche Eigenschaften der Erzeugnisse beziehen und auf der Aufmachung oder der äußeren Verpackung, in der Werbung oder in Unterlagen zu den betreffenden Erzeugnissen erscheinen, sowie die Verwendung von Behältnissen, die geeignet sind, einen falschen Eindruck hinsichtlich des Ursprungs zu erwecken;
d) alle sonstigen Praktiken, die geeignet sind, das Publikum über den wahren Ursprung des Erzeugnisses irrezuführen.
Enthält ein eingetragener Name den als Gattungsbezeichnung angesehenen Namen eines Agrarerzeugnisses oder Lebensmittels, so gilt die Verwendung dieser Gattungsbezeichnung für das betreffende Agrarerzeugnis oder Lebensmittel nicht als Verstoß gegen Unterabsatz 1 Buchstabe a) oder b).«

verwiesen werden; dies gilt namentlich für die wichtigsten Hindernisse nach Art. 7 Abs. 1 lit. b, c und d GMV, die § 8 Abs. 2 Nr. 1 bis 3 MarkenG entsprechen:

- mangelnde Unterscheidungskraft,[89]
- Freihaltebedürfnis (beschreibende Angaben)[90] und
- generischer Charakter (zur Beschreibung der Waren oder Dienstleistungen »üblich gewordene« Zeichen).[91]

4. Besonderheiten der GMV im Vergleich zum MarkenG

a) Systematik der Schutzhindernisse

Gegenüber der Systematik des Markengesetzes weist die eng an der Markenrichtlinie orientierte Gemeinschaftsmarkenverordnung Abweichungen auf, die sich aus der Beschränkung des europäischen Sekundärrechts auf **eingetragene** Marken erklären. So ist die grafische Darstellbarkeit – Voraussetzung jeder Eintragung eines Zeichens in das Register – in der Gemeinschaftsmarkenverordnung in die Definition der möglichen Markenformen einbezogen;[92] Art. 7 Abs. 1 lit. a GMV nimmt darauf im Sinne eines Eintragungshindernisses lediglich Bezug. Das deutsche Markengesetz, das neben den eingetragenen Marken auch die infolge **Benutzung** entstehenden Marken behandelt, verortet das Erfordernis der grafischen Darstellbarkeit dagegen nur bei den Eintragungshindernissen; dennoch spricht vieles dafür, die grafische Darstellbarkeit auch von einer Benutzungsmarke zu verlangen.[93] 1186

Umgekehrt findet sich das Verbot, die **Form** einer Ware als Marke einzutragen, die für die Art der Ware oder ihre technische Wirkung notwendig ist oder die der Ware ihren wesentlichen Wert verleiht, in Art. 7 Abs. 1 lit. e GMV unter den absoluten Eintragungshindernissen. Das Markengesetz hat diese Vorgabe der Markenrichtlinie[94] dagegen aus dem Kanon der Eintragungshindernisse herausgenommen und als absolutes Schutzhindernis in § 3 Abs. 2 MarkenG normiert, um ihr auch für die nicht eingetragenen Markenrechte Gelten zu verschaffen.[95] Für Anmeldung, Prüfung und Eintragung eines Zeichens bleiben jedoch auch diese Unterschiede ohne Folgen: die genannten Eintragungshindernisse sind auch im Rahmen des Art. 7 GMV nicht überwindlich, da Art. 7 Abs. 3 GMV nur auf die Hindernisse nach Abs. 1 lit. b), c) und d) verweist, nicht dagegen auf lit. e. 1187

b) Notwendige Unterscheidungskraft

Materiell fällt auf, dass das nationale Markengesetz Marken von der Eintragung ausschließt, denen »**jegliche** Unterscheidungskraft fehlt«, während die Gemeinschaftsmarkenverordnung nur vom Ausschluss von Zeichen spricht, die »**keine** Unterscheidungskraft« besitzen. Aus der deutlicheren Formulierung der nationa- 1188

89 S. oben Rn. 412 ff.; *Meister* WRP 2000, 1098 ff.
90 S. oben Rn. 436 ff.
91 S. oben Rn. 452 ff.; *Schrader* WRP 2000, 69 ff.
92 Art. 4 GMV.
93 S. dazu oben Rn. 142 ff.; *Ströbele/Hacker* § 4 Rn. 1 f.
94 S. dort Art. 3 Abs. 1 lit. e.
95 S. oben Rn. 193 ff.

len Norm darf jedoch **nicht** geschlossen werden, die Gemeinschaftsmarkenverordnung enthalte insoweit einen engeren Filter. Hier wie dort hindert das Fehlen der Unterscheidungskraft für die konkreten, in der Anmeldung angegebenen Waren oder Dienstleistungen die Eintragung. Hier wie dort muss deshalb auch das Vorhandensein (noch so) geringer Unterscheidungskraft die Eintragung rechtfertigen.

1189 Die Untergrenze noch ausreichender Unterscheidungskraft ist allerdings da erreicht, wo sie vom **maßgeblichen Durchschnittsverbraucher** bei unbefangener Betrachtung nicht mehr ohne eingehende Betrachtung oder gar analysierende Untersuchung festgestellt werden kann. Zur Unterscheidungskraft dreidimensionaler Marken hat der EuGH »die Wahrnehmung des durchschnittlich informierten, aufmerksamen und verständigen Durchschnittsverbrauchers dieser Waren« zu Grunde gelegt. Eine solche Marke müsse es ihm ermöglichen, die betreffenden Waren »auch ohne analysierende und vergleichende Betrachtungsweise sowie ohne besondere Aufmerksamkeit von den Waren anderer Unternehmen zu unterscheiden.«[96] Die Grenze der Markenfähigkeit verläuft deshalb nicht zwischen fehlender und minimaler Unterscheidungskraft, sondern zwischen einer bei ungezwungener Betrachtung wahrnehmbaren und einer nur nach eingehender Analyse feststellbaren Unterscheidungskraft. Im ersteren Falle ist es dann ohne Belang, ob die wahrgenommene Unterscheidungskraft »minimal« ausfällt oder nicht.[97]

c) Territorialer Bezug der Eintragungshindernisse

1190 Aus dem Prinzip der Einheitlichkeit der Gemeinschaftsmarke folgt, dass ein absolutes Eintragungshindernis nach Art. 7 GMV nicht in allen Mitgliedstaaten der Gemeinschaft vorliegen muss, um die Eintragung zu verhindern. Art. 7 Abs. 2 GMV stellt klar, dass ein absolutes Eintragungshindernis »**in einem Teil der Gemeinschaft**« die Versagung der Eintragung rechtfertigen kann, ohne allerdings ein territoriales Minimum zu definieren. Ist die angemeldete Wortmarke etwa im Italienischen täuschungsgeeignet, kann der Anmelder die Gemeinschaftsmarke nicht auf die übrigen EU-Mitgliedsländer beschränken (»Alles-oder-nichts-Prinzip«)[98]. Er muss sich für die verbleibenden bzw. die gewünschten Länder mit nationalen Anmeldungen – oder einer Internationalen Registrierung beim Büro der WIPO in Genf auf der Basis einer nationalen Anmeldung – begnügen.

1191 Beispiel: Die Wortmarke MATRATZEN ist in Spanien als **nationale** Marke zur Bezeichnung u.a. von »Ruhemöbeln wie Betten, Bettsofas, Liegestühle, Kinderbetten, Diwane, Hängematten, Bettrahmen, Strohsäcke, Matratzen und Kissen« der Klasse 20 im Sinne des Abkommens von Nizza eingetragen. In Deutschland wäre das Wort »Matratzen« jedenfalls für Matratzen glatt beschreibend und mithin von der Eintragung als Marke nach § 8 Abs. 2 Nr. 1, 2 MarkenG ausgeschlossen; in Spanien dagegen wird es in seiner lexikalischen Bedeutung nicht erkannt. Beide Befunde widersprechen sich nicht; es ist vielmehr möglich, dass eine Marke wegen sprachlicher, kultureller, sozialer und wirtschaftlicher Unterschiede zwischen den Mitgliedstaaten in einem Mitgliedstaat ohne Unterscheidungskraft ist oder die betreffenden Waren oder Dienstleistungen beschreibt, in

96 EuGH MarkenR 2004, 116 – Henkel.
97 Vgl. EuGH MarkenR 2002, 391, 392 – Companyline.
98 S. oben Rn. 1165.

einem anderen Mitgliedstaat aber nicht.[99] Liegt es so, müsste aber eine gleich lautende Gemeinschaftsmarke scheitern: das Wort Matratzen wäre als **Gemeinschaftsmarke** für Matratzen nicht schutzfähig, da ihm in einem (nicht unerheblichen) Teil der Gemeinschaft (Deutschland) das Eintragungshindernis des Art. 7 Abs. 1 lit. b und c GMV entgegensteht.

Sicher lässt sich sagen, dass »Teil der Gemeinschaft« in Art. 7 Abs. 2 GMV **nicht** »Mitgliedstaat« bedeutet.[100] Dies folgt aus der Konzeption des Gemeinsamen Marktes in Art. 14 Abs. 2 EG als eines Marktes ohne Binnengrenzen. Ein Sprachraum etwa kann einen Teil eines oder mehrerer Mitgliedstaaten ausmachen und als solcher relevant für die Täuschungseignung oder die Freihaltebedürftigkeit eines Zeichens sein. Gleichwohl darf das Vorliegen eines Eintragungshindernisses territorial nicht gänzlich unerheblich sein, soll es die Eintragung einer Gemeinschaftsmarke insgesamt verhindern[101]. 1192

Daraus folgt, dass das in einem oder mehreren Mitgliedsländern bestehende Eintragungshindernis zwingend beachtlich ist, während das in einem Teil eines Mitgliedslandes, in einer Region oder in einem Sprachraum gegebene Hindernis jedenfalls beachtlich sein kann.[102] Dabei ist insbesondere auf das Verständnis in dem Sprachraum abzustellen, dessen Wortschatz ein in Rede stehender Begriff angehört oder nahe steht.[103] Die Chance einer Gemeinschaftsmarkenanmeldung, auf absolute Eintragungshindernisse zu stoßen, steigt damit beträchtlich, zumal über Art. 7 Abs. 1 lit. f GMV sogar materielle Maßstäbe des jeweiligen nationalen Rechts (*ordre public*) wirksam werden können. Dass das Harmonisierungsamt aus praktischen Gründen kaum je in der Lage sein wird, vorab alle potenziellen absoluten Eintragungshindernisse gemeinschaftsweit zu ermitteln und zu prüfen, mindert dieses Risiko kaum. Denn so weit absolute Eintragungshindernisse nicht amtsbekannt sind oder nach der Veröffentlichung der Anmeldung von Dritten mitgeteilt werden,[104] verlagert sich die Vielfalt möglicher Hindernisse lediglich in ein späteres Nichtigkeitsverfahren.[105] 1193

Die Eintragungspraxis des Harmonisierungsamtes darf deshalb einerseits kulturelle und sprachliche Minderheiten bei der Prüfung absoluter Eintragungshindernisse nicht diskriminieren; andererseits darf der aus dem Einheitlichkeitsprinzip herrührende Effekt, dass ein absolutes Eintragungshindernis in nur einem Teil der Gemeinschaft gleich die Eintragung der Gemeinschaftsmarke insgesamt vereitelt, nicht allzu bereitwillig ausgelöst werden, soll nicht der Erfolg des supranationalen Schutzrechts insgesamt aufs Spiel gesetzt werden. 1194

99 EuGH MarkenR 2006, 157, 158 – Matratzen Concord/HUKLA; das damit verbundene Risiko, den freien Warenverkehr im Sinne des Art. 28 EG zu beschränken, hält der EuGH – auch im Hinblick auf Art. 12 GMV – für hinnehmbar.
100 *Eisenführ/Schennen* Art. 7 Rn. 194.
101 Vgl. *v. Mühlendahl/Ohlgart* S. 26.
102 *Eisenführ/Schennen*, a.a.O., sehen das notwendige territoriale Minimum jedenfalls bei »lokalen Bezeichnungs-Usancen in einem einsam gelegenen Bergdorf« unterschritten.
103 *Ekey/Klippel/Bender* Art. 7 Rn. 162.
104 S. Art. 41 GMV sowie unten Rn. 1243 ff., 1247.
105 S. unten Rn. 1331 ff.

d) Unterscheidungskraft durch Benutzung

1195 Wie im nationalen Recht können die Schutzhindernisse nach Art. 7 Abs. 1 lit. b, c und d GMV (fehlende Unterscheidungskraft, Freihaltebedürfnis, generischer Charakter) auch nach der Gemeinschaftsmarkenverordnung durch qualifizierte **Benutzung** überwunden werden. Die Verordnung spricht insoweit davon, dass das Zeichen »**Unterscheidungskraft**« erlangt haben müsse. Die Wortwahl darf nicht verdecken, dass nach Art. 7 Abs. 3 GMV nicht nur ein Mangel an Unterscheidungskraft überwunden werden kann, sondern auch ein Freihaltebedürfnis oder ein generischer Charakter. Gegenüber dem nationalen Recht, das eine durch Benutzung entstandene »**Verkehrsdurchsetzung**« verlangt, bestehen deshalb auch keine funktionalen Unterschiede.

1196 Hinsichtlich der Anforderungen an den Nachweis durch Benutzung erlangter Unterscheidungskraft ist der EuGH weder methodisch noch quantitativ festgelegt. In der Entscheidung »Chiemsee« hat er dazu – bezogen auf die Markenrichtlinie – ausgeführt, bei der Feststellung, ob eine Marke infolge ihrer Benutzung Unterscheidungskraft, das heißt die Eignung erlangt habe, die betreffende Ware als von einem bestimmten Unternehmen stammend zu kennzeichnen und diese Ware damit von denjenigen anderer Unternehmen zu unterscheiden, müsse die zuständige Behörde »**sämtliche Gesichtspunkte**« prüfen, die dies zeigen könnten.[106] Dabei dürften »auch der von der Marke gehaltene Marktanteil, die Intensität, die geografische Verbreitung und die Dauer der Benutzung dieser Marke, der Werbeaufwand des Unternehmens für die Marke, der Teil der beteiligten Verkehrskreise, der die Ware auf Grund der Marke als von einem bestimmten Unternehmen stammend erkennt sowie Erklärungen von Industrie- und Handelskammern oder von anderen Berufsverbänden berücksichtigt werden.« Gelange die zuständige Behörde auf Grund dieser Angaben zu der Auffassung, dass die beteiligten Verkehrskreise oder zumindest ein erheblicher Teil dieser Kreise die Ware auf Grund der Marke als von einem bestimmten Unternehmen stammend erkennten, so müsse sie daraus den Schluss ziehen, dass die Voraussetzung, die Artikel 3 Absatz 3 der Richtlinie für die Eintragung der Marke aufstellt, erfüllt sei.[107]

1197 Gegenüber **quantitativen, empirischen** Untersuchungen zur Verkehrsdurchsetzung ist der EuGH zurückhaltend: Das Gemeinschaftsrecht verbiete zwar nicht, dass die zuständige Behörde diese Frage, wenn sie bei der Beurteilung »auf besondere Schwierigkeiten« stoße, nach Maßgabe ihres nationalen Rechts durch eine **Verbraucherbefragung** klären lasse; die Umstände, unter denen eine durch Benutzung erlangte Unterscheidungskraft als gegeben angesehen werden könne, dürften aber nicht nur auf Grund von generellen und abstrakten Angaben, wie z.B. bestimmten Prozentsätzen, festgestellt werden.[108] Auch das Harmonisierungsamt akzeptiert nach seinen Prüfungsrichtlinien einen breiten Katalog möglicher Belege. Als Nachweis über Ort, Zeit, Umfang und Art der Benutzung gelten danach »Dokumente und Unterlagen, wie Verpackungen und Etiketten, Preislisten, Kataloge, Rechnungen, Fotografien und Werbematerial sowie beeidete oder eidesstattliche, schriftliche Erklärungen«.[109] Solche Erklärungen können von Sachverständigen der Branche

106 EuGH MarkenR 1999, 189, 194 f. – Chiemsee.
107 EuGH, a.a.O.
108 EuGH, a.a.O., 195, mit Verweis auf EuGH WRP 1998, 848, 851 – Gut Springenheide.
109 Vgl. Nr. 8.12.1. PrüfRL (Rn. 1170).

oder von Berufsverbänden abgegeben werden. Empirische Untersuchungen nehmen deshalb im europäischen Kontext nicht den Stellenwert ein, den sie im nationalen Markenrecht innehaben.

In **territorialer** Hinsicht folgt aus Art. 7 Abs. 2 GMV, dass ein Eintragungshindernis nach Art. 7 Abs. 3 GMV nur überwunden werden kann, wenn es überall da ausgeräumt ist, wo es zuvor bestanden hat. Ergibt sich etwa eine beschreibende Aussage in zwei Mitgliedstaaten, muss auch in diesen Unterscheidungskraft durch Benutzung erworben worden sein. Verbleibt das Hindernis dagegen in einem der beiden Länder, scheitert die Gemeinschaftsmarke am »Alles-oder-nichts-Prinzip«.[110] 1198

e) Disclaimer

Art. 38 Abs. 2 GMV erlaubt dem Harmonisierungsamt, vom Anmelder hinsichtlich einzelner, nicht unterscheidungskräftiger Markenbestandteile die Erklärung zu verlangen, dass er an diesen Bestandteilen kein ausschließliches Recht in Anspruch nehmen werde.[111] Die im englischen Recht **Disclaimer** genannte Erklärung, die im deutschen Markengesetz keine Entsprechung findet,[112] führt nicht zu einer echten Überwindung absoluter Eintragungshindernisse. Sie wird verständlich, wenn man sich vergegenwärtigt, dass ein mangels Unterscheidungskraft selbst nicht eintragungsfähiges Zeichen oder ein solcher Zeichenbestandteil als Teil einer mehrgliedrigen Marke oder eines Kombinationszeichens eingetragen werden kann, wenn die Marke in ihrem **gesamten** Erscheinungsbild die notwendige Unterscheidungskraft entfaltet.[113] Mit der Erklärung nach Art. 38 Abs. 2 GMV stellt das Harmonisierungsamt schon vor der Eintragung außer Zweifel,[114] dass die einmal registrierte Marke nicht mit Erfolg gegen die Eintragung prioritätsjüngerer, identischer oder ähnlicher Marken oder gegen die Benutzung kollidierender Zeichen verteidigt werden kann, wenn sich die Kollision auf den für sich genommen nicht schutzfähigen Zeichenbestandteil beschränkt. 1199

Eine Disclaimer – Erklärung im Sinne des Art. 38 Abs. 2 GMV kann der Anmelder auch von sich aus seiner Anmeldung beifügen, um etwaigen Bedenken des Prüfers zuvorzukommen. Dies erwähnt Regel 1 Abs. 3 GMDV. In beiden Varianten hat die Erklärung indessen für den Anmelder den Nachteil, dass das Publikum auf diese 1200

---

110 Vgl. EuG MarkenR 2000, 150 – OPTIONS: »Article 7 (3) CTR must be read in the light of the principle of the unitary character of the Community trade mark, expressly applied in Article 7 (2) CTR. In order to be accepted for registration, a sign must possess a distinctive character throughout the Community.«

111 Art. 38 Abs. 2 GMV, Regel 11 Abs. 2 GMDV.

112 Vgl. BPatG GRUR 1996, 410 – Color COLLECTION.

113 S. dazu oben Rn. 148 ff., 420 ff.

114 Wo kein Zweifel an der fehlenden Unterscheidungskraft besteht, ist auch kein Disclaimer notwendig. Nr. 8.13.1 der Prüfungsrichtlinien hält dazu fest: »Enthält die Marke einen Bestandteil, der nicht unterscheidungskräftig ist, und kann die Aufnahme dieses Bestandteils zu Zweifeln über den Schutzumfang der Marke Anlass geben, fordert der Prüfer den Anmelder zu der Erklärung auf, dass er an diesem Bestandteil kein Ausschließlichkeitsrecht in Anspruch nehmen wird. Die Prüfer sollten nicht automatisch auf diese Vorschrift zurückgreifen, wenn die Marke Bestandteile enthält, die nicht unterscheidungskräftig sind. Für typische Bestandteile, die Art, Beschaffenheit, Menge, Wert oder geografische Herkunft von Waren oder Dienstleistungen bezeichnen, ist kein Disclaimer erforderlich. Gleiches gilt für häufig vorkommende Wörter, die bei zahlreichen Marken Verwendung finden (der, aus, usw.) oder sonstige nicht unterscheidungskräftige Bestandteile (Umrahmungen, übliche Behälterformen usw.).«

Schwäche seiner Marke nachgerade hingewiesen wird.[115] Es empfiehlt sich deshalb nicht, insoweit einer allfälligen Aufforderung des Amtes zuvorzukommen.

II. Eintragungsverfahren

1201 Das Verfahren zur Eintragung einer Gemeinschaftsmarke beim HABM ist nutzerfreundlich ausgestaltet; alle modernen Kommunikationstechniken sind zugelassen. Prioritätsansprüche aus nationalen Voranmeldungen können in den Fristen der PVÜ für die Gemeinschaftsmarkenanmeldung geltend gemacht werden. Das Prinzip der Senioriät erhält sogar den Zeitrang älterer, identischer nationaler Rechte in der Gemeinschaftsmarke, wenn auch beschränkt auf das jeweilige nationale Territorium. Wo die Anmeldung der Gemeinschaftsmarke scheitert, sichert die Option der Umwandlung den Zeitrang der Anmeldung für eine oder mehrere nationale Anmeldungen.

1. Anmeldung

1202 Anmeldungen für eine Gemeinschaftsmarke können nach Wahl des Anmelders »bei der Zentralbehörde für den gewerblichen Rechtsschutz eines Mitgliedstaates«, in Deutschland also beim **DPMA** in München,[116] oder direkt beim **HABM**[117] in Alicante eingereicht werden. Die Einreichung beim nationalen Markenamt hat – insbesondere hinsichtlich des Zeitranges – dieselbe Wirkung, »wie wenn sie am selben Tag beim (Harmonisierungs-)Amt eingereicht worden wäre«.[118]

1203 Ganz gleichwertig sind die beiden Wege dennoch nicht. Das nationale Amt reicht die Anmeldung zwar, nachdem es den Eingangstag vermerkt hat, »unverzüglich«[119] an das Harmonisierungsamt weiter[120]. Damit entspricht es den Vorgaben der GMV, wonach die Anmeldung »binnen zwei Wochen«[121] weitergeleitet werden soll. Das **Risiko rechtzeitiger Weiterleitung** bleibt allerdings beim Anmelder: Anmeldungen, die beim HABM nach Ablauf einer Frist von **zwei Monaten** nach ihrer Einreichung beim nationalen Amt eingehen, gelten als zu dem Datum eingereicht, an dem die Anmeldung beim HABM eingegangen ist. Die Anmeldung verliert damit ihren ursprünglichen **Zeitrang**.[122] Wer über die nationalen Behörden anmeldet, sollte deshalb die Eingangsbestätigung des Harmonisierungsamtes überwachen.

---

115 Vgl. Regel 84 Abs. 2 lit. l GMDV (Eintragung in das Gemeinschaftsmarkenregister).
116 Vgl. § 125 a MarkenG; dazu *Berlit* EWS 1997, 9 ff.
117 Harmonisierungsamt für den Binnenmarkt (Marken, Muster, Modelle), im Internet: <http:/oami.europa.eu>.
118 Art. 25 Abs. 1 lit. b Satz 2 GMV.
119 Vgl. § 125 a MarkenG; die Maßnahme ist seit dem 1.1.2002 gebührenpflichtig (§ 2 Abs. 1 PatKostG, Nr. 335 100 GebVerz).
120 Der Präsident des DPMA hat wiederholt darauf hingewiesen, dass andere Eingaben an das Harmonisierungsamt als Anmeldungen von Gemeinschaftsmarken ebenso wenig an das DPMA »zur Weiterleitung« eingereicht werden dürfen wie etwaige Gebührenzahlungen im Zusammenhang mit der Gemeinschaftsmarke (Mitteilungen Nr. 3/97 und Nr. 8/97).
121 Art. 25 Abs. 2 Satz 1 GMV.
122 Art. 25 Abs. 3 GMV.

a) Formblatt

Für die Anmeldung einer Gemeinschaftsmarke hält das HABM ein Formular in allen Amtssprachen der Gemeinschaft vor.[123] Es kann kostenlos per Post, Fax oder E-Mail vom HABM bezogen, von der Website des HABM[124] herunter geladen und ausgedruckt oder von den nationalen Markenämtern bezogen werden. Die Verwendung des Formblattes ist keine Wirksamkeitsvoraussetzung der Anmeldung, empfiehlt sich aber. 1204

Ausgefüllte Formulare[125] können nach Wahl des Anmelders 1205

- direkt an das HABM in Alicante gesandt werden[126]
- während der Öffnungszeiten persönlich beim HABM in Alicante abgegeben werden
- per Fax übermittelt werden[127] (Die Unterschrift des Anmelders muss auf dem Telefax erscheinen.[128] Folgt das Original innerhalb eines Monats nach, weil etwa eine Farbmarke geschützt werden soll, bleibt dennoch der Zugang der Telefaxanmeldung maßgeblich)[129]
- bei der Zentralbehörde für den gewerblichen Rechtsschutz eines Mitgliedstaats (DPMA) oder beim Benelux-Markenamt eingereicht werden.

Das HABM stellt **Eingangsbestätigungen** für die eingegangenen Anmeldungen aus.

Der notwendige Inhalt der Anmeldung ergibt sich aus Art. 26 GMV, Regel 1 GMDV. 1206
Für die Wiedergabe der gewünschten Marke reicht bei einfachen Wortmarken die Eintragung in das Formular. In allen anderen Fällen besonderer grafischer oder farbiger Wiedergaben ist die Marke auf einem gesonderten Blatt darzustellen und der Anmeldung beizufügen[130].

b) Elektronische Anmeldung

Mit der elektronischen Anmeldung (sog. e-filing) hat das HABM die Möglichkeit eröffnet, Gemeinschaftsmarken **online** anzumelden. Direkt vom Browser aus können danach durchgeführt werden: 1207

- das Ausfüllen von elektronischen Anmeldeformularen,
- die Beifügung von notwendigen Anlagen und
- die Angabe der Zahlungsmodalitäten.

---

123 Regel 83 Abs. 1 lit. a GMDV.
124 <http://www.oami.europa.eu>.
125 Zum elektronischen Formular s. nachfolgend Rn. 1207 ff.
126 Harmonisierungsamt für den Binnenmarkt, Annahmestelle, Avenida de Europa, 4, E-03008 Alicante, Spanien.
127 Fax Nr. (+34) 965 131 344; weitere Auskünfte gibt das HABM unter der Tel. Nr. (34) 965 139 100.
128 Wird eine Mitteilung elektronisch durch Fernkopierer übermittelt, gilt die Namensangabe des Absenders als Unterschrift, Regel 80 Abs. 3 GMDV.
129 Regel 80 Abs. 1 GMDV.
130 Zur Wiedergabe der Marke s. Regel 3 Abs. 2 GMDV; wird die Eintragung in Farbe beantragt, so muss die Wiedergabe der Marke farbig sein; zusätzlich sind die Farben, aus denen sich die Marke zusammensetzt, in Worten anzugeben, wobei die Benennung der Farben anhand eines anerkannten Farbcodes beigefügt werden kann, Regel 3 Abs. 5 GMDV.

1208 Für den Anmelder hat die elektronische Anmeldung neben dem einfacheren Handling den Vorteil,

- dass seine Angaben sofort elektronisch auf Vollständigkeit überprüft werden,
- dass ihm automatisch ein Anmeldetag zugewiesen wird[131] und
- dass er sofort eine Gemeinschaftsmarkennummer erhält.

Der vollständig ausgefüllte Antrag kann selbstverständlich ausgedruckt, beim Anmelder lokal gespeichert und für zukünftige Anmeldungen genutzt werden.

1209 Damit der Tag der Einreichung der Anmeldung als **Anmeldetag** zuerkannt werden kann, muss die **Grundgebühr** für die Anmeldung **innerhalb eines Monats** nach Einreichung der Anmeldung entrichtet werden. Das Amt stellt **keine Zahlungsaufforderung** aus.[132] Wird eine Bestätigung des Zahlungseingangs gewünscht, ist dies per Fax bei der Hauptabteilung Finanzen zu beantragen.[133]

c) Anmeldesprache, zweite Sprache, Amtssprachen

1210 **Anmeldesprache** kann eine beliebige Amtssprachen **der EU** sein[134]. Zusätzlich zur Anmeldesprache ist mit der Anmeldung eine **zweite Sprache** anzugeben, die eine der Amtssprachen **des Harmonisierungsamtes** sein muss[135]. Amtssprachen des Harmonisierungsamtes sind die fünf Sprachen Deutsch, Englisch, Französisch, Italienisch und Spanisch (Grundsatz der »Fünfsprachigkeit«)[136]. Mit der Wahl der zweiten Sprache erklärt sich der Anmelder damit einverstanden, dass sie als Verfahrenssprache in Widerspruchs-, Verfalls- oder Nichtigkeitsverfahren benutzt wird. Ist die Anmeldesprache keine der fünf Amtssprachen des Harmonisierungsamtes, veranlasst das Amt auf seine Kosten die Übersetzung der Anmeldung[137].

1211 Ist der Anmelder der Gemeinschaftsmarke in einem Verfahren vor dem Amt der **einzige** Beteiligte, so ist Verfahrenssprache die Sprache, in der die Anmeldung der Gemeinschaftsmarke eingereicht worden ist, gleich ob es sich dabei um eine der fünf Amtssprachen handelt oder nicht. In letzterem Falle kann das Amt aber für schriftliche Mitteilungen an den Anmelder auch die zweite Sprache wählen, die dieser in der Anmeldung angegeben hat.[138]

---

131 Der Anmeldetag einer Gemeinschaftsmarke ist der Tag, an dem die die Angaben nach Artikel 26 Absatz 1 GMV enthaltenden Unterlagen vom Anmelder beim Amt eingereicht worden sind (wobei die mitteleuropäische Zeit gilt), sofern binnen eines Monats nach Einreichung der genannten Unterlagen die Anmeldegebühr gezahlt wird.

132 Zu den Folgen nicht fristgemäßer Zahlung s. Regel 9 GMDV.

133 Fax Nr. +34 965 139 113.

134 Art. 115 Abs. 1, Abs. 3 Satz 2 GMV; seit 1. Januar ist Gälisch zur 21. Amtssprache der EU erhoben worden; Bulgarisch und Rumänisch sind die 22. und 23. Amtssprache.

135 Art. 115 Abs. 3 Satz 1 GMV; s. dazu auch EuGH GRUR Int. 1996, 943 – Kik; EuG MarkenR 2001, 326, 327 – Kik II (EuGH GRUR Int. 2004, 35).

136 Art. 115 Abs. 2 GMV; Regel 95 GMDV.

137 Art. 115 Abs. 3 Satz 2 GMV.

138 Art. 115 Abs. 4 GMV.

Checkliste Anmeldung 1212

• **Notwendiger Inhalt**	• **Fakultative Angaben**
• Antrag auf Eintragung einer Gemeinschaftsmarke	
• Name, Anschrift[140] und Staatsangehörigkeit sowie Staat des Wohnsitzes, des Sitzes oder der Niederlassung des Anmelders,[141] ggf. auch eines Vertreters.[142] Bei natürlichen Personen sind Familienname und Vorname anzugeben, bei juristischen Personen und Gesellschaften die amtliche Bezeichnung und die Rechtsform; gängige Abkürzungen sind zulässig.	
	• Telefon- und Telefaxnummern, E-Mail-Adressen u.ä., über die der Anmelder Mitteilungen entgegennehmen möchte.
• Verzeichnis der Waren und Dienstleistungen[143]	
• Wiedergabe der Marke[144]	
	• Angaben zur Inanspruchnahme einer Priorität nach Art. 30 GMV[145], nach Art. 33 GMV[146] oder nach Art. 34 GMV[147]
	• Erklärung, dass eine Gemeinschaftskollektivmarke nach Art. 64 GMV eingetragen werden soll.[148]
• Angabe der Sprache, in der die Anmeldung eingereicht wurde sowie einer zweiten Sprache.[149]	
• Unterschrift des Anmelders/Vertreters[150]	
	• Anforderung eines Recherchenberichts nach Art. 39 Abs. 2 GMV (ab 10. März 2008)
	• Erklärung, dass das ausschließliche Recht an einem angegebenen Bestandteil der Marke, der nicht unterscheidungskräftig ist, nicht in Anspruch genommen wird.[151]

Übersicht 42: Notwendiger und fakultativer Inhalt der Anmeldung einer Gemeinschaftsmarke

139 S. auch *v.Einem/Lorenz* WIB 1996, 605; zu den Konsequenzen unzureichender Angaben s. Regel 9 GMDV.

140 Für jeden Anmelder soll grundsätzlich nur eine Anschrift angegeben werden. Werden mehrere Anschriften angegeben, so wird nur die zuerst genannte Anschrift berücksichtigt, es sei denn, der Anmelder benennt eine Anschrift als Zustellanschrift, Regel 1 Abs. 1 lit. b GMDV.

141 Im Fall mehrerer Anmelder sollte die Anmeldung die Bezeichnung eines Anmelders oder Vertreters als gemeinsamer Vertreter enthalten, Regel 1 Abs. 4 GMDV.

142 Regel 1 Abs. 1 lit. e GMDV.

143 Regel 2 GMDV; alternativ genügt ein Verweis auf das Verzeichnis der Waren und Dienstleistungen einer früheren Gemeinschaftsmarkenanmeldung; zum Inkrafttreten der 9. Ausgabe der Nizzaer Klassifikation zum 1.1.2007 s. die Mitteilung des Präsidenten des Amtes Nr. 3/06 v. 31.10.2006; zur rechtlichen Bedeutung der Klasseneinteilung *Ströbele* Mitt 2004, 249 ff.

144 Regel 3 GMDV.

145 S. dazu unten Rn. 1215 sowie Regel 6 GMDV.

146 S. dazu unten Rn. 1218.

147 Rn. 1219 ff.

148 Die Anmeldung einer Gemeinschaftskollektivmarke kann die Satzung enthalten, Regel 1 Abs. 2 GMDV.

149 Art. 115 Abs. 3 GMV; s. dazu EuG MarkenR 2001, 326 – Kik II; EuGH GRUR Int. 2004, 35.

150 S. dazu Regel 79 lit. a (Einreichung eines Originalschriftstückes), Regel 80 Abs. 3 (Telefax), Regel 82 Abs. 3 (elektr. Übermittlung) GMDV.

151 Sog. Disclaimer; s. dazu oben Rn. 1199 sowie Regel 1 Abs. 3 GMDV.

2. Priorität

1213 Im Kennzeichenrecht hat – wo identische oder verwechslungsfähige Marken kollidieren – generell das ältere Zeichen Vorrang vor dem jüngeren. Für diese Wirkung des Zeitranges, die **Priorität**, ist bei Registerrechten grundsätzlich das **Datum der Anmeldung** maßgeblich. Es wird dem Anmelder mit der Eingangsbestätigung der vollständigen[152] Anmeldung mitgeteilt. Für die Gemeinschaftsmarke gilt insoweit nichts anderes als im nationalen Recht. Insbesondere gibt es hinsichtlich des Zeitranges weder einen Vorrang noch eine Überordnung der Gemeinschaftsmarke vor nationalen Anmeldungen.

1214 Eine **Vorverlegung des Zeitranges** gibt es für die Gemeinschaftsmarke wie im nationalen Recht in den Fällen einer gleich lautenden, nationalen Voranmeldung nach Maßgabe der Pariser Verbandsübereinkunft (PVÜ) und sowie bei erstmaliger Benutzung im Rahmen einer anerkannten internationalen Ausstellung.[153] Darüber hinaus wird die Anmeldung einer Gemeinschaftsmarke durch eine Anknüpfung ihrer Wirkungen an den Zeitrang/die Priorität identischer nationaler Markenanmeldungen im jeweiligen Territorium attraktiver (Seniorität).

a) Priorität einer nationalen Voranmeldung, Ausstellungspriorität

1215 Die Art. 29 ff. GMV erlauben dem Anmelder einer Gemeinschaftsmarke, den Zeitrang einer nationalen, gleich lautenden Anmeldung in einem Verbandsland der Pariser Verbandsübereinkunft (PVÜ) oder einem Vertragsstaat der WTO **innerhalb von sechs Monaten**, gerechnet ab dem Tag der Erstanmeldung, für die Gemeinschaftsmarke fruchtbar zu machen. Die Regelung, die Art. 4 A (1), C (1) PVÜ entspricht, hat die Wirkung, »dass für die Bestimmung des Vorrangs von Rechten« (aus der Gemeinschaftsmarke) »der Prioritätstag« (der Voranmeldung) »als Tag der Anmeldung der Gemeinschaftsmarke gilt«.[154] Die Inanspruchnahme der Priorität (Prioritätserklärung) einer nationalen Erstanmeldung kann mit der Anmeldung der Gemeinschaftsmarke oder – nach Regel 6 Abs. 2 GMDV – innerhalb von zwei Monaten ab dem Anmeldetag erklärt werden.

1216 Die Inanspruchnahme der Priorität kann auch vom Rechtsnachfolger der Erstanmeldung geltend gemacht werden und die einmal erfolgreich in Anspruch genommene Priorität geht auch bei einem Rechtsübergang der Gemeinschaftsmarke nicht verloren. Die Wirkung der Priorität aus Art. 30 GMV ist auf die Waren oder Dienstleistungen beschränkt, für die die Erstanmeldung eingereicht wurde. Bleiben die Waren oder Dienstleistungen, für die die Gemeinschaftsmarke angemeldet wird, dahinter zurück, ist dies unschädlich, gehen sie darüber hinaus, kann die Priorität nur für den Deckungsbereich geltend gemacht werden.

152 Die für die Zuerkennung eines Anmeldetages notwendigen (Mindest-)Angaben ergeben sich aus Art. 26 GMV, Regel 9 GMDV.

153 Der Kreis der anerkannten Ausstellungen entspricht nicht dem nach nationalem Recht! S. unten Rn. 1218.

154 Art. 31 GMV.

1217

Prioritätserklärung, Prioritätsnachweis			
Notwendiger Inhalt		**Frist**	
		... bei sofortiger Erklärung	... bei nachträglicher Erklärung
(1)	**Prioritätserklärung** unter Angabe des Datums, an dem, und des Landes, in dem die frühere Anmeldung erfolgt ist.[155]	... mit der Anmeldung	... innerhalb von **zwei Monaten** nach dem Anmeldetag
§§	Art. 30 Satz 1 GMV	R 1 lit. f GMDV	R 6 Abs. 2 Satz 1 GMDV
(2)	**Prioritätsnachweis:** Aktenzeichen und Abschrift der früheren Anmeldung. Die Abschrift muss von der Behörde, bei der die frühere Anmeldung eingereicht worden ist, als mit der früheren Anmeldung übereinstimmend beglaubigt sein; der Abschrift ist eine Bescheinigung dieser Behörde über den Tag der Einreichung der früheren Anmeldung beizufügen.[156]	innerhalb von **drei Monaten** nach dem Anmeldetag	innerhalb von **drei Monaten** nach Empfang der Prioritätserklärung
§§	Art. 30 Satz 1 GMV, R 6 GMDV	R 6 Abs. 1 GMDV	R 6 Abs. 2 Satz 2 GMDV
(3)	Ggf. **Übersetzung** in eine der Amtssprachen.	innerhalb von (mindestens) **drei Monaten** nach Aufforderung durch das Amt.	
§§	Art. 30 Satz 2 GMV, R 6 Abs. 3 GMDV	R 6 Abs. 3 GMDV	

Übersicht 43: Prioritätserklärung in und nach der Anmeldung

Der Priorität aus einer nationalen Voranmeldung entsprechend, kann nach Art. 33 GMV der Zeitrang der ersten Zurschaustellung einer Ware oder Dienstleistung auf einer der dort genannten **Ausstellungen**[157] für eine innerhalb von sechs Mona- 1218

155 Falls die Priorität der Zurschaustellung auf einer Ausstellung gemäß Art. 33 GMV in Anspruch genommen wird, eine entsprechende Erklärung, in der der Name der Ausstellung und der Tag der ersten Zurschaustellung der Waren oder Dienstleistungen angegeben sind, Regel 1 Abs. 1 lit. g GMDV.

156 Falls es sich bei der älteren Anmeldung um eine Gemeinschaftsmarkenanmeldung handelt, fügt das Amt von Amts wegen eine Abschrift der älteren Gemeinschaftsmarkenanmeldung bei; nach Regel 6 Abs. 4 GMDV kann der Präsident des Amtes bestimmen, dass der Anmelder weniger als die genannten Nachweise vorzulegen hat, wenn die erforderliche Information dem Amt aus anderen Quellen zur Verfügung steht.

157 Der Kreis der anerkannten Ausstellungen entspricht nicht dem nach nationalem Recht (oben Rn. 530); nach der Mitteilung Nr. 3/97 des Präsidenten des Amtes vom 17.12.1997 wurden die beiden Weltausstellungen in Lissabon (1998) und Hannover (2000) anerkannt, nach der Mittei-

ten nachfolgende Gemeinschaftsmarkenanmeldung fruchtbar gemacht werden. Eine **Kumulation** der beiden Prioritäten aus Art. 29 GMV und Art. 33 GMV ist ausgeschlossen.

b) Seniorität

1219 Der Inhaber einer in einem Mitgliedstaat registrierten (oder einer mit Wirkung für einen Mitgliedstaat international registrierten) älteren Marke kann nach Art. 34 GMV deren Zeitrang für eine identische Gemeinschaftsmarke für identische Waren oder Dienstleistungen **in Bezug auf den Mitgliedstaat** in Anspruch nehmen, in dem oder für den die ältere Marke eingetragen bzw. international registriert ist. Die Erklärung kann – wie in den Fällen des Art. 29 GMV – mit der Anmeldung der Gemeinschaftsmarke oder innerhalb von zwei Monaten danach erfolgen, die erforderlichen Unterlagen sind innerhalb von drei Monaten[158] einzureichen.[159]

1220 Solange die nationale (bzw. international registrierte) Marke besteht, bleibt die Erklärung nach Art. 34 Abs. 1 GMV **ohne Wirkung**. Wird das nationale Schutzrecht dagegen aufgegeben, sei es durch Verzicht, sei es durch Nichtverlängerung nach Ablauf der jeweiligen Schutzfrist, so bestimmt Art. 34 Abs. 2 GMV, dass dem Inhaber der Gemeinschaftsmarke »**weiter dieselben Rechte zugestanden werden, die er gehabt hätte, wenn die ältere Marke weiterhin eingetragen gewesen wäre**.« Wird die ältere Marke, deren Zeitrang in Anspruch genommen worden ist, dagegen für verfallen oder für nichtig erklärt oder wird vor der Eintragung der Gemeinschaftsmarke auf sie verzichtet, erlischt auch der für die Gemeinschaftsmarke in Anspruch genommene Zeitrang.[160]

1221 Mit dieser – im Englischen »**claiming the seniority of a national trade mark**« genannten – Option verfolgt die Gemeinschaftsmarkenverordnung ein integrationspolitisches Interesse: die große Zahl der Inhaber nationaler Markenrechte wird über Art. 34 GMV eingeladen, die vorhandenen Marken zu Gunsten sukzessive angemeldeter, identischer Gemeinschaftsmarken mittelfristig auslaufen zu lassen, um künftig nur mehr einen entsprechenden Gemeinschaftsmarkenbestand zu pflegen, zu verteidigen und durch Benutzung zu erhalten.

1222 Die **mit der Anmeldung** beanspruchte Seniorität hat den Vorteil, dass die dadurch partiell vorverlegte Priorität der Gemeinschaftsmarke mit der Veröffentlichung der Anmeldung publiziert wird.[161] Für den Fall, dass just in dem Mitgliedstaat, in dem das ältere nationale Recht registriert ist, dessen Zeitrang für die Anmeldung der Gemeinschaftsmarke geltend gemacht wird, ein kollidierendes Zeichenrecht eines Dritten besteht, dessen Zeitrang zwar besser ist als der der angemeldeten Gemeinschaftsmarke im Übrigen, aber schlechter als der des nationalen Rechts des Anmelders, kann die Publikation der Seniorität nach Art. 34 GMV den Anmelder vor einem Widerspruchsverfahren bewahren: der Inhaber des kollidierenden nationalen Zeichenrechts erkennt aus der Anmeldung, dass er infolge des gerade in seinem

lung Nr. 1/05 des Präsidenten des Amtes vom 26. Januar 2005 die Weltausstellung 2005 in Aichi, Japan; s.a. die Mitteilung des Präsidenten Nr. 1/03 vom 27.1.2003.

158 Beginnend mit der Anmeldung bzw., bei nachträglicher Erklärung der Inanspruchnahme des Zeitranges innerhalb der Zweimonatsfrist, mit dem Zugang dieser Erklärung.

159 Regel 8 Abs. 1 GMDV; es ist eine Abschrift der nationalen Voreintragung einzureichen, die von der zuständigen Stelle als die genaue Abschrift der Eintragung beglaubigt sein muss.

160 Art. 34 Abs. 3 GMV; s. dazu *Meister* WRP 1997, 1022 ff.

161 Regel 12 lit. h GMDV.

Mitgliedstaat bestehenden, besseren Zeitranges der Gemeinschaftsmarkenanmeldung im Widerspruchsverfahren unterliegen müsste.

Die Option, den besseren Zeitrang einer nationalen Voreintragung für eine Gemein- 1223
schaftsmarke – wenn auch beschränkt auf das Territorium des Mitgliedstaates der Voreintragung – geltend zu machen, geht mit Ablauf der Zweimonatsfrist der Regel 8 GMDV zu Art. 34 GMV nicht verloren. Art. 35 GMV,[162] der allerdings nach der Neufassung[163] sprachlich verunglückt ist, erlaubt auch die zeitlich unbefristete **nachträgliche** Inanspruchnahme des Zeitranges einer älteren, in einem Mitgliedstaat eingetragenen oder für einen Mitgliedstaat international registrierten nationalen Marke. Wirkung und Grenzen sind durch den Verweis auf Art. 34 GMV dieselben.

1224

Triple Identity	
Voraussetzungen für die Inanspruchnahme des Zeitranges einer nationalen Voreintragung für eine Gemeinschaftsmarke	Anforderungen an das Kriterium
(1) Derselbe Inhaber	Absolute Identität erforderlich, jedoch nur zum Zeitpunkt der Anmeldung der Gemeinschaftsmarke. Namenswechsel bei fortbestehender Identität des Inhabers unschädlich.
(2) Dieselbe Marke	Absolute Identität erforderlich
(3) Dieselben Waren und Dienstleistungen	Der Zeitrang der älteren, nationalen Eintragung kann nur für die Waren oder Dienstleistungen in Anspruch genommen werden, die von der älteren Marke – durch identische Nennung oder einen weiteren Waren- oder Dienstleistungsbegriff – »umfasst« werden.

Übersicht 44: Voraussetzungen der Seniorität

»**Ältere Marke**« kann jede national registrierte Marke sowie jede nach dem Madri- 1225
der Markenabkommen oder dem Protokoll zum Madrider Markenabkommen auf einen Mitgliedstaat international erstreckte Marke sein. Ihr Eintragungsdatum (oder das Datum einer für sie wirksam in Anspruch genommene Priorität) muss vor dem Anmeldetag der Gemeinschaftsmarke liegen. Die Voraussetzung der Identität von Inhaber, Marke und den jeweiligen Waren-/Dienstleistungen ergibt sich aus dem Wortlaut des Art. 34 GMV (»triple identity«)[164]. Dabei ist es unschädlich, wenn sich die Waren-/Dienstleistungsverzeichnisse von Gemeinschaftsmarke und älterer nationaler Marke nur überschneiden, weil das eine oder andere Verzeichnis umfassender ausfällt oder weil die eine Marke für einen Oberbegriff, die andere für eine einzelne Ware angemeldet wird bzw. wurde: die Wirkung des Art. 34 Abs. 2 GMV bleibt dann auf den jeweiligen Deckungsbereich beschränkt.[165]

162 S. dazu Regel 28 GMDV.
163 Durch die VO (EG) Nr. 422/2004.
164 Ausführlich dazu *Meister* WRP 1997, 1022 ff.
165 *Eisenführ/Schennen* Art. 34 Rn. 24 ff.

1226 Von einem wirksam geltend gemachten Zeitranganspruch nach Art. 34 GMV werden die davon betroffenen nationalen Markenämter durch das Gemeinschaftsmarkenamt unterrichtet[166]. Zudem erfolgt eine Veröffentlichung zusammen mit der Anmeldung der Gemeinschaftsmarke[167]. Hinsichtlich der Wirkung sind die gemeinschaftliche und die nationale Rechtsebene zu unterscheiden: **Auf europäischer Ebene** bleibt die nationale Marke, deren Zeitrang nach Art. 34 GMV geltend gemacht wurde, auch nach ihrer Aufgabe (infolge Verzichts oder Nichtverlängerung) in der Gemeinschaftsmarke als fiktive bestehen. Sie kann mithin der Anmeldung einer anderen Gemeinschaftsmarke als »älteres Recht« im Sinne des Art. 8 GMV gerade so entgegengehalten werden, als bestünde sie fort. Umgekehrt kann ein Angriff auf die nationale Marke – auch nach ihrer Aufgabe zu Gunsten der identischen Gemeinschaftsmarke[168] – nur nach nationalem Recht erfolgen.

1227 **Auf der nationalen Ebene** des betreffenden Mitgliedstaates muss der Gemeinschaftsmarke der Zeitrang der älteren nationalen Marke zuerkannt werden. Ihr Inhaber ist so zu stellen, als hätte er nach wie vor das nationale Recht inne. Der Inhaber einer Gemeinschaftsmarke mit Zeitrang nach Art. 34 Abs. 1, 2 GMV steht jedoch nach Aufgabe des nationalen Rechts auch nicht besser, als er stünde, wenn dieses Recht noch eingetragen wäre:[169] Denn der für die Gemeinschaftsmarke aus der älteren Marke in Anspruch genommene Zeitrang erlischt

- wenn auf die ältere Marke vor Eintragung der Gemeinschaftsmarke **verzichtet** worden ist,
- wenn die ältere Marke nach nationalem Recht für **verfallen** oder **nichtig** erklärt wird oder
- wenn die Ungültigkeit der älteren Marke wegen Verfalls oder Nichtigkeit **nachträglich** festgestellt worden ist. Auch das nach Eintragung der Gemeinschaftsmarke – infolge Verzichts oder Nichtverlängerung der Schutzdauer -aufgegebene nationale Recht ist nämlich dem Angriff Dritter nicht entzogen. Könnte das noch eingetragene nationale Schutzrecht wegen Verfalls oder Nichtigkeit angegriffen werden, so ist in den Fällen der Art. 34, 35 GMV der Antrag auf nachträgliche »Feststellung der Ungültigkeit« möglich[170]. Die Feststellung der Ungültigkeit folgt denselben Voraussetzungen, unter denen eine Löschung wegen Verfalls oder Nichtigkeit – bezogen auf den Zeitpunkt, zu dem das nationale Recht aufgegeben wurde – möglich gewesen wäre.[171]

1228 Ein systembedingter **Rechtsvorteil** kann allerdings im Hinblick auf die rechtserhaltende Benutzung einer Marke realisiert werden: wer den Zeitrang einer nationalen Marke für eine identische Gemeinschaftsmarkenanmeldung nutzt, kann ein und dasselbe Zeichen für ein und dieselben Waren und Dienstleistungen bis zu **zehn** Jahren vor dem Verfall bewahren, **ohne** es zu benutzen. Denn die fünfjährige, sog. »**Benutzungsschonfrist**«, innerhalb derer eine Marke vor dem Verfall geschützt ist,

166 Regel 8 Abs. 3 GMDV.
167 Regel 12 lit. h GMDV.
168 § 125 c MarkenG.
169 Art. 14 MarkenRL, Art. 34 Abs. 3 GMV; s. jedoch Rn. 1228.
170 Vgl. Art. 14 MarkenRL sowie § 125 c MarkenG; s. dazu *Berlit* EWS 1997, 9 ff.
171 § 125 c Abs. 2 MarkenG.

ohne dass es auf eine ernsthafte Benutzung ankäme,[172] beginnt für die Gemeinschaftsmarke mit deren Eintragung **neu**. Eine nationale Marke, die über nahezu fünf Jahre nicht ernsthaft benutzt wurde und der deshalb der Verfall droht, kann so – durch die Anmeldung einer identischen Gemeinschaftsmarke und Bezugnahme auf ihren Zeitrang nach Art. 34 GMV – nicht nur vor der Löschung bewahrt, sondern in eine »zweite Benutzungsschonfrist« europäischen Rechts gerettet werden.

Die Gemeinschaftsmarkenverordnung lässt nicht erkennen, ob die Inanspruch- **1229**
nahme des Zeitranges einer identischen nationalen Marke (Seniorität) eine Wirkung der Gemeinschaftsmarke oder ein eigenes Konstrukt darstellt. Nach Meister[173] soll es sich – obwohl der Wortlaut darauf hindeutet – nicht um einen Zeitrang der Gemeinschaftsmarke im jeweiligen Mitgliedstaat handeln, sondern um ein »Heraufheben der nationalen Marke auf die Unionsebene«. Deshalb müsse die Senioritätsmarke auch »im Geltungsbereich des betreffenden nationalen Markengesetzes rechtserhaltend benutzt werden«.

Dem ist nicht zuzustimmen. Mit der Aufgabe des nationalen Schutzes tritt in den **1230**
Fällen der Art. 34, 35 GMV die Gemeinschaftsmarke an die Stelle der älteren Marke, mit der Folge, dass sie, die Gemeinschaftsmarke, in dem betroffenen Mitgliedstaat den Zeitrang des aufgegebenen nationalen Rechts genießt. Da es in dieser Konstellation nur mehr **ein** Recht, die Gemeinschaftsmarke, gibt, muss auch dessen rechtserhaltende Benutzung nur eine solche »in der Gemeinschaft« sein. Die Wirkung des Art. 34 Abs. 2 GMV von einer rechtserhaltenden Benutzung der Gemeinschaftsmarke im jeweiligen Mitgliedstaat abhängig zu machen, liefe dem integrationspolitischen Ansatz der Norm zuwider und findet im Wortlaut der Gemeinschaftsmarkenverordnung keine Stütze. Dass die Seniorität nicht als eigenes Recht neben der Gemeinschaftsmarke steht, wird deutlich, wenn die Anmeldung der Gemeinschaftsmarke scheitert oder die eingetragene Gemeinschaftsmarke – aus welchen Gründen auch immer – gelöscht wird. Der Zeitrang der ehemaligen nationalen Anmeldung geht dann mit der Gemeinschaftsmarke unter. Er kann nur im Wege der nachfolgend beschriebenen Umwandlung nach Art. 108 GMV erhalten werden.

3. Umwandlung

a) Wahrung des Zeitranges

Der Anmelder einer Gemeinschaftsmarke kann die **Umwandlung** seiner Anmel- **1231**
dung »**in eine Anmeldung für eine nationale Marke**« beantragen, wenn die Anmeldung der Gemeinschaftsmarke zurückgewiesen oder zurückgenommen wurde oder als zurückgenommen gilt.[174] Die nationale Anmeldung, die daraus hervorgeht, genießt in dem betreffenden Mitgliedstaat den Anmelde- bzw. Prioritätstag der An-

172 Dies folgt aus Art. 15 Abs. 1, 50 Abs. 1 lit. a GMV; s. dazu oben Rn. 827 ff. (nationale Marke); nachfolgend Rn. 1344 ff. (Gemeinschaftsmarke).

173 *Meister* WRP 1997, S. 1027.

174 Art. 108 Abs. 1, Abs. 3 GMV, Regeln 44 ff. GMDV, PrüfRL Teil E Kapitel 2 (s. oben Rn. 1170); die Umwandlung kann ggf. sogar in nationale Anmeldungen in **alle** Mitgliedstaaten erfolgen (sog. **Totalkonversion**, vgl. dazu HABM Mitt 2001, 319–322 (Leitsatz und Gründe) – AROMATONIC.

meldung der Gemeinschaftsmarke.[175] Sogar die Seniorität aus einer nationalen Voranmeldung, die für die Anmeldung einer gleich lautenden Gemeinschaftsmarke nach Art. 34, 35 GMV fruchtbar gemacht wurde, kann im Wege der Umwandlung in dem betreffenden Mitgliedstaat »wiederaufleben«, auch und gerade, wenn die nationale Marke aufgegeben wurde und ihr Zeitrang deshalb nur mehr – nach Art. 34 Abs. 2 GMV[176] – in der Gemeinschaftsmarke fortleben konnte. Voraussetzung ist freilich immer, dass eine den Anforderungen des Art. 26 GMV entsprechende Anmeldung vorliegt, der ein Anmeldetag zugewiesen werden konnte[177] und dass der Antrag auf Umwandlung fristgerecht gestellt wird.[178]

1232

Umwandlung einer Gemeinschaftsmarke ...		
... nach Art. 108 Abs. 1 GMV	**Fälle**	**Dreimonatsfrist nach Art.**
... soweit die Anmeldung der Gemeinschaftsmarke zurückgewiesen wird,	Zurückweisung im Prüfungs-, Widerspruchs- oder Beschwerdeverfahren wegen absoluter bzw. relativer Eintragungshindernisse	108 Abs. 6 GMV
... soweit die Anmeldung der Gemeinschaftsmarke zurückgenommen worden ist,	Zurücknahme der Anmeldung durch Erklärung des Anmelders[179] (Art. 44 Abs. 1 GMV)	108 Abs. 5 GMV
... soweit die Anmeldung der Gemeinschaftsmarke als zurückgenommen gilt	• nicht fristgerecht gezahlte Eintragungsgebühr (Art. 45 Satz 2 GMV) • keine ausreichende Klassengebühren[180]	108 Abs. 4 GMV
	• Verfall (Art. 50 GMV) • Nichtigkeit (Art. 51, 52 GMV)	108 Abs. 6 GMV
... soweit die Gemeinschaftsmarke ihre Wirkung verliert	• Nichtverlängerung der Schutzdauer (Art. 47 GMV, Regel 30 Abs. 5 GMDV) • Verzicht (Art. 49 GMV)	108 Abs. 5 GMV

Übersicht 45: Konstellationen der Umwandlung

175 Art. 32 GMV.
176 S. oben Rn. 1219 ff.
177 Vgl. Art. 27, 36 Abs. 1 lit. a GMV.
178 Art. 108 Abs. 7 GMV; zu den Fristen s. die nachfolgende Übersicht.
179 Der Antrag auf Umwandlung unterliegt der Dreimonatsfrist des Art. 108 Abs. 5 GMV.
180 Unzureichende Klassengebührenzahlung kann allenfalls zur Notwendigkeit einer Teilumwandlung führen, da die ersten drei Waren- und Dienstleistungsklassen mit der Eintragungsgebühr gedeckt sind und eine entsprechende Zuordnung regelmäßig vorgenommen werden kann, vgl. Art. 36 Abs. 1 lit. c, Abs. 5 GMV, Regel 9 Abs. 5 GMDV.

Die Option der Umwandlung ist nicht auf die erfolglose **Anmeldung** einer Gemeinschaftsmarke beschränkt. Sie besteht vielmehr auch nach erfolgter **Eintragung** für den Inhaber einer Gemeinschaftsmarke.[181] Auch er kann sein europäisches Schutzrecht vorbehaltlich der in Art. 108 Abs. 2 GMV genannten Fälle prioritätswahrend in eine nationale Marke umwandeln, sobald und soweit es seine supranationale Wirkung verliert. Den notwendigen Inhalt des gebührenpflichtigen, innerhalb von drei Monaten zu stellenden Antrages, die Prüfung durch das Harmonisierungsamt, die Veröffentlichung im Gemeinschaftsmarkenblatt und die Übermittlung an die jeweilige Zentralbehörde für den gewerblichen Rechtsschutz des Mitgliedstaates sind in Art. 109, 110 GMV, Regeln 44 bis 47 GMDV beschrieben. 1233

b) Kontinuität in laufenden Widerspruchsverfahren

Ob ein aus einer angemeldeten Gemeinschaftsmarke gegen die Eintragung einer nationalen Marke erhobener Widerspruch im Wege der Umwandlung aufrecht erhalten werden kann, wenn sich die Gemeinschaftsmarkenanmeldung infolge ihrer vollständigen oder teilweisen Zurückweisung oder Zurücknahme erledigt hat, ist umstritten. Nach Auffassung des 27. Senats des BPatG soll ein solcher Widerspruch nicht mit der Umwandlung in eine nationale Markenanmeldung mit denselben Verfahrensvoraussetzungen »wiederaufleben« können.[182] 1234

Dagegen ist der 32. Senat des BPatG der Auffassung, ein zunächst auf eine Gemeinschaftsmarkenanmeldung gestützter Widerspruch bleibe nach – fristgerecht beantragter – Umwandlung der Gemeinschaftsmarkenanmeldung in eine nationale Markenanmeldung weiterhin zulässig.[183] Dem ist zuzustimmen. Denn die Anmeldung einer Gemeinschaftsmarke hat die Wirkung einer vorschriftsmäßigen nationalen Hinterlegung.[184] Diese Wirkung erlischt nur, wenn der Umwandlungsantrag nicht rechtzeitig gestellt wird.[185] 1235

c) Grenzen der Umwandlung

Mit der Umwandlung garantiert die Gemeinschaftsmarkenverordnung dem Anmelder oder Inhaber einer Gemeinschaftsmarke den Zeitrang seines supranationalen Schutzrechts auch für den Fall der »Rückkehr« auf das nationale Schutzniveau. Diese Garantie erspart es Anmeldern und Inhabern einer Gemeinschaftsmarke, **vorsorglich** parallele nationale Anmeldungen als »Auffangrecht« für den Fall vorzuhalten, dass ihre Anmeldung oder Eintragung im Gemeinschaftsmarkenregister später scheitern sollte. Vor allem in Hinblick auf das Prinzip der Einheitlichkeit der Gemeinschaftsmarke[186] schafft dies Sicherheit: Die Umwandlung eröffnet dem Anmelder, dessen Gemeinschaftsmarke auf ein Eintragungshindernis in **einem** Mitgliedstaat trifft und deshalb **insgesamt** nicht eingetragen werden kann, die Option, prioritätswahrend auf nationale Schutzrechtsanmeldungen in den verbleibenden Mitgliedstaaten seiner Wahl auszuweichen, in denen das Eintragungshindernis nicht auftritt. 1236

181 Art. 108 Abs. 1 lit. b GMV.
182 BPatG Mitt 2005, 277 (LS und Gründe) – TAXI MOTO; Mitt 2006, 131 (red. LS) – MOTO/MOTOR.
183 BPatG, Beschl. v. 25.1.2006 – 32 W (pat) 272/03.
184 Art. 32 GMV.
185 Art. 108 Abs. GMV.
186 S. oben Rn. 1144, 1165 ff.

1237 Die Umwandlung stellt den zur nationalen Marke zurückkehrenden Anmelder oder Inhaber der Gemeinschaftsmarke jedoch nur **gleich**, **nicht besser**, als er stünde, wenn er zum Zeitpunkt der Gemeinschaftsmarkenanmeldung eine identische nationale Anmeldung vorgenommen hätte. Von der Möglichkeit der Umwandlung sind deshalb zwei Fälle ausgenommen:

1238 • Nach Art. 108 Abs. 2 lit. a Halbsatz 1 GMV scheidet die Umwandlung grundsätzlich aus, wenn die Gemeinschaftsmarke wegen anhaltender **Nichtbenutzung** verfallen ist. Eine bereits verlorene Prioriät der Gemeinschaftsmarke soll nicht im Wege der Umwandlung in der nationalen Marke wiederaufleben. Anders liegt es dagegen, wenn die Benutzung in **dem** Mitgliedstaat, in den umgewandelt werden soll, zwar nicht für den Erhalt der Gemeinschaftsmarke ausreichend war, wohl aber für den Erhalt einer nationalen Marke genügt hätte: die Umwandlung in ein nationales Schutzrecht bleibt unter dieser Voraussetzung möglich.[187]

1239 • Aus dem selben Kalkül scheidet die Umwandlung in dem Mitgliedstaat aus, in dem der Grund für den »Misserfolg« der Gemeinschaftsmarke oder ihrer Anmeldung liegt, sei es ein **absolutes oder relatives Eintragungshindernis**, sei es ein **Verfalls- oder Nichtigkeitsgrund**, Art. 108 Abs. 2 lit. b GMV. Wo auch die nationale Anmeldung gescheitert wäre, kann der »Umweg« über die Gemeinschaftsmarke kein besseres Ergebnis zeitigen. Wird etwa eine Gemeinschaftsmarkenanmeldung zurückgewiesen, weil sie in der deutschen Sprache als rein beschreibend verstanden wird, kann eine Umwandlung in nationale Anmeldungen in Deutschland oder Österreich keinen Erfolg haben. Es ist deshalb auch nicht zulässig, auf eine Zurückweisungsentscheidung noch vor Ablauf der Beschwerdefrist mit einer (in Art. 108 Abs. 2 GMV nicht genannten!) Rücknahme der Anmeldung zu begegnen, um so die Umwandlung nach Art. 108 Abs. 1 GMV einzuleiten und dem Umwandlungsausschluss nach Art. 108 Abs. 2 GMV zuvorzukommen.[188]

d) Nationales Verfahren

1240 Die »Anschlussnorm« des deutschen Markengesetzes an die Umwandlungsoption nach Art. 108 ff. GMV ist § 125 d MarkenG. Das nationale Verfahren löst entsprechend nationale Gebühren aus.[189] Betrifft der Umwandlungsantrag eine Marke, die noch nicht als Gemeinschaftsmarke eingetragen war, so wird der Umwandlungsantrag wie die **Anmeldung** einer Marke zur Eintragung in das Register des DPMA behandelt mit der Maßgabe, dass an die Stelle des Anmeldetages im Sinne des § 33 Abs. 1 MarkenG der Anmeldetag der Gemeinschaftsmarke im Sinne des Artikels 27 GMV oder der Tag einer für die Gemeinschaftsmarke in Anspruch genommenen Priorität tritt. War für die Anmeldung der Gemeinschaftsmarke der Zeitrang einer im Register des Patentamts eingetragenen Marke nach Artikel 34 der Verordnung über die Gemeinschaftsmarke in Anspruch genommen worden (Se-

---

187 Art. 108 Abs. 2 lit. a Halbsatz 2 GMV; die Regelung kontrastiert mit der Gemeinsamen Erklärung von Rat und Kommission zu Art. 15 GMV, wonach »eine ernsthafte Benutzung im Sinne von Art. 15 GMV in einem einzigen Land eine ernsthafte Benutzung in der Gemeinschaft darstellen« soll (ABl HABM 1996, 217, B (10); s. dazu *Eisenführ/Schennen* Art. 108 Rn. 24 f., m.w. Nachw. a.d. Lit.

188 *Eisenführ/Schennen* Art. 108 Rn. 8 aE.

189 Die Umwandlungsgebühren entsprechen den Anmeldegebühren einer nationalen Marke (Umwandlungsgebühr: 300 €; Klassengebühren ab der vierten Waren-/Dienstleistungsklasse je 100 €; § 2 Abs. 1 PatKostG, GebVerz Nr. 335 200 und 335 400).

niorität), so tritt dieser Zeitrang an die Stelle des vorgenannten Zeitpunkts.[190] Das DPMA prüft auch, ob der Umwandlung eines der genannten Hindernisse des Art. 108 Abs. 2 GMV entgegensteht.

Erfolgt die Umwandlung auf der Basis einer bereits **eingetragenen** Gemeinschaftsmarke, geht das deutsche MarkenG insoweit über die Vorgaben der Gemeinschaftsmarkenverordnung hinaus, als die zulässige Umwandlung einer zuvor eingetragenen Gemeinschaftsmarke nicht lediglich zu einer nationalen **Anmeldung** führt; das DPMA trägt die Gemeinschaftsmarke vielmehr »ohne weitere Prüfung unmittelbar nach § 41 (MarkenG) unter Wahrung ihres ursprünglichen Zeitranges in das **Register** ein. Gegen die Eintragung kann Widerspruch nicht erhoben werden.«[191] Der Inhaber einer (ehemaligen) eingetragenen Gemeinschaftsmarke läuft so nicht Gefahr, dass der Eintragung seiner umgewandelten Marke Eintragungshindernisse entgegengehalten werden, die zum Zeitpunkt der Eintragung der Gemeinschaftsmarke nicht bestanden oder deren Geltendmachung versäumt wurde.[192] 1241

Auch hier ist die Umwandlung freilich in den in Art. 108 Abs. 2 GMV genannten Fällen ausgeschlossen. Ungeachtet der umfassenden Vorkehrungen der Gemeinschaftsmarkenverordnung gegen einen Verlust der Priorität aus der Gemeinschaftsmarke im Falle ihrer Nichteintragung oder späteren Löschung empfiehlt es sich, nationale Markenrechte nicht vorschnell, keinesfalls schon vor der Eintragung der Gemeinschaftsmarke aufzugeben.[193] 1242

4. Amtsprüfung, Amtsrecherche, »Bemerkungen Dritter«

Die beim Harmonisierungsamt eingehenden Anmeldungen erhalten einen Eingangsvermerk sowie ein Aktenzeichen, der Anmelder erhält eine Empfangsbescheinigung, die »mindestens das Aktenzeichen, eine Wiedergabe, eine Beschreibung oder sonstige Identifizierung der Marke, die Art und Zahl der Unterlagen und den Tag ihres Eingangs enthält.«[194] Die anschließende Formalprüfung umfasst die Voraussetzungen des Antrages und der Identität des Anmelders, die Klassifizierung der angemeldeten Waren- und Dienstleistungen nach der Nizzaer Klassifikation[195], die Wiedergabe der Marke, den Ausgleich der Grund-[196] und eventueller zusätzlicher Klassengebühren[197], das Vorliegen absoluter Eintragungshindernisse sowie die ggf. geltend gemachten, oben dargestellten Zeitranganspüche. Dieses 1243

190 § 125 d Abs. 2 MarkenG.
191 § 125 d Abs. 4 MarkenG; zum Verfahren vor dem DPMA *Clayton-Chen* Mitt 2000, 100 ff.
192 S. dazu *Schäfer* GRUR 1998, 350 ff.
193 Zu den Risiken eingehend *Meister* WRP 1997, 1040.
194 Regel 5 Abs. 1 GMDV.
195 Nach Regel 2 GMDV sollen die Waren und Dienstleistungen »möglichst nach den Klassen der Nizzaer Klassifikation zusammengefasst werden. Dabei wird jeder Gruppe von Waren und Dienstleistungen die Nummer der einschlägigen Klasse in der Reihenfolge dieser Klassifikation vorangestellt.«
196 Die Grundgebühr nach Art. 2 der Gebührenordnung (s. oben Rn. 1168, Fn. 63) beträgt für die Anmeldung 900 € (ggf. zuzügl. Klassengebühren) bzw. 750 € (e-filing); anders als im nationalen Recht wird für die spätere Eintragung noch einmal eine eigene Eintragungsgebühr in Höhe von 850 € (ggf. zuzügl. Klassengebühren) erhoben.
197 Die Klassengebühr für jede, drei Klassen überschreitende Waren-/Dienstleistungsklasse beträgt 150 €.

Prüfungsprogramm folgt den Vorgaben der Art. 26 Abs. 1, 27, 36 GMV und der Regeln 2 ff., 9 GMDV. Die Beseitigung von allfälligen Mängeln wird unter Fristsetzung angemahnt.[198]

1244 Hat das Amt für die Anmeldung einer Gemeinschaftsmarke einen Anmeldetag festgelegt, wird nach Art. 39 GMV sowohl auf nationaler als auch auf gemeinschaftlicher Ebene eine **Recherche** nach älteren Rechten, die der Gemeinschaftsmarke entgegen gehalten werden könnten, durchgeführt:

- Nach Art. 39 Abs. 1 GMV wird ein **Gemeinschaftsrecherchenbericht** erstellt, in dem diejenigen älteren, angemeldeten oder eingetragenen Gemeinschaftsmarken aufgeführt werden, die gegen die Eintragung der angemeldeten Gemeinschaftsmarke vorgebracht werden könnten.
- Nach Art. 39 Abs. 2 GMV übermittelt das Amt ein Exemplar der Anmeldung an alle diejenigen nationalen Ämter, die in ihren nationalen Registern eine ebensolche Recherche durchführen. Die Markenämter Deutschlands, Frankreichs und Italiens nehmen an diesem nationalen Recherchesystem nicht teil. Die **nationalen Recherchen** sollen innerhalb von **drei Monaten** an das Harmonisierungsamt übersandt werden.

1245 Der Anmelder der Gemeinschaftsmarke erhält den Gemeinschaftsrecherchenbericht sowie die fristgemäß eingegangenen nationalen Rechercheberichte »unverzüglich«.[199] Die auf die Recherchen folgende **Veröffentlichung** der Anmeldung in dem vom Harmonisierungsamt herausgegebenen Gemeinschaftsmarkenblatt[200] darf erst **mit Ablauf eines Monats** ab dem Tag, an dem das Amt dem Anmelder die Recherchenberichte übermittelt hat, erfolgen. Damit wird dem Anmelder Gelegenheit gegeben, auf das Recherchenergebnis zu reagieren, ggf. seine Anmeldung zurückzunehmen oder einzuschränken. Zugleich mit der Veröffentlichung werden die im Gemeinschaftsrecherchenbericht ermittelten Inhaber älterer Gemeinschaftsmarken(anmeldungen)[201] benachrichtigt.[202]

1246 Die Regelung zu den nationalen Rechercheberichten wurde durch die VO (EG) Nr. 422/2004 mit Wirkung ab dem **10. März 2008** geändert. Die nationale Recherche wird dann nur noch **auf Antrag** des Anmelders unter Verwendung eines standardisierten Formulars erfolgen.[203] Die Frist für die nationalen Ämter wird auf **zwei Mo-**

198 Art. 36 Abs. 2 GMV; die Folgen nicht rechtzeitiger Beseitigung dieser Mängel sind in den Abs. 3 bis 7 differenziert geregelt; die Weiterbehandlung nach Art. 78 a GMV ist in Art. 78 a Abs. 2 GMV ausgeschlossen.

199 Art. 39 Abs. 5 GMV (ab 10. März 2008: Art. 39 Abs. 6 GMV).

200 Art. 85 GMV, Regel 85 GMDV.

201 Eine Benachrichtigung der Inhaber älterer nationaler Rechte nach Maßgabe der nationalen Rechercheberichte ist in der Gemeinschaftsmarkenverordnung nicht vorgesehen.

202 Art. 39 Abs. 6 GMV (ab 10.März 2008: Art. 39 Abs. 7 GMV).

203 Art. 39 Abs. 2 GMV in der Fassung nach Art. 1 Nr. 9 der VO (EG) Nr. 422/2004 lautet: »Beantragt der Anmelder bei der Anmeldung einer Gemeinschaftsmarke, dass auch von den Zentralbehörden für den gewerblichen Rechtsschutz der Mitgliedstaaten ein Recherchenbericht erstellt wird, und wurde die entsprechende Recherchengebühr innerhalb der für die Zahlung der Anmeldegebühr vorgesehenen Frist entrichtet, so übermittelt das Amt, sobald für die Anmeldung der Gemeinschaftsmarke ein Anmeldetag festgelegt wurde, der Zentralbehörde für den gewerblichen Rechtsschutz aller Mitgliedstaaten, die dem Amt ihre Entscheidung mitgeteilt haben, für Anmeldungen von Gemeinschaftsmarken in ihren eigenen Markenregistern eine Recherche durchzuführen, eine Abschrift dieser Anmeldung.«

nate gekürzt.[204] Die Regelungen zum Gemeinschaftsrecherchenbericht bleiben unverändert.

Die Veröffentlichung der Anmeldung im Gemeinschaftsmarkenblatt gibt am Ver- 1247
fahren nicht beteiligten Dritten nach Art eines Aufgebots[205] Gelegenheit, während des gesamten Verfahrens »Bemerkungen mit der Begründung einzureichen, dass die Marke von Amts wegen und insbesondere nach Artikel 7 von der Eintragung auszuschließen sei«.[206] Damit können insbesondere absolute Schutzhindernisse, deren Vorliegen von Amts wegen geprüft werden muss, bis zur Eintragung der Gemeinschaftsmarke vorgetragen werden und ggf. zu einer erneuten Prüfung des angemeldeten Zeichens führen.

1248

Das Eintragungsverfahren nach der GMV				
Schritte			GMV (Art.)	GMDV (Regel) PrüfRL (Nr.)
(1)	Anmeldung	• beim HABM • beim nationalen Markenamt	25 ff., 29 ff., 34 f.	1 ff., 83 GMDV
(2)	formelle Amtsprüfung	• Vollständigkeit der Anmeldung • Anmeldegebühr • ggf.: Zeitrang • absol. Eintragungshindernisse	36–38	9–11 GMDV 1–6 PrüfRL 7 – 9 GMDV 8 PrüfRL
(3)	Recherche	• Gemeinschaftsrecherche • Nationale Recherche	39	7 PrüfRL
(4)	Mitteilung der Rechercheberichte		39 Abs. 5	
(5)	Veröffentlichung der Anmeldung im Gemeinschaftsmarkenblatt		39 Abs. 6, 40	12–14, 85 GMDV 9 PrüfRL
(6)	Benachrichtigung der Inhaber älterer Rechte		39 Abs. 6	
(7)	»Bemerkungen Dritter« → (zurück zu (2) absol. Eintragungshindernisse)		41	10 PRüfRL
(8)	ggf.: Widerspruch aus älteren Rechten		42	15 ff. GMDV
(9)	ggf.: Widerspruchsverfahren		43	18, 19 ff. GMDV
(10)	Zurückweisung der Anmeldung oder Eintragung der Gemeinschaftsmarke in das Register		45	23–28 GMDV

Übersicht 46: Eintragungsverfahren

204 Art. 39 Abs. 3 GMV nF.
205 So *Ingerl* S. 131.
206 Die Absender solcher Bemerkungen werden dadurch nicht zu Verfahrensbeteiligten; der Anmelder wird von eingehenden Bemerkungen informiert, Art. 41 GMV; zur Information des Absenders s. die Mitteilung des Präsidenten des Amtes Nr. 3/02 vom 5.3.2002.

1249 Wie im nationalen deutschen Markenrecht prüft das Amt ältere Rechte Dritter, die der Gemeinschaftsmarke entgegenstehen könnten, nicht von Amts wegen.[207] Solche relativen Eintragungshindernisse müssen vom Inhaber selbst geltend gemacht werden. Im Gegensatz zur Konzeption des MarkenG folgt die Gemeinschaftsmarkenverordnung jedoch dem Prinzip des **vorgeschalteten Widerspruchsverfahrens**: ältere Rechte können **im** Eintragungsverfahren durch Widerspruch geltend gemacht werden; erst und nur, wo keine Widersprüche eingehen oder alle eingelegten Widersprüche erledigt sind, kann die Gemeinschaftsmarke in das Gemeinschaftsmarkenregister[208] eingetragen werden. Für die Eintragung wird eine eigene Eintragungsgebühr erhoben[209].

III. Relative Eintragungshindernisse, Widerspruchsverfahren

1. Ältere Rechte

1250 Nach dem Prinzip des **vorgeschalteten** Widerspruchsverfahrens hindern ältere Rechte, die einer angemeldeten Gemeinschaftsmarke materiell entgegenstehen, als »relative Eintragungshindernisse« bereits die Eintragung, wenn sie vom Berechtigten fristgerecht durch **Widerspruch** geltend gemacht werden[210]. Der Kreis der älteren Rechte, die diese Wirkung entfalten können, ist in Art. 8 Abs. 2 bis 4 GMV umschrieben.

1251 Danach kommen als **Widerspruchsmarken** in Betracht:[211]

- Gemeinschaftsmarken
- in einem Mitgliedstaat[212] eingetragene Marken
- mit Wirkung für einen Mitgliedstaat international registrierte Marken
- auf Grund internationaler Vereinbarungen mit Wirkung in der Gemeinschaft eingetragene Marken[213]
- **Anmeldungen** der vorgenannten Marken vorbehaltlich ihrer Eintragung
- in einem Mitgliedstaat im Sinne des Art. 6bis PVÜ zum maßgeblichen Zeitpunkt[214] notorisch bekannte Marken

207 Die Inhaber älterer Gemeinschaftsmarken oder Gemeinschaftsmarkenanmeldungen werden allerdings durch den Gemeinschaftsrecherchenbericht auf ihre Rechte aufmerksam gemacht, s. oben Rn. 1245.

208 S. Art. 83 GMV, Regel 84 GMDV.

209 Die Eintragungsgrundgebühr beträgt 850 ECU, die Klassengebühr ab der vierten Waren-/Dienstleistungsklasse 150 ECU, Art. 45 GMV, Regel 23 Abs. 1 GMDV, Art. 2 Nr. 7, 8 GMGebV.

210 *Pagenberg* GRUR 1998, 288 ff.

211 Zu den sonstigen älteren Rechten, die nur im Wege eines Nichtigkeitsantrages an das HABM oder im Rahmen einer Nichtigkeitswiderklage vor einem Gemeinschaftsmarkengericht geltend gemacht werden können, s. Art. 52 Abs. 2 GMV.

212 Soweit Belgien, Luxemburg oder die Niederlande betroffen sind, entspricht der nationalen Eintragung die Eintragung beim gemeinsamen BENELUX – Markenamt.

213 S. dazu oben Rn. 1158.

214 Am Tag der Anmeldung der Gemeinschaftsmarke, gegebenenfalls am Tag der für die Anmeldung der Gemeinschaftsmarke in Anspruch genommenen Priorität.

- Marken des Inhabers, die von einem Agenten oder Vertreter ohne dessen Zustimmung auf seinen eigenen Namen angemeldet werden, »es sei denn, dass der Agent oder Vertreter seine Handlungsweise rechtfertigt«[215]
- nicht eingetragene Marken oder sonstige im geschäftlichen Verkehr benutzte Kennzeichenrechte »von mehr als lediglich örtlicher Bedeutung«[216], wenn und so weit nach dem für den Schutz des Kennzeichens maßgeblichen Recht der Gemeinschaft oder des Mitgliedstaats
  - Rechte an diesem Kennzeichen vor dem Tag der Anmeldung der Gemeinschaftsmarke, gegebenenfalls vor dem Tag der für die Anmeldung der Gemeinschaftsmarke in Anspruch genommenen Priorität, erworben worden sind, und
  - dieses Kennzeichen seinem Inhaber das Recht verleiht, die Benutzung einer jüngeren Marke zu untersagen.[217]

Mit der letztgenannten Kategorie der nach nationalem Recht schutzfähigen »nicht eingetragenen Marken und sonstigen Schutzrechte« steht das gemeinschaftsmarkenrechtliche Widerspruchsverfahren insbesondere den Inhabern durch bloße Benutzung[218] erworbener Marken im Sinne der §§ 4 Nr. 2, 12, 14 MarkenG und den Inhabern von geschäftlichen Bezeichnungen und Werktiteln[219] nach §§ 5, 12, 15 MarkenG offen. 1252

In allen Fällen muss das ältere Recht einen **besseren Zeitrang** innehaben als die angegriffene Gemeinschaftsmarke: eingetragene »ältere« Marken, seien es Gemeinschaftsmarken, nationale Marken oder für einen Mitgliedstaat international registrierte Marken, benötigen also einen früheren Anmeldetag als der Tag der Anmeldung der angegriffenen Gemeinschaftsmarke (gegebenenfalls unter Berücksichtigung der für diese in Anspruch genommenen Priorität nach Art. 29 ff. GMV[220]). Die notorische Bekanntheit[221] einer Widerspruchsmarke muss »am Tag der Anmeldung der Gemeinschaftsmarke« gegeben sein und nicht eingetragene Marken oder sonstige Kennzeichenrechte müssen die nach nationalem Recht verliehene Kraft, die Benutzung jüngerer Marken zu untersagen, »vor dem Tag der für die Anmeldung der Gemeinschaftsmarke in Anspruch genommenen Priorität« erworben haben. 1253

---

215 Art. 8 Abs. 3 GMV.

216 Aus Rechten von lediglich örtlicher Bedeutung kann allenfalls die Untersagung der Benutzung der Gemeinschaftsmarke im entsprechenden Gebiet verlangt werden, so weit dies nach nationalem Recht möglich ist, vgl. Art. 107 GMV; andere ältere gewerbliche Schutzrechte oder urheberrechtliche Ansprüche können im Rahmen eines Nichtigkeitsverfahrens (Art. 52 Abs. 2 GMV), ggf. im Rahmen einer Widerklage, geltend gemacht werden; s. dazu nachfolgend Rn. 1331 ff.

217 Art. 8 Abs. 4 GMV.

218 S. dazu oben Rn. 584 ff.

219 S. dazu oben Rn. 250 ff.

220 S. dazu oben 1213 ff.

221 Der Begriff folgt der Verweisung auf Art. 6bis PVÜ; gemeint ist eine »verbreitete Kenntnis«, s. dazu *Fezer* Markenrecht, zu Art. 6bis PVÜ, S. 1583 f.

1254 Aus einer älteren nationalen Marke kann gegen die Anmeldung einer Gemeinschaftsmarke ausschließlich im Wege des Widerspruchs vorgegangen werden. Ein auf Einwilligung in die Rücknahme einer Gemeinschaftsmarkenanmeldung gerichtetes Begehren vor den nationalen Gemeinschaftsmarkengerichten ist daneben nicht zulässig.[222]

2. Widerspruchsberechtigte

1255 Wer berechtigt ist, Widerspruch gegen die Eintragung einer Gemeinschaftsmarke zu erheben, ergibt sich aus Art. 42 GMV. Regel 15 Abs. 2 lit. c GMDV normiert detailliert, welche Angaben die Widerspruchsschrift enthalten muss. Widerspruchsberechtigt ist danach regelmäßig der **Inhaber** des älteren Rechts; auch vom Inhaber dazu **ermächtigte Lizenznehmer** können Widerspruch gegen eine angemeldete Gemeinschaftsmarke erheben.

1256 Der einmal gegen die Eintragung einer Gemeinschaftsmarke erhobene Widerspruch kann von den Berechtigten jederzeit **zurückgenommen** werden. Wenngleich in der Gemeinschaftsmarkenverordnung die Möglichkeit einer Rücknahme nur für die Anmeldung vorgesehen ist,[223] stehen sich doch der Markenanmelder und der Widerspruchsführer im Widerspruchsverfahren auf gleicher Stufe gegenüber, was eine Gleichstellung auch für die Möglichkeit einer Rücknahme von Verfahrenshandlungen spricht. Ein Widerspruch kann deshalb auch dann noch zurückgenommen werden, wenn der Anmelder gegen eine für ihn nachteilige Widerspruchsentscheidung bereits erfolglos Beschwerde eingelegt und sodann Klage vor dem EuG erhoben hat. Liegt es so, wird die Klage gegenstandslos, sodass sich nach Artikel 113 der Verfahrensordnung die Hauptsache beim Gericht erledigt hat.[224]

222 LG München I GRUR Int. 2002, 933 – Mediant.
223 Art. 44 Absatz 1 Satz 1 GMV.
224 EuG, Rs. T-10/01, EuGHE II 2003, 2225–2233 (LS und Gründe).

1257

»Älteres« Recht	Kollisionslage	Berechtigter
Ältere Marke i.S.d. Art. 8 Abs. 2 GMV	Identität, Ähnlichkeit, Bekanntheitsschutz, Art. 8 Abs. 1, 5 GMV	Inhaber laut Register, bei Rechtsübergang Rechtsnachfolger[225]
Lizenz an einer älteren Marke i.S.d. Art. 8 Abs. 2 GMV	Identität, Ähnlichkeit, Bekanntheitsschutz, Art. 8 Abs. 1, 5 GMV	Lizenznehmer, wenn nach dem Lizenzvertrag oder aus Einzelermächtigung ausdrücklich befugt[226]
Marke des Inhabers gegenüber einem »Agent illoyal«[227]	Anmeldung durch den Agenten auf seinen eigenen Namen ohne Zustimmung des Inhabers, Art. 8 Abs. 3 GMV	Inhaber der Marke
Ältere, nicht eingetragene Marke, sonstiges Kennzeichenrecht von mehr als örtlicher Bedeutung	Benutzung einer jüngeren Marke könnte nach dem maßgeblichen Recht der Gemeinschaft oder des Mitgliedsstaates untersagt werden, Art. 8 Abs. 4 GMV	Der nach Gemeinschafts- bzw. nationalem Recht zur Geltendmachung eines Unterlassungsanspruches Befugte

Übersicht 47: Widerspruchsberechtigung

3. Widerspruchsverfahren

a) Form, Frist, Sprache, Gebühr

Für den innerhalb von **drei Monaten**[228], gerechnet ab dem Tag der Veröffentlichung der Gemeinschaftsmarkenanmeldung[229], schriftlich einzureichenden Widerspruch hält das Harmonisierungsamt ein Formular vor.[230] Neben der unmittelbaren Übergabe steht der Postweg ebenso zur Verfügung wie die Übersendung per Telefax.[231] Die notwendige Unterzeichnung ist auf dem beim Amt eingehenden Telefaxausdruck möglich und ausreichend. Der Widerspruch kann aber auch – wie die Anmel- 1258

225 Ab Antrag auf Eintragung des Rechtsüberganges, s. dazu Art. 17 Abs. 6, 7 GMV.
226 Die Eintragung einer Lizenz in das Gemeinschaftsmarkenregister ist nach Art. 22 Abs. 5 GMV optional; s. unten Rn. 1401.
227 Art. 8 Abs. 3 GMV.
228 Art. 42 Abs. 1 GMV.
229 Art. 40, 42 GMV, Regel 12 GMDV; zum Veröffentlichungstag s. Regel 85 Abs. 3 GMDV, zur Fristberechnung, Regel 70 Abs. 4 GMDV.
230 Im Internet abrufbar unter <http://oami.eu/pdf/forms/opposition_de.pdf>.
231 Harmonisierungsamt für den Binnenmarkt, Annahmestelle, Avenida de Europa, 4, E-03008 Alicante, Spanien; die Telefaxnummer des Amtes lautet: +34 965 131 344.

dung – **elektronisch** erhoben werden (»**e-opposition**«).[232] Auch hier gilt die Eingabe des Namens als Unterschrift. Die Widerspruchsfrist ist als **Ausschlussfrist** in allen Fällen unbedingt einzuhalten; Verlängerung, Wiedereinsetzung in den vorigen Stand[233] oder Weiterbehandlung[234] sind **nicht** möglich.

1259 Die **Sprachenregelung** in Art. 115 Abs. 5 und 6 GMV erklärt sich daraus, dass die Anmeldung der Gemeinschaftsmarke in jeder der 20 Amtssprachen der Europäischen Gemeinschaft erfolgen kann, während sich das Amt auf die fünf Sprachen Deutsch, Englisch, Französisch, Italienisch und Spanisch beschränkt[235]. Der Widerspruch ist in einer dieser **Amtssprachen des HABM** einzureichen.[236] Sodann gilt:

- Ist die gewählte Sprache zugleich die der Anmeldung (oder die darin genannte zweite Sprache, die notwendig eine Amtssprache des HABM ist[237]), so wird sie zur Verfahrenssprache des Widerspruchsverfahrens.
- Fehlt es daran, hat der Widerspruchsführer eine **Übersetzung** vorzulegen und zwar
  - in die Sprache der Anmeldung, wenn dies eine Sprache des Amtes ist,
  - in die bei der Anmeldung angegebene zweite Sprache, wenn die Anmeldesprache keine Sprache des Amtes ist.[238]

1260 Die Sprache, in die übersetzt wurde, wird zur **Verfahrenssprache** des Widerspruchsverfahrens. Unabhängig von der dargestellten Regelung können sich die am Widerspruchsverfahren Beteiligten auf eine andere Amtssprache der Europäischen Gemeinschaft verständigen.[239]

1261 Die Entrichtung der **Widerspruchsgebühr innerhalb der Widerspruchsfrist** ist Voraussetzung für die wirksame Erhebung des Widerspruchs[240]. Eine nach Fristablauf eingehende Gebühr wird erstattet.[241] Dasselbe gilt, wenn der Anmelder die Anmeldung innerhalb der nachfolgend beschriebenen »cooling-off-period« zurücknimmt bzw. beschränkt.

b) Notwendiger und fakultativer Inhalt

1262 Der **notwendige** Inhalt des Widerspruchs ergibt sich aus Regel 15 Abs. 2 GMDV; Abs. 3 der Vorschrift nennt darüber hinausgehende »**Soll**«-Angaben. Zum notwendigen Inhalt zählt danach unter anderem die Benennung des älteren Rechts und der Waren und Dienstleistungen,[242] auf die der Widerspruch gestützt sowie eine Erklärung zu der Kollisionslage, aus der sein Vorrang abgeleitet wird. Dagegen bleibt

232 Im Internet: <https://secure.oami.europa.eu/eopposition/eoservlet#top>.
233 Art. 78 Abs. 5 GMV.
234 Art. 78 a Abs. 2 GMV; zum Institut der Weiterbehandlung *Bender* Mitt 2006, 63 ff.
235 S. oben Rn. 1210 ff.
236 Art. 115 Abs. 5 GMV.
237 S. oben Rn. 1210.
238 Art. 115 Abs. 6 Satz 2 GMV, Regel 16 Abs. 1 GMDV: Die Übersetzung muss innerhalb eines Monats nach Ablauf der Widerspruchsfrist vorliegen.
239 Art. 115 Abs. 7 GMV, Regel 17 Abs. 3 GMDV.
240 Art. 42 Abs. 3 GMV, Regel 17 Abs. 1 Satz 1 GMDV (die Gebühr beträgt 350 €; sie erhöht sich nicht, wenn der Widerspruch zugleich aus mehreren Marken eingelegt wird).
241 Regel 17 Abs. 1 Satz 2 GMDV.
242 Zur Unbeachtlichkeit eines offensichtlichen Eingabefehlers bei den Warenklassen s. HABM MarkenR 2006, 132 – Ceraflame/CERAN.

eine (weitere)[243] **Begründung** des Widerspruchs zunächst ebenso fakultativ wie die Beibringung von Beweismitteln. Gegebenenfalls gibt das HABM dazu nach Eröffnung des Widerspruchsverfahrens unter Fristsetzung Gelegenheit.[244]

c) »cooling-off-period«

Der zulässige Widerspruch wird dem Anmelder der Gemeinschaftsmarke übersandt.[245] Das eigentliche, »kontradiktorische« Widerspruchsverfahren wird erst **zwei Monate** nach dieser Mitteilung eröffnet, wenn nicht der Anmelder zuvor die Anmeldung zurücknimmt oder auf die vom Widerspruch nicht erfassten Waren bzw. Dienstleistungen beschränkt[246]. Die Frist, die auf einvernehmlichen Antrag der Beteiligten auf **bis zu 24 Monate**[247] verlängert werden kann, hat die Funktion, den Beteiligten eine Verständigung zu ermöglichen. Das Widerspruchsverfahren kann danach eingestellt werden,[248] **1263**

- wenn die Anmeldung zurückgenommen wird,
- wenn die Anmeldung auf die Waren oder Dienstleistungen beschränkt wird, die nicht Gegenstand des Widerspruchs sind, und der Widerspruchsführer daraufhin erklärt, den Widerspruch zurückzunehmen,[249]
- wenn die Parteien mitteilen, sich – gleich aus welchem Grund – außerhalb des Verfahrens vor dem Amt gütlich geeinigt zu haben, oder
- wenn die Anmeldung innerhalb der Frist in einem Parallelverfahren zurückgewiesen worden ist.

Für den Anmelder hat die Erledigung des Widerspruchsverfahrens innerhalb der »cooling-off-period« den Vorteil, dass **keine Kostenentscheidung** getroffen wird.[250] Er entgeht so einer Kostenerstattung zu Gunsten des Widerspruchsführers auch in den Fällen, in denen dieser Anlass hatte, Widerspruch zu erheben, dem Widerspruch aber mit einer entsprechenden Beschränkung des Waren- und Dienstleistungsverzeichnisses die Grundlage entzogen werden konnte.[251] Wird das Widerspruchsverfahren innerhalb der »cooling-off-period« wegen der Zurücknahme oder Einschränkung der Anmeldung oder infolge des Verzichts des Anmelders auf bestimmte Waren oder Dienstleistungen eingestellt, wird allerdings auch dem Widerspruchsführer die Widerspruchsgebühr erstattet.[252] Beide Folgen wirken als **Anreiz** auf die Parteien, innerhalb der Frist zu einer Einigung zu gelangen.

---

243 S. dazu HABM BlPMZ 2000, 227 – EDITORIAL PLANETA/PLANET EARTH.
244 Regel 19 Abs. 1 GMDV; unten Rn. 1264.
245 Regel 16 a GMDV.
246 Regel 18 Abs. 1 Satz 1 GMDV.
247 Regel 18 Abs. 1 Satz 2 GMDV; s. dazu die Mitteilung Nr. 1/06 des Präsidenten des Amtes vom 2. Februar 2006 über die Verlängerung der Cooling-off-Frist.
248 Regel 18 Abs. 2 GMDV.
249 Regel 18 Abs. 3 GMDV.
250 So jetzt ausdrücklich Regel 18 Abs. 4 GMDV; HABM Mitt 2003, 29 – RISO, mit zust. Anm. v. *Pahl*; anders noch die 3. BK des HABM, Mitt. 2002, 29 – GOLDEN LIGHTS/GOLDEN LITES; dagegen schon zu Recht *Braitmayer* MarkenR 2003, 341 ff.
251 Zur Kostenaufteilung nach teilweiser Rücknahme der Gemeinschaftsmarkenanmeldung und teilweiser Rücknahme des Widerspruchs s. EuG GRUR Int. 2004, 660 – VITATASTE/VITAKRAFT, VITA.
252 Regel 18 Abs. 5 GMDV.

d) Prüfung, Nichtbenutzungseinwand

1264 Das kontradiktorische Widerspruchsverfahren beginnt erst mit Ablauf der »cooling-off-period«. Die Prüfung des Widerspruchs regeln Art. 43 GMV, Regel 20 GMDV eingehend. Die Beibringung aller Beweismittel obliegt den Beteiligten. Eine Sachverhaltsermittlung von Amts wegen findet nicht statt. Die **Beweislast** für das Vorliegen des jeweiligen älteren Rechts und der **Voraussetzungen** einer Kollisionslage im Sinne des Art. 8 GMV trägt dabei der Widersprechende. Die Beurteilung der Identität oder der Ähnlichkeit zwischen den Marken und den Waren bzw. den Dienstleistungen im Hinblick auf die Feststellung einer Verwechslungsgefahr obliegt dann dem Amt. Es ist deshalb unschädlich, wenn der Widerspruchsführer einen Vorrang seines älteren Rechts mit der Identität der involvierten Zeichen begründet, während tatsächlich ein Fall der bloßen Ähnlichkeit mit daraus folgender Verwechslungsgefahr gegeben ist.[253] Das Amt kann einen Einigungsvorschlag unterbreiten[254].

1265 Der Anmelder kann dem Widerspruchsführer die mangelnde Benutzung der Widerspruchsmarke entgegenhalten.[255] Dieser **Nichtbenutzungseinwand** greift durch, wenn die Widerspruchsmarke innerhalb der Letzten fünf Jahre vor der Anmeldung der angegriffenen Gemeinschaftsmarke nicht – für die im Widerspruchsverfahren relevanten Waren oder Dienstleistungen – benutzt wurde und auch keine berechtigten Gründe für die Nichtbenutzung vorliegen[256]. Dabei erfordert die rechtserhaltende Benutzung einer älteren Gemeinschaftsmarke die ernsthafte Benutzung[257] »**in der Gemeinschaft**«, die eines nationalen Rechts die ernsthafte Benutzung im jeweiligen **Mitgliedstaat**.[258] Als Nachweis der ernsthaften Benutzung einer älteren nationalen oder Gemeinschaftsmarke, auf die ein Widerspruch gegen eine Gemeinschaftsmarkenanmeldung gestützt wird, gilt auch der Nachweis der Benutzung der älteren Marke in einer Form, die von der Eintragung nur in einzelnen Bestandteilen abweicht, wenn »dadurch die Unterscheidungskraft der Marke nicht beeinflusst« werden kann.[259]

1266 **Ernsthafte Benutzung** setzt nach der strengen Rechtsprechung des EuG »eine wirkliche Benutzung der Marke auf dem betreffenden Markt zur Identifizierung von Waren oder Dienstleistungen voraus.« Die ernsthafte Benutzung stehe im Gegensatz zu einer nur geringfügigen Benutzung, die nicht für die Annahme genüge, dass eine Marke auf einem bestimmten Markt wirklich und tatsächlich benutzt worden sei. Selbst wenn der Inhaber die Absicht habe, seine Marke wirklich zu benutzen, fehle es doch an einer ernsthaften Benutzung der Marke, solange diese objektiv nicht »**tatsächlich, stetig und mit stabilem Erscheinungsbild des Zeichens**« auf dem Markt

253 HABM BlPMZ 2003, 247 – Flexy/Flexi.
254 Art. 43 Abs. 4 GMV.
255 Art. 43 Abs. 2 GMV; *Braitmayer* MarkenR 2005, 297 ff.; zur Fristgebundenheit dieses Einwandes s. Regel 20 Abs. 2, 22 Abs. 1 GMDV.
256 Zum Benutzungsnachweis s. Regel 22 GMDV; zur verspäteten Erhebung der Nichtbenutzungseinrede *Loschelder* MarkenR 2006, 467, zu EuG, Rs. T-133/05 – PAM-PIM's BABY-PROP/PAM-PAM.
257 Zu den Voraussetzungen ernsthafter Benutzung siehe Art. 15 GMV sowie unten Rn. 1348 ff.
258 Art. 43 Abs. 3 GMV.
259 EuG GRUR Int. 2006, 319 – Quantum sowie oben Rn. 616 ff.; s. dazu aber auch die nachfolgend zitierte Entscheidung in GRUR Int. 2006, 404, 408 – THE BRIDGE (Bainbridge), zur mangelnden Widerspruchseignung nationaler, sog. Defensivmarken.

präsent sei und der Verbraucher sie deshalb auch nicht als Hinweis auf die Herkunft der fraglichen Waren oder Dienstleistungen wahrnehmen könne.[260] Die Präsenz der Widerspruchsmarke in einem Katalog für die Saison Herbst/Winter 1994/95 sowie in mehreren in 1995 geschalteten Werbeanzeigen erachtete das Gericht danach nicht als ausreichend.[261]

Wird der Widerspruch auf eine erst **angemeldete** Marke im Sinne des Art. 8 Abs. 2 1267
lit. b GMV oder eine nach der VO (EWG) Nr. 2081/92 **angemeldete** geografische Herkunftsangabe gestützt, kann das **Widerspruchsverfahren ausgesetzt** werden, da erst mit der Entscheidung über die Eintragung der Widerspruchsmarke bzw. der geografischen Herkunftsangabe auch eine Entscheidung über den Widerspruch gegen die Eintragung der Gemeinschaftsmarke getroffen werden kann.[262] Nichts anderes gilt, wenn die Widerspruchsmarke zwar eingetragen ist, aber ihrerseits nach einer nationalen Rechtsordnung angegriffen wird, die – wie das deutsche Markengesetz – dem Prinzip des nachgeschalteten Widerspruchsverfahrens[263] folgt.

Mehrere Widersprüche können vom Amt gemeinsam behandelt werden. Das Amt 1268
kann auch einzelne Widerspruchsverfahren aussetzen, wenn eine Vorprüfung ergibt, dass die angemeldete Gemeinschaftsmarke voraussichtlich bereits infolge anderer Widersprüche vollumfänglich von der Eintragung ausgeschlossen ist.[264] Sobald eine Entscheidung über die Zurückweisung der Anmeldung rechtskräftig geworden ist, gelten die Widersprüche, über die die Entscheidung zurückgestellt wurde, als erledigt. Eine derartige Erledigung wird als Einstellung des Verfahrens[265] angesehen. Das Amt erstattet jedem Widersprechenden, dessen Widerspruch danach als erledigt gilt, 50 % der von ihm entrichteten Widerspruchsgebühr[266].

4. Kollisionslagen

In allen Fällen des zulässigen Widerspruchs kann der Rechtsbehelf nur dann auch 1269
materiell Erfolg haben, wenn die angegriffene Gemeinschaftsmarke, würde sie eingetragen, das Recht des Widersprechenden verletzte. Die Kollisionslagen, in denen das ältere Recht dem jüngeren vorgeht, sind in Art. 8 Abs. 1 lit. a und b sowie Abs. 5 GMV etwas unübersichtlich dargestellt. Sie entsprechen jedoch inhaltlich den Kollisionslagen, in denen das Recht aus der Gemeinschaftsmarke ihrem Inhaber die Untersagung der Benutzung fremder Zeichen im Geschäftsverkehr erlaubt[267] und folgen damit – wie die harmonisierten nationalen Markenrechtsordnungen[268] – dem in

260 EuG GRUR Int. 2006, 404, 409 – THE BRIDGE (Bainbridge), m.w.Nachw.
261 EuG GRUR Int. 2006, 404, 409 – THE BRIDGE (Bainbridge), m.w.Nachw.; s. aber auch EuGH MarkenR 2006, 265 – VITAFRUIT (Verkauf an einen einzigen Kunden ausreichend).
262 Regel 20 Abs. 7 lit. a GMDV; die VO (EWG) Nr. 2081/92 wurde durch die VO (EG) Nr. 510/2006 ersetzt, s. dazu Rn. 326 ff.
263 Das Widerspruchsverfahren folgt nach dem deutschen Markengesetz – anders als noch nach dem vormaligen Warenzeichengesetz (WZG) – der Eintragung nach, s. dazu §§ 41, 42 MarkenG sowie oben Rn. 814, 815.
264 Regel 21 Abs. 1, 2 GMDV.
265 Regel 21 Abs. 3 verweist insoweit auf Art. 81 Abs. 4 GMV.
266 Regel 21 Abs. 3, 4 GMDV.
267 S. Art. 9 Abs. 1 GMV.
268 Vgl. § 9 Abs. 1, § 14 Abs. 2 MarkenG; oben Rn. 658 ff., 870 ff.

der Markenrechtsrichtlinie[269] entworfenen System. **Auf die Ausführungen zum nationalen Markenschutz kann daher verwiesen werden.**[270]

1270 Anders als die Regelung im nationalen deutschen Markenrecht, nach der der Widerspruch der Eintragung einer Marke **nachgeschaltet**[271] und als **summarisches** Verfahren zur Erledigung einer großen Zahl von Fällen[272] auf Zeichenkollisionen im Identitäts- und Ähnlichkeitsbereich beschränkt ist,[273] können im **vorgeschalteten** Widerspruchsverfahren nach der Gemeinschaftsmarkenverordnung auch Rechte aus einer **bekannten** Marke geltend gemacht werden, wo sich zwar identische oder ähnliche Marken, aber unähnliche Waren oder Dienstleistungen gegenüber stehen.[274] Zudem erlaubt Art. 8 Abs. 4 GMV auch, den Widerspruch gegen die Anmeldung einer Gemeinschaftsmarke auf **nicht eingetragene** Marken oder sonstige im geschäftlichen Verkehr benutzte Kennzeichenrechte zu stützen.[275]

a) Identitäts- und Ähnlichkeitsbereich[276]

1271 Im sog. **Identitätsbereich**, das heißt bei völliger Übereinstimmung sowohl des als Gemeinschaftsmarke angemeldeten Zeichens mit der Widerspruchsmarke als auch der jeweils angemeldeten bzw. eingetragenen Waren- und Dienstleistungsverzeichnisse, ist der **Vorrang** des älteren Rechts **absolut**.[277] Die Eintragung der Gemeinschaftsmarke ist ausgeschlossen, ohne dass es des Vorliegens weiterer Voraussetzungen bedürfte. Überschneiden sich die Waren oder Dienstleistungen lediglich, gilt dies für den Deckungsbereich.

1272 Liegt keine Identität von Zeichen und Waren oder Dienstleistungen vor, weil sich die einen oder anderen (oder beide) lediglich ähneln, liegt die Kollision im **Ähnlichkeitsbereich**. In diesen – logischerweise drei[278] – Konstellationen geht die ältere Marke der jüngeren nur dann vor, wenn wegen ihrer Identität oder Ähnlichkeit mit der angemeldeten Gemeinschaftsmarke und der Identität oder Ähnlichkeit der durch die beiden Marken erfassten Waren oder Dienstleistungen »für das Publikum die **Gefahr von Verwechslungen** in dem Gebiet besteht, in dem die ältere Marke Schutz genießt«.[279] Dabei »schließt die Gefahr von Verwechslungen die Gefahr ein, dass die Marke mit der älteren Marke gedanklich in Verbindung gebracht wird.«[280]

1273 Der Wortlaut lässt erkennen, dass die Verwechslungsgefahr auf der Ähnlichkeit der Zeichen und/oder Waren bzw. Dienstleistungen beruhen muss (»wegen«). Damit

---

269 Dort Art. 4, 5.
270 Oben Kapitel 4, Rn. 637 ff.
271 S. oben Rn. 814 f.
272 *Fezer* Markenrecht, § 42 Rn. 29.
273 S. oben Rn. 819.
274 Art. 8 Abs. 5 GMV; zu den Voraussetzungen vgl. EuG GRUR Int. 2005, 698 – SPA FINDERS und HABM GRUR-RR 2005, 344 – e-plus.
275 S. oben Rn. 1251; zum engeren Kreis möglicher Widerspruchszeichen s. Rn. 817 ff.
276 S. oben Rn. 662 f., 664 ff.
277 Zum Begriff der Identität s. EuGH MarkenR 2003, 134 – Arthur/Arthur et Félicie.
278 Möglich sind: 1. Identität der Zeichen bei bloßer Ähnlichkeit der Waren oder Dienstleistungen, 2. Bloße Ähnlichkeit der Zeichen bei Identität der Waren oder Dienstleistungen sowie 3. Ähnlichkeit sowohl der Zeichen als auch der Waren oder Dienstleistungen; s. dazu die Übersicht 22 (Rn. 661).
279 Art. 8 Abs. 1 lit. b GMV.
280 Dazu *Sack* GRUR 1996, 663, 664; ders. WRP 1998, 1127 ff.

hängt die Verwechslungsgefahr vom Grad der Ähnlichkeit ab. In den Erwägungsgründen der Gemeinschaftsmarkenverordnung heißt es dazu:

»Der Begriff der Ähnlichkeit ist im Hinblick auf die Verwechslungsgefahr auszulegen. Die Verwechslungsgefahr stellt die spezifische Voraussetzung für den Schutz dar; ob sie vorliegt, hängt von einer Vielzahl von Umständen ab, insbesondere vom Bekanntheitsgrad der Marke auf dem Markt, der gedanklichen Verbindung, die das benutzte oder eingetragene Zeichen zu ihr hervorrufen kann, sowie dem Grad der Ähnlichkeit zwischen der Marke und dem Zeichen und zwischen den damit gekennzeichneten Waren oder Dienstleistungen.«[281]

Der Begriff der Verwechslungsgefahr ist damit ein **genuin europarechtlicher** und 1274
unterliegt der exklusiven **Auslegung durch den Europäischen Gerichtshof**. Die überkommene Rechtsprechung der nationalen (Kennzeichen-)Gerichte kann nicht auf die Gemeinschaftsmarke übertragen werden. Der anfänglichen Befürchtung, die Berücksichtigung eines möglichen »gedanklichen Inverbindungbringens« der kollidierenden Zeichen in Art. 8 Abs. 1 lit. b GMV erweitere die Fälle der Verwechslungsgefahr übermäßig auf bloße gedankliche Assoziationen, ist der EuGH indessen entgegengetreten. Auf die Vorlagefrage des deutschen BGH im Fall »Springende Raubkatze« hat er klargestellt, die **rein assoziative** gedankliche Verbindung, die der Verkehr über die Übereinstimmung des Sinngehalts zweier Marken zwischen diesen herstellen könne, begründe für sich genommen **keine** »Gefahr von Verwechslungen (...), die die Gefahr einschließt, dass die Marke mit der älteren Marke gedanklich in Verbindung gebracht wird«[282]. Es komme vielmehr entscheidend darauf an, wie die Marke auf den Durchschnittsverbraucher dieser Art von Waren oder Dienstleistungen wirke. Der aber nehme eine Marke normalerweise als Ganzes wahr und achte nicht auf die Einzelheiten. Die Verwechslungsgefahr sei umso größer, je stärker sich die Kennzeichnungskraft der älteren Marke darstelle. Auf die Ausführungen zur Verwechslungsgefahr nationaler Marken kann insoweit verwiesen werden.[283]

Zwei Aussagen lassen sich nach dieser Rechtsprechung verallgemeinern: Zum 1275
einen impliziert die umfassende Beurteilung der Verwechslungsgefahr nach ständiger Rechtsprechung des EuGH eine **Wechselbeziehung** zwischen den in Betracht kommenden Faktoren, insbesondere der Ähnlichkeit der Marken und der Ähnlichkeit der damit gekennzeichneten Waren oder Dienstleistungen. Ein geringer Grad der Ähnlichkeit der gekennzeichneten Waren oder Dienstleistungen kann danach durch einen höheren Grad der Ähnlichkeit der Marken ausgeglichen werden und umgekehrt.[284]

Zum anderen wird die Verwechslungsgefahr umso größer eingeschätzt, je höher 1276
sich die **Kennzeichnungskraft der älteren Marke** darstellt. Deshalb genießen Marken, die – von Haus aus oder wegen ihrer Bekanntheit auf dem Markt – eine hohe Kennzeichnungskraft besitzen, einen **umfassenderen Schutz** als Marken, deren Kennzeichnungskraft geringer ist: Die Eintragung einer Marke kann trotz eines eher geringen Grades der Ähnlichkeit zwischen den damit gekennzeichneten Wa-

281 7. ErwG der VO (EG) Nr. 40/94.
282 EuGH GRUR 1998, 387 – Springende Raubkatze (Sabèl); ausführlich dazu *Fezer* NJW 1998, 713 mit zahlr. w. Nachw.
283 S. oben Rn. 664 ff.
284 EuGH MarkenR 1999, 22 – Canon; EuG GRUR Int. 2006, 236 – KINJI by SPA.

ren oder Dienstleistungen ausgeschlossen sein, wenn die Ähnlichkeit zwischen den Marken groß und die Kennzeichnungskraft der älteren Marke, insbesondere ihr Bekanntheitsgrad, hoch ist.[285]

b) Sonderschutz bekannter Marken

1277 Außerhalb des Ähnlichkeitsbereiches, wo sich zwar identische oder ähnliche Zeichen, nicht aber identische oder auch nur ähnliche Waren bzw. Dienstleistungen gegenüberstehen, sind nach Art. 8 Abs. 5 GMV »**bekannte**« Marken widerspruchsfähig[286]. Sie können einer jüngeren Gemeinschaftsmarkenanmeldung mit Erfolg entgegen gehalten werden, wenn die Benutzung der angemeldeten Marke die Unterscheidungskraft oder die Wertschätzung der älteren Marke ohne rechtfertigenden Grund in unlauterer Weise ausnutzen oder beeinträchtigen würde.[287] Die damit beschriebenen Fälle

- der **Verwässerung** (Beeinträchtigung der Unterscheidungskraft) und
- der **Rufausbeutung** (Beeinträchtigung der Wertschätzung)

sind ihrer Art nach dem Lauterkeitsrecht zuzuordnen, haben jedoch mit Markenrichtlinie[288] und Gemeinschaftsmarkenverordnung Eingang in das Markenrecht gefunden. In den Fällen der Verwässerung verliert die bekannte Marke, die für ein gänzliches anderes Produkt auf dem Markt erscheint, an Aussagekraft und -schärfe, in den Fällen der Rufausbeutung leidet sie (darüber hinaus) qualitativ. So liegt es etwa, wenn mit der jüngeren Marke Waren oder Dienstleistungen bezeichnet werden, denen mit den Waren bzw. Dienstleistungen der bekannten Marke unvereinbare »Anmutungsqualitäten« eigen sind[289], wie dies etwa bei Spirituosen einerseits und Reinigungsmitteln andererseits der Fall wäre oder bei Parfum und Frischkäse.

1278 Nach der Rechtsprechung des EuG setzt der Schutz einer bekannten älteren Marke nach Art. 8 Abs. 5 GMV ein vierfaches voraus:

(1) Die Marke, deren Eintragung als Gemeinschaftsmarke beantragt worden ist, muss mit der älteren Marke, auf die der Widerspruch gestützt wird, **identisch** oder ihr **ähnlich**[290] sein.

(2) Diese Marke muss im Fall einer älteren Gemeinschaftsmarke in der Gemeinschaft oder, im Fall einer älteren nationalen Marke, in dem betroffenen Mitgliedsstaat **bekannt** sein, d.h. eine besondere Wertschätzung genießen.

(3) Die Benutzung der angemeldeten Marke muss die **Unterscheidungskraft** oder die **Wertschätzung** der älteren Marke ohne rechtfertigenden Grund in unlauterer Weise ausnutzen oder beeinträchtigen.

---

285 EuGH MarkenR 1999, 236 – Lloyd; MarkenR 1999, 22 – Canon; GRUR 1998, 387 – Springende Raubkatze (Sabèl).

286 S. dazu *Sack* GRUR 1995, 81 ff.; *Ingerl* S. 84 f.; *v. Mühlendahl/Ohlgart* S. 43 ff.; *Levin* GRUR Int. 1996, 454 ff.

287 S. dazu *Piper* GRUR 1996, 657 ff.

288 Dort Art. 4.

289 Ausführlich dazu *Sack* GRUR 1995, 81 ff.

290 Das HABM will – anders als der deutsche BGH – an die Ähnlichkeit der involvierten Marken im Rahmen des Bekanntheitsschutzes nach Art. 8 Abs. 5 GMV im Einzelfall geringere Anforderungen stellen als im Rahmen des Verwechslungsschutzes nach Art. 8 Abs. 1 lit. b GMV; s. dazu BGH MarkenR 2004, 286 – Ferrari Pferd; HABM GRUR-RR 2005, 344, 347 – e-plus.

(4) Schließlich müssen die beteiligten Verkehrskreise einen Zusammenhang zwischen der angemeldeten und der älteren Marke sehen, diese also **gedanklich miteinander verknüpfen**.

Die zuletzt genannte, gedankliche Verknüpfung ist – so das EuG – unter Berücksichtigung der relevanten Umstände des konkreten Falles umfassend zu beurteilen. 1279
Eine Beeinträchtigung der **Unterscheidungskraft** der älteren Marke ist danach zu bejahen, wenn diese ihre Eignung verliert, eine unmittelbare gedankliche Verbindung mit den Waren hervorzurufen, für die sie eingetragen ist. Eine Beeinträchtigung der **Wertschätzung** der älteren Marke ist gegeben, »wenn die Waren, für die die angemeldete Marke benutzt wird, auf die Öffentlichkeit in einer solchen Weise wirken, dass die Anziehungskraft der älteren Marke geschmälert wird.« Eine **unlautere Ausnutzung** der Unterscheidungskraft oder der Wertschätzung der älteren Marke liegt vor, »wenn eine berühmte Marke eindeutig parasitär ausgebeutet oder versucht wird, Vorteil aus ihrem guten Ruf zu ziehen.«[291]

In qualitativer Hinsicht muss die bekannte Marke eine besondere **Wertschätzung** 1280
genießen, die die Verwässerung oder Ausbeutung durch andere, identische oder ähnliche Marken überhaupt möglich (und attraktiv) macht. Der erforderliche **Bekanntheitsgrad** ist – so der EuGH in der Entscheidung »Chevy« – als erreicht anzusehen, wenn die ältere Marke »einem bedeutenden Teil des Publikums« bekannt ist, das von den durch diese Marke erfassten Waren oder Dienstleistungen betroffen ist. Bei der Prüfung dieser Voraussetzung habe das nationale Gericht »alle relevanten Umstände des Falles« zu berücksichtigen, also insbesondere

- den Marktanteil der Marke,
- die Intensität, die geografische Ausdehnung und die Dauer ihrer Benutzung sowie
- den Umfang der Investitionen, die das Unternehmen zu ihrer Förderung getätigt habe.[292]

5. Territoriale Implikationen

Während die **Kollisionslagen** im Identitäts- und im Ähnlichkeitsbereich sowie der 1281
Sonderschutz bekannter Marken in den nationalen Markenrechtsordnungen über die Markenrechtsrichtlinie weitestgehend[293] **harmonisiert** sind, sodass auf die diesbezügliche Kommentierung des deutschen Markengesetzes[294] verwiesen werden kann, impliziert das Gemeinschaftsmarkenrecht **territoriale Fragen**, die sich nur im Kollisionsfall eines älteren Zeichens mit einer Gemeinschaftsmarke stellen.

291 EuG GRUR Int. 2005, 698 – SPA FINDERS.
292 EuGH MarkenR 1999, 388, 390 f. – Chevy.
293 Der Sonderschutz bekannter Marken ist in Art. 4 Abs. 4 lit. a der Markenrechtsrichtlinie als »Kann-« Bestimmung in das Belieben der Mitgliedstaaten gestellt.
294 Oben Rn. 637 ff.

a) Verwechslungsgefahr

1282 Im Ähnlichkeitsbereich stellt der Wortlaut des Art. 8 Abs. 1 lit. b GMV klar, dass die kollisionsbegründende Verwechslungsgefahr (nur) »**in dem Gebiet**« bestehen muss, »in dem die ältere Marke Schutz genießt«. Handelt es sich bei der Widerspruchsmarke selbst um eine Gemeinschaftsmarke, muss die Verwechslungsgefahr mithin »in der Gemeinschaft« bestehen, ohne dass es auf das Vorliegen dieses Tatbestandes in allen einzelnen Mitgliedstaaten ankäme.[295] Handelt es sich bei der Widerspruchsmarke um ein nationales Registerrecht oder eine für einen oder mehrere Mitgliedstaaten international registrierte Marke, muss die Verwechslungsgefahr nur in den betroffenen Mitgliedstaaten nachgewiesen werden.[296]

1283 Beispiel: Beim HABM ist die Eintragung der nachfolgend linksseitig wieder gegebenen Bildmarke angemeldet; dagegen wird aus der rechts dargestellten, nationalen Bildmarke Widerspruch erhoben. Beide Marken sind für dieselben Waren-/Dienstleistungsklassen angemeldet bzw. eingetragen, darunter »Ton- und Bildträger« sowie die »Sendung und Weitersendung von Rundfunk- und Fernsehprogrammen«.

Angemeldete Gemeinschaftsmarke

Widerspruchsmarke

1284 Der Erfolg des Widerspruchs hängt angesichts der Identität der betroffenen Waren und Dienstleistungen maßgeblich von der Beurteilung der **Ähnlichkeit** der Marken, mithin dem Grad ihrer Übereinstimmung in **Bild**, **Klang** und/oder in der **Bedeutung** ab. Eine Verwechslungsgefahr ist dann anzunehmen, wenn das Publikum glauben könnte, dass die betreffenden Waren oder Dienstleistungen aus demselben Unternehmen oder gegebenenfalls aus wirtschaftlich miteinander verbundenen Unternehmen stammen.[297] Im Beispielsfall ist die große **Kennzeichnungskraft** der Widerspruchsmarke zu berücksichtigen. Das EuG hat dazu festgestellt, wegen ihrer erheblichen Bekanntheit in den einschlägigen Verkehrskreisen sei von wesentlich gesteigerter Kennzeichnungskraft der älteren Marke auszugehen. Diese sei zwar »von Natur aus« eher schwach, weil das Zeichen im Wesentlichen aus der bild-

295 Die Verwechslungsgefahr mit der älteren Gemeinschaftsmarke kann danach durchaus nur in einem Sprachraum bestehen, hindert aber gleichwohl die Eintragung der Gemeinschaftsmarke; *v. Mühlendahl/Ohlgart* S. 42, Rn. 27.

296 Art. 8 Abs. 1 lit. b GMV; HABM GRUR-RR 2006, 56 – BIO GOURMET/GOURMEAT.

297 EuGH MarkenR 1999, 236 – Lloyd; MarkenR 1999, 22 – Canon; EuG MarkenR 2002, 417 – MATRATZEN CONCORD/MATRATZEN.

lichen Wiedergabe der Ziffer »1« bestehe; der Widerspruchsführer habe jedoch nachzuweisen vermocht, dass es sich beim älteren Recht um eine auf dem einschlägigen Gebiet sehr bekannte, ja berühmte Marke handele.

»**Einschlägiges Gebiet**« ist hier, da der Widerspruch aus einer älteren deutschen Marke erhoben wurde, Deutschland: »Im vorliegenden Fall«, so das EuG, »ist auf die Gegebenheiten des **deutschen Marktes** als des relevanten Gebietes abzustellen, da das **ältere Recht** als nationale Marke in **diesem Territorium** geschützt ist. Insbesondere ist das Verständnis der Zeichen in schriftbildlicher, klanglicher und konzeptioneller Hinsicht in Betracht zu ziehen, und es sind die dortigen Marktverhältnisse und Verbrauchergewohnheiten zu berücksichtigen.«[298] Im Ergebnis scheiterte der Widerspruch allerdings – angesichts der deutlich erkennbaren schriftbildlichen Unterschiede »auch bei Berücksichtigung außerordentlich hoher Kennzeichnungskraft der älteren Marke ARD 1« – an mangelnder Verwechslungsgefahr.[299] 1285

b) Nicht eingetragene Marken und sonstige Kennzeichen

Ist die nationale Widerspruchsmarke selbst **keine eingetragene** Marke oder steht ein **sonstiges nationales Kennzeichenrecht** mit besserem Zeitrang in Rede, entscheidet das nationale Recht darüber, ob das Zeichen **dort** das Recht verleiht, die Benutzung einer jüngeren Marke zu untersagen. Die angemeldete Gemeinschaftsmarke kann nicht eingetragen werden, wenn und so weit nach dem für den Schutz des Kennzeichens maßgeblichen Recht des Mitgliedstaats 1286

- Rechte an diesem Kennzeichen vor dem Tag der Anmeldung der Gemeinschaftsmarke, gegebenenfalls vor dem Tag der für die Anmeldung der Gemeinschaftsmarke in Anspruch genommenen Priorität, erworben worden sind und
- dieses Kennzeichen seinem Inhaber das Recht verleiht, die Benutzung einer jüngeren Marke zu untersagen.[300]

Da die Gemeinschaftsmarkenverordnung lediglich an die Befugnis zur **Benutzungsuntersagung** nach nationalem Recht anknüpft, kommen im Rahmen des Art. 8 Abs. 4 GMV auch Kennzeichenrechte in Betracht, die nach nationalem Recht infolge mangelnder territorialer Erstreckung über den gesamten jeweiligen Mitgliedstaat dort nicht Grundlage eines Löschungsanspruches sein könnten[301]. Art. 8 Abs. 4 GMV gibt deshalb ein territoriales Minimum vor: das nicht eingetragene Recht muss von »**mehr als lediglich örtlicher Bedeutung**« sein. Darüber, wie dieses Minimum zu konkretisieren ist, besteht wenig Einigkeit[302]. Die Anknüpfung an das Gebiet eines Mitgliedstaates verbietet sich im Hinblick auf den gemeinschaftlichen 1287

298 HABM GRUR-RR 2004, 202 – Kabel1/ARD 1, mit Verweis auf EuG MarkenR 2002, 417 – MATRATZEN CONCORD/MATRATZEN.

299 HABM GRUR-RR 2004, 202 – Kabel1/ARD 1; das Amt hat in diesem Verfahren die Berücksichtigung einer nationalen Entscheidung nicht ausgeschlossen, »wenn sie zwischen denselben Streitbeteiligten und zur Verwechslungsgefahr hinsichtlich derselben Marken und Waren bzw. Dienstleistungen auf demselben Markt ergangen ist, auch wenn Entscheidungen der nationalen Gerichte für das HABM keine bindende Wirkung entfalten«; vgl. dazu BGH MarkenR 2000, 134 – ARD-1.

300 Art. 8 Abs. 4 GMV; HABM BlPMZ 2004, 415 – Sephora/SEPHOR; Mitt 2006, 460 – ASCLEPION/Asklepios.

301 S. dazu §§ 12, 13 MarkenG sowie oben Rn. 598, 794 ff.

302 *Ingerl* S. 71; *v. Mühlendal/Ohlgart* S. 38 Rn. 11.

Markt; umgekehrt muss ein Teil eines Mitgliedstaates, der der Größe eines der kleinsten Mitgliedstaaten entspricht, nicht in jedem Falle ausreichend sein.

c) Bekanntheit

1288 Was den Sonderschutz bekannter Marken gegenüber einer Gemeinschaftsmarkenanmeldung anbelangt, so ist die Qualität »bekannt« in **territorialer Hinsicht** erfüllt, wenn die Marke, wie es in Artikel 5 Abs. 2 der Markenrichtlinie heißt, »**in dem betreffenden Mitgliedstaat**« bekannt ist. Mangels einer entsprechenden Präzisierung im sekundären Gemeinschaftsrecht, so der EuGH, könne daraus nicht abgeleitet werden, dass sich die Bekanntheit auf das »gesamte« Gebiet des Mitgliedstaats erstrecken müsse. Es genüge vielmehr in territorialer Hinsicht, »wenn die Bekanntheit **in einem wesentlichen Teil** eines Mitgliedstaats vorliegt«.[303]

1289 Die Voraussetzung der Bekanntheit einer nationalen Marke ist danach bereits dann erfüllt, wenn die Marke »einem bedeutenden Teil des Publikums bekannt ist, das von den durch sie erfassten Waren oder Dienstleistungen angesprochen werden soll«.[304] Dem ist zuzustimmen. Entscheidend für die Bekanntheit sind die maßgeblichen Verkehrskreise, nicht deren geografische Präsenz oder Verteilung innerhalb des Binnenmarktes oder eines Mitgliedsstaates.

IV. Rechtsbehelfe und Rechtsmittel gegen die Entscheidungen des HABM

1290 Die verfahrensabschließenden Entscheidungen der Prüfer des Harmonisierungsamtes, der Widerspruchsabteilungen, der Markenverwaltungs-, der Rechts- und der Nichtigkeitsabteilung sind von den durch die Entscheidung beschwerten Verfahrensbeteiligten mit der Beschwerde anfechtbar. Der Rechtsbehelf hat aufschiebende Wirkung.[305]

1. Beschwerdeverfahren, Beschwerdekammern

1291 Die beim Harmonisierungsamt schriftlich in der Verfahrenssprache[306] einzulegende Beschwerde ist innerhalb von **zwei Monaten** nach Zustellung der anzufechtenden Entscheidung einzulegen.[307] Dieselbe Frist gilt auch für die Begleichung der **Beschwerdegebühr**.[308] Wird sie nicht fristgemäß entrichtet, gilt die Beschwerde als nicht eingelegt.[309]. Die Anforderungen an den notwendigen Inhalt sind in Regel 48 GMDV dargestellt. Die **Beschwerdebegründung** muss innerhalb von **vier Mona-**

303 EuGH MarkenR 1999, 388 – General Motors (Chevy).
304 EuG GRUR Int. 2005, 698, 699 – SPA FINDERS, mit Verw. auf EuGH MarkenR 1999, 388 – General Motors (Chevy).
305 Art. 57, 58 GMV; zur Anschlussbeschwerde des Beschwerdegegners s. Art. 8 Abs. 3 VerfOBK sowie dazu *Bender* GRUR 2006, 990 ff.
306 Maßgeblich ist die Verfahrenssprache, in der die Entscheidung ergangen ist, die Gegenstand der Beschwerde ist, Regel 48 Abs. 2 GMDV.
307 Art. 59 Satz 1 GMV.
308 Die Gebühr beträgt 800 €; Art. 2 Nr. 18 GMGebV (VO (EG) Nr. 2869/95, zul. geänd. durch VO (EG) Nr. 1687/2005 – s. oben Rn. 123).
309 Art. 59 Satz 2 GMV, Regel 49 Abs. 3 GMDV.

ten erfolgen.[310] Am Verfahren sind nach Art. 58 GMV alle Beteiligten des Ausgangsverfahrens beteiligt.

Die Beschwerde wird der Dienststelle übermittelt, die die angefochtene Ausgangsentscheidung getroffen hat. Sie kann (und muss) der Beschwerde binnen eines Monats **abhelfen**, wenn sie sie für zulässig und begründet erachtet und am Verfahren kein Dritter beteiligt ist[311]. Erfolgt innerhalb eines Monats nach Eingang der Begründung keine Abhilfe, muss die Beschwerde ohne sachliche Stellungnahme an die **Beschwerdekammer** abgegeben werden. Die in der Regel mit drei Mitgliedern besetzten Beschwerdekammern[312] »genießen Unabhängigkeit« und sind »bei ihren Entscheidungen an keinerlei Weisungen gebunden«.[313] Ihre Mitglieder dürfen weder Prüfer sein, noch einer der Dienststellen angehören, deren Entscheidungen Gegenstand einer Beschwerde sein können.[314] 1292

Damit ist das Beschwerdeverfahren – wenngleich administrativer Natur und institutionell in das Harmonisierungsamt integriert – qualitativ einem gerichtlichen Verfahren angenähert. Die Beschwerdekammern verfügen mit der Verordnung (EG) Nr. 216/96[315] über eine eigene Verfahrensordnung; eine **mündliche Verhandlung** ist möglich, aber nicht zwingend.[316] Die Beschwerdekammern ermitteln den Sachverhalt von Amts wegen[317]. So weit es sich jedoch um Verfahren bezüglich **relativer** Eintragungshindernisse handelt, ist das Amt bei dieser Ermittlung auf das Vorbringen und die Anträge der Beteiligten beschränkt. Die Beschwerdekammern können in der Sache selbst entscheiden oder an die zuständige Dienststelle zurückverweisen, die an die rechtliche Beurteilung der Angelegenheit durch die Beschwerdekammer gebunden ist.[318] 1293

2. Klage zum Gericht erster Instanz (EuG), Rechtsbeschwerde zum Europäischen Gerichtshof (EuGH)

Die Entscheidungen der Beschwerdekammern, durch die über eine Beschwerde entschieden wird, sind mit der Klage »beim Gerichtshof« anfechtbar.[319] Die Klage steht den am Verfahren vor den Beschwerdekammern Beteiligten zu, die durch deren Entscheidung beschwert werden. Mit »Gerichtshof« ist in Art. 63 GMV nicht der 1294

310 Art. 59 Satz 3 GMV; eine zügige Einreichung der Begründung beschleunigt gegebenenfalls die Abgabe der Beschwerde an die Beschwerdekammer, s. Rn. 1292.
311 Art. 60 Abs. 1 GMV.
312 Art. 130 GMV; davon abweichend kann einerseits eine erweiterte Kammer tätig werden (Art. 130 Abs. 3, 4 GMV), andererseits ein einzelnes Mitglied entscheidungsbefugt sein (Art. 130 Abs. 5 GMV). Die Details regelt die Verfahrensordnung (s. Rn. 1168, Fn. 64).
313 Art. 131 Abs. 4 GMV.
314 Art. 131 Abs. 5 GMV.
315 VO (EG) Nr. 216/96 (s. Rn. 1168, Fn. 64).
316 Die mündliche Verhandlung kann von Amts wegen oder auf Antrag einer Partei angeordnet werden, wo dies »sachdienlich« erscheint, Art. 75 Abs. 1 GMV, Art. 9 VO 216/96.
317 S. Art. 74 Abs. 1 GMV; s. aber auch Art. 74 Abs. 2 GMV sowie EUG Slg. 2004 II, S. 03807 – ARCOL/CAPOL; zur Berücksichtigung verspätet vorgetragener Tatsachen und Beweismittel nach Art. 74 Abs. 2 GMV s. EuGH MarkenR 2007, 112 – ARCOL/CAPOL.
318 Art. 62 Abs. 2 GMV.
319 Einen Überblick gibt *Hackspiel* Mitt 2001, 532.

EuGH als Instanz, sondern als Organ gemeint.[320] Die Klage ist innerhalb von **zwei Monaten** nach deren Zustellung **beim Gericht erster Instanz** (EuG) einzulegen und kann nur gestützt werden auf

- Unzuständigkeit,
- Verletzung wesentlicher Formvorschriften,
- Verletzung des (EG-)Vertrages,
- Verletzung der Gemeinschaftsmarkenverordnung,
- Verletzung einer bei der Durchführung der Gemeinschaftsmarkenverordnung anzuwendenden Rechtsnorm oder
- Ermessensmissbrauch.

1295 Wird innerhalb der Zweimonatsfrist keine Klage erhoben oder eine eingelegte Klage abgewiesen, wird die Entscheidung der Beschwerdekammern wirksam.[321] Das Klageverfahren richtet sich nach der Verfahrensordnung des Gerichts erster Instanz, in die dafür ein eigener Vierter Titel[322] eingefügt wurde. Die Entscheidungen des Gerichts erster Instanz sind vom Harmonisierungsamt anzunehmen und umzusetzen, ohne dass es einer Zurückverweisung bedürfte.[323]

Gegen die verfahrensabschließenden Entscheidungen des Gerichts erster Instanz ist innerhalb von **zwei Monaten** die **Klage zum EuGH** gegeben.[324] Auch sie ist nach Art. 58 der Satzung des EuGH auf die Prüfung reiner **Rechtsfragen** beschränkt.

---

320 Dies folgt aus dem 13. ErwG der GMV: »Auf Grund des Beschlusses 88/591/EGKS, EWG, Euratom des Rates vom 24. Oktober 1988 zur Errichtung eines Gerichts erster Instanz der Europäischen Gemeinschaften, geändert durch den Beschluss 93/350/Euratom, EGKS, EWG vom 8. Juni 1993, übt das Gericht im ersten Rechtszug die Zuständigkeiten aus, die dem Gerichtshof durch die Verträge zur Gründung der Gemeinschaften, insbesondere bei Klagen gemäß Artikel 173 Absatz 2 des EG-Vertrags, und durch die zur Durchführung dieser Verträge erlassenen Rechtsakte übertragen worden sind, sofern nicht in dem Akt zur Errichtung einer Einrichtung der Gemeinschaft etwas anderes bestimmt ist. Die dem Gerichtshof durch diese Verordnung übertragenen Befugnisse zur Aufhebung und Abänderung der Beschlüsse der Beschwerdekammern werden infolgedessen im ersten Rechtszug vom Gericht erster Instanz gemäß dem oben genannten Beschluss ausgeübt.«

321 Art. 62 Abs. 3 GMV.

322 Verfahrensordnung des Gerichts erster Instanz der Europäischen Gemeinschaften vom 2. Mai 1991, ABl. Nr. L 136 vom 30.5.1991, S. 1, mit Berichtigung in ABl. Nr. L 193 vom 17.7.1991, S. 44 und in ABl. Nr. L 317 vom 19.11.1991, S. 34, zul. geänd. durch Änderungen vom 12.10.2005, ABl. Nr. L 298 vom 15.11.2005, S. 1; eine konsolidierte Fassung findet sich auf der Homepage des Gerichtshofes unter <http://www.curia.europa.eu>.

323 Art. 63 Abs. 6 GMV.

324 Art. 56, 58 der Satzung des EuGH.

Beispiel eines Verfahrensablaufes			1296
Aktiv verfahrensbeteiligt	Verfahrensschritt	Entscheidung	
Anmelder einer Gemeinschaftsmarke	**Anmeldung** der Gemeinschaftsmarke »New Born Baby« für Puppen zu Spielzwecken und Zubehör nach Art. 25 ff. GMV	Zurückweisung der Anmeldung durch die Prüferin des **HABM** nach Art. 38 GMV mit der Begründung, das Zeichen »New Born Baby« beschreibe die betroffenen Waren und habe keine Unterscheidungskraft.	
Anmelder	**Beschwerde** gegen die Entscheidung der Prüferin nach Art. 59 GMV	Zurückweisung der Beschwerde durch die 3. **Beschwerdekammer** des **HABM**, Bestätigung der Prüferentscheidung.	
Anmelder	**Klage zum EuG** auf Aufhebung der Entscheidung der Beschwerdekammer nach Art. 63 GMV	Aufhebung der Entscheidung des HABM durch das **EuG** mit der Begründung, ein Zeichen, das beschreibe, was Spielzeug darstelle, könne nur dann als Beschreibung des Spielzeugs selbst betrachtet werden, wenn die angesprochenen Verkehrskreise das Spielzeug mit dem Dargestellten gleichsetzten.[325]	
HABM	**Klage zum EuGH** auf Aufhebung der Entscheidung des EuG nach Art. 56 der Satzung des EuGH	Beschluss über die Erledigung des Rechtsstreits und die Kostentragung durch den **EuGH** nach Rücknahme der Anmeldung durch den Anmelder.[326]	

Übersicht 48: Rechtsbehelfe und Rechtsmittel nach der Gemeinschaftsmarkenverordnung

325 EuG MarkenR 2001, 415 – New Born Baby.
326 EuGH, Rs. C-498/01 P; deutlich gegen die Entscheidung des EuG waren die Schlussanträge des Generalanwalts Jacobs vom 19.2.2004 ausgefallen, im Internet abrufbar unter <http://curia.europa.eu>.

D. Schutzinhalt der Gemeinschaftsmarke

I. Ausschließlichkeitsrecht

1297 Die Gemeinschaftsmarke gewährt ihrem Inhaber ein ausschließliches Recht.[327] Er kann Dritte von der Benutzung eines gleichen oder ähnlichen Zeichens für gleiche oder ähnliche Waren oder Dienstleistungen ausschließen. Ist er Inhaber einer bekannten Marke, genießt er darüber hinaus Schutz vor Verwässerung und Rufausbeutung auch dann, wenn ein Dritter dasselbe oder ein ähnliches Zeichen für andere, unähnliche Waren oder Dienstleistungen benutzt.

1. Kollisionslagen

1298 Die Kollisionslagen sind in Art. 9 GMV beschrieben. Sie entsprechen denen, die Art. 8 Abs. 1, 5 GMV im Rahmen der relativen Eintragungshindernisse beschreibt und folgen damit – wie die harmonisierten nationalen Markenrechtsordnungen[328] – dem in der Markenrechtsrichtlinie[329] entworfenen System. **Auf die Ausführungen zum nationalen Markenschutz kann daher verwiesen werden.**[330]

1299 Nach diesem System ist der auf der Gemeinschaftsmarke beruhende Unterlassungsanspruch im **Identitätsbereich** – das heißt bei der Verwendung identischer Zeichen für identische Waren oder Dienstleistungen – absolut und an keine weiteren Voraussetzungen gebunden. In den Fällen bloßer **Ähnlichkeit** der kollidierenden Zeichen und/oder der betroffenen Waren bzw. Dienstleistungen entscheidet die **Verwechslungsgefahr** über die Reichweite des Ausschließlichkeitsrechts. Ist die Gemeinschaftsmarke eine »bekannte«, ist sie hinsichtlich der Waren und Dienstleistungen auch außerhalb des Ähnlichkeitsbereiches[331] gegen **Rufausbeutung und Verwässerung** geschützt[332].

2. Verwechslungsgefahr

1300 Verwechslungsgefahr beschreibt in erster Linie die Gefahr, dass das Publikum die mit dem ähnlichen Zeichen versehene Ware oder Dienstleistung derselben betrieblichen Herkunft zuordnet, auf die die Gemeinschaftsmarke verweist oder zumindest irrig annimmt, dass die betreffenden Waren oder Dienstleistungen aus wirt-

---

327 Art. 9 Abs. 1 Satz 1 GMV; einen Überblick über die Rechtsdurchsetzung der Gemeinschaftsmarke gibt *Knaak* GRUR 2001, 21 ff.
328 Vgl. § 9 Abs. 1, § 14 Abs. 2 MarkenG; oben Rn. 658 ff., 870 ff.
329 Dort Art. 4, 5.
330 Oben Rn. 870 ff.
331 Und »erst Recht« innerhalb, vgl. dazu EuGH MarkenR 2003, 61 – Davidoff/Gofkid Ltd.
332 S. dazu Art. 9 Abs. 1 lit. c GMV sowie oben Rn. 761 ff.

schaftlich miteinander verbundenen Unternehmen stammen.[333] Damit ist die **Herkunftsfunktion**[334] der Marke Gegenstand des markenrechtlichen Schutzes.

Mit dem Hinweis des Art. 9 Abs. 1 lit. b Halbsatz 2 GMV, die Verwechslungsgefahr schließe die Gefahr ein, »dass das Zeichen mit der Marke **gedanklich in Verbindung** gebracht wird«[335], erfasst die Gemeinschaftsmarkenverordnung auch die »mittelbaren« Fälle der Verwechslung: Der Verkehr geht hier davon aus, die mit dem ähnlichen Zeichen versehene Ware oder Dienstleistung stamme aus derselben Quelle – nicht, weil er das eine Zeichen für das andere hält, sondern weil er die (erkannten) Unterschiede beider Zeichen – etwa als Abwandlungen eines Serienzeichens[336] – für unerheblich erachtet oder auf Grund der (erkannten) bloßen Ähnlichkeit des verwendeten Zeichens mit der Gemeinschaftsmarke zumindest von einer unternehmerischen Verbundenheit der jeweiligen Hersteller bzw. Anbieter ausgeht[337]. **1301**

In jedem Falle stellt das »gedankliche Inverbindungbringen« der involvierten Zeichen **keine Alternative** zur notwendigen Verwechslungsgefahr dar, sondern bestimmt nur deren Umfang näher.[338] Bereits nach seinem Wortlaut ist Artikel 8 Absatz 1 Buchstabe b GMV deshalb nicht anwendbar, wenn für das Publikum keine Verwechslungsgefahr besteht. Eine Verwechslungsgefahr liegt nur dann vor, wenn feststeht, dass der Verbraucher glauben könnte, dass die unter den einander gegenüberstehenden Marken verkauften Waren aus demselben Unternehmen oder gegebenenfalls aus wirtschaftlich miteinander verbundenen Unternehmen stammen.[339] **1302**

Die auf der Ähnlichkeit von Zeichen beruhende Verwechslungsgefahr kann nicht nur unter gleichartigen Marken (Ein- und Mehrwortmarken, Bildmarken, Farbmarken, Hörmarken, Kombinationszeichen usw.) gegeben sein, sondern auch dann, wenn etwa eine Bildmarke denselben **Sinngehalt** transportiert, den eine Wort- oder Wort-/Bildmarke ausdrückt.[340] Wortmarken können sich »zum Verwechseln ähneln«, wenn sie zwar unterschiedlich geschrieben, aber gleich oder ähnlich ausgesprochen werden. Die **phonetische** Erscheinung ist ebenso beachtlich wie die **grafische** Aufmachung, die **Farbgebung** usw. Dies insbesondere deshalb, weil der Verkehr nur selten beiden Zeichen gleichzeitig begegnet, sodass das geschützte Zeichen im Augenblick der Wahrnehmung des kollidierenden Zeichens regelmäßig nur erinnert wird.[341] **1303**

333 Vgl. aus der Rspr. des EuG MarkenR 2006, 431 – Echinaid/Echinacin; GRUR Int. 2005, 705 – GRUPO SADA; GRUR Int. 2005, 914 – ALADIN; aus der Rspr. des EuGH MarkenR 2006, 160 – ZIHR/SIR, GRUR 1998, 387 – Springende Raubkatze (Sabél); MarkenR 2000, 255 – Marca Mode; MarkenR 1999, 236 – Lloyd/Loint's.

334 S. oben Rn. 65 ff.

335 S. dazu *Krüger* GRUR 1995, 527 ff.

336 S. oben Rn. 52 ff.

337 OLG Hamburg, Magazindienst 2006, 69–82 – DBA/DB; zu den von der deutschen Rechtsprechung zum WZG entwickelten Kategorien der mittelbaren Verwechslungsgefahr und der Verwechslungsgefahr im weiteren Sinne *Fezer* Markenrecht, zu § 14 MarkenG Rn. 136 ff.

338 EuGH GRUR 1998, 387 – Springende Raubkatze (Sabél).

339 HABM GRUR-RR 2005, 221 – 7900/790.

340 Übereinstimmungen im Sinngehalt begründen aber keinesfalls zwingend eine Verwechslungsgefahr; s. dazu EuGH GRUR 1998, 387, 390 – Springende Raubkatze (Sabél).

341 EuGH MarkenR 1999, 236 Tz 26– Lloyd/Loint's.

1304 Aus der Rechsprechung des EuGH lassen sich die folgenden Grundsätze zur Beurteilung der Verwechslungsgefahr ableiten:

- Die Gefahr der Verwechslung ist unter **Berücksichtigung aller Umstände des Einzelfalls** umfassend zu beurteilen.[342]
- Ob Verwechslungsgefahr gegeben ist, ist mittels einer umfassenden Beurteilung der **schriftbildlichen, klanglichen und begrifflichen** Ähnlichkeit der Marken auf der Grundlage des Gesamteindrucks der Marken zu bestimmen. Dabei sind insbesondere die unterscheidungskräftigen und dominierenden Elemente der Marken zu berücksichtigen. Danach kann einerseits Verwechslungsgefahr in **einer** der drei Kategorien ausreichend sein,[343] andererseits können die begrifflichen und visuellen Unterschiede zwischen zwei Zeichen die zwischen ihnen bestehenden klanglichen Ähnlichkeiten **neutralisieren**, wenn zumindest eines der Zeichen eine eindeutige und bestimmte Bedeutung hat.[344]
- Beurteilung der Verwechslungsgefahr impliziert eine **Wechselbeziehung** zwischen den in Betracht kommenden Faktoren, insbesondere der Ähnlichkeit der Marken und der Ähnlichkeit der von ihnen erfassten Waren oder Dienstleistungen.[345] Ein geringer Grad der Ähnlichkeit der erfassten Waren oder Dienstleistungen kann durch einen höheren Grad der Ähnlichkeit der Marken ausgeglichen werden und umgekehrt.[346]
- Die Verwechslungsgefahr ist um so größer, je höher sich die **Kennzeichnungskraft** der älteren Marke darstellt. Deshalb genießen Marken, die – »von Hause aus« oder wegen ihrer Bekanntheit auf dem Markt – eine hohe Kennzeichnungskraft besitzen, einen umfassenderen Schutz als Marken, deren Kennzeichnungskraft geringer ist.[347] Ungeachtet eines geringen Grades der Ähnlichkeit zwischen den Marken kann eine Verwechslungsgefahr gegeben sein, wenn die Ähnlichkeit zwischen den von ihnen erfassten Waren oder Dienstleistungen groß und die Kennzeichnungskraft der älteren Marke hoch ist.
- Bei der Beurteilung der vorgenannten Punkte ist auf einen durchschnittlich informierten, aufmerksamen und verständigen Durchschnittsverbraucher abzustellen, so weit dieser über den Erwerb der Ware oder Dienstleistung entscheidet.[348]

342 EuGH GRUR 1998, 387, 390 – Springende Raubkatze (Sabél).
343 EuGH MarkenR 1999, 236, 239 – Lloyd/Loint's.
344 EuGH MarkenR 2006, 160 – ZIRH/SIR; MarkenR 2006, 67 – Picasso; dazu *Lange* FS Ullmann, S. 269 ff.
345 EuGH MarkenR 1999, 236, 238 f. – Lloyd/Loint's.
346 EuGH MarkenR 1999, 22, 23 – Canon.
347 EuGH GRUR 1998, 387, 390 – Springende Raubkatze (Sabél); EuGH MarkenR 1999, 22, 24 – Canon.
348 Dabei ist, wo einer Gemeinschaftsmarkenanmeldung eine ältere, nationale Marke entgegengehalten wird, auf die Sichtweise der Verbraucher in dem Mitgliedstaat abzustellen, in dem die ältere Marke eingetragen ist; EuG GRUR 2006, 1026 – FERRO/FERRERO.

3. Territoriale Wirkung

Wie in den Fällen relativer Eintragungshindernisse[349] sind auch im Rahmen des Art. 9 GMV Qualitäten wie die »Bekanntheit« einer Gemeinschaftsmarke oder Umstände wie das Vorliegen einer »Verwechslungsgefahr« territorial auf »**die Gemeinschaft**«, mithin den Gemeinsamen Markt als Markt ohne Binnengrenzen bezogen, müssen also nicht in jedem einzelnen Mitgliedstaat vorliegen bzw. nachgewiesen werden. Dabei folgt aus dem Grundsatz der Einheitlichkeit der Gemeinschaftsmarke[350], dass sich auch der Unterlassungsanspruch aus Art. 9 Abs. 1 GMV auf den gesamten Binnenmarkt bezieht.[351] 1305

Wo allerdings ein Zeichen nur lokal beschränkt benutzt wird und da, wo es benutzt wird, keine Gefahr der Verwechslung besteht, während da, wo eine Verwechslungsgefahr angenommen werden darf, wiederum die Benutzung ausgeschlossen werden kann, erscheint es wenig überzeugend, dem Inhaber der »hypothetisch« kollidierenden Gemeinschaftsmarke einen gemeinschaftsweiten Unterlassungsanspruch zuzugestehen. Darauf weisen zu Recht v.Mühlendahl/Ohlgart[352] hin. Solche Konstellationen, die etwa dann nicht unwahrscheinlich sind, wenn sich eine phonetische Verwechslungsgefahr auf einen bestimmten Sprachraum beschränkt, in dem das kollidierende Zeichen nachweislich nicht benutzt wird, können über eine entsprechende Beschränkung des Streitgegenstandes der Unterlassungsklage gelöst werden.[353] Dem Inhaber der Gemeinschaftsmarke bleibt so die Klagemöglichkeit für den Fall erhalten, dass das kollidierende Zeichen später doch an einem Ort benutzt wird, an dem die Verwechslungsgefahr besteht[354]. 1306

4. Verletzungshandlungen

Der Unterlassungsanspruch des Gemeinschaftsmarkeninhabers richtet sich gegen die Benutzung des geschützten Zeichens im Geschäftsverkehr. Art. 9 Abs. 2 GMV nennt dafür **beispielhaft** eine Reihe relevanter Benutzungshandlungen (»insbesondere«): 1307

- das **Anbringen** des Zeichens auf Waren oder deren Aufmachung, 1308
- das **Anbieten** und das **Inverkehrbringen** von Waren unter dem geschützten Zeichen sowie den bloßen Besitz zu diesem Zwecke,
- das Anbieten und das Erbringen von **Dienstleistungen** unter dem geschützten Zeichen,

349 S. oben Rn. 1250 ff., 1281.
350 S. oben Rn. 1165.
351 Die diesbezüglichen Anforderungen sind umstritten; s. dazu *Hye-Knudsen/Schafft* MarkenR 2004, 209 ff., die fünf Lösungen diskutieren; vgl. auch OLG Hamburg GRUR-RR 2005, 251 – The Home Depot/Bauhaus The Home Store.
352 Die Gemeinschaftsmarke, S. 46.
353 Dazu *Hye-Knudsen/Schafft* MarkenR 2004, 209, 211 (»Regional differenzierter Unterlassungsanspruch«).
354 Vgl. *v. Mühlendahl/Ohlgart* S. 47.

- die **Ein- oder Ausfuhr** von Waren unter dem geschützten Zeichen und
- die Verwendung des Zeichens in **Geschäftspapieren** oder in der **Werbung.**

1309 Der Katalog macht – ohne mit den gegebenen Beispielen Vollständigkeit zu beanspruchen – deutlich, dass Gemeinschaftsmarkenverletzungen nicht auf die unmittelbare Verwendung eines Zeichens auf einer Ware zu deren Kennzeichnung beschränkt sind. So werden mit dem »Anbringen auf Aufmachungen« auch die **Verpackungen** erfasst. Weiter von der Ware entfernte Platzierungen, etwa auf Regalen, Displays, Hinweisschildern usw. lassen sich unter die »Verwendung in der Werbung« subsumieren. Die Möglichkeit, das »Anbieten«, ja sogar den »bloßen Besitz« unbefugt gekennzeichneter Markenware zu diesem Zwecke zu untersagen, erspart dem Inhaber der Gemeinschaftsmarke die Beweisführung, dass die mit seiner Marke versehenen Waren tatsächlich in den Verkehr gebracht werden. Schon die Präsenz des kollidierenden Zeichens auf einer Messe kann deshalb ein Unterlassungsbegehren des Gemeinschaftsmarkeninhabers rechtfertigen[355].

1310 Damit kann der Zeitpunkt einer markenrechtlichen Intervention erheblich vorverlegt und der Eintritt des Schadens verhindert werden, der mit dem Erscheinen der Verletzerware auf dem Markt (oft irreversibel) verbunden ist. Eine »Marktverwirrung« in den betroffenen Verkehrskreisen kann erst gar nicht entstehen. Ähnlich liegt es in den Fällen der Ein- oder Ausfuhr. Der Inhaber der Gemeinschaftsmarke muss nicht zuwarten, bis die Verletzerware tatsächlich auf den (Inlands-)Markt gelangt. Der bloße Beispielscharakter der Aufzählung in Art. 9 Abs. 2 GMV erlaubt es, zudem auch Fälle der **Durchfuhr** – gleichsam als eine Kombination von Ein- und Ausfuhr – zu erfassen[356]. Der EuGH hat allerdings zu Art. 5 Abs. 1, 3 MarkenRL entschieden, der Inhaber einer Marke könne die Durchfuhr von mit der Marke versehenen Waren, die auf dem Weg in einen Mitgliedstaat, in dem die Marke **nicht** geschützt ist, in das externe Versandverfahren überführt würden, durch einen anderen Mitgliedstaat, in dem diese Marke Schutz genießt, nur verbieten, wenn diese Waren Gegenstand der Handlung eines Dritten seien, die vorgenommen werde, während für die Waren das externe Versandverfahren gelte, und die notwendig das Inverkehrbringen in diesem Durchfuhrmitgliedstaat bedeute. Dabei komme es grundsätzlich weder darauf an, ob die für einen Mitgliedstaat bestimmte Ware aus einem assoziierten Staat oder einem Drittstaat stamme, noch darauf, ob die Ware im Ursprungsland rechtmäßig oder unter Verletzung eines dort bestehenden Kennzeichenrechts des Markeninhabers hergestellt worden sei.[357]

5. Benutzung als Marke

1311 Ob der Unterlassungsanspruch aus Art. 9 GMV eine »**kennzeichenmäßige**« Benutzung der Gemeinschaftsmarke bzw. eines ähnlichen Zeichens durch den Verletzer verlangt, ist dem Wortlaut der Norm nicht zu entnehmen. Denn eine Benutzung »im Geschäftsverkehr« liegt auch dann vor, wenn etwa das Symbol einer Bildmarke vom Verletzer zu dekorativen Zwecken als Stoffmuster verwendet wird und das so

355 Vgl. EuGH GRUR 2006, 146 zum Merkmal des »Anbietens« in der Gemeinschaft; zum dt. MarkenG vgl. BGH, GRUR 1990, 361, 363 – Kronthaler.
356 *Sack* RiW 1995, 177; *Hacker* MarkenR 2004, 257 ff.
357 EuGH MarkenR 2006, 531 – Diesel.

gestaltete Produkt auf den Markt gelangt. V. Mühlendahl/Ohlgart ist darin zuzustimmen, dass die Reichweite des Ausschließlichkeitsrechts aus der Funktion (bzw. aus den Funktionen) der Marke abgeleitet werden sollte[358]. Wo Herkunfts- und Unterscheidungsfunktion, Werbe-, Qualitäts- oder Vertrauensfunktion der Gemeinschaftsmarke leiden, muss auch die nicht unmittelbar markenmässig kennzeichnende Verwendung des geschützten Zeichens als relevante Benutzung erfasst werden.

Die Grenzziehung zwischen einer abwehrfähigen Benutzung der Gemeinschaftsmarke »als Marke« und einer zulässigen, sonstigen Nutzung des involvierten Zeichens wird aus den Entscheidungen »**Hölterhof**« und »**Arsenal**« des EuGH deutlich. In der erstgenannten hat der EuGH entschieden, dass sich der Inhaber einer Marke nicht auf sein Ausschließlichkeitsrecht berufen kann, **1312**

- wenn ein Dritter im Rahmen eines Verkaufsgesprächs die Herkunft der Ware aus seiner eigenen Produktion offenbart und
- wenn er das betreffende Zeichen ausschließlich zur Kennzeichnung der besonderen Eigenschaften der von ihm angebotenen Ware verwendet, sodass ausgeschlossen ist, dass die benutzte Marke im Verkehr als betriebliches Herkunftszeichen aufgefasst wird.

In einem solchen Fall beeinträchtige die Benutzung der Marke keine der Interessen, deren Schutz das Gemeinschaftsrecht (im entschiedenen Falle: die MarkenRL) bezwecke.[359]

Der Kläger des Ausgangsverfahrens war Inhaber zweier in Deutschland für »Diamanten zur Weiterverarbeitung als Schmuckwaren« und für »Edelsteine zur Weiterverarbeitung als Schmuckwaren« eingetragener Marken, »Spirit Sun« und »Context Cut«. Die beiden Arten von Erzeugnissen, die unter diesen Marken vertrieben wurden, zeichneten sich durch einen besonderen Schliff aus. Der Beklagte hatte die beiden Marken im Rahmen eines Verkaufsgesprächs allein dazu verwendet, die Art des Schliffs der von ihm zum Kauf angebotenen Edelsteine zu kennzeichnen. Auf dem Lieferschein und der Rechnung für den Kauf dieser Steine war nicht auf die Marken Spirit Sun und Context Cut Bezug genommen, vielmehr waren die Waren als »Rhodoliten« bezeichnet worden. **1313**

Im zweiten genannten Falle wandte sich der Fußballclub Arsenal FC aus seinen Markenrechten gegen einen Händler von Fußball-Souvenirs und -Fanartikeln, darunter Schals, auf denen fast durchgehend Zeichen abgebildet waren, die unautorisiert auf den Arsenal FC verwiesen. Der Beklagte verteidigte sich unter anderem damit, die verwendeten Zeichen nicht als Marke, sondern als Ausdruck der Wertschätzung und Unterstützung des Inhabers verwendet zu haben. Der EuGH hielt dem entgegen, der Inhaber könne aus der Marke dagegen vorgehen, dass ein Dritter im geschäftlichen Verkehr ein mit der eingetragenen Marke identisches Zeichen für Waren benutze, die mit denjenigen identisch seien, für die die Marke eingetragen sei. Dies werde nicht dadurch in Frage gestellt, dass das betreffende Zeichen im Rahmen dieser Benutzung als Ausdruck der Unterstützung, der Treue oder der Zugehörigkeit gegenüber dem Markeninhaber aufgefasst werde. **1314**

358 S. *v. Mühlendahl/Ohlgart* S. 49 f.
359 EuGH MarkenR 2002, 189 – Hölterhoff/Freiesleben (Spirit Sun).

1315 Das aus der Marke folgende Recht werde ausschließlich gewährt, um dem Markeninhaber den Schutz seiner spezifischen Interessen zu ermöglichen, d.h., um sicherzustellen, dass die Marke ihre Funktionen erfüllen könne. Die Ausübung dieses Rechts müsse daher auf Fälle beschränkt bleiben, in denen die Benutzung des Zeichens durch einen Dritten **die Funktionen** der Marke und insbesondere ihre Hauptfunktion, die Gewährleistung der Herkunft der Ware gegenüber den Verbrauchern, **beeinträchtige** oder beeinträchtigen könne. Im zu entscheidenden Falle würden die Marken des Fußballclubs aber offenkundig nicht nur zu rein beschreibenden Zwecken benutzt. Angesichts der Aufmachung des Wortes »Arsenal« auf den betroffenen Waren lasse die Benutzung dieses Zeichens den Eindruck aufkommen, dass eine **Verbindung im geschäftlichen Verkehr** zwischen den betroffenen Waren und dem Markeninhaber bestehe. Dieser Schluss werde durch den Hinweis im Verkaufsstand des Beklagten, wonach die betroffenen Waren keine offiziellen Waren des Arsenal FC seien, nicht in Frage gestellt. Denn es lasse sich nicht ausschließen, dass einige Verbraucher das auf den Schals wieder gegebene Zeichen **nach** dem Verkauf als Hinweis auf den Markeninhaber als Herkunftsunternehmen der Waren auffassen könnten.[360]

1316 Aus dieser Rechtsprechung wird deutlich, dass aus der Gemeinschaftsmarke nicht jedwede Nutzung des geschützten Zeichens unterbunden werden kann, dass aber das Ausschlussrecht des Inhabers greift, wenn und sobald eine der zentralen **Funktionen** der Marke tangiert wird. Liegt es so, kommt es nicht darauf an, ob der das Zeichen im Geschäftsverkehr nutzende Dritte daneben auch andere, außerhalb der Funktion einer Marke liegende Zwecke verfolgt. Auch der Hinweis auf eine andere betriebliche Herkunft kann in diesem Falle die Verletzung der Gemeinschaftsmarke nicht »heilen« und mithin einen Unterlassungsanspruch des Inhabers aus Art. 9 GMV nicht hindern.[361]

II. Ansprüche des Inhabers gegen den Verletzer

1317 Ob eine Gemeinschaftsmarke durch die Benutzung eines kollidierenden Zeichens verletzt wird, beurteilt sich nach dem Vorgesagten **ausschließlich nach Gemeinschaftsrecht**. Dagegen sind die prozessualen Ansprüche, die der Inhaber der Gemeinschaftsmarke daraus gegen den Verletzer ableiten kann, **nur teilweise** in der Gemeinschaftsmarkenverordnung selbst normiert. Im Übrigen verweist die Gemeinschaftsmarkenverordnung – in Art. 98 GMV – auf das nationale Markenrecht der Mitgliedstaaten. Nach Art. 14 Abs. 1 Satz 1 GMV bestimmt sich zwar »die Wirkung der Gemeinschaftsmarke ausschließlich nach dieser Verordnung«. Satz 2 fügt dem jedoch an: »Im Übrigen unterliegt die Verletzung einer Gemeinschaftsmarke dem für die Verletzung nationaler Marken geltenden Recht gemäß den Bestimmungen des Titels X.«

360 EuGH MarkenR 2002, 394 – Arsenal FC.
361 Kritisch zu den genannten Entscheidungen *Hotz* GRUR 2003, 993 ff.

1. Verzahnung der Gemeinschaftsmarkenverordnung mit den nationalen Markenrechtsordnungen

Streitigkeiten aus der **Verletzung** von Gemeinschaftsmarken werden, anders als solche um die **Eintragung** eines Zeichens als Gemeinschaftsmarke in das Gemeinschaftsmarkenregister – vor **nationalen Gerichten** ausgetragen. Die in den Mitgliedstaaten für Gemeinschaftsmarken betreffende Kennzeichenstreitsachen zuständigen **Gemeinschaftsmarkengerichte**[362] wenden sowohl Gemeinschafts- als auch nationales Markenrecht an. Sie entscheiden in allen Fragen, die nicht durch die GMV erfasst werden, nach ihrem nationalen Recht »einschließlich ihres internationalen Privatrechts.«[363] Im Falle der Verletzung einer Gemeinschaftsmarke sprechen sie die Unterlassungsverpflichtung des Verletzers nach Gemeinschaftsrecht aus und treffen »…ferner nach Maßgabe (…) innerstaatlichen Rechts die erforderlichen Maßnahmen, um sicher zu stellen, dass dieses Verbot befolgt wird«.[364] »In Bezug auf alle anderen Fragen« wenden die Gemeinschaftsmarkengerichte »das Recht des Mitgliedstaates, einschließlich dessen internationalen Privatrechts, an, in dem die Verletzungshandlungen begangen worden sind oder drohen.«[365] 1318

Daraus folgt für die Sanktionsmöglichkeiten des Gemeinschaftsmarkeninhabers eine materielle und prozessuale **Verzahnung** der Gemeinschaftsmarke mit den nationalen Markenrechtsordnungen. Materiell gemeinschaftsrechtlich geregelt sind 1319

- der Unterlassungsanspruch gegen Dritte[366] oder gegen einen »untreuen« Agenten,[367]
- der Anspruch gegen Verleger von Wörterbüchern, Lexika u.ä. auf Kennzeichnung eines darin wieder gegebenen Zeichens als eingetragene Marke[368] sowie
- der Entschädigungsanspruch gegen den Verletzer für Verletzungshandlungen in der Zeit zwischen (Veröffentlichung der) Anmeldung und (Veröffentlichung der) Eintragung.[369]

2. Anspruch auf »angemessene Entschädigung« bei Verletzung vor Eintragung der Gemeinschaftsmarke

Der letztgenannte Anspruch auf »angemessene Entschädigung« für Verletzungen der Gemeinschaftsmarke zwischen Anmeldung und Eintragung erklärt sich daraus, dass die Gemeinschaftsmarke nach der Gemeinschaftsmarkenverordnung 1320

362 Art. 91, 101 GMV; eine Liste der Gemeinschaftsmarkengerichte erster und zweiter Instanz kann im Internet unter <http://oami.europa.eu/pdf/mark/ctmcourts.pdf> abgerufen werden; die Adressen finden sich unter <http://oami.europa.eu/pdf/mark/ctmcourts_addreses.pdf>; s.a. die Mitteilung des Präsidenten des HABM Nr. 10/05 v. 28.11.2005; dazu *Munzinger/Traub* GRUR 2006, 33 ff.

363 Art. 97 Abs. 2 GMV.

364 Art. 98 Abs. 1 Satz 2 GMV.

365 Art. 98 Abs. 2 GMV.

366 Art. 9 Abs. 1, 2 GMV.

367 Art. 11 GMV.

368 Art. 10 GMV; zur parallelen Regelung des MarkenG s. oben Rn. 915 f.

369 Art. 9 Abs. 3 Satz 2 GMV.

Dritten erst nach der Veröffentlichung ihrer Eintragung entgegengehalten werden kann[370]. Der Inhaber kann mithin Verletzungen vor diesem Zeitpunkt nicht mit einer Klage auf Unterlassung begegnen.[371]

1321 Da die Zeitspanne zwischen Anmeldung und Eintragung infolge des vorgeschalteten Widerspruchsverfahrens[372] leicht erhebliche Ausmaße annehmen kann, ist die mögliche Verpflichtung auf Leistung angemessener Entschädigung die einzige Sanktion, die den Verletzer in diesem Zeitraum von der Verwendung des kollidierenden Zeichens abhalten kann. Freilich steht der Entschädigungsanspruch – materiell – unter der Voraussetzung, dass die Benutzung durch den Beklagten nach der Eintragung der Gemeinschaftsmarke untersagt werden könnte und führt prozessual ggf. zu einer Aussetzung des Verfahrens bis zur Eintragung der Marke des Klägers: bis dahin darf das Gericht keine Entscheidung in der Hauptsache treffen.[373]

3. Weitere Ansprüche nach nationalem Recht

1322 Über die genannten, gemeinschaftsrechtlichen Ansprüche hinaus hat der Inhaber einer Gemeinschaftsmarke die Ansprüche gegen den Verletzer, die ihm das **nationale** Recht des Mitgliedstaates bietet, in dem die Verletzungshandlung begangen wird oder droht. In die nationalen Markenrechtsordnungen wurden dazu »Anschlussnormen« eingefügt, die den Inhaber einer Gemeinschaftsmarke dem Inhaber einer nationalen Marke gleichstellen. Im deutschen Markenrecht ist dies § 125 b MarkenG.

1323 Nach § 125 b Nr. 2 MarkenG stehen dem Inhaber einer Gemeinschaftsmarke neben den Rechten aus der Gemeinschaftsmarkenverordnung »die gleichen Ansprüche

- auf Schadensersatz (§ 14 Abs. 6 und 7 MarkenG),
- auf Vernichtung (§ 18 MarkenG) und
- auf Auskunfterteilung (§ 19 MarkenG) zu

wie dem Inhaber einer nach diesem Gesetz eingetragenen Marke«[374]. Anträge auf Beschlagnahme bei der Einfuhr und Ausfuhr können von Inhabern eingetragener Gemeinschaftsmarken in gleicher Weise gestellt werden wie von Inhabern nach dem Markengesetz eingetragener Marken. Die §§ 146 bis 149 MarkenG sind entsprechend anzuwenden.[375]

370 Art. 9 Abs. 3 Satz 1 GMV; s. jedoch, für den Widerspruch aus einer Gemeinschaftsmarkenanmeldung, Art. 42 Abs. 1 lit. a, Art. 8 Abs. 2 lit. b GMV.
371 Zum einstweiligen Rechtsschutz s. Art. 99 GMV sowie *Schafft* WRP 2005, 986 ff.
372 S. oben Rn. 1250 ff.
373 Art. 9 Abs. 3 Satz 3 GMV.
374 § 125 b Nr. 2 MarkenG; zu den einzelnen Ansprüchen siehe oben Rn. 917 ff.
375 § 125 b Nr. 6 MarkenG.

Anbindung der GMV an die nationalen Markenrechtsordnungen 1324

Gemeinschaftsmarkenverordnung	GMV (Art.)	**Nationale Markenrechtsordnungen** (hier: D)	MarkenG (§§)
Ausschließliches Recht aus der Gemeinschaftsmarke	9 Abs. 1		
Kollisionslagen, Verletzungshandlungen	9 Abs. 1 9 Abs. 2		
»Anschlussnorm«: § 125 b Markengesetz[376]			
Verweisung nach Art. 14, 98 Abs. 2 GMV			
• Unterlassungsanspruch	9 Abs. 1, Abs. 2	• Auskunftsanspruch	125 b Nr. 2, 19
• Entschädigungsanspruch	9 Abs. 3 Satz 2	• Schadenersatzanspruch	125 b Nr. 2, 14 Abs. 6, 7
• Anspruch auf Hinweis in Lexika u.ä.	10	• Beschlagnahme	125 b Nr. 6, 146–149
• Unterlassungsanspruch gegen »Agent illoyal«	11	• Vernichtungsanspruch	125 b Nr. 2, 18

Übersicht 49: Ansprüche aus der Gemeinschaftsmarke nach europäischem und nationalem (hier: deutschem) Markenrecht

III. Zuständigkeit der Gemeinschaftsmarkengerichte

Für Verletzungsklagen aus der Gemeinschaftsmarke sowie für Angriffe auf die Gemeinschaftsmarke, die nicht vor dem Amt, sondern im Rahmen einer (Löschungs-)Widerklage[377] geführt werden, sind die von den Mitgliedstaaten nach Art. 91 GMV zu benennenden Gemeinschaftsmarkengerichte zuständig[378]. Die Gemeinschaftsmarkenverordnung garantiert zwei Instanzen, ohne den Mitgliedstaaten weitere Instanzen zu verwehren[379]. 1325

376 Für das Verfahrensrecht besteht eine parallele Verweisung über Art. 97 Abs. 3 GMV auf das nationale Recht. Die Verweisung in § 125 e Abs. 5 MarkenG auf § 140 Abs. 3 und 4 MarkenG geht allerdings ins Leere, nachdem beide (durch das OLGVertrÄndG 2002) aufgehoben worden sind; die Verweisung auf Abs. 5 zielt nunmehr auf Abs. 3.

377 Siehe unten Rn. 1358 ff.

378 Vgl. § 125 e MarkenG sowie oben Rn. 1318 (Fn. 362); eingehend dazu *Fezer* NJW 1997, 2915.

379 Art. 91 Abs. 1 GMV; die Mitteilungsfrist nach Art. 91 Abs. 2 GMV wurde von den Mitgliedstaaten nicht eingehalten.

1. Sachliche Zuständigkeit

1326 In den in Art. 92 GMV genannten Verfahren sind die **Gemeinschaftsmarkengerichte** ausschließlich zuständig. Dazu zählen

- Verletzungsklagen
- vorbehaltlich der Zulässigkeit nach nationalem Recht:
- Klagen wegen drohender Verletzung sowie
- Klagen auf Feststellung der Nichtverletzung (negative Feststellungsklagen)
- Klagen auf Zahlung angemessener Entschädigung nach Art. 9 Abs. 3 Satz 2 GMV[380]
- Löschungswiderklagen[381].

1327 In anderen Verfahren bestimmt sich die sachliche Zuständigkeit nach nationalem Recht. Gegen die erstinstanzlichen Entscheidungen der Gemeinschaftsmarkengerichte in den Verfahren nach Art. 92 GMV garantiert Art. 101 GMV die Berufung zu den Gemeinschaftsmarkengerichten zweiter Instanz.[382] Hinsichtlich der Formalien sowie weiterer Instanzen verweist die Vorschrift wiederum auf das nationale Recht.

2. Internationale und örtliche Zuständigkeit

1328 Die **internationale** Zuständigkeit der Gemeinschaftsmarkengerichte der Mitgliedstaaten ist in Art. 93 GMV geregelt[383]. Das Europäische Gerichtsstands- und Vollstreckungsübereinkommen[384] bleibt danach zwar in seinem Geltungsbereich »vorbehalten«, tritt aber hinsichtlich der örtlichen Zuständigkeit hinter die Regelungen des Art. 93 Abs. 2, 3 GMV zurück.[385]. Die internationale Zuständigkeit knüpft nach der GMV zunächst

- an den Wohnsitz (hilfsweise: die Niederlassung) des **Beklagten** innerhalb der Gemeinschaft an,

---

380 S. oben Rn. 1320 f.

381 S. dazu unten Rn. 1358 ff.

382 S. oben Rn. 1318 (Fn. 362).

383 S. dazu *Knaak* GRUR Int. 1997, 866, 870.

384 Art. 90 Abs. 1 GMV; das EuGVÜ ist mit Wirkung vom 1.3.2002 weit gehend durch die Verordnung über die gerichtliche Zuständigkeit und die Anerkennung und Vollstreckung von Entscheidungen in Zivil- und Handelssachen (EuGVVO) ersetzt worden (VO Nr. 44/2001 des Rates vom 22. Dezember 2000 (ABl Nr. L 12 vom 16.1.2001, S. 1, ber. in ABl Nr. L 307 vom 24.11.2001, S. 28). Das EuGVÜ bleibt nur noch für und im Verhältnis zu Dänemark sowie einige überseeische Gebiete anwendbar (Art. 1 Abs. 3, 68 Abs. 1 EuGVVO). Die EuGVVO enthält u.a. Bestimmungen zur (zulässigen) **Gerichtsstandsvereinbarung** (Art. 23, 24) sowie zum **Gerichtsstand infolge rügeloser Einlassung** (Art. 24).

385 Art. 93 Abs. 1 Satz 1, Art. 90 GMV; die EuGVVO wird insbesondere im Hinblick auf die Vollstreckung der Entscheidungen der Gemeinschaftsmarkengerichte bedeutsam, zu der sich die Gemeinschaftsmarkenverordnung nicht verhält.

- wo es daran fehlt, an den Wohnsitz (hilfsweise: die Niederlassung) des **Klägers**,
- wo es auch daran fehlt, an den Sitz des **Harmonisierungsamts**.

Alternativ erlaubt Art. 93 Abs. 5 GMV den Gerichtsstand am **Ort der Verletzungshandlung**[386]. Bei der Wahl unter den Gerichtsständen des Art. 93 GMV ist zu beachten, dass die erstgenannten Zuständigkeiten die sachliche Kompetenz des angerufenen Gemeinschaftsmarkengerichts für die **gesamte** Gemeinschaft begründen[387], während die aus dem Ort der Verletzungshandlung abgeleitete Zuständigkeit auf den **jeweiligen** Mitgliedstaat begrenzt[388] ist. Wer Verletzungen einer Gemeinschaftsmarke in **mehreren** Mitgliedstaaten in **einem** Verfahren begegnen will, muss deshalb einen die Zuständigkeit nach Art. 93 Abs. 1 bis 3 GMV wahrenden Gerichtsstand wählen oder eine Gerichtsstandvereinbarung treffen. Versäumt er dies, kann nur mehr die rügelose Einlassung des Beklagten helfen. Für die **örtliche** Zuständigkeit innerhalb eines Mitgliedstaates ist dessen **nationales** Prozessrecht maßgeblich. 1329

E. Nichtigkeit und Verfall

Wie eine nationale Marke kann auch die Gemeinschaftsmarke in den Konstellationen der Nichtigkeit und des Verfalles angegriffen werden. 1330

- **Nichtigkeit** bezeichnet die Fälle, in denen die Gemeinschaftsmarke bereits **bei ihrer Anmeldung** wegen absoluter, von Amts wegen zu berücksichtigender Eintragungshindernisse nicht hätte eingetragen werden dürfen oder am Widerspruch eines Inhabers kollidierender, älterer Rechte (relativer Eintragungshindernisse) hätte scheitern können. Nichtigkeit setzt jedoch voraus, dass das jeweilige Eintragungshindernis auch noch aktuell besteht: nachträglich entstandene Schutzhindernisse können die Nichtigkeit einer Gemeinschaftsmarke regelmäßig ebenso wenig begründen wie nachträglich entfallene. Im Übrigen ist die Geltendmachung der Nichtigkeit aber nicht befristet und findet erst in der Verwirkung infolge Duldung eine zeitliche Grenze.[389] 1331
- **Verfall** dagegen bezeichnet Lagen, in denen die zunächst gegebene Schutzfähigkeit der Gemeinschaftsmarke **nachträglich** weggefallen ist. 1332

Dem entsprechend kann im ersteren Falle die Marke als von Anfang an[390] (»ex tunc«) für **nichtig** erklärt werden, im letzteren **verfallen** ihre Wirkungen für die Zukunft (»ex nunc«)[391]. Der Angriff auf die Gemeinschaftsmarke wegen Nichtigkeit oder Verfalls kann 1333

386 Dieser Gerichtsstand ist logischerweise nicht eröffnet, wo eine Klage auf Feststellung der Nichtverletzung in Rede steht.
387 Art. 94 Abs. 1, 98 Abs. 1 GMV.
388 Art. 94 Abs. 2 GMV; kommt es vor dem nach Art. 93 Abs. 5, Art. 94 Abs. 2 GMV angerufenen Gemeinschaftsmarkengericht zu einer Widerklage, entfaltet die Entscheidung über den Bestand der klägerischen Gemeinschaftsmarke dessen ungeachtet gemeinschaftsweite Wirkung.
389 S. dazu unten Rn. 1372 ff.
390 Art. 54 Abs. 2 GMV; die Rückwirkung lässt jedoch Entscheidungen aus früheren Verletzungsverfahren und bereits erfüllte Verträge nach Maßgabe des Abs. 3 lit. a und b unberührt.
391 Art. 54 Abs. 1 GMV; maßgeblich ist grundsätzlich der Zeitpunkt der Antragstellung bzw. der Erhebung der Widerklage; ein früherer Zeitpunkt kann gegebenenfalls auf Antrag einer Partei in der Entscheidung festgesetzt werden.

- mit **Antrag** zum Harmonisierungsamt (auf Erklärung der Nichtigkeit/des Verfalls) oder
- im Rahmen einer **Widerklage**[392] innerhalb eines Verletzungsverfahrens, das der Inhaber der Gemeinschaftsmarke vor einem Gemeinschaftsmarkengericht eines Mitgliedsstaates gegen den Widerkläger führt, sowie
- (nur) in den in Art. 95 Abs. 3 GMV genannten Fällen auch als bloße **Einrede** gegen eine Verletzungsklage[393]

erfolgen. Liegen die Voraussetzungen für Nichtigkeit oder Verfall nur im Hinblick auf einen Teil der Waren oder Dienstleistungen vor, für die die Gemeinschaftsmarke eingetragen ist, wird sie auch nur für diesen Teil für nichtig bzw. für verfallen erklärt[394].

I. Nichtigkeitsgründe

1334 Die Gründe der Nichtigkeit teilen sich in absolute und relative. Als absolute Nichtigkeitsgründe bezeichnet die GMV Sachverhalte, die bereits bei der Anmeldung der Gemeinschaftsmarke – als »absolute Eintragungshindernisse« – die Versagung der Eintragung von Amts wegen gerechtfertigt hätten.

1. Absolute Nichtigkeitsgründe

1335 Zu den absoluten Nichtigkeitsgründen des Art. 51 GMV zählen die Eintragungshindernisse nach Art. 7 GMV sowie die »Bösgläubigkeit des Anmelders bei der Anmeldung«.[395] Während mit den erstgenannten Nichtigkeitsgründen Fehler des Amtes bei der Eintragung korrigiert werden können, erlaubt der Nichtigkeitsgrund der »Bösgläubigkeit«, auf Konstellationen zu reagieren, in denen nachträglich offenbar wird, dass die Eintragung zu missbräuchlichen Zwecken erfolgte. So liegt es etwa, wo eine Eintragung ohne eigene Verwendungsabsicht ausschließlich erfolgt, um einem Dritten den Marktzugang zu vereiteln[396]. Bösgläubig handelt danach auch, wer in Geschäftsbeziehungen mit einem anderen steht und eine ausländische Marke seines Geschäftspartners als Gemeinschaftsmarke anmeldet.[397] Generell muss allerdings beachtet werden, dass das europäische Markenrecht – und in der

392 Vgl. Art. 96 GMV sowie unten Rn. 1358 ff.; wo eine (Löschungs-)Widerklage nicht erhoben wird, haben die Gemeinschaftsmarkengerichte grundsätzlich von der Rechtsgültigkeit der (klägerischen) Gemeinschaftsmarke auszugehen, Art. 95 Abs. 1 GMV.

393 In den in Art. 95 Abs. 3 GMV genannten Fällen entfaltet die gerichtliche Entscheidung nur Wirkung »inter partes«, führt also nicht zu einer allgemein gültigen Entscheidung über den Bestand der Gemeinschaftsmakre; s. dazu auch unten Rn. 1360 (Übersicht 50).

394 Art. 50 Abs. 2, 51 Abs. 3, 52 Abs. 5 GMV; sehr ausführlich zum Verfahren *Meister* WRP 2003, 297 ff.

395 S. oben Rn. 1182 ff.; auf die vormals in Art. 51 GMV erfasste »Inhaberqualität« konnte verzichtet werden, nachdem Art. 5 GMV neu gefasst wurde; s. dazu oben Rn. 1172 f.

396 Zur Besetzung eines »Trendbegriffs«, dessen generische Verwendung sich in Fachkreisen abzeichnet, HABM Mitt 2002, 370 – DLC.

397 HABM Mitt 2001, 225 – BE NATURAL.

Folge auch das nationale, deutsche Markengesetz – die Eintragung einer Marke nicht an das Vorhandensein eines Geschäftsbetriebes knüpft, weshalb aus dem Fehlen eines solchen Betriebes allein nicht auf die Bösgläubigkeit des Anmelders geschlossen werden darf; nichts anderes gilt, wenn der Anmelder die in einer Anmeldung bezeichneten Waren oder Dienstleistungen aktuell nicht herstellt, vertreibt oder anbietet.[398]

Der Anknüpfung der absoluten Nichtigkeitsgründe an die absoluten, das heißt von Amts wegen und bei der Eintragung zu berücksichtigenden Eintragungshindernisse entsprechend **1336**

- kann der Antrag auf Erklärung der Nichtigkeit in den Fällen des Art. 50 GMV von jeder natürlichen oder juristischen Person sowie jedem Interessenverband von Herstellern, Erzeugern, Dienstleistungsunternehmen, Händlern oder Verbrauchern, der nach nationalem Recht prozessführungsbefugt ist, gestellt werden[399];
- muss der Antrag erfolglos bleiben, wenn eines der Eintragungshindernisse nach Art. 7 Abs. 1 lit. b, c, oder d GMV durch entsprechende Benutzung des Zeichens im Verkehr im Sinne des § 7 Abs. 3 GMV nachträglich überwunden wurde[400];
- muss der Antrag erfolglos bleiben, wenn eines der Eintragungshindernisse des Art. 7 GMV nicht zum maßgeblichen Zeitpunkt der Eintragung bestand, sondern erst zu einem späteren Zeitpunkt gegeben ist.[401]

Sowohl der Fall der nachträglichen Überwindung eines anfänglich bestehenden Eintragungshindernisses als auch der der nachträglichen Entstehung eines anfänglich nicht gegebenen Eintragungshindernisses wird mithin zu Gunsten des Bestandes der Gemeinschaftsmarke gelöst. Dieser Regelung entspricht es, auch bei den nachfolgend beschriebenen relativen Nichtigkeitsgründen die Fälle, in denen das für den Nichtigkeitsantrag angeführte Recht seinen materiellen Vorrang gegenüber der angegriffenen Gemeinschaftsmarke erst **nachträglich** erlangt[402] oder aber zwischenzeitlich verloren hat[403], zu Gunsten des Bestandes der Gemeinschaftsmarke und damit einer Koexistenz beider Marken zu lösen. **1337**

2. Relative Nichtigkeitsgründe

Als relative Nichtigkeitsgründe werden zum einen die Rechte bezeichnet, die im Eintragungsverfahren der Gemeinschaftsmarke zum Widerspruch gegen die veröffentlichte Anmeldung berechtigt hätten. Art. 52 Abs. 1 GMV nimmt auf die »älteren **1338**

---

398 Zur Bewertung mangelnden »Benutzungswillens« HABM Mitt. 2001, 224 – TRILLIUM; dazu *Meister* Mitt. 2001, 225.
399 Art. 55 Abs. 1 lit. a GMV, zum Antragsinhalt siehe Regel 37 GMDV.
400 Art. 51 Abs. 2 GMV; s. oben Rn. 1195 ff.
401 *Ekey/Klippel/Bender* Art. 51 Rn. 5.
402 So liegt es etwa, wenn die ältere Marke erst nach Eintragung der angegriffenen Gemeinschaftsmarke eine »bekannte« wurde und nur die Bekanntheit den Vorrang zu begründen vermag.
403 So liegt es etwa, wenn die zur Begründung des Vorranges der älteren Marke notwendige »Bekanntheit« wohl zum Zeitpunkt der Eintragung der Gemeinschaftsmarke, dagegen nicht mehr zum Zeitpunkt des Antrages auf Nichtigerklärung gegeben ist.

Rechte« Bezug, die in Art. 8 Abs. 2 bis 4 GMV als »relative Eintragungshindernisse« benannt werden und auf die Art. 42 Abs. 1 GMV (Widerspruch) verweist, und beschreibt auch den Kreis der Antragsberechtigten im Verfahren zur Erklärung der Nichtigkeit parallel zum Kreis der Widerspruchsberechtigten[404].

1339 Der Kreis der relativen Nichtigkeitsgründe ist jedoch nicht auf **Kennzeichenrechte** beschränkt. Art. 52 Abs. 2 GMV nennt vielmehr **zusätzlich** zu den im Widerspruchsverfahren relevanten Rechten »sonstige ältere Rechte«, insbesondere die Nichtigkeit auf Grund eines »Namensrechts, Rechts an der eigenen Abbildung, Urheberrechts« oder »gewerblichen Schutzrechts«. Auch auf diese Rechte kann ein Nichtigkeitsantrag gestützt werden, wenn und so weit die Benutzung der Gemeinschaftsmarke auf ihrer Grundlage nach dem Gemeinschaftsrecht oder nach jeweiligem nationalem Recht untersagt werden könnte.

1340 Die Kollision einer mehrdimensionalen Gemeinschaftsmarke mit einem nationalen Geschmacksmusterrecht,[405] einer Gemeinschaftswortmarke mit Urheberrechten, einer Gemeinschaftsbildmarke mit dem Recht am eigenen Bild usw. kann mithin nur **nach Eintragung** der Gemeinschaftsmarke im **Nichtigkeitsverfahren**, nicht dagegen nach Veröffentlichung der Anmeldung im Widerspruchsverfahren geltend gemacht werden. Selbstverständlich rechtfertigen diese Rechte die Nichtigerklärung der Gemeinschaftsmarke nur, wenn sie einen besseren Zeitrang genießen, das heißt, »ältere« Rechte sind.

1341 Art. 52 Abs. 4 GMV zwingt den Antragsteller bzw. den Widerkläger, im Nichtigkeitsverfahren **alle** »relativen«[406] Rechte geltend zu machen, die die erstrebte Rechtsfolge stützen: ein zeitlich nachfolgender Nichtigkeitsantrag (eine Widerklage) kann nicht mehr auf Rechte gestützt werden, die bereits im ersten Antrag (der ersten Widerklage) hätten geltend gemacht werden können (sog. **Kumulierungsgebot**). Nach v. Mühlendahl/Ohlgart[407] soll dies sogar dann gelten, wenn ein Recht in einem ersten Nichtigkeitsverfahren mangels ausreichender Benutzung (noch) nicht mit Erfolg hätte geltend gemacht werden können, wohl aber zum Zeitpunkt eines zweiten Verfahrens. Der Wortlaut des Art. 52 Abs. 4 GMV, der alle Rechte ausschließt, die in einem vorgängigen Verfahren zu dessen »Unterstützung« hätten vorgebracht werden können, mag für eine solch weite Auslegung offen sein; der Zweck der Norm, den Inhaber der Gemeinschaftsmarke vor einer missbräuchlichen »Kette« von Nichtigkeitsanträgen zu bewahren, rechtfertigt sie aber nicht.[408]

---

404 Art. 55 Abs. 1 lit. b i.V.m. Art. 42 Abs. 1 GMV.
405 S. dazu *Schäffner* ZEuS 2005, 513 ff.; *Eichmann* MarkenR 2003, 10 ff.
406 Art. 55 Abs. 4 GMV nimmt auf die relativen Nichtigkeitsgründe nach Art. 55 Abs. 1 und 2 GMV Bezug.
407 S. *v. Mühlendahl/Ohlgart* S. 178.
408 S. dazu *Meister* WRP 2003, 297 ff.

Nichtigkeit und Verfall				1342
	Nichtigkeit		Verfall	
Gründe	Absolute Gründe: • Absolute Eintragungshindernisse, Art. 7 GMV • Bösgläubigkeit des Anmelders bei der Anmeldung	Relative Gründe: • Relative Eintragungshindernisse, (Art. 8 GMV) • Sonstige ältere Rechte (Art. 52 Abs. 2 GMV)	• Fünfjährige, ununterbrochene Nichtbenutzung ohne berechtigten Grund • Entwicklung zur Gattungsbezeichnung • Irreführungseignung	
Maßgebl. Zeitpunkt	Anmeldung/Eintragung		Antragstellung/Erhebung der Widerklage	
Antragsberechtigte	Jede natürliche oder juristische Person, prozessfähige Interessenverbände	Inhaber des älteren Rechts, auf das der Antrag gestützt wird	Jede natürliche oder juristische Person, prozessfähige Interessenverbände	
Normen	Art. 51 bis 53, 54 Abs. 2, 3, 55, 56 GMV, Regeln 37 bis 41 GMDV		Art. 50, 54 Abs. 1, 3; 55, 56 GMV, Regeln 37 bis 41 GMDV	
Wirkung	»ex tunc«		»ex nunc«	

Übersicht 50: Erklärung der Nichtigkeit und des Verfalls

II. Verfallsgründe

Art. 50 GMV nennt drei Gründe, auf die ein Antrag auf Verfall gestützt werden kann: die fünfjährige, ununterbrochene Nichtbenutzung der Gemeinschaftsmarke ohne »berechtigten Grund«, die Entwicklung des Zeichens zum Gattungsbegriff und eine nachträglich entstandene Irreführungsgefahr. 1343

1. Verfall und »Benutzungszwang«

Der Verfall infolge mangelnder Benutzung ist der praktisch bedeutsamste Verfallsgrund. Er folgt dem generellen, in Art. 15 GMV beschriebenen, so genannten **Benutzungszwang**: an die fünfjährige, ununterbrochene und nicht durch berechtigte Gründe gerechtfertigte Nichtbenutzung der Gemeinschaftsmarke knüpft die Gemeinschaftsmarkenordnung in verschiedenen Regelungszusammenhängen die Folge, dass die Marke ihre Wirkungen verlieren kann.[409] Für den Inhaber der Ge- 1344

409 Ausf. dazu *Kellerhals* GRUR Int. 1999, 14 ff.

meinschaftsmarke resultiert daraus zwar im Umkehrschluss eine **»Benutzungsschonfrist«** von fünf Jahren, sodann aber der **»Zwang«** zur Benutzung, will er sein Markenrecht nicht verlieren oder zumindest der Gefahr des Verlustes aussetzen. Benutzungszwang und Verfall beugen so einer Aufblähung des Markenregisters mit reinen Vorrats-, Defensiv-, Spekulations- oder gar »Hinterhaltsmarken« vor.

1345 In allen Fällen, in denen der Inhaber Rechte aus der Gemeinschaftsmarke gegenüber Dritten geltend macht, kann ihm die mangelnde Benutzung seiner Marke vom Anspruchsgegner einredeweise[410] oder im Rahmen einer Widerklage[411] entgegengehalten werden; im Übrigen kann jedermann den Antrag vor dem Amt verfolgen, die nicht oder unzureichend benutzte Gemeinschaftsmarke für verfallen erklären zu lassen.[412] Dagegen gibt es keine »Verfallsautomatik« der Art, dass die andauernde Nichtbenutzung von Rechts oder Amts wegen, ohne eine darauf gerichtete Intervention Dritter, zum Verfall des Rechts aus der Marke führte.

1346 Der Inhaber der Gemeinschaftsmarke kann dem drohenden Verfall deshalb nicht nur durch die »ernsthafte« Benutzung »in der Gemeinschaft« vor Ablauf von fünf Jahren vorbeugen, sondern auch – wo bereits eine fünfjährige Nichtbenutzung gegeben ist – die dann eingetretene Löschungsreife jederzeit durch (Wieder-)Aufnahme der Benutzung abwenden:[413] Der Verfall der Rechte aus der Gemeinschaftsmarke kann nicht mehr mit Erfolg geltend gemacht werden, wenn zwar **nach** Ablauf des Fünfjahreszeitraumes, jedoch **vor** Stellung des Antrages auf Erklärung des Verfalls (bzw. vor Erhebung der Widerklage mit diesem Ziel) die Benutzung der Marke ernsthaft begonnen oder wieder aufgenommen wurde.

1347 Die solchermaßen jederzeit mögliche **Heilung** der Löschungsreife ist jedoch ihrerseits aus nahe liegenden Gründen ausgeschlossen, wenn die (Wieder-)Aufnahme der Benutzung

- außerhalb des Fünfjahreszeitraumes ununterbrochener Nichtbenutzung,
- innerhalb von drei Monaten vor der auf Erklärung des Verfalls gerichteten Antragstellung bzw. Widerklage und
- in Kenntnis davon, dass der Antrag gestellt/die Widerklage erhoben werden könnte,

erfolgt[414]. Läge es anders, könnte die Gemeinschaftsmarke auch nach beliebig langer Nichtbenutzung gegen Verfall immunisiert werden, wenn nur auf die Kenntnis eines drohenden Antrages (oder einer drohenden Widerklage) rechtzeitig mit der Aufnahme einer ernsthaften Benutzung in der Gemeinschaft reagiert würde.

410 Etwa im Widerspruchsverfahren gegenüber der Widerspruchsmarke, vgl. Art. 43 Abs. 2 GMV, im Nichtigkeitsverfahren gegenüber der Marke, auf die der Nichtigkeitsantrag gestützt wird, Art. 56 Abs. 2 GMV, sowie in Verletzungsverfahren vor den Gemeinschaftsmarkengerichten gegenüber der Marke, auf die der Unterlassungsanspruch usw. gestützt wird, Art. 95 Abs. 3 i.V.m. Art. 92 lit. a und c GMV.

411 Vgl. Art. 50 Abs. 1 sowie Art. 95 Abs. 1 GMV.

412 Der Kreis der möglichen Antragsteller entspricht dem des Nichtigkeitsverfahrens aus absoluten Nichtigkeitsgründen, Art. 55 Abs. 1 lit. a GMV.

413 Dies folgt aus Art. 50 Abs. 1 lit. a Satz 2 GMV.

414 Art. 50 Abs. 1 lit. a Satz 3 GMV.

a) Ernsthafte Benutzung

Mit dem Kriterium der »Ernsthaftigkeit« können bloße **Scheinbenutzungshandlungen** ausgeschlossen werden[415]; das sind solche, die nach Art, Umfang und Dauer bei einer objektivierenden Betrachtung der wirtschaftlichen Gegebenheiten offensichtlich allein darauf ausgerichtet sind, die Marke zu erhalten, nicht dagegen, sie am Markt in ihren produkt- bzw. dienstleistungsbezogenen Funktionen[416] einzusetzen[417]. 1348

1349

Die Abwendung des Verfalls nach Art. 50 Abs. 1 lit. a GMV durch ausreichende Benutzung der Gemeinschaftsmarke		
ausreichend	**nicht ausreichend**	**GMV**
»Ernsthafte« Benutzung ...	Scheinbenutzung	Art. 50 Abs. 1 lit. a GMV
... des als Gemeinschaftsmarke eingetragenen Zeichens oder Benutzung mit abweichenden Bestandteilen, ohne dass dadurch die Unterscheidungskraft der Marke beeinflusst wird	Benutzung mit abweichenden Bestandeilen, die die Unterscheidungskraft beeinflussen	Art. 15 Abs. 2 lit. a GMV
... durch den Inhaber oder durch einen Dritten mit Zustimmung des Inhabers	Benutzung durch Dritte ohne Zustimmung des Inhabers	Art. 15 Abs. 3 GMV
... in der Gemeinschaft einschließlich des Anbringens der Marke in der Gemeinschaft ausschließlich für den Export	Benutzung außerhalb der Gemeinschaft	Art. 15 Abs. 1 lit. b GMV
... innerhalb eines Zeitraumes von fünf Jahren (oder »berechtigte Gründe« für die Nichtbenutzung)	Nichtbenutzung ohne externen Anlass (»berechtigten Grund«)	Art. 50 Abs. 1 lit. a GMV
Nach fünfjähriger ununterbrochener Nichtbenutzung (Löschungsreife): Heilung jederzeit durch (Wieder-) Aufnahme ernsthafter Benutzung	(Wieder-)Aufnahme der Benutzung innerhalb von drei Monaten vor Stellung eines Vefallsantrages/Erhebung der Widerklage in Kenntnis des drohenden Antrages	Art. 50 Abs. 1 lit. a HS 3 GMV

Übersicht 51: »Ernsthafte Benutzung« zur Abwendung des Verfalls

415 *Laufhütte* Mitt 2003, 473 ff.; *Ubertazzi* GRUR Int. 1995, 474 ff.

416 Insbesondere zur Kennzeichnung, zur Bestimmung der Herkunft einer Ware oder Dienstleistung, als Qualitätsversprechen und zur Werbung für ein Produkt/eine Dienstleistung.

417 Vgl. *v. Mühlendahl/Ohlgart* S. 62, weisen darauf hin, dass nicht jede der in Art. 9 Abs. 2 lit. a bis d beschriebenen Benutzungshandlungen auch eine »ernsthafte« Benutzung im Sinne des Art. 15 GMV darstellen. Dem ist zuzustimmen. Das bloße Vorhalten (»besitzen«) einer Marke im Sinne des Art. 9 Abs. 2 lit. b GMV ist noch keine ausreichende Benutzung zur Abwendung des Verfalls.

1350 Art. 15 GMV erleichtert die rechtserhaltende Benutzung insofern, als

- Abweichungen der benutzten von der eingetragenen Marke, die deren Unterscheidungskraft unbeeinträchtigt lassen, unschädlich sind (Abs. 2 lit. a),
- die Anbringung der Gemeinschaftsmarke auf Waren oder deren Aufmachung ausschließlich für den Export wie eine Benutzung in der Gemeinschaft wirkt (Abs. 2 lit. b) und
- die Benutzung der Gemeinschaftsmarke durch einen Dritten mit Zustimmung des Inhabers[418] als Benutzung durch den Inhaber angesehen wird (Abs. 3).

1351 Die Möglichkeit der geltungserhaltenden Benutzung nach Art. 15 Abs. 2 lit. a GMV stellt sicher, dass eine Gemeinschaftsmarke auch dann vor Verfall geschützt ist, wenn sie im Geschäftsverkehr geringfügig abgewandelt wird – etwa eine Wortmarke hinsichtlich des Schriftbildes –, ohne dass der Inhaber dies zum Anlass genommen hätte, eine Neueintragung zu veranlassen. Sie erlaubt zudem, mehrere eingetragene Marken, deren Kernaussagen sich decken, durch die Benutzung ein- und desselben Zeichens zu erhalten.[419]

1352 Beispiel: Gegen die Anmeldung der Gemeinschaftswortmarke »Online Bus« wird aus der links abgebildeten Bildmarke Widerspruch erhoben. Nachdem der Anmelder nach Art. 43 Abs. 2, 3 GMV den Nachweis für die Benutzung der älteren Marke fordert, reicht der Widerspruchsführer Beweismittel für die Benutzung des rechts abgebildeten Zeichens ein.

BUS
Betreuungsverbund
für Unternehmer
und Selbständige e.V.

Widerspruchsmarke

BUS

Tatsächlich benutztes Zeichen

1353 Das EuG hat hier eine geltungserhaltende Benutzung bejaht. Beide Formen der älteren Marke, die eingetragene wie die benutzte, enthielten den Wortbestandteil »BUS« und einen aus drei verschlungenen Dreiecken bestehenden, unterscheidungskräftigen Bildbestandteil. Dagegen seien die von der abweichenden Darstellung betroffenen Bestandteile – das Schriftbild des Bestandteils »bus« und die Farben der älteren Marke (weiß und schwarz) – weder besonders originell noch ungewöhnlich und daher nicht geeignet, die Unterscheidungskraft dieser Marke zu beeinflussen. Auch der Wortbestandteil der älteren Marke weise nur auf die in Rede stehenden Dienstleistungen hin und sei in Anbetracht seines beschreibenden Charakters und seiner Nebenrolle bei der Ausgestaltung des Zeichens als nicht

418 Typischer Fall ist die Benutzung durch einen Lizenznehmer; auf dessen Eintragung in das Gemeinschaftsmarkenregister nach Art. 22 Abs. 5 GMV kommt es ebenso wenig an wie auf die Rechtsgültigkeit des Lizenzvertrages. Bei konzernverbundenen Unternehmen kann die Zustimmung unterstellt werden.

419 S. dazu oben Rn. 611 ff., 616 f.

unterscheidungskräftig anzusehen. Dem stehe auch nicht entgegen, dass das Weglassen dieses Bestandteils das Akronym »BUS« in der ursprünglichen Markengestaltung seines Sinngehalts beraube. Selbst wenn das maßgebliche Publikum diesen Sinn erkennen sollte, wäre doch die Unterscheidungskraft der Buchstabenfolge »BUS« durch das Weglassen des erklärenden Bestandteils nicht berührt. Das schwarze Quadrat der benutzten Form schließlich, das bei der eingetragenen Form fehle, gehöre zu den geometrischen Grundformen und sei deshalb nicht unterscheidungskräftig. Damit weise die benutzte Form der älteren Marke keine Abweichungen auf, die die Unterscheidungskraft der älteren Marke im Sinne des Art. 15 Abs. 2 lit. a GMV i.V.m. Art. 43 Abs. 2 und 3 GMV beeinflussen könne.[420]

b) »Berechtigte Gründe«

»Berechtigte Gründe«, die der Inhaber der Gemeinschaftsmarke nach Art. 50 Abs. 1 lit. a GMV zur Rechtfertigung einer fünfjährigen, ununterbrochenen Nichtbenutzung und damit zur Abwendung des Verfalls vorbringen kann, sind ausschließlich solche, die **außerhalb** seines eigenen Einflussbereiches und unternehmerischen Marktrisikos liegen. Dazu zählen neben Fällen höherer Gewalt insbesondere überlange Zulassungs- und Genehmigungsverfahren, wie sie etwa im Arzneimittelbereich notorisch sind. Ist der Inhaber der Marke durch solche Verfahren, durch staatliche Maßnahmen u.ä. objektiv an der Platzierung seines Produktes am Markt gehindert, hat er einen »berechtigten Grund« für die Nichtbenutzung[421]. 1354

2. Entwicklung zum Gattungsbegriff, Irreführung

Die weiteren, in Art. 50 Abs. 1 lit. b und c GMV genannten Verfallsgründe – die Entwicklung des Zeichens zum Gattungsbegriff und eine (nachträglich entstandene) Irreführungsgefahr – sind von geringerer praktischer Relevanz. Sachlich handelt es sich um Umstände, die, hätten sie bereits bei der Anmeldung der Gemeinschaftsmarke vorgelegen, der Eintragung als absolute Eintragungshindernisse entgegengestanden hätten[422]. Anders als in den Fällen der Nichtigkeit führt hier der **nachträgliche** Verlust einer Eintragungsvoraussetzung zur Angreifbarkeit der Gemeinschaftsmarke, wenn auch nicht mit rückwirkender Kraft. Wie dort folgt aus dem Grundsatz der Einheitlichkeit der Gemeinschaftsmarke, dass das Vorliegen des Verfallsgrundes in einem relevanten Teil der Gemeinschaft den Verfall der Marke insgesamt auslösen kann. 1355

Die Entwicklung zur **Gattungsbezeichnung** rechtfertigt nur dann die Löschungsreife, wenn sich die Gemeinschaftsmarke »infolge des Verhaltens oder der Untätigkeit« des Inhabers zur gebräuchlichen Bezeichnung für die Waren oder Dienstleistungen entwickelt hat, für die sie eingetragen ist. Daraus folgt – ähnlich dem Benut- 1356

420 EuG GRUR Int. 2006, 232 – BUS.
421 Vgl. dazu auch die Definition in Art. 19 Abs. 1 Satz 2 des TRIPs – Abkommens. Danach sind »berechtigte Gründe« solche Umstände, die »unabhängig vom Willen des Inhabers der Marke eintreten und die ein Hindernis für die Benutzung der Marke bilden, wie zum Beispiel Einfuhrbeschränkungen oder sonstige staatliche Auflagen für durch die Marke geschützte Waren oder Dienstleistungen ...«
422 Art. 7 Abs. 1 lit. c, d GMV; siehe dazu oben Rn. 1182 ff., 1185.

zungszwang im Rahmen des Art. 50 Abs. 1 lit. a GMV – bei drohender Entwicklung einer Marke zur generischen Bezeichnung ein **»Verteidigungszwang«**: der Inhaber ist gehalten, seine Marke rechtzeitig gegen solche Benutzungshandlungen durchzusetzen, die einer generischen Verwendung des Zeichens Vorschub leisten können. Dazu zählt neben dem klassischen Unterlassungsanspruch gegebenenfalls auch der Anspruch auf Kenntlichmachung der Marke als eingetragenes Zeichen in Lexika und Wörterbüchern[423].

1357 Zugleich folgt daraus, dass der **maßgebliche Zeitpunkt** für die Beurteilung der Verwechslungsgefahr im Rahmen eines Unterlassungsbegehrens des Inhabers einer Gemeinschaftsmarke gegen die Benutzung eines ähnlichen Zeichens, das mit seiner Marke kollidiert und geeignet ist, deren Kennzeichnungskraft zu schwächen und einer Entwicklung zur generischen Aussage zu befördern, der Zeitpunkt ist, zu dem die Benutzung des angegriffenen Zeichens **begann**. Würde nämlich die Verwechslungsgefahr zu einem späteren Zeitpunkt beurteilt als dem, zu dem die Benutzung des kollidierenden Zeichens aufgenommen wurde, könnte der Benutzer dieses Zeichens einen ungerechtfertigten Vorteil aus seinem eigenen rechtswidrigen Verhalten ziehen, indem er sich auf eine Schwächung der Unterscheidungskraft der geschützten Marke beriefe, für die er selbst verantwortlich wäre oder zu der er selbst beigetragen hätte.[424]

III. Löschungswiderklagen im Verletzungsprozess und Löschungsverfahren vor dem Amt

1358 Die Löschung einer Gemeinschaftsmarke wegen Nichtigkeit oder Verfall kann auf entsprechenden Antrag vor dem **Harmonisierungsamt** verfolgt werden.[425] Nichtigkeit oder Verfall können aber auch Gegenstand einer Widerklage vor einem **Gemeinschaftsmarkengericht** sein oder im Rahmen einer Verletzungs- oder Entschädigungsklage dem Kläger **einredeweise** entgegengehalten werden. Die letztgenannte Option ist allerdings auf den Einwand des Verfalls der Gemeinschaftsmarke wegen mangelnder Benutzung oder ihre Nichtigkeit infolge eines kollidierenden älteren Rechts beschränkt und entfaltet Wirkung nur unter den Parteien des Verfahrens (»inter partes«)[426].

1359 Daraus folgt, dass rechts- bzw. bestandskräftige Entscheidungen über den Bestand einer Gemeinschaftsmarke nicht nur auf supranationaler Ebene (vor dem HABM, den HABM-BK, dem EuG oder dem EuGH),[427] sondern auch in jedem Mitgliedstaat

---

423 Siehe dazu oben Rn. 1319.
424 EuGH MarkenR 2006, 209, 211 – Levi Strauss/Casucci.
425 S. dazu oben Rn. 1331 ff.
426 Art. 95 Abs. 3 GMV; zu den beiden Varianten *Beyerlein* WRP 2004, 302 ff.
427 Ein Beispiel eines solchen Verfahrensganges gibt EuGH, Rs. C-192/03, EuGHE I 2004, 8993 ff. (Leitsatz und Gründe) – BSS: die Buchstabenfolge war zunächst als Gemeinschaftsmarke für Pharmazeutische Augenheilmittel sowie sterile Lösungen für die Augenchirurgie eingetragen worden; auf Antrag wurde die Marke jedoch gelöscht, weil sie als Abkürzung für »balanced salt solution« (ausgeglichene Salzlösung) beschreibenden Charakter hatte (»im allgemeinen Sprachgebrauch üblich« war) und auch infolge ihrer Benutzung keine Unterscheidungskraft erlangt hatte. Die dagegen gerichteten Rechtsmittel der Inhaberin blieben erfolglos.

(vor einem Gemeinschaftsmarkengericht)[428] ergehen können. Einem materiellen Einfluss nationalen Markenrechts auf den Bestand einer Gemeinschaftsmarke beugt allerdings Art. 96 GMV vor: Die Widerklage auf Erklärung des Verfalls oder der Nichtigkeit kann nur auf die in der GMV geregelten Verfalls- oder Nichtigkeitsgründe gestützt werden.

1360

Verfall und Nichtigkeit vor dem HABM und im nationalen Verletzungsprozess			
Verfahren/Ort	HABM	Gemeinschafts-markengericht	
Verfahrensart	Antragsverfahren auf Verfall oder Nichtigkeit	Widerklage auf Erklärung des Verfalls oder der Nichtigkeit	Einrede des Verfalls oder der Nichtigkeit
Verfalls-/Nichtigkeitsgründe	Art. 50 GMV Art. 51 GMV Art. 52 GMV	Art. 50 GMV Art. 51 GMV Art. 52 GMV	Art. 50 Abs. 1 lit. a, Art. 52 Abs. 1, 2 GMV
Wirkung	»inter omnes«	»inter omnes«	»inter partes«
Instanzenzug	• Beschwerdekammer des HABM (BK) • Gericht erster Instanz (EuG) • Europäischer Gerichtshof (EuGH)	• Landgericht (LG, Gemeinschaftsmarkengericht 1. Instanz)[429] • Oberlandesgericht (OLG, Gemeinschaftsmarkengericht 2. Instanz)[429] • Bundesgerichtshof (BGH)	
Kollisionsregeln	Art. 96 Abs. 2, 4, 6, 7, Art. 100 GMV		–

Übersicht 52: Verfall und Nichtigkeit – Antragsverfahren zum HABM, Widerklage oder Einrede im Verletzungsprozess

Die in der Folge notwendige **Abstimmung** beider Ebenen gewährleisten die Art. 96, 1361
100 GMV:

- Wurde über Verfall oder Nichtigkeit der Gemeinschaftsmarke bereits vor dem Harmonisierungsamt eine unanfechtbare Entscheidung getroffen, ist die auf dasselbe Ziel gerichtete Widerklage vor einem Gemeinschaftsmarkengericht unzulässig, wenn sich dieselben Parteien gegenüberstehen.[430]
- Wird umgekehrt eine Entscheidung eines Gemeinschaftsmarkengerichtes über eine auf Verfall oder Nichtigkeit der Gemeinschaftsmarke gestützte Widerklage rechtskräftig, wird eine Ausfertigung der Entscheidung dem Harmonisierungs-

428 Ein Beispiel eines solchen Verfahrens gibt OLG München WRP 2002, 116 – Mozart (Abweisung der Widerklage), zuvor LG München I WRP 2001, 173 (Nichtigkeit der Gemeinschaftsmarke »Mozart«).
429 S. oben Rn. 1318 (Fn. 362).
430 Art. 96 Abs. 2 GMV.

amt zugestellt und ein Hinweis auf die Entscheidung in das Gemeinschaftsmarkenregister eingetragen[431].

1362 Für den Fall der **Parallelität** der Verfahren hält die Gemeinschaftsmarkenverordnung mehrere Aussetzungsregeln vor:

- Generell setzt ein Gemeinschaftsmarkengericht das bei ihm anhängige Verfahren (mit Ausnahme einer Klage auf Feststellung der Nichtverletzung) von Amts wegen oder auf Antrag einer Partei aus, wenn bereits ein auf Nichtigkeit oder Verfall gerichtetes Verfahren beim Harmonisierungsamt oder eine entsprechende Widerklage bei einem anderen Gemeinschaftsmarkengericht eines Mitgliedslandes anhängig ist[432].
- Unabhängig von einer solchen Anhängigkeit kann das mit einer Löschungswiderklage befasste Gemeinschaftsmarkengericht den Widerkläger auf Antrag des Inhabers der Gemeinschaftsmarke auf das entsprechende Verfahren vor dem Harmonisierungsamt verweisen und dessen Entscheidung abwarten. Kommt der Kläger dieser Aufforderung nicht innert gesetzter Frist nach, gilt seine Widerklage als zurückgenommen[433]. Das Gemeinschaftsmarkengericht kann für die Zeit der Aussetzung einstweilige (Sicherungs-)Maßnahmen anordnen[434].
- Das Harmonisierungsamt seinerseits setzt ein Verfahren wegen Nichtigkeit oder Verfall von Amts wegen oder auf Antrag einer Partei aus, wenn bereits eine entsprechende Widerklage vor einem Gemeinschaftsmarkengericht anhängig ist[435]. Über die Erhebung der Widerklage vor einem Gemeinschaftsmarkengericht ist das Harmonisierungsamt nach Art. 96 Abs. 4 Satz 1 GMV informiert. Das Harmonisierungsamt kann für die Dauer der Aussetzung einstweilige (Sicherungs-)maßnahmen treffen.

1363 Setzt allerdings das nationale Gemeinschaftsmarkengericht seinerseits – auf Antrag einer Partei – das bei ihm anhängige Verfahren aus, wird das beim Harmonisierungsamt anhängige, zuvor ausgesetzte Verfahren fortgesetzt[436].

IV. Klagen aus übereinstimmenden nationalen und Gemeinschaftsmarken

1364 Eine Vielzahl von Gemeinschaftsmarken sind in identischer Form für dieselben oder ähnliche Waren oder Dienstleistungen als nationale Marken bei den Zentralbehörden der Mitgliedstaaten registriert. Im Falle einer Markenverletzung ist es deshalb nicht ausgeschlossen, dass mehrere (Gemeinschafts-)markengerichte verschiedener Mitgliedstaaten – einmal aus der Gemeinschaftsmarke, einmal aus dem nationalen Schutzrecht – angerufen werden. Um divergierenden Entscheidungen vorzubeugen, bestimmt Art. 105 Abs. 1 GMV unter der Voraussetzung, dass die selben Parteien wegen derselben Handlungen streiten,

431 Art. 96 Abs. 6 GMV, Regel 84 Abs. 3 lit. o GMDV.
432 Art. 100 Abs. 1 GMV; s. dazu OLG Hamburg GRUR-RR 2003, 356 – TAE BO.
433 Art. 96 Abs. 7 GMV.
434 Art. 96 Abs. 7 Satz 3, Art. 100 Abs. 3 GMV.
435 Art. 100 Abs. 2 GMV.
436 Art. 100 Abs. 2 Satz 2, 3 GMV.

- im **Identitätsbereich**[437] die **Pflicht** des später angerufenen Gerichts, sich zu Gunsten des zuerst angerufenen Gerichts für unzuständig zu erklären, oder, wenn dessen Zuständigkeit streitig ist, das Verfahren auszusetzen;
- im **Ähnlichkeitsbereich**[438] die **Option** des später angerufenen Gerichts zur Verfahrensaussetzung.

Liegt bereits ein **rechtskräftiges Urteil** wegen der Verletzung einer Gemeinschafts- 1365
marke (oder einer nationalen Marke) vor, wird eine nachfolgende Klage aus einer identischen nationalen Marke (oder einer identischen Gemeinschaftsmarke) für identische Waren oder Dienstleistungen, die wegen derselben Handlungen zwischen denselben Parteien anhängig gemacht wird, abgewiesen[439]. Die vorgenannten Regelungen gelten nicht für einstweilige und Sicherungsmaßnahmen.[440]

F. Schutzdauer, Schutzschranken

I. Eintragungsdauer, Verlängerung

Die Dauer der Eintragung (und damit der Schutz einer Gemeinschaftsmarke) ist auf 1366
10 Jahre beschränkt, kann jedoch wie im nationalen Recht auf Antrag und gegen entsprechende Gebühr **beliebig oft verlängert** werden.[441] Maßgeblich für den Beginn des Fristlaufes ist nach Art. 46 GMV nicht der Tag der Eintragung, sondern der der Anmeldung[442] der Marke. Vom bevorstehenden Ablauf der Schutzfrist unterrichtet das Harmonisierungsamt den Inhaber der Gemeinschaftsmarke sowie die eingetragenen Inhaber von Rechten an der Gemeinschaftsmarke »mindestens sechs Monate vor Ablauf der Eintragung«, ohne allerdings für ein diesbezügliches Unterlassen zu haften und ohne dass ein Versäumnis der Mitteilung den Ablauf der Eintragung hinderte[443].

Ein auf **Verlängerung** gerichteter Antrag muss 1367

- die Angaben nach Regel 30 Abs. 1 lit. a bis e GMDV enthalten und
- die Antragsfrist nach Art. 47 Abs. 3 GMV wahren.

Zudem müssen die **Gebühren** nach Regel 30 Abs. 2 lit. a – c GMDV innerhalb derselben Frist entrichtet werden.

Die Gemeinschaftsmarkenverordnung erlaubt die Verlängerung – Antragstellung 1368
und Gebührenentrichtung – innerhalb eines Zeitraumes von (frühestens) sechs Monaten vor und (spätestens) sechs Monaten nach Ablauf des letzten Tages des Mo-

437 Zu diesem Begriff s. oben Rn. 1298 f.
438 Zu diesem Begriff s. oben Rn. 1300 ff.
439 Art. 105 Abs. 2 und 3 GMV.
440 Art. 105 Abs. 4 GMV.
441 Die Verlängerung kann auch elektronisch vorgenommen werden (»e-renewal«; im Internet unter: <http://oami.europa.eu/de/erenew.htm>); die Gebühr ermäßigt sich dadurch von 1 500 € auf 1 350 €, Art. 2 Nr. 12, 12 a GMGebV (VO (EG) Nr. 2869/95).
442 Vgl. Art. 27 GMV, Regel 5, 9 Abs. 1 GMDV sowie zur genauen Berechnung des Fristablaufes Regel 70 Abs. 3 GMDV.
443 Art. 47 Abs. 2 GMV, Regel 29 GMDV.

nats, in dem die Schutzdauer endet.[444] Im letzteren Falle ist allerdings eine **Zuschlagsgebühr** zu leisten[445]. Versäumt oder unterlässt der Inhaber die Verlängerung, führt der Ablauf der Schutzdauer zur Löschung der Gemeinschaftsmarke im Gemeinschaftsmarkenregister nach Maßgabe der Regel 30 Abs. 4–6 GMDV.

II. Verzicht

1369 Ebenso gut wie der Inhaber einer Gemeinschaftsmarke deren Schutz mit dem Ablauf der Eintragungsdauer (durch Nichtverlängerung) aufgeben kann, steht es ihm zu jedem anderen Zeitpunkt frei, auf die eingetragene Marke – mit Wirkung »ex nunc« – zu verzichten. Die dem Amt gegenüber schriftlich abzugebende, gebührenfreie Erklärung[446] kann sich auf alle oder einen Teil der Waren und Dienstleistungen beziehen, für die die Gemeinschaftsmarke eingetragen ist. Der Verzicht wird mit seiner Eintragung in das Gemeinschaftsmarkenregister wirksam. Nicht selten ist ein (Teil-)Verzicht Gegenstand außergerichtlicher Vereinbarungen, mit denen einem drohenden Nichtigkeitsantrag aus älteren Rechten abgeholfen wird.

1370 Sind dingliche Rechte an der Gemeinschaftsmarke zu Gunsten Dritter in das Register eingetragen, erfolgt die Eintragung nur mit ihrer schriftlichen Zustimmung[447]. Im Falle einer eingetragenen[448] Lizenz ist es dagegen ausreichend, dass der Inhaber glaubhaft macht, dass er den Lizenznehmer von seiner Verzichtsabsicht unterrichtet hat[449]. Der Lizenznehmer kann mithin den Verzicht nicht einseitig verhindern. Der Verzicht wird **drei Monate** nach der Glaubhaftmachung eingetragen und erst mit dieser Eintragung wirksam.[450]

1371 Nach der Eintragung des Verzichts steht dem Inhaber noch die Umwandlung der Marke für die betroffenen Waren- und/oder Dienstleistungen in ein nationales Schutzrecht unter Wahrung der Priorität der Gemeinschaftsmarke nach Art. 108 ff. GMV offen[451]. Verzicht und Umwandlung kommen auch als Reaktion in Verfahren in Betracht, die auf die Löschung der Gemeinschaftsmarke zielen[452]. Diese werden dadurch allerdings nicht ohne weiteres obsolet, weil der Löschungsantrag bzw. eine entsprechende Widerklage auf die Nichtigerklärung der Gemeinschaftsmarke »ex tunc« zielt,[453] während der Verzicht lediglich »ex nunc« wirkt.[454] Gerade an der Fest-

444 Art. 47 Abs. 3 GMV.

445 Die Grundgebühr für die Verlängerung beläuft sich nach Art. 2 Nr. 12 GMGebV auf 1 500 € bzw. 1 350 € bei elektronischer Verlängerung, hinzu kommen ggf. Klassengebühren für die vierte und jede weitere Waren- oder Dienstleistungsklasse in Höhe von 400 € sowie ggf. die Zuschlagsgebühr für die verspätete Zahlung der Verlängerungsgebühr oder wegen verspäteter Stellung des Verlängerungsantrages in Höhe von 25% der nachzuzahlenden Verlängerungsgebühr, jedoch nicht mehr als 1.500 €.

446 Art. 49 Abs. 1, Abs. 2 GMV; den notwendigen Inhalt der Verzichtserklärung gibt Regel 36 Abs. 1 GMDV vor; zur Aufbewahrung von Akten s. Regel 91 Abs. 3 lit. c GMDV.

447 Art. 49 Abs. 3 GMV.

448 Vgl. Art. 22 Abs. 5 GMV.

449 Zur Lizenz an einer Gemeinschaftsmarke s. unten Rn. 1389 ff., 1395 ff.

450 Art. 49 Abs. 2 Satz 2 GMV, Regel 36 Abs. 2 GMDV; weist der Inhaber vor Ablauf der Frist dem Amt die Zustimmung des Lizenznehmers nach, erfolgt die Eintragung des Verzichts sofort.

451 S. oben Rn. 1231 ff., 1233.

452 Eingehend dazu *v. Mühlendahl/Ohlgart* S. 166 f.

453 S. oben Rn. 1358 ff.

454 *Eisenführ/Schennen* Art. 49 Rn. 10; HABM Mitt 2001, 319 – AROMATONIC.

stellung der Nichtigkeit von Anfang an kann aber der Antragsteller/Widerkläger Interesse haben, wenn er für Handlungen in Anspruch genommen wird, die vor der Erklärung des Verzichts liegen.

III. Verwirkung durch Duldung

Der Anspruch aus einer (älteren) Gemeinschaftsmarke auf Nichtigerklärung einer 1372
kollidierenden jüngeren Marke oder auf Unterlassung ihrer Benutzung kann durch Duldung verwirkt werden[455]. Im Verhältnis einer älteren zu einer jüngeren Gemeinschaftsmarke bestimmt Art. 53 Abs. 1 GMV dies für den Fall, dass der Inhaber des älteren Rechts die Benutzung des jüngeren Zeichens

- während eines Zeitraumes von **fünf** aufeinander folgenden Jahren
- in **Kenntnis** der Benutzung

duldet. Mit der Duldung in Kenntnis der Benutzung gibt der Inhaber des älteren Rechts dem Inhaber des jüngeren Rechts begründeten Anlass zu der Annahme, sein Recht ungestört ausüben zu dürfen. Fehlt es an der positiven Kenntnis des Inhabers des älteren Rechts von der Benutzung des jüngeren,[456] scheidet eine Verwirkung der Rechte aus dem älteren Zeichen aus. Hat der Inhaber des jüngeren Rechts seine Marke allerdings in nicht unerheblichem Umfang benutzt, muss die Beweislast einer die Verwirkung ausschließenden Unkenntnis insoweit beim Inhaber des älteren Rechts liegen, als es ihm obliegt, die gegen ihn vorgetragenen Indizien für eine Kenntnis zu entkräften.[457]

Schließlich steht die Verwirkung durch Duldung unter dem Vorbehalt, dass das jün- 1373
gere Recht nicht »**bösgläubig**« angemeldet wurde.[458] Die Erwartung, der Inhaber des älteren Zeichens werde seine Rechte daraus nicht geltend machen, ist nicht schutzwürdig, wenn das jüngere Zeichen seinerseits »missbräuchlich« eingetragen wurde. Die bloße Kenntnis vom Bestehen des älteren Rechts bei der Eintragung des Jüngeren reicht dafür freilich nicht aus. Sie genügen zu lassen, hieße, den sorgfältig recherchierenden Anmelder schlechter zu stellen als den unsorgfältigen.

Wo und in dem Umfang,[459] in dem das ältere Recht verwirkt ist, ergibt sich eine **Ko- 1374
existenz** beider Rechte. Der Angriff mit »umgekehrten Vorzeichen«, das heißt ein Unterlassungsanspruch oder Antrag auf Nichtigerklärung aus dem jüngeren gegen das ältere (»verwirkte«) Recht, ist nach Art. 53 Abs. 3 GMV ausgeschlossen.

Hinsichtlich der Konstellationen, in denen die Verwirkung durch Duldung möglich 1375
ist, muss nach den beteiligten Rechten unterschieden werden. Je nach der Qualität der Rechte, die sich gegenüberstehen, ist die einschlägige Regelung auf europäischer Ebene oder aber im jeweiligen nationalen Markenrecht zu suchen:

455 S. dazu *Ingerl* S. 98; *v. Mühlendahl/Ohlgart* S. 57 ff.; *Fernández-Nóvoa* GRUR Int. 1996, 442 ff.; zu den weiteren möglichen Konstellationen s. nachfolgend Rn. 1375.
456 Eine umgekehrte Kenntnis des Inhabers des jüngeren Rechts von der Existenz des älteren verlangt Art. 53 Abs. 1 GMV nicht.
457 In diesem Sinne *Eisenführ/Schennen* Art. 53 Rn. 14.
458 Der Begriff ist in Art. 53 GMV kein anderer als im Rahmen des Art. 51 Abs. 1 lit. b GMV.
459 Die Verwirkung ist immer auf die Waren oder Dienstleistungen beschränkt, für die die jüngere Marke benutzt wurde.

- Art. 53 Abs. 1 GMV betrifft nur den Fall kollidierender Gemeinschaftsmarken.
- Art. 53 Abs. 2 GMV betrifft das Verhältnis älterer nationaler Marken oder sonstiger Kennzeichenrechte im Sinne des Art. 8 Abs. 2 und 4 GMV gegenüber einer jüngeren Gemeinschaftsmarke; in dieser Konstellation bindet Art. 106 Abs. 1 Satz 2 GMV das nationale Recht an die Regelung in Art. 53 Abs. 2 GMV.
- Art. 107 Abs. 2 GMV schließlich regelt die Duldung in den Fällen, in denen einer Gemeinschaftsmarke ein (älteres) Recht von lediglich örtlicher Bedeutung gegenübersteht werden kann[460].

1376 Sonstige ältere Rechte, wie sie in Art. 52 Abs. 2 GMV genannt werden[461], finden sich dagegen weder in Art. 106 GMV noch in Art. 53 GMV erwähnt, sodass einem auf diese Rechte gestützten Nichtigkeitsantrag oder Unterlassungsanspruch gegen eine jüngere Gemeinschaftsmarke deren Duldung nicht entgegengehalten werden kann. Schließlich ist die Frage, unter welchen Voraussetzungen einer älteren Gemeinschaftsmarke, aus der Rechte gegenüber jüngeren nationalen Rechten geltend gemacht werden, die Verwirkung infolge Duldung entgegengehalten werden kann, eine Frage des nationalen Rechts[462].

1377

Verwirkung infolge Duldung – Konstellationen		
Jüngeres Recht	**Älteres Recht**	**Regelung[463]**
Gemeinschaftsmarke	Gemeinschaftsmarke	Art. 53 Abs. 1 GMV
Gemeinschaftsmarke	Ältere Marke nach Art. 8 Abs. 2 GMV	Art. 53 Abs. 2 GMV
Gemeinschaftsmarke	Sonstiges älteres Kennzeichenrecht nach Art. 8 Abs. 4 GMV	Art. 53 Abs. 2 GMV, Art. 106 Abs. 1 Satz 2 GMV
Gemeinschaftsmarke	Älteres Recht von »örtlicher Bedeutung«	Art. 107 Abs. 2 GMV
Nationale, eingetragene Marke	Gemeinschaftsmarke	§ 125 b Nr. 3, 5 b, § 21 Abs. 1 MarkenG
Nationale, nicht eingetragene Marke, sonstiges Kennzeichenrecht	Gemeinschaftsmarke	Keine Verwirkungsregelung nach nationalem/ deutschem Recht

Übersicht 53: Verwirkung infolge Duldung

460 Ob dies überhaupt der Fall ist, hängt nach Art. 107 Abs. 1 GMV wiederum vom Recht des betroffenen Mitgliedstaates ab.

461 Insbesondere Namensrechte, das Recht am eigenen Bild, Urheber- und andere gewerbliche Schutzrechte wie etwa ein Geschmacksmusterrecht.

462 Die nationalen Markenrechtsordnungen sind durch die Markenrechtsrichtlinie insoweit harmonisiert, als eingetragene Marken in Rede stehen; hinsichtlich nicht eingetragener Marken und sonstiger Kennzeichenrechte ist die Gleichstellung in das Belieben der Mitgliedstaaten gestellt. Im deutschen MarkenG etwa verweist die Anschlussnorm des § 125 b Nr. 3, 5 b MarkenG auf § 21 Abs. 1 MarkenG, nicht dagegen auf § 21 Abs. 2 MarkenG, sodass die ältere Gemeinschaftsmarke gegenüber nicht eingetragenen Marken und sonstigen Kennzeichenrechten nicht auf den Einwand der Verwirkung durch Duldung treffen kann.

463 Für die Regelung im jeweiligen Recht des betroffenen Mitgliedstaates wird hier die des deutschen Markengesetzes genannt.

IV. Erschöpfung

Mit dem Begriff der **Erschöpfung** wird seit jeher eine spezifische Beschränkung der Rechte aus geistigem Eigentum beschrieben. Sie besagt in Kürze, dass ein geistiges Schutzrecht seinem Inhaber nicht erlaubt, auf den weiteren Vertriebsweg der einmal mit seiner Zustimmung auf den Markt gebrachten Produkte unter Berufung auf dieses Recht Einfluss zu nehmen[464]. Das Prinzip der Erschöpfung markiert damit die Grenze zwischen Immaterialgüterrecht und Marktfreiheit. Was die legislative Verankerung dieses Grundsatzes anbelangt, so waren vor Markenrichtlinie und Gemeinschaftsmarkenverordnung die Normen des primären Gemeinschaftsrechts zur **Warenverkehrsfreiheit** der einzige Prüfmaßstab für die Europarechtskonformität der Reichweite von Kennzeichenrechten. Erst mit der Markenrichtlinie erfuhr die Erschöpfung eine positivrechtliche Regelung[465], deren Wortlaut dem des Art. 13 GMV entspricht[466]. Danach gewährt die (Gemeinschafts-) Marke ihrem Inhaber »nicht das Recht, einem Dritten zu verbieten, die Marke für Waren zu benutzen, die unter dieser Marke von ihm oder mit seiner Zustimmung **in der Gemeinschaft** in den Verkehr gebracht worden sind.«[467] 1378

Aus der Anknüpfung der Erschöpfung an den Binnenmarkt der Gemeinschaft folgt, dass die Erschöpfung von Gemeinschaftsmarkenrechten **territorial** auf dieses Gebiet **beschränkt** bleibt.[468] Dies wiederum hat zur Folge, 1379

- dass der Inhaber seine Rechte aus der Marke an Waren, die von ihm selbst oder mit seiner Zustimmung **außerhalb** der Gemeinschaft, zum Beispiel in der Schweiz oder in den USA, auf den Markt gebracht wurden, nicht verliert und
- dass er deren **Import** in die Gemeinschaft an der EU/EWR-Außengrenze aus seinem Markenrecht unterbinden kann.[469] Insbesondere kann eine konkludente Zustimmung zum Inverkehrbringen innerhalb der Gemeinschaft/des EWR nicht daraus abgeleitet werden, dass der Markeninhaber nicht alle nachfolgenden Erwerber der außerhalb des EWR in den Verkehr gebrachten Waren über seinen Widerspruch gegen einen Vertrieb im EWR unterrichtet hat.[470]

---

464 Schon vor mehr als hundert Jahren entschied in diesem Sinne das deutsche Reichsgericht, weil ein Warenzeichen nur die Aufgabe habe, die Erzeugnisse seines Inhabers von den Waren anderer zu unterscheiden, könne es ihm nicht das Recht verschaffen, den Weitervertrieb der Markenware, etwa im Zusammenhang mit dem Endverbrauchspreis und dem Vertriebsweg, zu kontrollieren (RGZ 50, 229 – Kölnisch Wasser). Das Recht habe sich mit dem ersten Inverkehrbringen der geschützten Ware erschöpft. Läge es nicht so, sei eine unerträgliche Belastung der Allgemeinheit und Behinderung des freien Geschäftsverkehrs zu besorgen.

465 Art. 7 MarkenRL; *Zerres* MarkenR 2006, 141 ff.

466 Eingehend *Sack* RIW 1994, 897 ff.

467 Für den Eintritt der Erschöpfung des Rechts aus der Marke zu Gunsten eines mit der Marke werbenden Dritten reicht es aus, wenn dieser über die Ware, auf die sich die Werbung bezieht, im vorgesehenen Zeitpunkt ihres Absatzes ohne Verletzung des Rechts des Markeninhabers verfügen kann. Es ist nicht erforderlich, dass der Werbende im Zeitpunkt der Werbung die Waren bereits vorrätig hat oder dass die Waren zu diesem Zeitpunkt vom Markeninhaber oder mit seiner Zustimmung im Europäischen Wirtschaftsraum in den Verkehr gebracht worden sind; vgl. dazu BGH MarkenR 2003, 395 – Vier Ringe über AUDI, mit Verw. auf EuGH GRUR Int. 1996, 1144, 1147 – Bristol-Myers Squibb/Paranova und EuGH GRUR Int. 1998, 140, 143 – Dior/Evora; s.a. *Sack* WRP 1999, 1088, 1094.

468 Dazu sowie zur Erschöpfung in der EFTA *Baudenbacher* GRUR Int. 2000, 584.

469 EuGH GRUR 1998, 919 – Silhouette.

470 EuGH MarkenR 2001, 448 – Davidoff.

1380 Die Erschöpfungswirkung begrenzt das Recht aus der Marke, ist aber ihrerseits nicht ohne Grenzen: Art. 13 Abs. 2 GMV erlaubt dem Inhaber der Gemeinschaftsmarke, sich »dem weiteren Vertrieb der Waren« ungeachtet der an sich eingetretenen Erschöpfung seines Rechts zu widersetzen, wenn »berechtigte Gründe« dies rechtfertigen. Die Norm nennt beispielhaft die Veränderung oder Verschlechterung der Waren[471] nach ihrem Inverkehrbringen. Daraus ergibt sich eine Balance der Interessen des Markeninhabers an der Kontrolle über sein Markenprodukt und einer störungsfreien Kommunikation mit seinen Kunden mit dem Interesse des Marktes, Markenprodukte frei zu handeln.[472]

1381 Bedeutung und Grenzen der Erschöpfung sind europäisch normiert, durch die Markenrichtlinie **vollständig harmonisiert** und unterliegen mithin der exklusiven Auslegung durch den EuGH. Auf die ausführliche Darstellung im Kontext des deutschen MarkenG kann deshalb verwiesen werden.[473]

V. Lautere Nutzung, Namen und beschreibende Angaben, Ersatzteil- und Zubehörgeschäft

1382 Vom generellen Verbietungsrecht aus der Gemeinschaftsmarke sind nach Art. 12 lit. a und b GMV die lautere Nutzung des eigenen Namens sowie »Angaben über die Art, die Beschaffenheit, die Menge, die Bestimmung, den Wert, die geografische Herkunft oder die Zeit der Herstellung einer Ware oder der Erbringung der Dienstleistung oder über andere Merkmale der Ware oder Dienstleistung« im Rahmen des Geschäftsverkehrs ausgeschlossen. Damit wird sichergestellt, dass Marken, deren Eintragung nicht bereits an einem spezifischen Freihaltebedürfnis im Sinne des Art. 7 Abs. 1 lit. b, c und d GMV gescheitert ist, jedenfalls den lauteren Geschäftsverkehr nicht behindern. Die Notwendigkeit der Regelung wird deutlich, wenn man sich vergegenwärtigt, dass die Kollision einer Gemeinschaftsmarke mit dem bürgerlichen Namen einer am Geschäftsverkehr teilnehmenden Person (eines Einzelunternehmens oder einer Personengesellschaft) bei der Eintragung nicht ausgeschlossen werden kann und dass die genannten Eintragungshindernisse nach Art. 7 Abs. 3 GMV überwindlich[474] sind.

1383 Art. 12 lit. c GMV ist vor diesem Hintergrund nur ein Anwendungsfall der vorgenannten Regelung: die Benutzung einer Marke als **Hinweis auf die Bestimmung** einer Ware, insbesondere als Zubehör oder Ersatzteil, oder einer Dienstleistung wird zu einer unerlässlichen Angabe im Geschäftsverkehr, wo immer Waren oder Dienstleistungen – wie etwa im KFZ-Bereich oder bei IT-Hardwareprodukten und komplementärer Software – **auf ein spezifisches Markenprodukt zugeschnitten** und mithin nur für ein- und denselben Kundenkreis von Interesse sind. Der Verkehr wäre übermäßig behindert, könnte die Beschreibung des Produkts nicht unter Verwendung der Marke erfolgen, auf die es zugeschnitten ist.

1384 Das Nutzungsrecht aus Art. 12 GMV endet freilich, wo die Verwendung des Namens, der sonstigen Angabe oder der Marke selbst über das zur Orientierung im Ge-

---

471 S. dazu *Sack* EWS 1994, 333 ff.
472 S. dazu oben Rn. 1046, Übersicht 29.
473 S. oben Rn. 1011 ff.
474 S. dazu oben Rn. 1195.

schäftsverkehr Notwendige hinausgeht, insbesondere in gewollter (grafischer, farblicher usw.) Anlehnung an das geschützte Zeichen in einer Weise »markenmäßig« erfolgt, dass sie vom maßgeblichen Verkehr als **Herkunftshinweis** verstanden wird und so eine Herkunftstäuschung provoziert oder den Ruf einer bekannten Marke ausbeutet. Markenrichtlinie, Gemeinschaftsmarkenverordnung, nationales Markenrecht und die einschlägige Rechtsprechung stellen deshalb die Einschränkung des Rechts aus einer Marke zu Gunsten ihrer beschreibenden Benutzung im Geschäftsverkehr durch Dritte – mit unterschiedlichen Formulierungen, aber mit demselben Ziel – unter ein und denselben Vorbehalt:

- Art. 6 Abs. 1 Markenrichtlinie erlaubt die beschreibende Benutzung einer Marke, **1385**
  sofern diese »**den anständigen Gepflogenheiten in Gewerbe oder Handel**« entspricht;
- Art. 12 GMV verwendet dieselbe Formulierung;
- Nichts anderes regelt § 23 MarkenG, der dem Inhaber einer Marke das Recht versagt, einem Dritten zu untersagen, ein mit der Marke verwechslungsfähiges Zeichen als Angabe über Merkmale oder Eigenschaften von Waren zu benutzen, sofern die Benutzung »**nicht gegen die guten Sitten**« verstößt.[475]

Die Rechtsprechung leitet daraus ab, der Benutzungsvorbehalt sei zwar auch in Fällen anzuwenden, in denen eine markenmäßige Benutzung des Zeichens nicht verneint werden könne;[476] dennoch verleihe er Dritten dieses Recht nur, solange die Benutzung »den anerkannten Gepflogenheiten in Gewerbe oder Handel« entspreche.[477] Der EuGH und ihm folgend der BGH sprechen insoweit von der Pflicht des durch Art. 6 MarkenRL, Art. 12 GMV bzw. § 23 MarkenG privilegierten Benutzers, »**den berechtigten Interessen des Markeninhabers nicht in unlauterer Weise zuwider zu handeln**«.[478]

Nach der Rechtsprechung des **EuGH** ist es insoweit »Sache des nationalen Gerichts, **1386**
eine globale Beurteilung aller Umstände des Einzelfalls vorzunehmen.«[479] Der bloße Umstand, dass zwischen dem benutzten Zeichen und der Marke Verwechslungsgefahr besteht, schließt dabei eine lautere Nutzung nicht aus.[480] Der Inhaber, so der EuGH, könne einem Dritten die Benutzung seiner Marke zu dem Zweck, die Öffentlichkeit darauf hinzuweisen, dass er Waren dieser Marke, die vom Inhaber oder mit dessen Zustimmung in den Verkehr gebracht wurden, in Stand setze oder warte oder dass er auf den Verkauf, die Instandsetzung oder die Wartung dieser Waren spezialisiert sei, nicht verbieten, sofern die Marke nicht in einer Weise benutzt werde, die den Eindruck erwecken könne, dass eine Handelsbeziehung zwischen dem Drittunternehmen und dem Markeninhaber bestehe, insbesondere das Unternehmen des Wiederverkäufers dem Vertriebsnetz des Markeninhabers angehöre oder eine Sonderbeziehung zwischen den beiden Unternehmen existiere.

---

475 S. oben Rn. 998 ff.

476 EuGH GRUR 2004, 57 – Gerolsteiner Brunnen (Gerolsteiner/Putsch); vgl. BGH GRUR 2004, 949 – Regiopost/Regional Post.

477 EuGH MarkenR 1999, 189, 192 – Chiemsee.

478 EuGH MarkenR 2004, 57 – Gerolsteiner Brunnen (Gerolsteiner/Putsch); BGH MarkenR 2005, 198, 200 – Staubsaugerfiltertüten; vgl. auch OLG München GRUR-RR 2006, 84 – MEMORY/EDUCA memory game.

479 EuGH MarkenR 2004, 57, 58 – Gerolsteiner Brunnen (Gerolsteiner/Putsch).

480 EuGH MarkenR 2004, 57, 58 – Gerolsteiner Brunnen (Gerolsteiner/Putsch).

1387 Nach der Rechsprechung des **BGH** ist die Verwendung eines Zeichens, dem sowohl markenmäßiger als auch beschreibender Charakter zukommt, regelmäßig unlauter, wenn sie nicht zur Warenbeschreibung notwendig ist, wenn also eine andere, abgewandelte Bezeichnung dafür gewählt werden könnte, die »aus dem Schutzbereich der Marke heraus« führte.[481]

G. Gemeinschaftsmarken als Vermögensgegenstand

I. Rechtsübergang

1389 Die Gemeinschaftsmarke ist ein vermögenswertes Recht, das selbstständig veräußert bzw. erworben werden kann. Eine betriebliche Bindung besteht beim Rechtsübergang ebenso wenig wie bei der Eintragung. Art. 17 Abs. 1 GMV hält ausdrücklich fest, die Gemeinschaftsmarke könne »unabhängig von der Übertragung des Unternehmens« und »für alle oder einen Teil der Waren oder Dienstleistungen, für die sie eingetragen ist«, Gegenstand eines Rechtsüberganges sein. Nur dann, wenn ein Unternehmen in seiner Gesamtheit übertragen wird, sollen, wenn nichts anderes vereinbart ist, im Zweifel auch vorhandene Markenrechte mit übergehen.[482]

1390 Hinsichtlich der schuldrechtlichen Vereinbarung beschränkt sich die Gemeinschaftsmarkenverordnung auf ein einfaches Schriftformerfordernis und die notwendige Unterzeichnung durch die Vertragsparteien[483]. Der Rechtsübergang wird sodann – auf Antrag eines Beteiligten – in das Register eingetragen und veröffentlicht[484]. Der notwendige Inhalt des Antrages ergibt sich aus Regel 31 GMDV, die vormalige Gebührenpflichtigkeit ist ersatzlos entfallen.

1391 Die Eintragung des Rechtsübergangs wird verweigert, wenn für das HABM offensichtlich ist, dass die Gemeinschaftsmarke auf Grund des Rechtsübergangs geeignet ist, das Publikum insbesondere über die Art, die Beschaffenheit oder die geografische Herkunft der Waren oder Dienstleistungen, für die die Marke eingetragen ist, irrezuführen, es sei denn, der Rechtsnachfolger ist damit einverstanden, die Eintragung der Gemeinschaftsmarke auf Waren und Dienstleistungen zu beschränken, hinsichtlich derer sie nicht irreführend ist.[485] Eine Irreführung kann etwa daraus entstehen, dass eine geografische Aussage der Marke – für das Amt erkennbar – auf den Rechtsnachfolger nicht mehr zutrifft.

1392 Wurde die Gemeinschaftsmarke nur teilweise übertragen, müssen sich die Waren oder Dienstleistungen den verbleibenden Marken eindeutig zuordnen lassen: Waren und Dienstleistungen der restlichen und der neuen Eintragung dürfen sich nicht überschneiden[486]. Im Gegensatz zu dieser **sachlichen** Aufteilung nach Art. 17

481 BGH MarkenR 2004, 253 – d-c-fix/CD-FIX.
482 Art. 17 Abs. 2 GMV.
483 Art. 17 Abs. 3 GMV gilt für die rechtsgeschäftliche Einzelübertragung. Ausreichend ist daneben auch eine gerichtliche, auf Übertragung der Marke gerichtete Entscheidung oder der Übergang im Rahmen einer Betriebsübernahme.
484 Art. 17 Abs. 5 GMV.
485 Art. 17 Abs. 4 GMV.
486 Regel 32 Abs. 2 GMDV.

Abs. 1 GMV ist eine **territoriale** Aufteilung der Gemeinschaftsmarke auf mehrere Inhaber nicht möglich[487].

Für den Rechtsübergang durch Einzelvertrag, Unternehmensübertragung oder gerichtliche Entscheidung kommt vorbehaltlich der Formvorgaben des Art. 17 Abs. 3 GMV das jeweilige nationale Vertragsrecht, Gesellschaftsrecht usw. zur Anwendung. **Gegenüber Dritten** kann der Rechtsnachfolger die Rechte aus der Marke allerdings erst mit der **Eintragung** geltend machen[488]. Die Verpflichtung zur zeitnahen Beantragung der Eintragung des Rechtsübergangs ist deshalb ein wichtiger Bestandteil des zu Grunde liegenden Vertrages zu Gunsten des Erwerbers. 1393

Die Drittwirkung des Rechtsübergangs gegenüber Personen, die Rechte an der betroffenen Marke erworben haben, wie zum Beispiel Lizenznehmer oder weitere vermeintliche Erwerber, ist zwar ebenfalls von der Eintragung abhängig.[489] Von diesem Grundsatz bestehen jedoch zwei Ausnahmen: 1394

- Bereits vor der Eintragung kann die Rechtsübertragung Dritten, die zwischenzeitlich Rechte an der Marke erworben haben, entgegengehalten werden, wenn sie zum Zeitpunkt des Erwerbs dieser Rechte Kenntnis von der vorgängigen Übertragung hatten[490].
- Dasselbe gilt in Bezug auf eine Person, »die die Gemeinschaftsmarke oder ein Recht an der Gemeinschaftsmarke im Wege des Rechtsübergangs des Unternehmens in seiner Gesamtheit oder einer anderen Gesamtrechtsnachfolge erwirbt.«[491] Die Übertragung einer Gemeinschaftsmarke im Rahmen des Erwerbs eines Unternehmens im Sinne des Art. 17 Abs. 2 Satz 1 GMV oder im Rahmen einer Erbfolge ist damit in ihrer vermögensrechtlichen Wirkung gegenüber Dritten nicht von der vorgängigen Eintragung abhängig.

II. Lizenz

1. Gestaltungsoptionen, Eintragung

Die Gemeinschaftsmarke kann Gegenstand einer Lizenz, das heißt der vertraglichen Einräumung der Nutzungsrechte an einer Marke auf Zeit,[492] sein. Die dazu notwendige Verfügung des Inhabers über die Marke kann lediglich **schuldrechtlicher** Natur sein; dann beschränkt sie sich auf eine bloße Gebrauchsüberlassung. Sie kann aber auch **dinglichen** Charakter haben, was zur Folge hat, dass sowohl dem Lizenzgeber (gegenüber dem Lizenznehmer) als auch dem Lizenznehmer (gegenüber Dritten) bestimmte **markenrechtliche** Ansprüche zustehen. Die Regelung der Gemeinschaftsmarkenverordnung geht in Art. 22 Abs. 2 und 3 von einer dinglichen Markenlizenz aus.[493] 1395

487 Zur davon abweichenden Regelung zur Lizenz an einer Gemeinschaftsmarke s. unten Rn. 1372.
488 Art. 17 Abs. 6 GMV.
489 Art. 23 Abs. 1 Satz 1 GMV.
490 Art. 23 Abs. 1 Satz 2 GMV.
491 Art. 23 Abs. 2 GMV.
492 *Stöckel/Lüken* S. 385.
493 S. dazu nachfolgend 1400, 1402 ff.; zur Lizenz nach dem MarkenG oben Rn. 1121 ff.

1396 Hinsichtlich der **Form** des Lizenzvertrages enthält die Gemeinschaftsmarkenverordnung keine Vorgaben, sodass insoweit nationales Recht der Mitgliedstaaten zur Anwendung kommt[494]. Inhaltlich erlaubt Art. 22 GMV die Ausgestaltung bzw. Beschränkung der Lizenz

- für alle oder einen Teil der Waren oder Dienstleistungen, für die die Gemeinschaftsmarke eingetragen ist, sowie
- für das gesamte Gebiet oder einen Teil der Gemeinschaft.

1397 Während sich die **sachliche** Beschränkungsmöglichkeit einer Lizenz in die übrigen Regelungen zur Übertragung[495], zur Teilung,[496] zur Einschränkung der Anmeldung[497], zum Verzicht[498] usw. einfügt, sprengt die **territoriale** Beschränkungsoption den Grundsatz der Einheitlichkeit der Gemeinschaftsmarke[499] und provoziert kartellrechtliche Konfliktlagen[500]. Da das Gebiet der Gemeinschaft einen einheitlichen (Binnen-) Markt umfasst, wäre es systemwidrig, »einen Teil der Gemeinschaft« im Sinne des Art. 22 GMV als Territorium eines oder mehrerer Mitgliedstaaten zu interpretieren: die Lizenz kann mithin für jedes andere, auch grenzüberschreitende Gebiet erteilt bzw. auf dieses beschränkt werden.

1398 Dass die Lizenz zahlreiche weitere Bestimmungen über die Art und den Umfang des Nutzungsrechts, das dem Lizenznehmer übertragen wird, enthalten kann, ergibt sich im Umkehrschluss aus Art. 22 Abs. 2 GMV, der

- die Dauer der Lizenz,
- die von der Eintragung der Gemeinschaftsmarke erfasste Form, in der die Marke vom Lizenznehmer verwendet werden darf
- die Art der Waren und Dienstleistungen, für die die Lizenz erteilt wird,
- das Gebiet, in dem die Marke angebracht werden kann und
- die Qualität der vom Lizenznehmer hergestellten Waren oder erbrachten Dienstleistungen

nennt.

---

494 Im Gegensatz zur Übertragung der Gemeinschaftsmarke stellt die GMV für die Lizenz auch kein Schriftformerfordernis auf.

495 Vgl. Art. 17 Abs. 1 GMV.

496 Eine sachliche Teilung der Gemeinschaftsmarke war in der GMV ursprünglich nicht vorgesehen; das Ergebnis einer Teilung konnte deshalb nur durch entsprechende (Teil-)Übertragung/Rückübertragung erzielt werden; mit der VO (EG) Nr. 422/2004 wurde nunmehr auch die Teilung der Anmeldung (Art. 44 a GMV) bzw. der Eintragung (Art. 48 a GMV) einer Gemeinschaftsmarke in die GMV eingefügt, zur alten Rechtslage *Schwarz*, Mitt. 2003, 526 ff.

497 Art. 44 Abs. 1 GMV, Regel 13.

498 Vgl. Art. 49 GMV, Regel 36 Abs. 1 lit. d GMDV.

499 S. dazu oben Rn. 1144 und 1165 ff.

500 Die Anwendbarkeit europäischen (Art. 85 EG) und nationalen Kartellrechts (D: GWB) wird durch die Regelungen der GMV zum Lizenzvertrag nicht ausgeschlossen. Dies kann nicht nur bei territorialen Beschränkungen von Lizenzen, sondern auch bei ausschließlichen Lizenzen, die das gesamte Gemeinschaftsgebiet umfassen und so einen »intra-brand-Wettbewerb« unterbinden, bedeutsam werden; kartellrechtlich sensibel sind darüber hinaus Nebenbestimmungen wie etwa Preisbindungen, Nichtangriffsabreden oder Gebietsschutzklauseln.

Dabei kommt der **lizenzvertraglichen Qualitätsbindung** besondere Bedeutung zu. Sie erlaubt dem Lizenzgeber die Absicherung der Qualitätsfunktion seiner Marke und stellt sicher, dass die vom Verbraucher mit seinem Zeichen verbundenen Vorstellungen und Erwartungen nicht durch negativ davon abweichende Produkte des Lizenznehmers konterkariert werden. Das **Markenimage** bleibt durch die Bindung des Lizenznehmers an ein bestimmtes Qualitätsniveau, aber auch durch die lizenzvertraglich vorgegebene **Form der Verwendung** des Zeichens unversehrt und ungeachtet der multiplen Verwendung der Marke durch (den Inhaber und) ggf. zahlreiche Lizenznehmer in sich konsistent. **1399**

Diese und die übrigen in Art. 22 Abs. 2 GMV genannten **Kontrolloptionen** des Lizenzgebers werden dadurch verstärkt, dass die Gemeinschaftsmarkenverordnung dem Lizenzgeber bei Verstößen des Lizenznehmers die Geltendmachung »der Rechte aus der Gemeinschaftsmarke« erlaubt: Der Lizenzgeber kann in den Fällen des Art. 22 Abs. 2 GMV neben der Klage aus dem Vertrag die **Markenverletzungsklage** aus seiner Gemeinschaftsmarke erheben. Denn der Lizenznehmer handelt dort ggf. »ohne Zustimmung« des Inhabers im Sinne der Art. 9, 13 GMV. **1400**

Die Lizenz kann auf Antrag eines Beteiligten in das **Gemeinschaftsmarkenregister eingetragen** werden[501]. Die Durchführungsverordnung erlaubt darüber hinaus den Vermerk einer vereinbarten **Ausschließlichkeit** nebst Beschränkungen hinsichtlich der Waren oder Dienstleistungen, des Gebiets oder des Zeitraumes der Lizenz sowie die Eintragung als **Unterlizenz**, wenn sie von einem Lizenznehmer erteilt wird, dessen Lizenz ihrerseits im Register eingetragen ist.[502] Wenngleich die Eintragung der Lizenz keine Wirksamkeitsvoraussetzung ist, empfiehlt sich ihre Beantragung aus der Sicht des Lizenznehmers im Hinblick auf Art. 23 Abs. 1 GMV. Wurde etwa eine Lizenz als **ausschließliche** eingetragen, kann die Kenntnis davon einen weiteren wirksamen Lizenzerwerb verhindern. **1401**

2. Stellung des Lizenznehmers

Die Stellung des Lizenznehmers ist in der Gemeinschaftsmarkenverordnung, insbesondere im Falle der ausschließlichen Lizenz, stark ausgeprägt. Dem Lizenznehmer wird die Geltendmachung der Rechte aus der Marke **gegenüber Dritten im eigenen Namen** ermöglicht. Dabei gilt: **1402**

- Bei einer **einfachen** Lizenz bedarf der Lizenznehmer zur Erhebung einer Markenverletzungsklage der Zustimmung des Inhabers[503]; dieses Recht kann im Lizenzvertrag sowohl generell eingeräumt als auch ausgeschlossen werden.
- Bei einer **ausschließlichen** Lizenz ist die Zustimmung des Inhabers zur Erhebung einer Markenverletzungsklage entbehrlich, wenn dieser »nach Aufforderung nicht selbst innerhalb angemessener Frist die Verletzungsklage erhoben hat«[504]; dieses Recht kann im Lizenzvertrag **nicht** ausgeschlossen werden.

501 Art. 22 Abs. 5 GMV.
502 Regel 34 Abs. 1, lit. a bis e GMDV.
503 Art. 22 Abs. 3 Satz 1 GMV.
504 Art. 22 Abs. 3 Satz 2 GMV.

- Einer Markenverletzungsklage des Inhabers kann der Lizenznehmer jederzeit **beitreten**, »um den Ersatz seines eigenen Schadens geltend zu machen«[505].

1403 Mit der Markenverletzungsklage nach Maßgabe dieser Voraussetzungen macht der Lizenznehmer mithin **eigene** Rechte gegenüber Dritten geltend, die Lizenz entfaltet insoweit dingliche Wirkung.[506]

1404

Übersicht 54: Verteidigung der Gemeinschaftsmarke aus der Lizenz

III. Dingliche Rechte an der Lizenz

1405 Die Gemeinschaftsmarke kann nach Art. 19 GMV »unabhängig vom Unternehmen verpfändet werden oder Gegenstand eines sonstigen dinglichen Rechts sein«. Dies entspricht ihrem Status als selbstständiges, frei übertragbares, vermögenswertes Recht.[507] Auf Antrag eines Beteiligten werden die dinglichen Belastungen in das Re-

505 Art. 22 Abs. 4 GMV.
506 S. dazu oben Rn. 1121, 1123 ff.
507 Zum Einsatz einer Gemeinschaftsmarke als Kreditsicherheit und im Rahmen der Sicherungsübereignung *Fammler* WRP 2006, 534 ff.

gister eingetragen[508]. Damit werden sie zugleich gegenüber Dritten wirksam und können im Falle einer Übertragung der Gemeinschaftsmarke nicht untergehen[509].

Hinsichtlich des auf die Begründung eines dinglichen Rechts an der Gemeinschafts- **1406** marke anwendbaren Rechts stellt Art. 16 GMV die Gemeinschaftsmarke »als Gegenstand des Vermögens« einer nationalen Marke des Mitgliedstaates gleich, in dem ihr Inhaber zum maßgeblichen Zeitpunkt seinen Sitz oder Wohnsitz hat oder, wo es daran fehlt, eine Niederlassung unterhält. Besteht auch keine Niederlassung, gilt das Recht des Staates, »in dem das Amt seinen Sitz hat«, mithin spanisches Recht. Hinsichtlich allfälliger, der Begründung des dinglichen Rechts vorgängiger schuldrechtlicher Verpflichtungen kommt das auf das jeweilige Vertragsverhältnis anwendbare, bei grenzüberschreitenden Sachverhalten nach internationalem Privatrecht zu bestimmende Recht zur Anwendung.

IV. Zwangsvollstreckung, Insolvenz

Aus der Qualität der Gemeinschaftsmarke als »Gegenstand des Vermögens« folgt **1407** auch, dass sie Objekt der Zwangsvollstreckung sein kann und im Falle der Insolvenz ihres Inhabers vom entsprechenden Verfahren der Gesamtvollstreckung erfasst wird. Art. 20 GMV verweist dabei auf das Recht des Staates, in dem der die Zwangsvollstreckung legitimierende Titel geschaffen wird, so weit die rechtlichen Grundlagen des Zugriffs auf die Gemeinschaftsmarke in Rede stehen. Dagegen richtet sich der Vollzug dieses Zugriffs nach Art. 20 Abs. 2 GMV: für die einzelne Zwangsvollstreckungsmaßnahme sind die Gerichte und Behörden des nach Art. 16 GMV maßgebenden Mitgliedstaates[510] ausschließlich zuständig.

Für **Insolvenzverfahren** gilt: **1408**

- Eine Gemeinschaftsmarke kann nur dann von einem Insolvenzverfahren erfasst werden, wenn dieses in dem Mitgliedstaat eröffnet wird, in dessen Hoheitsgebiet der Schuldner den Mittelpunkt seiner Interessen hat.[511] Bei Gesellschaften und juristischen Personen wird vermutet, dass dies der Ort des satzungsmäßigen Sitzes ist.

508 Art. 19 Abs. 2 GMV, Regel 33 GMDV.
509 Vgl. Art. 23 GMV.
510 S. oben Rn. 1406.
511 Art. 3 Abs. 1 und 2 (»Internationale Zuständigkeit«) der maßgeblichen VO (EG) Nr. 1346/2000 lauten: »(1) Für die Eröffnung des Insolvenzverfahrens sind die Gerichte des Mitgliedstaats zuständig, in dessen Gebiet der Schuldner den Mittelpunkt seiner hauptsächlichen Interessen hat. Bei Gesellschaften und juristischen Personen wird bis zum Beweis des Gegenteils vermutet, dass der Mittelpunkt ihrer hauptsächlichen Interessen der Ort des satzungsmäßigen Sitzes ist. (2) Hat der Schuldner den Mittelpunkt seiner hauptsächlichen Interessen im Gebiet eines Mitgliedstaats, so sind die Gerichte eines anderen Mitgliedstaats nur dann zur Eröffnung eines Insolvenzverfahrens befugt, wenn der Schuldner eine Niederlassung im Gebiet dieses anderen Mitgliedstaats hat. Die Wirkungen dieses Verfahrens sind auf das im Gebiet dieses letzteren Mitgliedstaats belegene Vermögen des Schuldners beschränkt.«
Art. 12 der VO (»Gemeinschaftspatente und -marken«) lautet: »Für die Zwecke dieser Verordnung kann ein Gemeinschaftspatent, eine Gemeinschaftsmarke oder jedes andere durch Gemeinschaftsvorschriften begründete ähnliche Recht nur in ein Verfahren nach Art. 3 Absatz 1 miteinbezogen werden.«

- Ist der Schuldner jedoch ein **Versicherungsunternehmen** oder ein **Kreditinstitut** im Sinne der Richtlinien 2001/17/EG[512] bzw. 2001/24/EG[513], so kann eine Gemeinschaftsmarke nur dann von einem Insolvenzverfahren erfasst werden, wenn dieses in dem Mitgliedstaat eröffnet wird, in dem dieses Unternehmen bzw. dieses Institut zugelassen ist.

---

512 RL 2001/17/EG vom 19. März 2001 über die Sanierung und Liquidation von Versicherungsunternehmen, ABl. (EG) Nr. L 110 vom 20.4.2001, S. 28.

513 RL 2001/24/EG vom 4. April 2001 über die Sanierung und Liquidation von Kreditinstituten, ABl. (EG) Nr. L 125 vom 5.5.2001, S. 15.

Kapitel 8 Internationale Registrierung

A. Das »Madrider System«

I. MMA, PMMA, PVÜ

Das sog. Madrider System der Internationalen Registrierung von Marken beruht auf zwei Abkommen, 1409

- dem Madrider Abkommen über die Internationale Registrierung von Marken von 1891 (**MMA**), in Kraft seit 1892,[1] und
- dem Protokoll zum Madrider Abkommen über die Internationale Registrierung von Marken (**PMMA**) von 1989,[2] in Kraft seit 1996.

Beide Abkommen wurden auf einer diplomatischen Konferenz in Madrid angenommen, was ihnen den Namen gab, beide Abkommen haben ihre Wurzel in Art. 19 der Pariser Verbandsübereinkunft zum Schutz des gewerblichen Eigentums (**PVÜ**) von 1883[3], und beide werden von der World Intellectual Property Organization (**WIPO**), Genf, verwaltet.[4]

1. Grundzüge[5]

Die Vertragsparteien des MMA und des PMMA bilden einen **Verband** nach Art. 19 PVÜ. Als Mitglieder der **Versammlung** dieses Verbandes beschließen sie über das Budget und die Gebühren sowie über Änderungen der **Gemeinsamen Ausführungsordnung** zum MMA und zum PMMA.[6] Das mit den Verträgen etablierte Madrider System erlaubt dem Inhaber einer Marke, 1410

- Markenschutz in bis zu 78 Ländern und in der Europäischen Gemeinschaft
- durch eine einzige Anmeldung
- in einer Sprache
- mit einer Gebühr[7]
- in einer Währung

---

1 Revidiert in Brüssel am 14. Dez. 1900, in Washington am 2. Juni 1922, in Den Haag am 6. Nov. 1925, in London am 2. Juni 1934, in Nizza am 15. Juni 1957 und in Stockholm am 14. Juli 1967 (BGBl. 1970 II, S. 418; BGBl. 1984 II, S. 799).

2 BGBl. 1995 II, S. 1016.

3 Revidiert in Brüssel am 14. Dezember 1900, in Washington am 2. Juni 1911, in Den Haag am 6. November 1925, in London am 2. Juni 1934, in Lissabon am 31. Oktober 1958 und in Stockholm am 14. Juli 1967 (BGBl. 1970 II, S. 391).

4 Dazu *Bock* GRUR Int. 1996, 991 ff.

5 Einen detaillierten Überblick gibt der von der WIPO in 3. Aufl. herausgegebene »Leitfaden für die internationale Registrierung von Marken«, der auch die Texte von MMA, PMMA und die gemeinsame AusfO MMA/PMMA enthält.

6 S. Rn. 1411.

7 Die Weiterleitung eines internationalen Gesuches an die WIPO löst allerdings eine eigene nationale Gebühr aus, s. dazu unten Rn. 1449.

zu erlangen und aufrecht zu erhalten. Auch spätere Änderungen, etwa im Falle eines Rechtsüberganges, genießen diese Vorteile. Voraussetzung ist allerdings, dass der Anmelder bereits eine nationale Marke hat eintragen lassen, auf die er sein internationales Gesuch stützen kann (sog. **Basiseintragung**). Unter dem Protokoll ist auch eine bloße Anmeldung (sog. **Basisgesuch**) ausreichend. Die Einreichung des **Internationalen Gesuchs** beim **Internationalen Büro** der WIPO muss durch die Behörde, bei der die Basiseintragung erfolgt bzw. das Basisgesuch eingegangen ist – das ist die sog. »**Ursprungsbehörde**« – vermittelt werden.

1411 **Grundlagen für die Internationale Registrierung**

(Rechts-)grundlage	Fundstelle/Internet	
WIPO		
Madrider Abkommen über die Internationale Registrierung von Marken (MMA)	BGBl. 1970 II, S. 418 (Stockholmer Fassung), BGBl. 1984 II, S. 800	http://www.wipo.int/madrid/en/legal_texts/
Protokoll zum Madrider Abkommen über die Internationale Registrierung von Marken (PMMA)	BGBl. 1995 II, S. 1016	
Gemeinsame Ausführungsordnung zum MMA und zum PMMA[8] (AusfO MMA/PMMA)	BGBl. 1996 II, S. 565; zul. geänd. BGBl. 2004 II, S. 683	
EG		
Art. 140 ff. GMV	ABl. EG 1994 Nr. L 11, S. 1; zul. geänd. d. VO (EG) Nr. 422/2004 vom 9.2.2004	http://oami.europa.eu/de/mark/default.htm
Regeln 102–126 GMDV	ABl EG 1995 Nr. L 303, S. 1; zul. geänd. d. VO (EG) Nr. 1041/2005 v. 29.6.2005	
PrüfRL HABM Teil B Kapitel 13	ABl. HABM Nr. 1/2005, S. 30	
D		
§§ 107 ff. MarkenG	BGBl. 1994 I S. 3082 (1995 I S. 156), zul. geänd. BGBl. 2006 I S. 3171	http://www.dpma.de/
§§ 43 ff. MarkenV	BGBl. 2004 I S. 872, zul. geänd. BGBl. 2006 I S. 2660	

Übersicht 55: Grundlagen der Internationalen Registrierung

8 Protokoll und Gemeinsame Ausführungsordnung wurden zuletzt im Oktober 2006 geändert; s. dazu die WIPO-Mitteilung Nr. 18/2006 vom 23.11.2006, im Internet abrufbar unter <http://www.wipo.int/edocs/madrdocs/en/2006/madrid_2006_18.doc>.

In einem Internationalen Gesuch kann der Anmelder die Vertragsstaaten (nach dem PMMA einschl. der Europäischen Gemeinschaft) benennen, in denen er Schutz erlangen möchte. Vorbehaltlich der Formalien wird seine Marke vom Internationalen Büro in das **Internationale Register** eingetragen und im WIPO-Blatt der Internationalen Marken[9] veröffentlicht. Die nationalen Ämter der Vertragsparteien des MMA bzw. des PMMA werden davon unterrichtet. Sie haben nach den Regeln des Madrider Systems die Möglichkeit, den begehrten Schutz der Marke innerhalb vorgegebener Frist zu verweigern. Die Frist beträgt regelmäßig **1 Jahr** nach dem MMA, **18 Monate** nach dem PMMA.[10] 1412

Wird dem Internationalen Büro innerhalb dieser Fristen keine Schutzverweigerung mitgeteilt, ist die Marke in jeder benannten Vertragspartei ebenso geschützt, wie wenn sie vom Inhaber unmittelbar bei der nationalen Behörde des jeweiligen Landes (bzw. der Europäischen Gemeinschaft) eingetragen worden wäre. Wird der Schutz dagegen verweigert, kann der Inhaber der Marke dagegen im jeweiligen Land den nach dortigem Recht gegebenen Rechtsschutz suchen, der ihm zur Verfügung stünde, wenn er die Marke unmittelbar bei der Behörde zur Eintragung angemeldet hätte, die die Schutzverweigerung ausgesprochen hat. 1413

Die Internationale Marke bleibt für **fünf Jahre**, beginnend mit dem Datum der Eintragung, von der Basismarke **abhängig**, die bei der Ursprungsbehörde eingetragen bzw. angemeldet wurde. Verliert die Basismarke innerhalb dieser Frist durch eine Entscheidung der nationalen Behörde oder eines Gerichts oder weil auf sie verzichtet oder ihre Verlängerung unterlassen wurde, ihre Wirkung, verliert auch die Internationale Registrierung ihre Wirkung im gleichen Umfang.[11] Nichts anderes gilt, wenn ein Basisgesuch zurückgezogen oder rechtskräftig zurückgewiesen wird. Für die beschriebene Wirkung ist ausreichend, dass der Wegfall der Basismarke oder des Basisgesuches als Ergebnis eines Verfahrens feststeht, das innerhalb der genannten Frist begann.[12] Erst und nur, wo dies nicht der Fall ist, wird die Internationale Registrierung von der Basiseintragung bzw. dem Basisgesuch **unabhängig.** 1414

2. Vertragsstaaten

Gegenwärtig[13] sind im Madrider System 78 Länder sowie die Europäische Gemeinschaft integriert. 57 Länder sind Vertragsparteien des MMA, 70 (zuzüglich der Europäischen Gemeinschaft) sind Vertragspartei des PMMA,[14] 48 Länder sind beiden Abkommen beigetreten. 1415

Mit 57 Mitgliedsstaaten ist der Erfolg des MMA überschaubar geblieben. Bedeutende Wirtschaftsnationen wie etwa die **USA** und **Japan**, aber auch die skandinavischen Länder, Großbritannien und Irland, die Türkei, Australien und Singapur sind dem Abkommen nicht beigetreten. Zwischenstaatlichen Organisationen steht das 1416

9 WIPO Gazette of International Marks/Gazette OMPI des marques internationales; s. Regel 32 AusfO MMA/PMMA.
10 Art. 5 Abs. 2 MMA, Art. 5 Abs. 2 lit. a, b PMMA.
11 S. dazu unten Rn. 1490 ff.
12 S. unten Rn. 1495.
13 Stand: Dez. 2006.
14 Ägypten hat das PMMA zwar unterzeichnet, die Ratifizierung steht aber noch aus.

Abkommen ohnehin nicht offen. Dies und das Ziel, noch außen stehende Nationen für das Madrider System zu gewinnen, waren Grund für die 1989 erfolgte Annahme des **Protokolls** zum Madrider Abkommen über die Internationale Registrierung von Marken (PMMA).[15]

1417

Vertragsparteien des MMA und des PMMA

Vertragspartei	MMA	PMMA	Vertragspartei	MMA	PMMA
Ägypten	■	□	Luxemburg	■	■
Albanien	■	■	Marokko	■	■
Algerien	■		Mazedonien	■	■
Antigua, Barbuda		■	Moldawien (Rep)	■	■
Armenien	■	■	Monaco	■	■
Australien		■	Mongolei	■	■
Aserbaidschan	■		Montenegro	■	■
Bahrain		■	Mozambique	■	■
Belarus	■	■	Namibia	■	■
Belgien	■	■	Niederlande	■	■
Bhutan	■	■	Norwegen		■
Bosnien, Herzegowina	■		Österreich	■	■
Botswana		■	Polen	■	■
Bulgarien	■	■	Portugal	■	■
China	■	■	Rumänien	■	■
Dänemark		■	Russland	■	■
Deutschland	■	■	San Marino	■	
Estland		■	Schweden		■
Europäische Gemeinschaft		■	Schweiz	■	■
Finnland		■	Senegal		□
Frankreich	■	■	Serbien	■	■
Georgien		■	Sierra Leone	■	■
Griechenland		■	Singapur		■
Großbritannien		■	Slowakei	■	■
Iran (Rep)	■	■	Slowenien	■	■
Irland		■	Spanien	■	■
Island		■	Sudan	■	
Italien	■	■	Swasiland	■	■
Japan		■	Syrien (Rep)	■	■
Kasachstan	■		Tadschikistan	■	
Kenia	■	■	Tschechien (Rep)	■	■
Kirgisistan	■	■	Türkei		■
Korea (Nord)	■	■	Turkmenistan		■
Korea (Süd)		■	Ukraine	■	■
Kroatien	■	■	Ungarn	■	■
Kuba	■	■	USA		■

15 Dazu *Kunze* Mitt 1996, 190 ff.

Vertragsparteien des MMA und des PMMA					
Lesotho	■	■	Usbekistan	■	■
Lettland	■	■	Vietnam	■	■
Liberia	■		Zambia		■
Liechtenstein	■	■	Zypern	■	■
Litauen		■			

Übersicht 56: Vertragsparteien des MMA/PMMA (□ = noch nicht ratifiziert)

Das 1996 in Kraft getretene Protokoll ermöglicht **zwischenstaatlichen Organisationen** den Beitritt zum Madrider System, wenn mindestens eines ihrer Mitglieder der PVÜ angehört und eine regionale Behörde die Eintragung von Marken für das Gebiet der Organisation erlaubt.[16] Mit der Zugehörigkeit aller Mitgliedsstaaten zur PVÜ, der GMV und dem Harmonisierungsamt für den Binnenmarkt (Marken, Muster, Modelle) in Alicante[17] erfüllt die Europäische Gemeinschaft diese Voraussetzungen. Mit Wirkung zum 1. Januar 2004 ist sie dem PMMA beigetreten.[18] Damit ist das europäische Markensystem mit dem Madrider System in beide Richtungen vernetzt. 1418

Wichtige Handelspartner, die sich nicht zu einem Beitritt zum MMA entschließen konnten, waren schon zuvor Vertragsstaaten des PMMA geworden, darunter die USA (2. November 2003)[19] und Japan (14. März 2000). Damit erlaubt das Madrider System heute, Markenschutz in der EU[20] und nahezu allen wichtigen Ländern der Welt über eine Internationale Registrierung zu erlangen.[21] Die Attraktivität des Systems spiegelt sich in der Zahl der bereits realisierten Registrierungen: sie erreichte 1419

16 Art. 14 Abs. 1 lit. b PMMA.

17 S. oben Rn. 1202.

18 Vgl. Beschluss des Rates vom 27. Oktober 2003 über die Genehmigung des Beitritts der Europäischen Gemeinschaft zu dem am 27. Juni 1989 in Madrid angenommenen Protokoll zum Madrider Abkommen über die Internationale Registrierung von Marken (2003/793/EG), ABl EU Nr. L 296 v. 14.11.2003, S. 20 ff.; s. auch VO Nr. 1992/2003 vom 27.10.2003 zur Änderung der Verordnung über die Gemeinschaftsmarke, ABl EG Nr. L 296 vom 14.11.2003, S. 1; VO Nr. 781/2004 vom 26.4.2004 zur Änderung der Gebührenverordnung, ABl EG Nr. L 123 vom 27.4.2004, S. 85; VO Nr. 782/2004 vom 26.4.2004 zur Änderung der Durchführungsverordnung, ABl EG Nr. L 123 vom 27.4.2004, S. 88.

19 Zu den Besonderheiten der Erstreckung Internationaler Registrierungen in die USA s. *Jaeger-Lenz/Freiwald* GRUR 2005, 118, 122; *Stöckel/Lüken* S. 154 ff.; die wichtigsten Bestimmungen des US-Markenrechts finden sich im sog. Lanham (Trademark) Act (15 U.S.C.), dessen Chapter 22/Subchapter IV (§§ 1141 ff.) sich mit dem PMMA befasst; im Internet: <http://www.law.cornell.edu/uscode/html/uscode15/usc_sup_01_15_10_22.html>.

20 S. dazu den 6. ErwG der VO (EG) Nr. 1992/2003: »Das gemeinschaftliche Markensystem und das auf Grund des Madrider Protokolls bestehende internationale Registrierungssystem ergänzen sich. Damit Unternehmen die Vorteile der Gemeinschaftsmarke im Rahmen des Madrider Protokolls und umgekehrt nutzen können, müssen die Anmelder und Inhaber von Gemeinschaftsmarken die Möglichkeit haben, den internationalen Schutz für ihre Marken durch eine internationale Anmeldung im Rahmen des Madrider Protokolls zu beantragen, und müssen umgekehrt Inhaber einer Internationalen Registrierung die Möglichkeit haben, auf Grund des Madrider Protokolls den Schutz für ihre Marken im Rahmen des gemeinschaftlichen Markensystems zu beantragen.«; *v. Mühlendahl* GRUR 2005, 113, 116 (»voll komplementär«).

21 China ist dem MMA am 4. Okt. 1989, dem PMMA am 1. Dez. 1995 beigetreten; das Land ist gegenwärtig der achtgrößte Anmelderstaat und das mit 40% aller Benennungen am meisten benannte Land; s.a. *Jaeger-Lenz/Freiwald* GRUR 2005, 118 ff.

im Oktober 2006 den Stand von 900 000 und wird nach Erwartungen der WIPO die Marke von einer Million in 2009 überschreiten.[22]

II. WIPO/OMPI

1420 Die World Intellectual Property Organization (WIPO) – heute eine besondere Einrichtung der Vereinten Nationen mit Sitz in Genf – geht auf das Internationale Büro der Pariser Verbandsübereinkunft zum Schutz des gewerblichen Eigentums von 1883 (PVÜ) und der Berner Übereinkunft zum Schutz von Werken der Literatur und Kunst von 1886 (BÜ) zurück, das, bekannt unter dem französichen Akronym BIRPI zunächst seinen Sitz in Bern hatte. 1967 wurde aus dem BIRPI, das von Bern nach Genf umgezogen war, mit dem Übereinkommen zur Errichtung der Weltorganisation für geistiges Eigentum[23] die »Organisation Mondiale de la Propriété Intellectuelle«, **OMPI** bzw. die »World Intellectual Property Organization«, **WIPO**. Heute zählt die WIPO 183 Mitgliedstaaten und verwaltet mit nahezu 1 000 Mitarbeitern 24 Abkommen im Bereich des geistigen Eigentums, darunter die Madrider Verträge.

1421 1974 wurde die WIPO auf der Grundlage eines Abkommens mit den UN zu einer Sonderorganisation der Vereinten Nationen.[24] Seit 1996 gibt es darüber hinaus ein Kooperationsabkommen mit der World Trade Organization (WTO).[25]

III. Unterschiede MMA/PMMA

1422 MMA und PMMA unterscheiden sich in einer Reihe von Punkten; wo das PMMA vom MMA abweichende Regeln für die Internationale Registrierung einer Marke enthält, spiegelt dies die Vorbehalte, die wichtige Länder von einem Beitritt zum MMA abhielten und die mit einer liberaleren oder mitgliederfreundlicheren Regelung im PMMA ausgeräumt wurden. Die wichtigsten dieser Punkte sind die folgenden:

- Internationale Registrierungen unter dem MMA sind ausschließlich auf der Basis einer nationalen Marken**eintragung** möglich. Unter dem PMMA kann die Inter-

22 WIPO Press Release 466 v. 27. Okt. 2006.

23 Stockholm, 14. Juli 1967.

24 Art. 1 des »Agreement between the United Nations and the World Intellectual Property Organization« lautet: »The United Nations recognizes the World Intellectual Property Organization (hereinafter called the »Organization«) as a specialized agency and as being responsible for taking appropriate action in accordance with its basic instrument, treaties and agreements administered by it, inter *alia*, for promoting creative intellectual activity and for facilitating the transfer of technology related to industrial property to the developing countries in order to accelerate economic, social and cultural development, subject to the competence and responsibilities of the United Nations and its organs, particularly the United Nations Conference on Trade and Development, the United Nations Development Programme and the United Nations Industrial Development Organization, as well as of the United Nations Educational, Scientific and Cultural Organization and of other agencies within the United Nations system.«; das Abkommen ist im Internet abrufbar unter
<http://www.wipo.int/treaties/en/convention/trtdocs_wo029.html>.

25 Agreement between the World Intellectual Property Organization and the World Trade Organization vom 22. Dez. 1995; im Internet abrufbar unter
<http://www.wipo.int/treaties/en/agreement/trtdocs_wo030.html>.

nationale Registrierung bereits auf der Basis einer Marken**anmeldung** erfolgen.[26] Dies ist vor allem in den Ländern (und im Falle der Gemeinschaftsmarke!)[27] attraktiv, in denen ein vorgeschaltetes Widerspruchsverfahren die Verfahrensdauer bis zur Eintragung einer Marke erhöht.

- Ein Internationales Gesuch, für das ausschließlich das MMA maßgeblich ist,[28] muss in **französischer** Sprache eingereicht werden.[29] Ein Internationales Gesuch, für das ausschließlich das PMMA oder sowohl das MMA als auch das PMMA maßgeblich ist,[30] kann in **englischer, französischer** oder **spanischer** Sprache eingereicht werden.[31]

- Die Frist, innerhalb derer die in einem Internationalen Gesuch benannten Länder **1423** den Schutz der Marke verweigern können, beträgt nach dem MMA **1 Jahr**;[32] das PMMA erlaubt den Vertragsparteien, die Frist durch Erklärung auf **18 Monate** auszudehnen.[33]

- Die Abhängigkeit der Internationalen Registrierung vom Bestand der Basismarke (MMA, PMMA) bzw. der nachfolgenden Eintragung des Basisgesuchs (PMMA) in den ersten fünf Jahren[34] führt unter dem MMA dazu, dass mit dem Wegfall der nationalen Basismarke auch die Internationale Registrierung ihre Wirkung verliert und dass damit auch deren **Zeitrang** nicht mehr für eine nationale Anmeldung fruchtbar gemacht werden kann. Nach dem PMMA besteht die fünfjährige Abhängigkeit zwar ebenfalls; es besteht jedoch ggf. die Option zur **Umwandlung** der Internationalen Registrierung in nationale Markenanmeldungen in den Einzelnen benannten Ländern unter **Wahrung des Zeitranges** der Internationalen Registrierung einschließlich einer für diese wirksam in Anspruch genommene Priorität.[35]

- Die **Schutzdauer** der international registrierten Marke beträgt nach dem MMA **20** **1424** **Jahre**,[36] nach dem PMMA **10 Jahre**,[37] jeweils mit der Möglichkeit der beliebig häufigen Verlängerung.

- Nach dem MMA ist die Internationale Registrierung mit Gebühren verbunden, die sich in eine Grundgebühr, eine Ergänzungsgebühr für jedes benannte Land und – ggf. – Zusatzgebühren für jede die dritte Klasse übersteigende Klasse von Waren oder Dienstleistungen gliedern. Davon abweichend erlaubt das

---

26 Art. 1 Abs. 2 MMA, Art. 2 PMMA.
27 S. oben Rn. 1250 ff.
28 S. dazu unten Rn. 1425, 1427.
29 S. § 107 Abs. 2 MarkenG; unten Rn. 1448.
30 S. dazu unten Rn. 1425, 1427.
31 Regel 6 Abs. 1 lit. b AusfO MMA/PMMA; maßgeblich ist die Praxis des nationalen Amtes; das DPMA akzeptiert Englisch und Französisch (§ 119 Abs. 2 MarkenG); das HABM erlaubt internationale Anmeldungen in einer der zwanzig Amtssprachen (Art. 142 GMV), die Weiterleitung erfolgt in einer der drei Amtssprachen des PMMA (Englisch, Französisch oder Spanisch); s. dazu unten Rn. 1473.
32 Art. 5 Abs. 2 MMA; zur Berechnung der Frist BPatG MarkenR 2006, 452 – go seven.
33 Art. 5 Abs. 2 lit. a, b PMMA.
34 S. oben Rn. 1414.
35 Art. 9quinquies PMMA; unten Rn. 1497 ff.
36 Die Gebühren werden allerdings auch nach dem MMA für jeweils 10 Jahre fällig, Art. 6 Abs. 1 MMA, Regel 30 Abs. 4 AusfO MMA/PMMA.
37 Art. 6 Abs. 1 PMMA; unten Rn. 1457 ff.

PMMA, wenn die Benennung unter dem Protokoll erfolgt,[38] den benannten Ländern, für die Internationale Registrierung und deren Erneuerung nach Ablauf der Schutzdauer **an Stelle** der **Ergänzungsgebühr** (und ggf. der Zusatzgebühren) eigene, **individuelle Gebühren** zu verlangen.[39]

IV. Safeguard Clause

1425 Das Madrider Abkommen (MMA) und das Madrider Protokoll (PMMA) sind **selbstständige** Verträge mit jeweils selbstständiger Mitgliedschaft der Vertragsparteien. Daraus folgt, dass sich vier Gruppen unterscheiden lassen:

- Länder, die keinem der beiden Verträge beigetreten sind und damit nicht dem Madrider Verband, der ein »besonderer Verband« unter Art. 19 der Pariser Verbandsübereinkunft (PVÜ) ist, angehören;
- Länder, die nur dem MMA angehören;
- Länder oder zwischenstaatlichen Organisationen, die nur dem PMMA angehören und
- Länder, die sowohl dem MMA als auch dem PMMA angehören.

Obwohl sich MMA und PMMA in einigen Punkten markant unterscheiden – betroffen sind, wie oben dargestellt,[40] insbesondere der erforderliche Verfahrensstand der Basismarke, die Verfahrenssprache, der Zeitraum, in dem mit einer Schutzverweigerung aus einem der benannten Länder gerechnet werden muss und die Höhe der (nationalen) Gebühren (»individual fees«) –, liegt es **nicht** im Belieben des Anmelders, nach welchem Abkommen er seine Basismarke international registrieren lässt.

1426 Vielmehr sichert das Protokoll in Art. 9[sexies] PMMA, der sog. **Safeguard Clause**, einen grundsätzlichen **Vorrang des MMA** in den Fällen, in denen Ursprungsland und benanntes Land zumindest auch Mitglied des MMA sind. Art. 9[sexies] Abs. 1 PMMA bestimmt dazu: »Ist in Bezug auf ein bestimmtes Internationales Gesuch oder eine bestimmte Internationale Registrierung die Ursprungsbehörde die Behörde eines Staates, der Vertragspartei sowohl dieses Protokolls als auch des Madrider Abkommens (Stockholmer Fassung) ist, so hat dieses Protokoll keine Wirkung im Hoheitsgebiet eines anderen Staates, der ebenfalls Vertragspartei sowohl dieses Protokolls als auch des Madrider Abkommens (Stockholmer Fassung) ist.«

38 S. dazu nachfolgend Rn. 1425, 1427; kommt nach Art. 9[sexies] PMMA das MMA zur Anwendung, verbleibt es bei der Ergänzungsgebühr.

39 S. Art. 8 Abs. 7 lit. a PMMA; Regel 34 Abs. 3 lit. a AusfO MMA / PMMA; s. unten Rn. 1430 ff.

40 Rn. 1422 ff.

Safeguard Clause			
	Ursprungsland	**Benannte Länder**	**Anwendbare(s) Abkommen**
(1)	Nur MMA	Nur MMA oder MMA+PMMA	MMA
(2)	Nur PMMA	Nur PMMA oder MMA+PMMA	PMMA
(3)	MMA+PMMA	Nur MMA oder MMA+PMMA	MMA
(4)	MMA+PMMA	Nur PMMA	PMMA
(5)	MMA+PMMA	Min. 1 × nur PMMA und min. 1 × MMA oder MMA+PMMA	MMA und PMMA

1427

Übersicht 57: Anwendbares Abkommen des Madrider Systems

Da Ursprungsland und benanntes Land zwingend (auch) dem selben Abkommen angehören müssen und einige Staaten nur dem MMA, andere nur dem PMMA, wieder andere – darunter 16 Mitgliedsländer der EU 25[41] – beiden Abkommen beigetreten sind, lassen sich die in Übersicht 57 dargestellten **fünf Konstellationen** unterscheiden, in denen eine Internationale Registrierung überhaupt möglich ist und in denen das dafür maßgebliche Abkommen bestimmt werden muss. 1428

Beispiel: Ein deutsches Unternehmen möchte seine beim DPMA eingetragene Marke im Wege der Internationalen Registrierung auf die Europäische Gemeinschaft und die Schweiz sowie auf China, die USA und Japan erstrecken. Deutschland ist ebenso wie die Schweiz und China Vertragspartei sowohl des MMA als auch des PMMA, die USA, Japan und die Europäische Gemeinschaft gehören dagegen nur dem PMMA an. Art. 9[sexies] PMMA führt hier dazu, dass gegenüber China und der Schweiz das MMA zur Anwendung kommt, während die Erstreckung in die USA, auf Japan und die Europäische Gemeinschaft nur unter dem Protokoll möglich ist. 1429

V. Gebühren

Die Internationale Registrierung ist mit Gebühren verbunden, die sich nach dem MMA/PMMA in 1430

- eine Grundgebühr,
- eine Ergänzungsgebühr für jedes benannte Land und
- Zusatzgebühren für jede die dritte Klasse übersteigende Klasse von Waren oder Dienstleistungen

gliedern.[42] Die Gebühren sind **unmittelbar** und im Voraus beim Internationalen Büro der WIPO zu begleichen. Die Behörden der Vertragsstaaten können die Zah-

41 S. die Übersicht 40 (Rn. 1164); Bulgarien und Rumänien sind ebenfalls Vertragsstaaten sowohl des MMA als auch des PMMA (Rn. 1418).

42 Art. 8 Abs. 2 MMA/PMMA; die Benennung nach Art. 3ter Abs. 1 MMA/PMMA ist notwendig, nachdem alle Vertragsparteien von der Option des Art. 3bis MMA/PMMA Gebrauch gemacht ha-

lung über das nationale Amt erlauben. Von dieser Option haben die Schweiz und Liechtenstein Gebrauch gemacht; die Weiterleitung an das Internationale Büro muss in jedem Falle in Schweizer Franken erfolgen.[43] Die nationalen Ursprungsbehörden erheben ihrerseits nationale Gebühren.[44]

1431 Abweichend von der Regelung des MMA erlaubt das PMMA den **unter dem Protokoll benannten** Ländern, für die Internationale Registrierung (und deren Erneuerung nach Ablauf der Schutzdauer) an Stelle der Ergänzungsgebühr und der Zusatzgebühren eigene, **individuelle Gebühren** zu verlangen.[45] Voraussetzung dafür ist allerdings, dass für die Internationale Registrierung tatsächlich das Protokoll zur Anwendung kommt, was ggf. unter Anwendung der **Safeguard Clause** des Art. 9^sexies^ PMMA[46] festzustellen ist. Die individuellen Gebühren dürfen sich an den nationalen Gebühren des benannten Landes (oder der zwischenstaatlichen Organisation) orientieren,[47] vermindert um die durch die Internationale Registrierung ersparten Aufwendungen.[48]

1432

Gebühren der Internationalen Registrierung			
Gebührenart		**Betrag (SFr.)**	
	Art. 8 Abs. 2 MMA/PMMA	**MMA**	**PMMA**
Grundgebühr	wenn keine der Wiedergaben der Marke in Farbe ist	653	653
	wenn eine der Wiedergaben der Marke in Farbe ist	903	903
Zusatzgebühr	für jede die dritte Klasse übersteigende Klasse von Waren oder Dienstleistungen	73	73
Ergänzungsgebühr	für jede benannte Vertragspartei	73	73 oder individ. Gebühr

Übersicht 58: Gebühren nach dem MMA/PMMA

ben; bis zur Nizzaer Fassung des MMA (s. oben Fn. 1) hatte noch der Grundsatz gegolten, dass mit der Internationalen Registrierung Schutz in allen Vertragsstaaten erlangt wurde.

43 S. Regeln 34 Abs. 2 und 35 Abs. 1 AusfO MMA/PMMA.

44 Art. 8 Abs. 1 MMA/PMMA; für das DPMA s. § 64 a MarkenG i.V.m. § 2 Abs. 1 PatKostG, GebVerz Nr. 334 100 bis 334 800, sowie iHa auf die Fälligkeit, §§ 109, 121 MarkenG.

45 S. Art. 8 Abs. 7 lit. a PMMA; Regel 34 Abs. 3 lit. a AusfO MMA/PMMA; die maximale Höhe der individuellen Gebühr ist dort mit Bezug auf die jeweiligen nationalen Gebühren für Eintragung und Verlängerung begrenzt; die individuelle Gebühr kann in zwei Raten gesplittet werden, deren erste zum Zeitpunkt der Einreichung des Internationalen Gesuches zu leisten ist, während die zweite zu einem späteren, nach dem Recht des betroffenen Landes bestimmten Zeitpunkt entrichtet werden muss; Deutschland hat von dieser Option des PMMA keinen Gebrauch gemacht.

46 S. oben Rn. 1425, 1427.

47 Da die Gebühren an das Internationale Büro der WIPO in Schweizer Franken zu entrichten sind, die individuellen Gebühren der PMMA-Vertragsparteien aber in ihrer jeweiligen Währung festgesetzt werden dürfen, erlaubt Regel 35 Abs. 2 lit. b AusfO MMA/PMMA die Festsetzung des maßgeblichen Betrages in Schweizer Franken nach Maßgabe des amtlichen Wechselkurses der Vereinten Nationen.

48 Art. 8 Abs. 7 lit. a PMMA; Deutschland hat von der Option individueller Gebühren keinen Gebrauch gemacht.

Die Internationale Registrierung einer Marke unter dem Protokoll kann dadurch erheblich **kostenträchtiger** werden. Während sich die Ergänzungsgebühren und ggf. die Zusatzgebühren unter dem MMA auf 73 SFr. je benanntem Land und jede die dritte Klasse übersteigende Klasse von Waren oder Dienstleistungen belaufen, erhalten etwa die USA 406 SFr. für die Benennung bei einer Waren- oder Dienstleistungsklasse und weitere 406 SFr. für jede zusätzliche Waren- oder Dienstleistungsklasse[49]. Japan hat eine gespaltene individuelle Gebühr, die sich in einer ersten Rate auf 226 SFr. (Benennung mit einer Waren- oder Dienstleistungsklasse) zuzüglich 171 SFr. für jede weitere Waren- oder Dienstleistungsklasse und in einer zweiten Rate auf jeweils 754 SFr. beläuft. Die Benennung der Europäischen Gemeinschaft, die nur unter dem Protokoll möglich ist, löst eine individuelle Gebühr in Höhe von 2 229 SFr. sowie 461 SFr.[50] für jede drei Klassen übersteigende Waren- oder Dienstleistungsklasse aus.[51] 1433

Aus Art. 9sexies PMMA folgt, dass es bei den Gebühren nach dem MMA bleibt, wenn es sich bei einem benannten Land um einen Staat handelt, der auch durch das MMA gebunden ist und wenn es sich auch bei der Ursprungsbehörde um die Behörde eines Staates handelt, der (auch) dem MMA angehört. 1434

Beispiel: Der Inhaber einer beim **DPMA** für vier Waren- oder Dienstleistungsklassen eingetragenen, farbigen Marke benennt in seinem Internationalen Gesuch die **Schweiz**. Das Ursprungsland (D) ist Vertragspartei sowohl des MMA als auch des PMMA, das benannte Land Schweiz ebenfalls. Nach der Safeguard Clause des Art. 9sexies PMMA kommt das MMA zur Anwendung.[52] Die Internationale Registrierung löst mithin Gebühren in Höhe von (903 SFr. Grundgebühr + 73 SFr. Zusatzgebühr + 73 SFr. Ergänzungsgebühr =) **1049 SFr.** aus.

Wird dieselbe Internationale Registrierung auf der Basis einer identischen **Gemeinschaftsmarke** veranlasst, kann dies nur unter dem Protokoll geschehen, da die Europäische Gemeinschaft als zwischenstaatliche Organisation nicht Vertragspartei des MMA sein kann.[53] Unter Berücksichtigung der individuellen Gebühren der Schweiz, die bei 600 SFr. zuzügl 50 SFr. ab der dritten Waren- oder Dienstleistungsklasse liegen, ergibt sich hier eine Gebührenbelastung von (903 SFr. Grundgebühr + 2 × 50 SFr. Zusatzgebühr + 600 SFr. individuelle Gebühr =) **1 603 SFr.**.

Hätte der Anmelder an Stelle der Schweiz **Japan** benannt, läge die Gebührenlast, da Japan nur dem Protokoll angehört, in beiden Fällen – der deutschen Marke[54] wie der Gemeinschaftsmarke[55] als Basiseintragung – gleichauf. Sie beliefe sich auf (903 SFr. Grundgebühr + 3 × 171 SFr. Zusatzgebühr + 226 SFr. individuelle Gebühr =) **1 642** 1435

49 WIPO Mitteilung Nr. 19/2006 v. 8. Dez. 2006; die genannten Werte gelten ab 1. Febr. 2007.

50 Die in der Mitteilung des Präsidenten des HABM Nr. 9/04 vom 15. Sept. 2004 mitgeteilten Gebühren sind nach der Änderung durch die VO (EG) Nr. 1687/2004 zur Änderung der Verordnung (EG) Nr. 2869/95 über die an das Harmonisierungsamt für den Binnenmarkt (Marken, Muster und Modelle) zu entrichtenden Gebühren überholt; die Gebühren nach Art. 11 VO (EG) Nr. 2869/95 liegen bei 1 450 € bzw. 300 € ab der vierten Waren- oder Dienstleistungsklasse.

51 Alle aktuellen individuellen Gebühren können auf der Homepage der WIPO abgerufen werden unter: <http://www.wipo.int/madrid/en/fees/pdf/individ/pdf>.

52 S. oben Rn. 1427, Übersicht 55, Nr. (3).

53 S. oben Rn. 1427, Übersicht 55, Nr. (2).

54 S. oben Rn. 1427, Übersicht 55, Nr. (4).

55 S. oben Rn. 1427, Übersicht 55, Nr. (2).

SFr. im Hinblick auf die **erste Rate**, und bei (4 × 754 SFr. =) **3016 SFr.** für die zweite Rate, insgesamt also bei **4 658 SFr.**.

Die an die WIPO zu entrichtenden Gebühren können auf der Internetseite des Internationalen Büros mit Hilfe eines interaktiven »fee calculator« zuverlässig berechnet werden.[56]

B. Verfahren der Internationalen Registrierung

1436 An der Internationalen Registrierung einer Marke sind notwendig mindestens drei Stellen beteiligt,

- das **Ursprungsamt**, bei dem die Basismarke eingetragen oder das Basisgesuch anhängig ist, auf dessen Grundlage die Internationale Registrierung erfolgen soll;
- das **Internationale Büro** der WIPO, an das das Internationale Gesuch über das Ursprungsamt gelangt und
- die nationale Behörde des benannten Landes (**Bestimmungsamt**), auf das der Schutz der Marke erstreckt werden soll.[57]

1437 Daraus folgt, dass die Internationale Registrierung auch mindestens **drei Rechtsebenen** berührt: das nationale Markenrecht des Ursprungslandes, das Madrider System (MMA/PMMA) und das nationale Markenrecht des benannten Landes. Im Falle der Europäischen Gemeinschaft tritt an Stelle des nationalen Amtes das HABM, an Stelle des nationalen Markenrechts das europäische Markenrecht. Aus der Sicht eines nationalen Markenamtes können Internationale Registrierungen »ein-« oder »ausgehen«, je nachdem, ob es als Ursprungsamt oder als Bestimmungsamt involviert ist. Für beide Richtungen muss das nationale Markenrecht Regelungen vorhalten, die an das Verfahren vor dem Internationalen Büro der WIPO – vor- oder nachgängig – anschließen.

I. Ein- und ausgehende Verfahren vor dem DPMA

1438 Am Beispiel des DPMA lassen sich folgende Vorgänge im Zusammenhang mit einer Internationale Registrierung unterscheiden:

- Für eine im Register des DPMA eingetragene Marke wird ein **Antrag auf Internationale Registrierung** nach Art. 3 Abs. 1, 3ter Abs. 1 MMA/PMMA gestellt, der an das Internationale Büro der WIPO vermittelt werden muss.
- Für eine im Register des DPMA eingetragene, bereits international registrierte Marke wird ein **Antrag auf nachträgliche Schutzerstreckung** nach Art. 3ter Abs. 2 MMA/PMMA auf bis dato nicht benannte Vertragsparteien gestellt, der an das Internationale Büro der WIPO vermittelt werden muss.

---

56 Im Internet unter <http://www.wipo.int/madrid/feecalc/FirstStep>.

57 Die nationale Behörde des benannten Landes, auf das der Schutz der Marke erstreckt werden soll, ist nach Art. 3bis Satz 2 PMMA notwendig eine andere als die Ursprungsbehörde; eine »Selbstbenennung« ist nicht zulässig.

- Für eine in einem Vertragsstaat des MMA/PMMA eingetragene, **ausländische** Marke oder eine Markenanmeldung (nur PMMA) ist Deutschland im Rahmen eines Internationalen Gesuches nach Art. 3 Abs. 1, 3ter Abs. 1 MMA/PMMA benannt worden; unter dem PMMA kann dies auch eine Gemeinschaftsmarke sein.
- Für eine bereits international registrierte, **ausländische** Marke oder eine international registrierte Gemeinschaftsmarke ist Deutschland nach Art. 3ter Abs. 2 MMA/PMMA nachträglich benannt worden.[58]

Das Markengesetz regelt die Befugnisse und Aufgaben des DPMA für diese Vari- **1439**
anten in den §§ 107 ff. MarkenG für Verfahren unter dem MMA, in den §§ 119 ff. MarkenG für Verfahren unter dem PMMA.

- Für »**ausgehende**« Verfahren, das heißt für Internationale Gesuche auf der Basis einer **deutschen** Marke(nanmeldung) oder die nachträgliche Schutzerstreckung einer bereits international registrierten deutschen Marke bestimmen die §§ 107 – 111 MarkenG das nationale Verfahren für Schutzerstreckungen unter dem MMA, die §§ 119 – 123 MarkenG das nationale Verfahren für Schutzerstreckungen unter dem PMMA, die Regeln 9 und 24 der AusfO MMA/PMMA das Verfahren vor dem Internationalen Büro der WIPO.
- Für »**eingehende**« Verfahren, das heißt für die Behandlung von Internationalen **1440**
Gesuchen **ausländischer** Marken (einschl. Gemeinschaftsmarken), in denen Deutschland nach Art. 3, 3ter MMA/PMMA benannt wurde, sei es in einem originären Gesuch, sei es im Wege der nachträglichen Schutzerstreckung, sind die §§ 112 – 118 MarkenG für Verfahren unter dem MMA sowie § 124 MarkenG für Verfahren unter dem PMMA einschlägig.

1441

Internationale Registrierung/DPMA				
	»in«		»out«	
	DPMA als **Bestimmungsamt**		DPMA als **Ursprungsamt**	
Verfahren	Schutzerstreckung einer **ausländischen** Marke/Gemeinschaftsmarke auf Deutschland		Internationale Registrierung einer **deutschen** Basismarke/-anmeldung	
	erstmalig	**nachträglich**	**erstmalig**	**nachträglich**
MMA	Art. 3ter Abs. 1	Art. 3ter Abs. 2	Art. 3ter Abs. 1	Art. 3ter Abs. 2
AusfO	Regel 9	Regel 24	Regel 9	Regel 24
MarkenG	§§ 112–118	§§ 112 – 118	§§ 107–110	§§ 111
PMMA	Art. 3ter Abs. 1	Art. 3ter Abs. 2	Art. 3ter Abs. 1	Art. 3ter Abs. 2
AusfO	Regel 9	Regel 24	Regel 9	Regel 24
MarkenG	§ 124	§ 124	§§ 119–122	§ 123

Übersicht 59: Ein- und ausgehende Verfahren der Internationalen Registrierung vor dem DPMA

58 Ein Beispiel gibt BPatG GRUR 1998, 702 – Protest.

1442 **Doppelschutz** einer ausländischen Marke ist nach deutschem Markenrecht möglich: ein Ausländer, der bereits Inhaber einer deutschen Marke ist, kann den Schutz einer identischen Marke, die er in seinem Sitzland hält – die Mitgliedschaft dieses Landes im Madrider System unterstellt – im Wege der Internationalen Registrierung auf Deutschland erstrecken. Im Ergebnis erlangt er so doppelten Markenschutz für ein und dieselbe Marke, jedoch mit unterschiedlichem Zeitrang: die deutsche Marke besitzt den Zeitrang ihrer Eintragung (mit gegebenenfalls dafür in Anspruch genommener Priorität), die Internationale Registrierung einen davon unabhängigen Zeitrang aus dem Verfahren vor dem Internationalen Büro bzw. dem DPMA.[59] Art. 4bis MMA/PMMA steht dem nicht entgegen.[60]

II. DPMA als Ursprungsamt

1. Antrag (Internationales Gesuch)

1443 Das Internationale Gesuch unter dem MMA oder dem PMMA auf der Basis einer deutschen Marke setzt eine **Eintragung** im Markenregister des DPMA oder zumindest eine **Anmeldung** (nur PMMA)[61] voraus. Es ist zwingend an das DPMA als **Ursprungsamt** zu richten.[62] Das DPMA prüft, ob die im Antrag auf Internationale Registrierung bezeichnete Marke mit der deutschen Marke übereinstimmt[63] und ob das im internationalen Antrag angegebene **Waren- und Dienstleistungsverzeichnis** nicht weiter gefasst ist als dasjenige der nationalen Marke. Sind diese Voraussetzungen erfüllt, leitet das DPMA den Antrag an die WIPO weiter und bestätigt außerdem das **Datum**, an dem der Antrag auf Internationale Registrierung eingegangen ist.

1444 Dieses Datum bestimmt regelmäßig das Datum der Internationalen Registrierung und damit deren Zeitrang. Denn das Internationale Büro trägt »die gemäß Artikel 1 (MMA/PMMA) hinterlegten Marken sogleich in ein Register ein«. Die Registrierung erhält das Datum des Gesuchs um Internationale Registrierung im Ursprungsland, sofern das Gesuch beim Internationalen Büro innerhalb von **zwei Monaten** nach diesem Zeitpunkt eingegangen ist. Ist das Gesuch nicht innerhalb dieser Frist eingegangen, so trägt das Internationale Büro es mit dem Datum ein, an dem es bei ihm eingegangen ist.[64]

a) Antragsteller

1445 Antragsteller eines Internationalen Gesuches können nach Art. 1 MMA die Angehörigen eines jeden Verbandslandes sein;[65] der Antrag muss sich jedoch auf eine im jeweiligen »**Ursprungsland**« eingetragene Marke beziehen. Welches Verbandsland als Ursprungsland gilt, regelt Art. 1 Abs. 3 MMA. Danach gilt: Soll der Schutz einer

59 Vgl. Art. 4 Abs. 1 MMA/PMMA, §§ 112, 124 MarkenG.
60 *Fezer* Markenrecht, Art. 4bis MMA Rn. 1.
61 S. oben Rn. 1422.
62 Art. 3 MMA/PMMA, Regel 9 AusfO MMA/PMMA.
63 Vgl. Art. 3 Abs. 1 MMA/PMMA.
64 Art. 3 Abs. 4 MMA/PMMA.
65 Zur Antragsberechtigung Angehöriger dritter Länder s. Art. 2 MMA.

deutschen Marke auf Vertragsparteien des MMA (oder gleichzeitig in **einem** Antrag auf Vertragsparteien des MMA **und** des PMMA) ausgedehnt werden, muss der Antragsteller

- in Deutschland eine tatsächliche und nicht nur zum Schein bestehende gewerbliche oder Handelsniederlassung haben;

wenn dies nicht der Fall ist,

- seinen Wohnsitz in Deutschland haben (und nicht gleichzeitig eine gewerbliche Niederlassung in einer anderen Vertragspartei des MMA innehaben) oder,

wenn dies nicht der Fall ist,

- die deutsche Staatsangehörigkeit besitzen. In diesem Fall darf der Antragsteller nicht gleichzeitig einen Wohnsitz in einer anderen Vertragspartei des MMA innehaben.[66]

Wegen der Rangfolge zwischen diesen Kriterien ist es beispielsweise nicht möglich, dass der Antrag auf internationale Registrierung auf eine in Deutschland eingetragene Marke gestützt wird, wenn der Antragsteller in Deutschland nur einen Wohnsitz, gleichzeitig aber in einem anderen Staat, der ebenfalls dem MMA angehört, eine gewerbliche oder Handelsniederlassung hat.[67]

Soll der Schutz einer deutschen Marke **nur** auf Vertragsparteien des **PMMA** ausgedehnt werden, muss der Antragsteller **1446**

- in Deutschland eine tatsächliche und nicht nur zum Schein bestehende gewerbliche oder Handelsniederlassung haben **oder**
- seinen Wohnsitz in Deutschland haben **oder**
- die deutsche Staatsangehörigkeit besitzen.

b) Formulare

Für einen Antrag auf Internationale Registrierung sind die von der WIPO herausgegebenen **Formblätter MM 1, MM 2 oder MM 3** zu verwenden.[68] Die Formulare können bei der Auskunftsstelle des DPMA oder bei der WIPO bestellt oder aus dem Internet abgerufen werden.[69] Welches der genannten Formblätter der WIPO zu verwenden ist, hängt davon ab, auf welche Vertragsparteien der Schutz der Basismarke(nanmeldung) nach Art. 3, 3ter MMA/PMMA erstreckt werden soll. Dabei gilt: **1447**

66 Art. 1 Abs. 3 MMA.

67 Darauf weist das Merkblatt M 8006.1 des DPMA zur Internationalen Registrierung besonders hin.

68 §§ 43, 44 MarkenV; Ausfüllanleitungen für die WIPO-Formblätter MM 1, MM 2 und MM 3 können bei der Auskunftsstelle des DPMA angefordert oder über das Internet abgerufen werden; für das Begleitschreiben an das DPMA steht ein Vordruck (M 8005) zur Verfügung; im Internet: <http://www.dpma.de/formulare/marke.html>; für Internationale Registrierungen mit Schutzerstreckung in die USA ist zwingend zusätzlich das WIPO-Fomblatt MM 18 (»Declaration of Intention to use the Mark«) in englischer Sprache zu verwenden, auf dem der Anmelder die ernsthafte Absicht, die Marke in den USA zu benutzen, erklären muss; das Verzeichnis der Waren- und Dienstleistungen sollte den Anforderungen des USPTO entsprechen; s. dazu das Verzeichnis »Trademark Acceptable Identification of Goods and Services Manual«, im Internet abrufbar unter <http://www.uspto.gov/web/trademarks/fr_madrid.htm>.

69 <http://www.wipo.int/madrid>.

- Das Formblatt MM 1 ist zu verwenden, wenn **alle Staaten**, die im Internationalen Gesuch benannt werden, dem **MMA** angehören, unabhängig davon, ob diese Staaten oder einige davon auch gleichzeitig dem PMMA angehören.
- Das Formblatt MM 2[70] ist zu verwenden, wenn im Internationalen Gesuch Staaten benannt werden, die **ausschließlich** dem **PMMA** angehören.
- Das Formblatt MM 3[71] ist zu verwenden, wenn im Internationalen Gesuch Staaten benannt werden, von denen **mindestens einer** dem **MMA** oder dem MMA und dem PMMA angehört **und mindestens eine** weitere benannte Vertragspartei **ausschließlich** dem **PMMA,** nicht aber gleichzeitig dem MMA angehört.

c) Sprachen

1448 Bei Anträgen, für die das Formblatt **MM 1** zu verwenden ist, ist Verfahrenssprache ausschließlich **Französisch**. Bei den Formblättern **MM 2** und **MM 3** kann zwischen **Englisch** und **Französisch** gewählt werden. Auch das Waren- und Dienstleistungsverzeichnis muss in der Sprache des gewählten Formblatts abgefasst sein;[72] fehlt es daran, gilt das Verzeichnis als nicht beigefügt, was sich nachteilig auf das **Datum** und damit den Zeitrang der Internationalen Registrierung auswirken kann. Wird für den Antrag auf Internationale Registrierung eine unzulässige Verfahrenssprache verwendet, betrachtet die WIPO den Antrag auf Internationale Registrierung als nicht gestellt. Die Beachtung der detaillierten Hinweise[73] des DPMA empfiehlt sich.

d) Nationale Gebühren

1449 Mit dem Antrag auf Internationale Registrierung ist sowohl eine **nationale** Gebühr (in Euro) an das DPMA als auch eine **internationale** Gebühr (in Schweizer Franken) an die WIPO zu entrichten.[74] Das Deutsche Patent- und Markenamt erstellt keine gesonderten Gebührenrechnungen. Die Gebühren des DPMA können durch Bareinzahlung bei den Geldstellen des DPMA,[75] durch Überweisung,[76] oder durch Übergabe oder Übersendung einer Einzugsermächtigung von einem Inlandskonto[77] entrichtet werden.

1450 Die Gebühren werden grundsätzlich mit der Stellung des Antrags fällig. Ist die deutsche Marke, auf die die Internationale Registrierung gestützt werden soll, **noch nicht eingetragen**, ist die Eintragung aber Voraussetzung für die Internationale Registrierung (MMA), werden die nationalen Gebühren erst mit Eintragung der deutschen

70 Das Formblatt MM 2 wird in den Varianten MM 2F (französisch) und MM 2E (englisch) vorgehalten.

71 Das Formblatt MM 3 wird in den Varianten MM 3F (französisch) und MM 3E (englisch) vorgehalten.

72 §§ 120 Abs. 3, 108 Abs. 3 MarkenG, §§ 43, 44, 45 Abs. 2 MarkenV.

73 Das Merkblatt weist etwa darauf hin, dass innerhalb der Adresse des Antragstellers der Ortsname in Deutsch anzugeben sei (also z.B.: »München« und nicht »Munich«), das Land hingegen in Französisch, also: »Allemagne«.

74 Art. 8 Abs. 1, 2 MMA/PMMA; § 64 a MarkenG i.V.m. § 2 Abs. 1 PatKostG, GebVerz Nr. 334 100, 334 200; zu Fälligkeit und Zahlungsfrist s. §§ 109, 121 MarkenG.

75 In den Dienststellen München und Jena und im Technischen Informationszentrum in Berlin.

76 Auf das Konto der Bundeskasse Weiden (Konto-Nr. 700 010 54, BLZ 700 000 00).

77 Das DPMA empfiehlt, dafür den amtlichen Vordruck (A 9507) zu verwenden, um Irrtümer und Verzögerungen bei der Verbuchung der Gebühr zu vermeiden.

Marke fällig.[78] Ab Fälligkeit sind die Gebühren innerhalb einer Frist von **einem Monat** zu bezahlen.[79] Wird die Frist versäumt, gilt der Antrag als zurückgenommen.[80]

Die Höhe der an die WIPO zu entrichtenden Gebühren hängt davon ab, ob die Internationale Registrierung unter dem MMA oder unter dem Protokoll erfolgt und welche Vertragsparteien benannt wurden.[81] 1451

2. Zeitrang, Priorität

Grundsätzlich erfolgt die Internationale Registrierung mit dem Datum, an dem der Antrag auf Internationale Registrierung beim DPMA eingegangen ist. Voraussetzung hierfür ist, dass der Antrag innerhalb von **zwei Monaten** ab Eingang beim DPMA bei der WIPO eingeht und folgende Mindestangaben enthält: 1452

- Name und Anschrift des Antragstellers,
- die Vertragsparteien, in denen Schutz beansprucht wird,
- eine Wiedergabe der Marke und
- ein Verzeichnis der Waren und Dienstleistungen.

Wird die Zweimonatsfrist überschritten oder fehlt eine der Mindestangaben, so erhält die Internationale Registrierung das Datum des Eingangs des Antrags bzw. der letzten fehlenden Angabe bei der WIPO.[82] Für die Internationale Registrierung kann auch der **Zeitrang** oder die **Priorität** der deutschen Marke in den Grenzen der PVÜ in Anspruch genommen werden.[83] Voraussetzung hierfür ist, dass der Antrag auf Internationale Registrierung innerhalb von **sechs Monaten** nach Anmeldung der deutschen Marke beim DPMA eingereicht wird. In den Fällen, in denen für die Internationale Registrierung eine **eingetragene** deutsche Marke erforderlich ist,[84] muss außerdem die Eintragung der deutschen Marke innerhalb einer Frist von sechs Monaten ab Anmeldung erfolgt sein. 1453

3. Verfahren vor der WIPO

Die WIPO prüft, ob das Gesuch auf Internationale Registrierung allen Erfordernissen für die Eintragung in das internationale Register entspricht. Ist dies der Fall, trägt die WIPO die Marke »sogleich«[85] in das **internationale Register** ein und teilt den Vertragsparteien, in denen Schutz beansprucht wird, die Internationale Regis- 1454

78 § 109 MarkenG.
79 § 109 Abs. 2 MarkenG.
80 § 6 Abs. 2 PatKostG; *Ströbele/Hacker* § 109 Rn. 2.
81 S. oben Rn. 1430 ff.
82 Art. 3 Abs. 4 MMA/PMMA.
83 Art. 4 Abs. 2 MMA/PMMA lautet: »Jede Marke, die Gegenstand einer internationalen Registrierung gewesen ist, genießt das durch Artikel 4 der Pariser Verbandsübereinkunft zum Schutz des gewerblichen Eigentums festgelegte Prioritätsrecht, ohne dass es erforderlich ist, die unter Buchstabe D jenes Artikels vorgesehenen Förmlichkeiten zu erfüllen.«
84 Dies ist bei Anträgen auf der Grundlage der Formblätter MM 1 und MM 3 der Fall.
85 Art. 3 Abs. 4 MMA/PMMA.

trierung mit. Die Marke hat damit in diesen Staaten Schutz, als ob sie dort unmittelbar hinterlegt worden wäre.[86]

1455 Entspricht der Antrag auf Internationale Registrierung nicht den Erfordernissen für eine Eintragung im internationalen Register, erlässt die WIPO einen Bescheid, in dem der Antragsteller oder die nationale Behörde aufgefordert werden, den Mangel innerhalb einer Frist von drei Monaten zu beseitigen. Erfolgt die Mängelbeseitigung nicht innerhalb dieser Frist, gilt der Antrag auf Internationale Registrierung als zurückgenommen.

1456 Die Behörden der benannten Vertragsparteien haben innerhalb einer Frist von einem Jahr (MMA) bzw. 18 Monaten (PMMA) ab der Mitteilung durch die WIPO die Möglichkeit, der Marke in den Grenzen der PVÜ den Schutz in ihrem Gebiet zu versagen.[87] Wird der Schutz in einer der benannten Vertragsparteien ganz oder teilweise versagt, und ist der Antragsteller weiterhin an einem Markenschutz in diesem Staat interessiert, kann er sein Begehren bei den Behörden dieses Staates nach den dort geltenden Vorschriften weiterverfolgen.[88]

4. Schutzdauer, Erneuerung, e-renewal

1457 Unter dem MMA beträgt die Schutzdauer der Internationalen Registrierung 20 Jahre, unter dem PMMA 10 Jahre. Sie kann für den entsprechenden Zeitraum beliebig oft verlängert werden. Die Verlängerung (Erneuerung) erfolgt durch Zahlung der hierfür geltenden Gebühren **unmittelbar** an die WIPO, wobei die Zahlung auch bei einer Schutzdauer von 20 Jahren in zwei Raten für jeweils 10 Jahre erfolgt.[89] Die WIPO erinnert den Inhaber der Internationalen Registrierung sechs Monate vor Ablauf der Schutzfrist hieran.

1458 Die WIPO bietet auch die Möglichkeit einer **elektronischen** Verlängerung des Schutzes einer Internationalen Registrierung an, verbunden mit der Möglichkeit, die Verlängerungsgebühr via Kreditkarte zu begleichen.[90] Das DPMA leitet dagegen weder Anträge noch Zahlungen für Verlängerungen international registrierter Marken an das Internationale Büro weiter.

1459 Während eines Zeitraums von fünf Jahren bleibt die internationale Registrierung von der nationalen Basismarke oder Basisanmeldung abhängig.[91] Wird die Basismarke innerhalb dieses Zeitraums infolge Verzichts, eines Löschungsverfahrens, einer Nichtig- oder Ungültigerklärung gelöscht oder wird die Basisanmeldung zurückgenommen oder zurückgewiesen, entfällt auch der Schutz aus der IR-Marke.

86 Art. 4 Abs. 1 lit. a MMA/PMMA.
87 S. unten Rn. 1464 ff.
88 S. unten Rn. 1464 ff., 1468.
89 S. oben Rn. 1424.
90 Im Internet unter <https://webaccess.wipo.int/trademarks_ren/erenewal_en.jsp>.
91 Unten Rn. 1490 ff.

III. DPMA als Bestimmungsamt

Wird in einem Internationalen Gesuch die Schutzerstreckung einer ausländischen Marke auf Deutschland beantragt, hat deren Internationale Registrierung »**dieselbe Wirkung**, wie wenn die Marke am Tag der Internationalen Registrierung nach Artikel 3 Abs. 4 des Madrider Markenabkommens oder am Tag der Eintragung der nachträglichen Schutzerstreckung nach Artikel 3ter Abs. 2 des Madrider Markenabkommens zur Eintragung in das vom Patentamt geführte Register angemeldet und eingetragen worden wäre.«[92] 1460

1. IR-Marken im nationalen Recht

Die unter Benennung Deutschlands international registrierte Marke kann – nicht anders als eine nationale Registermarke – einerseits **Gegenstand** eines Angriffes wegen absoluter Schutzhindernisse, wegen Verfalls oder besserer Rechte Dritter sein, andererseits selbst **Grundlage** eines Widerspruchs oder einer Löschungsklage. Die Vorschriften des Markengesetzes sind auf Internationale Registrierungen, deren Schutz sich auf das Gebiet der Bundesrepublik Deutschland erstreckt, entsprechend anzuwenden.[93] 1461

1462

International registrierte Marke im nationalen Markenrecht		
Prozessuale Maßnahme	**IR-Marke als Gegenstand eines Angriffs** §§ MarkenG	**IR-Marke als Grundlage eines Angriffs** §§ MarkenG
Widerspruch	§ 114, 42 ff.[94]	§§ 107, 112 (119, 124) §§ 116 Abs. 1, 42 ff.
Löschungsklage	§§ 107, 112 (119, 124) §§ 115 Abs. 1;[95] 51, 55	§§ 107, 112 (119, 124) §§ 116 Abs. 2; 51, 55
Löschungsantrag wg. Verfall oder abs. Schutzhindernisse	§§ 107, 112 (119, 124) §§ 115 Abs. 1, 2;[96] 49, 50	–
Einwand mangelnder Benutzung	–	§ 117

Übersicht 60: IR-Marke als Gegenstand oder Grundlage eines Angriffes

Aus einer älteren IR-Marke kann gegen die Eintragung einer jüngeren Marke in den Kollisionslagen des § 9 Abs. 1 Nr. 1 und 2 MarkenG ebenso Widerspruch erhoben 1463

92 § 112 Abs. 1 MarkenG; Art. 4 Abs. 1 MMA.
93 §§ 107, 119 MarkenG.
94 Z.B. BPatG Beschl. v. 25. Januar 2006, 26 W (pat) 324/03 – WELT/WEST; BPatG MarkenR 2006, 452 – go seven.
95 Z.B. BGH MarkenR 2006, 390 – TOSCA BLU (zur ausschließlichen Zuständigkeit inländischer Gerichte für Klagen, die auf Entziehung des für das Inland bestehenden Schutzes aus einer IR-Marke gerichtet sind).
96 Vgl. BGH MarkenR 2006, 272 – Rasierer mit drei Scherköpfen.

werden, wie dies aus einer älteren nationalen Marke möglich wäre.[97] In umgekehrter Richtung kann sich ein Widerspruch gegen eine Internationale Registrierung aus älterem Recht zwar nicht gegen eine Eintragung im Register des DPMA richten: da das DPMA **kein Register für IR-Marken** führt,[98] kann eine international registrierte Marke auch nicht »gelöscht« werden. An die Stelle der Löschung der Eintragung tritt jedoch im Falle eines erfolgreichen Widerspruchs die »**Verweigerung des Schutzes**«,[99] im Falle eines erfolgreichen Antrags oder einer Klage auf Löschung wegen Verfalls, wegen des Vorliegens absoluter Schutzhindernisse oder auf Grund eines älteren Rechts die »**nachträgliche Schutzentziehung**«.[100]

2. Schutzverweigerung

1464 Die Gleichstellung von IR-Marken, deren Schutz nach Art. 3, 3ter Abs. 1 MMA/PMMA originär oder nach Art. 3ter Abs. 2 MMA/PMMA nachträglich auf Deutschland erstreckt wurde, mit nationalen Registermarken in § 112 Abs. 1 MarkenG steht unter dem **Vorbehalt**, dass der international registrierten Marke nicht nach Maßgabe der §§ 113 bis 115 MarkenG der **Schutz verweigert** wird. MMA und PMMA erlauben die Prüfung einer internationalen Marke auf absolute Schutzhindernisse durch die nationale Behörde des benannten Landes in den Grenzen der PVÜ.[101]

1465 Das Markengesetz[102] bestimmt vor diesem Hintergrund: »International registrierte Marken werden in gleicher Weise wie zur Eintragung in das Register angemeldete Marken nach § 37 auf absolute Schutzhindernisse geprüft.« Eine Internationale Registrierung mit Schutzerstreckung auf Deutschland kann danach ebenso an den Vorgaben der §§ 3, 8 oder 10 MarkenG zur Schutz- bzw. Eintragungsfähigkeit einer Marke scheitern, wie dies eine nationale Anmeldung könnte.[103] An die Stelle der Zu-

---

97 §§ 107, 112 MarkenG (MMA) bzw. 119, 124 MarkenG (PMMA), §§ 42 Abs. 2, 9 Abs. 1 Nr. 1 und 2, 116 Abs. 1 MarkenG.

98 Internationale Registrierungen mit Schutzerstreckung auf Deutschland müssen deshalb in der »Gazette OMPI des marques internationales« bzw. im elektronischen Recherchesystem ROMARIN (»**R**ead-**O**nly-**M**emory of **M**adrid **A**ctive **R**egistry **IN**formationder«) der WIPO recherchiert werden (im Internet: <http://www.wipo.int/romarin/>; s. dazu auch die Mitteilung DPMA Nr. 9/2000.

99 § 114 Abs. 3 MarkenG; die Frist zur Erhebung des Widerspruchs (§ 42 Abs. 1 MarkenG) gegen die Schutzgewährung für international registrierte Marken beginnt mit dem ersten Tag des Monats, der dem Monat folgt, der als Ausgabemonat des Heftes des Veröffentlichungsblattes angegeben ist, in dem die Veröffentlichung der international registrierten Marke enthalten ist; s. dazu *Schöndeling* GRUR 1996, 105 f.

100 § 115 Abs. 1 MarkenG.

101 Art. 5 Abs. 1 Satz 1, 2 MMA/PMMA, Art. 6bis, 6ter, 6quinquies B PVÜ.

102 § 113 Abs. 1 Satz 1 MarkenG; § 37 Abs. 2 MarkenG findet keine Anwendung, sodass insbesondere die Überwindung eines Eintragungshindernisses im Wege der nachträglichen Verkehrsdurchsetzung mit entsprechender Verschiebung des Zeitranges zu Gunsten einer IR-Marke nicht möglich ist; zur nationalen Regelung s. oben Rn. 536 ff.

103 Oben Rn. 381, 396 ff.; die möglichen Schutzversagungsgründe sind zwar durch Art. 6quinquies B Nr. 1 – 3 PVÜ erschöpfend vorgegeben, decken sich jedoch mit den Vorgaben des Markengesetzes, sodass daraus kein Widerspruch zum sog. Telle-quelle-Schutz nach Art. 6quinquies A Abs. 1 PVÜ (»sera ... protégée telle quelle dans les autres pays de l'Union«) entsteht; s. dazu BGH MarkenR 2001, 124, 125 – Omega; MarkenR 2001, 121 – SWATCH; BGH MarkenR 2004, 140 – Käse in Blütenform (s. oben Rn. 17); zur Vereinbarkeit des Schutzausschlusses nach § 3 Abs. 2 Nr. 2 MarkenG für technisch bedingte Formen mit Art. 6quinquies B Nr. 1 – 3 PVÜ s. BGH MarkenR 2006, 172, 273 – Rasierer mit drei Scherköpfen; *Fezer*, Markenrecht, Art. 5 MMA Rn. 4.

rückweisung der Anmeldung im Sinne des § 37 Abs. 1 MarkenG tritt die »**Verweigerung des Schutzes**«.[104]

Beispiel: Eine für die Waren »Wasch-, Geschirrspül- und Reinigungsmittel sowie Wasserenthärter«[105] international registrierte Bildmarke mit Schutzerstreckung auf Deutschland besteht aus der Abbildung der dreidimensionalen Form einer Geschirrspülmittel- oder Wasserenthärtertablette in den Farben blau und weiß. Die Markenstelle des DPMA verweigert den Schutz für die Bundesrepublik Deutschland mit zwei Beschlüssen, von denen einer im Erinnerungsverfahren ergeht.[106] Die Schutzverweigerung wird im Wesentlichen damit begründet, die Schutz suchende Marke erschöpfe sich in der Darstellung der Ware selbst und enthalte keine darüber hinausgehende individualisierende Eigenart. Die Gestaltungsmerkmale der Marke seien zwar nicht technisch bedingt, jedoch seien sowohl die Form als auch die Farbgestaltung der dargestellten Tablette auf dem Sektor der Wasch- und Reinigungsmittel üblich. Die Marke sei daher nicht geeignet, die beanspruchten Waren hinsichtlich ihrer Herkunft aus einem Unternehmen von denjenigen anderer Unternehmen zu unterscheiden. Die dagegen gerichtete Beschwerde zum BPatG bleibt erfolglos.[107] **1466**

Die Entscheidung wäre weder materiell anders ausgefallen, noch prozessual anders verlaufen, hätte es sich um eine nationale Anmeldung gehandelt.

Die der Schutzbewilligung entgegenstehenden Schutzhindernisse müssen dem Internationalen Büro der WIPO innerhalb der Jahresfrist des Art. 5 Abs. 2 MMA mitgeteilt werden; zur Fristwahrung ist nach Art. 5 Abs. 5 MMA auch eine »vorläufige« Schutzverweigerung möglich.[108] Die WIPO leitet die Schutzverweigerung nach Maßgabe des Art. 5 Abs. 3 MMA an die Behörde des Ursprungslandes und den Inhaber der Marke weiter. Die Schutzverweigerung wird endgültig, wenn der Inhaber der Internationalen Registrierung nicht fristwahrend einen **Inlandsvertreter** bestellt[109] oder wenn es ihm nicht gelingt, die Vorbehalte des Amtes auszuräumen. Gegen die endgültige Schutzverweigerung kann innerhalb eines Monats mit **Erinnerung** bzw. **Beschwerde** vorgegangen werden,[110] gegen die ablehnende Beschwerdeentscheidung mit der **Rechtsbeschwerde** zum BGH. **1467**

Beispiel: Die Inhaberin der Marke »LOCAL PRESENCE, GLOBAL POWER« hat in einem Internationalen Gesuch die Schutzerstreckung auf Deutschland beantragt. Die Marke wird u.a. für Waren der Klasse 16 – »Papier, carton et produits en ces matières ...« – **international registriert**. **1468**

104 § 113 Abs. 2 MarkenG.

105 »3 Lessive; produits pour laver la vaisselle; produits de nettoyage; détartrants à usage domestique«.

106 §§ 107, 113 Abs. 1, 37 Abs. 1, 8 Abs. 2 Nr. 1 MarkenG i.V.m. Art. 5 Abs. 2 MMA und Art. 6quinquies B PVÜ.

107 BPatG Beschl. v. 20.6.2006, 24 W (pat) 16/04 – Tab.

108 S. dazu Regel 17 AusfO MMA/PMMA.

109 § 46 Abs. 1 MarkenV; *Ströbele/Hacker*, § 113 MarkenG Rn. 8.

110 § 46 Abs. 2 Satz 1 MarkenV; oben Rn. 550 ff.

Die zuständige Markenstelle des **DPMA verweigert** der IR-Marke den begehrten Schutz wegen fehlender Unterscheidungskraft nach §§ 113, 37, 8 Abs. 2 Nr. 1 MarkenG.

Die dagegen gerichtete **Beschwerde** der Markeninhaberin bleibt erfolglos. Auch das **BPatG** versagt den begehrten Schutz mit der Begründung, der Wortfolge fehle als Werbeslogan ohne Originalität jede Unterscheidungskraft.[111] Sie erschöpfe sich in einer bloßen werblichen Anpreisung ohne fantasievollen Überschuss in der sprach lichen Gestaltung oder Aussage. Eine gewisse Originalität sei allenfalls für »Papier, Karton und Waren aus diesen Materialien« vorhanden; wegen der starken Gewöhnung des Verkehrs an derartige Slogans führe jedoch nicht jeder fantasievolle Überschuss zu einem Wiedererkennungseffekt hinsichtlich der betrieblichen Herkunft.

Die dagegen gerichtete **Rechtsbeschwerde** zum **BGH** hat Erfolg. Sie führt zur Aufhebung der angefochtenen Entscheidung, so weit das BPatG der IR-Marke den Schutz für die Waren der Klasse 16 verweigert hat. Die Annahme des BPatG, der IR-Marke fehle auch für die Waren der Klasse 16 jede Unterscheidungskraft, so der BGH, sei nicht frei von Rechtsfehlern. Das BPatG habe zu hohe Anforderungen an die Unterscheidungskraft von Werbeslogans gestellt.[112]

IV. HABM als Ursprungsamt

1. Maßgeblichkeit des PMMA

1469 In seiner Rolle als **Ursprungsamt** besteht die Hauptaufgabe des HABM in der Bescheinigung und Weiterleitung Internationaler Gesuche an das Internationale Büro der WIPO. Da nur das PMMA für eine Mitgliedschaft zwischenstaatlicher Organisationen offen steht,[113] unterliegt eine beim HABM eingereichte internationale Anmeldung ausschließlich dem Madrider Protokoll. Daraus folgt zugleich, dass auch nur Vertragsparteien des Madrider Protokolls benannt werden können, gleich ob sie auch Mitglied des Madrider Abkommens sind.[114]

1470 Ein Internationales Gesuch kann sich nach Art. 3 PMMA auf eine **Anmeldung** einer Gemeinschaftsmarke oder auf eine **eingetragene** Gemeinschaftsmarke stützen. In beiden Fällen muss der Anmelder **Inhaber** der Marke sein; die Einreichung des Internationalen Gesuches durch einen Lizenznehmer oder ein verbundenes Unternehmen ist nicht ausreichend. Basisanmeldung oder -eintragung und beantragte Internationale Registrierung müssen identisch sein; das Verzeichnis der Waren und Dienstleistungen kann gegenüber der Basismarke(nanmeldung) identisch oder enger sein, jedoch nicht weiter. Das Verzeichnis der Waren und Dienstleistungen ist stets in der Sprache der Internationalen Anmeldung anzugeben. Ist diese Sprache

111 Art. 5 Abs. 1 MMA, Art. $6^{quinquies}$ B Nr. 2 PVÜ, § 113 MarkenG.
112 BGH MarkenR 2001, 306 – LOCAL PRESENCE, GLOBAL POWER.
113 Art. 14 Abs. 1 lit. b PMMA; oben Rn. 1415 ff.
114 S. oben Rn. 1426 f.; Übersicht 57 Nr. (2).

nicht Französisch, Englisch oder Spanisch, kann der Anmelder eine Übersetzung in dieser Sprache einreichen.[115]

2. Verfahren

Das Internationale Gesuch ist **zwingend** über das HABM einzureichen. Wird eine Internationale Registrierung beantragt, bevor die Marke, auf die sich die Internationale Registrierung stützen soll, als Gemeinschaftsmarke eingetragen ist, muss der Anmelder angeben, ob die Internationale Registrierung auf der Grundlage der Anmeldung oder auf der Grundlage der Eintragung erfolgen soll. Im letzteren Fall gilt für den Eingang der Internationalen Anmeldung beim HABM das Datum der Eintragung der Gemeinschaftsmarke. Beim internationalen Büro muss die Internationale Anmeldung innerhalb von 2 Monaten nach der Einreichung beim Ursprungsamt (HABM) vorliegen, um das Eingangsdatum beim Ursprungsamt (HABM) als Eintragungsdatum der internationalen Anmeldung beizubehalten.[116] **1471**

Das HABM hat ein beschleunigtes Prüfungssystem für Internationale Anmeldungen eingerichtet, um der genannten Frist gerecht zu werden. Unmittelbar nach dem Eingang einer Internationalen Anmeldung stellt das Amt eine **Eingangsbestätigung** aus und beginnt mit der Prüfung. Werden Beanstandungen festgestellt, ergeht eine entsprechende Mitteilung an den Anmelder, der darüber informiert wird, dass sein Internationales Gesuch erst an das Internationale Büro weitergereicht wird, wenn die Beanstandungen ausgeräumt worden sind. Werden keine Beanstandungen festgestellt, übermittelt das Amt das Gesuch direkt an das Internationale Büro.[117] **1472**

3. Sprachen, Formulare

Die Internationale Anmeldung ist in einer der 20 Amtssprachen der Europäischen Gemeinschaft einzureichen[118] und muss an die WIPO in einer der drei Sprachen des Madrider Protokolls[119] weitergeleitet werden. Die Sprache kann vom Anmelder frei gewählt werden, unabhängig von seiner Staatsangehörigkeit oder den Sprachen der Basis-Gemeinschaftsmarkenanmeldung, auf die sich sein Internationales Gesuch bezieht. **1473**

Das offizielle Formblatt muss **zwingend** verwendet werden.[120] Zur Wahl stehen dabei das Formblatt der WIPO MM 2 in Französisch, Englisch oder Spanisch oder die HABM-Fassung dieses Formblatts EM 2, das in allen Amtssprachen der EG verfügbar ist. Detaillierte Hinweise geben die Prüfungsrichtlinien des Amtes Teil B Kapitel **1474**

115 Art. 142 Abs. 3 GMV.
116 Art. 3 Abs. 4 PMMA.
117 Erhält der Anmelder einer Internationalen Anmeldung innerhalb eines Monats nach Einreichen derselben keine Mitteilung des Amtes bezüglich seines Gesuchs, empfiehlt das Amt, den Status der Anmeldung unter folgender Telefonnummer zu erfragen: +34 965 139 100.
118 Art. 142 Abs. 1 GMV.
119 Französisch, Englisch, Spanisch.
120 Art. 142 Abs. 1 GMV.

13.[121] Wird die Internationale Anmeldung in einer anderen Sprache als den Sprachen eingereicht, die nach dem Madrider Protokoll zulässig sind, muss der Anmelder eine **zweite Sprache** aus dem Kreis dieser Sprachen angeben. Das Amt legt dann die Internationale Anmeldung dem Internationalen Büro in dieser zweiten Sprache vor.[122]

4. Gebühren

1475 Während die Internationale Registrierung bei der WIPO internationale, in Schweizer Franken unmittelbar an das Internationale Büro in Genf zu bezahlende Gebühren auslöst,[123] ist für die **Übermittlung** des Internationalen Gesuchs durch die Ursprungsbehörde (HABM) eine eigene Gebühr in Euro zu begleichen: die Internationale Anmeldung, die beim HABM eingereicht wird, gilt nur als eingereicht, wenn mit der Anmeldung die Übermittlungsgebühr an das HABM gezahlt wird.[124] **Nachträgliche Benennungen**, das heißt die Erstreckung des Schutzes einer bereits bestehenden Internationalen Registrierung einer Gemeinschaftsmarke auf weitere Vertragsparteien unter dem PMMA, lösen keine Übermittlungsgebühr beim HABM aus.[125]

1476

Internationale Registrierung/HABM				
	»in«		**»out«**	
	HABM als **Bestimmungsamt**		HABM als **Ursprungsamt**	
Verfahren	Schutzerstreckung einer **nationalen** Marke auf die Europäische Gemeinschaft		Internationale Registrierung einer **Gemeinschafts**marke/-anmeldung	
	erstmalig	**nachträglich**	**Erstmalig**	**nachträglich**
PMMA AusfO	Art. 3ter Abs. 1 Regel 9	Art. 3ter Abs. 2 Regel 24	Art. 3ter Abs. 1 Regel 9	Art. 3ter Abs. 2 Regel 24
GMV	Art. 140; 146–152	Art. 140; 146–152	Art. 140; 141–143, 145	Art. 140, 144, 145

Übersicht 61: Ein- und ausgehende Verfahren der Internationalen Registrierung vor dem HABM

121 S. oben Rn. 1170.
122 Art. 142 Abs. 2 GMV.
123 S. oben Rn. 1430 ff.; das HABM leitet keine Gebühren an die WIPO weiter.
124 Art. 142 Abs. 5 GMV, Art. 2 Nr. 31 GMGebV (300 €).
125 Auch für nachträgliche Benennungen muss das amtliche Formblatt verwendet werden, Regel 102 Abs. 1, 2; 103 Abs. 2 lit. a GMDV; geeignet ist das WIPO-Formblatt MM 4 in den Amtssprachen der WIPO. In den anderen Amtssprachen der EG muss das HABM-Formblatt EM 4 benutzt werden.

V. HABM als Bestimmungsamt

Mit dem Beitritt der Europäischen Gemeinschaft zum Madrider Protokoll am 1. Oktober 2004[126] hat das HABM die Aufgaben übernommen, die denen eines Ursprungsamts oder eines benannten Amts (Bestimmungsamts) nach dem System des Madrider Protokolls entsprechen. In seiner Rolle als **Bestimmungsamt** wird das HABM tätig, wenn in einer Internationalen Registrierung unter dem Protokoll die originäre oder nachträgliche Benennung der Europäischen Gemeinschaft nach Art. 3ter PMMA erfolgt.[127] Eine bereits bestehende, gleich lautende Gemeinschaftsmarke ist ebenso unschädlich wie der aus einer vorbestehenden, gleich lautenden nationalen Marke resultierende Doppelschutz in einem Mitgliedsstaat der Europäischen Gemeinschaft.[128] Eine Internationale Registrierung, in der die Europäische Gemeinschaft benannt ist, hat vom Tage der Registrierung gemäß Artikel 3 Absatz 4 PMMA oder vom Tage der nachträglichen Benennung der Europäischen Gemeinschaft gemäß Artikel 3ter Absatz 2 PMMA an dieselbe Wirkung wie die **Anmeldung** einer Gemeinschaftsmarke.[129] 1477

1. Zeitrang (Seniorität)

Der Anmelder einer internationalen Registrierung, in der die Europäische Gemeinschaft benannt ist, kann in der Internationalen Anmeldung den **Zeitrang** einer älteren Marke nach Art. 34 GMV in Anspruch nehmen, die in einem Mitgliedstaat, einschließlich des Benelux-Gebiets, oder gemäß internationaler Regelungen mit Wirkung für einen Mitgliedstaat registriert ist.[130] 1478

2. Verfahren, Sprachen, Recherche

Die WIPO trägt die Internationalen Registrierungen ein und benachrichtigt das HABM auf elektronischem Wege über Benennungen der Europäischen Gemeinschaft. Das HABM kann innerhalb einer **Frist von 18 Monaten**, beginnend mit der Benachrichtigung der WIPO, eine **vorläufige Schutzverweigerung** auf Grund 1479

126 S. oben Rn. 1417.

127 Die WIPO hält dafür die Formblätter MM2 (internationale Anmeldung, die nur dem Madrider Protokoll unterliegt), MM3 (internationale Anmeldung, die sowohl dem Madrider Abkommen als auch dem Madrider Protokoll unterliegt) und MM4 (nachträgliche Benennung) vor; für Senioritätsansprüche in der internationalen Anmeldung ist ein separates Formblatt MM17 (Senioritätsanspruch-Europäische Gemeinschaft) geschaffen worden, dass der internationalen Anmeldung oder nachträglichen Benennung der EG beigefügt werden kann.

128 Art. 4bis PMMA, Art. 152 GMV; *Kunze* GRUR 1996, 627, 628; die Europäische Gemeinschaft kann allerdings nicht auf der Basis einer Gemeinschaftsmarke »selbst benannt« werden, Art. 3bis Satz 2 PMMA.

129 Art. 146 Abs. 1 GMV.

130 Art. 148 Abs. 1 GMV, Regel 108 ff. GMDV; für die nachträgliche Inanspruchnahme i.S.d. Art. 35 GMV (oben Rn. 1219 ff., 1223) stellt Art. 148 Abs. 2 GMV auf das Datum der Veröffentlichung der Wirkungen der Registrierung im Sinne von Art. 147 Abs. 2 GMV ab; Regel 9 Abs. 5 lit. g (i), Regel 14 Abs. 2 (vi) AusfO MMA/PMMA; s. auch Regel 21bis AusfO MMA/PMMA.

absoluter oder relativer Eintragungshindernisse aussprechen.[131] Wird keine Schutzverweigerung mitgeteilt oder eine solche Verweigerung widerrufen, so hat die Internationale Registrierung einer Marke, in denen die Europäische Gemeinschaft benannt wird, von dem in Art. 146 Abs. 1 GMV genannten Tag an dieselbe Wirkung wie die **Eintragung** einer Marke als Gemeinschaftsmarke.[132]

1480 Nach ihrem Eingang beim HABM wird die Internationale Registrierung im Blatt für Gemeinschaftsmarken republiziert. Diese sog. **erste Nachveröffentlichung** ist auf die bibliografischen Daten, die Wiedergabe der Marke und die Nummern der Klassen beschränkt; sie enthält nicht das Verzeichnis der Waren und Dienstleistungen, sondern nimmt auf die entsprechende Veröffentlichung der Internationalen Registrierung im Blatt der WIPO Bezug.[133] Die Veröffentlichung durch das HABM setzt die **Widerspruchsfrist**[134] in Gang und ist ggf. maßgeblich für einen Entschädigungsanspruch nach Art. 9 Abs. 3 Satz 2 GMV.[135]

1481 Die Sprache, in der die internationale Registrierung von der WIPO eingetragen ist, ist auch die **erste Sprache** im Sinne des Artikels 115 GMV, da alle Sprachen des Madrider Protokolls[136] auch Sprachen des Amtes sind.[137] Darüber hinaus muss der Anmelder in seiner Internationalen Anmeldung, in der die Europäische Gemeinschaft benannt ist, eine **zweite Sprache** aus den anderen vier Sprachen[138] des Amtes angeben.[139] Fehlt die Angabe der zweiten Sprache, so wird dies vom HABM beanstandet; ggf. ergeht eine vorläufige Schutzverweigerung.[140]

1482 Im Anschluss an die Veröffentlichung werden die **Recherchenberichte** erstellt. Das Verfahren unterscheidet sich nicht von dem für Gemeinschaftsmarken.[141] Das HABM recherchiert in seinem Register nach älteren Gemeinschaftsmarken und IR-Marken, in denen die EG benannt ist. Es benachrichtigt die Inhaber der im Recherchenbericht aufgeführten älteren Marken[142] und übermittelt die Internationale Registrierung den nationalen Ämtern zur Durchführung der nationalen Recherchen.[143]

---

131 Art. 5 Abs. 1, 2 PMMA, Art. 17 AusfO MMA/PMMA; Regeln 112, 115 GMDV.
132 Art. 146 Abs. 2 GMV.
133 Art. 147 Abs. 1 GMV.
134 S. oben Rn. 1258.
135 S. *v. Mühlendahl* GRUR 2005, 113, 117; oben Rn. 1320.
136 Englisch, Französisch, Spanisch.
137 Art. 140 i.V.m. Art. 115 GMV, Regel 126 GMDV.
138 Dem entsprechend heißt es in der englischen Version des Formulars MM2: »If the European Community is designated, it is compulsory to indicate a second language before the Office of the European Community, among the following (check one box only): French/German/Italian/Spanish«. In der französischen Version stehen entsprechend »Allemand/Anglais/Espagnol/Italien« als zweite Sprache zur Wahl.
139 Regel 9 Abs. 5 lit. g (ii) AusfO MMA/PMMA, Regel 126 GMDV.
140 Regel 12 Nr. 3 GMDV.
141 S. oben Rn. 1243 ff.
142 Art. 150 Abs. 4 GMV.
143 Zur Neuregelung ab 3/2008 s. oben Rn. 1243 ff., 1246.

3. Prüfungsumfang

Das HABM prüft die Internationale Registrierung auf **absolute Schutzhindernisse**[144] und führt gegebenenfalls ein **Widerspruchsverfahren** durch: 1483

- Die Prüfung auf absolute Schutzhindernisse erfolgt unmittelbar nach der Veröffentlichung der Internationalen Registrierung im Blatt für Gemeinschaftsmarken. Stellt das Amt bei der Prüfung fest, dass die Marke, für die die Schutzerstreckung auf die Europäische Gemeinschaft beantragt wird, für alle oder einen Teil der Waren oder Dienstleistungen, für die sie vom Internationalen Büro registriert worden ist, von der Eintragung ausgeschlossen ist, so übermittelt es dem Internationalen Büro eine Mitteilung über eine **vorläufige Schutzverweigerung** von Amts wegen;[145] der Inhaber der Marke wird über die WIPO informiert und zur Stellungnahme aufgefordert. Muss der Inhaber der Internationalen Registrierung im Verfahren vor dem Amt gemäß Artikel 88 Absatz 1 GMV vertreten sein, so enthält die Mitteilung des HABM eine Aufforderung zur Bestellung eines Vertreters im Sinne des Artikels 89 Abs. 1 GMV.[146] Kommt der Inhaber dem nicht nach, teilt das HABM eine **endgültige Schutzverweigerung** mit. Nichts anderes gilt, wenn es dem Inhaber nicht gelingt, Beanstandungen des HABM auszuräumen. Die endgültige Entscheidung kann mit der Beschwerde angefochten werden. Sobald die Entscheidung rechtskräftig geworden ist, wird eine **abschließende Mitteilung** an die WIPO übermittelt.
- Wenn keine absoluten Schutzhindernisse vorliegen, übermittelt das HABM dem Internationalen Büro der WIPO eine **erste Erklärung über die Schutzgewährung**. Diese Mitteilung erfolgt nur zu Informationszwecken. Sie wird an den Inhaber der IR-Marke weitergeleitet, in der Internationalen Gazette veröffentlicht und in das internationale Register eingetragen.
- Gegen Internationale Registrierungen, in denen die Europäische Gemeinschaft benannt ist, kann ebenso **Widerspruch** erhoben werden wie gegen veröffentlichte Anmeldungen von Gemeinschaftsmarken.[147] Der Widerspruch ist zwischen dem 6. und dem 9. Monat nach dem Datum der ersten Nachveröffentlichung[148] möglich: nach Art. 151 Abs. 2 Satz 1 GMV ist er »innerhalb einer Frist von **drei** Monaten zu erheben, die **sechs** Monate nach dem Datum der Veröffentlichung gemäß Artikel 147 Absatz 1 beginnt.« Vorzeitig eingelegte Widersprüche gelten als am ersten Tag der Frist eingegangen. Geschieht dies, prüft das HABM die Zulässigkeit und übermittelt dem Internationalen Büro der WIPO eine Mitteilung über eine **vorläufige Schutzverweigerung** auf Grund eines Widerspruchs.[149] Sobald eine rechtskräftige Entscheidung vorliegt, benachrichtigt das HABM die WIPO über den Ausgang des Verfahrens, das heißt die Schutzgewährung oder -verweigerung für alle oder einen Teil der Waren und Dienstleistungen, die nach Art. 151 1484

---

144 Art. 149 GMV.
145 Art. 5 Abs. 1, 2 MMA, Regel 17 Abs. 1 AusfO MMA/PMMA; Regel 112 GMDV.
146 Regel 112 GMDV.
147 Art. 151 Abs. 1 GMV.
148 S. oben Rn. 1476.
149 Art. 5 Abs. 1, 2 lit. a, b PMMA, Regel 17 Abs. 1 lit. a AusfO MMA/PMMA, Regel 115 Abs. 1 GMDV.

Abs. 3 GMV an die Stelle der Eintragung bzw. der Zurückweisung einer Anmeldung einer Gemeinschaftsmarke tritt.

- Hat das Amt keine Mitteilung über eine vorläufige Schutzverweigerung wegen absoluter Eintragungshindernisse übermittelt und ist innerhalb der Widerspruchsfrist beim Amt kein Widerspruch eingegangen, übermittelt das Amt dem Internationalen Büro eine **weitere Erklärung über die Schutzgewährung**, in der mitgeteilt wird, dass die Marke in der Europäischen Gemeinschaft geschützt ist.[150]

1485 Wird der Widerspruch zu einem Zeitpunkt eingelegt, zu dem das Amt bereits eine vorläufige Schutzverweigerung aus absoluten Gründen erlassen hat, so übermittelt das Amt dem Inhaber den vollständigen Widerspruch, weist ihn jedoch zugleich darauf hin, dass ab sofort das Widerspruchsverfahren ausgesetzt ist, bis eine abschließende Entscheidung zu den absoluten Eintragungshindernissen vorliegt. Sodann gilt:

- Führt die vorläufige Schutzverweigerung aus absoluten Gründen zu einer endgültigen Schutzverweigerung für alle Waren und Dienstleistungen, die mit dem Widerspruch angegriffen werden, so wird das Widerspruchsverfahren eingestellt und die Widerspruchsgebühr erstattet.
- Wird die Schutzverweigerung aus absoluten Gründen nicht aufrechterhalten, weil etwa der Inhaber im Beschwerdeverfahren obsiegt, so wird das Widerspruchsverfahren wieder aufgenommen.

1486 Wird der Widerspruch zu einem Zeitpunkt eingereicht, zu dem keine vorläufige Schutzverweigerung aus absoluten Gründen ergangen ist, d.h. zu dem bereits eine erste Mitteilung der Schutzgewährung ergehen konnte, eröffnet die Mitteilung des vollständigen Widerspruchs an den Inhaber die Cooling-off-Period.[151]

1487 Wenn kein Widerspruch erhoben wird und keine absoluten Schutzhindernisse festgestellt werden, übermittelt das HABM dem Internationalen Büro der WIPO eine weitere Erklärung über die Schutzgewährung. Solange über ein absolutes Schutzhindernis noch entschieden werden muss, wird die Erklärung über die Schutzgewährung nicht übermittelt. **Bemerkungen Dritter**[152] können nach Veröffentlichung der Internationalen Registrierung bis zum Abschluss des Widerspruchsverfahrens, jedoch bis spätestens 18 Monate nach der Veröffentlichung, eingereicht werden.[153] Wenn die Bemerkungen zu ernsthaften Zweifeln an der Schutzfähigkeit Anlass geben, wird der WIPO eine **vorläufige Schutzverweigerung** mitgeteilt.

150 Regel 116 Abs. 1 GMDV.
151 Regel 18 GMDV; s. oben Rn. 1263.
152 S. dazu oben Rn. 1247.
153 Art. 41 GMV, Regel 112 Abs. 5 GMDV.

4. Publikation, Gebühren

1488 Wenn der Internationalen Registrierung Schutz in der Europäischen Gemeinschaft gewährt wird, erfolgt eine **weitere Veröffentlichung** im Blatt für Gemeinschaftsmarken.[154] Ab dem Tag dieser Veröffentlichung genießt die Internationale Registrierung, in der die EG benannt ist, denselben Schutz wie eine eingetragene Gemeinschaftsmarke. Der Tag der Veröffentlichung der Schutzgewährung ist auch für den Beginn der **fünfjährigen Benutzungsschonfrist**[155] maßgeblich.

1489 Wenn eine Internationale Registrierung von der WIPO an das HABM übermittelt wird, ist die individuelle Gebühr für die Benennung der EG bereits an die WIPO gezahlt worden. Für eine Internationale Anmeldung, in der die EG benannt wird, wird eine **individuelle Gebühr** in Höhe von 2229 SFr. (bis zu drei Klassen) zuzüglich 461 SFr. für jede zusätzliche Klasse in Rechnung gestellt.[156] Im Falle einer Schutzverweigerung erstattet das HABM einen Betrag in Höhe der Eintragungsgebühr (850 € zuzüglich 150 € für jede zusätzliche Klasse).[157]

C. Abhängigkeit der Internationalen Registrierung von der Basiseintragung

1490 Mit Ablauf einer Frist von **fünf Jahren** von dem Datum der Internationalen Registrierung an gerechnet wird diese vom Basisgesuch oder der sich aus ihr ergebenden Eintragung beziehungsweise von der Basiseintragung **unabhängig**.[158]

I. »Zentralangriff« auf die Basiseintragung/das Basisgesuch (Central Attack)

1491 Aus Art. 6 Abs. 2 MMA/PMMA folgt im Umkehrschluss, dass der aus der Internationalen Registrierung resultierende Schutz einer Marke über fünf Jahre vom Bestand der Marke abhängig bleibt, auf deren Basis er gewährt wurde. Dies gilt gleichermaßen für Internationale Registrierungen, die auf der Grundlage einer eingetragenen Marke erfolgen, wie für solche, die (unter dem Protokoll) eine bloße Markenanmeldung als Basis haben und selbst dann, wenn die IR-Marke zwischenzeitlich auf einen Dritten übertragen worden ist.[159]

1492 Die Internationale Registrierung verliert ihre Wirkung, wenn und so weit die Basiseintragung bzw. das Basisgesuch vor Erreichen der Unabhängigkeit in Bezug auf alle oder einige der in der Internationalen Registrierung aufgeführten Waren und Dienstleistungen

154 Art. 147 Abs. 2 GMV.
155 Oben Rn. 1343 ff.
156 S. oben Rn. 1430 ff.
157 Art. 149 Abs. 4 GMV.
158 Art. 6 Abs. 2 MMA/PMMA.
159 *Fezer* Markenrecht, Art. 6 MMA Rn. 2.

- zurückgenommen wurde oder
- verfallen ist

oder wenn die Basiseintragung bzw. das Basisgesuch Gegenstand

- eines Verzichts,
- einer rechtskräftigen Zurückweisung,
- einer Nichtigerklärung,
- einer Löschung oder
- einer Ungültigerklärung

ist.[160] Die Internationale Registrierung kann so mit einem einzigen Angriff auf ihre Basis, dem sog. Zentralangriff (»Central Attack«), in allen benannten Ländern ihrer Wirkung beraubt werden.

1493 Dieses Risiko ist naturgemäß in den Fällen größer, in denen die Internationale Registrierung, wie dies (nur)[161] das PMMA erlaubt, auf eine lediglich **angemeldete** Marke gestützt wird: die Internationale Registrierung steht und fällt in dieser Konstellation mit der Anmeldung der Basismarke. Wird diese zurückgewiesen, weil dem angemeldeten Zeichen absolute Schutzhindernisse entgegenstehen, weil ein älteres Recht von Amts wegen Berücksichtigung findet oder von seinem Inhaber im Rahmen eines vorgeschalteten Widerspruchsverfahrens erfolgreich geltend gemacht wird, verliert der Anmelder auch den zeitgleich veranlassten internationalen Schutz.[162]

II. Verfahren, Fristlauf

1494 Wird die Basismarke auf Initiative des Inhabers oder von Amts wegen gelöscht, so ersucht die Behörde des Ursprungslandes das Internationale Büro um die Löschung der Internationalen Marke, das daraufhin die Löschung vornimmt. Im Fall eines gerichtlichen Verfahrens übermittelt sie dem Internationalen Büro eine Abschrift der Klageschrift sowie des rechtskräftigen Urteils.[163]

1495 Zur Wahrung der **Fünfjahresfrist** nach Art. 6 Abs. 2 MMA/PMMA reicht es nach dem Protokoll aus, dass das Verfahren, das zum Wegfall der Basis führt, innerhalb dieses Zeitraumes **beginnt**. Art. 6 Abs. 3 Satz 2 PMMA führt dazu aus, dass der Schutz aus der Internationalen Registrierung auch dann wegfällt, wenn

- ein Rechtsmittel gegen eine Entscheidung, welche die Wirkung des Basisgesuchs zurückweist,

160 Art. 6 Abs. 3 Satz 1 PMMA; Art. 6 Abs. 3 Satz 1 MMA (…, wenn die nationale Basismarke »in diesem Land den gesetzlichen Schutz ganz oder teilweise nicht mehr genießt«).

161 S. oben Rn. 1422.

162 Zum nachgeschalteten Widerspruchsverfahren nach deutschem Recht, das zunächst zu einer Löschung der eingetragenen Basismarke führen kann, und der dagegen mögliche Eintragungsbewilligungsklage nach § 44 MarkenG, die bei Erfolg zur erneuten Eintragung unter Wahrung des ursprünglichen Zeitranges führt, *Fezer* Markenrecht, Art. 6 MMA Rn. 2.

163 Art. 6 Abs. 4 MMA/PMMA.

- ein Verfahren, in dem die Rücknahme des Basisgesuchs oder die Nichtigerklärung, Löschung oder Ungültigerklärung der sich aus dem Basisgesuch ergebenden Eintragung oder der Basiseintragung beantragt wird, oder
- ein Widerspruch gegen das Basisgesuch

nach Ablauf der Fünfjahresfrist zu einer rechtskräftigen Zurückweisung, Nichtigerklärung, Löschung oder Ungültigerklärung oder zu der Anordnung der Rücknahme des Basisgesuchs oder der sich aus ihr ergebenden Eintragung beziehungsweise der Basiseintragung führt, sofern ein solches Rechtsmittel, ein solches Verfahren oder ein solcher Widerspruch **vor Ablauf** der genannten Frist **eingeleitet** wurde.[164]

Dasselbe gilt auch, wenn **nach** Ablauf der Fünfjahresfrist das Basisgesuch zurückgenommen oder auf die sich aus dem Basisgesuch ergebende Eintragung oder auf die Basiseintragung verzichtet wird, sofern zum Zeitpunkt der Rücknahme oder des Verzichts das betreffende Gesuch oder die Eintragung Gegenstand eines der vorgenannten Verfahren war und ein solches Verfahren **vor** Ablauf der Fünfjahresfrist eingeleitet wurde. Der Bestand einer Internationalen Registrierung kann danach weit über fünf Jahre nach der Registrierung noch in der Schwebe sein. Sowohl die Löschung einer Internationalen Registrierung infolge Wegfalls der nationalen Basis[165] als auch eine Mitteilung der Ursprungsbehörde, wonach ein vor Ablauf der fünfjährigen Abhängigkeit anhängig gewordenes Verfahren, das den Bestand der Basismarke betrifft, noch nicht abgeschlossen ist,[166] wird im WIPO-Blatt[167] veröffentlicht. **1496**

D. Umwandlung

Die Internationale Registrierung auf der Basis einer beim Ursprungsamt des Anmelders eingetragenen oder angemeldeten Marke kann ganz oder teilweise daran scheitern, **1497**

- dass die Basis innerhalb der Fünfjahresfrist des Art. 6 Abs. 2, 3 MMA/PMMA »wegbricht«, das heißt die Basismarke beim **Ursprungsamt** gelöscht oder das Basisgesuch erst gar nicht eingetragen wird, was in der Folge die Internationale Registrierung **insgesamt** erfasst, oder
- dass das **Bestimmungsamt** eines nach Art. 3, 3ter MMA/PMMA benannten Landes den Internationalen Schutz in den zeitlichen Grenzen der Art. 5 Abs. 2

164 Art. 6 Abs. 3 Satz 2 MMA verweist insoweit generalisierend auf eine »vor Ablauf der Frist von fünf Jahren erhobene Klage«; Regel 22 Abs. 1 lit. b AusfO MMA/PMMA bestimmt dazu: »Hat ein in Artikel 6 Absatz 4 des Abkommens genanntes gerichtliches Verfahren oder ein in Artikel 6 Absatz 3 Ziffer i, ii oder iii des Protokolls genanntes Verfahren vor Ablauf der Frist von fünf Jahren begonnen, hat es aber vor Ablauf dieser Frist nicht zu dem in Art. 6 Abs. 4 des Abkommens genannten rechtskräftigen Urteil oder zu der in Art. 6 Abs. 3 Satz 2 des Protokolls genannten rechtskräftigen Entscheidung oder zu der Rücknahme oder dem Verzicht nach Art. 6 Abs. 3 Satz 3 des Protokolls geführt, so teilt die Ursprungsbehörde, wenn sie davon Kenntnis hat und so bald wie möglich nach Ablauf der genannten Frist, dies dem Internationalen Büro mit.«

165 Regel 32 Abs. 1 lit. a (viii) AusfO MMA/PMMA.

166 Regel 32 Abs. 1 lit. a (xi) AusfO MMA/PMMA.

167 S. oben Rn. 1412.

MMA/5 Abs. 2 lit. a, b PMMA verweigert, was die Internationale Registrierung **mit Wirkung für dieses Land** hindert, aber andere benannte Länder unberührt lässt.

1498 Im erstgenannten Fall stellt sich die Frage, ob der Schutz der Marke in den benannten Ländern unter **Wahrung des Zeitranges** der Internationalen Registrierung als **nationale** Marke nachgesucht, mit anderen Worten, ob die Internationale Anmeldung in eine oder mehrere nationale Anmeldungen **umgewandelt** werden kann. Im letztgenannten Fall bleibt die Internationale Registrierung in den benannten Ländern, in denen der Schutz nicht verweigert wurde, ohnehin erhalten, während in dem Land, das den Schutz verweigert, die nach dortigem Recht eröffneten Rechtsbehelfe zur Verfügung stehen. Bleiben sie erfolglos, kann auch eine nationale Anmeldung desselben Zeichens nicht erfolgreich sein – die Frage der Umwandlung der internationalen Anmeldung in eine nationale gerade in dem Land, das den Schutz verweigert hat, stellt sich nicht.

1499 Anders stellt sich die Situation dagegen dar, wenn die **Europäische Gemeinschaft** als Vertragspartei unter dem PMMA benannt worden ist und das HABM der WIPO die Schutzverweigerung erklärt. Denn eine Verweigerung des internationalen Schutzes auf **regionaler** Ebene lässt Raum für eine Umwandlung auf **nationalem** Niveau. Die Schutzversagung durch das europäische Markenamt kann in Umständen begründet sein, die nicht im gesamten Gebiet der Gemeinschaft vorliegen. Liegt es so, macht eine **Umwandlung in nationale Marken** der Mitgliedstaaten der Europäischen Gemeinschaft Sinn, in denen das Hindernis nicht vorliegt. Dies wiederum kann auf **zwei** Wegen erreicht werden:

- durch eine »nachträgliche« Benennung von Mitgliedsländern der Europäischen Gemeinschaft unter dem Protokoll (PMMA) oder dem Abkommen (MMA)[168] oder
- durch Anmeldung gleich lautender nationaler Marken in einzelnen Mitgliedsländern der Europäischen Gemeinschaft.

1500 In beiden Varianten werden dann die nationalen Ämter in ihrem Territorium mit der Prüfung der Schutzfähigkeit des Zeichens befasst, sei es durch die Benennung ihrer Länder über die WIPO, sei es im Rahmen einer nationalen Anmeldung. In beiden Varianten kann der **Zeitrang** der ursprünglichen Internationalen Registrierung im Wege der Umwandlung erhalten werden. Im 13. Erwägungsgrund der VO (EG) NR. 1992/2003,[169] mit der die Gemeinschaftsmarkenverordnung an das Madrider System angepasst wurde, heißt es dazu: »Die Vorschriften und Verfahren für Internationale Registrierungen zur Schutzausdehnung auf die Europäische Gemeinschaft sollten grundsätzlich die gleichen sein wie die Vorschriften und Verfahren, die für Anmeldungen und den Schutz von Gemeinschaftsmarken gelten. (...) Für Internationale Registrierungen, in denen die Europäische Gemeinschaft benannt wird, sollten ebenfalls dieselben Vorschriften über die Benutzung und den Verfall wie für Gemeinschaftsmarken gelten. Außerdem kann die Benennung der Europäischen Gemeinschaft durch Internationale Registrierungen in nationale Markenanmeldungen von Mitgliedstaaten, die dem Madrider Protokoll oder dem Madrider

168 Welches Vertragswerk einschlägig ist, richtet sich nach den Mitgliedschaften des Ursprungslandes und des jeweiligen Bestimmungslandes, s. dazu oben Rn. 1164 sowie Rn. 1425, 1427.
169 ABl EG Nr. L 296 v. 14.11.2003, S. 1 ff.

Abkommen beigetreten sind, oder in die Benennung eines Mitgliedstaates umgewandelt werden, wenn die Benennung der Europäischen Gemeinschaft durch solche Internationalen Registrierungen abgelehnt oder unwirksam wird.«

I. Umwandlung nach Wegfall der Basismarke

Wurde die Internationale Registrierung auf Verlangen der **Ursprungsbehörde** gelöscht, weil die Basiseintragung innerhalb der fünfjährigen Abhängigkeit ihre Wirkung verloren hat bzw. mit dieser Folge angegriffen wurde, erlaubt das **MMA keine** Umwandlung der Internationalen Anmeldung in eine nationale Anmeldung der benannten Staaten unter Wahrung des Zeitranges des Internationalen Gesuchs. Dagegen eröffnet **Art. $9^{quinquies}$ PMMA** eben diese Option:[170] Wird eine internationale Registrierung auf Antrag der Ursprungsbehörde nach Artikel 6 Absatz 4 PMMA für alle oder einige der in der Registrierung aufgeführten Waren und Dienstleistungen gelöscht und reicht die Person, die Inhaber der Internationalen Registrierung war, ein Gesuch um Eintragung derselben Marke bei der Behörde einer der Vertragsparteien ein, in deren Gebiet die Internationale Registrierung wirksam war, so wird dieses Gesuch so behandelt, als sei es zum Datum der Internationalen Registrierung nach Artikel 3 Absatz 4 oder zum Datum der Eintragung der territorialen Ausdehnung nach Artikel 3ter Absatz 2 eingereicht worden, und genießt, falls die Internationale Registrierung Priorität genoss, auch dieselbe Priorität. Die Option ist allerdings auf den unfreiwilligen Verlust der Basismarke beschränkt; sie besteht nicht, wenn die Internationale Registrierung auf Antrag des Inhabers gelöscht worden ist. 1501

Voraussetzung für eine erfolgreiche Umwandlung ist, dass 1502

- das Gesuch **innerhalb von drei Monaten** nach dem Zeitpunkt eingereicht wird, zu dem die Internationale Registrierung gelöscht wurde,
- die im Gesuch aufgeführten **Waren und Dienstleistungen** in Bezug auf die betroffene Vertragspartei tatsächlich von der in der Internationalen Registrierung enthaltenen Liste der Waren und Dienstleistungen erfasst sind und
- dieses Gesuch allen Vorschriften des geltenden **nationalen Rechts** einschließlich der **Gebührenvorschriften** entspricht.[171]

1. Umwandlung vor dem DPMA

Soll eine international registrierte Marke, deren Schutz unter dem Protokoll auf Deutschland erstreckt worden war, nach den genannten Vorgaben in eine nationale deutsche Marke umgewandelt werden, regelt § 125 MarkenG das nationale Verfahren. Der Antragsteller hat danach 1503

- eine Bescheinigung des Internationalen Büros der WIPO einzureichen, aus der sich die Marke und die Waren oder Dienstleistungen ergeben, für die sich der

170 Zur Maßgeblichkeit des Protokolls s. oben Rn. 1425 ff., 1427; wo Art. 9^{sexies} PMMA zur Anwendung des MMA führt, ist auch keine Umwandlung nach Art. $9^{quinquies}$ PMMA möglich.
171 Art. $9^{quinquies}$ HS 2 PMMA.

Schutz der Internationalen Registrierung vor ihrer Löschung im Internationalen Register auf die Bundesrepublik Deutschland erstreckt haben sowie

- eine deutsche Übersetzung des Verzeichnisses der Waren oder Dienstleistungen, für die die Eintragung beantragt wird, einzureichen.

1504 Im übrigen wird der Antrag wie eine nationale Anmeldung behandelt, mit der Maßgabe, dass eine bereits »national akzeptierte« Internationale Registrierung nicht erneut geprüft wird: War am Tag der Löschung der Marke im Internationalen Register die Frist nach Artikel 5 Abs. 2 PMMA zur Verweigerung des Schutzes bereits abgelaufen und war an diesem Tag kein Verfahren zur Schutzverweigerung oder zur nachträglichen Schutzentziehung anhängig, so wird die Marke ohne vorherige Prüfung unmittelbar nach § 41 MarkenG in das Register eingetragen.[172] Gegen die Eintragung einer Marke kann in diesem Fall auch **kein Widerspruch** erhoben werden.[173] Für den Inhaber eines kollidierenden älteren Rechts kann es deshalb opportun sein, neben einem »Zentralangriff« auf die Basismarke im Ursprungsland zusätzlich fristwahrend Widerspruch gegen die Schutzgewährung im Bestimmungsland zu erheben, um so – nach einem erfolgreichen Verlauf des Zentralangriffes – der ungeprüften nationalen Eintragung nach § 125 Abs. 4 Satz 2 MarkenG im Wege der Umwandlung vorzubeugen.[174]

2. Umwandlung vor dem HABM

1505 Scheitert eine IR-Marke, deren Schutz unter dem Protokoll auf die Europäische Gemeinschaft erstreckt wurde, vor Erreichen ihrer Unabhängigkeit am Wegfall ihrer Basiseintragung oder an der Abweisung ihres Basisgesuches, eröffnet Art. $9^{quinquies}$ PMMA die Option für eine prioritätswahrende Anmeldung desselben Zeichens vor dem HABM. Macht der Inhaber davon Gebrauch, wird er vor dem HABM nicht anders behandelt, als wenn er eine Gemeinschaftsmarke unmittelbar zur Eintragung angemeldet hätte: Die für Anmeldungen von Gemeinschaftsmarken anwendbaren Vorschriften gelten für Anträge auf Umwandlung einer Internationalen Registrierung in eine Anmeldung einer Gemeinschaftsmarke gemäß Artikel $9^{quinquies}$ PMMA entsprechend.[175] Daraus folgt, dass die umgewandelte IR-Marke vor dem HABM nicht nur auf absolute Schutzhindernisse geprüft wird, sondern auch das übrige Anmeldeverfahren – ggf. einschließlich des vorgeschalteten Widerspruchsverfahrens – durchlaufen muss.

1506 Anders liegt es dagegen, wenn für eine Internationale Registrierung, in der die Europäische Gemeinschaft benannt ist, **keine Schutzverweigerung** gemäß Artikel 5 Absätze 1 und 2 PMMA mitgeteilt oder eine solche Verweigerung widerrufen wurde; dann nämlich ist eine erneute Prüfung der umgewandelten Anmeldung entbehrlich: Art. 165 Abs. 2 GMV erklärt die Anwendung der Art. 38 bis 43 GMV, das heißt die Prüfung der Anmeldung und ihre Veröffentlichung, die Recherche nach älteren Rechten, die »Bemerkungen Dritter« und das Widerspruchsverfahren für entbehrlich, wenn der Umwandlungsantrag eine Internationale Registrierung

---

172 § 125 Abs. 4 Satz 2 MarkenG.
173 § 125 Abs. 4 Satz 3 MarkenG.
174 *Ströbele/Hacker* § 125 Rn. 6 a.E.
175 Art. 156 Abs. 1 GMV, Regel 124 GMDV.

betrifft, in der die Europäische Gemeinschaft benannt ist und deren Einzelheiten bereits nach Art. 147 Abs. 2 GMV veröffentlicht worden sind; eben dies ist der Fall, wenn der Internationalen Registrierung zuvor der Schutz nicht verweigert worden war.

II. Umwandlung nach Schutzverweigerung durch das HABM

Wenn die Benennung der Europäischen Gemeinschaft vom HABM als **Bestimmungsamt** zurückgewiesen wird, besteht die Möglichkeit einer **Umwandlung** 1507

- in nationale Markenanmeldungen für einen, mehrere oder alle Mitgliedstaaten der Europäischen Gemeinschaft[176] oder
- in nachträgliche Benennungen eines oder mehrerer Mitgliedstaaten der EG, die Vertragspartei des MMA oder des PMMA sind (sog. **opting-back**)[177] oder
- in nationale Markenanmeldungen für einige Mitgliedstaaten und nachträgliche Benennungen unter dem MMA/PMMA für andere Mitgliedstaaten, wobei derselbe Mitgliedstaat nur einmal bestimmt werden darf,

nach Maßgabe der Art. 108 bis 110 GMV. Voraussetzung für die Benennung eines Mitgliedstaates unter dem MMA/PMMA ist, dass »die direkte Benennung dieses Mitgliedstaates auf der Grundlage des Madrider Protokolls oder des Madrider Abkommens zum Zeitpunkt des Antrags auf Umwandlung möglich war.«[178]

In allen genannten Fällen kann der **Zeitrang** der ursprünglichen Internationalen Registrierung und ggf. eine dafür in Anspruch genommene Priorität einschließlich etwaiger nach Art. 34, 35 GMV in Anspruch genommener Zeitränge erhalten werden. Dies folgt aus Art. 154 Abs. 2 GMV, wonach die nationale Markenanmeldung oder die nachträgliche Benennung eines Mitgliedstaats, der Vertragspartei des Madrider Protokolls oder des Madrider Abkommens ist, die sich aus der Umwandlung der Benennung der Europäischen Gemeinschaft im Wege einer Internationalen Registrierung ergibt, in dem betreffenden Mitgliedstaat das Datum der internationalen Eintragung gemäß Artikel 3 Absatz 4 des Madrider Protokolls oder das Datum der Ausdehnung auf die Europäische Gemeinschaft gemäß Artikel 3ter Absatz 2 des Madrider Protokolls erhält, wenn diese Ausdehnung nach der Internationalen Registrierung erfolgte, oder den Prioritätstag dieser Eintragung sowie gegebenenfalls den nach Artikel 148 GMV beanspruchten Zeitrang einer Marke dieses Staates.[179] 1508

176 Art. 154 Abs. 1 lit. a GMV, Regel 122 GMDV.
177 Art. 154 Abs. 1 lit. b GMV, Regel 123 GMDV; Regel 24 Abs. 7 AusfO MMA/PMMA.
178 Art. 154 Abs. 1 lit. b GMV; nach Tz. 2.1 der Richtlinien des HABM, Teil E, Kap. 2 (Umwandlung) wird vorausgesetzt, dass »der Mitgliedstaat einem dieser beiden Verträge nicht nur zum Zeitpunkt des Umwandlungsantrags, sondern auch schon zum Zeitpunkt der internationalen Registrierung angehörte«.
179 Vgl. dazu Regel 24 Abs. 6 lit. e AusfO MMA/PMMA.

1509

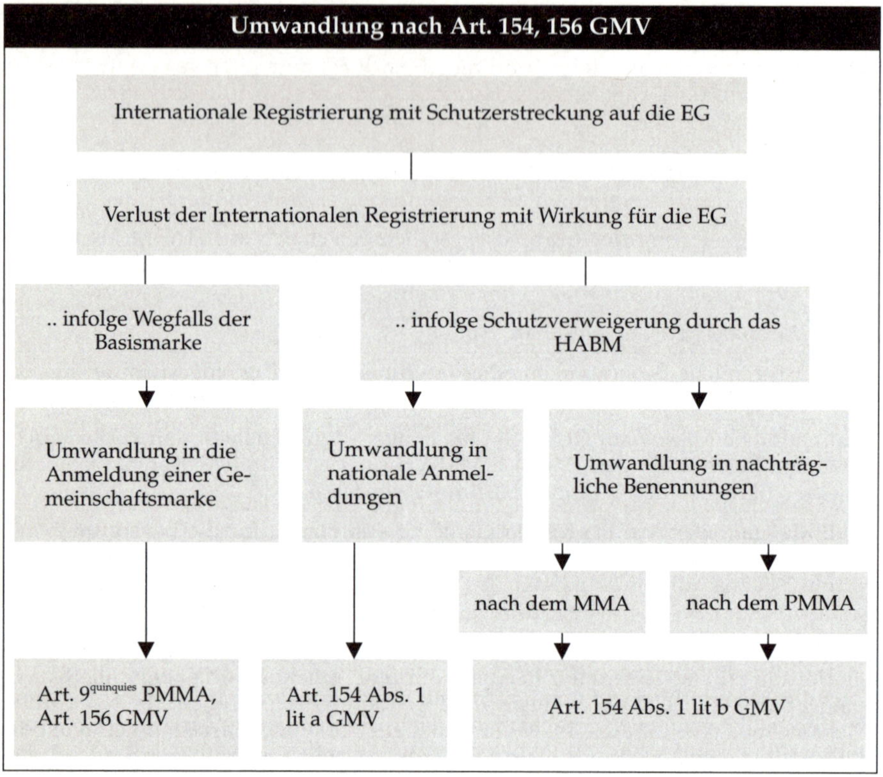

Übersicht 62: Umwandlung und »opting-back«

III. Umwandlung in sonstigen Fällen vor dem HABM

1510 Anders als die Umwandlung nach Art. 9^{quinquies} PMMA ist die Umwandlung nach der Gemeinschaftsmarkenverordnung nicht auf ein Scheitern der Gemeinschaftsmarke ohne Zutun ihres Inhabers beschränkt. Sie steht auch dem Inhaber offen, der auf seine Gemeinschaftsmarke verzichtet oder ihre Erneuerung nach Ablauf der Schutzdauer unterlässt.[180] Dieselbe Option eröffnet die Gemeinschaftsmarkenverordnung auch dem Inhaber einer Internationalen Registrierung, in der die Europäische Gemeinschaft unter dem Protokoll benannt worden ist.[181] Damit kann der Inhaber einer ursprünglich oder nachträglich auf die Europäische Gemeinschaft erstreckten IR-Marke im selben Umfang durch Umwandlung Markenschutz gleichen Zeitranges auf nationaler Ebene erreichen wie der Inhaber einer Gemeinschaftsmarke.[182]

180 Art. 108 GMV; oben Rn. 1231 ff.
181 Art. 154 Abs. 1 GMV; dazu *v. Mühlendahl* GRUR 2005, 113, 118.
182 Richtlinien HABM, Teil E, Kapitel 2 (Umwandlung), Tz. 2.1.

Die Umwandlung einer Internationalen Registrierung, in der die Europäische Gemeinschaft benannt ist, nach Art. 108 ff. GMV steht dem Inhaber auch in den Fällen offen, in denen die Benennung der Europäischen Gemeinschaft in einer Internationalen Registrierung »**ihre Wirkung verliert**.«[183] So liegt es, 1511

- wenn die Wirkung der Internationalen Registrierung vom HABM oder von einem Gemeinschaftsmarkengericht für nichtig erklärt worden ist;[184]
- wenn ein Verzicht auf die Benennung der EG oder eine Löschung der Internationalen Registrierung im Internationalen Register eingetragen wurde;[185]
- wenn das HABM von der WIPO unterrichtet wurde, dass die Internationale Registrierung nicht erneuert wurde.[186]

Die Umwandlung kann für alle oder für einen Teil der Waren und Dienstleistungen 1512 beantragt werden, auf die sich die oben genannte Entscheidung oder Handlung bezieht. Bezieht sich die Entscheidung oder Handlung nur auf einen Teil der Waren und Dienstleistungen, für die die Marke angemeldet oder eingetragen war, so kann die Umwandlung für diese Waren und Dienstleistungen oder für einen Teil davon beantragt werden.

Das HABM hält für alle Varianten der Umwandlung ein **Formblatt** vor. Die an das 1513 HABM zu entrichtende Umwandlungsgebühr ist für alle Varianten der Umwandlung dieselbe, gleich ob diese auf nationale Anmeldungen in Mitgliedsstaaten oder auf die nachträgliche Benennung unter dem MMA oder dem PMMA zielt.[187] Da die »Opting-back«-Umwandlung von der WIPO als nachträgliche Benennung behandelt wird, sind bei dieser Art der Umwandlung alle Gebühren, die sich auf die nachträgliche(n) Benennung(en) beziehen, direkt an die WIPO zu zahlen. Das Gebührenberechnungsblatt der WIPO sollte daher in der Sprache der Internationalen Registrierung mit eingereicht werden. HABM-Formblatt und Gebührenberechnungsblatt können vom HABM bezogen werden.[188]

E. Schutzbeschränkung (Einschränkung, Verzicht, Löschung)

Der Inhaber einer Internationalen Registrierung kann 1514

- das dieser zu Grunde liegende Verzeichnis der Waren und Dienstleistungen im Hinblick auf einige oder alle benannten Vertragsparteien nachträglich **einschränken** oder
- auf den Schutz aus der Internationalen Registrierung in einigen, aber nicht allen benannten Vertragsparteien für alle Waren und Dienstleistungen **verzichten**.

---

183 Art. 154 Abs. 1 Satz 1 Alt. 2 GMV.

184 Artikel 153 GMV, Regel 117 GMDV; der Antrag auf Nichtigerklärung der Wirkung einer Internationalen Registrierung, in der die Europäische Gemeinschaft benannt ist, tritt an die Stelle eines Antrags auf Erklärung des Verfalls gemäß dem Art. 50 GMV oder der Nichtigkeit gemäß Art. 51 GMV oder Art. 52 GMV.

185 Regel 25 Abs. 1, 27 AusfO MMA/PMMA.

186 Regel 31 Abs. 4 lit. a oder b AusfO MMA/PMMA.

187 Art. 2 Nr. 20 GMGebV (200 €).

188 Im Internet: <http://oami.europa.eu/de/mark/madrid/forms.htm>.

Die WIPO hält für entsprechende Anträge die Formblätter MM6 und MM7 vor.

1515 In beiden Fällen **entfällt** mit der Eintragung der Beschränkung der **Schutz** in den davon betroffenen Vertragsparteien und für die davon betroffenen Waren oder Dienstleistungen. Die durch Einschränkung des Verzeichnisses der Waren und Dienstleistungen aus dem Schutz ausgenommenen Waren und Dienstleistungen bleiben aber ebenso Teil der Internationalen Registrierung wie die durch Verzicht ausgenommenen Vertragsparteien. Dies hat zur Folge,

- dass die durch Beschränkung ausgenommenen Waren und Dienstleistungen jederzeit Gegenstand einer **nachträglichen Benennung** sowohl für bereits benannte als auch für neue Vertragsparteien sein können,
- dass Vertragsparteien, für die auf den Schutz aus der Internationalen Registrierung verzichtet wurde, jederzeit **erneut benannt** werden können und
- dass Einschränkungen und Verzicht die Berechnung allfälliger Erneuerungsgebühren der Internationalen Registrierung unberührt lassen.[189]

1516 Im Gegensatz zu Einschränkung und Verzicht führt die ebenfalls auf Antrag mögliche **Löschung** zu einem **endgültigen** Verlust. Waren oder Dienstleistungen, die im Internationalen Register gelöscht wurden, können nicht durch nachträgliche Benennung wieder in den Schutz aufgenommen werden, Vertragsparteien, die gelöscht wurden, nicht erneut benannt werden. In beiden Fällen kann nur eine neues Internationales Gesuch das alte Schutzniveau wieder herstellen, ggf. unter Verlust des vormaligen Zeitranges. Eine Umwandlung nach Art. $9^{quinquies}$ PMMA scheitert daran, dass diese Option nicht für einen vom Inhaber selbst veranlassten Verlust des internationalen Schutzes zur Verfügung steht.[190]

---

189 WIPO – Leitfaden Tz 54.01.

190 S. oben Rn. 1501.

Entscheidungsregister nach Stichworten

Stichwort	Gericht/Amt	Fundstelle				
		GRUR GRUR Int. GRUR-RR	MarkenR	WRP	Sonstige	Fundstelle im Text (Rn.)
@-Zeichen	BayOblG				NJW 2001, 2337 NZG 2001, 802	263
@-Zeichen	LG Cottbus				CR 2002, 134	263
@-Zeichen	OLG Braunschweig			2001, 287	OLGR Braunschweig 2001, 31 MMR 2001, 541	263
1, 2, 3 im Sauseschritt	BGH	2002, 1083 RR 2003, 113	2002, 335	2002, 1279	NJW-RR 2002, 1563 BGHReport 2003, 81	1070
7900/790	HABM-BK	RR 2005, 221				1302
800-FLOWERS	OLG München	RR 2005, 375	2005, 337		MMR 2005, 608 Mitt 2006, 373	914
Abschlusskappe	OLG Frankfurt/M.		1999, 103		NJW-RR 1999, 1348	546
Abschlussstück	BGH	2003, 332	2003, 237	2003, 521	BGHZ 153, 131 BGHReport 2003, 391	429 736
AC	BGH	2002, 261	2002, 86	2002, 91	BPatGE 44, 283 BGHReport 2002, 165	422
ad-acta.de	BVerfG	2005, 261	2005, 138		NJW 2005, 589 WM 2005, 149	357
Adidas/Fitnessworld	EuGH	2004, 58 Int. 2004, 121	2003, 453		ABl EU 2003, C 304, 5 EuZW 2004, 54	789, 871, 873, 886
adidas-Import	LG Düsseldorf	1996, 66 Int. 1996, 732		1197, 979	NJW-RR 1995, 1511 NJWE-WettbR 1996, 62	939, 1016, 1018
ALADIN	EuG	Int. 2005, 914			ABl EU 2005, Nr C 229, 14	1300
ALASKA	SchweizBG	Int. 1995, 428				437
ALKA-SELTZER	BGH	1998, 942		1998, 990	NJW-RR 1998, 1575 EWiR 1998, 1101	725
Allianz	OLG München		2000, 65		OLGR München 2000, 66 NVersZ 2000, 247	775, 786
Alpha	BGH	1955, 487				587
Alphaferon	BGH	1994, 805			BPatGE 34, 280 Mitt 1994, 269	445

Stichwort	Gericht/Amt	Fundstelle				
		GRUR GRUR Int. GRUR-RR	MarkenR	WRP	Sonstige	Fund-stelle im Text (Rn.)
alpi/Alba Moda	BGH	1990, 367			MDR 1990, 693 NJW 1990, 2203	729
Altberliner	BGH	1999, 492	1999, 157	1999, 523	NJW-RR 1999, 1202 MD 1999, 625	1067
Altenburger Spielkartenfabrik	BGH	1995, 754		1995, 910	BGHZ 130, 134 ZIP 1995, 1620	274
ambiente.de	BGH	2001, 1038	2001, 470	2001, 1305	BGHZ 148, 13 NJW 2001, 3265	922
Ansul/Ajax	EuGH	2003, 425	2003, 223		EuGHE I 2003, 2439 EuZW 2003, 311	612
antiKALK	BGH	2001, 1153	2001, 407	2001, 1201	BPatGE 44, 283 BlPMZ 2001, 397	22, 406, 440
AntiVir/AntiVirus	BGH	2003, 963	2003, 388		NJW-RR 2003, 1483 BGHReport 2003, 1358	873
apetito/apitta	BGH			1993, 694	NJW-RR 1993, 553 MDR 1993, 965	718
APISOL/Aspisol	BPatG	1995, 488			BPatGE 35, 26 BlPMZ 1995, 327	681
Apropos Film	BGH	1988, 377			BGHZ 102, 88 NJW 1988, 1672	1070
AQUA KING	BGH	1983, 177			MDR 1983, 555 NJW 1983, 1974	1017
Aquafresh (Class International/ Colgate-Palmolive)	EuGH	2006, 146 Int. 2006, 40	2005, 409		EuGHE I 2005, 8735 EuZW 2005, 754	909
Aqua-Protector	OLG Zweibrücken				OLGR Zweibrücken 2004, 378	913
ARD-1	BGH	2000, 608	2000, 134	2000, 529	ZUM-RD 2000, 275 NJW-RR 2000, 1202	1285
arena-berlin.de	KG	RR 2003, 370			NJW-RR 2003, 1405 MD 2003, 1245	269
AROMATONIC	HABM				Mitt 2001, 319	1231
Arsenal FC	EuGH	2003, 55 Int. 2003, 229	2002, 394	2002, 1415	EuGHE I 2002, 10273 EuZW 2003, 61	67, 881, 886, 890, 1315
Arthrexforte	BGH	1981, 53			BlPMZ 1981, 159 MDR 1981, 115	842
Arthur/Arthur et Felicie	EuG	Int. 2006, 144	2006, 54			676

Stichwort	Gericht/Amt	Fundstelle				
		GRUR GRUR Int. GRUR-RR	MarkenR	WRP	Sonstige	Fundstelle im Text (Rn.)
Arthur/Arthur et Félicie	EuGH	2003, 422 Int. 2003, 533	2003, 134		EuGHE I 2003, 2799 EuZW 2003, 349	526, 649, 662, 724, 740, 1271
ARTIST(E)	BPatG	2006, 768	2006, 237		BlPMZ 2006, 245 Mitt 2006, 278	622
Ärztliche Allgemeine	BGH	1991, 331		1991, 383	NJW 1991, 1352 NJW-RR 1991, 864	290
ASCLEPION/ Asklepios	HABM	RR 2006, 92			Mitt 2006, 460	1286
Attaché/Tisserand	BGH	2000, 506	2000, 140	2000, 535	NJW-RR 2000, 856 Mitt 2000, 299	738
Auskunftsanspruch	OLG Frankfurt/M.	RR 2005, 147			CR 2005, 285 AfP 2005, 412	934, 937
Ausrufezeichen	BPatG	1998, 819			BPatGE 40, 71 BlPMZ 1999, 116	219, 359
Außenseiteranspruch II	BGH	2000, 724	2000, 211	2000, 734	BGHZ 143, 232 NJW 2000, 2504	1039
Auto Magazin	BGH	2002, 176	2002, 84	2002, 89	BGHResport 2002, 118 ZUM 2002, 213 AfP 2002, 214 MD 2002, 4	272, 289
Autofelge	BGH	1997, 527		1997, 755	BPatGE 37, 285 Mitt 1997, 191	15, 173
Avon	BGH	1991, 863		1991, 568	BGHZ 114, 105 NJW 1991, 3218	763, 769
B.Z./Berliner Zeitung	BGH	1997, 661		1997, 751	ZIP 1997, 1353 WM 1997, 1542	289, 290
Baby-dry	EuGH	2001, 1145 Int. 2002, 47	2001, 400	2001, 1276	EuGHE I 2001, 6251 EuZW 2001, 666	156, 427, 428
babyRuf	HABM	RR 2006, 188	2006, 135			157, 427
BAD KISSINGER THERESIEN-QUELLE, Kiss	BPatG				BPatGE 35, 74 Mitt 1996, 55	230, 232
Baggerparty	OLG Stuttgart			1996, 634	NJW-RR 1996, 1258 NJWE-WettbR 1996, 277	1001
Ballermann	BGH	2000, 1028	2000, 355	2000, 1148	DB 2000, 2117 NJW-RR 2001, 114	390
Bally/BALL	BGH	1992, 130		1992, 96	NJW-RR 1992, 175 MDR 1992, 245	718

Stichwort	Gericht/Amt	Fundstelle				
		GRUR GRUR Int. GRUR-RR	MarkenR	WRP	Sonstige	Fundstelle im Text (Rn.)
Banesto/Banesto	BPatG				BPatGE 38,1 BlPMZ 1998, 546	696
Bank 24	BGH	2002, 544		2002, 537	BGHReport 2002, 425 NJW-RR 2002, 829	54, 384
Bar jeder Vernunft	BGH	2002, 1070	2002, 338	2002, 1281	BPatGE 45, 278 BlPMZ 2002, 463	152
Bayer/BeiChem	BGH	2000, 886	2000, 359	2001, 37	BlPMZ 2000, 413 NJW-RR 2001, 1049	676
BE NATURAL	HABM				Mitt 2001, 225	1335
BEAUTY SPA	OLG München				OLGR 2003, 37	1093
Benner	BGH	1990, 601		1990, 500	BGHZ 109, 364 NJW 1990, 1605	1140
berlin location	OLG Hamburg	2002, 900 RR 2002, 226			AfP 2003, 66 Mitt 2002, 555	914
BerlinCard	BGH	2005, 417	2005, 145	2005, 490	BPatGE 47, 305 BlPMZ 2005, 204	22, 153, 154, 402, 420
Best Buy	EuG	Int. 2003, 834	2003, 314		EuGHE II 2003, 2235 ABl EU 2003, Nr C 213, 30	233, 426
bestpartner	EuG	Int. 2004, 951			EuGHE II 2004, 2837 EWS 2004, 421	426
BIG	BGH	2002, 542	2002, 165	2002, 534	BGHReport 2002, 471 Mitt 2002, 242	54, 669
BIG BERTHA	BGH	2003, 428	2003, 141	2003, 647	BGHReport 2003, 555 Mitt 2003, 218	607, 615, 632
Bildmarke ECA	EuG	2004, 773				469
Bio Gourmet/ Gourmeat	HABM-BK	RR 2006, 56			Mitt 2006, 464	1282
BioID	EuGH	2006, 229 Int. 2005, 1012	2005, 391		EuGHE I 2005, 7975 ABl EU 2005, Nr C 271, 1	427, 495, 496, 498
BIOMILD	EuGH	2004, 680 Int. 2004, 410	2004, 111		ABl EU 2004, Nr C 85, 3 Mitt 2004, 222	157, 271, 403, 427, 434, 440, 454, 496, 535
Bit/Bud	BGH	2002, 167	2001, 465	2001, 1320	BGHReport 2001, 928 BlPMZ 2001, 39	703
Blendax Pep	BGH	1996, 404		1996, 739	BPatGE 36, 287 Mitt 1996, 166	728

Stichwort	Gericht/Amt	Fundstelle				
		GRUR GRUR Int. GRUR-RR	MarkenR	WRP	Sonstige	Fundstelle im Text (Rn.)
Blitz-Blank	OLG Hamburg	1986, 475		1986, 287		269
Blitzgerichte	OLG Köln	2000, 1073			NJWE-WettbR 2000, 114 MD 2000, 460	291
BMW	BGH	1986, 759		1986, 669 1987, 99	BGHZ 98, 94 NJW 1986, 2951	881
BMW – Motorhaube	BPatG		2005, 56			199 201
BMW/Deenik, BMW	EuGH	Int. 1999, 438	1999, 84	1999, 407	EuGHE I 1999, 905 EuZW 1999, 244	883, 889, 998, 1010, 1012
bmw4u.de	LG München				CR 2005, 532	378
Bocksbeutel	EuGH	1984, 343 Int. 1984, 291			RIW 1984, 302 NJW 1984, 1291	312
Bocksbeutelflasche	BGH	1971, 313			MDR 1971, 559	312
Bodensee-Tafelwasser	OLG Karlsruhe			2003, 548		309
Boehringer Ingelheim	EuGH			2002, 666		991
Bonbonverpackung	EuG	Int. 2005, 317 RR 2005, 6	2005, 102		ABl EU 2005, Nr C 19, 22	209, 431, 432, 490
Bonbonverpackung (Darstellung eines Bonbons)	EuGH	2006, 1022 Int. 2006, 846	2006, 329		ABl EU 2006, Nr C 212, 7	431, 432
Boss	OLG Köln			1998, 1104	MD 1997, 1014	770
BOSS	OLG Stuttgart	2004, 342 RR 2004, 8				914, 990, 1125
BOSS-Club	BGH	2006, 56	2005, 508	2006, 96	MD 2006, 39 NJW-RR 2006, 117	990
Bostongurka	EuGH	2004, 682 Int. 2004, 629	2004, 336	2004, 728	EuGHE I 2004, 5791 ABl EU 2004, Nr C 118, 24	486
BRANDT ECCO	BPatG	1996, 287			BlPMZ 1996, 466	729
Bravo	EuGH	2001, 1148 Int. 2002, 145	2001, 403	2001, 1272	EuGHE I 2001, 6959 EuZW 2001, 722	67, 453
Bristol-Myers Squibb	EuGH	Int. 1996, 1144		1996, 880	EuGHE I 1996, 3545 EuZW 1996, 526	1029, 1378
Brünova	BGH	1974, 100		1974, 30		973

Stichwort	Gericht/Amt	Fundstelle				
		GRUR GRUR Int. GRUR-RR	MarkenR	WRP	Sonstige	Fundstelle im Text (Rn.)
BSS	EuGH				EuGHE I 2004, 8993 ABl EU 2005, Nr C 6, 21	1359
Buchstabe »E«	BPatG	2003, 347			BPatGE 46, 82 Mitt 2003, 423	166
Buchstabe »K«	BGH	2001, 161	2000, 426	2001, 33	BPatGE 43, 279 NJW-RR 2001, 255	166, 402
Bundesfarben	BPatG	2005, 679	2005, 279		Mitt 2005, 317 AfP 2005, 489	467
Burkheimer Schlossberg	BGH	1983, 440				501
Bürogebäude	BPatG	2004, 334			BPatGE 47, 193 BlPMZ 2004, 118	429
BUS	EuG	Int. 2006, 232				1353
Busengrapscher	BGH	1995, 592		1995, 688	BGHZ 130, 5 NJW 1995, 2486	462
Cambridge Institute	OLG München	2004, 512 RR 2004, 171			MD 2004, 539 Mitt 2004, 374	378
Canon (CANNON/ Canon)	EuGH	1998, 922 Int. 1998, 875	1999, 22	1998, 1165	NJW 1999, 933 EuZW 1998, 702	413, 675, 677, 686, 1275, 1276, 1284, 1304
Canon II	BGH	1999, 731	1999, 242	1999, 928	EuZW 1999, 478 NJW-RR 1999, 1128	677
Cantil-Flasche	BGH	1979, 415		1979, 448	MDR 1979, 472 NJW 1979, 1166	312
Capri-Sonne	BGH	1983, 768			MDR 1984, 200 Mitt 1984, 37	310, 316
CARCARD	EuG	Int. 2002, 751		2002, 510	EuGHE II 2002, 1963 ABl EG 2002, Nr C 144, 43	427
Caren Pfleger	BGH	1991, 475		1991, 477	MDR 1991, 740 NJW-RR 1991, 1063	645
CARGO PARTNER	EuG	Int. 2005, 1023	2006, 52		ABl EU 2005, Nr C 281, 21	427
Carl Link	BGH	2000, 1031	2000, 364	2000, 1155	NJW-RR 2000, 1707 BlPMZ 2000, 334	676
CC 1000, Cec	BPatG	2000, 897	2000, 280		BPatGE 42, 147 BlPMZ 2000, 289	236, 825

Stichwort	Gericht/Amt	Fundstelle				
		GRUR GRUR Int. GRUR-RR	MarkenR	WRP	Sonstige	Fund- stelle im Text (Rn.)
Cefallone	BGH	1999, 587	1999, 154	1999, 530	NJW-RR 1999, 1055 MD 1999, 641	669
celle.de	LG Lüneburg	1997, 470			CR 1997, 288 WM 1997, 1452	375
CELLTECH	EuG	Int. 2005, 831			Mitt 2006, 275 BlPMZ 2006, 222	427
Centrafarm/American Home Products	EuGH	1979, 69 Int. 1979, 99			EuGHE 1978, 1823 NJW 1979, 484	67, 894
Ceraflame/CERAN	HABM	RR 2006, 189	2006, 132		Mitt 2006, 279	1262
Champagner bekommen, Sekt bezahlen	BGH	2002, 426	2002, 246	2002, 542	BGHReport 2002, 335 NJW-RR 2002, 685	299, 306, 1083
champagner.de	OLG München	RR 2002, 17		2002, 111	MMR 2002, 115 Mitt 2002, 145	370
champagner.de	BGH	RR 2003, 64				370
ChamPearl	OLG München	RR 2004, 17			OLGR München 2004, 90 MD 2004, 235	1084
Chevy	EuGH	Int. 2000, 73	1999, 388	1999, 1130	EuGHE I 1999, 5421 EuZW 2000, 56	769, 770, 1280, 1288, 1289
Chiemsee	EuGH	1999, 723 Int. 1999, 727	1999, 189	1999, 629	EuGHE I 1999, 2779 EuZW 1999, 540	890
Cinzano	BGH	1973, 468		1973, 401	BGHZ 60, 185 NJW 1973, 1079	72, 1016, 1017
City Plus	BGH	2003, 880	2003, 385	2003, 1228	BGHReport 2003, 1291 NJW 2003, 3562	711, 724, 726
City-Hotel	BGH	1995, 507		1995, 615	DB 1995, 1226 NJW-RR 1995, 1002	269, 272
Cityservice	BGH	2003, 1050	2004, 39	2003, 1429	BPatGE 2004, 280 Mitt 2004, 431	271, 424
Class International/ Colgate-Palmolive (Aquafresh)	EuGH	2006, 146 Int. 2006, 40	2005, 489		EuGHE I 2005, 8735 EuZW 2005, 754	909
Classe E	BGH	2001, 242	2001, 60	2001, 160	Mitt 2001, 75 BlPMZ 2001, 97	389, 474, 475, 477
Cloppenburg	BPatG	2000, 1050	2000, 377		BPatGE 43, 52 BlPMZ 2000, 343	324, 437, 438 440, 454, 503
Cloppenburg	EuG	2006, 240 Int. 2006, 47	2006, 53		ABl EU 2005, Nr C 330, 19 EuZW 2006, 32	436, 437

Stichwort	Gericht/Amt	Fundstelle				
		GRUR GRUR Int. GRUR-RR	MarkenR	WRP	Sonstige	Fund-stelle im Text (Rn.)
COBRA CROSS	BPatG	2001, 58			BPatGE 43, 58 Mitt 2000, 509	623
coccodrillo	BGH	2006, 60	2005, 519	2006, 92	BPatGE 2006, 285 Mitt 2006, 81	670, 723
Color COLLECTION	BPatG	1996, 410			BPatGE 36, 29 BlPMZ 1996, 504	1199
Colorboy	BGH	1976, 253			MDR 1976, 23 BlPMZ 1976, 145	721
combit/kompit.de	OLG Hamburg	RR 2006, 262			MMR 2006, 226 NJW-RR 2006, 984	378
COMFORT HOTEL	BPatG	2002, 68	2001, 410		BPatGE 44, 57 BlPMZ 2001, 292	735
Companyline	EuGH	2003, 58	2002, 391			156, 427, 1189
CompuNet/ComNet	BGH	2001, 1161	2001, 307	2001, 1207	BlPMZ 2001, 318 Mitt 2001, 437	265, 269, 991
CompuNet/ Comnet II	BGH	2005, 61	2004, 478	2005, 97	NJW-RR 2005, 185 Mitt 2005, 129	1067
Contura	BGH	2000, 510	2000, 97			831
CORAN	BPatG				BPatGE 28, 41 Mitt 1988, 178	462
Corona Bierflasche	EuG	Int. 2004, 664			EuGHE II 2004, 1391 Mitt 2004, 272	432
Corona Bierflasche	EuGH	2006, 352 Int. 2005, 823	2005, 311		EuGHE I 2005, 5797 BlPMZ 2006, 189	413, 434
corton/Horten	BPatG	1995, 741			BPatGE 35, 106	753
COSA NOSTRA	BPatG	1996, 408			BPatGE 36, 19 BlPMZ 1997, 224	461
COTTON LINE	BGH	1996, 68		1997, 446	NJW-RR 1996, 230 Mitt 1996, 129	269
Courage	BPatG	2005, 955	2005, 416		BlPMZ 2005, 457 Mitt 2005, 384	386
Cranpool	BGH	1992, 45		1992, 29	NJW-RR 1992, 172 MDR 1992, 246	992
CRISTALLO	BPatG				Mitt 1998, 371	457
Customer-Return-Ware	OLG Hamburg		1999, 302		RIW 1999, 705 NJWE-WettbR 2000, 71	1018

Stichwort	Gericht/Amt	Fundstelle				
		GRUR GRUR Int. GRUR-RR	MarkenR	WRP	Sonstige	Fundstelle im Text (Rn.)
Dachbahnen	OLG Köln	2000, 56	1999, 170		NJWE-WettbR 1999, 230	1017
DALAILAMA	BPatG				BPatGE 46, 66 Mitt 2003, 423	462
DAS PRINZIP DER BEQUEM-LICHKEIT	EuGH	2004, 1027 Int. 2005, 224	2005, 22		EuGHE I 2004, 10031 Mitt 2004, 552	13, 160, 221, 402, 418, 438, 535
Das Telefon-Sparbuch	BGH	2005, 264	2005, 92	2005, 213	NJW 2005, 601 Mitt 2005, 128	294, 1073
Davidoff	EuGH	2002, 156 Int. 2002, 147	2001, 448 2002, 16	2002, 65	EuGHE I 2001, 8691 EuZW 2002, 157	1014, 1018, 1379
Davidoff/Gofkid	EuGH	2003, 240 Int. 2003, 353	2003, 61	2003, 370	EuGHE I 2003, 389 EuZW 2003, 347	103, 788, 1299
Davidoff I	BGH	2000, 875 Int. 2000, 1017	2000, 333	2000, 1142	RIW 2000, 793 BlPMZ 2000, 381	676, 778
Davidoff II	BGH	2004, 235	2004, 72	2004, 360	NJW 2004, 600 EuZW 2004, 608	676, 711, 788
DB Immobilien-fonds	BGH	2001, 344	2001, 54	2001, 273	BGHZ 145, 279 NJW 2001, 1868	267, 277
DBA/DB	OLG Hamburg			2005, 1554	MD 2006, 69	1301
d-c-fix/CD-FIX	BGH	2004, 600	2004, 253	2004, 763	NJW-RR 2004, 1116 Mitt 2004, 315	1387
defacto	BGH	2002, 898	2002, 282	2002, 1066	NJW 2002, 3551 Mitt 2002, 470	265, 1067
Demoskopisches Gutachten	OLG Nürnberg				OLGR Nürnberg 2002, 106 MD 2002, 418	1007
Dentale Abformmasse	BGH	2005, 1044	2005, 515	2005, 1521	BGHZ 164, 139 Mitt 2006, 30	546
Der Duft von Himbeeren	HABM	2002, 348				144
Deutscher Mozzarella	OLG Frank-furt/M.			2001, 558	ZLR 2001, 450 OLGR Frankfurt 2001, 234	311
Diesel	BGH	2005, 768 Int. 2005, 850	2005, 324	205, 1011	BlPMZ 2005, 394 Mitt 2006, 81	906

Stichwort	Gericht/Amt	Fundstelle				
		GRUR GRUR Int. GRUR-RR	**MarkenR**	**WRP**	**Sonstige**	**Fundstelle im Text (Rn.)**
Diesel	EuGH	2007, 146 Int. 2007, 241	2006, 531		ABl EU 2005, Nr C 243, 7	1310
DigiFilm	EuG	Int. 2005, 919			ABl EU 2005, Nr C 257, 9	427
DIMPLE	BGH	1985, 550		1985, 399	BGHZ 93, 96 NJW 1986, 379	763, 778, 780
Dior/Evora	EuGH	Int. 1998, 140		1998, 150	EuGHE I 1997, 6013 EuZW 1998, 22	1378
DKV/OKV	BGH	2002, 1067	2002, 332	2002,12	BPatGE 45, 278 BlPMZ 2002, 421	702, 703
DLC	HABM				Mitt 2002, 370	1335
Domain-registrierung	OLG München				wistra 2001, 33	963
DOUBLEMINT	EuGH	2004, 146 Int. 2004, 124	2003, 450		EuGHE I 2003, 12447 EuZW 2004, 60	427, 440, 535
DRAGON	BGH	1998, 938		1998, 993	BPatGE 40, 283 NJW-RR 1998, 1506	833
DRANO/P3-drano	BGH	1996, 977		1997, 571	BPatGE 36, 290 Mitt 1996, 354	725, 727
Dreidimensionale Tablettenform I	EuGH	Int. 2004, 631	2004, 224	2004, 722	EuGHE I 2004, 5089 Mitt 2004, 269	432
Dreiecke (Dual Triangles Design)	HABM	Int. 1999, 966	1999, 321		NJWE-WettbR 2000, 142	447
Drei-Punkt Farben	BGH				BB 1956, 156	518
Drei-Streifen-Kennzeichnung	BGH	2001, 158	2000, 422	2001, 41	Mitt 2001, 34 BlPMZ 2001, 96	698
dresden-online.de	OLG Dresden				CR 1999, 102 MMR 1999, 51	368
Dresdner Christstollen	BGH	2003, 242	2003, 108	2003, 380	BGHZ 152, 268 Mitt 2003, 217	247
Dresdner Stollen, Dresdner Stollen I	BGH	1989, 440		1989, 377	BGHZ 106, 101 NJW 1989, 1804	322
duisburg-info.de	OLG Düsseldorf	RR 2003, 25		2002, 1085	CR 2002, 447 ZUM-RD 2002, 535	806
Dunkelblau/ Hellblau	BPatG		2006, 83			147, 182, 189, 430
EASYBANK	EuG	Int. 2001, 756 RR 2001, 156	2001, 181	2001, 528	EuGHE II 2001, 1259 ABl EG 2001, Nr C 227, 17	427

Stichwort	Gericht/Amt	Fundstelle				
		GRUR GRUR Int. GRUR-RR	**MarkenR**	**WRP**	**Sonstige**	**Fundstelle im Text (Rn.)**
EASYPRESS	BGH	2001, 337	2001, 158	2001, 408	BPatGE 43, 281 BlPMZ 2001, 189	570
ECA	HABM	2002, 620	2002, 179			468, 469
ECCO II	BGH	1998, 1014		1998, 988	BPatGE 40, 285 BlPMZ 1998, 524	725, 729
Echinaid/Echinacin	EuG	2006, 585 Int. 2006, 599	2006, 431		ABl EU 2006, Nr C 131, 39	1300
EDITORIAL PLANETA/PLANET EARTH	HABM				BlPMZ 2000, 227	1262
EGGER NATUR-BRÄU	BPatG	1992, 516			BPatGE 33, 42 BlPMZ 1992, 502	458
Eigenvertriebs-system	BGH	1991, 614 1991, 912		1991, 391	BB 1991, 791 NJW-RR 1991, 1257	1039
Ein Champagner unter den Mineral-wässern	BGH	1988, 453 Int. 1988, 357		1988, 25	NJW 1988, 644 ZIP 1987, 1483	306, 1083
Einzelhandels-dienstleistungen II	BPatG	2006, 63	2005, 527		Mitt 2006, 86	45
Elizabeth Emanuel	EuGH	2006, 416 Int. 594	2006, 205		EWS 2006, 235 RIW 2006, 766	1114
Elsässer Nudeln	BGH	1982, 564		1982, 570	DB 1982, 1663 BlPMZ 1982, 298	309
eltern-online.de	OLG Hamburg	RR 2004, 104			MMR 2004, 174 CR 2004, 547	378
Entfernung der Her-stellungsnummer III	BGH	2002, 709	2002, 241	2002, 947	Mitt 2002, 373 NJW 2002, 3175	1041
EPSON/epson.de	LG Düsseldorf	1998, 159			WM 1997, 1444 Mitt 1997, 225	375
EQUI 2000	BGH	2000, 1032	2000, 367	2000, 1293	Mitt 2000, 462 NJW-RR 2001, 179	475, 479, 575
ERDINGER	BPatG	1994, 627			BPatGE 34, 154 BlPMZ 1994, 459	35, 487
Etiketten	BGH	1999, 495	1999, 133	1999, 526	BlPMZ 1999, 187 NJW-RR 1999, 1130	14, 211
Eurim Pharm	EuGH	Int. 1996, 1150		1996, 867	EuGHE I 1996, 3603 EuZW 1996, 532	1027, 1029, 1031
EURO 2000	BGH	2004, 775	2004, 342	2004, 1037	Mitt 2004, 369 BlPMZ 2004, 463	873

Stichwort	Gericht/Amt	Fundstelle				
		GRUR GRUR Int. GRUR-RR	MarkenR	WRP	Sonstige	Fundstelle im Text (Rn.)
EUROCOOL	EuG	Int. 2002, 592	2002, 88			13, 427, 535
EuroHealth	EuG	2001, 835 Int. 2001, 970	2001, 320	2001, 904	EuGHE II 2001, 1645 ABl EG 2001, Nr C 259, 9	427
EVIAN/Revian II	OLG Hamburg	RR 2003, 139			LMuR 2003, 44 MD 2003, 561	301
Exportur (Turrón de Alicante)	EuGH	Int. 1993, 76			EuGHE I 1992, 5529 EuZW 1993, 66	303
Fabergé	BGH	2002, 340	2002, 23	2002, 330	BlPMZ 2002, 349 Mitt 2002, 142	770, 771
FACTS	BGH	2000, 504	2000, 172	2000, 533	NJW-RR 2000, 1062 BlPMZ 2000, 246	1070
FACTS II	BGH	2005, 959	2005, 443	2005, 1525	Mitt 2005, 517 NJW 2006, 617	281
Fahrzeugkarosserie (VW Beetle)	BPatG				Mitt 2005, 131	206
Fahrzeugkarosserie (Porsche 911)	BPatG	2005, 330			BlPMZ 2005, 143	206
Farbige Arzneimittelkapsel	BGH	2004, 683	2004, 353	2004, 1040	BGHZ 159, 57 Mitt 2004, 369	16, 412, 517
Farbige Arzneimittelkapsel	BPatG	2003, 521	2002, 348		BPatGE 45, 229 BlPMZ 2002, 431	236, 697
Farbmarke blau/gelb	EuGH	2004, 858	2004, 338		EuGHE I 2004, 6129 EuZW 2004, 535	28, 101, 136, 146, 147, 176, 185, 221
Farbmarke gelb	BPatG	2005, 585	2005, 286		Mitt 2005, 384	188, 407
Farbmarke gelb/ schwarz	BGH	1999, 491	1999, 64	1999, 430	BGHZ 140, 193 NJW 1999, 1186	132, 141
Farbmarke magenta/ grau	BGH	1999, 730	1999, 198	1999, 853	Mitt 1999, 231 BlPMZ 1999, 367	146
Farbmarke violett-farben	BGH	2001, 1154	2001, 365	2001, 1198	BPatGE 44, 280 BlPMZ 2001, 350	146, 740
Farbmarkenverletzung I	BGH	2004, 151	2004, 62	2004, 227	BGHZ 156, 126 Mitt 2004, 77	593, 740, 742
Farbmarken-verletzung II	BGH	2004, 154	2004, 66	2004, 232	Mitt 2004, 79 BlPMZ 2004, 116	740, 742
Ferrari Pferd	BGH	2004, 594	2004, 286	2004, 909	NJW 2004, 2384 Mitt 2004, 369	1278

Stichwort	Gericht/Amt	Fundstelle				
		GRUR GRUR Int. GRUR-RR	MarkenR	WRP	Sonstige	Fund- stelle im Text (Rn.)
FERRÒ/FERRERO	EuG	2006, 1026 Int. 2006, 510			BlPMZ 2006, 303	1304
Ferrosil	BGH	2005, 515	2005, 230	2005, 620	BPatGE 2006, 279 Mitt 2005, 267	620
Festspielhaus	BGH	2002, 814	2002, 253	2002, 987	Mitt 2002, 363 BlPMZ 2002, 380	267
Festspielhaus II	BGH	2003, 792				267, 268, 269
Feta	EuGH	Int. 1999, 532	2005, 495	1999, 490	EuGHE I 1999, 1541 EWS 2000, 65	342, 243
Flexy/Flexi	HABM				BlPMZ 2003, 247	1264
FOCUS/LOGOS	BPatG				BPatGE 34, 268 BlPMZ 1995, 326	699
Focus Money/Mon€y Spezialist	OLG München	2005, 874 RR 2005, 191	2005, 149	2005, 378	MD 2005, 323 AfP 2005, 211	288
Form einer Bierflasche (Corona)	EuGH	2006, 352 Int. 2005, 823	2005, 311		EUGHE I 2005, 5797 BlPMZ 2006, 189	
Form einer Zigarre	EuG	Int. 2003, 944	2003, 280		EuGHE II 2003, 1897	431
Form eines Bonbons	EuG	Int. 2005, 322	2005, 60		ABl EU 2005, Nr C 19, 22 ZLR 2005, 257	209, 431, 432, 490
Form eines Bonbons	EuGH	Int. 2006, 842	2006, 322		ABl EU 2006, Nr C 212, 6	209, 431
Franchise-Nehmer	BGH	1995, 605		1995, 696	NJW 1995, 2355 NJW-RR 1995, 1444	919
Franchisevertrag	BGH	1999, 1025		1999, 534	BGHZ 140, 342 NJW 1999, 2671	1132
FRENORM/ FRENON	BGH	2000, 1040		2000, 1164	NJW-RR 2000, 1425 BlPMZ 2000, 320	624
FRISH	BPatG	2004, 873	2004, 302		BPatGE 48, 86 Mitt 2004, 315	235
FROMMIA	BGH	2002, 972 Int. 2003, 71	2002, 327	2002, 1156	BGHReport 2002, 1103 Mitt 2002, 537	251, 264
Frühstücks-Drink II	BGH	2002, 812	2002, 251	2002, 985	BGHReport 2002, 841 Mitt 2002, 421	442, 873
FTOS	BGH	1997, 902		1997, 1181	NJW 1997, 3315 Mitt 1997, 398	279, 283
FUSSBALL WM 2006	BGH	2006, 850	2006, 395	2006, 1121	BGHZ 167, 278 NJW 2006, 3002	61, 62, 417

Stichwort	Gericht/Amt	Fundstelle				
		GRUR GRUR Int. GRUR-RR	MarkenR	WRP	Sonstige	Fundstelle im Text (Rn.)
FUSSBALL WM 2006	BPatG	2005, 948			Mitt 2005, 567 BlPMZ 2006, 42	62, 417
Gabelstapler	BGH	2001, 334	2001, 67	2001, 261	BGHReport 2001, 251 MD 2001, 251	193, 208
Gabelstapler	EuGH	2003, 514 Int. 2003, 632	2003, 187	2003, 627	EuGHE I 2003, 3161 EuZW 2003, 439	221, 432, 448, 450
Gabelstapler II	BGH	2004, 502	2004, 242	2004, 752	BPatGE 47, 291 Mitt 2004, 271	196, 208, 404, 450, 507
Gabelstapler III	BPatG		2005, 238		BlPMZ 2005, 267 Mitt 2005, 320	196, 208, 404, 450
GALLUP	BGH	2006, 152	2006, 30	2006, 102	BPatGE 2006, 285 BlPMZ 2006, 154	614, 615
Garant-Möbel	BGH	1995, 156		1995, 307	NJW-RR 1995, 357 Mitt 1995, 189	269
GARIBALDI	BPatG	1995, 739			BPatGE 35, 84 BlPMZ 1995, 418	685
GARONOR	BGH	1997, 903		1997, 1081	NJW 1997, 2952 NJWE-WettbR 1998, 16	1079
GeDIOS	BGH	2004, 241	2004, 122	2004, 357	NJW-RR 2004, 765 BlPMZ 2004, 160	374
Gefa/Gewa	BGH	1985, 461		1985, 338	WM 1985, 516 DB 1985, 1884	750
Gefärbte Jeans	BGH	1996, 271 Int. 1996, 726		1997, 562	BGHZ 131, 308 NJW 1996, 994	1016
Gemeinkostenanteil	BGH	2001, 329	2001, 57	2001, 276	BGHZ 145, 366 Mitt 2001, 125	927, 930
Gemeinnützige Wohnbaugesellschaft	BGH	2003, 448		2003, 640	MD 2003, 515 DB 2003, 1570	973
GEORG-SIMON-OHM	BPatG	2006, 591	2006, 365		BlPMZ 2006, 299 Mitt 2006, 278	808
Gerolsteiner Brunnen (Gerolsteiner/ Putsch)	EuGH	2004, 234 Int. 2004, 320 Int. 2004, 169	2004, 57		EuGHE I 2004, 691 EuZW 2004, 145	439, 998, 1001, 1385, 1386
GERRI/KERRY Spring	BGH	2002, 613 Int. 2002, 616		2002, 547	Mitt 2002, 361 RIW 2002, 711	504
Gewinnfahrzeug mit Fremdemblem	BGH	2006, 329	2006, 110	2006, 470	MD 2006, 419 NJW-RR 2006, 691	893

Stichwort	Gericht/Amt	Fundstelle				
		GRUR GRUR Int. GRUR-RR	**MarkenR**	**WRP**	**Sonstige**	**Fundstelle im Text (Rn.)**
Glaverbel	EuGH		2004, 449		EuGHE I 2004, 6267 ABl EU 2004, Nr C 228, 17	205
Glaverbel/HABM	EuG	Int. 2003, 61			EuGHE II 2002, 3887 ABl EG 2003, Nr C 323, 33	205
go seven	BPatG	2006, 868	2006, 452		Mitt 2006, 456	1423, 1462
Goldbarren	BGH	2003, 712		2003, 889	Mitt 2003, 419 BlPMZ 2003, 347	431, 738
GOLDEN LIGHTS/ GOLDEN LITES	HABM				Mitt 2003, 29	1263
Gorgonzola/ Cambozola	EuGH	Int. 1999, 443	1999, 129	1999, 486	EuGHE I 1999, 1301 NJW 2001, 744	329
Grana Padano (Ravil)	EuGH	2003, 609	2003, 294		EuGHE I 2003, 5053 EuZW 2003, 564	346
GRANINI-FLASCHE	HABM	1999, 1080	1999, 366		Mitt 1999, 437 NJWE-WettbR 1999, 287	198
grau/magenta	BGH	1997, 754		1997, 748	NJW 1997, 2379 EWiR 1997, 719	593
grün eingefärbte Prozessorengehäuse	BGH	2002, 538	2002, 121	2002, 452	BPatGE 44, 285 Mitt 2002, 236	454
Grupo Sada	EuG	Int. 2005, 705			ABl EU 2005, Nr C 171, 15	672, 1300
GT ALL TERRA	OLG München	1996, 137 Int. 1996, 730		1996, 232	NJW-RR 1996, 425 WiB 1996, 360	1016
Gut Springenheide	EuGH	Int. 1998, 795		1998, 848	EuGHE I 1998, 4657 EuZW 1998, 526	311, 1197
Gute Zeiten – Schlechte Zeiten	BGH	2001, 1043	2001, 368	2001, 1202	BPatGE 44, 281 Mitt 2001, 432	152
Habana	OLG München	RR 2002, 64	2001, 218		OLGR München 2001, 267	316
HAG II	EuGH	Int. 1990, 960			EuGHE I 1990, 3711 EuZW 1990, 545	67, 682
Hai	EuG	Int. 2005, 586 RR 2006, 155			ABl EU 2005, Nr C 115, 20 Mitt 2005, 458	714, 748
Halberstädter Würstchen	OLG Dresden	RR 2002, 257			VIZ 2002, 712	505
Halberstädter Würtstchen	OLG Jena	RR 2003, 77			OLGR Jena 2003, 164	305

Stichwort	Gericht/Amt	Fundstelle				
		GRUR GRUR Int. GRUR-RR	MarkenR	WRP	Sonstige	Fund-stelle im Text (Rn.)
Handtuchspender	BGH	1987, 438			BGHZ 100, 51 NJW 1987, 2016	900, 901
HAVE A BREAK, HAVE A KIT KAT	EuGH	2005, 763 Int. 2005, 826	2005, 320	2005, 1159	EuGHE I 2005, 6135 EuZW 2005, 506	162, 485
heidelberg.de	LG Mannheim	1997, 377			NJW 1996, 2736 BB 1996, 2484	375
Henkel – Geschirr-spülmittel-Tablette	EuGH	Int. 2004, 631	2004, 224	2004, 722	EuGHE I 2004, 5089 Mitt 2004, 269	432
Henkel (Wasch-mittelflasche)	EuGH	2004, 428 Int. 2004, 413	2004, 116	2004, 475	EWS 2004, 134 EuZW 2004, 182	1189
Hermes-Taschen	OLG Köln		2006, 371			86
Hersteller-kennzeichen auf Unfallwagen	BGH	1990, 678			BGHZ 111, 182 NJW-RR 1991, 38	1025
Hoffmann La Roche/ Centrafarm II	EuGH	1978, 599 Int. 1978, 478			EuGHE 1978, 1139 RIW 1978, 463	67, 894, 1026
Hollywood Duft-schaumbad	BGH	1963, 482				309, 317
Hologramm	BPatG	2005, 594	2005, 292	2005, 1025	BPatGE 48, 178 Mitt 2005, 378	146, 147
Hölterhoff	EuGH	2002, 692 Int. 2002, 841	2002, 189	2002, 664	ABl EG 2002, Nr C 169, 6 EuZW 2002, 608	886, 910, 1312
Home Depot	BGH		2005, 273			255, 256, 277
Honka	BGH	1999, 995	1999, 297	1999, 936	NJW-RR 1999, 1420 BlPMZ 1999, 367	612, 614
Hotel Adlon	BGH	2002, 967	2002, 323	2002, 1148	BGHZ 150, 82 NJW 2002, 3332	277, 653, 1079
HOTEL MARITIME	BGH	2005, 431 Int. 2005, 433	2005, 190	2005, 493	NJW 2005, 1435 Mitt 2005, 172	264
HURRICANE	BGH	1991, 319			NJW-RR 1991, 558 BlPMZ 1991, 190	721
i plus/e plus	HABM	RR 2005, 344				1270
Ichthyol	BGH	2002, 65		2001, 1447	BGHReport 2002, 33 BlPMZ 2002, 111	677
Ichthyol II	BGH	2006, 937	2006, 409	2006, 1133	PharmaR 2006, 440	677
Ideal Standard II	EuGH	Int. 1994, 614			EuGHE I 1994, 2789 EuZW 1994, 467	1017

Stichwort	Gericht/Amt	Fundstelle				
		GRUR GRUR Int. GRUR-RR	MarkenR	WRP	Sonstige	Fund- stelle im Text (Rn.)
il Padrone/Il Portone	BGH	2005, 326	2005, 143	2005, 341	BPatGE 47, 303 BlPMZ 2005, 200	677, 702, 718
Immo-Data	BGH	1997, 845		1997, 1091	NJW-RR 1997, 1402 BlPMZ 1997, 435	269
IMMUNINE/IMU-KIN	BGH	2000, 890	2000, 258	2000, 743	NJW-RR 2000, 1487 BlPMZ 2000, 318	833
India-Gewürze	BGH	1986, 245			MDR 1986, 468 BlPMZ 1986, 176	750
Indikativ SWF-3	BPatG	1997, 62			BPatGE 36, 241 BlPMZ 1997, 269	745
INDIVIDUELLE	BGH	2002, 64	2001, 408	2001, 1445	BPatGE 44, 283 BlPMZ 2002, 85	152, 153, 414
Indorektal I	BGH	1984, 815			BGHZ 91, 262 BPatGE 26, 271	750
Indorektal/Indohe-xal	BGH	1995, 50			Pharma Recht 1995, 11 BlPMZ 1995, 251	701, 718, 750
Innovadiclophlont/ Diclophlogont	BGH	1996, 200		1997, 448	BlPMZ 1996, 223 NJW 1996, 1592	669, 720, 725
Intel inside	LG Mannheim		2002, 60			780
Int.ernet-Versteigerung	BGH	2004, 860 Int. 2005, 66	2004, 397	2004, 1287	BGHZ 158, 236 NJW 2004, 3102	672
Investorworld	EuG	Int. 2001, 239	2000, 445		EuGHE II 2000, 3545 EWS 2001, 38	427
Investorworld	EuGH		2000, 445			158
ISCO	BGH	2002, 59	2001, 371	2001, 1211	BGHReport 2001, 703 BlPMZ 2002, 111	607, 833, 842
Ivan Rebroff	OLG Stuttgart	RR 2002, 55			OLGR Stuttgart 2001, 351	805
Jack Wolfskin	OLG Hamburg	RR 2003, 211			MD 2003, 796	681, 688
JACOMO/Jac	BPatG				BPatGE 35, 67 Mitt 1995, 255	685
Jeannette/Annete	BPatG	1995, 588			Mitt 1995, 226	618
Jeanshosentasche	BGH	2001, 734	2001, 207	2001, 690	BPatGE 43, 283 BlPMZ 2001, 241	429
Jockey	BFH	Int. 2000, 780	2000, 52		HFR 2000, 431	954
Johann Sebastian Bach	OLG Dresden				ZUM 2000, 759 NJW 2001, 615	478

Stichwort	Gericht/Amt	Fundstelle				
		GRUR GRUR Int. GRUR-RR	MarkenR	WRP	Sonstige	Fund-stelle im Text (Rn.)
JOHN LOBB (JOHN LORD/JOHN LOBB)	BGH	1999, 164		1998, 1078	BPatGE 40, 287 BlPMZ 1999, 32	681
JOHN LORD/JOHN LOBB	BPatG	1996, 356			BlPMZ 1996, 467	681, 683
jpnw.de	LG Düsseldorf				CR 1998, 688 NJW-RR 1999, 629	375
Kabel 1/ARD 1	HABM	RR 2004, 202				1285
Kanzleilogo	OLG Stuttgart				OLGR Stuttgart 2000, 93 NJWE-WettbR 2000, 165	259
Karolus-Magnus	BGH	1999, 167		1998, 1083	BPatGE 40, 286 BlPMZ 1999, 29	623
Käse in Blütenform	BPatG	2001, 341			BPatGE 43, 153 BlPMZ 2001, 193	450
Käse in Blütenform	BGH	2004, 329	2004, 140	2004, 492	BPatGE 47, 293 NJW-RR 2004, 617	17, 404, 429 1465
Käseform II	BPatG				BlPMZ 2006, 42 Mitt 2005, 385	17 404
Kellogg's/Kelly's	BGH	2003, 1047	2003, 461	2003, 1439	NJW-RR 2003, 1548 Mitt 2003, 560	620, 701
Kellogg's/Kelly's	OLG Hamburg				MD 2001, 556	677
Kelly	BGH	2003, 1044	2003, 465	2003, 1436	NJW-RR 2003, 1546 BlPMZ 2004, 33	676, 698, 703, 711
Kerlone	BGH	1994, 374		1994, 237	RIW 1994, 432 EWS 1994, 180	894
Kik	EuGH	Int. 1996, 943			EuZW 1996, 434 EWS 1996, 362	1210
Kik II	EuG	Int. 2001, 978	2001, 326		Mitt 2001, 384 EWS 2002, 293	1210, 1212
KINDER	BGH	2003, 1040	2004, 31	2003, 1431	Mitt 2004, 84 BlPMZ 2004, 33	440, 496, 497, 968
Kinder Kram	OLG Köln	RR 2002, 7 RR 2004, 64		2001, 57	LMuR 2001, 108 MD 2001, 183	677
Kinder/Kinderzeit	OLG Hamburg	RR 2005, 76	2004, 413		MD 2005, 202 LMuR 2005, 8	873
KINJI by SPA	EuG	Int. 2006, 236				1275
Klarsichtbecher	BGH	1983, 31			NJW 1983, 456 BlPMZ 1983, 107	529

Stichwort	Gericht/Amt	Fundstelle				
		GRUR GRUR Int. GRUR-RR	**MarkenR**	**WRP**	**Sonstige**	**Fundstelle im Text (Rn.)**
KLAUS BREE	OLG Hamburg	1997, 659			OLGR Hamburg 1997, 315 NJWE-WettbR 1997, 250	1001
Kleiner Feigling	BGH	2004, 598	2004, 292	2004, 907	Mitt 2004, 369 BlPMZ 2004, 414	624
Klettverschluss	BGH	1990, 274			NJW-RR 1989, 1516 BlPMZ 1990, 32	729
Klosterbrauerei	BGH	2003, 628		2003, 747	MDR 2003, 946 MD 2003, 723	317
Knabberbärchen	BGH	2003, 519	2003, 197	2003, 751	Mitt 2003, 278 NJW-RR 2003, 914	736
KOKAIN BALL	BPatG	2004, 875			Mitt 2004, 371 BlPMZ 2004, 473	461
Kölnisch Wasser	BGH	1965, 317			NJW 1965, 630 BB 1965, 217	297, 1378
Kontrollnummern-beseitigung II	BGH	2001, 448	2001, 155	2001, 539	BlPMZ 2001, 187 NJW-RR 2001, 1188	1040
Kornkammer	BGH	2000, 1038	2000, 362	2000, 1161	NJW-RR 2000, 1708 BlPMZ 2000, 381	612 623
Kreuzfahrten	OLG Köln	RR 2005, 16			MD 2005, 229 OLGR Köln 2005, 96	269
Kronenthaler	BGH	1990, 361 Int. 1989, 703			BB 1989, 935 NJW-RR 1989, 690	897
KSB	BGH	1976, 379			MDR 1976, 290 WM 1976, 122	1058
Kühlergrill	EuG	Int. 2003, 462	2003, 162		EuGHE II 2003, 701 ABl EU 2003, Nr C 112, 29	205
kurt-biedenkopf.de	BGH	2004, 619		2004, 769	NJW 2004, 1793 Mitt 2004, 326	1075
La Mer Technology	EuGH	2006, 582	2006, 265		Slg. 2004, I-1159 EuGHE I 2004, 1159	613
Lady Di	BPatG				Pavis Proma 24 W (pat) 36/02 und 28 W (pat) 370/03	478
Lamborghini-Türbewegungsablauf	HABM-BK	2004, 63				147, 222
Lazarus/Malteser Kreuz	BPatG		2005, 162		BPatGE 48, 251 BlPMZ 2005, 214	516, 519
Leasing Partner	BGH	1991, 556		1991, 482	DB 1991, 1166 BB 1991, 1144	269

Stichwort	Gericht/Amt	Fundstelle				
		GRUR GRUR Int. GRUR-RR	MarkenR	WRP	Sonstige	Fundstelle im Text (Rn.)
Levi Strauss/Casucci	EuGH	2006, 495 Int. 2006, 597	2006, 209		Mitt 2006, 322	1357
Leysieffer	BGH	2004, 512	2004, 187	2004, 610	NJW-RR 2004, 1112 Mitt 2004, 273	255, 277
Libero	BGH	1999, 245	1999, 61	1999, 196	Mitt 1999, 382 NJWE-WettbR 1999, 230	394, 677
Libertel	EuGH	2003, 604 Int. 2003, 638 Int. 2004, 886	2003, 227	2003, 735	EuGHE I 2003, 3793 EuZW 2003, 572	28, 136, 146, 147, 176, 178, 182, 183, 221, 311, 402, 407, 419, 423, 430, 457, 640, 740, 742
Lichtenstein	BGH	2003, 882	2003, 393	2003, 1226	BPatGE 2004, 280 MD 2003, 945	503
Lichtenstein	BPatG	2001, 741	2001, 254		BPatGE 44, 39 BlPMZ 2001, 249	503
Lifting-Creme	EuGH	Int. 2000, 354		2000, 289	EWS 2000, 127 NJW 2000, 1173	311
Likörflasche	BGH	2001, 56	2000, 414	2000, 1290	Mitt 2000, 506 BlPMZ 2000, 415	28
Lila-Postkarte	BGH	2005, 583	2005, 269	2005, 896	NJW 2005, 2856 MD 2005, 742	786, 881, 889
Lila-Schokolade	BGH	2005, 427 Int. 2005, 719	2005, 187	2005, 616	NJW-RR 2005, 631 Mitt 2005, 308	740, 968
Linde, Winward, Rado	EuGH	2003, 514	2003, 187	2003, 627	EuGHE I 2003, 3161 EuZW 2003, 439	221, 432, 448, 450
Lions	BGH	1999, 241	1999, 57	1999, 192	NJW 1999, 360 Mitt 1999, 389	698
LITE	EuG	Int. 2002, 604		2002, 426	EuGHE II 2002, 705 ABl EG 2002, Nr C 144, 41	427
Literaturhaus	BGH	2005, 517	2005, 196	2005, 614	NJW 2005, 1503 BlPMZ 2005, 311	271
Literaturhaus	OLG München	RR 2002, 109 RR 2005, 208			NJW 2002, 611 CR 2002, 449	270

Stichwort	Gericht/Amt	Fundstelle				
		GRUR GRUR Int. GRUR-RR	MarkenR	WRP	Sonstige	Fund-stelle im Text (Rn.)
Lloyd Schuhfabrik	EuGH	Int. 1999, 734	1999, 236	1999, 806	EuGHE I 1999, 3819 EWS 1999, 299	96, 182, 218, 423, 1276, 1284, 1300, 1303, 1304
LOCAL PRESENCE, GLOBAL POWER	BGH	2001, 1047	2001, 306	2001, 1080	BPatGE 44, 279 BlPMZ 2001, 317	1468
Loendersloot/Ballan-tine	EuGH	Int. 1998, 145		1998, 156	EuGHE I 1997, 6227 Mitt 1997, 404	1042
LOGO	BGH	2000, 722	2000, 264	2000, 741	NJW-RR 2000, 1352 BlPMZ 2000, 332	13, 148, 402
LOOKS LIKE GRASS	EuG	2004, 957 Int. 2004, 653	2004, 203		EuGHE II 2004, 1023 Mitt 2004, 278	163, 426
LORA DI RECOARO	BGH	1999, 583	1999, 161	1999, 662	BlPMZ 1999, 224 NJW 1999, 3491	725
Lotto	BGH	2006, 760	2006, 341	2006, 1130	Mitt 2006, 440 NJW 2006, 3282	491
Löwengebrüll	HABM-BK	2003, 1054 Int. 2004, 333 RR 2004, 252	2003, 504 2003, 1054		Mitt 2004, 37	147, 745
Löwenkopf	OLG Hamburg	RR 2004, 175			MD 2004, 893 OLGR Hamburg 2004, 469	1129
Lucky whip/Schöller Nucki	BPatG	1975, 74			BPatGE 15, 101 BlPMZ 1974, 123	682
luckystrike.de	LG Hamburg				MMR 2000, 436	377
MAC Dog	BGH	1999, 161		1998, 1181	BGHZ 138, 349 NJW 1998, 3781	784
Made in Germany	OLG Stuttgart				NJWE-WettbR 1996, 53	305
Madeira	BGH	1996, 270		1996, 300	BPatGE 35, 288 NJW-RR 1996, 553	240
magenta	OLG Hamburg	RR 2004, 245				673
magenta/grau	BPatG				BPatGE 39, 247	
Maglite	EFTA-Gerichts-hof	Int. 1998, 309				1015
Mag Lite	EuGH	Int. 2005, 135	2004, 461		Mitt 2004, 556 BlPMZ 2005, 186	413, 432

Stichwort	Gericht/Amt	Fundstelle				
		GRUR GRUR Int. GRUR-RR	MarkenR	WRP	Sonstige	Fundstelle im Text (Rn.)
MAG-LITE	BGH	2000, 888	2000, 178	2000, 631	BlPMZ 2000, 278 NJW-RR 2000, 1485	968
Mag Lite-Taschenlampe	EuG	Int. 2002, 531	2002, 56	2002, 316	EuGHE II 2002, 467	413
Magirus	BGH	1956, 172				678
Maja	BGH	1964, 372				66, 1016
Malteserkreuz	BGH	2006, 859	2006, 402	2006, 1227	BGHZ 167, 322 Mitt 2006, 519	519
Manhattan	BPatG	1995, 590			BPatGE 35, 30 Mitt 1995, 253	618
MARKE Ulmer Münster	OLG München	RR 2002, 357			OLGR München 2003, 308 MD 2002, 1207	312, 319, 1084
Markenverunglimpfung	BGH	1994, 808		1994, 495	BGHZ 125, 91 NJW 1994, 1954	881
Markenverunglimpfung II	BGH	1995, 57		1995, 92	NJW 1995, 871 Mitt 1995, 135	881
marktfrisch	BGH	2001, 1151	2001, 314	2001, 1082	BPatGE 44, 279 Mitt 2001, 367	22, 412
Marlboro-Dach	BGH	2002, 171	2001, 459	2001, 1315	BlPMZ 2001, 387 Mitt 2002, 45	180, 759
Marlene Dietrich	BGH	2000, 709		2000, 746	BGHZ 143, 214 NJW 2000, 219	478
Mars	EuGH	Int. 1995, 804		1995, 677	EuZW 1995, 611 NJW 1995, 3243	311
MATRATZEN CONCORD/HABM	EuGH	Int. 2004, 843				731
MATRATZEN CONCORD/HUKLA	EuGH	2006, 411 Int. 2006, 502	2006, 157		EuZW 2006, 349	424, 440
MATRATZEN CONCORD/ MATRATZEN	EuG		2002, 417			1284, 1285
Max	BGH	1999, 581	1999, 136	1999, 519	NJW-RR 1999, 692 BlPMZ 1999, 188	1070
maxem.de	BGH	2003, 897	2004, 60	2003, 1215	BGHZ 155, 273 NJW 2003, 2978	806, 807
McDonald's/ Mac Fash	OLG München	1996, 63		1996, 130	OLGR München 1996, 215	720, 777

Stichwort	Gericht/Amt	Fundstelle				
		GRUR GRUR Int. GRUR-RR	MarkenR	WRP	Sonstige	Fund- stelle im Text (Rn.)
McDonald's/ McAllen	See- und Han- delsgericht Ko- penhagen	Int. 1996, 834				720
McDonald's/ McShirt	OLG München				OLGR München 1995, 66 Mitt 1996, 92	720, 777
Mediant	LG München I	Int. 2002, 933				1254
Mehr für Ihr Geld	EuG	Int. 2004, 944 RR 2004, 237	2004, 420		EuGHE II 2004, 1915 ABl EU 2004, C 239, 20	416
Meißner Dekor I	BGH	2002, 618		2002, 532	NJW-RR 2002, 832 Mitt 2002, 251	922
Meißner Dekor II	BGH	2005, 864	2005, 400	2005, 1248	NJW-RR 2005, 1489 NJW 2005, 3357	919
MEMORY/EDUCA memory game	OLG München	RR 2006, 84			Mitt 2006, 232	1385
Merck, Sharp & Dohme	EuGH	Int. 2002, 745	2002, 162	2002, 673	EuGHE I 2002, 3703 EuZW 2002, 542	1033
Meßmer Tee II	BGH	1966, 375			BGHZ 44, 372 NJW 1966, 823	925
Meta-Tag	LG Köln				MMR 2006, 115 CR 2006, 64	910
Meta-Tag	OLG Hamburg	RR 2005, 118			OLGR Hamburg 2005, 57 Mitt 2005, 135	910
Mexitil	BGH	1994, 376 Int. 1994, 521		1994, 240	RIW 1994, 433 EuZW 1994, 379	894
MEY/Ella May	BGH	2005, 513	2005, 232	2005, 744	BPatGE 2006, 280 BlPMZ 2005, 312	674
mho.de	BGH	2005, 430	2005, 185	2005, 488	NJW 2005, 1196 Mitt 2005, 172	258, 267, 806, 1058
Michael-Schuhmacher-Portrait	BPatG				BlPMZ 1999, 43 NJWE-WettbR 1999, 153	808
MIDAS/medAS	BGH	2004, 240	2004, 125		NJW-RR 2004, 548 Mitt 2004, 122	676
Minimax (Ansul/ Ajax)	EuGH	2003, 425	2003, 223		EWS 2003, 189 EuZW 2003, 311	613
Mitwohnzentrale.de	BGH	2001, 1061	2001, 475	2001, 1286	BGHZ 148, 1 NJW 2001, 3262	359, 275
MOLINO	BPatG	1989, 593			BPatGE 30, 169 BlPMZ 1989, 286	459

Stichwort	Gericht/Amt	Fundstelle				
		GRUR GRUR Int. GRUR-RR	MarkenR	WRP	Sonstige	Fundstelle im Text (Rn.)
Mona Lisa	BPatG	1998, 1021			BPatGE 40, 6 AfP 1999, 112	463, 478
MONTE GAUDIO	BPatG				BPatGE 31, 262 BlPMZ 1991, 250	459, 500
Morgenpost	BGH	1992, 547			MDR 1992, 862 NJW-RR 1992, 1128	272, 289, 290
MOTOR JEANS & JEANS/MOTO, MOTOR/MOTO	BPatG				Mitt 2006, 131	1234
Motorradland	OLG Düsseldorf	2002, 177 RR 2001, 307			OLGR Düsseldorf 2001, 367	269
Mozart	OLG München	Int. 2001, 1061 RR 2002, 12		2002, 116	OLGR München 2002, 9 MD 2001, 1429	1359
Mozzarella II	BGH	1994, 310 Int. 1994, 526		1994, 260	NJW-RR 1994, 622 Mitt 1994, 193	312
MTS	BGH	2000, 892		2000, 1299	NJW-RR 2001, 181 BlPMZ 2000, 325	394
Muschi-Blix	BGH	1970, 87			BGHZ 52, 359 NJW 1970, 35	643
Mustang	BGH	2004, 865	2004, 406	2004, 1281	NJW-RR 2004, 1491 Mitt 2004, 517	670, 676, 733
Musterübersendung	OLG Hamburg	RR 2005, 270		2005, 522	MD 2005, 1358 Mitt 2006, 233	991
Nährbier	BGH	1960, 83			NJW 1959, 2256 Mitt 1960, 56	592
NATALLA/nutella	BPatG	2005, 777	2005, 100		Mitt 2004, 572 BlPMZ 2005, 362	672
NetCom	BGH	1997, 468		1997, 1093	NJW 1997, 1928 Mitt 1997, 193	265, 1067
NEURO-VIBOLEX/ NEURO-FIBRAFLEX	BGH	2004, 783	2004, 356	2004, 1043	BGHReport 2004, 1293 NJW-RR 2004, 1413	702, 741
New Born Baby	EuG		2001, 415		EuGHE II 2001, 2927 ABl EG 2002, Nr C 3, 30	413, 1295
Newcastle	BPatG	2005, 677	2005, 342		BlPMZ 2005, 268 Mitt 2005, 385	300
Nichols	EuGH	2004, 946 Int. 2004, 887	2004, 453		EuGHE I 2004, 8499 Mitt 2005, 26	148, 267

Stichwort	Gericht/Amt	Fundstelle				
		GRUR GRUR Int. GRUR-RR	MarkenR	WRP	Sonstige	Fund-stelle im Text (Rn.)
Nicoline	BGH	1995, 54		1995, 13	NJW-RR 1995, 358 Mitt 1995, 70	847
No Peace Beyond The Line	KG Berlin	RR 2003, 372	2003, 367		MD 2003, 990 Mitt 2004, 320	284
Noblesse	BGH	2006, 419	2006, 164	2006, 587	Mitt 2006, 230 NJW-RR 2006, 834	930
Nola	BGH	1963, 469			BPatGE 3, 229 BlPMZ 1963, 162	310
NORMA	BGH	2006, 150	2006, 72	2006, 241	BPatGE 2006, 284 BlPMZ 2006, 152	833, 1053
Nürnberger Bratwürste	LG München				LMuR 2005, 111	318
NURSERYROOM	EuG	2005, 682 Int. 2005, 326			ABl EU 2005, C 31, 20	427
odeur de fraise mûre	EuG	2006, 327 Int. 2006, 134	2005, 536		ABl EU 2005, Nr C 330, 22	224
Odol	LG Elberfeld	1924, 204				763
OEM-kompatibel	BGH	1996, 781		1996, 713	NJW-RR 1996, 1196 EWiR 1996, 713	1003
Omega	BGH	2001, 416	2001, 124	2001, 403	BPatGE 43, 284 NJW-RR 2001, 980	1465
OMEPRAZOK	BGH	2002, 540	2002, 127	2002, 455	BPatGE 44, 286 Mitt 2002, 237	444, 458
OPTIONS	EuG		2000, 150		EuGHE II 2000, 1925 ABl EG 2000, Nr C 149, 31	1198
Orangeton	EuGH	2005, 597 Int. 2005, 227	2005, 27		EuGHE I 2004, 10107 BlPMZ 2005, 243	182, 419
Orient	OLG Hamm			1983, 573		309
Original Oettinger	BGH	2002, 1074	2003, 32	2002, 1286	Mitt 2002, 467 BlPMZ 2003, 68	319
Original Oettinger Bier	OLG Naumburg			1995, 749	OLGR Naumburg 1995, 202 NJWE-WettbR 1996, 121	1084
OTTO	BGH	2005, 1047	2005, 505	2005, 1527	Mitt 2005, 559 NJW-RR 2005, 1628	33
Oxygenol II	BGH	1995, 216		1995, 320	Mitt 1995, 107 BlPMZ 1995, 168	681, 747

Stichwort	Gericht/Amt	Fundstelle				
		GRUR GRUR Int. GRUR-RR	MarkenR	WRP	Sonstige	Fund- stelle im Text (Rn.)
Pajero	BGH	1992, 627 1992, 642		1992, 553	NJW-RR 1992, 1065 EWiR 1992, 699	1039
Parallelimport	EFTA-Gerichts- hof				ABl EU 2003, Nr C 222, S. 9 (Leitsatz)	1036
Parfümtester	OLG Hamburg	RR 2004, 355		2004, 1297	MD 2004, 1017 OLGR Hamburg 2004, 549	1017
Parfumtestkäufe	BGH	2006, 504 Int. 2006, 755	2006, 222	2006, 749	BGHZ 166, 233 NJW-RR 2006, 1048	940
Partner with the Best	BGH	2000, 323	2000, 50		BlPMZ 2000, 163 NJW-RR 2000, 706	160, 425, 426
PAURPOInt./ PowerPoInt.	OLG Hamburg				NJW-RR 1995, 430 CR 1995, 335	38
PC-Welt	OLG Köln	1997, 63		1996, 342	NJW-RR 1997, 803 NJWE-WettbR 1997, 204	286
Peak Holding/ Axolin-Elinor	EuGH	2005, 507 Int. 2005, 314	2005, 41		EuGHE I 2004, 11313 EuZW 2005, 61	1017, 1019
Pettersson und Findus	BPatG				Mitt 2006, 131	812
Pfizer/Eurim Pharm (Vibramycin)	EuGH	Int. 1982, 187			NJW 1982, 1210 EuGHE 1981, 2913	894
Philips/Remington	EuGH	2002, 804 Int. 2002, 842	2002, 231	2002, 924	EuGHE I 2002, 5475 EuZW 2002, 507	67, 194, 212
Pic Nic	BGH	1993, 923		1993, 705	DB 1993, 1414 NJW-RR 1993, 1065	295
Picasso	EuGH	2006, 237 Int. 2006, 229	2006, 67		EuGHE I 2006, 643 EuZW 2006, 281	749, 1304
Picasso/Picaro	EuG	Int. 2004, 850	2004, 305		Mitt 2004, 370	749
Piesporter Goldtröpfchen	BGH	1993, 832		1993, 769	BPatGE 34, 273 NJW 1993, 3139	501
Pinocchio	BPatG		2006, 172		Mitt 2006, 326	463
Pistre	EuGH	Int. 1997, 737			EuGHE I 1997, 2343 ABl EG 1997, Nr C 199, 7	317
Pizza & Pasta	BGH	1991, 153		1991, 151	MDR 1991, 320 NJW 1991, 1350	286
Plak Guard/Gard	BPatG	1996, 128			BPatGE 35, 130 BlPMZ 1996, 461	729

Stichwort	Gericht/Amt	Fundstelle				
		GRUR GRUR Int. GRUR-RR	**MarkenR**	**WRP**	**Sonstige**	**Fundstelle im Text (Rn.)**
Plastikzitrone	OLG Frankfurt/M.	2004, 693 RR 2004, 134	2004, 143			738
Plym Gin	BGH	1971, 255			MDR 1971, 279 BB 1971, 283	310
Porsche 911	BGH	2006, 701	2006, 279	2006, 896	BPatGE 2006, 288 NJW-RR 2006, 1418	206, 735
Porsche Boxster	BGH	2006, 679 Int. 2006, 767	2006, 274	2006, 893	BGHZ 166, 65 NJW-RR 2006, 1274	207, 735
PORTLAND	BPatG	2006, 509	2006, 356		BlPMZ 2006, 248 Mitt 2006, 326	437
Porträtfoto Marlene Dietrich	BPatG	2006, 333	2006, 359		BlPMZ 2006, 222 (Leitsatz) Mitt 2006, 278	478, 808, 813
Positionsmarke auf Sportschuh	HABM		2002, 430			147, 218
Postkantoor	EuGH	2004, 674 Int. 2004, 500	2004, 99		ABl EU 2004, Nr C 85, 1 EWS 2004, 470	402, 403, 427, 535
PowerPoint	BGH	1998, 155		1997, 1184	BGHZ 135, 278 Mitt 1997, 399	39, 279, 283
Praktiker	EuGH	2005, 764 Int. 2005, 827	2005, 315	2005, 1154	EuGHE I 2005, 5873 Mitt 2005, 453	44, 45, 521
Prismenpackung	OLG Hamburg	RR 2006, 321			OLGR Hamburg 2006, 756 Mitt 2006, 469	735
Procter & Gamble	EuGH		2004, 231			221, 418
Prosciutto di Parma	EuGH	Int. 2003, 929				346
PROTECH	BGH	1995, 408			BPatGE 35, 283 NJW 1995, 1221	153, 269
Protest	BPatG	1998, 702			BPatGE 39, 252 BlPMZ 1999, 42	1438
Public Nation/ PUBLIC	BPatG	2005, 772	2005, 240		BlPMZ 2005, 237	726, 748
Pullover-beschriftung	BGH	1994, 635		1994, 516	NJW-RR 1994, 944 EWiR 1994, 711	881
Quadratische Waschmittel-Tabs (Procter&Gamble)	EuGH	Int. 2004, 635	2004, 231		EuGHE I 2004, 5141 Mitt 2004, 315	432
Quantum	EuG	Int. 2006, 319			ABl EU 2006, Nr C 74, 16 BlPMZ 2006, 250	1265

Stichwort	Gericht/Amt	Fundstelle				
		GRUR GRUR Int. GRUR-RR	MarkenR	WRP	Sonstige	Fund- stelle im Text (Rn.)
Quelle	BGH	1990, 37		1990, 170	NJW-RR 1990, 295 NJW 1990, 1486	994
Quick/Glück	BGH	1959, 182			BGHZ 28, 320 NJW 1959, 675	718
Quick-Grip	EuG				ABI-HABM 2005, 902	427
quickslide	BPatG	1996, 133			BPatGE 35, 180 Mitt 1996, 51	729
RACOON/ DRAGON	BPatG	1996, 414			BlPMZ 1996, 278	699
Radio Stuttgart	BGH	1993, 769		1993, 755	NJW-RR 1993, 1319 MDR 1994, 363	285, 290
Radio von hier	BGH	2000, 321	2000, 48	2000, 298	BlPMZ 2000, 161 NJW-RR 2000, 708	160, 425
Rado-Uhr	BGH		2001, 75	2001, 269	MD 2004, 480	193, 208
Rado-Uhr II	BGH	2004, 505	2004, 248	2004, 761	BPatGE 47, 292 Mitt 2004, 271	193, 208, 450
Rasierer mit drei Scherköpfen	BGH	2006, 589 Int. 2006, 765	2006, 272	2006, 900	BPatGE 2006, 287 Mitt 2006, 325	193, 194, 1462, 1465
RATIONAL SOFTWARE CORPORATION	BGH	2001, 162	2000, 420	2001, 35	BPatGE 43, 279 NJW-RR 2001, 253	152, 153, 414
Räucherkate	BGH	2005, 419	2005, 225	2005, 605	BlPMZ 2005, 224 Mitt 2005, 317	252, 267, 1062
Ravil (Grana Padano)	EuGH	2003, 609	2003, 294		EuGHE I 2003, 5053 Mitt 2003, 418	346
RBB/RBT	BGH	1979, 470		1979, 534	BGHZ 74, 1 NJW 1979, 2311	383
Rebenstolz	BPatG	1995, 416			BPatGE 35, 36 BlPMZ 1995, 329	721
Red Bull	ÖOGH	Int. 2002, 265			ZfRV 2002, 22	892, 896
Regiopost/Regional Post	BGH	2004, 949	2004, 359	2004, 1285	MD 2004, 965 BlPMZ 2004, 465	1002, 1385
REICH UND SCHOEN	BGH	2001, 1042	2001, 363	2001, 1205	BPatGE 44, 280 BlPMZ 2001, 322	152, 421
reise.de	BPatG				CR 2002, 770	312
RIGIDITE	BGH	1988, 379 1988, 821			NJW-RR 1988, 1124 BlPMZ 1988, 213	440

Stichwort	Gericht/Amt	Fundstelle				
		GRUR GRUR Int. GRUR-RR	MarkenR	WRP	Sonstige	Fundstelle im Text (Rn.)
RIGIDITE II	BGH	1994, 366 Int. 1994, 528		1994, 245	BGHZ 124, 289 Mitt 1994, 132	440
rigiditè III	BGH	1994, 370 Int. 1994, 531		1994, 249	BPatGE 34, 277 Mitt 1994, 78	440
Rioja	EuGH	Int. 2000, 750			EuGHE I 2000, 3123 EuZW 2000, 633	346
RISO	HABM				Mitt 2003, 29	1263
Rolex	OLG Stuttgart			1995, 248		129
Rolex Uhr mit Diamanten	BGH	1998, 696		1998, 604	NJW 1998, 2045 BlPMZ 1998, 467	258, 1023, 1058
Rolex Uhren	OLG Karlsruhe	1995, 417				129
Rolex-Ausstattungs-schutz	BayObLG			1995, 222	wistra 1995, 116 NJW 1995, 1767	129
Rolls-Royce	BGH	1983, 247		1983, 268	BGHZ 86, 90 NJW 1983, 1431	778, 881
Römigberg	BGH	1993, 43 Int. 1993, 254		1993, 9	BPatGE 33, 290 NJW-RR 1992, 1255	301, 501
Römigberg II	BPatG	1993, 395 Int. 1993, 559			BPatGE 33, 194 BlPMZ 1993, 349	301, 501
Roter Streifen im Schuhabsatz	BPatG	1998, 390			BPatGE 38, 262 BlPMZ 1998, 546	217
ROTH-HÄNDLE-KENTUCKY/ Cenduggy	BGH	1989, 349			BPatGE 30, 273 BlPMZ 1989, 194	733, 750
Rot-weiße Wasch-mitteltablette	EuG	2006, 587 Int. 2006, 326	2006, 127		ABl EU 2006, Nr C 74, 18 BlPMZ 2006, 250	209, 432, 447
Roximycin	BGH	2005, 258 Int. 2005, 513	2005, 53	2005, 99	BPatGE 47, 304 Mitt 2005, 124	444, 445
Rügenwalder Teewurst	BGH	1956, 270		1956, 127	NJW 1956, 589 BB 1956, 223	303
Rügenwalder Teewurst II	BGH	1995, 354		1995, 398	NJW-RR 1995, 676 BlPMZ 1995, 371	329
Russisches Schaumgebäck	BGH	2005, 414 Int. 2005, 724	2005, 234		WRP 2005, 610 Mitt 2005, 311	450, 546, 968
S100	BGH	2004, 510	2004, 238	2004, 766	BPatGE 47, 290 Mitt 2004, 273	648
S100	BPatG	2001, 744	2001, 165		BPatGE 43, 233 Mitt 2001, 218	648

Stichwort	Gericht/Amt	Fundstelle				
		GRUR GRUR Int. GRUR-RR	MarkenR	WRP	Sonstige	Fundstelle im Text (Rn.)
Sabèl (Springende Raubkatze)	EuGH	1998, 387 Int. 1998, 56		1998, 39	EuGHE I 1997, 6191 Mitt 1997, 395	669, 707, 725, 1274, 1276, 1300, 1302, 1303, 1304
SAINT MORIS/ St. Moritz	BPatG	1998, 148			BPatGE 38, 266 BlPMZ 1998, 254	317
Salatfix	BPatG	2006, 155	2005, 412		BlPMZ 2006, 182 Mitt 2005, 384	153, 580
Salomon	BGH	1991, 465		1991, 228	BGHZ 113, 82 Mitt 1991, 168	780
SAM	BGH	1998, 699		1998, 600	NJW-RR 1998, 1050 BlPMZ 1998, 467	847
Samtrot/Silber	BPatG	2006, 764	2006, 367		BlPMZ 2006, 330	147
Sana/Schosana	BGH	1993, 972			DB 1993, 2178 NJW-RR 1993, 1452	701
SAT.2	EuGH	2004, 943 Int. 2005, 44 Int. 2004, 887	2004, 393		EuGHE I 2004, 8317 EuZW 2004, 632	13, 148, 414, 423, 434, 457, 494, 495, 535
SB-Beschriftung	BGH	2004, 1039	2004, 474	2004, 1486	NJW-RR 2005, 46 Mitt 2004, 568	893
Schallmarke Hexal	HABM-BK	2006, 343	2005, 541		Mitt 2006, 134	147, 745
Scherkopf	BGH	2006, 588	2006, 213	2006, 757	BPatGE 2006, 286 Mitt 2006, 274	193, 211
Schlüpferstürmer	DPA München				Mitt 1985, 215	462
Schmuckring	BPatG	2002, 377			BlPMZ 2002, 228 Mitt 2002, 45	194, 203
Schoasdreiber	BPatG				Mitt 1983, 156 BB 1983, 1502	462
Schoko-Bons/ Milka-Bons	OLG Hamburg			1996, 215	OLGR Hamburg 1995, 40 NJWE-WettbR 1996, 78	763
Schwarzer Krauser	BGH	1990, 681			NJW-RR 1990, 1194 BlPMZ 1990, 367	593
Sebago (Docksides/ Sebago)	EuGH	Int. 1999, 870	1999, 240	1999, 803	EuGHE I 1999, 4103 EWS 1999, 348	1015

Stichwort	Gericht/Amt	Fundstelle				
		GRUR GRUR Int. GRUR-RR	MarkenR	WRP	Sonstige	Fund-stelle im Text (Rn.)
Seicom	BGH	2005, 871	2005, 397	2005, 1164	NJW-RR 2005, 1350 Mitt 2005, 514	266, 847
Seifenspender	BGH	2006, 763	2006, 347	2006, 1025	Mitt 2006, 438 BlPMZ 2004, 319	901
SEIT 1895	BPatG	1995, 411			BPatGE 34, 261 BlPMZ 1995, 325	457
Sephora/SEPHORA	HABM				BlPMZ 2004, 415	1286
Sermion	BGH	1994, 372		1994, 242	EuZW 1994, 377 Mitt 1994, 278	894
shell.de	BGH	2002, 622		2002, 694	BGHZ 149, 191 NJW 2002, 2031	258, 367, 375, 806, 807, 1058, 1060, 1075
Shield Mark/Kist	EuGH	2004, 54 Int. 2004, 126	2004, 26		ABl EU 2004, Nr C 21, 4 EuZW 2004, 57	130, 146, 147, 221, 222, 745
Sieckmann	EuGH	2003, 145 Int. 2003, 449	2003, 26	2003, 249	EuGHE I 2002, 11737 EuZW 2003, 57	144, 146, 147, 181, 221, 222
Sihl	BGH	1969, 357				1079
Silhouette	EuGH	1998, 919 Int. 1998, 695		1998, 851	EuGHE I 1998, 4799 EuZW 1998, 563	1014, 1015
SIM-Lock	BGH	2005, 160	2005, 45	2005, 106	NJW-RR 2005, 123 Mitt 2004, 26	69, 1024
SL	BGH	1991, 609		1991, 296	BGHZ 113, 115 Mitt 1991, 94	761
soco.de	BGH	2005, 262	2005, 140	2005, 338	NJW 2005, 1198 Mitt 2005, 128	265, 274, 1079
SodaStream	BGH	2005, 162	2005, 48	2005, 222	Mitt 2005, 126 BlPMZ 2005, 180	901
solingen.info	BGH	2007, 259	2006, 539	2007, 76	NJW 2007, 682	806
solingen.info	OLG Düsseldorf	2003, 1066 RR 2003, 383		2003, 1254	NJW-RR 2003, 1687 CR 2004, 538	375, 806
SONETT	BPatG	1995, 584			BPatGE 35, 47 Mitt 1995, 250	681
Sonntagsblatt	OLG Oldenburg	1987, 127		1987, 134	NdsRpfl 1987, 10	289
Sony Walkman I	ÖOGH		2000, 56		Medien und Recht 2000, 43	583

Stichwort	Gericht/Amt	Fundstelle				
		GRUR GRUR Int. GRUR-RR	MarkenR	WRP	Sonstige	Fundstelle im Text (Rn.)
Sony Walkman II	ÖOGH	Int. 2003, 358		2002, 841	EuLF 2003, 160 Medien und Recht 2002, 169	583
SPA	BGH	2001, 420	2001, 126	2001, 546	BGHReport 2001, 296 BlPMZ 2001, 244	299, 847, 1090, 1096
SPA	BPatG	2005, 865	2005, 346		Mitt 2005, 464 BlPMZ 2005, 362	300, 440
SPA FINDERS	EuG	Int. 2005, 698			ABl EU 2005, Nr C 182, 35	1270, 1279, 1289
Spee-Fuchs	OLG Frankfurt/M.	2000, 1063				385
Spiegel	BGH				BGHZ 21, 85	287
SPIRIT SUN	OLG Düsseldorf			2000, 316		910
Springende Raubkatze	BGH	1996, 198 Int. 1996, 60		1997, 443	BPatGE 35, 286 Mitt 1995, 248	684, 721
Springende Raubkatze (Sabèl)	EuGH	1998, 387 Int. 1998, 56		1998, 39	EuGHE I 1997, 6191 Mitt 1997, 395	669, 707, 725, 1274, 1276, 1300, 1302, 1303, 1304
SSZ	BPatG	2000, 809			BPatGE 42, 130 BlPMZ 2000, 349	475
St. Pauli Girl	BGH	2000, 502	2000, 99	2000, 520	NJW-RR 2000, 1061 BlPMZ 2000, 190	171
Stabtaschenlampe »MAGLITE«	BGH	2005, 158	2005, 88	2005, 211	BPatGE 47, 301 BlPMZ 2005, 181	228
Stabtaschenlampen	BGH	Int. 2001, 462	2001, 71	2001, 265	BPatGE 43, 283 BlPMZ 2001, 149	193, 208
Stabtaschenlampen II	BGH	2004, 506	2004, 245	2004, 755	BPatGE 47, 292 BlPMZ 2004, 431	193, 208
Standbeutel	EuG	Int. 2004, 515			EuGHE II 2004, 447 Mitt 2004, 177	432
Standbeutel	EuGH	2006, 233 Int. 2006, 226	2006, 19			182, 198, 423
Standbeutel	OLG Frankfurt/M.		2000, 30		NJWE-WettbR 2000, 41	198, 546

Stichwort	Gericht/Amt	Fundstelle				
		GRUR GRUR Int. GRUR-RR	MarkenR	WRP	Sonstige	Fundstelle im Text (Rn.)
Star Entertainment	BGH	2005, 873	2005, 402	2005, 1246	MD 2005, 1029 Mitt 2005, 517	267
Staubsaugerfiltertüten	BGH	2005, 423	2005, 198	2005, 496	Mitt 2005, 172 BlPMZ 2005, 266	1002, 1008
Staurodorm/Stadadorm	OLG Köln	1995, 490			PharmaR 1995, 251	
Steppnaht	HABM-BK	RR 2001, 184			Mitt 2001, 273	429
Stich den Buben	BGH	2001, 73	2000, 370	2000, 1284	NJW-RR 2000, 1640 BlPMZ 2001, 152	299, 312, 1088
Störerhaftung des Internetauktionshauses	BGH	2004, 860 Int. 2005, 66	2004, 397	2004, 1287	BGHZ 158, 236 NJW 2004, 3102	922
STREAMSERVE	EuG	Int. 2002, 596	2002, 92		EuGHE II 2002, 723 ABl EG 2002, Nr C 144, 41	218
stüssy	BGH	2000, 879 Int. 2000, 927	2000, 266	2000, 1280	ZIP 2000, 1268 NJWE-WettbR 2000, 290	1047
stüssy	EuGH	2003, 512 Int. 2003, 643 Int. 2004, 169	2003, 193	2003, 623	EuGHE I 2003, 3051 EuZW 2003, 477	1015, 1047
stüssy II	BGH	2004, 156 Int. 2004, 440 Int. 2004, 169	2004, 69	2004, 243	BGHReport 2004, 240 NJW-RR 2004, 254	1048
SUBWAY/Subwear	BGH	2001, 54	2000, 417	2000, 1296	NJW 2000, 3716 Mitt 2000, 504	620
suess.de	OLG Nürnberg	RR 2006, 302	2006, 351		NJW-RR 2006, 906 Mitt 2006, 471	351
SUMMIT	BPatG	1998, 397			BPatGE 39, 70 BlPMZ 1978, 317	44
Superweib	OLG Hamburg	2000, 454			OLGR Hamburg 2000, 189 NJWE-WettbR 2000, 217	1076
SWATCH	BGH	2001, 413	2001, 121	2001, 405	BPatGE 43, 284 BlPMZ 2001, 216	1465
SWF-3 Nachrichten	BPatG	1997, 60			AfP 1997, 586	745
swing	BPatG	1996, 204			BPatGE 35, 196 BlPMZ 1996, 371	751
SWISS-ARMY	BGH	2001, 240	2001, 29	2001, 157	BPatGE 43, 280 Mitt 2001, 74	423

Stichwort	Gericht/Amt	Fundstelle				
		GRUR GRUR Int. GRUR-RR	MarkenR	WRP	Sonstige	Fundstelle im Text (Rn.)
SZENE	BGH	2000, 70	1999, 396	1999, 1279	NJW-RR 1999, 1643 BlPMZ 2000, 53	289, 295, 1070
TAE BO	OLG Hamburg	RR 2003, 356			OLGR Hamburg 2003, 319 Mitt 2003, 323	1362
Tagesreport	BGH	2001, 1054	2001, 358	2001, 1193	BGHReport 2001, 805 Mitt 2001, 566	1067, 1070
Tagesschau	BGH	2001, 1050	2001, 352	2001, 1188	BGHZ 147, 56 Mitt 2001, 434	290, 1067
Tasche	HABM-BK	Int. 2000, 365	2000, 110		BlPMZ 2001, 194	429
Tastmarke	BGH	2007, 148	2007, 26	2007, 69	Mitt 2007, 31	147
Tastmarke	BPatG	2005, 770	2005, 363		BPatGE 48, 186 Mitt 2005, 376	145, 222
TAXI MOTO	BPatG				BPatGE 48, 264 Mitt 2005, 277	1234
TDI	EuG	Int. 2004, 328 RR 2004, 239			EuGHE II 2003, 5167 Mitt 2004, 179	51, 168, 446
Telefonnummer 4711	BGH	1990, 711 1990, 1050		1990, 696	MDR 1990, 793 NJW-RR 1990, 1127	881
Telekom	BGH	2004, 514	2004, 189	2004, 758	Mitt 2004, 273 BlPMZ 2004, 340	265, 267, 268
Test it	BGH	2001, 735	2001, 209	2001, 692	BPatGE 43, 283 BlPMZ 2001, 242	402, 424
THE BRIDGE (Bainbridge)	EuG	Int. 2006, 404	2006, 183		ABl EU 2006, Nr C 96, 11	1265, 1266
The Colour of Elégance	BGH	2005, 581 Int. 2005, 722	2005, 267	2005, 881	NJW-RR 2005, 914 BlPMZ 2005, 313	254
THE HOME DEPOT	BGH	1996, 771		1996, 1160	BPatGE 36, 289 Mitt 1996, 283	440
The Home Depot/ Bauhaus The Home Store	OLG Hamburg	RR 2005, 251	2005, 273		OLGR Hamburg 2005, 319 Mitt 2005, 385	1305
The Smell of Fresh Cut Grass	HABM-BK		1999, 142	1999, 681		144
THOMSON LIFE	EuGH	2005, 1042 Int. 2006, 37	2005, 438	2005, 1505	EuGHE I 2005, 8551 Mitt 2005, 511	715, 731
THOMSON LIFE	OLG Düsseldorf	RR 2004, 322			InstGE 4, 183 EuZW 2004, 768	730

Stichwort	Gericht/Amt	Fundstelle				
		GRUR GRUR Int. GRUR-RR	MarkenR	WRP	Sonstige	Fund- stelle im Text (Rn.)
Thüringer Rostbratwurst	BPatG	2004, 82			BPatGE 47, 68 Mitt 2004, 92	335, 336
Tiefkühlpizza	OLG Köln				OLGR Köln 1999, 75 MD 1998, 1269	315
TIFFANY	BGH	1999, 496	1999, 93	1999, 528	BPatGE 40, 288 NJW-RR 1999, 766	677, 686
tipp.ag	LG Hamburg				CR 2004, 143 Mitt 2004, 44	356
Titelschutz für Computerprogramm	OLG Hamburg				NJW-RR 1995, 430 CR 1995, 335	283
Titelschutz für Computersoftware	LG Hamburg				CR 1994, 159 NJW-CoR 1994, 236	39
Titelschutzanzeige	BGH	1989, 760		1990, 242	BGHZ 108, 89 NJW 1989, 3014	292
tnet.de	OLG München				CR 1999, 778 ZUM 2000, 71	367
Toners	BPatG				PAVIS PROMA 24 W (pat) 214/99	554
toolshop	KG Berlin		2000, 376		NJWE-WettbR 2000, 234 K&R 2000, 514	281, 369
Torres	BGH	1995, 825 Int. 1996, 63		1995, 918	BGHZ 130, 276 NJW 1995, 2985	276
TOSCA BLU	BGH	2006, 941	2006, 390	2006, 1235	MD 2006, 1272 RIW 2006, 860	1462
Tour de culture	BGH	1999, 238	1999, 28	1999, 189	NJW-RR 1999, 340 Mitt 1999, 69	725
Trabi 03	OLG Hamburg	RR 2006, 224	2006, 116		MD 2006, 451 OLGR Hamburg 2006, 411	889
Trainingsanzüge	BayObLG			2002, 562	BayObLGSt 2002, 9 wistra 2002, 233	890
Transformatoren-gehäuse	BGH	2004, 507	2004, 250	2004, 749	BPatGE 47, 292 Mitt 2004, 269	193, 199
Transitlager	OLG Hamburg				MD 2005, 1086 Mitt 2006, 2	908
TRILLIUM	HABM				Mitt 2001, 224	1335
TRILOPIROX	BGH	1994, 803			BPatGE 34, 279 Mitt 1994, 303	445, 751
Tripp Trapp	SchweizBG	Int. 2005, 524			BGE 130 III 267	605

Stichwort	Gericht/Amt	Fundstelle				
		GRUR GRUR Int. GRUR-RR	MarkenR	WRP	Sonstige	Fundstelle im Text (Rn.)
Trockenrasierer III	BGH	1968, 272				1039
Trollinger	BGH	1973, 201				319
tubeXpert	BPatG	2000, 812			BPatGE 42, 139 BlPMZ 2000, 425	473, 575
Turrón de Alicante (Exportur)	EuGH	Int. 1993, 76			EuGHE I 1992, 5529 EuZW 1993, 66	303
Ungarische Salami I	BGH	1981, 666		1981, 518	MDR 1981, 994 BlPMZ 1982, 51	312
Ungarische Salami II	BGH	1982, 685		1982, 648	DB 1982, 2345 BlPMZ 1983, 107	312
Universitätsemblem	BGH	1993, 151		1993, 101	BGHZ 119, 237 NJW 1993, 918	806, 1059
Unter Uns	BGH	2000, 720	2000, 262	2000, 739	NJW-RR 2000, 1484 BlPMZ 2000, 329	425
Urselters I	BGH	1986, 316		1985, 696	BlPMZ 1985, 377 MDR 1986, 466	323
VALUE	BGH	1994, 730		1994, 747	BPatGE 34, 279 NJW-RR 1994, 1127	440
Verbandsausstattungsrecht	BGH	2002, 616		2002, 544	BGHReport 2002, 514 MD 2002, 458	239
Vernichtungsanspruch	BGH	1997, 899		1997, 1189	BGHZ 135, 183 NJW 1997, 3443	942
Verschenktexte	BGH	1990, 218		1989, 91	NJW 1989, 391 NJW-RR 1989, 236	286, 294
Verschenktexte II	BGH	1993, 488		1993, 318	NJW 1993, 1466 MDR 1993, 858	???
Vertriebsbindung	BGH	1985, 1059		1985, 555	EWiR 1985, 613 NJW 1985, 2895	1039
VIDEO-RENT	BGH	1988, 319		1986, 671	NJW 1987, 438 WM 1987, 115	269, 271
Vier Ringe über AUDI	BGH	2003, 878	2003, 395	2003, 1231	NJW-RR 2003, 1402 Mitt 2003, 568	1378
Villa Marzolini	BPatG				BPatGE 40, 149 BlPMZ 1999, 116	459
VISAGE	BPatG	2005, 337			Mitt 2005, 269 BlPMZ 2005, 271	485, 491
VITAFRUT/ VITAFRUIT	EuGH	2006, 582 Int. 2006, 735	2006, 265	2006, 1102	ABl EU 2006, Nr C 165, 8 LMuR 2006, 103	613

Stichwort	Gericht/Amt	Fundstelle				
		GRUR **GRUR Int.** **GRUR-RR**	**MarkenR**	**WRP**	**Sonstige**	**Fundstelle im Text (Rn.)**
VITATASTE/ VITAKRAFT, VITA	EuG	2004, 1064 Int. 2004, 660			EuGHE II 2004, 1149 Mitt 2004, 315	1263
Vittel	BPatG	Int. 1992, 62				301, 501
Vogeler	BGH	1960, 490			BGHZ 32, 103 NJW 1960, 1008	1140
vossius.de	BGH	2002, 706	2002, 190	2002, 691	NJW 2002, 2096 Mitt 2002, 297	923
Waldschlösschen	BPatG	2003, 530			BPatGE 46, 9 Mitt 2003, 82	570
WALLIS	BPatG	2000, 149	2000, 68		BPatGE 41, 278 BlPMZ 2000, 60	324
Wandsteckdose II	BGH	1972, 189			NJW 1972, 102, MDR 1972, 28	924
Warsteiner	EuGH	2001, 64 Int. 2001, 51	2000, 409	2000, 1389	EuZW 2001, 125 NJW 2001, 744	329
Warsteiner I	BGH	1999, 251 Int. 1999, 70		1998, 998	EuZW 1999, 24 EWiR 1998, 849	1084
Warsteiner II	BGH	1999, 252		1998, 1002	NJW 1998, 3489 EWiR 1998, 851	299, 300, 310, 504, 1084
Warsteiner III	BGH	2002, 160	2002, 124	2001, 1450	Mitt 2002, 25 BlPMZ 2002, 170	502, 1084
Wartburg	OLG Jena	2000, 435			NJWE-WettbR 1999, 280	312
Waschmittelflasche	EuGH	2004, 428 Int. 2004, 413	2004, 116	2004, 475	BPatGE 47, 295 EuZW 2004, 182	67, 197, 435
Waschmitteltablette	EuG		2001, 418		EuGHE II 2001, 2793 ABl EG 2002, Nr C 3, 29	209, 413, 432, 447, 492
Waschmitteltabs	EuGH	Int. 2004, 631	2004, 224	2004, 722	EuGHE I 2004, 5089 Mitt 2004, 269	432
weideglueck.de	OLG Frank-furt/M.			2000, 645	OLGR Frankfurt 2000, 133 NJWE-WettbR 2000, 160	375
Weinbergrolle	BVerfG	1979, 773			BVerfGE 51, 193 NJW 1980, 383	297, 299
Weingarten Eden	OLG Hamburg	RR 2006, 228				999
Wellness	LG München I	1991, 931			DWiR 1992, 30 AfP 1992, 101	287

Stichwort	Gericht/Amt	Fundstelle				
		GRUR GRUR Int. GRUR-RR	MarkenR	WRP	Sonstige	Fund- stelle im Text (Rn.)
Wellplatten	BGH				NJW 1965, 1861 BB 1965, 803	1135
weltonline.de	BGH	2005, 687	2005, 322	2005, 893	Mitt 2005, 386	1061
Werbung für EU-Neuwagen	OLG Düsseldorf	RR 2001, 299			OLGR Düsseldorf 2001, 455 NJW-RR 2002, 123	1012
Westie-Kopf	BGH	2004, 331	2004, 138	2004, 351	BPatGE 47, 289 Mitt 2004, 122	488
Wheels Magazine	BGH	1999, 235	1999, 25	1999, 186	NJW-RR 1999, 338 BlPMZ 1999, 115	289, 290, 1070
While you wait	BPatG	1995, 734			BPatGE 35, 96 BlPMZ 1996, 318	424
Who's who in Germany	KG Berlin	1988, 158			RzU KGZ Nr 88	287
WINCAD	BGH	1998, 1010		1998, 877	Mitt 1998, 393 NJW-RR 1998, 1651	283, 291
WinCad	OLG München	1995, 835		1995, 872	CR 1995, 599 NJW-CoR 1996, 388	283, 291
Windsurfing Chiemsee	LG Düsseldorf				Mitt 1996, 22	890
Winnetous Rückkehr	BGH	2003, 440	2003, 155	2003, 644	NJW 2003, 1869 BlPMZ 2003, 213	282, 288, 294, 615
WIR IM SÜDWESTEN	BGH	1994, 908		1994, 743	NJW-RR 1994, 1460 Mitt 1995, 128	291
wirtschaft-online.de	OLG Frank-furt/M.	1997, 481		1997, 341	BB 1997, 545 NJW 1998, 165	359
WKS Möbel	BGH	1964, 381				239
WM 2006	OLG Hamburg	RR 2005, 223			SpuRt 2005, 116	63
WM 2006 Germany	OLG Hamburg	RR 2004, 362	2005, 96		MD 2004, 1024 SpuRT 2005, 114	62
Wodka Woronoff	BGH	1987, 535		1987, 625	NJW-RR 1987, 1059 BlPMZ 1988, 19	312
Wurst in Kleeblatt-Form	OLG Köln	RR 2006, 9	2005, 452		MD 2005, 1386 Mitt 2006, 232	17, 431
YES	BGH	1999, 1089	1999, 349	1999, 1167	BlPMZ 1999, 408 Mitt 1999, 435	153, 414
Yukon	SchweizBG	Int. 2003, 1037				316, 437, 500

Stichwort	Gericht/Amt	Fundstelle				
		GRUR GRUR Int. GRUR-RR	MarkenR	WRP	Sonstige	Fund- stelle im Text (Rn.)
Yves Roche	OLG Hamburg	1999, 339	1999, 403		NJWE-WettbR 1999, 111 MD 1998, 1155	904
Zahl »1«	BGH	2002, 970	2002, 291	2002, 1071	BPatGE 45, 278 BlPMZ 2002, 383	166
Zahnpastastrang	BGH	2001, 239	2001, 34	2001, 31	BPatGE 43, 282 BlPMZ 2001, 58	514
ZAPPEL-FISCH	BGH	1993, 767		1993, 701	BGHZ 121, 157 NJW 1993, 1465	284, 286
ZIRH/SIR	EuGH	2006, 413 Int. 2006, 504	2006, 160		ABl EU 2006, Nr C 131, 13 BlPMZ 2006, 302	1304
ZOMIG	OLG Hamburg	RR 2005, 181			Mitt 2005, 232	1127
zwilling.de	LG Mannheim			2002, 254	MMR 2002, 400	925
Zwilling/ Zweibrüder	BGH	2004, 779	2004, 348	2004, 1046	Mitt 2004, 433 BlPMZ 2004, 465	265, 670, 717

Sachregister

Das Sachregister verweist auf Randnummern.